信息管理

U0601921

电子商务（第八版）

管理与社交网络视角

埃弗雷姆·特班　　戴维·金　李在奎　梁定澎　　德博拉·特班 / 著
Efraim Turban　　David King　Jae Kyu Lee　Ting-Peng Liang　Deborrah C. Turban

占　丽　徐雪峰　时启亮　等 / 译

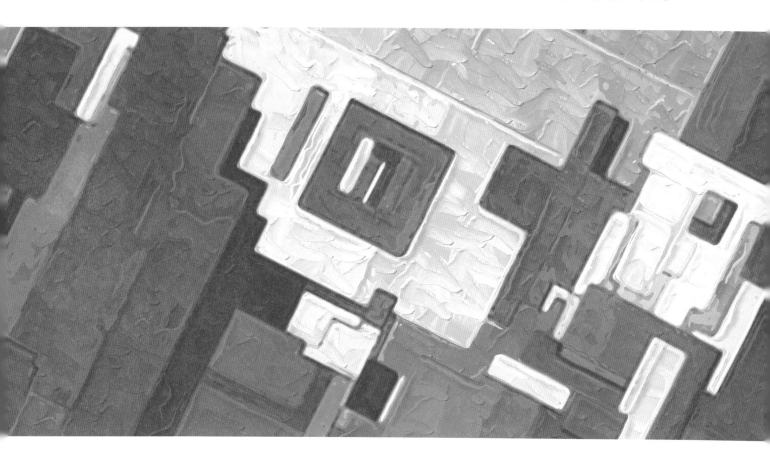

Electronic Commerce（Eighth Edition）
A Managerial and Social Networks Perspective

中国人民大学出版社
·北京·

译者序

近年来，虽说全球经济形势总体上显得疲弱，但电子商务的发展却是风生水起。"跨境电商""自拍支付""Shop the Look""Canvas"GTIN 等新业态、新技术不断涌现。尤其是中国电子商务的发展，一直在蓬勃地发展着。截止到 2016 年年底，我国网民数量已经达到了 7.31 亿，网络购物使用率超过 63%，2016 年网上零售市场规模突破 5 万亿元。

经过十几年的市场培育和发展，电子商务已经成为我国新型经济的重要代表和主要驱动力之一，电子商务的快速发展有效地提升了整个社会的生产组织方式，提高了经济效率，同时也极大地影响着甚至改变了人们的生活方式。电子商务线上、线下融合发展的趋势日益明显，它不断地向一个又一个新领域拓展。面对这样的形势，企业高管或者政策制定者都必须思考，应该如何借助电子商务做大做强，如何保持电子商务市场的规范、健康发展。这需要我们以创新、包容的心态去学习和了解电子商务领域的新知识、新趋势、新特点。

电子商务肇始于美国，围绕电子商务的发展，美国学者率先进行了一系列深入研究。美国夏威夷大学教授埃弗雷姆·特班教授（Efraim Turban）及其团队多年来致力于电子商务发展的研究。自 1999 年特班教授撰写的《电子商务》第一版面世以来，该书已经获得了广泛认可，成为美国电子商务领域的权威著作，至今已经更新至第八版。2010 年，该书被翻译推介给中国市场，它已经受到越来越多经济学界学者及经贸专业师生的欢迎。

感谢中国人民大学出版社的信任和支持，我们有幸继第七版之后，再次承担了第八版的翻译工作，让我们有机会先行研究学习电子商务发展领域的最新理论和案例。

电子商务领域变化最快的是诸如脸谱、谷歌、Pinterest、阿里巴巴、亚马逊等企业的社交网络，以及移动商务。因此，在本版中，特班教授重点向我们介绍了电子商务领域发展的新趋势，特别是社交企业、社交网络、社交协同、网络创新、移动商务等。鉴于中国大陆网络经济的迅猛发展，特班教授在他的著作中也越来越多地关注中国的电子商务发展。在本书中收录了十余例中国企业的案例。本书不仅涵盖了电子商务方面的理论知识，也提供了 20 多个国家最新的电子商务成败案例供学习和参考，同时还提供了一些视频资料方便读者更直观地理解和学习相关知识。

2016 年 11 月 16 日，中国国家主席习近平在第三届世界互联网大会开幕式上发表视频讲话。习近平主席指出，"互联网是我们这个时代最具发展活力的领域。互联网快速发展，给人类生产生活带来深刻变化，也给人类社会带来一系列新机遇新挑战。互联网发展是无国界、无边界的，利用好、发展好、治理好互联网必须深化网络空间国际合作，携手构建网络空间命运共同体。"这些精辟的论断为我们阅读特班教授的著作提供了一个全新的视角。

在历时一年艰辛的翻译工作中，笔者得到了来自合作者的鼎力支持和帮助，他们是无锡太湖学院的沙琦（第 1 章）、伊金秀（第 2 章）、钱娜（第 3 章）、唐菊（第 4 章）、张天明（第 6 章）、顾俊祺（第 11 章）、蒋微（第 12、13 章）、太湖创意职业技术学院的何明（第 5 章）、烟台大学文经学院的徐雪峰（第 14、15 章）等老师，以及无锡市发展和改革委员会的李仲贵先生（第 9 章）、无锡瑞秋医疗美容医院的廖仕亮先生（第 16 章）、美驰车辆系统无锡有限公司的黄唯女士（第 8

章）。他们参与了资料的收集和前期的翻译工作。此外，上海理工大学管理学院的时启亮教授参与了书稿翻译的全程策划、校对和编辑工作。我们对各位付出的辛劳表示深深的谢意。

感谢中国人民大学出版社对我们一如既往的信任和支持，是向华钢、王美玲等各位编辑老师的帮助，使我们的译著得以顺利出版。

尽管我们在翻译中再三推敲，仔细斟酌，但是我们深知，错漏之处依旧难免。敬请同行专家不吝指正。

占丽

于无锡太湖学院

2017 年 2 月

licumt1982@126.com

前　言

近年来，全球的经济普遍不景气，但电子商务却是一枝独秀，多家知名的电子商务企业（例如脸谱、谷歌、Pinterest、阿里巴巴、亚马逊等）每年都会有新的骄人业绩。

所谓电子商务，就是利用电子网络（主要是互联网）开展商务活动的一种新模式。利用这种商务模式，人们可以买卖商品、服务和信息。有些领域里的电子商务应用已经十分成熟（例如在线股票交易、在线订购机票等），有些业务规模甚至超过了离线业务。然而，电子商务并不局限于买卖活动，它还包括沟通交流、相互合作以及信息检索的电子化。利用电子商务，人们还能开展远程学习、远程客户服务、电子政务，形成社交网络，不一枚举。电子商务所产生的影响力是深远的，它不仅涉及一般的企业管理，还涉及各种专业活动、贸易活动，当然，还涉及人们的日常生活。

自本书第七版在 2012 年出版以来，电子商务领域变化最快的是社交网络，特别是脸谱、Google＋、推特等网络环境，以及移动设备带来的各种变革。值得一提的是电子商务在全球范围内的迅速发展，尤其是在中国出现了世界上最大的电子商务公司。新兴的电子商务经营模式正促使各个行业发生明显的变革，例如旅游业、金融业、交通运输业、时尚行业等。

在新编的第八版中，我们主要介绍电子商务领域发展的新趋势，特别是社交企业、社交网络、社交协同、创新活动、移动商务等。

本书新版的推陈出新

与前一版相比，本书新版的主要改动之处表现在如下几个方面：

● **新的章节**

2012 年版的第七章被两个新的章节取代了。新的第七章主要介绍社交媒体营销、社交购物、社交客户关系管理。第八章则主要介绍企业社交网络、众包，以及其他各种社交媒体的应用。

● **新的专题**

每章都增加了许多新的专题，而对于那些已经过时的话题则做了删减。新的专题可以做如下归类：

1. 电子商务与移动商务的基本话题

- 虚拟战争；
- 数字优惠券；
- 商务游戏化；
- 全球支付系统；
- IBM 公司的智能商务；
- 移动 App；
- 移动网银；
- 移动交易活动；
- 移动视频和广告；

- 新的购物工具；
- 新型的可穿戴设备（如智能眼镜、智慧城市、智能汽车等）。

2. 电子商务技术
- 增强现实技术；
- 众包；
- 微型支付设备；
- 大数据在电子商务分析中的应用和分析；
- 电子支付（包括比特币的应用）；
- DYOA 技术；
- IBM 公司的专家集成系统；
- 物联网；
- M2M 通信技术；
- 远程学习的新设备；
- 3D 打印；
- 可穿戴设备。

3. 管理问题
- 与 BYOD 有关的管理问题；
- 协同战略规划问题；
- 众筹问题；
- 绩效提升和创新问题；
- 互联网销售税问题；
- 在线经营竞争问题；
- P2P 经济问题；
- 小零售商全球经营问题。

4. 社交媒体和社交商务
- 社交协同；
- 社交网络数据收集与分析；
- 社交网络与游戏；
- 社交商务创新；
- P2P 借贷；
- 社交情绪分析；
- 虚拟商品交易；
- 社交客户；
- 社交图表；
- 社交媒体网络、特征及工具；
- 社交媒体搜索引擎；
- 社交电视及广播；
- 传统企业向社交企业转型。

5. 新案例

新版的教科书增加了许多企业在电子商务领域经营的成功案例，例如：星巴克、Pinterest、

Cemax（墨西哥）、宝洁、索尼（美国）、Port、Red Hat、Axon（新西兰）、Yodobuch（日本）、iRobot、Telstra、Etsy、Del Monte、Polyvore，等等。还有德国、韩国政府开展的电子政务，当然也有经营失败的案例，例如 I am Hungry 公司。

6. 新特点

除了一般教科书的特点以外，本书新版中我们还增加了如下特点：

- 与各种参考资料、案例、视频等相关的链接；
- 各种与移动应用相关的案例；
- 将一些短视频用作章后练习。

7. 从维基百科网站上引用的资料

由于涉及版权问题，并且有些网站资料的真实性和可靠性也存在问题，所以我们删除了前几版教科书中部分引用的资料。此外，这些资料也一直在更新。但是，我们还是建议教师指导学生去利用这样的网络资源。我们认为，维基百科网站对许多词条是经过必要的处理的。不过，教师在向学生推荐以前，仍要先行浏览。

● 在线辅导资料

2012 年的版本中有 12 篇在线辅导资料，但是本版只保留了 5 篇。以下的在线辅导资料并不是仅针对某一章的内容，它们介绍的是电子商务基本技术，并且告诉读者可以到哪里查阅相关资料。

T1：电子客户关系管理；

T2：电子商务技术：电子数据交换、外联网、射频识别技术、云计算；

T3：商务智能、数据挖掘、文本挖掘和网络挖掘技术；

T4：网络市场的竞争态势；

T5：电子协同技术。

上述资料可以在 affordable-ecommerce-textbook.com 网站上找到。

本书的学习目标

完成了本书的学习以后，读者在如下方面可以得到提高：

1. 界定各种类型的电子商务活动，了解各种商务模式和盈利模式。

2. 了解与电子商务相关的各种运行机制。

3. 了解在线销售商品和服务的各种方式。

4. 了解各种网络 B2B 商务活动，包括销售、采购、拍卖、商务合作等。

5. 了解在线交易以外的各种电子商务活动，例如电子政务、远程学习、远程培训、网络协同等。

6. 了解移动商务的重要性、内容、实施等。

7. 了解社交网络、社交客户、虚拟世界、社交软件等。

8. 了解社交商务的各种应用，包括社交买卖、社交广告、社交客户关系管理、社交娱乐、众包等。

9. 了解社交企业运行机制。

10. 了解网络消费行为。

11. 了解网络环境的营销和广告活动。

12. 了解电子商务活动中的安全问题。

13. 了解与电子商务实施相关的支付问题，包括移动支付问题。

14. 了解电子商务活动中的订单实施和供应链管理的相关问题。

15. 了解电子商务战略和制定战略的步骤，包括合理化论证、战略制定、战略实施、项目评价等。

16. 了解电子商务的全球化环境。

17. 了解电子商务在中小型企业中的运用。

18. 了解电子商务运行的法律、社会、道德以及商务环境。

19. 了解电子商务系统的开发和运用。

本书编写的特点

本书有如下特点：

● 最完整的电子商务教科书

本书是目前市场上最完整的电子商务教科书。它探讨的话题最多，罗列了许多案例，提供了难以计数的网站链接。

● 管理视角

研究电子商务有两个侧重点：一是技术，二是管理。本书侧重于对管理的研究。书中主要是叙述电子商务的应用与实施。毫无疑问，技术也是十分重要的。所以，我们在第十章中讨论安全问题，在第十六章讨论电子商务的架构和系统开发。在为本书开发的网站（affordable-ecommerce-textbook.com）上，我们提供了5份在线阅读资料，详细探讨与技术相关的问题。每章结尾还有关于管理问题的讨论。

● 富有经验的职场人士参与编写

电子商务的教科书一般都是由1~2位学识渊博的学者编写的，但是参与我们教科书编写的作者有许多来自不同行业的专家，其中包括一位资深的电子商务企业的副总裁。编入教科书的各种资料都经过了严格的审核，保证其质量和风格的一致性。

● 真实案例

收入本书的案例真实、生动，有的是大公司，有的是小企业，涉及的范围跨越全球各地的各行各业，还有政府机构和非营利性组织。提供这些案例的，有的是学者，有的是职场人士。读者们可以从中了解电子商务的作用、它的成本效益，以及企业利用电子商务活动开展的创新行为。

● 理论研究

在本书的撰写中，我们不时地提到研究的理论基础，目的是方便读者了解电子商务的发展。研究的对象包括消费行为理论、竞争理论等。与此同时，我们还提供了许多网络资料、各种练习、参考资料。在每章的结尾，我们列出了网络资源的清单。

● 新颖的话题

书中涉及诸多有关电子商务的新颖话题，有些事件就发生在2013年或2014年。最后，我们向读者介绍了电子商务企业的一些后起之秀，例如Pinterest、Instagram、Volusion、Shopify等。

● 整合系统

许多研究互联网的著作较多地关注孤立的网络系统，但是我们在编写本书的过程中更多的是将网络系统放在宏观的企业管理和供应链管理环境中去思考。以社交网络为支撑的管理系统是全球电子商务、移动电子商务以及各种网络应用的最新发展。

● 全球视角

如今，人们越来越多地认识到全球贸易、全球环境下的竞争与合作的重要性。电子商务促进了进出口贸易，改善了跨国企业的管理，也加速了全球数字贸易的发展。每章我们都会编入一些全球电子商务的案例。在第四章，我们介绍了全球最大的电商企业阿里巴巴集团。我们的编写团队有的来自美国、韩国、德国、巴西、澳大利亚、菲律宾，有的来自中国大陆、中国澳门和中国台湾。我们采集的案例所涉及的国家和地区超过了 20 个。

- **中小型企业电子商务**

在本书中，我们不仅介绍大企业，还介绍许多中小型电商企业，它们的案例贯穿始终。

- **电子政务**

书中我们在不同场合介绍了电子商务在政府机构、非营利性组织以及其他各种非政府机构中的应用。

- **跨学科研究**

电子商务是一门多学科的研究，我们在整本书中一再强调这一点。这些学科包括会计、金融、管理信息系统、营销管理、经营管理、人力资源管理等。电子商务还涉及一些非商务领域，例如公共管理、计算机科学、社会学、工程学、心理学、政治、法律等。当然，对于理解电子商务，最重要的依然是经济学。

- **电子商务运营中的失误和教训**

电子商务运营有许多成功的案例，当然也有失败的案例。我们尽可能多地分析失败的原因，归纳它们给人们的教训（例如第十六章的导入案例）。

在线支持

我们在教科书网站上提供了 50 多份网络资料，作为每一章内容的补充。读者可以在网站 affordable-ecommerce-textbook.com 中浏览。

用户友好

本书探讨了电子商务领域的各种问题，内容简洁，叙述清楚，编排有序。书中有各种术语的定义，并对它们逐一进行解释。书中的叙述清晰易懂，实战案例丰富，能够吸引读者的兴趣。每一节的结尾都有复习题，以便读者复习、思考、消化、吸收。

网站链接

读者在学习本书内容的同时可以通过网站链接去搜索许多资源，它们不仅是所探讨的问题的补充，更是了解实时更新的信息的途径。

其他突出特点

1. 每一章中我们都设计了 5～10 个讨论题，还有 7～12 个课堂论辩题。

2. 结合每一章的导入案例，我们设计了专门的课堂作业。

3. 我们要求学生在课堂上观看片长为 3～10 分钟的小视频，内容是关于电子商务技术或小的商务案例的。观看以后，还可以按照要求进行讨论。

4. 结合每一章的内容，我们会建议读者浏览相关的视频资料，有的与呈现的案例分析密切相关。

5. 结合理论学习，书中介绍的真实案例超过 75 个。

6. 在本书的前言中，我们列出了整本书的学习目标。

本书的结构

本书共分 6 个部分，共 16 章。

- **第一部分：电子商务与网络市场**

第一部分主要介绍如今的商务环境、电子商务的基本概念及术语（第一章）。第二章讨论网络市场的机制及造成的影响。重点介绍人们已经熟悉的购物车、虚拟社区以及社交网络工具。我们还介绍了增强现实、众包、虚拟世界等内容。

- **第二部分：电子商务应用**

第二部分我们用 3 章的篇幅介绍电子商务应用。第三章讲述网络零售以及数字服务行业，例如旅游、数字银行等。这些都与个体消费者有着密切的关系。第四章介绍的是主要的 B2B 电子商务模式，包括在线拍卖、在线交易、电子采购、在线市场等。第五章的内容比较特别，它不是介绍买卖活动，而是介绍电子政务、远程学习、协同商务、C2C 电子商务等。

- **第三部分：新兴的电子商务平台**

第六章讨论无线电子商务的新应用，例如移动商务、定位商务、普适计算等。我们还介绍了物联网、智能系统、可穿戴设备等。第七章则是新生的社交营销、社交客户关系管理等。第八章主要介绍企业社交网络、众包以及其他各种社交媒体应用。

- **第四部分：电子商务支持系统**

这一部分由四章组成。第九章主要叙述网络消费行为和网络广告。第十章先讨论保护计算机系统的意义，接着介绍各种对电子商务活动及网络用户的攻击形式（例如网络欺诈），再讨论如何通过安全措施来降低风险。这一章还有关于网络战争的各种形式。第十一章介绍主要的电子商务支持系统，即电子支付（包括移动支付）的问题。第十二章介绍订单处理、供应链管理以及射频识别系统、协同式供应链库存管理的作用。

- **第五部分：电子商务战略与实施**

第十三章讨论电子商务实施及应用中的战略问题。这一章还介绍全球电子商务和小企业电子商务。第十四章介绍电子商务实施问题，包括合理化论证、成本效益分析、系统购置与开发，以及电子商务带来的影响。第十五章介绍电子商务运营中的法律、道德、社会问题，重点讨论监管问题、隐私保护问题以及环境保护问题。

- **在线的第六部分：创立网络企业、开展电子商务活动**

第十六章很特别。它介绍了如何创建一个网络店铺，如何从无到有地开展电子商务经营，以及传统企业如何增加电商业务。它手把手地教读者怎么做，以及如何取得成功。

学习助手

学生学习本书会发现有许多方便之处：

- **学习目标**

每章的开头列出了"学习目标"，这有助于学生将注意力集中于最重要的概念，关注增加了哪些新的内容。

- **导入案例**

每章的开始都有一个实际案例，说明电子商务对现代企业的意义。这些案例都是精心挑选的，使其与该章所讨论的内容密切相关。案例后面编写了"案例给予的启示"，将导入案例中所涉及的重要问题与本章的主要问题联系起来。

- **应用案例**

应用案例主要强调组织机构在拓展和实施电子商务过程中遇到的实际问题。案例后面设计了若干个问题，引发学生的思考。

- **实际案例**

我们编写了几十个实际案例，告诉读者电子商务理论和工具如何应用于实际经营。这部分内容往往描述得比较详细。

- **图表**

书中插入了丰富的图表，这些图表是对所讨论的问题的拓展和补充。

- **复习题**

每一节的后面都有与所叙述的内容相关的复习题。设置这些思考题的目的是帮助学生在学习后续内容之前，先总结已经学习的内容，温故而知新。

- **管理问题**

在每章的末尾，我们讨论一些管理者在开展网络业务时会面临的问题，这些问题以提问的形式出现，目的是启发读者积极地思考。

- **本章小结**

在各章之后，我们设计了"本章小结"，其中的内容与每章开头的"学习目标"一一对应。

- **章末练习**

在各章后面的练习中，设有各类问题，用于测试学生理解和应用知识的能力。"讨论题"用来促进学生的讨论和思考。"课堂论辩题"的设计是为了提升学生的沟通能力和辩证思维能力。"网络实践"是挑战性较强的作业，它要求学生在网络上搜索信息，学以致用。我们设计了250多个动手练习，指引学生浏览自己感兴趣的网站，开展市场调研，观察企业或组织对网络的实际应用，下载试用软件，了解网络新技术。"团队合作"则是希望学生以团队的形式去完成团队项目。

- **章末案例**

每章的末尾都有一个综合案例。它比其他案例要剖析得更加深入，案例后面依然有一些与每章中讨论的话题相关的问题。

- **术语表**

每章的最后是"术语表"，它们按照英语字母顺序排列，便于读者查阅。

伙伴网站：**affordable-ecommerce-textbook.com**

本书的伙伴网站提供了如下资料：
- 5篇在线辅导资料。
- 在每章的在线资料中有更多电子商务应用案例和阅读资料。

致谢

许多人帮助我们创作了这本教科书。由于人数众多，无法一一列举，在此一并向内容的提供者和审阅者表示衷心的感谢，感谢他们为本书所做的贡献。

目 录

第一部分　电子商务与网络市场

第一章　电子商务导论 ……………………………………………… 3

导入案例：星巴克如何向数字企业及社交企业转变 ……………… 3

1.1 电子商务：定义与概念 …………………………………………… 5

1.2 电子商务：增长趋势、内容、分类及发展简史 ………………… 7

1.3 电子商务的驱动力和益处 ………………………………………… 14

1.4 电子商务的2.0时代：从社交商务到虚拟世界 ………………… 16

1.5 数字社交世界里的经济、企业和社会 …………………………… 21

1.6 不断变化的经营环境、企业的应对策略，以及电子商务的影响 … 28

1.7 电子商务商业模式 ………………………………………………… 31

1.8 电子商务的局限性、影响和未来 ………………………………… 34

1.9 本书概要 …………………………………………………………… 37

管理问题 ………………………………………………………………… 38

本章小结 ………………………………………………………………… 38

讨论题 …………………………………………………………………… 39

课堂论辩题 ……………………………………………………………… 39

网络实践 ………………………………………………………………… 40

团队合作 ………………………………………………………………… 40

章末案例　美式橄榄球联盟赛事中的电子商务 …………………… 41

在线补充读物 …………………………………………………………… 43

术语表 …………………………………………………………………… 43

第二章　电子商务技术、基础设施及工具 …………………………… 45

导入案例：Pinterest：一个新兴的社交网站 …………………… 45

2.1 电子商务技术面面观 ……………………………………………… 47

2.2 网络市场 …………………………………………………………… 49

2.3 客户购物场所：网络店铺、网络商城及门户网站 ……………… 54

2.4 商用解决方案：电子目录、搜索引擎和购物车 ………………… 57

2.5 网络竞价、物物交换及在线谈判 ………………………………… 60

2.6 虚拟社区及社交网络 ……………………………………………… 65

2.7 虚拟世界在电子商务中的应用 ·· 73

2.8 新兴电子商务技术：增强现实和众包 ··· 76

2.9 电子商务发展的未来：Web 3.0、Web 4.0 和 Web 5.0 ················ 80

管理问题 ·· 82

本章小结 ·· 82

讨论题 ··· 83

课堂论辩题 ·· 84

网络实践 ·· 84

团队合作 ·· 85

章末案例 马达加斯加用贸易网站来优化现代化的港口 ···················· 86

在线补充读物 ··· 87

术语表 ··· 87

第二部分 电子商务应用

第三章 零售业电子商务：产品与服务 ··· 91

导入案例：亚马逊公司：全球最大的 B2C 网络商店 ························· 91

3.1 网络营销及 B2C 网络零售业务 ·· 93

3.2 网络零售业务的商务模式 ··· 97

3.3 网络旅游和宾馆服务 ··· 101

3.4 网络就业市场 ··· 106

3.5 在线房地产市场、保险市场及股票交易市场 ··························· 110

3.6 网络银行和个人理财 ··· 113

3.7 按需提供实体产品、数字产品、娱乐信息和游戏 ···················· 117

3.8 其他 B2C 服务：从在线约会到婚礼策划 ································ 122

3.9 在线购买决策辅助工具 ·· 124

3.10 零售竞争的新局面：传统零售商与网络零售商 ······················ 130

3.11 在线零售中存在的问题和教训 ··· 135

管理问题 ·· 137

本章小结 ·· 138

讨论题 ··· 139

课堂论辩题 ·· 139

网络实践 ·· 140

团队合作 ·· 140

章末案例 Etsy：一个社交导向型的 B2C 市场 ····························· 142

在线补充读物 ··· 143

术语表 ··· 143

第四章 B2B 电子商务 ··· 145

导入案例：阿里巴巴：世界上最大的 B2B 市场 ···························· 145

4.1 B2B 电子商务的概念、特征和经营模式 ································· 147

4.2　一对多：卖方电子市场 ·· 153

4.3　通过网上拍卖进行销售 ·· 156

4.4　多对一：买方电子市场采购活动 ···································· 158

4.5　买方网络市场逆向拍卖 ·· 163

4.6　网络采购的其他方法 ·· 166

4.7　B2B 交易平台的定义和基本概念 ·································· 168

4.8　B2B 门户网站及交易名录 ·· 173

4.9　Web 2.0 时代及社交网络时代的 B2B 电子商务 ············· 175

4.10　B2B 支持机制 ··· 179

管理问题 ·· 182

本章小结 ·· 183

讨论题 ··· 184

课堂论辩题 ··· 184

网络实践 ·· 184

团队合作 ·· 185

章末案例　谢菲尔德大学的电子采购系统 ································ 185

在线补充读物 ·· 186

术语表 ··· 187

第五章　电子商务创新：从电子政务到远程教育、协同商务、C2C 商务 ······ 189

导入案例：康帕斯集团通过将管理人员变成"侦探"来提高在线培训 ······ 189

5.1　电子政务概述 ·· 190

5.2　远程教育、网络培训及电子图书 ···································· 198

5.3　知识管理、咨询系统及电子商务 ···································· 208

5.4　协同商务 ··· 216

5.5　C2C 电子商务 ·· 221

管理问题 ·· 223

本章小结 ·· 224

讨论题 ··· 225

课堂论辩题 ··· 225

网络实践 ·· 225

团队合作 ·· 226

章末案例　从本地 SDI 应用到电子政务 ·································· 227

在线补充读物 ·· 229

术语表 ··· 229

第三部分　新兴的电子商务平台

第六章　移动商务及普适计算 ·· 233

导入案例：赫兹公司：全面实现移动商务 ································ 233

6.1　移动商务的定义、应用范围、属性、驱动力、应用方式以及优势 ·········· 235

6.2 移动商务的技术基础：移动计算的要素与服务 ⋯⋯⋯⋯ 240

6.3 移动金融服务 ⋯⋯⋯⋯⋯⋯⋯⋯⋯⋯⋯⋯⋯⋯⋯⋯⋯ 246

6.4 企业对移动技术的应用 ⋯⋯⋯⋯⋯⋯⋯⋯⋯⋯⋯⋯⋯ 249

6.5 移动娱乐、游戏、消费服务和移动购物 ⋯⋯⋯⋯⋯⋯ 251

6.6 移动定位商务和移动社交网络 ⋯⋯⋯⋯⋯⋯⋯⋯⋯⋯ 257

6.7 普适计算及感应网络 ⋯⋯⋯⋯⋯⋯⋯⋯⋯⋯⋯⋯⋯⋯ 262

6.8 新兴话题：从可穿戴设备、谷歌眼镜到智慧城市 ⋯⋯ 268

6.9 移动商务的实施问题：安全问题、隐私问题、移动商务面临的障碍 ⋯⋯ 270

管理问题 ⋯⋯⋯⋯⋯⋯⋯⋯⋯⋯⋯⋯⋯⋯⋯⋯⋯⋯⋯⋯⋯⋯ 274

本章小结 ⋯⋯⋯⋯⋯⋯⋯⋯⋯⋯⋯⋯⋯⋯⋯⋯⋯⋯⋯⋯⋯⋯ 274

讨论题 ⋯⋯⋯⋯⋯⋯⋯⋯⋯⋯⋯⋯⋯⋯⋯⋯⋯⋯⋯⋯⋯⋯⋯ 275

课堂论辩题 ⋯⋯⋯⋯⋯⋯⋯⋯⋯⋯⋯⋯⋯⋯⋯⋯⋯⋯⋯⋯⋯ 276

网络实践 ⋯⋯⋯⋯⋯⋯⋯⋯⋯⋯⋯⋯⋯⋯⋯⋯⋯⋯⋯⋯⋯⋯ 276

团队合作 ⋯⋯⋯⋯⋯⋯⋯⋯⋯⋯⋯⋯⋯⋯⋯⋯⋯⋯⋯⋯⋯⋯ 276

章末案例　摩托罗拉公司：一家医院与工厂的无线解决方案 ⋯⋯ 277

在线补充读物 ⋯⋯⋯⋯⋯⋯⋯⋯⋯⋯⋯⋯⋯⋯⋯⋯⋯⋯⋯⋯ 279

术语表 ⋯⋯⋯⋯⋯⋯⋯⋯⋯⋯⋯⋯⋯⋯⋯⋯⋯⋯⋯⋯⋯⋯⋯ 279

第七章　社交商务、社交营销和广告 ⋯⋯⋯⋯⋯⋯⋯⋯⋯ 281

导入案例：索尼公司：如何利用社交媒体改进客户关系管理 ⋯⋯ 281

7.1 社交商务：定义和演变 ⋯⋯⋯⋯⋯⋯⋯⋯⋯⋯⋯⋯⋯ 282

7.2 社交商务面面观 ⋯⋯⋯⋯⋯⋯⋯⋯⋯⋯⋯⋯⋯⋯⋯⋯ 285

7.3 社交商务带来的利益和局限性 ⋯⋯⋯⋯⋯⋯⋯⋯⋯⋯ 288

7.4 社交购物的概念、利益和模式 ⋯⋯⋯⋯⋯⋯⋯⋯⋯⋯ 292

7.5 社交广告：从病毒营销广告发展到定位广告 ⋯⋯⋯⋯ 310

7.6 社交客户服务及社交客户关系管理 ⋯⋯⋯⋯⋯⋯⋯⋯ 316

管理问题 ⋯⋯⋯⋯⋯⋯⋯⋯⋯⋯⋯⋯⋯⋯⋯⋯⋯⋯⋯⋯⋯⋯ 326

本章小结 ⋯⋯⋯⋯⋯⋯⋯⋯⋯⋯⋯⋯⋯⋯⋯⋯⋯⋯⋯⋯⋯⋯ 327

讨论题 ⋯⋯⋯⋯⋯⋯⋯⋯⋯⋯⋯⋯⋯⋯⋯⋯⋯⋯⋯⋯⋯⋯⋯ 328

课堂论辩题 ⋯⋯⋯⋯⋯⋯⋯⋯⋯⋯⋯⋯⋯⋯⋯⋯⋯⋯⋯⋯⋯ 328

网络实践 ⋯⋯⋯⋯⋯⋯⋯⋯⋯⋯⋯⋯⋯⋯⋯⋯⋯⋯⋯⋯⋯⋯ 328

团队合作 ⋯⋯⋯⋯⋯⋯⋯⋯⋯⋯⋯⋯⋯⋯⋯⋯⋯⋯⋯⋯⋯⋯ 329

章末案例　团购能帮助企业走向繁荣吗？ ⋯⋯⋯⋯⋯⋯⋯⋯ 329

在线补充读物 ⋯⋯⋯⋯⋯⋯⋯⋯⋯⋯⋯⋯⋯⋯⋯⋯⋯⋯⋯⋯ 333

术语表 ⋯⋯⋯⋯⋯⋯⋯⋯⋯⋯⋯⋯⋯⋯⋯⋯⋯⋯⋯⋯⋯⋯⋯ 333

第八章　社交企业以及其他社交商务问题 ⋯⋯⋯⋯⋯⋯ 335

导入案例：CEMEX 公司：如何利用企业 2.0 带来变革 ⋯⋯ 335

8.1 社交商务和社交企业 ⋯⋯⋯⋯⋯⋯⋯⋯⋯⋯⋯⋯⋯⋯ 336

8.2 商务型公共社交网络 ⋯⋯⋯⋯⋯⋯⋯⋯⋯⋯⋯⋯⋯⋯ 339

8.3 企业社交网络 ⋯⋯⋯⋯⋯⋯⋯⋯⋯⋯⋯⋯⋯⋯⋯⋯⋯ 340

8.4 社交商务：在虚拟世界中的应用 ⋯⋯⋯⋯⋯⋯⋯⋯⋯ 345

8.5　社交网络娱乐 ……………………………………………………………… 350
8.6　社交网络游戏与游戏化 …………………………………………………… 352
8.7　众包：用于解决问题和内容创作 ………………………………………… 355
8.8　社交协作（协作 2.0） ……………………………………………………… 358
管理问题 …………………………………………………………………………… 362
本章小结 …………………………………………………………………………… 363
讨论题 ……………………………………………………………………………… 364
课堂论辩题 ………………………………………………………………………… 364
网络实践 …………………………………………………………………………… 364
团队合作 …………………………………………………………………………… 365
章末案例　领英：首屈一指的公共商务型社交网络 …………………………… 366
术语表 ……………………………………………………………………………… 368

第四部分　电子商务支持系统

第九章　电子商务中的广告及营销活动 ……………………………………… 371
导入案例：市场调查有助于德尔蒙特公司改进狗粮产品 ……………………… 371
9.1　网络环境下的消费者行为方式 …………………………………………… 372
9.2　消费者购买决策的制定过程 ……………………………………………… 375
9.3　电子商务中客户忠诚度、满意度以及信任度 …………………………… 377
9.4　大众营销、市场细分和关系营销 ………………………………………… 380
9.5　个性化和行为营销 ………………………………………………………… 383
9.6　电子商务活动中的市场调研 ……………………………………………… 386
9.7　网络广告 …………………………………………………………………… 390
9.8　网络广告方法：从电子邮件到搜索引擎优化和视频广告 ……………… 393
9.9　移动营销与广告 …………………………………………………………… 404
9.10　广告策略和推广 ………………………………………………………… 408
管理问题 …………………………………………………………………………… 412
本章小结 …………………………………………………………………………… 413
讨论题 ……………………………………………………………………………… 414
课堂论辩题 ………………………………………………………………………… 415
网络实践 …………………………………………………………………………… 415
团队合作 …………………………………………………………………………… 416
章末案例　强生公司的新媒体营销 ……………………………………………… 416
在线补充读物 ……………………………………………………………………… 418
术语表 ……………………………………………………………………………… 418
第十章　电子商务欺诈与安全防范 …………………………………………… 421
导入案例：纽约州立大学古西堡学院的网络管理 ……………………………… 421
10.1　信息安全问题 …………………………………………………………… 422
10.2　电子商务安全的基本问题和形势 ……………………………………… 428

10.3 技术性攻击方法：从病毒到拒绝服务 ················ 434

10.4 非技术性攻击方法：从网络钓鱼到垃圾邮件和欺诈 ·········· 439

10.5 信息安全模型和防御策略 ······················· 449

10.6 电子商务安全防御之一：接入控制、加密和公钥基础设施 ······ 452

10.7 电子商务安全防御之二：电子商务网络安全 ············· 458

10.8 电子商务安全防御之三：一般控制、垃圾邮件、弹出窗口、欺诈和社会
工程控制 ································· 461

10.9 实施企业电子商务安全计划 ···················· 465

管理问题 ································· 468

本章小结 ································· 468

讨论题 ·································· 470

课堂论辩题 ······························· 470

网络实践 ································· 470

团队合作 ································· 471

章末案例 银行如何成功阻止网络诈骗、垃圾邮件和网络犯罪 ······· 472

在线补充读物 ······························ 473

术语表 ································· 473

第十一章 电子商务支付系统 ···················· 477

导入案例：按浏览量支付模式：下一代的 iTune ·············· 477

11.1 支付方式的变革 ························· 479

11.2 网上支付卡的使用 ························ 482

11.3 智能卡 ····························· 486

11.4 小额支付 ···························· 489

11.5 电子支票 ···························· 490

11.6 移动支付 ···························· 492

11.7 B2B 电子支付以及国际电子支付 ················· 498

11.8 新兴电子商务支付系统及其问题 ················· 501

管理问题 ································· 504

本章小结 ································· 504

讨论题 ·································· 506

课堂论辩题 ······························· 506

网络实践 ································· 506

团队合作 ································· 507

章末案例 韩国首尔都市统一票价系统对信用卡支付的创新应用 ······ 507

在线补充读物 ······························ 509

术语表 ································· 509

第十二章 供应链管理中的订单实施 ················ 511

导入案例：亚马逊公司的订单实施 ··················· 511

12.1 订单实施和物流 ························· 512

12.2 供应链中订单实施存在的问题 ················· 516

12.3 供应链中订单实施问题的解决途径 …………………………………………… 518

12.4 射频识别及协同式供应链库存管理 …………………………………………… 529

12.5 其他电子商务的支持性服务 …………………………………………………… 533

管理问题 ……………………………………………………………………………… 536

本章小结 ……………………………………………………………………………… 537

讨论题 ………………………………………………………………………………… 538

课堂论辩题 …………………………………………………………………………… 538

网络实践 ……………………………………………………………………………… 538

团队合作 ……………………………………………………………………………… 539

章末案例 多渠道零售：以 Nordstrom 和 REI 公司为例 ……………………… 539

在线补充读物 ………………………………………………………………………… 541

术语表 ………………………………………………………………………………… 541

第五部分 电子商务战略与实施

第十三章 电子商务战略、全球化和中小企业 ……………………………… 545

导入案例：宝洁公司的电子商务战略 …………………………………………… 545

13.1 公司战略 ………………………………………………………………………… 547

13.2 战略规划过程和工具 …………………………………………………………… 550

13.3 电子商务战略准备 ……………………………………………………………… 554

13.4 电子商务战略制定 ……………………………………………………………… 557

13.5 电子商务战略实施 ……………………………………………………………… 562

13.6 电子商务战略和项目的绩效评价 ……………………………………………… 565

13.7 绩效改进和创新 ………………………………………………………………… 571

13.8 全球电子商务战略 ……………………………………………………………… 573

13.9 中小企业的电子商务战略 ……………………………………………………… 578

管理问题 ……………………………………………………………………………… 581

本章小结 ……………………………………………………………………………… 582

讨论题 ………………………………………………………………………………… 582

课堂论辩题 …………………………………………………………………………… 583

网络实践 ……………………………………………………………………………… 583

团队合作 ……………………………………………………………………………… 584

章末案例 创造性的网络拍卖战略提高了波特兰海鲜交易所的效率 ………… 584

在线补充读物 ………………………………………………………………………… 585

术语表 ………………………………………………………………………………… 586

第十四章 电子商务系统实施 ……………………………………………………… 587

导入案例：Telstra 公司为客户解释电子商务初创活动 ………………………… 587

14.1 电子商务系统实施概述 ………………………………………………………… 588

14.2 为什么要论证电子商务投资？如何论证？ …………………………………… 589

14.3 电子商务项目投资衡量和论证的难点 ………………………………………… 593

14.4　电子商务投资评估及论证的方法和工具 ·············· 596

14.5　电子商务指标和项目论证案例 ················· 600

14.6　电子商务经济学 ························ 602

14.7　开发电子商务系统的五个步骤 ················· 606

14.8　电子商务项目的开发策略 ··················· 609

14.9　电子商务对组织的影响 ···················· 612

14.10　电子商务的机遇与风险 ··················· 617

管理问题 ······························· 619

本章小结 ······························· 620

讨论题 ································ 621

课堂论辩题 ····························· 622

网络实践 ······························· 622

团队合作 ······························· 622

章末案例　电子商务助力孟菲斯投资公司在投资业一马当先 ········ 623

在线补充读物 ···························· 624

术语表 ································ 624

第十五章　电子商务的监管、道德及社会环境 ·············· 626

导入案例：迪士尼公司为何向盗版网站注资？ ············· 626

15.1　道德挑战和指导原则 ····················· 627

15.2　知识产权法和版权保护 ···················· 630

15.3　隐私权、隐私保护和言论自由 ················· 634

15.4　与电子商务相关的重要法律问题 ················ 642

15.5　对消费者和商家免于网络欺诈的保护 ·············· 644

15.6　公共政策、税收和政治环境 ·················· 648

15.7　社会问题和绿色电子商务 ··················· 649

15.8　电子商务的未来 ······················· 654

管理问题 ······························· 656

本章小结 ······························· 657

讨论题 ································ 658

课堂论辩题 ····························· 658

网络实践 ······························· 659

团队合作 ······························· 659

章末案例　海盗湾和文件共享的未来 ················· 660

在线补充读物 ···························· 661

术语表 ································ 661

第十六章　成功开展网络经营和电子商务项目 ·············· 663

导入案例：I Am Hungry 公司：吃的便宜并非解决之道 ········ 663

16.1　了解电子商务，开设新电商公司 ················ 665

16.2　增加电商业务或转型成为电子商务企业 ············· 671

16.3　自主开发或购买网站 ····················· 673

16.4　网站托管和注册域名 ································· 675
16.5　网站内容编排和管理 ································· 678
16.6　网站设计 ·· 679
16.7　提供电子商务支持服务 ······························ 683
16.8　开设网店 ·· 686
管理问题 ·· 688
本章小结 ·· 688
讨论题 ··· 689
课堂论辩题 ·· 689
网络实践 ·· 690
团队合作 ·· 690
章末案例　脸谱：一个掀起世界风暴的大学项目 ················ 691
在线补充读物 ·· 692
术语表 ··· 692

第一部分
电子商务与网络市场

第一章 电子商务导论

学习目标

1. 电子商务的定义及其分类；
2. 描述电子商务的内容和框架；
3. 描述电子商务交易的种类；
4. 描述电子商务的动力；
5. 讨论电子商务给个人、组织和整个社会带来的益处；
6. 讨论电子商务2.0与社交媒体；
7. 描述社交网络商务及社交软件；
8. 理解数字社会的要素；
9. 描述主要的环境压力和组织应对措施；
10. 描述电子商务的商业模式；
11. 列出并描述电子商务活动面临的局限。

|导入案例| 星巴克如何向数字企业及社交企业转变

星巴克是全球最大的连锁咖啡店，在63个国家开设了20 800家分店（2013年统计数据）。很多人认为星巴克是一家传统的商店，顾客走进来、买咖啡或其他产品、付现金或刷信用卡，在店里消费，也可以办公。人们并不认为星巴克业务中有计算机技术的运用。而事实并非如此，星巴克正在向数字化、社会化企业转型（Van Grove, 2012）。

一直以来，星巴克都以吸引年轻顾客而知名，因为在美国和加拿大的门店都能获取免费WiFi。但它们近来开始启动数字化行动方案，以期成为一家真正的技术型企业。

存在的问题

自2007年起，星巴克的运营收入锐减（2007年运营收入10亿多美元，2008年和2009年分别降至5.04亿美元和5.6亿美元），不仅是由于经济衰退，也因为绿山咖啡等竞争对手的增加导致竞争加剧。优质的咖啡和服务只能带来短时间的优势，它们还需要一个更好的解决方案。

星巴克意识到有必要与顾客建立更好的互动，并决定通过数字化解决这一问题。

解决方案：走向数字化、社交化

除了用传统的措施来改进运营、提高盈利，星巴克还发展电子商务，用计算机系统来执行、支撑其业务。公司任命了一位头衔为首席数字官的高管人员，负责数字化战略管理。另外，还成立了数字创新团队落实技术成果。

启动电子商务行动

星巴克开展了电子商务项目，主要有以下几项：

在线商店。星巴克在store. starbucks. com网站上在线出售少数商品，品种包含咖啡、茶和其他周边商品。这个网店已运作几年，采用典型的购物车（叫"我的购物袋"）。公司重新全面设计了网站，使购物更加简易、便利（2011年8月）。此外，顾客（个人或企业）可以对配送日程安排和特殊项目作个性化规划。顾客还可以订购市场罕有、制作精致的咖啡，这些咖啡原本仅在美国个别实体门店才有售，现在全美、全世界的顾客都可以享用。最后，在线顾客还能享受专属优惠。

电子礼品卡项目。顾客可以从星巴克购买电子的礼品定制卡（例如，为朋友购买一张将在指定日期自动送达的生日礼品卡），可以用信用卡支付，也可以用贝宝（PayPal）在线支付。礼品卡会通过电子邮件或邮寄的方式送到接收者手中。

接收方可以把礼品卡打印出来，到星巴克实体店消费，并把消费金额计入他们的星巴克支付卡或电子卡。

客户忠诚度项目。与航空公司等其他企业一样，星巴克也有客户忠诚维系方案（我的星享卡）。达到金卡级别的会员能享受到额外的福利。这个项目实行电子化管理。

移动支付。客户在星巴克门店消费可以采用预付费的卡（即储值卡）支付。这类似于交通领域或智能手机领域的预充值。

● **智能手机支付**。星巴克的顾客还能使用移动设备在门店买单。每笔支付都需要以下两种技术：

使用星巴克移动 APP。顾客手机里需要预装一款 APP，支付时选择"触摸支付"，然后扫描商家注册的条形码，即可完成支付。这一系统自动关联到借记卡或信用卡上，仅在星巴克自有商店才能使用。

● **使用移动支付**。"广场革命制度"（参阅第 11 章内容），通过附加一个小装置（读卡器）到具备互联网功能的移动设备（如 iPad、iPhone），允许商人接受信用卡或借记卡付款。随后商家刷客户的信用卡（或借记卡）立即获得批准。这样，星巴克店面的成本显著低于该公司使用传统信用卡服务时的成本。参见 Magid（2012）。

社交媒体计划

星巴克意识到了社交媒体的重要性。社交媒体基于互联网系统，提供社交互动、用户参与、约会的平台（第 7 章）。因此，星巴克采取了若干行动，培养基于需要、需求和兴趣爱好的客户关系，发展潜在客户。以下就是一些具有代表性的措施。

开发大众智慧。mystarbucksidea.com 是一个平台，超过 30 万客户和雇员在这里结成一个社区，提出改进建议，投票选择建议，提出疑问，合作完成项目，同时也表达自己的不满和受挫感。这个社区在第一年就形成了 7 万条建议，范围涉及极广，小到公司的会员卡、取消纸杯等小点子，大到客户服务改进的方法，皆有涉及。该网站也对这些想法按照种类和状态（审查中、已审查、计划中、开展中）进行统计分析。公司将采取激励措施，鼓励某些想法。例如，2010 年 6 月，对用过的咖啡杯重复利用的最佳方案，星巴克奖励了 2 万美元。这项行动是基于大众智慧技术，即众所周知的众包（详见第 2 章与第 8 章），主

要依赖下文所述的博客。

行动博客（Action Blog）里的星巴克创意。行动博客的撰写人是雇员们，主要讨论公司如何处理 MyStarbucksIdea 网站中获得的创意和点子。

脸谱（Facebook）上的星巴克活动。星巴克完全融入脸谱网，举行了一些社交商业活动。这个网站的输入数据全部来自星巴克的客户。公司上传视频、博客帖子、照片，宣传推广、产品特点和特价商品信息。数百万喜爱星巴克的用户证明，这是脸谱上最受欢迎的公司之一，拥有粉丝达 3 600 万之多（2014 年 2 月），该数据在 starcount. com/chart/wiki/Starbucks/today 和 facebook. com/Starbucks 皆有显示。星巴克提供一流的在线营销沟通体验，以及移动商务协议，它把内容、问题和更新都发在脸谱墙上，同时也在自己的脸谱首页上做广告。值得注意的是，星巴克一直都对这些广告措施的投入收益状况进行评估。

领英（LinkedIn）和谷歌＋上的星巴克活动。星巴克领英网站，粉丝逾 50 万（2014 年 7 月），提供关于公司的业务数据，发布最新的管理岗位招聘与广告信息。在谷歌＋上，星巴克也同样活跃。

推特（Twitter）上的星巴克活动。2015 年 2 月，星巴克在 18 025 条 list（例如，@ starbucks/friends）上有推特粉丝（Follow@ starbucks）逾 270 万。每一条 list 都自有其粉丝和推文。公司有更新或者营销活动的时候，就会鼓励推特上的讨论。到 2013 年 10 月，星巴克成为推特上关注度最高的零售商，同年 11 月，星巴克向推特好友和粉丝赠送了一批 5 元礼品卡。

YouTube，Flickr 和 Instagram 上的星巴克活动。星巴克在 YouTube（youtube. com/ Starbucks）和 Flickr（flickr. com/Starbucks）上都有注册账户，发布视频和照片供广大网友观看，还在这里做广告和活动。在图片分享网站 Instagram（instagram. com）上，星巴克同样拥有多达 400 万的粉丝。

星巴克的数字网络。为了支持其虚拟活动，公司利用星巴克数字网络，在主要媒体合作伙伴［如《纽约时报》（*New York Times*），iTunes］上发布在线内容，这些内容专门设计适配于平板电脑（如 iPad）、智能手机等移动设备，主要有新闻、娱乐、商务、健康，以及当地地区信息等频道。

失败的经历：早期采用 Foursquare。* 星巴克并非所有的社交媒体项目都是成功的。公司曾决定与 Foursquare 合作，采用地理定位（详见第 7 章）。这

---

* 一家基于用户地理位置信息的手机服务网站。——译者注

一行为并未收到预期效果，项目于 2010 年年中终止
[详见 Teicher（2010）的原因分析]。星巴克在英国
与一家叫 Placecast 的地理定位公司做了实验研究，
2011 年秋，星巴克对此业务的机遇和局限有了更好
的理解，所以有可能会与脸谱网的自动定位服务系统
合作，再次尝试定位业务，或者，也可能重启 Four-
square 项目。

取得的成就

York（2010）认为，星巴克销售好转，是由于有
效地整合了虚拟网络和实体经营。2010 年，星巴克
运营收入增长将近两倍（当年收入 14.37 亿美元，而
2009 年为 5.6 亿美元），股价也随之上涨。2011 年，
运营收入达到了 17 亿美元，并从此开始快速增长。

星巴克的社交媒体活动受到广泛认可。2012 年，
上榜《财富》（Fortune）杂志社交媒体明星排行榜
（《财富》，2012），2008 年获弗瑞斯特研究公司年度风
潮奖。星巴克脸谱网站拥有数百万粉丝，极受欢迎
（有时甚至超过流行偶像 Lady Gaga）。星巴克认为自
己的十大哲学准则推动了其在社交媒体行动中的成功
（Belicove，2010）。

资料来源：Belicove（2010），York（2010），Cal-
lari（2010），Van Grove（2012），Loeb（2013），Gem-
barski（2012），Marsden（2010），Teicher（2010），
Walsh（2010），mystarbucks. force. com 和 blogs. star-
bucks. com（2014 年 5 月数据）。

案例给予的启示

星巴克公司经营的案例阐释了一个大型零售商是
如何转型成为虚拟社交企业的。经营电子化是电子商
务的主要手法之一，也是本书的主题。案例中涉及本
章将要讨论的多个话题，这些话题也是全书中的主要
话题：

1. 电子商务有多种形式，包括在线销售、客户
服务和协作智能。

2. 案例显示买卖双方都能获益，这是电子商务
的典型特点。

3. 电子商务能向多地区（甚至是海外）、多客户
（个人或企业）提供产品和服务。

4. 在普通实体商店，顾客总是一手交钱，一手
交货。但是在 starbucks. com 和其他购物网站，顾客
下单、支付，商品就会配送上门。因此，订单的执行
必须及时、高效。

5. 数字化经营固然有利，但发展成为社会导向
的企业，受益更深。两条道路都是电子商务的支柱，
也是本书主题。

本章主要讨论的是电子商务的要素，部分要素已在
导入案例中提及。我们将展示电子商务的一些驱动力和
好处，并阐释其对技术的影响，尤其关注社交经济、社
交网络和社交类企业。最后，将对本书作一个简要
介绍。

1.1 电子商务：定义与概念

2002 年，现代管理学之父彼得·德鲁克（Peter Drucker）曾预测电子商务将会对商业活动产
生意义深远的影响。而当今世界电子商务的普及程度验证了德鲁克的预言。

电子商务的定义

所谓**电子商务**（electronic commerce，EC），就是利用计算机网络，主要是互联网和内联网买
卖、交换、配送商品、服务、信息的过程。参见 Plunkett et al.（2014），也可以浏览 youtube.
com/watch? v＝3wZw2IRb0Vg。人们往往将"电子商务"与"电子业务"（e-business）混淆在
一起。

电子业务的定义

有些人认为，"商务"仅仅是企业间的买卖活动。如果如此去界定"商务"，那么"电子商务"

的概念就会显得十分狭窄。因此，就有人提出了"电子业务"的概念。**电子业务**（e-business）是对狭义"电子商务"的扩充，它不仅仅是指商品、服务的买卖，而且包括客户服务，与商业伙伴的协调、合作，利用网络开展学习活动，以及组织内部的电子信息交换。也有人认为，电子业务是指利用互联网所开展的买卖以外的各种活动，例如企业间的合作、企业内部的沟通等。也就是说，这是对狭义电子商务的补充，狭义电子商务隶属于电子业务的范畴。本书中，我们引用的是最广义的电子商务，它与最广义的电子业务有着共同的研究领域。因此，在本书中，两个词指的是一个意思。

电子商务的重要概念

与电子商务相关的还有一些重要概念。例如：

完全电子商务与部分电子商务

电子商务可以分为完全电子商务和部分电子商务，这是基于电子商务三大主要活动的特性。这三大活动为订购支付、订单实施和产品配送，既可以是实体的，也可以是数字的。经过组合，就形成了表 1.1 中的 8 个模块。若所有活动都是数字化的，则为完全电子商务；若都不是数字化的，则谈不上电子商务；除此之外，都是部分电子商务。

表 1.1 电子商务分类

活动	1	2	3	4	5	6	7	8
订购支付	实体	数字	数字	数字	数字	实体	实体	实体
订单实施	实体	数字	数字	实体	实体	数字	实体	数字
产品配送	实体	数字	实体	实体	数字	数字	数字	实体
电子商务种类	非电子商务	完全电子商务	部分电子商务					

商务活动中只要有一个要素是数字的，我们就可以认为它属于电子商务，但属于"部分电子商务"。例如在戴尔公司网站上订购一台电脑，或是在亚马逊公司网站上购书，这些都属于部分电子商务，因为商品要通过实体渠道配送。若是从亚马逊网站购买一本电子书，或是在 Buy.com 网站上购买一款软件产品，就属于完全电子商务，因为订购、处理、配送等流程都是数字化的。很多公司的电子商务运作都用了两种或两种以上模式。例如，捷豹提供了在线的购前汽车 3D 布局展示。参见视频"电子商务简介"（请浏览 plunkettresearch.com/ video/ecommerce）。

电子商务组织

纯粹的实体公司或是组织可以称为**砖瓦加水泥式组织**（brick-and-mortar organization），也可以称作**旧经济组织**（old economy organization）。若一家企业或是组织只开展电子商务活动，不管是纯粹的还是部分的，就可以称其为**虚拟组织**（virtual organization），或是**纯电子商务组织**（pure-play organization）。还有一种组织称为**鼠标加水泥式组织**（click-and-mortar，click-and-brick），它们从事一些电子商务活动，作为营销渠道的补充。许多传统企业都在一步一步地开展电子商务活动，成为"鼠标加水泥式"企业（如 GAP，Target）。

电子市场和网络

电子商务活动可以在**电子市场**（electronic market，e-marketplace）上开展。买卖双方在网络上相遇，交换商品、服务、信息。任何个人都可以在网上开店，在线售卖产品或服务。买卖双方利用互联网在电子市场上联络，而企业或是组织中的各职能部门则是利用内联网联络。所谓**内联**

网（intranet）是指公司或是支付机构内的网络，但它使用的依然是互联网工具，例如网络浏览器和互联网标准。与计算机环境相关的还有**外联网**（extranet），那是指利用互联网将多家组织的内联网安全地连接在一起（参见在线辅导资料 T2）。

1.1 节复习题

1. 定义电子商务及电子业务。
2. 区别完全电子商务及不完全电子商务。
3. 定义"砖瓦水泥"企业及"鼠标水泥"企业。
4. 定义电子市场。
5. 定义内联网及外联网。

1.2 电子商务：增长趋势、内容、分类及发展简史

2013 年，美国联邦统计局公布统计结果，称 2010 年美国制造业的电子商务销售额占全年总销售额的 49.3%。批发行业这一数字是 24.3%，零售行业是 4.7%，纳入统计的某些服务行业网络服务占到了 2%。2010 年电子商务交易额达到 3.545 万亿美元，其中 3.161 万亿美元是 B2B 交易，占 89%，3 850 亿美元属于 B2C 交易，占 11%。图 1.1 显示的是此前 9 年的各种数据。值得注意的是，与其他几个数据相比，制造业显得异军突起，而电子商务每年的增长都要比整个商务增长快 16%~17%。详细分析可见美国联邦统计局 2013 年报告以及 Plunkett et al.（2014）。

在线零售抢占传统零售业的市场是一个极明显的趋势。Knight 在 2013 年提供的一份报告显示，在 2009—2013 年的经济困境中，电子商务销售的增长率却达到了两位数。例如，2013 年假期购物季，在线购物增长 10%，而传统零售增长仅为 2.7%。

2012 年 9 月 5 日出版的《欧洲电子商务》（*Ecommerce Europe*）称，欧洲在线零售额 5 年之内将翻一倍，2018 年将达到 3 230 亿欧元。

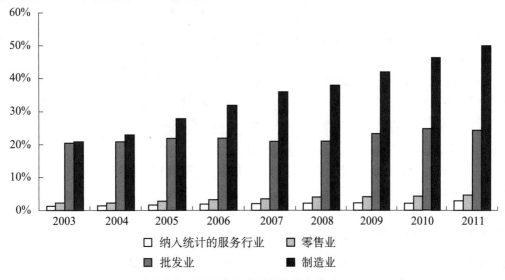

图 1.1 电子商务交易额在总交易额中的占比（2003—2011 年）

资料来源：Census.gov/estats（2014 年 2 月数据）。

电子商务的内容与主体框架

对电子商务进行分类有助于理解这个多样化的领域。一般说来，买卖活动可以在企业和消费者之间进行（B2C 模式），也可以在企业间进行（B2B 模式）。在 B2C 模式中，企业与消费者从事网络交易，例如消费者在 store. starbucks. com 上买咖啡，或在 dell. com 上买电脑（见在线补充读物 W1.1）。在 B2B 模式中，则是企业与企业在网络上做买卖，例如戴尔在线上从供货商那里采购零配件。戴尔也在线上与生意伙伴合作，向消费者提供在线的客户关系管理服务（e-CRM）（见在线辅导资料 T1）。其他电子商务类型将在本章接下来的内容中详述。

美国联邦调查局 2013 年的数据称，电子商务配送总量一年内增长了 16.5％，ComScore 报告［由 BizReport（2012）引用］称，2012 年第一季度，美国电子商务零售比上年同期增长 17％。电子商务在各地区都呈增长态势。例如，英国多米诺比萨（Domino's Pizza）在 2000—2012 年间线上销售增长了约 1 000％。相似的情况可见于许多企业、行业和国家。全球电子商务发展迅猛。2013 年 5 月 23 日，ecommerce-europe. eu/press 网站披露，欧洲在 2012 年电子商务交易额增长了 19％，达到 3 120 亿欧元。电子商务在中国发展速度同样惊人，2013 年底，交易额已经达到了 6 000 亿美元。在许多发展中国家，电子商务正成为主要的经济形式。

电子商务的主体框架

电子商务领域是一个林林总总的大框架。它包含各种各样的经营管理活动，还包含各种组织结构，以及技术。因此，有必要介绍电子商务框图。图 1.2 介绍的就是这样的一种框图。

图 1.2 中的电子商务应用多种多样，本书的其他章节也将介绍电子商务应用形式。要应用好电子商务，企业需要信息、基础设施以及各种支持服务。图 1.2 中显示出电子商务应用需要 5 大支持系统（就是图中的 5 大支柱）。

- **人员**。买家、卖家、中间商、信息系统及技术专家、其他各种员工及形形色色的参与者共同构成了一大支柱。
- **公共政策**。法律、法规、政策等都是由政府来制定并实施的，例如税收政策，隐私权保护政策等。还有一些是技术标准和业内人士都需要遵守的规则。
- **营销和广告**。与其他的商务活动一样，电子商务也需要营销和广告的支持。在 B2C 网络交易中，营销和广告尤其重要，因为买卖双方并不熟悉。
- **支持服务**。电子商务需要各种各样的支持系统。其中包括内容开发、支付、配送等。
- **商务伙伴**。电子商务中合伙经营、信息沟通、产业联盟等都是常见的合作形式。尤其多见于供应链中（例如，企业与其供应商、客户及各种商务伙伴之间的交流与合作）。

框图下方是电子商务基础设施。所谓基础设施是指硬件、软件、网络等。所有这些要素都需要人去管理。也就是说，企业要对此进行计划、组织、改进，制定战略，对流程进行重构，目的是优化电子商业模式和战略。

按照交易形式及参与者关系对电子商务进行分类

电子商务的分类主要是按照交易形式或者参与者之间的关系。以下是电子商务最主要的几种形式。

企业间电子商务

在**企业间电子商务**（business-to-business，B2B）中，参与者是企业或是其他形式的组织。如

图1.2 电子商务框图

今，85％以上的电子商务交易额都归功于B2B。例如，戴尔公司的所有批发业务都是B2B交易。戴尔的电脑产品零配件的采购大多是用电子商务方式进行的。公司销售给企业（B2B）和个人（B2C）的电脑也都是通过网络渠道销售出去的。

企业对消费者电子商务

企业对消费者电子商务（business-to-consumer，B2C）指的是企业向个体消费者销售产品和服务。亚马逊公司就是这类典型企业。鉴于它们的客户都是个体消费者，这种模式还有一个名称，就是**"电子零售"**（e-tailing）。

企业对企业对消费者电子商务

企业对企业对消费者电子商务（business-to-business-to-consumer，B2B2C）是指企业将产品、服务提供给企业客户，后者再将产品、服务提供给自己的客户。有时，这些客户就是客户企业自己的员工。一个典型的例子是godiva.com网络公司，该公司将巧克力直接销售给自己的客户企业，后者再将巧克力作为礼品赠送给员工或是商业伙伴。歌帝梵公司往往是将巧克力直接邮寄给收货人，同时附上一封感谢信。B2B2C的另一个有趣的例子是澳大利亚的网络礼品公司wishlist.com.au。星巴克也把自己的购物卡卖给企业客户，这些企业就把星巴克购物卡作为礼品送给员工或客户。

消费者对企业电子商务

消费者对企业电子商务（consumer-to-business，C2B）指的是个人利用互联网将产品、服务销售给组织，还有的是个体消费者寻找商家，委托商家将自己的产品、服务销售出去。Price-line.com 网络公司是一家知名的 C2B 企业，它帮助个体消费者将能够提供的旅游服务销售出去。

企业内电子商务

企业内电子商务（intrabusiness EC）包括所有组织内部的电子商务活动，组织内的机构或是个人利用网络进行商品、服务和信息的交换。

企业对员工电子商务

企业对员工电子商务（business-to-employees，B2E）是企业内电子商务的分支。组织通过网络将产品、服务、信息等递送给员工。这里所说的员工主要是指外派的员工，这些员工或者代表公司外出办理业务，或者帮助客户开展维修业务。面向员工的这类电子商务也称为"企业对外派员工的电子商务"（business-to-mobile employees，B2ME）。

消费者对消费者电子商务

消费者对消费者电子商务（consumer-to-consumer，C2C）是指消费者直接与其他消费者进行交易。例如，一位消费者通过网络分类广告的形式向另一位消费者销售电脑、乐器或在线个人服务。与 Craigslist 上的广告一样，易趣网站上竞价销售的主要是 C2C 电子商务。

协同商务

个人或是群体有时候会利用网络进行沟通，合作共事，这样的商务活动就是**协同商务**（col-laborative commerce，c-commerce）。例如，处于不同地点的商务伙伴利用协同软件和程序共同设计一款产品，这就是协同商务。

电子政务

电子政务（e-government）指的是政府机构利用网络向企业（G2B）或是个人（G2C）提供商品、服务和信息，或是从企业、个人那里购买商品、服务、信息。政府机构与机构之间也可以利用网络开展商务活动，那就是 G2G。

上述各种形式的电子商务可以用图 1.3 进行归纳。本书后面的各章将分别介绍形形色色的电子商务交易活动。

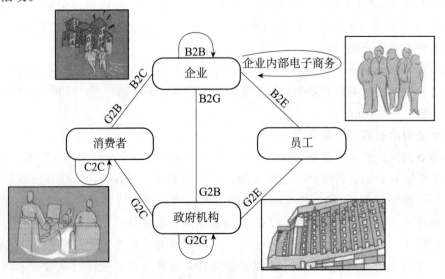

图 1.3　电子商务的各种交易形式

电子商务发展史

20世纪70年代，电子商务应用的雏形出现了。因为那时人们首次使用电子资金划拨（electronic funds transfer，EFT）这种形式，将资金从一个企业转移到另一个企业。但是，这样的方法只是一些大企业、金融机构，以及敢于创新的企业使用。接着，就出现了电子数据交换（electronic data interchange，EDI），即用电子的方式传输各类文件。开始的时候是财务文件，后来就扩大到各种其他的文件传输（参阅在线辅导资料T2）。电子商务应用的形式也逐渐增多，例如宾馆预订、在线股票交易等。

1969年，美国政府机构在实验中开始了互联网的应用。它最初的用户是政府机构中的一些技术人员、学术研究人员，以及科学家。有些用户将个人信息也放到了网络上。电子商务发展的重要里程碑是20世纪90年代万维网（WWW）的出现，因为企业可以利用这一网络将文本和照片放到网络上。20世纪90年代初期，越来越多的人使用全球资讯网，互联网的商业化应用出现了，一个全新的词汇——电子商务（electronic commerce）也应运而生。人们对电子商务的应用突飞猛进，大批的网络新兴企业如雨后春笋般冒出来。全球几乎所有的大型、中型企业和组织都有自己的网站。许多公司的网站上有成千上万的网页和链接。1999年，电子商务的重头戏从B2C转向了B2B。2001年，又从B2B转向B2E，以及协同商务、电子政务、远程教育、移动商务，等等。2005年，社交网络开始进入人们的视线。后来又有了移动商务、无线应用等。2009年，电子商务大家族中增添了新成员，那就是社交商务。脸谱和推特上的商务活动呈增长态势。随着越来越多的人使用计算机技术和互联网技术，电子商务必将继续发展、变化、成长。这是毋庸置疑的。电子商务会在各行各业中取得成功。读者若想了解有关电子商务的更多信息，包括统计数据，发展趋势，以及对大公司经营状况的分析，可以参阅 Plunkett et al.（2014），也可以浏览"维基百科"网站（en. wikipedia. org/wiki/E-commerce）。

在思考电子商务发展史的时候，必须注意如下几点：

电子商务的学科交叉性

前面提到的电子商务发展以及分类，都显示了其多学科性。它所涉及的学科主要包括：会计学、商法、计算机科学、消费行为学、经济学、工程学、金融学、人力资源管理、管理学、管理信息系统、营销学、公共管理学、机器人学，等等。

谷歌公司带来的冲击

电子商务发展的初期，对其产生重大影响的企业主要是亚马逊、易趣、美国在线、雅虎等。但是，2001年以后，谷歌公司异军突起，没有哪一家公司对电子商务的影响可以与其相提并论。谷歌将网络搜索引擎与精准广告联系在一起。在这方面，没有谁能与之竞争。如今，谷歌已经不仅仅是搜索引擎，它推出了各种创新的电子商业模式，参与了许多电子商务风险投资。它不仅影响着企业，也影响着千千万万个普通百姓的生活。详细内容参见 Levy（2011）。

美国的"剁手星期一"和中国的"双十一"

美国的"剁手星期一"* 和中国的"双十一"购物节，网络销售成交量极大，有力地证明了网购的增长。参见 Li and Han（2013）。

_____

* Cyber Monday，感恩节假期之后，第一个上班日的网购促销活动。——译者注

社交商务

社交媒体网络和 Web 2.0 工具（如维客，博客）的迅速发展，催生了电子商务发展的新途径，使其更加社会化。一些新型电子商务模式的出现使这个领域更趋向年轻化。本书几个章节中都会提到这些新模式，尤其是第七、八章，Turban et al.（2015）中也有涉及。

脸谱商务

脸谱受到越来越多的网络用户的欢迎。网站上各类商务活动也层出不穷。因此，有专家认为脸谱正在从根本上改变电子商务的模式。于是，就出现了"脸谱商务"（f-commerce）这一说法，这一说法也显示出从 2009 年开始，脸谱在电子商务领域的作用（Shih，2011）。

电子商务的失误

1999 年以后，为数众多的电子商务公司，尤其是电子零售和 B2B 交易纷纷走下坡路。经营失败的知名 B2C 网站包括 Drkoop 公司、MarchFirst 公司、eToys 玩具公司、Boo 公司等。经营失败的 B2B 公司则有 Webvan 公司、Chemdex 公司、Ventro 公司、Verticalnet 公司等。这些新兴企业的发展史被 David Kirch 收录在他的 Business Plan Archive 中（businessplanarchive. org）。2005年，网络调研企业 Strategic Direction 公司提供的调研报告指出，62％的网络公司缺乏财务管理能力，50％的企业不善于开展营销活动。不少网络公司对库存和配送渠道管理不善，难以应对消费市场上的需求波动。本书第三、四、十四章将深入探讨电子商务经营失败的缘由。2008 年，又有一波网站经营失败的案例。这次主要是那些涉足 Web 2.0 概念以及社交商务概念的网络企业（请浏览 blogs. cioinsight. com/it-management/startup-deathwatch-20. html）。

许多企业经营失败，这是否就意味着电子商务来日无多？当然不是。首先，经营失败的网络企业相对来说比例在下降。第二，电子商务企业公司结构不同，商业模式也多种多样。目前，许多企业正在开展合并和重组。第三，有些完全的虚拟公司，甚至是像亚马逊和 Netflix 公司这样的网络巨头，开始拓展自己的经营领域，目的是扩大销售额。第四，鼠标加水泥式的两栖商业模式显得游刃有余，特别是那些网络零售商更是如此（例如 GAP、沃尔玛、塔吉特、苹果、惠普、百思买等）。

对于相关发展史的补充，请浏览 plunkettresearch. com/ecommerce-internet-technology-market-research/industry-and-business-data。

电子商务的成功之道

过去几年，经营得十分成功的电子商务企业也有很多，例如易趣、Pandora、Zillow、谷歌、脸谱、雅虎、亚马逊、贝宝、Pinterest、VeriSign、领英、E∗TRADE 等。不少鼠标加水泥式企业（例如思科、塔吉特、通用电气、IBM、英特尔、Schwab 等）经营得也十分成功。还有一些新兴企业也走上了成功之路，例如面向年轻成功人士的网站 Alloy.com，蓝色尼罗河（Blue Nile，第二章中将介绍），Ticketmaster，Net-a-Porter（将在应用案例 1.1 中讨论），Expedia，Yelp，TripAdvisor，GrubHub（请参阅在线补充读物 W1.2）。

 应用案例 1.1

Net-a-Porter 网络公司：服装服饰带来的成功

一名家庭主妇花 2 000 美元在网上购买一件连衣裙，试都不试一下，可能吗？数字时装公司

Net-a-Porter 公司（这是英国的一家网络零售商）对此却很有信心。他们的成功经营证明了如今的女性为了在竞争中胜出，会在网上下单购买连衣裙。尤其是购买国际知名品牌服装（例如 Jimmy Choo，Calvin Klein 等）的时候，更是如此。

机遇

说到电子商务，人们往往会想到在线购买书籍、保健品、数字唱片等。20 世纪 90 年代，人们确实是在网络上购买诸如此类的商品。但是到了 2000 年，时尚网络营销大师纳塔莉·马萨内特（Natalie Massenet）在网络上发现了新机遇。因为有些在线奢侈品商店（例如蓝色尼罗河公司，见第 2 章）经营取得了成功。她还发现许多职业女性工作繁忙，她们愿意在网络上购买更多的东西。

解决方案

纳塔莉·马萨内特决定开办一家网络公司销售国际知名品牌时装，她创立了一个集综合性、社会性于一体的在线购物网站，命名为 Net-a-Porter 公司。

根据 net-a-porter.com 网站上总结的经营之道，这家公司做了如下一些工作：

- 开办了一家网店；
- 销售 350 多位顶级时装设计师的作品，而这是实体商店难以企及的；
- 销售自己设计的时装；
- 向全球 170 多个国家配送商品；
- 在伦敦和纽约开办实体店，支持在线业务；
- 伦敦和纽约的门店当天订购，当天送货，其他地区隔天送货（见第三章）；
- 大大缩短新款服装和其他产品的制造、推广周期，以适应消费者需要；
- 基于社交媒体上消费者反馈的信息，设计一套时尚潮流预测方法；
- 举办在线时装秀；
- 基于看板开发一套完善的存货与销售追踪系统；
- 提供电子版时尚杂志；
- 通过社交网站搜集信息，发现消费者真正想要的款式（见第七、八章）；
- 打折力度更大；
- 开设脸谱账号，开发适用于 iPhone 的应用程序（APP）；
- 截至 2014 年 2 月，在谷歌＋拥有 63 万粉丝；
- 截至 2014 年 2 月，每个月访问量达 500 万；
- 每月 iPhone 下载量达 75 万次；
- 截至 2012 年，在全球多个城市开设实体购物点（请浏览 digitalbuzzblog.com/net-a-porter-augmented-reality-shopping-windows，在这个网站还能看到 Window Shop 的视频，下载适用于 iPhone 和 iPad 的 Net-a-Porter 应用程序）。

2010 年，公司开始利用正影响着时尚界的社交媒体环境。

公司取得的成效

当前公司拥有来自 170 多个国家的消费者，收入和盈利迅速增长。每周网店都有几百万访客。踏入电商行业短短一年，公司就获得了盈利，这是极其罕见的。2009 年，全球发生了金融危机。这一年 Net-a-Porter 公司的销售总额增长了 45％，而其主要的竞争对手 Neiman Marcus 公司（这是一家通过网络及邮购销售时装的企业）的业绩却下滑了 14％。Net-a-Porter 公司的成功赢得了知名奢侈品企业历峰集团（Richemont Corp.）的关注，历峰集团购买了该公司 93％的股份。成为历峰的子公司之后，Net-a-Porter 就没有独立的财务数据了。

2010 年 6 月，正值公司成立 10 周年之际，Net-a-Porter 公司开发了专营男士服装的新网站。伴随着公司的成功经营，竞争也日趋激烈。竞争对手包括实施低价策略的 Bluefly 公司，亚马逊旗下的 Shopbop 公司（它还不具备 Net-a-Porter 公司所拥有的声誉），以及高端百货商店的网上商店（例如 Nordstrom，Neiman Marcus 等）。尽管如此，Net-a-Porter 公司的声誉以及销售业绩依然名列前茅。易趣公司或许会成为 Net-a-Porter 公司的最大竞争对手。因为易趣将顶尖的时装设计师收归自己的旗下，开设了虚拟商店。易趣的经营特色是既可以按固定价格销售时装，也可以用竞价的方式吸引顾客。最后，值得注意的是，在 2010 年底谷歌注册 Boutiques.com 网站，进入电子商务时尚领域。亚马逊开创了 MYHABIT，以折扣价售卖设计师品牌。为了保证在竞争中大旗不倒，Net-a-Porter 公司正计划投入更多的资金，将产品组合扩大到儿童服装方面。Net-a-Porter 公司是一个非常典型的时尚界企业电商变革的案例。还有一个典型是 Polyvore 公司，第七章将提及（请浏览 businessoffashion. com/2012/01/e-commerce-week-the-rise-of-new-business-models. html）。

思考题：

1. 你会不会在 Net-a-Porter 上购物？

2. 观看 youtube. com/watch? v=_Te-NCAC3a4 上的视频"购物的未来"，你觉得这和 Net-a-Porter 之间有何关联？

3. Net-a-Porter 的实体店有什么优势和劣势？

4. 有人说，Net-a-Porter 在设计师和消费者之间关系的变革中起到了极其重要的作用。为什么？

5. 学习 1.3 节中电子商务给消费者带来的好处，哪几条与本案例关联最大？

6. 电子商务哪方面对 Net-a-Porter 及其设计师有帮助？

7. 分析高端时尚市场的竞争状况。

8. 本案例中，全球化的重要性体现在哪里？

9. 模仿者越来越多，随处可见。易趣和亚马逊也都在涉足时尚电商界。你对 Net-a-Porter 有何战略建议？

1.2 节复习题

1. 列出电子商务的框图。
2. 说出各种电子商务的类型。
3. 简要叙述电子商务发展史上的主要品牌商标。
4. 讲述几个电子商务成功与失败的案例。

1.3　电子商务的驱动力和益处

电子商务的迅猛发展可以从其驱动力、特征、益处和商业环境的变化等方面来解读。

电子商务的驱动力

电子商务虽然只有二十多年的发展历程，却被赋予极高的发展预期，人们认为电子商务会持续成长，并不断进入我们生活的新领域。为什么？是什么在推动电子商务发展？

电子商务的主要驱动力

电子商务的发展动力来自诸多方面，如行业、企业以及相关应用。主要动力如图 1.4 所示。

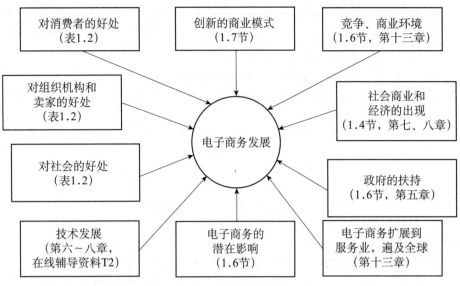

图1.4　电子商务发展的主要动力

电子商务的益处

电子商务有诸多益处，而且随着时间推移，还将继续增加。经过挑选整合，可以分成三类。

电子商务给组织机构、个体消费者和社会带来了好处，可以概括为（请参阅表1.2）：

表1.2　　　　　　　　　　　　　　　　　　　　电子商务带来的利益

益处	描述
对组织机构的益处	
覆盖全球	以合理的价格，迅速在全球范围内找到客户和供货商
降低成本	降低信息处理、仓储和配送的成本
帮助解决问题	解决久拖未决的复杂问题
优化供应链	减少存货规模，减少配送延误，降低配送成本
经营全年无休	经营全年无休，不需承担加班费和其他成本
提供个性化产品、服务	根据客户喜好专门定制
商业模式创新	推动创新和独特的商业模式发展
降低通信成本	互联网收费比增值网络低
提高采购效率	网上采购，更节约时间和成本
改善客户服务和客户关系	直接与客户互动，更优质的客户关系管理
帮助中小企业参与竞争	电子商务帮助小企业通过特殊的商业模式，在竞争中与大企业形成有力的对抗
减少库存	用规模定制的方式，减少库存
降低数字产品配送成本	在线配送数字产品，花费要低90%
更具竞争优势	创新商业模式，提升竞争优势
对消费者的益处	
选择丰富	从卖家到产品到款式，都有大量丰富的选择
普遍性	随时随地可以购物，不受时空限制
个性化产品和服务	可以自行定制个性化的产品和服务
更容易获取低价商品	使用比价软件
实时送货	完成支付后可以马上下载数字产品
零营业税	有时免税，有时降税

益处	描述
远程办公	学习和工作可以在家，或在任何地方进行
社交互动	在社交网络
淘到宝	通过在线竞拍，买到有收集价值的东西
舒适的购物环境	可以随心购物，没有推销员烦扰
对社会的益处	
远程办公	有助于在家办公，减少交通拥堵和环境污染
更多公共服务	电子政务厅提供更多公共服务
提升国家安全	促进国家安全
提高生活水平	民众可以购买到更多、更便宜的商品和服务
缩小数字鸿沟	使农村地区和发展中国家的人民能获得更多真正想要的商品和服务

给创业者带来机遇

电子商务的主要好处就是创造了一种非传统的创业方式。在这种新的商业模式下，创业者只需要少量的资金和经验就能开办企业，快速成长。许多创业者在网上挣钱，有的甚至挣了不少。

 实际案例

Fish Flops

麦迪逊·鲁宾逊（Madison Robison）在 15 岁读九年级的时候就开办了一家线上线下企业。她自己设计鞋类，发了很多关于 Fish Flops 的推文。营业仅仅两年，她的收益就足够支付自己的大学费用。

电子商务提供效率、效益和竞争优势

电子商务可能会使经营生意的方式产生重大改变。这种改变对企业经营有积极影响，利用电子商务可以增强企业竞争优势，提高政府和非营利性机构的效率。

1.3 节复习题

1. 列出电子商务的主要动力。
2. 说出电子商务对消费者、企业和社会的好处，每项列举五个。
3. 根据已有知识，描述推动电子商务的技术发展因素。
4. 界定电子商务对社会的其他好处。

1.4 电子商务的 2.0 时代：从社交商务到虚拟世界

电子商务的 1.0 时代主要是网络交易、网络服务以及以公司为主导的在线合作。如今，我们已经进入二代电子商务时代，也就是所谓的 2.0 时代。它的主要表现是 Web 2.0 工具、社交网络、虚拟世界等，这些都是计算机技术社会化应用的结果。

社交计算

所谓**社交计算**（social computing）指的是信息技术与社会行为的融合。它要通过各种计算机和网络工具来实现，例如博客、维客、社交网络服务以及其他各种社交软件和社交市场（请参阅第七章）。传统的计算机技术关注的是企业经营和商务流程，目标是降低成本、提高生产率。而社交计算则是关注改善人与人之间的合作与交流，关注用户创造的内容。在社交计算及社交商务活动中，人们通过网络相互协作，不仅从专家那里得到建议，也从信任的朋友那里征求意见，以此作为购买商品或者服务的依据。

 实际案例

社交计算促进旅游

社交计算的发展影响着人们对出游的选择和安排。旅游者在 tripadvisor.com 网站上交换信息，将自己在有些景点的不愉快经历告诉其他旅游爱好者。类似于 WAYN（见第三章）这种专门的社交网络，在旅行者中非常流行。

在社交计算中，信息都是个体提供的，所有的网络用户可以共享，而且一般都是免费的。社交计算主要都是通过 Web 2.0 工具实现的。

Web 2.0

Web 2.0 这一术语最初是由 O'Reilly Media 媒体公司在 2004 年提出的。它指的是二代互联网工具以及升级的服务形式，它能用新的方式帮助用户编制信息，分享信息，利用网络相互交流、合作（Edwards，2013）。

O'Reilly Media 媒体公司将 Web 2.0 分解成 4 个层次。详细内容可以参见 Colby（2008）。Karakas（2009）将 Web 2.0 比作一种新的数字生态系统，主要表现在 5 个方面，称为 5 个 C，即创造性（creativity），连通性（connectivity），协作性（collaboration），整合性（convergence），以及社区性（community）。

本书相关的在线补充读物 W1.3 中介绍了 Web 2.0 的主要特征。第二章还将介绍 Web 2.0 的几种主要工具。本书的各个章节都有对其应用的介绍。读者还可以浏览 enterpriseirregulars. com/author/dion，上面有关于互联网、社会、群体智能、互联网发展的未来的开放性论坛。

社交媒体

社交媒体（social media）这一术语有许多定义。广为认可的观点是，社交媒体主要指用户在线制作文本、图片、音频、视频等内容，通过 Web 2.0 平台和工具发布分享。社交媒体主要用于社交互动与交流，如分享观点、经验、见解和认知，并实现在线合作。因此，这是推动社会化的强大力量，其中的关键因素是用户编制、控制、组织信息。其他的定义、描述和框架可参见第二、七章。

社交媒体和 Web 2.0 之间的区别

Web 2.0 的概念和社交媒体之间有关联，很多人认为这两者完全等同，经常互换着使用；然而，有人却看到了两者的差异。社交媒体使用 Web 2.0 及其工具、技术，它的概念还包含其他理念，如在人与人之间建立联系与互动，提供社会支持，用户编制数字信息，等等。

 实际案例

奥普拉如何运用社交媒体构建事业

奥普拉·温弗莉（Oprah Winfrey）把她做的所有事都整合在社交媒体活动中，鼓励人们通过不同的平台（如脸谱、推特）互动。奥普拉根据人们做的事（如发评论）来评价他们。她利用脸谱网平台投票，与博客博主建立关系，也用推特与粉丝互动。

社交网络及社交网络服务网站

近几年来，电子商务应用中最重要的发展要数社会的社交网络以及企业的社交网络。社交网络源于网络社区（第二章中将做介绍），它们发展迅速，引发了许多电子商务创新，以及新的收益模式和商业模式（参见 sustainablebrands.com/news _ and _ views/blog/13-hot-business-model-innovationsfollow-2013）。

社交网络（social network）是由多个节点（它们可以是个人，也可以是群体或者组织）联系在一起组成的社交圈。这些节点由于一个或者多个相互依存的关系而连接在一起，例如爱好、友情或专业。社交圈的结构往往十分复杂。

社交网络最简单的结构是节点与节点连接的关系图。人们可以通过社交网络来判断个体参与者的社会价值。社交网络也可以用来描述脸谱网上的社会关系图。

社交网络服务

社交网络服务（social networking services，SNS，例如领英、脸谱等）为人们提供网络空间，供他们免费搭建主页。网站还提供各种工具，方便用户开展各种网上活动，方便卖家发布 app。社交网站以人为本。例如，15 岁的菲律宾小歌手 Pempengco，以及贾斯汀·比伯（Justin Bieber）就是在 YouTube 网站上被公众发现的。社交网络开始的时候只是用作社交活动。但是如今，企业也开始用社交网络来开展商务活动（如，linkedin. com 网站把企业联系在一起，按照地理区域、功能、行业和兴趣等分门别类地结成网络）。

以下是目前全球各地主要的社交网络服务：

- Facebook. com：这是全球访问量最大的社交网站；
- YouTube. com，metacafe. com：用户在此网站上上传视频，浏览视频；
- Flickr. com：用户在此网站上分享、评价照片；
- LinkedIn. com：这是以企业导向为主的社交网站；
- Hi5. com：这是一个比较受欢迎的全球社交网站；
- Cyworld. nate. com：这是亚洲最大的社交网站；
- Habbo. com：这是按国别划分的成人及儿童社交网站；
- Pinterest. com：这是编辑和分享图片的平台（详见第 2 章导入案例）；

- Google+：这是业务导向的社交网站；
- MySpace. com：这是为各个年龄层次的网络用户搭建的社交平台。

网络社交

所谓的**网络社交**（social networking）是指以 Web 2.0 技术为基础的各种交流活动。例如，编写博客，在社交网络上开发个人主页等。它同样也包括在社交网站进行的所有活动。

企业社交网络

有些专为企业经营开发的社交网络是公用平台，例如 LinkedIn. com。因此，开发和维护网站的是一家独立的企业。也有一些企业社交网络是由某一家企业自主开发的，并且由企业自主运营。这样的社交网络就称作"企业社交网络"（enterprise social networks）（如 MyStarbucks Idea），可以直接面向消费者和企业员工。

 实际案例

一家顾客导向的企业社交网站

Carnival 游轮公司自主开发了一家社交网站（carnival. com/funville），目的是吸引游轮旅游爱好者。网站的浏览者可以在网络上交换信息，组团出游，还可以做其他许多事情。当初开发网站的时候公司投入了 30 万美元，但是，公司通过增加营业收入，一年就收回了这一投资的成本。

社交商务

社交网站上人们使用社交软件（也就是 Web 2.0 工具）来开展电子商务活动，这样的活动称作**社交商务**（social commerce）。2009 年以来，社交商务活动得到了很大的发展（参见 Webster（2010））。我们将在第七、八章做深入阐述。

以下是社交商务的一些实例：

- 戴尔电脑公司称，该公司通过推特网站在 2 年中销售电脑价值 650 万美元（Nutley，2010）。而且公司还从网络社区的成员那里（通过 Idea Storm 网站）获得了许多产品开发及创新的建议。
- 宝洁公司通过脸谱销售 Max Factor 品牌的化妆品。
- 迪士尼公司允许游客通过脸谱预订门票。
- 百事可乐公司在客户光顾销售百事产品的实体店（例如食品店、餐馆、加油站等）时，实时打出促销信息。然后通过 Foursquare* 向客户派发折扣券（详见第七章）。
- 星巴克咖啡连锁店利用脸谱发布各种促销信息，同时还通过 My Starbucks Idea 网站向网络用户收集促销的好主意（详见第七章）。
- Mountain Dew 饮料举办 Dewmocracy 竞赛活动，以此来吸引视频游戏及体育爱好者。公

---

* 一家基于用户地理位置信息的手机服务网站。——译者注

司还向最热衷的网络社区成员征集金点子。他们通过脸谱、推特、YouTube 等网站聚拢消费者，把有相同兴趣的人聚集在一起。

- 2010 年，塔吉特（Target）通过在推特发布视频和广告，推广纽约秋季时装秀，同时在脸谱上播出视频。
- 李维斯（Levi's）服装公司则是在脸谱上为消费者"自动"打理购物车，只要他的朋友认为是这个消费者喜欢的商品，都会自动放入购物车，实际上这是一种全新的广告形式。
- Wendy's 快餐连锁店通过脸谱及推特向消费者派送价值 50 美元的优惠券，条件是浏览网站的消费者要能对 Wendy 的挑战提出有趣的怪点子。

总的说来，大多数美国企业在脸谱上开设了公司主页（请浏览 emarketer. com）。

更多的应用请参见第七、八章，Turban et al.（2015）以及 Simply Zesty（2011）。

虚拟世界与"第二人生"

社交网络中一个重要的分支是"虚拟世界"。所谓**虚拟世界**［virtual world，也称为"虚拟实境"（metaverse）］，就是基于计算机的三维模拟情境，它由虚拟世界中的居民创建，这些居民对其拥有主权。虚拟居民不仅在虚拟世界里造房子，还生产汽车、服装以及各种各样的商品。"社区居民"拥有自己的虚拟空间，用自己的化身与其他的居民沟通交流。最典型的虚拟世界就是 Second Life 网站（secondlife. com，第二人生），第二章和第七章将详细介绍。

2007 年以前，虚拟世界的表现形式主要是 3D 游戏，包括多方参与的网络游戏。可是如今，人们利用虚拟世界来开展社交活动，甚至在利用虚拟世界来做交易（请参阅第 7 章）。例如，人们可以在 there. com 网站上从事各种社交活动，交谈、制作自己的化身、互动、游戏、聚会，等等。

学生在虚拟世界挣钱

假如大学生想在暑期（或其他时间）打工，若是实体世界里没有机会，就可以到虚拟世界里找工作。Alter（2008）提出这样一种观点：随着市场对虚拟商品和服务需求的增加，正在出现一批年轻的企业家，他们的谋生手段就是计算机技术和网络技术。

Web 2.0 的几款主要工具

Web 2.0 有几十款网络工具，例如维客（wikis）、RSS 阅读器、博客、微博（如推特），等等。网络用户可以通过互联网（用有线或者无线设施）向多人发送短信（不超过 140 个字符）。截至 2009 年，推特成为 Web 2.0 的主要工具，人们利用它开展各种各样的商务活动。

1.4 节复习题

1. 定义"社交计算"，并列出其特征。
2. 定义 Web 2.0 以及它的各种属性。
3. 定义社交网络。
4. 解释社交网络服务网站的作用。
5. 介绍脸谱并说明它受到普遍欢迎的原因。
6. 什么是企业社交网络？
7. 定义社交商务。

8. 定义"虚拟世界"，了解它的各种特征。

1.5 数字社交世界里的经济、企业和社会

在数字化、社会化的经济和企业推动下，电子商务（包括电子商务2.0）获得了发展。

我们正面对着数字革命。我们每时每刻都会遇到数字革命，不管是在家里，在工作岗位上，还是在企业里，在学校、医院、道路上，娱乐中，甚至在战场上，都是如此（Daugherty，2014）。以下几个章节我们将介绍数字世界的三大要素：经济、企业和社会。

数字经济

数字经济（digital economy）指的是基于数字技术的一种经济。它包括数字沟通网络（例如互联网、内联网、外联网、增值网等）、计算机、软件，以及其他各种信息技术。"数字经济"还有多种其他的称谓，例如"互联网经济""新经济""网络经济"等。数字经济有如下特点：

- 存在着各种数字化产品，例如电子书、数据库、杂志、数字信息、电子游戏、数码软件等。这些数字产品不受时空限制，可以在数字化的基础平台上传递到全球各个角落。人们已经将各种模拟产品转变成数字产品。2009年2月，出现了电视的数字形式。
- 信息变成了商品。
- 如今金融业务的处理也已经数字化。许多实体商品（像相机、汽车）中都植入了芯片。信息也进行了编码。
- 人们用创新的方法对生产和工作进行重组。
- 各行各业都在进行颠覆性的创新（参见 Manyika et al.(2014) 和 Daugherty（2014））。

表1.3介绍的是数字经济的主要特征。

表 1.3 数字经济的主要特征

应用领域	描述
全球化	全球沟通与合作，全球虚拟市场及竞争。
数字化	音乐、图书、图像、软件、视频及更多信息都可以转换成数字形式，进行存储和发送，而且速度快、成本低。
速度	利用数字化的文件、商品、服务，实时传输得以实现。许多商务流程的速度因此提高了90%以上。
信息过载及智能搜索	尽管通过网络传递的信息量越来越大，但是智能搜索工具可以帮助人们找寻到自己所需要的信息。
市场	市场通过网络运营。实体市场逐渐被虚拟市场所取代。新型市场的出现也加剧了竞争。
商业模式及流程	新的商业模式及经营流程为企业和行业创造了新的机遇。虚拟中介及无中介的交易模式正在兴起。
创新	数字化创新和基于网络的创新活动持续、快速地发展。与以往相比，涌现的专利技术越来越多。
淘汰	创新技术多了，越来越多的旧技术被淘汰。
机遇	生活、经营的各个角落都蕴藏着新的机遇。
欺诈	犯罪分子也利用网络翻新欺诈手段，网络犯罪无处不在。
战争	传统战争模式正在被网络战争模式所取代。
组织	传统企业正在转换成数字企业和社交企业。

数字革命引发了许多创新，几乎天天都有新事物出现，改进了交易流程，提高了生产率。数字革命为电子商务带来了必要的技术和商务环境的重要变化。详细叙述见1.6节。

共享经济

共享经济（sharing economy），是一种经济体系，其构建理念是在相关人员之间共享商品和服务，也可以称作"合作消费"（collaborative consumption）或"合作经济"（collaborative economy）。这些体系形式不同，运作时往往使用信息技术，例如，著名的汽车共享。这个概念的本质参见 Buczynski（2013）。

共享经济参与者的主要获益在于，降低买方成本，增加卖方销量。对社会的贡献在于，通过搭乘汽车降低碳排放，增加循环利用，增加人与人之间的互动（请浏览 en. wikipedia. org/wiki/sharing-economy）。

共享经济与电子商务

有些电子商务模式和企业是以共享经济理念为基础的。优步（Uber）是搭乘汽车的平台，Yerdle 是分享旧物的自由市场，Kickstarter 是企业筹资的众筹网站，Krrb 是一个 P2P 市场，Knok and Love Home Swap 是度假换房平台。度假换房租赁是一个需求量很大的市场，房屋所有人短期交互租赁对方房屋。

社会影响

数字革命往往对社会带来影响，社交媒体为沟通合作提供工具。智能手机缩减了数字鸿沟。人的行为发生了改变。组织和个人都受到了影响。除了在经济领域提升生产率外，社交领域的重大改变也显而易见，社交网络的巨大访问量就是明证。Chui et al.（2012）认为，社会技术提升了企业价值和生产效率。

App 的社会

新的 App 改变了人们交流、工作和游戏的方式。人们发现了 App 的数千种用途。

 实际案例

瑞典农民也上网

2013 年，瑞典的小农民开创了一个名为"我的农场"（Min Farm）的网站。在这个平台上，农民可以直接和客户沟通。从事种植的人还可以在这里分享经验、寻求建议。客户可以在线参观农场、下订单、购买农产品。网站鼓励访客采用自助服务。

数字企业

电子商务的主要影响之一是在社交企业之外，还创造了数字企业这一概念。

人们对数字企业的解释各不相同。普遍的解释是，利用计算机和信息系统使大部分经营流程自动化运作的企业，例如，亚马逊、谷歌、脸谱、Ticketmaster 票务网站等。因此，可以这样认为，所谓的**数字企业**（digital enterprise）指的是一种新型的商业模式，它利用信息技术，提高员工劳动效率，加快企业的经营流程，优化买卖双方的互动，进而获取竞争优势。它将计算机技术和通信技术整合在一起。表1.4列出的是数字企业与传统企业特征的对比。

表 1.4　　　　　　　　　　　　　　　　数字企业与实体企业特征的对比

实体企业	数字企业
在实体商店里销售	在线销售
销售有形商品	同时销售数字产品
库存规模及生产计划由企业自主决定	在线整合的库存预测
纸质商品目录	智能型电子商品目录
实体市场	电子市场
使用电话、传真、增值网、传统的 EDI 技术	使用计算机、智能手机、互联网、外联网和 EDI
时间不固定的实体拍卖市场	跨时空的在线拍卖市场
经纪人提供服务，帮助完成交易	虚拟中介，增值服务
纸质交割单	电子交割单
纸质招投标	电子招投标（反向竞价）
推式生产模式，由需求预测决定生产规模	拉式生产模式，由订单决定生产
规模生产（标准化产品）	规模定制，由订单决定生产
人员推销，收取佣金	会员式营销，虚拟营销
口口相传，缓慢的广告效应	病毒营销，主要是通过社交网站
线性的供应链模式	基于集配中心的供应链
规模生产需要大量的资金投入	按订单生产对资本的要求低，可以先收款后生产
实体生产经营需要占压大笔资金	生产经营所需要的占压资金较少
客户价值诉求往往难以满足（成本大于收益）	客户价值诉求可以得到满足（成本小于或等于收益）

所谓实体（enterprise），可以是各种形式的，大小不限。它可以是一家制造企业，也可以是一家医院、大学、电视传播网络，甚至可以是整座城市。如今，所有的这些实体都在走数字化的道路。

数字企业利用计算机网络来完成如下经营管理活动：

● 通过互联网或者加密的内联网系统（称作"外联网"），或者企业自建的增值网与商业伙伴保持联系。

● 通过内联网进行内部通信，内联网就是企业内部的互联网。

大部分电子商务都是通过这样的网络完成的。许多企业开发了**公司门户网站**（corporate por-tal）。利用这一网站，客户、员工、商业伙伴等可以查询公司信息，与公司保持畅通的联系。

许多企业都在考虑如何将自己打造成数字企业，至少是部分数字化的企业，成为数字经济的参与者。Harrington 是 Thomson 出版公司的首席执行官。该公司的年产值曾经高达 80 亿美元。Harrington（2006）介绍了公司将自己转变成电子信息服务公司和出版商的理由和方法，讲述他们是如何为目标市场的专业人士服务的。5 年过去了，该公司的年收入增长了 20%，利润提高幅度逾 65%。

数字企业的概念与智能型实体有密切关联。

智能型实体

IBM 公司在发展智能计算系统方面是领军力量，其他企业还有 SAP（全球最大的企业管理和协同化商务解决方案供应商）、英特尔、甲骨文（Oracle）、谷歌和微软。IBM 向包括城市在内的各类实体提供软件和数字信息（参见 ibm. com/smarterplanet/us/en/smarter_commerce/overview/index. html）。

智能计算与整合技能

IBM 的项目主要基于云计算（见在线辅导资料 T2）。为保证运用的高效便利和内嵌型的、灵活的运算系统，该项目专门开发了软件。这个一体化系统就是知名的 IBM 专家集成系统——IBM PureFlex 和 IBM PureApplication。具体内容请参阅 ibm. com/puresystems。根据 IBM，这些系统正在通过以下手段，改变计算的经济状况：

- 缩短产品上市时间；
- 节约资源，降低成本；
- 加强计算系统内不同的要素和应用之间的联系；
- 提升安全性，减少人为失误。

以上这些都有赖于 IBM 智能商务方面的成绩。

社交商务

社交商务的定义很多，特征也不少。这里只能列举一部分。

社交商务论坛

社交商务的概念几十年前就已出现，而且和计算机并无关联。如今，社交商务论坛把社交商务定义为"通过落实战略、技术和流程，让生态系统内所有个体——员工、消费者、合作伙伴、供货商——有组织地紧密联系在一起，从而使共同创造的价值最大化"（参见 socialbusinessforum. com/social-businessmanifesto）。论坛还讨论了这一定义的含义和相关的内外部组织，强调了用技术提升创造力的价值。该论坛是年会组织方。

IBM 的路线

科技研究咨询服务商国际数据公司（IDC）认为，IBM 在社交软件平台提供商中占有市场领先地位。IBM 和 IDC 都有以下共同特征：使用社交软件等新兴技术，推行社会导向的企业问题，改进业务流程。IBM 也关注合作，基本理念是，社交媒体网络和社会化的消费者要求组织彻底改变自己的工作方式，成为会利用数字变革和社交变革机遇的社会型企业。IBM 帮助组织成为社会型企业（相关案例请参阅 ibm. com/social-business/us/en，以及 ibm. com/smarterplanet/global/files/us_en_us_socialbusiness_epw14008usen. pdf）。还可参阅 2011 年的白皮书《社交商务：新时代的来临》（*Social Business*：*The Advent of a New Age*）。IBM 拥有资源丰富的社会型企业相关视频资料库，其中两个视频有助于更好地理解这一概念：

1. "如何成为社会型企业"（How Do You Become a Social Business）——IBM 的 Sandy Carter 制作，时长 3：50，youtube. com/watch? v=OZy0dNQbotg；

2. "社会型企业 IBM"（Social Business@ IBM）——Luis Suarez 访谈，时长 8：50，youtube. com/watch? v=enudW2gHek0。

还可参阅本章末 Taft（2012a，2012b）4 号团队任务的幻灯片，这些都有助于理解这一概念。

社交商务规划

Dachi 公司是一家从事社交商务的咨询公司，出版了一本关于向社交商务战略转型的书。该书主要基于 Dachi 公司的研究，搜集了实施社交商务战略的主要企业（如 SAP、IBM、福特、Miller Coors、宝洁等公司）的信息。书中提到的战略、战术、方法论，统称为电子商务规划。

社会型企业

社交商务的概念往往容易与社会型企业发生混淆。很多人并不区分两者的差别，经常混用。社会型企业的目标集中于社会问题，会获取收益，但利润并不归于企业主和股东，而是用于公司建设性的社会化变革。更多细节参见社会型企业联盟网站 se-alliance. org/ why。上述定义更强调社会目标。

达拉斯儿童医疗中心正走向社会化。该中心建立了病患和家属社交网络，这是病人的门户网站，提供了更多的社会互助与合作。

数字变革与数字社会

数字世界中最重要的因素应该是人，以及人们的生活方式。数字变革已经改变了当代人们生活的方方面面，这是显而易见的。我们的生活、娱乐、购物、旅行、医疗、教育等方面都改变了。例如数字电话、数码相机、数字电视、数字汽车、数字家庭，不胜枚举。人们自然而然地使用数字技术，加速地迈进电子商务的潮流中。以下是几个例子：

- 谷歌已经开发出了一种可以自动上路的汽车（自动汽车），在加利福尼亚等多个州进行测试。2012 年夏天，获得了内华达州的核准许可。同年 5 月，在加利福尼亚州进行了无人驾驶的测试。这方面的综述可参见 Neil（2012）。潜在的获益（包括安全性）可参见 Cook（2012）。截至 2014 年，无人驾驶的自动汽车已在多个城市上路。更多细节参见 Thomas（2014），也可参阅本书第六章。

- 阿里巴巴创始人——亿万富翁马云（见第四章），立志通过改善环境，让中国变得更好。如今阿里巴巴的销售量已经超过了易趣和亚马逊的总和。详情参见 Anderlini（2013）。

- 2008 年，高中女生可以在脸谱上看到西尔斯（Sears）百货公司展示的几十款短裙，让自己的闺密帮着拿主意。

- 大学宿舍里的洗衣机、烘干机的功能如今已经与网络挂上了钩。学生们只要在手机里输入一个密码，或是登录 esuds. net 网站，就可以了解宿舍里的洗涤机器是否有人在用。机器自动洗衣、烘干完成以后，他们还会收到一份电子邮件短信提醒，告诉他们可以去取衣服了。系统则会自动计算需要在何时加入洗涤剂，加多少，何时加入织物软化剂。

- 在纽约和其他大城市，现在打车也方便得多了。2012 年 8 月起，只要智能手机里有 GPS 模块，就能采用电子叫车的方式。用 ZABCAB（zabcab.com）提供的应用程序，就能轻松实现一键叫车。你的确切位置会自动显示在认证的出租司机的移动设备屏幕上。此项服务向司机每月收取 14.95 美元的费用，而对乘客完全是免费的。（由于内部政治问题，此项应用在纽约市已经停用。）

- 5 亿多用户在苹果的 iTunes 商店下载歌曲、游戏和视频。该平台搜集了超过 3 000 万商品，为 3.5 亿台移动设备提供服务。据估计，2014 年 iTunes 的总收入达到 90 亿美元。iTunes 商店被认为是全球最受欢迎的音乐商店。2003—2013 年秋，该平台卖出 280 亿首歌曲，同一时间段，苹果商店卖出一百多万款 app。

- 福特公司通过车载多媒体互动系统 MyFord Touch，计算出最快、最短、最省油的行驶路线。该系统基于交通的历史数据和实时数据，避开拥堵，绘制行车路线，结果会显示在仪表板上。该系统最早搭载于 2012 款的福特福克斯车型上。

- 2012 年，超级碗 XLVI（美国国家橄榄球联盟年度冠军赛）为球迷们组建了社交媒体指挥中心，招募雇员 50 人，专门负责在比赛中监测 300 个关键词。参见 Chaney（2012）。
- 2014 年，部分喜达屋度假酒店（Starwood Hotels & Resorts）实现用智能手机作为房间钥匙。
- 一个国际研究项目正在开发一套计算机系统，医生在病人在家时就能对其进行实时监控、作出诊断并给出医疗建议。这套系统的目的是为了缓解去医院道路上的拥堵，提高医疗品质。该项目在以色列进行，由欧洲的专家合作研究。详见 haifa. ac. il，搜索"全球医疗系统"（global medical systems）。
- Union Pacific，美国最大的铁路运营商，在火车上安装大量传感器及其他设备，搜集数据，并通过有线和无线网络传至数据中心。数据中心通过预测分析，做出最理想的定期检查方案。2011 年，搜集数据超过 100 亿条，年收益增长 3 500 万～4 000 万美元。参见 Murphy（2012）。
- 加利福尼亚州月亮谷水域的水资源流失受到诸多变量的影响，使用了 IBM 的智能分析计算技术后，流失量显著下降。
- 在芬兰，超市购物者用带相机功能的智能手机扫描商品条形码，即可获悉商品的成分、营养价值，以及消耗这些能量所需的运动时间。
- 普利司通自行车公司（Bridgestone Cycle Co.）开发的自行车运动记录器，能自动跟踪记录运动距离、速度、时间和能量消耗。自行车运动社区信息请参见 bikewire. net 和 cyclingforum. com。
- 世界扑克锦标赛的获胜者都是五六十岁的扑克爱好者。他们为了赢得比赛，都曾经花了几年时间去积累经验。但到了 2009 年，美国的 Joe Cada 赢得这一赛事时，年仅 21 岁。Cada 通过大量的网上扑克练习快速积累经验。2013 年，Ryan Riess 夺冠时也才 23 岁。

上述案例列表可扩充至成千上万条。对于更极致的应用，参见 Pepitone（2012）。

负面影响

通用数字技术、电子商务，以及移动电子商务、社交商务等相关技术可能会对经济发展、各行各业、商务模式和个人产生负面影响。请参阅 2013 年视频"破坏性的科技"（Disruptive Technologies），网址为 mckinsey. com/insights/high _ tech _ telecoms _ internet/disruptive _ technologies，以及 2014 年采访麻省理工学院 Andrew McAfee 和麦肯锡的 James Manyika 的访谈视频"为什么领导人都要关注数字化和破坏性的变革"（Why Every Leader Should Care about Digitization and Disruptive Innovation），网址为 mckinsey. com/insights/ business _ technology/why _ every _ leader_should_care_about_digitization_and_disruptive_innovation。

社交客户

社交客户（social customer）是数字社会的重要组成，有时也叫数字客户。他们通常都是社交网络成员，在网上分享对产品、服务、卖家的评价，在线购物，了解自己的权利，会灵活利用智慧和社交网络的力量。由于无线网络购物和新型网购模式，社交客户的数量呈指数级增长（第七章）。社交客户的重要事项可详见图 1.5。

如图 1.5 所示，社交客户期望更好的服务，愿意给出反馈、产品评价，与志趣相投的同龄人有共鸣。这种新的行为模式要求新的营销沟通策略和客户服务策略。社交客户积极参与到购物流程中，既购买商品，也深深影响着购买流程。个人受到的影响来自朋友、朋友的朋友甚至朋友的

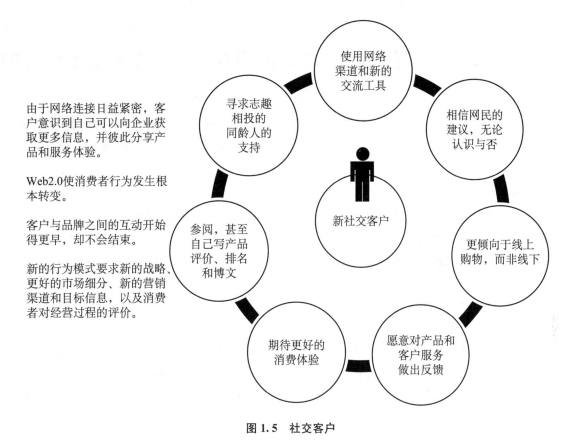

由于网络连接日益紧密，客户意识到自己可以向企业获取更多信息，并彼此分享产品和服务体验。

Web2.0使消费者行为发生根本转变。

客户与品牌之间的互动开始得更早，却不会结束。

新的行为模式要求新的战略、更好的市场细分、新的营销渠道和目标信息，以及消费者对经营过程的评价。

图 1.5 社交客户

资料来源：F. Cipriani，"Social CRM：Concept，Benefits，and Approach to Adopt，"November 2008。slideshare. net/fh-cipriani/social-crm-presentation-761225（2014 年 6 月访问）。

朋友的朋友。商家必须理解，这些客户和传统客户的不同之处，进而采用恰当的电子商务营销策略，提供优质的客户服务（Turban et al.，2005）。对当今社交客户的扩展讨论，参见 Shih（2011）。社交 CRM 的程序、指南和软件都是公开的（Smith et al.，2011）。

Taft（2012a）解释了 IBM 智能商务行动面向数字客户的原因，详见该文中给出的幻灯片。IBM 正在开发新的软件和服务，以智能为导向进行客户体验，如基于云计算分析的私人定制和目标市场广告。

1.5 节复习题

1. 定义数字革命，介绍数字革命的内容。
2. 介绍数字经济的特征。
3. 什么是社交经济？
4. 定义数字企业，以及其与社交商务的关系。
5. 描述社会型企业。
6. 比较传统企业与数字企业的差异。
7. 描述数字社会的特征。
8. 描述社交客户。
9. 浏览网站 packdog.com 和 dogtoys.com。比较两者的异同，观察其与数字社会的关系。

1.6 不断变化的经营环境、企业的应对策略，以及电子商务的影响

电子商务的发展受到技术、经济、社会等各种因素的影响。参与其中的，还包括全球竞争，以及经营环境的不断变化。对于技术变化的预测，参见 Enterprise Innovation（2013）。

不断变化的经营环境

经济、法律、社会、技术等各种因素，以及全球化的趋势，使得企业的经营环境中竞争越来越激烈。这些外部的环境因素变化非常快，非常剧烈，往往无法预测。例如，2008—2012 年间金融危机导致了许多企业破产，或是被其他公司收购。经营环境的变化迫使企业改变商业模式，不少企业开展了组织重构，调整了自己的信息系统，开始涉足电子商务。

以下我们将讨论外部因素如何影响企业和各种组织的经营和管理。

行为方式、经营压力、企业的响应以及电子商务的支持

大多数人、体育运动队，以及各种组织都在试图改进自己的行为方式。对有些人来说，这是为了应对挑战，对有些人来说，这是为了生存。当然，还有的人是考虑提高生活质量，增加收益，提高知名度。

大多数企业都会定期考核自己的经营业绩，有的是用一定的指标衡量，有的则是用企业的使命、目标、计划来衡量。然而，让人难以适应的是企业业绩的好坏不仅取决于自身的运作，还取决于其他企业如何经营，外部环境如何变化。

环境对经营业绩的影响方式

图 1.6 显示的是经营环境如何对企业形成压力，带来风险和机遇，对企业改变经营方式形成影响（见"我们的企业"）。企业发展的驱动力还包括企业的使命、目标、战略、计划。企业的经营能力包括其核心竞争力、解决问题的能力，以及响应环境变化的能力。企业的经营能力可以细化为经营业绩、对机遇和风险的解决能力，以及落实企业使命、战略、目标、计划的能力。

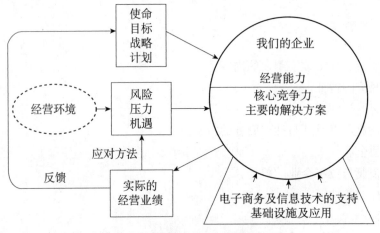

图 1.6　环境对经营业绩的影响方式

在图 1.6 中，电子商务和信息技术促进了企业的经营管理，提高了企业的业绩，减轻了企业面临的压力。我们可以从两个方面来观察图 1.6 中模型的要素，即经营压力和企业的响应方式。

经营压力

我们将经营压力分解成三大类，即市场压力（也称经济压力）、社会压力、技术压力。表 1.5 罗列的是三大类经营压力。需要指出的是，有些环境压力同时也创造了机遇。

表 1.5   企业面临的各种经营压力

市场及经济压力	社会压力	技术压力
激烈的全球化竞争； 全球经济； 区域贸易协定（例如，NAFTA）； 有些国家过低的劳动力成本； 市场频繁、剧烈的波动； 消费者对市场的影响力； 政府监管。	员工结构的变化； 政府放松监管导致的竞争加剧； 政府在企业间的平衡（例如，《萨班斯-奥克斯利法案》）； 政府补贴减少； 政治因素影响下的政府规章； 人们对道德及法律问题的更多关注； 企业承担更多的社会责任； 动荡的政治环境； 日益增多的恐怖事件。	更多的新技术与创新； 旧技术很快被淘汰； 信息爆炸现象越来越明显； 与人力成本相比，技术成本越来越低（人们更多地用技术解决问题）。

企业的应对战略

面对如此的经营环境，企业该如何应对？如何捕捉机遇，降低风险？起初，许多传统的经营战略依然是有效的。但是，环境的瞬息万变、竞争的日益加剧也要求经营者不断地调整、补充、淘汰原有的各种战略。同时，企业需要制定各种新的战略。战略贯穿于企业经营的部分过程或全过程，小到工资核算，大到企业并购。企业的应对策略可以是对既有压力的回应，也可以是对未来可能出现的状况的预防，还有的是充分利用环境创造的机遇。（请参阅应用案例 1.1 "Net-a-Porter 网络公司：服装服饰带来的成功"。）

表 1.6 列出了典型的应对策略。

表 1.6   企业的各种应对策略

应对策略	产生的影响
战略系统	提升在行业中的战略优势。
敏捷系统	提升企业灵活应变的能力。
经营流程管理的持续优化	使用企业的网络系统改善经营流程，启动网上采购活动。
客户关系管理	使用互联网和电子商务商业模式，改善客户关系管理。
商务合作及伙伴关系管理	采用合资经营、合伙经营、在线合作、虚拟公司等形式达到双赢的目的，甚至与竞争对手的合作也能实现双赢。
虚拟市场	利用企业的或是公共的网络市场，提高经营的效率和效益。
缩短产品上市周期	提高生产、管理的速度，缩短产品的上市周期。
向员工，特别是一线员工（指直接与客户及商业伙伴交往的员工）授权	让员工利用计算机辅助决策系统，使得他们能够自主快速地进行决策。
按订单生产及规模定制	向众多客户提供个性化的产品和服务，并将成本控制在合理的范围之内（戴尔电脑公司就是一个典型的案例）。

应对策略	产生的影响
企业内部的自动化运作	企业的各种经营管理活动（销售自动化、存货管理自动化）都能够通过电子商务或移动商务的形式得到提高
知识管理	利用网络系统创造、储存、传递信息，提高生产率，提高企业的应变能力及竞争能力。
客户选择、客户忠诚度管理及服务管理	识别最后价值的潜在客户，提高他们对产品、服务的需求，提高客户忠诚度。
人力资本	为特定岗位选择最合适的员工，支付合理的报酬。
产品与服务质量管理	及早发现产品、服务质量隐患，降低质量风险。
财务管理	了解财务工作的意义，以及非财务活动可能造成的影响。
研发管理	改进产品和服务的质量、效益，保证产品和服务的安全可靠。
社交网络管理	利用协力优势使营销、广告、企业间合作等活动都得到创新。

电子商务对经营管理的支持

企业的许多应对策略得益于电子商务，是电子商务促进了整个经济的发展。在某些情况下，电子商务是应对经营压力的唯一出路。出现此种现象的原因主要是电子商务的潜在优势。

电子商务带来的各种潜力

电子商务在企业的创新及战略制定等方面都发挥着越来越重要的作用。企业据此能够增强竞争能力和发展能力。对那些希望主动引领市场，而不是被动应对的企业尤其如此。电子商务活动能起到如此作用，是因为其内在潜力和技术的发展。部分内容可见图1.4。

促进电子商务发展的因素多种多样，主要表现在：

- 企业间有效的沟通和交流。
- 全球范围内寻找商业伙伴，开展交易活动。
- 跨时空，方便快捷地开展商务活动。到2013年，美国拥有超过3亿的手机用户，中国手机用户则超过6亿（Peterson，2014）。
- 快速、实时地传递信息。
- 开展价格比较。
- 提供个性化的产品和服务。
- 利用丰富的媒体开展广告活动、娱乐活动及社交网络活动。
- 快速地得到专家及其他网络用户的咨询服务。
- 在企业内外开展各种形式的协作。
- 信息、知识的分享。
- 利用智能化管理提高生产率，降低成本，通过智能应用等手段压缩供应链上的时间。
- 方便、快捷地搜索卖家、产品及竞争对手的信息。

电子商务技术的发展日新月异，技术开发成本也日趋下降，它所具有的比较优势日益明显。技术反过来又促进了电子商务的发展。

1.6 节复习题

1. 解释环境对经营业绩的影响方式。

2. 罗列当今商务环境的重要因素。

3. 罗列企业对环境变化的应对措施。

4. 简要介绍电子商务的 5 种潜在影响。

1.7 电子商务商业模式

电子商务的一个重要特征是它能不断地催生新的商业模式。所谓的**商业模式**（business model），是指开展商务活动的方法，企业就此获得收益，维持生存和发展。其中不可或缺的是组织目标，即吸引大量客户购买组织的产品或服务。《哈佛商业评论》（*Harward Business Review*）2011年 1—2 月刊专门发表了 5 篇文章讨论商业模式变革，其中不少主题与电子商务有关。由于企业的性质、行业的特征等因素不同，电子商务模式可以多元化。商业模式不仅存在于现有企业，也可见于规划中的企业。

商业模式的结构和特征

比较复杂的商业模式包括如下要素，另可参阅图 1.7。

- 客户的特征、与企业的关系、客户的价值诉求，以及客户能够为企业创造的价值；
- 企业能够提供的产品和服务、企业的目标市场；
- 企业发展战略；
- 生产流程，按此来生产、递送产品和服务，包括配送策略和营销策略；
- 经营管理所需要的资源及其成本，并说明哪些是现成的，哪些需要在企业内开发、生产，哪些需要从外部获得（包括人力资源）；
- 企业的供应链，包括供应商和商务伙伴；
- 价值链结构；
- 主要的竞争对手，各自的市场份额，以及他们的市场策略和优劣势；
- 商业模式带来的竞争优势，包括定价优势和销售优势；
- 企业可能发生的变化，以及阻碍变化的因素；
- 预期的经营收入（即收入模式）、预期的成本、融资渠道、盈利能力（也可称为"财务能力"）。

模式中也包括价值诉求，它指的是某种商业模式能够给客户或企业带来的利益（不管是有形的还是无形的）。

有关商业模式的讨论和案例，以及商业模式与经营计划之间的关系，参见 en. wikipedia. org/wiki/Business _ model。本章主要讨论商业模式中的两个要素，即收益和价值诉求。

收益模式

收益模式归纳了一个企业或者电子商务项目如何创造收益。例如，Net-a-Porter 公司的收益模式就是通过在线销售高端时装获得收益。主要的收益模式有如下几种：

- **销售**。企业通过网络销售商品或者服务而获得收益。Net-a-Porter 服装公司、星巴克、亚马逊、歌帝梵巧克力公司都在网络上销售产品。

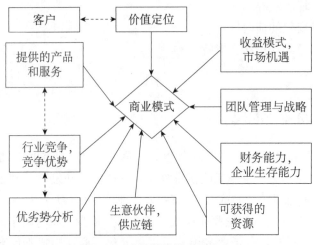

图 1.7　商业模式的主要内容

● **交易费**。这是指企业按照交易量的大小收取佣金。例如，房屋主人出售住房，他会向中介支付一笔交易费。房价越高，佣金就越高。有时候，佣金是按照交易次数收取的。例如，在线股票交易，一般是对每次交易收取固定的费用，而不是按照交易量的大小收费。

● **月租费**。客户按月缴纳固定的费用，由此获得企业提供的服务。例如，电信公司每个月向客户收取宽带接入费。

● **广告费**。企业允许个人或者公司在自己的网站上刊登广告，收取费用（参阅第四章）。

● **会员费**。企业向客户推荐其他企业的网站，由此收取一定的介绍费。较典型的例子就是亚马逊公司网站。

● **许可费**。另一种收益来源是收取许可费（例如 progress. com/products/datadirect 网站）。许可费可以按年收取，也可以按使用次数收取。例如，微软公司对使用面向工作站、网络服务器和大型计算机的 Windows NT 网络操作系统的工作站都要收取费用。

● **其他收益来源**。有些企业允许用户在网站上玩游戏，但是要收取费用。也有的企业实况转播体育赛事并对观看的用户收取费用（例如 espn. go. com）。

企业设计收益模式来介绍它如何创造收益，设计商业模式来解释其获得收益的流程。

个人的创新收益模式

互联网有助于实现创新收益模式，其中有些模式可被个人使用，如下例所示。

 实际案例

低进高出

这种收益模式古已有之。但是如今，普通人也可以运用自如。例如，在 Craigslist 或其他分类广告网站上，低价买进一件商品，然后加价 50%～200% 在拍卖网站（例如易趣）卖出。你可以尝试一下以这种方式挣点钱。有的人生意做得很大。例如，有人 1994 年花 20 美元买进 pizza.com 的域名，到了 2008 年 4 月，他将这一域名转让，出让费是 260 万美元。而他当时购入了许多域名。

收益模式有时是价值诉求的一部分，有时则是对价值诉求的补充。

价值诉求

商业模式中还包括对价值诉求的描述。所谓**价值诉求**（value proposition）指的是企业从落实商业模式中可以得到的利益，这些利益包括无形的、难以量化的利益。例如，在 B2C 电子商务中，价值诉求指的是企业的产品或是服务如何满足客户的需求。换言之，它指的是客户总共有多少收益。价值诉求是营销计划的重要组成部分。Andrew（2012）归纳出了 B2C 电子商务的 50 种价值诉求。

商业模式的功能

商业模式有如下功能（或者说是目标）：

- 描述企业的供应链和价值链。
- 设计企业的竞争策略及长期经营规划。
- 设计客户价值诉求。
- 识别谁为了什么目的使用这一技术；创收流程如何；企业在哪一个区域经营。
- 描述企业成本数量与构成，以及潜在利润。

电子商务的一般商业模式

电子商务企业的商业模式有许多种。本书的各个章节中都会有详细的介绍。以下描述的是最常见的 5 种电子商务商业模式。若要了解其他模式，可以浏览在线补充读物 W1.4。

1. **在线直复营销**。最常见的模式是在线直接销售商品和服务。这样的销售有的是生产厂家直接销售给客户，省去了中间环节和实体店铺（例如，戴尔电脑公司）。有的是零售商销售给消费者，使配送更加便捷（例如，Net-a-Porter 网上直销点、沃尔玛在线商店等）。若产品和服务是数字化的商品（指可以从网络上直接递送的产品和服务），那么这样的销售模式就更显示出它的效率。这种销售模式有多个变种（见第三章和第四章），经营的模式也各不相同（例如，竞拍），主要用于 B2C（称为"在线零售"）和 B2B 交易。

2. **网络招投标平台**。大的买家通常都会通过**招投标平台**（tendering system，bidding system，也叫反向拍卖）来完成大宗采购。利用网络来进行招投标既节约时间，又节约金钱。由 General Electric 公司开发的网络招投标平台已经受到大家的欢迎。有些政府机构还规定采购活动必须通过网络招投标完成（请参阅第四章）。

3. **电子市场与电子交易**。电子市场以单独的形式存在已经有几十年的时间了（例如，股票交易和期货交易）。但是到了 1996 年，形形色色的新老电子市场都引入了新的、更加有效的方法，加速交易的流程。只要精心地组织和管理，电子市场就能够给交易双方都带来很大的利益。人们较多地关注垂直市场，也就是在一个行业里开展交易的市场（请参阅第四章）。

4. **病毒营销**。所谓病毒营销（参阅第七章）指的是人们利用电子邮件和社交网络对广告内容进行口口相传式的宣传。口口相传式的广告活动在网络平台上，特别是在社交网络上非常流行。

5. **团购**。团购是一种知名的线下交易模式，连 B2C 和 B2B 企业也都采用。它的理论基础是"数量折扣"（也有的称"买一打就打折"活动）。互联网是一个把个体聚拢在一起的平台，因此，它就具备了数量优势。2010 年，Groupon 网站推出了一种改良模式，方便人们在采购某一类商品时享受折扣优惠。于是，团购就开始大行其道了（请参阅第七章）。

需要指出的是，一家企业有的时候会同时采用几种商业模式。请参阅导入案例星巴克公司和章末案例 NFL 公司的经营之道以及戴尔电脑公司的案例（在线补充读物 W1.1）。

电子商务商业模式分类

Rappa（2010）将电子商务的商业模式分成了 7 类：

1. 手续费：做市商收取服务手续费；
2. 广告商：帮助有需求的客户在网站上做广告并收取广告费；
3. 咨询中介：为买方或卖方提供信息或设施，进而收取服务费；
4. 销售商：沃尔玛、亚马逊之类的零售商，批量进货，再转手卖掉，赚取差价；
5. 直销模式：厂家直接销售，没有中间商环节；
6. 会员模式：向网站购买广告位，再向做广告的人收取费用；
7. 社区模式：社交媒体模式，主要利用 Web 2.0、社交网络。其特征将在第七章详述。

Rappa（2010）为每种商业模式提供了例子以及它们的收益模式；此外他也提出了每一种模式的主要差异。

1.7 节复习题

1. 什么是商业模式？解释它的功能及特征。
2. 解释收益模式和价值诉求。它们之间有什么关系？
3. 请解释以下几种商业模式：直复营销，招投标平台，电子交易，病毒营销，社交网络营销。
4. 识别与购买行为相关的商业模式，以及与销售行为相关的商业模式。
5. 介绍病毒营销的工作原理。

1.8　电子商务的局限性、影响和未来

正如 1.2 节所说的，电子商务也有局限和失败。

电子商务的局限与壁垒

电子商务面临的壁垒表现在两个层面，即技术的和非技术的。表 1.7 列出的是这些壁垒。

表 1.7　　　　　　　　　　　　　　　　　　电子商务面临的壁垒

技术层面的壁垒	非技术层面的壁垒
在质量、安全、可靠性方面还缺乏全球标准。	安全问题和隐私问题使得有意在线购物的消费者迟疑。
带宽不够，尤其是对移动商务、视频、图像等更是如此。	对电子商务、陌生的卖家，以及看不见、摸不着的交易难以表示足够的信任。
软件开发工具还不够。	不愿意改变。
现有的应用软件和数据库老化，因此很难将互联网与电子商务软件整合在一起。	许多法律问题和政策问题（包括税收问题）还没有解决，或不够清晰。
除了应用服务器以外，企业还需要安装网络服务器，增加了开展电子商务的成本。	本国政府或是外国政府对电子商务活动还有种种限制。
互联网接入依然成本较高，不够便利。	对电子商务的成本和带来的利益还难以界定。
大型的 B2C 订单处理需要特别安装自动化的仓储系统。	没有足够的客户；供应链环节缺少合作。

Van Toorn et al. (2006) 提出，电子商务发展面临的壁垒可以分成行业壁垒（如政府、个体行业、国际组织）、内部壁垒（如安全性、技术知识匮乏、时间与资源匮乏）、外部壁垒（如缺乏政府支持），以及文化差异、组织差异、异构的 B2B 接口、国际贸易壁垒、标准缺失，等等。随着时间的推移，这些局限会逐渐消失，但仍需在实施电子商务的时候都得以解决。还有一个重要的问题是网络伦理问题。

伦理问题

一方面，网络伦理问题对电子商务的发展会形成压力和阻力。另一方面，道德规范网站会提升人们的信任感，也会对商家提供帮助。所谓**伦理**（ethics）指的是对是非的判断标准。伦理是一个难以说清楚的问题，因为它不是非此即彼的问题。对一个人来说这是符合伦理的，但是对另一个人来说，或许情况恰恰相反。同样，在一个国家这样做是对的，但是在另一个国家就是错的。电子商务伦理问题的深入讨论参见 Gaskin and Evans（2010）。

在实施电子商务活动的时候，人们会面临种种伦理问题，例如，是否能监视员工的电子邮件，是否能利用储存在企业或公共服务器中的成千上万条客户的隐私信息。人们需要思考这样的问题，因为它们对电子商务的开展会形成限制和障碍。一个典型的例子是零售商店里正在使用或将要使用的射频识别技术（请参阅在线辅导资料 T2），因为它有可能侵犯到购买者的隐私。

克服障碍

尽管有诸多限制和壁垒，电子商务还是在快速地发展。随着人们经验的积累、技术的进步，开展电子商务的成本效益会提升，将会有越来越多的个人和组织接受电子商务。如何使用适合的策略克服这些障碍，可以参见第十三、十四章的内容，以及浏览 powerhomebiz. com/vol103/implement. htm。

学习电子商务的意义

学习电子商务，主要是因为这是一个快速发展的领域。电子商务在整个商务中占的比重也在快速增长。有人预测，未来大多数商务活动都将在网上完成。因此，任何经商的人或商科学生都要学习电子商务。

这也是电子商务学术研究快速发展的原因。电子商务的学术研究始于 1995 年，那时学校仅开设了几门课，也只有几本教科书。可是如今，许多高校都开设了电子商务课程和完整的电子商务专业。例如美国弗吉尼亚大学、缅因大学和阿肯色大学都开设了电子商务专业，或是辅修电子商务证书课程。电子商务已经融入了各种各样的研究和学习领域，例如网络营销、电子金融市场等。研究领域的分化说明电子商务已经渗透到越来越多的商业领域、服务领域，以及政府的管理中。总之，这个领域因其创新的商业模式而独具吸引力。

学习电子商务还会带来许多无形的利益。首先，就业机会将会更多、更好。市场需要既有技术又能管理的人才，其薪酬也水涨船高（浏览薪酬比较网站：salary. com，cbsalary. com）。与社交媒体、社交网络、社交商务相关的岗位有数百个，而且待遇优厚。第二，如果你懂得电子商务，并且知道如何利用电子商务技术去捕捉机遇，那么你在公司里升迁的机会也要大得多。第三，电子商务有可能使人成为亿万富翁，这样的例子比比皆是，例如如今那些知名电子商务公司（如谷歌、脸谱、YouTube、亚马逊、雅虎等）的创办者。你也可以利用像易趣这样的网站赚取很多钱（Joyner，2007）。即使运气不是很好，你也可以利用第二人生（Second Life）这样的网站赚钱（Rymaszewski et al.，2008），或者只是在易趣、雅虎、脸谱、Craigslist 或你自己开发的网站上卖东西挣钱。而且你可以边读书，边挣钱［参见 Blakely（2007）中 Jetpens 的案例］。甚至有些十几岁的青年人也有非常成功的电子商务经历。美国加利福尼亚州 Cupertino Monte Vista 中学毕业的 Diane Keng 利用 Web 2.0 技术成功开办了电子商务公司，赚得盆满钵满。

除了本书提到的案例和利用易趣等网站挣钱以外，利用电子商务还给人们带来各种各样的机会。Hunt（2010）提出了如下一些利用网络赚取外快的方式：（1）销售自己的手工艺品；（2）凭自己的智慧挣钱；（3）做一个应招的看护人员；（4）写作、编辑或校对等文字工作；（5）为人设计图案或是网站；（6）为孩子或是老人做咨询；（7）给人提建议；（8）提供客户服务；（9）开设博客；（10）向人提供思路，收取费用；（11）在网络上搜索信息；（12）在线完成一些工作。Hunt 本人也利用网络提供案例、网络链接、防诈骗技巧等。关于在线赚钱的 55 种方法参见 Pantic（2013）。请浏览 shop. com。最后，对于如何利用电子商务在线赚钱参见 Bates and Money Online（2014）。

Web 2.0 也提供了很多全职工作的机会。有关讨论参见 Tice（2010）。

电子商务的未来

经济、技术和社会取向等因素影响着电子商务，决定了其发展方向。例如，多数专家都认为，电子商务向移动化发展是必然趋势。也有专家认为，作为电子商务的一部分，社交商务也是未来趋势（Turban et al.，2015）。由于手机、平板电脑、电子支付系统的发展，发展中国家将掀起电子商务应用的浪潮。在与传统零售业的对抗中，电子商务终将获胜（参见第三章的讨论，亚马逊 vs. 百思买）。在未来，电子商务更将提升开拓国际市场的能力。

电子商务对行业的影响更大，而且将越来越大。未来五年，旅游业、零售业、股票经纪行业、银行业等受影响最为显著。Hiner（2011）认为，其次受影响的就是电影业、保健行业、图书出版业和电子支付行业。参见 Solis（2012）。

当前对电子商务未来规模的预测主要来自权威分析机构 ComScore 公司、eMarketer. com 和 Forrester 公司等。与电子商务相关的预测和统计数据可参见表 3.1。

据估计，2014 年冬，全球网民从 2012 年的 24 亿上升到 26 亿（参见 internetworldstats. com）。上网的人数越多，电子商务的发展空间就越大。

2011 年，EMarketer 预测，当年 73％ 的美国网民会在线购物（eMarketer，2011），2014 年 2 月，这一数字将达到 85％。电子商务的业务增长来自 B2C、B2B，以及电子政务、远程教育、企业对员工电子商务、社交商务、协同商务等新型应用。尽管私人企业、实体经济在衰退，但电子商务的交易量每年都要增长 10％～16％。

由于油价上涨，以及次贷危机之后的经济反弹，人们网上购物意愿增强，网购比价更便利，使得人们更容易买到便宜的商品（例如，在亚马逊上可以查到商品的价格）。另一个刺激电子商务的因素是移动设备，尤其是智能手机的使用量增加。Mashable（2012）说，地球上的手机数量即将超过人口数。

根据 Gartner 公司在 2012 年的调查，2012 年第二季度，智能手机销量增长超过 42％，而且这一增长趋势据估计还将持续几年。

Gartner 公司 2011 年也预测，到 2015 年，企业通过社交媒体和移动应用将产生 50％ 的网络销量。

电子商务未来发展取决于技术、组织和社会趋势等因素。Piastro（2010）列出了电子商务发展前景的十大趋势。Gartner 公司每年都会列出"十大战略性技术趋势"。2014 年的趋势参见 gartner. com/newsroom/id/2603623，其中还提到了手机应用程序（App）、物联网等电子商务相关话题。

1.8 节复习题

1. 列出妨碍电子商务发展的技术壁垒及非技术壁垒。
2. 学习电子商务有什么意义？
3. 电子商务对创办企业有什么帮助？
4. 请概括叙述关于电子商务未来的主要观点。

1.9 本书概要

本书共分 6 个部分，16 章。与本书配套的网站上还有许多教学资料，包括 12 篇在线辅导资料，以及配合每章内容的在线补充读物。

第一部分：电子商务与网络市场

这一部分主要介绍电子商务的概貌，包括它的内涵、为人们带来的利益、它的局限性、驱动力（见第一章）。第二章介绍网络市场及其运行机制，例如电子目录和竞价。第二章还将介绍社交网络和虚拟世界的 Web 2.0 工具。

第二部分：电子商务应用

这一部分有三章。第三章介绍电子商务零售（B2C），阐述在线销售产品的创新应用。它还将介绍在线提供服务，例如网银、旅行安排、保险等。第四章将介绍 B2B 电子商务，主要讲围绕企业开展的商业模式，例如一个买家对多个卖家，一个卖家对多个买家，以及多对多的电子交易。第五章则是介绍电子政务、远程教育、C2C 电子商务、知识管理等内容。

第三部分：新兴的电子商务平台

除了第二部分介绍的传统电子商务平台外，这一部分将用三章内容介绍新兴的电子商务平台。第六章介绍移动商务，包括定位商务的内容。第七章则是详细介绍社交商务和社交媒体市场。最后，以第八章的企业社交商务结束本部分的探讨。

第四部分：电子商务支持系统

这一部分包括四章，解决应用电子商务需要的支持服务。第九章介绍网上购物的消费者行为、在线市场调研，以及网络广告。第十章介绍电子商务安全与欺诈防范的内容。第十一章介绍电子商务支付系统。第十二章则是介绍订单处理。

第五部分：电子商务战略与实施

这一部分包括 4 章。第十三章讲电子商务战略、全球电子商务，以及电子商务对中小企业的影响。第十四章主要论述电子商务的可行性和经济状况。第十五章讲电子商务活动面临的伦理问题、法律问题和社会环境问题。

第六部分：开展网上业务和电子商务项目

第十六章主要讲网络型企业的开创、运营和维持，如何设计和启动电子商务，以及电子商务应用发展的过程与方法。

在线辅导资料

5篇在线辅导资料可以在配套网站上浏览affordable-ecommerce-textbook.com，T1：电子商务客户关系管理；T2：电子商务技术：电子数据交换、外联网、射频识别技术和云计算；T3：商务智能、数据挖掘、文本挖掘和网络挖掘技术；T4：网络市场的竞争态势；T5：电子协同技术。

在线补充读物

与各章内容配套的大量电子文档，按照对应的章节顺序，共享在以下网站上：affordable-ecommercetextbook.com。

管理问题

与第一章导论相关的管理问题如下所示：

1. **为什么B2B电子商务十分重要？为什么它会取得成功？** B2B电子商务的重要性表现在几个方面。第一，有些B2B商业模式比B2C商业模式容易操作。它的交易量和交易规模比B2C要大。与B2C相比，B2B减少的经营成本容易判断，幅度也大。而B2C面临的问题要更明显，例如与传统配送渠道的冲突、网络欺诈，以及客户规模上不去等。许多企业从现有的网络企业购物，与其他企业开展网上交易，或是在现有的网络市场上销售商品，或是参与网络竞价销售，电子商务就这样开始了。问题仅仅在于如何判断交易的地点和交易的对象。

2. **选择怎样的电子商务经营模式？** 2000年初，媒体上开始大肆报道网络企业或是电子商务项目失败的案例。一个产业往往是经历了"淘金"浪潮以后才会慢慢巩固。大约一百年前，美国的福特汽车公司靠制造汽车发财，随后有几百家汽车制造厂纷纷效仿。结果只有3家硕果仅存。最重要的是要从别人的成败中学习经验和教训，寻找最好的商业模式。第三、十四两章将介绍如

何从电子商务经营成败中吸取经验和教训。

3. **如何开展社交商务？** 开展社交商务的途径有很多。有些企业甚至自己开设了社交网站。第一件可以做的事情是广告。网络招聘也是一种好方法。还可以通过社交网络提供产品和服务的折扣。客户服务、市场调研等都是社交网络上可以大有作为的领域。当然，最重要的事情是利用社交网络开展交易，并由此创造收益。

4. **如今电子商务面临的最大挑战是什么？** 电子商务面临的10大技术问题（按重要性大小排列）分别是：安全问题、基础设施问题、虚拟化问题、后台系统整合问题、智能软件的数量问题、云计算问题、数据存储问题、数据挖掘问题、可测量性问题、内容传递问题。而电子商务发展面临的10大管理问题是：可行性问题、预算问题、项目周期问题、技术更新问题、隐私保护问题、不现实的管理预期问题、员工培训问题、客户开发问题、客户订单处理问题、招聘合格的电子商务人才问题。所有这些问题都将在本书的叙述中提到。

本章小结

本章所涉及的电子商务问题与前面提到的学习目标一一对应。

1. **电子商务的定义及其分类。** 电子商务就是用电子的方式开展交易活动。对电子商务进行分类，可以是完全电子商务与部分电子商务，互联网渠道与非互联网渠道，企业外网络与企业内网络，等等。

2. **电子商务的内容和框架。** 电子商务有诸多应用，它有赖于基础设施，也有赖于参与其中的人。与电子商务相关的还有公共政策、技术标准、营销与广告、支持服务（例如，物流、安全、支付等）、商务伙伴等，所

有这一切都需要管理工作来协调。

3. **电子商务交易的种类**。电子商务交易的主要类型有 B2B，B2C，C2C，移动商务，企业内部商务，B2E，协同商务，电子政务，社交商务，远程教育，等等。

4. **电子商务的驱动力**。电子商务是数字革命和技术革命的重要产物。它既有利于企业增加盈利，也有利于企业的发展壮大。这一革命带来的结果就是产品、服务、信息的数字化。技术的发展、全球化的理念日益深入人心、社会的变迁、政府监管的放松等诸多因素导致了商务环境的迅速变化。环境变了，企业的经营模式也要随之变化。传统的应对方式并不能奏效，因为外部的压力大了，变化的速度也更快了。因此，企业必须不断创新，重构自己的经营模式。企业为了完善经营，甚至是为了生存，不得不从事电子商务活动。

最后，电子商务的发展驱动力更在于它所提供的战略优势，使得企业能够在竞争中胜出。

5. **电子商务给企业、消费者及整个社会带来的福利**。参与电子商务的个人和组织都能从中获得利益。正是由于这样的利益十分显著，你简直难以不正视它。而且，企业可以到偏远的市场甚至全球市场上用较有优势的价格开展交易。产品市场化的速度加快了，企业由此获得竞争优势。企业可以改善内部和外部的供应链，提高协调合作的能力。最后，企业也可以借助电子商务更好地适应政府监管。

6. **电子商务 2.0 与社交媒体**。这是指利用社交计算开展商务活动。一般是利用 Web 2.0 工具，例如博客、

维客等，还包括企业社交网络、虚拟世界里的商务活动等。社交网络和企业网络吸引了众多网络用户。

7. **社交商务及社交软件**。许多企业都开始利用社交网络和社交软件（例如博客）来开展商务活动。社交商务主要体现在广告、购物、客户服务、招聘、在线合作等。

8. **数字社会的要素**。数字世界的要素主要包括数字经济、数字企业、数字社会三个方面。它们的表现形式各异，发展也十分迅速。

伴随数字社会而来的，还有社会型企业和客户。

9. **商务压力**。主要压力有市场和经济因素（如竞争、全球化、产品创新等）；社会压力（如政府政策、社交客户、社会责任等）；技术压力（如新产品、旧产品过时、技术成本降低等）。企业可以用传统的应对方式，如细分市场、降低成本、客户关系管理，也可以采用技术导向的应对方式，如创新、自动化和电子商务等。

10. **电子商务的主要模式**。电子商务环境下的商业模式主要有在线直复营销、电子招投标平台、"价格由你定"、会员式营销、病毒营销、团购、在线拍卖、规模定制、电子交易、供应链优化、价格比较、价值链整合、价值链增值、信息中介、物物交换、大幅折扣、会员互动，等等。

11. **电子商务活动的局限**。这些局限主要表现在对新技术的抵制、人们担心安全问题、不容易与其他信息技术平台接轨、执行订单成本较高、隐私保护问题、监管不明确、对计算机的信任度不高、评价标准缺失、缺少电子商务技术人员，等等。

讨论题

1. 比较"砖瓦加水泥式"组织与"鼠标加水泥式"组织的异同。

2. 利用智能卡到自动售货机上购物，为什么属于电子商务的范畴？

3. 为什么电子商务能够减少配送时间，促进向员工授权，改善客户服务？

4. 病毒营销与会员式营销有哪些异同点？

5. Web 2.0 工具的作用有哪些？它从哪些方面促进了电子商务的发展？

6. 企业为什么愿意开展社交商务？

7. 公共社交网络（例如，脸谱）与企业社交网络有哪些不同？

8. 电子商务的非技术壁垒表现在哪些方面？哪些来自于企业内部？哪些来自于企业外部？

9. 虚拟世界（例如，第二人生）与电子商务有哪些关联？

10. 社交客户和社交业务之间有何关联？

课堂论辩题

1. 电子商务为什么会对企业经营形成压力？企业应该如何应对这样的压力？

2. 数字商务会取代人为的操作吗？如果答案是肯定的，那么这是坏事吗？

3. 企业为什么会频繁地改变自己的商业模式？这样做有什么利弊？

4. 电子商务创造出一些就业岗位，但是因电子商务而消失的岗位更多。我们是否应该限制其发展？

5. 网络时尚物品交易会影响时尚物品零售商的生意吗？

6. 搜集企业未来发展方面的信息。可以从 ibm.com 开始。用1～2页的篇幅概括当今企业和未来企业有何差异。

7. 查阅2011年麦当劳在宝洁公司的活动。讨论多样化的电子商务活动和其他数字活动，以及变革的需要。

8. 为什么中国"双十一"购物节单日盈利是美国"剁手星期一"的两倍？

网络实践

1. 浏览网站 excitingcommerce.com，查找新兴电子商务模式和未来前景的相关信息。

2. 浏览网站 amazon.com，查找下列最新信息：

a. 有关电子商务的5本畅销书。

b. 有关其中一本书的评论文章。

c. 从亚马逊网站上你能获得怎样的个性化服务？在亚马逊网站上购物你能获得哪些利益？

d. 浏览产品介绍栏目。

3. 浏览网站 priceline.com 和 zappos.com，了解两个网站使用的商业模式。采用这样的模式有哪些优势？

4. 浏览网站 nike.com，在网站上设计自己的鞋子款式。再浏览网站 office.microsoft.com，在网站上设计自己的名片。再浏览网站 jaguar.com，设计一款自己梦想中的轿车。这样做的好处是什么？弊端是什么？

5. 要想在购物时节省一点，请浏览网站 pricegrabber.com、kaboodle.com、yub.com、buyerzone.com，你会到哪一家网站购物？为什么？

6. 浏览网站 espn.go.com、123greetings.com、facebook.com，列出这些公司网站的收益模式。

7. 浏览网站 philatino.com、stampauctioncentral.com、statusint.com，了解它们的商业模式和收益模式。这样的模式对卖家有哪些利益？对买家有哪些利益？

8. 浏览网站 zipcar.com，该网站能够帮助你做什么？

9. 浏览网站 digitalenterprise.com，写一篇报告，说明电子商务的最新模式和发展。

10. 浏览几家电子商务人才招聘网站（例如，execunet.com、monster.com）。将电子商务人才的薪酬与会计人才的薪酬进行比较。若要了解更多有关电子商务人才的薪酬问题，可以阅读《计算机世界》（Computerworld）期刊上每年一度的薪酬报告。也可以浏览网站 salary.com 等。

11. 浏览网站 bluenile.com、diamond.com 和 jewelryexchange.com，对它们进行比较，观察其相同点和不同点。

12. 浏览网站 ticketonline.com、ticketmaster.com 等销售展会入场券的网站，网络售票的优势在哪里？各家网站提供的服务有哪些？

13. 浏览 Timberland 公司的网站 timberland.com，自己设计一双靴子。它与在耐克公司的网站上自行设计一双运动鞋有什么区别？再与 zappos.com/shoes 网站进行比较。

14. 请浏览如下网站中的2～3个，并比较它们的商业模式和收益模式：prosper.com、paperbackswap.com 和 bigvine.net 等。

团队合作

1. 为导入案例设计的作业：请阅读本章开头的导入案例并回答下列问题：

a. 你觉得星巴克通过电子商务活动，在哪些方面提高了品牌知名度？

b. 有人认为，My Starbucks Idea 做的是无效的表面功夫。查阅关于这个项目的正反面信息（参见行动博客（Action Blog）上的星巴克创意（Starbucks Idea））。

c. 星巴克在脸谱上发起了一些非商业话题的探讨，如婚姻平等法等，为什么他们要做这些活动？

d. 消费者是如何参与到星巴克的各种电子商务活动中的？

e. 星巴克坚信自己的数字社交行动极具创新性，而且使消费者行为产生了巨大转变。请讨论这一话题。

f. 请观看 Stelzner（2010）的一个8分钟视频，并

回答以下问题:

(1) 星巴克是如何在社交媒体中使用视频营销的?

(2) 他们如何从消费者那里获取信息?

(3) 视频中有哪些成功的诀窍和要避免的事项?

(4) 浏览网站 facebook.com/Starbucks,说说这个网站上令你印象最深的地方。

2. 每个团队收集两份电子商务的成功案例。团队成员要寻找开展完全的电子商务的企业以及很大程度上使用"鼠标加水泥式"战略的企业。要设法归纳企业成功的主要原因,然后向其他团队介绍。

3. 观看一段 8 分钟的视频 Part 1-E-Commerce (youtube. com/watch? v=OY2tcQ574Ew)。

a. 刷新视频中提到的数据。

b. 电子商务带来的主要变化是什么?

c. 视频中所提到的第一项重大变化是什么?

d. 视频中提到亚马逊公司以及其他一些公司当时损失惨重,但是如今这些企业却日进斗金。原因何在?

e. 视频中提到哪些电子商务商业模式?

f. 人们如何在家里开展电子商务活动?

g. 视频中将电子商务说成是"粉碎机" (disruptor)。为什么?

4. 登录 eweek. com,搜索社交业务。团队间进行任务分工,每个团队选取一个主题,写一份报告。

5. 研究无人驾驶的自动汽车的现状。为什么这也是电子商务的范畴?就这一话题做一个演讲。

6. 登 录 mixprize. org/m-prize/innovating-innovation,搜索最近的《哈佛商业评论》麦肯锡奖中关于管理创新的 20 篇文章,找出其中电子商务方面的案例,指出每个案例的独特之处。

7. 比较 Net-a-Porter、Myhabit、亚马逊和其他设计师产品折扣网站,对比 Groupon 在这方面的措施,分析他们各自的竞争优势,完成一份报告。

 章末案例

美式橄榄球联盟赛事中的电子商务

在美国,职业体育运动赛事是一桩价值几十亿美元的商务活动。美式橄榄球在美国是最为普及的一项活动,其知名品牌就是美式橄榄球联盟 (NFL)。NFL 拥有 32 支球队,它广泛利用电子商务和其他各种信息技术高效地开展这项商务活动。以下列举的就是 NFL 在公司层面以及球队层面所开展的电子商务活动。

在线销售

除了 NFL 官网上的商店 (nflshop. com)、球队自营的门店 (例如 Atlanta Falcons) 以外,全美有几十家商店在销售 NFL 品牌的球衣、球帽、衬衫等物品,有的正宗,有的则是冒牌货。大多数商品是在线销售的,因此粉丝们可以坐在家里买到自己心仪的球队的物品。若手中有折扣券,还能享受优惠。这已经成了一项价值几十亿美元的 B2C 交易,支撑的技术是搜索引擎、网购工具 (见第二章内容),还有比价网站,例如 bizrate. com/electronics-cases-bags。

有些网店销售 NFL 赛事门票,包括转让门票,例如,ticketsnow. com/nfl-tickets。

在中国销售产品

2013 年 10 月,NFL 正式启动了在中国的官方网店,网址为 nfl. tmall. com。为了这项业务的开展,NFL 找了两个合作伙伴:一是上海依珀商贸 (Export Now),负责所有交易的行政事务;二就是天猫,中国电子商务领头羊,注册用户超过 5 亿。

信息、新闻及社交网络

NFL 在脸谱网站上也有自己的主页 (facebook.com/pages/NFL),上面登载了 NFL 的公司介绍,还有粉丝们发布的帖子。在推特上也发布有关 NFL 赛事的消息,注册的粉丝有 400 多万。人们在手机里能够收到实时的赛场比分。运动员普遍都使用社交媒体,所以人们就提出了这样的问题，那就是运动员只能在赛前赛后而不是在比赛进行中使用社交网络。相关管理措施，请浏览 sports. espn. go. com/nfl /news/story? id＝ 4435401 上的文章《赛前赛后方可使用社交媒体》（"Social Media Before, After Games"）。

视频及梦幻游戏

"劲爆美式橄榄球"（Madden NFL 11）是一款视频游戏，只要调整一下格式，就可以在 iPhone 或 iPad 上玩。若要了解详情，可以浏览 en. wikipedia. org/wiki/Madden_NFL_11。与这些视频游戏相似的还有免费的梦幻游戏，可登录网站 fantasy. nfl. com。

智能手机体验

智能手机（特别是 iPhone 手机）如今可以方便用户在线观看 NFL 赛事的实况转播，当然有时收费不菲。在体育场里，你可以使用 iPhone 手机看那些投射在显示屏上的照片，如此等等［更多应用参见 McCafferty (2008)］。

体育场里的无线应用

有些体育场里如今安装了新颖的无线传输系统。一个典型的例子是凤凰城大学的体育场，那里是亚利桑那红雀队的主场。橄榄球爱好者可以利用手机观看几百套高清电视。手持智能手机，可以用触摸屏获取最新赛事比分，让便利店送来啤酒或是热狗，还能在线购买球票。这套系统对售票员也有不少帮助。球迷们在体育场附设的餐厅购买食品的时候依然可以观看比赛。红雀队的营销部可以为本队的下几场赛事或是其他赛事打广告。比赛进行中，这套系统可以向教练提供必要的数据。在迈阿密海豚队的主场 Sun Life 体育场，也有一套类似的系统。他们把体育场里的每把椅子都设计成可以回放精彩镜头的屏幕（座椅设计相关信息，可登录 youtube. com/watch? v＝ t2qErS7f17Y，观看视频 "Miami Dolphins Transform Sun Life Stadium into Entertainment Destination for Fans"（迈阿密海豚队把 Sun Life 体育场变成了球迷欢乐地）。球迷还可以在线订购食物，让送餐员把食品送到观众席边，还可以用手中的无线设备付款。比赛休息期间，如果你累了，还可以在移动设备上玩游戏。诸如此类的电子商务应用可以让球迷们更快乐，当然，主办方也挣了更多钱。

其他应用

NFL 还利用电子商务的种种方式管理球迷来球场的往返交通，保障赛场安全，完成 B2B 的各种采购，提供在线客户关系管理，等等。

思考题：

1. 网络商店 B2C 经营中有哪些电子商务应用？

2. 球场上有哪些 B2C 的电子商务应用？

3. 球场上有哪些 B2E 的电子商务应用？

4. NFL 经营中，网络游戏与电子商务有哪些关联？

5. 脸谱网站与推特网站上的 NFL 信息有何差异？

6. 在本案例中，还有哪些 NFL 的电子商务应用没有被提到？

7. 浏览网页 www. ignify. com/Atlanta_Falcons_eCommerce_Case_Study. html。阅读这一案例。登录 Falcon 公司的网店，观察它们应用了怎样的电子商务经营模式。

8. 查阅 NFL 可以利用哪些棒球追踪技术的相关信息。

9. 比较劲爆美式橄榄球（Madden NFL 11）游戏与 NFL 梦幻游戏的差异。

在线补充读物

请在网站 affordable-ecommerce-textbook.com 上浏览如下内容：

W1.1　应用案例：戴尔通过电子商务获得成功

W1.2　应用案例：Campusfood.com ——创业的学生

W1.3　Web 2.0 的主要特征

W1.4　典型的电子商务模式

术语表

Brick-and-mortar (old economy) organizations：**砖瓦加水泥式组织**（旧经济组织），在线下经营的纯实体公司。

Business model：**商业模式**，开展商务活动的方法，企业就此获得收益，维持生存和发展。

Business-to-business (B2B)：**企业间电子商务**，企业与企业之间进行的电子商务交易。

Business-to-consumer (B2C)：**企业对消费者电子商务**，企业向个体消费者销售产品和服务。

E-tailing：**电子零售**，在线从事零售业，通常是 B2C 形式。

Business-to-business-to-consumer (B2B2C)：**企业对企业对消费者电子商务**，企业将产品提供给客户企业，后者再将产品提供给自己的客户。

Business-to-employees (B2E)：**企业对员工电子商务**，组织通过网络将产品、服务、信息等递送给员工。

Click-and-mortar (click-and-brick) organizations：**鼠标加水泥式组织**，那些从事电子商务活动，以此作为营销渠道补充的企业。

Collaborative commerce (c-commerce)：**协同商务**，个人或是群体有时候会利用网络进行沟通，合作共事，这样的商务活动就是协同商务。

Consumer-to-business (C2B)：**消费者对企业电子商务**，指的是个人利用互联网将产品、服务销售给组织，还有的是个体消费者寻找商家，委托商家将自己的产品、服务销售出去。

Consumer-to-consumer (C2C)：**消费者对消费者电子商务**，指消费者直接与其他消费者进行交易。

Corporate portal：**公司门户网站**，利用这一网站，客户、员工、商业伙伴等可以查询公司信息，与公司保持畅通的联系。

Digital economy：**数字经济**，指基于在线交易（主要是电子商务）的一种经济形式，也叫互联网经济。

Digital enterprise：**数字企业**，指一种新型的商业模式，它利用信息技术，提高员工劳动效率，加快企业的经营流程，优化买卖双方的互动，进而获取竞争优势。

E-business：**电子业务**，即广义的"电子商务"，它不仅仅是指商品、服务的买卖，而且包括各种在线业务，例如与商业伙伴的协调、合作，利用网络开展学习活动，以及组织内部的电子信息交换。

E-government：**电子政务**，指的是政府机构利用网络向企业（G2B）或是个人（G2C）提供商品、服务和信息，或是从企业、个人那里购买商品、服务、信息。政府机构之间也可以利用网络开展商务活动，那就是 G2G。

Electronic commerce (EC)：**电子商务**，利用计算机网络，主要是互联网和内联网买卖、交换、配送商品、服务、信息的过程。

Electronic market (e-marketplace)：**电子市场**，即网上市场，在这里买卖双方交换商品、服务、货币。

Ethics：**伦理**，判断是非对错的标准。

Extranet：**外联网**，一种利用互联网技术，把若干内联网安全地连接起来的网络。

F-commerce：**脸谱商务**，脸谱推行的快速增长的商务活动。

Intrabusiness EC：**企业内电子商务**，包括所有组织内部的电子商务活动，指组织内的机构或个人利用网络进行商品、服务和信息的交换。

Intranet：**内联网**，使用浏览器、互联网协议等互联网工具的企业或政府内网。

Sharing economy：**共享经济**，是一种经济体系，构建理念是在相关人员之间共享商品和服务。

Social business：**社交商务**，通过落实战略、技术和流程，让生态系统内所有个体——员工、消费者、合作伙伴、供货商——有组织地紧密联系在一起，从而使共同创造的价值最大化。

Social commerce：**社交商务**，使用社交软件开展的电子商务活动。

Social computing：**社交计算**，指的是信息技术与社会行为的融合。

Social (digital) customers：**社交（数字）客户**，通常是社交网络成员在网上分享对产品、服务、卖家的评价，在线购物，了解自己的权利，会灵活利用智慧和社交网络的力量。

Social enterprise：**社会型企业**，目标集中于社会问题，会获取收益，但利润并不归企业主和股东所有，而是用于公司建设性的社会化变革。

Social media：**社交媒体**，主要指用户在线制作文字、图片、音频、视频等内容，通过 Web 2.0 平台和工具发布分享。社交媒体主要用于社交互动与交流，如分享观点、经验、见解和认知并实现在线合作。

Social networking：**网络社交**，是指以 Web 2.0 技术为基础的各种交流活动。例如，编写博客，在社交网络上开发个人主页等。它也包括在社交网站进行的所有活动。

Social network：**社交网络**，是由多个节点（它们可以是个人，也可以是群体或组织）联系在一起组成的社交圈。这些节点由于一个或是多个相互依存的关系而连接在一起，例如爱好、友情或专业。社交圈的结构往往十分复杂。

Social networking service（SNS）：**社交网络服务**，为人们提供网络空间，供他们免费搭建主页。网站还提供基础的交流、支持工具，方便用户开展各种网上活动。

Tendering (bidding) system：**招投标平台**，也叫反向拍卖，完成网上大宗采购的平台。

Value proposition：**价值诉求**，指的是企业从落实商业模式中可以得到的利益，这些利益包括无形的、难以量化的利益。

Virtual (pure-play) organizations：**虚拟组织**，只在网上从事商务活动的组织。

Virtual world：**虚拟世界**，就是基于计算机的三维模拟情境，它由虚拟世界中的居民创建，这些居民对其拥有主权。虚拟居民不仅在虚拟世界里造房子，还生产汽车、服装以及各种各样的商品。"社区居民"拥有自己的虚拟空间，用自己的化身与其他居民沟通交流。

Web 2.0：即二代互联网工具以及升级的服务形式，它能用新的方式帮助用户编制信息，分享信息，利用网络相互交流、合作。

第二章 电子商务技术、基础设施及工具

学习目标

1. 电子商务的主要经营形式、流程及支持系统；
2. 定义网络市场及其构成要素；
3. 网络市场的主要类型及其特征；
4. 电子商品目录、搜索引擎及购物车；
5. 网上竞价及其特征；
6. 网络拍卖的利弊；
7. 网络物物交换及谈判；
8. 虚拟社区；
9. 社交网络是电子商务的新平台；
10. 虚拟世界及其在电子商务中的运用；
11. 新兴的增强现实与众包技术；
12. Web 3.0 及 Web 4.0。

|导入案例| Pinterest：一个新兴的社交网站

2011 年以来，大家谈论得比较多的一个电子商务网站就是 Pinterest。

机遇

Pinterest 是一个图片社交网站，用户可以把自己感兴趣的东西用图钉钉在 Pinterest 的图片墙（pinboard）上。近几年，世界各地都有图片社交形式的网站在运作，在巴西和中国也有类似的公司，做得也比较成功。Pinterest 的创始人看到了其中潜在的商业价值。为拓展业务，他们还成功获得了初始创业投资（见第十六章）。有关指南参见 Leland（2013），有关统计数据参见 Smith（2014）。

解决方案

Pinterest 为用户提供虚拟图片墙，用户可以在上面发布图片，也可以分享在网络上找到的图片（简称 pins）。用户可以分门别类地把图片钉到虚拟图片墙上，这个图片墙就像真实的公告牌一样。比如，一个人可以把收集的帆船图片钉在一个图片墙上，再相应的配上文字解释，也可以把收集的居家装饰品放在另一个图片墙，而收集的中国菜谱放在第三个图片墙上。数以百万计的人们会生成越来越多的图片墙，而且任何人都可以搜索并查看它们。你也可以添加好友和关注好友。所以，Pinterest 是一个帮用户收集图片的工具（请浏览 about.pinterest.com/）。关于什么是 Pinterest，以及它是如何运作的，可以浏览 sheknows.com/living/articles/852875/pinterest-what-it-is-how-to-use-it-and-why-youll-be-addicted。

当然，成功的电子商务不仅要有大量用户和较快的增长速度，还需要切实可行的盈利模式。

商务模式和盈利模式。Pinterest 是私人控股，没有正式公开其收入模式。该公司目前的重点是扩大用户数量。然而，许多人也在推测（或提出）其可能的收入机会，下文会有介绍。

建议。Quora 公司在网站发了一个帖子："Pinterest 如何获取收益？"Yang（2012）的"Pinterest 网

站狂热的追随者"的用户解答是最为全面的解答之一，他提出了 13 个潜在的盈利机会，分为 4 大类：付费广告（Dembosky，2013）、向电子商务合作伙伴收费、向用户收费和向 B2B 合作伙伴收费。大多盈利机会是电子商务多年来常用的收入模式（比如收取增值服务费，开设网上零售店，使用联盟计划，建立一个全面的广告方案等）。

售卖用于市场调研与分析的数据资料。 2012 年，Brave 建议把客户资料卖给零售商，零售商可以使用这些数据进行分析，比如进行数据挖掘分析和市场调研。因为客户数据能够揭示出重要的统计信息，以及消费行为与产品之间的关系，这种关联性可用于进行一对一的服务和市场细分，以及开展市场营销和广告活动。零售商通过构造关联模型进行分析，从而零售商能够更好地了解消费者的购买行为。Brave 还指出针对某些主题或具体产品，消费者可以通过 Pinterest 钉和再钉图片来展现特定主题或特定产品的关联性。Brave 提供了关联数据的种类，包括产品和主题之间的连接；根据关联性进行市场细分；收集特定主题下的产品。

其他相关建议。 见如下几个方面：

● Hemley（2012）提出了 26 个不同的建议指南，按照字母顺序从 A 到 Z 排列。例如，A 表示"添加关注"；B 表示"品牌"；C 表示"众包"等。

● hub spot（hubspot.com）提供了一本免费的电子书，名为"如何使用 Pinterest 进行商业活动"，内容包括如何在 Pinterest 创建一个企业账户，以及 Pinterest 如何运作等。

● Mitroff（2012）建议采用 Zappos 公司的做法，这种做法被称为精确定位，即基于消费者发布的图片内容进行有针对性的产品推荐。Pinterest 可以与 Zappos 之类的网上零售商进行合作，共同生成产品推荐（请浏览 pinpointing. apps. zappos. com/）。

● 维基百科列出了几个潜在的收入来源（请浏览 en. wikipedia. org/wiki/Pinterest）。

● 欲了解更多建议，请浏览 realbusiness. com/2013/12/a-pinterestguide-for-your-business。

用 Pinterest 做广告与营销。 以上提到的大部分建议都是针对广告和营销活动的。

成效及面临的管理问题

Pinterest 是增长非常快的社交网站，它与脸谱和推特成为世界上最流行的三个社交网站。截至 2013 年 7 月，Pinterest 的全球用户已经达到 7 000 万（请浏览 smallbusiness. yahoo. com/advisor/30-reasons-market-businesspinterest-2014-infographic-184545665. html）。

对于 Pinterest 这一惊人的增长速度和用户规模，comScore 公司及其他报告公司也有类似报道。这种增长已经在 2012 年与 2013 年吸引了 2 亿美元的风险投资，也催生了更多有关赚钱机会的建议［参见 Carr（2012），Loren and Swiderski（2012）］。

2014 年 1 月，Pinterest 的估值约 38 亿美元。如果公司能有显著的收益，可能会考虑上市。公司一旦上市，估值可能会更高。

下面我们来看看该公司面临的一些管理问题。具有代表性的管理问题包括：

法律问题。 很多人从网上收集图片来建立自己的图片墙（也可能是一个品牌），却未经内容创建者的许可，也没有对内容创建者进行补偿。而一些收集的材料是有版权的，是受版权保护的。脸谱或博客上使用的资料也存在类似问题。不过，根据 Pinterest 的使用条款，会员要对自己的行为负责，此外，用户所发布的内容必须经过内容创建者的许可。Shontell（2012 年）指出，一名律师担心侵犯版权，就删除了她所有的图片墙。需要注意的是，Pinterest 将所有指责和潜在的法律费用都转移给了用户，由用户支付可能发生的律师费（Hempel，2012）。当然，Pinterest 也采取了多项措施来缓解法律问题。该公司不断增加措施，以减少法律问题。例如，在 2012 年 5 月，该公司增加了一个功能，以促进解决创作内容的归属问题。有关讨论参见 Hornor（2012）。最后，法律问题可能包括处理网络骗子。

竞争。 Pinterest 的流行导致许多公司试图模仿，由于其核心理念基本是图片共享，不能授予专利，因此，竞争对手试图进入该领域。比如，猫途鹰（tripadvisor.com）致力于旅行，我们心动了（weheartit.com）是一家在美国经营的巴西公司，这些网站与 Pinterest 非常相似。还有一个新兴的竞争对手是想要网（fancy.com），该网站在 2013 年与谷歌进行合作。几家中国公司成为其间接的竞争对手，只是在不同的文化环境下运作（参见 McKenzie（2012））。脸谱和谷歌等公司可能会启动竞争性服务。有些人认为，由于 Pinterest 与商业领域有更好的匹配性，可避开脸谱和推特的竞争。

结论

Hempel（2012）认为，虽然脸谱或推特能聚集更多网民，但 Pinterest 可以进行更多的商业化运作。Pinterest 能为小型企业提供一些潜在的好处，许多公司已经利用 Pinterest 获得了利益［参见第三章 Etsy 案例以及 Volpe（2012）］。然而，这些公司目前不用向 Pinterest 缴纳费用。Pinterest 是否成功要看其收益模式和盈利能力。

资料来源：Brave（2012），Carr（2012），Hempel（2012），Joson and Kuchler（2013），Loren and Swiderski（2012），Yang（2012），Volpe（2012）。

案例给予的启示

从上述案例可知，Pinterest 是一个提供有趣图片的社交网络。同时，Pinterest 还是一个支持多种电子商务活动的平台。例如，公司可以建立图片墙来推广自己的品牌，或借助 Pinterest 平台通过创意分享推动创新活动。Pinterest 是 Web 2.0 的衍生物，是社交媒体，因此，它是用于支撑电子商务的新技术。本章涵盖的其他社交媒体形式是社交网络和虚拟世界。在线补充读物 W2.1 中对不同类型的社交媒体工具（如博客、微博和维客）进行了讨论。本章还介绍了传统电子商务形式，如市场、商业软件和拍卖。

2.1　电子商务技术面面观

第一章中提到的各种电子商务经营模式以及交易形式都依赖于各种电子商务技术。首先，B2C 应用是要在互联网上完成的。其次，为了信息系统（例如数据库、网络、安全、软件、服务器软件、运行系统、网络服务器、托管服务等）的正常运行，还需要建立各种各样的基础设施。第三，为了电子商务的开展，还需要电子市场、购物车、电子购物支持服务（例如电子支付、订单处理）。第四，电子商务实施过程中还要各种技术，例如固定价格交易还是竞价交易，不同的方法使用的技术是不相同的。最后，还有基于 Web 2.0 的协作和沟通机制（如推特）以及特殊平台（如 Pinterest 使用的）。本章将主要介绍与电子商务活动相关的技术，目的是在后面章节便于读者更好地理解他们的用途。

电子商务活动及相关技术

电子商务交易活动可以分成 6 大类，显示在图 2.1 的左侧。每种活动都需要一种或是多种电子商务技术来支撑，列在图 2.1 的右侧（上面还标注着章节号，表示在哪一节探讨）。本书的后面还将讨论一些特殊的应用技术，例如支付（第十一章）、安全（第十章）、订单实施（第十二章）。通用的 IT 技术（例如，射频识别技术、EDI）和外联网将在在线辅导资料 T2 中叙述。

下一节要介绍网络市场，但是，在这之前，我们先描述一个典型的购物流程。

在线购物流程

客户在线购物可以有多种方式。最常见的是按照商品目录，接受固定的价格交易。有时候，价格可以谈，可以打折。还有的是"动态定价"，这发生在拍卖或是股票市场、期货市场。

购物流程从登录卖方网站开始，然后按规定注册，接下来进入在线商品目录，或是"我的账户"。如果在线目录内容很多，那么就需要设置一个搜索引擎，买方往往需要进行价格比较（现在

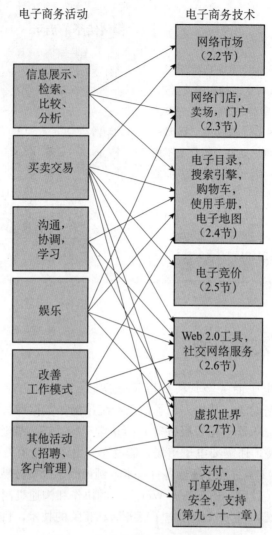

电子商务活动　　　　　　　　电子商务技术

信息展示、检索、比较、分析

买卖交易

沟通，协调，学习

娱乐

改善工作模式

其他活动（招聘、客户管理）

网络市场（2.2节）

网络门店，卖场，门户（2.3节）

电子目录，搜索引擎，购物车，使用手册，电子地图（2.4节）

电子竞价（2.5节）

Web 2.0工具，社交网络服务（2.6节）

虚拟世界（2.7节）

支付，订单处理，安全，支持（第九～十一章）

图 2.1　电子商务活动与相关技术

智能手机就可以比较价格）。此时，卖方（例如美国航空公司、亚马逊）就要提供一个与竞争对手价格比较的渠道。如果不满意，消费者会离开这个站点。如果满意，消费者会选择商品，放入虚拟购物车。消费者会重新回到商品目录，挑选其他商品。重复前面放入购物车的动作。选择完成后，买方需进入结算页面，选择送货方式和支付方式。例如，在新蛋网（newegg.com）上购物，可以采用信用卡、贝宝、支票、分期付款等多种形式支付。检查细节无误后，买方便可以提交订单（见图 2.2）。

支持这一流程的主要电子商务技术将在 2.3 节和 2.4 节介绍。下一节要介绍的是买卖得以实现的平台：网络市场。

2.1 节复习题

1. 电子商务的主要活动形式。

2. 与电子商务相关的主要技术。

3. 在线购物流程。

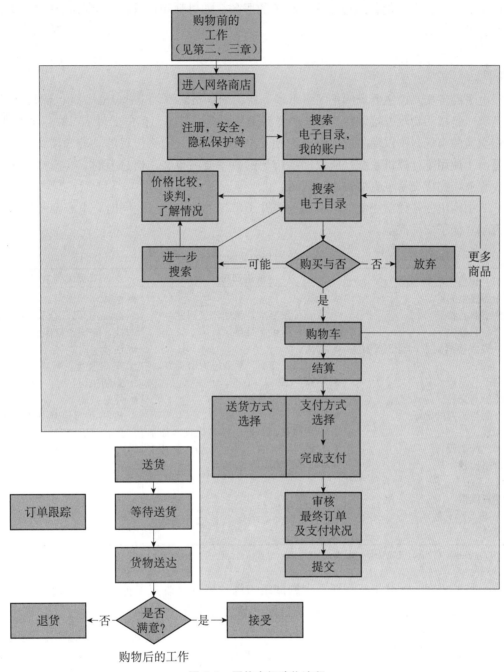

图 2.2　网络市场购物流程

2.2　网络市场

　　网络市场在数字经济中发挥着最主要的作用，它促进了信息、商品、服务和资金的流动和交换。在交换过程中，网络市场为消费者、卖方、中介以及整个社会创造了价值。

　　不管是网络市场还是其他各种市场都具有三大功能：（1）匹配买方和卖方；（2）促进与交易

相关的信息的流通；（3）提供与市场交易相关的服务，如付款和托管；（4）提供法律、审计和安全等辅助服务（见表2.1）。

网络市场

开展电子商务交易的主要场所是网络市场。所谓**网络市场**（e-marketplace，也称为电子市场，虚拟市场等）是指买卖双方接触并开展各种类型交易的虚拟市场。客户支付货币获得商品或服务，若是物物交换的市场，则以商品或服务作为相互交换的基础。网络市场的功能与实体市场是相似的，但是由于使用了计算机系统，所以网络市场的效率要高得多，信息及时，买卖双方能够得到各种在线服务，完成交易也更加快速和顺畅。

表2.1中列出的各种功能使得电子商务提升了市场的效率。与此同时，电子商务还帮助企业和个人大幅降低了交易成本。

表2.1 　　　　　　　　　　　　　　　　　　市场的功能

匹配买卖双方	促进交易	提供制度支持
● 确定需要提供的产品 　卖方介绍产品特征 　不同产品的集成 ● 搜索（买方搜索卖方，卖方搜索买方） 　价格与产品信息 　组织竞价与交易 　匹配产品与买方的偏好 ● 价格发现 　价格确定的流程与结果 　实现价格比较 ● 其他 　提供销售线索 　提供Web 2.0工具 　组织竞价	● 沟通 　张贴买家要求，张贴常见问题 ● 技术：提供商品目录 ● 物流 　将信息、商品、服务递送给买方 ● 结算 　向卖方支付货款 ● 信任 　信用体系，声誉，排名代理（如消费报告，美国公平贸易局，委托交易，在线信用代理）	● 法律 　商品代码，合同法，争端解决，知识产权保护 ● 法规 　规章制度，行业规范，监管，强制执行 ● 信息披露 　提供市场信息（例如竞争信息，政府监管信息等）

资料来源：Bakos（1998），E-Market Services（2006），以及作者的经验。

网络市场的出现，尤其是互联网平台的网络市场的出现，改变了传统交易的流程，也改变了供应链的运作方式。由技术催生的这些变化主要表现在如下几个方面：

> ● 买方为搜索信息付出的时间和成本大幅降低；
> ● 消除了买卖双方的信息不对称；
> ● 在网络市场上购买实体产品从下单到得到商品的时间缩短了，若是产品可以数字化，这种时间的节省表现得更为明显；
> ● 虚拟市场中的买卖双方可以处于不同的地理位置；
> ● 网络市场使得交易不受时间、空间的限制。

网络市场的要素及其参与者

网络市场中的要素及参与者包括客户、卖方、商品和服务（实体的或数字的）、基础设施、前台、后台、中介及其他商务伙伴、支持服务系统（如安全和付款问题），等等。以下是对这些要素的简单介绍：

- **客户**。全球互联网用户数已经超过了20亿。他们在网络上浏览，因此就可能成为网络市场产品或服务的潜在购买者。这些消费者的目标是寻找廉价商品、个性化商品、收藏品、娱乐和交往的机会，等等。网络市场上的主动权在消费者手中。他们搜索信息，比较价格，竞价购买，或与卖家讨价还价。企业或机构是网络上最大的消费者，他们占据了所有电子商务交易额的85％以上。
- **卖方**。网络上有成千上万的商家，它们做广告，提供各种各样的商品。这些商店有的是企业开的，有的是政府机构开的，也有的是普通百姓个人开的。每天都有新的商品、服务在网络上出现。有的商家在自己的网站上交易，有的则是在公共的交易平台上交易。
- **商品和服务**。网络市场与实体市场的主要差异在于网络市场上可以将产品、服务数字化。尽管两种市场都销售实体商品，但是它们也能销售**数字商品**（digital products），也就是可以用数字格式显示的商品。不同的是，网络市场可以将商品从互联网上进行配送。除了软件、音乐、机票可以数字化以外，还有数十种商品和服务都可以数字化（请参阅在线补充读物 W2.2）。数字产品的成本曲线与实体产品是不同的。在数字化的过程中，大部分成本都是固定的，可变成本非常低。因此，一旦支付了固定成本以后，利润会随着产量的扩大急剧上升。
- **基础设施**。网络市场的基础设施包括数字网络、数据库、硬件、软件，等等。
- **前台**。客户是通过**前台**（front end）与网络市场沟通的。前台主要包括卖家的门户网站、电子商品目录、购物车、搜索引擎、竞价引擎、支付平台。
- **后台**。企业的**后台**（back end）主要负责订单整合、订单处理、存货管理、向供货商采购以及会计和财务处理，还负责保险、支付、包装、配送等工作。
- **中介**。在营销活动中，**中介**（intermediary）一般是指在制造商和消费者之间进行沟通的第三方。各种中介通过网络提供服务。有些是人工操作，大多数则是电子操作。网络中介一般与传统的中介（例如批发商、零售商）是不同的（我们将在书中介绍，主要是在第三、四两章）。例如，网络中介建立并管理网络市场。他们帮助撮合买卖双方，提供订约服务，帮助消费者及商家完成交易。实体中介早晚会退出市场，或者它们将自己的服务提升到信息化的水平。

去中介及二次中介

中介一般提供三种形式的服务：（1）提供供给、需求、价格、具体要求的相关信息；（2）撮合买卖双方；（3）提供增值服务，例如产品交付、订约、支付、咨询、寻求商务伙伴等。一般情况下，第一种服务完全可以自动化操作，所以可以利用网络市场、信息中介、门户网站来开展，服务费用十分低廉。第二种服务需要专业知识和技能，中介要了解行业、产品、技术发展趋势等信息，因此只能部分地自动化操作。

仅提供第一种服务或主要提供前两种服务的中介迟早会退出历史舞台，这种现象称为"去中介"（disintermediation）。一个典型的例子是航空企业，它们正在推行通过网络平台直接销售机票。大多数航空公司要求在机票代理处购票或通过电话订票的客户每张客票支付25美元以上的服务费。这样做的结果就是"去中介"，购票流程中的旅行社选择去中介。另一个例子是仅靠手工完成交易的折扣股票经纪人正在消失。然而，实施网络中介的代理商不仅没有消失，反而发展得更快了（例如，旅游行业中的 priceline. com 和 expedia. com，证券交易中的 tdameritrade. com）。有的企业"去中介"后采用新的经营模式，有的企业重新加盟，这种现象称为"再中介"（reintermediation）（见第三章）。

如果供应链中有众多中间环节，就很有可能发生"去中介"的现象。请参阅应用案例 2.1 中介绍的蓝色尼罗河公司的经营模式。

 应用案例 2.1

蓝色尼罗河公司给珠宝行业带来新面貌

蓝色尼罗河公司（Blue Nile Inc.，bluenile. com）是一家纯粹的网络零售企业，专营珠宝及钻石销售。该公司于 1999 年起家，开始在网络市场上销售钻石。许多教科书都以该公司为例来说明电子商务是如何颠覆传统经营模式的。关于该公司的更多信息可以浏览 quotes. wsj. com/NILE/company-people。

机遇

蓝色尼罗河公司利用 B2C 电子商务模式，去除了成本高企的门店和中间环节，大幅降低售价（降低 35％以上，以此来抢占市场份额）。该公司只用了很短的时间就占有了可观的市场份额。因为吸引了众多消费者到网络市场购买钻石、珠宝，因此盈利不菲（经营网上商店的成本非常低）。

一般人们认为，钻石、珠宝一定要去实体店购买，那么，一家网络新兴企业如何挑战这种传统观念呢？首先，蓝色尼罗河公司提供比实体店更大的折扣，例如，客户可以以 4 000 美元的价格买到实体店 6 000 美元的钻石，这种价格上的优惠能够吸引更多客户。其次，蓝色尼罗河公司提供众多钻石类别供消费者挑选，比实体的专营店提供更多的钻石信息。2012 年 5 月，公司网站上可供选择的钻石有近 60 000 款，消费者可以用来制作个性化的订婚戒指。这是任何一家实体店难以企及的。再次，公司还用浅显的英语制作钻石介绍资料，让独立的第三方提供每一粒钻石的质量检测报告。消费者可以明白无误地了解钻石的透明度、切割工艺、颜色等要素的级别，通过 bizrate. com 等网站进行价格比较。最重要的是，公司提出了 30 天无条件全额退款的保证（这一条现在几乎成为网络经营的行规）。有了这一条，客户就会放心购物，不怕受到欺骗。这也使得蓝色尼罗河公司有了明显的竞争优势。因为一般的实体店在顾客退货时是要收取一笔费用的。在搜索行业信息的时候，消费者可以进行价格和质量的比较。网站上还有实时聊天、支付、定制个性化婚戒、礼品建议等功能。该公司还开发了一个移动 App，专门针对 iPhone 手机用户以及安装了安卓系统的手机用户（m. bluenile. com）。

经营业绩

蓝色尼罗河公司 2003 年的销售业绩是 1.29 亿美元，比 2002 年提高了 79％，净收入达到 2 700 万美元。2013 年的净收入达到 4.5 亿美元（请浏览 marketwatch. com/story/blue-nile-announces-fourth-quarter-and-full-year-2013-financial-results-2014-02-06 和 investor. bluenile. com/releasedetail. cfm?ReleaseID＝823747）。该公司成了美国 8 家规模最大的珠宝经营企业之一，该公司于 2004 年上市，也是当年最成功的上市公司。2008 年因为全球经济滑坡，公司业绩也下降了，但是 2009 年与 2010 年还是获得了 2.3％的增长。

一家实体珠宝销售企业如果要完成4.5亿美元的销售额，它需要300多家连锁店以及3 000多名销售员。但是蓝色尼罗河公司却只有一个10 000平方英尺的仓库以及193名员工。同时，该公司还跨越了层层实体的供应链。因为在传统的供应链中，一颗钻石在到达零售商手中之前，至少要经过5个以上的中间环节，但是蓝色尼罗河公司却是直接从原始供应商那里进货。

2003年，美国有465家小型珠宝商店关张。供应链太长或许是一个原因。剩余的零售商重视销售符合个性化要求的珠宝。大的珠宝企业则是针锋相对。它们改善供应链，重视客户服务，甚至也开展网络销售，将网络作为一种辅助渠道。

根据Bloomberg（2004）提供的数据，珠宝行业的发展趋势似乎很明朗。新泽西州兰伯特维尔市的一家小珠宝商Roger Thompson说：“再不聪明的消费者，也懂得应该到网络市场去购买订婚戒指。”与此同时，那些准新郎们都会建议亲朋好友去蓝色尼罗河公司网站购买婚戒，那样可以节省3 000~5 000美元。

值得一提的是，珠宝行业的竞争是十分激烈的，这些竞争不仅来自珠宝零售商（例如，bidz. com，线上和线下也开始售卖时装和服装、美术及配件等），而且来自普通的网络零售企业，例如 amazon. com，overstock. com，等等。

资料来源：Rivlin（2007），Bloomberg（2004），*BusinessWeek* Online（2006），en. wikipedia. org/wiki/Blue _ Nile _ Company，以及 bluenile. com/about-blue-nile（2015年3月数据）。

思考题：

1. 按照电子商务企业的分类（见1.2节），蓝色尼罗河公司属于哪一类？

2. 蓝色尼罗河公司是如何颠覆整个行业的？

3. 该公司经营成功的主要原因是什么？

4. 了解蓝色尼罗河公司的伙伴营销计划。这项计划对蓝色尼罗河公司有哪些帮助？

5. 蓝色尼罗河公司与亚马逊公司的竞争还将继续。按照你的观点，哪家企业会最后胜出？请浏览两家公司的网站，了解它们如何销售珠宝。

6. 请比较如下三家网站：diamond. com，ice. com，bluenile. com。

7. 请了解蓝色尼罗河公司股票自2003年以来的走势（股票代码 NILE，请登录网站 money. cnn. com）。将其与大盘走势进行比较。你能得出什么结论？

8. 如果在蓝色尼罗河公司网站上购物，有哪些支付方式？

网络市场的类型

在网络上，“市场”的概念与实体市场是不同的。我们将网络市场分成两大类：私有网络市场和公共网络市场。

私有网络市场

所谓私有网络市场，是指由一家企业拥有并经营的市场。星巴克、戴尔、惠普、美联航都有自己的销售网站。私有网络市场又分成卖方市场和买方市场。在**卖方网络市场**（sell-side e-marketplace），企业（Net-a-Porter 或思科公司）将普通商品或者个性化的商品销售给消费者（B2C）或企业（B2B）。这种市场是一对多的市场。在**买方网络市场**（buy-side e-marketplace），企业从多家潜在的供货商那里采购，这样的市场是多对一的市场，也是 B2B 的市场。例如，一些酒店从认证过的供货商那里购入易耗品。沃尔玛（walmart. com）从数千家供应商购买商品。私有网络市场有时仅对有选择的对象开设，一般不受政府监管。私有网络市场的有关内容我们还将在第三章（B2C）和第四章（B2B）讨论。

公共网络市场

公共网络市场一般是 B2B 市场。它们往往由第三方（既非卖方，也非买方）开设，或者由卖方集团或买方集团开设（称作"产业联盟"），同时为多家买家或卖家提供服务。这样的市场也可以称作"交易所"（例如股票交易所）。它们面向公众开放，同时受到政府或交易所业主的监管。公共网络市场（B2B）将在第四章详细讨论。

2.2 节复习题

1. 定义网络市场，描述网络市场的特征。
2. 实体市场与网络市场有哪些差异？
3. 列出网络市场的各种要素。
4. 定义数字产品并举出 5 个例子。
5. 描述私有网络市场及公共网络市场。

2.3 客户购物场所：网络店铺、网络商城及门户网站

买方、卖方与网络市场的交互有着多种形式。B2C 交易的主要场所是网络店铺和网络商城。下面将逐一介绍网络店铺、网络商城，以及网络市场中的门户网站。

网络店铺

所谓**网络店铺**（webstore，storefront）是指一家企业（或个体卖者）开设的网站，企业（或个体卖者）通过网站销售商品和服务。

网络店铺里一般都有购物车。许多网络店铺仅针对某一个行业，有着自己明确的细分市场（例如，cattoys.com）。有的网络店铺是制造商开设的（例如 geappliances.com，dell.com），有的是零售商开设的（例如 amazon.com，wishlist.com.au），也有的是个人开设的，坐在家里卖东西。也有其他业务类型。有些企业销售的是服务（例如保险），它们会将自己的店铺称作"门户"。

网络店铺经营中涉及多种技术，称为"卖家软件包"。最常见的技术包括电子目录、搜索引擎（帮助消费者在商品目录中搜索商品）、购物车（存放选中的商品，等待结账）、网络拍卖工具、支付网关、安排配送的出货场地以及客户服务（提供产品信息和保修信息以及客户关系管理）等。

微网站

"微网站"其实是一个网页或若干个网页，用作主网站的补充。在网页上登载的是有关主网站的信息，有的是为了商业目的，有的则是为了编辑目的，有的是为了教育目的。

网络商城

消费者除了在网络店铺购物以外，还可以去网络商城。与实体世界相似，网络商城（在线商城）是聚集多个店铺的网络场所，根据卖家的销量收取佣金。例如，美国缅因州有一家网络商城（emallofmaine.com），它将全州的产品、服务、供货商聚集在一起，商城里能够找到度假服务指南、产品大全以及提供每一类产品的厂商信息，只要消费者表示对某一产品感兴趣，商城就会将其指引到相应的网络店铺中。还有一些网络商城，例如 choicemall.com 或 etsy.com（详见第三

章）提供各种信息服务，雅虎和易趣则是进行网络商城经营。

门户网站

门户网站是一种信息平台，它可以用来支持网络市场、网络店铺的经营，以及其他各种电子商务活动（例如网络协同、企业内商务、远程教育等）的开展。**网络信息门户**［Web（information）portal］是通过网络浏览器获得重要的内部商务信息（通过内联网）或外部商务信息（通过互联网）的一个站点。许多门户网站都可以由用户进行个性化改造。如今，无线接入设备也成为接入内联网或互联网的门户。图2.3显示的是信息门户的概览图。企业内部或外部的信息源显示在左侧，屏幕中央显示的则是经过整合的各类数据。门户网站提供的服务功能包括电子邮件、新闻、股票价格、娱乐、购物等。

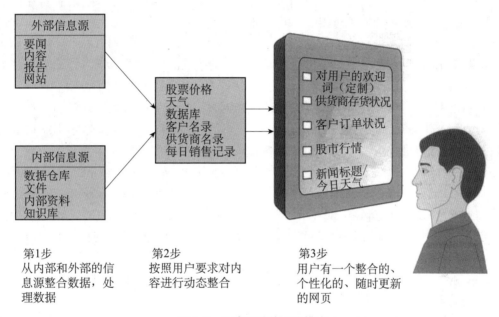

图2.3　门户网站的工作模式

门户网站的种类

门户网站可以用不同的方法来描述，也会有不同的形式。区分门户网站的一种方法是看它们的内容，有的覆盖面窄，有的覆盖面宽，也可以看它们的社区和受众。门户的类型主要有如下几种：

● **商业（公共）门户**。这类门户为不同的群体提供内容，它们是互联网上最流行的一种门户。这类门户虽然也能支持用户定制，但主要还是面向大众并提供大众化的内容，有些还是实时更新的，例如股市行情、有限范围的新闻等。这类站点有 yahoo.com、Google.com、msn.com 等。

● **公司门户**。公司门户内容丰富，结构比较严密，但它服务的对象是公司内部的成员以及公司的合作伙伴，范围较窄。公司门户有时也被称为"企业门户""企业信息门户"，它的形式有多种多样，我们将在第四、五章详细阐述。为电子商务服务的公司门户可以在 ibm.com/software/products/en/websphere-portal-family 找到实例。

病人门户

有几家公司在做患者门户网站，例如 Quality Systems 公司（qsii.com）和 my pop. health-carepartners.com。医务人员在这种门户网站上用英语、西班牙语和中文等语言为患者提供信息，病人也可以查看个人信息。患者与医务人员之间能在门户网站上进行沟通交流。这个被称为"新一代病人门户"的网站提升了病人对健康、保健的参与度。

- **出版门户**。此类门户网站所针对的客户群是有着特殊兴趣爱好的人。它们提供的内容定制化程度较低，但是搜索功能相对较强，而且可以在线互动。典型的例子是 techweb.com 和 zd-net.com。

- **移动门户**。移动门户是可以通过移动设施登录的信息门户（见第六章）。如今，能够用移动设施登录的门户网站越来越多，较典型的是 i-mode（第六章将有详细的介绍）。

- **语音门户**。语音门户是有着音频界面的门户网站。这就意味着用普通的电话或手机都能够登录。AOLbyPhone（aolbyphone.com）就是一个例子，用户可以通过这个网站用电话收取电子邮件、听新闻以及美国在线发布的其他各种内容。它使用的技术是语音识别，以及文字—声音转换技术。有些企业，例如 Tellme（tmaa.com/microsoftand247inc.html）和 Nuance OnDemand（nuance. com/for-business/by-solution/customer-service-solutions/solutions-services/hosted-contact-center-solutions/index.htm）提供手机上网业务，也提供开发语音门户的工具。在 1—800 客户服务领域语音门户技术用得很多。客户可以通过自助服务的形式获得网络数据库中的各种信息（例如查询银行账户余额）。

- **知识门户**。通过知识门户，可以获得由编辑知识的员工提供的各种知识。这有助于在知识方面形成协力优势。

- **社区门户**。这种网站通常是在线社区的一部分，一些供应商（如索尼）会赞助一些主题。

- **17173.com**。这是一个为游戏玩家提供服务的中国门户网站。

网络市场中介的作用和价值

中介（例如经纪人）在商务活动中扮演着重要的角色，他们向买卖双方提供增值服务。中介的形式多种多样。在实体经济中，最常见的中介是批发商和零售商。

但是在网络经济中，最常见的中介是经纪人和信息中介。

经纪人

在电子商务活动中，经纪人指的是促成买卖双方交易的个人或者企业。以下是不同类型的经纪人：

- **交易履行公司**。这是指帮助客户实现买卖交易的企业（如 E∗TRADE 公司和易趣）。

- **虚拟卖场**。这是指帮助消费者从不同的网络店铺购物的企业，例如 Yahoo! Shopping, Alibaba.com。

- **比价中介**。指帮助消费者比较价格，让消费者体验各种网店的服务水平并进行评价（如 Bizrate 提供多种多样的产品；Hotwire 公司提供旅游相关的产品和服务）。
- **购物助理**。这是指帮助消费者利用网络购物并帮助兑换货币，翻译资料，完成支付和配送以及保险等（例如 PuntoMio 公司）。
- **撮合服务商**。这是指帮助企业寻找合适的员工，为买卖双方提供合作机会。

B2B 电子商务中的渠道商

电子商务活动中有一类很特别的中介，那就是 B2B **网络渠道商**（e-distributor）。这些中介（例如零售商，或者计算机行业里的二次销售商）将制造商与企业客户联系在一起。网络渠道商主要是将许多制造商（有时可多达几千家）的产品信息整合在一起，在中介自己的网站上展示（例如，固安捷（Grainger）公司）。网络渠道商像超市一样，购买产品，然后出售。

2.3 节复习题

1. 解释网络店铺和网络商城。
2. 列举不同的网络店铺和网络商城。
3. 什么是信息门户？其主要形式有哪些？
4. 解释网络渠道商。

2.4 商用解决方案：电子目录、搜索引擎和购物车

为了实现网上销售，一个网站通常需要电子商务的商用服务器软件。商家软件包含多种工具和平台。这些软件提供了基本的工具，包括电子目录、搜索引擎和购物车，旨在推动电子交易过程。

一个典型的软件是 osCommerce，这是一种开源软件（请浏览 oscommerce.com）。另一个例子可浏览 smallbusiness.yahoo.com/ecommerce。

电子目录

商品目录通常是印在纸上的，但如今流行的却是网络上的电子目录或光盘上的商品目录。**电子目录**（electronic catalog，e-catalog）由产品数据库、目录、展示三部分构成。这是大部分电子商务销售网站的重要组成部分。对于厂商来说，开发电子目录的目的就是对产品和服务进行促销。从客户方说，电子目录可以帮助他们寻找到产品和服务的信息。人们可以用搜索引擎很快地搜索到目录中的商品，而且它还有互动功能。例如，在 Infinisys 公司的网站上（en.infinisys.co.jp/product/cmimage）有一个版块"改变我的形象"（Change My Image），消费者只需插入自己的照片，然后任意地改变自己的发型和颜色，就可由此判断改变发型后自己的形象。有的电子目录非常庞大，例如亚马逊网站上的电子目录中有几百万条信息。

早期的网络电子目录大多是从纸质商品目录上复制过来的文字和图片，但是新颖的电子目录更加动态、个性化，上面有购物车，可以下单、支付、完成交易。有的目录上还有视频。开发电子目录的工具嵌入商用软件包和网络虚拟主机（例如 smallbusiness.yahoo.com/ecommerce）。简

单的电子商品目录可参阅 JetPens 公司（jetpens. com）和星巴克（store. starbucks. com）的电子目录。

B2C 电子商务中很少使用定制化的电子目录，但是这在 B2B 商务中十分常见。

电子商务的搜索活动、搜索类型及搜索引擎

在电子商务活动中，搜索是十分常见的。网络上已经出现了许多搜索工具。Stambor（2010）在 *Internet Retailer* 发表的研究显示，94％的消费者在购买之前先在网上研究，61％的消费者购物时会用到搜索引擎。消费者登录某一家公司网站后，可以在电子目录中搜索产品和服务。他们也可以在谷歌和 Bing 上搜索销售自己所需的产品的企业。本书中将简单介绍电子商务的搜索功能。读者可以登录 youtube. com/watch?v＝gj7qrotOmVY 观看视频"Google Commerce Search"（谷歌商务搜索）（2009，时长 2 分 15 秒）。也可以登录 research. google. com/pubs/Economicsand-ElectronicCommerce. html，了解谷歌网站上的特殊搜索功能。下面我们介绍三种主要的搜索类型。

电子商务搜索的类型

与电子商务活动相关的搜索主要有 3 大类，即**网络搜索**（Web/Internet search）、**企业搜索**（enterprise search）、**桌面搜索**（desktop search）。

（1）网络搜索。这是一种最为普及的搜索，可以搜索到网络上的各种文件。按照许多统计网站（例如 pewinternet. org）和数据网站（如 infoplease. com/ipa/A0921862. html）的说法，网络上使用最多的功能是信息搜索。

（2）企业搜索。所谓企业搜索是指在一家企业内确认信息，给信息贴上标签，方便搜索。例如，谷歌的 GSA 就是一个功能强大的企业搜索设备。

（3）桌面搜索。桌面搜索是指在用户自己的计算机里搜索信息的一种工具（例如，利用 copernic. com 或 windows. microsoft. com/en-us/windows7/products/features/windows-search）。用这种工具可以在用户自己的电脑里搜索各种信息，包括网络浏览记录、电子邮件文档、音乐、聊天记录、照片以及各种 Word 文档。桌面搜索的方法也多种多样，请浏览 pcmag. com/encyclopedia/term/41175/desktop-search。

上面讨论的所有搜索类型是通过搜索软件代理来完成搜索的。

搜索引擎

客户常常要求提供一些信息（例如，要求提供产品信息或定价信息）。手动回答这些重复性的请求是费时费力的。有了搜索引擎，就可以将问题与"常见问题（FAQ）模板"结合在一起，高效、经济地回答问题，而这些问题的答案其实是预先设定的。搜索引擎是一款计算机软件，利用这种软件可以进入互联网或内联网的数据库，搜索特定的信息或关键词，并且及时地显示结果。

谷歌、Bing 等都是在美国最常用的搜索引擎，国内主要使用百度。有些门户网站（例如 Yahoo!、MSN 等）都有自己的搜索引擎。有些特殊领域的问题，由专门的搜索引擎来解决，例如 ask. com、mamma. com、looksmart. com 等。网络上有成千上万的公共搜索引擎（请浏览 searchengineguide. com）。每种搜索引擎既不局限于某个领域，又各有千秋。此外，成千上万家企业的门户网站或店铺里也有自己的搜索引擎。例如，Endeca Commerce 公司就开发了一款专门用于搜索网络商品目录的搜索引擎（oracle. com/technetwork/apps-tech/commerce/endeca-commerce/index. html）。关于 endeca 的更多信息可以浏览 education. oracle. com/pls/web_prod-plq-dad/ou_product_category. getPage?p_cat_id＝338。

语音搜索

智能手机问世以后，为了方便搜索，谷歌公司推出了语音支持搜索功能（google. com/inside-search/features/voicesearch/index-chrome. html），免去了用户键入关键词的劳累。第一款语音搜索工具是嵌入 iPhone 手机中的。用户只需对着手机用语音提问，手机就会说出答案。手机也会用语音报出搜索的结果。有关 iPhone 手机的智能私人助理 Siri 的介绍，可以浏览 apple. com/ios/siri 和 imore. com/siri。

视频和移动搜索

有几十个专门的搜索工具和网站可以搜索视频和图像。一些网站，如 bing. com/videos 可以搜索多个站点的内容。还有一些网站，如 YouTube 仅搜索自己站点的内容。请浏览 thesearch-enginelist. com/video-search。

移动搜索。一些搜索引擎适于移动搜索，比如谷歌、Clusty 和雅虎。另外，搜索引擎 Bing 具有的一个搜索功能就是可以听 500 多万首完整的歌曲。

可视化购物搜索引擎

所谓可视化搜索是指搜索结果以照片、图像等形式呈现。有关介绍请参阅 scholarpedia. org/article/Visual_search。这种技术可以支持电子商务活动。例如 google. com/shopping 利用计算机的视频技术及学习技术提供消费品的可视化搜索。

利用此项技术，读者只需输入关键词（例如"红色高跟鞋"等），就能看到按照这些关键词检索到的商品。搜索结果还能告诉用户"红色高跟鞋"与什么衣服进行搭配。这种搜索称为"可视化搜索"，是比较流行的无线搜索引擎。

社交网络搜索引擎

社交网络搜索，也称为社交搜索，是一种在线搜索引擎，帮助人们找到与社交活动有关的材料，如用户生成的内容、小组讨论或建议。像其他搜索引擎一样，搜索结果中会组织、优先考虑和筛选这些材料。这样的搜索引擎有很多，比如 socialmention. com 是进行实时社交媒体搜索和分析；yoname. com 是让人们通过社交网络、博客等搜索。此外，有关 bing. com/explore/social 的阐述，请参阅文章《社交是下一个搜索》（"Social is the Next Search"，见 info. gigya. com/rs/gi-gya/images/Gigya-Social-The-Next-Search. pdf）。对于这种搜索引擎的特点和相关问题的讨论，可以参考 en. wikipedia. org/wiki/Social_search。

购物车

电子购物车（electronic shopping cart，也称为"购物车"或"购物篮"）是一种订单处理技术，客户在购物过程中，可以将商品一件一件地添加进去。因此，它与实体购物环境中的购物车是一样的。电子购物车软件程序自动计算总成本并在适当时增加税收和运费。网站中的软件方便客户选择商品，检查所挑选的商品，更换商品，最后确定所选的商品。完成这一环节以后，点击"提交"，整个购物就算完成了。

B2C 的购物流程（如亚马逊公司购物流程）比 B2B 流程要简单得多。购物车软件有的是卖的，有的则是免费赠送的（见 networksolutions. com/e-commerce/index-v3. jsp 或 zippycart. com、easycart. com）。有的是嵌入商用服务器里，例如 smallbusiness. yahoo. com/ecommerce。免费的在线购物车软件（试用版或演示版）可以在有些网站获得（例如 volusion. com、1freecart. com）。脸谱的购物车应用请浏览 ecwid. com/facebook-app. html 和 facebook. com/ecwid。

产品配置

电子商务的一个重要特征是能够实现产品、服务的个性化配置。像戴尔电脑、耐克或 jaguarusa. com 都是比较典型的例子。制造商都希望能够高效而低成本地生产出个性化的产品，这样价格才会有竞争力。

在线问答

智能搜索引擎可以回答用户的问题。有些搜索引擎专事问题解答，其中最著名的就是 ask. com 网站（这是 IAC 公司的一家子公司）。截至 2009 年，在 ask. com 网站数据库里汇集着近 3 亿条已经回答完毕的问题（请浏览 billhartzer. com/pages/askcom-unveils-databaseof-300-million-questions-and-answers）。Q&A（问答）服务是将问题与答案进行配对。读者可以浏览 ask. com 网站了解详情。与这一网站类似的是 answers. com 网站，它所提供的平台 wikianswers. com 根据用户的问题来提供答案。wikianswers 平台是建立在网络社区基础上的社交型知识平台，支持多语种。在这个平台上，用户提出问题，网络社区成员负责回答。answers. wikia. com/wiki/Wikianswers 也是类似的平台。

2. 4 节复习题

1. 列举并简要叙述如何对电子目录进行分类。
2. 列举电子目录的优越性。
3. 如何理解电子购物车？
4. 介绍音频及视频搜索引擎。
5. 什么是自我定制？

2.5　网络竞价、物物交换及在线谈判

电子商务活动中最引人注意的是网络竞价。不管是 B2C，还是 B2B、C2C、G2B、G2C 的电子商务，都会用到网络竞价。

网络竞价的定义与特征

所谓**竞价**（auction，也称为拍卖）是融入竞争手段的一种市场机制。运用这一机制，卖方连续请求买方出价（称为正向拍卖），或者买方连续请求卖方出价（称为逆向拍卖）。通过出价来动态地确定价格。竞价在商场中使用了一代又一代。传统市场上，有些营销方式效率不高，于是人们就用竞价的方式来销售商品和服务。它能保证交易更加谨慎地进行。例如，通过竞价来销售那些希望尽快处置的物品。稀有的金属币、邮票、许多收藏品都是用竞价的方式投放到市场的。

竞价的种类很多，每一种都有自己的特征和运行流程（请浏览 en. wikipedia. org/wiki/Online_auction_business_model）。拍卖会可以在公共拍卖网站（如 ebay. com）或企业拍卖网站进行，只是这种企业拍卖网站可能只有收到邀请才能参与。例如，纽约州在易趣网上拍卖二手车。

动态定价

竞价的一个主要特征是动态定价。所谓**动态定价**（dynamic pricing）就是商品或服务的价格不

预先确定，而是根据供求关系的变化上下浮动。与此形成对照的是，电子商品目录上的价格是固定的，百货商店、超市以及大多数网络店铺的价格也是固定的。

动态定价有多种形式，其中最古老的方式是协商定价（也称"讨价还价"），这在农贸市场上已经盛行了好几代。当下，最普及的是在线拍卖。

传统竞价与网络竞价

传统形式的拍卖活动，也就是实体市场的拍卖活动依然很盛行。但是，网络竞价销售的趋势越来越盛行。有时候，个人之间的网络交易也用竞价的方式进行。

传统离线市场竞价活动的缺陷

传统的市场竞价活动不管用的是什么形式，总有许多缺陷。一笔交易往往几分钟甚至几秒钟就搞定了。因为给潜在的买家决策的时间太短，所以许多人就放弃了。结果是，卖家卖不了高价，竞价者得不到自己想要的商品，也有可能他们出的价太高。还有的时候是买家没有足够的时间来审视商品，或者并不十分了解市场竞价的机制，难以对商品进行比较。通常买家必须在场，因此也失去了许多潜在买家。

对卖家来说，要把商品运送到拍卖现场并不容易。拍卖要支付的费用也很高，因为要付租金，要做广告，要支付为组织拍卖的员工的薪酬等。而开展网络竞价拍卖活动，这一切都改变了。

网络竞价

网络为竞价拍卖提供了平台，成本低，服务形式多样，也能聚集更多买家和卖家。网络竞价发展得非常快，不管是个人还是企业，都能参与这种便利的竞价活动。IBISWorld 公司的报告显示，2013 年美国网络竞价交易额达到 2 780 亿美元（2011 年是 2 190 亿美元），增长率达到 10%。该行业的年增长率预计到 2013 年的 5 年里将以 11.6% 的速度增长（2007—2012 年间，增长率是 10.4%）。

网络竞价交易（electronic auction，e-auction）与实体竞价交易是相似的，唯一的区别在于它是在网络上进行的。20 世纪 80 年代网络上就出现了竞价交易活动。开始于 1995 年的拍卖网站主要的功能是扮演经纪人的角色，它帮助卖家把商品展示在网站上，然后让买家来出价。

一些大的拍卖网站（例如易趣，见在线补充读物 W2.3）提供普通的日用品、电子产品、艺术品、旅游套餐、航空客票、收藏品等，也拍卖 B2B 商家积压的库存商品。还有一种越来越盛行的 B2B 竞价交易形式是拍卖一些特殊的商品，例如电力以及天然气和能源期权等（见 energyauctionexchange.com）。有些商品和交易活动按照传统是要先签合约，用固定的价格销售，可是如今也越来越多地采用在线采购的形式。

有关 10 个在线拍卖网站（2014）的对比分析见 online-auction-sites.toptenreviews.com。

拍卖的类型

按照买家和卖家的数量划分，竞价交易可以分成如下几类：

一个买家，一个卖家

在这一类竞价交易中，人们往往用谈判、讨价还价、物物交换等形式进行。最终价格取决于多个因素，例如谈判者的水平、竞价商品在市场上的供求关系以及当时的商业环境等。

一个卖家，多个买家

在这种情况下，卖家采用**正向拍卖**（forward auction）的方式，这是指一个卖家接受众多买家来竞价。（由于这种方式是最常见的传统竞价方式，所以人们就简单地称其为"拍卖"。）拍卖有4种最主要的形式，即"英国式""美国式"（随着拍卖的进行，价格逐渐抬高）、"荷兰式""降价式"（随着拍卖的进行，价格逐渐下降）。不管是哪一种形式，都可以用来处理积压物资或者提高销售的周转速度。

 实际案例

沃伦·巴菲特每年举办的午餐拍卖会

美国著名的投资大师沃伦·巴菲特每年拍卖一次与他共享午餐的机会。夺标者可以携带最多7位亲友与巴菲特一起共进午餐并支付天价午餐。拍卖收入捐给美国慈善机构格莱德基金会（Glide Foundation），用于帮助旧金山地区的穷人和无家可归者。自2003年7月，巴菲特的竞标午餐开始在易趣上拍卖，投标人从30 000美元竞价到250 100美元，而2012年匿名竞标者拍出3 456 789美元的高价。2014年最高成交价为220万美元。巴菲特一年一度的午餐拍卖会除了能帮助贫困人群，还给有钱人提供了与巴菲特共进午餐的机会。

一个买家，多个卖家

一家买、多家卖的拍卖活动主要有两种：逆向拍卖（称为"招标"）及自主定价。

逆向拍卖。在一家买、多家卖的情况下，就会出现**逆向拍卖**（reverse auction，bidding system，tendering system）。买家在询价系统里提出自己想采购的东西。潜在的供应商有针对性地出价（见图2.4）。在网络逆向拍卖活动中，往往要经过许多轮出价，直到所有卖家都再也不愿意降价为止。胜出的供货商应该是出价最低的（假设卖家只考虑价格这一个因素）。逆向拍卖一般只在B2B商务或者G2B商务中出现。（第四章的导入案例中有详细的阐述。）

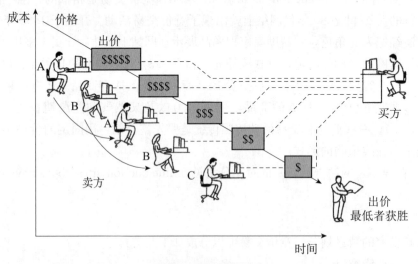

图2.4 逆向拍卖流程

自主定价。最先实行"自主定价"（name-your-own-price model）的是priceline.com网站。按照这种模式，买家规定了一个价格（包括一些附加条件），只要符合这些要求，它就下单。例如，priceline.com网站上列出买家想要购买的商品，卖家尽力去满足买家的要求。然后，网站在自己的数据库中搜索，看哪些商家出价最低。网站要求买家提供信用卡号，保证只要卖家出价符合要求，买家就一定要购买。从一般意义上说，这是一种C2B的竞价模式，但是有的企业也采用这一模式采购商品。

多个买家，多个卖家

如果拍卖活动中买家、卖家都很多，网站就将买家、卖家撮合在一起。最终的价格则取决于双方数量的多寡。股票市场和期货市场大多属于这样的竞价模式。买家、卖家既可以是个人，也可以是企业。这种拍卖也称为**复式拍卖**（double auction）。

一分钱竞拍。一分钱竞拍（penny auction）是一种新型的拍卖形式。在这样的活动中，参与者每次都投入一小笔钱，每次增加的幅度很小，但是投入的钱不退。规定的时间一到，最后的下注者支付竞拍款，并得到商品，当然价格要远低于正常的交易价。读者可以参阅在线辅导资料youtube. com/watch?v＝ngr2kJcnAr4。

由于大多数出价的人都有去无回，所以有些专家认为这样的拍卖形式与买彩票、赌博中的下注没有区别。卖家不仅能收到竞拍中胜出的人购物所出的钱，而且能得到那些没有退还给参与竞拍的人出的钱。这样的竞拍网站有 us. madbid. com、quibids. com/en 等。登录 100auctionsites. com，读者还可以了解到更多这样的网站。有些网站允许那些竞拍失败的人用投入的钱以原价或略低的价格购买网络店铺的商品，用户需要小心诈骗。详情请浏览 en. wikipedia. org/wiki/Bidding_fee_auction。另外，还有一些创新型竞拍的形式。

网络竞拍的利弊分析

网络竞拍如今已经成为企业和个人热衷的购物渠道。利用这种形式，竞拍者可以不受时空的限制。而且，参与者可以掌握更全面的市场信息，例如价格、产品、供求关系等。这些都属于网络竞拍带来的利益。

网络竞拍带来的利益

拍卖文化已经颠覆了传统的买卖方式。表 2.2 显示的是竞拍给各方带来的利益。

表 2.2　　　　　　　　　　　　　网络竞拍给各方带来的利益

给卖方带来的利益	给买方带来的利益	给组织者带来的利益
● 参与竞拍的人多了，收入会增加，商品周转加快。可以在全球销售。 ● 可以竞价销售，而不是按固定价格销售。不受时间限制，拍卖的次数增加。 ● 可以得到市场决定的最优价（买家多了，信息丰富了）。 ● 向客户直接销售，卖家实际得到的货款增加了。（省去了佣金，还有组织实体拍卖的各种费用。） ● 可以处置大批的库存积压。 ● 改善客户关系，提高客户忠诚度。（指专用的 B2B 拍卖网站，网络交易。）	● 能找到稀有的商品和收藏品。 ● 娱乐。参与竞价拍卖是一种快乐、刺激的事情。 ● 便捷。不受时空限制，不用舟车劳顿去拍卖现场，甚至利用手机也能参与竞拍。 ● 匿名。由于有第三方参与，所以买家可以匿名。 ● 可以买到便宜的商品，对个人及企业都是如此。	● 客户回头率高。market-research. com 市场调研公司发现，竞拍网站（例如易趣）上的客户重复购买要比普通的 B2C 网站（例如亚马逊）高。 ● 网站"黏度"高（指客户在网站上的逗留时间长，离开后返回的速度快）。拍卖网站比固定价格网站容易黏住客户。对于拍卖网站，黏度越高，广告的收入就越高。 ● 拍卖业务扩张容易。

网络竞拍的局限性

网络拍卖也有许多局限性。其中最主要的是安全性低，容易受到欺诈，参与的人数受到局限，等等。

安全性低。有些在网络上开展的C2C竞拍安全性不高，因为并不是在加密环境中进行的。这就意味着，如果用信用卡支付，密码会被盗用。若是采用第三方支付（例如贝宝，paypal.com）或许能解决这一问题（见第十章）。为了避免信息被盗用，有些B2B竞拍是在很安全的企业自建网站上进行的。

欺诈。参与竞拍的商品许多是稀有商品、二手商品，或是古董。由于买家不能亲眼见到商品，所以常常会收到假货。有时候，买家也作假。他们收到商品，但是不按承诺付款。因此，网络拍卖中欺诈还是很多的。若要了解网络拍卖欺诈的情况，以及如何防止欺诈，可以浏览 fraud.org/scams/internet-fraud/online-auctions。关于网络欺诈的一般信息，请浏览 fraud.org/learn/internet-fraud；卖家信息查询，请浏览 fraud.org/component/content/article/2-uncategorised/62-seller-beware。最近，有许多人提出应该预防一分钱竞拍中的风险。更多骗局的例子请浏览 tomuse.com/penny-auction-fraud-scam-cheat-bidders。

参与者有限。有些拍卖会只有受邀请的人员才能参与竞拍，一些拍卖会只向特定组织开放。有限的竞拍参与人员对卖家是不利的，因为买家越多，越有机会卖出高价。想参与竞拍的人由于获取不到参与资格，也可能会不愉快。

网络竞拍带来的影响

由于人们有各种各样的交易目的，再加上拍卖的环境各不相同，因此，竞拍背后的动机也会千差万别。下面叙述的是网络竞拍带来的各种影响。

竞拍成为判断价格的社会机制

拍卖市场是一个确定价格的市场，这是由拍卖自身的特点决定的。有些商品很稀有、很独特，（例如艺术品、珍稀邮品等）拍卖的这种特征就更明显。有些人喜欢收集高档葡萄酒，他们就会到winebid.com网站上参与竞拍。

拍卖会和社交网络

一些社交网络也有拍卖活动。

在线物物交换

物物交换（bartering）是一种市场交易最古老的形式。如今，它主要发生在企业之间。物物交换中碰到的难题是难以撮合买卖双方。企业和个人都会用分类广告来告知外界自己的供给与需求。但是真要找到自己的所需还是很难的。人们可以依靠中介，但是中介收费很高（佣金可能收取20%~30%），而且速度很慢。

在线物物交换（e-bartering）由于可以吸引较多的交易伙伴，所以可以加快撮合的进程。不仅速度快了，而且匹配的质量也高了。网络物物交换最多的是办公用房、仓库、厂房、闲置物品、劳动力、产品、旗帜广告位等。（值得一提的是，从事物物交换，依然要考虑交易税的问题。）

在线物物交换一般是在**物物交换交易所**（bartering exchange）进行的。由中介帮助完成交易。这种交易有时进行得很快，人们登录较多的网站有 u-exchange.com、swapace.com、barterdepot.com等。交换的流程一般是这样的：首先，企业告知中介自己可以拿什么去交换；然后由中介对企业的商品或服务进行估价，并支付一定的"返点"或"物物交换用钞票"。企业可以用这些"返点"或"钞票"去交易所交换自己所需要的东西。

物物交换网站在支付方面必须十分可靠，否则，人们拿着出让物品得到的"返点"就会落空。（详情请浏览 virtualbarter. net、barternews. com 等网站。）

在线谈判

通过谈判还能形成动态定价机制。谈判定价一般用于价格很高或者很特殊的商品。当然，若是订购的商品数量很多，也可以采用议价这种形式。与竞价的形式相仿，在线谈判议价也是在买卖双方之间来回商榷。有时候，在商谈支付方式、交货时间、授信额度等方面也会用到谈判这种方式。在离线环境中（例如房地产买卖、汽车销售、签订合同等），谈判是经常发生的。有些交易的商品或服务不是标准化产品，例如可以个性化定制的产品、服务。有些产品或服务是附加在标准化产品上的，有时消费者对附加的服务要求并不完全相同，因此就需要谈判。简单的 P2P 谈判可以在网站 ioffer. com 上看到。若要了解更多的实例，可以浏览在线补充读物 W7.1。在线谈判比离线谈判的效率要高得多。

2.5 节复习题

1. 描述竞价交易及其工作原理。
2. 与传统的离线拍卖活动相比，在线拍卖有哪些优越性？
3. 列出四种拍卖类型。
4. 说出正向拍卖与逆向拍卖的差异。
5. 描述"自主定价"的拍卖模式。
6. 什么是"一分钱拍卖"？
7. 列出竞价拍卖对买家、卖家、拍卖组织者的优越性。
8. 拍卖的局限性是什么？
9. 竞价销售对市场的影响主要有哪些？
10. 什么是物物交换的商务模式？网络以物易物的优越性是什么？
11. 商务活动中，在线谈判的作用是什么？

2.6　虚拟社区及社交网络

社区是指有着共同的兴趣爱好、聚集在一起的一群人。他们相互之间有着沟通和交流。而**虚拟社区**（virtual community）则是指在计算机网络（主要是互联网）上进行沟通、交流的社区。虚拟社区与实体社区（例如邻里、俱乐部、协会等）有许多相似之处，但是他们并没有面对面的交流，而是在网络上互动。虚拟社区方便人们用各种方法互动、协作、交易（见表 2.3）。

表 2.3　　　　　　　　　　　　　　社交网络的种类

社区种类	简　　介
交易及各种商务活动	促进买卖。将信息平台与交易平台结合在一起。社区成员主要是买家、卖家、中介，他们致力于某种交易领域（例如水产交易）。
有相同的目的或兴趣	不开展交易活动，只是就共同感兴趣的问题交换信息。例如，投资者在 Motley Fool 公司开办的网站上（fool. com）交流投资经验，音乐爱好者则喜欢登录 mp3. com 网站。

社区种类	简　介
工作或生活中有一定的关系	社区成员为某些生活体验聚集在一起。例如，妇女在 ivillage.com 网站上聚集，老年人在 seniornet.com 上聚集。专业人士的社交网站也是如此，例如，专门研究信息系统的教师、学生、专业人士都聚集在 aboutus.org/Isworld.org 网站上。
臆想的角色扮演	社区成员分享臆想的某种环境。例如，运动爱好者会聚集在 espn.com 网站上。类似的网站还有 games.yahoo.com，horseracegame.com 等。
社交网络	社区成员沟通、合作，创建内容与他人分享，组织团队，共同娱乐，等等。脸谱在这一领域走在了前面。
虚拟世界	社区成员在 3D 虚拟环境中有自己的化身，这些化身玩游戏、经商、社交并且做许多时尚的事情。

传统网络社区的特征及分类

大多数虚拟社区都是以互联网为基础的，因此称为互联网社区。

网络上有成千上万个社区，而且这一数字与日俱增。纯粹的互联网社区其成员往往有几千人、几万人，甚至几百万人、几千万人。到 2014 年年初，脸谱的用户数已经达到 12.3 亿人（businessweek.com/articles/2014-01-30/facebook-turns-10-the-mark-zuckerberg-interview）。虚拟社区虽然与实体社区有许多相似之处，但是在成员人数这一方面，它与传统的实体社区有着很大的区别，传统的实体社区人数要少得多。两者之间的另一个差异是实体社区受到地域的限制，而虚拟社区是不受限制的。有关虚拟社区的更多叙述，可以登录谷歌网站进行搜索。

虚拟社区的分类

虚拟社区可以从以下几个方面进行分类。

公共社区及非公共社区。有些社区是"公共的"，任何人都能参与。社区的所有者可以是私人持有的公司（如推特）、营利或非营利性组织，也可能是政府机构。大多数社交网络（包括脸谱）都属于公共社区。

相反，另一类社区是"非公共的"，它可能属于某一家或几家企业，也可能属于一个协会，加入社区有一定的限制，例如属于某一家企业的员工，或是某一个职业的从业人员。非公共社区可以是内部的（例如只有企业员工才能加入），也可以是外部的（专为客户建立的社区）。

区分的方式。还有一种区分的方式是按成员区分，例如交易参与者、玩家、交友者、娱乐者、互帮互助者，等等。还有的是把网络社区分成 6 类：（1）交易，（2）兴趣，（3）关系或职业，（4）时尚，（5）社交，（6）虚拟世界。

下一节将讨论最流行的虚拟社区，那就是社交网络。

在线社交网络与社交网站

我们先对社交网络进行定义，再研究它提供的服务，以及网络的特征。

社交网络的定义和基本信息

我们曾经在第一章对社交网络进行了这样的定义：人们创建自己的空间或是主页的一个场所，在这个场所他们可以写博客，上传图片、视频、音乐，与他人分享观点，链接自己感兴趣的网站。

社交网络的特征及其功能在 1.3 节中已经有过叙述。

社交网络服务

社交网络服务（或站点）也称为社交网络。社会网络有各种形式。脸谱是最著名的面向社会的网络。领英是一家面向企业的网络。

社交网站的规模

社交网站发展得非常快，有些网站的用户已经超过了1亿人。例如截至2013年底，Pinterest网站用户数已经达到7 000万人。普通网站在创建初期用户年增长率可以达到40％～50％，此后也可以达到15％～25％。读者可以浏览网站 leveragenewagemedia. com/blog/social-media-infographic 和 en. wikipedia. org/wiki/List_of_social _networking_websites，了解各大社交网站及其用户数。

全球环境

脸谱、Pinterest、推特以及谷歌等网站吸引了大多数美国媒体的关注，而它们在其他国家也有不少用户。其他许多社交网站在全球各地也越来越受欢迎。例如，renren. com，weixin. qq. com 和 us. weibo. com 在中国是比较受欢迎的，mixi. jp 受到日本用户的欢迎，vk. com 在欧洲使用较多（主要是在俄罗斯），荷兰用户大多登录 hyves. nl，波兰用户则使用 Nasza Klasa（nk. pl）。hi5. com 的用户集中在拉丁美洲、美国、南美洲、欧洲的小国家。Migente. com 是一个面向西班牙裔社区的英文网站。此外，一些过去主要提供通信服务的网站也开始涉足社交网络服务，例如，中国的腾讯网过去仅提供瞬时通信服务，但是自从它增加了用户身份认证和视频聊天的功能，很快便成为全球最大的社交服务网站。最后，韩国的赛我网站（Cyworld）自从增加了主页和交友功能，就变成了韩国首屈一指的网站。许多跨国企业看到社交网站的成功，以及它们所具有的独特功能，也开始开发自己在各地的社交网站。有关社交网站的信息瞬息万变，因此，若要了解最新的信息，请浏览 alexa. com、comscore. com 等网站。

社交网站的功能及提供的服务

社交网站有如下功能：

- 用户可以创建自己的主页，用来与社区成员分享信息。
- 用户可以建立自己的社交圈，相互链接。
- 网站提供论坛，或者按朋友圈分组，或者按话题分组。
- 网站方便用户分享图片、视频、文件。视频可以用流媒体播放，也可以让用户下载。
- 利用维客技术可以多人参与创建文档。
- 利用博客技术开展讨论，传递信息。
- 可以在站内发送电子邮件，进行瞬时通信交流。
- 可以邀请专家来解答用户的问题。
- 消费者可以在网站上对产品进行评价、打分。
- 可以进行在线投票，征集民意。
- 网站可以提供电子化的商务通信。
- 网站可以作为会议平台，同时分享图片资料。
- 网站上有电子布告栏，不管个人还是群体只要在线就可以浏览。
- 网站有储存功能，可以储存图片、视频和音乐。

- 用户可以为自己创建的内容制作书签。
- 用户可以搜索其他有共同兴趣爱好的社交网络、朋友或是话题。

这些功能可以让用户使用社交网络时更加方便。

商务社交网络

商务社交网络（business-oriented social networks，也称为"专业社交网络"）的主要目标是促进商务活动。最典型的商务社交网络是 linkwsin.com，它有助于进行商务沟通，还有助于企业招聘和个人找工作。再一个例子是 craigslist.org 网站，这是一家大型分类广告网站，它有明显的社交网络的特征（见应用案例 2.2）。另一个例子是 The Brain Yard，这是一个管理人员查找新闻消息、有关知识、联系的地方。另外，doximity.com 是为美国医生和卫生保健专业人士提供交流的医疗网站。运用商务社交网站的企业越来越多，它们希望由此来扩大自己的商务伙伴范围，也希望用这一工具来开展网络促销活动。许多企业正在走向全球，社交网络可以方便它们更好地接触全球各地的伙伴。

商务社交网络举例

xing.com 网站是德国企业开发的一个商务社交网站，它吸引了 200 多个国家的上百万用户（2014 年的数据），其中有高层管理人员、销售代表，还有寻找工作的人。网站用 16 种文字提供高质量的服务。使用网站的用户可以得到如下一些服务：

- 建立新的商务关系。
- 有针对性地向各行各业的雇主推销自己。
- 寻找各个领域的专家进行咨询。
- 组织会议和活动。
- 有计划地管理并拓展自己的社交网络。
- 提高隐私保护的水平，保护个人信息不受侵犯。
- 不断更新行业信息。

商务社交网络的功能

利用 Web 2.0 工具，企业可以以一对一的方式与客户更直接地交流（参见在线补充读物 W2.4）。Web 2.0 工具为消费者提供了很多参与和沟通的渠道，因此，企业与消费者的沟通也就更加频繁。例如，企业可以做到如下工作：

- 鼓励消费者为产品打分、评价。
- 帮助消费者围绕企业的产品进行交流，建立网络社区（论坛）。
- 雇佣博客写手或是安排内容编辑去引导人们写出企业期待的文章，开展讨论。这种讨论鼓励人们对企业和产品进行评论，但是又不被客户牵着鼻子走。
- 鼓励客户参与各种类型的竞争和比赛，参与产品、服务、营销方案的设计。
- 鼓励用户制作有关产品、服务的视频，对优胜者给予奖励，充分发挥流媒体的作用。
- 用电子通信的形式发布有趣的故事。

应用案例 2.2 描述的 craigslist.org 就是一个商务社交网络公司，该网站提供分类服务。

应用案例 2.2

Craigslist：将网络社区分类做到极致

如果你想登录这样一个网站：它在全球 70 多个国家、700 多个城市，用 13 种语言提供服务（2014 年），如果你想找工作（或是招聘人才）、租房子、购物、开展社交活动、利用网络谈情说爱、向人咨询问题等，你可以去 craigslist.org 网站。网站上提供的信息比上述 700 多个城市任何一地的报纸上所有的信息还要多。例如，网站上每个月要刊登 8 000 多万份新的分类广告。光是在美国，每个月光顾网站的人次就超过 6 000 万（见 craigslist.org/about/factsheet）。用户每月浏览的网页超过 500 亿个。更详细的统计数据，请参见 alexa.com/siteinfo/craigslist.org 和 siteanalyt-ics. compete.com/craigslist.com/♯.Uw27nfmICm4。根据 Alexa.com 的数据显示，在美国，Craigslist 的网页浏览量排名第十一位。

craigslist.org 网站上有 100 多个讨论专题，用户的发帖量超过了 2 亿。每天，全球 70 多个国家、700 多个城市的用户会上网浏览分类广告，或是到论坛里参加讨论。尽管许多网站都提供免费的分类广告，但是没有一家网站能在这方面与 craigslist.org 网站齐肩。许多人认为，craigslist.org 有朝一日会改变世界，因为它是一个免费的、面向大众的、可信赖的、用途广泛的布告栏。

craigslist.org 网站之所以受到普遍的欢迎，主要有如下原因：

- 它方便人们发出声音。
- 它始终提倡基本的价值观。
- 它宣传并实践着一种简朴的理念。
- 它方便人们进行社会交往。
- 大多数情况下它都是免费的，除了商务运作以及在几个大城市出租、买卖房屋以外，普通百姓可以免费刊登广告、求职、求偶、寻求治疗方案等。
- 它的运行十分高效，访问量大。

更多信息查询，请浏览 craigslist.org/about/factsheet。

用户阐释了 Craigslist 普及度如此高的原因。

为了说明 craigslist.org 网站给人们带来的便利和帮助，我们以某个发帖者的真实体验为例。故事的主人公想把加利福尼亚的一套公寓房租出去。通常，要做好这样一件事需要 2～4 周的时间，在报纸上、网站上刊登广告需要花费 400～700 美元。但是利用 craigslist.org 网站，主人公只用了不到一周的时间，没有花费一分钱，一切都办妥了。随着越来越多的人了解 craigslist.org 网站，平面媒体的分类广告业务会变得惨淡，它们的收费会降低。

对于某些求助广告，或是在某些大城市房屋中介刊登广告，craigslist.org 网站是收费的。他们还向广告业主收费，尤其富媒体广告更是如此。

对 craigslist.org 网站的思考

批评者认为会有人在网站上贴一些违法、违规的广告，craigslist.org 网站的员工又不能有效地发现、制止。有些用户已经在抱怨，有人张贴令人生疑的广告，特别是招工广告；有的人担心网络传销和暗箱操作；还有一些犯罪分子利用 craigslist. org 网站让那些警惕性不高的人接收假支票。craigslist. org 网站上的用户是匿名的，而且没有一个用户评价系统，所以作假的用户不用为自己的作假行为承担责任。

还有人认为，色情服务在 craigslist. org 网站上占用了很大一部分流量。人们担心，利用 craigslist. org 网站完成的许多性交易涉及未成年女孩。网站的用户那么多，每天张贴的广告量这么大，仅靠网站雇佣的 40 多名监管人员是远远不够的（2014 年）。(2010 年 9 月 8 日，craigslist. org 网站关闭了成人服务和色情服务版块。)

许多支持 craigslist. org 网站经营方式的人认为，如果网站加强监管，结果可能是用户到监管比较宽松的网站去寻找服务。在中国，一家名为 58.com 的公司（58.com）模仿 Craigslist 网站，提供类似信息，并且已经有了可观的收益。该公司的股票在纽交所的代号为 WUBA。

思考题：

1. craigslist. org 网站的商务模式是什么？
2. 请浏览 craigslist. org 网站，归纳其社交网络与商务社交网络的特征。
3. 你认为网站有哪些优缺点？
4. 为什么有人会认为 craigslist. org 网站"将改变世界"？
5. 使用这一网站的风险在哪里？有哪些局限性？

企业社交网络

除了商务社交网络，例如领英和 Craigslist，还有很多企业社交网络（也称为公司网络），比如第 1 章讲到的星巴克，用内部网为员工提供互助平台，具有内部博客（Mutualblog）和内部账户，支持 1 000 多名员工进行在线对话，以及讨论他们感兴趣的话题。这种内部网针对企业内部员工、业务合作伙伴和客户提供服务。

与社交网络相关的商务模式和服务

社交网站为创新商务模式提供了舞台，例如客户评价食品，体验印度夜生活（mumbai.com），用户为娃娃打扮，模仿明星（stardoll.com）。每天都会出现新的收益模式。虽然有些人赚得并不多，但是有些人赚得盆满钵满。最近，Pinterest 模式比较流行（见第七章）。

许多社交网络吸引了广告商。例如，vivapets.com 网站吸引了众多宠物爱好者。按照 Vivapets 公司的预期，宠物爱好者提供了各种宠物的信息，其作用与维基百科无异。每个月都有成千上万的网站访问者。于是，宠物食品的制造商也纷纷在网站上打广告。

一些流行的社会化服务有：

1. 相嘎网站

在相嘎网站（xanga.com）上可以发布文字博客、摄影博客、网络社交信息等。相嘎网站的用户被称为"相嘎人"。在始创时期，该网站只用来分享图书和音乐的读后感、听后感。如今，它已经成为最受欢迎的博客网站和社交网站之一，全球用户多达一亿人。（用户最多的地方是中国香港、澳门，以及新加坡等地。）网络上有所谓的"部落格圈"（blogring），它是指有着共同话题或是关注点的一群博客。

2. 掘客网站

掘客网站（digg.com）是一个以社区为基础的网站。用户可以在网络上推荐播客、新闻文章和视频，然后由一个用户控制的排名系统来确定将哪些文章和网站放在首页上。用户可以通过网站、iPhone 应用程序、每日电子邮件等登录 digg.com。

移动社交商务

移动计算的增长速度已经超过其他形式的电子商务计算。2014 年，移动数据流量增长了 81%（从 2013 年每月 1.5 艾字节到 2012 年每月 820 拍字节）。移动数据流量的快速增长大大促进了移动商务的发展。根据 2012 年零售公报的数据，64% 的消费者用智能手机来网上购物。这里我们只介绍基本定义、技术和几个例子。在后面的章节中，我们将讨论一些移动商务应用。

移动网络社交

移动网络社交（mobile social networking）指的是网络用户利用手机或是其他移动设备进行沟通和交流。目前的发展趋势是，社交网站（例如脸谱）自己提供移动服务。2012 年的一项统计指出，2012 年 7 月脸谱的 9.55 亿访问用户中有 5.43 亿是移动用户。截至 2013 年第四季度，经常访问脸谱的 12.3 亿用户中有 9.45 亿是移动用户（见 techcrunch.com/2014/01/29/facebook-is-a-mobilead-company 和 newsroom.fb.com/Company-info）。有的社交网站仅提供移动服务，例如 path.com 和 javagala.ru。

移动网络社交在日本、韩国、中国发展得比较快，原因可能是这些国家的数据流量费用比较低（例如日本普遍采用的是固定费率）。日本和韩国使用 4G 网络的用户已经达到了 80%。在社交网络方面运行得最好的是 mixi.jp 和 mbga.jp 两个网站。还有许多移动社交网站正在兴起，呈几何级数增长的态势，见 comscore.com。

据专家预测，移动社交网络将会有一个突飞猛进的发展。对于社交网络平台如何推动移动商务的发展，参见 Gupta（2011）。

移动企业社交网络

不少企业自主开发或是全额赞助移动社交网络。例如，2007 年可口可乐公司开发了一个社交网站，专门针对手机用户。目的是吸引更多的年轻人关注可口可乐公司的饮料和其他各种产品。

移动社交商务应用举例

移动社交商务应用的例子很多，例如：

 实际案例 1

可口可乐在其雪碧品牌下创建了一个社交网站"雪碧院"（Sprite Yard），仅支持通过手机终端访问。该网络主要针对年轻人市场，网站会员可以设置配置文件，结交朋友，分享照片等。不过，建立该网站的最初想法只是为了提升品牌。为了吸引用户，该公司还提供免费内容（如音乐和剪辑视频），而用户只要提供可口可乐瓶盖的 PIN 码，就可免费获取相关内容。但是 2013 年公司停止了这项服务。

实际案例 2

利用移动设备进行社交商务，IBM 排在首位。Taft（2011）的一项研究表明，IBM 采取的举措如下：

IBM 移动连接（原 IBM Lotus 移动连接）在业界非常流行。消费者越来越多地使用博客、维基和活动流等技术。他们可以在线共享移动设备（例如，安卓、黑莓、苹果）上的照片、视频和文件。

IBM Connections 使员工能够有更多的创意（见 ibm. com/connections/blogs/SametimeBlog/? lang=en）。

IBM Connections 4.0 的功能，如 Moderations 或创意博客，使员工进入订婚人群的网络。

 实际案例 3

2011 年 10 月，travelclick. com 网站进行的一项民意调查显示，全球各地有一半酒店经营者投资移动技术，支持社会化电子商务（见 bizreport. com/2011/10/travelclick-hotels-to-invest-more-in-mobile-social-marketing. html）。

凭借目前的技术，我们已经能看到一种趋势，那就是社交网络与图像、语音和视频的交互性越来越复杂。预计在不久的将来会产生一个强大的管理和营销功能。

社交网络的创新工具和平台

有大量的软件工具和平台可用于社交网络。显然，这些工具就是博客、微博和维客（在线补充读物 W2.1 中有所描述）。需要注意的是，这些工具的功能是不断变化的。在这里，我们提供了有代表性的最新的创新工具：

● **Snapchat. com**，提供移动照片短信服务，可以通过照片、视频和字幕的方式与朋友聊天，比如用图片或视频发信息（见 webtrends. about. com/od/iPhone-Apps/a/What-Is-Snapchat. htm）。

● **Whatsapp. com**，根据其网站描述，WhatsApp 是为智能手机提供的一个跨平台免费移动消息应用程序。用户还可以组成群，给对方自由发送图片、视频和音频媒体消息。2014 年，脸谱以约 190 亿美元收购了该公司。

● **Ortsbo. com**，作为实时会话翻译的推动者，在社交媒体应用较多。

● **Droid Translator**（droid-translator. tiwinnovations. com），翻译电话、视频聊天内容（例如，Skype）。对话内容可以翻译成 29 种不同的语言。欲了解更多信息，请参 Petroff（2014）。

● **Tagged. com**，使人们通过社交获取产品，通过玩游戏、浏览网页、共享利益与其他人见面、交往。用户也可以共享标签，浏览文件，以及交换虚拟礼物。

● **Viber. com，line. me/en** 等，人们利用移动设备和台式电脑（如 Viber 的桌面）可以在这些网站进行免费语音和视频通话。

● **Instagram. com**，一个免费分享照片和视频的平台。作为一个社交网站，人们可以在上面发表评论。该网站在 2012 年被脸谱收购。

● **Hshtags. com**，致力于标签的社交媒体搜索引擎。用户能够实时看到与任何关键字相关的所有公开内容，并实时加入相关的公开评论（见 digitaltrends. com/social-media/new-search-engine-like-google-socialweb）。

移动社区活动

在移动社交网站上，用户可以利用移动设备填写个人简历，交友，创建聊天室，参与聊天，进行私聊，分享图片、视频和博客。有些企业提供移动服务，方便客户建立移动社区，打造自己的品牌。

移动视频分享（有时还包括图片分享）成为当今的一种技术潮流和社会潮流。人们很欢迎移动视频分享平台（见 myubo. com）。许多社交网站都在提供移动服务。

2.6 节复习题

1. 什么是虚拟社区？其特征是什么？
2. 虚拟社区有哪几大类？
3. 什么是社交网络？
4. 什么是移动社交商务？
5. 列举一些主要的社交网络。
6. 社交网络有哪些全球化特征？
7. 什么是网络社交？
8. 简述移动社交网络和商务活动的关系。

2.7 虚拟世界在电子商务中的应用

虚拟世界（virtual world）是一种计算机模拟环境，用户在这样的环境里创建网络社区进行沟通交流，创造并使用各种物品。虚拟世界方便用户入住和交流。如今的"虚拟世界"一词一般是指 3D 的虚拟环境，用户以化身的形式存在，相互之间都能生动地看到对方。在虚拟世界里，计算机模拟形成了视觉存在，这种存在可以操控模拟世界里的各种物件，给人一种身临其境的感觉。虚拟世界可以按照真实世界或是梦幻世界来塑造情境和规则。虚拟世界最初出现在多人参与的网络游戏中，它创造出与真实世界一样的场景和规则，可以进行实时的沟通和交流。然而，虚拟世界跨过了游戏的门槛，玩家创造出一个人物，然后让他游走在建筑物、城市之间甚至是在不同的世界里，去经商、去休闲。在虚拟世界里，你可以把自己想象成任何一个人，你可以建造一幢别墅，进行装修，也可以找一份工作，甚至驾驶航天飞机。对于综合的介绍参见 Malaby（2009），对于研究方向参见 Wasko et al.（2011）。对于"第二人生"的有关内容，见 wiki. secondlife. com/wiki/Video_Tutorials 与标题为"Philip Rosedale：Second Life，Where Anything Is Possible"（《菲利普·罗斯戴尔：第二人生，一切皆有可能》）的视频（见 youtube. com/watch?v＝lHXXsEtE3b4）。

主要特点

尽管虚拟世界的类型和用途不尽相同，但是一般都具有以下特点：

- 可以进行在线交流；
- 大多是 3D 接口，比 2D 更好用；
- 不管在哪里，都可以实时进行交流；
- 大部分内容是用户生成的，通过网站上提供的工具可以进行设置；
- 不管居民是否存在，虚拟世界都在不停地变动；
- 鼓励社会化，为人们提供了参与、创建组和面向社会的活动工具。

其他功能：
- 用户之间可以用文本、图形图标、手势、剪辑视频、声音等方式进行通信。
- 使用化身是虚拟世界的居民常用的方式。

化身

虚拟世界里有许多能够沟通交流的动画人物，它们实际上就是赋予了人物个性的软件代理，称作人物化身。所谓**化身**（avatar），就是用 2D 或 3D 的形式呈现出来的、有着人的性格和行为方式的动画形象。化身有唯一的名字并且可以四处走动。高级的化身还会说话，会做动作，还有脸部表情。它们和机器人一样，完全自动化。制作化身的目的是让它带有一定的情感，使计算机塑造的任务对用户显得更加可信。许多企业用化身来充当导游，或是做虚拟接待。要了解人物化身的商务应用，可浏览 meez. com。

人们使用化身是为了使人机界面显得更加自然，所以也有人把它们称作"会说话的人物"。使用化身最多的是网络聊天室（例如 LiveChat），他们以公司客服人员的身份出现。使用比较广泛的是与化身的实时交流。用户提出问题，化身用自然语言处理系统来理解问题，再利用数据库来寻找合适的答案。例如，tdameritrade. com 上的"Ted"。即时通信软件（例如 google. com/hangouts）也支持化身的使用（见 hangoutapps. com）。由于用化身进行沟通显得更加个性化，能够开展一对一的服务，所以它有助于提高客户满意度，也提高了企业维系老客户的能力。化身对于了解客户，提高广告的效益也很有帮助。若要了解更多有关化身的情况，还可以观看 2009 年盛况空前的电影《阿凡达》（*Avatar*）。

 实际案例 1

捷星航空

根据美国商业新闻 2013 年报道，Nuance 通信公司宣布，在 Nuance 公司推出的智能虚拟助手"尼娜"的基础上，捷星推出了新的虚拟助理"问杰斯"，其可以提供客户服务。客户只需向杰斯输入他们的请求，杰斯就提供相应的答案。捷星航空也是第一家部署基于 Nuance 的尼娜网络虚拟助理为客户提供服务的航空公司。新的虚拟助理杰斯借鉴了 Nuance 公司智能虚拟助理"尼娜"，利用新的技术，提供了一个对话界面，通过语音识别与用户进行无障碍自然沟通。它会不断发现用户可能感兴趣的东西，并可能会主动就它的发现向用户发起对话。自然语言理解（NUU）技术使得像杰斯这样的应用程序通过与用户的互动，了解客户的意图。杰斯获取诸如预订信息、行李信息和座位信息，比用户自己浏览 Web 网站更容易。捷星把虚拟助理杰斯与公司现有的在线客户服务进行了整合，客户需要人工服务时，可以立即切换。（向杰斯问一个问题，见 jetstar. com/au/en/customer-service。）

 实际案例 2

美国的 TESOL 学院

美国的 TESOL 学院（americantesol. com/blogger/p＝1367）专门从事师资培训，为赴海外教授英语的人颁发资格证书。公司在网站上使用了许多化身。网站上的人物也为学习英语的人提供帮助，使他们提高了英语会话能力。其他活动包括：
- 用化身人物吸引学生注意；
- 学生在第二人生网站引入他们自己的化身；
- 从文本到电影，以及其他方面，都使用虚拟形式。

更多信息，请浏览 sanako. com。

虚拟世界的商务活动和价值诉求

虚拟世界为商务活动搭建了一个有趣的平台。在虚拟世界里，企业间也存在着激烈的竞争，与真实世界一样。许多企业和组织将虚拟世界看成是一种新的广告形式和销售形式。

虚拟世界里，有各种商务活动，例如：
- 创建并管理一家虚拟企业；
- 在虚拟世界里从事常规的商务活动（例如广告、营销、协作等）；
- 为在虚拟世界里建造、管理商业地产以及用虚拟资产赚钱谋生的人提供服务。

对于其他商务活动，可以参见 Mahar and Mahar（2009）以及第八章。

例如，在《商业周刊》刊登的一篇重要文章里，Hof（2006）介绍了如何在第二人生网站经商。他在文章里介绍了 7 位正在赚大钱的人。这些人中有名叫 Anshe Chung 的化身人物，他被称为"第二人生网站的洛克菲勒"，她从第二人生购买了大片虚拟土地，经过"开发"，然后在全球销售。

对于更多虚拟世界的商业应用的信息，请浏览 knowledge. wharton. upenn. edu/?s＝virtual＋worlds。

以下是一个企业利用虚拟世界拓展实体业务的案例。

 实际案例 1

市场调研

Starwood 酒店集团 2008 年推出了一个新的品牌酒店 Aloft。但是，在实体酒店问世以前，他们要求使用第二人生的用户查看酒店建筑模型、提意见，然后公司结合反馈信息，完成了酒店的设计和建造。

借助于虚拟世界，企业可以听取客户的反馈意见，对新产品、服务进行必要的改进。听取客户的反馈意见十分重要，因为企业可以从中了解到客户对产品的需求，以此提升自己的竞争能力。而 3D 技术帮助用户更好地了解产品，从而使企业获得竞争优势。关于其他有潜力的活动，参见 Mahar and Mahar（2009），Stinton（2013）以及本章的章末案例。越来越多的化身运用于服务台。

 实际案例 2

截至 2012 年，在欧洲（如巴黎）和美国（如纽约）的许多机场，可以看到很多虚拟向导向乘客提供帮助。可浏览 abcnews. go. com/Travel/york-airports-introduce-avatarsassist-passengers/story?id＝16957584）。这些虚拟替身和真人大小一样，关于纽约机场的虚拟向导演示，可以观看 youtube. com/watch?v＝tI3YBf36twk 上 WNYC 的视频，名为 "Airport Avatar Demonstration"（《机场阿凡达示范》）。高级化身甚至会多国语言，可以与乘客进行对话。类似的化身还充当一些企业、大学和旅游景点的导游。纽约机场正在开发一类化身，客户可以向这类化身询问有关机场的问题（请浏览 digitaltrends. com/cool-tech/new-york-airports-are-installing-virtual-avatars-to-help-visitors）。

虚拟购物

假设你和一群朋友去逛商场，而实际上你们相距甚远。在实体世界里，你们每人或许都面对着一台电脑，但是在屏幕上你们却到了同一个数字化的购物中心。走过一家虚拟的牛仔服商店时，实体店铺里的网络摄像头帮助你看清店铺里有很多顾客（假设正在销售一款畅销商品）。这时，你的化身（与你的身高、体重都一样）穿上一条牛仔裤，旋转着让你的朋友们评头论足。你可以在线购买，也可以日后去实体店购买。不管如何，这个下午你会过得很开心。而且你并没有离开家或者办公室。虚拟购物如今已经很普及［参见 Turban et al.（2015）和第七章］。

下一节介绍的就是一种虚拟购物。

虚拟房地产交易

虚拟房地产交易在第二人生网站上是一项很流行的活动（见章末案例）。habbo. com（之前被称为 Habbo Hotel）在全球各地销售的虚拟家具比瑞典的实体家具零售巨头 IKEA 多得多。Habbo Hotel 销售的家具都是青少年在网站上设计的，专门用来布置他们自己在 Habbo 宾馆里的房间。这些青少年不仅购买家具，还为自己的化身购买服装、背包等用品。

2.7 节复习题

1. 什么是虚拟世界？
2. 什么是化身？人们为什么要使用化身？
3. 虚拟世界里有哪些商务活动？如何分类？
4. 什么是虚拟购物？

2.8　新兴电子商务技术：增强现实和众包

电子商务的应用程序使用了几种新的技术，这里我们介绍两种。

增强现实

现在越来越多的商务应用程序使用增强现实（AR）技术。AR有几个定义形式，具体与它的应用领域有关。按照维基百科的定义，增强现实是将计算机生成的声音、视频、图像或GPS数据实时添加到真实世界的环境中（见en. wikipedia. org/wiki/Augmented_reality）。这种技术能够达到以假乱真的地步，给人以十分逼真的感觉。在多种移动设备上都有应用，如智能手机、网络摄像头或3D眼镜（包括3D电视）。谷歌开发的增强现实（AR）的眼镜被称为"谷歌眼镜"［参见第六章和Bilton（2012）］。关于AR如何工作，参见Bonsor（2001）。Bonsor也解释了AR与虚拟现实的关系。

电子商务应用

增强现实技术在电子商务中的主要应用是在广告和营销领域［详情参见Rorick（2012）］，第九章将进行讲述。第三章介绍了在房地产中的应用。当然，在诸多领域都有其潜在的应用价值。例如，Hayes（2009）描述了16种商业应用，而iphoneness（2010）和Elliott（2009）描述了更多潜在的应用。最后，维基百科列出了与AR应用相关的电子商务。

 实际案例1

Net-a-Porter

这家创新型公司在第1章有所介绍，是使用iPhone/iPad应用程序来查看AR"购物窗"。顾客登录Net-a-Porter网站通过增强现实购物窗购物，借助移动设备摄像头可以像在实体店一样360度无死角地观看衣服。他们还可以看到时装秀、价格、适用性和其他相关信息。此外，窗口购物者可以使用移动设备立即在网上购买服装。

 实际案例2

宜家

宜家采用现实增强技术展示适合你房子的家具。对于其手机App软件的介绍可以浏览youtube. com/watch?v＝vDNzTasuYEw上的视频"Place IKEA Furniture in Your Home with Augmented Reality"（《在你家放置宜家家具与增强现实》）。

众包

另一个电子商务平台是"众包"。在电子商务和社交商务活动中，众包提供了多人协作完成任务的平台（请浏览crowdsourcing. org）。在这里，我们只介绍该项技术的基本知识。在第八章会有基于这种技术的具体应用。

和众包相关的术语

众包中所谓的"众"，是指一群人，可以是消费者、企业员工或掌握专业知识的社交网络中的人，通常是一大群人。

社交游戏中的应用。很多领域都用到了增强现实技术（请浏览 t-immersion. com/augmented-reality/use-cases/social-augmented-reality-games）。社交增强现实游戏能够大大提升游戏相关产品的销售和品牌认知度，因为有大量的游戏爱好者。

众包（crowdsourcing）利用群体智慧解决问题，提供更多的创新思路，或把大型项目任务进行分解，由很多人去完成。自从 2006 年 6 月杰夫·豪（Jeff Howe）首次提出众包一词以来，越来越多的人开始研究怎样运用众包来完成复杂的任务，这是基于"三个臭皮匠胜过诸葛亮"的想法。用群体智慧以更低的成本解决复杂问题（Sherman，2011；Brabham，2013）。

图 2.5 列出了众包的基本元素，分别是：要完成的任务，工作的人群，执行任务时用到的模型和程序。这些元素与任务和人群特征（如人群的心理）有关，与采取的手段（如创意的产生和投票权）有关，和实施措施（如对参与者的激励机制）有关。

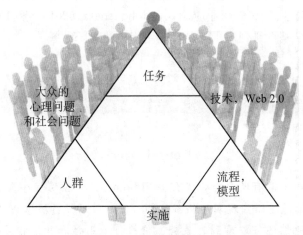

图 2.5 众包的基本要素

众包的过程

众包可以看作是一个借助互联网来集体解决问题或协同工作的活动。一个典型的运用众包解决问题的做法就是，把问题告知员工、业务合作伙伴等群体，或向外部群体（如专家问题求解程序或消费者）传播，靠大家的智慧解决问题。从图 2.6 可以看出，众包的第一步通常是从呼叫中心开始，通过在线社区组织人群中的参与者，相关参与者提出个性化解决方案。参与者还可以进一步讨论解决方案，通过投票产生最终候选名单。然后优先级列出清单（例如，排名）。而最终选择哪个方案可以由参与群体或管理人员选择。胜出者获得特殊表彰或奖金，有时可能只是对出色的表现给予认可，没有其他奖励。众包可以从业余爱好者或未知专家那里获得解决问题的答案。

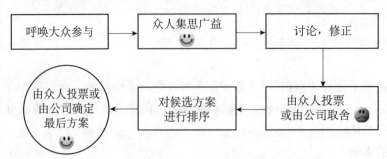

图 2.6 众包的基本流程

2008 年，星巴克推出了社交媒体网站（mystarbucksidea. force. com）"我的星巴克创意"，主要是为了从客户那里征求意见和反馈意见（见第一章导入案例）。该网站是围绕三个关键议题构建的：（1）想法是用户提出的；（2）用户在表决前后进行讨论、投票；（3）公司的员工充当"创意合作伙伴"，提供问题的答案并对讨论方向进行引导。

整个星巴克社区都能看到这一过程。每个成员也可以看到每个提案的情况。值得一提的是，众包专注于创新、创造力和群体解决问题的能力。在 youtube. com/watch?v＝FO-UtNg3ots 上一段名为"Jeff Howe-Crowdsourcing"（《众包杰夫·豪》）（3 分 20 秒）的视频中提供了众包的相关介绍，也可以参见 crowdsourcing. org，sherman（2011）和 Crowdsortium（crowdsortium. org）。一些专家已经展开了关于众包的应用研究。

众包的优势
众包的主要预期效益包括以下内容：

- 可以用相对较少的投入分析或解决问题（可根据解决问题的情况决定支付多少，但是，有时候没有货币支付，只是表扬或荣誉）。
- 可以迅速获取解决方案，因为很多人同时对所需要研究的项目开展工作。此外，也可以加快产品的外观设计。
- 解决问题的人可能存在于组织内，这样也可以发现组织内部的人才。
- 通过倾听群体的声音，组织可以获得客户（或员工）需求的一手资料。另外，进行内置的市场调研时，人群都是客户成员。
- 众包能够领略到世界各地不同的思想。人群中可能包括业务伙伴、客户、学者等，并且众包的会员可能居住在不同的国家。
- 公司有需要解决问题的项目时，如果让客户参与（见第一章的导入案例），往往可以提高客户忠诚度。

众包的其他优势参见 Sherman（2011）。

众包在电子商务中的应用
众包有几种电子商务应用，尤其是创立维基百科。Sherman（2011）提出了几种成功的应用，本书在第八章会介绍几种主要的众包应用。

2.8 节复习题

1. 什么是增强现实？
2. 如何通过增强现实来促进电子商务？
3. 什么是众包？
4. 列出众包的要素。
5. 描述众包的过程。
6. 众包的主要优势有哪些？

7. 如何在电子商务中使用众包？

2.9 电子商务发展的未来：Web 3.0、Web 4.0 和 Web 5.0

我们现在处于 Web 2.0 时代，下一步会走到哪里？那应该是未知的 Web 3.0，全新的互联网应用。有些 Web 3.0 的特征已经初露端倪。根据技术因素和非技术因素的发展，人们有理由对网络和电子商务的未来抱有期待（请浏览 siliconangle.com/blog/2013/08/02/the-future-of-ecommerce-with-web-3-0）。

Web 3.0：互联网技术如何发展

Web 3.0 将是一种新一代的商务应用。商务与社交计算将融合在共同的基础平台上。因此，Web 3.0 将改变人们生活、工作的方式，以及工作的组织方式，它甚至可能会彻底改变整个社交网络（Laurent，2010；Aghaei et al.，2012）。

据一些专家介绍，Web 3.0 将会有以下功能：

- 使当前的应用程序更智能化；
- 在互动、协作与用户参与等方面，更加方便、快捷；
- 功能更强的智能型搜索引擎；
- 对人们的日常生活产生更多的影响，更多的用户友好型应用形式；
- 发挥群体智慧和创造力；
- 新的人工智能应用；
- 更宽的带宽；
- 更好的显示效果，包括 3D 工具；
- 更多的无线社交网络应用。

Web 3.0 和语义网

Web 3.0 技术的平台主要应该是语义网。语义网实际上是 Tim Berners Lee 发明的，他将语义网形象化为能使网络更智能化的一个平台。语义网没有标准定义。它基本上是一组专注于机器的方法（与更注重于人的 Web 2.0 截然相反）。该技术试图使用能被自然语言理解的工具，使计算机理解信息的语义（即意思）。请浏览 youtube.com/watch?v＝bsNcjya56v8 上的视频 "Evolution Web 1.0，Web 2.0 to Web 3.0"。

Borland（2007）也对语义网做过类似的阐述。他指出，语义网将在 Web 3.0 时代发挥作用，这一天很快就会到来。Borland 认为，新的 Web 3.0 工具将使数据库搜索更加先进，更加自动化，它可以帮助人们快捷地选择度假目的地，或者在错综复杂的金融数据中去粗取精，去伪存真。

2010 年，一款实验性的语义网浏览器被开发出来，用户可以用其展示数据、绘制图表等（请浏览 w3.org/standards/semanticweb）。另外一个例子是一个被称为"朋友的朋友"的网络。在这个网络中，社交网络成员可以用超链接的方式把自己和朋友联系在一起。

请浏览 youtube.com/watch?v＝CG9cPtIYy8Y 上的视频 "Web 3.0"。

对未来的思考

人们对 Web 3.0 及电子商务未来的发展有着种种思考。例如：

> ● **人们面临的威胁**。Stafford（2006）和 Laurent（2010）曾经撰文指出，有些网络行为将延缓电子商务及 Web3.0 的发展，甚至会使互联网技术止步不前。
> ● **对安全的担心**。网络购物者、网银及其他一些网络服务的使用者担心网络安全。
> ● **网络中立的缺失**。有些专家担心，如果大的电信公司对网络宽带接入增加收费，而政府又缺少干预，那么小型网络创新企业将会被大企业（例如微软和谷歌）挤出市场，因为后者的实力更加雄厚（请参阅第十五章）。
> ● **版权问题**。YouTube、Craigslist、Wikipedia 等网站带来的诸多法律问题将影响民意、创新、评论文章的畅通表达。
> ● **不稳定的连接能力**。上传的带宽依然不够理想，所以要上传视频资料很耗费时间。移动宽带服务收费不菲。有些网络服务商对宽带接入还设置了种种限制。
> ● **语言问题**。Web 3.0 中的分类技术究竟用什么语言表述依然是需要考虑的问题。
> ● **标准问题**。需要为 Web 3.0 制定一个架构的标准。

因此，有人相信语义网永远不会奏效（见 youtube. com/watch?v=oKiXpOzrbJM）。

尽管如此，由于许多创新技术的问世，Web 3.0 和电子商务依然会有突飞猛进的发展。

技术环境

电子商务、Web 3.0、语义网的发展都依赖于信息技术的发展。专家们对技术发展作出过两种预测。

McKinsey 公司的预测

按照 McKinsey 公司的预测（Bughin et al.，2010），技术的发展将带来商务活动发展的 10 种趋势，其中包括全球信息网格的发展、新的协作技术的发展以及普适计算的发展（请参阅第六章）。

Bughin et al.（2010）提供了定义、详情以及讨论。请登录 gartner. com/technology/research，浏览 Gartner 公司关于战略技术的发展趋势的年度报告。

Nicholas Carr 的预测

Nicholas Carr（2008）是一部免费的电子书，书中他提出了如下预测：

1. 出现更多的智能计算机。
2. 云计算技术带来更大、更高效的数据中心。
3. 出现网络基础架构虚拟化技术，使得各种应用都能在外部网络上进行。
4. 并行处理的网络使得处理成本降低 90%。
5. 云计算与实用性将成为一种常态。

Web 4.0

Web 4.0 是 Web 3.0 以后的新一代互联网技术。当然，我们现在对它还无从了解。Web 4.0 被称为共生网络［细节参见 Aghaei et al.（2012）］。但是，Coleman and Levine（2008）对 Web 4.0 提出过一种设想，那就是"智能岛"和"无处不在的应用"。从 Web 1.0 到 Web 4.0 的演化参见 Aghaei et al.（2012）。进一步的讨论参见 Koren（2013）。

Web 5.0

Patel（2013）提出，"Web 5.0 还没有确切的定义，被视为共生网络，呈分散式"，他提供了一些技术资料。

2.9 节复习题

1. 什么是 Web 3.0？它与 Web 2.0 有什么区别？
2. 什么是语义网？
3. Web 3.0 及电子商务的发展受到哪些约束？人们有哪些担忧？
4. 信息技术的发展有哪些趋势？
5. 什么是 Web 4.0 和 Web 5.0？

管理问题

与本章内容有关的管理问题有如下几个方面：

1. **销售中是否应该使用竞价模式？** 所涉及的战略问题为是否需要以竞价销售作为一个销售渠道。竞价销售模式有一定的局限。正向拍卖会与其他销售渠道产生冲突。如果企业决定使用竞价销售模式，它需要选择使用哪种竞价模式，还要制定定价策略。这决定了竞价模式能否成功，企业能否在网络销售中吸引新客户，维系老客户。竞价销售模式还需要服务的支撑。如果拍卖的标的很高，企业需要判断如何提供支撑服务，如何与商业伙伴合作。

2. **是否需要使用物物交换的模式？** 物物交换是一种比较有趣的战略，特别是对某些企业（例如缺乏现金，需要特殊的材料和设备，有库存积压等）更是如此。但对商品或服务作价不是一件容易的事情。在有些国家，税收问题也比较模糊。

3. **如何选用商用软件？** 市场上的产品和商家都很多。小企业应该选择雅虎或易趣提供的软件，因为这些软件与托管软件捆绑在一起，方便企业了解由供应商管理的网络市场。购买软件时要判断它的功能，还要看是否能比较便捷地建设网络店铺（请参阅第十三章的内容）。

4. **商业活动中如何利用脸谱及其他社交网络？** 利用社交网络有许多好处（见第七章），最主要的是有利于营销活动和广告。只要企业希望跟上时代潮流，就应该考虑利用社交网络。

5. **是否需要参与虚拟世界？** 对许多企业或是网络应用来说，虚拟世界还不够完善，比较难利用。一个比较好的方法就是先看别的企业如何利用第二人生网站，特别是同行业的企业如何操作。

本章小结

本章所涉及的电子商务问题与前面提到的学习目标一一对应。

1. **电子商务的主要活动和技术**。电子商务的主要活动包括信息的传递及展示、在线交易、商务协作、娱乐，以及信息搜索。主要技术包括网络市场、网络店铺、购物车、电子商品目录、搜索引擎、Web 2.0 工具、虚拟世界等。

大部分商务活动是在买卖双方之间进行的。但是在供应链成员之间、企业内部的员工之间也存在着合作、协调的工作。电子商务的目的就是使所有沟通和交流自动化。

2. **网络市场及其构成要素**。网络市场是一个不受时空和国界限制的虚拟市场。正因为如此，它的运行效率非常高。其构成要素包括客户、卖家、产品（包括数字产品）、网络基础设施、前台处理、后台处理、电子中介、商务伙伴、支持服务等。

随着网络市场的发展，中介的作用也在变化。有的消失了（去中介），有的则变换了角色重新登场（二次中介）。例如，在 B2B 市场，网络渠道商把制造商与买方联系在一起，他们的工作是集成众多供应商的电子商品目录。网络上出现了新的增值服务，包括内容创造、商家集成等。

3. **网络市场的主要类型**。在 B2C 市场，有网络店铺和网络卖场。在 B2B 市场，有公共网络市场及私有网络市场。公共网络市场还分成垂直市场（指一个行业里的商家的集成）和水平市场（指跨行业商家的集成）。网络交易市场是众多买家与卖家开展交易的平台。不同的门户都可以提供进入网络市场的渠道。

4. 电子商品目录，搜索引擎及购物车。 网络市场的主要技术包括电子商品目录、搜索引擎、软件代理（智能代理），以及电子购物车。这些技术被称为商用软件包，它创造了一个客户友好、高效运营的商务环境，促进了电子商务的发展。

5. 网上竞价及其特征。 在正向拍卖中，买方持续出价，它可以是一种提价模式，也可以是一种降价模式。在逆向拍卖中，买方填写报价请求单，卖方进行一轮或多轮报价。在自主定价的拍卖模式中，买方提出愿意为产品、服务出价多少，由中介帮助寻找供货商以满足买家需求。每次拍卖都是正向拍卖，每次投标都有一笔小的费用。到了指定时间，投标的最终成员将赢得拍卖。

6. 网络拍卖的利弊。 网络拍卖对卖家来说可以接触多个买家，加快销售进度，节约中介佣金。网络拍卖对买家来说有了更多机会，可以买到便宜货和稀有的收藏品，而且可以在家参加拍卖活动。面临的风险是可能遇到欺诈。

7. 网络物物交换及谈判。 网络平台促进了企业间商品、服务的物物交换，因为网络搜索和撮合都相对容易。软件代理则促进了在线谈判。

8. 虚拟社区的结构和作用。 虚拟社区为人们带来了新的商机。有相同兴趣爱好的人在网络上聚集，这对广告和营销都是极好的机遇。在聊天室，人们可以针对某些商品、服务发表观点。最具吸引力的是交易社区，那里的成员对各种促销活动都感兴趣。虚拟社区可以提升客户忠诚度，增加提供赞助的厂商的销售额，收集客户对服务和各种商务活动的意见和建议。

9. 社交网络是电子商务的新平台。 网络社区规模巨大。社区成员可以分享内容，包括文字、视频、图片等。网络社区促进在线沟通和交流。成百上千的社交网站在全球各地兴起，有些网站的用户遍布全球，吸引巨额的广告投入。全球有几百万家企业在社交网站上投放广告，开设娱乐活动，甚至销售产品。

商务导向的网络社区主要关注商务活动，有的是在一个国家，有的则是面向全球（例如招聘人才、寻找商业伙伴等）。社交网络市场是融合了社交网络特征和商务特征的市场。比较知名的社交网络市场是领英和XING。有些企业单独创建社交网络，而另一些则是在公共社交网络平台（例如脸谱）开展商务活动。企业社交网络是指由一家企业拥有，并且是在企业内部运作的社交网络。他们的用户大多是本企业员工和退休人员。这些社交网络的作用主要是工作协调、信息创建和分享、培训、社会交往等。许多大企业都有这样的社交网络，例如 IBM、富国银行（Wells Fargo）以及西北相互人寿（Northwestern Mutual）等。

10. 虚拟世界。 虚拟世界主要用来娱乐、交换虚拟财物、在线讨论、学习、培训等。虚拟世界中的一切都是模拟的、动画形式的、由人物化身来替代的。成千上万的企业都在虚拟世界中（例如第二人生）有自己的存在，他们主要是发布信息、打广告。

11. 增强现实（AR）和众包。 这两种新兴技术推动了电子商务的活动形式的发展。AR 融合了计算机视觉和现实世界的各个方面，因此，它可以增强广告效果和呈现更真实的信息。AR 的工作原理是借助移动设备（如智能手机）更全面地查看产品或建筑特征（例如，360 度的视角，明码标价）。众包利用群体智慧解决问题和产生创意，它也可以把大任务划分成小的子任务，让群体中的成员执行不同的小任务。

12. Web 3.0 及 Web 4.0。 Web 3.0 是下一代互联网，它将社交计算与商务计算结合在一起。它的便携性和个性化将更加明显，搜索引擎更强劲，影响力更大，对无线环境的适应性更强，应用更加体现客户友好。知识管理和语义网将是 Web 3.0 的主旋律。Web 3.0 及其应用取决于信息技术的发展，例如云计算、效用计算、平行处理、机器智能等。Web 4.0 是一种更加遥远的网络技术，它的基础是应用的普遍性和系统的智能化。它将把不同渠道的智能"孤岛"连接在一起。

讨论题

1. 比较传统市场与网络市场的差异。它们各自的优势和劣势表现在哪里？

2. Craigslist 网站的分类广告竞争优势的表现有哪些？

3. 作为电子商务的一个环境，虚拟世界的价值体现在哪里？它对用户、对企业的吸引力在哪里？企业在该网站上建立自己的平台有什么竞争优势？它的不足表现在哪里？

4. 是否有必要建立电子商务门户网站？

5. 企业自建的社交网络与普通的社交网络（例如脸

谱）有什么差异？

6. 为什么把社交市场看成是 Web 2.0 的一种应用？

7. 有人说："从技术上看，你或许能够用一个周末的时间来打造一个门户网站，但是从文化层面上看，有许多事情要做。所以，事情远不是那么简单。"对这样的说法，你怎么看？

8. 利用竞价平台销售汽车有什么利弊？

9. 讨论用化身为用户提供帮助的利弊，有什么好处及缺陷？

课堂论辩题

1. 传统市场与网络市场的竞争态势有什么差异？

2. 有人认为，社交网络（尤其是微博和社交网站）取代了传统的电子公告板系统。你同意这样的观点吗？

3. 动态定价策略与静态定价策略相比具有一定的优势，为什么？动态定价的潜在优势在哪里？

4. 登录脸谱网站搜索进行拍卖活动的公司，识别网络拍卖的不同类型。

5. 企业利用易趣平台开展竞价销售比在自己的网站上进行更有利。为什么？请比较 C2C 市场与 B2B 市场的差异。

6. 企业在开展对外沟通、交流的过程中，是利用自建的社交网络好还是利用公共社交网络好（Roberts，2008）？

7. Craigslist 和 YouTube 网站应该对用户上传的信息进行监管吗？谁将为此付出代价？

8. 社交网络服务网站能够为企业提供社交网络服务，而且非常安全。但是，安全的代价是限制用户的创造力，影响商务活动的开展。企业是否应该使用这样的服务？

9. 有些研究结果显示，员工使用公共社交网络有助于企业的经营，因为员工之间加强了联系，分享了信息，这有助于提高生产力和创新力。但也有人认为这是浪费时间。不提倡员工使用脸谱、YouTube 等社交网站。你怎么看？

10. 请讨论网络社交的商务价值。请阅读参考资料 "Where's the 'Working' in Social Networks?"（作者 Tom Davenport，网址 blogs. hbr. org/2007/10/wheres-the-working-in-social-n。）

11. 脸谱和推特两个网站都在争夺广告商的生意。谁将在竞争中占优势？为什么？

12. 中国有一些世界上最大的社交媒体网络（qq. com，qzone. qq. com，us. weibo. com，weixin. qq. com，renren. com）。查找有关这些网络的信息，并列出它们的特征。它们与美国的社交网络有什么不同？

网络实践

1. 登录 droid-translator. tiwinnovations. com 和 tranzactive. com，比较这两个网站的翻译能力。

2. 观察网络物物交换的交易过程，请登录 tradeaway. com、barterquest. com、u-exchange. com。比较这些网站的功能和便捷性。

3. 登录 volusion. com，研究该网站应用的具体的电子商务技术（或解决方案）。

4. 登录 respond. com，索取产品或服务的报价表。收到回复后进行价格比较。不一定真的下单购买。写一篇报告介绍自己的体验。

5. 登录 dtsearch. com，注意网站的功能。它的搜索属于哪一种类型？（例如桌面搜索、企业内搜索、一般搜索。）

6. 登录 cars. com，列出它对汽车买家、卖家提供的服务。将它与 carsdirect. com 进行比较。判断两个网站的收益模式。

7. 浏览网站 ups. com：

a. 寄送包裹以前，客户能得到哪些信息？

b. 关注"包裹跟踪"系统，要说出具体的信息。

c. 如果你要将一个尺寸为 10 英寸×20 英寸×15 英寸，重 40 磅的箱子从家里托运到美国加利福尼亚州的长滩需要多少钱？比较最快的递送方式与最慢的递送方式的价格。

d. 用 Excel 文档列出网站上两种计算表。输入具体的数据。

8. 在第二人生网站注册并登录。

a. IBM 公司及可口可乐公司在网站上有哪些举措？

b. 观察你所熟悉的 3 所大学在网站上的行动。

c. 写一篇报告。

9. 在第二人生网站上创造一个化身。让你的化身与某些企业的化身进行沟通。为什么可以将化身看成是电子商务的一种技术？写一篇报告。

10. 登录 ibm. com 和 oracle. com 网站。列出开发企业门户网站所需要的产品。

11. 浏览网站 go. sap. com/index. html，观察企业门户网站的主要功能。列出 5 种功能为企业带来的利益。

12. 浏览网站 networksolutions. com，观察购物车的演示。哪些特征给你留下了深刻印象？为什么？与购物车相关的服务有哪些？请与 storefront. net 和 nexternal. com 网站进行比较。

13. 登录一家社交服务网站。创建你的主页。利用免费的网络开发工具在主页上增加聊天室和留言板。介绍还有哪些功能。结交 5 位新朋友。

14. 登录 vivapets. com 和 dogster. com 网站，比较它们的产品和服务。

15. 浏览 w3. org，查阅有关语义网的文章，关注网络上相关的 RDF（资源描述框架，Resource Description Framework）和 FAQ，寻找具体有哪些应用。写出一份报告。

16. 登录 secondlife. com，了解以下几位化身的商务活动：Fizik Baskerville、Craig Altman、Shaun Altman、FlipperPA Peregrine、Anshe Chung。简要说明它们各自代表什么。

17. 登录 zippy. com，了解 zippycart. com/ecommerce-news/1430-13-ways-to-gain-inbound-links-to-your-online-store. html 上的 "13 Ecommerce Link Building Tactics for Your Online Store"（《电子商务中 13 种创建链接的方式》），并写出简要介绍。

团队合作

1. 为导入案例设计的作业：请阅读本章的导入案例，并回答下列问题：

a. 为什么把 Pinterest 作为一个社交网络？

b. 网站的收益模式是什么？

c. 制造商如何在 Pinterest 上做广告？

d. 对比 Pinterest 和 We Heart It。注意区分它们的商业模式。

e. Pinterest 有大量资金。它如何利用这笔钱增加其竞争优势？

2. 每个小组分配一个大型网络零售商（例如 amazon. com、walmart. com、target. com、dell. com、apple. com、hp. com 等）。观察购物流程。关注电子商品目录、搜索引擎、购物车、Web 2.0 工具，以及其他各种能够提升网络销售功能的技术。以小组为单位做一个陈述，内容要包括改进现有流程的建议。

3. 在第二人生网站上开始你自己的生意。可以以个人的形式，也可以以小组的形式。可以利用问题 3 中提到的公司，判断你可以做怎样的生意。在第二人生网站注册，开始操作。在进行这个项目的时候，可以按如下流程操作：

a. 选择一个行业，写出经营战略。

b. 为虚拟企业写出经营计划和经营模式。

c. 作出预算，并进行现金流分析（参阅 Terdiman (2008) 的附录 B）。

d. 购买虚拟土地和其他虚拟资产。

f. 制订营销和广告计划（注意竞争态势）。

g. 寻找收益来源，制定定价决策。

h. 尽量使用第二人生网站上的工具提供支撑服务。

i. 注意法律风险及其他各种风险。计划如何规避这些风险。

J. 开始做生意（利用第二人生网站上的工具）。

k. 建立相关博客。如何利用博客开展病毒营销？

4. 观看 youtube. com/watch?v＝qQJvKyytMXU 上的视频 "Online Communities：The Tribalization of Business"（《网络社区：商务活动部落化》）并回答以下问题：

a. 为什么用 "部落化" 这个词？

b. 什么是虚拟社区？

c. 传统企业如何利用网络社区？

d. 客户能从社区得到什么利益？

e. 比较社交网络的架构与营销活动的架构。

f. 虚拟社区如何与商务活动结合在一起？

g. 讨论测量、指标、"关键成功因素" 等问题。

h. 选做题：观看第二部分（youtube. com/watch?v＝UoJsT8mf2Hc♯t＝15，6 分 50 秒）和第三部分（youtube. com/watch?v＝AeEqVWQYqTc，10 分 24 秒），归纳所提出的主要问题。

5. 小组任务是分析 Pinterest 在美国及全球面临的市场竞争，其中包括中国和巴西类似的公司。首先阅读 McKenzie（2012）对中国社交网站 Meilishuo 和 Mogujie 的研究，并将它们与 Pinterest 进行对比。用同样的方法研究 weheartit. com。你也可以选择其他国家进行分析对比。讨论不同国家的这种网站的文化差异。写一篇报告。

马达加斯加用贸易网站来优化现代化的港口

马达加斯加是非洲的一个海岛国家，它的港口对其贸易活动和整体经济水平是至关重要的。该国的海关业务是港口作业中的重要组成部分。

面临的问题

在这个不发达国家，贸易管理过程常常烦琐且效率低下。这制约了交易量和关税收入。马达加斯加"跨境贸易"指标值的排名是全球最低的（第143位）。该国的物流绩效指数排名也很低（第120位）。

业务流程。专家研究显示，如果要向马达加斯加出口货物，必须先进行注册，并填写每批货物的有关电子表格，这个表格称为货物预报信息（ACI）。出口商都比较重视贸易文件的复印件，如商业发票、提单和原产地证书、进口货物电子货物跟踪单，这些会以电子方式传送到马达加斯加海关进行一致性验证和风险分析。

出口商的手续完成后，进口商或报关人员可以通过电子方式提交海关进行申报。

一旦提交，审批过程就开始了。它可能涉及多个政府部门，如港口集装箱码头管理处、商业银行，以及该国的央行和财政部。虽然可有效地通过电脑提交材料，但是缺少审批程序。总体而言，货物通关要15天以上。

解决方案

最初，海关一直使用的是海关数据自动化系统（由联合国贸易和发展会议设计的一个传统的计算机系统）。该系统有一定效果，但是由于相关子系统没有进行整合，所以整个过程仍然十分缓慢。端口有困难，该地区的其他港口拥有更快速、高效的海关管理系统，使其处于不利的竞争地位。因此，马达加斯加社区网络服务（GasyNet）认为有必要建立一个连接贸易实体的网络平台。他们依靠这一新的贸易网系统实现了电子数据交换和海关数据系统的整合。

什么是贸易网？1989年，新加坡开发了贸易网，它是一个电子数据交换（EDI）系统（参阅在线辅导资料T2），现在由新加坡的CrimsonLogic进行日常管理和运营。最初，贸易网的应用范围仅在新加坡，目前世界各地的多个港口都有使用，包括马达加斯加。现在贸易网还包括了基于Windows和基于Web的电子数据交换（EDI）系统。使用贸易网的交易区域可以通过电子方式提交海关所需要的单据，然后由系统应用程序进行处理。海关数据系统ASYCUDA＋＋把许可证以电子方式返回给申请人。船舶进入港口之前，这个过程就已经开始了。贸易网的概况请浏览customs. gov. sg/leftNav/trad/TradeNet/An＋Overview＋of＋TradeNet. htm 和 unece. org/energy. html。

集成系统。为了加快信息流动速度，并提供一个有效的贸易环境，贸易网通过数据自动化系统进行系统集成。进口商把他们的报关单据输入GasyNet，从而将数据发送到贸易网，所有相关合作伙伴都可共享数据并反馈结果。贸易网通过GasyNet把结果发送给进口商。用户要想使用贸易网，就需要从贸易网前台购买专用软件。用户可通过电脑或移动设备使用该软件进行数据输入（例如，海关报关单）。该系统有许多功能，如提供许可状态信息、公司账单查询、找回丢失的许可证、确认通知、审计跟踪、许可证清单等。

该系统为所有标准文档创建了一个单独的交易点来连接多个合作伙伴的贸易。

结论

贸易网是针对 B2B 海关相关事务的非常有效的平台。之前海上运输货物通关的时间超过 15 天，现在不到 5 天，这大大增加了交易量。此外，海关税收 5 年内翻了一倍（约占马达加斯加总收入的二分之一）。其他优点包括：消除不必要的官僚作风，由于无纸化贸易，进一步降低了成本。

最后，马达加斯加的"跨境交易"指标的排名从第 143 位提高到第 109 位，其物流绩效指数的排名从第 120 位提高到第 84 位。

思考题：

1. 在海关贸易过程中，GasyNet 的作用是什么？

2. 贸易网的贡献有哪些？

3. 在这个系统中，EDI 的作用是什么？

4. 该贸易网是一个典型的 B2B 平台，解释原因。

5. 请把本章内容与案例结合起来进行分析。

在线补充读物

W2.1 社交软件工具：从博客到维客到推特

W2.2 数码产品的例子

W2.3 应用案例：易趣——世界上最大的拍卖网站

W2.4 应用案例：东方体育社交媒体

术语表

Augmented reality：**增强现实**，也称"增强实境"，是将计算机生成的虚拟物体或关于真实物体的非几何信息（如声音、图像）叠加到真实世界的场景中，实现对真实世界的增强。

Avatar：**化身**，是电脑编程设计出的虚拟人物，能模拟人的行为并与人互动。

Back end：**后台**，企业的后台主要负责订单整合，订单处理，存货管理，向供货商采购，会计和财务处理。还负责保险、支付、包装、配送等工作。

Bartering：**物物交换**，商品及服务以物易物的一种形式。

Bartering exchange：**物物交换交易所**，通过中介安排的以物易物的场所。

Business-oriented social network：**商务社交网络**，也称为"专业社交网络"，其主要目标是促进商务活动。其成员大多是专业人士，他们在网络上进行沟通和信息分享，有人提出问题，有人为解决问题提供方案。

Buy-side e-marketplace：**买方网络市场**，一家企业从多家潜在的供货商那里采购商品。

Crowdsourcing：**众包**，指集合众人的智慧解决问题，开展创新活动或完成一项工作。

Desktop search：**桌面搜索**，指在用户自己的计算机里搜索信息的一种工具。用这种工具可以在用户自己的电脑里搜索各种信息，包括网络浏览记录、电子邮件文档、音乐、聊天记录、照片，以及各种 Word 文档。

Digital products：**数字商品**，指的是可以用数字格式显示的商品。

Disintermediation：**去中介**，指为买卖双方提供中介服务的机构退出的一种现象。

Double auction：**复式拍卖**，如果拍卖活动中买家、卖家都很多，网站就将买家、卖家撮合在一起。最终的价格则取决于双方数量的多寡。买家、卖家既可以是个人，也可以是企业。

Dynamic pricing：**动态定价**，指的是随着时间的变化和客户的不同，价格随之变化。

E-bartering (electronic bartering)：**在线物物交换**，利用网络开展的以物易物的形式。

E-distributor：**网络渠道商**，主要是将许多制造商（有时可多达几千家）的产品信息整合在一起，在中介自己的网站上展示。

E-mall (online mall)：**网络商城**，与实体世界相似，网络商城是聚集多个店铺的网络场所。

E-marketplace：**电子市场**，买卖双方在网络上相遇，进行各种交易。

Electronic auction (e-auction)：**网络竞价交易**，与实体竞价交易是相似的，唯一的区别在于它是在网络上进行的。

Electronic catalog (e-catalog)：**电子目录**，产品信息以电子形式展示。这是大部分电子商务销售网站的重要组成部分。

Electronic shopping cart：**电子购物车**，也称为"购物袋"或"购物篮"，是一种订单处理技术，客户在购物过程中，可以将商品一件一件地添加进去。

Enterprise search：**企业搜索**，指在一家企业内确认信息，给信息贴上标签，方便搜索，并展示给某些公司内用户的一种功能。

Forward auction：**正向拍卖**，这是指一个卖家接受众多买家来竞价。由于这种方式是最常见的传统竞价方式，所以人们就简单地称其为"拍卖"。

Front end：**前台**，是顾客与网络市场沟通的地方。前台主要包括卖家的门户网站、电子商品目录、购物车、搜索引擎、竞价引擎、支付平台。

Intermediary：**中介**，一般是指在买卖双方之间进行沟通的第三方。

Mobile portal：**移动门户**，可以通过移动设施登录的信息门户。

Mobile social networking：**移动网络社交**，指的是网络用户利用手机或是其他移动设备进行沟通和交流。

Name-your-own-price model：**自主定价**，按照这种模式，买家规定了一个价格（包括一些附加条件），只要符合这些要求就下单。这是一种以 Priceline.com 为先导的 C2B 模式。

Penny auction：**一分钱竞拍**，是一种新型的拍卖形式。在这样的活动中，参与者每次都投入一小笔钱，每次增加的幅度很小，但是投入的钱不退。

Reverse auction (bidding or tendering system)：**逆向拍卖**，买家在询价系统里提出自己想采购的东西。潜在的供应商有针对性地出价。在网络逆向拍卖活动中，往往要经过多轮出价，直到所有的卖家都再也不愿意降价为止。最后出价者付款成交。

Search engine：**搜索引擎**，是一款计算机软件，利用这种软件可以进入互联网或内联网的数据库，搜索特定的信息或关键词，并且及时地显示结果。

Sell-side e-marketplace：**卖方为主的网络市场**，企业将标准化或定制化的产品销售给个人（B2C）或企业（B2B）；这种销售类型是一对多。

Semantic Web：**语义网**，它是一种能理解人类语言的智能网络，它不但能够理解人类的语言，而且可以使人与电脑之间的交流变得像人与人之间的交流一样轻松。

Virtual community：**虚拟社区**，是通过计算机网络（主要是互联网）进行互动的社区。

Virtual world：**虚拟世界**，是一种计算机模拟环境，用户在这样的环境里创建网络社区，用化身进行沟通交流。3D 环境中构造的物品、工作岗位、家庭和企业等是虚拟世界的基础，引人入胜。

Voice portal：**语音平台**，这是一个网站，是一种能够通过电话进入的语音界面。

Web 3.0：**三代互联网**，人们用"Web 3.0"这一术语来描述未来的万维网应用。它将是一种新一代的商务应用，商务与社交计算将融合在共同的基础平台上。

Web 4.0：**四代互联网**，是 Web 3.0 以后的新一代互联网技术。我们现在对它还无从了解，但是学者们对 Web 4.0 提出过一种设想，那就是"智能岛"和"无处不在的应用"。

Web (information) portal：**网络信息门户**，是通过网络浏览器可以获得重要的内部商务信息（通过企业内联网）或外部商务信息（通过互联网）的一个站点。

Webstore (storefront)：**网络店铺**，是指一家企业（或个人）开设的网站，通过网站销售商品和服务。

第二部分
电子商务应用

第三章 零售业电子商务：产品与服务

学习目标

1. 网络零售及其特点；
2. 网络零售的主要商务模式；
3. 网络旅游观光服务的经营方式以及对旅游行业的影响；
4. 网络职业介绍市场的参与者及其利弊分析；
5. 网络房地产市场经营业务；
6. 网络股票交易市场经营业务；
7. 网络银行及个人理财业务；
8. 描述食品或类似的易变质商品的按需交付服务；
9. 数字产品的配送及在线娱乐活动；
10. 描述各种各样的工具，包括价格比较网站；
11. 描述网络零售业对零售业竞争的影响；
12. 去中介现象及其他 B2C 战略问题。

|导入案例| 亚马逊公司：全球最大的 B2C 网络商店

机遇

20 世纪 90 年代初，企业家杰夫·贝佐斯（Jeff Bezos）遇到的不是经营困难，而是机遇。他意识到利用互联网开展零售业务将会有大发展，而且网络零售最理想的商品是书籍。1995 年，贝佐斯创办了亚马逊公司，并开始在线销售书籍。多年来，该公司不断改进并扩大业务模式，增加商品种类，改善客户服务，增加服务内容，加强与商务伙伴的联系。公司还意识到，订单处理和仓储也是十分重要的工作。他们投资几百万美元建造实体仓库和配送中心来发送包裹给数以百万计的客户。2012 年公司开始实行当天交付。2000 年以后，该公司增加了信息技术服务，显著地激起了电子阅读一族的兴趣。亚马逊公司的挑战仍然是在如何盈利的状态下出售产品或服务。

解决方案：创新并主动面对客户

除了最初的网络书店之外，亚马逊还扩大了数以百万计的商品和服务。例如，亚马逊提供的一项特殊服务：Mechanical Turk（mturk. com）*，这是针对多种类别的人工情报众包服务（请参阅第八章）。亚马逊的关键特征是：容易浏览、搜索和订购；有用的商品信息、评论、推荐，以及其他各种个性化技术；有非常大的选择空间，能进行价格比较；较低的价格；安全的支付系统；有效的订单执行和简单的退换货服务。

公司网站的许多特点使消费者的购物体验变得十分愉快。例如，网站上有 "Gift Finder and Wish Lists"（礼品挑选许愿）版块（请浏览 amazon. com/gp/gift-finder），上面告诉购物者什么季节购买什么礼品，礼品按照关系、价格等进行分类。消费者还可以

---

* "亚马逊土耳其机器人" 是一个 Web 服务应用程序接口，开发商通过它可以将人的智能整合到远程过程调用。——译者注

通过作者中心（authorcentral. amazon. com）了解他们喜欢的作者（例如，他们的传记和留言等）。消费者甚至还可以联系作者，可以和作者讨论他们的工作，作者也可以回答消费者的问题。

亚马逊网站也提供各种支持服务（请浏览services. amazon. com）。他们提供网络门店，按月收取费用，让小企业有机会在网站上开设各有特色的门店，并使用亚马逊的支付系统和订单执行系统（请浏览services. amazon. com/content/sell-on-amazon）。Amazon Prime(amazon. com/prime) 则在收取适当年费的情况下为客户提供无限量的免费运送服务。2013 年亚马逊宣布了一个想法，将研发使用无人机发货来为消费者提供最好的空运服务（请浏览 amazon. com/b? node=8037720011）。但是这个想法有很多法律和监管方面的障碍。更多信息请见 forbes. com/sites/stevebanker/2013/12/19/amazon-drones-here-is-why-it-will-work, geekwire. com/2014/drone-pilot-beat-faa-regssays-amazon-delivery-long-way 和第十二章。

亚马逊网站在个性化服务和客户管理方面是公认的领导者。如果客户第二次访问亚马逊网站，网络跟踪软件就会识别出这个客户（请阅读第九章的相关内容），并且在页面上显示"某某先生，你好，欢迎回来"。接着，就会向客户推荐与他曾经购买过的图书类似的书籍，以及其他商品。你可能会收到一封价格更低的商品的推荐列表。例如：消费者购买一个 30 美元的打印机墨盒，亚马逊网站会提示您可以购买 65 美元 4 个墨盒的组合装。网站还会提供详细的商品介绍、用户评价等信息，帮助客户作出购买决策。亚马逊网站有一个高效的搜索引擎和高效的仓储系统，这给公司增加了竞争优势。

亚马逊因其经营战略和在小的细分市场并购一些成功的竞争对手而出名，例如，亚马逊并购了 kivasystems. com, zappos. com 等。亚马逊也并购了一些上下游公司，例如 alexa. com, junglee. com, Digital Photography Review （dpreview. com）等（也可参见 crunchbase. com/organization/amazon 以及 Distinguin (2011)）。对于亚马逊未来的可能收购请见 recode. net/2014/01/31/after-amazons-smallest-acquisition-year-since-2007-will-it-gobble-up-competitors-in-2014。

客户在网上可以对自己的账户进行个性化管理，处理订单只需"一键"搞定。这是亚马逊公司的专利技术。"一键"操作包括电子钱包（请参阅第十一章），这可以帮助客户节省订单支付的时间，因为所有的购买信息（包括喜欢的支付方式和默认的收货地址）已经被在线存储。

1997 年，亚马逊开始了一项联盟计划（一种联盟营销的方法；请参阅第九章）。亚马逊在全球范围内有成千上万个合作伙伴（请浏览 affiliate-program. amazon. com）。这些合作伙伴可以得到最多 15% 交易额的推荐费。亚马逊正在转变成为一个网络服务执行的承包商（请浏览 services. amazon. com/content/fulfillment-by-amazon. htm），也为一些强大的竞争对手提供服务。亚马逊的其他服务还包括：AmazonFresh（fresh. amazon. com，食品交付服务）；亚马逊 MP3 商店（请浏览 amazon. com/MP3-Music-Download/b?node=163856011，音乐下载，部分是免费下载，部分需要收费，每首歌 69 美分）；视频服务（请浏览 amazon. com/Prime-Instant-Video/b? node=2676882011，上面有无数个可供购买或租用的视频或电视节目）。

亚马逊网站上提供了许多 Web 2.0 社交购物工具（例如客户评价等）。公司还收购了 Woot!（woot. com），这是一家因其提供的"每日特惠"业务而闻名的社交网络公司。亚马逊也正在不断地增加一些创新服务。2011 年该公司推出了价格速查服务，客户可以使用智能手机上的一个 App 在实体店进行价格比较。最著名的是在 2012 年亚马逊推出了即日交付服务，myhabit. com 服装网站（较低价格的品牌服装），并且客户可以使用移动设备上的价格速查 App 在实体店中进行价格比较。亚马逊的策略是尽可能提高客户满意度，短期内尽可能追加投资而不是追求利润，以及进行创新（请浏览 businessinsider. com/amazons-profits-what-people-dont-understand-2013-10）。

结果

1999 年，《时代周刊》（*Times*）把亚马逊的创始人贝佐斯评为"年度人物"，因为亚马逊公司在普及网络购物方面取得了成功。2002 年 1 月，亚马逊公司宣布 2001 年第 4 季度首次获得盈利。从那以后，尽管亚马逊在配送中心和其他项目上投入了大量资金，但公司的经营一直处于盈利状态。尽管美国和全球经济在下滑，但亚马逊在 2011 年的利润是 2007 年的两倍，年度销售额增长 41%。亚马逊每个季度的销售额都在增长。

2012 年《财富》评选了贝佐斯为"年度企业家"（请浏览 fortune. com/2012/11/16/business-person-of-the-year. fortune/2. html）。通过走向全球而且提供更多产品和服务实现了每年增加 30%～40% 的销售收入。亚马逊向数百万客户提供了 2 000 多万份图书、音乐制品、视频资料等。2012 年亚马逊销售了 100 多万份电子书。最终，投资者的股票获得了迅速增长，2014 年的数据显示，亚马逊在世界五百强中排第 12 位，在美国排第 5 位。亚马逊有超过 2 300 万名粉丝，并且有 84 000 人在脸谱上讨论了亚马逊（请浏览 facebook. com/Amazon）。到 2014 年 2 月，亚马逊在推特上（twitter. com/amazon）有 100 多万名粉丝。请浏览 youtube. com/watch?v＝YlgkfOr_GLY，请观看视频 "Amazing Amazon Story-Jeff Bezos Full Speech"（《杰夫·贝佐斯的关于"亚马逊的传奇故事"的演讲》），时长 17 分 59 秒。

尽管竞争十分激烈，但是亚马逊公司始终稳坐全球盈利的电子商务 B2C 网站的头把交椅（一些中国的在线销售网站非常类似亚马逊，但它们并不是亚马逊的竞争对手）。由于公司高效的订单执行系统，它提供的商品价格相对较低，公司网站的客户满意度很高，高质量商品十分丰富。所以，亚马逊的产品销售额还是超过了其美国最大竞争对手三倍。

亚马逊网站全球化经营的特色也很明显，网站上用日语标注的商品有 100 多万件。亚马逊在 12 个国家开展运营，但是可以发货到其他国家。这 12 个国家有自己语言的网站（例如中国亚马逊 amazon. cn）。2013 年，销售收入达到 750 亿美元，净利润达到 7. 45 亿美元（请参阅 digitalbookworld. com/2014/amazon-

booms-in-2013-with-74-45-billion-in-revenue)。到 2013 年第 4 季度，亚马逊公司拥有 117 000 名全职、兼职员工。亚马逊公司被美国零售业联合会排名为增长最快的大型零售企业，2011 年的销售额实现了 42. 5% 的增长（Groth and Cortez, 2012）。关于亚马逊的幻灯片概览，参见 Distinguin（2011），Stone（2013）。

资料来源：Distinguin（2011），Brandt（2011），Stone（2013），Groth and Cortez（2012），Kain（2011），amazon. com（2014 年 3 月数据）。

案例给予的启示

亚马逊公司是全球经营得最好的网络零售企业，从这一案例中我们可以看出，网络零售企业的发展轨迹、它们面临的困境以及解决问题、开拓业务的方法。案例还显示了网络零售业务的发展趋势。例如，竞争十分激烈，但是亚马逊公司由于自己的规模、创新、个性化经营以及一流的客户服务，使得自己在竞争中胜出。这家最大的网络零售企业还在持续发展，它在行业里的地位也更加牢固。亚马逊公司的案例显示，尽管面临全球的经济滑坡，网络零售业绩依然保持两位数的年增长率。究其原因，部分是因为零售业务逐渐地从实体商店转向网络商店。本章我们将主要介绍如何向个体消费者销售商品和服务。我们还将讨论网络零售的成功之道。

3.1　网络营销及 B2C 网络零售业务

亚马逊公司的案例告诉人们，商务活动是如何与互联网联系在一起的。尽管有许多网络企业经营失败，但在线销售的商品和服务不管是从绝对数看还是从相对数看，都在迅速地增长。根据 Grau（2011）中提供的数据显示，71% 的成年网民参与网购，而且无论是网购还是实体店购物，94% 的人在购买之前进行在线调研。这种情景同样发生在西欧的一些国家，以及中国台湾、马来西亚、澳大利亚、新西兰等国家和地区。

据互联网世界统计网站 Internetworldstats. com 估计，截至 2014 年 3 月，全世界有 26. 7 亿网络用户，在北美有 2. 73 亿网络用户（请浏览 internetworldstats. com/stats. htm）。关于 "A Day in the Life of the Internet Infographic"（《互联网信息生活的一天》）请浏览 adweek. com/socialtimes/internet-24-hours/499019。根据市场调研公司 Forrester 的估计，美国消费者在 2016 年的花费将达到 3 270 亿美元，比 2012 年增长 62%（Rueter, 2012）。专家估计，2014 年全球的 B2C 数据将超过 1 万亿美元，这主要归功于中国市场的快速增长。一些人认为互联网的用户和数据将达到饱和，网上购物的增长速度将会变缓。然而，实际可能并非如此，事实上，随着社会的发展，移动购物将会加快 B2C 的步伐。此外，由于经济疲软，网上购物省钱的优势可能会加速网购的发展（例如，不需要驾车去实体店会省部分油费）。总之，全球的 B2C 仍在迅速增长，因此，网络零售商需要解决的问题是如何提高消费者在网上的消费额。就像第一章中所介绍的，公司从销售产品和服务中可以获得很多好处。创新的营销策略和更好地了解网络消费者的行为（第九章）是 B2C 成功的重要因素。有关电子商务的总体情况以及网络零售业务的具体统计数据，请浏览 census. gov/econ/estats。

本章将简要介绍网络零售业务、它的分类、发展趋势，以及其存在的局限性。零售业务，特别是网络零售业务，必须要以了解消费者行为、市场调研、广告等活动为基础。这些将在第九章中进行介绍。我们将首先介绍网络零售环境下的电子商务产品和服务。

网络零售概述

零售商实际上就是一个销售中介，它介于制造商和客户之间。尽管有许多制造商是直接将产品销售给消费者，但他们主要的销售渠道还是依靠批发商和零售商。在实体环境里，零售是在商店里或厂家的直销店里完成的，客户要购物（虽然有可能是电话购物），就必须亲自去商店。有些企业产品很多，客户有几百万（例如宝洁公司），他们就要利用零售商来提高销售的效率。然而，即使有的企业销售的产品不多（例如苹果公司），他们也需要依靠零售商来接触各地众多的客户。

利用商品目录的邮购业务为厂家和消费者提供了更多的机会，也解决了地域上的限制。零售商不需要店铺就能完成销售，客户也可以在方便的时候浏览商品目录。在互联网上开展的零售业务称为网络零售（electronic retailing, e-tailing），在网络上开展零售业务的厂商就称为网络零售商（e-tailer），如导入案例中所述。网络零售既可以用固定价格的形式销售，也可以用竞价的形式销售。网络零售业给制造商（例如戴尔计算机公司）带来了便利。他们可以直接将产品销售给客户，省去了中间环节。本章将介绍网络零售的各种形式，以及与此相关的问题。

我们注意到，有时候很难区分 B2C 和 B2B 的业务。例如，亚马逊网站大多是向个体消费者销售书籍，这是 B2C 业务，但是他们有时候也向企业销售图书，这就是 B2B 业务。沃尔玛也是既向个人销售商品，也向企业销售商品（通过 Sam 俱乐部）。戴尔公司通过公司网站同时向个人消费者和企业客户销售产品。史泰博（Staples）办公用品公司以及许多保险公司都是同时向个人和企业销售商品和服务。

B2C 市场的规模和成长趋势

B2C 电子商务正在迅速发展，尤其是在一些新兴市场经济国家，例如中国、俄罗斯、巴西和印度等，这种趋势更加明显。

许多机构和专家都在统计 B2C 电子商务销售的规模并预测其发展趋势。但是，由于数据采集的方法各不相同，所以披露出来的在线销售额往往大相径庭。因此，要获得一个有关电子商务发展的持续、相关的数据十分困难。这种数据的差异有的是因为对电子商务的界定，以及分类方法并不统一。还有一个问题是哪些交易属于电子商务。人们对将哪些商品或服务纳入统计范围并没有一个统一的标准。有的把旅游纳入了电子商务零售领域，而有的则并不这样做。有时，统计的时间段也是一个问题。因此，在阅读 B2C 电子商务统计数据的时候，需要格外谨慎地去解读这些数据。

表 3.1 列出的是网络零售以及其他网络应用及电子商务活动统计数据的渠道。一般用作网络零售和消费行为的统计数据包括各种网络人口数据（例如按年龄、性别、国别来统计网络零售额）、网络销售商品品种、网络销售的卖方、购买模式等。

BizRate (bizrate. com) *Business* 2.0 (money. cnn. com/magazines/business2/) Emarketer (emarketer. com) comScore (comscore. com) ClickZ (clickz. com) emarket (emarket. com) Forrester Research (forrester. com) Gartner (gartner. com)	InternetRetailer (internetretailer. com) Nielsen Onine (nielsen-online. com) Shop. org (shop. org) Adobe SiteCatalyst (adobe. com/solutions/digital-analyt-ics/sitecatalyst. html? promoid = KIVFD) Pew Research Internet Project (pewinternet. org) Yankee Group (yankeegroup. com) U. S. Census Bureau (census. gov/econ/estats/)

网络上的畅销商品

尽管数据存在不一致性,但是很明显,B2C 每年至少有 15% 的增长,这是由于更多人在网上花费了更多钱。

2013 年,美国的在线消费者约有 1.89 亿人,网络零售商拥有销售大量产品的机会(请浏览 cpcstrategy. com/blog/2013/08/ecommerce-infographic,参阅网上购物的信息图表和统计数据)。在不同的网络供应商中有数以百万计的商品可供选择。在线补充读物 W3.1 中显示了在网络上销售得较好的几类产品。

B2C 电子商务的发展

第一代 B2C 电子商务活动中所销售的商品主要是图书、软件和音乐,此类商品购买时一般没有悬念(也有人称其为"大宗商品"),而且配送也比较方便。2000 年开始了第二波电子商务浪潮,此时消费者不仅仅在线购买简单的商品,而且搜索、购买较为复杂的商品,例如家具(参阅第一章应用案例 "Net-a-Porter 网络公司:服装服饰带来的成功")。现在,消费者在线购买的商品包括床上用品、水疗中心、珠宝、定制服装、电器、汽车、地板材料、大屏幕彩电、建筑材料等。他们还在线购买各种各样的服务,例如在线教育和保险等。

成功的网络零售业务的特征和优势

许多实体市场零售业务的成功之道都可以复制到网络零售业务中。此外,还需要一个具有可扩展性的且安全的公司架构。但是,网络零售商能够提供传统零售商无法提供的服务。表 3.2 显示的是传统零售业务与网络零售业务的差异,以及它们各自的优势。

表 3.2   传统零售业务与网络零售业务的比较

要素	传统零售业务	网络零售业务
收益随着购物者增加而增加	● 通过增加场地和空间扩展销售平台	● 超越本地甚至在全球寻找顾客
购物者增多,但收益并不增加	● 加大营销力度,把潜在购物者变为实际购物者	● 加大营销力度,把网站浏览者变为实际购物者
技术	● 使用自动销售系统,例如 POS 机收款系统、自动检查、资讯服务	● 下单、支付和执行系统 ● 比对和客户推荐 ● 数字产品的即时交易
客户关系及危机处理	● 由于是面对面交易,所以争议中愿意让步 ● "实体的"人际关系	● 由于有较多的公共社交平台(例如脸谱、推特)可以利用,会对不满有较多的反馈

要素	传统零售业务	网络零售业务
竞争	● 本地竞争 ● 竞争对手较少	● 竞争对手较多 ● 由于方便对比和降价，竞争激烈 ● 全球范围竞争
客户基础	● 本地客户多 ● 匿名客户少 ● 较好地提升客户忠诚度	● 客户所在地域宽泛（可能跨国） ● 多数为匿名客户 ● 客户忠诚度不高
供应链成本	● 成本较高，影响公司发展	● 成本较低，效率较高
定制化与个性化	● 成本很高，速度很慢 ● 不是很普遍	● 成本较低，速度较快 ● 很普遍
价格变化	● 代价较大，速度较慢，很少使用	● 代价较低，随时可以使用
对市场发展趋势的适应性	● 较迟缓	● 较迅速

畅销商品所具备的特征如下：

- 品牌知名度（如苹果、戴尔、索尼等），有名的售后服务供应商提供良好的服务（例如，亚马逊和 BlueNile）。提供的服务有退货政策、快速交付、免运费等。
- 数字化服务（如，软件、音乐、电子书和视频文件等）。
- 相对廉价的物品（如办公用品和维生素）。
- 经常购买的物品或生活必需品（书籍、化妆品、文具和处方药）。
- 没有必要进行实物检查的商品（书籍、光碟、机票等）。
- 在实体店中通常不能打开的有品牌包装的物品（罐头、包装食品、巧克力、维生素）。

网络零售的优势

网络零售业务对卖方和买方都有优势。第一章中提到的电子商务的优势同样适用于网络零售业务。

卖方所拥有的优势表现在如下几个方面：

- 产品成本较低，竞争优势明显。
- 能得到更多的客户，许多客户与销售商并不在一个区域，可能会是全球化销售。例如中国大陆和台湾地区的一些零售商在全世界范围内销售电子产品（如 E-Way 科技公司，ewayco.com）。
- 能较快地改变价格和商品目录，包括图解商品目录。灵活的价格带来了竞争优势。
- 供应链成本较低（参阅第十二章）。
- 能够向客户提供充分的信息，由此降低了客服成本。
- 对客户的需求、投诉、偏好等反应迅速。
- 提供定制化的产品和服务，能向客户提供个性化关怀。
- 小公司可以与大公司展开竞争。
- 更好地了解客户，加强与客户的沟通与交流。
- 在全国甚至是全世界范围内销售商品（例如澳大利亚的冲浪产品公司 surfstitch.com）。
- 可以使客户参与他们感兴趣的搜索、比较和讨论活动。
- 可以接触传统渠道难以接触到的客户。

买方所拥有的优势表现在如下几个方面：

- 产品、服务的价格较低。
- 能够找到本地店铺没有的商品和服务。
- 能够在全球范围内购买，对商品的价格和服务进行比较。
- 可以在任何时间、任何地点购物。
- 没有必要到实体店去浪费时间和汽油，也没有来自销售人员的压力。
- 可以自行设计和创作产品（例如 spreadshirt. com 公司销售的衬衫）。
- 能够购买到稀缺的收藏品。
- 可以参加团购，与朋友一起购物或参加社交商务购物。

下一节将探讨网络零售中成功应用的主要商务模式。

3.1 节复习题

1. 描述 B2C 的特征。
2. B2C 中哪些商品和服务比较畅销？
3. 畅销商品的主要特征是什么？
4. B2C 的发展趋势如何？
5. 为什么把 B2C 称为网络零售业务？
6. B2C 的主要特征是什么？
7. B2C 给我们带来的利益是什么？

3.2 网络零售业务的商务模式

为了更好地了解网络零售业务，我们首先来了解面向个体消费者的零售商和制造商（见图 3.1）。销售商有自己的企业，他要先从他人那里（见图 3.1 中的 B2B 部分）购入商品或服务。同样地，在图 3.1 中可以看出，网络零售（图 3.1 的右侧）是在卖方（零售商或制造商）和个体消费者之间进行的。图中还有其他电子商务交易或相关的活动，它们都会对网络零售产生影响。零售企业与其他企业一样，它的经营要有一定的商务模式。所谓**商务模式**（business model），如第一章中定义的那样，就是企业通过商务运作创造收益的一种方法。具体说来就是先对企业的客户进行分析，在分析的基础上研究向客户提供商品或服务（价值）的方式，目标是提高盈利能力和持续发展的能力。

在这一节里，我们将讨论各种形式的 B2C 商务模式，以及对这些商务模式的分类。

按照配送渠道对商务模式进行分类

人们可以用各种方式对网络零售的商务模式进行分类。例如，有些人按照商品种类（有的是通用商品，有的是专用商品）或者根据销售地域对网络零售商进行分类（全球商品或区域商品），另一些人则是按照收益规模对网络零售商进行分类。我们这里主要是按照配送渠道的不同将网络零售商分成六大类：

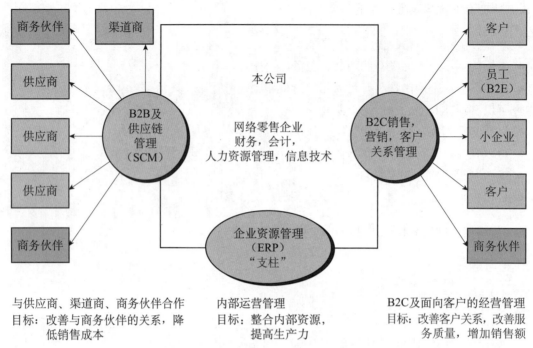

与供应商、渠道商、商务伙伴合作　　　内部运营管理　　　　　　　　B2C及面向客户的经营管理
目标：改善与商务伙伴的关系，降　　　目标：整合内部资源，　　　　目标：改善客户关系，改善服
低销售成本　　　　　　　　　　　　　　提高生产力　　　　　　　　务质量，增加销售额

图 3.1　网络零售在企业电子商务中的地位

1. **传统的邮购零售商开展网络销售**。许多传统的邮购零售商，例如 QVC 公司，Lands' End 公司，也开始在网络上开展销售业务。

2. **由制造商开展的直接营销**。许多制造商，例如戴尔、乐高、歌帝梵除了借助于其他零售商销售商品外，还利用公司网站直接向个体消费者开展销售活动。

3. **纯网络零售商**。这样的网络零售商没有实体门店，只开展网络销售。比较典型的是亚马逊公司（参阅导入案例）。

4. **虚实结合的零售商**。传统企业开发了自己的网站，作为辅助的经营手段，这样的企业称为"虚实结合的企业"（例如 walmart. com，homedepot. com）。详情请浏览 en. wikipedia. org/wiki/Bricks_and_clicks。但是，现在也出现了反过来发展的情况。一些成功经营的网络零售商自己创办实体店铺，利用网络环境建立的品牌优势支撑实体门店的传统经营。例如，苹果开设了实体店。戴尔利用合作伙伴的实体店（比如百思买公司、史泰博公司等）进行产品销售。旅游网站 Expedia. com 开设了面向旅游者提供服务的办公室，Net-a-Porter 公司开设了两家实体店铺。在线、离线同时开展零售业务是一种独特的商务模式和经营战略，称为**多渠道商务模式**（multichannel business model）。按照这种模式，客户购物有多种选择，包括在线购物的选择，看哪一种渠道最方便。这种策略有机会让顾客选择最舒适的渠道。更多讨论和说明案例参见 Greene（2010），Levis（2010）。

5. **网络卖场**。第二章中已经介绍过，这种网络卖场是由多个独立的网络店铺组合而成的。以下将逐一介绍这些配送渠道。值得一提的是，在任何类型的直接营销中，卖方和买方有相互影响的机会，并且有机会更好地了解对方。

6. **限时抢购**。在上述任何类别中，卖方都可以通过中间商或直接向客户提供大幅度的折扣，这些折扣在几种商品中存在。

接下来我们将探讨每个分销渠道的类别。

邮购零售商开展网络直接营销

从广义上说，**直接营销**（direct marketing）就是不借助于实体门店的营销活动。开展直接营销的厂商直接从客户那里获取订单，跳过传统的中介。销售商既可以是零售商，也可以是制造商。

由制造商开展的直接营销及按订单生产

许多制造商直接向客户销售，戴尔、惠普和其他电脑制造商使用这种模式。这通常与产品的自身配置相结合（定制化生产、按订单生产），在线补充读物 W3.2 介绍的是客户向制造商定制汽车的情况。该模型主要的成功因素是能够以合理的价格订购商品。

纯网络零售商

纯网络零售商［pure-play e-tailer，也称为虚拟网络零售企业（virtual e-tailer）］是指没有实体销售渠道，仅通过互联网直接向消费者销售商品和服务的企业。亚马逊公司就是一个典型的纯网络零售企业。虚拟零售企业的优势在于固定成本低。其缺陷是没有一个有效的订单执行系统。虚拟网络零售企业有普通商品零售（例如，Amazon. com 或 Rakuten. com）和特殊商品零售（例如 Dogtoys. com）之分。

普通商品零售商店有可能是由许多专门店铺构成的。例如，hayneedle. com 网络商店中有 200 多家特殊商店，例如家具店、礼品店、园艺商店等。普通商品网络零售商一般规模都很大。亚马逊公司及日本最大的网络购物中心 Rakuten Ichiba 都属于这样的网络零售商。后者销售的商品多达 5 000 多万种，涉及的制造商有 3.3 万家。2010 年 5 月，日本的这家企业并购了总部设在美国的 Buy. com 网络公司（现在是 Rakuten. com 购物中心）。两家公司合并后，销售的商品有 9 000 多万种，涉及的制造商有 3.5 万家，遍布全球。2009 年，日本的注册会员有 6 400 万。到了 2010 年，注册会员达到 8 000 万，销售额达到 40 亿美元［数据参见 Clearlake Capital（2010）以及 rakuten. com/ct/aboutus. aspx］。无数公司还在网上经营单一业务的产品。例如澳大利亚的两家公司 dealsdirect. com. au 和 asiabookroom. com。

特殊商品网络零售商是一个很狭窄的网络市场，例如销售宠物玩具的 CatToys. com（请参阅在线补充读物 W3.3）。蓝色尼罗河是另外一个例子（请参阅第二章）。经营这些特殊商品的企业在实体市场上很难持续下去，一是因为没有足够的客户，二是因为库存的品种不会足够地多。

虚实结合的零售商及多渠道零售商

为了更好地与纯网络企业展开竞争，最常见的做法就是选择虚实结合经营。例如，沃尔玛、塔吉特和无数其他零售商，它们将在线的商品和服务销售作为一个附加的销售渠道。这一策略正在加速发展，但是对于大公司来说并不一定能够成功。百思买就是一个较典型的案例（请参阅 3.9节）。

所谓**虚实结合的零售商**（click-and-mortar retailer）指的是传统零售商与在线交易网站相结合。

实体零售商（brick-and-mortar retailer）是指开设实体商店，在实体市场经营。在有些情况下，实体零售商也会开展邮购业务。

在数字经济环境下，虚实结合的零售商通过实体门店、电话销售、网络销售、移动终端设备销售等商务模式同时经营。如果同时经营实体店铺和网络店铺，那么这家企业的经营模式就可以称为"多渠道商务模式"。从实体店铺转向虚实结合的零售商的例子有百货商店（例如梅西、西尔斯公司等）、折扣商店（例如沃尔玛、塔吉特公司等），还包括许多超市等零售商。

近来，除了在自己的网络商店中销售外，在脸谱和其他社交网站上开设店铺也成为一种趋势。

网络卖场

网络卖场有两大类：一类是商业目录卖场，另一类是服务共享卖场。

商业目录卖场。 这类卖场基本上就是按照商品种类组成的一组商业目录。在网站上使用旗帜广告对商品或店家进行广告宣传。当用户点击商品或某一个店铺时，通过链接转换到销售商的店铺，然后完成交易。浏览 bedandbreakfast.com 网站可以看到这种商业目录卖场的例子。目录中的店家有的是合起来经营网站，有的则是向展示自己标识的第三方网站支付注册费或佣金。这样的网络零售模式实际上就是一种联盟营销模式（请浏览 virtualshoppingmall. weebly. com/affiliate-referral-sites. html）。

服务共享卖场。 在服务共享卖场里，消费者搜索到商品，完成订购和支付，然后选择配送方式。网站提供这些服务。

一般情况下，客户喜欢在网络卖场中浏览多个店铺，但是使用同一个购物车，完成一次支付。在雅虎网站的卖场里就是这样操作的（请浏览 smallbusiness. yahoo. com/ecommerce）。按服务共享模式运作的网站还有 firststopshops. com 和 bing-shop. com 等。

其他 B2C 模式和特殊零售业

B2C 零售还有其他几种商业模式，在本书以及 Wieczner and Bellstrom（2010）中都有多处讨论。有些 B2C 模式也适用于 B2B、B2B2C、G2B 等商务活动，以及其他的电子商务活动。

B2C 社交购物

社交购物活动是由各种新型的商业模式促成的（参见 Turban et al. （2015）；Shih （2011）；Singh and Diamond （2012））。有些 B2C 网站（例如 amazon. com，netflix. com 等）向消费者提供广泛的社交环境和约会机会，例如产品的评级。零售商可以使用博客、维客、讨论组、推特等帮助客户寻找和推荐购买机会。社交媒体工具创建了典型的新购物模式（请参阅第七章）。

闪电交易（一天内成交）

公司在有限的时间内（通常是 24～72 小时）直接或通过类似于团购网（Groupon）这样的中介机构，向消费者提供打折幅度很大的商品。卖方希望这种超大优惠的消息能够在购买者的亲友之间传播（请参阅第七章）。

在线团购

由于宏观经济状况不景气，所以越来越多的消费者利用互联网购物，以此来节省费用。使用在线团购的模式，就能找到足够的消费者去争取厂商提供的数量折扣价（请参阅第七章）。在该市场中有几个新兴的公司：yipit. com 和 livingsocial. com。其他网站专注于闪电交易，例如 Groupon，dealradar. com，myhabit. com 等。

个性化事件购物模式

事件采购（event shopping），是专门为满足特殊事件活动需求而设计的 B2C 模式（例如，婚礼促销、"黑色星期五"促销等）。这种模式可能会与团购模式相结合（来降低客户的费用）。详情参见 Wieczner and Bellstrom（2010）。事件销售模式一般分为两类：一类是封闭式购物俱乐部，另一类是群体在线礼品采购。

封闭式购物俱乐部

在线封闭式购物俱乐部类似于非在线购物俱乐部，它可以使成员享受很大的折扣，并且活动周期很短（仅仅几个小时或几天）。成员必须先注册才能看到特殊的商业信息。为了保证质量，许多俱乐部直接从制造商处获得商品。

比较典型的例子是美国的 Gilt 俱乐部（gilt. com）（Wieczner and Bellstrom，2010）和俄罗斯的 KupiVIP 俱乐部（kupivip. ru）。

封闭式购物俱乐部可以以不同形式开展（例如，参见 beststreet. com）。详情参阅第七章和 en. wikipedia. org/wiki/Private _shopping_club。

群体在线礼品采购

在许多种情况下，一群朋友可以合作来为某些事件选择礼物，例如一场婚礼。帮助协调小组活动并选择礼物的网站有 frumus. com 和 socialgift. com 等。

定位商务

定位商务（location-based e-commerce，l-commerce）是一种无线通信技术，利用这样的技术，商家在一个特定的时间向某一区域的客户发送广告信息，这里还涉及 GPS 定位技术。这种技术是移动商务的一部分（将在第六章中讨论）。这种商务模式是社交网络出现以后才盛行起来的。如今，许多企业（例如 Foursquare）都在开展定位商务服务。

在虚拟世界中购物

B2C 在虚拟的世界也依然可用，其目的是促进用户在虚拟的世界中影响其他的人或产品，以此来增加在现实世界中购买的可能性。

虚拟可视化购物

许多客户接受虚拟购物，因为他们买到了有趣的商品，之前他们从来没有买过没有亲眼见到的商品。

2007 年，Baseline. com 网站上有专家撰文指出，3D 立体环境的一个优势在于它比实体环境更真实。例如你想看一个沙发放在客厅内的效果，你需要做的事情就是在一个 3D 的客厅模型中放入你想象中的沙发的 3D 模型。这种体验可以扩展成实际应用，比如装修房子或改进结构等。

3. 2 节复习题

1. 列出 B2C 销售渠道模式。
2. 传统的邮购企业如何转变为网络零售企业？
3. 制造商如何使用直接营销商务模式？
4. 什么是虚拟网络零售？
5. 什么是虚实结合经营方式？它与纯网络零售模式有什么区别？
6. 介绍不同类型的网络卖场。
7. 介绍限时抢购。
8. 介绍 B2C 社交购物模式。
9. 介绍虚拟可视化购物模式。

3. 3　网络旅游和宾馆服务

许多企业都提供在线旅游服务。主要的旅游网站有 expedia. com，travelocity. com，tripadvisor. com，priceline. com 等。大型航空公司都在线销售航空机票。有的网站提供旅游度假服务（例如 blue-hawaii. com），有的销售火车票（例如 amtrak. com），有的提供汽车租赁服务（例如 au-toeurope. com），有的提供宾馆预订（例如 marriott. com），有的是商务平台（例如 cnn. com/TRAVEL），有的提供观光服务（例如 atlastravelweb. com）。出版旅游指南的出版社（例如 lonely-planet. com，fodors. com，tripadvisor. com）在公司网站上提供大量的旅游信息，还提供各种旅游服务。尽管竞争激烈，但是企业间也有诸多合作。例如，2012 年 TripAdvisor 帮助新奥尔良酒店吸引了更多客人。

 实际案例 1

TripAdvisor

根据 2013 年 11 月 comScore Media Matrix 的资料显示，TripAdvisor（tripadvisor. com）是全世界最大的旅游网站。该公司提供旅游过的人的建议。这是一个全球性的旅游网站，每个月都有超过 2.6 亿的访问量（2013 年 7 月谷歌的分析）。有关 TripAdvisor 的发展历史、特点以及更多案例，请浏览 tripadvisor. com/PressCenter-c4-Fact_Sheet. html。

 实际案例 2

去哪儿网 （Qunar. com）

去哪儿网（Qunar. com）是全世界范围内最大的中文旅游平台，它提供的信息与 TripAdvisor 类似，例如旅行信息、旅行安排和深入调查（请浏览 qunar. com/site/zh/Qunar. in. China_1. 2. shtml）。

在线旅游的特征

网络旅游服务企业的收益模式包括直接收益（佣金）、广告收益、潜在顾客开发酬金、咨询费、会员费或注册费、收益分享费等。

尽管由于很多欺诈行为导致网络旅游公司的收入下降，但由于旅游网站及各种服务网站发展迅速，在线旅游很受欢迎（请浏览 tnooz. com/article/travel-companies-highlight-revenueloss-as-biggest-concern-in-online-fraud）。客户们成为网络旅游欺诈的牺牲品（请浏览 telegraph. co. uk/travel/travelnews/9446395/Warning-over-online-holiday-fraud. html）。但是，网络旅游服务业的竞争还是很激烈的，利润率很低。此外，由于客户忠诚度和价格差异问题导致该行业难以生存。因此保证最佳的优惠率和培养客户的忠诚度是很有必要的。

网络旅游服务行业将会有 3 个重大的发展趋势。第一，网络旅游企业要用客户服务信息和相关的服务来提升自己的差异化优势，为客户提供价值。第二，旅游信息搜索功能（称为"旅游信息搜索机器人"）越来越强大。这是指提供搜索相关旅游网站的服务网站，它们可以帮助消费者搜索优惠价格，并且比较旅游产品的价值。第三，在线旅游企业越来越多地使用社交商务的模式，向潜在的旅游者提供信息，而且利用旅游网站研究潜在客户的消费行为（请参阅本节后面即将讨论的内容以及第七章）。

提供服务

网络旅游服务中介能够提供传统旅游中介的各种服务，例如提供一般的旅游信息，订票、购票，安排住宿和娱乐活动等。另外，网络旅游服务中介也提供传统中介没有的服务，例如旅游小常识、车票和机票信息（免费发送电子邮件，告知优惠价车票、机票信息）、专家意见、驾车地图（浏览 infohub. com 和 airbnb. com）、聊天室、公告板等。有些网站还提供一些创新服务，例如在线旅游竞拍活动等（请浏览 skyauction. com）。几乎所有服务都可以在电脑和无线设备上应用。（App 的列表参见 France（2013）。）

特殊在线服务

许多网络旅游服务企业提供低价旅游。消费者可以登录一些特殊的网站（专门提供备用票或起飞前剩余票的网站），购买低价票。有一家网站（lastminutetravel. com）提供超低价机票，以及折扣价住宿，这样就保证飞机或宾馆的上座率和客房率。这样的服务在 americanexpress. com 网站上也能得到，有些折扣还很诱人。旅游地度假折扣在其他网站也能获得，例如 priceline. com，greatrentals. com 等。flights. com 提供廉价机票和欧洲火车通票。在 cybercaptive. com 网站上，旅游者可以查到全球几千家便餐店的信息。类似的信息在许多门户网站上也能够查到，例如雅虎、MSN 等。搜索引擎网站（例如谷歌、Bing 等）也提供这样的服务。

 实际案例

HomeAway. com 公司

HomeAway（homeaway. com）是假期租赁行业的一家公司。这个在线市场共有来自 190 个国家的 890 套度假房屋出租（2014 年 4 月的数据）。基本理念是以一个可以承受的价格为旅行者提供度假用房屋。例如：你可以以住酒店一半的价格来租一整套度假房屋。房屋的所有者和旅行者通过网站进行联系。除了美国，该公司已经在其他几个国家建立了子公司，例如英国、法国和西班牙，既有短期租赁也有长期租赁。该公司同样经营着另外一个网站 bedandbreakfast. com。该公司有非常可观的利润，其股票价格正在迅速增长（2014 年）。详情请浏览 homeaway. com。

有的网站还向旅游者提供医疗服务信息。这类信息可以在世界卫生组织网站（who. int）、各级政府网站（例如 cdc. gov/travel）、非政府机构网站（例如 medicalert. org、webmd. com 等）查询到。

其他的特殊服务包括：

● **无线服务**。许多航空公司〔例如国泰航空（Cathay Pacific）、达美航空（Delta）、澳洲航空公司（Qantas）等〕允许客户在飞行期间利用移动设备上网。通常情况下是收费的

● **先进的登机手续办理**。许多航空公司开通了先进的登机手续办理方法。在登机前 24 小时，办理登机卡。乘客可以使用智能手机将登机信息下载到自己的手机里，登机前将手机中的信息及身份证信息出示给安检员。安检员利用手中的电子读卡器读取信息后放行。

● **直接营销**。航空公司在网络上销售电子机票。乘客在线购买（或用电话订购）了电子机票

以后，只需自行打印登机牌，或是到机场的电子打印亭用信用卡换取登机牌即可。

● **经营联盟**。航空公司与旅行社结成经营联盟开展促销活动（例如 staralliance.com），降低运营成本。例如，有些参与联盟的企业只允许在线购买的机票享受连乘优惠。

使用移动设备

使用移动设备的人数正在逐渐增加，有上百种应用程序与价格比较、预定、查看旅游评论并选择最佳旅游套餐有关［对于旅游者移动设备的使用参见 Knight（2012），50 个极好的旅行 App 请浏览 travel. cnn. com/explorations/shop/50-ultimate-travel-apps-so-far-353352］。

社交旅行网络

旅游者利用各种社交网站（例如脸谱、YouTube、推特、GogobotFlickr、Foursquare、Trip-Advisor 等）来规划自己的行程并且分享旅游经验。例如，基本上所有的主要航空公司都在脸谱上有自己的网站，可以在网站上提供航班信息和新闻，旅游者也可以在网站上互动并分享旅游经验（请浏览 facebook. com/AmericanAirlines）。

不少社交网络有专门的旅游版块用来满足旅游者的需求。例如 wikitravel. org 和 world66. com 网站，它们的作用相当于旅游行业的渠道。wikitravel. org 网站创立的初衷就是方便游客分享信息。该网站使用维客技术，方便所有的网络用户都能在网络上写文章、编辑、刷新、添加图片等（请浏览 tripadvisor. com）。旅游者可以浏览的网站还有 TripWolf、TripHub（一个专注于组团旅游的博客）、TripAdvisor、VirtualTourist、BootsnAll、LonelyPlant 等（O'Neill，2011）。应用案例 3.1 介绍的就是旅游者如何利用社交网络新技术。

关于 HVS 社交商务化的宾馆的销售和服务市场的幻灯片展示请浏览 slideshare. net/Visit-Kissimmee/examples-of-how-hotels-are-using-social-media-a-guide-for-getting-started-4606358。

 应用案例 3.1

WAYN：时尚与旅游社交网络

WAYN 网站（wayn. com，WAYN 是 "Where are you now" 4 个单词的首字母，意思是 "你现在身在何处"）是一家社交网站，其创建的宗旨是把全球各地的旅游者联系在一起。WAYN 是一家英国公司，在 2005 年到 2014 年之间从 45 000 个会员发展到 2 240 万个会员，其中大约有 200 万个会员来自英国。WAYN 在大多数发达国家很受欢迎。

与其他社交服务网站相似，WAYN 也让用户创建自己的个性化主页，可以上传、储存照片。用户可以搜索与自己兴趣相投的网友，添加到自己的好友圈中。网站上有论坛，可以发送、接受即时信息。由于网站的宗旨是连接各地的驴友，所以用户可以按照旅游地进行搜索。利用一张世界地图，用户可以直观地了解自己的圈子在哪里。用户还可以与朋友分享体验、窍门、经验等。网站提供的服务是让用户了解自己的朋友身居何方，寻找自己的朋友。

此外，用户可以向全球各地的朋友发送短消息，利用 WAYN 网站上的瞬时通信功能与网友聊天，将自己的情况告知朋友。在 WAYN 网站上用户可以创建讨论组，向朋友征询意见，还可以发送笑脸。此外，网站上的化身是动态的，可以主动与社区里的朋友会面。

截至 2014 年 4 月，WAYN 已在 193 个国家运营，成为全球炙手可热的品牌。WAYN 网站可以从脸谱、推特以及博客主的网站上链接。该公司能够生存的原因是，销售旅游贸易，并且为服务提供者进行广告宣传（请浏览 wayn.com/advertising）。通过一些下载的移动应用程序可以访问 WAYN（请浏览 wayn.com/mobileapps）。该网站还为用户提供私下沟通的便利。关于综合的描述，请浏览 tnooz.com/article/wayn-social-travel-revenue-gains（2014 年 2 月数据）。关于对 WAYN 公司 CEO 的采访，请浏览 travelblather.com/2013/01/the-future-for-social-travel-websites-an-interview-with-wayn-ceo-pete-ward.html。

思考题：

1. 请浏览 wayn.com 网站。网站上的哪些功能最具有吸引力？

2. 登录 wayn.com 网站，列出网站上的广告。假设你是一位旅游者，指出有助于你出游的三则广告。

3. 关注网站上支持移动设备的各项功能。

4. wayn.com 网站收取注册费，但是依然经营得很成功。原因是什么？

在线旅游服务的利弊分析

在线旅游服务带给旅行者的利益是十分明显的。网络上的信息是免费的，而且不受时空的限制。利用网络订票可以享受到大幅度的折扣，当然用户要有足够的时间和耐心。此外，网络直接营销的模式为供应商节省了佣金和运营费的支出。关于使用社交旅游的局限和风险的忠告，参见 Barish（2010）。

在线旅游服务也有它不尽如人意的一面。若行程复杂，特别是要在中途停留的旅行，利用网络不如求助于人工服务，因为这往往需要专业知识来安排行程。因此，旅游中介还是不可或缺的，至少在目前是这样。

在线旅游的竞争环境

在线旅游的竞争非常激烈。除了那些知名网站，例如，Expedia（expedia.com）、Priceline（priceline.com）、Hotels.com（hotels.com）之外，还有成千上万的在线旅游网站。许多服务提供者都有自己的网站来宣传旅游和提供导游服务。在这样的激烈竞争下，一个在线旅游交易很可能失败（例如 2012 年 9 月 Travel-Ticker 宣布破产）。

商务旅行

商务旅行的市场很大，近年来，在线商务旅行服务发展得很快。前面提到的各种网络旅游服务同样可以用于企业。但是，许多企业都从大的旅行社获得额外的服务。为了降低出行成本，一些企业允许员工自行安排出行计划，自己购票。企业还可以利用旅游公司提供的在线优化工具［例如美国运通公司（American Express）网站提供的工具，请浏览 amexglobal businesstravel.com］进一步降低旅行费用。Expedia 通过 Egencia TripNavigator（egencia.com）、Travelocity（travelocity.com）、Orbitz（orbitz for business.com）向企业客户提供各种软件，帮助它们规划出差日程，并完成订票工作。TripAdvisor（tripadvisor.com/Owners）提供旅游信息和酒店服务业务。TripAdvisor 公司的 Trip-Connect 提供一种方法来帮助旅游者完成预定，并且将旅游者直接带到在线预定界面（请浏览 tri-padvisor.com/TripConnect）。

美国运通商务旅行公司帮助 URS 公司躲避飓风灾难

为了解决卡特里娜飓风带来的问题，URS 公司（大型工程和建筑设计公司）意识到它们需要一个自动化系统来识别需要帮助的旅客，以开展及时的救援。因此，该公司启用了美国运通商务旅行公司开发的 TrackPoint 跟踪系统（trackpoint.americanexpress.com）。利用该系统，公司可以及时地发现受到飓风影响的出差员工，判断他们所在的位置，以及查询他们的旅行计划（请浏览 businesstravel.americanexpress.com/se/files/2011/11/CS_URSCorp-US.pdf）。详情参见美国运通商务旅行公司（2011）。

进一步的讨论，参见旅行行业管理者协会（acte.org）。

3.3 节复习题

1. 哪些在线旅游服务是传统的旅游企业无法提供的？
2. 旅行者及旅游服务提供商从在线旅游服务中得到了哪些利益？
3. 社交网络对旅游业有哪些促进作用？
4. 企业在线旅游服务有哪些特征？
5. 描述在线旅游服务的竞争环境。

3.4 网络就业市场

网络就业市场把寻找工作的个人与招募有专门技术的员工的企业联系在一起。网络就业市场越来越普及，除了在一些专门网站（例如 careerbuilder.com）上刊登广告以外，许多大公司都在公司网站上开辟专门的招聘版块，这样既可以降低招聘成本，又可以及时地填补岗位空缺。表 3.3 列出了网络就业市场所具有的优势。

表 3.3　　　　　　　　　　　网络就业市场与传统就业市场的比较

要素	传统就业市场	网络就业市场
成本	高，尤其是在黄金时段或位置	很低
持续时间	短	长
地点	一般是本地的，有限范围的	可以在全球范围
内容刷新	程序复杂，成本高	较快，简单，价格较低
登载空间	有限	大
搜索难易程度	较难，尤其是外地申请者	很快，很容易
雇主寻找申请者的难度	可能很难，尤其是对外地申请者	容易
供求关系的适配性	难	容易
可靠性	低，邮寄过程中材料会丢失	高
劳资双方沟通的速度	慢	快
员工比较岗位的能力	有限	方便，快捷

网络就业市场

互联网为寻找工作的人以及招募高技能员工的企业都提供了一个理想的环境。《财富》500 强企业中几乎所有公司都利用互联网开展招聘工作。网络资源已经成为许多公司填补空缺岗位最好的方法。2000 年以来，在线招聘收入已经远远超越了广告收入。成千上万的招聘网站活跃在美国。许多网站是免费的。例如，请浏览 jobsearch. money. cnn. com。美国招聘市场被几个大的网站控制，尤其是在 2010 年 8 月 Monster 收购了雅虎 HotJobs 和 CareerBuilder 之后更是如此。然而，社交网站如 Craigslist、领英、推特、脸谱也即将成为重要的招聘网站（请浏览 askingsmarter-questions. com/how-to-recruit-online-finding-talent-with-facebook-twitter-study）。

使用手机 App 搜索和申请职位正在成为一种趋势。

社交网络上的就业市场

McCafferty（2012）提供的数据显示，58％的招聘者认为使用社交网络招聘将是以后的趋势。尤其是已经有 86％的人开始利用社交关系，其中 51％的人使用脸谱，27％的人使用谷歌。脸谱有许多特性可以帮助求职者找到合适的工作，帮助雇主招聘到人才。其中的一个特性是依靠 Jobcast（jobcast. net）来实现的，这是一个应用软件，企业可以通过 App 将招聘信息放到脸谱上。该 App 有不同的招聘计划种类（有免费的，也有收费的）。该 App 主要帮助求职者和招聘者相互之间进行联系，也有一些关于工作的有趣文章（请浏览 facebook. com/jobcastnet）。另外一个联系渠道是通过脸谱旗下的名为 FindEmployment 的公司（facebook. com/findemployment），它可以给求职者提供一些技巧和建议。linkedin. com/job 提供类似的服务。Craigslist 每个月发布超过 100 万个新职位。关于在推特上找工作的例子，参见 Dickler（2009）。领英网站上的搜索引擎帮助招聘企业很快寻找到合适的求职者。关于更多社交网络招聘活动，参见第八章和 Masud（2012）。

此外，社交网络帮助企业找到适合岗位的人员（例如 jobster. com）。这些网站为求职者提供推荐自己并展示才华的机会，以便被雇主"发现"。推荐过程如图 3.2 所示。网站的运行机制方便了猎头人员按照工作性质对应聘者进行分类。一旦介绍成功，推荐网站会从求职者那里收取一笔推荐费。近来，利用推特来辅助找工作越来越普遍。Bortz（2014）提供了一种策略来帮助求职者利用推特访问招聘信息和提高自身关注度。更多关于利用推特在线招聘的内容，请浏览 ask-ingsmarterquestions. com/how-to-recruit-online-finding-talent-with-facebook-twitter-study。 Twit-JobSearch（twitjobsearch. com）是一个允许雇主在推特上发布招聘广告的搜索引擎，发布的信息包括岗位、工作内容和招聘者的职务。根据领英的要求，TwitJobSearch 发布工作的索引信息并进行过滤。因此，向求职者提供工具来帮助求职者在诸多噪音中寻找有意义的工作机会是有必要的（请浏览 linkedin. com/company/1913098/twitjobsearch-com-260783/product）。注册 TwitJob-Search，打开网址 twitter. com/TwitJobSearch。

下面是应用于社交网络的一些例子：

- 搜索发布的职位；
- 在你的领域跟踪人才；
- 向专家学习；
- 与人进行接触和沟通并且寻求帮助；
- 建立联系；
- 值得注意的是，最近，很多公司开始利用游戏化（第八章）帮助公司进行人员招聘（Meis-ter，2012）。

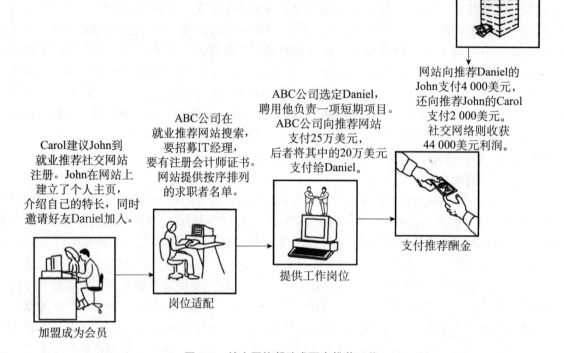

Carol建议John到就业推荐社交网站注册。John在网站上建立了个人主页，介绍自己的特长，同时邀请好友Daniel加入。

ABC公司在就业推荐网站搜索，要招募IT经理，要有注册会计师证书。网站提供按序排列的求职者名单。

ABC公司选定Daniel，聘用他负责一项短期项目。ABC公司向推荐网站支付25万美元，后者将其中的20万美元支付给Daniel。

网站向推荐Daniel的John支付4 000美元，还向推荐John的Carol支付2 000美元。社交网络则收获44 000美元利润。

加盟成为会员　　岗位适配　　提供工作岗位　　支付推荐酬金

图3.2　社交网络帮助求职者推荐工作

全球就业市场的网络平台

想去国外就业的人，可以从互联网上求得帮助。xing.com网站是面向不同国家求职人员和招聘企业的全球门户网站。网络就业市场方便了员工投奔更好的就业岗位，这就使用人企业产生较高的转换成本。但是，在网络上寻找合适的求职者并不像人们想象的那样容易。这主要是求职者的简历实在是浩如烟海。因此，一些大企业开始使用新的网络招聘工具，例如通过视频进行远程面试。

虚拟就业市场

虚拟就业市场以及利用网络社区开展招聘工作能够帮助企业快速地寻找到合适的求职者，同时能降低招聘成本。这些招聘可以在虚拟3D世界、社交网络以及企业自主开发的网站上进行，类似于商品交易会（第四章）。这些都可以在虚拟世界、社交网络、雇主的网站和特殊的卖方网站上进行（请浏览 expos2.com，brazencareerist.com）。

 实际案例

根据 Weinstein（2009），毕马威（KPMG）是一家在150个国家开展经营活动的跨国企业。该公司认为，利用虚拟就业市场可以有效地在全球范围招募员工。在每个国家"设摊"，求职者就能关注某些特殊的岗位，或者到虚拟市场里"随便走走"，了解全球各地虚位以待的岗位，挑选合适的去应聘。访问者可以在线发送简历。详情参见 Weinstein（2009），浏览 big4.com/news/kpmg-48-hour-virtual-world-jobs-fair-to-directly-connect-with-job-seekers 和 brazenconnect.com/event/kpmg_may_2014。

组成和托管。虚拟招聘会已经变得很盛行。据 Commuiqué Conferencing 公司网站（virttual-jobfairhosting.com）的归纳，虚拟招聘会具有如下特征：

- 大厅：游客进入大厅，可以看到视频问候，然后游客可以进入观众席和展厅；
- 展位：这可以为每个参展商进行不同的个性化设置；
- 休息室或通信中心：包含专业功能的论坛和群聊；
- 资源中心：包含演示、网络广播和文档。

通用招聘会的托管公司也为某些大公司［例如时代华纳（Time Warner）、耐克、福特等公司］召开专场招聘会。

另外一个主持虚拟沟通和招聘会的公司是 ON24（on24. com）。关于 IBM 是如何通过 ON24 选择合适的员工来满足在北美的运营的，请学习 on24. com/case-studies/ibm-job-fair 上的在线案例分析。

请浏览 youtube. com/watch? v＝ZY5-NV5ExJ4，观看题为 "Virtual Job Fair Tutorial-Job Seeker"（《针对求职者的虚拟招聘会》）的视频（时长 6 分 2 秒）。

网络就业市场的利弊分析

网络就业市场对求职者和招聘企业都是十分有利的（见表 3.4）。但是，它也有一些不足之处（请浏览 onlinemba. com/blog/how-to-attend-and-get-the-most-out-of-a-virtual-job-fair 和 smallbusiness. chron. com/advantages-virtual-recruitment-16632. html）。

表 3.4	网络就业市场的优势
给求职者带来的利益	给招聘企业带来的利益
可以了解全球就业市场的信息	可以向大量的求职者发送照片广告
可以及时与招聘企业沟通	可以节省广告费用
可以直接向用人企业展示自己的特长（例如 quintcareers. com 网站）	可以用电子申请表降低表格处理成本
可以在网络上广泛地投放简历（例如 careerbuilder. com，brass-ring. com 网站）	可以向求职者提供平等的就业机遇
	可以招募到高技能的员工
可以随时浏览各地的招聘岗位	可以细致地描述岗位要求
可以免费获得各种职业规划的服务（例如 careerbuilder. com，monster. com 网站）	可以利用远程视频系统开展在线面试
	可以进行在线测试
可以评估自己的市场价值（例如在 salary. com，rileyguide. com 网站上了解薪酬水平）	可以根据薪酬调查结果来制定自己的招聘政策
可以学习如何应对面试（例如 greatvoice. com 网站）	
可以浏览专门讨论求职问题的社交网站	

资料来源：Dixon（2000），Wanarsup and Pattamavorakun（2008），Williams（2000）以及作者的经验。

网络就业市场也有一定的局限性，最大的缺陷是有人不能或不会使用互联网，虽然这个问题正在不断缓解。一个解决方案是建立网络服务台，有些企业（例如家得宝、梅西等）在店内设置了联网设备，许多图书馆和公共场所也提供计算机供人上网。用手机找工作的 App 越来越受欢迎，例如 iPQ Career Planner 和 Pocket Resume。

安全问题和隐私保护问题也存在局限性。人们投递的简历，还有在线沟通的内容往往并不加密，难以保证对数据的保护，这就出现了安全和保密的问题。有些雇主或许会有意无意地发现自己的员工正在寻找新的工作。领英公司是注意隐私保护的。该网站允许求职者对自己的简历设定限制，规定哪些人可以在线浏览自己的简历。

有关找工作时如何保护自己的隐私的问题，请浏览 guides. wsj. com/careers/how-to-start-a-job-search/how-to-protect-your-privacy-when-job-hunting。

3.4 节复习题

1. 网络就业市场的驱动力是什么？
2. 网络就业市场给求职者和招聘企业带来哪些利益？
3. 求职者和招聘企业为什么喜欢使用领英网站？电子商务给求职者提供的工具有哪些？
4. 招聘企业向求职者提供哪些工具？
5. 网络就业市场有哪些缺陷？

3.5　在线房地产市场、保险市场及股票交易市场

网络基础设施的发展为企业提供了更多的营销渠道、新的业务模式以及提供了新的功能。企业可以通过新的方式提供产品和服务。以下探讨的就是这些服务。

网络房地产市场

在线房地产信息搜索和交易的变化显著影响业务进行的方式。

关于变化的一些想法请浏览 realtor. org/research-and-statistics。关于网络和非网络的房地产市场请浏览 realtor. org/research-and-statistics/research-reports。例如，2012 年有 74% 的房地产经纪人使用社交媒体工具，美国房地产行业协会（NAR）的研究显示，36% 以上的买房者在网络上搜索房产信息，并且所有接近购买房屋的人中有 86% 在网上查询过（美国房地产行业协会，2010）。

电子商务以及互联网对房地产行业正产生持续不断的影响，但这种影响是缓慢的。例如，尽管行业内在发生着变化，但是中介的地位并没有根本性的动摇。买房者如今既利用网络，又离不开中介。网络虽然在改变房地产交易市场，但是这种改变很复杂，中介依然有地位。不过，中介收取的佣金在下降。

Zillow、Craigslist 及其他各种 Web 2.0 房地产交易服务

Craigslist 分类网站（craigslist. org）和 Zillow（zillow. com）提供免费的房地产服务，既减少在报纸上进行分类广告，也允许购房者自己去搜索信息，进行价格和区域的对比。

Zillow 公司的网站上有"乔迁"（Make Me Move）（zillow. com/make-me-move）服务（免费提供），允许使用者了解将要出售的房屋的价格，而不需要到实际市场上了解（请浏览 zillow. com/wikipages/What-is-Make-Me-Move）。当房屋拥有者看到与自己类似的房屋价格后他们便知道了自己房屋的价值。买房者可以通过匿名邮件来联系卖方。该公司也提供一些免费的广告服务（例如房屋照片等）。用户可以加入博客或维客，发起讨论并参加其他的社交活动。Zillow 公司也提供房贷计算器和当前利率。Zillow 也从广告商处获得利润并于 2012 年上市。Zillow 有几个

竞争对手（例如 ziprealty. com 和 listingbook. com）。Zillow 在超过 12 个网站上提供它的品牌商标（例如 zillow. com/homes/for_rent 和 agentfolio. com），它还向在其公司主页上进行卖房广告宣传的商家收取费用，如 zillow. com/agent-advertising 和 vator. tv/news/2013-12-27-how-does-zillow-make-money。欲了解更多信息，请浏览 zillow. com/corp/About. htm。

Craigslist 公司网站已经成为房地产（买卖、租赁）的主力军，除了在一些大城市是免费的之外，经销商需要支付卖房广告费用。关于网络房地产的更多应用和服务请参阅美国房地产协会（realtor. com），CRE 网络公司（real-estate-online. com）以及 Auction. com（auction. com）。

网络保险交易

越来越多的保险公司在互联网上提供标准化的保单，例如汽车、家庭、生命、健康等方面的保险。所给的折扣很大，主要针对消费者个人。此外，第三方保险门户网站提供免费的保费比较。有几家大型保险公司和风险管理公司（例如 allstate. com，ensurance. com，statefarm. com/insurance，progressive. com/insurance-choices，geico. com 等）在线提供各类保单的销售服务。尽管有人不相信虚拟保险经纪人，但还是有许多人被大幅度的保费折扣所吸引。insurance. com 网站对各种保险进行了比较。例如，登录 answerfinancial. com 网站，个人消费者和企业都能够对车险费率进行比较，然后在线下单。在 globaltravelinsurance. com 网站上，客户可以购买旅游保险。还有一家受欢迎的保险网站是 insweb. com。许多保险公司是双管齐下，既开展网上销售，又使用保险经纪人（例如邮件广告和谷歌搜索）。经纪人主动向众多的消费者发送电子邮件，这一点与房产经纪人相似。由于行业竞争激烈，所以付给经纪人的佣金会降低。

 实际案例

在保险行业内，有 70%～80% 的潜在客户在互联网上收集信息，因此保险公司正在试图利用这种趋势。例如，尝试向在线客户介绍并且了解他们的需求，他们可以匹配相应的网络广告，并且提供相应的产品来满足这些需求（eMarketer，2011）。

在网络上购买保险可能会涉及一些问题，例如，调查相关的法律和在电子文档上签名等。

对于社交网络如何推动保险市场和广告策略的发展的有关事例以及进一步的讨论，参见 Chordas（2010）。

网络股票交易和投资

网络股票交易的佣金每笔是 1～15 美元（廉价的经纪人）和 15～30 美元（中间价格的经纪人），全面服务的经纪人平均每笔佣金 100～200 美元（请浏览 investopedia. com/university/broker/broker1. asp）。利用网络进行股票交易，不会发生电话占线，差错也会减少，因为它不需要在嘈杂的环境中用语言进行沟通。人们可以在任何时间、任何地点进行交易。而且委托人不会受经纪人思想的左右。此外，投资人可以免费搜索某一家公司或基金的海量信息。有许多服务网站还提供公司报表、纳税记录、行业分析、即时信息，甚至还提供如何交易的指导（请浏览 etrade. com 或 google. com/finance）。

几家股票折扣经纪公司，尤其是 Charles Schwab（1995 年）发起了大量在线股票交易。全面服务经纪公司（例如美林）在 1998—1999 年也开始效仿。截至 2011 年，美国 96% 的股票交易通过网络进行（Krantz，2012）。

　　网络股票交易是如何进行的？假设有一位投资者在 Charles Schwab 证券交易所开立了一个账户。这位投资者可以先登录公司网站（schwab.com），输入账户号码和密码，点击"股票交易"。点开菜单后，投资人可以输入具体的交易指令（例如买进、卖出、利润或本金、价格限制、市价订单，等等）。计算机告诉投资者实时买入价和卖出价，这与通过经纪人开展的电话交易相似。投资者可以选择接受或拒绝。图 3.3 显示的就是网络股票交易流程。

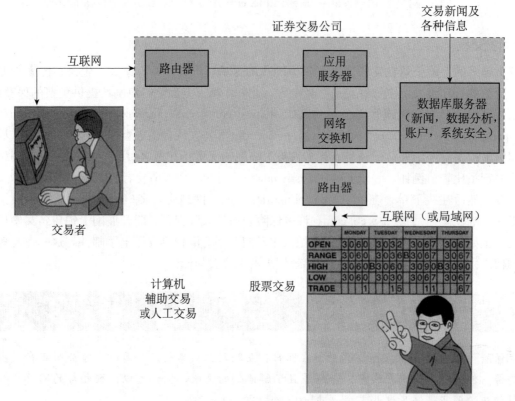

图 3.3　网络股票交易流程

　　有些网络企业（例如 Schwab 公司）也成为注册的证券公司。这使得它们可以同时处理众多客户的买进、卖出指令，所花时间仅 1～2 秒。比较著名的网络股票交易公司有 E∗TRADE、Ameritrade、Scottrade、ShareBuilder 等。

　　E∗TRADE 公司（us. etrade. com）正在向许多国家扩张，开展全球股票交易。2009 年，E∗TRADE 公司的客户可以在 7 个国家开展在线股票交易，并使用多种货币支付。

　　伴随着移动计算的迅速发展，移动股票交易变得越来越流行（请参阅 E∗TRADE 公司提供的移动交易服务）。例如，用户可以进行账单支付和股票交易（请参阅第十一章）。

　　由于 2010 年 5 月纽约证券交易所的瞬间崩溃，美国证券交易委员会（SEC）正在制定在线交易的新规。详细信息请参阅美国联邦贸易委员会和美国证券交易委员会在 2010 年 5 月 6 日关于市场活动的报告（请浏览 sec. gov/news/studies/2010/marketevents-report. pdf，businessinsider. com/the-flash-crash-report-is-outheres-what-you-need-to-know-2010-10，en. wikipedia. org/wiki/2010_Flash_Crash）。关于 SEC 规定的更多细节请参见 counselworksllc. com，sec. gov。

在线投资

　　除了在线股票市场之外，还有很多其他的在线投资机会。

对华投资

Feng（2013）研究了对华投资机会，被他称为"网络金融"。他提出了"余额宝"的案例，阿里巴巴提倡的这一网络金融服务在中国获得了巨大的成功。

网络股票交易和其他网络金融的风险

网络交易的主要风险是安全问题。尽管所有的交易网站都要求用户使用 ID 和密码，但是问题依然发生。这种性质的问题（例如，安全漏洞）在网络银行业务中也存在，我们将在下一节中讨论。

3.5 节复习题

1. 列举网络房地产的主要应用。
2. 在线销售保单的优势表现在哪里？
3. 网络股票交易的优势表现在哪里？

3.6 网络银行和个人理财

电子银行（electronic banking, online banking, e-banking）也称为"网络银行"或"虚拟银行"，指的是利用互联网办理各种银行业务。客户可以利用网银查询账户信息、在线支付账单、担保贷款、转账以及办理更多其他业务。61％的美国成年网民使用网络银行支付订单（RenWeb，2011）。请浏览 thefinanser. co. uk/fsclub/2013/08/61-of-us-internet-users-bankonline. html。关于皮尤研究中心在 2013 年针对网络银行的一项研究结果，请浏览 pewinternet. org/files/old-media/Files/Reports/2013/PIP_OnlineBanking. pdf。多个网站提供帮助个人理财和预算的工具，例如 mint. com，geezeo. com，kiplinger. com。总之，网络金融正在迅速发展，其中一个领域是电子银行。

电子银行

电子银行为用户节省了时间和金钱。由于银行实施了提供快速和廉价服务的策略，所以能够获得更多的非本地客户。此外，银行需要开设的支行和员工的数量都会大幅度减少。一些实体银行也推出网络银行业务，还有一些使用电子商务作为主要的竞争策略。详情请浏览 en. wikipedia. org/wiki/Online_banking。

目前，网络银行在全世界范围内都被接受，包括在发展中国家。例如，中国的网络银行业务发展迅速，特别是发达城市中受到良好教育的中等收入阶层普遍接受这样的业务模式。手机和移动设备的应用促进了网络银行的发展（请浏览 hsbc. com. cn/1/2/personal-banking/e-banking/personalinternet-banking，以及中国银行 boc. cn/en）。

网络银行的功能

网络银行业务可以分成几大类：信息类、管理类、交易类、平台类以及其他。一般说来，银行规模越大，提供的网络业务越多。

在第一章中列出了网络银行带来的好处。网络银行不仅对银行有益（扩大了储蓄并且节省了运营和管理成本），而且对客户有益（方便并且费用更低）。

虚拟银行

虚拟银行（virtual bank）没有实体形式，只进行在线交易。安全第一网络银行（Security First Network Bank，简写 SFNB）是第一个开展网络银行交易业务的虚拟银行。但是，银行业不断地并购、重组，所以安全第一网络银行被收购，现在是 RBC 银行（rbcbank.com）的一部分。美国具有代表性的虚拟银行是 First Internet Bank（firstib.com）网络银行和 Bank of Internet USA（bankofinternet.com）。网络银行列表请浏览 mybanktracker.com/best-online-banks。很多国家都有虚拟银行这种形式，例如 bankdirect.co.nz。在一些国家，虚拟银行业也开展股票交易业务，一些证券公司也开展网络银行业务（请浏览 us.etrade.com/banking）。然而，由于缺乏资金支持，2003 年，几百家虚拟银行中有 97% 以上都倒闭了。2007—2010 年，又倒闭了一批虚拟银行。最成功的银行是虚实结合型的银行（例如富国银行、花旗银行和汇丰银行）。

虚拟银行可以使用新的业务模式，其中一个模式就是 P2P 贷款。

P2P 贷款

使用网上银行的个人贷款被称为在线个人贷款，或者简称为 P2P 贷款。这种模式允许人们使用网络借出或借入金钱（请浏览 banking.about.com/od/peertopeerlending/a/peertopeerlend.htm）。

 实际案例

网上银行是一个创新的点对点的（P2P）借贷业务。英国的 Zopa 公司（zopa.com）和美国的 Prosper 公司（prosper.com）均能够提供 P2P 业务的例子（请浏览 en.wikipedia.org/wiki/Zopa，en.wikipedia.org/wiki/Prosper_Marketplace）。即使是在 2008—2012 年全球信贷危机期间，没有政府的支持和保证，Zopa 和 Prosper 的业务也依然保持稳定的增长。例如在 2014 年 4 月，Zopa 公司的 50 000 名员工向英国的客户提供了至少 5.28 亿英镑的信贷资金，这些贷款主要用于购买汽车、还信用卡和维修房屋（Zopa Press Office，2011）。这些 P2P 贷款的违约率非常低（Zopa 在 2010 年的违约率是 0.19%）。因为他们的大多数借款都借给信用度良好的人们（请浏览 prosper.com/about）。

需要格外注意的是，在将要向银行借贷之前请确认银行是合法运作的银行，尤其是在高利率时。有些诈骗案例已经发生过。有关讨论，参见 Nguyen（201）。

国际银行业

国际贸易中需要使用国际银行业务。虽然有些跨国零售业务可以使用信用卡，但是也有些业务需要国际银行业务的支持。跨国银行业务包括如下几个方面：

● 美国银行（bankofamerica.com）以及多家大银行都开展国际投资、现金管理、贸易服务、外汇兑换、风险投资管理、招商服务、国际贸易服务等业务。

● FX Alliance（fxall.com）公司提供多币种汇兑服务，业务办理迅速，收费较低。该公司还提供股市交易的特殊服务，因为有些客户需要在购买外国股票的时候支付外币（例如 Charles Schwab，Fidelity Finance，E * TRADE 等）。

网络金融业务实施问题

正如人们所预料的，网络银行业务与网络股票交易业务是互相关联的。在许多情况下，是由一家金融机构来实施这两项业务。以下阐述的是在线金融业务的一些实施问题。

金融业务的安全

不管是网络银行业务还是网络证券交易业务，安全总是第一位的。我们将在第十章讨论电子商务支付系统的安全问题。在应用案例 3.2 中，我们将介绍银行如何保障客户的安全和隐私。也可以浏览各大银行网站上的安全中心去了解具体措施（请浏览 chase. com/resources/privacy-security）。

应用案例 3.2

网络银行业务的安全问题

银行为客户提供各种安全保障措施。以下介绍的是一些银行提供的安全措施。

客户从外部访问银行网站必须通过 SSL 安全密码和数字证书确认（见第十、十一章）。每次用户登录都要经过这种确认程序，目的是保证他们访问的网站确实是该银行网站。密码和数字证书经过检查后，信息经过外部防火墙进入银行网站。当出现登录界面时，用户必须输入账号和密码。用户信息流通过银行的网络服务器和内部防火墙进入银行应用服务器。图 3.4 阐述了这一过程。

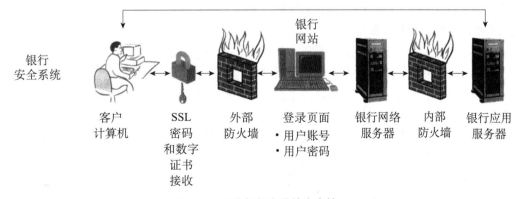

图 3.4 网络银行交易的安全性

出于合法经营的目的，银行的信息只在银行和合作伙伴之间共享。

银行内各部门可以共享信息，但是仅支持业务处理。外部企业若要共享信息，则需要格外谨慎。客户使用规划工具设定密码和其他应对情景方案时，银行并不能捕捉到这样的信息。这是为了保护客户的隐私。许多银行使用网络跟踪器了解客户的在线活动，但是如何收集、使用这样的信息，客户有控制权。此外，大多数银行还会就安全问题向客户提出建议（例如"在浏览器中使用 128 位加密"）。

由于移动设备的使用量增加，安全问题变得更加严峻。银行都在设法创新自己的解决方案。例如，2009 年 1 月，美国银行推出了"动态密码"措施，由银行提供一次性的 6 位数密码，保障网上交易的进行。动态密码通过短信发送到客户的移动设备里（请浏览 bankofamerica. com/priva-cy/online-mobilebanking-privacy/safepass. go）。其他财政机构也提供类似的方案。

资料来源：基于作者的咨询经验以及网络银行网站的各种安全声明，包括 co-operativebank. co. uk/internetbanking 和 anz. com/auxiliary/help/help/website-security. privacy（2014 年 5 月数据）。关于网络银行使用安全方面的更多信息，请浏览 fdic. gov/bank/individual/online/safe. html。

思考题：

1. 为什么安全对网上银行如此重要？

2. 为什么要设置两道防火墙？

3. 银行的安全系统保护了谁？客户、银行，还是二者都保护了？解释一下。

4. 文中所述安全系统的局限性是什么？

银行可以通过增加访问时的验证步骤来提高其安全性。

 实际案例

许多银行都拥有多级安全系统，例如 Central Pacific 银行（centralpacificbank. com）要求用户使用 ID 登录，然后回答用户之前设定好的安全问题。然后你将看到一个你预先选择好的图案，如果你不能识别该图案或预先设定的短语就无法登录。只有所有答案都是正确的，你才可以使用密码登录你的账号。

快照系统

许多金融机构（例如美国银行、富国银行、花旗银行等）允许客户查看各种单证（例如支票、发票、在线往来信函等）的快照。搜索引擎可以简化快照查询的流程。

在线服务与离线服务的费用

有些银行免费提供网络银行业务服务。有的则按月收取 5～10 美元服务费，如果账户内只剩下最低余额，账户将不能使用。有的则是按每单业务（例如一笔账单，一笔转账业务）收费。为了鼓励用户使用网上银行，许多银行提高了对非在线业务的收费标准。

风险

网络银行和虚实结合银行一样都会面临风险，特别是国际银行。黑客入侵账户是网络银行的第一风险。此外，人们担心虚拟银行的支付风险（指没有足够的资金支付到期债务），并且容易引起挤兑。银行监管机构应该对网络银行加强监管。

Nguyen（2010）提供的资料显示，2009 年英国的网络银行坏账超过了 1 亿美元，比 2008 年增加了 15％。

在线出账和账单支付

电子支付的使用率正在快速增长。美国联邦储备系统处理的支票业务越来越少，而商务自动清算业务（ACH）则越来越多。许多人都愿意通过网络完成支付活动，例如住房贷款、汽车贷款、电话费、公用事业费、房租、信用卡还款、有线电视，等等。收款一方也愿意接受在线支付这种形式，因为它比较快，比较规范，处理成本也比较低。

另一种在线账单支付形式是电子出账或电子账单处理及支付系统。消费者可以到收款方的网站上用信用卡支付，或者授权收款方直接到消费者的银行账户上扣款。收款方在自己的网站上告知客户账单信息，或者通过电子邮件、托管服务网站通知客户。客户看到账单信息后，向网站发出支付指令，可以通过自动授权中心或电子支票等完成支付。请参阅第十一章内容，并浏览 searchcio. techtarget. com/definition/EBPP 和 investopedia. com/terms/e/electronic-billpayment-presentment. asp。

这一节主要介绍 B2C 业务，它为消费者节省了时间，还为收款人减少了处理费用。其实，B2B 业务中也可以大量使用在线支付的形式，它可以为企业节省 50% 的账单处理成本并加速支付周期。

税收

个人理财的一个重要方面是纳税计算和申报。可以帮助消费者计算、缴纳联邦税的网站有几十个。许多网站还指导消费者如何合法避税。下面是对几个此类网站的介绍：

- irs. gov：美国联邦税务局的官方网站；
- taxsites. com：提供纳税信息、研究和服务的网站；
- fairmark. com：投资人纳税指导网站；
- taxaudit. com：提供合法避税方案的网站，并告知何种情况下会受到联邦税务局的审计。

我们将在本章的 3.5 节、3.6 节探讨 2012 年前 200 家最重要的财富网站，请浏览 money. msn. com/shopping-deals/the-102-best-money-websites-liz-weston。关于 2014 年 15 家最好的金融网站和 App，请浏览 money. cnn. com/gallery/pf/2013/12/11/bestfinancial-apps。

手机银行

手机银行可以保证人们能够使用智能手机或其他无线设备处理金融业务。在手机银行领域有很多最新的发展（在第六章和第十一章中提到）。智能手机支付和小额支付已经彻底改变了金融体系（第十一章）。银行和金融系统迫切需要改变。网络金融和手机金融越来越受欢迎导致了这一领域的变化。更多信息请浏览 en. wikipedia. org/wiki/Mobile_banking。美国银行（包括手机银行）提供的服务，请浏览 promo. bankofamerica. com/mobilebanking。

3. 6 节复习题

1. 网络银行业务有哪些功能？这些功能中哪些对你最有利？
2. 银行如何保护客户数据和交易信息？
3. P2P 信贷系统的运行有哪些特征？
4. 如何保护银行交易信息？
5. 个人在线金融服务主要有哪些？
6. 什么是手机银行？

3.7 按需提供实体产品、数字产品、娱乐信息和游戏

本节将主要介绍 B2C 电子商务中的按需配送问题，包括日用品、数字产品、娱乐信息及游

戏等。

按需配送商品

大多数网络零售商通过第三方物流将商品交付给客户。他们可以使用本国的邮政系统，也可以使用私人的物流公司（例如 UPS，FedEx，DHL 等）完成配送。商品有的是隔天送到，有的需要几天。客户通常被要求支付快递费用（除非是高级订购，例如亚马逊的专项服务，amazon.com/Prime）。

有些网络零售企业及直销的制造商有自己的运输车队，以此来加快对客户的交付或降低交付成本。根据 Net-a-Porter 公司（net-a-porter.com）的 CEO 介绍，该公司更喜欢在内部做尽可能多的事情，其中包括为伦敦和曼哈顿的客户经营自己的送货车（请浏览 net-a-porter-brand.blogspot.com/2013/05/some-more-current-content.html）。这样的公司提供定期交付或按项目交付（例如，汽车零部件行业），他们可能提供额外的服务来增加买方的价值认知。以网络杂货商为例，网络杂货商接受网络订单，并且在当天或按其他项目或在很短时间内交付。有的会在一小时内交付，例如餐厅或比萨店送餐。此外，办公用品、零配件、药品等商品的销售商都承诺即时递送，至少是当天送达。从 2014 年起，亚马逊在 11 个城市提供当天交付（通过当地快递），例如，巴尔的摩、拉斯维加斯和纽约。其他网络零售商也提供类似服务。

快递业务也称为**按需配送服务**（on-demand delivery service）。按照这种商务模式，企业收到订单后必须及时发货，这种模式演变为当天交付。这种模式比隔天达快递更快。但是比能在 30～60 分钟内交付的要慢，如比萨、鲜花、汽车配件等。网络杂货商通常使用当天交付模式。

 实际案例

网络杂货商

2011 年，市场调研机构尼尔森公司提供的数据显示，美国的网络日用品销售预计将达到 250 亿美元或占 2014 年日用品总销售额的 2%。这是一个竞争非常激烈的市场，并且利润很低。许多零售商采用虚拟和实体结合的模式，他们在自己的国家拥有实体商店。例如澳大利亚的 Woolworths 超市（woolworths.com.au），美国的西夫韦（shop.safeway.com）等。AmazonFresh（fresh.amazon.com）是亚马逊的一个子公司，在西雅图和加利福尼亚州的一些城市提供在线日用品销售服务，提供新鲜的食品成为一种时尚（请浏览 thefreshdiet.com）。

尽管其存在一定的潜在优势，但零售商对此还是相当谨慎的。纽约的一个快递公司 WunWun 便是一个有趣的案例。

如今，消费者可以通过智能手机或移动设备购买日用品（如 iPhone 和 iPad 等）。关于网络杂货商的图片可以使用谷歌搜索关键字"网络杂货商图片"。

Instacart 公司（instacart.com）是总部位于旧金山的一个创新企业，根据该公司创始人的想法"你可以在你喜欢的商店中买到所有你想买的东西，并且在一两个小时内交付给客户"（请浏览 wired.com/2014/02/next-big-thing-missed-future-groceries-reallyonline）。Instacart 从食品超市、美国好又多连锁超市（Costco）、其他本地商店给客户发货。这在某些城市是可以实现的，包括旧金山、纽约和波士顿。2014 年 4 月，Instacart 在洛杉矶也开始实施这一策略（请浏览 latimes.

com/business/la-fi-instacart-grocery-20140403，0，3795439. story＃axzz2xyqVNdTL)。

关于 Instacart 的更多描述，请浏览 mercurynews. com/business/ci_24986836/startup-insta-cart-hopes-dominate-grocerydelivery。

交付速度

交付速度不仅对食品和易腐蚀品是至关重要的，对其他灵活性需求和大型项目也是至关重要的。例如，uber. com 是一个按旅客需求交付的网站。2013 年，uber 和家得宝合作，为客户交付圣诞树（Rodriguez，2013）。请浏览 blog. uber. com/UberTREE。

未来，最快的交付可能由无人机来完成（参见第十二章）。亚马逊、UPS 和谷歌正在探索这项技术。2014 年，脸谱决定赶超潮流，花费 6 000 万美元从 Titan Aerospace（无人机制造商）处订购了无人机（请浏览 forbes. com/sites/briansolomon/2014/03/04/facebook-follows-amazon-google-into-drones-with-60-million-purchase）。

数字产品、娱乐产品、媒体产品的在线配送

有些商品（例如软件、音乐、新闻等）既可以以实体的形式（例如 CD-ROM、DVD、报纸等）配送，也可以数字化后通过网络配送。在线交付的成本非常低并且节省存储空间和分配费用。

在线娱乐

在线娱乐发展得很快，如今，它已经成了美国 8～17 岁青少年主要的娱乐形式。在线娱乐的形式多种多样。人们很难对它们分门别类，因为许多娱乐都是复合型的。人们也很难按照它的传递形式来分类。甚至它究竟是不是一种娱乐活动有时也说不清楚，因为人们的判断标准也各不相同，所有的这些都必须考虑，这到底是不是一种娱乐活动或者这是什么类型的娱乐活动。有些在线娱乐活动是互动型的，用户可以与软件互动。2013 年，美国普华永道公司预测，到 2017 年，全球的娱乐业和媒体业的产值将达到 2.2 万亿美元，其中包括在线游戏、流媒体视频和音频节目、移动设备接入娱乐节目等（流媒体是指实时不断地提供给客户信息的多媒体）。

如今，所有传统的娱乐项目都可以在网络上实现。然而，由于新技术的出现，有些娱乐项目在新的环境下变得更加受欢迎，例如，脸谱的在线游戏吸引了数以百万计的玩家。本书的第八章还将讨论 Web 2.0 和社交网络环境下的娱乐活动。

iTunes

iTunes（apple. com/itunes）是苹果公司的一个媒体管理软件，用户可以通过 iTunes 来购买音乐或其他媒体。用户还可以使用这个软件来整理和操作下载的数码产品。关于它的特点请浏览 apple. com/itunes/features。值得注意的是 iTunes 和类似的服务已经破坏了传统音乐产业（请浏览 money. cnn. com/2013/04/25/technology/itunes-music-decline）。netflix. com 公司以类似的方式影响了 DVD 和 CD 的销售。Asymco 公司在 2014 年的一项研究（请浏览 asymco. com/2014/02/10/fortune-130）发现 iTunes 比 Xerox 和时代华纳有线电视更盈利（请浏览 wallstcheatsheet. com/stocks/study-itunes-is-more-profitable-than-xerox-and-time-warner-cable. html/?a＝viewall）。

网络购票

这一受欢迎的服务允许用户使用电脑或移动设备进行购票（例如，体育比赛、音乐会和电影票等）。票务公司在这一领域很活跃，Fandango 就是一个销售电影票的公司。

网络电视和网络广播

网络电视和网络广播是网络上非常受欢迎的两个具有相似性的流媒体技术。

网络电视。网络电视是通过网络视频技术向用户交付的电视内容，其内容包括电视节目、体育节目、电影或其他视频节目。例如 netflix. com，hulu. com，hulu. com/plus 等，类似于亚马逊提供的服务（请浏览 amazon. com/Prime-Instant-Video/b? node = 2676882011，wisegeek. org/what-is-internet-tv. htm）。网络电视的主要优势是具有选择内容和时间的能力。用户可以使用普通电脑、平板电脑、智能手机、蓝牙播放器、苹果电视（apple. com/appletv）、Roku（roku. com）、Google Chromecast（google. com/intl/en/chrome/devices/chromecast）、Aereo（aereo. com）或其他渠道，例如 HBO（hbo. com）等。2012 年 Netflix 开始宣传自己的原创节目（请浏览 techra-dar. com/us/news/internet/netflix-begins-broadcasting-first-originalseries-1061339）。2014 年 2 月，Netflix 放映了 10 个新的和原创的节目系列（请浏览 uproxx. com/tv/2014/02/10-original-se-ries-coming-netflix-2014）。网络电视的低流量或零费用带来的最大问题是版权问题。2014 年 1 月美国最高法院决定受理 ABC 电视台和 Aereo 的纠纷，详情请浏览 abcnews. go. com/blogs/poli-tics/2014/01/supreme-courtwill-hear-tv-broadcasters-against-aereo。

网络广播。网络广播是指通过网络播放的音频直播内容。这是一个广播服务，用户可以在线收听无数个电台（例如，欧洲有 4 000 个电台，请浏览 listenlive. eu）。广播电台、组织、政府，甚至个人都可以通过网络广播播放任何内容。详情参见 Beller（2001），以及浏览 radio. about. com/od/listentoradioonline/qt/bl-InternetRadio. htm。网络广播和网络电视一样存在版权问题，需要注意的是，在大多数情况下，作者和经销商之间会有一份协议（例如，华纳音乐和苹果的 iTunes 在 2013 年达成的协议；请浏览 cnet. com/news/apple-reaches-iradio-dealwith-warner-music-suggesting-wwdc-launch，apple. com/ itunes/itunes-radio）。

Pandora 广播

Pandora 是一个领先的免费互联网广播，它不但使用无线电台播放音乐，而且还有许多其他来源。服务的核心是 Music Genome Project。根据 pandora. com/about 的介绍，这个项目是对无数音乐作品的分析，你可以使用 Pandora 体验项目中的所有曲子。

Pandora 实际上是音乐流媒体和自动的音乐推荐服务，2014 年时只能在美国、澳大利亚和新西兰使用。用户们可以创建 100 个个性化电台来播放预安排好的专辑。2014 年 2 月，Pandora 向艺术家们公开了内容提交的过程［请浏览 submit. pandora. com，help. pandora. com/customer/portal/articles/24802-information-for-artists-submitting-to-pandora，以及参见 Hockenson（2014）］。

各种网络零售商向 Pandora 的听众销售歌曲。用户们可以通过 Pandora 访问许多媒体设备，可以通过家庭音乐播放设备和大多数移动设备在网络上免费使用 Pandora。Pandora One（pando-ra. com/one）以月为单位向用户收取费用，它的好处包括：没有广告，并能够提供高质量的音频。Pandora 是一个赚钱的业务，它的用户正在快速增长，到 2014 年 3 月它已经拥有了 7 530 万听众（请浏览 investor. pandora. com/phoenix. zhtml?c = 227956&p = irol-newsArticle&ID = 1915496&highlight＝）。

社交电视

社交电视是一个新兴的社交媒体技术，它可以使不同地理位置的几个电视观众相互交流经验，例如，在观看同一节目时交流讨论、评论和推荐。根据 WhatIsSocialTelevision. com 公司网站介绍，社交电视是"电视和社交的结合媒体"，这指的是"当观看一个电视节目时，人与人之间通过网络进行交流或讨论节目内容的现象"。利用社交网络、智能手机或平板电脑发送信息可以实现这样的沟通。社交电视将电视和广播的内容结合起来，是一个内容丰富的媒体。社交电视被麻省理工学院的技术评论列为 2010 年 10 个新兴的重要技术之一。《基线》杂志的编辑将社交电视排在 2011 年 6 个重要技术的第 3 位。

社交电视的特征

社交电视具有以下三个特征：

- 具有发现新视频的能力，并且可以在好友之间分享这一发现；
- 大多数社交电视用户可以一边观看视频一边彼此沟通，即使是在不同地理位置的人们；
- 社交电视允许人们以一种特殊的方式联系分享内容的人。

社交电视吸引了相当多的观众，这也导致了传统电视观众数量的下降。

社交电视的技术和服务

大量的社交电视工具和平台正在兴起，根据 Rountree（2011）的研究，主要有三大类型的社交电视：

1. 在观看电视时使用第二个屏幕进行沟通（如智能手机和平板电脑等）；
2. 使用一个屏幕可以直接显示电视内容；
3. 使用个人电脑或移动设备观看节目。

这三种都不是纯粹的社交媒体，但是它们可以通过电视节目来促进社交互动。

Rountree（2011）和 lostremote.com/social-tv-companies 列举了行业内的一些创业公司（例如 Kwarterkwarter.com 和 youtoo.com）。每个公司和工具对于特定的电视节目而言都有不同的优势。

社交电视作为一个新兴的营销沟通工具，供应商对它产生了极大的兴趣，例如，用来提高品牌知名度和进行市场研究。

 实际案例

Pepsi Sound Off 是一个社交电视公司，它们的粉丝可以在"人才真人秀"节目中与评委进行沟通，同时也产生了交互作用。

网络游戏

网络游戏的范围很广，它囊括了各种形式的游戏，例如街机游戏、抽奖游戏、赌博游戏、升级游戏，等等。2008—2010 年，尽管经济不景气，但是网络游戏的收益仍然扶摇直上。全球的网络博彩行业增长了 12%，到 2010 年交易额达到了 300 亿美元。根据 Statistica.com 在 2014 年的预测，网络游戏市场到 2015 年会达到 415 亿美元的销售额。原因主要是全球市场近年来网络带宽不断增加，接入越来越方便，这是网络游戏不断发展的根本保证。

3.7 节复习题

1. 什么是按需配送服务？
2. 描述网络杂货商是如何运作的。
3. 日用品销售企业开展网络经营的困难是什么？如何解决？
4. 描述数字产品和它们的交付过程。
5. 软件、音乐等商品在线配送的优势是什么？有哪些限制？

6. 在线娱乐的主要形式有哪些？

7. 描述网络电视、社交电视和网络广播。

3.8　其他 B2C 服务：从在线约会到婚礼策划

本节对数百种 B2C 商业模式中的几种进行了简单介绍。

在线约会服务

网络交友能够使人们识别潜在的配偶，并且通过邮件或聊天工具进行联系。例如 eharmony.com 和 match.com 网站基于一些调查问卷的答案来尝试帮助网友进行配对。在线约会服务有很多优势（请浏览 bestdatingwebsite.org/advantages），它是第三大在线服务，排在音乐和游戏之后。Spark Networks 公司（spark.net）拥有并且经营超过 20 个在线交友网站。例如 JDate.com，BlackSingles.com，ChristianMingle.com，这些网站被称为 niche 约会网站（请浏览 spark.net/about-us/company-overview）。2011 年在线约会行业收入超过 10 亿美元，并且在 2016 年之前，一直保持着 3％的年增长率（Donnelly, 2011）。尽管网络交友网站很受欢迎，并且有数以百万计的成功案例，但还是存在一些欺诈风险。对于安全性方面的建议，参见 Bernstein（2011），并浏览 health.howstuffworks.com/relationships/dating/risks-and-rewards-of-online-dating.htm, en.wikipedia.org/wiki/Online_dating_service。根据 comScore 公司（comscore.com）在 2011 年的研究，全世界有 1 400 万人使用手机交友软件，而且使用时间还在不断地增加。交友网站（例如 match.com）也提供一些交友的文章和服务，例如成功的案例和交友技巧。

婚礼策划

婚礼策划业务也正在向网络转移。大量公司都积极参与网络婚礼策划。以 Mywedding.com 网站为例，它帮助人们收集想法、安排计划、辅助预算、寻找供应商、登记、制订蜜月计划和旅行（你可以到该公司主页上浏览宣传片）。而 WeddingWire 公司（weddingwire.com）联合了许多婚礼相关供应商。与婚礼相关的最全面的网站可能是 theknot.com，现在是 XO 集团的一部分。

结婚之后呢？

Theknot.com 提供了两个辅助渠道：

Thenest.com。由 The Knot 创建，是关于组成新家庭的一个网站，它告诉人们结婚后应该怎样做，提供家具购买、装修、宠物甚至人际交往的各种建议。

Thebump.com。The Bump 是一个关于准父母的网站，给人们提供关于生育能力、怀孕、分娩、婴儿喂养等方面的各种建议。

在网上购买汽车

在网上购买汽车的想法似乎更加疯狂，然而，当今越来越多的汽车在网上销售，或者至少购买汽车的部分步骤是在网上完成的。最初，经销商们没有采纳网上销售汽车的作法。然而，根据 Levin（2014），这一现象正在改变。7 000 多家美国汽车经销商在 TrueCar（truecar.com）上进行价格逆向竞拍。大约有 3％的汽车交易是通过网络逆向竞拍来完成的（2014 年数据）。与 Edmunds.com (edmunds.com) 和 Kelley Blue Book 公司（kbb.com）一样，TrueCar 也向经销商提供客户的信息，同时向经销商收取佣金。该公司提供给经销商的是一个数字化的工具，比传统的广告更省钱。

在网上销售汽车有几种途径，例如使用通用公司的工具 Shop-Click-Drive（shopclickdrive.com）允许购物者进行在线浏览，不用去经销商的实体展厅（请浏览 edmunds.com/car-news/gm-dealers-embraceshop-click-drive-online-shopping-tool.html）。

根据 Autobytel 公司（autobytel.com）网站介绍，该公司是在线汽车交易的先驱者（1995 年就开创了公司网站）。Autobytel 在网上帮助经销商销售（包括订单生成）新车和二手车，该公司（"您终身的汽车顾问"）为客户提供买车的技巧、经销商、汽车照片、对于汽车的评论和一些其他信息。该公司提供了类似于"我的车库"的工具（你需要管理的、与汽车有关的所有事情）。

在线销售定制汽车

随着越来越多的人喜欢定制汽车，在线匹配越来越受欢迎，这一服务对于卖方和买方来说都很节约时间。人们可以在线匹配一台电脑（例如戴尔和惠普），为什么装配一台汽车就不可以呢？通过这种方式，人们可以进行很好的价格比较。豪华汽车公司，例如捷豹（jaguarusa.com）经常销售定制汽车，在线匹配是非常有用的（请浏览 jaguarusa.com/build-yours/index.html）。

 实际案例

捷豹提供虚拟购买服务。捷豹的买方从 2005 年开始就可以在线匹配他们梦想中的汽车。捷豹汽车通常按订单生产。然而，买方在购买汽车之前通常想看到汽车的样子。捷豹汽车有成千上万种匹配。最初，网站提供了梦想中的汽车的视图和价格，客户可以旋转汽车视图，改变配置，随意选择，然后下单。

到 2013 年，这个系统变得更加高效，提高了互动性和参与性。"捷豹、路虎虚拟体验"提供了非凡的客户体验，3D 模型系统包含运动检测技术，这一服务在经销商的展厅中提供。经过与 IBM 的合作，预先选择的汽车在屏幕上放映，客户可以浏览汽车的选项和参数，根据他们的说明来预定汽车并与梦想中的汽车相互影响（请浏览 asmarterplanet.com/blog/2014/01/smarter-commerce.html）。根据 Vizard（2013），Motionsensing 技术可以使人们用身体来操作汽车图片并且检查它的特点，例如，打开驾驶室的车门来检查它的内饰。如果想听发动机的声音，你只需要按一下启动按钮。

高度的可移植系统可以在车展上显示，这个系统收集客户的喜好，并且生成数据资料，因此汽车设计师可以了解如何改善他们对下一代汽车的设计。例如，汽车设计师可以了解哪些附加因素可以影响汽车的外观和感觉，甚至在建立汽车模型之前。

其他在线服务

网络上有许多服务，这里我们仅举几个案例。

● **网络药店遍布整个网络**。大型公司如 CVS（cvs.com）提供处方药，并且送货上门。在加拿大购买比在美国购买节省 50% 的费用（但一定要确保药店是合法的，有许多药店不合法）。详情请浏览 en.wikipedia.org/wiki/Online_pharmacy。

- **网络邮票**。人们没有必要去邮局购买邮票，stamps.com 基于互联网向人们提供邮资和运输服务。stamps.com 允许客户使用照片来个性化设计邮票。Zazzle 公司（zazzle.com）也提供类似的服务。
- **在线鲜花**。包括 1800flowers.com 在内的许多公司允许客户在线预订鲜花和在线目录内的其他项目，并且安排交付到几乎全世界范围内的所有地方。
- **食品在线预定**。客户们搜索本地餐厅列表（例如从网站 grubhub.com），然后订购食物并且要求送到家中或工作场所。比萨连锁店除了提供电话预订之外还接受网络预定服务（请浏览en. wikipedia. org/wiki/Online_food_ordering）。
- **虚拟市场在许多国家很受欢迎**。总部位于旧金山的在线交付公司 goodeggs.com 就是一个例子。除了销售蛋品之外，该公司还向客户交付新鲜的、本地生产的食品。这项服务对于支持本地制造商的人们来说是非常理想的。

3.8 节复习题

1. 在线约会的优势和劣势是什么？
2. 请列举婚礼策划网站中的所有服务项目。你可以补充更多项目吗？
3. 在线汽车销售的商业模式是什么？对于买方和卖方来说各自有什么好处？
4. 你会使用捷豹和路虎的虚拟体验系统吗？为什么？
5. 列举本节中没有提到的 5 个在线服务并进行简单的描述。

3.9 在线购买决策辅助工具

许多网站和工具可以帮助人们作出购买的决定。一些网站将价格比较作为它们的主要工具（例如 pricerunner. co. uk 和 shopzilla. com）。有些则是帮助消费者比较服务、信誉度、质量等因素。购物门户网站、购物机器人、商业评级网站、信用认证网站、社交网站上的朋友建议等都可以帮助消费者进行购物决策。

购物门户网站

购物门户网站（shopping portals）是通向网络门店和网络卖场的入口。特别地，人们同时经营许多网络商店。就像其他的门户网站一样，它们有的是综合性的，有的则是细分的。综合性的门户网站上有各种卖方的链接和较为宽泛的当前产品估价。eCOST. com（ecost.com）是一个综合门户网站的例子。有些门户网站也提供购物机会和商品比较工具，例如 shopping. com，（eBay Commerce Network 公司旗下的网站）shopping. yahoo. com 和 pricegrabber. com 等。易趣也是一个购物门户网站，因为它除了竞价销售以外，也有按固定价格销售的商品。有一些评估公司网站提供购物机器人等购物工具，还有一些公司网站将小型购物工具嵌入门户网站。

一些购物门户网站为某些产品（例如书籍、手机）或服务（例如大学或医院）提供专门的链接。这样的门户网站还帮助客户进行调研。例如 zdnet. com/topic-reviews，shopper. cnet. com 等网站就提供计算机电器和电子产品的调研。细分市场购物门户的优势是能够细分某类产品。

关于电子零售商、B2B、市场等的综合网站信息，请浏览网络零售商网站 internetretailer. com。

帮助社区

网络社区对社区成员的帮助是很明显的。这样的例子在本书中有很多（请参阅第七章）。

购物机器人软件价格和质量的比较

精明的网络购物者喜欢价格便宜的商品。购物机器人（购物代理、购物机器人）是一种购物搜索引擎，它帮助消费者搜索价格最低或满足其他搜索条件的商品。不同的购物机器人所用的方法是不相同的。例如，mySimon 公司（mysimon.com）开发的搜索软件可以在很多个受欢迎的商品中找到价格最便宜的和实用性最高的。

谷歌企业搜索和企业搜索设备

谷歌企业搜索帮助公司搜索所有国内面向公众的信息。

促进搜索的强大的服务器被称为企业搜索设备，它对于许多灵活的搜索选项是有效的，包括使用外语搜索。Search Spring（searchspring.net）也提供类似的服务。

"侦探"服务

这里的"侦探"与美国中央情报局或英国军情五处无关，它是指网站为消费者提供的一种商品信息查询服务。按照消费者提供的查询条件，网站将查询结果返回给消费者。网络用户和购物者为了获得最新信息，需要不断地监视网站所刷新的信息，比如特价商品、竞价结束时间、股市行情等。但是，登录网站并了解最新信息很费时间。有些网站跟踪股市行情或特价航班信息，然后向客户发送电子邮件。有些网站（例如 money.cnn.com，pcworld.com，expedia.com 等）就是向用户发送个性化的电子邮件提醒。

当然，要有效地侦探网络用户的行为，就要在他们的计算机里安装网络跟踪器或其他各种间谍软件（请参阅第九章）。

评级、评论和推荐

即使陌生人（例如，专家或独立的第三方评估机构）的评级和评论对于社交购物来说通常也是可用的。此外，每个买方有一次评论和参与讨论的机会。对于评级和评论工具，参见 Marsden (2011)，Gratton and Gratton（2012），并浏览 bazaarvoice.com/solutions/conversations。主要的评级和评论工具如下：

● **客户评级和评论**。客户评级是非常受欢迎的，这些评论可以在产品页面或者独立的评论网站上（例如 TripAdvisor），或者在客户消息中（例如 Amazon.com、Buzzillions 和 Epinions）看到。客户评级可以通过投票来收集。

● **客户感言**。客户体验通常发表在供应商网站上或者第三方网站上，例如 TripAdvisor。一些网站鼓励讨论（例如 BazaarvoiceConnections 和 bazaarvoice.com/solutions/connections）。

● **专家的评级和评论**。评级和评论也可以由该领域的专家产生，并且发表在其他网络刊物上。

● **付费评论**。这些评论通常写在付费的博客上。广告商和写博客的人们可以通过搜索找到对方，例如 sponsoredreviews.com，博客作者、卖方和广告商可以通过该网站进行联系。

- **对话营销**。人们可以通过邮件、博客、在线聊天、讨论组和微博进行讨论。监控对话可以为市场调研和客户服务提供丰富的数据。例如 Adobe Campaign 就是一个对话营销平台（请浏览 adobe. com/solutions/campaign-management. html）。
- **视频评论**。评论可以以视频的方式体现。YouTube 提供视频上传、观看、评论和分享服务。
- **博客文章评论**。这是一种有问题的方式，许多人由于薪水问题可能提供有偏见的评论。然而，许多声望很高的博客作者被视为公正的来源，参见 Sala（2012）。

许多网站根据多项指标对商品和各类网络零售商评级。这类网站中比较知名的有 bizrate. com，consumerreports. org 等。Bizrate. com 网站组织了一个消费者网络，汇总消费者对商家的各种报告，然后作出评价。不同的评级机构作出的评价是不同的。Alexa Internet 公司（alexa. com）是亚马逊公司的子公司，它经营的网站提供各种网站的流量信息（请浏览 alexa. com/pro/insight）。

其他购物者和朋友给出的评价

在进行购买之前，客户们倾向于在网上收集信息来帮助他们作出采购决定。在线客户可以通过广告来得到一些信息，例如，购买什么品牌的、哪个供应商的、什么价格的商品等（例如价格比较网站 nextag. com）。访问 epinions. com 等网站来研究其他信息。查看并参与社交网络论坛与检查产品评论一样，是价格比较的另一个途径。根据 Gartner 的报道［Dubey（2010）的报道，也可以查看网站 gartner. com/newsroom/id/1409213］，大多数在线客户依赖社交网络来帮助他们作出采购决定。

在市场营销中，所谓**推荐经济**（referral economy）指的是消费者在作出购买决策时接受其他消费者的推荐所产生的影响。如何利用社交媒体来建立一个推荐经济，请浏览 socialmediatoday. com/jkriggins/2121281/how-use-social-media-build-referral-economy。

 实际案例

Kaboodle 公司

Kaboodle（kaboodle. com）是一个社交购物平台，允许人们通过产品列表或博客在社区里发现商品，推荐商品，分享商品信息。关于详细信息请参阅第七章和 kaboodle. com/zm/about。

购物比较网站

大量网站提供产品或服务的价格比较（例如 onlinetickets，cruises）。像亚马逊一样的网络零售商也提供价格比较，其他许多网站也是如此，例如 nextag. com，pricegrabber. com，mysimon. com 等。FreePriceAlerts. com 是一个进行价格比较的应用软件。

信用认证网站

网络上商家这么多，许多客户不知道哪个商家值得信赖。于是，就出现了一些专门对网络零售商的信用进行评价和认证的企业，其中有一家是 TRUSTe（truste.com）。凡是通过该公司评价和认证的网络零售商，都可以在自己的网站下端贴上一枚公司颁发的印章（称为信用标识）。零售商要为此支付费用。TRUSTe 公司的用户有 1 300 多家，它们希望，有了这枚信用标识后，消费者可以对自己的经营模式、个人信息保护、隐私保护政策等给予足够的信任。商家通过信用标识向客户表明产品的质量水平。关于信用标识种类请查看维基百科。TRUSTe 向移动设备公司提供的服务被称为 TRUSTed（请浏览 truste.com/productsand-services/enterprise-privacy/TRUST-edapps）。该服务提供持续的监控和品牌维护以确保商家的移动程序可以被客户信任。

具有广泛的信用认证的网站有 Symantec 公司的 VeriSign（verisign.com）以及 bbb.org。VerSign 将成为应用得最广泛的信用认证网站。其他像 Secure Assure（secureassure.co.uk）这样的信用认证公司按照年度向企业收取费用。此外，安永国际会计师事务所（Ernst & Young）向网络零售商提供审计服务，通过审计的企业由安永为客户企业提供商务经营的信用担保。其他类似的网站还有 trust-guard.com 和 trust-verified.org。关于哪个网站的信用度最高，2013 年的调查结果请参考谷歌消费者调查，也可以查看网站报道，请浏览 baymard.com/blog/site-seal-trust。

关注评论、评分和建议

一些人提出了关于如何准确记录评论和推荐的问题。在一些网站中，虚假评论占总评论的 30％～40％。然而在 2012 年 Yelp 公司公开了它们的警告，它们会对商家为获得好评而付费的情况进行警告（请浏览 webpronews.com/just-how-bad-is-yelps-fake-review-problem-2014-01）。截至 2014 年 1 月中旬，Yelp 发出了接近 300 个这样的警告。（消费者警告的事例，请浏览 search-engineland.com/yelpturns-up-the-heat-285-consumer-alerts-issuedover-fake-reviews-181706。）但是，关于商家付费给博客作者以求得好评的现象仍然是一个问题，一些人声称这样的评论是有偏见的。另一个问题是，如果评论的数量很少，则可能会有一定的误差（积极的或消极的）。最终，看看博客上的评论是明智的。亚马逊将一些"有趣的评论"列示在网站上，公布的产品范围从香蕉切片机到马头面具（请浏览 amazon.com/gp/feature.html?ie=UTF8&docId=1001250201）。

其他购物工具

有些数字工具在调查或购物过程中给买方或卖方提供帮助。例如第三方支付服务（escrow.com 和 abnamro.com/en）帮助买卖双方进行商品和货币交换。当买卖双方进行商品和货币交易或信息核实时（通常买卖双方彼此并不了解），通常需要一个可靠的第三方来促进。第三方支付网站也提供付款过程支持，就像信用证书一样（参阅第十一章）。

● 与 Craigslist 网站类似，Angie's List（angieslist.com）会帮助其会员在 700 个类别中找到最优质的服务公司和卫生保健的专业服务公司。尽管这个网站是收费的，但与自由评论网站相比其优势是没有匿名的评论，而且所有数据都是经过核实的，所以你能得到整个事件的原委（请浏览 angieslist.com/how-it-works.htm）。Angieslist.com 也提供投诉解决服务和从高信用等级的服务公司得到折扣的服务。他们也通过呼叫中心提供现场支持。

● 为了让交易信息按照标准化的、方便查询的、容易理解的格式储存，商家可以使用一些购物工具（例如 thefind.com）。消费者也能利用这样的工具迅速搜索商家并且比较产品，以得到最好的交易。

购物必备工具

Brownell（2013）为购物者列举了如下一些网络购物必备工具：

- Price Rewind（价格保护）；
- Free Price Alerts（交易截止时间）；
- RedLaser（条码扫描软件）；
- Honey（优惠券搜索器）；
- Shop Advisor（降价追踪）；
- Decide（降价预测）；
- Google Shopping and Price Grabber（价格比较）。

其他决策辅助工具包括消费者对商品或商家的建议和评论的总结。这被称为群体观察。例如 epinions. com 就是提供这一总结的网站，该网站上有无数的商品评价可供搜索。Pricewatch. com 是价格比较网站，pricegrabber. com 网站上有 100 多万种商品的比较信息。而 onlineshoes. com 则专注于各种各样的鞋子信息的比较。

Layar 公司（layar. com）开发了一款叫作 Layar Creator 的工具。该公司使用一个增强的移动设备来活化包含产品信息的印刷页面（包括视频）。关于 Layar Creator 的详细信息请浏览 realareal. com/layar-creator-welcome-to-interactive-print。

还有一款购物工具是钱包，或者说是电子钱包。其实，它是储存购买者信息的一个程序。为了提高购物的速度，消费者可以使用电子钱包，这样，再次购物时就不需要重复输入个人信息。有些网站（例如亚马逊公司）有自己的专用电子钱包。微软通行证有两个服务，一个就是登录服务，另一个是电子钱包服务，这样可以更快地购物，方便网上购物（请浏览 support. microsoft. com/kb/277759 和第十一章内容）。对于购物辅助工具的更多信息，请参见 Strauss and Frost（2012）。购物工具如今已经嵌入社交网站，请看下面的案例。

 实际案例 1

Yelp 网站

Yelp 公司网站（yelp. com）实际上是一个搜索引擎，它帮助消费者寻找本地（某一个城市）的某一种服务，例如机修服务、餐饮服务、美发美容服务等。它把消费者与商家联系在一起。在网站上，社区成员（称为"Yelp 网站人"）为商家写评论、评级。在网站上，社区成员可以搜索各种促销活动、特价商品，还可以与其他用户聊天（例如在洛杉矶与某人对话，请浏览 yelp. com/talk/la）。详细信息请参阅 yelp. com/faq 和第七章。

 实际案例 2

聚合网站

这是一些聚合信息的网站，它们从其他很多网站获得信息并且将获得的信息放在另外一个网站上。Yipit（yipit. com）是一个免费的日常电子邮件聚合器，它从日常交易网站中（例如 Groupon 和 Living Social）收集商品的交易信息（你所在城市的每一笔交易信息）。告诉 Yipit 你想要什么，当有相匹配的交易时，Yipit 就会提醒你，费用通常是交易额的一小部分（请浏览 yipit.com/about）。

条码扫描器价格比较

这是电子商务中的常见行为，购物者在实体店收集信息，然后在网上购买。利用这种行为，可使调查更快、更容易。亚马逊和其他供应商提供智能手机条码扫描软件。购物者进入商店，使用手机对着条码进行拍照扫描。手机会将条码信息上传，并且获得直接的价格比较。领先的条码扫描软件有易趣的 RedLaser（redlaser.com）（它通常被应用于基于位置信息的广告，请参阅第七章），亚马逊的 Price Check（Kain，2011）以及 Quick Scan。

电子优惠券

商家向消费者推荐使用一种新型的优惠券，这种优惠券被描述为"不需要剪辑、不需要打印"的。这种电子优惠券的使用步骤是：例如在西夫韦的 Just-For-U 栏目上进行注册，之后，客户只需要点击特殊出售的商品或想购买的商品的优惠券。当客户确实要在西夫韦上购买产品时，只要购买可以使用优惠券的商品，就会自动获得 10％～20％ 的折扣。SavingStar（savingstar.com）公司在整个美国范围内提供类似的服务。

自助服务

通过提供工具可以促进自助服务，可以提高客户的网络购物体验。以下是一些自助购物工具的例子：配置工具、帮助计算成本的计算器、常见问题解答、虚拟的在线助手、应用工具和网站搜索等。

虚拟的可视购物

一些客户在体验店看到有趣的或新的商品时会有冲动购物的行为。理论上，当在线客户在 3D 环境下时也会有这种模式的购物。

3D 比 2D 拥有更多角度的视图。一个房子内部的 3D 视图可以帮助人们用肉眼观察一个大的餐桌是否可以放在预想的空间内。客户可以看到一个虚拟的桌子并且看看它放在家中是否合适，然后再进行购买。3D 平台可以为许多类型的商品提供臆测，包括家具、衣服等。

 实际案例

你能够想象你在电脑屏幕上看到自己就像在实体店的试衣间中那样，穿着选择好的衣服吗？你挥一挥手，衣服的颜色会发生变化，你再挥一挥手，裙子会变长或者变短。你挥一挥另一只手，另外一件衣服就会穿在你虚拟的身体上。这是梦吗？不，这即将到来。想了解这个"试穿"系统，请浏览 Facecake 营销科技公司开发的 Swivel 软件（facecake.com/swivel）。请浏览 dailymotion.com/video/xcg18d_tobi-virtual-dressing-room_tech，观看名为"Tobi Virtual Dressing Room"的视频（1 分 14 秒）。

更多信息请浏览 workspaces.codeproject.com/nayan-zawar/virtual-3dshopping-mall 和 virtwayworld.com/EN_products_3d_virtual_shop.php。

手机 App

第六章中介绍数款 App，不论在线还是非在线对于智能手机购物者和平板电脑购物者来说都是可用的。例如，客户们可以使用移动设备来购物并且支付。本节中介绍的大多数工具都可以用于当今的移动设备。

无线网络购物比较

用户们可以通过移动设备在网站（mysimon. com，slickdeals. net 或其他比较网站）比较商品或接收交易通知。用户可以在任何时间、任何地点使用智能手机上的条码扫描器进行价格比较，包括在任何的实体店中、报纸上的广告甚至在线广告。所有智能手机都可以使用条码扫描器，关于条码扫描器的下载过程，请浏览 wireless. att. com/businesscenter/solutions/mobile-marketing/products/index. jsp。下面网站中有一页幻灯片，列举了 10 个最好的购物比较 App（2012 年数据），请浏览 pcmag. com/slideshow/story/290959/the-10-best-shopping-apps-to-compare-prices。

在第七章中，我们将介绍社交购物辅助工具。

3.9 节复习题

1. 定义购物门户网站，并举出两个例子。
2. 什么是购物机器人？
3. 解释在购物决策中企业和网站的评级、评价和建议，以及网站认证工具起到的作用。
4. 为什么托管服务被应用于网上购物？什么是 B2C 电子商务中的"侦探"服务？
5. 网站如何鼓励消费者对产品和商家作出评价？
6. 描述电子优惠券。
7. 什么是虚拟可视购物？

3.10　零售竞争的新局面：传统零售商与网络零售商

B2C 电子商务加剧了零售市场的竞争。就像我们在第二章中介绍的蓝色尼罗河的例子一样，价格不断下降，一些公司破产或者转型。例如，许多零售商将它们的线下产品转到网上，或添加"仅网络"选项。增加网络零售渠道对销售是有帮助的，但是许多知名零售商（例如百思买、杰西潘尼、Radio Shack、西尔斯、史泰博和 Office Depot）还是被迫关闭了许多实体店或在为生存而挣扎（相关案例请浏览 usatoday. com/story/money/business/2014/03/12/retailers-store-closings/6333865，并参见 Schoon（2014））。接下来我们来探讨一下竞争的基本内容。

在线和非在线竞争

Lieber 和 Syverson（2012）撰写了《牛津大学数字经济手册》（*Oxford Handbook of the Digital Economy*，oxfordhandbooks. com），书中提出了他们自己的研究成果。其中描述了在线和非在线零售市场的竞争的本质和相互影响。他们同样关注在线购物者以及需求与供给渠道的特征。手册中研究的主要变量如下：

● **客户的搜索成本**。当今的购物比较搜索引擎可以在移动设备上使用，它的成本非常低并且在竞争中的重要度可能会下降。

● **交付时间**。实体店的订单通常是直接针对实体产品的。但是网络销售商不断地降低从购买到消费的时间。有朝一日，交付将由无人机来完成（请参阅第十二章内容和本章的导入案例）。同时，网络零售商正在发展当天交付服务，至少在大都市是这样的。此外亚马逊与美国邮政服务合作在周日向洛杉矶和纽约交付，并且在2014年将这项服务延伸到其他城市（请浏览 usatoday. com/story/tech/2013/11/11/amazon-Sunday-delivery-usps/3479055）。谷歌购物快车（google. com/shopping/express）在旧金山和圣何塞（美国加利福尼亚州西部城市）提供当天交付服务，亚马逊和易趣也提供具有挑战性的类似服务。2013年，易趣公司启动了一个叫作 eBay Now 的本地交付服务（ebay. com/now）。根据 ebay. com/now/faq. html 介绍，它们从本地数以百计的零售商中提供成千上万的产品通常需要1~2小时。这项服务只在一些挑选出的城市内可以使用，包括旧金山的港湾区、纽约和达拉斯。易趣计划在2014年将当天交付服务扩大到25个城市（请浏览 cnet. com/news/ebay-to-expand-same-daydelivery-to-25-cities-in-2014）。关于易趣的运作模式，请浏览 ebay. com/now/faq. html。

很明显，网络零售商的交付时间是相当快的，这是一个非常重要的因素，因为通常情况下不同的网络零售商提供的产品质量是类似的。所以交付时间变成了一个重要因素。

● **分销成本**。通常情况下传统供应商需要购买（或租用）一个商店，有库房费用和广告费用。另一方面，网络零售商需要支付包装和运输费用，但是广告费用和库存费用将会更低。这些成本因产品的不同、地理位置的不同和其他差异而不同。这样的分销成本将是竞争中的一个重要因素。

● **征税的差异**。由于有征收网络商品关税的趋势，在线购物的优势正在降低。这一话题将在第十五章中进行讨论。

● **价格**。不仅网络供应商在同一商品上提供更低的价格，而且有一些公司也会在虚实结合的模式上创造出价格矛盾（请参阅3.11节）。

● **买方有用的信息**。虽然人们不能亲身体验商品，但是人们可以通过网络获取他们想要购买的商品的大量信息。通常在大多数交易中这不是一个主要因素。

● **其他影响因素**。其他几个因素在竞争中也是非常重要的。例如，卖方是谁、买方是谁、分销渠道、客户满意度、诚信等级、卖方之间的关系和非在线的销售渠道等都是非常重要的。最后，购物动态明确显示，许多人选择网络购物并且花了更多钱（Moseti，2014）。年轻的购物者转向所谓的"陈列室"，这意味着他们将在实体店里体验商品并且查询价格，然后再到网上以更低的价格购买（Isidore，2014）。购物者也使用移动设备上的 App 进行价格比较（请参考摩托罗拉2013年度的对策，请浏览 verizonwireless. com/news/article/2014/01/showrooming-trend. html）。客户在网购之前一般更喜欢触摸和感受商品（请浏览 cnbc. com/id/100597529）。

全球竞争

2010年，我们看到了全球在线购物竞争正在加剧。例如几个中国公司在亚马逊的价格基础上给电子产品客户提供一定的折扣。在收购了 Buy. com 之后，日本公司 Rakuten（rakuten. com）在美国市场提供了英文网站。

传统零售商与网络零售商

自电子商务从20世纪90年代中期兴起之后，在某些行业内网络零售商对实体零售商的伤害是很明显的。在第二章中我们介绍了蓝色尼罗河扰乱珠宝行业的例子。股票经纪人和旅行社也成为受害者。亚马逊最初致力于书籍，竞争对手是 Borders。今天亚马逊同无数个零售商竞争，包括一些知名的大型企业（例如沃尔玛公司）。大英百科全书和其他一些书籍不再有印刷的版本。零售商的防线转变成为虚实结合。也就是说它们开始为实体销售添加一个网络分销渠道，这个方法帮助了一些（但不是全部）百货公司和专卖店。

虚实结合的零售商的例子

一些大的零售商已经开始转变成为虚实结合的公司，下面我们一起来了解几个实际案例。

 实际案例 1

Gap 公司

Gap 公司（gap. com）是全球性的服饰零售商，它开启了独立的网络业务单元（Gap Inc. Direct）。其网站是 Gap 公司的电子商务事业部。作为一个小的业务单元，它创造并且管理着世界上大多数强劲的零售品牌。这些商业品牌包括美国的 gap. com，oldnavy. com，bananarepublic. com，athleta. com，piperlime. com 以及加拿大、欧洲和日本的电商（请浏览 gap. com/browse/info. do?cid＝80004）。该公司允许顾客在线订购不同 Gap 商店中的商品，并且完成支付。客户也可以在线预定并且在实体店中得到他们购买的商品。Gap 的网络商店每年有 15％ 的业务增长。Gap 的经营策略是在线和非在线相结合。例如 Gap 旗下的 Athleta（athleta. gap. com）曾经是一个纯粹的实体销售店，但是 2011 年 Gap 开始建设 Athleta 实体店，并且到 2012 年纽约的实体店中的鞋和包开始在网上销售。2013 年 Gap 的销售收入上升了 21％，商店整体销售的 80％ 以上来自于网络（请浏览 internetretailer. com/2014/02/27/online-sales-spike-215-gap-fiscal-2013）。Gap 的电子商务收入在 2013 年达到了 20 亿美元。

 实际案例 2

百思买公司

百思买公司与沃尔玛公司相似，然而与 Gap 相反，百思买的销售是不成功的。主要是由于该公司设有大型商店，客户到商店中现场体验商品，然后回到家中在亚马逊上购买，因为亚马逊的价格更便宜。2012 年夏天百思买将它们的价格降低到与亚马逊相当。结果在 2012 年 8 月，该公司成为全球范围内最大的电子产品零售商，但是它们的利润在一年之内下降了 91％。因此该公司决定关闭 50 家商店，并且向小型商店转移，以此来降低成本。仅仅在几年前百思买还是全球范围内最成功的电子产品零售商之一，但是到了 2014 年 4 月这一状况发生了变化。主要是因为客户开启了"陈列室"模式，在 2013 年早些时候，百思买不仅要将价格降低到可以与所有本地零售商相匹配，还要与 19 个主要的网络对手竞争。百思买只是想在 2012 年暑假期间短暂地执行价格匹配计划，但是由于这很受大众欢迎，所以它们决定将这一计划永久执行（请浏览 businessinsider. com/best-buy-new-price-matching-policy-2013-2）。

 实际案例 3

菲律宾的 SM 连锁商场

根据 Magdirila（2014）的研究，这个大型的连锁卖场（在菲律宾全国范围内拥有超过 230 家商场和超市）正准备在 2016 年全面进行在线运营。

 实际案例 4

HHGregg 公司

电器和电子零售商 HHGregg 公司（hhgregg. com）也遭受到了网络竞争对手的冲击，销售额和利润开始下降。除了主要的家用电器之外，该公司还销售电视、电脑和家具。然而当今，人们在价格更低的亚马逊（或其他网络零售商）上购买，并且是免费快递。HHGregg 通过广告扩大它们的影响，但是市场份额仍然在下降（请浏览 blogs. marketwatch. com/behind thestorefront/2014/01/06/hhgregg-sees-sales-plummetin-first-holiday-season-report-card）。最终，它可能会退出市场。HHGregg 公司在 2013 年的营销策略是希望通过它们主要的电器和家具来获得更高的销售额和利润（请浏览 twice. com/articletype/news/hhgregg-looks-furniture-appliances-profits/107090）。

利基市场

对于这样的网络零售竞争环境，一个受欢迎的策略是选择"利基"市场，这样的目标客户群是一个很小的市场（例如一个产品或者一个行业）。其经营理念是大型网络零售商在很多产品中很难鉴定客户的特殊需求，因此，它们往往在利基市场中做得不够好。

 实际案例 1

猫玩具（cattoys. com）和狗玩具（dogtoys. com）

这些网站中有与猫和狗相关的大量商品和服务，这是在实体店中没有的。如果你有宠物，请试一下，你的宠物可能会很喜欢它。

 实际案例 2

实际案例：常春藤花园（ivysgardenfood. com）

该公司销售无谷蛋白，亚洲人喜欢的家常菜肴。关于该公司的故事参见 Quick（2013）。

 实际案例 3

Zulily 公司（zulily. com）

该公司的商品来自特定的供应商，并且使用动画策略来销售，该公司的运作非常成功，并且在 2013 年 11 月初次登上美国纳斯达克股票交易所。该公司致力于为妈妈、婴儿和儿童提供高质量的服饰。

其他策略

美国之音 2013 年提供的数据显示，许多零售商提供 App 来帮助客户搜索商品，当客户在实体店中时也可以使用 App 搜索。零售商也可以提供电子优惠券，并且使缺货商品的订单更容易处理。关于更多策略，参见 Krupnik（2013）。

传统的零售商可以采取的措施

除了开始网络销售渠道和关闭利润较少的商店之外，传统的零售商还有一些策略来保护自己。这里列举了一些有代表性的例子：

小型企业能够生存吗？

虽然一些大型零售商（例如百思买公司和 HHGregg 公司）可能会退出市场，但是一些小的零售商可以幸存下来（第十三章将讨论这个问题）。dogtoys.com、hothothot.com 等小公司是电子商务的先驱者，并且它们仍然运作得很好。小公司的成功与以下策略有关：

- 利基市场。这样的产品不能够批量生产（例如非日常用品），可以考虑由小公司制作（例如提供定制服装和特殊产品）。
- 比亚马逊更快的交付。本地分布的独特商品更适合小公司经营。（不过亚马逊公司已经在一些特定的城市通过当地的快递系统提供当天交付服务。）
- 保护隐私。亚马逊在网上监控客户的活动。
- 专注于本地市场。
- 提供优秀的客户服务。
- 有竞争力的价格。
- 维护声誉。许多小公司已经在使用这种策略，任何一个单一业务公司，不论实体公司还是虚实结合的公司，都能够幸存并且获得成功。

走向全球

一些小公司（例如 Hothothot.com 公司）拥有许多来自全球的客户。像亚马逊这样的大公司也在全球范围内活跃地经营着。根据 Brohan（2012），亚马逊是欧洲最大的网络零售商。大公司收购当地的一些电子商务公司或者与它们合资。

 实际案例

拉夫劳伦（Ralph Lauren）公司（ralphlauren.com）从事服装设计、服装制作和零售，它们的业务正在欧洲网络市场积极地开展着。2013 年，它开始在日本的网络上销售。2012 年的销售收入增加了约 30%（请浏览 internetretailer.com/2012/05/25/ralph-lauren-sees-moreglobal-e-commerce-coming-soon）。Baccarat 公司也进行了类似的全球性扩张，该公司从事珠宝、水晶和高脚杯业务。关于更多公司是如何走向全球的，请参阅第十三章。

结论

根据 Isidore（2014）和一些研究机构披露的数据，许多传统实体零售商的业务看起来并不好，有许多商店已经退出了行业，更多商店也迟早会倒闭。网络交易正变得多样化。例如亚马逊正在尝试蔬菜和水果的当天交付，中国的电子商务公司也正在转向银行业的业务。

3.10 节复习题

1. 在整个零售行业中网络零售商的主要优势是什么？
2. 为什么非网络零售商的经营状况很糟糕？
3. 讨论一些中小企业生存并且成功的策略。
4. 为什么网络零售商会走向全球？它们成功的重要因素是什么？

3.11　在线零售中存在的问题和教训

当开展 B2C 电子商务活动时需要解决如下问题。Laseter et al.（2007）对这些问题和其他问题进行了讨论。

去中介及二次中介

去中介（disintermediation）指的是在供应链中，去除某些中间组织或企业本身工作中的某些中间流程。如图 3.5 中 B 部分所示，制造商绕开批发商和零售商，直接把产品销售给消费者。因此，B2C 可能会有规律地驱使一些零售商破产，根据资料显示，1997—2007 年间美国大约有一半的旅行代理机构由于网络竞争退出了行业。第二章有关蓝色尼罗河公司的案例就是一个十分生动的例子。对于绕过中介，参见 Miller and Clifford（2013）。

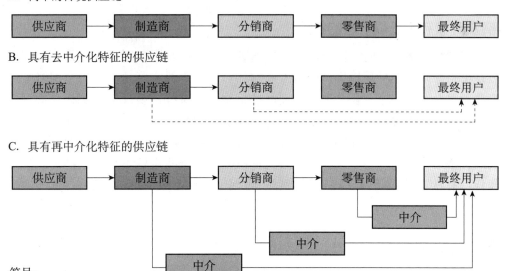

图 3.5　B2C 供应链中的去中介和二次中介现象

但是，消费者选择网络零售商时以及商家向客户递送商品时都会遇到各种各样的问题。双方还需要第三方来提供订约服务来保证交易的顺利开展。于是，就产生了对新的中介服务的需求，这样的服务有的可以由传统中介提供，有的则需要新的中介来提供。中介的作用是全新的增值服务。这种中介服务就是所谓的**二次中介**（reintermediation，见图 3.5 中 C 部分）。从中介的角度看，互联网提供了新的方法去接触客户，创造客户价值和收益。例如，Edmunds（edmunds.com）公司提供了中介这样一个新的角色，该角色可以提供一些关于汽车的信息，例如价格比较、评级和经销商的成本。还有一种是旅游中介，它们为客户安排复杂的行程或旅游景点，预订车船票或床位等。这种新型公司将会迅速发展，而传统的中介机构将会衰落。

变革的阻力

中介机构可能会被淘汰或者收入会下降。例如，从芝加哥商品交易所（CME）到芝加哥交易所（CBOT）的转变，来自经纪人的阻力已经持续了很长一段时间。关于一个有趣的讨论，参见 Ingwersen and Saphir（2011）。

渠道冲突

许多传统的零售商开始网络业务，增加新的营销渠道。[关于多渠道营销的讨论，参见 Kline（2011）。] 类似地，一些制造商建立了直接营销渠道，并行于它们已经建立的分销渠道，例如，零售商也是经销商。这时候，就会出现渠道冲突的问题。所谓**渠道冲突**（channel conflict）是指采用了新的销售渠道（一般是指网络渠道）后，绕开了传统的渠道伙伴，引发了渠道竞争。这种冲突的激烈程度取决于行业的性质、企业的特征，但是一般情况下，只要开展网络销售，就会损害与既有的商业伙伴的关系。当网络交易将传统的客户转移到在线环境中时渠道冲突就会发生。所以使用在线销售的办法来调整销售会有一定的负面影响，使它们的利润降低。一个可以解决冲突的模式是，允许客户在线预定并且支付，但是他们所订购的项目必须在实体店中交付。对于如何管理多渠道情况，参见 Kline（2010）。

价格冲突及商家制定正确价格的方法

企业（特别是虚实结合的零售企业）为在线销售的产品和服务制定价格是不容易的。其中一个原因是价格必须在两种环境里（网络上和实体店里）都具有竞争力。当今网络上的比价机制使得消费者可以了解多家企业几乎所有商品的价格，在这样的情况下，实体店的网上销售被迫向客户提供在线销售价格。但是这个价格比实体店的价格低（例如，一些航空公司在网络上销售廉价机票）。另一方面，产品的价格是由公司的盈利能力决定的。要在全公司保持盈利，在线、离线的价格策略必须保持一致。为了避免价格冲突，有些企业不得不创办独立的子公司开展网络经营，有的甚至启用新的名字（例如 allstate.com 创办的网络销售子公司 ensurance.com）。

产品、服务的定制化和个性化

互联网行业允许消费者能够比较方便地开展自我配置，也就是自己设计产品。这样就出现了大量定制产品或定制服务的需求。制造商可以通过"大规模定制"策略来满足这一需求（请浏览 en.wikipedia.org/wiki/Build_to_order）。前面介绍过，许多企业在自己的网站上提供定制化产品（请参阅在线补充读物 W1.1 中戴尔电脑的案例）。

总之，网络零售业正在迅速增长，并作为一个附加的销售渠道。即使引起了冲突，虚实结合的模式也是成功的。对于网络零售和多渠道零售，请浏览 dmsretail.com/etailing.htm。

网络欺诈与各种在线违法活动

B2C 经营中面临的一个大问题是日益猖獗的网络欺诈。这对商家和消费者都会造成伤害。关于详细的预防网络诈骗的讨论请参阅第十章。

网络零售企业失败带来的教训

企业开展网络经营会面临失败，这与实体市场是相似的。在线阅读资料 W3.4 列出了诸多 B2C 企业经营失败的例子，从中人们可以总结出一些经验教训。

尽管众多的网络零售企业致力于开发互动型网站，加强与消费者的沟通，使购买流程更加快捷，但是，也有许多网站依然只是展示商品目录，很少与消费者互动。许多传统企业正在转型过渡阶段。成熟的交易系统中应该包括支付、订单实施、配送、仓储，以及各种各样的服务。大多数情况下，企业保留传统零售经营的流程，再增加一些网络经营的特色。在当今的网络环境下，消费者可以在网站页面上、电子触摸屏上、网络手机上或利用无线网络使用 PDA 等查阅订单信息、配送信息、产品信息。在这样的环境里，开展电子商务经营的企业要提高自己的盈利能力是一个很大的挑战。

传统的零售企业拥有一个成熟的网站，这就是一个成功的虚实结合策略。例如塔吉特公司、沃尔玛公司、史泰博公司等可以创建多渠道经营，它们的好处是客户可以选择以什么方式购买。

3.11 节复习题

1. 什么是去中介？
2. 请描述二次中介现象。
3. 描述渠道冲突和网络零售业的其他冲突。
4. 描述网络零售业的价格确定。在什么情况下它可能会发生冲突？
5. 什么是网络零售经营中的个性化和定制化？它们带给客户怎样的利益？
6. 虚实结合的公司是如何成功的？

管理问题

与本章内容有关的管理问题有如下几个方面：

1. 网络零售面临的问题有哪些？网络零售将向哪个方向发展？ 在韩国，网络零售已经成为第二大零售渠道，它超过了百货商店的整体销售额。在其他许多国家，B2C 是所有零售业中增长最快的。问题是，网络零售业的极限是什么？市场集中化已经开始，这为新的网络零售商设定了一个高的标杆。但是，小企业依然可以到网络卖场中去占有一席之地，前提条件是它们能够找到自己的细分市场。

由于融资渠道不畅，收益模式也需要重新审视，所以，网络零售商的整合还将继续，直到网络零售市场逐渐趋于稳定。最终，市场上会留下少数的几家综合性零售网站（例如 Amazon.com），再加上许多小型的、专业性的网站（例如 Net-a-Porter、蓝色尼罗河等）。

2. 如何开展无线环境下的购物？ 在有些国家（例如日本、韩国、芬兰和美国）利用手机购物已经非常普遍。但是在另一些国家，虽说有无线购物平台，但是使用手机购物的人并不多。许多国家正在发展其他渠道经营和多渠道沟通的文化，并促进移动购物策略。此外，由于年轻一代都喜欢使用移动设备，所以厂商应该格外关注客户群的年龄。虽然并不是所有的企业都适合使用无线购物平台，但这显然是一个发展趋势。

3. 我们是否提倡伦理道德和隐私准则？ 伦理道德问题在在线、离线两个经营环境中都十分重要。在传统环境里，中介在保证买卖双方遵守伦理道德方面发挥着重要的作用。网络上是否有着足够的规矩去规范买卖双方的行为？我们现在还不能给出明确的答案。例如，求职者将自己的信息上传到互联网上，就会面临一个信息安全问题和隐私保护问题。企业的管理者必须对此做出保证。还有，网络零售商应该制定措施保护客户的网站浏览信息。信息安全和隐私保护都是至关重要的问题。

4. 中介如何在网络环境中发挥作用？ 网络中介的作用越来越明显。在银行业务、股市交易、就业市场、旅游市场、书籍销售市场等领域，互联网成了最重要的服务渠道。这些中间服务领域为销售商和中间商提供了新的商业机会。

5. 我们应该如何利用社交网络？ 许多个人和组织都在脸谱以及其他的社交网站上打广告，销售商品和服务。虽说打广告的主要是大企业，但是也有一些大企业在尝试利用社交网络开展 B2C 销售业务（见第七章）。社交商务将成为非常重要的营销渠道，商家应该早早地去尝试。

6. 企业应该如何对多渠道营销进行管理，以避免渠道冲突和价格冲突？ 要对多渠道营销进行管理，需要制定策略，以便利用最合适、成本效益最高的渠道完成交易。这需要伴之以最佳的冲突管理。

7. 发展 B2C 电子商务潜在的局限性主要有哪些？ 首先是要有足够的需求。要预防市场饱和。其次，网络接入的成本和效率将影响 B2C 电子商务的发展。第三，文化差异和消费习惯将影响网络购物的发展。第四，网络购物必须符合便捷的条件。第五，有效的支付和订单处理系统也是成功的关键。

8. 如何处理大量的数据？ 在 B2C 中有大量的电子数据，并且正在迅速增长。从数据中提取出有价值的信息和知识是有必要的。该技术的应用大多属于商业智能的范畴。它们可以从数据和网页中挖掘出一些其他工具。IBM 公司的分析工具 WebSphere Commerce 就是一个很好的例子（请浏览 ibm. com/software/products/en/websphere-commerce）。关于 BI 的详细信息请浏览 cio. com/article/40296/Business_Intelligence_Definition_and_Solutions 和在线辅导资料 T3。

本章小结

本章所涉及的电子商务问题与前面提到的学习目标一一对应。

1. **网络零售及其特点。** 利用网络销售商品、服务的趋势日益明显。在线销售最多的是计算机、软件以及家用电器。其他的常见商品有图书、光碟、玩具、办公用品，以及一些常见的日用品。在线销售的服务包括机票预售、旅游服务、股票交易，以及一些金融服务。

2. **网络零售模式的分类。** 主要的网络零售模式可以通过分销渠道来分类。制造商和邮购企业直接向消费者销售商品。还有纯网络零售企业（虚拟零售企业）、虚实结合企业（同时利用在线、离线渠道的企业）、网络卖场（提供推荐链接或共享服务）。社交商务促进了团购和定位购物活动。

3. **网络旅游、观光服务的经营方式。** 大多数服务可以通过实体旅行社来提供，也可以通过网络提供。然而客户可以通过网络渠道更快地获得附加信息。客户甚至还可以向旅游供应商们提交竞价（例如，使用 C2B 商业模式）。最终旅行者可以进行价格比较，参与在线活动，阅读其他旅行者的推荐，并且观看其他旅行者的视频。近期，社交旅游正在兴起，旅行者可以分享信息，甚至结伴出行。

4. **网络就业市场带来的利益。** 网络就业市场正在迅速发展。对于企业来说主要的好处是，能够在付出较低费用的同时快速地得到大量求职者，远程视频面试，甚至是录用前考核。最终，简历将被检查是否与岗位要求相符合。网络上有几百万条招聘信息供求职者选择，他们还可以在线提交简历。通过社交网络招聘这种模式发展得很快，尤其是领英和脸谱正在迅速发展。

5. **网络房地产市场。** 在大多数情况下，在线房地产市场支持传统的房地产运营。但是买卖双方可以通过网络市场来节省时间和精力。买方可以在几个不同地点购买房产，这比没有网络要容易得多。与此相伴的是实体中介的佣金降低，因为有网络中介参与竞争。卖方通过网络直接销售变得越来越流行。

6. **网络股票、债券交易市场。** 网络市场上发展得最为迅速的一块是网络证券交易。网络债券交易方便，成本低廉，而且投资者可以获得大量的金融信息和投资咨询。网络交易高效、快捷，几乎是全自动的，而且不受时空的限制。然而，网络安全问题依然是不可忽视的问题，所以好的安全保护是必不可少的。

7. **网络银行及个人理财业务。** 由于方便快捷、成本低廉的网络银行业务的出现，人们去银行网点办理业务的次数逐渐减少了，全世界的人们变得习惯并信任网络银行。当今，人们可以在任何地点使用网络银行服务。网络银行可以覆盖到很多偏远的地区，并且客户可以使用网络银行在社区以外进行交易。金融市场的效率变得更高。个人理财业务，例如账单支付、账户审核、纳税等也很受欢迎。

8. **按需配送**。当人们在线购买一些难以储存的商品，或者需要递送药品、急需文件或一些急用的日用品的时候，就需要按需配送。网络杂货商就是按需配送的一个例子。这些商品可以被在线订购并且发货或者上门取货，这些通常在 24 小时或更短的时间内完成。

9. **数字产品的配送**。只要是可以数字化的商品，都可以运用在线配送的形式。如今，人们已经可以方便地通过网络递送音乐、软件、电子书、电影以及其他各种娱乐产品。有些纸质媒体的电子版本，例如杂志、书籍，都可以数字化以后通过网络渠道配送（见第五章）。

10. **消费者购买决策的支持服务**。采购决策工具包括购物门户网站、购物机器人、比较代理、商业评级网站、推荐信（包括电子版）、企业信誉认证和其他一些工具。这些服务可以利用移动终端实时获得，也可以通过社交网站获得。

11. **零售业竞争中的新面孔**。在 B2C 的强大竞争压力下许多公司增加了在线销售渠道并且降低了产品的价格，即使是像百思买这样的大公司也变得很矛盾。像亚马逊和易趣这样的网络零售业豪门更有侵略性并且更有竞争力（例如增加了当天送达服务）。所以它们的客户更喜欢较低的价格和更好的服务。传统的零售商也需要一个策略来处理这样激烈的竞争，新的竞争者也来自中国和其他国家的网络销售商。

12. **去中介现象及其他 B2C 战略问题**。由厂商开展的在线直接营销活动导致了去中介现象，跨过了批发商和零售商直接向消费者销售商品和服务。另一方面，也出现了二次中介现象，厂商提供了新的服务和价值。例如，帮助消费者在众多的商品和商家中间进行选择。厂商开展网络直销，对零售商是一种威胁。所以它也引发了渠道冲突。在线、离线商品的定价问题也需要应对。

讨论题

1. 讨论商品比价、商品调查、客户对商家排名等的重要性。

2. 讨论专业网络零售商（例如 dogtoys.com）的优势。这样的零售商在实体市场能够生存吗？为什么？

3. 利用谷歌搜索旅游社交网站给人们带来的好处。讨论其中的 5 个好处。

4. 讨论 salary.com 给人们带来的好处。该网站有什么优势？

5. 为什么在线旅游服务这么受欢迎？为什么许多网站都免费提供旅游服务信息？

6. 比较在线、离线的股票交易的优点和缺点。

7. 比较数字化产品在线、离线的配送的利弊。

8. 你对披露在社交网站上（例如领英和脸谱网站）的个人信息放心吗？应该如何保护个人隐私？

9. 许多企业鼓励客户在线购买自己的产品和服务，有时他们还会推动客户这样做。为什么？

10. 你使用 monster.com 和 linkedin.com 等网站进行招聘吗？或者使用传统的中介？为什么？

11. WAYN 是一个社交旅游网络公司，该公司认为自己是脸谱和 TripAdvisor 之间的桥梁，请就此展开讨论。

课堂论辩题

1. 与纯网络企业（例如亚马逊）相比，传统的虚实结合企业（例如沃尔玛）有哪些优势？有哪些劣势？请讨论：像亚马逊和蓝色尼罗河这样的纯网络零售商同像沃尔玛、惠普以及其他百货公司这样的多渠道经营公司竞争，哪个会获胜？基于什么假设？

2. 网络就业市场有利于人们重新择业。因此，员工跳槽的现象多起来。这就提高了企业的运营成本。因为它们招聘和培训新员工的成本提高了，而且它们需要用更高的薪酬来吸引新员工，维系老员工。企业通过什么办法可以将这样的问题最小化？

3. 以下是制约 B2C 电子商务发展的一些因素，请展开讨论：（a）竞争加剧了；（b）对技术的投入增加了；（c）要用计算机辅助销售；（d）人们在购物时需要有面对面的交流；（e）许多人还无法上网；（f）人们对网络欺诈和网络安全的担心。

4. 一些雇主在面试期间，要求应聘者提供他们脸谱登录权限来登录他们的账号。美国一些地区打算通过禁止雇主将潜在员工的脸谱网上的内容作为参考标准的法律。对此你有什么看法？

5. 2012 年 4 月，TripAdvisor 在其网站上宣布，它

是世界上最大的社交旅行网站，一些人说 WAYN 是唯一真正的社交旅行网站。比较这两个社交旅行网站，并提出自己的观点。

6. 在虚实结合的公司里，网络销售部门需要独立出来吗？为什么？

7. 亚马逊公司的未来是怎样的？为什么？

8. 请讨论利用社交游戏招聘的好处和局限性。

9. 一些人喜欢电子优惠券，但一些人认为这浪费时间，因为优惠券对于他们想要的商品是不可用的。研究这一课题并就电子优惠券对比纸质优惠券的价值展开辩论。

网络实践

1. 许多消费平台都有对商品以及零售商的评价和排名。请浏览两个普通的消费者门户网站，上面有比价功能及其他的对照功能。然后就数码相机、微波炉、MP3 播放器的价格进行比较。请浏览网页 yippy.com，该网站对你的购物有什么帮助？请叙述你的购物体验。利用这样的购物工具有什么优缺点？

2. 浏览网站 landsend.com，用定制的方式订购一件衣服。阐述购物流程。这样购物，买来的衣服是否会更加称心？这种个性化的服务是否能帮助企业提高销售量？

3. 请浏览网站 asktheheadhunter.com 或 career-builder.com，按照上面的指导修改自己的简历，方便众多企业收阅。浏览 monster.com 网站，学习应该如何规划自己的职业生涯。准备接受一次面试，在 monster-tronics.com，了解自己应该具备哪些能力。利用网络了解所在城市自己擅长的职业的薪酬水平。

4. 浏览 move.com、decisionaide.com 或类似网站，计算按照 5.5% 的固定利率，30 年还贷期限，自己每月的还贷额度是多少。了解目前的贷款利率水平。如果贷款 20 万美元，最终需要还贷多少钱？如果不是固定利率，而是可变利率，那么第一年的还贷额是多少？如果是固定利率，但是 15 年还款期限，总的还款额度是多少？比较 30 年还款期限和 15 年还款期限，两者有多少差异？

5. 注册并登录 virtualtrade.co.uk 网站，从事虚拟股票交易。假设你每个月在资金账户里注入 10 万英镑。写出你的投资体验。你也可以登录 investopedia.com 或 marketwatch.com/game 网站。

6. 浏览 shopping.com、mysimon.com、bizrate.com、pricegrabber.com 网站，比较一款索尼数码相机的价格。哪个网站上的产品价格最低？最理想的信息渠道在哪里？

7. 浏览 vineyardvines.com 网站，定义多渠道的零售运作并列举对公司的好处。

8. 登录 bazaarvoice.com 网站，消费者如何参与讨论？关注上面的 Q&A 服务。网站如何保证内容的质量？就此写一份报告。

9. 登录 couchsurfing.org 并研究公司是如何通过主机与潜在的旅行者进行联系的，并讨论这一服务的局限性。与家庭交换网站进行比较，例如，homeexchange.com。

10. 登录网站 zillow.com/corp/ZillowPortfolio.htm 并且查看你 Zillow 的公文包，调查公文包的能力和对客户的好处。写一个报告。

11. 领英和脸谱网站对求职者有哪些帮助？对企业有什么帮助？你可以通过网站（indeed.com）寻找相关答案。

12. 比较 yelp.com 和 epinoins.com 网站。

13. 浏览 hayneedle.com 网站，这是一家怎样的卖场？

14. 登录 layar.com 网站，并且找到 Layar Creator 或其他可以帮助 B2C 购物的产品的相关信息。写一个报告。

15. 登录 play.google.com/store 网站，并叙述该网站上提供的与本章有关的服务。

团队合作

1. 为导入案例设计的作业：请阅读本章开头的导入案例，并回答下列问题：

a. 亚马逊网站的成功之道是什么？网站扩大了经营

范围是一个好的营销策略吗？这样做，公司的品牌价值会降低，还是会改善客户的价值诉求？

b. 亚马逊公司还开设了 Zappos（zappos.com）门

店，这样做有意义吗？为什么？

c. 浏览网站 amazon.com，寻找 3 个以上的个性化和定制化的功能特征。浏览某一个专题的图书。退出浏览，再重新登录。你有哪些发现？这些功能会鼓励你在亚马逊网站上购买更多图书吗？关注"一键下单"功能，以及其他购物辅助功能。把这些功能列出来并说明它们将如何提高销售量。

d. 亚马逊公司与什么公司结成联盟？为什么？

e. Amazon.com 网站上有哪些个性化特征？它们的优势在哪里？

f. 列举亚马逊的技术导向性活动（例如 Mechanical Turk 和电子阅读器），列举其中最主要的一种服务并讨论其逻辑。

g. 寻找一些亚马逊最近的关于市场策略的材料并讨论你的发现。

h. 查阅亚马逊网站的社交网络活动，它们的目的是什么？

2. 每个团队（从以下网站或其他网站中）调查两家在线汽车销售网站的服务项目。当整个团队完成以后，将所有调查结果放在一起并讨论发现。

a. 通过中介购买一辆新车（autobytel.com 或 carsdirect.com）。

b. 购买二手汽车（autotrader.com）。

c. 通过汽车经销商购买二手汽车（manheim.com）。

d. 浏览汽车评价网站（carsdirect.com，fueleconomy.gov）。

e. 浏览汽车交易门户网站（thecarportal.com，cars.com）。

f. 购买收藏类轿车（classiccars.com，antiquecar.com）。

3. 每个团队（或每位团队成员）浏览 2～3 个旅游网站或社交网站（例如 world66.com，virtualtourist.com，bootsnall.com，tripadvisor.com，travel.tripcase.com，lonelyplanet.com/thorntree，wayn.com，budgetglobetrotting.com 等）。比较这些网站的功能并写一个报告。

4. 每个团队代表一个行业的经纪人（例如房地产市场、保险市场、股票交易市场、就业市场）。要求关注在被分配的区域内该行业最近 3 个月内发生的新变化。浏览公司网站上的公告并找到每个领域内发生的新事件。可以在 bllomberg.com 网站上浏览行业动态新闻。调查完成后，以团队为单位写一篇调查报告，阐述该行业的去中介现象。

5. 要求像奇客那样纯粹利用网络筹备一次婚礼。首先，制定一个活动议程。内容要包括新郎求婚，购买婚戒，确定所用的乐曲，使用自己管理的 DJ。要节省，还要鼓励客人参与制订计划（考虑使用脸谱和推特来完成你的婚礼计划）。你可以从观看一场婚礼开始，可以浏览 itworld.com/offbeat/68244/wedding-20-when-weddings-go-geek，关于 100 个令人讨厌的婚礼想法，请浏览 trendhunter.com/slideshow/geekywedding，可以在谷歌网站上搜索"geek wedding"。

6. 在网站 youtube.com/watch?v＝tclu9eqpf68 上观看视频资料"Internet Marketing and E-Commerce with Tom Antion Part One"（《Tom Antion 公司的网络营销及电子商务》，9 分 6 秒）。（第二部分可以自选，youtube.com/watch?v＝7jmK0_QTguk。）回答如下问题：

a. 列举的收入来源是什么？

b. 视频中还有哪些你了解的 B2C 收益模式没有提到？

c. 这里有哪两种伙伴营销模式？对它们进行比较。

d. 为什么易趣的销售会非常成功？

e. 视频中对在家销售商品、服务提出了建议。请你对此作出评价。

f. 在家经营的问题和局限性在哪里？

7. 在线或离线观看视频资料，了解未来的零售模式。未来的 B2C 电子商务可能会是什么样的？考虑将来的购物创新（可观看微软公司关于零售业发展前景的预测资料，或欧洲 Metro AG 公司的相关资料）。

8. 你的任务是帮助人们在网上找工作，每个团队评估几个招聘网站，并且列举它们的功能和不足（craigslist.org，careerbuilder.com，dice.com，glassdoor.com，linkedin.com，mediabistro.com，monster.com，simplyhired.com，tweetmyjobs.com）。此外，再去浏览和评价 Monster Virtual JobFair（virtualjobfair.be）等虚拟招聘会。

9. 各团队研究广播电台 Pandora Radio（pandora.com）。集中于以下几个方面。

a. 所有可以播放的音乐资源。

b. 所有可以访问 Pandora 网站的设备。

c. 它的商业模式和竞争力。

d. 提出你的发现。

10. 电子商务（包括 B2C 在内）在中国正迅速增长。研究中国主要的 B2C 网站，tmall.com，taobaofocus.com 和 aliexpress.com。列出你的发现。

Etsy：一个社交导向型的 B2C 市场

Etsy 是在全世界范围内销售独特的手工珠宝、服饰、古董（20 年以上）、艺术品、油画、手工艺品等商品的网络市场。Etsy 为卖方创建了一个社区，每个卖方拥有一个虚拟的店铺。小型的卖方通常就是手工艺品的设计者。所以 Etsy 可以被看作是设计者的一个虚拟平台，在 Etsy 上每个创作者都有一个链接，所以购物者可以去了解他们的店铺，查看评论，也可以联系卖方询问任何问题。每个卖方可以在脸谱或 Instagram 网上提供店铺的链接。所以每个潜在的购物者都可以看到可以购买的商品。关于 Etsy 在社交网络上成功的技巧请浏览 blog.Etsy.com/en/tags/Etsy-success-socialnetworking/。

公司的使命

根据网站 Etsy.com/about 的描述，Etsy 的使命是"建立一个更加满意的、永恒的世界来重新定义贸易方式"。2012 年 Etsy 成为 B 型认证企业*这是一个新型的公司，它可以使用商业的力量来解决社交问题（请浏览 blog.etsy.com/news/2012/etsy-joins-the-b-corporation-movement）。

社区

根据网站 etsy.com/community 的介绍，Etsy 不仅是一个市场，它还是艺术家、创作者、收藏家、思想家和实行者的社区。它鼓励会员分享创意，添加事件和参与研讨会（在你的区域）。社区成员可以张贴评论和故事。Etsy 把它自己描述为"我们一起做的市场"。

Etsy 使用多个社交工具和网络。例如 2009 年 4 月 Etsy 在推特上组织了一个"Etsy Day"。2011 年 3 月，该公司创建了一个与脸谱类似的社交网络系统，名为"People Search"。这是一个工具，人们可以通过该工具搜索所有的 Etsy 买方和卖方，并且将搜索到的人添加到自己的圈子里，这类添加导致了一些关于隐私的批评。随后，Etsy 网站开始注意保护个人信息（请浏览 huffingtonpost.com/2011/03/15/etsy-privacy-debacle-site_n_836277.html）。

贸易和盈利模式

Etsy 是一个以盈利为目的的私营公司，虽然它不收取入会费用，但是 Etsy 对一个条目商品向卖方收取每 4 个月 20 美分的费用（到该商品卖出为止），还有一个销售额 3.5% 的附加费用。如果卖方使用该网站的支付系统（称为直接支付），还有一个每笔交易额 3% 的附加费用（或者更多，这取决于当地银行的政策）。Etsy 声明，公司是很赚钱的，而且正在准备上市。

竞争

在美国之外有许多 Etsy 的竞争者（例如德国的 en.dawanda.com 和瑞士的 ezebee.com），详情请浏览 en.wikipedia.org/wiki/Etsy。在美国，许多手工艺品创作者在易趣和亚马逊上销售作品。一些竞争网站只销售特定商品（例如，服饰和珠宝）。Etsy 有一个官方博客（请浏览 blog.etsy.com/en）。Etsy 的博客也出现在脸谱（facebook.com/Etsy）和推特（twitter.com/etsy）上。2014 年早期，Etsy 在 Pinterest 网站上（pinterest.com/etsy）有 409 000 多名粉丝。该网站上有成千上万个 Etsy 的商品被整理在将近 100 个版块上。

---

* 也称为"共益企业"或"B 型企业"。——译者注

结论

除了"People Search"上涉及的隐私保护问题之外，该公司因欺诈检测力不足而被指责。例如，Etsy 只允许原创作品销售，而禁止转卖。Etsy 现在坚持所有的销售商透明化，而且将继续调查所有被标记为违反规定的所有销售商（请浏览 blog. etsy. com/news/2013/a-frank-conversation-about-resellers/?ref＝about_blog_title）。尽管受到指责，该公司的发展仍然很迅速。Etsy 的运营已经发展到了德国、法国和澳大利亚，并且正计划扩大到其他国家。

资料来源：Cheng（2011），Chow（2014），Feldmann（2014），Walker（2007），en. wikipedia. org/wiki/Etsy 和 etsy. com/blog/news（2014 年 4 月数据）。

思考题：

1. 解释为什么 Etsy 被看作是亚马逊、易趣和住户地下室之间的结合？

2. 解释该公司通过什么方法来完成它的使命。

3. 本案例中的卖方都是小型企业。因此 Etsy 可以被看作是一个 B2C 公司，然而，它也可以被看作是 P2P 的促成者。请解释这一现象。

4. 比较和对比 Etsy 和易趣交易管理的相似之处。

5. 登录 storenvy. com 并了解该公司的市场，并且与 Etsy 进行对比。写一个报告。

6. 调查 Pinterest 和 Etsy 之间的联系，并写一个报告。

在线补充读物

W3.1　什么商品在网上卖得好

W3.2　应用案例：在线汽车销售——按订单生产

W3.3　CatToys. com：一个独特的网络零售商

W3.4　失败的网络零售商的经验教训

术语表

Brick-and-mortar retailer：**实体零售商**，只在现实世界交易的零售商。

Business model：**商业模式**，一个组织如何通过商业运作来产生收益。

Channel conflict：**渠道冲突**，引用了在线销售渠道损坏了传统合作伙伴的利益的例子。

Click-and-mortar retailer：**虚实结合零售商**，传统零售商和在线商店的结合。

Direct marketing：**直接营销**，制造商不通过实体店，直接将产品销售给客户。

Disintermediation：**去中介**，排除中介机构在贸易伙伴之间负责的某些活动（通常在供应链中）。

E-grocer：**网络杂货商**，接受在线订单，并且在很短的时间内提供日常用品或其他定期预定商品服务。有的甚至在一小时内交付。

E-tailers：**网络零售商**，开展在线零售业务的销售者。

Electronic (online) banking or e-banking：**在线银行或网络银行**，在网络上开展的银行业务。

Electronic retailing (e-tailing)：**电子零售（网络零售）**，在整个网络上开展的零售业务。

Event shopping：**活动采购**，是主要为满足某些特殊活动需求而设计的 B2C 模式（例如，一场婚礼或"黑色星期五"）。

Internet TV：**网络电视**，通过网络视频数据技术交付的电视节目。

Internet Radio：**网络广播**，通过网络传输的音频内容。

Location-based commerce (l-commerce)：**定位商务**，这是一个无线电技术，销售商通过 GPS 在某一特定的时间内向某一地区的客户发送广告。

Multichannel business model：**多渠道商业模式**，既在网上销售也在网络以外销售的模式或策略。

On-demand delivery service：**按需交付服务**，是一个快递交付选项。

Private shopping club：**封闭式购物俱乐部**，会员享受较大的折扣，并且经常有活动。

Referral economy：**推荐经济**，是指（在社交网络或博客上）接受其他买方的建议的习惯。

Reintermediation：**二次中介**，提供全新的增值服务的新中介。

Shopping portals：**购物门户网站**，网络商店或网络商城的门户网站。

Shopping robots：**购物机器人**，是一个可以满足搜索最低价格或其他搜索条件的搜索引擎。

Social TV：**社交电视**，一个新的社交媒体技术，能够使几个在不同地区观看同一节目的电视观众互相分享经验，例如讨论、评论和推荐。

Virtual（pure-play）e-tailers：**虚拟的（纯粹的）网络零售商**，不需要实体店，直接在网上销售的公司。

第四章 B2B 电子商务

学习目标

1. B2B 电子商务的定义；
2. B2B 电子商务主要的经营模式；
3. 卖方市场的经营模式和特征；
4. 卖方市场的中介机构；
5. 买方市场的特征及网络采购；
6. B2B 电子商务的逆向拍卖；
7. B2B 市场整合及团购模式；

8. 其他采购方式以及 B2B 交易中心的主要形式；
9. B2B 电子商务门户网站；
10. 第三方交易平台；
11. 社交网络及 Web 2.0 工具给 B2B 电子商务带来的利益；
12. B2B 电子商务中主要的支持服务。

|导入案例| 阿里巴巴：世界上最大的 B2B 市场

阿里巴巴集团是以互联网为基础的电子商务公司的集合，例如 B2B 公司（Alibaba.com）、B2C 公司、电子商务服务公司，等等（请浏览 news.alibaba.com/specials/aboutalibaba/aligroup/index.html）。阿里巴巴为中国制造商和其他各国买主提供了一个桥梁。到 2014 年，阿里巴巴成为世界最大的电子商务公司，其 B2B 公司（Alibaba.com）成为全球最大的市场。

机遇

阿里巴巴集团始建于 1999 年，是由马云和他的伙伴一起建立的。马云预见了一场商机，能将国外买主与中国制造商，尤其是一些小型企业联系起来。这些企业试图进入国际市场，却苦无出路。最初的公司是 Alibaba.com，是一个 B2B 入口，之后发展成为一个综合的 B2B 市场。之后，阿里巴巴集团又增加了一个 C2C 市场，即淘宝（taobao.com）。2004 年，阿里巴巴增设了跨境网络支付服务平台——支付宝（ali-pay.com）。2007 年，阿里巴巴集团建立了基于互联网的商业管理软件公司——阿里软件（alisoft.com），随后又建立了淘宝天猫商城（tmall.com），这是一个最大的 B2C 平台。阿里巴巴还建立了一个云计算平台，该平台会随着时间的变化而进行调整。2014 年，阿里巴巴计划在美国首次公开募股，筹集 150 亿美元。本案例主要讲述的是阿里巴巴旗下的 B2B 公司，即 Alibaba.com 公司。

解决方案

2014 年，阿里巴巴成为一个网络市场，主要由购买平台、销售平台、购物社区以及 B2B 服务组成。该公司的使命是为买方、供应商和卖方提供所有必要的支持。公司组成部分以及各方角色的关系见图 4.1。

● **供应商**：发布产品目录、公司信息、特殊促销活动等，阿里巴巴负责将信息传达给国际买主，供应商可以得到免费的在线培训。

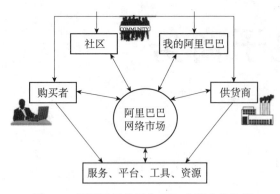

社区 　 我的阿里巴巴

购买者 　 阿里巴巴网络市场 　 供货商

服务、平台、工具、资源

图 4.1　阿里巴巴公司在 B2B 市场中的作用

● **买方**：寻找潜在的产品和供应商，同时也有权选择他们需要的物资，从供应商那里得到报价。买方可以核实供应商提供的信息的价值。请浏览 sa.alibaba.com，观看一段关于供应商评估的视频。阿里巴巴提供可信赖的专家的监督服务。买方也可以比较价格和服务质量。

● **向买方和供应商提供服务**：阿里巴巴帮助沟通、协商，促成交易完成。它们也会安排支付进程、保险和送货细节。阿里巴巴提供所有所需的技术以维持在其网站上的活动，还提供类似第三方托管的服务，处理消费者的投诉问题。

● **我的阿里巴巴**：是阿里巴巴网站上一个个人交流和交易管理的工具。目前，买方和供应商是分开的。

● **工具和资源**：阿里巴巴提供进出口的信息和工具，还提供贸易展通道。

● **阿里巴巴云计算和其他设施**：阿里巴巴是云计算服务的开发者，致力于支持阿里巴巴集团下公司的成长，提供一个综合的、基于互联网的、以电子商务为主的计算服务套件，包括电子商务数据挖掘、高速大规模电子商务数据处理功能以及数据的定制。

● **支付宝**（alipay.com）是一个跨境网上支付平台，只要使用者有买方和从事电子商务交易的卖主。它为数以万计的个人和商人在网上进行支付和收款提供了一种简便和安全的方式。到 2013 年年底，已经有 3 亿人注册支付宝，成交金额达到 1 250 亿元；移动用户，通过移动支付宝，支付 27.8 亿元。移动支付宝目前是世界上最大的移动平台（2014 年数据）（请浏览 chinainternetwatch.com/6183/alipay-the-largest-mobile-payments-platform-in-the-world）。

● **阿里巴巴第三方托管服务**（alibaba.com/escrow/buyer.html）是指直到交易双方都确认交易完成，卖主才能收到付款。如果买方未收到货物或者对物流不满意，阿里巴巴第三方也有争议和退款流程。

如果想了解更多关于阿里巴巴第三方和争议退款流程的信息，请浏览 alibaba.com/help/safe_security/products/escrow/fag.html。

支付宝还为在中国做生意的外国买主和卖主提供了网上全球支付方式。支付宝支持 12 种主要的外国货币的交易。

数据库。阿里巴巴的核心是其巨大的数据库，这基本上是同一行业的信息组织分成数十个行业种类，包括农业、服装时尚业、汽车行业以及玩具业。每种行业类别又进一步划分为子类别（总共有 800 多种）。例如，玩具类有洋娃娃、电子宠物、木制玩具等。每个子类别又分门别类，组成四个组：买方、卖方、代理商和合作商。每个组可能会有许多公司和产品。（一些类别有成千上万条产品记录。）一个强有力的搜索引擎有助于获得这个数据库。

社区服务。阿里巴巴具有以下主要特征，都与进口和出口有关：免费邮件、帮助中心、24 小时在线的智能机器人帮助回答问题、交易员培训、贸易警报免费更新你的收件箱、新闻、贸易展信息、法律信息、仲裁、论坛和讨论组、贸易趋势等。此外，供应商可以创建一个个性化的公司网页和产品陈列室。会员也可以张贴他们自己的市场导向（买卖的地方）。阿里巴巴还提供贸易经理移动应用程序（请浏览 trademanager.alibaba.com），这是它们的即时通信工具。贸易经理可以和买方进行实时交谈，获取实时信息，方便寻找买主和供应商，获得最新的贸易结果。贸易经理程序使用多种语言，费用相对较低（间接物料是免费的）。详情请浏览 alibaba.com/help/features-trademanager.html。

根据 DYC 软件工作室（chattranslator.com）提供的信息，DYC 卖给贸易经理名为 ChatTranslator 的翻译软件，可以翻译 20 种语言。该翻译软件可以翻译、传输任何一种外国语言的信息，将回复者使用的语言翻译成使用者的语言。（请浏览 chattranslator.com/products/chat-translator-tradeManager.html 和 download.cnet.com/Chat-Translator-for-TradeManager/3000-20424_4-75212643.html。）想要了解新的贸易经理的特征，请浏览 trademanager.alibaba.com/features/introduction.htm。想要了解更多关于阿里巴巴为帮助买卖双方提供的工具和特色，请浏览 alibaba.com/help/alibaba-features.html。

面临的竞争。许多公司试图和阿里巴巴竞争，例如，京东（jd.com，与腾讯联合）是中国第二大电子商务公司。（B2B 和 B2C 均使用京东。）trade.gov.cn

是一个综合的电子商务平台，主要用于促进国内外的贸易。中国制造网（made-in-china.com）是另一个全球 B2B 交易平台，它是阿里巴巴的另一个竞争者。在国际市场中，许多公司（例如 TradeBanq，EC21，Hubwoo，Allactiontrade）都在与其竞争。

结果

到 2014 年，阿里巴巴涉及 5 000 多种产品类型，在其国际市场上有大约 500 万注册用户（中国除外），而中国大约有 2 500 万使用者。阿里巴巴在 240 多个国家和地区都进行交易，雇佣了 25 000 多人。

根据 Chen and Gill（2014），该公司的预发行估值为 1 680 亿美元。

资料来源：Chen and Gill（2014），Lai（2010），Schepp and Schepp（2009），crunchbase. com/company/alibaba、buyer. alibaba. com 和 seller. alibaba. com（2014 年 4 月数据）。

注：了解关于马云的 7 件事情，请浏览 upstart. bizjournals. com/entrepreneurs/hot-short/2013/09/25/meet-jack-ma-things-to-know-about. html。

案例给予的启示

B2B 电子商务在整个电子商务经营中占到 85% 以上的份额，是由不同类型的市场和贸易方法组成的。本章的导入案例向买方和卖方阐释了市场的作用。案例介绍了 B2B 市场提供的技术支持。此案例还介绍了有关辅助服务（如第三方服务）的信息。案例讲述了提供给卖方的服务（将在 4.2 节和 4.3 节中进一步说明）和提供给买方的服务（将在 4.4 节、4.5 节和 4.6 节中进一步说明）。案例还讲述了市场的作用（将在 4.7 节和 4.8 节中说明）。所有主要的电子商务买卖的 B2B 方法以及 B2B 市场的类型和平台都将在本章中进行说明。最后，我们将 B2B 和社交网络以及其他的辅助服务联系在一起。

4.1 B2B 电子商务的概念、特征和经营模式

B2B 电子商务有一些特征和具体的经营模式、组成成分以及概念，接下来我们将讨论其主要的特征和经营模式。

B2B 的基本概念和过程

企业—企业电子商务（B2B EC），也称 eB2B（electronic B2B），或者就是 B2B，是指在互联网、外联网、内联网和私人网络之间进行的电子交易。此类交易可能发生在业务及其供应链伙伴之间，也可能发生在商业和政府之间，还有可能发生在其他任何业务之间。本章中的 business 指的是任何营利或非营利的组织、个人和社会。在 B2B 中，为了提高效率和效益，公司的目标是将交易事务、沟通和协作过程计算机化。B2B 电子商务与 B2C 不同，它比 B2C 更复杂。同公司交易比同个体交易更困难。更多讨论，参见 Wirthwein and Bannon（2014）。

推进 B2B 电子商务发展的动力（一些在导入案例中谈及）主要是降低成本、提升竞争优势，当然还包括搭建安全的互联网平台，以及众多的 B2B 电子交易市场。开展 B2B 交易需要业务伙伴之间的合作，需要在供应链中减少交易时间和延迟的出现，需要有效的交互和系统集成的技术。几家大型公司已经采用了有效的 B2B 买卖系统。"戴尔超级链接"就是一个例子，请浏览 youtube. com/watch？=OGgecp0uH9k，观看名为 "Dell PremierConnect—The Efficiency of B2B（a Punchout Demo）"（《戴尔超链接——B2B 的效率》）的视频。

B2B 交易活动的基本类型

B2B 中买卖双方的数量和加入的形式决定了 B2B 交易活动的 5 种基本类型：

1. 卖方市场：一对多模式。

2. 买方市场：一对多模式。

3. 市场或交易平台：多对多模式。

4. 供应链的改进。

5. 协同商务（在第五章中会讲到）。

最后两个类别包括除了买卖之间的内部组织和商业伙伴的活动。例如，其中包括从供应链移除障碍、沟通、合作、共享联合设计和规划的信息等。

这 5 种 B2B 类型见图 4.2，下面将进行简要的介绍。

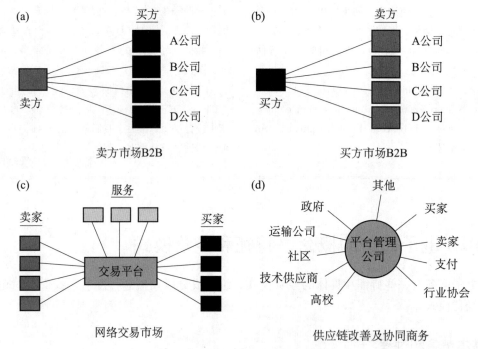

图 4.2　B2B 电子商务的五种类型

B2B 电子市场和服务的基本类型

以下是 B2B 电子市场的基本类型。

一对多和多对一模式：企业电子市场

一对多和多对一市场中，公司要么进行所有的销售（即卖方市场），要么进行所有的采购（即买方市场）。因为电子商务集中在单个公司的买或者卖的需求，这种类型的电子商务也叫作以企业为中心的电子商务。以企业为中心的市场——不管是买方还是卖方，都将在 4.2 节、4.3 节、4.4 节、4.5 节和 4.6 节中讲述。

在以企业为中心的市场中，公司对所有的交易和支持信息系统有完整的控制权。市场所有者可能会限制和控制其交易双方。因此，这些市场从本质上讲是非公开的。它们可能在卖方或者买方的网站上，也可能是由第三方主持的（即"中介"）。

多对多模式：公共交易场所（或者电子市场）

在多对多模式中，许多买主和卖主用电子进行交易。这种类型的电子交易有多种，也称作**交易平台**（exchanges，也称作"交易社区"或者"交易场所"）。在本书中，我们将使用"交易平台"这个词。交易平台通常是第三方或者企业集团拥有并运行的市场，在 4.7 节中有详细的阐释。公众电子市场对所有感兴趣的人开放（买方和卖方）。阿里巴巴就是交易平台的一个例子。

供应链改进及协同商务

B2B 事务经常沿着供应链环节进行。B2B 项目需要根据其他供应链活动（如原材料的获取、完成订单、发货和物流）进行检测（见第十二章）。如丽诗卡邦公司（Liz Claiborne，零售时装公司）数字化其整个供应链，取得了实质性的效果（请浏览 gxs. com/assets/uploads/pdfa/caseStudies/CS_L_Claiborne_GXS. pdf）。

协同。做生意的目的不只是进行买卖，其中一个例子就是协同商务，包括沟通、联合设计、规划以及事业伙伴之间的信息共享（见第五章和第十二章）。

市场规模和 B2B 的内容

美国人口普查局估计 B2B 在线销售约为总数的 40%，但是行业与行业之间有着较大的差异（如制造业就达到 49%）。化工、电子计算机、公用事业、农业、运输和仓储、汽车、石化、纸和办公用品、食物是 B2B 的主要市场。据统计，B2B 的销售额至少占所有电子商务总交易额的 85%，在一些国家，它就占 90% 以上。而全球的总交易额为 20 万亿美元。

经过 2000 年到 2002 年的整合，B2B 市场迅速发展。不同的 B2B 市场预测者使用不同的定义和测量方法，所以，预测数据不尽相同。因此，这里我们不能提供更多的估计数据。经过 B2B 市场中最新消息检测过的数据来源在第三章中提及过（见表 3.1）。

B2B 电子商务目前正处于第六代，如图 4.3 所示。这一代包括与供应商、买方、政府和其他业务伙伴合作，通过广泛地使用移动计算；使用博客、维客和其他 Web 2.0 工具；内部社交网络的部署；使用公共社交网络如领英和脸谱等。虚拟世界中也存在着 B2B 交易活动。此外，第六代利用移动计算，尤其是平板电脑和智能手机。旧的一代可以和新的一代共存。另外，一些公司仍然只使用早期的电子商务。本章主要讨论第二代和第三代。第四代和第五代将在第八章讲述。

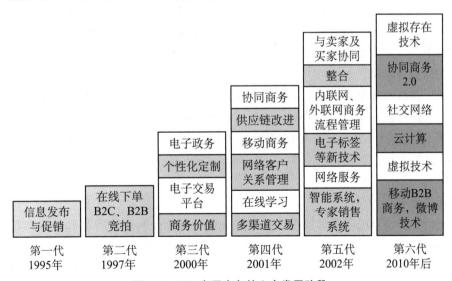

图 4.3　B2B 电子商务的六个发展阶段

B2B 领域多种多样，取决于行业、产品或服务、交易量、交易方式等。B2B 的多样性列示在图 4.4 中。我们将区分 5 种主要要素：我们的公司（可能是制造商、零售商或者服务提供者等），在图中心显示；供应商（左侧）以及零售商（右侧）；有许多不同的服务（在图底端）支撑公司的运行；公司还同几个中间人（在图顶端）合作。图中的实线表示信息流。

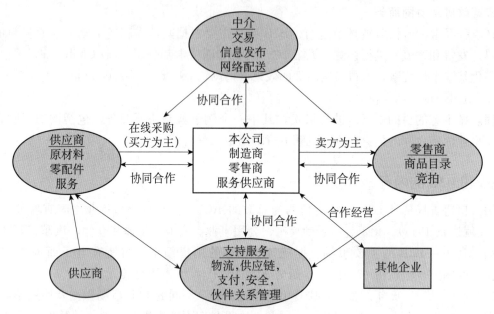

图 4.4　构成 B2B 电子商务的各个要素

B2B 交易中的各种要素

接下来，我们将介绍 B2B 交易中的各种要素。

交易各方：卖方、买方、中介

B2B 电子商务可以在制造商与客户之间直接进行，也可以通过**网络中介**（online intermediary）进行。中介是第三方，由其撮合买卖双方的交易。中介可以是虚拟的，也可以是虚拟结合的双渠道中介。第三章中提到的为个体消费者提供服务的中介也适用于企业客户。将买方和卖方集成在一起的网络平台，是典型的 B2B 电子商务中介。

公司购买的各种材料

B2B 市场主要有两种材料和供应类型：直接材料和间接材料。**直接材料**（direct materials）是指用来制造产品的材料，如造车用的钢、印制书籍用的纸张。

间接材料（indirect materials）是指像办公用品或灯泡之类的用来维持操作和生产的物品。通常用来保养、维修和日常经营（maintenance，repair and operation，MRO）。总的来说，它们也称为非生产材料。

B2B 市场平台

B2B 交易经常在阿里巴巴等市场里进行。B2B 市场可以分为垂直市场和水平市场。**垂直市场**（vertical marketplaces）是指某一特定的行业或者产业环节，如专门从事电子产品、汽车制造、医药用品、不锈钢生产和化学物质等的交易的市场。**水平市场**（horizontal marketplaces）是指在服务或生产中进行的交易，用于多种行业，如办公用品、清洁材料和涂料等。阿里巴巴网就是一种水平市场。

材料交易的类型和 B2B 交易的类型决定了 B2B 市场的概念。将这些市场进行归类的一个办法是：

- 战略（系统）采购和间接材料 ＝ MRO 枢纽（水平市场中的 MRO）。
- 系统采购和直接材料 ＝ 垂直市场中的直接材料。
- 现货采购和间接材料 ＝ 水平市场中的现货采购。
- 现货采购和直接材料 ＝ 垂直市场。

B2B 交易的各种特征总结在表 4.1 中。

表 4.1	B2B 电子商务交易的特征
交易各方 买卖双方直接交易 通过中介交易 B2B2C：企业向企业客户销售，却递送给普通消费者	**交易的类型** 现场采购 战略采购
销售的商品 直接材料和易耗品 用于维修保养的间接材料	**交易的方向** 垂直的 水平的
参与的企业数及参与的形式 一对多：卖方市场，网络店铺 多对一：买方市场 多对多：多方交易的市场 多家相关的企业：协同合作，供应链	**开放程度** 企业交易平台，限制参与者 企业交易平台，限制参与者 公共交易平台，不限参与者 企业交易平台（通常），可以发挥公共交易平台的作用

B2B 的网上服务行业

除单纯的商品交易外，B2B 还可以提供网上服务。旅游、银行、保险、房地产和证券交易等类型的服务业不仅可以以个人的形式进行网上交易（第三章中已经讨论过），还可以以业务形式进行网上交易。B2B 的主要服务有：

- **旅游及宾馆住宿服务**。许多大企业都是通过旅游中介公司安排员工的行程。例如，美国运通商务旅游公司提供多种旅游服务工具，帮助公司旅行管理机构计划和管理员工旅行行程。除了普通的行程安排和一般管理之外，美国运通商务旅游公司还提供各种在线交易工具（请浏览 amexglobalbusinesstravel. com/total-program-management）。例如：

  a. TrackPoint 跟踪工具方便旅行管理部门随时了解外出人员的行踪。

  b. Travel Alert 是提供信息服务的，它会告诉管理人员旅行目的地的种种情况，例如当地的天气状况，航班延误信息等。

  c. Info Point（businesstravel. americanexpress. com/info-point）是一个网站，涉及全球国家与城市的具体信息。

  d. Meetings and Events 可以帮助安排会议，包括寻找会场（请浏览 amexglobalbusines-stravel. com）。

  e. 美国运通商务旅游公司还提供在线社交网络平台。

  f. Egencia 公司（engencia. com/en，Expedia 旗下的公司）与世界各国的伙伴合作，帮助企业优化旅行方案，降低开支（请浏览 egnecia. com/en/about-egencia）。

- Expedia、Travelocity、Orbitz 等网络旅游服务机构都提供相似的 B2C 和 B2B 服务。

- **商业地产交易**。商业地产交易数额巨大，环节复杂。因此，网络不可能完全取代传统的人工中介。但是，企业却可以利用网络寻找合适的地产，对它们进行比较，进行在线谈判。有些政府负责经营的商业地产拍卖仅针对公司房地产经纪人，这样的拍卖活动可以在线进行。

● **金融服务**。网上银行是进行业务付款、资金转移或者其他金融交易的一个行之有效的方法。如电子资金转移（EFT）提供网上支付，同电子信用证一样受公司欢迎。网上交易费比其他任何可供选择的方法的费用都要低。要了解 B2B 中付款是怎样进行的，参见第十一章。公司还可以从纯粹的网上保险公司和虚实结合的企业购买网上保险。

● **在线融资服务**。商业贷款可以从网上银行征集。由于经济衰退，一些企业主（甚至是那些具有优秀信用得分的人）很难获得贷款；因此，他们可能向 Biz2Credit（biz2credit.com）等公司寻求帮助，Biz2Credi 是一家帮助小型企业成长的公司。Biz2Credi 是一种网上信用市场，将贷款申请者和 1 200 多家银行进行匹配（请浏览 biz2credit.com/about 和 cnbc.com/id/101009116）。一些网站，如 garage.com 提供关于风险资本的信息。团体投资人使用网络是为了某一确定的交易活动。

● **其他网上服务**。包括咨询服务、律师事务所、医疗服务以及其他销售企业知识和特殊网上服务的服务。许多其他网上服务，比如购买电子邮票（与计量邮资类似，但是在电脑中进行），都可以在网上进行（请浏览 stamps.com）。招聘和人员配置也可以在网上进行。

伙伴关系管理与供应商关系管理

成功的电子商务需要合作以及相关的供应链中商业伙伴的配合。要了解一些利益和方法，参见 Chopra and Meidl（2012）。有许多电子工具可以做到这一点。使用这样的工具可以维护客户关系管理（CRM）和合作伙伴关系管理（PRM）。

同个体客户需求相比，企业客户可能需要更多服务。如企业客户可能需要访问供应商的库存状态报告，所以它们知道哪些物品供应商可以快速交付。供应商也可能希望看到同具体买方进行的个别项目的历史购买记录，它们可能需要私人网上展厅和网上贸易的房间与买方进行交流。有大量供应商可用于设计和构建适当的 B2B 关系的解决方案。提供全面的、高质量的电子商务业务合作伙伴战略有时被称为**合作伙伴关系管理**（partner relationship management，PRM）。

提供合作伙伴关系管理的网站有 netsuite.com, channeltivity.com, relayware.com 以及 salesforce.com。

B2B 在线交易的优点与缺点

B2B 的优点是对买方、卖方或者买卖双方来说的，取决于使用何种模式。B2B 交易的主要获益方有如下几类（每种利益下的获益人都被标注出来：S 表示卖方，B 表示买方，J 表示双方）：

● 创造新的销售机会（S）。
● 消除纸质文件，降低管理费用（J）。
● 加速进程，缩短交易时间（J）。
● 减少买方寻找商品和供应商的费用和时间（B）。
● 提高交易中买卖双方的员工的生产率（J）。
● 减少错误，提高服务质量（J）。
● 简化产品配置（B）。

- 降低市场和销售成本（S）。
- 降低库存等级和成本（J）。
- 通过减少中间人的参与降低购买成本（B）。
- 为不同客户启用不同价格的定制电子种类（J）。
- 加强生产灵活性，允许按需交付（S）。
- 降低采购成本（B）。
- 通过自我促进定制配置（J）。
- 提供有效的客户服务（B）。
- 增加合作机会（J）。
- 基于网络的电子商务比传统的 EDI 更便宜（J）。
- 同 EDI 相比，允许更多的合作伙伴加入（J）。
- 接触更多的地理上分散的客户基地（S）。
- 同其他媒介一起，提供更好的沟通方式（J）。
- 提供全年无休的交易场所（J）。
- 有助于平衡小型企业之间的利益（B）。

B2B 电子商务的发展也有其局限性，尤其是渠道冲突和公共交易所的选址。此外，还可能需要个人面对面交流，但是网络上要做到就比较难。

实现 e-B2B 可能会消除经销商和零售商，这可能有利于买方和卖方（却不利于经销商和零售商）。在前面的章节中，这种现象被称为非中介（见第三章内容）。B2B 的好处和局限性取决于谁购买什么物品，购买多少；谁是供应商；公司购买频率等各种因素。

4.1 节复习题

1. 如何界定 B2B 的概念？
2. 讨论以下问题：现货采购和战略采购，直接材料和间接材料，垂直市场和水平市场。
3. 以企业为中心的市场是什么？是公共的还是私人的？
4. 定义 B2B 交易所。
5. 供应链与 B2B 交易的联系。
6. 列举 B2B 的好处与局限。

4.2 一对多：卖方电子市场

B2B 电子商务活动中最主要的部分是 B2B 营销中的销售活动。它有各种表现形式。

卖方市场模式

在 B2C 模式中，制造商或者零售商在店面（或网店）直接与顾客进行网上交易。B2B 卖方市场中，公司在网上向业务客户销售商品和服务，通常是在一个外部网上。卖方可以向制造商出售原材料，制造商再向中间人（批发商、零售商和个体商户）出售。英特尔公司（intel.com）、埃克森石油公司（exxon. com）、思科系统公司（cisco. com）、戴尔公司（dell. com）等就是这样的卖方。有时，卖方可以是批发商，向零售商或其他企业销售商品（例如 4.2 节讨论的 grainger. com）。在这两种情况下，卖方市场涉及一个卖主和许多潜在的买方。在这种模式中，个人消费者和商业买方可以使用相同的单个卖方市场（如戴尔公司）或者公共市场。

一对多模式主要有三种营销方法：（1）以固定价格的电子目录销售；（2）通过正向拍卖销售；（3）一对一销售，通常有一个长期的合同谈判过程。这样的一对一方式很熟悉：买方公司同卖方公司协商价格、数量、付款、运输和产品质量。我们在本节讨论第一种方法，在 4.3 节讨论第二种方法。

B2B 电子商务卖方

卖方市场中的卖方可能是虚实结合企业的制造商或中间人（如批发商）。中间人可以是纯粹的网络公司（如阿里巴巴）。

客户服务

网上卖方可以提供高级的客户服务。例如，通用电气公司每年要接到 2 000 多万个电话，询问有关家用电器的事情。这些电话有的来自个体消费者，有的来自企业。通用电气公司利用网络及自动应答软件代理以后，接听成本从每个 5 美元下降到每个 20 美分。今天，自动回复可以在与化身即时聊天时提供实时响应。在这种情况下，成本会更低。

首先，我们讨论最通常的卖方市场——通过企业的电子商品目录在网络上销售公司产品。

通过电子商品目录销售：网络店铺

企业可以利用互联网以电子商品目录的形式直接销售商品。它们可以用一种目录面对所有的客户，也可以专门为某一家大客户单独制定商品目录，当然也可以兼而有之。例如，专售办公用品的史泰博公司为企业客户单独制定商品目录，单独设定价格。目录中包含近 10 万种商品（请浏览 order. staplesadvantage. com）。

许多公司使用多渠道的营销策略，其中之一就是电子商务。

在向业务买方进行网上销售的过程中，制造商可能会遇到与 B2C 类似的问题，即与常规分销渠道（包括公司经销商）的冲突（渠道冲突）。为了避免冲突，一些公司在网上宣传，但只在实体店销售。一个例子是 Gregg's Cycle 公司（greggcycles. com）。该公司只向网上个体消费者销售自行车零配件。不过，Gregg's Cycle 公司网站上有门店指引，引导顾客去实体店中购买公司的核心产品——自行车。

批发商目录

制造商（像 Gregg's Cycles）或批发商会开网店。B2B 中的批发商与 B2C 中的零售商类似，可能经营普通产品（像 4.2 节中的 grainger. com），也可能集中在一个产品领域，像 B2C 中的玩具业（请浏览 toysrus. com）。

 实际案例

石轮公司（stonewheel. com）从 15 个仓库中分配 10 万多种汽车零部件，为美国中西部地区3 500个维修店提供服务。它们使用自己的车辆，30 分钟之内就能送货上门。通过电子目录，客户可以进行精确订购，既节约了时间，也减少了误解和错误。

自助服务门户网站

门户有多个目的，其中一个就是使业务伙伴进行自助服务，如下面的例子所示。

 实际案例

惠而浦公司的 B2B 交易平台

惠而浦公司（whirlpool.com）是一家大型的全球家用电器制造商。2013 年的员工总额大约有 69 000 人，平均销售额达到 190 亿美元。公司需要有效运行，才能在竞争极其激烈的市场中生存。公司必须同供应链销售部分的业务伙伴合作，为它们提供优秀的顾客支持。

公司通过分散在 170 多个国家的各类零售商和批发商（25％是小型企业）销售其商品。直到 2000 年，小型零售商才从惠而浦公司手动拿到订单。这个过程耗时冗长，耗资巨大，容易出错。

因此，惠而浦为小型零售商提供了 B2B 交易伙伴门户，让它们能够自己订购，从而极大地降低了交易成本。

系统一开始只能测试少量物品，扩大之后可以测试大量物品。此外，还增加了很多特色。加入门户增加了惠而浦的竞争优势［参见 IBM（2000），并请浏览 whirlpoolcorp.com］。

网上电子目录销售的优势和局限

B2B 网上直销模式成功的例子包括制造商（戴尔、英特尔、IBM 和思科等），以及批发商［如向增值零售商销售的英迈公司（ingrammicro.com）］；零售商在产品交易过程中提供一些服务。只要卖方在市场中有良好的声誉，并且有一群足够多的忠实顾客，那么使用这种模式就一定会获得成功。

尽管网上直销与 B2C 具有相似的优点，但它也有一定的局限。网上直销面临的主要问题之一就是寻找买方。许多公司知道利用传统渠道刊登广告，但仍然要学会如何与网上准商业买方联系。此外，B2B 卖方可能会与它们现有的分配系统之间存在渠道冲突。另一个局限是，如果使用传统的电子数据交换（EDI）——电脑直接传输业务文档，消费者可能会承担费用，导致他们可能不愿意上网。解决这个问题的办法就是通过外部网传输文档，用基于互联网的电子数据交换（见在线辅导资料 T2）。最后，网上业务合作伙伴的数量必须足够大才能支撑系统基础设施、操作和维修费用。

综合卖方系统

卖方系统必须提供一些基本功能，让 B2B 供应商能够进行有效的销售，提供出色的客户服务，允许与现有的 IT 系统实现一体化，并提供与非互联网销售系统的一体化。Sterling 公司是 IBM 公司属下的子公司，它就提供了这样类似的系统（请浏览 ibm.com/software/info/sterling-commerce）。

通过批发商和其他中介进行的销售

如果买方足够多，制造商可以向它们直接销售。但是，制造商通常通过中间人向许多小型买方分发商品。中介机构从许多其他制造商那里购买产品，将这些产品整合成一个目录，再卖给客户或零售商。很多批发商也开网店，在网上销售。

有一些著名的商业批发商，如山姆会员商店（samsclub.com）、安富利集团（avnet.com）、固安捷公司（grainger. com）等。许多网上批发商在水平市场销售，也就是说它们销售各行各业的产品。然而，一些批发商只销售某一行业的产品（在垂直市场销售），比如 Boeing PART Page 等公司（请浏览 boeing. com/assets/pdf/commercial/aviationservices/brochures/Materials Optimiza-tion. pdf）。大部分中介以固定价格进行销售，但是有些中介也提供数量折扣、协商价格或者进行拍卖。

4. 2 节复习题

1. 买方市场与卖方市场分别是什么？它们有什么区别？
2. 举例说明卖方市场的 B2B 交易模式。
3. 概述 B2B 系统中的客户服务。
4. 简述利用电子目录开展 B2B 在线直销的过程。
5. 利用电子商品目录开展 B2B 在线直销有什么优点？受到什么限制？
6. B2B 销售中使用中介的优势是什么？
7. 比较 B2B 网上批发商和亚马逊。它们有什么异同点？

4. 3 通过网上拍卖进行销售

拍卖销售模式正受到 B2B 买方和销售渠道的欢迎。本节主要讨论一些 B2B 拍卖问题。

卖方拍卖的优点

许多公司通过正向拍卖来清算剩余产品或资产。在这种情况下，为了清仓，物品通常在拍卖网站（公司网站或公共网站）展示。正向拍卖为 B2B 卖方提供了各种便利：

- **增加收入**。正向拍卖支持和扩张网上整体销售额，还为企业提供了一个新地点，能够快速、轻松地处理多余的、过期的和退回的产品（如 liquidation. com）。
- **节约成本**。除了增加收入外，网上拍卖还降低了售出拍卖物品的成本，增加了卖方的收益。
- **增强"黏性"**。正向拍卖使网站增强了黏性，即潜在的买方在那里停留的时间更长。"黏性"是衡量买方忠诚度的一个特征，买方的忠诚最终会导致更高的收入。
- **成为会员**。注册拍卖会员可以加强业务联系。此外，拍卖软件能够使卖方搜寻和报告几乎所有相关的拍卖活动。卖方可以分析信息，然后用于商业策略。

有两种方法可用于正向拍卖。公司可以在它自己的网站上进行正向拍卖，也可以通过中介拍卖网站（liquidation. com 或 ebay. com）进行销售。

在公司自己的网站上进行的拍卖

对一些经常进行拍卖的大型著名公司，建立公司自己网站的拍卖机制是很有必要的。如果中介不能给公司带来增加值，公司为什么还要支付中介佣金？当然，如果公司决定在自己的网站上进行拍卖，就只需要支付基础设施、操作以及维持拍卖网站的费用。不过，如果公司已经拥有电子目录销售的网上市场，进行拍卖的额外费用就不会太高。

通过中介进行的拍卖

一些中介提供 B2B 拍卖网站（如 assetnation. com，liquidation. com 等）。一些公司专门从事政府拍卖，而其他公司集中于剩余库存拍卖（如 govliquidation. com）。中介可以从中介网站或卖方网站进行私人拍卖。公司可以选择通过中介（如易趣，它为小企业开展交易服务）在公共平台进行拍卖。

通过中介进行拍卖有许多优势。首先，不需要额外的资源（如计算机硬件、网络宽带、程序软件、技术人员等）。使用中介公司拍卖省去了企业招聘新的人员必须付出的成本。B2B 拍卖中介网站也提供快速投放市场的时间，因为它们能立即进行拍卖。没有中介，公司可能要花数周的时间准备公司内部拍卖网站。

其次，通过中介进行拍卖，中介会处理付款问题。

B2B 拍卖服务中使用中介的例子，请浏览 liquidityservicesinc. com。在美国宾夕法尼亚州，州政府通过企业平台处理各种旧设备（请参阅应用案例 4.1）。

欲了解更多 B2B 网上拍卖的信息，请浏览 vasthouse. com/b2b-online-auctions. php 和 liz. petree. tripod. com/test_2/aucitons. html。

更多关于 B2B 网上拍卖的内容，参见 Parente（2007）。

 应用案例 4.1

美国宾夕法尼亚州政府处理多余设备

多年来，美国宾夕法尼亚州政府的运输部（DOT，dot. state. pa. us）都是用传统的离线方式开展拍卖活动的。但是从 2003 年 10 月开始，州政府开始进行网上拍卖，转让其大型旧设备。宾夕法尼亚州州长伦德尔上任五个月后，在一次讲话中说："以往的拍卖活动都是人工操作的，每年能为州政府回笼资金 500 万美元。自从开展了网络拍卖活动，这项收入至少增加了 20%。"

运输部最开始拍卖 77 件大型设备，其中包括 37 台翻斗车。在开展网络拍卖的 2 周里，竞拍企业可以两次在线了解标的物的状况。在线销售让州政府平均每件拍品提升价格 20%，同时，人员工资却下降了。有几件价值较高的固定资产（例如桥梁检测作业平台、卫星导航车等）成交价比预计的价格高出 200%。

拍卖是由 Asset Auctions 公司（assetnation. com）操办的。拍卖的结果是：

● 总成交额：635 416.03 美元。
● 一半的成交是在最后两天完成的。
● 每笔交易都有多个企业投标。
● 超时竞投有 39 例。
● 来自美国 19 个州及墨西哥的 174 家竞拍企业在 5 天中出价 1 500 次。
● 参与的买方有 47 家。

宾夕法尼亚州政府现在不仅利用政府的拍卖网站，还利用易趣帮助操作拍卖活动，处理多余的设备和财产。世界上许多国家和城市的政府都在使用拍卖这种方式出售自己的剩余设备。

资料来源：assetnation.com（2012 年 11 月数据），宾夕法尼亚州（2006），PR Newswire（2003）。

思考题：

1. 为什么大型设备适宜用拍卖的方式处理？

2. 开展网络竞拍，州政府是如何增加 20% 的收益的？

3. 为什么要利用中介来组织拍卖？

2006 年，州长伦德尔进一步签署法律，允许地方政府机构（例如州直辖市政府机构、学区管理机构等）利用电子招投标进行反向拍卖（请浏览 americancityandcounty.com/resource-center/legislation-permits-use-electronic-bidding-and-reverse-auctions-local）。

B2B 正向拍卖举例

以下列举的是 B2B 正向拍卖活动：

● 惠而浦公司在 asset-auctions.assetnation.com 网站上处理废旧金属，一次拍卖成交 2 000 万美元，比预期价格提高 15%。

● 山姆会员商店在公司网站（auctions.samsclub.com）上拍卖几千件商品，拍卖的方式包括现场拍卖、限竞投次数拍卖、限时拍卖等。它们通过此种方式处理库存过剩的、回收的以及过时的产品。

● 在中国香港、中国台湾、日本等地，雅虎公司的网站开展 B2C、B2B 模式的竞拍。

要了解更多关于 B2B 拍卖的内容，请浏览 vasthouse.com。

4.3 节复习题

1. 列举销售中利用 B2B 拍卖的好处。

2. 列举利用中介进行拍卖的好处。

3. 正向拍卖的主要作用是什么？如何操作？

4. 从投标人和投标的数量比较在线拍卖和离线拍卖。

4.4 多对一：买方电子市场采购活动

我们用"采购"一词来表示企业购买商品或服务的活动。这项工作一般由采购代理（有时也称为公司采购人）来完成。

买方采购部门有时不得不手工输入订单信息到自己的企业信息系统。此外，手动搜索网店和邮件查找并比较供应商及产品既费时又成本高昂。为了解决这样的问题，大买方可以开通自己的市场，即买方电子市场，并邀请卖方浏览网站并帮助买方完成订购。

传统采购管理中的低效率现象

采购管理（procurement management）指的是企业为了实现自己的经营目标而购买商品、服务的过程中的计划、组织、协调等工作，其中包括 B2B 电子商务中的易耗品及服务的购买和销售，还包括信息的流动。企业购入的商品的80%（大多数是为了完成维护、保养工作）占采购总金额的20%～25%。在这种情况下，很多买方的时间都花在文本制作工作中，如输入数据和纠正错误的文本内容等。

采购活动环节繁复，所以费时也很长。一般的采购要经历如下环节：

- 搜索商品：利用搜索引擎、商品目录、展示厅、商品展示会等搜索商品。
- 了解商品的属性和交易条件：利用商品比价引擎、质量报告、商品及商家调研等手段对商品进行比较。
- 谈判或参加团购：可以利用智能软件代理进行谈判。
- 制作采购订单：利用计算机辅助系统制作订单，确定每次采购的时间和数量，指定采购人。
- 加入商务社交网络，比如领英。
- 签署协议或合同：利用合同管理软件签署合同，安排融资，购买保险。
- 利用计算机系统生成采购订单。
- 确定包装、运输和配送方式：可以用在线追踪的方式或射频识别技术。
- 可以用软件包安排出票、支付、费用核算、管理、预算控制等事宜。

图4.5显示的是传统采购流程，它的效率很低。例如，如果采购的商品价值很高，采购人员一般会花费很多时间和精力去完成一项采购工作。这些工作包括确定供货商，就价格及其他交易条件进行谈判，与战略供货商建立合作关系，对供货商进行评价和认证，等等。如果采购人忙于采购低值的维修保养用品，他就不会有足够的时间和精力去应付大件商品的采购。

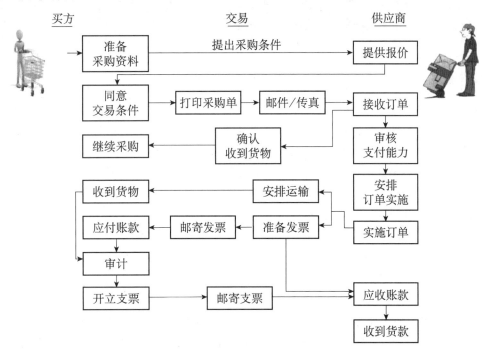

图4.5　传统（手工）采购流程

传统采购活动中还有许多影响工作效率的因素，例如供货商送货延误、匆忙订购导致采购价过高等。采购中还有一种低效工作，称为**即兴式采购**（maverick buying），这是指为了应付急用进行的计划外的购买活动。这样做的结果就是谈判不深入，导致采购价格过高。

为了扭转上述局面，企业就需要改造自己的采购流程，调整采购模式，特别是可以启用在线采购的方式。下面我们首先来详细阐述一下一般的采购方式。

采购方式

企业有多种多样的采购方式，这取决于采购什么、在何处采购、采购的数量、涉及多少费用等。每种方式的流程不同，对企业形成的利弊也不同。为了减少采购中的低效率现象，企业会设法在流程中加入自动操作的成分。这也就是运用网络采购的目的所在。使用有效方法的公司有沃尔玛公司（walmart. com）、戴尔公司（dell. com）、星巴克公司（starbucks. com）等。采购方式主要有如下几种：

- 根据商品目录，直接从制造商、批发商、零售商处购买，可以讨价还价（请参阅 4.2 节、4.3 节）。
- 在企业拍卖网站或公共拍卖平台上参与竞拍（请参阅 4.5 节）。
- 如果供货商为了相互竞争采用竞拍的形式，企业可以参与竞拍。这主要用于大单商品的采购，以及大批量的采购（请参阅 4.5 节）。
- 根据中间商的商品目录（它们已经整合了卖方的诸多目录）采购（请参阅 4.6 节）。
- 根据公司自己的采购目录采购。这份目录已经整合了公司认可的供货商的商品目录，包括已经商定的价格。这种方法方便了用户绕过采购部门直接采购（请参阅 4.6 节）。
- 参加团购，把需求方的采购意向整合到一起，扩大采购量。然后由采购团出面与供货商商谈价格，启动买方招标的过程（请参阅 4.6 节）。
- 在交易中心或行业卖场采购（请参阅 4.7 节）。

网络采购的概念

网络采购（也称"电子采购""在线采购"，electronic procurement，e-procurement）指的是网上购买物资、材料、能源、工作和服务。网络采购可以通过互联网或公司网络，如电子数据交换（EDI）进行（请浏览 edibasics. com/types-of-edi）。

电子采购的活动包括让买方搜索供应商、促进买方的逆向拍卖、文档自动处理等。

有些采购活动是在企业网站上进行的，有些则是在公共交易平台上进行的。

网络采购的目标及流程

如前所述，电子采购通常是来自多个供应商的采购流程自动化的活动，通过网络可以更好地执行和控制。

几十年来，企业界一直希望改善采购流程，一般都是利用信息技术。利用电子采购引发了一个重大的改进（请浏览 zdnet. com）。

从本质来讲，电子采购使拍卖过程、合同管理、供应商选择和管理等自动化。

对于电子采购目标和具体流程，请浏览 plenitude-solutions. com/index. php? option＝com_content&view＝article&id＝54&Itemid＝62。

总的电子采购流程（除招标方式之外）都在在线补充读物 W4.1 中。关于网络采购的免费电子书，请参见 Basware（2011）。

沃尔沃汽车公司的电子采购

沃尔沃是一家优质的瑞典汽车制造商（目前由一家中国公司经营）。该公司在全世界数十个国家都有经营，在六大洲内有超过 30 个采购中心。在过去，这种经营导致了不一致的采购实践，各中心之间缺乏合作，效率低下，采购流程不协调。为了解决这些问题，经营者准备采用统一的电子采购系统。它们选择了 Arbia 的采购和合同管理方法（Arbia 是一家 B2B SPA 公司）。该系统确保了采购流程的标准化、最好的实践活动的共享、合同过程及其管理的流线化。所有这些系统都是数字的。电子采购促进了采购中心更好地凝聚，更好地使用最好的案例，效率提高了，采购成本也就降低了。

网络采购的形式

网络采购主要有四种形式：（1）在公司自己网站上购买；（2）在卖方的网络店铺购买；（3）在交易平台上购买；（4）在其他网站上购买。不管是哪一种形式，都涉及几个环节（见图 4.6，具体阐述将在 4.7 节、4.8 节中进行）。

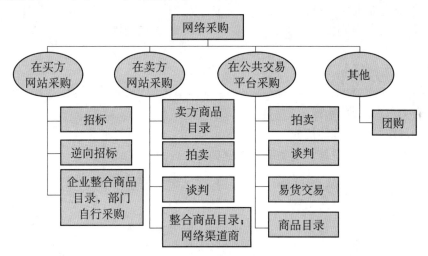

图 4.6　网络采购流程

电子采购主要有七种类型：（1）电子采购；（2）网上招标；（3）网上逆向拍卖；（4）网上通知；（5）基于网络的 ERP（企业资源计划）；（6）网上市场网址；（7）网上 MRO（维护、保养和运营）。

网络采购的利弊分析

网络采购提升了供应链管理的水平，方便供货商利用最新的智能技术来满足客户的需求。客户可以实时了解供应链上的各种活动（这在行业内称作"可视性"）。

网络采购的优势

开展网络采购可以提高自动化的程度，使得采购人员可以更多地致力于战略采购工作，实现以下的诸多利益：

- 提高采购人员的工作效率（使得他们节省时间，减轻工作压力），还能减少采购管理人员数量。
- 通过产品标准化、逆向拍卖、数量折扣、合并采购等方式降低采购价格。
- 改善信息沟通及信息管理（例如进行价格比较等）。
- 减少即兴式采购的次数和成本。
- 改善支付流程，支付迅速，有利于卖方的资金周转。
- 由于信息透明，能够与商务伙伴共享，所以有助于建立有效的、协调的供货商关系。
- 改善供货商的生产流程。
- 保证及时配送，减少断货的次数。
- 降低对工作人员的技术要求，减少了对采购人员的培训时间。
- 减少供货商的数量。
- 加快采购流程。
- 买方可以有效控制零配件的库存量。
- 改善发票开具工作，减少争端。
- 减少采购管理人员，减少采购经纪人。订单管理成本可以下降90%。
- 有助于寻找新的供货商，他们交货迅速，收费较低（例如开展全球采购，使用网上价格比较）。
- 有助于将预算控制融入采购活动中。
- 减少采购及运输过程中的人为差错。

要了解更多关于网络采购的优点以及实施问题，请浏览 youtube. com/watch? v＝PPVC_CaG1S4，观看名为"eProcurement Case Study：Oldcastle Materials"（《电子采购案例研究：Oldcastle 材料》）的视频（3 分 16 秒）。

网络采购的局限性及面临的挑战

遗憾的是，网络采购也有其弊端和风险。例如：

- 运营总成本有可能提升。
- 很有可能遭遇黑客攻击。
- 有些供货商或许不愿意参与在线合作。
- 运营系统比较复杂（例如传统的 EDI 系统，见在线辅导资料 T2）。
- 内部网络与外部网络的整合较困难（有时会有不同的标准）。
- 技术不断更新。

若要了解更多有关网络采购的流程，可浏览 eprocurement. software. org。了解政府参与网络采购的案例，请登录 NC 电子采购网（eprocurement. nc. gov）。政府在采购中经常会使用逆向拍卖。

对绝大多数公司来说，采购都是一个非常重要的影响成功的因素。因此，它对了解电子商务的未来发展非常重要。对于 2020 年采购的有关观点，参见 Oka et al.（2011）。欲了解 Shoplet 网络采购平台，参见 Regal（2014）并浏览 shoplet. com/about。

电子采购以及战略采购

电子采购通常被认为是战略采购的一部分，战略采购是一个综合性的采购过程，能不断提高、评估组织所有的采购活动，其目标是平滑采购过程，提高效率和效益（请浏览 youtube. com/watch?v＝AdMXNK7yLH4，观看一个时长 17 分钟的视频）。

4.4 节复习题

1. 阐述采购活动的一般流程。
2. 传统采购活动有哪些低效率因素？
3. 采购方式主要有哪几种？
4. 网络采购如何界定？它的目标是什么？
5. 网络采购可以细分成哪几种类型？每种类型包括哪些内容？
6. 网络采购能给企业带来哪些利益？

4.5　买方网络市场逆向拍卖

网络采购的一种主要方式是逆向拍卖。逆向拍卖是指由一个买方要求，许多卖方（供应商）竞争填订单的过程。我们之前讲到，逆向拍卖就是邀请供应商投标填写订单，价低者获胜的投标系统。在 B2B 商务的逆向拍卖中，买方在自己的网站上开设网络市场（或者使用像易趣这样的独立拍卖商），邀请潜在的供货商来竞标。这里所谓的"邀请"是指一张表格或一个文件，称作"报价请求"（request for quote，RFQ）。传统的招标一般是要求投标方将标书密封后一次性递交。但是在线逆向招标却允许多次投标（请浏览 reverseauctons. com，epiqtech. com/reverse_auctions-Overview. htm 以及 reverseauctions. gsa. gov）。

政府机构及大企业都喜欢使用这种逆向招标的形式。这样可以节省很多开支，因为有更多供应商参与到一个更激烈的竞争过程中。在线招标速度快，费用低。买方还能较快地寻找到价格较低的商品和服务。逆向拍卖在电子采购中是一个非常重要的 B2B 体系。本章的导入案例讲述了供应商的观点，章末案例则讲述了买方的观点。

逆向拍卖的主要优势

买方逆向拍卖技术的主要优点有：（a）购买物品成本更低；（b）采购管理费用减少；（c）贪污和行贿减少；（d）供应商生产产品速度加快，服务更高，导致收到货物的时间减少（见章末案例）。

对于供应商来说，正如导入案例中所述，成本节约来自于各方面的减少：（a）寻找顾客的时间减少；（b）管理费用减少；（c）经理进行手制投标的时间减少。

注意，有些人质疑逆向拍卖的价值［例如，参见 Rockwell（2013）］。

逆向招标的运作方式

由于逆向招标的网站越来越多，使得供货商可能无法手动监控所有相关网站公开询价。这个问题可以使用列出开放式 RFQ 的在线目录来解决，还可以使用监控软件代理来解决。事实上，软件代理本身在投标过程中就能起到一定的帮助作用（请浏览 auctionsniper. com 和 auctionflex. com）。

与正向拍卖的情况相似，中介也可以参与网络竞标，从事 B2B 逆向拍卖业务（请浏览 open-text. com）。eBay. com 以及 liquidation. com 等拍卖网站也属于此类。在 B2B 上进行逆向拍卖比较复杂，所以许多企业就借助于中介的力量。

图 4.7 显示的是逆向拍卖的流程。其中第一个环节是买方在网站上约标。收到卖方标书以后，企业中负责合同及采购的管理部门审核标书，并确定最终接受哪一家供货。

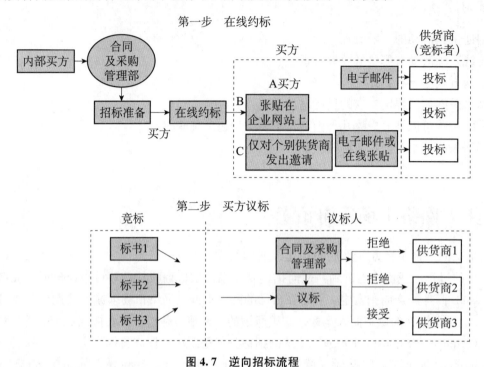

图 4.7　逆向招标流程

应用案例 4.1 中有关于网上投标的例子。

电子商务应用：Branas Isaf 公司通过电子招标竞争

Branas Isaf 是英国的一家小型公司，向那些存在伤害性行为的孩子提供服务，该公司的核心部分是教育部门，其提供了几种培训模式。

存在的问题

公司自 2005 年开始迅速发展，公司规模拓展了两倍，员工已有 25 人。该公司在英国不仅为私人服务，也为公众服务。

Branas Isaf 公司的竞争优势主要有：（1）竞争费用；（2）提供系统化培训；（3）提供现场培训。这些竞争优势让该公司能与那些大型的培训机构（如大学）进行竞争。

Branas Isaf 公司经常参与竞标工作，尤其是在公众部分，这部分招标具有强制性。1 000 个客户中的许多人都开始在网上进行电子投标。因此，为了维持竞争优势，Branas Isaf 公司也开始使用电子投标。本案例讲述了 Branas Isaf 公司第一次使用电子投标的经历。

解决方案

按照英国政府的要求，所有与政府相关的工作的竞标都必须通过电子投标系统，包括"政府基于工作的学习方案"项目，Branas Isaf 公司是作为供应商进行投标的。Branas Isaf 公司在电子投标入口必须跟随这些步骤，即投标的要求：

1. 网上提前呈交一份资格问卷调查表。

2. 接受 BravoSolution 电子培训系统的条件。

3. 下载网上供应商指导材料。

4. 创建用户名；接受口令。

5. 找到具体的投标邀请（ITT），需要在网上进行投标。

6. 点击"表示兴趣"按钮——自动跳转到"我的投标邀请"。

7. 下载所有需要的具体投标文件。

8. 确定投标，点击"回复"按钮。

9. 评估项目的细节；找到并填写问卷调查表。

10. 网上呈交投标，上传所有需要的附件。（到截止日期前都可以更新或改变文件内容。）

发送和接受的信息以邮件的形式嵌入入口处。接收通知也是以同样的方式进行的。系统一旦接受了投标，"获胜者"的图标就会展示出来。

结果

自 2006 年后期开始实行电子投标以来，Branas Isaf 公司的电子投标迅速成长。Branas Isaf 公司的员工成为使用计算机系统的专家。Branas Isaf 公司的成本只是稍微降低了一点，但是对于这样一个小型公司与其他大型公司竞争的机会却急剧增加。

此外，自从大多数非营利组织和许多营利组织实行电子投标之后，投标者只能选择这个系统。除此之外，Branas Isaf 公司清楚地明白电子投标不仅对客户更有利，而且对于做生意来说是一个更持续发展的道路。总的来说，Branas Isaf 公司可以保持它的竞争优势，继续迅速成长。

资料来源：eProc. org（2010），branas. co. uk 以及 etenderwales. bravosolution. co. uk（2014 年 3 月数据）。

思考题：

1. Branas Isaf 公司电子投标的驱动力是什么？

2. 对于一些小型公司来说，参与电子投标是利还是弊？

3. 电子投标过程简单还是复杂？为什么？

4. 买方为什么选择电子投标而不是常规的投标方式？

5. 对于像 Branas Isaf 公司这样的小型公司来说，电子投标有哪些好处？

政府在线招标

许多政府部门在买卖商品、服务的时候必须用招标这种形式。若是用人工操作，必然费时费力。因此，许多部门就转向网络逆向竞拍这种形式。本章的导入案例从卖方的观点阐述了电子投标；章末案例则是从买方的观点阐述了电子投标。

团体逆向拍卖

为了提高自己的议价能力，享受价格折扣，企业也像个体消费者一样参加团购。与数量上的折扣相比，团购通过使用逆向竞拍的方式获得了更好的交易。

B2B 逆向拍卖可以在单个网络交易中心进行，也可以在拍卖聚合商的网站上开展企业团购活动。组团逆向拍卖在韩国很盛行，许多大企业都参与其中。例如，LG 集团公司为下属企业开展维护、保养物资的团购，三星集团也在 iMarketKorea 网站上开展团购活动，提供采购服务以及维护、保养、操作（MRO）商品。三星集团在 iMarketKorea 网站上的收入主要来自 B2B 贸易收入（见本章章末案例）。这样的采购模式在英国、美国等国家的医疗行业也很常见，多家医院组团采购易耗品，享受数量折扣。

4.5节复习题

1. 阐述人工招标的流程及其缺点。
2. 阐述在线逆向拍卖的流程。
3. 在线逆向拍卖能给企业带来哪些利益？
4. 阐述团体逆向拍卖的运作方式。

4.6 网络采购的其他方法

企业在采购中，还有多种网络采购创新模式。这一节主要讨论一些常见的模式。

桌面采购

桌面采购（desktop purchasing）意味着采购人员实施采购的时候不必征得上司的同意，也不会有采购部门来干涉。他们使用采购卡实施采购（见第十一章内容）。桌面采购的好处是可以降低管理成本和流转时间。它一般被用于采购急用物资或重复采购的物资，但是商品价值相对较低。在企业采购维护、保养、操作（MRO）用材料时，这样做更有效。

桌面采购这一模式也可以辅之以外部的交易平台。例如，韩国的三星电子公司及其子公司就是把公司的 iMarketKorea 交易平台与网络采购系统整合在一起（见章末案例）。这一平台还可以与团购链接在一起，接下来会讲到。

团购

许多企业，尤其是小企业，热衷于团购。**团购**（group purchasing）就是多家企业组团采购，增加采购量，降低采购商品的价格。这与 B2C 交易模式是类似的。这种模式还可以细分成两类：内部组团和外部组团（通过第三方）。

企业整合采购订单

有些大企业（例如通用电气公司）每年花费在维护、保养、操作（MRO）用物资的费用有几百万美元。公司将总部及各家子公司和各种部门（有时有成百上千个）的订单汇总在一起采购，以获得数量折扣，还可以节约 90% 的管理成本。

以团购的形式形成外部整合

许多中小企业都希望享受数量折扣，但是，寻找团购的合作者，增加群体采购量并不容易。企业可以利用第三方（例如 buyerzone. com，supplychainassociation. org，usallc. com）寻找团购商务伙伴。其经营理念是利用网络平台把企业的需求整合在一起，让中小企业享受到优惠价，寻找到更好的供货商，得到更好的服务。采购团可以与供货商商谈价格，也可以用逆向拍卖的形式。图 4.8 显示的是企业团购的流程。

有些大企业（例如大型会计师事务所，以及 EDS 技术公司、Ariba 公司等软件开发公司）向常规的客户提供一揽子服务。雅虎公司、美国在线公司等也提供这样的服务。此类企业的成功之道主要是有一大批常年客户。它们委托第三方去整合客户群。ECNG 能源公司则是在能源行业组织团购。Web 2.0 公司也服务于企业。

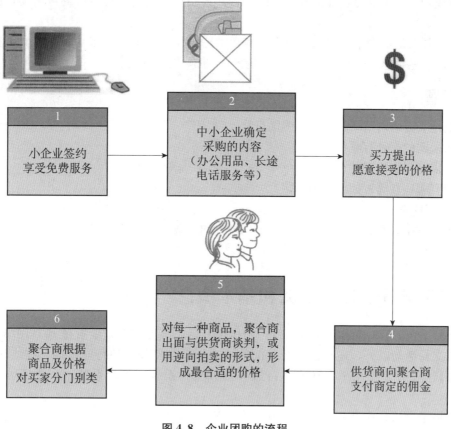

图 4.8　企业团购的流程

其他采购渠道

4.2 节阐述了企业如何利用网络渠道商作为一种销售渠道。若采购量较少，购买者经常从网络渠道商那里采购。网络采购还可以在 B2B 交易中心完成，方法各不相同。不管是哪种方法，有些流程可以用自动化来操作，例如制作采购订单（请浏览 esker.com 和 ariba.com），它是电子采购软件和服务的主要提供者。

网络易货贸易的采购模式

所谓易货贸易就是商品、服务的交易，但是不涉及货币支付。其中的基本理念是企业用多余的物资去交换自己需要的商品。企业可以通过分类广告来寻找交易伙伴，处理自己多余的物资，但是一般情况下，要找到合适的伙伴并不容易。因此，它们往往会寻求中介的帮助。

易货贸易中介可以依靠人工的方法去撮合双方，也可以建立一个网络交易平台。在**易货交易平台**（bartering exchange）企业可以将自己的多余物资交给交易平台，获得若干个信用点，然后用这些信用点去购买自己需要的商品。易货交易的商品一般是办公场所、多余的生产能力及劳务、企业自己的产品，甚至包括网站上的广告位。易货贸易网站有 u-exchange.com、itex.com 等。

选择合适的网络采购解决方案

采购方式多种多样，专家意见各不相同，采购软件也很多，因此，选择一款合适的解决方案并不容易。ariba.com 网站上有一种创新的评价表，据此企业可以按照多种成功因素来评价软件供应商。所谓成功因素是指能否降低成本，能否提高便捷度，能否管理各种商务活动，能否帮助具体操作，等等。

企业要选择合适的网络采购解决方案，需要考虑如下一些问题：采购方是谁？采购什么？采购前需要了解哪些信息？供货商信誉如何？能够得到哪些质量保证？

4.6 节复习题

1. 什么是买方采购市场？它有哪些优点？
2. 桌面采购的好处有哪些？
3. 桌面采购与团购有什么关联？
4. 团购有哪些利弊？如何组织团购？
5. 如何 B2B 易货贸易？
6. 在选择网络采购解决方案以及方案的供货商时，需要考虑哪些问题？

4.7　B2B 交易平台的定义和基本概念

B2B 交易平台，有时简称为交易平台，是指众多企业买方和卖方聚集在 B2B 网络市场中。交易平台除了交易活动以外，还有许多企业间的沟通活动，例如传递行业新闻、在线讨论、博客、开展市场调研等。有些交易平台还有支持服务例如支付系统和物流系统，企业还可以开展咨询活动。

B2B 交易平台的名称很多，例如网络市场、交易平台、交易社区、交易中心、互联网交易中心、B2B 平台等。本书中将多对多网络市场统称为交易平台，但是有时候也会用到其他表述方式（请浏览 epiqtech. com/others-B2B-Exchanges. html）。

不管称作什么，交易平台总有一个重要的特征，那就是多个买方和多个卖方聚集在一起，有时还会有其他的商务伙伴参与其中（见图 4.9）。图中央是做市商，它们负责交易平台的运营，有时候，做市商本身就是平台的业主。

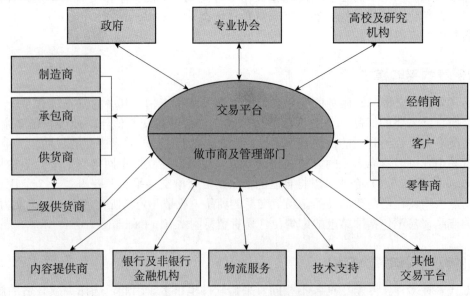

图 4.9　B2B 交易平台的信息流

交易平台可以是水平市场，服务众多的行业（如 ariba.com 和 alibaba.com），也可以是垂直市场，服务一个或几个相互关联的行业（如 supplyon.com 上的汽车行业，以及 oceanconnect.com 上的炼油行业和运输行业）。在交易所，同传统的露天市场一样，买方和卖方可以交流协商价格和数量。

网络交易平台的功能及服务

网络交易平台主要有如下四大功能：（1）撮合买卖双方；（2）促进交易；（3）制定交易规则，维护交易平台基础设施；（4）向买卖双方提供服务。接下来我们具体阐述这些功能。

B2B 交易平台的功能及服务

以下是 B2B 交易平台的主要功能［根据 Tumolo（2001）、电子商务维客（2013）和作者的经验汇编而成］：

1. **撮合买方和卖方**。撮合买卖双方要做好如下工作：
- 确定能够提供哪些商品（如公司目录）；
- 将可供销售的商品分门别类地展示，以迎合买方需要；
- 提供商品价格比较；
- 组织拍卖、竞标、易货贸易；
- 撮合供给与需求信息，验证供求双方的资格；
- 提供商品价格及属性的比较；
- 支持供求双方的谈判；
- 提供买卖双方的名录；
- 保证个人信息安全。

2. **促进交易**。优化交易流程，促进交易。包括如下工作：
- 允许参与者之间进行有效的交易；
- 提供 B2B 竞拍；
- 提供交易平台和技术，例如将信息、商品、服务传递给买方的物流系统；
- 提供第三方服务；
- 安排团购和其他折扣活动；
- 界定交易术语及谈判术语；
- 提供查询信息，包括行业新闻等；
- 向用户提供接入平台的便利，审核用户利用平台的资格（Tumolo，2001）；
- 收取交易费用，提供相应软件，例如 EDI、XML 等；
- 提供商品交易的分析和统计数据；
- 接受买卖双方的注册，确定资格（Tumolo，2001）。

3. **制定交易规则，维护交易平台基础设施**。这需要做好如下工作：
- 保证在交易平台进行的交易符合商务规则，以及合同法、进出口法、知识产权保护法等；
- 保证平台的技术支持，保证网站流量和速度，提供拍卖管理；
- 向买卖双方提供标准的系统界面；
- 获取合适的网站广告商，并收取广告费及其他费用。

4. **交易平台提供的服务**。交易平台为买卖双方提供了许多服务，例如：
- 采购报价投标协调（产品配置，洽谈协商）；
- 个人信息安全；

- 软件：群件和工作流程；
- 整合会员企业后台服务系统；
- 辅助服务（融资和订单追踪）。

交易平台提供的服务类型取决于交易平台的性质。例如，证券交易所提供的服务就与钢铁或食物交易所、知识产权或专利交易所提供的服务不尽相同。然而，大多数交易所提供上述服务。值得一提的是，除合作之外，一些 B2B 交易平台也可能会有个体，要么是买方，要么是卖方。如 localdirt.com，将成千上万的农民与买方联系起来，有效地促进了当地产品的交易。

B2B 交易平台的所有权问题

交易平台的所有权一般是属于第三方的。这对买卖双方都有利。当然，有些买方或卖方规模比较大，它们自身也可以拥有交易平台。这种经营模式成为联合经营。

第三方独立经营市场

第三方交易平台是网络中介的一种形式。中介不仅提供商品目录，还帮助撮合买卖双方，提供网络平台和电子洽谈室以方便它们达成交易。

第三方交易平台有两个相互矛盾的特征。一方面，它们是中立的，对买卖双方都不偏袒。另一方面，它们不能吸引到足够多的客户，也就不能获取利益。因此，为了获得丰厚的收益，它们会主动把商务伙伴聚合在一起，例如大的买方或卖方、能够实现支付功能的金融机构、能够帮助实施订单的物流公司等。

 实际案例 1

洲际交易平台

洲际交易平台（Intercontinental Exchange，ICE）是一家基于互联网的 B2B 交易平台（2014年有 17 个常规的交易所以及 6 个主要的票据交换所），它经营的市场主要是期货合约交易、场外能源交易、商品期货交易以及一些金融衍生品交易。该公司过去主要经营能源产品。最近它也经营一些"软性"商品期货，例如谷物、食糖、棉花、咖啡等，还进行外汇交易、股票指数期货交易等（请浏览 theice.com/about.jhtml）。

ICE 公司通过网络与所有的客户连接在一起。它的交易在全球进行，并且是全天候的。目前，该公司主要有三大经营范围：

- ICE 市场。期货市场、期权市场及场外交易市场。能源期货通过 ICE 欧洲期货平台交易；软性商品期货、期权则是在 ICE 美国期货平台交易。
- ICE 服务。网络交易保兑及网络交易培训。
- ICE 数据。市场数据的电子传输，包括实时交易数据、历史价格数据以及每日指数。

ICE 公司向全球客户提供各种交易管理及风险管理服务：

1. 基准的期货合约；
2. 通过全球中央结算对服务进行风险管理；
3. 整合客户进入全球衍生品市场；
4. 领先的网络交易平台；

5. 信息披露及管理；

6. 独立的管理。

ICE 公司拥有几个先进的交易平台，例如 ChemConnect。

 实际案例 2

应收账款凭证交易平台

应收账款凭证交易平台是指一个企业通过向那些愿意贷款的人转让应收账款来寻求融资的地方。（应收账款是贷款的担保。）这个过程涉及拍卖，由应收账款凭证交易平台（recx. com）管理。网站上可以获得样品。

有关全世界的证券交易平台的详情，请浏览 internetworldstats. com/links2. htm。

 实际案例 3

太阳能交易平台

太阳能交易平台是一个全球太阳能市场，帮助 B2B 网上拍卖与太阳能相关的材料和竣工的产品。该平台是一个全球性的社区，供应商与世界各地的买方都有合作。

这家公司的服务投资理念是"抓紧太阳能供应链，传递采购管理、风险管理、网上竞拍、价格参数和为太阳能行业服务的基础知识"。

该公司的主要优点有：

● 与全球太阳能贸易社区紧密联系；

● 通过自动化太阳能采购以及销售活动，降低成本；

● 根据变化的市场情形作出迅速的回应，以获得更大的竞争优势；

● 通过与新的贸易伙伴和供应商合作拓展市场；

● 促进销售循环，降低存货风险；

● 降低操作成本，提高利润；

● 促进品牌意识，驱动商业活动；

● 资源全球化。

（请浏览 solarexchange. com/solarxpages/StaticAboutUs. aspx。）

对于该平台如何操作以及竞拍过程，请浏览 solarexchange. com/solarxpages/StaticGetStart-ed. aspx 以及 solarexchange. com/solarxpages/StaticBiddingProcess. aspx。

联合交易平台

联合交易平台（consortium trading exchange，CTE）是由某个行业里的若干家大企业组成并运营的交易平台。它们可以是供货商，也可以是买方，也可以两者兼而有之。这种交易平台组建的目的主要是提供行业内的交易服务。这类服务包括与参与者后台系统的对接，提供协同规划、协同设计服务。比较典型的联合交易平台有 Avendra（宾馆行业）、OceanConnect（运输行业）等。

值得一提的是，有些联合交易平台上聚集着同一行业的几百家成员单位。

B2B 交易平台动态定价

垂直交易平台或水平交易平台的做市商将供求双方撮合在一起，在撮合的过程中确定商品、服务的价格。这样形成的价格是动态的，它随着供求关系的变化而变化。**动态定价**（dynamic pricing）指的是随着时间的变化和客户的不同，价格随之变化。股票交易市场就是一个典型的动态定价的例子。拍卖市场也是一个明显的例子，市场上的价格随时都在变化。

交易市场的动态定价一般有几个环节：

> 1. 某家企业为购买一款商品或销售一款商品而出价。
> 2. 启动一次拍卖活动（可以是正向的，也可以是逆向的）。
> 3. 买方或卖方可以看到给出的价格，但并不知道是哪家企业在出价。动态定价中匿名是一个非常重要的因素（如在股票市场）。
> 4. 买卖双方为价格实时沟通。
> 5. 有时候，买方会聚集在一起要求享受数量折扣（团购模式）。
> 6. 买卖双方就价格、数量、质量要求、交货地点等达成一致，撮合完成。
> 7. 达成交易，并谈妥支付及配送要求。

网络交易平台的收益模式及利弊分析

网络交易平台为买卖双方带来了各种利益，例如提高市场运行效率、帮助买卖双方寻找到新的商务伙伴、降低订购的管理费用、加快交易的速度，等等。利用平台，企业可以参与全球交易，与知根知底的企业结成伙伴关系。

尽管有这些优点，但是从 2000 年起，不少网络交易平台走向衰败，卖方和卖方都意识到，他们会面临交易平台失败或恶化的风险。表 4.2 归纳了 B2B 交易中心的利弊。从表中可以看出，总体来说，平台还是利大于弊。

表 4.2   **B2B 网络交易平台潜在的利弊分析**

	对买方	对卖方
潜在利益	一站式采购，大量采购 方便搜索与比价 享受数量折扣 全天候跨时空交易 一张订单可以向多家供货商购货 获得大量、细致的信息 接触新的供货商 方便核查存货量，重新订购 参与企业社区活动 配送及时 减少即兴式采购 改善伙伴关系管理	获得新的销售渠道 不需要实体门店 减少订单差错 全天候跨时空销售 参与企业社区活动 低成本开发新客户 利用交易平台开展企业宣传 方便处理多余库存 方便开展全球营销 提高存货管理效率 改善伙伴关系管理
潜在风险	会接触到陌生的供货商 客户服务质量难以保证（难以对服务进行比较）	难以开展直接的客户关系管理及伙伴关系管理 价格竞争更加激烈 需要提供更多的增值服务 需要支付交易费，老客户会转向竞争对手

收益模式

网络交易平台像所有企业一样，也需要获得收益才能维持运营。因此，平台所有者需要为如何获得收益进行决策。一般情况下，交易平台的收益模式与第一章中讨论过的各种收益模式相似，例如收取交易费、注册费、服务费、广告费、拍卖费等（由买方和卖方提供）。与此同时，网络交易平台还可以向买方和卖方收取软件使用费、服务器租赁费、管理咨询费等。

4.7 节复习题

1. 什么是 B2B 网络交易平台？它有哪几种类型？
2. 交易平台的功能有哪些？它提供哪些服务？
3. 什么是动态定价？它的工作原理是什么？
4. 网络交易平台对买方有哪些优点和收益？有哪些缺点和风险？
5. 网络交易平台对卖方有哪些优点和缺点？
6. B2B 交易平台的所有权有哪些形式？
7. 什么是网络联合交易平台？

4.8 B2B 门户网站及交易名录

B2B 交易市场一般有两种相辅相成的功能，那就是门户功能和名录功能。

B2B 门户网站

第二章中曾经提到过，门户网站是通往信息的大门。

B2B 门户网站（B2B portals）是为企业提供信息的门户。网站上通常有商家提供的产品名录、潜在客户的名录、它们需要的商品以及各种行业信息及普通信息。通过门户网站，买方可以登录卖方的网站开展交易活动。门户网站向卖方收取推荐费及广告费。由此可以看出，门户网站有时会收不到足够的费用维持经营。因此，一些门户网站就提供一些增值服务，例如订约服务、配送服务等，以此来收取费用。B2B 门户网站的一个典型例子是 myboeingfleet.com，这是航空公司、机场运营公司、耗材供应公司的一个门户网站。

与交易平台一样，信息平台可能是水平平台（例如 alibaba.com），它提供不同行业的各种信息。同样的，也可能是垂直平台，提供单一行业的信息。垂直平台通常被称为 vortals。有些门户网站仅仅提供一些名录，后面几节将有介绍。我们先看一下各种类型的公司门户网站。

公司门户网站

公司门户网站是把供货商、客户、员工等商务伙伴聚集在一起。本节深入探讨公司门户网站的相关信息，包括对协调和商业管理过程的支持。

公司门户网站（corporate portal，enterprise portal）是通向企业网站的大门。它提供各种信息方便用户沟通交流，协调合作，了解公司信息。与公共的商务门户网站（例如雅虎、MSN 等，它们仅提供一般的网络信息）不同，公司门户网站是连接某家企业内联网、外联网的唯一通道。有些企业对内、对外有不同的门户。欲了解 2013 年 B2B 网站和交易门户的前 10 强，请浏览 directory. tradeford. com/b2b。

公司门户网站的类型

公司一般会使用以下五种类型的门户网站。

供货商及其他商务伙伴网站。这些门户网站加强了合作伙伴之间的联系。例如，供货商可以利用这样的门户网站管理它们销售给每家客户的存货数量。它们可以查看向网站所属企业销售了哪些产品，销售了多少。若是估计客户存货量低于一定的水平，供货商自己就可以开始备货（参阅第五章）。通过门户网站，它们还可以与客户公司的采购员以及其他员工协调合作。

客户网站。客户门户网站是为企业的客户服务的。客户可以在网站上浏览商品或服务、下订单、追踪订单，等等。他们还可以实时审核自己的账户、完成支付、安排配送、订单，等等。这样的网站也有个性化的特征，例如网站上的"我的账户"版块。

员工网站。员工网站具有员工培训、信息发布、员工讨论等功能。它还有自助服务功能，主要是用在人力资源管理方面（例如更换地址、报告费用开支、培训班报名、申请报销培训费等）。员工网站有时也和基层管理者网站结合在一起，成为生产工人门户网站。

管理者网站。这样的信息平台帮助管理者对整个员工队伍实施管理，包括预算、人员安排等。例如，辉瑞（Pfizer）公司旗下的辉瑞制药公司为全球各地的公司管理者开发了一个信息平台——"全球基层作业规划"（Global Field Force Action Planner），在这个平台上，公司的财务状况及生产状况一目了然。

移动门户网站。移动门户网站（mobile protals）是指可以用移动设备（主要是手机和PDA）浏览的网站。有些移动网站不仅仅展示公司信息，例如日本DOCOMO公司的i-Mode网站。大型企业有的开发移动门户网站，有的则提供通过移动设备登录公司普通的门户网站的通道。

门户网站的功能

不管用户是哪一类人，门户网站的功能都分成简单的和综合的两种。简单的就是**信息门户**（information portals），它存储信息，方便用户通过网站浏览信息。综合的则是**协同门户**（collaborative portals），用户可以开展协同与合作。

公司门户网站的应用和存在的问题

门户网站的应用有多个方面：知识发布及培训，加快商务流程，支持前台销售、营销及服务，支持协作及项目实施，获取公司各个系统中的信息，对文档进行个性化处理，提高搜索的效率，保障信息安全，宣传优秀业绩，张贴信息，招聘专业人才，播报新闻，登录互联网，等等。

名录服务及搜索引擎

B2B最实用的一个特色就是名录服务，它出现在公司门户网站上或者由独立的第三方公司提供（请浏览 internetworldstats. com/links2. htm）。b2bbyte. com/b2b/b2btrade. html 网站上提供了全球500个B2B网站。

B2B交易的市场很大，有成千上万家企业聚集在网络平台上。因此，网络市场上就出现了一类专业的搜索引擎服务。最有效的搜索引擎是垂直市场中的搜索引擎（请浏览 globalspec. com）。与垂直市场的搜索引擎不同，有些搜索引擎可以用来搜索一家企业的各种信息，也可以搜索网络上的一般信息（例如谷歌搜索，Google Search）。但光有搜索引擎是不够的，企业名录和商品名录中有海量的信息，人们可以手动搜索，也可以利用搜索引擎搜索。例如 local. com 就是一家当地搜索引擎，可以搜索任何特定区域的公司，它包含了1 600万个目录（请浏览 local. com/faq. aspx）。

名录服务在许多 B2B 网站上都可以获得（如 globalspec. com/SpecSearch/SuppliersByName/Suppliers_A. html 网站上供应商的 GlobalSpec 名录）。同样，还可以下载名为"电子市场网上名录：小型企业指南"的免费电子市场服务指南，下载网址 emarketservices. com/clubs/ems/artic/HandbookEnglish. pdf。名录服务有助于寻找商品、供货商、服务以及潜在的合作伙伴。此外，the Daily Deal Media 销售电子商务和网上企业名录，大约有 75 000 家公司记录（请登录 dailydealmedia. com/repoet/?ecommerce-internet-business-directory）。

最后，B2B 贸易提供几十种 B2B 种类的信息，包括 B2B 拍卖和商品。

国际贸易名录

电子商务提供了一个加入全球贸易的很好的机遇，大部分是进口和出口贸易。公司在全球范围内买进、售出、合资工作、咨询、开分公司等。与单独在一个国家的机遇相比，这种机遇更多，更具有多样性。全球贸易最重要的话题将在第十三章中涉及。这里我们就提一个话题：怎样在全球范围内寻找机遇与合作伙伴。

全球有成千上万家企业，甚至有更多的商品和服务。之前提及的几种名录一部分涉及国际贸易，也有一些是关于搜索引擎的。2014 年这个领域最大的公司就是阿里巴巴（请参阅导入案例）。

4.8 节复习题

1. 什么是 B2B 门户网站？
2. 水平门户网站与垂直门户网站有什么区别？
3. 公司门户网站有哪些主要类型？
4. B2B 电子商务市场中有哪些名录服务？

4.9 Web 2.0 时代及社交网络时代的 B2B 电子商务

尽管许多企业都开展了 B2C 的社交网络活动，但社交网络在 B2B 电子商务中也是能够发挥作用的。B2B 的潜在可能性很大，新的申请者也与日俱增。企业如何开展 B2B 社交网络活动，取决于企业的经营目标以及它所感知的机遇和风险（请浏览 adage. com/article/btob/social-media-increasingly-important-b-b-marketers/291033）。

B2B 电子商务中的网络社区

B2B 电子商务中涉及多个参与者，例如买方、卖方、服务供应商、行业协会，等等。因此，B2B 市场的做市商就得提供社区服务，例如洽谈室、公告板、个性化主页等。

网络社区由三方组成——企业成员、合作者、客户。为了提高创新精神和响应力，网络社区为电子商务提供了丰富的资源以进行网上讨论和交流。因此，有必要学习社交网络的工具、方法，借鉴 B2B 网络社区建立和经营成功的做法。尽管 B2B 社交网络技术与其他的网络社区相似（见第二章），但社区的性质以及它所传递的信息却是不同的。

B2B 网络社区主要是交易型社区，因此，社区成员所关注的也就是与交易及各种商务活动有关的信息。大多数社区是垂直交易市场中的社区，因此，社区成员的需求也就比较特殊。社区也支持合作和网络工作。登录 partners. salesforce. com 了解合作关系软件。然而，分类广告、岗位招聘、布告、行业新闻等的基本服务也是很常见的。对于 B2B 社交社区，参见 Brooks et al. (2013)。社区促进了合作。最新的社区形式是商务社交网络和专业社交网络（例如 linkedin. com，将在第八章中阐述）。

B2B 社交商务带来的机遇

使用 B2B 社交网络的企业能够获得以下多种利益：

- 通过网络刊登广告寻找更多群众，创造品牌意识。
- 发现新的业务伙伴和销售前景。
- 更好地了解新技术、竞争态势、客户以及商务环境。
- 通过社交网络（如领英、推特、脸谱等）的交往引发了交易机会。
- 通过搜寻"帮助中心"利用领英等社交网络的答疑功能解决难题，通过"帮助栏目"向社区提问题，或者使用网页上的张贴模块询问网络工作问题。在其他社交网络的问答栏目发布问题。
- 更多地参加行业内的活动。
- 提高品牌的知名度。
- 吸引更多的人浏览公司网站，关注企业的网站、产品以及经营方式（例如提供游戏、奖品、竞争等）。用口口相传的方式增加网站的浏览量。
- 在商务伙伴中对产品开展讨论，获得反馈信息，改进经营和管理。
- 利用社交网络（例如脸谱、领英）招募人才。

对于利用领英获得的更多机遇，参见 Prodromou (2012)。

第八章中将介绍更多的 B2B 社交商务。

Web 2.0 工具在 B2B 电子商务中的应用

许多企业在开展 B2B 电子商务时都使用博客、维客、聚合网站、视频广告等网络工具。例如，Eastern Mountain 体育用品公司就是使用博客（blog. emsoutdoors. com）、维客、聚合网站等工具与供货商、渠道商等进行沟通和协调。成千上万家企业正在使用或尝试使用这样的工具。有些企业利用 YouTube 网站开展 B2B 经营，请浏览 scgpr. com/41-stories/youtube-for-b2b-marketers；有些企业利用推特，参见 Maddox (2010)。更多内容参见 Bodnar and Cohen (2012)。

实际案例

Orabrush 是一家新兴的公司，主要生产口腔清洁器，以减少口臭。该公司制作了有趣的 YouTube 视频，以沃尔玛的员工为目标客户。短期内，该公司在 YouTube 上就拥有超过 16 万名用户，发布了 3 900 多万条评论。此外，该公司以 28 美元的成本在脸谱上登广告，吸引了 30 万粉丝。这样的张扬使得沃尔玛的买方尝试去购买产品，于是 Orabrush 公司同沃尔玛签订了一个长期合同。

B2B 市场的游戏化

虚拟游戏或者游戏化，指的是为支持 B2B 训练以及决策而设计的虚拟游戏。参与者和其他人相互竞争，进行市场预测。

虚拟贸易展和展销会

虚拟贸易展和展销会越来越受到人们的欢迎，在性质上属于 B2B。

虚拟贸易展是对"虚拟世界"的一种应用。**虚拟贸易展**（virtual trade show）也称作"虚拟贸易市场"，与实体贸易展相似。可以是暂时的展览场所，也可以是长久的展览场所，参展商将它们的新产品向潜在的客户展示。虚拟贸易展的详细讲述请参阅在线补充读物 W4.3 以及 Lindner（2009）。

欲了解虚拟贸易展的相关图片资料，可以在谷歌里进行"虚拟贸易展"的关键字搜索。

 实际案例

marketplace365

网络市场 365（marketplace365.com）是一家供应商，为公司提供建立虚拟贸易展、吸引顾客的工具。详情请浏览 marketplace365.com 和 marketplace365.com/Marketing/features.aspx。

社会媒体可以用来支持展览，甚至在实体贸易展中也可以运用。更多关于社会媒体在贸易展中的使用，参见 Patterson（2012）并下载免费的"社会媒体贸易展市场清单"，下载地址为 tradeshowguyblog.com/downloads/Social-Media-Tradeshow-Marketing-Checklist.pdf。

B2B 电子商务中的社交网络

利用社交网络，企业可以改善信息和知识的分享，增加沟通和协调，还能更快地反馈信息。此外，利用社交网络可以帮助发现问题，解决问题。许多企业（尤其是小企业）利用社交网络、雅虎回答以及领英网站上的答疑功能解决遇到的难题。参与 B2B 商务活动的企业应该将社交网络看成企业战略的一部分，否则，它们就难以捕捉到商机，也很难在竞争中胜出。

到 2013 年年底，社交网络已经在 B2B 市场上发挥着很重要的作用。根据 Regus 在 2010 年的研究（Leggatt，2010），不管小企业还是大企业，都在利用社交网络发现新的商机。研究发现：

- 全球有 50%～75%的企业利用各种社交网络的功能；
- 全球有 40%的企业通过社交网络发现新的客户群（Leggatt，2010）；
- 27%的企业利用社交网络开展营销活动，开发新客户，维系老客户。

社交网络的主要作用是：与商务伙伴保持联系，与有着同样业务范围的企业取得联系，了解有价值的商务信息，组织、联系、管理客户群。

更多有趣的统计数据参见 Karr（2013）。

根据 2011 年 Pardot 公司（一家"软件即服务"解决方案供应商）的一篇调查，B2B 市场使用社会媒体的人数已经很多了。但是，30%的人在社会媒体中的投资没有收回成本。调查发现，推特是最受欢迎的社会媒体渠道。2013 年，推特和领英在 B2B 商务中是使用得最多的社交网络（请浏览 spiral16.com/blog/2013/10/how-b2b-companies-are-using-social-media-infographic/）。

B2B 商务中使用推特

推特被广泛运用于 B2C，它主要是一种交流工具，用于客户服务、广告、客户平台、CRM 以及市场研究等工作。B2B 中也能发现类似的运用。Schaffer（2009）提供了公司在 B2B 中使用推特的 4 个案例。其应用包括确定商机谈话的监控、让小型企业寻找可能的客户、与可能的客户和可能的供应商联系。

B2B 社交网络的其他活动

以下是一些基于社交网络的 B2B 活动：

● **基于位置提供的服务**。基于位置提供的服务在 B2C 中很受欢迎（见第六章内容），也在 B2B 中提供商机。

● **社交网络上的公司信息**。领英和脸谱网站上都有许多关于公司及员工的信息。其实，员工的信息就是公司的品牌。例如，IBM 公司目前有大约 28 万名职工是领英网站的注册用户；2014 年初期，微软的员工在该网站上的注册用户约 13.4 万人。有些社交网站上有公司的介绍，还有员工以及客户对公司的评价。

成功案例

B2B 互动营销指南网站（btobonline. com）上介绍了多个成功的运营案例（如思科系统公司、Arketi 集团公司以及惠普公司等）。

更多案例研究，请阅读名为 "50 Brilliant Social Media B2B Case Studies"（《50 家成功的 B2B 社交网络案例研究》）的电子书（本书可以在 simplyzesty. com/Blog/Article/June-2011/50-Brilliant-Social-Media-B2B-Case-Studies 上购买）。

Wiebesick（2011）制作了一份 PPT 资料，展示了四家企业在社交营销方面取得成功的案例。这四家企业是：（1）Kinaxis 公司（kinaxis. com）：该公司在网站上开发了许多有趣的视频资料，再加上公司博客专栏，使得公司网站的浏览量和顾客转换量大幅增加；（2）Archer 科技公司：该公司创建了一个公司社交网络，方便客户交流，还可以启发创意；（3）Indium 公司（indium. com）：该公司的工程技术人员相互浏览博客，还可以分享给同行专家；（4）Cree 公司（cree. com）：该公司开发了一个娱乐性的社交网站，鼓励客户参与，娱乐内容包括分享博客、在 YouTube 网站上传视频、举办摄影大赛等。

B2B 社交网络战略

B2B 社交网络战略可以归纳为三种：参与、关注、使用现有的应用程序。

如果采取了上述手段，企业就有可能有效地使用社交网络。据 Pergolino（2010）的研究发现，有 5 家成功的公司，分别是 SAP、United Linen（一家小型的熨烫公司）、Forrester Research、Kinaxis、Expert Laser Services。

B2B 社交网络的发展趋势

企业正在发展社交媒体以及搜索工具。类似谷歌的 OpenSocial 这样的产品可以引起人们对社交网络的兴趣。

企业应该充分利用社交网络去了解客户和合作伙伴的需求。

在线补充读物 W4.4 中讨论的 B2B 营销，指的是沿着卖方供应链，由制造商和批发商进行的营销活动。

4.9 节复习题

1. 社交网络在 B2B 电子商务活动中能给企业带来哪些机遇？
2. 社交网络能够为 B2B 电子商务带来哪些利益？
3. Web 2.0 社交软件在 B2B 电子商务中有哪些应用？
4. 社交网络中有哪些 B2B 的应用？
5. B2B 社交商务的战略有哪些？
6. 如何理解 B2B 电子商务中的网络社区？

4.10　B2B 支持机制

开展 B2B 商务有一定的困难，因为交易量大、可能的买方和供应商的数量较多、需要运输大量的商品。在本节中，我们将讨论几个具有代表性的话题。

从供求关系和交易流程来看，B2B 电子商务与 B2C 电子商务还是有很多差异的。我们这里主要讨论公司采购中的购买行为，以及 B2B 电子商务中的营销模式。blog.marketo.com 网站上也会提供 B2B 社交营销、B2B 营销优化方面的指导材料。

组织购买行为

从数量上看，组织购买者的人数远不及个体消费者，但是它们的购买量要大得多，而且采购过程也比个体消费者采购过程复杂得多。此外，组织采购者有时是一个团队。事实上，通常是一个团队决定购买昂贵的产品。因此，两者的消费行为也是大不相同的。

组织采购者的行为模式

图 4.10 列出的是组织采购者的行为模式。B2B 采购模式中包含着组织的采购规则、一些限制（例如与某些供货商有合同）以及采购流程。此外，还有人际关系影响、群体决策等，这些都是需要考虑的因素。

B2B 电子商务中的广告与营销

B2B 营销（B2B marketing）指的是沿着卖方供应链，由制造商和批发商进行的营销。

企业营销和广告过程与个体消费者的营销相当不同。例如，传统的离线 B2B 企业一般使用实体环境的商品展示，在行业杂志上做广告，使用纸质商品目录，安排人员去走访客户，等等。

但是到了数字时代，这些传统的方法就显得效率低下，成本太高。因此，各家企业都采用不同的在线形式去接触企业客户。比较常用的方法是网络企业名录，在线撮合服务，网络交易中心的广告、营销服务，网络合作品牌推广，网站联盟，在线虚拟贸易展览，在线营销服务，网络社区，等等。接下来将讨论几种方法。

B2B 在线广告营销的方法

在 B2C 细分市场里，如果一家网络零售商要吸引宠物爱好者、游客对自己产品的注意，它们

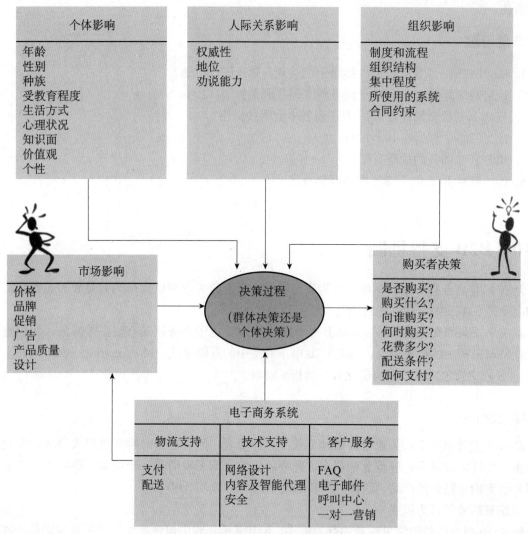

图 4.10 组织采购的行为模式

会通过传统媒体做广告,如杂志、报纸、电视或谷歌和脸谱。同样,B2B 企业也会使用商业杂志、商品名录等做广告,这些都是数字的。此外,B2C、B2B 广告商都努力接触新的客户。

锁定目标客户

一家 B2B 企业(商品服务供应商,网络交易中心运营商,数字服务供应商等)可以一家家地与客户洽谈,只要这些客户归属于某一个特定的群体。例如,如果要把客户企业吸引到汽车配件销售的交易中心来,可以到行业协会名录或行业杂志中寻找客户。

营销活动中的重要一环是广告。第九章中讨论的广告方式既适用于 B2C 电子商务,也适用于 B2B 电子商务。例如视频广告可以用来锁定 B2B 目标客户。

网站联盟

这里我们要关注一种较为常见的方法:网站联盟。

第一章中提到过 B2C 网站联盟,第九章中也会涉及。网站联盟的形式有几种,B2C 电子商务中使用最广泛的、最简单的形式是在联盟网站上为商家(例如亚马逊公司)张贴旗帜广告。消费者只要请浏览该广告,就会链接到商家的网站,如果客户购买(或有时只是浏览了商家的网站),

商家要为此向网站联盟支付佣金。B2B 商务中也可以使用这种方式。

更多关于 B2B 网站联盟的内容，参见 Peters（2014）并浏览 quicksprout. com/the-beginners-guide-online-marketing-chapter-9/。

B2B 市场调研

市场调研的主要目的之一是为网络广告提供决策依据（参阅第九章）。市场调查中搜集的数据可能很大。为了分析，可以使用数据和文本挖掘。B2B 市场调研中数据挖掘的使用，请参阅第九章。

最后，还有一点需要指出，在营销学中，我们一般使用传统的 4P 概念，即产品、价格、促销、渠道。但是 2010 年美国学者 Dunay 提出，4P 的概念主要适合于 B2C 商务。至于 B2B 电子商务，他提出了 4C 的概念，即内容、关系、沟通、转换（content，connection，communication，conversion）。

其他 B2B 支持机制

与 B2C 相似，B2B 中也有一些支持服务。以下是一些具有代表性的案例。

协同网络与供应链系统

协同合作过程对 B2B 和供应链管理的成功极其重要。尽管合作很重要，但只有 14％的被调查者在参与 2001 年 Aberdeen 集团调研时回答称他们有能力和网上贸易伙伴合作。该调查显示了需求以及潜在的利益，指出合作的必要性。协同合作是关于组织间的关系。许多公司提供方便协同合作的工具。

 实际案例 1

IBM Sterling 商务公司

这是一家基于云端的增值网，有助于降低成本，增加产品产量和质量，提高客户满意度。更多描述请浏览 ibm. com/software/info/sterling-commerce。

 实际案例 2

NTE B2B 协同合作

这种解决方案方便企业与贸易伙伴接触、开展 EDI 交易（见在线辅导资料 T2），开展各种沟通和合作。详情请浏览 nte. com/technology/b2b-collaboration。

 实际案例 3

Ariba 网

Ariba 公司是一家全球供应商网。它帮助企业寻找、联系贸易伙伴，并与它们合作（请浏览

ariba. com/community/the-ariba-network)。

供应链设施。几家公司专注于改进 B2B 供应链。例如 SupplyON 公司对几个行业的物流（如汽车、航空、铁路）进行监测。NeoGrid 公司是另一家帮助几个行业进行供应链改进的公司，阿里巴巴集团、ec21. com 和 ziliot. com 是促进全球贸易供应链管理的市场。近来，亚马逊供应公司开始涉足该领域。

支付

B2B 贸易中的支付与 B2C 中的支付不同。信用卡用于小型购买，其他大型购买要通过其他方式支付（如信用证）。详情请参阅第十一章。请浏览 youtube. com/watch?v＝Z-Qd_nWuugM，观看名为"How to Use PayPal for Your Business"（《怎样使用贝宝支付》）的视频（时长 9 分 38 秒）。

标准和 RosettaNet

在全球贸易中，有必要建立处理和分享 B2B 信息的标准。美国最常见的标准就是 RosettaNet（请浏览 public. dhe. ibm. com/software/commerce/doc/sb2bi/si51/stds70/ Stds70_Using_Rosetta-Net. pdf）。一个相似的标准就是在欧洲非常流行的 UN/EDIFACT（联合国行政、商业和运输业电子数据交换规则）。许多大型技术公司都使用 RosettaNet 标准（如 IBM、微软和英特尔）。该组织明确了大约 100 个 B2B 贸易流程，使之规范化。

B2B 的发展趋势

B2B 与 B2C 一样，都有增加面向社会的活动和战略的趋势。IBM 公司称之为社区市场。该趋势的主要优势在于通过使用社交网络（如讨论和反馈）加强与客户的合作。这让许多做市商借鉴 B2C 的成功案例。B2B 供应商需要向 B2B 买方提供许多 B2B 卖方能够提供给客户的特色。IBM 公司在 WebSphere 商务环境中提供 Elite Starter Store 软件加强互动（ibm. com/software/products/en/websphere-commerce）。总的来说，众多小企业开展了 B2B 交易，这使得 B2B 发展更迅速。

4.10 节复习题

1. 组织购买者与个体消费者有什么差异？
2. 如何理解 B2B 电子商务中的广告与营销方式？
3. B2B 电子商务中如何开展网站联盟和数据挖掘工作？
4. 市场调研和数据挖掘如何帮助 B2B 商务的开展？
5. 协同合作在 B2B 中为什么很重要？

管理问题

与本章内容有关的管理问题有如下几个方面：

1. **网络采购中应该使用哪些 B2B 商务模式？** 在评价各种 B2B 经营模式的时候，企业应该判断采购的是直接材料还是间接材料。然后根据网络采购目标来选用解决方案。在选用电子商务解决方案时，企业通常有 4 个目标：第一是提高运营效率，第二是尽量降低价格，第三是降低库存规模，第四是降低采购成本。然后按照这些目标设计解决方案。市场发展的目标应该是让众多的中小企业拥有不太复杂的解决方案。

2. **在线 B2B 销售应该使用怎样的 B2B 商务模式？** B2B 电子商务中一个关键的问题是如何与使用不同 EDI 系统、ERP 系统的客户进行协调。企业应用整合软件（EAI）能够将客户使用的不同的 EDI 系统产生的数据转换过来。将 EDI 标准与 ERP 系统进行整合，那是另一个需要解决的问题。除了合同管理以外，B2B 厂商还要使用拍卖、库存清理、社交网络等方式提高销售业绩。

3. **企业应该选择怎样的供货商和解决方案？** 许多软

件开发商开发、销售 **B**2**B** 解决方案，甚至还能为大企业开发这样的软件。选择软件开发商需要考虑两个问题。第一，应该选择一级开发商，例如 IMB 公司、微软公司、甲骨文公司等。它们都是自主开发，必要时寻找商务伙伴的协助。第二，寻找聚合商，它们会将现有的软件、开发商根据企业的具体需求进行整合。

4. B2B 电子商务会对企业产生怎样的影响？ B2B 商务系统将转变企业采购部门的作用，调整采购的流程。有时，整个采购工作或许会被外包出去。企业需要平衡战略采购与即兴采购之间的关系。设计出一个新的供应链关系管理系统。

5. B2B 电子商务活动中的伦理道德问题。由于 B2B 电子商务的开展涉及分享产权信息的问题，所以必定会出现相应的道德问题。员工未经授权，不应该获得系统中的相关信息，企业应该用技术的方法和法律的手段保护商务伙伴的隐私。

6. 应该选择企业社交网络还是公共社交网络？不管是企业社交网络还是公共社交网络，都有利有弊。有些大企业（例如 northwesternmutual. com）都是两者兼而有之。但是，在大多数情况下，选择公共社交网络（例如领英、脸谱等）仍为上策。

7. 商业流程中哪些环节可以自动化操作？这取决于公司、产业和价值链的具体情况。但是，正如本章中所阐述的，按照供应链进行的销售、购买及其他活动是主要目标，包括支付（金融供应链）。同样重要的有物流、装运及存货管理。

本章小结

本章所涉及的电子商务问题与前面提到的学习目标一一对应。

1. B2B 电子商务的定义。 B2B 电子商务是指企业间的电子商务活动。在这个电子商务活动中，B2B 占了 77%～95%。B2B 电子商务有不同的商务模式。

2. B2B 电子商务主要经营模式。 B2B 电子商务千差万别。分类如下：卖方市场（一个卖方，多个买方）；买方市场（一个买方，多个卖方）；交易中心（多家买方和卖方）。每一种类型都涉及多个商务模式。在有些 B2B 电子商务中，中介发挥了很重要的作用。

3. 卖方市场的经营模式和特征。卖方市场是指一家企业（制造商或中间商）直接将商品、服务销售给多家客户。这里所用的主要技术是网络商品目录，它有助于开展有效的定制化、重新配置，也方便买方采购。现在比较盛行正向拍卖，企业用这种方式处理积压的库存。卖方开展拍卖活动可以在企业自己的网站上，也可以在中介组织的拍卖网站上。卖方市场可以辅之以各种客户服务。电子商务有助于卖方进行产品、服务的定制化操作，体现产品的个性化。

4. 卖方市场的中介机构。 B2B 电子商务中中介的作用主要是向制造商和其他商务伙伴提供增值服务。中介机构还可以整合买方，开展拍卖活动。中介还可以充当渠道商的角色，将多个卖方的商品目录整合在一起。

5. 买方市场的特征及网络采购。如今，企业都愿意用网络采购的形式提高采购速度，降低采购成本，更好地控制采购流程。采购的方式主要有：逆向拍卖（卖方竞标），通过网络店铺或商品目录采购，向整合卖方商品目录的中间商采购，企业内市场组织团购，桌面采购，利用交易中心或行业卖场采购，网络易货交易等。通过网络采购，企业可以节约大量的人力、财力。

6. B2B 电子商务的逆向拍卖。所谓逆向拍卖，是指买方招标、卖方竞标的一种拍卖形式，买方以此来获得较低的采购价格。拍卖可以在买方自己的网站上进行，也可以在第三方网站上进行。逆向拍卖可以帮助买方降低成本，这是指商品价格以及招标的时间和管理成本。

7. B2B 市场整合及团购模式。将买方或卖方整合在一起，有利于企业宣传自己的交易意向，并提高自己的谈判地位。将卖方的商品信息整合在一起形成企业内部的采购市场有助于买方企业控制采购成本。在桌面采购中，购买者只要不超过采购预算，就可以免去申报的烦琐流程。他们只要按照卖方给定的价格采购就行了。行业卖场专注于一个行业产品（例如计算机）或行业产品的 MRO（维修、保养、材料）的交易。企业可以将几千家供货商的商品汇集在一起。采购代理是在行业卖场上下订单，配送可以由供货商安排，也可以由卖场安排。团购的模式日趋流行，中小企业可以由此降低采购价格。除了直接采购以外，也可以用易货贸易的形式进行采购。

8. 交易所的定义及其主要类型。交易所是为许多买方、卖方和其他交易伙伴进行交易提供的交易平台的电子市场。主要类型有 B2B 第三方交易所和联合交易所。交易所可以是垂直的（以产业为向导的），也可以是水平的。

9. B2B 电子商务门户网站。 B2B 电子商务平台是指提供 B2B 社区信息的门户。有些信息门户是垂直的，它们提供产品或商家的信息，甚至提供开展交易活动的软件。有时候，人们难以区分 B2B 门户网站和 B2B 电子商务交易中心。

10. 第三方交易平台。 第三方交易平台由一家独立的企业运营，一般是针对一个具体的行业市场。由于不限制用户的身份，所以被看作公共平台。它们尽量在买方和卖方之间保持中立。

11. 社交网络及 Web 2.0 工具给 B2B 电子商务带来的利益。 尽管 B2C 电子商务中社交网络已经很普及，但是 B2B 电子商务的社交网络还刚刚起步。企业广泛使用博客、维客将供货商和客户整合在一起。大型企业利用

社交网络建立并改善商务关系。小企业则利用社交网络收集专家意见。还有一些企业利用社交网络发现新的商务伙伴，寻找商机，招募员工。

12. B2B 电子商务中网络营销和其他支持服务。 B2B 电子商务与 B2C 电子商务在营销和市场调研方面是不同的。因为企业买方的采购要受到企业规则的限制，而且负责采购的一般是一个团队。企业可以将 B2C 采购方式调整成 B2B 模式，例如联盟营销。这种购买受规则的限制，同时也受购买客户行为的限制。

讨论题

1. 以商品目录为基础的卖方网络市场如何运作？它能为企业带来哪些利益？

2. 与利用商品目录销售相比，网络拍卖有哪些优势？有哪些劣势？

3. 团购聚合商主要使用哪些经营方式？

4. 桌面采购这种方式是否只能用于企业内部市场？

5. 比较私人拥有的交易所和私人网络交易所的区别。

6. 比较外部和内部整合目录的区别。

7. 社交商务与 B2B 团购有何区别？

8. 比较组织买方和个体消费者的区别。

课堂论辩题

1. 社交网络给 B2B 电子商务带来哪些机遇？

2. 社交网络给 B2B 电子商务带来哪些风险？

3. 全球化对 B2B 电子商务有哪些影响？

4. B2B 电子商务与营销组合（4P）和 4C 有什么关系？

5. B2B 电子商务中会产生哪些渠道冲突？

6. B2B 电子商品目录（如阿里巴巴网站）对全球贸易有哪些贡献？它的发展受到哪些限制？

7. 有人认为，网络交易平台应该由第三方中介机构来运作，而不是产业联盟。这种观点站得住脚吗？为

什么？

8. 讨论为什么在进行营销指导时脸谱不如领英。

9. 课上观看 4 分 11 秒的视频，名为 "B2B Marketing in a Digital World"（《数字世界中的 B2B 营销》），网址为 youtube.com/watch?v =-nTkBhsUIRQ。讨论进步的营销经营者的含义。

10. 研究处理清算业务的公司，主要为 liquidation. com，govliquidation. com 和 govdeals. com。研究提供的服务的相似之处和特别之处。讨论使用这些服务给公司增加的价值。

网络实践

1. tripadvisor.com 在 2010 年进行了 B2B 划分。找出有关使用 ti 的公司及其业务客户获得的好处的信息。

2. 请浏览网站 ariba.com，ibm.com 和 ibxplatform.com。观察它们提供的商品和服务。它们是如何支持移动营销和社会商务的？

3. 找到一个 B2B 业务模型，使其与之前的问题中列举的每个网站的服务相匹配。

4. 请浏览 ebay.com。网站上有哪些活动与小企业

拍卖有关？网站提供哪些服务？请浏览 Business & Industrial（见 ebay. com/chp/business-industrial），这是怎样的网络市场？它的主要功能是什么？

5. 请浏览 ondemandsourcing.com，观察网站上的软件试用装。中小企业能从中得到什么利益？

6. 浏览 bitpipe.com，与网络采购相关的 B2B 企业报告有哪些？有哪些专题是这一章里没有涉及的？

7. 请浏览 iasta.com，cognizant.com，观察它们销

售的网络采购软件。对这些软件工具进行分析。

8. 请浏览 navigatorhms. com/gpo 和其他两个团购网站。就 B2B 团购活动写一份报告。

9. 请浏览 blog. marketo. com,寻找 8 个 B2B 社交商务的成功案例。列表说明博客中有哪些话题。写一份简短的报告,说明博客中的内容,归纳企业取得的经验和教训。

10. 浏览网站 business. yahoo. com/category/busi-ness_to_business。列出清单并说明网络交易平台和 B2B 电子商品目录提供的资源。

11. 请浏览 smallbusiness. yahoo. com/ecommerce,归纳卖方 B2B 电子商务市场。

12. 请浏览 eprocurement. nc. gov。网站上提供了什么网络采购方式? 它们会给企业带来怎样的利益?

13. 请浏览 equinix. com 并区分它们提供的 B2B 服务。

团队合作

1. 为导入案例设计的作业:请阅读本章开头的导入案例,并回答下列问题:

a. 阿里巴巴提供什么目录服务?

b. 确认阿里巴巴的收入来源。

c. 找到关于 2014 IPO 的信息。你认为对于阿里巴巴的公司估值现实吗?

d. 登录 slideshare. net/yanhufei/case-study-alibaba-final-v-11,回顾阿里巴巴案例研究。拓展老师设计的问题的答案。

e. 描述阿里巴巴的业务模式。

f. 登录 sa. alibaba. com,观看阿里巴巴上关于供应商评价的视频(时长 3 分 31 秒),总结其内容。

g. 观看名为 "e-Riches 2.0:—The Best Online Marketing Book by Scott Fox"(6 分 18 秒),网址为 youtube. com/watch?v=6O747UHN9Mw。

2. 每个团队关注一种 B2B 社交网络活动,写出小结向全班陈述。陈述内容应该包括:

a. 使用的机制和技术;

b. 这种方法对买方、供货商,以及其他各方的利益;

c. 这种方法对买方、供货商,以及其他各方的局限;

d. 这种方法需要的环境参见 Leake et al.(2012)以及销售商的产品。

3. 每个团队搜索一个与阿里巴巴竞争的全球 B2B 中介(如 globalsources. com)。准备一份阿里巴巴和你选择的竞争者的买卖双方可以获得的服务的清单。

4. 进行谷歌搜索,找出 3 年来 "10 个巨大的 B2B 网站"。阅读评论,并浏览这些网站。每个团队准备一份报告来说明为什么它们认为这些网站中的 5 个是最好的。

5. 登录 ariba. com,并找出什么软件解决方法(如 Ariba 商务云)可以加强企业间的商务。同时研究公司采购及合同管理的方法。向全班展示你的结果。

6. 观看幻灯片:由 Oka 和其他 13 个采购管理人员提出的 "Vision 2020:Ideas for Procurement in 2020 by Industry-Leading Procurement Executives"(《视觉 2020:2020 年由行业领导的采购管理的采购思想》),网址为 slideshare. net/Ariba/vision2020-the-futureofprocure-ment。每个团队分析几个思想,然后向全班展示。

7. 观看名为 "eProcurement Case Study:HOYER Group"(《电子采购案例研究:HOYER 集团》)的视频(时长 3 分 44 秒),网址为 youtube. com/watch?v=BFa-JPe DQyIs&noredirect=1。回答下列问题:

a. 海尔集团面临的问题是什么?

b. 公司需要怎样的软件工具?

c. 它们怎么评价这些软件? 使用的标准是什么?

d. 从这个视频中你学到了什么?

8. 全班研究 Ariba 的供应商网,将它与几家类似的网站进行比较(如 IBM Starling B2B 合作网)。每组进行一个比较,向全班展示。

 章末案例

谢菲尔德大学的电子采购系统

位于英国谢菲尔德市的谢菲尔德大学是一所知名的大型公立教学和研究机构,注册的在校学生有 25 000 多名，员工 5 300 多名（请浏览 sheffield. ac. uk/about/facts）。

该大学的研究成果受到全世界的公认。尽管有着良好的声誉，但它的预算却很紧张，所以它们设法从采购活动中节约资金。

由于其研究活动每年花费超过 1.1 亿英镑购买设备，涉及的供货商有 12 000 多家，其中有 4 500 家供应商是常年合作伙伴。该大学需要一个电子系统，减少采购延期的现象。他们还需要规范化所有流程，减少可能的错误。此外，管理费用（如邮政成本、员工时间成本、复印成本）相当高。2015 年该大学加强了电子投标系统，作为政府强制执行的电子采购系统的一部分。

电子采购概念的提出

采用电子采购的方式，最主要的目标就是帮助谢菲尔德大学实现它的使命。学校的采购部门还必须遵守政府有关公共采购的规章制度。该系统通过一个名为 In-Tend 的软件建立起来，将使用者、供应商、采购部门的员工和技术研发团队整合在一起。

电子采购过程

采购部门通过 In-Tend 网络平台与参与者交流。In-Tend 平台提供政策及开放的采购信息，包括历史投标数据、合同以及注册的供应商的投标过程。该网络平台注重客户友好，允许小型供应商参与投标，而且系统十分安全（请浏览 tendernotification. co. uk/features. aspx）。

采购流程

该大学有数十个部门，都需要购买材料和设备。这些需求被提交到安排逆向竞拍的中央采购室（PO）。采购室通过标准化订购流程检测所有相关信息，然后开始招标。经过广泛的测试和训练员工之后，当地的供应商测试了一个小规模的投标工作。一旦满意，采购室就会实施该系统，每年的招标项目多达 200 多个。

投标者可以下载所有需要的文件，在线上传他们的标书。由于系统提高了竞标者的工作效率，因此实际上这也帮助供货商节约了成本。

谢菲尔德大学采购部门加强了与当地企业界的联系，目的是吸引当地的企业踊跃投标（如帮助企业进行资格预审，告知存在的商机，等等）。

资料来源：CIPS Knowledge Works（2006）；sheffield. ac. uk/procurement，sheffield. ac. uk/finance/regulations/P _ flow chart，in-tendhost. co. uk/sheffield/aspx/Home（2014 年 3 月数据）。

思考题：

1. 为什么公立大学需要遵守可能降低效率的政府规章制度？

2. 寻找关于软件 In-Tend 的信息，网址为 tendernotification. co. uk/intend. aspx。为什么它如此受欢迎？

3. 研究供应商在门户中获得的信息。投标系统如何给投标者提供一个公平的机会？

4. 追踪大学里使用电子投标的信息流。写一份报告。

5. 内部员工提供什么采购服务？供应商和其他外部公司或者个体（如股东）提供什么采购服务？

在线补充读物

W4.1　电子采购流程：买方的观点

W4.2　应用案例：iMarketKorea

W4.3　虚拟贸易展览会

W4.4　B2B 网络营销

术语表

B2B marketing：B2B 营销，指沿着卖方供应链，由制造商和批发商进行的营销。

B2B portals：B2B 门户网站，指企业信息门户。

Bartering exchange：易货交易平台，指企业可以将自己的多余物资交给交易平台，获得若干个信用点，然后用这些信用点购买自己需要的商品。

Business-to-business e-commerce（B2B EC）：企业—企业电子商务（B2B EC），也称 eB2B（electronic B2B），或者就是 B2B，是指在互联网、外联网、内联网和私人网络之间进行的电子交易。

Buy-side e-marketplace：买方电子市场，是指一个拥有大量买方的电子市场，在这个电子市场上，买方请卖方提供浏览产品的信息并实现订单。

Collaborative portals：协同门户，是指用户可以开展协同与合作的门户。

Company-centric EC：以企业为中心的电子商务，是指在一对多和多对一的市场中，公司要么做所有的销售（即卖方市场），要么做所有的采购（即买方市场）。

Consortium trading exchange（CTE）：联合交易所，是指一种由一个行业中的主要公司组成的交易市场。它们可以是供应商、买方或两者兼有。

Corporate（enterprise）portal：企业门户，是指一个企业网站，通过该公司网站进行交流、合作来获得公司信息及其他信息。

Desktop purchasing：桌面采购，是指采购人员实施采购时不必征得上司的同意，也不会有采购部门来干涉。

Direct materials：直接材料，是指制造产品的原材料，如制造汽车的钢材或纸张中的木材。

Dynamic pricing：动态定价，指的是随着时间的变化和客户的不同，价格随之变化。

E-procurement（electronic procurement）：电子采购，是指网上采购物资、材料、能源、工作和服务。它可以通过互联网或通过一个专用网络（如 EDI）来进行物资采购。

Exchanges（trading communities 或 trading exchanges）：交易所（交易团体或交易场所），是指多对多的电子市场，在这个市场上有很多买方和卖方彼此进行电子贸易。

Gamification：游戏化，是指虚拟游戏设计，用来支持 B2B 培训和决策。

Group purchasing：团购，就是多家企业组团采购，增加采购量，降低采购商品的价格。

Horizontal marketplaces：水平市场，是指在许多行业中使用的服务或产品中的市场。例如办公用品、电脑或旅行服务。

Indirect materials：间接材料，是指像办公用品或灯泡之类的，用来维持操作和生产的物品。通常用来维护、修理和操作（MRO）。总的来说，它们也称为非生产材料。

Information portals：信息门户，存储数据的门户网站，可以让用户浏览和查询这些数据。

Maintenance，repair，and operation（MRO）：维护、修理和操作，是指支持生产活动的间接材料。

Maverick buying：即兴式采购，这是指为了应付急用的、计划外的购买活动。这样做的结果就是谈判不深入，导致采购价格过高。

Mobile portals：移动门户网站，移动门户网站是指可以用移动设备，特别是手机、智能手机、平板电脑以及其他手持设备浏览的网站。

Online intermediary：网上中介，一个第三方实体，经纪人、买方和卖方交易之间的第三方，可以是一个虚拟的或虚实结合的中介。

Partner relationship management（PRM）：合作伙伴关系管理，提供全面的、高质量电子商务业务合作伙伴战略。

Procurement management：采购管理，指的是企业为了实现自己的经营目标购买商品、服务过程中的计划、组织、协调等工作。

Public e-marketplaces：公共电子市场，第三方交易市场，这个市场向所有利害关系方（卖方和买方）开放。

Request for quote（RFQ）：报价请求，"邀请"参加逆向拍卖的形式或文件。

Reverse auction：**逆向拍卖**，是指买方招标、卖方竞标的一种拍卖形式。

Sell-side e-marketplace：**卖方电子市场**，在这种模式中，一个卖方向多个商业买方用电子方式销售产品和服务，经常通过外联网。

Vertical marketplaces：**垂直市场**，是指某一特定的行业或者产业环节，如专门从事电子产品、汽车制造、医药用品、不锈钢生产和化学物质的市场。

Virtual trade show：**虚拟贸易展**，它是一种虚拟世界的申请。虚拟贸易展也称作虚拟贸易市场，与实体贸易展相似。可以是暂时的展览所，也可以是长久的展览所，参展商将他们的新产品向潜在的客户展示。

Vortals：**垂直门户网站**，它专注于单个产业或行业市场。

第五章 电子商务创新：从电子政务到远程教育、协同商务、C2C 商务

学习目标

1. 描述电子政务的各种形式；

2. 描述电子政务活动及实施，电子政务 2.0 和移动政务；

3. 描述远程教育、虚拟大学及在线培训；

4. 描述电子书和读者群；

5. 描述电子商务的知识管理和传播；

6. 描述和讨论在线咨询系统；

7. 描述协同商务；

8. 描述电子商务活动中的 C2C 活动。

|导入案例| 康帕斯集团通过将管理人员变成"侦探"来提高在线培训

康帕斯（Compass）集团（compass-group. com）总部在英国，是世界领先的食品及配套服务公司。其配套服务有食品安全、清洁卫生、建设运营和维护、项目管理等（请浏览 compass-group. com/Support-Services-wwd. htm 及 compass-group. com/about-us. htm）。根据该公司的财务报表分析，其 2013 年的年收入为 175.57 亿英镑（请浏览 ar13. compass-group. com/assets/pdfs/Compass-AR-2013-Financial-Statements. pdf，ar13. compass-group. com/our-business/our-regions）。该公司的客户有英国的一些大型企业，如玛莎百货（Marks & Spencer）和乐购超市（Tesco）。

存在的问题

该公司的区域经理通过财务绩效软件来分析未来趋势，利用他们所负责区域的财务报表来审查有用的统计数据，分析问题出现的原因，解释财务预算偏离的原因，并制订相应的纠正计划。但是，公司发现这些区域经理对该软件的应用存在很多困难。康帕斯集团决定与 City & Guilds Kineo 公司合作进行管理人员的在线培训，让他们通过 Kineo Learning Solution 网站（kineo. com/solutions）在线学习如何使用这个财务软件。然而，有些管理人员对在线培训（远程教育的一种应用）表示质疑。因此，公司需要想办法让他们相信该项目的有效性，减轻他们的担忧，确保培训合作项目的进展，让他们学会使用这个财务软件。

解决方案

康帕斯集团决定采用一个低成本的、快速的、大批量的、有吸引力的方法对区域经理进行培训。它们选择了在线培训。

实施团队独创了"康帕斯侦探棋盘游戏"，参与培训的经理在游戏中扮演"侦探"角色。每个侦探需要分析绩效，并找出解决问题的方法（破案）。每个

玩家都根据各自在现实世界的具体情况被赋予角色，因为这样才能让他们游戏后适应自己所负责的区域。玩家在解决问题过程中会得到相应的支援，并使他们获得管理经验。游戏结束后，确保每个玩家都能够找出问题的答案，如怎样应对竞争对手的降价，或当预算明显偏离时怎样决策等（请浏览 kineo. com/case-studies/process-and-technical/compass-group-systems-training）。

取得的成效

该项目在开始的前半年取得了突出成效：

提高感知：大多数参与者赞同该培训有可能提升他们的表现。

快速大批量培训：远程方式比传统方式（在相同成本和时间段的条件下）能够培训更多经理人员。

降低成本：与传统培训相比，康帕斯集团这 6 个

月内节省培训成本 495 000 英镑。

资料来源：City & Guilds Kineo（2011），Training Press Releases（2011），compass. group. com（2014 年 4 月的数据）。

案例给予的启示

远程教育（在线培训）是电子商务的一种应用，它帮助组织对经常在不同地方的大量学生或雇员进行在线教学，确保他们的成长和有效工作。康帕斯集团的在线培训确保员工明白该培训对公司业务、客户、消费者的重要性。通过创建在线培训课程并让员工参与其中，公司不仅降低了培训成本、成功培训了员工，同时也促使许多员工欣然接受了在线培训。远程教育和在线培训是本章的主要内容。本章其他创新系统有电子政务、电子书、C2C 商务。

5.1　电子政务概述

电子政务是电子商务应用中发展得很快的一个领域，涉及多方面话题。本节介绍其主要的几个方面。

定义和应用领域

电子政务（e-government）指的是政府利用信息技术（尤其是在政府的电子商务中）改善政府活动和公众服务，例如让市民更方便地获得政府信息、向市民和企业提供有效的政府服务、提高政府职员表现等。同时，它也是政府与市民、企业和其他实体进行互动、改善政府商业活动（如政府采购买和出售）、提高政府内部的有效运作的有效方式。电子政务涉及大量活动，请查阅新西兰案例（在线补充读物 W5.1），或浏览 en. wikipedia. org/wiki/E-Government。详情参见 Shark and Toporkoff（2008）。有关资源请浏览 w3. org/egov。

需要注意的是，电子政务也为政府机构提供了提高内部工作效率的机会。

电子政务包括以下几大类：政府对公民（G2C），政府对企业（G2B），政府对政府（G2G），政府内部效率和效益（IEE），政府对职员（G2E）。表 5.1 提供了前四类电子政务的工作目标［也可参见 Digital Government Strategy（2012）以及 Egov（2003）］。美国电子政务的有关内容参见 Digital Government Strategy（2012）并浏览 whitehouse. gov/omb/e-gov，新加坡电子政务的例子请浏览 egov. gov. sg。

表 5.1	电子政务的工作目标	
G2C		**G2B**
● 节约公民与政府的互动时间； ● 为政府服务网站创建友好的单点访问界面； ● 方便公民和企业查找到政府机构的服务站点； ● 减少公民查找福利项目和判断自己的资格的时间； ● 增加使用互联网查找娱乐信息的人数； ● 满足公民不断提高的对信息的需求； ● 提高政府服务对公民的价值； ● 帮助更多残疾人获得政务信息； ● 使公民获得政府的金融资助更加方便，更加快捷，更容易理解，成本更低廉。		● 提高企业寻找、查看、评论政府制定的规章制度的能力； ● 通过在线报税减少企业的工作负担； ● 减少出口申报材料的填报时间； ● 减少企业配合政府监管的时间。
C2G		**IEE**
● 减少应对突发事件所需要的时间； ● 减少校验公共记录的时间； ● 增加电子申请政府资助项目的数量； ● 提高各级政府之间的沟通效率； ● 提高与国外合作者（包括国外政府部门和机构）的协作； ● 宣传政府机构中好的做法，提高内部工作流程自动化程度，降低政府开支。		● 政府雇员更加容易获得培训项目； ● 减少报关处理的平均时间； ● 更多地使用网络旅行服务； ● 减少政府部门采购的时间和费用； ● 更有效地规划 IT 投资； ● 用更低的成本提供更好的服务； ● 削减政府的运营成本。

资料来源：Egov（2003），InfoDev/World Bank（2009）以及作者的经验。

 实际案例

欧盟委员会

　　欧盟委员会数字化议程网站（ec. europa. eu/digital-agenda/welcome-digital-agenda）是综合电子政务系统的一个例子。它是欧盟十年发展战略中的七个旗舰项目之一。该网站包括以下几个重要主题：生活和工作、公共服务、持续研究项目、智慧城市、电子医疗和人口老龄化。具体内容请浏览 ec. europa. eu/digital-agenda/welcome-digital-agenda.

　　上文是根据政府与各实体之间的交互活动进行的分类，但是这些实体之间也有间接活动，如图 5.1 中虚线所示。

　　以下则是政府与各主要实体间的活动的简要说明。

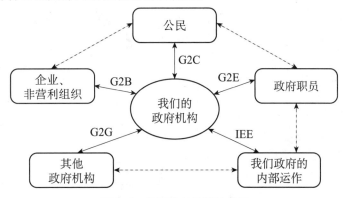

图 5.1　电子政务的活动分类

政府与公民间的电子政务

政府与公民间的电子政务（government-to-citizens，G2C）指政府机构与公民利用网络进行的互动。G2C 可以有几十种不同的活动形式，其基本思路是公民可以在任何时间、任何地点与政府交流工作。G2C 使公民能够方便地向政府机构提出问题并得到答复、纳税缴费、收款及收取文件、预约服务（例如招聘面试、门诊预约）等。例如，美国公民换领驾驶执照、缴纳违章罚款、安排汽车排放检查、预约考驾照时间等事务都可以在网络上进行。政府还可以通过网络发布信息、安排培训、帮助人员就业、开展行政调查以及更多活动。政府的这些服务可以通过公共门户网站进行，服务内容则根据不同国家、不同的政府等级（市、郡、国）也有所不同。

政府网站的主要功能有："联系我们"、政府公告发布、其他网站链接、教育资源、出版发行、数据统计、法律声明、数据库等。G2C 活动主要涉及社会服务、旅游娱乐、公众安全、科研教育、文件下载、政务揭发、税务申报、公共政策信息、健康医疗等方面。如今在许多国家和地区，G2C 服务可以通过移动或无线设备获得。

G2C 还能为民众解决问题。政府机构（或政府官员）可以使用客户关系管理（CRM）软件将百姓的咨询和问题分配给适当的工作人员（如 ict. govt. nz 网站所示），然后该软件的工作流功能会自动跟踪问题的解决进程。

注意，世界上有 20 多个国家会由于某些政治、社会或其他原因而屏蔽一些网络功能。更多G2C 信息，请浏览 usa. gov/Citizen/Topics/All-Topics. shtml。美国劳工部为美国主要公众团体提供的服务内容，请浏览 dol. gov/_sec/e_government_plan/p41-43_appendixe. htm。

接下来是 G2C 最受欢迎的两个应用。

电子投票

投票很可能会出差错，也可能被人为操纵。在许多国家，有人会设法操纵选举，而另一些国家，选举失败的一方会要求重新计票。有些国家甚至因选举引发政治冲突。美国 2000 年和 2004年总统大选中出现的问题加速了电子投票的发展趋势。

选举中会遇到一系列技术问题和社会问题，包括选民的登记注册、身份验证、投票计票等。具体的电子投票过程参见图 5.2。电子投票可以自动完成其中部分甚至全部工作。

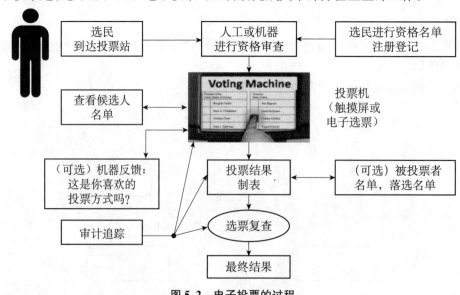

图 5.2　电子投票的过程

人们对完全依赖电子投票系统持有较多争议，因为各种相关因素会影响选票结果，例如软件的性能。其他的典型问题还有如何向选民销售该系统、审计复杂、对投票过程缺乏监督等。

从技术角度分析，选举舞弊有可能发生。例如，作案者只要修改计算机程序，就可以重复计算某一竞选人的票数，而完全忽略另一位竞选人的票数。因此，技术安全和计票审计措施是电子投票成功的关键因素。但是由于传统人工投票系统也存在大量欺诈行为，而且网络安全技术正在不断完善，电子投票模式终究会成为一种常态（请浏览 en. wikipedia. org/wiki/Electronic_voting 和 eff. org）。

救济金电子发放

救济金电子发放（electronic benefits transfer，EBT）在电子政务中早有应用，它出现在 20世纪 90 年代初，如今被许多国家采纳。美国政府定期向民众发放数十亿美元救济金。1993 年，美国政府开发了全国救济金电子发放系统。起初，救济金是从政府账户转账至领款人账户，但问题是约 20% 的领用者没有银行账户。为了解决这个问题，政府启动了智能卡业务（请查阅第十一章）。领款人将救济金存入智能卡，然后在自动取款机或商店的 POS 机上使用，就像银行卡一样。这样做的好处是节省了手续费（从纸质支票每笔 50 美分降低到电子转账每笔 2 美分），同时减少了诈骗现象。随着生物识别技术（查阅第十章）融入智能卡和计算机技术，官方预计这一领域的欺诈案件会大幅度下降。2004 年，美国所有州都实现了救济金电子发放（请浏览 fns. usda. gov/apd/electronic-benefits-transfer-ebt 和 fns. usda. gov/ebt/general-electronic-benefit-transfer-ebt-information）。

政府与企业间的电子政务

政府希望能够提高与企业交往的自动化程度。尽管我们一般将其归入 **G2B 商务**（government-to-business），但是实际上它还分成"政府对企业"和"企业对政府"两类。因此，G2B 商务既指政府向企业销售商品，也指政府向企业提供服务和咨询。G2B 商务中最主要的两项活动是在线采购和政府多余物资拍卖。更多有关企业和非营利组织的 G2B 电子政务，请浏览 usa. gov/Business/Business-Gateway. shtml。

政府在线采购

政府机构需要向供货商采购大量的 MRO 设备和物资（查阅第四章）。在许多情况下，法律规定政府采购必须采用招标方式。过去，招标活动是手工操作，但如今政府机构大多将这一工作转移到了网络上。它们利用逆向（买方）拍卖形式，正如第四章中所提到的，由政府提供所有此类招标系统的支持（请浏览 gsaauctions. gov 和 gsa. gov/portal/content/100747?utm_source＝FAS&utm_medium＝print-radio&utm_term＝gsaauctions&utm_campaign＝shortcuts）。美国住房和城市发展部负责向低收入家庭提供住房，如今它们也开展网络采购活动了。

 实际案例 1

GSA 的在线采购

美国总务管理局（gsa. gov）利用需求整合、逆向拍卖等技术为联邦政府机构采购各种商品和服务（请浏览 governmentauctions. org 和 liquidation. com）。该部门希望用创新的在线采购来完成政府采购工作。

 实际案例 2

美国小企业管理局

美国小企业管理局（sba.gov）的采购网开发出一种网络采购服务项目 PRO-Net（pro-net.sba.gov）。利用这种可搜索的数据库，美国政府的采购官员可以很容易地寻找到小企业、经营不善的企业以及女老板经营的企业提供的商品和服务。

政府团购

许多政府机构也采用团购模式（第一章、第三章）。其中的营销理念就是**数量折扣**，订购量越大，折扣幅度越大。当某政府机构通过将自己要采购的商品发布在网站而发起了团购行为时，其他政府部门看到后可以选择加入团购队伍，这也是类似的团购形式。

正向在线拍卖

许多政府机构会将多余的设备或其他商品拍卖处理，例如车辆、被抵押的房产等。这样的拍卖活动如今也在网络上进行。拍卖可以在政府网站上进行，也可以通过第三方拍卖网站（如 ebay.com，bid4assets.com，governmentauctions.org）进行。美国总务管理局（GSA）有自己运营的拍卖网站（gsaauctions.gov），对政府多余的物资及没收物资进行实时拍卖。其中有些拍卖不允许经销商插手，有些则是公开进行的（请浏览 governmentauctions.org）。

政府与政府间的电子政务

政府与政府间的电子政务（G2G）指的是不同政府机构之间的在线商务活动，它也包括某个部门内部的在线活动。此类电子政务的主要目的是提高工作效率。例如：

● **Intelink**。Intelink 网站（intelink.gov）是一个政府机构的内联网，由众多美国情报机构共享机密信息。该计算机系统只对授权的美国政府提供服务。

● **联邦政府案件登记**。美国卫生及公众服务部是一家服务机构，帮助州政府登记儿童抚养信息，包括亲子关系确认、抚养义务确认等（请浏览 acf.hhs.gov/programs/css，acf.hhs.gov/programs/css/resource/overview-of-federal-case-registry，govexec.com，socialsecurity.gov，以及在线补充读物 W5.1 中的新西兰政府电子政务案例）。

政府机构与政府雇员之间的电子政务以及政府内部的运营效率

政府机构中使用的电子商务运作模式多种多样。以下从两个方面进行说明：

政府机构与政府雇员之间的电子政务（G2E）

政府机构也希望通过网络平台向雇员提供服务和信息，这一点与私营机构相似。G2E 是政府机构与政府雇员之间的电子商务活动，它可能对新员工的在线培训特别有用，通过网络教育帮助雇员提高技能，加强沟通和协作。它还包括其他服务，如在线支付薪酬、在线人力资源、在线招聘等。

有关 G2E 的具体案例，请查阅在线补充读物 W5.1。

提高政府机构内部的效率和效益（IEE）

政府机构必须提高自己的工作效率和效益，以保证其运营开支在预算范围内，避免遭受公众批评。遗憾的是，不是所有的政府和部门都能做到这一点。电子商务技术为工作效率的显著提高创造了条件。

下面是有关 IEE 电子商务的案例。

 实际案例

美国行政管理和预算局（whitehouse. gov/omb）在其 2011 财年向国会的报告中提供了有关 IEE 活动清单。具体表现在：

- 基于云计算的联邦项目管理；
- 创新的无线移动应用平台；
- FedSpace（联邦雇员的协作平台）；
- 联邦数据中心整合计划；
- 小企业实时评估系统；
- IT 绩效仪表盘（也可通过移动设备实现）；
- Performance. gov（网站上提供改进绩效活动的信息）。

此外，还有传统的 IEE 活动，如电子薪资管理、电子档案管理、在线培训、综合数据采集、在线人力资源管理等。

电子政务的实施

与所有的各类组织一样，政府机构也希望能迈入数字时代。因此，人们可以看到政府机构正大量引入电子商务活动。更多例子参见 Foley and Hoover（2011）并浏览 innovations. harvard. edu。

本节探讨了电子政务的发展趋势，以及电子政务实施的相关问题（Chan et al.，2011）。需要注意的是，实施电子政务的最大障碍源于政府想要控制知识和数据的使用和传播。

政府的电子化转型

政府服务从传统型向网络型的转变将会是一个漫长的过程。商务咨询公司德勤（Deloitte & Touche）曾经做过一项调查，它们认为，政府经历向网络化服务的转型要经历六个阶段。这些阶段不一定是循序渐进的。在线补充读物 W5.2 中又添加了第七个阶段。

多家大型的软件开发公司都开发出了电子政务的工具和解决方案。IBM 公司旗下的 Cognos 公司（ibm. com/software/analytics/cognos）就是其中之一，它们还提供免费索取的白皮书。

电子政务 2.0 和社交网络

政府机构可以通过社交媒体工具和新的商业模式，利用社交网络让更多用户参与，提高政府在线活动的效率，用合理的成本来满足公众的需求。这样的创新系统有电子政务 2.0（Government 2.0）。该主题的有关内容和应用，参见 NIC（2010），Hartley（2011），McLoughlin and Wilson（2013）。全球各地的政府机构如今都在尝试社交网络工具，在公共社交网站上，它们也有自己的主页。政府机构使用 Web 2.0 工具主要是为了协调工作、传递信息、远程教育、公民服务等。

 实际案例

Ali（2010）在研究中提到，美国海岸警备队使用 YouTube、推特和 Flickr 等传播信息并讨论他们的救援行动。值得一提的是，联邦应急管理局使用推特反馈通道（以前称作"FEMA 聚焦"）提供信息传播服务。政府执法机构也可以利用社交媒体（如脸谱和推特）追捕罪犯（请浏览 twitter. com/fema）。更多案例请浏览 digitaltrends. com/social-media/the-new-inside-source-for-police-forces-social-networks，federalnewsradio. com/445/3547907/Agencies-open-the-door-to-innovative-uses-of-social-media。

电子政务 2.0 的功能

许多政府正着手开始使用电子政务 2.0。在线补充读物 W5.1 中提供了相关案例（请浏览 adobe. com/solutions/government. html?romoid＝DJHAZ）。多数大型软件供应商可以提供电子政务软件和解决方案（如 Adobe. com 公司的政府白皮书；cisco. com/web/strategy/us_ government/index. html；ibm. com/software/analytics/government；microsoft. com/government/en-us/Pages/default. aspx）。更多信息请浏览 wisegeek. com/what-is-e-government. htm。

移动政务

移动政务（mobile government，m-government）是在无线网络平台上应用电子政务。它更多应用于 G2C，如加拿大政府的无线门户网站（mgovworld. org）。移动政务使用无线互联网基础设施及终端设备，这是一种增值服务，因为政府可以接触到更多百姓（通过智能电话或推特），与有线电子商务相比，它更加节省成本。它在灾难的紧急通知中非常有用，进行调查和投票等活动非常快速，公众使用起来十分便利。此外，政府机构有着众多的外勤人员，他们也都可以使用移动设施进行沟通。

 实际案例

火奴鲁鲁的公交车

美国夏威夷州火奴鲁鲁市的公交定位系统由政府管理（honolulu. gov/mobile）。在夏威夷有 4 000 多个公交车站。乘客只要拿出手机，就能知道下一班公交车何时到站。每辆公交车上装有 GPS 定位装置（请参阅第六章），它们实时向系统告知自己的位置，系统自动测算该公交车到达各车站的时间。类似的系统也应用于其他国家（如新加坡的 IRIS、美国的 NextBus、英国的 JourneyPlanner）。

移动政务可以帮助政府机构"随时随地"地发布公共信息，提供公共服务（请浏览 en. wikipedia. org/wiki/M-government，fiercemobilegovernment. com，apps. usa. gov）。移动政务的另一个好处是面临紧急情况时，政府机构可以通过短信向所有人群发出警报。

移动政务带来的利益

移动政务可以为人们带来许多利益。例如：

- 更多市民和雇员随时随地使用电子政务系统；
- 降低成本（通过提高工作效率、削减预算）；
- 使政府工作现代化（如使用移动设备）；
- 雇员可以在自己的移动设备上工作，节省政府硬件和软件开支；
- 向公民提供更优质、更灵活的服务；
- 更快、更有效地向公众散布信息。

此外，移动政务还具有与移动商务（查阅第六章）相似的许多优点。

实施中遇到的问题

移动政务实施中也会遇到一些问题，例如：

- 可能需要昂贵的基础设施来补充现有的传统基础设施；需要更多基础设施来支撑无线系统以及信息流的增量。
- 很难在公共移动网络上维持信息保密和安全。
- 对市民来说，移动设备可能太小或太复杂，难以使用。
- 关于使用无线方式传送的数据，很多国家尚缺乏相应的标准和法规。

 应用案例 5.1

第六章将介绍适合电子政务运作的无线应用，其中主要有 G2E 的应用（特别是外勤雇员对电子政务的应用），以及 G2C 信息搜索（例如美国运输部的 511 座国家公园，以及旅游系统）。还有一个例子是挪威的卑尔根市，它们提供了全方位的无线观光服务，具体可浏览 visitnorway. com/us/games-and-more/free-app-from-visit-norway。更多移动政务的新兴应用，参见 Trimi and Sheng（2008）并浏览 howto. gov/mobile 和 apps. usa. gov。

有关移动政务其他的应用问题、成功案例以及给人们带来的利益，参见 MedLibrary（2010）并浏览 mgovernment. org 和 m-government. info。

5.1 节复习题

1. 定义电子政务。
2. 电子政务服务主要表现在哪些方面？
3. 对 G2C 进行定义。
4. 电子投票是如何操作的？
5. G2B 应用的两个主要领域是什么？
6. 政府机构内部如何使用电子商务技术？它们如何利用电子商务技术与其他政府沟通？
7. 电子政务如何与社交网络联系在一起？它的潜在利益是什么？
8. 移动电子政务在实施中存在哪些问题？

5.2　远程教育、网络培训及电子图书

远程教育引起了越来越多的关注，很多世界一流高校均已开设了网络课堂，例如美国的麻省理工大学、哈佛大学、斯坦福大学，英国的牛津大学等。图 5.3 显示了传统教育向网络教育发展的各种驱动力。远程教育也在发展并推动着企业的培训和知识创新，成为电子商务活动的一个重要方面。

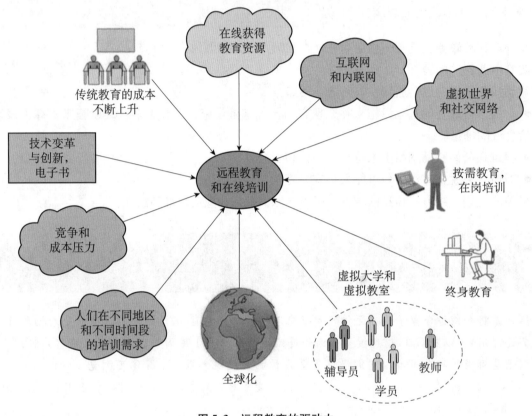

图 5.3　远程教育的驱动力

远程教育的界定

远程教育（e-learning）指人们利用信息技术，通过网络传递教育资源，以实现随时随地学习、教育、培训、获得知识的目的（请浏览 people. howstuffworks. com/elearning1. htm，en. wikipedia. org/wiki/E-learning，webopedia. com/TERM/E/e_learning. html）。

远程教育比在线学习（online learning）的定义更广泛。在线学习专指基于网络的学习，而远程教育还包括移动学习（m-learning），即通过无线平台将教育资源发送到学习者的智能手机、平板电脑或其他移动设备（下文有讲述）上进行学习。远程教育也可称作计算机辅助教学、计算机培训、在线教育等。

远程教育既能促进学校教育，也可以提高企业培训效率。它以多种形式出现在教学活动中，例如虚拟教室、移动会议等。远程教育的概览主要包括其主要概念、工具、传授系统和收益，参

见 Garrison（2011）。关于远程教育的理论，参见 Harasim（2011）。远程教育包括一系列利用电脑方便学习的手段，如使用 DVD 自学或攻读大学的在线学位课程。远程教育还包括使用网络教材和超媒体、多媒体光盘、学习和教学门户网站、讨论社区、网络协作软件、电子邮件、博客、维客、聊天室、计算机辅助评价、教学动画、教学模拟、网络游戏、教学管理软件、电子投票系统，甚至是其中几种方式的组合。

丹麦的 Hellerup 学院是一所有趣的学校，它没有教室，那里的学生都是"在实践中学习"，他们可以自主选择最佳的学习方式［请浏览 theguardian. com/smart-class-2025/denmark-hellerup-schoop-learning-by-doing，en. wikipedia. org/wiki/E-learning，elearningguild. com，参见 Millar（2013），Horton（2011）］。

移动学习

移动学习是远程教育的一种特殊形式，即学习者使用移动设备进行在线学习。因此，人们在移动设备正常工作的任何地点都可以学习。移动学习通过无线网络进行教学和交流，教师和教材处于移动状态中。与离线状态相比，这样的技术使学习者更容易工作和合作。例如，MobileLearn（waldenu. edu/about-walden/mobilelearnsm-walden-university-online）在线学习课程由瓦尔登大学（waldenu. edu）提供，这个网络大学就广泛使用了移动学习技术。如今一些传统学校也开始引入移动学习，如美国艾柏林基督大学，其教师主要在 iPad 上进行课程教学（请浏览 acu. edu/technology/mobilelearning，m-learning. org，en. wikipedia. org/wiki/M-learning，slideshare. net/aurionlearning/what-is-mlearning）。

远程教育的利弊分析

远程教育对教育机构和学习者都有诸多好处。但是，它也存在着不少问题，因此，引起了人们的争议。

远程教育带来的利益

在网络时代，知识和技能需要不断地更新（终身学习）才能跟上快节奏的商业和技术变革。因此，会有更多的人用新的方式更快地学习，远程教育通过如下方面提供了巨大支持［参见 Garrison（2011），Agarwal et al.（2010），Horton（2011）］。

- **教育**。学生可以在家里学习，或一边工作一边学习；忙碌的家庭主妇也能获得学位。
- **减少了学习和培训的时间**。远程教育可以节省 50％的培训时间。
- **降低成本**。传统课堂教学转变成远程教育，可以降低教学成本多达 50％～70％，其中包括教师工资、教室占用、交通费等。
- **增加了学习者的人数和种类**。远程教育可以向众多的人同时开展培训，学习者的文化背景不同、受教育程度不同、所在的区域也不同。例如思科公司（cisco. com）为大量的员工、客户、商业合作伙伴提供在线培训课程。
- **教学方法创新**。人们可以用各种创新的方法开展教学，例如个性化参与、与专家的互动、与其他国家的学员互动，等等。
- **对学习过程进行测量和评价**。可以实时地对学习过程进行评价，发现学员面临的困难，设计补救的方法。
- **自主决定学习进度，学习动机更强**。参加远程教育的学生通常由自己决定学习进度，自我激励。因此，他们的知识掌握程度更高（比传统学习方法高出 25％～60％）。

- **学习内容丰富，质量更高**。远程教育将优秀教师教学与丰富的多媒体手段相结合，使在线学习变得更愉快，知识难点也会变得更有趣、更容易理解。教学质量有所提高。
- **学习方式更灵活**。学习者可以根据自己的时间表自主调整学习的时间和地点、学习的内容和速度。
- **持续更新学习资料**。如果把知识印在书本上，没有两三年不太可能更新，因为成本太高。但是，远程教育却能够实时获得最新的知识。与传统课堂教学内容相比，远程教育传递的知识更加一致，因为它将教师和教材的差异最小化。
- **利用移动设备学习**。远程教育中融入无线网络和移动设备，学习者可以在任何地点、任何时间学习，并获得老师和同学的帮助。
- **专家学识**。传统的教室里学生只能接触到一个老师。但是远程教育中可以有多个专家教学，每个专家根据自己擅长的领域准备教学模块。
- **轻松的学习环境**。有些学员不适应课堂上面对面的教学环境，他们羞于将自己不成熟的意见告诉大家，远程教育给他们创造了条件。

远程教育对发展中国家也非常有帮助。例如远程教育对牙买加产生的积极影响，参见 Thompson（2014）。2014 年排名前 10 位的网络学习与统计信息图表，请浏览 elearningindustry. com/top-10-e-learning-statistics-for-2014-you-need-to-know。

远程教育的缺点及面临的挑战

尽管远程教育有许多长处，但是它也有一些缺点。例如：

- **教师需要进行再培训**。有些教师不适应在网络平台开展教学，他们需要接受再培训，而这是需要成本的。
- **需要添置设备，提供支撑服务**。教学机构需要额外的资金来购置远程教学系统，与传统教学互补。而且，远程教育的启动、使用和维护也都需要资金。
- **少了校园生活，少了面对面的沟通**。许多专家认为，教室里学生与教师"实时"沟通，以此得到的智力启蒙并不能完全由远程教育来替代。
- **难以进行教育测试与评价**。在高等教育环境中存在这样的评论，即教授无法通过远程教学来充分评估学生的作业，其中一个原因就是他们无法辨别究竟是谁完成了作业或考试（不过，课外作业也同样存在这种问题）。
- **难以对教学资料进行维护与更新**。尽管远程教育使用的教学资料比传统纸质教材更容易更新。但是，远程教学资料更新也存在着现实问题，如成本、教师时间等。人们版权意识薄弱，对网站内容缺乏责任心，导致远程教学内容维护困难。在线内容的开发人员并不完全负责内容的更新。
- **难以保护知识产权**。人们很难控制从网络平台上下载有知识产权的资料，它的代价太高。
- **难以让学生集中精力**。由于学习中缺乏反馈和互动，所以学习者也许难以做到全神贯注、精力充沛。

Rossett and Marshall（2010）提出，企业开展远程教育的主要障碍有如下几点：（1）创建和维护成本太高；（2）难以说服人们采用新的方法开展学习；（3）技术支持不足；（4）员工参与社会学习的积极性不高；（5）学生可能更喜欢传统的课堂教学。远程教育的商业案例，参见 Agarwal et al.（2010）。对于如何进行在线教学，参见 Ko and Rossen（2010）。

先进的技术会使远程教育的不足得以克服。例如，有些在线软件产品有助于激发学生的思维。利用生物识别技术，人们能够对在家参加考试的学生进行身份识别。当然，这些技术的使用也增加了远程教育的成本。

对于更多远程教育的不足，请浏览 peoplelearn. homestead. com/ELearning/Introduction/Disadvantages. html。

远程学习和网络大学

远程学习（distance learning）与远程教育的概念是相似的，它也可以让学生随时在家或其他地方学习。在这种教学形式中，教学系统与学生是分离的，时间和空间都不同步。有时候，学生也会见面，目的是增强相互之间的了解或参加考试。世界各地许多高校都在开展远程学习，提供在线课程学习和学位。远程学习这种形式越来越被人们所接受。更多详情，请登录 onlineeducation. org。

虚拟的大学——真实的学位

在**虚拟大学**（virtual university）里，学生可以在家中或其他场所利用互联网学习。这种形式的学习发展得很快。全球几十个国家（例如英国、以色列、泰国等）的几十万学生正参加虚拟大学的学习。许多实体的高等院校（例如斯坦福大学等全球一流高校）都在用各种形式开设网络教育课程，例如，麻省理工学院提供了成千上万的网络课程（具体课程信息请登录 ocw. mit. edu），每年有来自全世界的数百万学习者（学生、教授、自学者）登录麻省理工学院的开放课程网站（ocw. mit. edu/about 和 ocw. mit. edu/about/site-statistics）。有些高校例如凤凰城大学（phoenix. edu）、美国国立大学（nu. edu）、马里兰大学（umuc. edu），向全球各地的学生提供几十种学位、几百门课程的在线学习。加州虚拟校园（cvc. edu）可以链接成千上万的在线学位课程，所有这些都由加州大学提供（cvc. edu/students/courses）。更多远程学习和在线大学的内容请浏览 distance-learn. about. com。世界顶尖的 MBA 项目列表，请浏览 onlinemba. com/rankings。Chubb and Moe（2012）指出，网络技术使高等教育的质量和渠道有了历史性的改进。远程学习的建议，参见 Sparkman（2012）。

远程教育的创新

远程教育中包含众多创新因素，如下文案例所示。

 实际案例

通过机器人进行远程教育

2010 年 12 月，29 个机器人被安放在韩国东南部大邱市的 19 个小学课堂里参与英语教学。这些机器人由韩国科学技术院（KIST）研发制造，每个机器人高 3.3 英尺，下面装有滚轮，教师可以通过遥控器让其在教室里四处走动，还可以用英语进行提问，充分实现了师生间的互动（如图 5.4 所示）。（详情请浏览 cnet. com/news/korean-schools-welcome-more-robot-teachers。）它们可以读书给学生听，甚至可以随着音乐"跳舞"。机器人的脸像阿凡达，教学内容实际上却由一个位于菲律宾的经验丰富的老师提供，教学费用比在韩国低很多。机器人通过编程实现最有效、最流行的教学方法（例如，使用多媒体游戏）。

照相机捕捉菲律宾老师的面部表情，并同步反映在机器人阿凡达的脸上。面对阿凡达，孩子们的课堂参与更积极，尤其是那些平时害羞不敢大声讲话的学生。机器人也被应用在英语老师短缺的偏远地区。

更多例子请浏览 intorobotics. com/advanced-robots-designed-for-educational-use-in-schools-and-kindergartens。此外，请登录 verizon. com/powerfulanswers/solutions/education 收看机器人实现远程教育监控的视频和文字。

图 5.4　机器人英语教师 Engkey

资料来源：韩国科学技术院。

在线公司员工培训

与教育机构的做法相似，许多企业也在全方位地使用远程教育这种形式。很多企业，如思科公司（cisco. com）向员工提供在线培训的机会。美国培训与发展协会在 2008 年的一项研究显示，近 1/3 的企业培训资料是在线发送的。

促进企业开展在线员工培训的因素多种多样，培训渠道一般通过企业内联网和公司网络平台进行。培训的形式也各不相同，其中之一是软件公司提供的按需在线培训，如 Citrix 系统（citrix. com）。但是，如果企业很大，工作场所又很分散或鼓励员工在家学习，那就要利用互联网平台了，因为那样可以方便地读取在线资料。更多供应商的在线培训和教材的成功案例，请登录 adobe. com/resources/learning 和 brightwave. co. uk。

 实际案例

美国德莱赛兰（Dresser-Rand）是世界上最大的压缩机制造公司之一，业务遍及 26 个国家 50 多个城市，拥有 5 500 多名员工，分别使用 14 种语言。由于企业的发展和员工的更新，企业需要进行大量培训。之前该培训任务由 600 多个培训供应商完成，但遇到的最大问题是教材的更新跟不上技术的发展。后来，该公司使用 Coastal eLearning 的学习管理系统（training. dupont. com，该系统如今是杜邦可持续解决方案的一部分），并与德莱赛兰大学合作开发了一个全面的在线培训课程，每年可以节省 100 万美元的培训费用。该案例的具体内容，请查阅 training. dupont. com/pdf/case-study/dresser-rand-v1211. pdf。

用电脑游戏进行员工培训

使用计算机模拟仿真游戏进行员工招聘和培训是一个新兴的发展趋势。

 实际案例

万豪国际集团开发了"我的万豪酒店"游戏，帮助企业在脸谱上进行员工招聘和培训。最初这只是一个厨房游戏。根据 Berzon（2011）提出的观点，该游戏能让参与者学会酒店和餐馆的运营。通过游戏，参与者学会根据食物的价格和品质选择不同的食材和配料，学会从候选人中选择合适的员工，学会进行设备采购决策，了解食品质量等。

社交网络及远程教育

社交网络一经问世，就与远程教育结下了不解之缘［参见 Mason and Rennie（2008），Kidd and Chen（2009）］。于是，就出现了一个新的词汇——社交学习（social learning），也被称为在线学习（e-learning 2.0）。它意味着利用社交网络和社交软件开展学习、培训、知识共享［参见 Bingham and Conner（2010），Cobb（2011）］。好的社交网站使得人们有机会在安全的在线环境下学习高科技知识，学生、公司员工都有机会与人分享自己的经验和体会。许多企业如今都在利用社交网站开展员工培训工作［请浏览 advancinginsights.com，并参见 Wang and Ramiller（2009）］。社交学习概念是 Bandura 在 1969 年基于社会学习理论提出的（请浏览 en. wikipedia. org/wiki/Social_learning_theory）。

一些学生利用脸谱、领英、Pinterest、推特等社交网站与同学进行联系和交流。他们可以在网上一起学习、进行主题讨论或头脑风暴，但是社交网站也会对他们产生干扰，使他们不能集中注意力学习。还有一些公司让员工分组参与在线学习，实现知识共享（Zielinki，2012）。

有的社交网站是专门从事远程教育和培训的（例如 e-learning. co. uk）。而 LearnHub（learn-hub. com）也是利用社交网站专门从事国际远程教育。有的学者认为，远程教育的未来就是社交学习（Hart，2009）。

Derven（2009）指出，社交网络技术有着诸多独特的功能，它们会对学习产生影响。例如：

- 在项目过程中与学习者交流。人们可以实时讨论、合作，并解决问题。
- 使企业学习策略更加社会化。
- 培养更多专业人才。
- 鼓励学习者参与。X 一代（1961—1971 年间出生）和 Y 一代（1977—1994 年间出生）员工可以非常娴熟地用 Web 2.0 工具进行沟通和交流。企业可以利用社交网络去接触这些群体，开展培训。
- 使用 Pinterest 等图片版社交网络加强设计创造，用图像来提高学习技能。
- 在离线投票开始之前，提供所需的相关内容或补充材料。
- 为学习者提供相关学习资源，并让他们评价和分享观点。
- 快速识别个人和团体的培训需求和实施问题。
- 让学习者彼此之间提供社会支持。
- 改进和加快学习交流（例如，通过推特）。

很多大学将远程教育与社交网络结合在一起，教授们也将博客和维容引入了课堂教学，他们鼓励学习者通过脸谱进行沟通与协作。

Bingham and Conner（2010）的研究中解释了为什么社交媒体可以解决最紧迫的教育问题。

更多有关社交学习的定义和内容，请参阅 Marcia Conner 的博客（marciaconner. com/blog/defining-social-learning）。

在虚拟世界中学习

人们在虚拟世界中（尤其是在第二人生（Second Life）网站上）创造出各种各样的学习方法。网络用户可以用模拟教学、角色扮演、工程项目、社交活动等形式参与学习。学习者可以在虚拟世界里探索他们从未去过的地方，也可以在梦幻世界中遨游。

许多人认为，在真实世界里学员们会受到距离和出行成本的限制，虚拟世界却有助于学习的开展（例如，假想环境实验）。也有的人认为，虚拟世界对年轻人有吸引力，因为他们对传统的学习和培训有着天然的抵触情绪。因此，有人把第二人生网站看成通向未来的课堂（请浏览 secondlife. com/destinations/learning 和 wiki. secondlife. com/wiki/Second _Life_Education）。

虚拟世界中的学习可以提高学习者的协作能力。例如，管理培训如今不再局限于教室听课，而是在学习中实行互动，全球社交网络里的学员都可以彼此交流合作。此外，虚拟世界中的小组互动还有助于学习外语、组建团队、培养领导力。

一般来说，虚拟世界中的学习，尤其第二人生网站的学习是逐渐积累的。有些高校在第二人生网站上创建虚拟校园供师生互动、甚至授课，例如美国印第安纳大学建立的大学岛（请浏览uits. iu. edu/page/bbcn 和 world. secondlife. com/place/ad50ecb7-4f76-091c-3187-7706eb19e0fc）。更完整的资料，请登录 secondlife. com/wiki/Second_Life_Education。

视觉互动模拟

远程教育的一项有效技术是**视觉互动模拟**（visual interactive simulation，VIS）。在这样的模拟中，用计算机图像技术来展示讨论场景。它与普通的图像显示不同，用户可以调整决策的过程，预测讨论的结果。学员在互动过程中会对视频互动模拟格外感兴趣。例如，人们用视觉互动模拟技术来观察医生的临床治疗过程，目的是为了提供高质量的医疗服务。人们试图在该模拟系统中识别影响治疗过程最重要的环节，因为合理管理好这些环节，就能降低医疗成本，提高医疗水平。

视觉互动模拟可以带来如下好处：

- 缩短学习时间。
- 教会学员如何操作复杂的设备。
- 不受时间和空间的限制，由学员自主控制学习的进程。
- 提高记忆效果。
- 降低培训成本。
- 记录学员的学习进程，有针对性地改进。

视觉互动模拟技术还有助于按需开展教学活动。

按需开展教学活动

一种比较新颖的远程教学活动称作**按需教学**（learning on-demand），也称为"即时教学"，只要学习者准备好，就可以随时随地开始学习。如今已经有几所大学提供了这样的课程，如美国肯塔基州社区与技术学院系统（learnondemand. kctcs. edu）。在按需教学环境里，课程或其他学习资料可以随时随地提供给学员。

有关按需教学的广泛讨论，请浏览 en. wikipedia. org/wiki/Demand-side_learning，也可以登录 ondemand. blackboard. com 和 strategicmodularity. com/2013/09/learning-on-demand。按需学习软件供应商有 SAP（sapappsdevelopmentpartnercenter. com/en/build/sap-learning-hub）、Adobe（adobe. com）、IBM（ibm. com）和 Citrix（citrix. com）。更多虚拟培训演示和案例，请浏览 info-zone. clomedia. com/unifair，还可以登录 gotomeetings. com 查看更多资源。

远程学习管理系统

学习管理系统（learning management system，LMS）由远程学习管理软件和在线培训管理课程组成，具体包括教学内容、进度安排、传授方式等，例如，Capterra 公司的学习管理系统软件（capterra. com/learning-management-system-software）。Ellis（2009）和 Dvorak（2011）认为，一个健全的学习管理系统必须具备如下功能：

- 提供有效的师生互动；
- 自动的、集中化的管理；
- 能够开展自我服务、自我引导、自我学习；
- 创建并快速传递学习内容模块；
- 对所有的网络学习资料实行单点访问；
- 使管理顺应需求；
- 在可扩展的网络平台上整合培训活动；
- 支持系统可移植性；
- 提高远程教育的效率；
- 学习内容体现个性化，信息可以重复利用。

许多软件公司如 Saba（saba. com/us/lms）和 SumTotal（sumtotalsystems. com）都会提供与远程学习管理系统有关的使用方法、软硬件支持、咨询服务和相应的解决方案。有关例子参见 Clark and Mayer（2011）。更多内容，请浏览 en. wikipedia. org/wiki/Learning_management_system。请登录 proprofs. com/c/category/lms，观看名为"What is a Learning Management System?"（《什么是学习管理系统》）的视频（时长 2 分 51 秒）。

值得一提的是，远程学习管理系统能够在学生自学时调控他们的行为。例如，Streitfeld（2013）提到，当学生跳页、不愿意做笔记、不标注重要内容时，教师可以及时发现并提醒。

其中最有效的远程教育管理系统来自 Blackboard 公司（blackboard. com，如今已与 WebCT 公司合并）。以下是该公司的具体介绍。

 实际案例 1

Blackboard 公司

Blackboard 公司（blackboard. com）是全球最大的课程管理系统软件供应商。这些软件究竟如何工作呢？出版商把一本书的内容、教学要点、测试题等用标准格式发布到 Blackboard 的平台上。教学人员获取相应的教学模块，并将它们放置在自己学校的 Blackboard 网站上，方便学生浏览。

教授也可以很容易地将自己的书本内容嵌入到软件中。2009 年，Blackboard 公司向全球各地的政府机构及企业员工提供培训课程，提高了培训的效率，降低了成本（请浏览 blackboard. com 和 en. wikipedia. org/wiki/Blackboard_Inc）。

 实际案例 2

Moodle 公司

类似的企业还有 Moodle 公司，它提供的远程教育管理系统中的大部分资源都可以免费使用［请浏览 moodle. org 并参见 Dvorak（2011）］。

电子书

电子书（electronic book，e-book）是以数字形式展示的书籍，人们可以在计算机屏幕上阅读，也可以在移动设备（例如平板电脑、手机）上阅读，甚至还可以在专用的电子阅读器上阅读。电子出版是 2000 年发生的一个重大事件，当时斯蒂芬·金（Stephen King）撰写的小说《骑弹飞行》（*Riding the Bullet*）只在网络平台上发行。读者可以花 2.5 美元从亚马逊网站或电子书供应商那里购得小说的电子版，短短几天就卖出了几十万份。但是，随后黑客侵入了网站，在网络上免费拷贝和传递该小说（请浏览 bookbusinessmag. com/article/after-riding-bullet-12555/1♯）。

从此以后，电子书的网络发行商变得更有经验，在线发行也变得更加安全。如今，电子书通过以下几种途径进行传播和阅读。

- **通过专用阅读器**。读者将书下载到电子阅读器上阅读，如亚马逊的 Kindle。
- **通过网站访问**。读者找到出版商的网站，在线阅读而不能下载。
- **通过网络下载**。读者可以将电子书下载到电脑上阅读。
- **通过通用电子阅读器**。读者下载电子书到移动设备上（如平板电脑、手机）阅读。
- **通过网络服务器**。将电子书储存在网络服务器上，然后按照需求下载打印（本书后文中会涉及相关讨论）。

大多数电子书都需要付费阅读。有的是在下载前先付费，例如在亚马逊网站购买 Kindle 副本。有的是在购买 CD 光盘时才需付费。如今，亚马逊网站上有几十万种电子书和电子报纸（还有全球发行的报纸）。它们都比纸质版便宜，一般新书售价不足 10 美元。此外，网上还有大量的免费电子书供读者使用（请浏览 free-ebooks. net 和 onlinebooks. library. upenn. edu）。

电子书的阅读设备

阅读电子书的主要设备是电子阅读器。大多数阅读器都很轻（10 盎司左右，不足 300 克），携带方便。the-ebook-reader. com 网站上提供了常用的电子阅读器和平板电脑的性能价格比较。2010—2012 年间，电子阅读器厂商之间打起了价格战。

还有其他几种方法也可以帮助读者阅读大量的在线资料。例如，微软公司开发的 ClearType 软件（microsoft. com/typography/ClearTypeInfo. mspx）和 Adobe 公司开发的 CoolType 软件（adobe. com）都可以改变字体、颜色，提高屏幕显示效果。还有的产品屏幕带有内置灯，帮助读者在黑暗中进行阅读，例如 Kindle Touch 和新款的 Kindle Fire。

电子阅读器与平板电脑相结合

如今的趋势是将电子阅读器与平板电脑相结合，亚马逊的 Kindle Fire 首先实现了这一功能。这款阅读器 7 英寸大小，方便携带，人们可以用它阅读电子书、杂志、文件，听有声读物，还可以玩游戏、听音乐、看电影或电视。Kindle 有 WiFi 上网功能，可以访问社交网络、使用电子邮件。此外，亚马逊对 Kindle 用户提供电子图书馆功能，凡是亚马逊 Prime 会员都可以免费借阅 50 万册电子书，而且无截止日期。

注：平板电脑制造商也将电子阅读器和平板电脑相结合，开发出了新产品。两者的不同之处在于，Kindle Fire 这种以电子阅读器为基础的产品计算能力小一些；而平板电脑的阅读功能相对较弱，而且价格更贵（Falcone，2012）。

电子书的优缺点

电子书要流行开来，必须同时给读者和出版商带来利益，否则，人们没有必要从传统读物转向电子读物。事实上，电子书的迅速发展，可归因于以下优点：

- 小小的一台移动设备（7～10 英寸）就能储存几百本书。若是使用外接数据存储器，则储存量更大。
- 价格低廉。功能简单的电子阅读器仅需 75 美元，而平板电脑型的阅读器价格不到 200 美元。
- 方便搜索。通过链接，很容易连接到网络上。
- 随时随地可以下载书籍。基于平板电脑型的阅读器具有多种手提电脑功能。
- 便于携带。走到哪里都能使用。
- 容易整合不同来源的内容。
- 耐用性强。电子阅读器比纸质书更结实（但不小心使用也会损坏）。一般也不会丢失。
- 可以将字体放大便于阅读，还可以打开内置灯。
- 可以用多种媒介形式呈现，如音频、视频、颜色等。
- 打印制作的成本也较低。
- 可以在明亮的阳光下阅读（即可以在户外阅读）。
- 内容更新容易。
- 不存在褪色和卷边的问题。
- 容易找到绝版书籍。

对于出版商来说，电子书带来的主要利益是降低了生产、营销、配送的成本，而这些成本在很大程度上决定着书籍的销售价格（电子书的价格一般为纸质书价格的 50%）。而且，电子书可以降低改版和重印的成本。这样，读者面会更广。教师可以从几本书中抽取部分章节整合在一本书里授课，更加契合学生的实际。

许多学校正在尝试使用互联网课程来代替纸质教科书。因为装满书本的书包过于沉重，容易引起学生的背部疼痛，而平板电脑重量轻，可以解决这一问题。

当然，电子书也存在一定的局限性。首先，它需要硬件和软件的支撑，这对有些读者来说是一笔不小的支出。其次，有些人不习惯长时间地在电脑显示屏上看书。第三，电池的续航能力还不理想。第四，市场上软件和硬件的标准还不统一。随着时间的推移，以上这些问题都会得到解决。

纸质图书是否会终结？

2011 年，根据 Amazon. com 数据显示，该网站的电子书销量大幅超过了精装和平装书的销售［请浏览 nytimes. com/2011/05/20/technology/20amazon. html 并参见 Leggatt（2012）］。

尽管电子书有不足之处，但它已经变得非常流行，这一切归功于尖端的电子阅读技术的发展。例如，《哈利·波特》（Harry Potter）如今已有不加密版的电子书，读者可以在移动设备或电脑上来回拷贝阅读。更多有关电子书和印刷版图书的比较，请浏览 thrall. org/docs/ebooksand-books. pdf 和 en. wikipedia. org/wiki/E-book。

因此，出现了这样一个问题：大多数纸质书籍会被淘汰吗？这个趋势非常明显。纸质图书的销量正在减少，而电子书的销量正在增加。随着亚马逊 Kindle 免费电子图书馆的发展，会有更多人选择电子书。纸质书籍会彻底消失吗？参见 Vaughan-Nichols（2012）并浏览 online-bookstores-review. toptenre-views. com/the-advantages-of-ebooks-versus-traditional-books. html。

5.2 节复习题

1. 远程教育如何界定？它的驱动力是什么？它给人们带来哪些利益？
2. 远程教育有哪些不足之处？应该如何克服？
3. 什么是虚拟大学？什么是远程学习？
4. 在线培训的含义是什么？如何操作？
5. 远程教育与社交网络有哪些关联？
6. 虚拟世界中的学习有哪些特点？
7. 列出远程教育的工具。介绍 Blackboard 和 VIS 系统。
8. 什么是电子书？
9. 什么是电子阅读器？它有哪些功能？
10. 电子书对用户而言，有哪些优点和不足？

5.3 知识管理、咨询系统及电子商务

人们在谈到远程教育的时候往往会提到知识管理的问题。要了解其中的原因，首先要明白什么是知识管理。

知识管理的概述

知识管理与远程教育两者都涉及同一个概念——知识。不过，远程教育说的是个体的学习，而知识管理则是强调提升组织或一个群体的能力。知识是一个组织中最重要的资产组成部分。因此，组织应该十分注重对知识的获得、储存、保护、应用（共享）。这也是知识管理的重要目标。因此，我们可以这样来界定**知识管理**（knowledge management，KM）：知识管理是一个过程，它涉及对知识的获取和创造、储存和保护、持续的更新、传播和使用等［请浏览 en. wikipedia. org/

wiki/Knowledge_management 并参见 Bahal（2011）]。

知识可以从外部渠道和内部渠道获得。组织获得知识以后，还要进行甄别、理解、提炼，最后存储在"组织知识库"中，该知识库专门用于存储组织知识，并实现知识共享。

知识管理的形式和方法

组织知识的获得有多种渠道：（1）人力资本，包括员工知识、能力、智慧和创造力；（2）组织资本，包括积累的经验（例如，组织最佳实践、专利、管理手册、学习教材）；（3）客户及商务伙伴资本，包括该组织与它们之间的合作经验。

一个组织的知识需要精心管理，通过分享和传播产生影响。知识管理包括如下一些工作：

> ● **知识创造**。人们获得更多教育和经验（例如，反复试验法）后能够创造新的知识。有时候，企业也会从外部引进知识（例如，供应商和咨询机构）。
> ● **知识获取**。现有的知识必须通过识别和组合才更有价值。大量的知识并没有被记录留存，只是暂时留在人们的记忆中。
> ● **知识提炼**。新的知识应该用文字记录下来才更有利于日后的应用。因为人类的洞察力总是在具体现实中才更容易获得。
> ● **知识存储**。有用的知识要存储在安全的知识库中，而且要方便提取使用。
> ● **知识更新**。知识需要保持实时性，对知识进行审查，知识需要不断地回顾、调整和更新以保证它的相关性和精确性。
> ● **知识传播**。知识必须以适当的形式展示，方便组织中需要的人在得到授权的前提下随时调用。

整个知识管理的过程是一个循环的过程，如图5.5所示。电子商务的目标是充分利用所储存的知识，实现知识管理自动化。

更全面的知识管理工具和相关活动，请浏览 en. wikipedia. org/wiki/Knowledge_ management，kmworld. com，riskmanagement. finrm. com 并参见 Awad and Ghaziri（2010）。

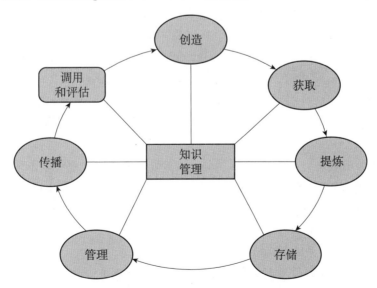

图 5.5 知识管理系统工作流程

知识共享

知识如果不适时更新、广泛传播，它的价值是有限的。知识经过传播分享，它的单位使用成本就会降低，而效用价值则会提高。此外，知识共享还可以降低组织面临的风险和不确定性，提高问题的解决能力。Infosys 科技公司的知识共享系统就是一个典型的例子（参见应用案例 5.1）。

 应用案例 5.1

印孚瑟斯科技公司的知识管理

存在的问题

印孚瑟斯（Infosys）科技公司（infosys. com）是总部设在印度的一家软件服务公司（截至 2013 年年底，该公司的员工总数达到 158 000 人）。该公司的技术外包和信息咨询服务在全球处于领先地位，为许多大型跨国企业开发信息技术并提供解决方案。从 1997 年到 2010 年的这 13 年里，印孚瑟斯科技公司的年业务增长高达 30%。因此，公司面临的挑战是如何才能使员工队伍领先于竞争对手，跟上技术发展的步伐。解决方法就是实现员工知识共享，确保员工能够随时随地使用公司所有人积累的经验和知识。该公司的信条是："经验让全公司分享"。但是，这么庞大的公司如何做到这一点呢？

解决方案

早在 20 世纪 90 年代，印孚瑟斯科技公司就开始了知识管理并延续至今。最初只是一个"创建知识体系"的项目，鼓励员工把自己的经验变成文字，然后根据不同主题进行分类，好的经验可以在公司范围内分享（最初用纸质传播，后来用公司内联网传播）。1999 年，印孚瑟斯科技公司开始将各种知识管理工作整合在一起，并创建了 KShop 知识管理平台，知识管理项目组负责技术平台基础设施管理，而各地的知识管理小组则在平台上负责内容管理。该公司 2012—2013 可持续发展报告显示，该平台在 2013 财年记录的知识共享活动有 250 万次，参与的员工人数多达 10 万名（请浏览 infosys. com/sustainability/Documents/info-sys-sustainability-report-2012-13. pdf）。Infosys 和 Kshop 的展示，请观看 youtube. com/watch?v＝Z7WzJjKyBeE 上的名为"Infosys KShop"的视频。

为了鼓励员工使用知识管理平台，向同事分享自己的知识，该公司最初推行了奖励政策，包括奖品和现金形式。

2007 年，印孚瑟斯科技公司又引入了"Infosys KMail"自动搜索引擎系统。员工输入询问信息，该工具自动从知识库中搜索相关答案（Mehta et al.，2007）。根据公司 2012—2013 年可持续发展报告，2013 财年 18 000 名员工记录了 800 000 多项活动（请浏览 infosys. com/sustainability/Documents/infosys-sustainability-report-2012-13. pdf）。

结果

随着知识库中内容的增加，又出现了新的问题，那就是员工如何从大量信息中快速查找并确认这就是自己想要的内容。因此，该公司的知识管理团队提供了更加丰厚的奖励机制，他们将评价指标从注重专家评价转向注重用户评价。2014 年，该公司中央知识库中已经积累了 75 000 多个知识单元。

印孚瑟斯科技公司为自己的知识管理系统申请了专利，命名为 Knowledge Currency Unit。这个系统帮助公司保持了它的竞争优势和市场领导地位。

更多有关知识管理全球共享的内容，请浏览 infosys.com/global-sourcing/global-delivery-model/Pages/knowledge-management.aspx。

资料来源：infosys.com（2014 年 4 月数据），Mehta et al.（2007），Bahal（2011），Suresh and Mehesh（2008），Tariq（2011），Rao（2010）。

思考题：

1. 类似印孚瑟斯科技公司这样的咨询公司为什么十分重视知识管理？

2. 知识管理给印孚瑟斯科技公司带来了哪些利益？

3. 知识管理流程包含哪些工作？请结合上述案例进行分析。

4. 知识管理中的奖励措施重要性在哪里？印孚瑟斯科技公司原有的奖励措施与新的奖励措施有什么区别？

用于知识共享的软件工具

用于知识共享的软件工具有很多。本书中主要介绍如下几种：

- 专家和专业定位系统（5.3 节）；
- 知识管理系统（5.3 节）；
- 社交网络和 Web 2.0 工具（第二章和第七章）；
- 协同商务工具（5.4 节）。

知识管理与电子商务的关系

组织需要通过知识管理来确保组织更好地运营。

企业在电子商务活动中的核心知识管理内容有：知识的创造、获取、编译、分类、传播和应用。其中，知识的创造是指利用各种计算机工具和技术对交易数据进行分析，从而得到新的思路（例如，团队支持系统 GSS、群众分包系统、博客等）。知识的获取和编译是指收集新知识，并用机器可读的格式存储起来。知识的分类是根据用途将知识进行合理的组织归类。知识的传播是指利用电子网络系统与其他同事、供应商、客户、企业内外部的利益相关者分享相关信息。知识的应用指合理使用知识，解决问题，并提高员工技能。因此，知识管理与电子商务密不可分。而知识进化是指随着时间的发展，不断进行知识更新。

以前，知识管理与电子商务被分开独立处理；如今，它们被一起使用，互惠互利。

 实际案例

Britt（2013）指出，"电子商务零售商利用知识管理系统将订单、库存、销售和其他一些交易信息整合在一起，增加了客户满意度，提升了整体的电子商务体验"。他还用一些实例进行说明。

- Dog is Good 公司（一家专门为狗设计服饰的企业），利用 NetSuite 网络服务公司提供的知识管理系统，将订货、库存、订单履行、记账和网上店铺都整合到了电子商务子系统中。

- Ideeli 公司（一家闪光灯零售商）用 ForeSee 公司提供的满意度预测分析系统进行用户反馈信息的收集，从中了解客户体验。

● Ideeli 公司还使用 ForeSee 公司提供的移动分析解决系统来识别熟客的需求，以便公司合理调整电子商务战略。

● Retina-X Studios 公司利用手机等电子设备对电子商务活动进行跟踪和监测，提高在线退款的速度。此外，该公司还利用知识管理系统来削减运营成本，提高客户服务。

有的管理者认为，知识管理与电子商务中的业务流程相关。具体来说，它有助于增强三个核心流程：客户关系管理、供应链管理和产品开发管理。更多有关知识管理技术的内容以及如何将它应用到商务活动中，请浏览 kmworld. com, riskmanagement. finrm. com 和 knowledgestorm. com。

知识管理与社交网络

社交网络是知识创造的一个重要场所。通过众包（crowdsourcing），或者员工和客户的讨论、信息反馈，创造出新的知识。众包有多种形式，它可以局限于一家企业内部的社区［参阅在线补充读物 W5.3 中有关卡特彼勒（Caterpillar）公司使用知识网络的案例］，也可以在"消费者自主媒体"上进行（请查阅第七章内容），还可以用社交网站的答复功能来实现（例如印孚瑟斯系统的 KMail 功能）。

Web 2.0 工具有助于将企业的信息整合在一起，方便交流和合作，简化知识库的建设。下文通过案例进行说明。

 实际案例

IMB 公司的创新讨论社区

早在 2001 年，IBM 公司就在网络社区上开展头脑风暴，鼓励员工贡献智慧，帮助解决问题。其中最为知名的是创新大讨论社区。IBM 的公司网页上可以看到，"创新大讨论社区和 Web 2.0 协作工作大大提高了合作创新的可能"（请浏览 collaborationjam. com）。每个讨论区都有不同的主题，其中最大的讨论区是 2006 年的创新讨论社区，社区成员超过 15 万人，他们是来自 104 个国家的 67 个分公司的员工和商务伙伴，共同为新产品的研发提供创意［参见 Bjelland and Wood（2008）并浏览 collaborationjam. com/］。

IBM 公司的员工还可以在第二人生网站的虚拟会场参与创新讨论，IBM 的前任 CEO 甚至用阿凡达来代表自己在会场的身份。除了商业内容外，IBM 创新讨论社区的热门话题还有社会问题（请浏览 collaboration jam. com/IBMJam）、最新的水过滤技术、3D 网络、无网点银行等。更多相关信息，参见 Bjelland and Wood（2008）并浏览 ibm. com/ibm/jam/index3. shtml, blogs. hbr. org/2013/01/learning-how-to-jam, en. wikipedia. org/wiki/Knowledge_ management 和 ibm. com/ developerworks/webservices/library/ws-virtualspaces。IBM 创新讨论社区的发展历史，请浏览 collaborationjam. com/IBMJam。

知识管理技术的实施

知识管理技术的实施并不是一件容易的事情，它与信息技术及电子商务密切相关。Bahal（2011）列出了八项决定知识管理成败的重要因素，其中有战略、领导力、整合、技术基础设施。Currier（2010）按照重要性的递减顺序，列出了知识管理实施困难的原因：（1）投资回报率难以衡量；（2）不容易对最终用户进行培训；（3）没有足够的预算；（4）战略难以鉴别和实施；（5）员工有抵触情绪；（6）不容易找到适用的管理软件；（7）难以保证知识的安全；（8）不容易对知识进行个性化管理；（9）维护知识管理成果的费用可能很高；（10）管理层的积极性不高；（11）实施过程中会走样；（12）难以找到配套的信息技术；（13）员工担心个人隐私泄露，等等。

专家识别系统及在线搜索专家意见

在企业内部，可以用不同的方式提供专家意见。专家意见是很珍贵的，所以企业总是设法把各种专家意见存储在知识库里。员工们既可以通过专家识别系统在线咨询，也可以到知识库里搜索专家意见。

人们可以在企业的内联网中将自己遇到的问题张贴出去征询答案（例如，专门的 Q&A 平台，或论坛、博客等），也可以在公共网络社交平台上进行专家咨询（例如 answers. yahoo. com），因为那里有"问题解答"专栏。同样，企业也可以用这样的方式，针对企业面临的机遇和难题获得专家意见。不出几天，往往就会有几百条回复出现在网络上。这与头脑风暴的形式相仿。

通过社交网络和门户网站获得答案

有些社交网络（例如 linkedin. com）和门户网站（例如 answers. yahoo. com）可以提供免费的问答功能。

 实际案例

人们可以登录雅虎网站（answers. yahoo. com）使用 Yahoo! Answers 功能进行免费问答。

本书作者在雅虎发布问题并获得的相应答案如下：

提问：我的雅虎邮箱被黑客攻击了。诈骗者用我的名义向邮箱里所有的联系人借钱。我该怎么办？

匿名者给出的答案（通过投票选出的最佳答案）：诈骗者可能利用网络钓鱼软件获得了您的密码。请更改您的密码。当您进行账号设置时，请检查备选电子邮件的联系地址。您可以通过它来获得新的密码。此外，请避免打开垃圾邮件，因为垃圾邮件中可能含有恶意脚本，会在浏览器中自动运行，并向您的邮箱自动发送垃圾邮件。

雅虎给出的答案通常是由志愿者免费提供。当然，有的答案也可以由系统自动生成，下文将进行说明。

网上自动问答系统

除了人工回答问题以外，许多企业也在开发网上自动问答系统。专家意见搜索系统就属于这一类。用户在网络上提出问题，由计算机将这些问题与答案自动匹配，找出最佳答案。**自动问答系统**（automated question-answer system，Q&A）的目标是人们用语音方式提问（例如，说英语或中文），计算机自动搜索并给出答案。

 实际案例 1

搜索引擎系统

Answers. com 和 Ask. com 属于特殊的搜索引擎，它们预先收集了大量问题，每个问题事先给出答案。当有问题被提出时，它们尝试将之与标准问题和答案进行匹配。

自动问答系统与常见问题解答（FAQ）有所不同，因为常见问题解答的内容是相对固定的，规模也有限，它只局限于"常见问题"。此外，常见问题解答是将各种问题罗列出来，让用户挑选。而自动问答系统中的问题以人声的方式提出，问题的内容也不固定。

实现自动问答的第一步是计算机必须能够理解问题（例如，通过自然语言识别软件）。然后，计算机才能搜索匹配的答案。计算机实现自动问答的方法有许多，其中的一种方法是人工智能（AI），通过使用智能代理软件实现。另一种流行的方法是从大量案例库中自动找出问题的答案。需要说明的是，自动问题系统注重的是对问题的解决，而不仅仅是词语的搜索。

 实际案例 2

IBM 公司的 Pure Systems

该系统是专家集成系统，专门用来帮助企业解决信息技术问题。该系统通过云计算进行工作。更多细节，请浏览 ibm. com/ibm/puresystems/us/en/index. html。

与专家在线交流

与专家的实时交流现在已经很普遍。例如，人们可以与各有擅长的医生进行交流，也可以与其他各种专家交流。很多企业都提供在线交流服务（类似于雅虎的 Messenger 或 AOL 即时通信），答复等待时间通常都很短。

与虚拟人物在线聊天

人们还可以在 Q&A 系统上与虚拟人物（事先编程好的头像）进行聊天。这类服务一般非常便宜，但交流可能不太精确。随着知识库的增加，以及计算机对自然语言的理解能力的提高，答案的准确度也会有所提高（请浏览 tdameritrade. com/virtualclient/about. html）。第二章也有相关讨论。

专家识别系统

专家识别系统（expert/expertise location systems，ELS）是一个人机互动交流系统，用来帮助员工在组织内找到专家，帮助他们解决特定难题，或快速解答一些技术问题。专家识别系统的功能主要表现在：

- 在组织范围内找到能够解决问题的专家；
- 提供专家信息，帮助人们与专家取得联系；
- 帮助人们制定职业发展规划；
- 在社交网络里提供团队支持。

许多企业都致力于开发专家识别系统软件，例如 IBM 公司和甲骨文公司。更多有关专家识别系统的优点、特征和示范，请浏览 hivemine. com/products/askme_difference. html 和 hivemine. com/realcom/whse/Hivemine_AskMe_Datasheet. pdf。大多数专家识别系统的功能是相似的，对知识库的使用要么是为了解决问题，要么是为了识别专家。图 5.6 显示了专家识别系统的一般工作流程。

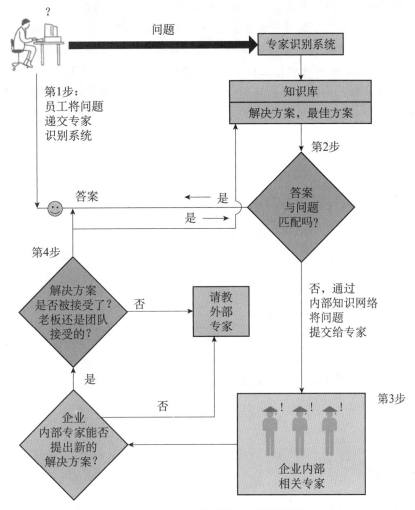

图 5.6 AskMe 公司的专家识别系统

AskMe 公司专家识别系统的工作流程分成 4 步：

1. 员工向专家识别系统提交问题。

2. 软件在数据库中搜索，判断是否有现成的答案。如果有，就把信息（例如研究报告、表格等）传递给员工。如果没有，软件搜索某相关领域专家的文档和交流记录。

3. 如果有匹配的专家，系统询问其能否回答提问。如果能，该专家负责回答。如果不能，该专家可以选择放弃。再由系统重新匹配，依次进行到有专家接棒为止。

4. 专家回答以后，由公司内部的评价人员作出评价，并将评价意见送给提问者。同时，问题和答案储存到知识库中，以备将来出现类似的问题。

 实际案例

美国商务部对专家识别系统的应用

美国商务部（DOC）的商务服务处每年要主持约 20 万次咨询活动，由此达成的交易额接近

400亿美元。该部门聘用了许多专员，专门负责信息搜索，回答美国企业提出的各种复杂的问题。

D'Agostino（2004）引用了这样一个案例。一个美国公司想与波兰客户达成一笔交易，但是对两国的税收不太清楚，于是向商务部咨询相关的法律依据。负责解答的这位商务部专员在专家识别系统（由印度 AskMe 公司开发）上识别该领域的专家，只用了很短的时间就找到了80多位专家，他从中筛选了6位并向他们提出问题。一天之内，他就获得了充足的信息来组织答案。过去没有这个系统，同样的工作可能要耗时3天。该专员说，自己所做的工作中有40%可以通过专家识别系统来完成。

详情参见 D'Agostino（2004）。

利用社交网络寻求专家意见

通过社交网络寻求专家意见已经很普遍。人们利用公告板、论坛、博客等形式提交问题，等候专家回复。领英就提供"免费论坛"的功能，用户在论坛中提出问题，其他论坛成员提供帮助或展开讨论。

5.3 节复习题

1. 什么是知识管理？
2. 知识管理与电子商务有什么关联？
3. 在线咨询服务的内容有哪些？
4. 什么是专家识别系统？它能给人们带来哪些利益？
5. 社交网络如何提供专家咨询？

5.4 协同商务

所谓协同商务，其实就是一种电子商务技术，人们利用这种技术来提升企业内部以及企业之间的合作和交流。这种技术在供应链合作中使用的最多。

协同商务的要素

协同商务（collaborative commerce，c-commerce）是指利用电子技术实现商务合作，使企业之间能够协同计划、设计、发展、管理和研发产品、服务、业务流程以及电子商务应用。一个典型的例子就是制造商通过网络与某供应商进行协同合作，供应商为其设计产品或某个产品的零部件。协同商务的含义还包括沟通交流、信息分享、利用各种工具（例如群组软件、博客、维客以及专为电子商务设计的协同工具）在线协同规划。在供应链中，协同商务主要用来降低成本、增加收入、减少延误、加快商品流通、减少急单、减少缺货、加强库存管理等。协同商务与电子协作（e-collaboration）紧密相连，是为了完成共同任务而利用电子技术进行的合作。

协同商务的内容及流程

在不同的环境下，协同商务的内容和流程都是不一样的。例如，大部分情况下供应链上下游的协同商务包括制造商、供货商、设计人员、各种商业伙伴、客户，甚至政府。图 5.7 显示的是协同商务流程中的各个要素。在协同过程中，企业需要对网络平台上内部及外部的数据进行分析。

图 5.7 的左下角是协同商务的循环流程，其中的参与者可以使用已显示的信息，也可以通过彼此互动获取信息（如图 5.7 右部分内容所示）。协同商务的各个要素可以通过不同方式进行组合，其中之一是商务协同中心。

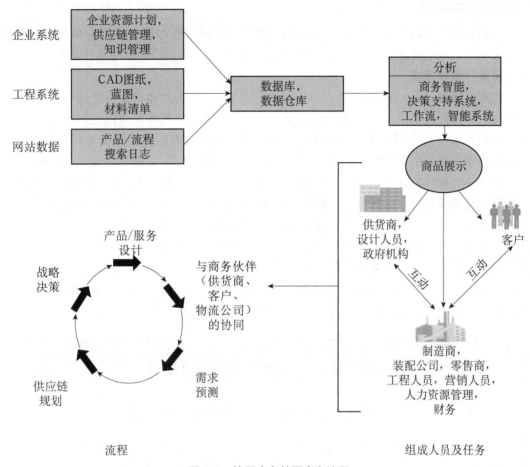

图 5.7　协同商务的要素和流程

商务协同中心

协同商务中最常见的形式是供应链成员使用的商务协同中心。**商务协同中心**（collaboration hub，c-hub）是一个企业供应链互动的中央点（如图 12.2 所示）。一个商务协同中心可以托管多个协同空间，供商务伙伴之间进行交易、协作、交流、共享信息。

优化协同商务

协同商务可以被分为内部协同商务和外部协同商务。内部协同商务指企业部门之间、外出员工与部门员工之间的合作，也指项目团队或不同地点的个人之间的合作。外部协同指任何组织之间在组织外部的合作。

提高商务协作的网络工具有很多，最初使用的是电子邮件、维客，而现在还有网络协作空间和综合软件工具，如微软公司的 SharePoint（office. microsoft. com/en-us/sharepoint），Salesforce Chatter（salesforce. com/ap/chatter/overview），Jive Software（jivesoftware. com）。Fox（2012）指出，SAP 公司还利用网络社交软件来优化企业协同。

很多学者也提出了优化协同的方法，如 Siebdrat et al.（2009）建议实行虚拟管理团队的全面覆盖，McCafferty（2011）提出了优化协同的八种办法，Strom（2011）对各大软件商的协同工具进行比较，等等。需要注意的是，协同工具既可以同步，也可以不同步。

协同商务的典型案例

许多大的企业（例如戴尔、思科、惠普等）都利用协同商务在供应链上开展各种协同合作，例如网络采购等。电子商务协同可以提高企业的运营效率，本书用以下案例进行说明。

供应商库存管理系统

供应商库存管理（vendor-managed inventory，VMI）是零售商和供应商之间对商品库存进行管理的过程，零售商要求供应商对所供商品的存库进行监控，以便零售商决定何时订购，每次订购多少。订购单在网上自动生成，并由供应商负责履行（第三方物流公司也可以参与其中）。同时，零售商向供应商提供实时的消耗信息（例如销售点的销售数据）、库存容量以及需要补货的预警信号。在这样的操作模式下，零售商的库存管理变得简单，需求预测工作也转移到供应商这里，由供应商负责计算需求量，提醒零售商补货。此外，消费者也可以用电子方式向供应商发送信息，供应商根据消费者的日常消费情况进行分析，提醒零售商补货（请浏览 datalliance.com/whatisvmi.html）。通过协作，企业的管理费用降低了，库存减少了，断货情况很少发生。供应商库存管理也可以用于供应商之间或多级供应商之间［请浏览 en. wikipedia. org/wiki/Vendor-managed_inventory，vendormanagedinventory.com 并参见 Spychalska（2010）］。供应商库存管理的软件供应商有 Vecco International（veccoint.com）和 JDA 软件集团公司（jda.com）。

 实际案例

沃尔玛与宝洁之间的库存管理和信息共享

宝洁公司是沃尔玛公司的供货商之一。只要是宝洁公司供应的商品，沃尔玛都允许宝洁获取这些商品的销售信息。宝洁公司可以每天读取每个沃尔玛销售网点的销售信息。宝洁公司时刻关注着沃尔玛门店每个宝洁产品的存货量，当它们即将触及最低库存线时，系统就会自动启动订购和配送程序。所有这些事都是在线进行的。对于宝洁公司来说，它能够获得精确的需求信息，而对沃尔玛来说，它能够保证充足的库存，双方都能降低管理成本（纸质订单和人工操作的成本最小化）。宝洁公司与其他大型零售商之间也有类似的协作，而沃尔玛与其他供货商也都保持着这样的合作关系。

零售商与供应商的协作

零售商与供应商之间的协作除了库存管理之外，还有其他方面。下面的案例是塔吉特公司与供应商之间的协同合作。

 实际案例

塔吉特公司

塔吉特公司（corporate. target.com）是一家大型零售企业，它开展的电子商务中有成千上万家商务伙伴。这些商务伙伴有的是通过 EDI 增值网络 VAN（参阅在线辅导资料 T2）进行联络，有的则是通过外联网交流。外联网不仅使塔吉特公司接触到更多的商务伙伴，与供货商保持着顺畅的交流与合作，而且提供传统 EDI 网络中没有的应用软件，方便客户创建个性化的网页（如图 5.8 所示）。塔吉特公司如今拥有了一个称作"伙伴在线"的网站（partnersonline.com），通过它与商务伙伴们保持联系，并且能够向伙伴提供大量有用的信息。

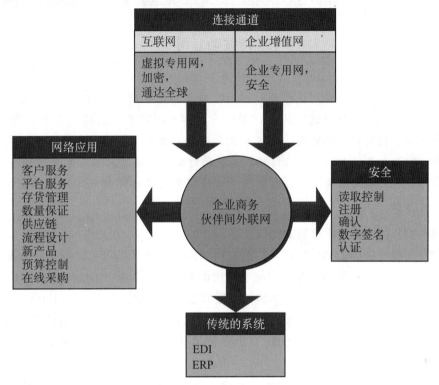

图 5.8 塔吉特公司的外联网

降低运输成本及存货成本

企业可以通过商务协作来降低运输成本和存货成本。亚马逊公司（amazon.com）和 UPS 公司（ups.com）之间的合作案例很好地说明了这一点。

亚马逊公司每周要从配送中心发送数百万件商品，实现快速交货的关键因素就是与托运商 UPS 的协作。

缩短设计周期

下文的两个案例说明了企业如何通过协同合作缩短设计周期。

 实际案例 1

歌乐公司

歌乐全球集团公司旗下的马来西亚子公司（clarion.com/my/en/top.html）主要从事车用音响系统的生产制造。

在使用了 IBM 公司为其开发的计算机辅助设计系统（CAD）和产品周期管理系统后，歌乐公司的产品上市时间缩短了40%，同时，产品的设计方面也有所提高，因为员工有了更多时间从事产品设计。此外，歌乐公司在整个设计过程中与客户交流更加方便，从而缩短了模具开发时间。

 实际案例 2

卡特彼勒公司

卡特彼勒公司（caterpillar.com）是一家从事重型机械制造的跨国公司。在传统经营模式下，该公司的供应链各个环节的流转周期很长，因为纸质文档在管理者、销售人员、技术人员之间的传递要花费很长时间。为了解决这一问题，卡特彼勒公司利用外联网建立了全球商务协同中心，将工程部、生产部、供货商、销售商、配送企业、海外加工厂、客户等都连接到一起。通过该协同系统，客户可以从世界任何地方进行订购，具体的订购信息通过网络快速地传送给相关经销商、设计师和工程师。客户也可以通过外联网（还可以使用无线设备连接）跟踪订单状态（具体内容请参阅在线补充读物 W5.3）。

减少渠道冲突：批发商与零售商的协作

第三、四章中曾经提到，如果客户直接通过网络向制造商订购产品，就会引发制造商与渠道商（包括批发商和零售商）之间的冲突。前文给出的解决方案是客户向制造商订购，但是到本地的渠道商那里提货。这就要求制造商与本地的渠道商之间开展协同合作。JG Sullivan 公司（jgsullivan.com/our-platform）专门开发这样的电子商务协同软件，这些产品使制造商能够以最少的渠道冲突实现网上销售。提供类似服务的还有思科公司（请浏览 cisco.com/c/en/us/solutions/collaboration/index.html）。

此外，Commerce Guys 公司（commerceguys.com）还提供了一个面向社会的协作平台（请浏览 drupalcommerce.org）。

 实际案例

惠而浦公司

惠而浦公司（whirlpool.com）是全球最大的家电制造商，曾经也面临着渠道冲突问题。消费者希望能够直接从惠而浦公司的网站上订购家用电器（甚至有些家电是定制的），但是，这却惹恼了惠而浦公司在全球各地的经销商。需要说明的是，有些家电（例如洗碗机，洗衣机等）需要安装调试，而这些服务却需要当地的经销商来完成。

因此，惠而浦公司在全球范围内应用了 JG Sullivan 的协同商务系统，该系统允许消费者直接在线订购，同时对各地经销商的送货、安装、质保、售后服务进行管理，大大减少了营销成本和销售费用，提高了消费者和经销商的满意度。此外，惠而浦公司在该系统里与客户进行直接交流，对客户有了更深刻的了解。

协同商务面临的障碍

尽管协同商务为企业带来了诸多利益，但是除了一些大企业以外，协同商务在许多中小企业的发展非常缓慢。专家们认为，其主要原因在技术方面，例如企业内部难以整合、缺乏统一的技术标准等。还有一些原因涉及网络安全和隐私保护问题，商务伙伴之间缺乏信任，都不愿意对方访问和使用自己的数据库信息，不愿意信息共享，不愿意使用新的方法，缺乏电子商务管理技能。此外，如何分摊成本、共享收益，也是一个难以解决的问题。

而且，在开展全球商务协同的过程中，还会遇到其他一些问题，例如语言障碍、文化差异、经费不足等（Currier，2010）。

如何克服协同商务面临的障碍

专用的电子商务软件工具可以减少协同商务障碍。而且，当企业越来越多地了解协同商务带来的利益（例如供应链运作更加流畅，降低库存及运营成本，提升客户满意度等）时，就会有更多企业参与商务协同活动。同时，一些新的商务协同手段（如云计算、网络服务等）也都明显地推动了协同商务的发展。Web 2.0 协同工具使用开放源代码，对协同商务发展也有很大的帮助。需要指出的是，要开展协同商务，组织内部和组织之间还需要协同合作的文化。协同商务中的一个表现形式是消费者与消费者之间的电子商务活动（C2C），这是下一节讨论的内容。

协同商务流程和相关软件。有大量的电子商务协同软件、工具和方法有助于实现商务交流和合作。

5.4 节复习题

1. 什么是协同商务？
2. 协同商务的主要特征是什么？
3. 举例说明协同商务的功能。
4. 如何解释协同商务的要素和流程？
5. 协同商务面临的障碍是什么？如何克服？

5.5　C2C 电子商务

C2C（consumer-to-consumer）电子商务有时也被称作 P2P（peer-to-peer）电子商务，是个体消费者之间的在线交易。这些在线交易还可以让第三方中介（例如易趣）来参与，或在社交网络上进行，由它们来组织、管理、促成交易。C2C 电子商务可以由分类广告、音乐及共享文件产生交易活动，还可以在网上求职招聘（例如 linkedin. com 和 careerone. com. au），甚至提供个人婚介服务（例如 match. com）。

C2C 电子商务为网络购物和交易开创了一个新的层面。尽管 C2C 交易在实体环境中很常见（例如报纸分类广告，欧美国家中盛行的庭院旧货交易等），但在网络上开展却遇到了很多问题，主要原因是买卖双方不认识，彼此缺乏信任，尤其是当他们来自不同的地方时更是如此。后来，这一问题被第三方支付平台（如 paypal. com）和易趣等网站提供的担保服务很好地解决了。C2C 电子商务的好处是它降低了买卖双方的佣金成本和管理成本，而且它也让许多个人和小企业主以一种低成本的方式来销售自己的商品和服务。

社交网络为 C2C 电子商务提供了理想的场所，人们通过 craigslist. org、facebook. com 等网站，或其他社交网站上的分类广告来销售商品和服务。人们以 C2C 电子商务的形式分享音乐或销售音乐文件，物物交换，销售虚拟装备，提供个性化服务。

C2C 的应用形式

许多网站为个人之间的交易提供服务。下文讲述了几种典型的应用形式。

C2C 拍卖活动

在线拍卖是 C2C 电子商务发展得较为成功的一种形式。在许多国家，通过拍卖网站进行交易已经十分流行。大多数拍卖活动是中介网站操作的（例如最为著名的易趣网站）。消费者可以登录一般的拍卖网站，例如 eBay. com、auctionanything. com 等，也可以登录专门的拍卖网站，还有一些消费者用专门的软件自行开展拍卖活动。例如，procureport. com 开发了一款软件，提供逆向拍卖形式的 C2C 在线交易（请浏览 procureport. com/reverse-auction-services. html）。

C2C 买卖活动

除了拍卖之外，易趣还可以使人们以固定价格出售商品。Amazon. com 和 Etsy 网站（请查阅第三章）也提供类似服务。此外，还有数以百计的其他网站用分类广告来实现 C2C 交易。

个人借贷业务。本书第三章和第七章中提到，互联网还可以实现个人之间的小额借贷（参见 Dachille（2014））。

分类广告

网络上的分类广告与传统报纸上的分类广告相比，有着诸多优势。它们的广告受众可以不受地域的限制，内容更新也非常快捷。大多数广告是免费的，或者只收取很少费用。因此，这大幅度增加了商品和服务的数量，同时也增加了潜在买家的数量。C2C 分类广告中做得最好的是 craigslist. org 网站（请查阅第二章）。分类广告中还包括个人房屋出租、企业厂房出租服务（参阅 forrent. com），而 Freeclassifieds. com 可以让人们实现商品的免费交换使用。如今很多报纸企业也开展了网络分类广告的业务。有时，某一网站的分类广告信息会自动链接到其他多个相关分类信息中（"交叉发布"技术），广告的受众增加了，但是费用没有增加。一些网站还为买方提供搜索引擎，以缩小特定商品的搜索范围。

成千上万的网站上都有分类广告。许多社交网站（例如脸谱、领英等）也都提供分类广告。

个人服务

网络上有多种个人服务项目，例如律师、工匠、报税员、投资理财咨询、征婚等，其中有些是通过分类广告进行发布，还有的则是通过专门的网站（例如 hireahelper. com）以目录方式来呈现。有些信息发布完全免费，也有些需要收取一定费用。

注意：在网上寻求服务时一定要小心，防止诈骗行为。（例如，网络上自称律师的人或许对法律并不精通，甚至根本就不是律师。）

文件共享

故事要追溯到 1999 年，当时人们只要登录到一些服务网站（例如 Napster），就能免费下载到自己所需要的信息。P2P 技术让人们能够通过网络对他人的计算机硬盘进行搜索，并获取自己需要的文件和数据，其中音乐和游戏下载得最多，其次是电影、电视等视频文件。曾经 Napster 网站的用户多达 6 000 万，但是该网站在 2002 年被控诉侵犯版权问题，只好停止了一些免费服务。

Napster 网站的服务器其实就是一份商品目录，它将人们共享的文件罗列出来。一旦有用户登录该服务器，就可以搜索到具体的某一首歌曲，确定该歌曲所在的位置，然后直接访问那台计算机，下载自己选定的歌曲。Napster 网站上还有聊天室，把几百万用户联络在一起。

但是，美国一家法院认为 Napster 网站违反了著作权法，因为它帮助用户获得音乐文件，却没有向音乐制作人支付版税。根据法院的判决，Napster 网站于 2002 年 3 月被迫停止了这项免费服务，并根据破产法（第十一章）申请破产保护。2011 年 Napster 被收购，购买方是 Rhapsody 公司（rhapsody. com），一个基于订阅的音乐下载网站。更多有关 Napster 网站的历史，请浏览 the-guardian. com/music/2013/feb/24/napster-music-free-file-sharing。

如今，文件共享业务依然存在。例如，BitTorrent 网站（bittorrent. com）就是一个更加纯粹的 P2P 网站，能够使文件下载得更快。如果要了解 P2P 网络中的游戏，可以登录 trustyfiles. com。第十五章里的"海盗湾"案例也有相关陈述。尽管"免费午餐"确实很诱人，但是请不要忘记免费下载有版权的材料是违法的。一旦发现，就要被追究法律责任。

社交网络中的 C2C 活动及虚拟货币交易

社交网络中的 C2C 交易包括照片、视频、音乐和其他各种文档的分享、虚拟货币交易以及其他活动。虚拟货币交易在虚拟世界中非常频繁，特别是在第二人生网站（secondlife. com）。

5.5 节复习题

1. 什么是 C2C 电子商务？
2. C2C 电子商务能够给人们带来什么利益？
3. C2C 电子商务的主要应用形式有哪些？
4. 什么是文档分享？
5. C2C 电子商务在社交网络上如何应用？
6. 什么是文件共享？它会涉及哪些法律问题？（参见第十五章的"海盗湾"案例。）

管理问题

与本章内容有关的管理问题有如下几个方面：

1. 如何设计成本效益最理想的政府电子采购系统？ 电子政务规划过程会出现以下问题：政府利用网络平台开展采购活动能够节约多少开支？该系统是否适用于小批量采购？如何处理来自其他国家的投标人？怎样预防非法行贿？除了成本之外，还需要考虑什么？如何设计线上、线下采购系统？如何在网上发布报价请求？如何将台式机的购买和拍卖合理组合在一起？政府是否可以利用 B2B 商务网站进行采购？企业是否可以利用政府采购系统实现自己的采购？所有问题都必须在系统设计过程中考虑周全。

2. 如何设计远程教育的知识渠道？ 远程教育服务有多种渠道。远程教育管理团队需要对在线及离线培训方案、企业内外的知识渠道、付费和免费渠道进行优势组合。如果是大企业，应该主要使用企业内部的培训资料。但是小企业则要尽量使用外部的资源，这样比较符合成本效益原则。知识渠道组合还要根据不同的需求进行调整，并选择合适的软件工具。相关案例研究，请浏览 brightwave. co. uk。

3. 如何将社交网络学习和服务与组织管理相结合？ 随着社交网络在企业经营中作用的扩大，管理者应该思考如何将社交网络与企业的各种管理系统（例如客户关系管理、知识管理、培训系统、管理流程等）结合在一起。有一个问题需要格外关注，那就是如何平衡远程教育与培训项目中知识的质量和数量之间的关系。

4. 电子书的应用会产生什么影响？ 只要读者广泛接受了电子书，那么在线图书销售渠道就可能带有强大的破坏性，因为这种新的阅读形式必然会影响到线下图书零售业务。此外，由于电子书很容易被复制并在网上传播共享，因此有必要对电子书实行知识产权保护（查阅第十五章）。一般来说，今后会有更多的电子书出版，供人们阅读。

5. 推行电子协同会遇到哪些困难？ 要克服技术上的障碍并不是十分困难的事情。但是要转变员工的行为方式、改变商务伙伴的经营模式，却是一个巨大的挑战。创建新的商务协同时，管理者需要改变相应的管理模式，克服害怕变化的心理障碍，企业和商务伙伴必须调整各自的角色，承担新的责任。电子协同合作会有成本消耗，因此必须要在经济方面和管理方面具有合理性。而这又是十分不容易的，因为工作开展的过程中，有许多看不见的风险。

6. 企业与商务伙伴之间可以共享多少信息？商务伙伴值得信任吗？ 许多企业会与商务伙伴分享市场预测数据，以及实际的销售数据。但是，一旦商业伙伴要求企业公开产品的设计、存货数量、ERP系统，许多企业都会十分谨慎。问题主要是企业之间没有安全感，彼此缺乏信任。事实上，分享的信息越多，伙伴之间的协作就会越好。但是，信息共享也会导致商业机密的意外泄露。有时组织文化也会对信息共享产生不良影响（有的员工甚至不愿意与本企业的同事分享信息）。信息共享在具有商务价值的同时也存在风险，因此需要仔细地权衡。

7. 供应商存货管理，谁能从中获益？ 零售商和供应商双方都可以从该系统中得益。但是，小的供应商可能没有能力对众多企业客户的库存进行全方位的监控，因此，企业规模较大的买家需要代替供应商来对自己的库存妥善管理。供求双方需要就某些敏感问题达成共识，其中一个问题就是万一出现库存短缺，应由谁来承担责任。

本章小结

本章所涉及的电子商务问题与前面提到的学习目标相对应。

1. **电子政务活动。** 政府机构与其他各种组织一样，也能够从电子商务活动中节约成本，提高工作效率。政府机构常用的电子商务应用主要有通过逆向拍卖开展的电子采购，与公民和企业之间的电子支付，多余物资通过拍卖处理，以及旅行安排和费用管理的电子化。政府机构之间也可以开展电子业务。因此，政府可以用更低的成本将工作做得更好。

2. **电子政务与公民、企业及政府机构自身的关系。** 全球各地的政府机构都在利用互联网向公民提供各种各样的服务。这些服务提升了公民的满意度，降低了政府各项工作（包括网络投票）的开支。政府还通过网络平台与企业开展交易。政府机构之间，以及政府与政府之间都在开展电子商务活动。电子政务还因为无线技术的发展而得到了提升。有人将这样的服务称作"移动政务"。由于出现了维客、博客、微博、社交网络等技术，电子政务Web 2.0得到了更大的普及。

3. **远程教育及在线培训。** 所谓远程教育是指通过电子媒体（包括互联网和内联网）传播教育信息。在全球范围内，成千上万的企业都在开展学历教育、终身教育、在职培训等项目。目前日趋盛行的一种教育模式是由网络大学开展的远程学习。有些是纯粹的在线学习，有些则是在线、离线相结合的学习形式。公司的在线培训也如火如荼，有些企业还为此专门成立了公司的学习中心。远程教育的开展是循序渐进式的。开始的时候一般是在网络上提供一些学习资料。发展到较高形式，就是将远程教育与社交网络结合在一起。新型的电子阅读器既有方便阅读的电子内容，也有搜索功能及其他各种功能。电子书的售价并不高，但是它却有强大的存储容量，可以将许多书储存在一个小的电子设备上。因此，它广受欢迎。

4. **电子书与它的读者们。** 由于电子书给人们带来各种利益，所以接受它的人越来越多（亚马逊公司的电子书销量比纸质书要高很多）。电子阅读器制造商之间的竞争很激烈。随着电子阅读器的功能越来越强大，阅读器的价格却越来越便宜。人们使用电子阅读器有的是为了消遣，有的则是为了学习。人们可以利用iPad或其他便携式电子阅读器阅读电子书。

5. **知识管理及知识传播成为电子商务的一个组成部分。** 知识是企业资产的一个重要组成部分。企业应该学会如何捕捉、储存、更新、分享知识。对于电子商务活动来说，知识是不可或缺的。知识的分享有多种途径。人们可以通过知识管理平台分享专家知识，有的付费，有的免费。专家也可以用个人服务的形式提供知识（例如通过电子邮件、聊天工具、论坛、社交网络）。

6. **在线咨询系统。** 网络上有各种在线咨询渠道。有些是免费的，但是大多数需要付费。用户需要格外注意咨询的质量。社交网络和门户网站上提供的咨询服务质量参差不齐。

7. **协同商务。** 协同商务指的是商务伙伴利用电子技术进行商务合作，其内容包括规划、设计、搜索、管理、服务等，一般是在供应链上的商务伙伴之间进行。协同商务可以在成对的商务伙伴之间进行，也可以在既有的协同网络中与众多商务伙伴一起进行。利用Web 2.0工具以及社交网络开展的协同商务活动使得协同合作多了一层社会性色彩，并增加了企业之间的沟通、参与和信任。新的工具很多，有些是在传统的协同工具的基础上改进的。更好的协同合作有助于改进供应链的运作，加强知识管理，有利于个人及组织的工作。

8.**C2C 电子商务**。C2C 电子商务是指单个消费者与其他消费者之间的在线商务活动，主要表现在拍卖平台上的竞价（如易趣）、分类广告、婚恋服务、亚马逊网站的专业店铺、文件共享等。

讨论题

1. 利用社交网络开展电子政务与传统的电子政务相比，各有什么优缺点？

2. 电子投票的优势是什么？缺点是什么？

3. 电子书的优点是什么？缺点是什么？

4. 远程教育在企业培训中发挥了什么作用？

5. 知识管理对电子商务有什么推动作用？

6. 有人认为，B2G 与 B2B 没有什么差异。你的观点是什么？

7. 请比较 B2E 与 G2E 的区别。

8. 有些电子政务活动是在企业内部进行的。为什么？

9. G2C 电子商务对公民有哪些利益？对政府有哪些利益？

10. IBM 公司开发的"创新大会"（Innovation Jam）与知识管理和社交网络有什么关联？

11. 知识管理与远程教育、电子出版、C2C 电子商务有什么关联？

12. 有人认为，自从出现了电子商务，供应链伙伴之间关注的焦点不再是交易，而是彼此的关系。请说出你的观点。

课堂论辩题

1. 远程教育给本科生带来什么利益？给 MBA 的学生带来什么利益？

2. 基于企业数据库的专家识别系统（里面储存着专家信息及学识）为企业带来了什么利益？它有哪些弊端？如何将专家识别系统与企业数据库结合在一起？

3. 利用虚拟世界来开展远程教育有哪些利益？有哪些弊端？存在哪些局限性？

4. 智慧城市是政府重大项目之一（查阅第六章）。请讨论这些政府举措内容并解释为什么它们是电子政务的一部分。

5. 辩论：电子书会取代传统纸质书。

6. 辩论：为什么有企业不愿意进行知识管理？

7. 辩论：网络投票的利弊。

8. 登录 en. wikipedia. org/wiki/E-Government，找到"电子政务的争议"这一版块。讨论它的优缺点，并将讨论结果写成一篇报告。

9. 远程教育与移动学习的不同之处有哪些？

10. 讨论联合国电子政务发展数据库的内容和好处（unpan3. un. org/egovkb）。

11. Rovio. com 公司开发的"愤怒的小鸟"是一个广受好评的电脑游戏。请分析它的成功之处，并找到值得学习的方面，最后写成一篇报告。

网络实践

1. 登录 e-learningcentre. co. uk，elearnmag. org 和 elearningpost. com 网站。关注网站上的热门话题。搜索两篇讨论在线培训带来盈利的文章。写一份报告，列出网络上有关远程教育渠道的清单。

2. 登录 adobe. com 网站。搜索网络上有关远程教育、知识管理、电子出版的辅导材料及软件工具。将搜索结果进行展示。

3. 识别你所在的公司面临的业务难题。将该问题张贴到 elance. com，linkedin. com，answers. yahoo. com 和 answer. com 网站。归纳所接收的信息，并解决问题。

4. 登录 blackboard. com 和 en. wikipedia. org/wiki/Blackboard 网站。关注该公司提供的各种服务，包括它的社区系统，写出一份报告。

5. 登录 fcw. com 网站。阅读网站上发布的有关电子政务的新闻。关注本章内容中没有涉及的问题。再登录 gcn. com 和 egovstrategies. com 网站。比较 3 个网站上出现的内容。

6. 登录 procurement. org 和 govexec. com 网站。关注网站上近期的政府采购信息。写出一份报告，说明两个网站的明显特征。

7. 登录 hivemine. com 网站，关注这个企业的产品信息、解决方案、新闻、博客等。对于该公司的信条"深化社交网络学习，推进企业繁荣"，你赞同吗？为什么？

8. 登录 amazon. com，barnesandnoble. com 和 sony. com 网站。关注这些企业生产的电子阅读器的最新信息。比较这些产品的功能并写出一份报告。（请参阅 ebook-reader. com。）

9. 登录 kolabora. com 或 mindjet. com 网站。关注这些企业如何开展协同。归纳这些网站为协同者提供的利益。

10. 登录 opentext. com 或 kintone. cybozu. com/us 网站。关注公司关于商务协作的视频资料。在报告中解释该公司是如何促进电子商务的。

11. 登录 guru. com 和 elance. com 网站，比较两者的产品和服务。如果你有专业技术，你会选择哪一家网站展示？为什么？

12. 选择两家推行 C2C（或 P2P）电子商务的企业（例如 egrovesys. com）。对它们的功能进行比较。

13. 登录 collaborativeshift. com 网站或其他商务协同网站，了解近期有关电子协同的讨论，并写一份报告。

14. 美国政府在伊朗开设了一个虚拟大使馆。查找该大使馆提供的服务，以及伊朗政府对此的反应。完成一篇报告。

团队合作

1. 为导入案例设计的作业。

请阅读本章开头的导入案例，并回答下列问题：

a. 康柏斯集团在进行经理人员培训时遇到的主要问题和次要问题分别是什么？

b. 人们对在线培训的效果产生质疑，该公司是怎样消除的？

c. 系统性培训非常复杂，该公司如何处理并化解？

d. 在线培训产生了哪些新的成果？

e. 你认为，在线培训的实施过程中，哪些方面比较重要？

2. 纽约市的市长 Bloomberg 在 2002—2013 年这十多年里，开展了大量的电子政务活动。请查找其中的一些电子政务活动信息，分析这些活动对公众有哪些积极影响，以及它们在 Bloomberg 任职期满卸任后的发展如何。每个小组研究不同的主题，并以报告的方式提交。

3. 将班级分成 5 个团队，其中 4 个团队分别负责 G2C、G2B、G2E、G2G。每个团队根据各自的电子政务形式，为一个小国家（例如荷兰、丹麦、芬兰、新加坡等）设计电子政务活动。第 5 个团队负责那 4 个团队中所有电子政务活动的协同与合作。编写一份完整的报告。

4. 登录 youtube. com/watch?v＝bucxXpDvWDI，观看视频"Panel Discussion on Collaborative Commerce (Pt. 1) @ Ariba LIVE 2011"（时长 12 分 36 秒）。观看该视频的第二部分（时长 11 分 11 秒）的网址是 youtube. com/watch?v＝dV_ KUJ0eVuE。回答下列问题：

a. 买家看到的利益是什么？将这些利益与协同商务联系起来思考。

b. 如何利用电子商务技术开展协同商务？

c. 如何通过协同商务来增强买方和卖方之间的关系？

d. 在班里开展专题讨论。若有可能，邀请一些大型买方一起参与。

e. 应该如何动员商务伙伴参与在线合作？

f. Ariba 公司扮演的是什么角色？（请登录它的网站 ariba. com。）

g. 通过这个视频，你认为电子商务及协同商务可以为企业带来什么利益？

5. 登录 youtube. com/watch?v＝Q42flb1Fnck，观看视频"E-Learning Debate 2010—Highlights"（时长 4 分 30 秒）。讨论远程教育的利弊：

a. 列出视频中提到的正反两方陈述。

b. 班上所有人对每种陈述进行举手投票，并解释赞成或反对的原因。

c. 把班级讨论中听到的或在网络上得到的不同见解添加到列表中。

d. 对新的陈述再次进行正反方举手表决，解释赞成或反对的理由。

e. 提交总结。可以利用维客这种形式。

6. 把班级分成两组，每组分别观察 netlibrary. com 网站和 ebooks. com 网站的技术、法律问题、价格、商务伙伴等内容。然后以"电子书的前景"为题写一篇报告。

7. 将班级分成几组，每组分别观察不同的咨询公司（例如 answers. com 或 ask. com）所提供的问答服务、社交网络和游戏等。在班里陈述你的发现。

从本地 SDI 应用到电子政务

本案例的研究内容是德国黑森州南部地区在市政方面的电子政务应用。

概述

利用空间数据技术与电子政务相结合来促进电子政务发展,是欧盟的主要目标之一。公民应该能够从所有级别的行政机构获得相应服务。这是一个重大难题,尤其对那些小城市来说,尽管它们和其他城市一样也是空间数据的制造者和拥有者。为了开展地理空间数据的在线使用,各级行政机构首先必须进行能力建设。根据黑森州的筹划来看,各行政机构之间已经开展合作,而且资金方面也能够实现高度的自给自足。本案例借助服务链,向人们展示了 SDI(空间数据基础设施)的概念、实施办法和技术要求,探索如何在市政领域里实现以服务为导向的系统架构(SOA),获得多渠道的地理空间数据。现有项目会促进市政方面的探索和发展,在政府规划和行政管理中,利用 SDI 技术提供以用户为导向的服务。Web 2.0 功能可以让政务活动从传统的网络发布转变成社会协作,与 SDI 技术结合后,会有更多市民参与到电子政务活动中。

从 Web 2.0 系统中最新的地图浏览器来看,SDI 应用程序也能做到用户界面友好。威斯巴登市的市民服务平台就是一个典型的例子。该平台还可以通过移动设备进行访问,展现了政务服务延伸的潜力。

黑森州的本地 SDI 应用

黑森州是德国 16 个联邦州之一,州政府在威斯巴登。该州的 SDI 活动由 GDI-Hessen 网络技术公司发起并提供技术支持,对当地土地和地理信息实行联邦管理。基于这个框架,试点项目"GDI-Südhessen"(GDI-Südhessen 2014)被部署,建立了黑森州南部地区 SDI 的基础。该项目的目的是,在欧洲 INSPIRE 指导的思路上(Directive 2007/2/EC),通过创建网络,实现各行政机构之间地理空间数据的协同使用。

在这种情况下,这类协作主要集中在组织结构、技术结构和能力建设上,鼓励用最少的成本完成系统集成,将 SDI 技术应用到日常行政工作和服务中。为了帮助更好地理解 SDI 技术,图 5.9 用一个例子说明了 SDI 技术工作流程。服务链的应用将 SDI 各模块合成在一起。SDI 模块有:网络特征服务(WFS)、通过目录搜索服务(CSW)、网络地图服务(WMS)、地图浏览器等[地图浏览器遵从 OGC 标准,参见 OGC(2014),开放地理空间信息联盟]。详情参见 Hickel and Blankenbach(2012)。

SDI 应用改进市民参与

在威斯巴登市,SDI 应用正在开展,并有望成为未来电子政务门户网站的一部分。在线参与服务项目已经可以在威斯巴登的市民服务平台上使用。如果该城市某个地方存在基础设施问题(例如路灯、马路或树木),市民可以登录该平台,及时通知城市管理部门。

与其他具有类似功能的应用程序不同的是,该在线参与服务项目将 Web 2.0 和本地 SDI 功能相结合,尽可能地优化了市民服务。结果,该项目被命名为 Bürgerservice,成为这个城市电子政务结构中重要的一部分,并通过 OGC 标准(OGC,2014)。图 5.10 显示了该市民服务体系在当地 SDI 中的应用。

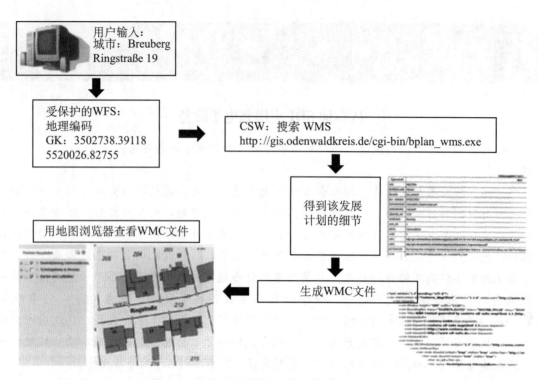

图 5.9　技术工作流程：查找一个土地使用计划

资料来源：Hickel and Blankenbach（2012）。

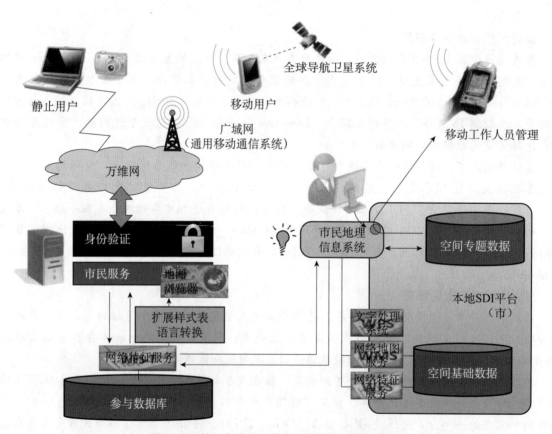

图 5.10　基于本地 SDI 的市民服务体系完整结构

资料来源：Blankenbach and Schaffert（2010）。

市民能够通过网络应用软件，在线举报该城市的基础设施使用问题。除了描述性的报告信息之外，该服务系统还集成地图浏览器，准确显示相关的地理位置，并提供一个示意图。在这个 SDI 系统的 OGC 界面上，用户可以提交、存储报告数据，还可以通过该城市的 GIS 直接访问报告数据库（见图 5.10）。由于举报信息中有具体的地理位置，相关管理人员就能很快、很有效地解决好这些被举报的基础设施问题。

标准的 OGC 界面可以从台式电脑转移到移动设备上。这样市民就能使用智能手机在现场直接举报设施问题。用户通过手机进入该市民服务平台，走在马路上就能及时举报设施故障，并要求相应部门来处理。目前，几乎所有的智能手机都可以运行客户端应用程序来实现移动界面功能。与"静止"桌面版本类似，移动界面用户也可以选择某一个主题类别，输入任意格式的文本。被举报的设施的地理编码和图像信息也可以通过智能手机的摄像头和 GPS 即时传送。详情请参见 Blankenbach and Hickel（2013）。

案例小结

为了使 SDI 在电子政务中被高度认可，还需要在开发应用过程中考虑到很多方面。SDI 的性质决定了不同的 SDI 模块需要有不同的人来协助，例如提供技术应用支持的 IT 人员、处理法律问题的专家、政府决策者等。所有部门的合作是 SDI 应用取得成功的关键因素。用户希望该服务平台能够更方便地使用，这就需要 Web 2.0 其他应用程序的支持，如利用谷歌地图处理空间信息，利用推特随时随地发送短信等。因此，为了满足这些要求，必须考虑有关社会可接受性、实用性、易用性等的社会技术标准（Macintosh and Whyte，2008）。

在本地 SDI 项目实施过程中，出现了一些问题和挑战。同时，也因为有了这次经验，几个新的独立项目也已经完成，并开始向市民提供服务了。

市民服务系统很好地展示了本地 SDI 在市政方面的增值应用。此外，其他领域（例如城市规划）的应用也有可能实现。目前（2014 年 4 月），该系统正在接受评估，不久后会被首次用于市政内务工作。无论是市民，还是行政管理部门，都会受益于 SDI 应用。

资料来源：Blankenbach and Hickel（2013），Blankenbach and Schaffert（2010），Directive 2007/2/EC（2007），GDI-Südhessen（2014），Hickel and Blankenbach（2012），Macintosh and Whyte（2008），OGC（2014），Mängelmelder（2014）。

思考题：
1. 成功的电子商务解决方案有哪些主要特征？
2. SDI 应用遇到的挑战主要有哪些？
3. 行政管理部门如何向市民提供其他的 SDI 电子政务应用？
4. 支持平行移动使用电子政务的基础设施有哪些基本特征？

在线补充读物

W5.1 新西兰电子政务的社会媒体活动
W5.2 电子政务转型的阶段
W5.3 应用案例：卡特彼勒公司将共享知识作为战略资产

术语表

Automated question-answer（QA）System：**自动问答系统**，根据自然语言（如英语、中文）提出的问题，自动查找和匹配答案。

Collaborative commerce（c-commerce）：**协同商务**，利用电子技术进行商务合作，使企业之间能够协同计划、设计、发展、管理，共同研发产品、提供服务、创新业务流程以及实现电子商务应用。

Collaboration hub（c-hub）：**商务协同中心**，一个企业供应链互动的中央点，可以托管多个协同空间，供商务伙伴之间进行交易、协作、交流、共享信息。

Consumer-to-consumer（C2C）：**个体消费者之间的在线交易。**

Distance learning：**远程学习**，与远程教育的概念相似，可以让学生随时在家或其他地方学习。

E-collaboration：**电子协作**，人们使用电子技术手段来完成共同的任务。

E-government：**电子政务**，政府利用信息技术（尤其是在政府的电子商务活动中）来改善政府活动和公众服务，例如让市民更方便地获得政府信息、向市民和企业提供有效的政府服务、提高政府职员表现等。

E-learning：**远程教育**，人们利用信息技术，通过网络传递教育资源，以实现随时随地学习、教育、培训、获得知识的目的。

Electronic book（e-book）：**电子书**，以数字形式展示的书籍，人们可以在计算机屏幕上阅读，也可以在移动设备（例如平板电脑、手机）上阅读，甚至还可以在专用的电子阅读器上阅读。

Expert/expertise location systems（ELS）：**专家识别系统**，一个人机互动交流系统，用来帮助员工在组织内找到专家，帮助他们解决特定难题或快速解答一些技术问题。

Government 2.0：**电子政务 2.0**，政府机构可以通过社交媒体工具和新的商业模式，利用社交网络让更多用户参与，提高政府在线活动的效率，用合理的成本来满足公众的需求。

Government-to-business（G2B）：**政府与企业间的电子政务**，可分成"政府对企业"和"企业对政府"两类。G2B 商务既包括政府向企业销售商品，也包括政府向企业提供服务和咨询。

Government-to-citizens（G2C）：**政府与公民间的电子政务**，政府机构与公民利用网络进行的互动。

Government-to-employees（G2E）：**政府机构与政府雇员之间的电子政务。**

Government-to-government（G2G）：**政府与政府间的电子政务**，既包括不同政府机构之间的在线商务活动，也包括某个部门内部的在线活动。此类电子政务的主要目的是提高工作效率。

Knowledge management（KM）：**知识管理**，对知识进行获取和创造、储存和保护、持续更新、传播和及时使用的整个管理过程。

Learning on-demand：**按需教学**，只要学习者需要，课程或其他学习资料可以随时随地提供给学员。

Learning management system（LMS）：**学习管理系统**，由远程学习管理软件和在线培训管理课程组成，具体包括教学内容、进度安排、传授方式等。

M-learning（mobile learning）：**移动学习**，通过移动设备来实现远程教育。

Mobile government（m-government）：**移动政务**，在无线网络平台上的电子政务的应用。

Social learning：**社交学习**，利用社交网络和社交软件开展学习、培训、知识共享。

Vendor-managed inventory（VMI）：**供应商库存管理**，零售商和供应商之间对商品库存进行管理的过程，零售商要求供应商对所供商品的存库进行监控，以便零售商决定何时订购，每次订购多少。

Virtual university：**虚拟大学**，学生可以在家中或其他场所利用互联网学习。

第三部分
新兴的电子商务平台

第六章

移动商务及普适计算

 |导入案例| **赫兹公司：全面实现移动商务**

存在的问题

　　汽车租赁行业的竞争十分激烈，赫兹公司（hertz.com）是全球最大的汽车租赁公司，它在150个国家的10 400多个城镇开展租赁业务，竞争对手有几百个。激烈的市场竞争严重影响了企业利润。查阅赫兹全球控股公司业务概况及统计数据，请浏览hoovers. com/company-information/cs/company-profile. Hertz_ Global_ Holdings_ Inc. 7b9c49d62787624c. html。赫兹公司需要继续维护和保持住目前的移动网络服务。客户使用他们的移动终端迅速地联系到公司，获得他们所需要的服务。赫兹公司在 iPhone、iPad、Android、Windows phone 开发了相应的 App 软件。

解决方案

　　赫兹公司率先设计了一些移动商务应用以增加公司的竞争力。移动商务已经嵌入到公司的全国无线网络中。移动商务可以满足客户是否需要预订车辆，确认或更改预订，以及提供其他客户相关的服务（例如，查看历史租车信息、直接信用里程以及恰当的忠诚计划）。

　　赫兹公司开展的移动业务有如下几种形式：

● **便捷的租赁方式。**可以通过电话、电子邮件和网站（通过智能手机、平板电脑或台式机上网）预订；客户预订汽车租赁以后，公司会发送电子邮件（或发短信）确认。客户抵达目的地后会收到一条短信，告知车牌号及停车位置。到了汽车面前，客户只需拿出信用卡在射频信号识别器上划一下，门就开了，同时发动机启动。在某些场所，赫兹公司的业务员会在停车场迎候，确认客户预订信息以后，通过无线设备将客户信息传输到租赁中心。中心的调度员通知现场业务员客户预订的汽车的停车位置。客户只需走到停车场，将车开走即可。参见 Elliott（2013）。

● **及时还车**（eReturn）。顾客现在无需排队等待还车。通过无线系统连接数据库的移动设备能够帮助客户很快将汽车归还赫兹公司。在停车场，现场业务员用手持设备为前来还车的客户自动计算出租赁费用，打印出发票。整个过程不到一分钟。根本不用去结账台结账。

● **GPS 导航系统**。赫兹公司的一些租赁汽车上安装了名为 NeverLost 的 GPS 定位器（neverlost.com），由系统为客户指路。NeverLost 导航仪屏幕上有路线指示，还有语音导航。屏幕上地图显示你目前的位置，以及目的地。此外，导航仪上还提供附近的一些服务设施，例如医院、加油站、饭店、旅游景点等。赫兹公司同时也提供了 MyExplore NeverLost 的移动 App。App 可以让顾客在手机上规划自己的行程，选择一些所需的城市（如华盛顿、纽约）。一些 App 还增加了新的功能：增强手机工程现实（将你的手机变成一个活地图）；整合社交网络功能（通过脸谱或者推特分享你的旅途经验）；天气情况（获取当天实时天气情况和未来 5 天的天气预报）。

新的应用请浏览 finance. yahoo. com/news/navigation-solutions-hertz-neverlost-r-2215 03204. html。

● **其他客户服务项目**。除了定位引导，赫兹公司还提供以下服务：位置指示、驾车指南、急救电话、城市地图、购物指南，以及饭店、宾馆、娱乐场所等信息。赫兹公司俱乐部成员待在家里可以利用智能手机等无线设备获得这些信息。

● **汽车的位置**。赫兹公司开发了基于 GPS 的汽车定位系统。利用该系统，公司能够实时了解出租的汽车所在的位置，甚至能够了解汽车在公路上驾驶的速度。虽然公司承诺此举是为了更好地收集信息以确保顾客的旅途安全，但是也有人抱怨这样做侵犯了他们的隐私。但是，持肯定态度的客户则认为，这样做能够保证客户的安全，因为公司时刻了解顾客所在的位置。目前（2014 年 5 月），赫兹公司只使用该系统跟踪被盗汽车，并查询车辆归还时间。

● **全天候服务**。在赫兹公司的网站上，公司给顾客提供定制化服务，提供短时间内（可以按天或小时计算）自助租用车辆的服务，以此与汽车共享公司 Zipcar 股份有限公司（zipcar.com）竞争。下载赫兹公司全天候移动应用程序，请登录 hertz. com/rentacar/productservice/index. jsp? targetPage＝hertzmobilesite. jsp，可用于寻找汽车租赁地点。此应用程序可安装在个人电脑和移动设备上（请浏览 hertz247. com/New-York/en-US/About/Mobile）。该应用程序包括拼车共享（比如，公共交通与汽车租赁的费用比较）。

● **WiFi 连接**。在美国、加拿大等一些国家，顾客可以在赫兹公司的办公区域连接免费的无线网络。

● **App**。赫兹公司的应用程序可用于 iPhone、iPad、Windows 和安卓系统，顾客可以预约、搜索门店位置、享受特别优惠以及更多服务。赫兹公司移动页面，请浏览 hertz. com/rentacar/productservice/index. jsp?targetPage＝hertzmobilesite. jsp。

结果

尽管 2008—2012 年全球遭遇经济危机，但赫兹公司依然在汽车租赁行业保持着行业第一的地位。2008—2009 年公司的收入一度下滑，2010—2014 年公司业绩出现了回升。与竞争对手相比，赫兹公司的经营业绩是十分可观的。2009 年，公司股票价格触底反弹，2010 年更是增长了 3 倍，2011—2014 年公司股票价格持续升高。公司开发并投入使用的移动应用技术使得业务不断拓展，同时企业形象也在不断提升。

资料来源：hertz. com（2014 年 5 月数据），Goodwin（2010），Kahn et al.（2010）。

案例给予的启示

赫兹公司的案例显示，将移动电子商务应用于运输行业不仅提升了顾客服务质量，而且优化了公司的经营模式。赫兹公司的运用有赖于无线网络和移动设施（6.2 节将做深入的探讨）。无线技术有着独特的属性（见 6.1 节），基于这些属性，能够开发出多种应用（6.3 节、6.4 节、6.5 节、6.6 节和 6.7 节）。

赫兹公司的案例只是日益兴起的移动技术在电子商务活动中的一种应用。本章我们将探讨各种移动技术及其在商务活动和社会活动中的应用。本章还将讨论定位服务以及普适计算，后者是一个全新的技术领域。

6.1 移动商务的定义、应用范围、属性、驱动力、应用方式以及优势

正如第一章所描述的，商业活动已经逐渐演变成数据的交换。当今，对移动商务的需求量猛增，通过移动商务可以有效降低企业间的沟通壁垒。据全球移动通信系统联盟（GSMA）在 2013 年的推断，移动电子商务行业已经成为世界经济的主要贡献行业之一。全球超过一半的人口都已经拥有自己的移动电话，而绝大部分都是迷你型移动电话。显然这些因素都是移动商务发展的驱动力。

移动商务本身具有属于自己的框架体系、应用范围、概念、特点。而这些正是它的优势所在。请浏览 youtube.com/watch?v＝QtpTTpgpELg，观看视频 "What is M-Commerce"（时长 2 分 45 秒）。

目前在计算与电子商务方面移动计算已经呈现逐渐上升的趋势。每年 Gartner 市场调研公司都会列出未来最具前景的十大战略技术行业，在未来 3 年这些行业可以给个人、企业、IT 行业乃至社会带来巨大的收益。2014 年列出的十个具有战略前景的行业中有 40％的行业涉及移动计算。这部分内容将在后面的章节中继续研究（请浏览 gartner.com/technology/research/top-10-technology-trends）。

移动商务的基本概念、规模及其应用范围

所谓**移动商务**（mobile commerce，m-commerce，m-business）指的是利用移动设备开展商务活动。凡是通过移动通信网络开展的商务活动都属于移动商务，其中有 B2C、B2B、移动政务、移动远程教育，以及通过无线移动设施开展的信息、货币的交换。与普通的电子商务相似，移动商务可以通过互联网操作，也可以通过企业内部网络或专线，或者其他的计算机网络操作。比如利用一台自动售货机支付一笔款项或者利用手机打出租车都可以被认为是移动商务。移动商务是电子商务的自然延伸。它利用移动设施，在任何时间与地点既可以为原有的客户提供新的服务，也可以吸引新的客户。但是，移动设施屏幕太小，带宽不够，所以用户对它的兴趣并不大。然而，由于手机和笔记本电脑的广泛使用，消费者更倾向于接受便携式移动设备的使用方式；3G、4G 网络的迅速发展，随处可见的免费 WiFi 使得这个问题正在被迅速改变。据统计，在美国市场超过60％的手机都是迷你型手机。可以相信，移动网络系统的战略价值将会大幅提高。

值得注意的是，移动商务与传统电子商务有很大的不同（请浏览 mobilinfo.com/Mcommerce/differences.htm），它经常被特定的商业模式使用。而这种变化已经被顾客与商家广泛接受（请浏览 ibm.com/software/genservers/commerce/mobile）。

移动商务规模

2013 年的一份调查数据表明，到 2017 年美国大约有 25％的零售交易是通过移动商务实现的（请浏览 mashable.com/2013/04/24/mcommerce-sales-forecast）。Forrester 市场调研机构预测移动商务在 2014 年将会达到 380 亿美元的新高（请浏览 mashable.com/2014/05/12/mobile-commerce-sales）。一份 2014 年的报道中指出 83％的消费者计划在当年使用移动商务，同上年相比增长 15％（请浏览 inmobi.com/company/press/inmobi-report-finds-83-of-consumers-plan-to-conduct-mobile）。

Knight（2012a）搜集了相关数据展现了移动商务的爆炸式增长。2012 年，关于移动营销统计等的机构研究参见 snaphop.com/2012-mobile-marketing-statistics。此外，根据 Leggatt（2012），2010 年 4 月到 2012 年 5 月移动商务增长了 4 倍。更多统计资料请浏览 snaphop.com/2013-mobile-marketing-statistics。

本章将主要探讨移动商务的特征、发展的主要驱动力、与移动商务相关的技术问题，以及移动商务的主要应用形式。

移动商务领域

图 6.1 显示的是移动商务所涉及的主要领域。

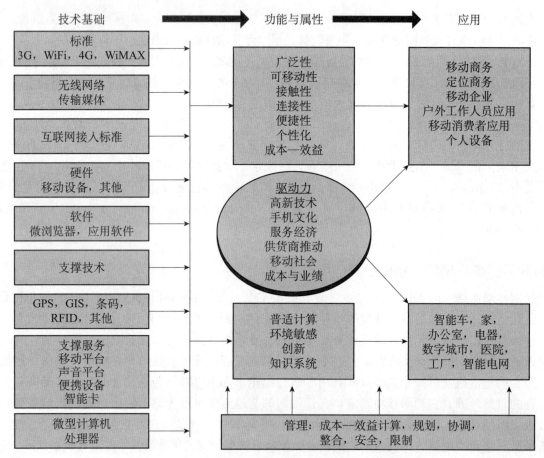

图 6.1　移动计算技术以及移动商务所涉及的主要领域

在图 6.1 中，左栏列出的是支撑技术，例如设备、网络等。中间一栏是基于这些技术而形成的功能和属性。右边一栏则是对技术和功能的应用。在这一节，我们主要介绍移动商务的技术属性和应用形式。6.2 节则介绍移动电商的各大技术要领。

移动商务与社交商务——电子商务的主要动力

移动商务是一个功能强大的商业平台，再结合社交网络将产生更大的功效，这部分内容主要在第七、八章介绍。与社交网络的整合也将成为未来的主要趋势，将会塑造未来的移动商务模式。所谓的移动社交网络规模正在快速上升，2011 年增长了 126％（Eler，2011）。

 实际案例

2012 年伦敦奥运会

在 2012 年伦敦奥运会上，Mueller（2012）描述了令人感兴趣的将移动设备和社交商务相结合的模式。

移动商务的属性

一般说来，电子商务的各种应用在移动商务中都有体现。例如，在线购物、网络旅游、网络远程教育、网络娱乐等在 B2C 移动商务中都有应用。在线拍卖网站开设自身移动平台，平台可以在临近拍卖期限时用短信通知竞拍者；政府也鼓励移动政务的应用（参见第五章）；B2B 电子商务中的无线协同商务正在崛起。有些网络属性仅适用于无线环境。例如：

● **广泛性**。广泛性指的是随时随地的应用。有些移动设备（例如 iPhone、iPad 等）随时都可以用来搜索信息，不受时空的限制（当然前提条件是有网络的存在）。现今安装 WiFi 的场所越来越多，几乎有一半的移动设备都是手机。

● **便捷性**。拥有一台移动设备增强了沟通的便利性。现有移动设备体积越来越小，价格越来越便宜，这同样也增加了移动设备的可利用性。与传统设备不同，移动设备接入网络的速度相当快，几乎瞬间完成。

● **互动性**。使用移动设备，让互动性变得更快速、更容易（例如，通过推特、平板电脑或智能手机）。

● **个性化**。移动设备是真正意义上的个性化计算设备。一般来说，一台电脑是共享的，而移动设备则几乎是持有者独享的。

● **本地化**。如果能实时知道用户的地理位置就有机会向用户提供与之相关的广告、优惠活动或者其他相关服务。这些服务被称为移动商务本土化（请参阅 6.6 节）。这些服务既有利于整个社会公共服务（例如，关于紧急情况的公告），同样也有利于顾客的个性化服务。

移动运营商在竞争激烈的市场上具有自己的差异化优势。图 6.2 与在线补充读物 W6.1 主要讨论了移动商务的驱动力。

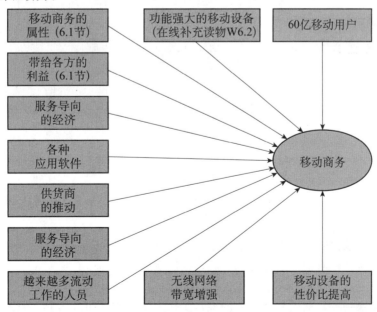

图 6.2 移动商务的主要驱动力

移动商务的应用

移动商务的应用可以归纳出几千种。在前面的第三章和第四章已经介绍了一些。有些应用是移动设备与桌面电脑共享的，有的则是只能在移动设备上应用的。

为了方便叙述，我们按如下方法对移动应用进行分类，同时加入消费者应用。

- 银行及理财服务（6.3节）；
- 移动企业应用（6.4节）；
- 消费服务及娱乐（6.5节）；
- 定位移动服务（6.6节）；
- 普适计算应用（6.7节）；
- 新兴产品的应用：可穿戴设备、谷歌眼镜、智能电网、无人驾驶汽车（6.8节）；
- 移动购物（第七章）；
- 移动超市与移动广告（第九章）；
- 移动支付（第十一章）。

前文我们已经介绍过摩托罗拉公司建设企业内部的移动应用框架（请浏览 motorolasolution.com/US-EN/enterprise＋mobility）。不过，中国的联想公司在2014年4月已经收购了摩托罗拉公司的企业移动解决方案事业部。

从这些介绍中可以发现，企业应用必须满足特定的商业需求。这些需求既有通用性又有差异性（见图 6.3），主要包括 4 个方面：

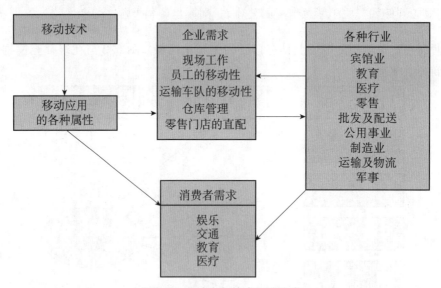

图 6.3　移动商务的应用及分类

1. **现场操作的移动性**——有助于帮助越来越多的现场操作员工；
2. **车队的移动性**——有助于缩短装卸时间，提高运输效率；
3. **仓库管理**——有助于提升仓库运作效率；
4. **门店直接配送**——提前做好配送前的准备工作，运输车队可以通过发短信向收货门店发送新的货物信息）。

对移动商务的需要广泛存在于各种行业中，这也推动了移动商务的应用。利用移动商务的企业主要是医院、学校、护理院、零售业、批发及零售商、公共事业、制造业、运输业以及物流行业。这些应用可以再细分成 3～10 种子类。摩托罗拉等公司已经开发出了各种解决方案。

本章以及 Olariu and Tillute（2011）从管理的角度主要讨论移动商务中的技术与应用问题。与之相关的普适计算问题将会在 6.7 节讨论。

同时，我们还将探讨移动智能这一新兴领域的研究问题（Saylor，2012）。

移动商务带来利益

移动商务为企业、个人、组织带来了诸多利益。因此，大家更加确信电子商务的未来将是对移动商务的应用［请登录 youtube. com/watch?v=kYSMP_RH67w，观看名为 "The Future of E-Commerce Is：Mobile Applications" 的视频（时长 5 分6秒）］。

带给企业的利益

- 由于可以不受时空的限制而订购商品，因此销售量提高了。
- 定位商务的开展为企业带来了更多的销售和收入（见 6.6 节）。
- 为广告和优惠券发放提供了新的渠道（接触面更广）。
- 提高客户忠诚度。
- 由于多种服务都是实时的，所以客户满意度提高了。
- 能够为更多的企业提供应用（见 6.4 节）。
- 有助于客户管理以及与客户之间的协作。
- 减少了培训所需要的时间，能够向员工提供各种实时信息。
- 帮助流动作业的员工节省时间，提高了他们的生产效率。
- 加快流动作业的员工之间信息交换速度。
- 缩短下订单的时间以及订单履行周期。
- 可以实时调整价格，提高竞争能力。
- 实现价格更低、更具竞争力。

带给员工个人及客户的利益

- 可以不受时间和地域的限制参与电子商务活动。
- 通过提供实时的信息与其他购物服务为消费者提供购物帮助。
- 旅游途中提供组织与沟通等帮助。
- 提升了银行与金融服务效率。
- 能够随时随地提供富媒体娱乐。
- 更快捷地发现新朋友以及现有朋友所处的位置。
- 方便移动设备之间的信息传递。
- 方便信息传递（例如定位某人、迅速查到答案、利用购物比价网站或应用程序进行价格比对）。
- 有助于一些国家应对台式计算机使用带来的高昂成本。

带给社会的利益

移动商务对整个社会也有很多益处。例如：无人驾驶汽车可以减少交通事故的发生；智慧城市可以为市民带来更多福利。移动商务带来的好处几乎可以辐射到社会的各个领域，从医疗保健、教育到执法部门等。通过使用智能电网能够明显地实现节能，利用无线传感器可有效减少交通堵塞问题，等等。

当然移动商务也存在很多不足与缺陷，这些问题将在 6.9 节进行讨论。

其他利益

移动商务除了能够带来上述好处，还能够真正满足个性化需求、降低费用、增加员工的工作效率、加快商业活动进程等。这些内容都将贯穿于整本书。

6.1 节复习题

1. 什么是移动商务？
2. 简述移动商务的 5 个增值服务属性。
3. 简述移动商务的 8 个驱动力（请参阅在线补充读物 W6.1 和图 6.2）。
4. 描述移动商务的应用框架。
5. 移动商务应用有哪几大类？
6. 移动商务发展的趋势如何？
7. 移动商务给我们带来哪些利益？
8. 描述移动商务在网上购物企业的应用。

6.2 移动商务的技术基础：移动计算的要素与服务

移动商务的技术基础是纷繁复杂的。我们所介绍的，只是其中主要的技术部分。

移动计算技术

传统的计算环境把使用者限定在一个固定的位置，用户无法做到随时随地使用计算机。解决的方法就是使用**无线移动计算技术**（wireless mobile computing, mobile computing），这种技术能够让移动设备与计算机网络（或另一台计算机设备）进行实时的连接，不受时空的限制。根据 TechTarget 的 Bitpipe 的定义，无线移动计算（也被称为游牧计算）是指利用便携式计算设备（如笔记本电脑和掌上电脑）与移动通信技术结合，使用户能够在任何地方，利用家中或办公室的电脑访问互联网和数据（请浏览 bitpipe. com/tlist/Wireless-Computing. html）。

移动计算环境中有许多硬件设备和软件支撑。首先需要移动设备（例如，平板电脑、智能手机、可穿戴设备、手持电脑），用户可以利用它无线连接到网络或其他设备。此外，还需要能够支持无线连接的条件（例如，网络接入点或 WiFi）。还有一部分就是为交付服务提供的基础条件（例如 GPS 定位器）。最后是支持移动商务运行的一些组件，它们以支持电子商务活动的方式，支持移动电子商务活动（例如，网络服务器、付费网关、数据库服务器和企业应用服务器）。

这一节将简要介绍移动计算系统的主要技术。要了解这些技术，首先需要明白一些基本的术语，请参阅 mobileinfo. com 或者 webopedia/Mobile_computing。有关移动计算的重要性以及范围，请参阅 Gannes（2013）。Gannes 还重点强调了 Meeker 关于 2013 年互联网发展趋势的相关内容。有关移动计算的介绍和发展史，请登录 slideshare. net/davidjlivi/introduction-history-of-mobile-computing，并参见 Livingston（2013）的介绍。

移动设备

移动设备有各种形状、各种规格，例如，手提电脑、轻薄的笔记本电脑、平板电脑、智能手机、便携式电脑、超便携式移动个人电脑（UMPCs），等等。这些移动设备的区别是它们的功能，例如尺寸、形状和性能。大多数电脑生产商（例如惠普、苹果、戴尔、华硕、东芝、宏碁、联想等）都生产轻薄型笔记本电脑和随身电脑。

几年前，便携式电脑、手机和其他移动设备彼此之间各有不同，各有自己的特点。但是，如今所有这些移动设备都趋于相同，导致难以将它们区分开（从功能的角度看）。

移动设备也有比较大的。一些生产商（比如戴尔、惠普、联想）生产 17 英寸显示器或移动工作站。笔记本电脑有 7 英寸或 10 英寸的，而手机可选择的尺寸则较多。

智能手机

一般说来，**智能手机**（smartphone）就是一款能够接入互联网的手机，同时它又具备电脑的一些功能（如苹果手机）。

现今市场上有很多智能手机的生产商。值得注意的是智能手机变得越来越智能了，处理速度变快，功能越来越多，容量越来越大。同样，市场上也有很多操作系统的生产商，例如，Symbian、谷歌应用、Palm OS、Windows Mobile、Apple OS/X、Android、RIM BlackBerry、谷歌 Chrome OS 等。像 PDA 一样，智能手机有小巧的屏幕、键盘、内存以及硬盘。绝大多数智能手机都已经配备了内置摄像头，部分手机还内置了 GPS 系统。

平板电脑

平板电脑是另一种迅速增长的移动设备。伴随着在 2010 年苹果公司推出 iPad 及其竞争对手相关产品的出现，平板电脑出现了爆炸式增长（平板电脑使用的是一种虚拟键盘，但可以附着上便携式实物键盘）。自此，很多公司开始进军平板电脑行业。比较典型的公司有：亚马逊、三星、惠普、戴尔、微软、HTC 以及谷歌等。与笔记本电脑一样，这些平板电脑都可以通过热点连接到互联网。iPad 大约 1 磅重（介于智能手机和小型笔记本电脑之间），屏幕尺寸为 7.87 英寸（iPad mini，重 0.73 磅）或 9.5 英寸（即将上市的大屏幕）。在很多企业与学校，平板电脑代替了台式机与笔记本电脑。同样，在许多学校，平板电脑代替了厚重的课本。平板电脑具有电子阅读器功能并且可以上网。随着竞争企业越来越多，平板电脑的价格在逐渐下降，而其性能却在不断提高。比如，在印度，Aakash 的学生只要花 35 美元就可以买到一部平板电脑。

平板电脑在企业的应用也逐渐流行起来。美国废物管理公司（wm. com）为它们的长途货车司机配备了 7 英寸的平板电脑以便于他们寻找最佳行车路径。更多详细内容请参见 Murphy（2012），或浏览 informationweek. com/mobile. asp 和 apple. com/ipad。一份来自 Yankee 集团的报告显示，平板电脑引导企业向移动计算转型（Lund and Signorini，2011）。企业的平板电脑主要供企业的移动专家和外勤人员使用。McCafferty（2012）指出，"平板电脑正在改变员工的工作方式"。

使用平板电脑的最主要原因是便于企业进行沟通和协作。

Mydin 是马来西亚的一家大型零售店，在全国共有 100 多家分店，主要面向的是经济型消费者。市场竞争非常激烈，而且行业利润率非常低。因此，决策制定的及时性和正确性对企业的成败起到至关重要的作用。为了实现决策的及时性，企业管理者需要适当的沟通与协作工具。2012年，该公司的管理人员开始使用总部位于美国的会议解决方案——实时网真解决方案，该方案由 Vidyo 提供。根据 Mydin 的 IT 工程师 Malik Murad Ali 的介绍："该方案带来的直接好处包括：加强员工间的实时协作，进而提高了我们的质量标准，同时也提升了每天业务过程中的决策速度。"有关 Mydin 的成功案例，请浏览 cio-asia. com/resource/applications/mobile-telepresence-trims-costs-for-major-malaysian-retailer/? page＝1，也可以浏览 vidyo. com/wp-content/uploads/2013/10/vidyo_case_study_ MYDIN. pdf，进行案例学习。

谷歌智能眼镜

2012 年，谷歌公司推出了智能眼镜项目，该眼镜将手机的许多功能植入了可穿戴设备中，使得它看上去是一款虚拟现实眼镜。谷歌眼镜具有智能电话功能，用户不需要利用双手就能够使用手机的一些基本功能（如发短信、邮件等）（请浏览 gizmag. com/google-glass-review/30300）。谷歌眼镜 Field Trip 应用程序可以通过语音命令激活（请浏览 mashable. com/2014/04/29/field-trip-google-glass-update）（请参阅 6.8 节）。

个人数字助理

个人数字助理（personal digital assistant，PDA，也称为"掌中宝"）刚问世时只是一个独立的电脑。利用它可以查询个人的通讯录、个人行程，进行一般的计算，也有一些普通的计算机应用，例如文字处理、电子数据表等。掌上电脑大多装有企业应用程序。起初，大部分个人数字助理器可以与台式电脑同步使用。所以它可以帮助用户离线浏览电子邮件。随着时间的推移和技术的进步，大多数 PDA 有了通过 WiFi 接入互联网的功能。大部分 PDA 还支持多媒体应用，可以播放音频和视频文件。当今，PDA 的功能已逐渐与平板电脑的功能相似。很多商家都把 PDA 的名字改成了平板电脑。例如，黑莓公司的 PlayBook 以及 Motion Computing 公司的 CL910 系列。

可穿戴设备

此类设备是移动设备中最小的。很多企业都会给员工配备一些可穿戴设备（一般佩戴在胳膊、头部或者身体的其他部分）。例如，三星公司在 2013 年推出了 Galaxy Gear 智能手表（Williams，2013），2014 年 4 月又推出了 Gear Fit 设备——一款集健身追踪器与智能手表于一体的智能手环（请浏览 mashable. com/2014/04/08/samsung-gear-fit-review）。苹果公司在生产一款穿戴设备 iWatch，计划在 2014 年下半年推向市场。欲了解更多有关可穿戴设备的内容，请参阅 6.8 节。

其他移动设备

移动设备还有多种形式，比如：微软公司推出了一款可触摸键盘的平板电脑；戴尔公司推出了一款带有键盘的可折叠平板电脑，使其兼具笔记本电脑和平板电脑的功能。在线补充读物 W6.2 提供了一份具有代表性的移动设备清单。

无线射频识别技术（RFID）

无线射频识别技术常用于无线数据的传输，主要用于自动识别与商品标签追踪。为实现上述目的，RFID 需要借助于射频电磁场（请参阅在线辅导资料 T2）。大部分企业将这项技术应用于物流管理和存货控制。更多详细内容请参阅第十二章。电子商务对无线射频识别技术的应用主要是在移动支付方面。有关 RFID 应用的图片资料，请在谷歌图片上搜索"RFID 应用"。欲了解更多有关 RFID 的资料（例如，白皮书、案例研究、定义）以及 RFID 技术入门，请浏览 impinj. com/guide-to-rfid/what-is-rfid. aspx。有关射频识别技术的 100 种应用，请浏览 rfid. thingmagic. com/100-uses-of-rfid。

移动计算软件与服务

移动设备拥有一些台式电脑不具备的功能。这些功能为移动设备的新应用提供了基础，比如定位服务。

移动门户与内容提供商

移动门户（mobile portal）是指可以连接互联网的一个内容平台，该平台上的内容有多个来源，且能够实现用户的个性化需求。此类平台提供的服务与 PC 机平台提供的服务类似（欲了解更多有关移动门户的内容，请浏览 gartner. com/it-glossary/mobile-portal 和 ehow. com/facts_7631652_definition-mobile-portal. html）。一个比较典型的纯移动门户是总部位于西班牙的 Zed 公司（芬兰电信公司 Sonera 的全资子公司）开发的 zed. com 网站。日本最大的移动运营商是 NTT DOCOMO 公司开发的 i-mode 移动服务，拥有 6 000 多万用户（请浏览 nttdocomo. co. jp/english/service/imode）。

移动门户提供的服务与台式机有相似之处（例如，新闻、健康、体育和音乐下载），同时移动门户有时收取服务费。

短消息服务

短消息服务（short message service，SMS），也称为文本消息或短信服务。该技术实现了无线设备之间的短文本消息传送（最多 140 或 160 个字符）服务。与按分钟收取通话费的电话相比，短信服务的费用是很低的。短信对信息长度有一定的限制，所以用户就会使用首字母来表示想要表达的意思，例如，"how are you"这样的问候语就缩写成了"HOW R U"，甚至是"HRU"，"in my opinion"变成了"IMO"。由于智能手机和微博（推特）的广泛使用，短信变得越来越流行。

多媒体信息服务（MMS）

多媒体信息服务（multimedia messaging service，MMS），是一种新兴的无线通信服务，可以为移动设备提供丰富的媒体内容，例如音频、视频、图像等。多媒体信息服务是短信服务的延伸（无需缴纳短信绑定的额外收费）。它允许提供更长的信息内容。对于 SMS 和 MMS 的区别以及对移动运营的益处请浏览 blog. mogreet. com/understanding-mobile-marketing-what-is-sms-mms-message-marketing。

定位服务

定位服务使用的是全球定位系统（GPS）或其他各种定位技术，寻找到客户以后，就可以有针对性地、实时地传递商品或服务的广告信息或优惠券。全球定位系统还被用于紧急服务、交通管理和其他应用（参阅 6.6 节）。

语音支持服务

人们相互沟通的最常见的形式就是语音交流。移动商务中使用声音来传递和接收信息具有多种优势，例如，可以减少手势和眼睛的交流，方便在嘈杂和移动的环境中进行交流，传递信息快（声音交流的速度是文字输入的 2.5 倍），并且方便残疾人交流。

互动式语音应答系统

互动式语音应答（interactive voice response，IVR）**系统**方便用户与计算机系统进行互动，可以用电话（包括手机）提供声音信息并接收信息，交换数据。类似的系统早在20世纪80年代就问世了。如今，基于语音识别的人工智能的功能更加强大，使用也更加广泛。

语音门户

语音支持系统的最新发展是**语音门户**（voice portal）。这是一个网站，是一种能够通过电话进入的语音界面。用户登录网站后用声音提供信息，由平台在网站上寻找相应的信息，然后转换成声音，并且回复用户。例如，必应语音助手（请浏览 bing. com/dev/speech；微软公司）允许呼叫者咨询信息，内容不一，从天气到当前交通状况等。交互式语音应答和语音门户很有可能超过音频，都将成为移动商务的重要组成部分，被广泛应用于银行、医院、航空公司、政府服务和网络娱乐。Siri 是一个类似的服务，可用于 iPhone，客户可以用声音来发布命令，包括发送信息。

无线通信网

无线应用协议（wireless application protocol，WAP）是一个技术协议，它可以把网络上的信息传送到移动设备终端上。所有的移动设备都需要连接到通信网络设备上。至于连接的方式则取决于多种因素，例如，连接的目的、无线设备的功能、位置的远近、连接渠道，等等。以下是对这些系统网络的具体描述：

- **个人局域网**。**个人局域网**（personal area network，PAN）是无线用户在一个很小的范围里（一般是60英尺左右）利用无线技术在设备之间进行无线连接。最典型的连接方式是使用蓝牙技术。"蓝牙"（bluetooth）指的是多个通信标准的集合。利用这种技术可以形成无线设备的近距离的连接。更多详细内容，请浏览 bluetooth. com；有关蓝牙技术联盟的一些内容，请浏览 bluetooth. org。

- **无线局域网及 WiFi**。顾名思义，**无线局域网**（wireless local area network，WLAN）与有线局域网是一样的，只是没有连接线。大多数无线局域网是依据通信标准 IEEE 802.11（例如，802.11g）开发的，这个标准称为 WiFi。图6.4通过呈现 WiFi 的工作进程和各个组成部分对 WiFi 的工作原理进行了解释。用户需要找到网络接入点或热点才能够连接到互联网。例如，在家用电脑上安装了无线网卡后，整个房子里都可以共享无线网络。无线接入点接入互联网的形式与有线接入的形式相似。现在无线网络几乎已经无处不在。许多公共场合（例如宾馆、机场、长途巴士、购物中心、火车、机场、大学校园、饭店、咖啡厅、游船、图书馆等）都有 WiFi 接入互联网。谷歌公司正在为许多城市提供免费的 WiFi 服务，其中就包括纽约的部分区域。Comcast. Corp 公司也正在计划提供类似的服务。该公司计划在2014年底布置800万个城市热点。截至2014年4月芝加哥已经有32.5万个无线网热点（请浏览 articles. chicagotribune. com/2014-04-30/business/chi-comcast-wif-otspot-rollout-20140430_1_own-xfinity-credentials-chicago-area-wi-fi-network-neighborhood-hot-spots-initiative）。

- **城市 WiFi 网络**。城市里若是设置多个无线接入点，就形成了一个**无线城市网络**（wireless municipal city）。人们将其称为无线城市或市政 WiFi 网络。例如，谷歌公司在美国加利福尼亚州山景城的380根电线杆上设置了无线接入点，居民们可以免费连接到 WiFi 热点。在纽约的一些地方，谷歌也提供了类似的网络服务。WiFi 也称为"系统网络"或"网状网络"。美国的多个城市实现了无线城市的目标。但是有些项目（例如宾夕法尼亚州费城的"无线费城"项目）由于成本及施工期限都超过了预算，最终缩小了无线网络的覆盖范围。

● **WiMAX 网络**。有些地方的网络接入点不是使用 WiFi 无线网络，而是采用速度相对更快的 **WiMAX 网络**（Worldwide Interoperability for Microwave Access，全球微波接入互操作性），它的网速可以高达 75Mbps 到数 GHz，数据传输距离最远可达 31 英里（50 千米）。WiMAX 的实用性仍然不确定。有一个专门的论坛（wimaxforum.org）与 WiMAX 应用相关，专门讨论它的功能和应用情况。

● **无线广域网**。无线广域网（wireless wide area network，WWAN）提供的无线接入带宽最大。它采用的网络技术与手机网络类似（请浏览 wireless. att. com/businesscenter/business-programs/mid-large/wireless-network，searchenterprisewan. techtarget. com/definition/wireless-WAN 和 pcmag. com/category2/0,2806,235 4098,00. asp）。欲了解 WWAN 的图片资料，可以在谷歌图片中搜索"无线广域网"。

● **LTE**（long term evolution，3G 长期演进技术，即 4G）。这项技术即将代替 WiMax（请浏览 mashable. com/2012/06/12/4g-explained-what-is-lte）。

一些企业正在尝试通过从高空甚至从外太空发送信号连接到互联网〔请浏览 money. cnn. com/video/technology/2014/02/26/t-beaming-internet-from-space-outernet-cubesat. cnnmoney，观看名为"Beaming the Internet from Outer Space"的视频（时长 1 分 36 秒）〕。

1. 无线接入点连接到互联网（或通过路由器），发送并接收无线电波（高达400英尺）。
2. 配有电脑卡的多个客户端设备，可以发送并接收无线电波。
3. 路由器通过有线、DSL调制解调器或卫星与互联网连接。

图 6.4　WiFi 的工作模式

整合

将之前介绍的软件、硬件、通信网络整合在一起，形成一个管理系统，以此来支持移动商务活动，如图 6.5 所示。从图中可以看出，整个商务流程从用户发出信息开始（第 1 步），到交易完成为止（第 9 步）。

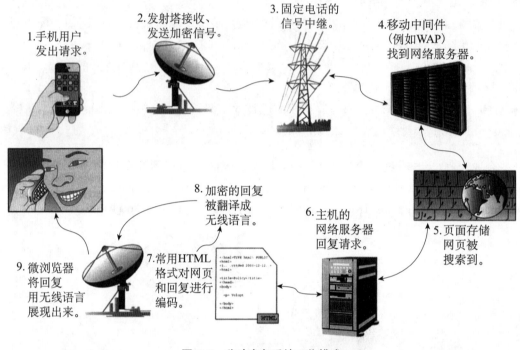

图 6.5　移动商务系统工作模式

6.2 节复习题

1. 简要介绍各种移动设备的相同点和不同点。
2. 移动设备的信息传递服务有哪些类型？
3. 如何界定移动门户和语音门户？
4. 简要描述 MMS 和 SMS 的区别。
5. 如何界定互动式语音应答系统？
6. 个人局域网（PAN）、无线局域网（WLAN）、无线网络城市（WMAN）、全球微波接入互操作性（WiMAX）和无线广域网（WWAN）各有哪些显著的特点？

6.3　移动金融服务

一般说来，无线金融服务大多是有线金融服务的翻版。但是，在无线金融服务下，用户不受时空的限制就能享受到金融服务。我们将金融服务分成两类：移动银行业务及其他金融服务。对移动支付的介绍将在第十一章进行。

移动银行业务

移动银行（mobile banking，m-banking）指的是利用移动设备（通常通过智能手机、平板电脑、发短信或移动网站）开展各种银行业务。智能手机、平板电脑，尤其是 iPhone 和 iPad 的大量涌入，导致了手机银行的使用率增加。对于移动银行业务解决方案的详情、概念模型和挑战，参见 Krishnan（2014）和 Nicoletti（2014）。

在世界各地，越来越多的银行正在提供移动网络金融与结算业务。

 实际案例

大多数银行都能够通过多种渠道提供移动银行服务，其中最主要的是互联网和短信渠道。Brandon McGee 的博客平台（bmcgee.com）提供全球多个银行的在线服务网站链接，提供全面的无线金融服务。客户可以登录 chase.com 网站，使用摩根大通银行（J. P. Morgan Chase Bank）提供的 Chase 移动应用程序和其他移动银行服务，通过智能手机访问他们的账户、发送短信请求以及接收账户信息。

2014 年 2 月，mBank(mbank.pl/en) 在波兰推出了一个移动银行平台。此应用程序允许接入银行系统，进行账户余额或者信用卡额度查询（请浏览 telecompaper.com/news/mbank-launches-new-mobile-banking-app-in-Poland）。有关人士最近在发展中国家进行了一项调研，分析哪些人对实体银行没有需求，而恰恰需要网络金融服务（例如，给家人汇钱），参见 Nobel（2011）。

从历史的角度看，移动银行的使用比例仍相对较低。但是这一情况正在改变。引起这一改变的是 2008 年到 2013 年的全球金融危机。银行与金融客户更喜欢利用智能手机来掌握实时的金融信息以及进行实时的操作。综述参见 Paulsen（2013），沃顿知识在线和安永（2013）；2014 年移动银行业务的趋势参见 Graham（2014）。

最后，通过移动设备在银行账户上进行移动支付或者支付撤销等相关业务已经非常普遍了（请参阅第十一章）。

其他各种移动金融服务

移动金融服务的形式还有多种多样（可以在谷歌中搜索"移动金融的未来"）。以下是其中的两个应用例子。

移动股票交易

不少证券公司提供各种移动服务和股票交易工具。

 实际案例

E ∗ TRADE 公司的移动服务

E ∗ TRADE 证券公司向客户提供智能手机平台的股票交易业务，不受时空的限制。用户只要持有一台 iPad 平板电脑，并下载 E ∗ TRADE 专用软件，就能享受到如下服务：

- 收到实时的新闻、报价和图表。
- 进行股票交易（普通时段的股票交易及延伸时段的股票交易）。
- 阅读股票投资策略及投资组合建议。
- 管理股票账户。
- 编制年终报税单。
- 收看 CNBC 电视财经节目。

用户最少仅需花费 10 美元就能购置 MobFinance 股票软件（可以用于黑莓手机和 Symbian 手机）。MobFinance 是一种功能强大的实时股票交易软件。利用它可以在移动设备上进行股票管理，关注全球 57 个证券交易所（包括美国、中国、德国和澳大利亚）的实时价格走势。

谷歌（实时股票报价应用程序）及雅虎（雅虎财务应用程序）上都有免费的服务。通过搜索引擎可以搜索到实时的股市行情、财经新闻和研究数据。TD Ameritrade 公司也提供类似的服务（请浏览 tdameritrade. com/tools-and-platforms/mobile-trading. page）。关于移动金融的未来发展，请浏览 mint. com/blog/trends/the-future-of-mobile-finance。

房地产移动交易

房地产市场是移动商务的理想领域，因为经纪人和客户都在不断地移动。房地产商大多要在电脑上或移动设备上为每套房产建立一个图片库。但借助于移动商务，我们还可以做更多事情。我们来看看下面两个例子：

 实际案例 1

Partners Trust 公司的移动视频营销平台

根据美通社（2010）报道，Partners Trust 房地产公司是一家高档房产的经纪公司。该公司在 2010 年搭建了一个互动型移动平台，帮助有意购房者寻找理想的房产。由 Mogreet 公司开发的移动式营销视频平台（outspoken. com）可以将实时的房产视频信息传输到买房者的移动设备上。这个平台使得房产中介可以随时随地与客户取得联系，方便客户选择房产。更多内容请参阅美通社（2010）。

 实际案例 2

使用增强现实技术

在欧洲与美国的一些城市，许多公司利用增强现实技术（请参阅第二章），允许顾客在智能手机上寻找到某个城市的某栋大楼（例如，巴黎的某个大楼），然后可以在智能手机上通过图片了解关于这栋建筑的各项参数（Macintosh，2010）。这项技术需要结合使用 GPS 定位系统，以让系统知道你所在的位置。HomeScan 是一款由加利福尼亚的 ZipRealty 公司开发设计的，支持 iPhone 和 McIntosh 的应用程序。顾客可以在移动网络上寻找、查看以及下载所需要的内容（请浏览 zip-realty. com/iphone）。HomeSpotter 则是一款常用的应用程序。

还有更多的房地产交易软件可以使用。软件开发人员还在开发更多的房地产交易用软件，他们把谷歌地图、谷歌地球与移动应用等技术整合在一起。当然，也有人持反对意见，认为随意拍摄别人的房屋属于侵犯隐私。

关于 2013 年排名前 20 位的增强现实技术应用程序（用于 iPhone/iPad 和安卓系统，包括视频和信息图表），请浏览 deepknowhow.com/2013/04/04/top-20-augmented-reality-apps-for-android-and-iphoneipad-users。

6.3 节复习题

1. 移动银行提供哪些服务形式？
2. 客户从网银服务可以得到哪些利益？
3. 描述移动股票交易程序。
4. 描述房地产交易中的移动应用服务。

6.4 企业对移动技术的应用

虽然 B2C 移动电子商务得到了媒体的广泛关注，但移动商务最主要的应用场所还是在企业中。而这些应用大多数支持移动型员工，移动型员工主要是指他们在工作时间内不会完全待在办公室里。

企业对移动应用的需求主要有两种：企业移动化和移动型企业（Fitton et al.，2012）。企业移动化包括员工和技术（例如，设备和网络）的移动，使得企业需要使用移动计算应用程序。对企业移动性的研究是 Gartner 公司在 2013—2014 年 10 大战略项目之一。2014 年的列表参见 Clearly（2014）。

移动企业的定义（企业移动化）

移动技术在企业中快速发展。在前几节中，我们介绍了几个面向企业应用的实际案例，我们将其称为"移动技术在企业中的应用"，或简单地称为"移动企业"。这个术语是指企业中的移动应用。我们把移动技术在企业中的应用与移动技术在消费者中的应用（例如移动娱乐活动）区分开来。很显然，此类应用非常多，有关于移动商务具体应用的例子可以参阅 6.1 节中的图 6.3。

移动企业

移动企业（mobile enterprise）指的是企业对移动技术的应用，目的是改进员工的操作模式、增加功能、提高供应链的效率，等等。这些应用可以是企业内部的，也可以是企业与商务伙伴的合作。移动企业的综合介绍（包括实施指南、最成功的实践和案例研究）参见 Fitton et al.（2012）。移动企业也被称为企业移动。

欲了解更多信息内容，请浏览 searchconsumerization.techtarget.com/definition/Enterprise-mobility 并参见 Mordhorst（2014）。欲了解更多有关企业移动化和企业移动应用程序的内容，可以使用谷歌搜索。对于企业移动化的综述，参见 Sathyan et al.（2013），也可以用谷歌图片搜索"企业移动化"。Gartner 对企业移动化的数据分析以及企业移动化对 IT 行业的影响，请参阅 gartner.com/doc/1985016/enterprise-mobility-impact-it。

许多公司和专家认为，移动化可以改变企业。参见 SAP（2012）和 Fonemine（2014）。

移动企业应用的模式与内容

除了 6.1 节介绍的摩托罗拉公司开发的移动企业应用模式以外，其他企业也开发出多款移动应用模式。例如，AT&T 公司开发的移动应用平台可以应用于各个领域，如纵向行业、医疗保健、流动性、移动生产力（请浏览 business.att.com）。

移动设备整合利用

移动设备整合利用是指将智能手机、平板电脑和其他移动设备整合在一起，使用户能够改善这些设备的使用效率。据 Schadler（2011），这一领域主要的软件供应商"领导者"是：Adobe、Box、思科、IBM、Salesforce、SugarSync、Skype、Yammer，等等。

移动员工

所谓**移动员工**（mobile worker）指的是每周至少有 10 个小时（或超过 1/4 的工作时间）不在固定岗位上工作的员工。2014 年，美国的企业员工有 1.5 亿多人，其中约有 5 000 万人（近 1/3）属于这一类。而且这个数字还在迅速增长。按照这样的定义，国际数据公司（IDC）预测，到 2013 年，全球将有 12 亿移动员工。

移动员工包括销售人员、经常出差的专家和管理人员、远程上班族、在公司场地外负责维修或安装的工人，等等。这些工作人员需要与固定场所工作人员获得同样的数据或应用软件。在线补充读物 W6.3 里列举了有关移动设备的案例，移动设备为移动员工在不同领域工作（包括销售自动化）提供了支持，同时也出现了一些问题。涉及的主要类别包括销售人员自动化（SFA）和现场人员自动化（FFA）。此外，在线补充读物 W6.3 描述了车队、运输管理和仓库管理。详情参见 Motorola（2007）。

移动企业的其他应用模式

此外，还存在着诸多移动企业的应用模式。例如，摩托罗拉的移动企业应用解决方案（请浏览 motorolasolutions.com/US-EN/Enterprise+Mobility）。

现在最为流行的一个移动应用就是在医疗保健领域，可以在诊所、医生办公室和医院使用移动通信设备。有关马里兰州弗雷德里克纪念医院（Maryland's Frederick Memorial Hospital）使用松下笔记本电脑的一个有趣的案例研究，请浏览 mobileenterprise.edgl.com/news/Panasonic-Laptops-A-Key-Player-in-Hospital-s-Goals60630。

运输管理

另一个应用较为广泛的领域就是在物流运输管理方面（例如，卡车、叉车、公共汽车、货车，等等）。在该领域，移动应用主要表现在可以利用移动设备与驾驶者进行沟通，用于控制、监视、调度系统等。有关这方面的例子在导入案例赫兹公司中也有提及。移动设备也广泛应用于机场、飞机、交通控制系统、公交车管理系统等方面（参阅在线补充读物 W6.4 中有关 NextBus 公司的案例）。

企业中 iPad 的应用

苹果公司的 iPad 现在也走进了企业。过去，iPad 只是一种通信工具，或用来连接其他设备。但是如今 iPad 已经在许多企业得到了应用，尤其是宾馆、金融机构、建筑行业、制造企业。此外，iPad 也用来替代餐馆里的纸质菜单。例如，美国的 Au Bon Pain 三明治和糕点连锁店就用

iPad 来点餐。食品和饮料供应商 OTG 和达美航空公司进行合作，正在某些城市的机场（纽约的拉瓜迪亚机场、多伦多的皮尔逊机场和明尼阿波利斯-圣保罗国际机场）安装 iPad，以便客户可以免费连接到 WiFi，实时进行航班查询，在选定的餐馆里在线点餐，并且可以在登机口取餐（请浏览 eatocracy. cnn. com/2012/12/21/ipad-ordering-becoming-the-new-norm-at-airport-restaurants）。当然，餐费也可以通过 iPad 进行支付（请浏览 apple. com/ipad/business）。截至 2014 年 2 月，Concessions International 也在亚特兰大机场配备了 iPad，以方便点餐。

2015 年以后的发展趋势

我们可以看到，移动应用程序的使用数量在不断增多，利润也在不断增加。大型全球软件公司——印孚瑟斯公司（"建设明天的企业"）发布了一篇题为 "Trends 2014：The Mobility Collection"（《2014 年趋势：移动联盟》）的文章，请浏览 infosys. com/mobility/pages/mobility-2014. aspx。该网站介绍了未来移动企业将会面临的机会与挑战，还提供了与移动企业相关的大量资源（例如，一些案例研究、白皮书等）。

6. 4 节复习题

1. 移动企业的定义是什么？
2. 描述移动企业应用的内容。
3. 移动员工的定义是什么？
4. 列出移动员工的主要种类。
5. 移动技术给移动销售人员自动化、现场人员自动化、客户关系管理人员带来了哪些利益？（查阅在线补充读物 W6.3。）

6.5 移动娱乐、游戏、消费服务和移动购物

利用移动技术开展娱乐活动已经有多年。但是最近由于无线技术和移动设备的发展，移动娱乐服务为更多的消费者所接受。网络消费服务开始于 20 世纪 90 年代，但是真正形成规模是在 2000 年以后。这一节将主要介绍移动娱乐服务，以及其他一些消费服务。

移动娱乐服务简介

在学术界和实业界，对于究竟哪些属于移动娱乐服务，哪些可以归入移动商务，还有很大的争议。例如，假设消费者在网络上购买了一首歌，下载到自己的电脑里，然后又复制到自己的 MP3 播放器里，这属于移动娱乐服务吗？如果复制到智能手机而不是 MP3 播放器中，如何界定？如果是直接从网络下载到智能手机里呢？这样的"如果"还能列出很多。目前常用的一种定义是，**移动娱乐**（mobile entertainment）是利用移动通信网络，将娱乐信息传递到移动设备上或与无线服务运营商进行互动。

研究机构 Juniper Research 2013 年发布的报告显示，移动娱乐的全球市场规模将从 2013 年的 390 亿美元发展到 2017 年的 750 亿美元。例如，美国职业篮球联赛（NBA）提供 NBA 联盟通行证（请浏览 nba. com/leaguepass）。球迷在付费之后可以在 iPhone 或其他智能手机上实时观看比

赛，每个赛季需要支付 50 美元。此外，还存在许多与娱乐相关的移动应用程序，且大部分都是免费的。有关谷歌公司提供的热门免费下载的娱乐应用程序，请浏览 play. google. com/store/apps/cat-egory/ENTERTAINMENT/collection/topselling_free。有关《个人电脑》（*PC Magazine*）杂志列出的 2014 年排行榜前 100 位的收费 iPad 应用程序（部分是免费的），请浏览 pcmag. com/article2/0,2817,2362576,00. asp。

这一节主要讨论移动娱乐服务，例如移动音乐和视频、移动游戏、移动博彩、移动运动等。我们讨论的是一般意义上的移动娱乐。社交网络中的娱乐活动将在第八章中讨论。

移动音乐与视频服务供应商

苹果公司无疑是音乐和视频数字传播的领头羊。2001 年，苹果公司开始向消费者提供从 iTunes 网络商店里下载歌曲和视频的服务。iTunes 网络商店的客户每年要从店里购买几十亿首歌曲。例如，2010 年，苹果公司的客户每天从网络上下载 70 000 条视频信息。据 Groth and Cortez (2012) 收集的数据显示，苹果公司 2011 年度 iTunes 上的销售增长 36.9％，达到 184 亿美元，成为美国增速排名第三的零售商。2007 年，全球最大的网络商店亚马逊网站推出了亚马逊 MP3 和亚马逊视频点播，分别提供音乐和视频服务。在线音乐服务供应商还包括 spotify. com，you-tube. com，myspace. com 和 facebook. com/FreeOnlineMp3 等。值得注意的是，现在用户使用手机观看模拟格式的电视节目（尤其是在发展中国家）更为流行。智能手机则可以显示网络上提供的所有信息，更多相关资料请浏览 venturebeat. com/2010/12/01/telegent-ships-100mth-chip-for-tv-on-mobile-phones。美国卫星广播服务提供商 Dish Network 提供了一款名为 Dish Anywhere 的移动应用程序，用户在任何地方都可以通过智能手机或平板电脑访问公司的网络，再加上公司开发的 Sling Technology，用户可以在他们的移动设备（例如，iPhone、iPad、Android 和 Kindle Fire）上收看电视节目或 DVR 视频，请浏览 dish. com/technology/dish-anywhere。Netflix 公司免费为其用户提供一款应用程序，方便客户在他们的移动设备（例如，iPhone、iPad、Android）上收看来自 Netflix 的流媒体电视节目和电影，请浏览 get. it/netflix。

车载娱乐

现今车载娱乐工具可直接连接互联网。2014 年 3 月，苹果公司宣布其团队已经研发出一款 CarPlay 系统。该系统能够将苹果手机接入车载设备，可通过语音或者点击车载屏幕获得你所需要的歌曲。JVC（"以新的移动方式体验的应用程序"）允许客户将 iPod（苹果公司音乐播放器）连接到 JVC 接收机，用你喜欢的应用程序接收节目。JVC 只能在与之兼容的汽车接收器和应用程序下使用（请浏览 jvckenwood. com/english/car/applink）。未来有机会发展的领域可能会更多，包括汽车安全诊断、驾驶员状况监控乃至父母安全预警等。一些汽车生产商已经在车上提供了一些信息交流、远程信息技术、社交网络接入以及移动商务等功能。

移动游戏

企业开发出各种移动游戏，可以在不同的播放器里播放。据 Knight（2012b），46％的游戏玩家更多的是在移动设备上玩游戏，而不是在电脑上。而且绝大多数玩家使用智能手机玩游戏。很多原本在电脑上的游戏现在也可以在移动设备上玩。例如，交易卡游戏，比如"万智牌"，它是一款网络游戏或正计划成为一款网络游戏（请浏览 accounts. onlinegaming. wizards. com）。移动游戏可以按照下面几种方法进行分类：

- **按技术分类**。有的游戏是植入式的，有的则是直接联网操作的，有的要用到 SMS/MMS、J2ME、BREW、本机 OS 等技术。
- **按玩家数量分类**。有的是单人游戏，有的则要多人合作才能操作。
- **按社交网络分类**。人们利用手中的智能手机在社交网络上玩游戏。例如脸谱上的"虚拟农场"（FarmVille）等。

一些博客上会有很多现今市场上比较流行的游戏与讨论话题，这些博客有的是游戏开发商发布的，有的是游戏平台为了吸引更多玩家发布的。其中较好的相关博客是：blog. mobilegames-blog. com。

据 Soh and Tan（2008），以及本书编者的一些总结，移动游戏逐渐流行的因素有以下几个方面：

- 移动设备的数量不断增加，使用智能手机的人越多，玩游戏的人也越多。
- 游戏接入社交网络，尤其是在脸谱上。
- 流媒体视频的质量不断提高。
- 对于游戏化运动的支持。
- 游戏开发商通过在游戏中植入广告赚钱。
- 技术进步使得下载游戏程序变得越发简单。

移动娱乐服务的市场潜力和规模都不可小觑。正因为如此，许多企业都开展了移动游戏的开发、销售、运营等业务。

行业发展的瓶颈

尽管移动游戏市场发展迅速（尤其是在中国和印度），但是游戏运营商也面临着各种发展瓶颈。例如，缺乏统一的标准、软件及硬件不兼容以及成本不断攀升，等等。最新一代的游戏对移动设备的要求较高，需要使用高端移动设备，而且最起码要有 3G 网络。但是对设备及网络的开发并没有预期那样乐观。虽然目前在移动游戏上的广告支付费用相对较低，但它也在不断增长中。

为了克服这些瓶颈，游戏开发商都将焦点转向了苹果公司的 iPhone 和 iPad，以及类似的比较流行的移动设备。

移动体育服务

与体育活动相关的移动应用非常多（例如，参阅第一章的章末案例 NFL）。下面我们就来看几个典型的例子：

- 耐克公司与苹果公司共同开发了一款 iPod 运动鞋，也称作纳米运动鞋（非常热销）。穿着这样的鞋外出，它能计算出你所消耗的热量。这是通过无线传感器完成的。除了能够知道消耗了多少热量外，还能够知道运动了多少距离。该传感器会把收到的数据发送到跑步者的 iPod 或者耳机中。此外，Nike+iPod 系统可以在健身者跑步时播放音乐和其他娱乐节目。详情参见 Frakes（2010）。

- 利用移动设备可以定制个性化的体育比赛实况转播。用户可以选择体育赛事。将来，系统甚至会根据用户观看比赛的情况预测用户的喜好。移动设备上的流媒体体育赛事直播正变得非常流行，但是，这种服务一般是收费的。

● 2006 年，李维斯服装公司（levi's）开发出了一款与 RedWire DLX iPod 兼容的特色牛仔服。这条售价 250 美元的牛仔裤配备了所有可能的硬件设备。

● ESPN 公司旗下的 SportsCenter 公司开发出了一个 WatchESPN 系统，订阅者可以通过它在平板电脑或移动设备上观看 ESPN 上的相关节目（请浏览 espn. go. com/watchespn/index）。

● Eventbrite（eventbrite.com）是一家为在线管理活动提供多个应用程序的公司，具体管理活动有：制作门票，活动推广，赛事过程管理。

服务行业的消费者应用软件

服务行业的移动应用软件各种各样。以下是两个实际的例子。

医疗保健

医疗保健行业所使用的移动设备随处可见。例如：

● 接诊的医生在门诊室用手持设备就可以直接将处方发送给药房。站在病人的床边，医生就可以安排身体检查，读取医疗信息或开出收费项目。

● 医生可以通过远程监视器检测病人在家里的生命体征，还能通过传感器操纵医疗设备。

● 医生可以利用移动设备对输血的过程进行监视和管理，减少差错。Promises 治疗中心（酒精和毒品康复）运用一个免费的移动应用程序（可在 iPhone 上下载 iPromises；ipromises. org），充当虚拟的恢复工具（例如，加拿大和美国的 AA 会议列表；添加好友，跟踪进度等）。虽然 iPromises 康复计划不会为公司带来收益，但它"旨在加强病人和医生之间的承诺和信誉"（Del Rey，2010）。

更多应用请浏览 motorolasolutions. com/US-EN/Business＋Solutions/Industry＋Solutions/Healthcare。

旅游行业的管理

为了确保安全，旅游及宾馆等都用上了移动应用解决方案。例如，双向的无线通信、无线热点解决方案、食品安全检查、停车场管理、物品的存放和管理、客户服务、宾馆内安保、娱乐、存货管理等。更多详细信息请浏览 motorolasolutions. com/en _ us/solutions/hospitality. html。无线系统带给餐饮业的好处之一是帮助餐厅更好地经营。

 实际案例 1

海豚快餐公司

海豚快餐公司（Dolphin）在美国明尼苏达开设了 19 家汉堡王特许快餐店（截至 2010 年 6 月 28 日的数据）。为了满足客户、员工以及政府职能部门工作的需求，顺利开展经营，降低成本，公司使用了一套较为成熟的移动设备运营系统。公司既为客户开通了 WiFi 无线通信系统，又为管理人员开通了无线网络。公司认为，开通了 WiFi，消费者就可以在等待或用餐的同时上网。有了 WiFi 无线通信网络，管理人员的工作效率也会提高。公司的无线系统还有助于提高餐馆内的安全性（例如，通过视频监控）。餐厅里的互联网连接靠的是虚拟公司专用网络系统（参阅第十章），这套系统可以屏蔽不合适的信息。系统还能支持在线支付和 POS 机的运作。该系统以及使用的安全工具的发展参见 Dolphin（2010）。近期的更多材料请浏览 sonicwall. com/downloads/CS_

BurgerKing_US. pdf。

注：有些餐厅的服务中无线技术应用的更多，例如用手持设备订餐、信息直接传递到厨房及结账台或者通知等候的顾客上餐桌用餐，等等。Ziosk 供应商提供的平板电脑移动程序可以查看菜单，订购食品，娱乐和付款。

 实际案例 2

平板电脑和其他移动设备

一些全球性的酒店正逐渐使用平板电脑或者智能手机来代替纸质订单。例如，本书前面介绍的 AuBon Pain 在一些地区正使用 iPad。顾客根据服务员提供的 iPad 上内置的菜单程序点餐。这使得服务员可以直接给厨房下菜单。另一种方式就是将平板电脑借给那些来餐厅用餐而没有平板电脑的顾客。顾客利用平板电脑选择自己喜欢的菜肴下单，同时也可以在平板电脑上提供他们的信用卡信息。这种下单方式有利于维护顾客关系，因为顾客自己下单可以加快服务速度，并且降低了下单的错误率。平板电脑的使用弥补了纸质菜单的不足，甚至可以完全替代纸质菜单。一些餐厅在顾客等餐时向他们提供一些移动设备，以便使他们通过打游戏或者订电影票来消磨时间。

公共安全及犯罪防范

在公共安全领域移动设备及无线技术使用得也很普遍。例如，在越南和澳大利亚，移动摄像机将读取的车牌号码与数据库中的资料进行比较，以识别出未注册的汽车。同样是在越南和澳大利亚，交警使用数码相机来排查非法营运的出租车。新加坡则是利用数码相机拍摄超速行驶车辆。（关于新加坡新实施的摄像头"平均速度"的相关信息，请浏览 therealsingapore. com/content/singapore-trialling-new-average-speed-speed-cameras。）

其他行业的应用

移动技术在其他行业的应用也很多见。例如，在移动政务、远程教育方面的应用非常多（参阅第五章）。

两个非常有趣的移动技术的应用可参见本章有关摩托罗拉的章末案例（医院和制造业）。美国国土安全机构、运输机构、军事机构等也使用这样的技术。在农业生产中，利用移动设备甚至能够指挥拖拉机在夜间作业。

移动购物与广告

利用智能手机或者平板电脑在线购物将会变得更加便利。客户需要下载一款类似于 AD 公司（adcentricity. com；被 Bee 媒体公司收购）或者 adMobile 公司（admobile. com）提供的移动购物平台。适用于 iPhone 的很多应用程序主要是为了进行广告宣传和购物。比如，你可以下载一款 Costco App，轻易地获取其提供的优惠券（请浏览 costco. com/costcoapp. html）。有关商用的智能手机应用程序，可以查看 iPhone 的应用程序以及参阅 Del Rey（2010）。2014 年，Wishpond 技术有限公司展示了智能手机的消费者如何进行与购物相关的一些活动（例如，价格比对、查看评论等）。

达美航空公司

达美（Delta）航空公司在它们的很多班机上都提供了WiFi接口（称为Delta Connect）。顾客可以通过这个接口购物和参与一些娱乐活动，其中就有易趣。当然也提供了一些收费项目，顾客可以购买WiFi口令，将智能手机与网络连接以收发移动信息、查看邮件、浏览网页。欲了解更多有关Delta Connect和WiFi移动口令的内容，请浏览delta.com/content/www/en_US/traveling-with-us/in-flight-services/amenities-information/in-flight-wi-fi.html#。其他航空公司也提供了类似服务。

另外，顾客可以利用手中的移动设备寻找商店、进行价格比对以及下订单等。例如，中国消费者可以通过微信购物（Millward，2014）。更多有关"移动营销"的相关内容，请参阅第九章。2014中国最大的电子零售商——天猫和淘宝，为了鼓励消费者使用智能手机进行网上购物，推出了特别的优惠措施。最后，短信的普遍使用，特别有助于购物者提出建议和意见，这种促进作用在社交环境中表现得更为明显（请参阅第七章以及Butcher（2011））。欲了解移动购物的运作流程，请登录亚马逊、杰西潘尼、塔吉特、REI和Crate & Barrel公司网站，下载它们的购物应用程序。

实际案例

德国莱茵贝格的麦德龙集团（METRO Group）设计出一款大容量的智能手机以满足顾客使用其名为Future Store的应用商店。根据其网站的信息描述可知，移动商店助手（MSA）是一个软件包，消费者通过扫描商品项目条码就能得到最新的产品价格信息，同时可以快速预览商品价值相关内容。移动商店助手（MSA）在线提供商品描述、商品图片、价格信息以及商店地图等。同时，顾客还可以在商品放入购物车之前，扫描商品价格，计算出总价。在结账时，MSA允许顾客通过利用扫描商品数据进行"即时支付"。欲了解麦德龙Future Store应用商店的移动商店助手（MSA）的具体措施和功能，请浏览future-store.org/internet/site/ts_fsi/node/25216/Len/index.html。麦德龙已经对该应用商店的顾客满意度进行了调研。其结果表明顾客访问次数比以前明显增加了，同时满意度也相对较高。另外，新顾客所占的比例也有所增加，顾客平均每月花费超过45欧元。同时，该公司也开始效仿全球食品零售巨头德尔海兹集团的子公司Food Lion以及其他食品杂货店，计划将RFID技术应用到供应链管理等业务中。

6.5 节复习题

1. 简要描述各种移动娱乐的发展状态。
2. 移动音乐市场由哪些要素构成？
3. 移动游戏市场面临的障碍有哪些？
4. 移动技术在体育活动、饭店管理中有哪些应用？
5. 移动技术在旅游行业的管理中有哪些应用？

6. 描述移动购物与广告。

6.6　移动定位商务和移动社交网络

移动定位商务（location-based m-commerce，l-commerce，LBC）指的是利用 GPS 定位设备或类似的技术（例如三角定位无线基站）对客户进行定位，并向其发送广告或是最优路径选择等各类服务。根据 TechTarget 网站的定义，LBS 是移动设备上的一款带有位置识别的软件应用程序，该程序能定位移动设备的位置（请浏览 searchnetworking. techtarget. com/definition/location-based-service-LBS）。移动定位商务包括情景感知计算技术（请参阅 6.7 节）。欲了解相关图片，可以在谷歌输入"images of location-based commerce"进行图片搜索。定位服务对消费者和企业都有很大的吸引力。从消费者或客户的角度看，移动定位商务给消费者带来了极大的便利。例如：方便与朋友进行沟通，更及时地了解相关的促销信息，意味着安全（发生紧急情况时可以确认移动设备持有者的精确位置）、便利（消费者不用查阅地图就能了解周边的设施）、工作的高效率（容易找到目的地，节省了时间）。从企业的角度看问题，定位商务可以准确、快捷地满足目标客户的需求。本质上，移动定位商务是将网购商品在特定时间送到用户指定地点的一种移动商务。Foursquare（foursquare. com）便是一家运用定位商务应用程序的公司（请参阅第七章）。

移动定位商务的基本概念

基于定位的移动商务提供的实时服务主要表现在如下 5 个方面：

1. **定位**。定位人（带有智能手机）或物（例如卡车）。
2. **导航**。确定从一地到另一地的路线（比如，通过谷歌地图）。
3. **跟踪**。监视人或物（例如车辆或飞机）的移动状况。
4. **测绘**。绘制某一区域的地图（例如 GIS，或谷歌地图）。
5. **测时**。确定到达或离开某一地点的时间（例如，公共汽车到达某个公共汽车站的时间，或飞机抵达机场的时间）。

例如，WeatherBug 公司（weather. weather-bug. com）及 Send Word Now 公司（sendword-now. com）将上述 5 种服务结合在一起，在恶劣的天气环境下或其他突发事故下，保障客户、员工、商铺的安全。

最新的定位商务称为**实时定位系统**（real-time location systems，RTLS）。利用这种技术可以实时地判断或跟踪某一物体的具体位置（Malik，2009）。详情请浏览 searchmobilecomputing. techtarget. com/definition/real-time-location-system-RTLS 和 computerlearningcentre. blogspot. com/2014/04/l-commerce. html。

定位商务的基础设施

定位商务必须依赖于基础设施以及一些应用程序，一般由以下 9 个部分组成。

1. **定位设备**。通过 GPS（或其他移动设施）定位人或物。

2. **移动定位中心**。包括一个服务器，该服务器负责管理收集的位置信息。

3. **用户**。用户可以是人或物（比如，汽车）。

4. **移动设备**。用户必须有移动设备（比如，智能手机），这些移动设备必须具有 GPS 或者具有定位功能。

5. **移动通信网络**。通信网络将用户的数据及服务请求从移动终端发送到服务供应商，服务供应商再将用户所需要的信息发送给用户。

6. **服务或应用程序供应商**。供应商要满足用户的需求，用户可使用应用程序，例如地理信息系统。

7. **数据或内容提供商**。供应商通常需要获得（例如，购买）地理、财务或其他数据信息、来回复用户咨询。数据可能包括地图和地理信息系统的信息。

8. **地理信息系统（GIS）**。该系统包括地图、商业贸易地点等内容（后面将介绍）。

9. **安装应用软件**。在美国或者其他一些国家，LBS 应用需要用户安装另外的应用软件。

上述 9 种要素共同发挥作用（见图 6.6）。

其他的附属基础设施，请浏览 gps. gov/technical/icwg。

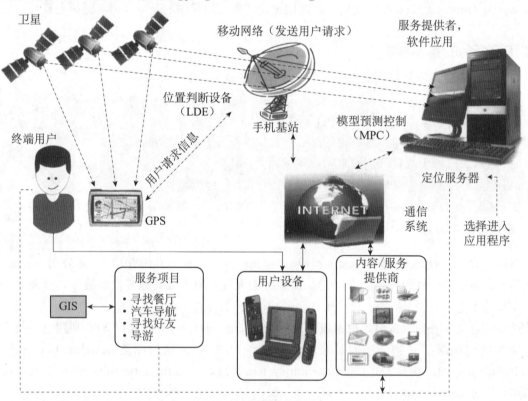

图 6.6　定位服务系统

定位系统的工作原理如下（如图 6.6 所示）：

1. 用户使用带有 GPS 定位功能的手机点击自己需要了解的信息（例如，寻找附近的加油站）。

2. 服务供应商利用卫星或 GPS 确定用户所在的位置。

3. 通过移动通信网络，用户的需求传递给应用服务器，由服务器负责搜索。

4. 搜索信息传递给数据库，寻找到最近的加油站。判断用户能否在确定的时间抵达该加油站。

5. 利用地理信息系统，服务供应商向用户发送信息，若需要，还可以提供地图和驾车指南。

类似的系统可以用于车辆或物品定位，当然，前提是它们都安装了 GPS 软件。

Musil（2013）指出，结合使用常规的 GPS 信号和传感器发出的数字信号，可以精确地定位 6 英尺范围内汽车的位置。

地理定位

定位服务与地理定位是分不开的。**地理定位**（geolocation）指的是能够识别那些利用移动设备与网络相连接的用户的位置。全球许多网站都在使用地理定位。

定位商务与普通的移动商务是有区别的，主要区别在于它所使用的定位工具、强制选择进入以及混合使用地理信息系统或其他数据源。

GPS 定位的构成

GPS 是移动商务中最主要的设备。下面介绍其工作原理：根据 2014 年政府给出的 GPS 的定义，GPS 是美国个人应用设备，为用户提供定位、导航以及一些实时服务。该系统主要由三部分构成：空间部分、控制部分以及用户部分。

美国政府描述这三部分的内容如下：

● **空间部分**。空间部分主要由 24 颗卫星组成，这些卫星负责传输信号。在任何给点的时间，信号都能够被标出位置。每颗卫星环绕地球一周需要 12 小时，行走 10 900 英里。

● **控制部分**。控制部分包括一个全球监控系统和控制系统，控制系统负责监控卫星。

● **用户部分**。用户安装的设备其实就是 GPS 的接受部分，主要负责接受卫星信号，并在给定的时间计算出用户的位置。

近年来，GPS 定位技术已经逐渐成为消费者电子产品中的一个主要部分。它安装在许多智能手机上，广泛用于商务活动与娱乐活动。在线补充读物 W6.4 就是一个运用 GPS 跟踪公交车的案例。关于 GPS 设备的相关内容，请参阅 Garmin 公司（garmin. com）案例；更多与 GPS 相关的主题内容，请浏览 trimble. com/gps_tutorial/whatgps. aspx。

注：欧盟和欧洲航天局正在建造一个名为 Galileo 的备用全球导航卫星系统，供给民用。该系统从 2014 年开始建立，大约 2020 年完成，系统由 30 颗卫星构成，大约需要耗资 70 亿欧元。2011—2012 年已经完成了 4 颗卫星的发射。关于 Galileo（历史、利益、应用等）的更多信息，请参阅欧洲全球导航卫星系统机构（gsa. europa. eu/galileo-0），并浏览 ec. europa. eu/enterprise/policies/satnav/galileo/indexen. htm。详情请浏览 navipedia. net/index. php/Galileo 和 navipedia. net/index. php/Galileo_General_Introduction。

注：GPS 数据应用可以让你轻松整理、分析数据，同时你可以接收你需要的任何时段的数据（请浏览 skout. com）。成功的例子参见 Sutter（2010）。

定位数据

定位服务（LBS）及定位商务，一般围绕与定位相关的问题或请求开展。

数据收集。智能手机或其他移动设备只需要安装 GPS 就可以收集大量数据，而这些数据将会被用于决策，以节省数百万美元（Feldman，2010）。

顾客实体店定位

若实体店的经营者们在店里安装智能装备，就有可能记录客户在商场内部的活动轨迹了。这些信息将有助于卖场决策者分析消费者的购物习惯。当然，收集的信息不能暴露客户的个人信息。这些行动轨迹将会传动到智能手机的 MAC（智能手机的独特识别码）上。任何智能手机在商场内连接了 WiFi 后，将会把信息传输给商场的系统。具体内容详见网站，smartstoreprivacy.org。关于智能手机上收集的信息的处理以及禁用"地理标记"信息，请浏览 bctnv.com/what-happens-to-the-gps-location-information-collected-on-your-smartphone.html。

地理信息系统

为了解决与定位相关的问题而提供的数据、信息、工作流程等通常都是通过地理信息系统来实现的。根据美国地质勘探局（USGS）在 2007 年给出的定义，**地理信息系统**（geographical information system，GIS）的功能是捕捉、储存、分析、展示各种数据。例如，用户使用手机在线询问有关附近的意大利餐厅的信息。为了回答这一询问，提供指南服务的企业连接 GIS 系统，系统中有关于餐厅及其类型及位置的信息。更多关于 GIS 的内容请浏览 en.wikipedia.org/wiki/Geographic_information_system，esri.com/what-is-gis/overview 并参阅 USGS（2007），Heywood et al.（2012）。

GIS 系统经常与 GPS 系统结合使用，如下面案例所示。

 实际案例

智能手机应用于打车

如第一章所讨论的，在全球范围内使用智能手机打车的发展速度并不快。ZabCab（zabcab.com；"连接出租车和乘客"）公司开发了一款应用程序，手机上装有 GPS 系统的用户使用该程序时，只需打开一个按钮，通过 GPS 系统就可知道位置。移动设备上可以安装地图，通过地图，司机可以知道乘客的具体位置，非常便利。根据 Currently（2014），ZabCab 公司只在纽约的部分城市进行试点。一款名为 HAIL A CAB 的应用软件（hailacabapp.com）在得克萨斯州的很多城市（例如，奥斯汀、休斯敦、圣安东尼奥、加尔维斯敦）为出租车公司提供打车服务，今后将有更多城市加入进来。同样，阿里巴巴团队也在北京开发出了一款打车应用软件（请浏览 online.wsj.com/news/articles/SB10001424052702303287804579442993327079748）。

值得注意的是，新加坡的 Comfort Transportation 出租车公司，为出租车司机提供了一款出租车预约系统，可以通过短信预订出租车（请浏览 cdgtaxi.com.sg/commuters_services_booking.mvn）。该公司还提供出租车预订应用程序和在线预订。系统本身不是定位系统，但可以解决司机一直需要接电话的问题。最后，GetTaxi 公司（gett.com）在纽约和全球范围内的其他一些主要城市（如，莫斯科、伦敦、特拉维夫等）提供了一款免费 App，乘客可以运用智能手机预定出租车。与前面不同的是，只有出租车公司才拥有转换技术、难以置信的客户服务、简单实用的操作（请浏览 gett.com/about.html）。

定位服务及其应用

定位服务（location-based service，LBS）实际上是一种基于移动设备的计算机服务。系统能够识别用户移动设备（例如，跟踪手机）的位置，然后为用户提供服务（例如，广告商可以针对特定区域投放广告）。

LBS 的应用非常广泛，表 6.1 列出的是定位服务及定位技术应用的主要形式（请浏览 geoawesomeness. com/knowledge-base/location-based-services/location-based-services-applications）。

表 6.1   定位技术的应用及服务的形式

形式	举例
广告	旗帜广告，插入广告（例如，促销、优惠券）
收费	道路收费，基于位置的收费模式
预警	紧急呼叫，道路指引
游戏	移动游戏，大地寻宝游戏
信息	信息娱乐服务，移动黄页，购物指南
休闲及旅游	寻找好友，瞬时通信，社交网络，旅游指南，旅游规划师
管理	设备管理，基础设施管理，车队管理，安全管理，环境管理
导航	方向指引，室内线路指引，停车场指南，交通管理
跟踪	人物跟踪，车辆跟踪，产品跟踪

资料来源：Steiniger et al.（2006），geoawesomeness. com/knowledge-base/location-based-services（2014 年 5 月数据）以及作者的经验。

定位服务的应用领域很多，例如营销、经营、服务、金融，等等。人们用这种服务形式来判断人或事物的位置，然后根据定位信息采取相应的行动。定位服务还可以用来追踪包裹（例如联邦快递公司开展的服务）以及车辆（请参阅在线补充读物 W6.4，并浏览 geoawesomeness. com/knowledge-base/location-based-services/location-based-services-applications）。基于位置的游戏活动实际上也属于定位服务的范畴。

定位服务在其他方面应用的例子有：

- 向居民或旅游者推荐城市里将要开展的各种活动。
- 帮助寻找丢失的物品。例如，寻找被盗车辆。
- 寻找附近的商务服务，例如，加油站。
- 为用户提供任意导航（有时有声音提示）。
- 定位（如卡车等），并显示在移动地图上。
- 跟踪仓库中的库存。
- 提供通知信息，如一个特定的商店中的实时销售通知。

有关无线射频识别技术对仓库中的物品进行无线跟踪的内容请参阅在线辅导资料 T2。

人物追踪。企业可以利用各种技术对公司内员工以及外派员工进行追踪。

社交定位营销

社交定位营销（social location-based marketing）指的是在社交媒体环境中，用户允许与商家实时共享他们的位置信息（可以选择是否进入）。这样商家就能有针对性地向用户发送广告、优惠券或者折扣。此外，商家还可以进行市场调研，了解用户的喜好，并收集有关产品质量的反馈信息。更多信息请浏览 youtube. com/watch?v＝F58q6yUAsHE，观看名为 "The Future of M-Commerce—Did You Know?"（《移动商务的未来——您了解吗？》）的视频（时长 4 分 30 秒）。

2014年，在这一领域经营得比较好的企业有Foursquare，Facebook Places，Plyce（法国）。技术型企业有：AT&T，IBM和Telecomsys公司。零售业利用该系统的有百思买（一款登记注册应用程序）。

定位移动商务面临的障碍

定位移动商务也面临着一些障碍，这些障碍影响着移动电子商务的普及。例如：

- **手机中缺少GPS功能**。2014年，市场上销售的手机中仅有35%具备GPS定位功能。这就意味着大部分手机还不令人满意。尽管人们能够用其他设备导航，具备定位功能的手机也越来越多，但这依然是定位商务发展的瓶颈之一。
- **设备的精度不够**。有些定位技术没有人们预期的那样精确。好的定位设备精确度应该在10英尺之内。有些定位设备售价不高，同时精度也不高，一般在1 500英尺左右。
- **成本—效益不高**。对许多用户来说，定位服务的成本—效益并不高，甚至有可能收不回投资。还有许多人认为，用传统的方法定位也没有什么不方便。正如第一章提到的，星巴克叫停了定位服务。
- **带宽不够**。目前的无线技术带宽不够。随着4G、5G技术的普及，这种现象会有改观。带宽增加了，移动技术的应用会更多，用户也会更多。
- **侵害个人隐私**。人们并不想让别人清楚地了解自己的一举一动，更不想被跟踪。所以，这个问题就显得更为突出［请参阅Yun et al.（2013）和第十五章的相关内容］。

6.6节复习题

1. 定位商务的基础设施包括哪几个方面？
2. 应该如何界定GPS？它的工作原理是什么？
3. 人们在享受定位服务的时候面临哪些问题？
4. 什么是地理信息系统？它如何与定位服务联系在一起？
5. 列举定位服务的具体应用领域。
6. 如何理解社交定位营销？
7. 列出定位移动商务面临的主要障碍。

6.7　普适计算及感应网络

许多专家认为，计算机技术下一次的重大发展将会是"普适计算"（ubicom），也有人称其为泛计算。在普适计算的环境中，几乎所有物品都有信息处理能力（例如，微处理器），都能通过有线或无线的方式连接互联网（通常是通过互联网或内联网）。这样就可以实施人机对话的模式。这一节将简要介绍普适计算，以及在感应技术领域的一些相关应用。（注：普适即意味着"无处不在"。）

普适计算的一般概念

普适计算是一个综合的概念，它涉及诸多领域（请浏览 en. wikipedia. org/wiki/Ubiquitous_computing）。本书中只介绍与电子商务相关的一些基本概念。

普适计算的定义及基本概念

所谓**普适计算**（ubiquitous computing，ubicom）是指无形的，又无处不在的计算。我们周围的各种物品都有内置的计算能力，有的物品是移动的，有的则是固定的。与之相对应的用户使用各种有形的设备（例如智能手机）进行"移动计算"。普适计算也称为"内置式计算""扩张式计算""普及计算"。也有的专家把普适计算与普及计算区分开来。他们把着眼点放在移动性上。**"普及计算"**是内置在物品内的，不移动。而"普适计算"则是将移动性及内置性紧密地结合在一起。因此，各种室内的智能应用应该属于有线的普及计算。而移动物品内置了计算功能的就属于普适计算，例如服装、汽车、个人通信设备等。而本书则把两者混为一谈。两个概念是通用的。

情境感知计算

情境感知计算（context-aware computing）是一种技术，它能预测用户的需求，然后提供可实现的选项（有时甚至在用户提出请求之前）。该系统里面包含个人信息，比如所处地理位置和喜好。无论最终用户属于什么类型，该系统都可以感知不同场合所需要的个性化数据。2014 年市场调研机构 Gartner 公司预测，该技术将是未来 10 大技术之一。虽然情景感知设备与定位服务相关，但是即便没有定位技术，它也能够发挥作用。

在一般情况下，该技术有望提高生产率，并产生许多新应用。美国宾夕法尼亚州匹茨堡的卡内基梅隆大学在情境感知计算技术的研究和商务应用领域处于全球领先的地位。

物联网

关于**物联网**（IoT）的定义有多种。一般将物联网定义为：将带有嵌入式微处理器的对象（如人、动物及其他）以无线方式连接到互联网上。物联网用的是普适计算机。专家预测，到 2020 年将会有超过 500 亿个设备连接到互联网上，构成物联网的基本架构。甲骨文的 Java 产品管理副总裁 Peter Utzschneider 在一次访谈中讨论了这一富有争议的技术的挑战和机遇（Kvita，2014）。反对人士则认为，越多的"物"连接到互联网上，安全问题也就越重要（Vogel，2014）。

人们把移动设备植入一些物品中，并与互联网建立联系。方便了人际沟通，以及物与物之间的沟通。这就形成了随时随地沟通、连接的一种新的协作模式。请浏览物联网的官方网站（iofthings. org），查询相关的国际年度会议。

物物技术

物联网一个的重要部分就是机器与机器之间（M2M）的交流。根据 whatis. techtarget. com 网站上提供的资料显示，M2M 其实就是"机器之间进行有线或无线的交流"。M2M 的案例有：城市交通指挥系统与交通信号灯之间进行信息交流，让交通井然有序。M2M 广泛应用于远距离监测、数据收集、远程遥控、机器人技术、远程监测、状态跟踪、交通控制、工作场所以外的对话与控制、安全系统、物流服务、车队管理以及电子医疗等。详情参见 Holler et al. (2014)。

更多与物联网相关的内容，比如，它的定义及其发展史，请浏览 whatis. techtarget. com/definition/Internet-of-Things。

物联网几乎囊括了日常生活中的所有事情，从智能电网到智能家居、智能服饰、城市应用等，都能够连接到互联网上。更多有关物联网的应用，请浏览 wired. com/2013/04/the-internet-of-things-quantified-self-iot-smart-cities-smart-cars-smart-clothes。

智能应用：智能电网、智能家庭、智能汽车及其他

使用智能电表测量电力使用情况，是普适计算机的应用案例之一。智能电表让挨家挨户读电表成为过去式，而且，它可优化减少电量消耗问题。PG&E 公司开发设计的"智能电表"网站具有以下优势：服务更可靠（PG&E 公司与电网之间有两种方式沟通，淘汰了工人进户记录电表度数的需要）；可在线查询实时用电量；使用警报系统等。更深层面的优势还有优化使用光能和风能等可循环使用能源。详情请浏览 pge.com/en/myhome/customerservice/smartmeter/index.page。

普适计算机是解决众多智能应用的关键环节。如下面的案例所述。

据美国能源部（DOE）界定，智能电网（smartgrid.gov）就是利用数字技术对电网进行管理的电力网络。与互联网相似，智能电网由控制器、计算机、自动化技术、各种新技术和新设备集聚而成，只是这些新技术的载体是电网。智能电网的优势在于能够迅速回应企业、个人对电力的需求，提升它的效用。

智能电网代表着一个空前的机会，将工业产业转向更节能、高效、可利用的领域。而且这些领域也将有助于我们的经济发展与环境健康。智能电网存在的优势主要有：

- 电力传输更高效。
- 断电之后电力系统恢复更快速。
- 降低了生产与运作成本，同时降低了客户花费。
- 降低了高峰电量需求，同时降低了需求处于低谷的概率。
- 增加了大规模的可再生能源系统的整合。
- 有利于客户自身能量系统的整合，包括增强可再生能源系统的安全性。
- 实现全球二氧化碳零排放的目标。

美国能源部的供电和能源可靠性办公室提供了大量有关智能电网的信息（请浏览 energy.gov/oe/technology-development/smart-grid）。根据 DOE，智能电网要顺利运行必须有感应装置来收集数据以及该领域的设备和网络操作中心的双向数字化交流。电网的基本要素请参见图 6.7，并浏览 edf.org/energy/infographic-smart-grid-basics，查看"Smart Grid Basics"（智能电网）的基础信息图表。

美国能源部认为以下 4 个方面的技术使得智能电网具备一定的优势：

1. 整合，智能电网间的智能沟通。
2. 感应、测量技术。
3. 自动控制电量的分配与修复。
4. 有效的电量管理仪表板与辅助决策软件。

智能电网的主要特征表现在：智能计量、智能充电、断电自我修复、消费者积极参与需求管理。读表用于定价策略，旨在减少消费高峰期的需求（请浏览 en.wikipedia.org/wiki/Smart_grid）。智能电网便于实现智能家庭和智能家电。更多内容请浏览 edf.org/climate/smart-grid-overview 和 smart-grid.gov。

智能家庭及智能电器

在智能家庭里，家用电脑、电视机、照明设备、空调、安保系统等设备通过互联网或家庭内联网连接在一起，并且可以通过智能手机或互联网进行远程控制，请浏览 smarthomeener-

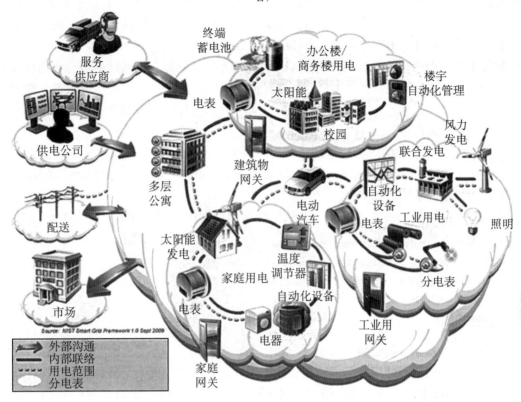

客户

服务
供应商

供电公司

配送

市场

终端
蓄电池

电表

多层
公寓

建筑物
网关

太阳能
发电

家庭用电

电表

电器

家庭
网关

办公楼/
商务楼用电

太阳能

校园

楼宇
自动化管理

风力
发电

联合发电

自动化
设备

电表

工业用电

照明

分电表

工业用
网关

电动
汽车

温度
调节器

自动化设备

Source: NIST Smart Grid Framework 1.0 Sept 2009

外部沟通
→ 外部沟通
── 内部联络
- - 用电范围
◯ 分电表

图 6.7 智能电网环境

资料来源：美国国家标准与技术研究院，美国商务部（nist. gov/smartgrid/upload/FinalSGDoc2010019-corr010411-2. pdf，2014 年 7 月数据）。

gy. co. uk/what-smart-home。

在美国，已经有成千上万的家庭配备了家庭自动化设备，欧洲的家庭自动化也已经形成一种趋势。目前，家庭自动化可以支持多重任务。例如：

● **照明**。用户可从任何地方管理居家照明。

● **能源管理**。可以用温控器，远程控制家庭加热和冷却系统。

● **生活用水控制**。WaterCop 系统（watercop. com）可以使用一种湿度感应设备监控家里的潮湿点。一旦感应器感知到有潮湿点，就意味着管道有渗漏，感应器就会通过无线网络向控制器发送信号，控制器立即关闭进水总闸。

● **家庭及通信安全**。家庭防盗和安全系统可以通过编程来提醒用户注意涉及财产安全的相关事件。通过安装摄像头，可以远程实时监控家里的财产状况。通过传感器可以检测入侵者，密切注意家里的一举一动。

安全措施常用于：辅助生活设施、高级社区以及独立生活的老年人。例如，iHealthHome 触摸屏系统可以收集数据，并与公司的软件交流。根据网站介绍，该系统是一个综合的监测与通信系统，可以为专业护理人员和独立的生活社区服务。家庭护理员和医生可以远程访问病人的健康数据。iHealthHome 程序可以提醒老年人的日常安排；指导他们充分利用互联网，让大脑活跃起来；提醒老人按时吃药，监测血压，并与护理者保持联系。更多信息，请浏览 ihealthhome. net。

● **家庭娱乐设施**。用户可以在家里安装各种音频及视频装置，用控制器或遥控器操作。例如，位于家庭起居室的音响系统只需要一个遥控器就可以控制安装在家里其他地方的扬声器进行音乐播放。家庭自动化通过一个遥控器和一个按钮即可实现。

● **智能电器**。根据 smartgrid. gov，智能电器指的是一个智能化的或能够进行沟通的设备，这种沟通可能是自动的，可能是基于用户的喜好，也可能来自外部的公用程序或第三方能源服务提供商发出的。智能电器可以在用户允许的前提下利用家域网与其他移动设备进行通信，或通过其他渠道与电力系统进行通信。

更多关于家庭自动化的内容，请浏览 smarthome. com/sh-learning-center-what-can-i-control. html。关于用于家庭智能控制的各种 App，请浏览 smarthome. com/android_apps. html。

智能无人驾驶汽车

当今的汽车上约有 30～50 个看不见的微型处理器，这些微型处理器有诸多功能，例如空调。这不过是智能无人驾驶汽车革命的开端。在 6.8 节中，将详细讨论智能汽车。

智慧城市

智能电网、智能家庭、智能汽车和其他智能产品共同促成了智慧城市（见 6.8 节）。

无线感应器网络

希望提高工作效率的企业都会面临同样的问题，那就是"我们该如何感知重要事件的发生，及时应对？""对真实世界的感知"就是指企业对实时信息的掌控能力，并且能够迅速作出有效的应对措施。对于 RFID 设备的应用，请浏览 global. sap. com/press. epx?pressID=4143。

感应器网络

感应器网络（sensor network）分布在特定空间中（例如，制造工厂或橘子林）的一组传感器，可以监测、记录环境条件，并分析收集的数据。每个独立的感应器也被称作"节点"。绝大部分的感应器网络都是无线连接的。每个节点都包含如下几个要素：（1）有一个感知环境条件的感应器（例如温度）；（2）有一个微处理器可以存储、处理数据和信息；（3）有一个微电台，可以发送和接收数据和信息。有关无线传感器网络的详细内容，请浏览 intechopen. com/books/wireless-sensor-networks-technology-and-protocols/overview-of-wireless-sensor-network。人们有时把感应器网络中的某些节点称作"智能物品"，因为这些节点被植入物品中。无线射频识别技术运用在感应器中就可以成为感应器网络中的一个节点。但是，大多数感应器网络利用的是其他技术。先进的感应器网络几乎能够测量所有东西。欲了解有关先进的感应器网络的内容，请浏览 money. cnn. com/video/technology/2013/01/15/t-ces-node-sensor. cnnmoney/index. html，观看名为"This Sensor Measures Almost Anything"（《感应器可测量任何事物》）的视频（时长 2 分 6 秒）。

智能感应器的应用

有一本专门探讨机器设备之间互联互通技术的期刊《互联世界》（*Connected World*，connect-edworldmag. com）列出了感应器网络的 180 多种应用形式。还有一本名为《M2M》（machine-tomachinemagazine. com）的期刊，也介绍了感应器网络的诸多开发商。应用案例 6.1 列举了感应器在交通方面的应用情况，参见 Rash（2014）。

INRIX 公司：运用传感器解决交通拥堵

INRIX 公司为广大用户开发了一款免费的名为 INRIX Traffic 的应用程序。该应用程序可以提供实时的交通信息（同时也有一项是收费服务）。使用的预测分析是基于大量数据，数据的主要来源包括：客户自身、环境信息（如道路结构、交通事故）和官方资源。这些资源包括：

● 实时交通流量信息及交通事故信息。这些信息的采集是依靠高速公路上的各种感应器，例如雷达。

● 交通流量信息，由两个渠道采集：快递公司和约 1 亿驾驶员志愿者，通过安装在车辆上的 GPS 装置，实时报告路况。

● 天气预报及天气状况。

● 交通状况（例如，道路保养状况）。

INRIX 公司拥有的大型计算系统将所有数据整合在一起，测算出交通流量的实时状况，并进行预测。例如，可以预测 15～20 分钟或几个小时后，或者几天后的交通拥堵状况及道路状况。这样就能使驾驶员重新规划他们的行驶路线了。2014 年，INRIX 公司将这套预测系统推广到了 37 个国家。他们从 100 多个信息渠道中，分析交通信息。人们将这项服务与数字地图结合起来使用。在美国的华盛顿州首府西雅图市，公司向智能手机用户提供交通信息，还在公路的电子指路牌上展示信息，用彩色的符号表示各种信息。用户可以在手机屏幕上看到道路何时畅通，何时拥堵。2014 年，该公司在 400 万英里的高速路上，为 37 个国家提供实时交通信息，实时提供最优行驶路线。

INRIX 公司开发的系统为客户提供各种自动决策，例如：

● 为送货卡车选择最佳的运输线路；

● 为实行弹性工作制的员工计算上下班或参加会议的最佳时间；

● 为避开刚刚发生的交通事故而重新设计行驶线路；

● 根据道路状况进行成本核算。

道路状况的感应和控制运用了多种技术，例如：

● 道路表面的磁回路探测器；

● 闭路电视摄像头监视交通状况；

● 公共安全与交通信息；

● 广播及网络播放实时的交通信息；

● 收费排队。

根据公司网站，INRIX 公司还与 Clear Channel 广播公司合作，通过内置或便携式导航系统、广播媒体以及基于互联网的无线服务等渠道，将交通信息实时播报给车内驾驶员。该公司总计覆盖 4 个国家的超过 125 个大都市。更多关于 INRIX 公司的合作者以及其提供的服务，请浏览 inrix.com/partner.asp。

INRIX 公司开发出了一款交通 App（可在 inrixtraffic.com 上下载），支持各种智能手机下载使用，支持 10 种语言环境，包括：英语、法语、西班牙语和匈牙利语等。INRIX 公司还开发设计了一些免费功能，请浏览 inrixtraffic. com/features。

资料来源：Jonietz（2005/2006），inrix. com，inrixtraffic. com，inrix. com/partners. asp（2014 年 5 月数据）。

问题：

1. 为什么这项服务被认为是移动商务？
2. 传感器在系统中扮演什么角色？
3. 该公司的收益模式是什么？
4. 登录该公司的网站，找出该公司的其他服务项目。

普适计算中的隐私权保护问题

由于普适计算方法的普及，人们需要应对移动商务中出现的各种技术问题、道德问题、法律问题（见 6.9 节），还要应对普适计算独有的障碍问题。Poslad（2009）罗列了普适计算中的技术问题及非技术问题。

在所有的非技术问题中，最突出的问题是个人隐私问题。也就是关于有个"老大哥"在看你的问题。有些隐私权保护组织人士认为，物品中的标签以及感应器（特别是零售商品中的标签）使得他人得以跟踪这些物品的主人或购买者。尽管这只是一种可能，但是若标签、感应器或移动网络中的各种设备使用不当或操作失误，很有可能威胁到个人的隐私。

但是，在普适计算中，隐私权保护问题有些复杂，因为在大多数情况下，数据的收集是不引人注目的。如果客户无法选择退出，那么个人隐私将处于风险中。然而，传感器优点颇多，例如，给老人或残疾人配上可穿戴设备以监测他们的活动、生命体征、设施和设备的使用，然后通过传感器网络定期发送信息来帮助这些弱势群体尽量少依赖别人。

6.7 节复习题

1. 什么是普适计算？
2. 什么是物联网？
3. 什么是智能电网？网络中的感应器发挥着怎样的作用？
4. 什么是智能家庭？
5. 什么是 M2M 技术？
6. 什么是感应器网络？它有哪些优势？
7. 普适计算对个人的权利及隐私会造成怎样的伤害？

6.8 新兴话题：从可穿戴设备、谷歌眼镜到智慧城市

本节我们主要讨论与无线计算有关的新兴话题。

可穿戴计算设备

20 世纪 90 年代中期，可穿戴计算设备就广泛应用在工业中。典型的穿戴设备有系在人的袖口位置的无线计算机、安装在人的头部位置的数码相机、系在腰上的移动设备等。当三星公司推出

一款安装在手表上的计算机（智能手表）时，这些可穿戴计算设备受到了广大消费者的欢迎，消费市场逐渐流行起来。同样，苹果公司计划在 2015 年 4 月推出 Apple Watch。2014 年 3 月，谷歌公司决定进入智能手表市场。2014 年，谷歌公司计划发布 Nexuslike 平台，推出安卓穿戴（请浏览 cnet. com/news/google-unveils-android-wear-its-modified-os-for-wearables，developer. android. com/wear/index. html?utm_ source＝ausdroid. net）。

可穿戴设备逐渐流行起来。比如：运用可穿戴设备，对慢性疾病患者进行医疗跟踪的数量逐渐增加；同样，花 130 美元就可以给你的爱犬安装一个移动设备来跟踪它。

Albanesius（2013）在 Meeker 杂志上发表了可穿戴技术的未来发展趋势。参见 Toh（2013）。Vijayan（2014）也发表了有关"穿戴设备的问题"，可穿戴计算机（比如健身带、数字眼镜、医疗设备以及智能手机）很可能从根本上改变人们信息收集、信息传递和信息使用的方式。这些新兴技术预示着重大的、潜在的变革，同样也给使用者带来了极大的便利。但是，随着这些移动设备连接到网络，体现在可穿戴设备上的问题主要集中在个人隐私与安全问题上。Vijayan 展示了 7 款隐含危险的商务移动设备。这些设备有：数字眼镜（比如：谷歌眼镜）、可穿戴医疗设备、公安摄像机（可穿戴"警察办案摄像"）、智能手表、智能衣服以及衣服穿戴配饰，等等。

Dale（2014）描述了一款头部穿戴设备，可以监测人的大脑活动。加拿大的 Interaxon 公司设计了这款名为"Muse"（interaxon. ca/muse）的设备。2014 年亚马逊专门针对可穿戴设备开设了一个网店（Morphy，2014）。

技术领先国家

日本是发展可穿戴设备领先的国家之一。比如，Patrizio（2014）报道，"一所日本大学展示了一款微小的个人计算机设备，其设备可安装在眼镜里，比很多蓝牙装备小得多。但是它可以通过眨眼或者咂舌头进行控制。"

广岛城市大学的 Kazuhiro Taniguchi 教授设计了一款名为"耳挂式可穿戴电脑"的设备，只有 17 克重，由一家名为 NS West 的日本机器制造企业负责生产。该设备具有蓝牙和 GPS 功能，同时配有指南针、陀螺传感器、电池、气压计、扬声器以及麦克风。它可以和智能电话或者其他小装置连接。同样，只要安装软件程序就可以利用脸部进行识别，比如眉毛、舌头、鼻子或者嘴唇运动。

这款设备有望与谷歌眼镜进行竞争。

谷歌眼镜

在所有的可穿戴设备中，2013—2014 年度最受关注的便是谷歌眼镜，当然也备受质疑。**谷歌眼镜**（Google Glass）是一款安装了安卓系统的眼镜，通过声音进行控制。据 Petroff（2013），到 2017 年，谷歌眼镜（或其他"智能眼镜"）由于提高了员工的工作效率，每年可以节约 10 亿美元，特别是那些需要使用双手来完成工作复杂性强的工作的员工（比如外科医生、技术员）。另外，保险代理人可以运用该设备对被损坏的财产录像，同时可以检查更换费用。此外，智能眼镜还具有和其他可穿戴设备一样的功能优势。

对于智能眼镜的看法褒贬不一。2014 年 2 月，在旧金山的一所酒吧里，一位佩戴智能眼镜的妇女受到袭击。无独有偶，2013 年 3 月，巴黎的一家麦当劳店里也发生了类似事件。在旧金山的一些酒吧和西雅图的咖啡厅里，明令禁止顾客戴谷歌眼镜进入。随后很多城市也效仿，拉斯维加斯禁止顾客带谷歌眼镜进入俱乐部，绝大多数电影院也禁止戴谷歌眼镜（请浏览 huffington-post. com/2013/04/10/google-glass-banned_n_3039935. html♯slide＝2314456）。2014 年，Toluna

团队在一项民意调查中发现，由于隐私与安全问题，72％的美国公民不愿意佩戴谷歌眼镜（请浏览 mashable. com/2014/04/07/google-glass-privacy）。谷歌公司正试图揭开"有关谷歌眼镜的十大谎言"。

知名科技博主 Robert Scoble 非常喜欢谷歌眼镜，坦言"永不摘下谷歌眼镜"。但他也抱怨售价高达 1 500 美元的谷歌眼镜价格太高，建议合理价格为 200 美元。详情参见 Rosenblatt（2013）。

美国、日本、韩国的一些企业都在模仿或研发智能眼镜。值得注意的是，谷歌公司通过借鉴雷朋和奥克利这些高端品牌眼镜的外形，使谷歌眼镜变得越来越时尚。

智慧城市

早在 2007 年，IBM 公司提出智能星球计划、思科公司开启智慧城市与沟通项目，智慧城市的观点就相应产生了。该观点主要是智慧城市里，数字技术更加有效服务于公共事业，服务于广大市民，资源利用率大大提高，同时对环境的冲击降到最低（请浏览 ec. europa. eu/digital-agenda/en/about-smart-cities）。Townsend（2013）提出了一个概括性的历史观点和近来流行的技术观点。他认为："在西班牙的萨拉戈萨，只要你有'市民卡'就可以免费连接 WiFi、使用公共自行车、在图书馆借书以及支付回家的巴士车票。在纽约，一群城市科学家将感应器安装在下水道里，当城市遇到暴风雨考验城市排水系统时，会自动将废水排到当地的河流中。"Campbell（2012）则是从学习与创新的角度去看待智慧城市。

6.8 节复习题：

1. 什么是可穿戴计算设备？
2. 可穿戴设备的优势有哪些？
3. 什么是智能眼镜？为什么有人质疑它？
4. 智慧城市的定义是什么？它们的主要目标是什么？

6.9 移动商务的实施问题：安全问题、隐私问题、移动商务面临的障碍

在实施移动应用之前，要充分考虑很多问题，这里我们只讨论其中一部分。

移动商务将在很大程度上改变企业的经营模式，但是，移动商务也面临诸多障碍。这些障碍影响了移动商务的普及，也使得移动商务企业以及它们的客户疑虑重重。企业开展移动商务的主要障碍表现在如下几个方面：安全问题、绩效问题、可行性问题、成本效益问题、战略问题、与传统的信息技术的融合问题、应用的定制化问题。本节的内容将探讨其中的一些问题，我们从安全问题开始介绍。更多的应用问题可参阅一系列有关移动商务的视频，第一部分请浏览 youtube. com/watch?v＝a--5yhJCg，观看名为"Mobile Commerce：Part 1：Where Are We Now?"（《移动商务（第一部分）——我们在哪里?》）的视频（时长 8 分 3 秒）；第二部分，请浏览 youtube. com/watch?v＝fBlLxVeCouo，观看名为"Mobile Commerce：Part 2，The Evolution"（《移动商务第二部分——变革》）的视频（时长 8 分 51 秒）；第三部分，请浏览 youtube. com/watch?v＝DsDGLjYPxQ，观看名为"Mobile Commerce：Part3，How to Make mCommerce Work"（《移动商务是如何运行的》）的视频（时长 8 分 23 秒）。

移动商务中的安全问题及隐私权保护问题

2004年，手机中首次出现了 Cabir 病毒，该病毒能够侵入手机，然后通过蓝牙传播到其他设备中。将来也会有更多黑客攻击手机系统。更多关于 Cabir 病毒的内容，请浏览 technews-world. com/story/34542. html 和 f-secure. com/v-descs/cabir. shtml。

现今，绝大多数联网手机都是在硬盘上安装软件。这使得恶意软件的编程存在一定的难度。然而，随着智能手机和平板电脑功能的不断提升，恶意软件攻击带来的威胁也在增加。伴随着智能手机的广泛使用，通过网络下载的程序中含有病毒的可能性大大增加。移动商务与普通的电子商务有着相似的安全问题，但是，两者之间还存在一些差异（参阅第十章）。

移动商务与普通的电子商务都需要重视保密问题、真实性问题、授权问题、诚实问题（参阅第十章），但是相对于普通的电子商务，移动商务中这些问题显得更加严峻。具体说来，就是移动商务交易往往要通过几个网络系统，有线的或无线的。每个网络都需要一定的安全级别。但是，实际上要保证网络之间的安全集成是很困难的。详情参见 Currier（2009）。据 Finneran（2012）在《信息周刊》（*Information Week*）发表的内容看，2012年安全调查显示移动安全问题增长迅速，解决这些问题还有一定的困难。同样，他也对高速增长的安全问题提出了相关的建议与策略。

安全问题的另外一个领域就是身份诈骗。2011年，Javelin Strategy 和 Research Study 研究公司显示，使用社交网络的智能手机用户是身份诈骗的主要受害者。第十章中将讨论该问题。研究者还发现那些喜欢使用社交网络（主要是脸谱和推特）的用户更容易成为牺牲品。

一般来讲，电子商务安全、企业中的计算机使用安全等问题中出现的流程问题、技术问题，在移动商务中都存在。然而，给予一定的移动商务安全保护，以及增加一些防护方法非常有必要。比如，很多应用程序可以帮助用户找回丢失的手机，同样可以保护用户的信息安全。

移动商务中的技术障碍

移动应用中的导航系统更新速度必须快速，才能使用户更迅速、轻松地找到目标并购买。类似地，信息内容也必须满足使用者的需求。其他移动计算的技术障碍主要包括电池的使用寿命、与家庭应用的信息传递。表6.2列出了一些技术障碍，值得注意的是随着时间的推移，技术障碍将会不断减少。

表6.2 移动计算中的技术障碍

障碍	举例
带宽问题	要普及移动计算，首先要保证一定的带宽。而且宽带使用费还不能太高。在许多地方，普及4G技术和LTE技术还有待时日。目前，人们用 WiFi 技术来解决近距离无线联网的问题。
安全标准问题	行业内正在开发通用标准。估计这需要3年甚至更长的时间。
电源问题	电池的续航时间越长，设备的寿命越长。电池续航时间在不断延长中。
传输干扰问题	气候、地形、建筑物等都会影响信号的接收。微波炉、无绳电话，以及各种其他的电子设备不受干扰，但拥挤的 2.4GHz 频段会干扰蓝牙及 WiFi 802.11b 的信号传输
GPS 的精确定位问题	城市里如果高层建筑密集，GPS 定位的精确度就会受到影响，这就会影响移动定位商务的运行。

障碍	举例
对身体的潜在威胁	手机发出的无线电波是否会影响人们的健康（如癌症），并没有一个明确的答复。人们认为，过度使用手机、拇指综合征、开车打手机都会损害人们的健康或造成灾难。
人机界面问题	屏幕太小、键盘不够大都是人们（尤其是老年人或视觉不太好的人）不愿意接受移动设备的原因。
复杂性问题	更多插件和更多功能导致很多人难以使用。

移动计算及移动商务中的失误

与许多新技术的命运一样，移动商务技术中也不乏败笔。许多企业也因此而倒闭。涉足其中的企业对此要有充分的准备，要从中吸取教训。

美国产业工会联合会（CIO）在鼓励广大企业继续开展移动电商的同时，提出了可避免的失败，参见 Goldschlag（2008）。

移动商务中的道德、法律、隐私保护、健康等问题

随着移动设备越来越多地用于社会生活和商务活动，新的道德问题、法律问题、健康问题等也冒了出来，需要个人、组织以及全社会认真解决。

商务活动中出现的一个问题是移动设备把员工们孤立起来。有的员工喜欢面对面的交流，而移动商务环境不需要这种面对面的交流，这对部分员工而言很难适应。

移动设备的这种个体活动模式在企业中也引发了新的道德和法律问题。许多员工不仅在单位里用电脑，家里也有电脑。这还比较容易把工作和家庭生活区别开来。但是，用手机操作就很难将两者区分开来，除非工作、生活使用不同的手机。"自带设备"（bring your own device，BYOD）这个概念迅速传播，同时也带来了一些管理、监督和安全问题。假设某一企业规定管理者可以利用内联网查阅员工的电子邮件，那么管理者是否可以监听员工利用工作手机进行的语音通信？后面将会继续讨论 BYOD 的问题。

尽管没有得到科学验证，但是许多人在担心手机辐射可能造成的健康问题（比如癌症）。手机成瘾也是一个问题。

道德、法律、健康等问题还包括监视员工的动向等。还有一个不可忽视的问题是在安装了移动电商设备的情况下，如何防止隐私被侵犯以及保护个人隐私。

隐私权保护。移动计算技术，尤其是位置服务、跟踪服务、电子标签、文境感知技术及其应用等技术问世以后，隐私侵犯问题就变得格外严重起来（第十五章主要讨论个人隐私问题）。

AT&T（2010）提出了发展移动商务的三步战略规划。

企业移动管理

据 TechTarget 公司的说法，企业移动管理（EMM）是"一个保护业务人员安全地使用智能手机和平板电脑的全方位策略"。它包括数据与接口安全、设备跟踪与配置以及应用管理（请浏览 i. zdnet. com/whitepapers/SAP_Enterprise_Mobility_for_Dummies_Guide. pdf）。当越来越多的员工带着他们的智能手机与平板电脑进入公司，并且使用这些移动设备时，对于企业来讲，应给予大力支持。此刻，移动管理将进入企业管理者的视野中。由于使用移动设备的人越来越多，对移

动计算进行管理成为一个重要的，又是非常棘手的问题。Greengard（2011）指出，管理者应该重视信息技术的安全和控制，更多地关注数据，而不是关注设备和员工。设备管理策略的原则，参见 Dreger and Moerschel（2010）。

移动管理一般包括以下 3 个方面的内容：

● **移动设备管理（MDM）**。一些公司允许该公司的 IT 部门管理、控制公司的所有移动设备。而有的公司只允许 IT 部门掌控自己的移动设备（参阅后面关于 BYOD 问题的讨论）。公司可以借助于一些特殊的软件进行移动设备管理。

● **移动应用管理（MAM）**。与 MDM 相类似，MAM 试图控制公司所有的应用程序。

● **移动信息管理（MIM）**。这是一个最前沿的领域，用来处理公司的云计算。

对于以上 3 种移动管理，请参阅 Madden（2012）。移动管理的第 4 个应用领域是：BYOD 和移动 App，下面做简单介绍。

BYOD 问题

在企业管理活动中，员工在公司使用移动设备的数量激增，管理者们将这种情况称为 BYOD，也理解成"慎用手机"。很多员工都喜欢在工作中使用自己的移动设备做与工作相关的事情（比如：用手机发邮件、旅程预订等）。员工们把自己的移动设备带到公司，进入公司的网络。BYOD 可能会节约公司成本。但另一方面，也会在执行方面出现很多问题，从安全问题到赔偿政策再到技术支持等（Reisinger，2013；Finneran，2011b）。同样，请参阅思科公司关于 BYOD 的解决方案。

关于 BYOD 的管理与控制方法有很多建议，Fiberlink（2012）提出了"BYOD 问题的十大戒条"。Gartner 咨询公司和 Forrester 研究公司对 BYOD 问题给出了很多免费建议、网上研讨会以及报告等。

移动 APP 与管理

据 WhatIs. com 的说法，一款移动 App 就是"一个软件应用程序，专为小型的无线计算设备而开发，如智能手机、平板电脑，而不是台式机或笔记本。移动 App 设计不仅必须充分考虑移动设备的需要与限制，还必须考虑移动设备的特定容量。比如，一款游戏 App 需要满足苹果手机的内置要求"（请浏览 whatis. techtarget. com/definition/mobile-app）。

移动应用在客户中和企业内部都非常受欢迎。比如，2013 年，苹果公司的应用商店里有约 100 万被批准的应用程序。McKendrick（2014）提出了 6 套方法，以期将更多的移动 App 植入企业内部。

构建自身的 App（build your own app，BYOA）。BYOA 呈现出一股日益增长的趋势：越来越多的用户而不是软件开发人员也来开发应用程序。遗憾的是，BYOA 面临安全问题的挑战。关于一个可行的移动应用程序实用开发指南，请参阅 Salz and Moranz（2013）。

其他管理问题

其他问题涉及移动管理问题。比如，Currier（2009）提出了投资回报率（ROI）的测量、移动平台问题、培训、预算与成本控制以及依据。其他问题包括整合问题、合作问题、沟通问题（Finneran，2011a）、平板电脑管理问题（Murphy，2012）、数据管理问题（Greengard，2011），以及移动战略问题（AT&T，2010）。

6.9 节复习题

1. 移动商务安全与电子商务安全有哪些相似之处？有哪些差异？

2. 从技术上看，移动商务有哪些局限性？

3. 从组织、健康、隐私权保护方面看，移动设备的应用会带来哪些潜在影响？

4. 什么是移动化管理？

5. 什么是BYOD？它面临的挑战有哪些？

6. 什么是移动App？为什么会如此流行？

管理问题

与本章内容有关的管理问题有如下几个方面：

1. **企业该制定怎样的移动商务战略？** 移动商务是由几个基本的市场要素构成的：对企业内部商务活动的支持；对现有电子商务服务的延伸；对供应商和其他业务合作伙伴的可用性；对越来越多的智能手机和平板电脑持有者提供更多的在线服务。要想在移动商务领域立足，首先要明确企业有关电子商务和移动商务的整体战略，明确首先需要从哪里突破，明确工作中的轻重缓急，明确支持这些策略和关键环节的移动技术（AT&T，2010）。

2. **有哪些企业在移动技术上走在了前面？** 从移动技术来看，确实有一些企业走在了前面。有些移动设备功能齐全，例如智能手机或平板电脑，因此能够脱颖而出，并且有可能保持不败。但是，有些移动商务的基础设施则并不看好，因为标准不一，设备不一，支持的硬件也是五花八门。若要解决这些问题，首先需要选择一个理想的基础平台，而且它还必须能够满足现有客户的需求。当移动商务在商务营销、支付、制造和服务领域变得日益流行时，移动电子商务应用却仍处于起步阶段。

3. **BYOD如何管理？** 当很多企业员工将自己的移动设备带入工作时，移动设备的管理变得越来越复杂。移动设备的生产来自于不同的生产商，使用不同的操作系统。因此，面对成千上万的App，公司需要一个好的制度和政策来管理BYOD。关于管理BYOD的综合策略，请浏览cisco.com，搜索"BYOD Smart Solutions"（BYOD解决良策），参见Reisinger（2013）。

4. **开启移动电子商务是明智之举吗？** 移动电子商务仍处于起步阶段，未来的发展难以预测，因此目前在实验中使用这一技术是比较明智的。考虑到它的几个驱动因素和潜在利益正在迅速增长，用户需要初步进行可行性研究，寻找最有前途的应用，然后进行小规模实验。

5. **移动商务的应用应该从哪里开始？** 尽管移动商务（尤其是基于位置的商务服务）有着自己独特的地方，但是移动商务归根结底还是商务活动，其基本要素是相似的，例如投资回报、成本效益分析、降低成本、提高效益，等等。因此，企业因为在很多场合（例如支持移动作业、车队司机、仓库管理员）使用了移动商务而取得了最高的回报。尽管如此，企业的管理者还是需要思考移动技术的使用是否十分合适。移动商务平台在年轻人中有很大的市场，但是，移动商务的普及并不平衡。韩国、日本的普及率最高，而有些国家尽管移动通信基础设施很先进，但是普及率却很低。移动商务实施也包括移动设备管理的相关内容。

本章小结

本章涉及的电子商务问题与前面提到的学习目标一一对应。

1. **移动商务的概念、增值属性及驱动力。** 所谓移动商务是指利用无线通信网络开展的商务活动。移动商务是电子商务的发展和延伸。企业只要充分利用移动商务的各种特征（例如普适性、便捷性、互动性、个性化、本地化，等等）就能改善客户的价值诉求。移动设备使用的人多了，移动商务的发展也会很快。此外，年轻人中的"手机文化"、客户对服务的更高要求、商家的新型促销活动、移动设备价格的下降、移动作业人群的增加、移动设备功能的改善、带宽的提高等因素都促进了移动商务的发展。

2. **促进移动商务发展的移动计算环境。** 移动计算环境是由三个部分构成的，即移动设备、无线网络和服务。移动计算设备的功能和大小差异很大，但是，如今的一个发展趋势是多功能合一，目的是克服适用性弱（例如屏幕小，带宽窄，信息输入慢，等等）的缺点。尽管有不少缺点，但移动设备还是为人们提供了各种服务，例如短信通信、语音通信、基于位置的服务，这些都是传统的电子商务难以企及的。

3. **移动通信网络的4种类型**。移动设备用无线的方式与网络或其他无线设备连接。其形式可以是个人之间的连接、本地连接、大都市内连接或更大范围内的连接。蓝牙、手机通信网（WWAN）、无线本地连接（例如 WiFi）都是无线网络的实际应用，也广为人知。而更大规模的应用，例如 WiMAX 等，则较少被人所了解，但是它们将会得到更加广泛的应用。

4. **移动商务在理财服务中的应用**。金融领域中的许多电子商务应用（如电子银行）都可以延伸到移动设备上。大多数无线移动商务应用都是有线商务活动的新形式，例如短信、移动网络系统等。移动电子银行、移动支付等都是很好的例子。越来越多的银行能够让客户通过移动设备进行付款、查询账户余额、比较银行服务、在移动设备上转账或查询附近的自动取款机，等等。

5. **移动技术在企业中的应用**。移动商务主要用于支持各类员工（例如销售人员、维修人员和现场操作员）的工作。还可以应用到企业的移动客户关系管理、存货管理、利用移动设备进行劳动分工，等等。对于大多数的企业来说都是投资的理想渠道，至少在短期中是如此。移动技术还可以应用于其他领域，例如船队、运输管理和仓库应用等情况。

6. **移动商务创造的娱乐及消费者服务**。移动商务中发展最快的是移动娱乐活动，例如利用移动设备听音乐、玩游戏、发布个人感兴趣的内容，等等。其中，移动音乐占据了最大的比重，但移动视频是增长最快的。发展得快的领域还有利用移动设备开展体育活动。移动服务项目包括保健、宾馆预约、公共安全、预防犯罪、家庭安保等。

7. **移动定位商务的技术和应用**。定位商务指的是利用定位设备（例如 GPS）判断客户的位置，然后向客户提供商品和服务。提供定位商务服务的企业一般会关注许多因素，例如判断客户的位置、导航、跟踪客户的行为、编制客户地图、制定时间表，等等。这类服务主要涉及5个基本要素：移动设备、通信网络、定位设备、应用服务供应商、数据或内容供应商。在这5个要素中，格外重要的是定位和数据，尤其是地理信息系统（GIS）。尽管人们都看好定位商务，但是它的发展依然受到种种制约，例如，移动设备的精确度、移动应用的成本效益、网络带宽、隐私侵犯，等等。

8. **普适计算及感官网络**。物联网（IoT）已经来到我们身边，新型的、无处不在的微处理器也在我们身边时隐时现。这些网络的形式各异，使得智能应用成为现实。这些微处理器与感应系统连成一体，为智能应用，例如智能电网、智能家庭、智能大楼、智能汽车等创造了条件。

9. **谷歌眼镜、无人驾驶汽车和移动 App**。当无线可穿戴设备能够连接互联网、提高企业生产率时，它就变得越来越重要了。无线可穿戴设备优化了商业程序；简化了沟通渠道；大大解放了人们的双手，使得生产效率大大提高。可以通过声音和大脑控制无线可穿戴设备。无线可穿戴设备的主要利润来源是它可以接入互联网。谷歌眼镜（类似于智能眼镜）是市场上广受关注的一款可穿戴设备。一方面，谷歌眼镜可以提升生产效率，但是另一方面人们担心它会侵犯个人隐私。同样，无线可穿戴与其他移动设备对于智慧城市的构建是比较重要的。智慧城市设计的主要目标是：既要满足广大市民的公共服务需求，也要提高生活质量。

10. **移动商务实施中的安全及其他问题**。移动商务应用的潜在利益是不言而喻的，但是，实施过程中也面临着各种挑战，例如，技术不兼容、网络空隙、互联网造成的问题、移动网络速度跟不上、移动设备的管理漏洞、移动网络带宽不够，等等。移动计算环境还造成了独特的安全问题，例如多个网络中信息传输的安全问题。从技术上看，最大的挑战是设备的适用性问题。最后，还有道德、法律、健康等问题，这些都是伴随着移动计算而出现的问题，尤其在工作场所中更是如此。

讨论题

1. 移动商务从哪些方面延伸了电子商务应用？

2. 本章中所提到的移动商务面临的局限性有哪些会在近期对其发展产生负面影响？有哪些局限性会在近5年内消失？哪些不会消失？

3. 自动驾驶汽车有哪些优势与劣势？

4. 移动网银的发展依赖于哪些因素？

5. GPS 与 GIS 有什么相关性？

6. 与有线的电子商务相比，无线移动商务有哪些优越性？

7. 为什么说定位服务需要以法律作为基础保障？

课堂论辩题

1. 在社交网络上开展移动商务有哪些潜在的利益？有哪些不利因素？

2. 讨论移动商务的战略优势。

3. 谷歌收购了 AdMob 公司（google. com/ads/admob）的部分股权，目的是为了应对苹果公司的 iAd 战略措施。从战略上看，两者的优势各表现在哪里？

4. 讨论企业追踪员工活动轨迹的利弊。跟踪员工或他们的汽车会产生隐私侵犯的问题。请分析利弊。

5. 讨论企业在上班时间是否有权查阅员工的电子邮件以及语音通话信息。

6. 移动商务在酒店管理中的应用如何？讨论是否有必要对纸质菜单进行改进。

7. 阅读 Sutter（2010）。讨论基于 GPS 系统数据的优势与风险。

8. 查找关于 EcoRebate 的优惠课程（见 ecorebates. com）。解释与 LBS 的关系，写一份报告。

9. 研究谷歌眼镜的发展过程，写一份报告。关于谷歌眼镜的详细内容请浏览 redmondpie. com/the-evolution-of-google-glass-in-two-years-since-its-inception-im-age. 移动设备给使用者带来哪些优势？（请浏览 golocal-worcester. com/business/smart-benefits-visvion-coverage-for-google-glass-is-clear。）

10. 查找 IBM 公司提出的"智慧城市"的相关信息。这些城市将会对城市居民有哪些实质性的好处？（请浏览 ibm. com/smarterplanet/us/en/smarter_cities/o-verview。）

11. 查找有关思科公司提出的"BYOD 解决良策"的内容。阐述它的优势何在。讨论该方法用于医药企业或者小企业是否可行。（请浏览 cisco. com/web/solu-tions/trends/byod_ smart_solution/index. html。）

12. 查找有关"物联网"的最新应用，并讨论其实用价值。

13. 在实体商店中，店内记录消费者活动轨迹的数量大幅增加。阐述其可行性与优势，及是否有必要对消费者利益进行保护（比如是否有权选择不参与）。在什么情况下，允许记录消费者活动轨迹？

网络实践

1. 查找有关 4G 的内容，可以在谷歌上搜索，也可以查找有关 Verizon Wireless 的内容（请浏览 verizon-wireless. com/wcms/consumer/4g-lte. html），并写出一份关于 4G 使用现状的报告。

2. 假设有企业要你编写一份本地 WiFi 网络的分布指南。有些网站上可以查询相关信息，例如 hotspot-lo-cations. com。请列出这样的网站名称与特点。

3. 市场调研机构 Juniper Research 公司编写了许多白皮书，介绍了各种移动娱乐市场，例如移动游戏等。请登录网站 juniperresearch. com 并下载一份白皮书。请你选择一种娱乐市场并按照白皮书的内容写出一份摘要。内容包括市场规模、主要厂商、影响该市场发展的因素、未来的发展趋势，等等。

4. 浏览网站 gpshopper. com。该企业提供怎样的产品或服务？再浏览 jiwire. com/advertisers/ad-solutions/compass-audience。请比较它们的产品和服务，撰写一份报告。

5. 谷歌地图为移动设备提供哪些服务？了解谷歌的短信等功能。谷歌地图与定位商务有哪些关联？就此撰写一份报告。

6. 请浏览 mobile. fandango. com，找出哪些服务是提供给移动客户的，撰写一份报告。

7. 请浏览 IBM 公司的智慧城市项目（smartercities-challenge. org）。找出与智慧城市相关的最新内容。查找 MIT 传媒的城市科学化项目（cities. media. mit. edu），找出它的最新项目工程。最后，进入欧洲智慧城市（sm-artcities. eu）。写一份关于最近较大的智慧城市项目的报告。

8. 请浏览 ehow. com，了解该网站如何与谷歌合作，用 GPS 对手机进行定位。这种功能有什么作用？

9. 进行谷歌搜索，比较一下平板电脑与台式电脑之间的区别，写一份报告。

团队合作

1. 为导入案例设计的作业。

请阅读本章开头的导入案例，并回答下列问题：

a. NeverLost 公司提供的 GPS 定位服务每天收费 13.99 美元。其实智能手机（iPhone 或 iPad）等设备有着相同的功能。那么，企业值得购买 NeverLost 公司提供的 GPS 定位服务吗？为什么？

b. 哪些应用是移动娱乐？哪些应用是移动客户服务？

c. 导入案例中有哪些应用属于财务领域？哪些属于营销领域？

d. 赫兹公司引入移动应用程序有什么好处？

e. 作为赫兹公司的客户，对于公司能时刻了解你所处的位置，你有怎样的感受？

f. 查找并比较 Hertz Fleet with Eileo 公司与 Zipcar 公司，写出一份报告，可预先浏览 trefis. com/stock/zip/articles/112405/is-hertz-fleet-with-eileo-a-big-trouble-for-zipcar/2012-06-29。

2. 每个团队了解一家生产移动设备的厂商（例如诺基亚、京瓷、摩托罗拉、谷歌、黑莓等）。了解一家公司提供的移动产品的功能和售价，在班级里陈述，目的是说服班里的同学购买该品牌的移动设备。

3. 每个团队了解如下某个领域里的移动商务商业应用：金融服务（包括银行、证券、保险等）；营销；旅游和运输；人力资源管理；公共服务；医疗卫生。然后将了解到的信息向班级同学陈述（请浏览 sociomine. eu）。

4. 每个团队了解如下某个领域里的移动计算应用：家庭、汽车、家电，其他消费用品（例如服装）。了解嵌入式微处理器如何使用，将来如何用来支持消费服务。然后将了解到的信息向班级同学陈述。

5. 台式电脑在企业中广泛应用。查找出其主要有哪些应用，例如 IT 需求、支持、必要的安全、效率问题等。

6. 印第安纳大学有 8 个校区、11 万学生、1.8 万多

员工，还有其他教职工。信息系统包括解决 BYOD 移动设备的使用问题。浏览 citrix. com/products/enterprise-mobility. html，阅读与印第安纳大学相关的内容。观看视频 "Indiana University Customer Story"（《印第安纳大学的客户经验之谈》，时间长 2 分 28 秒），查找有关印第安纳大学如何对移动设备进行安全管控的内容，写一份报告（请登录 uits. iu. edu/page/bcnh，从大学的 IT 服务开始）。

7. 在无线网络的城市中，人们的沟通效率大大提高，同时也降低了数字信息的相对独立性。查找关于无线城市或智慧城市的研究报告与应用研究。将此作为班级讨论的话题，比较不同团队之间对此话题的观点的不同之处。

8. 请浏览 youtube. com/watch? v = 398EztRwPiY，观看名为 "Technology Advances Fuelling M-Commerce Today"（《技术的进步助力移动商务的发展》）的视频（时长 7 分 43 秒），并回答如下问题：

a. 移动商务提供了怎样的电子商务服务？

b. 移动商务在零售业有怎样的作用？

c. 解释移动商务战略的缺乏和移动商务战略广受欢迎之间的矛盾。

d. 移动商务在市场上的应用为什么有很大的差异？

e. 零售企业为什么愿意在移动商务技术上投入这么多经费？

f. 移动商务在零售业竞争中有什么影响？

g. 对移动技术的管理有哪些困难？

h. 移动支付有哪些优势？

i. 移动支付主要有哪些方法？有哪些大的企业参与其中？

 章末案例

摩托罗拉公司：一家医院与工厂的无线解决方案

摩托罗拉公司（motorola. com）是全球最大的移动公司之一。该公司的业务内容分类如下。

产品与服务

公司主要产品。 2014 年摩托罗拉公司主要为企业提供的产品有：条形码扫描器、自助售货机、移动电脑设备、平板电脑、无线射频识别产品、原始设备制造（OEM）产品、双向无线电和传呼机、企业语音和数字服务以及无线局域网。

关于摩托罗拉公司的更多细节、利润以及案例研究，请参阅《摩托罗拉企业解决方案》（请浏览 motorolasolutions. com/US-EN/Enterprise＋Mobility）。

无线技术产品解决策略。 2014年摩托罗拉公司解决了很多有关无线技术的问题，主要包括：室内定位、远程接口、无线声控、移动应用服务、BYOD、云无线技术、无线视频技术和移动数据卸载技术。

无线路由器产品主要有：网络接口、管理设备与安全性设置。

关于摩托罗拉公司的该项目的更多细节、利润以及案例研究，请参阅《摩托罗拉无线解决方案》（请浏览 motorolasolutions. com/US-EN/Business＋Product＋and＋Service/Wireless＋LAN）。

为行业提供服务。 摩托罗拉公司为各种行业提供服务，包括制造业、零售业、旅游行业、保健行业、教育行业、公共事业、石油行业、运输物流行业以及大规模配送行业。

 实际案例 1

加拿大多伦多北约克区总医院

该医院是多伦多大学的一所附属医院，拥有3所教学医院，5 000名员工、医生和志愿者。为了提高医疗质量（如确保患者能够正确用药），医院引进了电子健康系统，其中包括著名的无线子系统。

该院引进的系统，被称为 eCare 系统。该系统基于两大技术：无线网络系统与先进的移动电子看护系统。比如：系统包括一个计算机化的订单条目提供商、一个高速电子用药管理系统、通信系统以及网络安全系统。所有这些保证了病人看病的安全性与医疗质量。这套系统的平稳运行需要医院所有员工的协作。请浏览 motorolasolutions. com/web/Business/Solution/Industry％20Solutions/Healthcare/documents/static_files/MOT_North_York_General_Hospital_CaseStudy_EN_073012. pdf，阅读此案例。请浏览 motorolasolution. com/US-EN/Business＋Solutions/Industry＋Solutions/Healthcare，了解摩托罗拉在医疗保健行业的解决方案。

 实际案例 2

日本淀桥相机公司

该公司是日本最大的零售电商巨头之一，拥有19家店铺，提供的产品数量超过85万件，且每天都有新产品出现。公司拥有上百家产品的供应商和分销商。库存水平必须满足顾客的需求，同时也要避免失去市场。有效的供应链管理、仓库管理以及库存管理是公司成功的关键因素。

该公司使用的无线射频仓储管理系统是摩托罗拉公司设计的。该系统能够实现实时操作。在供应商包装时，就已经在产品包装箱上粘贴无线射频条码。商品在入库时就被 RFID 读取器检测到，读取到的条码信息将会被自动传送到仓储管理系统。这样便能减少仓储程序成本，实时进行信息传递，大大降低库存管理相关问题以及增加了顾客满意度与销售量。

资料来源：摩托罗拉公司网站。"Electronic TLC：Toronto Hospital Increases Patient Safety with eCare Project"和"Yodobashi Camera Deploys Warehouse Management"（2014 年 5 月数据）。

思考题：

1. 请浏览 motorolasolutions. com，查找与酒店管理、游船管理、销售自动化以及教育相关的案例，阐述无线系统与这些案例各自的关系。

2. 阐述淀桥公司如何在包装上贴条码。利用谷歌搜索其他公司在条码上的一些内容。

3. 多伦多北约克总医院是如何增强整个医院的医疗安全性的？

4. 查找摩托罗拉公司的竞争对手提供的企业应用案例，撰写一份报告。

在线补充读物

W6.1　电子商务的驱动力

W6.2　具有代表性的移动设备清单

W6.3　移动办公和移动商务支持

W6.4　应用案例：Nextbus 系统提供一流的客户服务

术语表

Bluetooth：**蓝牙**，一套能在短距离内交换数据的无线技术标准。

Context-aware computing：**情景感知计算**，一种能够预测人们的需求并提供实施选项的技术（有时甚至在终端用户作出请求之前）。

Enterprise mobility：**企业移动性**，使移动计算应用于企业内部的人和技术（如，设备和网络）。

Geographical information system（GIS）：**地理信息系统**，一种以计算机为基础的系统，其功能是捕获、存储、分析和显示与地理相关的数据。

Geolocation：**地理位置定位**，通过连接到网络的移动设备对用户进行定位。

Global positioning system（GPS）：**全球定位系统**，美国拥有的实用工具，为用户提供定位、导航、定时（PNT）服务。该系统由三个部分组成：空间段、控制段和用户段（根据 2014 年 2 月最新版的 gps. gov）。

Google Glass：**谷歌眼镜**，一种可穿戴、受声音控制的安卓移动设备，外形像一副眼镜。

Interactive voice response（IVR）：**交互式语音应答**，一种语音支持应用系统，支持用户借助于计算机系统，通过电话（任何种类均可）来请求和接收信息，实现交互。

Internet of Things（IoT）：**物联网**，很多嵌入式微处理器的对象（人、动物、物品），大多以无线的方式连接到互联网。

Location-based m-commerce（l-commerce）：**基于定位的移动电子商务**，使用定位系统，比如带有 GPS 功能的设备或类似的技术（如三角测量站），找到客户或对象的定位并提供相关服务，如广告或车辆路径优化。

Location-based service（LBS）：**定位服务**，基于移动设备的电脑服务，利用用户移动设备（如手机跟踪）的定位信息为用户提供服务（广告商可针对特定区域做广告）。

Mobile app：**移动应用程序**，一个软件应用程序，专门用于小型、无线计算设备的开发，如智能手机和平板电脑，而不是台式机或笔记本电脑。

Mobile banking（m-banking）：**手机银行**（移动银行），通过移动设备处理银行业务（主要通过短信或移动网站）。

Mobile commerce（m-commerce；m-business）：**移动电子商务**，利用移动设备和无线网络进行电子商务。

Mobile enterprise：**移动企业**，企业在企业内部及其业务伙伴中运用的移动应用程序，以提高员工、设施和相关供应链的运作。

Mobile entertainment：**移动娱乐**，任何通过移动设备的无线网络或与移动服务提供商进行交互的娱乐。

Mobile portal：**移动门户**，从移动设备到互联网的门户。

Mobile worker：**移动工作人员**，任何离开主要工作地点每周至少 10 小时的雇员（或工作时间的 25%）。

Multimedia messaging service（MMS）：**多媒体信息服务**，一种新型的无线通信，向移动设备提供丰富的媒体内容，如视频、图像和音频；MMS 是短信的拓展（没有短信"捆绑"的额外收费）；允许发布比 SMS 更长的短信息。

Personal area network (PAN)：**个人区域网**，能提供短距离的设备与设备之间的无线连接网络（最远距离是 60 英尺）。

Personal digital assistant (PDA)：**个人数字助理**，独立的掌上电脑，可提供用户的通讯录和日历，支持计算和一些桌面应用程序，如文字处理和电子表格。新版本还支持多媒体应用，可以播放音频和视频文件。

Pervasive computing：**普适计算**，将计算能力嵌入环境中，但通常是不移动的。

Radio frequency identification (RFID)：**射频识别**，一种短距离无线射频通信技术，可以无线识别、跟踪连接到识别对象的标签。

Real-time location systems (RTLS)：**实时定位系统**，用于跟踪、实时识别对象位置的系统。

Sensor network：**感应器网络**，分布在特定空间中（例如，制造工厂或橘子林）的一组传感器，可以监测、记录环境条件，并分析收集的数据。

Short message service (SMS)：**短消息服务**，支持在无线设备间传送短信（多达 140~160 个字符）的服务。

Smartphone：**智能手机**，一种具有网络接入和电脑功能的移动电话。

Smart grid：**智能电网**，利用数字技术管理的电力网。

Social location-based marketing：**社交定位营销**，当用户实时与供应商分享他们的位置时，通常在社交媒体环境中产生的社交营销。

Ubiquitous computing (ubicom)：**普适计算**，嵌入到相关系统中的计算能力，通常是不可见的，可能是移动或固定的。

Voice portal：**语音门户**，具有音频界面，可以通过电话访问的网站。

WiFi：**无线局域网**，描述无线网络技术的常用名，也被称为 IEEE 802.11（如 802.11g）。

WiMAX：**全球微波接入互操作性**，一种阳离子标准的无线通信，可以提供相对快速（如，从 75 Mbps 到数兆赫）的宽带接入，涉及的区域多达 31 英里（50 千米）的中等规模。

Wireless Application Protocol (WAP)：**无线应用协议**，利用移动设备实现网络浏览的技术方案。

Wireless local area network (WLAN)：**无线局域网**，一种无线通信网络，类似于有线局域网，不过是无线的。

Wireless mobile computing (mobile computing)：**无线移动计算**，一种计算解决方案，可以在任何连接到无线网络的地方，使用移动设备进行计算。

Wireless wide area network (WWAN)：**无线广域网**，可以提供最广泛的无线覆盖的电信网络；依靠的是与手机一样的网络技术。

第七章

社交商务、社交营销和广告

学习目标

学习目标

1. 社交商务的定义、产生根源及演变；

2. 社交商务的范围，驱动力，以及主要形式；

3. 社交网络的优势和局限性；

4. 社交购物的主要类型；

5. 社交网络中的广告和促销；

6. 社交网络对客户服务、客户支持、客户关系管理的支持与促进。

|导入案例| 索尼公司：如何利用社交媒体改进客户关系管理

索尼（Sony）是消费类电子产品的巨型生产商，在过去几年的经营状况不是很好。如今，该公司开始使用社交媒体改进这一局面，初步取得了一定的成效。

存在的问题

索尼公司（sony. com）面临着来自三星（samsung. com/us）、夏普电子（sharpusa. com）、LG 电子（lg. com/us）以及其他大型跨国公司的激烈竞争。在近年来经济增速放缓期间，这一竞争已经白热化。结果导致从 2008 年到 2012 年，该公司的经营收入每年都在下降。尤其是在 2009 年和 2012 年公司损失惨重，索尼公司股价从 2010 年和 2011 年的每股 35 美元降到 2012 年的每股 9.57 美元。伴随着东京证券交易所的复苏，2013 年大多数股票价格开始上涨。作为一个非常成熟的市场，消费类电子产品的质量和价格差异不是很明显。因此，该领域的竞争主要集中在客户服务上，希望在这方面实现差异化竞争优势。索尼正在试图利用社交媒体实现这一目的。

解决方案：社交媒体计划

索尼公司为提高客户服务质量实施了社交客户关系管理。根据 Jack（2013）提供的资料显示，索尼公

司主要通过社交渠道联合开展了客户支持服务和直复营销计划。索尼的客户体验管理团队在推进着各项举措。该团队建立了索尼的社区网站（community. sony. com），为客户提供信息和帮助。该网站上包括思想交流版块、讨论组、博客、推特交流版块以及其他内容交流版块。此外，该网站还为企业进行市场推广活动。

下面是企业采取的一些主要活动，大部分是在索尼欧洲实施的。

● 社交社区；一些社区针对具体的产品，还有一些是以所有的索尼品牌为对象。公司的员工和客户都参与到这些社区中。他们在社区中可以互相提供帮助，并共享一些反馈的信息。提供客户服务的雇员会"倾听"客户的声音，并利用这些信息改进服务。

● 公司在 YouTube 上为客户提供索尼产品的使用培训视频。

● 使用 SAP 公司的 Lithium 社交网络软件，对相关网络站点上的回复和评论（包括好的和坏的）进行搜集。这些信息有助于索尼完善经营、解决问题、捕捉商业机会。

● 在索尼的社区网站上，有一个特殊的"客户关系"版块，作为公司的核心社交网络，方便客户进行

交流。

● 公司在脸谱上创建了 Facebook Support Community（脸谱社区，facebook. com/sony），在推特上创建了 Sony Support USA（索尼美国社区，twitter. com/sonysupportusa），Tumblr Support（sony. tumblr. com），以及在 YouTube 上创建的索尼支持频道"索尼收听"（youtube. com/user/SonyListens）。

● 公司员工在社区网站上，向顾客演示如何快速高效地解决问题。例如，网站上有一个"专家"版块用来解决 How To 视频上出现的问题，并提供相关的技术支持等（请浏览 community. sony. com/t5/Meet-Our-Experts/bg-p/experts）。

● 索尼利用其所有的社交媒体渠道（包括领英），积极主动地吸引用户，并及时为客户提供优质服务。

● 索尼电子利用图片社交平台 Pinterest 向社区成员发送产品信息（参见 Eckerle（2013）并浏览 ohsopinteresting. com/lessons-from-sony-on-pinterest）。

索尼搜集社交媒体上的交流信息，并进行敏感度分析（参阅第十章），以提高客户服务，改进产品质量和产品外观设计。注意，索尼正利用社交媒体活动（例如，2011 年举办的 CatchTheTablet 竞赛，请浏览 atomicpr. com/results/sony-catch-the-tablet）。此外，公司利用 Reevoo. com 提供的软件实现网站语言的自动翻译。

结果

在社交社区这一举措实施之后，企业对 2014 年的业绩抱有很大的期望。而实际上，很多成果已经实现。例如，根据 Jack（2013），新的交流模式使得网站的点击率提高了 22%，有些情况下甚至超过 100%。其他方面的成效主要有：

● 企业的客户信任度增加（Jack，2013）。

● 网页的浏览量、转化率、客户参与度（比如，发布信息）都提高了一倍（Jack，2013）。

● 客户服务与营销推广的结合为索尼带来了新的收入来源。

● 2014 年 3 月，公司推特上的游戏平台有大约 250 万粉丝，在脸谱上有 3 500 万粉丝。

资料来源：Jack（2013），Taylor（2013），Eckerle（2013），Riordan（2014）。

案例给予的启示

导入案例显示了索尼公司不仅能够利用社交网络进行广告和销售，还可以提供一流的客户服务。在竞争激烈的市场中，客户服务可谓是至关重要的战略工具。索尼公司利用社交网络、博客（例如，使用推特以及脸谱）完善了传统的客户服务体系，尤其专注于改进与客户之间的互动。利用社交媒体工具和社交平台提供的客户服务能够实现更好的互动性，更加及时和直接。另外，该系统真正实现了以会话为基础的交流平台。客户需要这种服务，同时这种服务也帮助企业走向成功。本章将主要讨论社交商务实施的基础、主要内容以及带来的益处。本章还将讨论社交购物、社交营销和社交客户关系管理。

7.1 社交商务：定义和演变

由于社交商务是一个全新的话题，且涉及多个专业和学科，因此目前对于社交商务的内容和界限还没有一个统一的描述。接下来，我们将提供一些实践定义。

社交商务的定义和特征

社交商务（social commerce）也被称作"社交业务"（social business），指的是通过社交网络开展商务活动。因此，也可以这样认为，那就是社交商务是电子商务的一个分支。更具体地说，社交商务就是电子商务、电子营销、支持技术和社交媒体的融合。如图 7.1 所示。该图解释了社交商务是基于 Web 2.0/社交媒体应用程序的电子商务和电子营销的融合。这种融合基于社会资本、社会心理、消费者行为以及在线协作等理论，这些理论促成了社交商务的一些实用程序的产生。

社交商务领域发展迅速。博斯公司（Booz & Co.）的调查显示，仅在 2011—2015 年间，社交

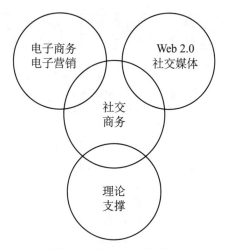

图 7.1　社交商务的基础

商务领域就实现了高达 300 亿美元的收入，增长近 6 倍。技术对此领域的发展起到了非常重要的作用，参见 Palnitkar（2013）。该领域的规模参见 Bennett（2013）的信息图表。

Wang and Zhang（2012）归纳了 11 种社交商务的定义，包括 Stephen and Toubia（2010）将社交商务定义为在基于互联网的社交媒体上积极参与营销活动，在网络市场和网络社区里销售商品和服务。有些专家把"社交商务"与"社交购物"区别开来。"社交商务"是将商家结合在一起，而"社交购物"则是将客户结合在一起。Dennison et al.（2009）介绍了 IBM 公司提出的"社交商务"概念——电子商务中的口口相传。Marsden（2009a）归纳了 24 种社交商务的定义，所涉及的概念包括"口口相传""可信的建议""借助朋友的帮助购物"，等等。

有关此话题的更多讨论，请浏览 bazaarvoice.com/research-and-insight/social-commerce-statistics 和 Baekdal（2011）。

社交商务的发展轨迹

在图 7.1 中，我们阐述了社交商务的基本思想。接下来我们来更详细地了解这些细节。

社交商务是多个领域的整合（见图 7.2）。例如，Marsden and Chaney（2012）解释了社交媒体如何促成销售，如何促进社交商务的应用。

正如前面所述，社交商务发展的一个主要基础是 Web 2.0 技术。该技术的商业化应用包括社交网络的活动，以及对社交软件（例如博客、维客）的应用。另外，经济的全球化也推动了社交商务的发展，因为在此背景下，更需要员工、合作伙伴和客户（有时甚至是全球范围内）的分工与协作。Web 2.0 技术的应用为这种协作创建了高效的平台。

移动计算和智能手机的快速发展和增长也促进了社交商务的发展。因此，移动商务也是社交商务的基础，比如定位应用、虚拟社区、虚拟世界和消费者/企业网络。社交商务也依赖于沟通和协作的理论。

社交商务的侧重点在于其营销定位。传统的网络营销活动始于 20 世纪 90 年代中期，企业开始创建自己的网站并使用邮件进行产品宣传以促进实体销售。随着网络的发展，营销人员开始利用互联网开展电子商务。而在此之前，营销人员一直控制着品牌信息，向现有客户和潜在客户继续进行广告宣传和单向的信息传递。随着社交媒体的出现，营销传播转变为与网络用户之间的交流，许多营销战略也不断发展或转变为社交商务支持型。

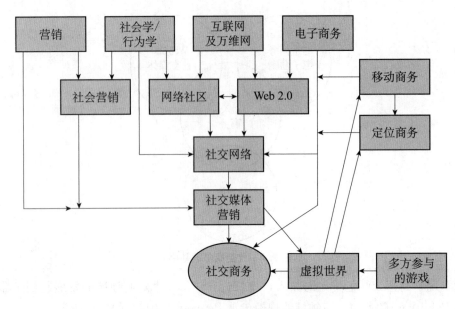

图 7.2　社交商务是多种活动的融合

注：社交营销最初的意思是将营销战略和策略应用于社会事业，比如美国心脏协会。这个概念与利用社交媒体开展营销活动无关。然而，今天的专家和学者所说的社交营销就是指社交媒体营销。

市场营销、技术、消费者和管理者的不断变化为社交商务的发展提供了基础，正如它们促进了电子商务的发展一样。我们归纳了社交商务和电子商务的主要区别，如表 7.1 所示。

表 7.1　　　　　　　　　　　　　电子商务和社交商务的主要区别

属性	电子商务	社交商务
主要目标	达成交易	社会交流
主要活动	发布信息	参与交流
内容主体	公司产生信息	用户生成信息
问题解决方式	公司专家、咨询顾问	众包
协作方式	传统的、统一方式	依托 Web 2.0 工具
产品信息	网站上的产品说明	用户的产品评论
交易市场	电子零售商（例如亚马逊）和直营店（例如戴尔）	社交网络（脸谱商务），协作市场
定位	大众营销，细分市场	行为目标定位，微细分
CRM	卖方或制造商提供支持	用户、供应商以及员工等的社会支持
网络营销策略	网站销售	多渠道策略，在社交网站上直销
集成方式	系统集成	混搭和系统集成
数据管理	报告和分析	分析

关于社交商务的发展史，请浏览 socialtimes. com/social-commerce-infographic-2_b84120。

7.1 节复习题

1. 如何界定社交商务，并列举其主要特征？
2. 社交商务的发展轨迹是什么？
3. 社交商务和电子商务的主要区别有哪些？

7.2 社交商务面面观

社交商务是一个色彩纷呈的经济领域（Solis，2010）。

社交商务的主要内容

社交商务是一个色彩纷呈的经济领域（Marsden，2010a；Liang and Turban，2011/2012）。它的主要表现形式是利用社交媒体进行的网络营销，尤其是营销沟通、广告技术、促销活动以及公共关系管理等活动，人们一般笼统地称之为社交媒体营销活动。但是，如今这一领域又涌现出各种新的表现形式，尤其是企业中的社交商务，人们将其称为社交企业或企业 2.0。Liang and Turban（2011/2012）对形形色色的社交商务进行了归纳，如图 7.3 所示。但本节中我们只介绍其中的几种。其他各种表现形式，我们将在其他章节中介绍。表 7.2 列出了主要的社交网络工具，表 7.3 列出了其他软件工具和开发平台。

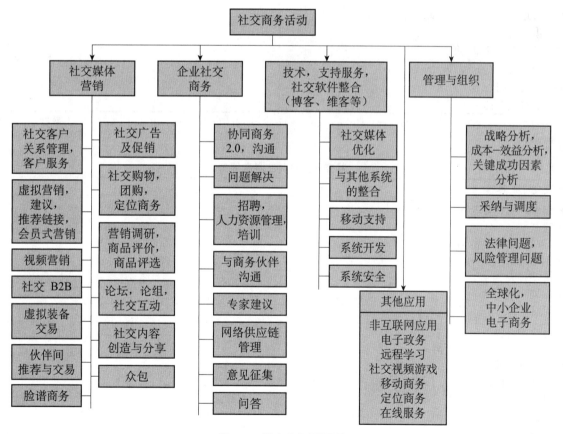

图 7.3 社交商务面面观

表 7.2   **社交网络软件工具**

在线交流工具	新兴技术
● 即时消息接发	● 对等的社交网络
● VoIP 和 Skype	● 虚拟存在

● 文字聊天	● Web 2.0 下的移动工具
● 协同实时编辑	**个体消费者工具**
● 网络论坛	● 个性化
● 博客，视频博客，微博（推特）	● 定制化
● 维客	● 搜索
● 协同实时编辑	● 剪切工具
● 市场预测	● RSS 资讯
服务类型	● 文件共享
● 社交网络服务	**Web 2.0 开发工具**
● 商业和专业的社交网络	● 混搭
● 社交网络搜索引擎	● Web 服务
● 企业社交网络	
● 社交指南	
● 多媒体共享（YouTube）和照片（Flickr）	
● 社交书签	
● 社交引文	
● 社交库	
● 虚拟世界和大型多人在线游戏（MMOG）	
● 非游戏世界	
● 其他的专业社交应用	
● 社交游戏（Zynga，Electronic Arts）	
● 政治与新闻	
● 内容管理工具	

资料来源：en. wikipedia. org/wiki/social-software，en. wikipedia. or/wiki/list-of-social-software（2014 年 6 月数据），以及作者的经验。

表 7.3   **社交网络软件工具和服务**

在线交流工具

● 博客，视频博客，微博（推特）
● 维基
● 即时消息接发和 VoIP
● 网络论坛
● 文字聊天
● 协同实时编辑

支持平台和应用程序

● 社交网络服务
● 商业和专业的社交网络
● 社交网络搜索引擎
● 企业社交网络
● 社交指南
● 多媒体共享（YouTube）和照片（Flickr）
● 文章共享
● 社交书签
● 社交引文
● 社交库
● 社交编录
● 虚拟世界和大型多人在线游戏
● 众包和创意产生

- 社交游戏（Zynga, Electronic Arts）
- 内容管理工具

新兴技术

- 对等的社交网络
- 虚拟存在
- Web 2.0 下的移动工具

私人工具

- 个性化
- 定制化
- 搜索
- 剪切工具
- RSS 资讯
- 文件共享

Web 2.0 开发工具

- 混搭
- Web 服务

注：有关详细的描述和案例，见维基百科提供的"社交软件"词条。

有关社交商务其他方面的内容描述，可以参阅"The Social Business Landscape"（《社交商务大观》，请浏览 enterpriseirregulars. com/23628/the-2010-social-business-landscape）。相关内容的详细讨论，参见 Marsden（2010b）并浏览 digitalinnovationtoday. com/new-presentation-social-commerce-opportunities-for-brands 的"Social Commerce Opportunities for Brands"。有关社交商务及其使用情况的统计数据请参阅"Social Commerce Statistics"（《社交商务统计》，请浏览 baza-arvoice. com/research-and-insight/social-commerce-statistics）。接下来我们将讨论社交商务的两大要素——社交媒体营销和企业 2.0。

社交媒体营销

社交媒体营销（social media marketing，SMM）指的是在社交媒体平台上，应用营销传播等手段开展营销活动。社交媒体营销有利于社交商务、打造品牌、维护品牌声誉以及建立长期稳定的客户关系等。

如今，在社交媒体的各项活动中，整合营销正以全新的方式应用着传统的营销手段，例如在病毒营销中。Web 2.0 技术的出现使营销人员能够直接接触到越来越小的目标市场，甚至是一些个人市场。例如，精明的商家会选择通过社交网络来打造品牌、处理问题或投诉，而不是通过将信息发送给记者的传统方式。通过社交网络，商家还可以与客户进行沟通交流，也可以进行市场调研。有关社交媒体营销传播的各个主题内容详见第四、五、六、七章以及 Singh and Diamond（2012）。

信息图表参见 Wood（2014）。

企业 2.0

社交商务的第二个主要类型是企业 2.0，通常也被称作社交企业。越来越多的企业开始在企业内部使用社交媒体，开展社交商务活动，例如在产生创意、解决问题、共同设计以及招聘等方面。

企业 2.0（Enterprise 2.0）有多种定义。McAfee（2006）第一次使用"企业 2.0"这个词条。

最初的定义与 Web 2.0 以及协作相关联。之后，McAfee 对此定义进行了多次修订。根据 McAfee（2009），最新的定义指的是"在公司内部，或在公司和合作伙伴之间，或在公司和客户之间使用社交软件平台进行……"

有关"企业 2.0"更多的定义和概念解释，请浏览 slideshare.net/norwiz/what-is-enterprise-20，阅读题为"What is Enterprise 2.0?"（《何为企业 2.0》）的幻灯片。相关组织机构每年都会召开数次关于"企业 2.0"的会议，所以其定义在不断地发生改变（请浏览 e2conf.com）。该组织将企业 2.0 和企业 1.0 进行了对比分析，并列出以下企业 2.0 所具备的特征：缓解信息流，敏捷性，灵活性，用户驱动内容，自下而上的沟通方式，全球化团队，模糊边界，更高的透明度，大众分类法（而不是使用分类系统），开放式标准以及按需开展（而不是预定）活动。此外，扁平化组织（而不是等级组织结构）以及更短的上市周期都是企业 2.0 的特征。

Web 2.0 的其他特征，参见 IBM（2011a）。有关社交企业的综述文章，参见 worldlibrary.org/Articles/Socialenterprise?&Words=socialenterprise。

更多关于企业 2.0 的内容，请参阅第八章以及 Chui et al.（2013）。

社交企业应用实例

有关社交企业的应用案例如下：

- 戴尔、索尼、IBM 以及很多其他公司都会向大量员工、客户和业务合作伙伴征求有关改进业务操作的想法和建议（例如，戴尔的 IdeaStorm 网站）。
- 50％以上的大中型企业都会利用领英和脸谱发布公司职位空缺，并寻找到合适的人才。
- 百思买利用基于推特的系统为客户提供最先进的服务。在这个系统中，有数千名员工在回答着客户提出的各种问题，有时候有些问题在短短几分钟之内便可以得到解答。

关于企业社交商务的获益和抑制因素的研究，参见 Forrester Consulting（2010）。

7.2 节复习题

1. 描述社交商务的主要内容。
2. 社交媒体营销的概念是什么？
3. 描述企业 2.0 的概念。

7.3　社交商务带来的利益和局限性

根据许多实践者和研究者的经验，我们发现社交商务正在对一些组织和行业产生显著影响（Palnitkar，2013），尤其表现在时装行业（Little，2013）。

一些调查结果（Leggatt，2010）已经证实，社交商务给企业带来了重大的经济收益和战略意义。参阅 IBM（2011b）的成功案例，也可访问 barnraisersllc.com/2010/10/33-case-studies-prove-social-media-roi 了解 67 个相关的案例研究。

社交商务带来的利益通常可以分为以下三种：带给客户的利益，带给零售商的利益以及带给其他类型的企业的利益。

社交商务带给客户的利益

社交商务的成功源于其能够为客户带来诸多利益。主要包括以下几点：

- 易于得到朋友和其他客户的建议（例如，通过推特、社交网络的讨论组以及产品评论网站）。相互之间的建议有助于增强客户的信心和信任度，方便客户作出产品和服务的购买决策。
- 客户可以得到较低的支付价格（例如，通过团购）。
- 能够更好地满足客户的特殊需求、期望、口味和意愿（例如，见第九章的应用案例 Netflix）。增加客户满意度的同时，能够缩短产品选择的决策时间。
- 方便客户应用社交商务技术。
- 社交商务与当代移动设备的生活方式相匹配。
- 增加与厂商之间的信任度（通过更紧密的关系）。
- 客户之间可以相互帮助（社会支持）。
- 客户可以从厂商那里获得更好的服务。
- 客户可以结识新朋友（例如，通过旅游）和进行在线社交。
- 在制定购买决策时，客户可以得到更全面的信息。
- 客户能够接触到企业无法触及的个人。

社交商务带给零售商的利益

零售商是社交商务的主体。例如，全球 40％以上的企业通过社交网络寻找新客户（Leggatt，2010）。此外，为了开发并维系客户，全球有 27％以上的企业在社交网络上投入了资金（Leggatt，2010）。

零售商从社交商务中得到的利益如下：

- 消费者可以提出各种意见和建议，例如营销沟通方案、产品/服务设计。
- 可以获得免费的口口相传的营销活动（见第三、四章）。
- 提高网站的浏览量，它可以为零售商带来更多的销售收入（参阅导入案例中的索尼公司）。
- 零售商利用协同过滤及其他的社交营销技术可以增加销售额（参阅第三、四章及浏览 trendwatching.com/trends/TWINSUMER.htm）。

这就是所谓的"twinsumer"（与消费者自己有类似消费模式和喜好的其他消费者）的概念。按照这样的概念，消费者都有这样的倾向，那就是"没有最好，只有更好"。这些消费者会在网络上提出各种建议，消费者会与和自己有着相似需求和偏好的人结为一体。社交商务带给零售商的更多利益，请浏览 youtube.com/watch?v＝1ByDmQICXs4，观看题为"Social Media Powerful Tool for Online Retailers"（《社交媒体——在线零售商的强大工具》，时长 4 分 8 秒）。

 实际案例

伯莱塔公司（Beretta Inc.）利用社交商务平台 ShopSocially，在其网店中引入了社交商务，

2013 年公司的收入增长了 15%。请浏览 digitaljournal. com/pr/1655392，参阅 2013 年 12 月 23 日题为 "Popular Firearms Manufacturer Beretta Hits the Bullseye on Social Commerce with a 15% Revenue Uplift"（《通过社交商务，著名的枪械制造商——贝雷塔实现15%的收入增长》）的新闻。

社交商务带给其他类型的企业的利益

社交商务除了能够帮助企业增加销量，提高收入，还可以通过以下方式为企业带来更多的利益（见第八章）：

- 能够接触到更多的候选人，实现高效的招聘。
- 能够借助于更多创新方式实现成本的降低，比如通过员工以及合作伙伴的集体智慧（见第八章众包的内容）。
- 有助于培养更好的企业外部关系，比如与合作伙伴以及分销渠道成员之间的关系。
- 有助于企业内部以及与合作伙伴之间加强协作、完善沟通［例如，可以通过使用博客、微博、维客，参见 McAfee（2009）］。
- 有助于培养更好的企业内部关系（例如，通过提高员工的工作效率和满意度）。
- 通过领英等类似的沟通平台，其他企业和专家可以为小企业提供免费咨询。
- 意识到社交商务系统的安装和操作成本通常不是很高。
- 能够较快地寻找到所需的专家，不管是在企业内部还是外部（例如，浏览 guru. com）。
- 能够在短时间内以较低的成本进行市场调研，并能够得到客户、员工和业务合作伙伴的反馈意见（参见第十章）。
- 有助于提高企业市场份额和利润（Bughin and Chui，2010）。
- 通过交流和社交媒体促销的形式树立企业品牌。
- 有助于通过对市场进行细分，实现以较低的成本接触到更细小的市场。
- 可以在线进行企业管理和品牌建设。
- 通过正面的口碑在网络上创建品牌社区。
- 增强客户服务和客户支持能力。
- 提高线上线下的客流量和销量。
- 通过关注客户的网上交流信息，有助于市场调研的开展。
- 提高企业和品牌在搜索引擎结果中的排名。

综上所述，社交商务能够为企业带来如此多的潜在利益（Chui et al.，2013），并且这些利益最终能够转化为企业的生产效率和企业价值（Bauer，2011），这些利益会成为企业的一种战略优势。我们认为这些利益最起码能够鼓励企业尝试开展社交商务。本书第四、五、六、七、八章介绍了关于社交商务的成功应用，参见 Bazaarvoice（2011）。事实上，社交媒体和社交商务的应用已经趋于全球化（Ran，2012）。

IBM 的利器之一：成为社交企业

既然社交商务能够给企业带来诸多好处，对于众多企业来说，就特别希望能够发展成为 IBM 所称的社交企业。**社交企业**（social business）是指"依靠网络上的社交人群而创造价值的企业"。

很多人认为这个概念等于社交商务的概念，其实不然。IBM 所称的社交企业更注重的是企业的结构和运营。IBM 和很多其他公司（特别是英特尔公司）正在不断地发展成为社交企业。成为社交企业，IBM（2011b）主要是想实现以下三个目的：

● **塑造一个高效的员工队伍**。职能部门的出现有助于提高员工的工作效率，通过改进知识获取方式、专业技能的学习、工作地点和协作方式，有助于提高员工的工作满意度。可以降低旅行、培训和电话会议带来的费用。此外，能够更好、更快且以较低的成本完成招聘工作。

● **加快创新步伐**。产品研发团队能够较快地产生创意、进行共同发现、实现信息共享和战略共享，同时也有助于从主要的客户和合作伙伴那里收集到反馈信息。

● **深化客户关系**。随着学习环境的改善，客服代表能够更高效地工作，并能够为客户提供高质量的服务。营销团队能够拥有更多的时间与客户进行交流，真正实现"以客户为中心"，从而加强与客户之间的关系。

此外，IBM 战略性地将社交媒体整合到企业的各个业务流程中（比如采购业务），为了支持这种整合过程的顺利实施，并产生满意的结果，企业正在开发一种组织文化。详情参见 IBM（2011a），并浏览 ibm. com/social-business-business/us/en。

新型或改进的商业模式

商业模式是指企业为满足消费者需求、获取收益和创造价值而采用的一种商业方法或手段。我们注意到 2011 年《哈佛商业评论》（*Harvard Business Review*）1 - 2 月刊专门就创新的商业模式发表了 5 篇文章，其中包括社交商务的若干专题。

社交网站催生了许多电子商务经营模式。有些模式是全新的，有些则是对传统电子商务模式进行的改进（例如，团购）。大多数社交商务模式都属于社交购物范畴，7.4 节将就此话题进行讨论。其他一些新的商务模式则属于企业商务范畴（见第八章）。下面是一些简单的实例：

● 社交购物的业务模式在社交媒体网站有一个"立刻购买"的窗口。

● 在线软件代理商能够将买卖双方联系到一起，比如 TripAdvisor 能够为用户提供在旅行网站上订购房间的服务。

● 内容赞助商，例如 YouTube 能够在网站上销售广告，支持产品内容开发。

● 众包模式，有助于企业设计出贴近客户的产品或品牌标志。

● 在社交网络上进行促销有助于增加公司网站的流量，如举办竞赛、折扣、免费下载音乐和软件。

● 基于位置的商务服务，如 Foursquare 提供的服务，7.5 节将会进行介绍。

● 在社交网站上进行招聘，例如领英。

● 博客、维客和众包有助于协作商务模式的开展（见第八章的案例）。

许多初创公司已经探索出了上述以及其他一些商务模式，例如，网娃（webkinz. com）围绕着虚拟宠物，为孩子们创造了一个宠物世界，成就了一个巨大的商业帝国。IZEA 公司（izea. com）——社交赞助商的先驱者，将广告商和社交媒体的内容创作者联系起来，为他们提供了一个交易市场（例如，博客）。

一些初创公司发展的欣欣向荣，并且在股票市场成功地进行了 IPO。比如一些著名的公司，脸谱、潘多拉、领英、人人网、Yelp、TripAdvisor、Zillow 以及阿里巴巴。

以营利为目的社交业务模式的发展潜力非常巨大。例如，wikia.com 正试图在众包社区上研发一种高级的搜索机制。一旦研发成功，谷歌将会面临麻烦。社交商务创造的商业机会参见 Moontoast（2013）。时尚产业的新模式参见 Knopf（2012）并浏览 businessfashion.com。社交媒体的策略力量参见 Bauer（2011）。

开展社交商务的注意事项和局限性

尽管社交商务给企业带来了各种机遇，但在其具体实施过程中，仍存在各种潜在的风险，也有可能会出现一些棘手的问题。例如，将新的系统整合到现有的信息系统中。所谓的风险通常指这样几个方面，例如：高层管理人员倡导实施社交商务的理由不够充分、安全问题、隐私保护问题、网络欺诈问题、法律问题、用户创建内容（UGC）的质量问题以及员工消极怠工等风险。在社交媒体的交流平台中以及在产品的评论网站上，公司还有可能面临着难以控制品牌形象和声誉的风险，这将会影响到企业产品的销量。根据 2009 年召开的企业 2.0 会议，采用企业 2.0 的主要障碍是：变革的阻力、投资回报率难以衡量、与现有的 IT 系统和安全系统的整合问题（见第十章）。Burnham（2014）报道的 2011 年 "Social Business Shifting Out of First Gear" 的调查结果显示，开展社交商务最值得关注的问题排名为：

(1) 安全责任风险；
(2) 执行的有效性；
(3) 系统集成问题；
(4) 投资回报率；
(5) 引进技术的应用能力。

7.3 节复习题

1. 列出社交商务带给客户的利益。
2. 列出社交商务带给零售商的利益。
3. 列出社交商务带给其他类型的企业的利益。
4. 描述新型或改进的社交商务模式。
5. 开展社交商务的注意事项和局限性。

7.4 社交购物的概念、利益和模式

有了社交网络，自然而然地就会出现社交购物。尽管购物在社交网站上刚刚开始，但其发展潜力是不可低估的。这一节将主要介绍社交购物的方方面面。

社交购物的定义和驱动力

购物本来就是一个社会性很强的活动。**社交购物**（social shopping，也有人将其称为 sales 2.0）是利用社交媒体和社交平台进行在线购物的一种形式。购物者在进行购买活动的时候，将自己的亲朋好友的意见加入自己的体验。社交购物也是将社交媒体与电子商务结合在一起。换言之，它是将社交媒体的各种关键要素（例如讨论组、博客、评价、讨论等）结合起来，一起促成购物

活动，并在购物之前、购物期间、购物后利用这些要素。

社交购物的概况，参见 Shin（2011），Turban et al.（2015）。

社交购物的驱动力

社交购物中出现的各种驱动力如下：

- 访问社交网站的众多用户，能够吸引广告商；
- 更容易获得朋友提出的各种意见和建议；
- 企业要应对越来越有竞争力的对手，以及越来越精明的社交客户；
- 社交客户利用网络查看评论和进行价格比对；
- 与业务伙伴进行合作的必要性；
- 利用新的商务模式提供大幅折扣（例如，限时销售）；
- 面向社会的商务模式（例如，团购）；
- 融入社交网络以后购物的便捷（例如，利用脸谱）；
- 利用推特和智能手机可以与朋友进行实时的沟通。

欲了解更多有关社交商务方面的内容，可以在谷歌里进行"社交购物"的检索。也可以参见 Kimball（2013）并浏览 webtrends. about. com/od/web20/a/social-shopping. htm。

社交购物的概念和内容

社交购物可以在各种环境中发生，例如社交网站（Polyvore，Wanelo）、厂商开设的社交门店、有些中介开设的门店（例如 groupon. com 网站）。买家是那些"社交客户"，他们喜欢社交购物这种模式，也相信这样的购物方式不容易上当受骗。社交购物的模式多种多样，这些模式既使用 Web 2.0 技术，也使用社交购物社区。社交购物主要在品牌服装以及相关的商品中进行。例如，一些网上零售品牌，如 Gap（gap. com），Shopbop（shopbop. com），以及 InStyle（instyle. com）。参与类似 Stylehive（stylehive. com）或 Polyvore（polyvore. com）的时装网络社区，目的是开展旺季最新款式的促销活动。购物者会登录购物网站（例如，Net-a-Porter 网站），在线购买一些名牌服装。他们也会登录购物网站（例如 ThisNext 网站），在社区里写文章、博客来介绍自己喜欢的品牌。有关社交商务实践中可能面临的问题，请浏览 digitalintelligencetoday. com/social-shopping-101-a-practitioners-prime。

可以通过以下两种基本方式开展社交购物：

1. 在现有的电子商务网站上添加社交软件、社交应用程序和新增一些功能模块（例如，投票）。

2. 在社交媒体和供应商的网店上添加电子商务功能（电子目录、支付网关、购物车）。

消费者愿意社交购物的理由

许多人在购物前都喜欢听听亲朋好友的意见。因此，人们倾向于从朋友那里得到购买的建议或使用所谓的"社区购物"概念。

社区购物（communal shopping），也称为协同购物，指的是一种购物方式。购物者将许多其他人召集在一起参与购买决策。由于购物者获得了更多意见，所以他们对自己作出的购买决策就更自信了（这种现象称为"从众效应"）。请浏览 bloomberg. com/video/eden-s-communal-shopping-experience-xvmRAIhTE2AZapKKd5aVA. html，观看名为"New Frontiers in the Communal Shopping Experience"（《共同购物体验的新趋势》）的视频（时间 2 分 58 秒）。

社交商务中的参与者

Gartner市场调研公司开展过对社交商务的研究（Dubey，2010），他们认为社交商务及电子商务活动中有如下参与者：

> ● **联络者**。联络者是指那些把各种不同人群联系在一起的人。他们与各种社会群体都有联系，并且乐意向亲朋好友介绍自己相识的人。联络者试图影响人们的购买决策。提供咨询的人和联系的人通常会扮演这一角色。
> ● **销售者**。与线下的销售人员一样，他们的主要任务是影响消费者的购买决策。他们一般有很好的人际关系，能够说服消费者购买某些商品。
> ● **搜索者**。向专家、朋友或购物专家寻求购买产品或服务的建议和信息的消费者。
> ● **购物专家**。他们在某一个领域拥有专业知识，得到行业人士的认可，但不是官方的专家。购物专家会为咨询者提供有关商品或企业正面或负面的信息。
> ● **自主决策者**。这些人在满足需求的时候主要靠自己的判断，不易受到别人的影响。
> ● **其他人**。大部分人其实并不属于上述任何一个群体。

对社交购物产生影响的人主要是朋友、其他消费者、销售者、联络者和购物专家。

社交购物给人们带来的利益

7.3节中已经列出了社交商务带来的诸多利益，这些利益在社交购物中基本上也是具备的。此外，社交购物还为人们带来了其他利益。例如：

> ● 消费者能发现自己不曾知道的商品或服务（请浏览 thisnext. com）。
> ● 消费者可以较便捷地与厂商（品牌）代表进行互动（请浏览 stylehive. com）。
> ● 通过共同参与以及朋友之间的互动可以增加在线购物的信任和自信。
> ● 通过团购、特价销售等形式可以买到便宜货。加入团购看看当日有哪些特价活动。
> ● 可以与亲朋好友交流购物的诀窍，可以借鉴别人的购物经验。
> ● 可以编制并与他人分享自己的购物愿望清单。
> ● 可以与志同道合者一起购物。

对于更多利益（包括对商家而言的），参见 Turban et al. (2015)。欲了解更多相关内容，请浏览 guerillaconnection. com/wp-content/upload/2012/06/Guerilla-Social-Media-Trends. pdf。

综上可知，在开始购物之前，可以先对社交购物做一些了解。

社交购物网站的收入来源主要是如下几个方面：广告、销售佣金、与零售商分享客户信息、联盟营销等。

我们注意到，Pinterest 和推特会直接或间接地开展上述活动。有关在推特上开展的活动，请浏览 business. twitter. com/twitter-101。

社交购物网站的构成元素

依据社交购物模式、网站提供的产品和相关信息以及信息支持系统，我们会发现社交购物网站的内容丰富多彩。下面将介绍社交购物网站的主要构成元素，这些内容有助于消费者作出购买决策。

- **视觉共享**。通过提供产品的照片、视频或其他形式的图像，使得消费者能够在视觉上分享他们的产品体验。
- **在线讨论**。排名、评论、互动、推荐、博客和意见等信息有助于消费者就产品特点和优势进行在线讨论。
- **产品及使用日志**。利用视频、博客、使用说明向消费者演示产品使用方法。
- **指南**。由有经验的消费者、专家或员工制作。主要通过案例分析、个人体验以及一些视频资料得到。

应用社交媒体的传统电子商务网站

除了一些纯粹的社交购物网站之外，还存在一些使用社交媒体工具的传统电子商务网站。比较典型的是亚马逊公司的社交购物网站，该网站新增了一些功能，例如建议、评论和排名等。接下来我们讨论一个德国公司的案例。

 实际案例

雀巢互动的社交商务网站

2011 年 9 月，全球食品和饮料制造商——雀巢在德国推出了一个互动的社交商务平台，以便更好地融入消费者，并能提供更多产品接触的机会（请浏览 nestle. com/media/newsandfeatures/nestle-marks-largest-everinvestment-germany）。根据 fdbusiness. com/tag/germany 网站提供的信息，雀巢市场（即 Marktplatz）网站是德国首个有关食品和饮料制造商的社交商务平台。消费者可以在网上购买雀巢的产品（包括在国内实体店里或零售商那里买不到的外国雀巢产品），并且可以对所购买的产品进行评价、排名、推荐，并提出问题。该网站提供了两种沟通交流的渠道。根据公司网站平台（nestle. com/Media/NewsAndFeatures/Nestle-pilots-social-commerce-with-new-interactive-site-for-German-consumers）可知，人们可以就某些产品发表评论，购物者可以在网站上对新产品提出建议。截至 2014 年 2 月，雀巢网站提供了 2 000 多种产品，大约 75 个品牌。雀巢德国网站的访问量每年超过 200 万。

公司希望最大可能地实现客户参与，以有助于雀巢市场取得成功。

在雀巢市场上进行采购的客户，可以通过多个标准进行产品搜索，包括口味、包装、颜色、特殊场合或者饮食偏好。每个产品的营养成分在网上都能够看到。雀巢市场网站有脸谱网页作为支持，用户可以在脸谱上就公司的品牌、食品以及烹饪展开讨论。详细内容请浏览：nestle. com/Media/NewsAndFeatures/Pages/Nestle-pilots-social-commerce-with-new-interactive-site-for-German-consumers. aspx。欲了解有关公司战略、目标以及经验的内容，请浏览 e-commerce-facts. com：8080/background/2012/03/nestle-marketplace。

社交购物的主要模式

最近几年，市场上出现了多种社交购物的商业模式。有些是普通电子商务模式的延伸，有些则仅适用于社交购物。这些商业模式可以单独存在，也可以结合在一起使用，或在社交网络中使用。这些商业模式可以归纳为如下几大类：

- 团购。
- 特价销售（也称"限时销售"），例如"每日特价"。
- 在线实时结伴购物。
- 在线购物社区和俱乐部。
- 交易市场。
- 创新购物模式。
- 购买虚拟产品和服务。
- 基于位置的购物活动［见 7.5 节和 Zwilling（2011）］。
- 购物展示网站（如 YouTube）和游戏网站。
- 购物伙伴模式（例如相互之间的借贷）。
- 私人在线购物俱乐部。
- B2B 购物。

对于上述购物模式以及一些在线购物的辅助工具，接下来我们将进行详细的讨论。

团购

第一章提到的团购 B2C 模式在许多国家并不盛行，其中就有美国。但是在另一些国家（例如中国），这种经营模式却取得了成功。问题是，如何将一个团购组织起来？能否依靠中介来做好这件事情？即使团购组织起来了，如何开展价格谈判？如果采购量不够大怎么办？为了聚集购物者，有些网站（例如 LivingSocial，BuyWithMe 等）提供大幅折扣或优惠促销，但都会限制在一定的时间段内。一些网络企业开始充当中介的角色与厂商谈判。团购又往往与特价销售（"限时销售"）等销售模式紧密相关。社交商务使得原本疲软的传统电子商务得以复活，并且通常都会结合"限时销售"形式。

注意，这种模式现在不流行了（2015 年）。

 实际案例

葡萄酒闪购王朝 Lot 18

Lot 18（lot18.com）提供折扣高达 60％ 的优质葡萄酒。它们的策划团队直接与世界各地的葡萄酒生产商合作，直接为其会员提供优质的、限量版的葡萄酒。每天都会有新品出现，限时提供限量的产品，或者在产品销售一空时再提供新品。公司网站基本上每天都会有几种新品出现。Lot 18 利用脸谱对其"限时销售"进行宣传。在脸谱上进行限时销售宣传，为吸引网友加入团购提供了一个非常理想的环境（会员在邀请朋友完成注册并实现购买之后，便可以获得 25 美元的奖金，这个奖金可用于下次购买支付）。Lot 18 的每个会员都会收到一个私人链接，可以将此链接通过邮件发送给亲朋好友，也可以将此链接张贴在他们的脸谱或推特页面与朋友分享。欲了解更多相关信息，请浏览 mashable.com/2013/03/17/wine-ecommerce。

团购在中国。团购在中国非常流行。2013 年 12 月，中国有近 1 000 个企业开设团购网，有近

1.4亿消费者参与了团购。例如，拉手网（lashou.com）在中国的100多个城市开展团购活动。但中国的团购活动与西方的团购活动是不一样的。

团购流程

Madden（2010）指出，近几年，中国的消费者正在通过组团购买商品（比如，购买汽车）。然后，组织团购的领导者将会与潜在的卖方进行价格谈判，有时组织团购的领导者会带领整个买团开展面对面的集体谈判［请浏览 vimeo.com/8619105，观看名为"Group Shopping Tuangou"（《团购》）的视频（时长1分59秒）］。

截至2014年，几乎中国所有的互联网公司都已经推出或计划推出团购和限时销售的商务模式，包括百度（ir.baidu.com）、新浪（sina.com）、腾讯（tencent.com），以及阿里巴巴（alibaba.com）。详情参见 Madden（2010）并浏览 cnn.com/video/data/2.0/video/business/2011/01/26/yoon.china.coupon.gen.cnn.html，观看名为"Group Buying in China"（《中国的团购》）的视频（时长2分10秒）。

特价销售（限时销售）

短期的特价销售在实体店里一般是针对已经进店的购物者，或是厂商为了促销，开展一天或数天的促销活动（可以利用报纸、广播和电视），或是在某天的特定时间开展大促销。这样的商业模式有多种，有时候又与其他的促销活动捆绑在一起。

特价销售一般只是在一个城市或在一个区域里进行。例如，LivingSocial 要求客户先注册成为公司会员，然后就能享受餐馆、健身房或某个展会的特价销售活动。用户可以在网站上点击"今日特价"（today's deal）或"往日特价"（past deal）版块。公司会向注册会员发送电子邮件，提供特价优惠券。用户如果需要，也可以点击"明日特价"购买商品或服务。购买完成之后，用户会收到一个链接，用于向朋友分享内容。如果有3～4个朋友由于你发送的链接完成了购买活动，你就可以免费享受商品或服务。有些"限时销售"网站只是针对某一个行业，例如 gilt.com 网站就是针对品牌服装、珠宝、手袋、高档家居用品，等等。

Woot 公司是亚马逊公司旗下的一个子公司，它专门提供各种特价销售信息。例如，Woot 公司有一个博客，名称是"今日特价探讨"。博客中有各种关于特价销售的消息，例如往日特价商品排名、特价商品新闻、社区成员青睐某种特价商品的比例、购买数量，等等。网站上还有社区成员见证的信息。Woot 网站已经成为精明的购物者热衷的去处，因此，人们不仅把 Woot 看成是一种品牌，而且把它看成是一种文化。开展限时销售的企业还有 Jetsetter（TripAdvisor 旗下公司）、Rue La La。限时销售所提供的折扣有时甚至高达80%。

在线实时结伴购物

在网络购物活动中，消费者可以邀请伙伴或亲朋好友（通过微博、电子邮件等）一起参与实时购物，甚至可以要求不同地方的亲朋好友一起参与购物。他们可以利用脸谱（或其他网站）或者推特，相互交流社交购物方面的话题，并提供一些意见。

有些实时购物网站利用脸谱上的社交图，把自己的购物服务融入社交网络。

结伴购物网站。开展结伴购物活动的网站有几十个。例如，Select2gether 网站用户在网站上参与聊天室的讨论，创建一个购物愿望清单，与朋友一起进行实时购物，了解其他消费者的意见和建议，与朋友一起创建一个商品展示厅，挑选一样网站推荐的最新的时尚产品。详情请浏览 www.select2gether.com/about/help。

共同购物。共同购物是 IBM 公司提供的一款软件工具。利用此工具，两个在线购物者能够实时浏览网站，查看产品，聊天等，而且有助于客户服务中心的员工与客户实时互动。

在线社交购物社区

根据 socialecart. com/category/stories 网络资料显示，购物社区能够将志同道合的人联系到一起进行讨论、分享经验及购买商品。网络社区和网络论坛等平台将人们聚集在一起，有时甚至与企业、与其他社区的人连接到一起。到目前为止，时尚社区是最为流行的（例如，Polyvore，Stylefeeder，ShopStyle）。然而，其他一些购物社区则主要围绕食物、宠物、玩具等。例如，List-ia（listia. com）是一个有关二手物品或新物品以及时尚产品进行交换的在线社区，在此平台上还可以使用虚拟货币进行网上拍卖。再例如 DJdoodleVILLE（djdoodleville. com）是一家专注于艺术品和工艺品的在线购物社区。

有关社交购物社区的概述，请浏览 digitalinnovationtoday. com/speed-summary-ijec-social-commerce-special-edition-social-shopping-communities。

社区和论坛的共同特点

购物社区及购物论坛有如下主要特点（Marsden，2009b；Fisher，2010）：

- **用户论坛**。参与论坛讨论的人相互帮助以解决产品使用时遇到的困难和问题。
- **用户画廊**。商家就某一个专题在"画廊"中分享视频和图片资料，以供访问者（比如顾客和商业伙伴）进行讨论［例如博柏利公司（Burberry）的 Art of the Trench（artofthetrench. burberry. com）］。2013 年 1 月，推特在用户画廊中增加了视频，称之为"媒介画廊"（请浏览 marketingland. com/twitter-adds-videos-to-user-media-galleries-32095）。
- **创意板**。一般出现在企业网络中（例如 mystarbucksidea. force. com；戴尔电脑公司的 IdeaStorm；"产品创意的免费众包"），这是一种众包的理念（见第八章），有利于创意的产生和评估。
- **问答论坛**。用户（例如客户）可以在该论坛上就各种话题（例如就公司的产品）提出问题或解答别人的困惑，并且可以获得产品专家或资深客户的帮助（例如 Bazaarvoice 公司的 Ask&Answer，PowerReviews 公司的 AnswerBox 等问答论坛）。问题的解答可以放在论坛上。
- **品牌社区**。围绕某一品牌（例如，索尼的 MP3）建立的社区主要进行产品或品牌的讨论。
- **综合社区（多元化社区）**。最为著名的是 Kaboodle 社区，而时尚界（与时尚相关的产品）的主流社区则是 Polyvore。这些最初都是与时尚相关的社区。

购物社区案例

目前，存在很多可以归为单纯购物社区的网站。一个典型的例子便是 Polyvore 网站，应用案例 7.1 将进行详细的介绍。

应用案例 7.1

混搭社区 Polyvore：社交购物的引领者

根据 Polyvore 的网站内容以及 Crunchbase 官网提供的资料可知，polyvore. com 是一个有关时尚和潮流的在线社区。它最大的特色就是能够让用户了解时尚风格，并可以创建自己的风格，甚至可以引领时尚潮流。用户可以在网站上分享自己的服装搭配创意。为了提高产品参与度，Polyvore 除了与一些著名品牌合作，比如 CK （calvinklein.com）、兰蔻 （lancome-usa.com），以及古驰 （coach.com），还跟一些零售商品牌合作，比如 Net-a-Porter。用户的各种服装搭配创意可以放到网站上，接受来自社区成员以及一些名人，比如 Lady Gaga 或 Katy Perry 的评价。如今，公司也开始利用移动技术。比如，公司开发了一款适用于 iPad 的多功能应用程序。一些名人（比如 Lady Gaga）也会在网站上销售自己的物品。

Jacobs （2010），Chaney （2011） 和 Grant （2013） 介绍了处于盈利中的 Polyvore 公司案例。用户可以利用网上提供的免费的图片编辑器为他们的衣橱设计服装搭配创意。这些创意可以发布到 Polyvore、脸谱以及推特的网站，并与其他客户进行创意分享。商家（例如，服装设计师）可以利用该网站免费获得以下服务：（a）完善个人信息；（b）上传自己的产品；（c）创建服装搭配创意。

一旦商家完成个人信息注册以及上传了自己的搭配创意，Polyvore 就会鼓励该商家以及其他社区的成员对这些搭配创意进行浏览和评价。Polyvore 确信商家的这些行为一定会有回报。为了便于实现真正的购物行为，这些搭配创意都会链接到创作者的网站。

Polyvore 采用的是一种众包的操作模式，这种模式能够尽可能地展现出有关时尚的创意和看法。因此，Polyvore 也代表着目前时尚的流行趋势，它们也采用同样的方法应用于室内设计。Wang （2011） 指出，公司网站为购物、产品和创意风格的展现提供了一个全新的商务模式。通过引入新的时尚单品，为设计师们提供更好的平台，提高设计师的技能。

截至 2014 年 12 月，Polyvore 每月有 2 000 多万访客，网站上每月会引进 200 万件时尚单品，每月会产生大约 240 万个时尚创意，创意的浏览量高达每月 10 亿次。用户愿意花时间在 Polyvore 网站上浏览创意，追随喜爱的时尚潮流，问问题并分享创意（请浏览 corp. wishpond. com/blog/2013/02/05/understanding-polyvore-for-business）。大家一致认为 Polyvore 是发现和评价流行趋势最好的地方。Polyvore 举行的创意比赛更是加深了大家的这一看法（请浏览 venturebeat.com/2012/12/20/polyvore-gets-a-cro）。

为了增加网站流量，Polyvore 可以联合使用视觉社交网站（Mally，2012）。

资料来源：Jacobs （2010），Wang （2011），polyvore.com/cgi/about，polyvore.com/cgi/about. press，crunchbase. com/organization/polyvore （2014 年 5 月数据）。

思考题：

1. 用户如何使用 Polyvore 编辑器进行创意设计（浏览 vimeo. com/7800846，观看题为"How to Create a Set in the Polyvore Editor"（《如何利用 Polyvore 编辑器设计搭配创意》）的视频（时长 2 分 2 秒））？

2. 公司在 2013 年新增一名超级名模 Tyra Banks 作为公司投资者，请对此事加以讨论。

3. Alexandra Jacobs （2010） 在博客中写到"Polyvore 就是喜欢玩纸娃娃的人玩一堆衣服照片"，请就此句话展开讨论。

4. 用户在 Polyvore 网站上能够做什么？怎样做？此外，分析一下该网站能够取得成功的关键因素。

5. 解释 Polyvore 产品管理部副总裁的一句话，"我们的使命是使时尚民主化"。

6. 通过此案例，分析购物社区的所有特征。

奇特的网络社区——Kaboodle

根据 Kaboodle 网站内容可知，Kaboodle （kaboodle.com） 是一家大型的综合性社交购物社区和网络社区。从网站 crunchbase. com/organization/kaboodle 上提供的资料可知，用户可以免费从网络上搜集信息，然后将其储存在 Kaboodle 的列表中并与他人分享。人们使用 Kaboodle 网络社区是因为用户很容易寻找到自己喜欢的商品，方便了购物流程，而且可以在 Kaboodle 列表中发表意见和建议。Kaboodle 列表不仅方便购物，还有其他多种用途。人们还可以用它进行度假安排（举行派对），与朋友分享工作、学习、品牌偏好等各种信息。

关于 Kaboodle 如何运营，请浏览 kaboodle. com/zd/help/getStarted. html。

Kaboodle 网站的功能。网站上有一个 "Add to Kaboodle" 按钮，它简化了用户的购物流程。不管用户在哪个网络上看中一款商品，只要点击一下这个按钮，Kaboodle 就会自动地拍下一张快照，上面有商品的价格、何处购买等各种信息，并将其收录在 Kaboodle 列表中。用户还会查询到未来的特殊信息，比如，可以搜索到特价商品信息、新产品信息，展示自己拥有的商品款式，与朋友联络，分享他们的博客，创建购物列表，等等。

Kaboodle 网站上还有名为 "Top Picks" 的社区，不过这只对俱乐部会员提供服务（例如，十大怪异产品）。

私人在线购物俱乐部

法国的 Vente-Price（us. vente-privee. com）是全球第一个私人在线购物俱乐部。该俱乐部专注于名家设计的产品。通常会就一些奢侈品牌开展闪购活动，给予很大的折扣（高达 80%）。奢侈品牌利用该俱乐部可以出清一些过时产品、积压的库存或特殊的样品。消费者喜欢该俱乐部是因为折扣诱人。

与团购模式相比，私人在线购物俱乐部这种商业模式能够取得成功的关键是，并不是每个人都有资格在此购物。会员专属的服务模式使得购物的目的多样化。这是一种营销手段，它使得会员感觉自己享受到贵宾的待遇，这有助于该种俱乐部模式健康良性地发展。

私人俱乐部的案例。一些私人（或称为会员专享）俱乐部的例子有：Beyond the Rack（beyondtherack. com，在美国和加拿大开展一些闪购活动）、Gilt Groupe（gilt. com）、Rue La La（ruelala. com）、Amazon's Buy VIP（buyvip. com，主要在欧洲）、Ideeli（ideeli. com），以及 Best-Secret（bestsecret. com）。

我们注意到，为了尽可能避免与实体百货店产生冲突，一些奢侈品牌允许在实体店购买部分商品时采用网上价格，比如 target. com。

各种创新模式

开展社交商务的新企业成百上千，下面是一些具有代表性的例子：

- **了解朋友们在买什么**。clubfurniture. com 等网站提供这样的服务。该网站向用户直销公司附属工厂生产的各种家具。根据 Fleenor（2010）提供的资料，用户可以登录脸谱或其他社交网站。在这些社交平台上，用户在 "See What Your Friends Are Buying" 版块里面能够看到自己的朋友从 clubfurniture. com 网站上购买了哪些家具。用户还可以看到公司回头客的清单。
- **Wanelo**。Wanelo 是一个结合了物品书签和购物分享的网络社交购物市场。成员可以追寻别人的购物经历，以发现流行趋势，详情参见 Leahey（2013）。根据 pcmag. com/article2/0，2817,2424709,00. asp 网站提供的资料，公司名称 Wanelo 是 "Want，Need，Love" 这几个单词的缩写。Wanelo（wanelo. com）是一个以网络社区为基础的电子商务网站，它将众多门店的产品汇集成一种网络书签式的平台。在这个平台上，你可以浏览、保存或者购买你想要的商品。为了同时满足品牌商和购物者，会员创建了一个物品集——类似于 Pinterest 界面，每个物品都可以链接到网上的购买地址。Wanelo 在 iTunes 和谷歌播放也有 App，还有一个脸谱的粉丝页面。更多关于 Wanelo 的信息请浏览 mashable. com/2013/11/05/wanelo-social-shop-ping。

- **筛选消费者评价**。TurboTax 公司是 Intuit 公司旗下的一家子公司。该公司开发了一个名为 turbotax. intuit. com 的网站。网站方便用户查询自己的纳税状况，例如是房主还是房客、是否有孩子以及纳税方式等。然后筛选出消费者对产品的评价，只向用户显示他所喜欢的产品的评价。他们认为，家庭状况、收入状况及纳税状况相似的人会有相似的偏好。以此来匹配 TurboTax 公司的产品与客户的需求。在 turbotax. com 网站上用户还可以点击进入脸谱、推特、MySpace 等网站的社区，看到自己的社区成员对 TurboTax 公司产品的评价。观看评价以后，无论在主页还是 turbotax. intuit. com 上，用户都可以发表自己的评价，而且是一键输入。

- **真实礼品**。脸谱提供一种名为"Real Gifts"的服务，允许朋友之间可以相互赠送真实的礼物。越来越多的人都聚集在脸谱上，互相赠送礼物。（Wrapp 能够帮助人们通过智能手机赠送电子礼品卡。）

- **虚拟礼品**。在第二人生网站上，用户可以对虚拟装备和礼品进行交易。如今，社交网站上也能开展虚拟礼品的交易了。脸谱在网络上销售虚拟礼品。

- **向朋友求助**。要想获得朋友的帮助，可以登录 shopsocially. com，你可以提出问题，分享购物体验，还能利用其他各种功能。

- **在脸谱上购物**。把脸谱用户网页转换成零售网站有各种途径。因此，用户可以在脸谱上购物。当然，支付及安全等也是问题。

- **社交拍卖**。目前脸谱为易趣的卖方提供商店应用程序，称作拍卖项目（之前称为"易趣项目"），利用这个应用程序会员可以邀请他们的朋友到自己的店铺里来。这个拍卖项目应用程序适应多种语言（请浏览 facebook. com/AuctionItems）。此外，脸谱还为 Etsy 的商店提供应用程序。

实际案例

2010 年 4 月，帮宝适公司在其脸谱站点上提供大折扣的帮宝适纸尿裤。结果不到一小时就销完了预期的 1 000 包纸尿裤。成千上万想要购买的客户都没有买到，供应商［宝洁公司（P&G）］愿意满足他们的需求。从帮宝适的成功营销活动中可以看出社交媒体（例如脸谱）营销的强大力量。关于如何在脸谱上开店，参见 Solis（2010）。

- **众人提供购物建议**。许多人都可以为你的购物活动提供建议。Cloud Shopper 公司所从事的业务就是这样。根据 Kessler（2011）提供的资料可知，该公司的经营目标就是帮助购物者征求朋友的购物建议。网络用户可以在脸谱上就他们感兴趣的产品进行交流。公司还会为用户关注的产品提供价格比较、价格提醒等功能（请浏览 cloudshopper. com）。

- **帮助卖家和博客写手销售产品。** Etsy 是面向社会的网络市场，该网站能够帮助博主和卖家（主要是艺术家）直接将产品销售给消费者，并从中赚取一定的佣金。
- **展会促销。** 有许多网站帮助展会（例如婚博会）开展促销活动，当然，其中也借助于朋友的援手。网站促销的模式多种多样，例如，2010 年，温迪快餐连锁店（Wendy's）网站向登录脸谱的消费者派发免费餐券。

社交购物辅助工具：从建议到评论、排名和交易市场

电子商务的较为典型的辅助工具有：比较引擎和建议（比如亚马逊提供的购买建议，见第三章）。而对于社交商务，还存在一些比较特殊的辅助工具。

社交商务中的建议

购物前，客户一般都要搜索各种信息，例如购买什么品牌、从哪个商家购买、以什么价格购买等。网络客户购物时需要借助于购物工具（例如类似于 nextag.com 的价格比较网站），浏览购物网站（例如 epinions.com），还要到各种网站上搜索信息。如今，这些渠道中又增加了网络社交购物。根据 Gartner 公司提供的资料（Dubey，2010）可知，参与网络购物的客户绝大多数都依赖社交网站来辅助购物决策。社交商务的各种模式其实都可以满足这样的需求（Dugan，2010）。以下介绍的是两种主要的商务模式。

排名和评价

由朋友、陌生人（比如购物专家或第三方评价机构）对商品、服务进行排名和评价在社交购物中是十分常见的。每位购物者自己也可以参与其中。接下来要讨论的排名和评价工具有如下几种 [Fisher（2010），Rowan and Cheshire（2011），Shih（2011），以及 bazaarvoice.com/solutions/conversations]：

- **客户排名和评价。** 网站上的客户评价很常见。这是指客户的反馈意见，这些反馈意见有的是在商家提供的产品或服务的网站上（比如 Bauzzillions），有的则是在评价网站上（比如 TripAdvisor），或在客户新闻聚合网站上（例如 Amazon.com，Epinions 等）。客户评价可以用投票或民意调查等方式进行。
- **客户见证。** 在电子商务网站上，人们常常能够看到客户叙述自己的经历。其他人或第三方（比如 tripadvisor.com）则会加上自己的评价或参与讨论（请浏览 bazaarvoice.com/solutions/conversations）。
- **专家排名和评价。** 这是指独立的专家、学者的意见。这些意见可以发表在网络的各种平台上。
- **受到资助的商品评价。** 这是指收取费用的商品评价，有的是客户博客写手，有的则是社交媒体平台上的专家。广告商和博客写手可以通过一些网站（比如 sponsoredreviews.com）寻找到对方，这些网站能够为博客写手同营销人员以及广告商建立联系。
- **对话式营销。** 这是指人们通过各种渠道进行交流，例如电子邮件、博客、瞬时通信、讨论组、微博等。开展市场调研的人员或客户服务人员若设法关注人们的交流内容，能够得到丰富的数据和信息（例如，戴尔的社交媒体指令中心），参阅第十章。
- **视频产品评价。** 人们也使用视频模式开展产品评价。视频网站 YouTube 就提供评价的上传、浏览、评价和共享服务。

● **博客写手评价**。由于部分博客写手写评价是以收费为前提的，所以这种评价方式还存在一定的争议。然而，也存在一些比较有声望的博客写手，大家相信他的评价会比较公正客观。50 个博客写手列表，参见 Sala（2012）。

 实际案例

Maui Jim 眼镜制作公司（mauijim.com）是高品质偏光太阳镜制造商。根据美国商业资讯网（2010），该公司利用 Bazaarvoice 公司的评价网站让客户对自己所有的产品进行评分。

Maui Jim 公司主要采用口碑营销来进行产品宣传，并帮助购物者更好地购买产品。他们邀请客户分享自己的购物体验，包括产品的款式、是否合适以及具体产品的质量等。当客户进行产品搜索时，公司便会发送一份这样的邀请。Maui Jim 通过电子邮件邀请客户浏览公司的产品，在客户选择的社交网站上也会出现公司的产品评价信息。

社交推荐和引荐

推荐引擎是指消费者可以从其他购物者得到购买意见，也可以为其他人提供购买建议。

社交购物把实际的销售和社交平台的建议联系到一起。社交推荐、社交引荐与排名及评价相似，有时甚至会整合在一起。

过去，在线商品评价主要是企业（例如亚马逊、Bazaarvoice 等）向消费者推荐商品，如今消费者则愿意向亲朋好友，甚至陌生人征求意见。这样的平台有很多，比如：CNET，Wired Reviews，Buzzillions，Epinons，Consumer Reports 和 TheFind。Aamazon.com 网站也提供客户对它们产品的评论。

实际案例

ThisNext 公司（thisnext.com）是一家社交商务网站。在网站上人们会相互推荐自己喜欢的商品，以便其他人可以发现理想的或独特的产品，并制定购买决策。公司利用口碑营销、社交经验和个性化定制等方法，方便客户购物。为了帮助客户发现产品、制定最终的购买决策，该社交网站包括各种人士，例如专家、博客写手、业内行家和潮流达人等。他们还为博客写手、设计师以及客户提供各种购物工具（请浏览 thisnext.com/company/aboutus）。

把社交推荐与营销沟通、购物结合起来是很有意义的。此类网站允许购物者与朋友之间相互交换购买建议。而传统的在线产品评论可能是来自陌生人的意见。此外，这些网站还可以出售在线广告位，与当地的一些实体店开展促销活动，比如，提供优惠券或自动返现的奖励活动。

社交购物发展的一个新趋势是鼓励消费者在购物时多与生活中真实的朋友进行沟通与交流。熟人之间会相互推荐商品，许多人认为这样的推荐比陌生人的话更加可信。

商品推荐信息有时汇集在社交购物平台上，这些平台不仅提供一些购物工具，还可以提供建议、排名和评论。最好的例子是 Kaboodle 网站（在前面的购物社区中讨论过）。

推荐一般有如下几种模式：

- **社交标签。**所有推荐给朋友的产品、服务等都设置了便签，这有助于社交网络里的其他成员找到想要的产品。
- **社交推荐。**这种推荐主要针对与自己有类似需求或特征的人。通过分析这些客户的实际购买行为，可以为客户的购买提供一般性或针对性的建议〔例如，苹果产品店的"Near Me"（getnearme.com），这是一款常用的基于客户当前位置的应用程序〕、亚马逊的推荐，以及Snoox（snoox.com；你的朋友可以为所有的事情提供建议）。
- **引荐项目。**联盟计划，例如，亚马逊联盟（affiliateprogram.amazon.com）和苹果的iTunes联盟计划（apple.com/itunes/affiliates），合作者只要引荐了新的客户，企业就会给予一定的奖励和报酬（请浏览slideshare.net/getAmbassador/building-an-effective-referral-program）。
- **匹配算法。**一些咨询公司和商家（例如Netflix公司）能够根据相似性算法向相似的消费者提供推荐（如第三章所述）。

欲了解更多有关商品评论的相关内容，请访问mashable.com/2008/07/18/product-reviews。

推荐网站的有关示例

建议、评论、排名及其他一些客户参与的活动都可以在网络社区里完成。然而，有些网络社区（比如，Kaboodle）开展这些活动的目的却不同。这些网络社区特别重视客户的建议、评论和排名，因为它认为这是一个非常重要的购物辅助工具。更多讨论，请浏览shopsmart.org。

Crowdstorm推荐网站。根据Chaney（2011），Crowdstorm（crowdstorm.com）是一个购物推荐网站，其目标主要有两个：（a）产品评价中心；（b）价格比较。购物者可以在这里寻找到消费品（比如电子产品、运动器材、服饰和珠宝等）在网上最优惠的价格。该网站的主要内容是用户提交的产品清单和产品评论，但它也包括专家评测、买家指南、问答版块等。该网站推出开放政策，允许用户在博客和其他网站发布他们的评论。该网站号称月访问量超过30万；然而，它并不售卖任何东西——只是为消费者提供帮助。此外，该网站还提供价格比较功能。Crowdstorm也是社交购物体验交流场所，在这里客户可以针对自己想要购买的产品，请求其他客户提供一些建议。

Buzzillions。Buzzillions（buzzillions.com）是一个产品评论网站，它从母公司取得这些评论资料。其母公司就是PowerReviews（已经被Bazaarvoice收购），它为客户提供针对电子商务网站进行评论的软件。它还整合了其他一些产品评论，包括使用第三方供应商的企业或建有自己评论系统的企业。该网站提供了多种可以标注和研究评论的实用工具，还提供排名功能。

Buzzillions的商业模式是基于通过使用PowerReviews而产生的从Buzzillions到商户网站的销售流量或产品引流。换句话说，Buzzillions的读者阅读来自许多其他网站导入的评论，再点击感兴趣的产品，这使得他们能够了解关于这些产品的更多信息，并可能在卖方的网站购买这些产品。

这家公司在以下几方面是独一无二的：

1. 排名是基于用户反馈的。公司提供工具帮助客户缩小搜索范围，但客户为了了解产品是否适合他们，不得不查阅大量的评论。

2. 正面或反面评论在Buzzillions都是受欢迎的。除非评论违反了公司的条款，否则都会显示在网站上。

3. Buzzillions不卖产品，但该公司在网站上列出了零售伙伴，消费者可以直接购买。

实际案例

Intuit 公司是如何为消费者提供建议的

Intuit 公司的 TurboTax 节目很受欢迎，拥有约 2 000 万用户。该公司使用社交媒体的推荐系统，被称为"朋友也喜欢你喜欢的 TurboTax"（turbotax.intuit.com），在这里，在完税之后，客户会被要求说出他们的 TurboTax 经验。喜欢你的朋友会在如脸谱和推特之类的社交网络上进行分享。该节目非常成功，相比于 2010 年 TurboTax 在 2011 年的销售跃升了 11%。

根据 mashable.com/2011/01/10/turbotax-twitter-feed-friendcasting 网站上的信息，"为了加快进程，大约 10 万个商品评论被细分成不同的涉税类别，如'买房子'或'失业'等"。Intuit 公司还积极使其网站上的搜索功能更加突出、更容易使用。Intuit 的节目是独特的，因为这不仅仅是消费者自己（通过发布评论或"喜爱"的帖子）播出的一个中性信息（有关他们刚刚完成的税收计算），这对其他人来说也可能有所帮助，尤其是在税收提交期。在评分和评论页面（turbotax.intuit.com/reviews/），消费者还可以点击 TurboTax 的脸谱或推特网页，阅读有关其产品的评论。

对社交评论和建议的关注

有些人提出了一个问题，就是这些报道出来的评论和建议是否客观、准确。在有些网站，虚假的评论和观点的比例被怀疑高达 30%～40%。例如，可以参阅 en.wikipedia.org/wiki/Yelp 上的"allegations against business owners"（针对企业主的指控）。还有一个受关注的问题是，有企业会向评论网站付费来操纵评论。另一个需要关注的问题是要防止少部分评论人员的偏见（正面或负面的）可能也被列入其中。

其他购物帮助和服务

除了建议和市场之外，还有一些网站提供社交购物帮助，如下面的案例所示：

实际案例

Yelp：购物者的最佳帮手

Yelp 是这样一家公司：它提供了一份帮助人们寻找城市服务的本地指南，基于用户的评论和建议对从机械到餐馆的各类商品和服务进行排名。通过这种方式，它帮助人们寻找到当地最好的商业服务。被称为"Yelpers"的社区成员，撰写商业评论并对它们进行排名。Yelpers 还可以找到各种活动和特别优惠，并可以与对方进行"对话"（请浏览 yelp.com/talk）。

这个网站也是一个企业为其产品和服务打广告的地方（向 Yelp 支付费用，提高曝光率）。Yelp 也可以通过手机进行访问。该网站提供了多种社交功能（如论坛、照片发布和创建组）并可以有关注者。它有一个公司博客（officialblog.yelp.com），以及精英 Yelpers 的社区博客（communityblog.yelp.com）。经常积极参与网站活动的 Yelpers，可以申请成为一名"精英队"成员（请浏览 yelp.com/elite）。

在美国、加拿大、英国等全球其他国家的主要地铁城市，Yelp 都开展了相关业务。截至 2014

年第 3 季度，Yelp 拥有超过 1.38 亿月度访问用户（谷歌分析的一个指标），Yelpers 已经拥有超过 4 700 万条评论。根据 Yelp（2014）的报告，2013 年第 3 季度的数据统计显示，每月大约有 1 120 万台独立的移动设备使用了 Yelp 移动应用。

Yelp 的运作过程

用户在一个特定区域寻找某种商业服务。Yelp 搜索引擎会找出可用的商业服务，并把它们的排名和评论连同获取服务的方法一起呈现给客户。Yelp 连接谷歌地图，显示相关业务的地点，并进一步帮助发现相关业务（2010 年 9 月谷歌试图谈判以收购 Yelp，但 2011 年 1 月交易最终告吹）。

通过对用户评论进行归类标注来构建一个信用系统，因而网站访问者可以看到好的评论和差的评论（请浏览 seofriendly.com/tag/reputation-management）。Yelp 成为几个成功的主要商业公司之一，并于 2012 年 3 月在股票市场上市。在 2014 年后半年下跌之前，其股票价格一直保持上涨。

有关 Yelp 运作的更多信息，请浏览 computer.howstuffworks.com/internet/social-networking/networks/yelp.htm 上的 "How Yelp Works"（Yelp 如何运作）。想要了解更多信息，可以参阅 yelp.com/faq 和 en.wikipedia.org/wiki/Yelp。

需要注意的是，一些购物帮助对线上购物和线下购物都是有所帮助的。一个类似的帮助服务就是实体店（如 Kohl 百货）信息亭可以获取的触摸屏电脑，在店内，你就可以查找相关商品，并订购需要送货上门的商品。

协同评论

ProductWiki（productwiki.com）这类网站就是一种类似于维客的架构；因此，每个用户都可以为网站作出贡献。目标就是创建一个全面的资源集合。该公司认为有必要建立一种公正的、准确的和以社区资源为基础的产品信息集合机制。这些网站使用协同评论的方式，由消费者提交和票选出一个产品利弊评价。评价结果是一个全面的评论，考虑到很多人的意见，并突出产品最重要的方面。协同评论由两部分构成——短评和投票。社区成员提交并票选按利弊分类的特定评论，从而更容易判断每个产品是好还是坏（请浏览 productwiki.com/home/article/collaborative-reviews.html）。

2013 年 3 月，该网站与 Bootic 合并（参见 bootic.com/aboutus）。ProductWiki 的设想是为市场添加产品评论。Bootic 是第一家允许消费者通过编辑、添加内容和加强产品描述来表达自己观点的市场。这个合作的结果就是，与 Bootic 类似的 ProductWiki 会提供一个带有产品评论的市场。根据其网站介绍，供应商喜欢 Bootic 市场的原因是："Bootic 的电商平台提供了一套免费易用的网页工具和技术，帮助我们的供应商建立自己的个性化的线上商店。与其他市场不同，我们不收取费用。在 Bootic 上，快速启动并运行店面并不产生任务创立成本、上市或运营费用。Bootic 可以帮助小企业增强它们的线上品牌，同时增加一个新的收入来源。"

消费评论过滤。 正如前面我们所描述的，Intuit 的一个部门——TuiboTax 在其网站上推出了一个排名和评论页面，称为"朋友喜欢你喜欢的 TuiboTax"（turbotax.intuit.com）。这个页面允许消费者描述他们特定的纳税情况，并对 TuiboTax 产品的评论进行过滤，然后，他们可以快速发现适合自己需要的 TuiboTax 产品。

投诉处理

正如前面所看到的，客户已经学会了如何使用社交媒体来表达他们的投诉。英国一项调查显示，顾客更愿意通过社交媒体表达抱怨（请浏览 xlgroup. com/press/new-survey-finds-customers-increasingly-likely-to-use-social-media-to-complain，也可以浏览 wptv. com/dpp/news/science_tech/facebook-fb-twitter-twtr-used-to-complain-get-answers）。

社交网络市场与直复营销

社交网络市场（social marketplace）借助于社交媒体工具和社交平台开展各种活动，充当一个买卖双方的网络中介。例如推介、购买、销售产品和服务，促进各种资源在社交网络中的流动。从理论上说，社交网络市场是有利于网络用户推销自己的产品和服务的。正如 Polyvore 公司那样。

比较典型的社交网络市场有：

● **Craigslist**。该网站（craigslist. org）是一家比较典型的社交网络市场，因为网站上不仅有分类广告，而且帮助组织各种社交活动，例如会议、约会、展会等。请参阅第二章内容。

● **Fotolia**。该网站（fotolia. com）是一家分享图片、照片和视频剪辑的社交网络市场。2014年，该网站分享的图片量超过了 3 100 万。主要为艺术家、设计师及其他愿意通过图片、视频、论坛、博客等方式与人分享自己创意的创作者服务。成员提供各种不涉及版权的设计和图片，网站上的其他成员可以买卖（按次支付或定期支付）、分享或使用（比如，转售或修改等），而不会触犯法律。更多内容请浏览：us. fotolia. com/info/AboutUs。

● **Flipsy**。在该网站上（flipsy. com）人们可以买卖图书、音乐、电影、游戏，等等。这是一个开源的、值得信赖的媒体市场。网站并不收取交易佣金，目的是促进用户之间的交易。支付是通过第三方支付平台（例如贝宝）完成的。

● **Storenvy**。Storenvy（storenvy. com）是一个为小企业提供服务的社交网络市场。Storenvy 采用免费的商业模式，操作也非常简单（不需要有任何编程经验），有助于商家打造个性化的网店。按照商家的意愿实现网站的社会友好功能，使得客户有机会与商家或者其他客户进行互动。

● **ShopSocially**。ShopSocially（shopsocially. com）是消费者对消费者的关于购物方面的营销传播和经验分享平台。在此平台上，购物者还可以向朋友推荐产品。ShopSocially 集聚了网上购物和社交网络的功能，开创了一种新型的在线社交购物的业务模式。用户可以通过脸谱、推特及电子邮件等方式从朋友那里搜集到购物方面的信息。ShopSocially 将购物中遇到的问题、用户的答案以及购物分享等信息集合到一起，为用户创建了一个非常强大的购物体验和购物知识库。详情以及对零售商的益处，请浏览 shopsocially. com。

社交网络上的直复营销

在脸谱等社交网络上，直复营销的业务量越来越大。

 实际案例

音乐家如何在社交网络上销售自己的作品？

许多音乐家和艺术家都喜欢将自己的 CD 唱盘、T 恤衫和其他各种物品销售给客户。如今，他们可以利用社交商务来做这样的事情。Audiolife 公司为艺术家们开设网络店铺，并与潜在的顾客进行直接的交流互动提供了场所，也可以与商家建立业务关系。

艺术家们在网站上（例如脸谱）打造自己的电子商务网店，吸引粉丝下单。接到订单（哪怕只是一件商品）以后，他可以要求负责制作的商家来制作，Audiolife 公司负责安排支付及运输给买方。截至 2012 年，全球在 Audiolife 网站上开设的店铺总数达到了 100 000 家，为大约 300 000 位艺术家提供了服务（请浏览 www. audiolife. com/AboutUs. aspx）。

社交网络中的 P2P 交易

个人在网络上开展交易活动时会借助于社交网络。例如，有些人会把 Craigslist 网站以及 altimetergroup 网站当作一个虚拟社区。例如：

P2P 借贷。个人之间的借贷活动已经越来越频繁。在这个过程中，他们需要相互了解。SnapGoods 公司是一家新建立的网络企业，专门从事个人之间的短期物品租赁。该公司网站在网络上形成了一个社区，方便人们通过网络相互联系。

P2P 分享（协同消费）。SnapGoods 公司网站帮助人们互通有无。有些网站市场比较单一，例如专门交换儿童用品的公司网站 SwapBabyGoods. com（swapbabygoods. com）和 Neighborhood Fruit（neighborhoodfruit. com），帮助人们了解邻居中有哪家院子里有果树，哪些公共绿地里有果树苗。所有这些分享和租赁网站都在蓬勃发展。形成这种趋势的部分原因是经济萧条。当然，深入人心的绿色消费理念也有一份功劳，因为物品的分享从总体上看是有利于节约资源的。但是，协同消费最主要的成就是促进了人际交往（Walsh，2010）。

物品分享的形式多种多样。有些人分享汽车，有的则是邀请不相识的人到家里免费过夜，或短期内交换房子（例如，4homex. com），等等。有意借款的人可以通过一家名为 LendingTree（lending-tree. com）的公司很快地向众多人借得急需的资金。有关 P2P 借贷的案例请参阅在线补充读物 W7. 1。

2013 年 5 月，谷歌在网站 lendingclub. com 上开展了一项个人间货币借贷的业务，请浏览 lendingclub. com。该公司在 2015 年获得了巨大的成功。

虚拟经济中的虚拟产品购买

通过网络购买虚拟产品和服务的消费者越来越多。**虚拟商品**（virtual goods）是指实物产品或虚构产品的计算机图片。例如第二人生上的产权和商品（如可以用来装饰头像的虚拟手机），以及社交网络中售卖的很多多人游戏产品（如脸谱上的 FarmVille 游戏）。根据 eMarketer（2011）的研究报告估计，美国社交游戏虚拟收入增长率达 60%，从 2011 年的 6.53 亿美元增长到 2012 年的 7.92 亿美元。

虚拟经济

虚拟经济（virtual economy）是存在于多种虚拟世界中的新兴经济形态。在虚拟经济中，人们经常交易网络游戏中的虚拟装备或虚拟经济中的虚拟商品。在虚拟经济中人们主要是为了娱乐。然而，也有些人会交易他们的虚拟商品或产权。虚拟产权可以是任何一种资产，只要是虚拟主体、虚拟人物或用户账号可以控制的资源。关于这些产权的具体特点，可以浏览 en. wikipedia. org/wiki/Virtual_economy。有关脸谱的虚拟交易可以查看 developers. facebook. com/docs/payments/overview。

人们购买虚拟商品的原因

人们购买虚拟商品的原因多种多样。例如，在中国有很多人在现实世界中买不起某种商品，就会在虚拟世界购买这种商品。根据 Savitz（2011），在任何国家发生的这种虚拟采购的原因主要有 4 种：

1. **体验某种快感**。研究发现（Markman，2010），有些人在虚拟世界中花钱获得的幸福感远远多于在现实世界中花钱获得的幸福感。一顿美味的晚餐或精彩的电影只会在当时给我们带来快乐，但这种感觉并不会持续多长时间。虚拟商品也有同样的属性，但是这种感觉更加美妙，带来的快乐感受更加深刻。

2. **情感上的满足**。购买虚拟商品常常可以满足人们一些情感上的需求。在虚拟世界中，你可以成为你想要成为的任何人，因此人们愿意用真金白银来换取虚拟物品带来的真实感受。

3. **小额交易带来的更强幸福感**。频繁地、小额地购买虚拟商品给人们带来的幸福感远多于偶尔进行的大额实物商品采购。

4. **虚拟商品价格低、交易方便**。虚拟商品不需要你进行特地的存储、保持，也没有人会批评你购买了某种虚拟商品。总之，只要在你的预算范围内，虚拟商品不会给你带来不必要的麻烦。

事实上，多家全球性实物商品零售商正积极地在虚拟游戏中推销它们的虚拟商品。

实时在线购物

人们在进行线上购物的时候，当发现一个较好的购买网站时，会通过脸谱或者智能手机或电脑上的其他实时社交工具进行交流，或是通过推特或电子邮件邀请他们的朋友或家人。多个朋友同时进行在线购物、交流和比较购物体验（Dugan，2010）。

一些实时线上购物平台是基于脸谱社交网络图的购物平台。另一些实时线上购物平台是以BevyUP 为代表的购物平台（请浏览 bevyup. com/resouces 和 samesurf. com/about. html）。这些平台使用户可以实时分享他们的购物体验。

未来的社交购物模式

我们来设计这样一个场景：有一家商店要求到店里购物的顾客使用手机等移动设备连接脸谱的应用平台。脸谱的很多合作者都有脸谱的应用程序（合作者应用程序），此款程序可以在 App 的网店（包括黑莓和 Windows 手机）上下载（请浏览 facebook. com/Mobile）。

这样一来，用户的移动设备便会收到企业发来的个性化的购物建议。根据 Appelo（2010），曾经来这家商店消费的你的朋友会在这个平台上告诉你，哪件衣服款式最适合你（例如，可以使用"likes"功能）。这时，你可以直接走到柜台前，找到适合你的衣服款式。这样做当然也有风险，那就是很多人担心的隐私问题，但是在新世纪，仍然存在那些热衷于与他人分享自己的购物体验的人，但是又不能将个人信息完全暴露在店内的屏幕上。请访问网站 youtube. com/watch?v＝R_TAP0OY1Bk，观看题为"The Future of Shopping"（《未来的购物》）的视频（时长49 秒）。

更多关于脸谱的"likes"功能以及社交插件如何帮助企业网站运营的内容，请浏览 search-engineland. com/by-the-numbers-how-facebook-says-likes-social-plugins-help-websites-76061。

例如，根据 Admin（2011），当你走进百货商店的试衣间，镜子里出现你的形象，这不稀奇。但是镜子里同时显示出有一个模特穿着你喜欢的衣服款式。摄像头还会将你试衣的照片上传到网络，供大家欣赏。于是，百货商店的消费者与社交网站上的用户就形成了互动。这套系统使用的技术就是射频识别技术（RFID）。纽约的普拉达专卖店（Prada）已经尝试使用该技术，为客户在更衣室里试穿的服装，进行鞋子和钱包的搭配。请浏览 youtube. com/watch?v＝0VII-xdg5Ak&feature＝related，观看介绍"智能"更衣室是如何运作的视频，题为"Future Store

'Smart Dressing Room'"（《未来的商店——智能更衣室》，时长2分53秒）。但是，由于存在隐私问题，普拉达以及其他商家已经停止使用RFID技术。

7.4节复习题

1. 什么是社交购物？它的驱动力是什么？
2. 社交购物能给人们带来什么利益？
3. 社交购物有哪些模式？各有哪些功能？
4. 什么是排名、评价、推荐等活动？
5. 什么是团购？
6. 网络社区与社交俱乐部如何影响营销活动？
7. Kaboodle网站如何运作？
8. 什么是社交网络市场？它有哪些功能？
9. 主要的社交辅助工具有哪些？
10. 描述虚拟产品的购物行为。
11. 社交购物将如何发展？

7.5　社交广告：从病毒营销广告发展到定位广告

开展社交商务的厂商主要的盈利渠道就是广告。因为网络上的浏览者数量众多，而且网络用户在网络上逗留的时间都很长，所以广告商都愿意在社交网站上投放广告，开展促销活动。广告既可以在公共社交网络上投放，也可以在企业自主开发的网站上投放，这一点与其他各种社交商务活动是一样的。

广告商投放广告的主要场所是脸谱、YouTube、领英、MySpace、Pinterest、推特等网站。社交媒体企业对实际的在线销售或许并没有非常直接的作用，但是它们对提升品牌知名度却有着非常积极的意义。

社交网络广告及社交应用软件

社交商务广告大多数是由广告商付费刊登的。这些内容有着广告商的品牌印记。社交商务广告一般分为两大类：社交广告和社交应用软件。

● **社交广告**。广告商在社交媒体平台上刊登各种形式的广告，包括展示广告和横幅以及内置于社交游戏中的广告。

● **社交应用软件**。这些应用软件方便社交互动，也方便用户提交内容。但是在具体实施时要比社交广告复杂得多。

脸谱网站上有成千上万的第三方应用软件。其中最普遍的应用软件是旅游。例如，有一种应用软件称为"我到过的地方"（Where I've Been）。地图上能够标出用户到过的地方或想要去的地方。用户可以制订旅行计划，结伴出游，也可以对免费住宿的机会进行排名和评价（例如，在Couchswap网站上）。网站可以将这些信息销售给各类旅游公司，这些公司再到脸谱上打广告，比如，TripAdvisor"我去过的城市"提供互动地图，标记客户特别感兴趣的城市。

病毒营销（口碑营销）

病毒营销（viral marketing）指的是消费者之间（一般是朋友之间）的口口相传，帮助企业宣传产品和服务。病毒营销的形式有很多种（见第九章），它对电子商务和社交商务的作用都很大〔参见 Logan（2014）并浏览 learningmarketing. net〕。

病毒营销中的一支主力军是年轻人。只要有人喜欢某种商品或服务，口碑广告的流传就非常快。往往是一夜之间家喻户晓，对广告商来说，广告成本变得微不足道了。例如，YouTube 网站在最初的几个月根本就不投放广告，但是几百万人成为网站的用户，靠的就是口碑相传〔请浏览 bazaarvoice. com/research-and-insight/social-commerce-statistics 并参见 Wilde（2013）〕。

病毒博客

许多零售商利用博主来开展口碑营销。相关的例子请浏览 viralbloggingsystem. com。在这种情况下，病毒营销就可以称为**病毒博客**（viral blogging）。如果在推特等平台上开展病毒博客营销，效果是十分明显的（例如，在谷歌里进行一个关于"戴尔利用推特进行促销"的搜索）。

 实际案例

PayPerPost 网站（payperpost. com）是一个第三方平台，广告商、博客、视频博客、在线图片、播客等媒体形式的网络用户可以在此进行交流。需要服务的那些人在平台上发布需求信息以及愿意支付的报酬。之后，愿意提供此项服务的人便会在网站上竞拍此工作。

PayPerPost 网站会对博主的声誉进行审核，并依照广告商的要求推荐相应的博主。网站还会负责服务费用的支付事宜。但是，PayPerPost 网站要求博主不可以披露他们是收费运作这样的事实（更多详细信息请参阅 payperpost. com/blogger/blogger-how-it-works）。

在阅读收费的博主写的文章时，需要注意的是，他们的文章可能会偏向于他的雇主。

其他病毒营销方法

绝大多数的社交网站会通过内部邮件、短信、视频、故事及特殊折扣等方式实施病毒营销。此外，还有一些创新的病毒营销方法（Turban et al.，2015）。

社交网络与定位广告

第六章中曾经介绍过企业开展电子商务经营的新模式，即定位广告和定位营销。这种商务模式的技术基础就是通过用户手机上的 GPS 定位软件判断用户的位置。若企业了解到潜在客户就在附近，就可以向该客户发送短信、电子邮件，甚至直接给客户打电话，告知商品打折信息或提供优惠券等。但是这样的模式在传统电子商务中运作得并不理想。潜在的客户没有表现出多大兴趣，有的甚至干脆关掉手机，免得泄露个人信息。

自从出现了社交网络之后，情况有所改变了。定位营销成为社交活动或娱乐活动。广告也只是企业服务的附加内容。根据 Knight（2012），定位广告产生的互动是非定位广告的 9 倍。在这一领域运作得比较好的企业都充分利用了地理社交网络。

地理社交网络

地理社交网络是一种基于地理位置的社交网络。

地理社交网络。**地理社交网络**（geosocial networking）指的是一种基于位置的社交活动网络。

这种社交网络能够将用户与当地的企业、用户或活动联系在一起。移动社交网络利用短信或移动电话跟踪技术向用户提供社交服务。

基于位置的社交商务技术

基于位置的社交商务的基本理念是拥有 GPS 定位软件的智能手机用户可以让朋友了解他所在的位置。网络用户也有可能寻找到朋友推荐的某个地方，或远程标记所在位置。在这种情况下，用户可能会允许接收一些商业广告。

定位社交商务（LBS）的运作模式。地理定位应用软件可以向其他用户或商家告知你所在的位置（例如餐馆、公园或展会等）。根据 Ionescu（2010），在移动设备中安装的地理位置应用软件所提供的体验会更加丰富。因为用户发送和接收的信息会随着位置的改变而改变。

Foursquare 网站及其竞争者

地理位置社交营销在许多新型的网络企业中正激烈地竞争着。然而，定位社交商务总体运营情况并不理想。

Foursquare 公司的运作模式。该公司与各种品牌的智能手机厂商合作。用户可以利用移动网站上的应用软件来替代。只要用户同意，Foursquare 公司就可以搜索到用户的位置，提供一份地图，上面标记着用户的位置。在用户允许的情况下，Foursquare 公司可以将这个信息告知用户的朋友或商家（请浏览 computer. howstuffworks. com/internet/social-networking/networks/four-square. htm）。

在地图上，用户可以标记任何场所。一旦你的朋友知道了你的位置，他们就可以向你建议去参观某些场所，或者去附近的地方购物。

Foursquare 网站还采取各种措施鼓励用户光顾一些场所。这样的标记可以显示在推特、脸谱等社交网站上。

商务模式变革。2014 年 4 月 Foursquare 在其业务模式上作出了重大变革。在向附近朋友标记自己所在位置的功能上作出了改变（著名的 Swarm 应用程序），并且为了与 Yelp 竞争，公司也开发了本地推荐功能。

竞争的社交网站。脸谱等网站都设法模仿 Foursquare 的运作模式，同时提供一些特有的服务项目。例如，脸谱则是开发了名为"Locations"的应用程序。

定位社交商务（LBS）的小企业战略

Van Grove（2010）提出，小企业可以采用基于位置的 5 种营销模式：（1）对光顾门店的用户给予奖励；（2）为用户开发社交条码；（3）开展团购活动；（4）积分兑奖；（5）"选择进入"式营销方式。请浏览 mashable. com/2010/09/04/location-based-small-business-deals，或浏览在线补充读物 W7.2。

定位社交商务的隐私保护问题

辨别网络用户所在的位置，显示其身份或购物偏好都涉及隐私保护问题。

"选择进入"与"选择退出"。上述隐私问题可以使用"选择进入"或"选择退出"来解决。所谓"选择进入"，就是要求用户同意或注册才能生成的应用模式。Foursquare（或一些类似公司）网站在用户选择接受的前提下才能获取用户信息或与用户联系。而"选择退出"模式则是默认用户愿意参与社交购物活动，如果用户不同意加入，则需要从社交网络上退出。

利用 YouTube 和各种社交网站做广告

利用视频资料做广告已经是一个十分有效的营销手段了（参阅第九章）。厂商利用社交网络或合作的门户网站进行产品宣传或提高品牌形象。上传视频资料可以使网站的浏览者对产品有更加深刻的印象、更好的体验。客户对产品的印象是十分重要的，有了视频资料，销售会更加顺畅。一般情况下，多个厂商会选择共同制作视频剪辑。这样的广告成功的秘诀就是口碑营销。

病毒视频营销

第九章将要介绍广告视频，主要通过介绍病毒视频在社交商务中的影响来解释视频营销的作用。下面简单介绍社交商务中病毒视频的运作模式。社交媒体中的病毒营销视频的作用是很大的，因为它能引起人们的兴趣，成为关注的焦点。很多人会向自己的亲朋好友发送视频资料，广告的效应被不断地复制和加强。在不到一周的时间内，有些视频的点击量就高达几百万。当然，从中受益的主要是大品牌，例如，2012 年病毒视频营销中出现的品牌主要是耐克、Visa、Mattel、三星等。当然，也有例外的情况，2010 年病毒视频营销做得非常成功的是澳大利亚的一家名不见经传的小旅游公司 Australian Tourism Board。

所谓**病毒营销视频**（viral video）指的是人们通过网络迅速传输的视频资料，有时会带有一些推荐评论。对于这样的视频资料，社交媒体是一个理想的平台。一段视频资料通过视频网站、文本、博客或电子邮件在网络用户之间分享，广为传播，这就是病毒营销视频。这种营销方式成本较低廉。

病毒营销视频走红的原因。人们在 YouTube 网站上看到一段有趣的视频，一般都会将链接发送到推特或脸谱，也可以将链接以电子邮件的方式发送给自己的朋友。朋友再发送给自己的朋友，视频信息的效果就这样被放大了。

一些有趣的案例请浏览 blog. socialmaximizer. com/youtube-business-use-cases。

利用推特开展广告和营销活动

推特以及类似的微博网站也新增了社交网络功能，例如为粉丝及好友创建个人资料和名单。企业可以接触到这些朋友，以产生强大的口碑营销效果。

根据 Learmonth（2011）提供的资料显示，推特越来越像一家企业。2010 年，该公司第一次推出广告平台"promoted tweets"就收入了 4 500 万美元的广告费。这主要是因为一些大品牌（例如维珍美国航空、可口可乐、福特汽车、Verizon 通信等公司）都想到推特上尝新。Bennett（2014）指出，一份 eMarketer 的预测报告中预计，推特的广告收入将从 2013 年的 550 万美元增加到 2014 年的 10 亿美元。企业可以在推特上为自己的公司或产品做广告，也可以开展其他各种促销活动。公司在推特上的粉丝都可以光顾门店。推特通过帮助公司进行广告宣传增加销量。推特的配套软件帮助企业接触推特的粉丝。企业推出新产品或开展新的促销活动时，只要在推特上一"招呼"，就会有很好的效果。推特如今已经是全球第二大社交网络平台。2014 年 12 月注册用户达到 6.5 亿。根据网站 mediabistro. com 的报道，几年以后，其注册用户或许将会达到 10 个亿。在吸引广告商的能力方面，它或许可以与脸谱一争高下。

事实上，2010 年 9 月，推特在与一些一流品牌成功合作以后，吸引了更多广告商。

其实，在推特上做广告的方法还有很多（business. twitter. com；Weber，2012；Gillette，2010；Lincoln，2012），例如：

- **招聘和求职**。人们可以直接或者通过中介在推特上进行信息交流。
- **品牌展示**。公司的博客、展示广告或各种营销传播都可以展示在推特上。博主也可以在推特上发布自己的博文。

● **市场调研。**通过查看推特上的信息，公司可以了解客户和竞争对手的想法。同时，企业也可以参与在线讨论。

● **提供优惠。**公司可以为那些选择进入的用户提供促销、优惠券和折扣等优惠措施。例如，美国运通公司将它们客户的账户和客户在推特的账户同步化，并为其提供折扣。

● **共同协作。**推特为组织内部和组织之间提供了合作的平台。

● **客户服务。**推特平台有助于管理客户关系和提供客户服务，将在7.5节进行讨论。

● **利用专家来提高公司在推特上的影响力。**许多专家以及行业中有影响的人员很可能都在推特上参与过讨论。企业也可以与这些专家以及一些活跃的博客进行互动［详细内容请参阅Weber（2012）］。

● **成本效益。**利用推特与客户或者合作伙伴进行交流的成本非常低。一个典型的例子就是AA美国服饰公司，该公司利用推特征求客户对广告的看法并展开相关的讨论。

 实际案例

奔驰汽车

根据 Heine（2011），美国的超级碗赛在得克萨斯州的达拉斯市举行活动期间，奔驰汽车公司组织了一次"微博驾车比赛"的促销活动。在驾车去赛场的途中，有4个参赛队（每队2人）因为发送有关赛事的微博帖子或者转发帖子而赢得了积分。最后，胜出的参赛队得到的奖品是一辆奔驰轿车。可以访问网站 vimeo.com/22300987 观看比赛视频。

推特成功的一个主要因素是其具备相当大的灵活性。绝大部分人都可以通过移动设备登录推特。实际上，推特的大部分广告收入都来自移动设备上的营销广告。

社交媒体上各种创新的广告模式

企业利用社交广告的目的主要是增加网络上的浏览量和实体店的客流量。本书第一章导入案例中的星巴克公司经营模式就很能说明问题。社交媒体上广告的创新模式很多。3dCart（3dcart.com）网站上列出了如下形式：

● 利用企业的脸谱网页宣传企业的网络店铺，在脸谱上放置"喜欢"（like）某一件产品的按钮并刊登相关文章，也可以利用社交电子邮件在脸谱上进行广告宣传；

● 发微博向客户宣传企业的在线业务、促销活动及新产品等；

● 向客户发博客，方便他们及时更新产品等；

● 在公司网站上植入视频（例如在 YouTube 中）；

● 在产品宣传网页上插入社交标签，以便随时返回浏览。

● 利用移动应用软件；

● 在脸谱上增加"喜欢"（like）某一件产品的按钮，并刊登相关的文章。（例如，佳得乐公司在一次促销活动中，6个月的时间就聚集了120万篇相关的文章。）

上述各种形式的详细内容请浏览 blog.3dcart.com/7-social-commerce-tools-to-increase-traffic。

创立品牌的新方法

2010 年 12 月出版的《哈佛商业评论》刊登了 4 篇文章介绍由社交媒体支撑的各种创立品牌的新方法。指出社交网络既有可能帮助企业创立品牌，也有可能摧毁企业的品牌。

对博客的利用

博客是一种 Web 2.0 工具。许多人都把博客看成是营销沟通、信息传播、对产品（包括即将出现的新产品）提供建议和讨论的一种非常有效的方法。例如，企业可以在博客中发布新产品创意并展开讨论、搜集客户意见。企业不仅可以在自有网站上刊登博客，也可以在脸谱（或其他社交网站）的公司站点上刊登博客。此外，企业也可以在多个博主的文章里嵌入公司的广告按钮，供用户点击。

对优惠券的利用

社交商务中可以使用以下两种方法来发布优惠券。一种是基于定位社交商务根据客户所在位置发送优惠券。一旦商家知道客户所在的位置，以及如何向客户发送电子邮件或信息，便会向客户发送有针对性的优惠券。另一种方法是在公司的 Facebook Offers 页面上提供优惠券，主要通过 Facebook Offers 功能实现。

Facebook Offers。此功能允许公司在他们的脸谱页面上发布优惠券。公司的粉丝及其他用户会在 feed（动态）专栏中进行优惠券认证（点击"获得优惠券"按钮）。优惠券被认证之后，商家会将优惠券以电子邮件的形式发送给认证优惠券的客户，客户可以在线下打印优惠券或者与朋友分享优惠券。这些优惠可能是团购等促销活动。

移动广告

移动广告发展得很快，它是指在手机或其他移动设备上展示的广告内容。许多企业都希望在移动广告领域分一杯羹。随着手机上网越来越普及，这种竞争日趋激烈。广告商开始在视频资料中嵌入广告（参阅第九章）。广告商会使用微博，尤其是推特上的视频去接触自己的目标受众。根据 Patel（2011），尼尔森（Nielsen）市场调研公司曾经将金宝汤公司（Campbell Soup）在移动广告平台 iAds 上的广告与相似的电视广告做比较。结果显示，看到移动广告的用户有意购买金宝汤公司产品的人数是看到电视广告的用户有意购买该公司产品的人数的 2 倍多；看到 iAds 上的移动广告后能够回忆起广告内容的人数是看到电视广告后能够回忆起广告内容的人数的 3 倍（请浏览 adage. com/article/digital/apple-campbell-s-iads-effective-tv/148630）。

7.5 节复习题

1. 描述社交商务中的广告业务。
2. 解释社交广告和社交应用程序。
3. 界定病毒营销。
4. 描述病毒博客。
5. 定义地理位置和地理位置社交网络。
6. 解释基于位置的广告的运作模式。
7. 解释 Foursquare 的运作模式。
8. 描述基于位置的网络社交的不足。
9. 描述病毒视频营销。
10. 解释企业如何利用推特开展广告活动。
11. 描述移动广告。

7.6 社交客户服务及社交客户关系管理

客户服务领域正在发生翻天覆地的变化。这既表现在客户服务的方式上，又表现在客户与企业的互动方式上，参见 Lacy et al.（2013）。

社交媒体的引入促成了上述客户服务发生的变化。起初，人们对社交商务与客户服务之间的联系并没有多少预期。但是实际上，两者之间的联系越来越紧密。Kiron et al.（2012）发布的一项研究显示，客户关系管理被认为是社交商务面临的两大挑战之一。

社交网络提升客户服务水平

有人说，一篇微博能帮助企业解决一个问题，但是一篇微博也可能扼杀一个品牌（Bernoff and Schadler，2010）。根据社交媒体分析公司 Sysomos 的分析发现，由于商家提供的客户服务不够完善，超过 65% 的客户都流失掉了。下面我们来了解一下脸谱是如何帮助企业改变经营策略的。

 实际案例

澳洲航空公司的规定因脸谱用户群起反对而终止

澳洲航空公司曾经规定乐器必须装箱托运，但是有时候托运的乐器会损坏。2010 年秋天，澳大利亚的演奏家 Jamie Oehlers 乘机时托运萨克斯管，结果乐器损坏，损失 1 200 美元。于是，Jamie Oehlers 在脸谱上发起讨论，要求澳洲航空公司改变这一规定。如果仅有一人对此规定提出异议，公司或许会回一封信表示歉意，但是不可能改变规定。然而，这一次在脸谱上参与讨论的人数多达 8 700 多人，其中包括国家交响乐团的演奏人员。他们在网络上发帖子，上传乐器在托运过程中被损坏的照片，并表示将抵制澳洲航空公司，于是，公司不得不重新思考。事后，澳洲航空公司声称它们愿意听取客户的意见，并在 2010 年 12 月对原有的规定进行了调整。新规定表示非大件乐器可以随身携带（2011 年《台北时报》）。或者可以为这个大件乐器买张座票，作为大件物品携带（请浏览 qantas. com. au/travel/airlines/carry-on-baggage/global/en）。

媒体上类似的案例还有很多。一个著名的案例是"美联航弄坏吉他"（United Breaks Guitars），该案例也被写入书中，相关视频可以在网站 youtube. com/watch?v=5YGc4zOqozo 上观看，截至 2014 年 11 月，该视频的点击量已经超过 1 400 万次。另一个例子是 Olson（2009）报道的洗衣机制造商 Maytag 公司，该公司的客户在网络上发文称该公司的洗衣机给她带来了大麻烦，她的微博得到了 10 000 多人的围观。公司不得不引起重视。不出一天时间，公司就为其解决了问题。要是在以往，企业对客户的问题往往不闻不问，甚至客户威胁要把问题披露在网络上，公司也不一定理睬。但是，如今客户只要说："我要在脸谱（或推特）上组织一场抵制活动"，公司就不得不认真对待了。因此可以看出，提高客户服务水平的主要驱动力是社交客户关系管理。

社交客户关系管理

客户关系管理（customer relationship management，CRM）指的是向客户提供服务的一种方法，目的是建立长久的、可持续的客户关系，为客户及企业创造价值。这样的客户服务如果通过网络实现，就是在线客户关系管理（e-CRM）（参见在线辅导资料 T1）。在线客户关系管理的主要领域是社交客户关系管理。

如何界定社交客户关系管理。社交客户关系管理（social CRM，SCRM），也被称作 CRM 2.0，指的是一种基于社交媒体的客户关系管理（例如，Web 2.0 工具、社交网站），鼓励客户参与交流、分享及其他互动，目的是为所有参与方提供利益以及增加客户信任。社交客户关系管理以社交媒体为基础，目的是实现企业的既定目标，优化客户体验，提高客户信任度和忠诚度。要在社交客户关系管理方面取得成功，需要格外关注涉及与客户交往、互动的人，流程和技术。正如客户关系管理一样，社交客户关系管理的主要目标还是建立客户信任度和忠诚度（Huba，2013）。

社交客户关系管理并不是传统客户关系管理的替代，而是一种延伸。它增加了两个层面：社交媒体和人。它希望客户能够利用社交媒体工具进行交流。社交客户关系管理不仅为商家提供价值（提高客户的信任度、忠诚度及销量），也为客户带来价值（更好、更快捷的服务，客户的更多参与，产品不断改进）。社交客户关系管理是社交商务战略的一个组成部分。在开展社交商务活动的过程中，企业需要调整自己的战略，满足社交客户的预期和需求。社交客户关系管理是传统客户关系管理以及网络客户关系管理活动的延伸。对于社交客户关系管理涵盖的内容，参见 Greenberg（2009），Fagan（2014），Roebuck（2011），Lacy et al.（2013）。

社交客户关系管理的组成要素

社交客户关系管理的主要组成要素和特征如图 7.4 所示。这些特征是在社交网络驱动下产生的社交客户从事社交商务的基础。社交客户的需求和那些不使用社交媒体的客户的需求是不同的。例如，社交客户希望通过互联网与商家进行沟通（Metz，2011），这种交流就要以社交媒体为基础，这也正是社交客户关系管理的主要组成要素。此外，社交环境也是社交客户关系管理的主要组成部分，因为它是商家与社交客户进行交流的基础。

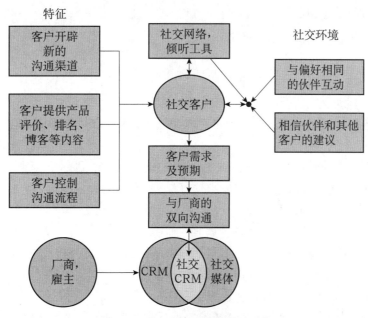

图 7.4 社交客户关系管理的要素

如何为社交客户提供服务

所谓**社交客户**（social customers）就是指在市场上处于意见领袖地位的客户。这样的客户都是社交网络的用户，他们参与社交购物，了解自己有怎样的权利，知道怎样利用社交网络来赢得自身的利益。社交客户懂得如何与企业进行互动，这些客户容易受到朋友、专家和家庭的影响。企业应该了解社交客户与传统客户的差异，向社交客户提供优质的服务。

社交客户服务的方法和原则

企业如何为社交媒体客户提供服务？

企业思考的问题有二：一是避免网络用户在社交网络上发布对企业不利的言论；二是它们认识到社交网络也给企业带来了机遇，因为在社交网络上企业可以向客户征求改进客户服务和企业运营的反馈意见和建议（Parature，2014）。此外，通过征求客户的反馈信息，企业还有可能提升客户忠诚度，提高客户服务人员的工作满意度。上述工作如何实现参见 Parature（2014），Fagan（2014），Bernoff and Schadler（2010），并浏览 mashable.com/2012/09/29/social-media-better-customer-service。其中涉及的相关方法、原则及软件都适用于社交客户关系管理。

社交 CRM 带来的好处

社交客户这一新兴客户向企业提出了新的要求。然而，社交媒体工具能够以较低的成本（去除员工时间）较好地满足这些需求。社交媒体为企业提供了客户参与和协作的机会，如果实施得当，最终会给企业带来一定的竞争优势。

社交客户关系管理为客户（标记为 c）和企业（标记为 e）带来了以下潜在的好处（注意：其中一些好处显示在应用案例 7.2 中（本章后面将介绍 iRobot 公司），SCRM 为 iRobot 公司带来的好处标记为 I）。

- 较快地解决客户问题（c）。
- 有助于为企业和客户提供高效的合作（c），（e）。
- 提高企业声誉（e），（I）。
- 有助于更好地了解客户的需求和欲望（e）。
- 提供专注、直观且便捷的 CRM 应用程序（e）。
- 用户创建内容以及口碑营销有助于更好地进行市场营销、更准确的定位，以及改进产品/服务（e）。
- 通过客户输入更快地进行市场调研，以较低的成本改善产品和客户服务（e）。
- 更快地为客户提供产品/服务信息（c），（I）。
- 提高客户信任度和忠诚度（e）。
- 相对于传统 CRM，能够更全面地了解客户（e）。
- 降低客户维护费用（例如，可以通过网上自助社区）（e）。
- 使销售人员较快、较容易地找到销售线索（e）。
- 开发新的收入机会，并把新客户变成回头客（c）。
- 通过教导他们使用分析和协作 2.0 技术，提高了客户关系管理人员的能力（e）。
- 受益于社交网络的知识共享，提高员工绩效（e）。

- 通过利用社交媒体平台，为客户提供参与的机会，提高客户满意度（c），（I）。
- 为企业带来更好的营销机会（e）。

Petersen（2011）讲述了 16 个案例研究中社交客户关系管理带来的好处。

Tiffany Brown 发表的一篇文章里讲述了一个视频资料（请浏览 tiffanyabrown. wordpress. com/2011/10/26/social-CRM-as-a-holistic-marketing-tool），该视频向大家展示了社交客户关系管理过程的基本要素。

其他好处参见 Fagan（2014），Shih（2011），Ziff Davis（2012）。

 应用案例 7.2

iRobot 公司：利用社交媒体提供多方位的客户关系管理

美国 iRobot 公司于 1990 年由美国麻省理工学院（MIT）的三位机器人专家共同创立，公司的愿景是：研发制造实用性的机器人，为全球设计和生产一些最重要的机器人。根据公司网站内容可知，2013 年公司实现了 4.87 亿美元的收入，雇佣员工人数超过了 500 人，且均是机器人行业的顶尖专业人才，包括机械、电气、软件方面的工程师和相关的技术支持人员。

iRobot 公司主要为全球的政府、国防和安全、军事和民防部队生产机器人，同时该公司的机器人也适用于商业应用、工业和家庭使用。较为公众所熟知的一款机器人是 Roomba 真空吸尘机器人。由于公司产品的技术水平要求较高，公司的客户一般会需要专业的技术支持和服务。公司在其客户服务网站上提供了多种服务栏目，包括自我诊断、支持视频、实时聊天、产品常见问题解答、寻求"客户帮助"（客户提出问题，并会自动接收到答案）等（请浏览 homesupport. irobot. com/app/answers/list/session/L3RpbWUvMTQwMDQzNjk4NS9zaWQvODJsX1ZBVWw％ 3D）。但是，由于市场上的很多客户都是首次使用机器人，所以客户需要更多技术援助。现阶段公司的主要目标是扩大家用产品的销售。因此，公司必须为那些没有使用经验的客户尽可能地提供帮助。公司在网站上为社区提供各种支持，包括讨论区、社区搜索以及实时聊天等。

社交客户关系管理：服务客户的同时，向客户学习

iRobot 公司在甲骨文 RightNow 公司的帮助下，使用了客户关系管理系统（请浏览 oracle. com/us/products/applications/rightnow/overview/index. html，参阅甲骨文云服务）。该系统有助于公司的客户服务部通过多种渠道与客户进行沟通，包括使用电子邮件、实时聊天、社交网络和 Web 自助服务。这样一来，iRobot 公司能够使用各种方式及时地与客户进行在线沟通。所有这些沟通都要尽可能降低成本，因此有必要实施服务的自动化。

特殊的社交媒体活动

iRobot 公司可以在 homesupport. irobot. com 网站上发布服务需求、请求或投诉信息，也可以在"帮助中心"进行信息咨询。公司会实时搜集这些在线信息并及时回应。希望通过各种渠道（例如，社交网站的论坛）搜集客户的交流信息，以试图寻找到有问题的客户。一旦确定有问题的客户，iRobot 公司便会私底下与客户进行沟通，以解决客户所遇到的问题。

RightNow 公司整理了以社交媒体为导向的一系列活动，并将相关的文档和视频集成为知识

库。iRobot 公司使用了 RightNow 公司的搜集工具，以识别发布评论的客户，而且有些客户也可能提供自己的真实姓名。公司还鼓励匿名客户直接与公司联系。至于公司如何从社交媒体获取客户反馈信息，请浏览 informationweek. com/software/social/roombarobots-listen-to-social-media/d/d-id/1100404？。

快速响应客户问题是至关重要的，正如之前所讨论的，客户利用 YouTube 或推特（公司举行的促销活动，比如在推特上开展赠品和游戏活动）能够吸引大量的关注，也可以进行投诉。除了能够解决客户遇到的问题，公司还能够获得客户的宝贵意见，这些都有助于提升公司的产品和服务。

截至 2013 年，iRobot 公司网络客户服务评价率达到了 97％，客服电话的接听量减少了 30％，并在成本降低了 20％ 的情况下，实现了更好的客户服务。

iRobot 公司充分利用了各种社交网络平台，包括脸谱、推特、Pinterest、YouTube，以及 Tumblr。iRobot 利用这些平台进行信息传播并收集客户的反馈和投诉信息。

注意：社交媒体活动是常规客户服务活动的一个补充。iRobot 公司就是多渠道为客户服务的一个例子，在这种情况下，充分利用各种客户服务方法是非常有必要的。

资料来源：Carr（211），RightNow Technologies（2010），Dignan（2013），Qracle（2011），irobot. com（2014 年 11 月数据）。

思考题：
1. 什么是多渠道服务支持？其为公司带来了哪些好处？
2. 在 iRobot 公司案例中，公司利用社交媒体开展了哪些活动？
3. 描述一下公司如何获取客户反馈信息，如何为客户解决问题。

社交客户关系管理的演变

在对 CRM、e-CRM 和 SCRM 有了基本的认识以后，我们来总结一下社交客户关系管理的演变过程，分析一下 SCRM 和 e-CRM 的差异。SCRM 可以看作是 e-CRM 的扩展。大部分 e-CRM 软件公司，例如 Salesforce 公司（salesforce. com），也开始利用社交媒体进行产品供应。但是，e-CRM 和 SCRM 之间存在一些显著差异（请浏览 slideshare. net/JatinKalra/e-crm-112520123741）。

Cipriani 的全方位报告

Fabio Cipriani（2008）对 CRM 和 SCRM 之间存在的差异从多个角度进行了归纳。图 7.5、图 7.6、图 7.7、图 7.8、图 7.9 分别从宏观、客户接触点、业务流程的演变、技术发展过程和组织模式五个角度来分析 CRM 和 SCRM 的区别。

从宏观角度分析

该角度主要是从结构、关注点、与社区客户的关系以及价值创造这四个方面来对比分析 CRM 和 SCRM 之间存在的差异，如图 7.5 所示。

我们注意到，CRM 2.0 比 CRM 1.0 所服务的社区范围要大很多，CRM 2.0 还包含了传统 CRM 初期所没有的客户之间的相互沟通和联系。

客户接触点

接触点（touch point）是指客户接触到品牌或商家的各种相关特性。有些特性是公司所倡导的（比如，可以通过广告或者电子邮件与客户进行互动），有些则超出了公司的控制范围（比如口碑）。CRM 2.0 增加了更多的客户接触点，如图 7.6 所示（所有的 Web 1.0 和 Web 2.0 工具）。其实，我们也可以将众包列入其中。

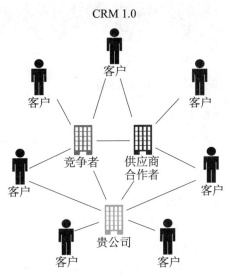

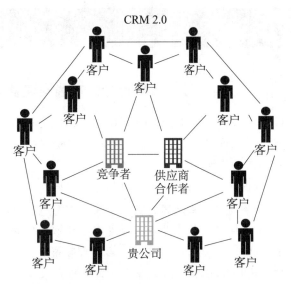

CRM 1.0

- 注重个人关系（公司与客户，公司与合作伙伴等）
- 对客户及其社区的喜好、生活习惯等了解有限
- 有针对性的广告信息能产生价值

CRM 2.0

- 注重协同关系（参与到更复杂的关系网中）
- 全方位的沟通能够更好地了解客户及客户所在的社区
- 沟通创造价值

图 7.5　从宏观角度分析 CRM 与 SCRM 的区别

资料来源：Courtesy of F. Cipriani，"Social CRM：Concept，Benefits，and Approach to Adopt," November 2008. slideshare. net/fhcipriani/social-crm-presentation-761225（2014 年 11 月数据）。

CRM 1.0

CRM 2.0

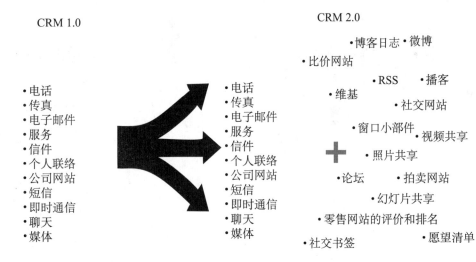

CRM 1.0

- 电话
- 传真
- 电子邮件
- 服务
- 信件
- 个人联络
- 公司网站
- 短信
- 即时通信
- 聊天
- 媒体

CRM 2.0

- 电话
- 传真
- 电子邮件
- 服务
- 信件
- 个人联络
- 公司网站
- 短信
- 即时通信
- 聊天
- 媒体

+

- 博客日志 · 微博
- 比价网站
- RSS　· 播客
- 维基
- 社交网站
- 窗口小部件 · 视频共享
- 照片共享
- 论坛　拍卖网站
- 幻灯片共享
- 零售网站的评价和排名
- 社交书签　愿望清单

- 基于与客户互动的历史数据、用户注册在公司的个人资料以及公司内部系统整合的数据资料，对客户的认识是比较狭窄的
- 公司拥有的客户数据资料仅局限于历史的互动情况

- 不仅基于公司的内部资料，还依赖于公司的外部信息，比如社交网络上的客户档案信息以及其在社区中的行为信息等，对客户的认识更复杂、更深入、更全面
- 客户和Web 2.0网站都拥有部分的宝贵数据信息

图 7.6　从客户接触点来分析 CRM 与 SCRM 的区别

资料来源：Courtesy of F. Cipriani，"Social CRM：Concept，Benefits，and Approach to Adopt," November 2008. slideshare. net/fhcipriani/social-crm-presentation-761225（2014 年 11 月数据）。

为 CRM 而生的在线交流社区网站 Get Satisfaction

Get Satisfaction (getsatisfaction. com) 是一个为客户提供相互沟通、表达意见和建议，以及进行投诉的在线交流平台。客户可以利用论坛快速地获得问题的解决办法。其创建的每个社区都围绕着以下四大主题：

1. 提出问题。客户之间可以相互回答问题。
2. 分享想法。汇总客户提出的反馈信息（可以按主题、产品、商家进行分类汇总）。
3. 报告问题。搜索是否有人发布了类似的问题，同时可以发布自己面临的问题。
4. 点赞。客户可以为某个产品或商家点赞。

Get Satisfaction 可以免费为感兴趣的商家提供客户的交流信息。有关 Get Satisfaction 对社区进行支持的例子，请浏览 getsatisfaction. com/safarichallenge。

CRM 业务流程的演变

传统的 CRM 是始于营销、终于销售、接下来是客户服务（如有需要）的这个线性业务流程的一部分。而在 CRM 2.0 中，业务流程则从了解客户需求开始，这种了解主要是基于客户在社交媒体上的互动交流信息，而不是像传统的市场调研那样，通过定量分析或小范围定性研究来了解客户需求。CRM 2.0 的目标是同时为客户和企业创造价值。传统 CRM 和 CRM 2.0 在业务流程方面的差异如图 7.7 所示。

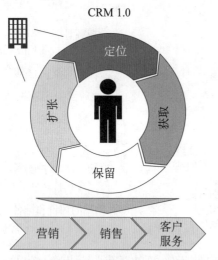

- 从公司的角度来制定客户服务流程（依据公司制定的客户生命周期）
- 以流程为中心——调整和优化流程以实现与客户更好的互动
- 关注客户关系管理流程

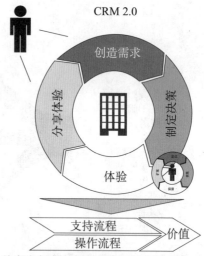

- 从客户角度来制定客户服务流程（根据客户的生命周期）
- 以沟通为中心——包括影响建立品牌社区、捕获创意和更好地进行市场细分的沟通互动
- 关注客户关系管理流程的演变及其对价值链产生的影响

图 7.7 从业务流程的演变来分析 CRM 与 SCRM 的区别

资料来源：Courtesy of F. Cipriani, "Social CRM：Concept，Benefits，and Approach to Adopt," November 2008. slideshare. net/fhcipriani/social-crm-presentation-761225（2014 年 11 月数据）。

CRM 的技术发展过程

传统的在线客户关系管理（e-CRM）专注于与客户服务相关的内部业务流程的自动化运作和支持。CRM 2.0 也试图为这种业务流程提供支持，但它主要是以社区创建和客户之间以及客户和企业之间的互动为基础，如图 7.8 所示。

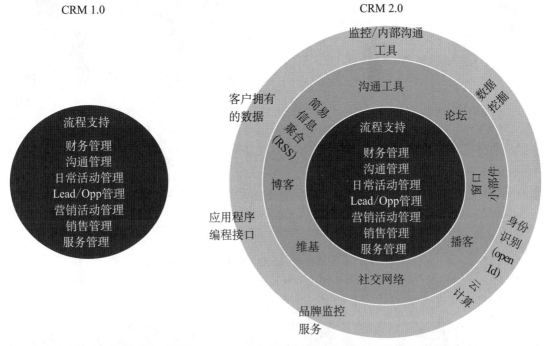

图 7.8　从技术发展过程来分析 CRM 与 SCRM 的区别

资料来源：Courtesy of F. Cipriani，"Social CRM：Concept，Benefits，and Approach to Adopt，" November 2008. slideshare. net/fhcipriani/social-crm-presentation-761225（2014 年 11 月数据）。

CRM 的组织模式

在传统的 CRM 1.0 中，交流在客服人员和顾客之间或者在销售支持团队和客户之间展开。而且绝大部分的沟通都局限在常规问题上，创新内容的沟通很少。然而，在 CRM 2.0 中则截然相反（如图 7.9 所示），沟通可以在所有员工（如导入案例中的索尼公司）之间、客户（如 iRobot 公司案例）之间展开。这种相互沟通的环境有利于创新，有利于提高客户满意度。

结论

结合之前五个方面的对比分析之后可以知道，社交客户关系管理需要赋予员工更多权利，这就意味着员工需要具备新的技能。长期以来，营销人员都表示所有销售行为必须以了解客户需求为始点。如今，随着社交客户关系管理以及社交媒体产品的不断出现，营销人员应该将这一理念切实地贯彻到企业的战略中去。

社交客户服务和客户关系管理的实施

社交客户服务的方法有多种。首先我们来了解一下西夫韦公司在该领域的具体实施情况。

 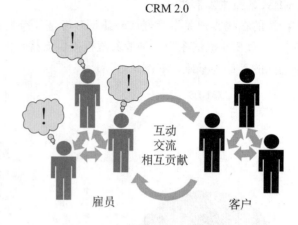

CRM 1.0	CRM 2.0

互动
交流
相互贡献

交易
信息反馈

雇员　　　客户　　　　　　　　雇员　　　客户

- 创新源于公司内部的专业团队（研发部门）

- 一线员工只对一些事务性的、有针对性的信息有目的地进行沟通

- 创新源于全体员工，因为通过使用内部Web 2.0工具，员工能够密切地了解到终端客户的信息，而且员工之间也能够实现互动，在整个创新周期中客户起到决定性的作用

- 所有员工都会参与到与潜在的新客户的交流中，且不局限于常规交流。因此，员工需要具备一套新技能

图 7.9　从组织模式来分析 CRM 与 SCRM 的区别

资料来源：Courtesy of F. Cipriani，"Social CRM：Concept，Benefits，and Approach to Adopt，" November 2008. slideshare. net/fhcipriani/social-crm-presentation-761225（2014 年 11 月数据）。

 实际案例

西夫韦公司提供社交客户服务

西夫韦公司是一家日用品大型连锁零售企业。公司组织了一个虚拟顾客俱乐部。只要是俱乐部的成员，就可以在门店里享受商品折扣的优惠。公司还向会员以电子邮件的形式发放优惠券，告知促销的信息，还会通过在线通信的形式向会员发送健康提示、食谱、购物小贴士等。该公司的客户服务还包括邀请客户成为公司脸谱、推特的粉丝。有了社交网络上的公司信息，顾客就能在第一时间了解到特价销售的信息。顾客还能通过社交网络与其他消费者沟通和交流。

西夫韦公司还实施了"Just for U"计划。比如说顾客想买牛奶，当他点击某个优惠券后，便可以获得一张电子折扣券以及一个专属的优惠折扣，接下来，当他真正购买时，便可以获得10%～20%的折扣。在这种情况下，就不需要再携带打印的优惠券了（请浏览 safeway.com/ ShopStores/Justforu-FAQ. page）。

西夫韦公司还开通了公司博客"Today at Safeway！"，负责博客内容的团队不断地张贴连锁门店里的商品信息。公司的商品专家还向顾客宣传营养、环保等理念。虚拟顾客俱乐部的会员都可以在博客上发表意见，且公司要求社区成员张贴原创的内容。

一些社交客户关系管理的高级应用

有些高级应用软件能够帮助企业更好地服务客户。

百思买利用推特平台提供实时的客户服务

百思买公司是一家大型的电器设备零售商。该公司在推特开设了名为@twelpforce 的账户，通过这个账户为客户提供实时服务。

百思买公司授权 Geek Squad 的技术服务团队和其他员工（一共有 4 000 人）在上班期间为客户排忧解难。客服可以利用微博答疑。答疑的结果可见，其他员工也可以进行补充回答。

更多例子请浏览 thesocialcustomer. com/sites/thesocialcustomer. com/files/TheSocialContract. pdf。

社交网络对小企业客户服务工作的帮助

上述案例都与大公司社交客户服务工作有关。那么小企业在这一部分的应用如何呢？显然，许多小企业没有足够的人力和物力来开展这样的应用。但是也有一些中小企业做得很好。

托斯纳葡萄酒销售公司

托斯纳（teusner. com. au）是澳大利亚一家小型的葡萄酒销售公司，只有 3 名员工。但是这家公司仅有一人的营销部也把推特利用得很成功，其做法是：

● 邀请葡萄酒行业的知名人士在网络上发起讨论；

● 向参与讨论有关托斯纳品牌葡萄酒的人士（例如，一些社区网站上的用户）发送微博，感谢他们品尝托斯纳葡萄酒；

● 通过在线交流与客户建立相互信任关系；

● 邀请人们来参观托斯纳葡萄园，品尝托斯纳葡萄酒；

● 与美国、加拿大有意购买托斯纳葡萄酒的人士取得联系；

● 搜集客户的实时反馈信息；

● 鼓励客户与客户的社交媒体交流；

● 在推特上张贴客户的评价；

● 在网络上共享信息。

托斯纳葡萄酒公司所做的这一切几乎不需要支付任何成本（请浏览 dottedlinecollaborations. com/social-media/case-study-using-twitter-attract-new-customers）。

对于大公司而言，就有必要对营销、客户服务和社交网络进行整合。

声誉管理系统

公司并不能确保社交网络上的所有评论都是正面的。问题是当公司发现网站上出现负面评论时应该如何应对（Christman，2014）。根据 Carr（2010）提供的资料可知，当公司在脸谱上创建了自己的业务网站时，可能出现一些负面的帖子，这些帖子极有可能来自不满意的客户或者恶意的竞争对手。

公司不能阻止用户在社交平台（包括脸谱）上发布一些负面的评论。如果公司去阻止发布这样的帖子，那么同时也会失去一些粉丝对公司积极的评价，失去了正面的口碑以及有用的客户反馈。如果公司选择删帖，那么很容易遭到发帖人或其他人的报复。声誉管理系统的一个可能的解决方案是设法创造一个鼓励发布积极评论的空间。根据 Dellarocas（2010）和 Carr（2010）的意见，声誉系统应该具备以下特点：

- 建立对卖家的信任；
- 提升产品和服务的质量；
- 保持客户忠诚度。

更多内容参见 Dellarocas（2010），Beal and Strauss（2008），并浏览 reputationinstitute.com。

7.6 节复习题

1. 如何界定社交客户？他们具备哪些特征（参阅第一章）？
2. 社交网络为什么以及如何提升客户在市场上的力量？
3. 如何界定社交客户关系管理（SCRM）？
4. 企业如何满足社交客户的需求？
5. 社交客户关系管理能够带来哪些好处？列举 5～8 条。
6. 社交 CRM 与传统 CRM 有何区别？
7. 如何界定声誉管理系统？

管理问题

与本章内容有关的管理问题有如下几个方面：

1. 社交商务将对企业产生怎样的影响？ 企业的社交营销会改变消费者的购买决策。社交商务将会通过增加互动、客户参与和协作来影响 B2B 和 B2C 电子商务模式，也会对企业的商务模式产生影响，包括企业对待客户和员工的方式，甚至有可能需要调整企业的组织架构等。还表现在广告内容、病毒营销、协同合作、品牌认知等各个方面，以及在客户服务、市场调研、组织协作等方面。

2. 企业是否需要赞助一家社交网站？ 企业赞助一家社交网站，听起来似乎是一个好主意。但是落实起来不见得就很容易。网络社区成员需要得到服务，而这是需要花费代价的。最困难的事情是为自己的企业寻找到合适的网络社区。在大多数情况下，为社交网络投入一些资金是值得的，因为网络成员能够为企业的广告活动做贡献。但是，为网络社区提供服务的人或企业需要有一定的收益，这样才能保证服务的持久。而要做到这一点是非常不容易的。

3. 小企业利用脸谱开展商务活动是否明智？ 这个问题取决于企业的性质，以及企业的经营目标。如果企业需要持续不断地与客户或供货商联系，利用脸谱开展商务活动是有利的。利用脸谱开展直接的销售活动，至少目前还不合适。如果只是在脸谱上建立企业自己的一个站点，花费不多，应该是可行的。中小型企业需要考虑的主要问题是社交网络的安全性（请浏览 entrepreneur. com/article/239539）。

4. 如何应对虚假的产品评价和假粉丝？ 遗憾的是，网络上有很多假粉丝。有些假粉丝是公司自己付钱请来吹捧自己的公司，以提升公司的形象。有些假粉丝是竞争对手付钱请来的。是否为假粉丝可以使用专门的软件检测到。这些假粉丝发布的信息可能会误导企业制定决策，例如，选择在哪里进行广告宣传。这些问题都将在第八章进行讨论。

5. 企业是否需要利用社交网络进行销售？ 在大多数情况下，答案是肯定的。很多企业认为这只是增加企业销量的一种新渠道。至于最终采用哪种模式则取决于产品种类、市场竞争状况，以及存在的潜在风险。具体策略见第十三章，具体实施方案见第十四章。

本章小结

本章所涉及的电子商务问题与前面提到的学习目标一一对应。

1. **社交商务的定义和演变过程**。所谓社交商务(SC)是指利用社交网络开展电子商务活动。它被认为是电子商务的一个子集，其活动主要在社交网络中进行，主要使用的是社交媒体工具。它集合了社交媒体、电子商务、电子营销及相关支持理论等多个学科。具体包括社会心理学、营销学、社会学和信息技术。社交商务在增加组织价值的同时，还能够增加客户满意度以及客户价值。社交商务的主要活动和内容是社交媒体营销、社交企业、社交游戏和社交娱乐等。

2. **社交商务的范围、内容及发展驱动力**。社交商务涉及的领域非常广，主要包括社交媒体营销（广告、市场调研和客户服务）和社交企业（问题解决、员工招募和协作），还包括社交娱乐、社交游戏和众包。社交商务的驱动力主要有：庞大的社交网络、Web 2.0 工具和社交客户。

社交商务的模式主要有：团购（往往伴随着每日低价的促销活动）；对商品及服务的评价、推荐、评级等；购物社区及购物俱乐部；定位商务；P2P 交易；推特商务，等等。在社交商务中比较活跃的网站有 Groupon、Pinterest、Gilt、Kaboodle，以及数百个初创公司等。这个领域中的竞争也很激烈，目前走在前面的网站有脸谱、TripAdvisor、Pinterest 等。

3. **社交商务的优点和局限性**。社交商务能够给客户、零售商和其他类型的企业带来诸多好处。客户可以得到更实惠的价格，客户服务也会得到改善，并能够得到亲朋好友的社交支持（例如，产品推荐）。社交商务还能够帮助他们结识新朋友，建立新的联系。零售商可以接触到更多客户，改善与客户之间的关系，易于实施全球化，还能够免费利用口碑营销。对于其他企业也有很多帮助，有助于企业进行高效且低成本的市场调研，可以在全球范围内招聘员工，有助于企业创新、协作以及在必要时寻求专家的帮助。企业还可以以很低的成本或免费获得其他公司的帮助。社交商务带来的局限性主要表现在安全、隐私以及不断变化的客户的态度问题等方面。

4. **描述社交购物**。社交购物是利用社交媒体进行的一种在线购物形式。主要涉及社交网友和社交媒体的社区。社交购物的主要驱动力是众多的访问社交网站的用户喜欢参考朋友提出的各种推荐，买方可能会获得较大的折扣，卖方可能会有更大的销量，面向社会的购物模式以及社交顾客的数量不断增加。社交购物的主要类型有：团购、限时销售、社交社区和社交俱乐部销售模式以及对社交购物辅助工具的应用（例如，社交评论和建议）。

5. **网络社交中的广告及促销活动**。社交商务活动中主要的支撑者依然是广告商，它们在广告上投入了大量资金，因为它们看到了社交商务中蕴含的巨大市场。社交商务中的广告形式多种多样。口碑相传是不需要支付费用的，同时它也是有风险的，因为网络中有可能出现负面信息。旗帜广告及其他各种付费广告为社交网络（特别是谷歌和脸谱）提供了巨额资金。社交网络中有许多广告应用软件。博客一般提供的是正面信息，但是偶尔也会出现负面的评价。定位商务则将广告、优惠券等与地理位置结合在一起（当然要把握好时间及地点）。许多企业开发了自己的社交网络，吸引网络用户来参与各种活动，例如玩游戏、投票、提出意见和建议。Pinterest、推特及 YouTube 视频网上的广告具有很大的吸引力。

6. **开展社交客户服务和客户关系管理**。利用社交媒体（例如，Web 2.0 工具和社交网站）进行客户关系管理就是社交客户关系管理（SCRM）。社交客户关系管理为客户、商家以及一些公共机构带来了诸多好处。具体包括：有助于改善意见领袖和商家以及服务提供商之间的关系，也能够为客户提供更好的服务。对于社交客户关系管理的演变进程可以从以下五个角度来分析：宏观（例如，结构和关注点）、客户接触点（例如，社交媒体工具的使用）、业务流程的演变（例如，如何倾听客户的心声）、技术发展过程（例如，面向社会的媒体工具）和组织模式（例如，互动类型）。社交客户关系管理发展的驱动力来自社交网站的爆发式增长、社交客户的迅速增多以及买家对社交评论关注程度的不断增加。社交网络使客户拥有了更多主动权。一旦遇到问题，企业会很快作出回应。客户在脸谱上进行投诉是轻而易举的事情。客户也能提出建议，要求企业改进经营。此外，为客户之间互帮互助搭建平台也是一种很好的方法，企业可以因此降低运营成本。客户与厂商的密切互动还提高了客户对企业的忠诚度。网络社交为客户服务创造了创新模式（例如推特在客户服务中发挥的作用）。

讨论题

1. 社交计算和传统计算有哪些差异？

2. 社交媒体中有哪些社交因素？

3. 讨论社交商务对电子商务的贡献。

4. 比较社交网络平台 Polyvore 和 Pinterest 之间的异同。

5. 讨论人们购买虚拟产品的原因。

6. 讨论传统的网络公司如何在其网站中增加社交网络功能。

7. 在何种情况下，消费者会相信专家而不是朋友的建议？

8. 企业如何利用社交网络开展病毒营销？

9. 广告商为什么钟情于社交网络？

10. 请浏览 web-strategist. com/blog/2010/03/05/altimeter-report-the-18-use-cases-of-social-crm-the-new-rules-of-relationship-management，查阅幻灯片"Altimeter Report：The 18 Cases of Social CRM, The New Rules of Relationship Management"（《Altimeter Report：社交 CRM 18 例，关系管理新规》），讨论客户关系管理的主要特征。自 2010 年以来，CRM 取得了哪些改进？

11. 讨论用户的评论和建议存在哪些缺点。

课堂论辩题

1. 就社交购物中的社交顾客面对的隐私问题展开辩论。

2. 请访问网站 baselinemag. com/c/a/Intelligence/Social-Media-Influence-On-Purchasing-Overrated-660095，围绕"社交媒体使得采购被高估"这一主题展开辩论。

3. 围绕"未来，电子商务将会常态化"这一主题展开辩论。

4. 如今，很多线上、线下的零售商以及其他组织机构（如，报纸）都选择在网上提供每日特价活动，是否需要一个中介机构提供此项服务？就此展开辩论。

5. 讨论社交购物中客户信任受到哪些因素影响（参阅网站 Bazaarvoice.com）。

6. 你认为 Wanelo 如此受欢迎的原因是什么？

7. 查看 Facebook Offers，分析病毒服务具备哪些潜力？移动资讯具备哪些优势？对其与 Living Social 进行竞争力对比分析。

8. 讨论 Cipriani 对社交客户关系管理进行的五个方面的分析。

9. 讨论公司开展团购业务的可行性。通过阅读亚马逊案例，以及参阅 Srinivasan's（2011）对于"是否要开展团购"的讨论。

10. 倩碧（Clinique）拥有一个全面的客户服务平台。客户可以利用电子邮件、电话以及实时聊天工具实现与企业的互动。在线聊天平台 clinique. com/customer_service/chatlivenow. tmpl 提供固定的在线聊天时段，可以面对客户的头像聊天，也可以利用摄像头和扬声器实现真正的面对面聊天。描述一下多渠道服务支持的理念，并对所使用的各种方法进行评论。

网络实践

1. 浏览 smartmobs. com 网站上的博客版块。寻找涉及社交商务的 3 组博客，并归纳它们的主要特征。

2. 浏览网站 thisnext. com。该网站具备哪些特点？哪些是你喜欢的？哪些又是你讨厌的？

3. 浏览网站 salesforce. com，识别公司开展的所有社交 CRM 活动。特别是与公司 Chatter 产品有关的那些活动。浏览网站 slideshare. net/Salesforce/salesforce-customer-servicebest-practices-2564014，查阅幻灯片，写一份报告。

4. 浏览网站 salesforce. com/dreamforce/DF14，查找与社交 CRM 相关的主题并写一份总结。

5. 浏览网站 bazaarvoice. com。总结该网站提供的主要服务。对社交群展开讨论。

6. 浏览网站 thisnext. com。该网站具备哪些特点？哪些是你喜欢的？哪些又是你讨厌的？为什么？

7. 浏览网站 tkg. com/social-media-marketing，搜集网站上有关社交购物的信息，并整理列表。

8. 浏览网站 select2gether. com，该网站能够提供哪些服务？

9. 浏览网站 kaboodle. com，作为该网站的会员你可以得到哪些好处？

10. 浏览网站 bristoleditor. co. uk，并查找有关社交

购物的道德和礼仪方面的准则。

11. 浏览网站 powerreviews.com，对该网站的活动内容和类似网站进行对比。

12. 浏览网站 deal-of-the-day-review. toptenreviews. com,

从该网站上有何收获？

13. 浏览网站 socialshoppingnetwork. org，找到与本章内容相关的资料，并写一份报告。

团队合作

1. 为导入案例设计的作业。

请阅读本章开头的导入案例，收集有关索尼公司经营的新材料，并回答下列问题：

a. 索尼公司使用了哪些社交媒体工具和社交平台？

b. 每种社交工具是如何帮助公司为顾客提供服务的？

c. 社交 CRM 为索尼公司带来了哪些好处？

d. 索尼对 Pinterest 的使用与社交 CRM 有关联吗？（请浏览 community. sony. com。）

e. 总结案例中与客户关系管理相关的活动。

f. 进入索尼社区，提问然后获得答案。总结一下这次体验。

2. 脸谱上不断提供一些营销工具，例如 Open Graph, Social Plug-in 等。设法找出这些软件工具。每个小组重点关注一个方面的软件应用，例如广告及搜索引擎优化、购物、市场调研、客户服务、客户关系管理，等等。将了解到的结果在班级中交流。

3. 每个小组在如下企业（可口可乐、星巴克、福特、百事、迪士尼、维多利亚的秘密、iTunes、丰田、索尼、宝洁等）中挑选 1～2 家，它们都在脸谱或推特上做广告，开展其他各种业务。了解它们的广告模式。

4. 以班级为单位调查团购活动在中国以及印度发展的情况。在整个亚洲，团购模式会有怎样的发展前景？可以先阅读 Madden 的文章 "China Pioneers Group Buying Discounts Without Groupon"（《中国与 Groupon 网站背道而驰，在团购活动中走在前沿》），请浏览 adage. com/ar-ticle/global-news/advertising-china-group-buying-discountsgroupon/147641，也可以参阅中国的喔喔有限公司案例。

5. 在社交网站上搜索对社交 CRM 感兴趣的一个小组或一个社区，然后加入它们。跟随它们，开展为期一个月的讨论。每个小组负责关注一个与本章主题相关的商务活动，并与小组成员进行讨论。每组都要准备一份报告，并在班级中进行交流。

6. 时尚产品的购物社区在网络上获得了爆发式的增长。列举主要的网站（例如，Polyvore, ShopStyle, Pinterest, My It Things 等）。调查各个网站所采取的活动，并列举各自所具备的竞争优势。为什么该行业在购物社区获得如此发展？这与脸谱和推特社交平台有何关系？他们的业务模式和收入模式是怎样的？就此写出一份报告。

 章末案例

团购能帮助企业走向繁荣吗？

团购（Groupon）这个词是"组团"（group）和"优惠券"（coupon）两个词的组合。Groupon 开始于 2008 年 11 月，被认为是截至 2012 年发展速度最快的公司（以销售额为统计标准）。起初，Groupon 主要在美国选定的城市提供服务，主要有两种形式：团购和每日特价。截至 2014 年，Groupon 为全球 48 个国家的 500 多个市场提供团购服务。Groupon 在 2014 年第三季度的财务报告显示，在过去的 12 个月中，参与到 Groupon 交易的客户数量比去年同期增加了 25%。截至 2013 年 9 月 30 日，Groupon 实现了 5 350 万美元的交易额。其中约有一半的交易额都发生在北美市场（请浏览 grouponworks. com/merchant-resources/FAQs，statista. com/topics/824/groupon）。

机遇

Groupon 是一家提特殊优惠折扣的初创公司，多数情况下都是通过电子邮件提供此项服务。具体想法是：当用户了解到某个优惠活动之后，他们会将这个消息发送给也有可能需要购买的亲朋好友（这就是所谓的"社会"元素）。一开始，商家会根据团购用户的数量确定折扣幅度，也就是说加入团购的用户越多，折扣就会越大。然而，这种模式已经发生了改变，下面将进行这方面的描述。

措施

为了更好地抓住机遇，Groupon 独创了一套商业模式。

企业最初的业务模式和经营战略。根据 Groupon（groupon.com）网站提供的内容可知，公司在每一个服务的城市提供特殊的销售活动，即特殊优惠折扣。这种优惠促销活动一般会持续限定的时间（通常是 24～72 小时），且所有的注册会员都可以享受这种服务。根据 Groupon 客服部门提供的资料显示，过去该公司的主要目标是保证一定数量的商家加盟。换句话说，只有足够多的人（即"团"的体现）参与购买 Groupon 提供的产品，客户才能够获得这一优惠折扣。如果 Groupon 没有实现许诺的报价，商家就不会履行当初的协议，也不需要支付佣金给 Groupon，客户也不会被扣款。

Groupon 会按照商家销售收入的一定百分比收取广告和促销费用。商家可以利用该平台进行业务推广、获得新客户以及提升淡季时的销量（例如，在夏末清仓期间开展促销活动）。公司最初主要采取团购和限时销售这两种模式，如图 7.10 所示。现在，它主要采用的是每日的限时销售模式。产生这种转变的原因是：随着市场份额的不断增加，营销和管理成本的不断降低，商家愿意向这些大规模的顾客提供 50%～80% 的折扣。

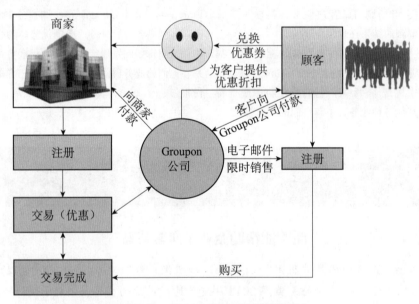

图 7.10 Groupon 的业务模式和流程

Groupon 的经营战略是与那些愿意提供大幅折扣的高品质商家进行合作且同时借助于传统的电子邮件和现代的社交网络（例如，脸谱、推特、Pinterest 等社交平台）进行特价促销宣传。条件允许的话，公司可以直接向会员发送电子邮件，当然，对每日特价感兴趣的客户也可以在 Groupon 公司的商品网站（GrouponGoods；groupon.com/goods）上了解相关信息。公司还推出了"推荐好友"计划，每推荐一个好友完成首次购买，便可以获得 10 美元的奖励（请浏览 groupon. com/referral）。

获得的好处和进一步的扩展。新举措为客户带来的好处有：

● 享受更优惠的折扣（50%～80%）；
● 发现新的或专业的服务和产品；
● 所有的每日特价都能在 Groupon 上提供；
● 获得亲朋好友的有用的建议。

新举措为商家带来的好处有：

● 提高销量并能快速清仓；
● 降低广告和营销费用（例如，可以利用免费的病毒营销）；
● 获得回头客（对交易满意的客户会选择再次购买）；
● 降低获取客户的成本；
● 更好地了解供应商的同时，也可以与供应商进行更紧密的协作。

业务模式存在的局限性。Groupon 公司提供的每日特价业务模式对于那些规模较小的供应商而言可能存在的问题主要是它们无力供应这种大额订单。根据 Crum（2011）提供的案例，有一次在新年时，东京一家餐馆的年夜饭的团购订单量达到了 500 个。但是由于订单量过大，该餐馆不能及时处理。从上述案例可知，一些团购订单由于量太大而导致供应商无法及时供应，客户会对商家不能及时履行订单或者不满意产品或服务的质量而有所抱怨。类似情况在印度也发生过，对洋葱的高需求导致 Groupon 公司的网站崩溃（AOL On News，2013）。

为了解决上述问题，Groupon 公司的工作人员编制了一套公式，帮助供应商及其合作伙伴确定如何更好地满足消费者需求，确定提供的优惠券的数量（确定合理的订单数量）。

此外，该业务模式还存在一个弊端，那就是有些采用这种模式的商家不仅不能赚钱，反而还要承受损失（Phibbs，2011）。最终的结果是，虽然 Groupon 和类似公司获得了巨额收入，但成本也是非常高的。提供的优惠交易量越多，越有可能赔钱。因此，在激烈的竞争环境中，该业务模式的盈利性却遭受着许多人的质疑。

Groupon 试图开拓新市场，而不仅仅局限于提供每日特价业务。2013 年 11 月，Groupon 开始进入电子商务市场，正式推出了在线零售服务 Groupon Goods（groupon. com/goods），主要提供略有优惠的产品。该业务也有时间限制（通常是 3～7 天）。在 2013 年第二季度，Groupon 公司在北美市场的收入只有不到 40% 是来自公司的每日特价电子邮件提醒业务，也就是在线零售占据 60% 以上的份额，说明电子商务市场正在不断走向成功（请浏览 usatoday. com/story/tech/2013/11/01/group-on-new-website-marketplace/3319943）。

2011 年，Groupon 与 Expedia（expedia. com）展开合作，推出了 Groupon 的自助游业务（groupon. com/getaways），其重点是提供折扣旅行（酒店、旅游等）。

Groupon 还提供一项折扣式预约服务"Groupon Reserve"（groupon. com/reserve），商家在 Groupon Reserve 上为自己的餐厅预设好特定时段（通常是空闲时段）的折扣优惠。跟平时的团购不一样的地方在于，这个服务也不需要用户在 Groupon 上预付费，只要在线预订，按时在餐厅就餐，就能如愿享用折扣。

2013 年 3 月，Groupon 在北美市场的交易额中有 45% 都是利用移动设备完成的（请参阅 groupon. com/mobile），而在 2012 年 3 月，这一比例只有 30%。

面临的竞争。与任何一家成功的企业一样，有很多企业试图克隆 Groupon 的商业模式。克隆

Groupon 的公司多达数百家（根据相关数据，2011 年美国此类企业的数量有 400～600 家），并且这个数字还在不断地增长。全球范围内，这种类型的网站数量有数千家。例如，仅在中国就有超过 1 000 家这种类似的企业，但很多企业都没有取得成功。（想要了解 2003 年中国十大团购网站的更多信息，可以查看 thenextweb. com/asia/2013/02/18/chinasdaily-deal-market-consolidates-as-top-10-sites-claim-90-revenue-share-report。）尽管如此，到 2003 年 11 月，随着谷歌的崛起，Groupon 唯一的、真正的竞争对手就是由 Amazon. com 投资的 LivingSocial（livingsocial. com）。谷歌推出的网络团购和折扣服务 Google Offers（google. com/offers），可以通过其 Google＋获取。其他一些重要的竞争对手包括 Gilt City（giltcity. com）、Gilit Group（gilt. com）、Woot! （woot. com；是亚马逊的独立子公司）、HomeRun（homerun. com；在全美以及欧洲 3 个国家的部分城市提供服务）等。Yipit（yipit. com）是一家基于电子邮件服务的团购撮合网站，它把（你所在城市的）Groupon 等一些团购网站的产品和服务信息整合起来。在 Yipit 输入你的需求，如果有匹配的交易目标，它们会及时通知你。今天，Groupon 仍然控制着超过 50％的美国团购业务。

未来可能成为 Groupon 竞争对手的企业包括雅虎、亚马逊、Yelp 以及地方性和全国性的报纸。最后，一些主要的零售商、生产商和服务提供商（如沃尔玛、家得宝）也开始独立地提供团购服务。

2011 年，在线零售巨头亚马逊推出了 Amazon Local，搭上了团购"列车"。Amazon Local 是一家地方性的提供产品和服务的团购网站。想要了解关于 Amazon Local 的更多信息，可以查看 local. amazon. com。亚马逊自己也会在主页上提供一些每日特价信息。亚马逊还有"金盒优惠"，链接到亚马逊最热门的网页或直接链接到 amazon. com/gp/goldbox，以每日特价信息为主要特点。

竞争因素分析。鉴于 Groupon 庞大的规模和资源，与其展开正面的竞争具有一定的挑战性。正因为这一点，很多竞争对手使用一些不同的战略来应对，比如专注于小的利基市场，以较小的人群为目标市场，可以针对某个产品或针对某个行业（例如，为体育赛事提供票务服务；crowdseats. com，针对旅游、食品、时尚行业等）。还有一些竞争对手专注于在自身具备竞争优势的小区域（比如，某个城市）提供服务（请浏览 hotdealshawaii. com）。同样地，专门为特定的社交或专业的群体提供的服务越来越流行（例如，护士、电气工程师）：专门针对产妇及家庭的交易网站（plumdistrict. com）；针对男人的交易网站（mandeals. com）；以宗教为基础的交易网站（jdeal. com）；以及针对爱狗人士（doggyloot. com "为狗和狗主人提供每日特价"）提供的交易网站都可能取得巨大的成功。欲了解更多有关小众团购网站的信息，请浏览 business. time. com/2012/02/09/a-deal-just-for-you-niche-sites-with-deals-for-moms-dudes-jews-doglovers-the-military-more。

一些网站要么以失败告终（比如 Facebook Deals），要么被其他公司收购。例如，BuyWithMe 被 Gilt Groupe 收购，Buy. com 被日本公司 Rakuten. com Shopping（rakuten. com）收购，私人旅游网站 Jetsetter（jetsetter. com）在 2013 年被 TripAdvisor 收购。截至 2014 年 3 月，Groupon 已经收购了 30 个网站，包括酒店预订网站 Blink（blinkbooking. com），现在被称为"Blink by Groupon"。2014 年 1 月，Groupon 宣布，它已经收购韩国的一家电子商务公司"票务怪物"（Ticket Monster），它是 LivingSocial 的一家子公司。

结果

2010 年，Groupon 拒绝了谷歌 60 亿美元的收购要约。相反，公司于 2011 年 11 月 4 日成功上市，募集了 7 亿美元，上市的第一天股价暴涨 31％，使 Groupon 的市值提高到约 160 亿美元。自那以后，出于股民对公司盈利能力的担忧，股价开始下跌。直到 2013 年第一季度，Groupon 开始扭亏为盈，但股价再也没有恢复到 2014 年 5 月的水平。

资料来源：Crum（2011），Sennett（2012），Phibbs（2011），grouponworks. com/merchant-resources 和 groupon. com（2015 年 4 月数据）。

思考题：

1. 与 Groupon 做生意并不是很容易。商家的很多建议都被 Groupon 弃之不理。你认为 Groupon 这么苛刻的原因是什么？这种做法将会如何影响企业在市场中的竞争？

2. 有人声称，Groupon 就是向广告商收费，允许广告商发出自己的优惠券（称为 Groupons）的一个电子邮件列表。试加以评论。

3. Groupon 尝试再次改变其业务模式，从提供优惠券到打折销售。试评论这种商业模式。

4. 写一篇有关 Groupon 如何在竞争环境中生存的文章。研究其盈利模式和企业扩张计划。并查看公司的股市分析报告。

5. 了解更多有关 Groupon 如何履行订单的内容（例如，大订单处理、交货的控制、市场推广和竞争对手的应对）。就了解到的内容撰写一份报告。

6. 研究 Groupon 的全球经营状况。可以先参阅 Emma Hall 的题为 "Groupon Clones in Europe Say They Offer Better Deals and Treatment of Merchants" 的文章（请浏览 adage. com/article/global-news/groupon-clones-europe-win-consumers-merchants/147689）。写一份报告。

7. Groupon 也涉及 B2B 业务。请上网搜索其是如何运作的以及运作的情况如何。

8. 阅读 Phibbs（2011）（Kindle 版），然后对"大折扣对商家是利还是弊"的问题展开辩论。

在线补充读物

W7.1　Zopa and Prosper 公司的社交借贷业务

W7.2　定位商务活动的成功案例

术语表

Business model：**商业模式**，是指开展商务活动满足客户需求的方法，企业就此获得收益并创造价值。

Communal（collaborative）shopping：**社区购物**，指一种购物方式。购物者将朋友和其他信任的人召集在一起参与购买决策。

Customer relationship management（CRM）：**客户关系管理**，指向客户提供服务的一种方法，目的是建立长久的、可持续的客户关系，为客户及企业创造价值。

Enterprise 2.0：**企业 2.0**，公司内部、公司之间或者公司与合作伙伴或与客户之间采用的社交软件平台（McAfee，2009）。

Geosocial networking：**地理社交网络**，指一种基于位置的网络社交活动，方便与当地的企业、消费者或一些特殊的事件建立联系。

Social business：**社交商务**，社交网站上人们使用社交软件创造商业价值的商务活动（IBM，2011a）。

Social commerce（SC）：**社交商务**，利用社交媒体来开展电子商务活动。

Social customers：**社交客户**，指在市场上处于意见领袖地位的客户。这样的客户都是社交网络的用户，他们参与社交购物，了解自己有怎样的权利，知道怎样利用社交网络的群体智慧和力量来赢得自身的利益。

Social customer relationship management（SCRM，CRM 2.0）：**社交客户关系管理**，指利用社交媒体和社交平台进行客户关系管理。

Social marketplace：**社交网络市场**，买卖双方之间的网络中介，借助于社交网络和平台开展各种活动。

Social media marketing（SMM）：**社交媒体营销**，指利用社交媒体等手段进行营销传播。

Social shopping（sales 2.0）：**社交购物**，也有人将其称为 Sales 2.0，利用社交媒体和社交平台进行网络购物。

也就是与他人一起购物。社交购物就是社交媒体和电子商务的一种结合。

Viral blogging：**病毒博客**，利用博主开展口碑营销。

Viral marketing：**病毒营销**，指的是消费者之间（一般是朋友之间）的口口相传，帮助企业宣传产品和服务。

Viral video：**病毒视频营销**，指人们通过网络传输的视频资料进行营销，有时会得到一些建议。

Virtual economy：**虚拟经济**，是存在于多种虚拟世界中的新兴经济形态。在虚拟经济中，人们经常交易网络游戏中的虚拟装备或虚拟经济中的虚拟商品。

Virtual goods：**虚拟产品**，电脑图片显示的真实或虚构的商品。

第八章 社交企业以及其他社交商务问题

学习目标

1. 理解社交企业的概念及其变化形式；
2. 描述商务型公共社交网络及其特点和益处；
3. 描述企业在内部开展的主要社交商务活动以及企业内部社交网络的特点；
4. 描述虚拟世界中的商务应用；
5. 论述社交商务活动以及它与网络娱乐和网络游戏之间的关系；
6. 描述社交网络游戏和游戏化；
7. 解释众包的定义以及在社交商务中的应用；
8. 描述社交协作及其益处；
9. 论述社交商务的未来发展。

|导入案例| CEMEX 公司：如何利用企业 2.0 带来变革

CEMEX（cemex.com）是一家以水泥和预拌混凝土闻名的墨西哥全球建材公司。它们的业务遍及美洲、欧洲、非洲、中东及亚洲的 50 多个国家，与大约 102 个国家和地区保持贸易往来。

存在的问题

2008—2012 年，全球经济放缓尤其是对建筑原料的需求大幅减少，CEMEX 为了降低成本、提高产能，尝试了许多传统方法，然而问题并没有得到彻底解决。除此以外，管理层也在不断地寻求可以推动公司革新的办法。鉴于公司的全球运营状况，管理层意识到他们需要改善公司内部与外部的合作从而推动改革创新。

解决方案

近期许多公司都实施了包括社交媒体工具和社交网络服务机制在内的企业 2.0 平台。CEMEX 公司决定紧随潮流。公司希望充分利用其在全球范围内数千名员工拥有的专业知识，并且在他人有需要时能够提供帮助。

CEMEX 创建了一个名为 Shift 的企业内部社交协作平台（cemex.com/whatisshift），通过员工分享信息和共同参与解决问题来推动创新、提升效率和加强合作。Shift 通过知识管理（knowledge management）和合作技术（使用 IBM Connections 和其语言翻译功能）整合了社交网络中一些最适用的功能。Shift 含有多个内部社区，每个社区由相同兴趣爱好的人员组成。

结果

最显著的变化是所有人员的工作方式。员工的合作更密切了，员工们互助友爱，乐于分享更多的信息和知识。同时他们还得到了更多授权，也更有能力适应岗位流动。企业内部网络的使用促成了更好的内部合作。项目开始进展迅速，用较短的时间响应市场；业务流程因此得到改善。简而言之，公司成功地运用了员工的集体智慧和才能。一个名为"21世纪建筑"的内部社区曾被要求针对CEMEX应致力于保持建筑行业领袖的战略议题提出建议。400名"21世纪建筑"的成员以创新的理念、策略和行动计划作出了详尽地回应。Shift在投入使用后的第一个月就吸引了5 000名用户。到2013年为止Shift就有25 000名用户和500多个社区。到2014年公司股价上涨了300%。

请浏览 slideshare.net/soccnx/shifting-the-way-we-work-at-cemex。

资料来源：Garcia et al.（2011），Hinchcliffe（2012），Donston-Miller（2012）。

案例给予的启示

导入案例展示了CEMEX成功地运作内部社交网络，通过该网络推动了全球数千名员工之间的密切合作并由众包催生出耳目一新的理念。使用Web 2.0技术让合作变得行之有效。最显著的成果是理念的产生以及对这些理念的评估和实施推动了公司的革新。本章将主要讨论如何利用内部网络支持企业开展活动以及公共商务网络的结构和益处。本章还将讨论虚拟世界、社交网络娱乐、社交网络游戏和游戏化，以及社交协作等问题。

8.1 社交商务和社交企业

社交商务的大趋势是在企业层面的发展。该趋势也与社交商务的概念相关。下面我们将定义这两个概念。

社交商务和社交企业

社交企业没有统一的名称、定义和解释。其概念也往往与社交商务混淆。一般两者间的区别会经常相互替代使用。请见以下解释。

社交商务

社交商务是为营利或非营利性组织实现一定的社会目标（比如改善人类福祉）而设定的商业化名称，并不仅仅以赚钱为目的。SocialFirms UK（socialfirmsuk.co.uk）提供了几个其他的定义（所谓的社交企业）。他们引用了英国政府的定义："社交企业主要以实现社会目标为己任，并以此为目的将企业盈余部分再投入到公司业务或社会团体中，而不只是为公司股东和老板赚钱（请浏览 socialfirmsuk.co.un/faq/faq-what-social-enterprise-and-what-types-are-there）。社交媒体 About.com 区分了社交商务中的两种类型：第一类致力于社会责任多过简单盈利，第二类利用社交媒体达到商业目的（请浏览 webtrends.about.com/od/web20/a/social-media.htm）。

上述第二种类型正是社交企业的基础。在我们看来，社交商务主要是为了社交目的建立的，社交企业则利用社交网络来达到商业目的。

社交企业联盟（Social Enterprise Alliance）是一家致力于社交商务的大型组织，也视其自身为"社交企业"（请浏览 se-alliance.org/what-is-social-enterprise）。

社交商务从业人员。成功的社交商务需要给予其员工相应的权利（比如使用 IBM Connections）。IBM、AT&T 以及其他大公司是如何实施的，参见 Burgess and Burgess（2013）。

社交企业（企业2.0）

社交企业（social enterprise）是指以商业或非营利性活动（如政府）为主要目标，运用社交媒体工具和平台在组织内开展社交网络活动。参见 Ridley-Duff and Bull（2011）。

社交企业的概念近年来已相当流行。请浏览 se-alliance. org/what-is-social-enterprise。我们来了解一下何为社交企业。

社交企业的应用正在急速扩大。它们以不同的名称出现，大多为社交企业和企业 2.0。根据 Carr（2012），McKinsey 管理咨询公司预测，在今后几年从社交企业活动中产生的全球收入将高达 1 万亿美元（将占当时社交商务总值的三分之二）。

企业的应用是通过企业内部网络和门户网站在企业内部开展的。它们也可以在公共社交网络上开展活动，无论是商务型网站（比如领英），还是普通网站（比如脸谱和推特），主要应用有人员招聘、协同合作和解决问题。按照 Kern（2012），企业的社交能力将促进一种全新的合作类型，支持业务提升，还将允许更多的供应商应用技术。

2010 年 IDC 的一份调查报告显示，占美国工人总数 57％的人员在 2010 年每周至少一次为了商业目的使用社交媒体。时至今日数字已远高于此。企业正争先恐后地参与到多种创新的方式中，本章稍后将会对此进行讨论。商务网络已成为社交企业的核心组成部分。

有关社交企业更多的定义、特征和讨论请浏览 centreforsocialenterprise. com/what. html。

较复杂的定义

除了上述定义，下文将介绍关于社交企业一些比较复杂的定义。

社交商务论坛的定义。社交商务论坛将社交企业定义为"设定战略、技术和流程并系统化地衔接体系中的每个个体（员工、客户、合作伙伴和供应商），从而共同创造价值最大化的组织（请浏览 2012. social-businessforum. com/what-is-social-business）。论坛还探讨了这一定义的内涵和跨组织及外部组织之间的相关性。不管怎样，运用技术进行有效的价值创造才是重点。

IBM 和 IDC 的定义。IDC 首创地将社交企业定义为"运用新兴技术如 Web 2.0 配合组织架构、企业文化和流程的改变，在联系日益紧密的全球经济环境下改善经营业绩的组织"（IBM，2010；IDC，2010）。IBM 的努力集中于改善协同合作。主要原因是社交用户要求公司彻底改变其组织结构的运行方式以便适应社交商务。新的架构使公司能够充分利用社交媒体环境所创造的机会。IBM 正在帮助组织转型为社交商务（关于 IBM 如何完成的范例，请浏览"IBM 智慧地球"，网址 ibm. com/smarterplanet/us/en/?ca＝v_smarterplanet）。IBM 还有一个巨大的"社交商务视频库"。

为了更好地理解上述定义，在此推荐三个值得一看的视频：

1. "Social Ph. D. Sandy Carter：How Do You Become a Social Business?"（时长 1 分 5 秒）请浏览 youtube. com/watch?v＝OZy0dNQbotg。

2. "How Do You Become a Social Business?"（时长 3 分 27 秒）请浏览 youtube. com/watch?v＝3Hov017SvAo。

3. "Social Business @ IBM"——采访计算机专家 Luis Suarez（时长 8 分 50 秒），请浏览 youtube. com/watch?v＝enudW2gHek0&feature＝related。

以上种种对社交企业的定义是以社交媒体技术和平台为基础的，相关话题即商务网络。

商务网络

商务网络（business network）是指有特定业务关联的人群；例如，销售者与购买方，购买方与供应商，专业人士与同事，例如 CEMEX 公司内部网络中的 21 世纪社区。本章中我们所说的购买方是指代理商从某一公司购买任意商品（例如一家采购代理）。诸如此类的人际网络就可以构成基于社会关系、以业务为导向的**商务社交网络**（business social networks），并且可存在于线上或线下。比如在公共场合中，在机场或高尔夫球场，如果有人善于社交，就有机会建立新的面对面的业务联系。同样地，互联网也被证明是一个建立关系网络的好渠道。在本书中我们讨论的是在线网络。最为人熟知的网站就是领英（linkedin. com）。详情参见 Bughin and Chui（2013）。

商务社交网络的类型

商务社交网络可分为三大类：（a）公共网站。例如领英，该网站归独立公司所有并由其负责运营，向所有用户开放业务关系网。销售者与购买方、雇用者和求职者都是网络联系人。（b）企业内部网站。运行于公司内部，像本章导入案例中 CEMEX 公司一样。此类网络的用户资格仅限于员工或商业伙伴。USAA 就有一个内部网络用于员工向同伴寻求帮助。（c）企业自主经营的网站。此类网站归某公司所有，由该公司进行运营管理，但面向公众开放，通常与品牌相关（例如星巴克、戴尔电脑）。

企业社交网络的优势与局限性

企业社交网络吸引企业客户的原因有很多。例如在网络上可以毫不费力地找人、查找公司信息、了解人际关系和一些引起关注的交流方式，并且创建一种跨组织的共同文化。

吸引一家公司成为社交企业的主要原因是它将有能力：

- 和业务伙伴一起改善企业内部的协同合作；
- 推进知识管理（增加查看专业知识的权限）；
- 建立更好的客户和员工关系；
- 推动人员招聘和员工留任；
- 提升业务及营销机会（如接触新的潜在的合作伙伴或客户）；
- 减少运营、通信和差旅成本；
- 增加销量和收入（例如更多潜在客户）；
- 提高客户满意度；
- 降低营销和广告费用；
- 改进员工和营运绩效；
- 促进公司内部与外部的关系；
- 收集员工反馈；
- 建立高效的生产队伍；
- 提升决策能力，包括销售预测；
- "监视"竞争对手（情报收集）；
- 搜寻专家和建议（内部和外部）；
- 改进客户关系和客户关系管理；
- 加快革新，扩大竞争优势。

详情参见 Carr（2012），Bughin and Chui（2013），以及 8.2 节。

那些广泛使用社交媒体的企业必将获得上述列表中提及的益处并可将其转化应用于企业的社交商务（请浏览 ibm. com/social-business/us/en）。

障碍和局限性

例如信息安全和信息污染减缓了社交企业的成长。参见 Forrester Consulting（2010）并浏览

slideshare. net/norwiz/what-is-enterprise-20。

企业如何运用 Web 2.0 工具

许多公司正在以各种不同的方式应用 Web 2.0。通常都会用于：加快获取知识的速度；降低通信费用；加快获取内部输出的速度；减少差旅成本；提升员工满意度；降低运营成本；缩短产品或服务响应市场的时间；增加新产品或服务成功创新的数量。

关于公司的哪些部门应用这种技术以及运用了哪些社交媒体工具的统计数据，参见 IDC 的 Social Business Survey（2011）。一些在企业外部的用途包括招聘、收集对解决问题的建议、联名设计、在供应链问题中的合作和市场沟通。例如，英国的跨国公司鲍佛贝蒂正利用几种 Web 2.0 技术来获取重大收益，参见 Kelly（2011）。

有关企业 2.0 的一份完整演示文稿请浏览 slideshare. net/norwiz/what-is-enterprise-20。

8.1 节复习题

1. 定义社交商务并与社交企业联系起来。
2. IBM 是怎样定义社交商务的？
3. 什么是商务网络？
4. 列举公司想要成为社交企业的 5 个原因。

8.2　商务型公共社交网络

社交网络活动是在公共或企业网络上进行的。领英就是商务型公共网络，而脸谱主要用于社交活动。不过脸谱允许其用户在网络开展商务活动。"My Starbucks Idea"（mystarbucksidea. force. com）是由企业自主经营但面向公众开放的网站范例。比较而言，CEMEX 公司的 SHIFT 就是内部社交网站（请见本章导入案例），仅向公司员工开放，这类网站被视为内部网络。本节我们将讨论公共社交网络。

下面列举一些商务型公共社交网站：

● **Ryze**。根据 Ryze 网站和 About. com 的介绍，它是类似于领英但侧重于企业家的商务社交网站。个人用户可以利用网站来建立私人关系网和寻找新工作，与此同时企业也能在 Ryze 创建商务社区。Ryze 尤其受那些想为员工设立网络社区的年轻专业人士、创业者或者企业家们的青睐（请浏览 webtrends. about. come/od/profiles/fr/what-is-ryze. htm）。

● **Google＋**。在 2001 开始运行的 Google＋（谷歌万能账号）将自身定位于商务型社交网站。在它投入运作的第一年就有超过 300 万用户（请浏览 martinshervington. com/what-is-google-plus）。

● **领英**。作为首屈一指的商务型网站，就像本章章末案例所讨论的，领英早已为人所熟知。有关资讯图表可浏览 blog. hootsuite. com/social-network-for-work。

● 领英以多种语言显示网页内容和提供客户服务，包括英语、西班牙语、法语、塔加路语等，并有在将来使用更多语言的计划。

其他类似于领英的网站有 Wealink (wealink.com，中国)，RediffConnexions (rediff.com，印度)，International High Potential Network (iHipo) (ihipo.com，瑞典)，Moikrug (My Circle) (moikrug.ru，俄罗斯)。

还有很多致力于特定行业或各类专业领域的公共商务型网站；例如女性企业家网站 (network-women.org)。

企业家网络

有一些商务型公共网络聚焦于企业家活动。下面列举一些此类网站。

Ueland (2011) 为企业家列出了 18 个社交网站，例如 PartnerUp (deluxe.com/partnerup)，PerfectBusiness (perfectbusiness.com)，Upspring (upspring.com)。

- **Biznik** (biznik.com)。Biznik 是一个创业者和小规模企业主致力于通过分享理念和知识来互相帮助的社区。它们的口号是"合作贵于竞争"(请浏览 biznik.com/articles/collaboration-beats-the-competition)。biznik.com 网站规定用户必须使用实名制，Biznik 提供面对面的网络会议进行互动。
- **EFactor** (efactor.com)。世界上最大的创业者网站 (来自 222 个国家遍布 240 个行业的 100 多万用户) 向用户提供真实、可信并能长久联系的人脉关系、工具、市场和专业建议，以期这些资源能够帮助用户取得成功。用户还可与志同道合的人员和投资者取得联系。
- **Startup Nation** (startupnation.com)。社区中那些刚起步公司的老板和专业人士可以帮助人们启动或运作新的业务。分享知识和想法是网站的主要目标。
- **Inspiration Station** (inspiration.entrepreneur.com)。Inspiration Station 对于小型业务和处于起步阶段的公司来说是最好的门户网站之一。它不仅有大量实用的信息，而且企业老板可以利用其大型的社区联络全球的同行业公司老板。
- **SunZu** (sunzu.com)。SunZu 是一个让你与其他企业主相识、分享、学习、交易并且共同成长的网站，人们之间可以做生意。加入 SunZu，你就有权限与相关人员联系，获取机会、新闻、更新、商机以及一些独到的见解 (请浏览 sunzu.com/pages/about-sunzu)。

8.2 节复习题

1. 如何区分内部商务型网络和公共商务型网络？
2. 列出并简要描述公共商务型网络。
3. 定义企业家网络并列举两个实例。

8.3　企业社交网络

越来越多的公司已经创建了自己内部的企业社交网络。其中有一些是私有的，仅供自己的员工或前雇员还有商业伙伴使用。还有一些网络向公众开放，尽管绝大部分是供它们的客户使用。内部网络都有安全设定 (俗称防火墙)，通常就是指企业社交网络。此类社交网络依照目的、行业、国家等不同会有多种形式。网络型企业的演进，参见 Bughin and Chui

（2013）。

社交企业应用分类

企业网站经常使用下列术语。大多数都将在本章进行讨论。

> **1. 网站与社区创建。** 进行网站与社区的建立，要让员工、管理层、业务伙伴和客户都参与其中。
>
> **2. 网络众包。** 收集众人的想法、见解和反馈（比如员工、客户、商业伙伴；详见 8.2 节）。请浏览实例 Salesforce Success Community（success. salesforce.com）和 My Starbucks Idea（mystarbucksidea. force. com）。
>
> **3. 社交协作。** 利用维客、博客、即时信息、合作型办公文档以及其他有特定用途的网上合作平台（比如 Laboranova，laboranova.com）来协力共事，一同解决问题。
>
> **4. 社交发布。** 在企业内由网络用户发布自行创作的内容，所有用户都可点击访问（例如 slideshare. net，youtube. com）。
>
> **5. 社交观点与反馈。** 就一些具体话题在企业内外部交流社区中收集反馈和评价。

企业社交网络的特征

像所有社交网络一样，企业社交网络使员工能够建立个人简介并与其他用户互动。通过鼓励用户间的互动交流，企业可以促进团队合作并提高员工满意度。

更多信息参见 *International Journal of Social and Humanistic Computing*。其他资料来源请浏览 socialcast. com。

一个企业内部网络的案例

在第一章的导入案例中我们介绍了星巴克创办的企业网站。在第七章中我们也讨论了索尼和 iRobot 各自创办的企业网站。许多其他公司都有各类企业网站。在此我们将介绍其中一家的内部网络。

 实际案例

IBM 社交网络 Blue Social（前身为 Beehive）

Blue Social 是 IBM 公司的内部社交网站。网站向 IBM 员工提供和他们的同事在个人空间和专业领域的一个丰富多彩的连接。Blue Social 帮助员工建立新的联系，了解目前朋友和同事的最新动态，也可以和他们过去共事过的人员（包括退休的员工）重新开始联系。当你加入 Blue Social 之后就会有个人主页，你可以使用个人页面上的状态栏和"About me"功能让公司其他人员知道你在哪里、你正在做什么，甚至你的所思所想。2014 年就有超过 40 万 IBM 人员被使用 IBM Connections 网络平台的其他人员连接上了。

员工们还可以利用 Blue Social 上传照片、发帖和安排活动。如果用户正在主办一项活动，他们还可以在网站上开立活动主页并邀请大家加入。网页也能成为渲染活动氛围或通过评论功能来畅所欲语的场所。

准备电话会议时 Blue Social 就派上用场了。如果用户对电话会议中的有些人员不太熟悉就可以事先查看网站上的个人主页，查询是否有共同的兴趣爱好（可以是与工作相关的，也可以是娱乐休闲方面的），或者是否有共同的同事。

除了社交这一目的，Blue Social 团队还创建了网页帮助 IBM 员工面对建立职业关系的挑战，这对在大型跨国公司工作的员工特别重要。Blue Social 能帮助 IBM 员工为一个项目搜索到志同道合的人员或适用的技能。更多地了解一个人，无论是从个人生活方面还是工作方面，都可以促进联络或者有可能吸引你去了解那些人正在进行的项目和各项活动。该网站还可以为管理人员评估员工晋升提供独到的见解。

Blue Social 与本章稍后引用的 IBM 社交商务创新项目有关，同样也与公司社交软件平台 IBM Connections 有关。

企业社交网络如何帮助员工和企业

企业社交网络可以在以下一个或多个方面帮助员工：

1. 快速获取知识，懂得如何做、懂得何人能做。 根据员工列出的他们所掌握的技能、经历和经验，企业社交网络可以快速查找出掌握特定知识技能的员工。

2. 扩展社交关系，拓宽人脉组织。 企业社交网络可以帮助管理人员和专业人士通过在线交流互动和掌握最新个人信息来更好地了解员工。类似的互动和员工信息可以在公司内减少彼此间的距离感。

3. 个性标签。 员工可以凭个人的喜好有创意地建立个人简介。这将有助于在公司内提升个人形象。

4. 推荐及褒奖。 公司社交网络可以帮助员工准备和展示他们工作中的成就和技能，树立员工在公司中的地位。

给企业带来的益处

企业社交网络给企业和员工带来的益处已在 8.1 节中阐述。除此之外，从长远来看员工得到的益处最终必将使公司受益良多。

企业社交网络的支持服务

公司可以使用各类服务和供应商支持它们的社交网络。列举两个实例如下：

 实际案例 1

Socialcast

Socialcast（socialcast.com）是一家虚拟化技术公司，是向企业提供社交网络平台的网络在线供应商。企业利用该平台让员工们创建他们的个人主页，并且利用这个平台使员工之间加强合作与交流。截至 2013 年，该公司已在 190 个国家有超过 20 万客户。该平台将人与各类知识、理念和资源相连接（更多细节请浏览 socialcast. com/about）。

 实际案例 2

Socialtext

Socialtext（soialtext. com）是一家企业社交软件供应商。提供包括社交媒体技术和平台在内的全套网络应用软件。该公司也提供网络安全服务。员工随时了解企业战略和运行的最新情况将使企业受益匪浅（请浏览 socialtext. com/aboutus）。

Yammer：一家互联网合作平台

Yammer（yammer. com）是一家软件公司。根据其网站介绍，Yammer 是"一款企业社交网络平台，可以帮助企业员工进行跨部门、跨地域合作。到 2014 年为止，该公司已为超过 20 万家公司提供商务应用程序。通过 Yammer 可以将各方人员组织起来定点进行会议、讨论工作内容和审核商业数据。有了 Yammer，你就可以随时随地了解同事情况，收集最新信息，与团队成员保持合作，在工作中树立威信"。它可用于提升企业内部或组织成员和预先设定团队之间的沟通和合作。

主要特点。Yammer 社交网络允许其用户做如下事情：

- **利用企业微博进行交谈。**利用企业微博实时地交流、阅读帖子、与同事积极合作。
- **创立个人简介。**公布你的专长、工作经验和联系方式。你可以上传照片、图片和文档。这将有助于你与其他人分享，也使其他人可以快速搜索到你。
- **管理群组。**创建新的群组，加入私人或公共群组，与群组成员讨论问题或互相合作。（搜寻和加入群组，或通过软件功能邀请团队成员。）
- **进行安全的私人通信。**与同事进行一对一或多人对话，类似于你在脸谱所能做的。Yammer 的保密功能将确保信息安全。
- **建立外部网络。**与商业伙伴创建可共事的外部网络。
- **建立公司通讯录。**建立公司员工通讯录。
- **保存资料。**保留所有在线对话记录以便搜索。
- **使用行政管理功能。**增加管理控制的一系列功能，确保 Yammer 网络可以平稳运行。
- **使用标签。**对公司网络中的内容和消息打上不同的标签将易于搜寻和整理。
- **整合应用。**在 Yammer 网络上安装第三方应用软件可提升企业网络的功能性。
- **使用可移动性能。**随时随地连接到公司网络，免费下载苹果、黑莓、安卓和 Windows 的移动应用。

企业与社交网络如何互相衔接

企业有多种途径与公共或内部网络连接。图 8.1 中显示的主要界面也将在下面进行讨论。

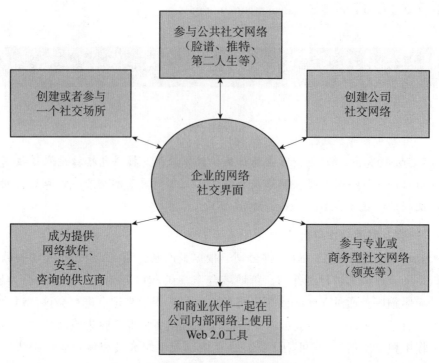

图 8.1　网络社交的主要界面

● 利用已有的公共社交网络。例如脸谱或第二人生（secondlife.com），建立主页和微型社区；宣传产品和服务，征求意见和建议，张贴空缺职位等。

● 建立企业内部社交网络，便于在职员工、退休人员及外部人士（例如客户、供货商、设计师等）之间沟通合作。员工可以使用应用软件在社交网络上建立虚拟空间来分享信息或协同合作。

● 在商务社交网络或专业社交网络上（例如领英或 Sermo 等网站）开展商务活动。

● 为网络社交活动提供服务，例如软件开发、网络安全、咨询服务或其他（例如甲骨文、IBM、微软等公司）。

● 利用 Web 2.0 工具［主要是博客、维客、工作间、微博（推特）、团队工作室等］为企业内外部用户提供创新应用软件。

● 创建或参与一个社交场所，例如 Fotolia（us. foolia. com）。

8.3 节复习题

1. 什么是企业内部社交网络？
2. 列举企业社交网络的主要特点。
3. 描述 IBM 的企业社交网络。
4. 列举公司在哪些方面受益于企业社交网络。
5. 描述 Yammer 并指出它与社交网络的连接。
6. 列举公司与社交网络衔接的几种不同方式。

8.4　社交商务：在虚拟世界中的应用

虚拟世界可以作为在线社交界面和社区创建、商业交易、促进学习和培训（例如在线教育）的有效平台。像第二章中介绍的虚拟世界一样，用户可以用自己的化身在虚拟世界中浏览、移动、沟通和进行其他活动。虚拟世界还可以用虚拟货币进行虚拟商品交易（请浏览 makeuseof. com/tag/what-are-virtual-worlds-what-are-their-uses-makeuseof-explains）。关于主要的虚拟世界的名单请浏览 arianeb. com/more3Dworlds. htm。关于如何利用虚拟世界进行教学请参阅白皮书 "The Power of Virtual Worlds in Education：A Second Life Primer and Resource for Exploring the Potential of Virtual Worlds to Impact Teaching and Learning"（请浏览 soma. sbcc. edu/Users/Russotti/SL/PowerofVirtual％20WorldsEdu_0708. pdf）。

企业不但可以利用虚拟世界给客户提供娱乐项目，还可以给客户带来真实世界中所没有的体验。由于虚拟世界中对多种感觉的运用，相较于二维世界，用户能有更愉快的体验，有时甚至比在现实世界更令人愉悦。据第二人生网站公布的信息，2011 年 2 月该网站的注册用户数已超过 2 200万，用户在网站上浏览时间每月超过 1. 15 亿小时。2013 年 6 月，注册用户已升至 3 600 万（请浏览 massively. joystiq. com/2013/06/20/second-life-readies-for-10th-anniversary-celebrates-a-million-a）。如下文将介绍的，企业可以利用虚拟世界的特征和空间开发商机。

虚拟世界的特征

虚拟世界具有诸多属性和特征，使其有能力让企业开展商务活动。

企业可以利用的特征

- **空间分享**。虚拟世界使许多用户能够同时出现在多个活动中参与讨论或加入协作活动。
- **3D 可视化（图形用户界面）**。虚拟世界可以刻画二维和三维影像。
- **实时性**。虚拟世界中的互动是实时的，用户将即时体验其行动的结果。
- **互动性**。用户可以创建或修改个性化内容，与他人合作时也同样适用。
- **持续性**。虚拟世界中的所有活动都在持续发生，无论用户是否在线。
- **社群性**。虚拟世界为用户提供与其他成员交流和推动不同类型群组形成的机会（例如工作团队）。

许多企业（例如 IBM、沃尔玛、丰田、西尔斯、富国银行等）都已在虚拟世界中尝试过新品测试、客户服务、员工培训、商品营销。

虚拟世界的主要空间

下面将简要描述在虚拟世界中对空间的使用。

1. **社交空间**。用户化身（或化身主人）可以交往、探讨、分享观点和信息，参与社交。
2. **娱乐空间**。用户化身（或化身主人）在 3D 环境中可以玩游戏，看电影，听音乐会。
3. **交易空间**。虚拟市场中可以进行商务和金融交易，买卖虚拟商品，还可以交易真实商品。
4. **试验与展示空间**。对真实世界的环境、商品、服务等进行模拟试验、展示、培训和测试。

任一用户可以创新地将上述 8 种空间的一种或多种用于商务、教育、医药、政治或其他活动。虚拟世界的应用形式应有尽有，但最终的实施还是取决于企业从事的具体业务、企业设立的业务目标和目标客户。

虚拟世界应用的主要分类

通常将虚拟世界应用分为 18 类（Ciaramitaro，2010；Murugesan，2008；Reeves and Read，2009）：

1. 网络店铺及在线销售。许多企业在虚拟世界设立网店使消费者通过试用商品（例如服装、汽车以及珠宝）能够有切身的体验。这将在一个 3D 虚拟销售门店中实现。潜在客户还可以开展调研、打扮化身或通过链接到一些安全可靠的交易场所完成购买（更多细节请浏览 secondlife. com/shop/learn）。

2. 前端销售及客服中心。虚拟世界可以视为客户服务的接入点。网络化身担任客服中心的员工（请参阅第二章中机场的虚拟化身），提供全天候的服务。

3. 宣传及产品展示。为了吸引访客的注意，经销商和广告商在虚拟世界中的许多位置投放广告和大字标题以宣传自己的产品和服务。消费者还可观看安装或产品装配的模拟演示，例如洗衣机和家具。利用虚拟世界的益处颇多。虚拟店铺让商家可以接触到形形色色的客户。与此同时，存在于真实世界中的制约或许可以在虚拟世界中被减少甚至消除。另外，尝试各类虚拟事务几乎不需花钱，即使犯错也没有损失。存在于真实世界中的各类制约和成本也在进一步减少。

4. 内容编制及传播。虚拟世界可以用作展示音乐、游戏、艺术和其他形式的互动内容的渠道，并借此来吸引参与者。

5. 组织会议和讲座。虚拟世界可以作为活动场所，个人通过其化身来进行虚拟会面、参加活动或进行互动。类似的互动可以为参与者节省时间和成本。

6. 培训。虚拟世界中另一个大有作为的运用是互动式培训，也称"协同式培训"。受训者可以通过模拟参与或角色扮演来学习知识。例如，连锁酒店可以在虚拟大堂里培训前台服务生。有些公司还开发了一些应用来帮助训练员工如何处理危机事件，例如突发事故或自然灾害。另一个领域是可以开展军事培训，例如仿真飞行或仿真战场。

7. 教育。作为一个新兴的超大平台，高校可以利用虚拟世界开展与学生的各类互动，甚至将其用于课程教学。

8. 招聘。越来越多的组织（包括政府和军队）通过虚拟世界招聘员工。一系列招聘搜索活动，从提供岗位描述到面试候选人都可在招聘人员的虚拟办公室开展。这种招聘方式正被熟悉

IT 技术的高校毕业生和求职者所接受。

9. **旅游推广**。国家旅游局和一些旅游机构通过向游客提供对真实景点的 3D 虚拟仿真体验和趣味活动来推广旅游胜地。

10. **博物馆及艺术馆**。艺术家和代理机构建立虚拟博物馆和艺术馆展示作品以提升销量。还利用虚拟世界举行音乐剧或其他各类演出。

11. **信息服务站**。可以将虚拟世界视为完善的自助信息服务站。它们可以作为超强的、互动的、动态的在线资源或服务信息手册。

12. **数据可视化及操作**。虚拟世界中的互动数据可视化及操作性对企业和专业人士来说又是一个感兴趣的新应用。例如，由 Green Phosphor 公司（greenphosphor.com）开发的软件 Glasshouse 帮助用户从电子数据表或数据库中导出数据到虚拟世界中，然后在虚拟世界以 3D 仿真环境向用户重新展示这些数据以便进行互动探索。用户的化身可以通过挖掘低层级的详细数据进行重新分类或持续地从多角度观察来操作这些可视化数据。

13. **出租虚拟世界的房屋及地产**。在虚拟世界里用户可以通过销售或出租在热门位置的房屋、地产或管理"实物资产"的业务来赚取虚拟货币。

14. **社会科学研究平台**。虚拟世界是一个开展社会科学试验的理想平台，在虚拟世界里通过人们的化身可以观察他们分别在有组织和无组织情况下的行为表现和反应，还可以研究客户的行为举止。

15. **市场调研**。企业可以通过虚拟世界这一平台收集客户对新产品的反馈。而这些反馈或许会给企业带来竞争优势。

16. **设计平台**。为了可以收到一些反馈和建议，许多企业向潜在客户和设计师展示大量虚拟事物的图片，比如公园、建筑、家具、神灵的化身等。

17. **向员工提供客户关系管理和社交平台**。许多企业利用虚拟世界为员工及客户提供客户关系管理。一些公司在第二人生网站上开发出仅供员工使用或客户关怀的海岛。

18. **虚拟商品贸易会**。虚拟世界可举办虚拟商品贸易会（或称"交易集市"）。

虚拟世界商业应用的前景

尤其在与其他一些信息技术和商业系统整合时，虚拟世界的发展潜力巨大。虚拟世界对电动游戏玩家有着特别的吸引力，商家可以在虚拟世界中建立粉丝群及广告社区。还有一些商家利用虚拟世界寻求合作、测试新设计、学习和建立人脉关系。

虚拟世界中的商务应用

以下是虚拟世界中商务应用的实例。

 实际案例

索尼公司为玩家搭建虚拟社区

索尼公司开发的 Sony's Home 是公司开发的 PlayStation 游戏机玩家聚集的场所（请浏览 us.playstation.com/psn/playstation-home）。到 2012 年它已吸引了全球 2 500 万名用户，这些用户在每关游戏中平均花费 70 分钟（请浏览 digiday. com/publishers/sonys-home-coming-back/）。社区里的玩家们可以玩几百种游戏，参加各种聚会，还可以购买各种虚拟产品。

现在有许多公司正在寻求如何在 Second Life 网站上开展虚拟会议以代替现实世界中的会议。

关于企业如何利用虚拟世界使世界更环保的一些案例请参阅由虚拟世界协会出版的 *The Green Book：An Enterprise Guide to Virtual Worlds*（associationofvirtualworld. com）。

全球具有代表性的虚拟世界应用

下面列举几个虚拟世界应用的典型代表：

> - **Hana City**（hanacity. com）。韩国的 Hana 银行利用虚拟世界来培养它们的未来客户（10～15 岁的孩子们）。它们在虚拟世界里向孩子讲授家庭金融投资观。
> - **Wells Fargo**（wellsfargo. com）。在这个网站中可以研究银行运作，学习如何理财，还可以结交朋友。
> - **MeetMe**（meet-me. jp）。这个虚拟世界让网络用户体验在日本虚拟购物，使你的购物体验更精彩。
> - **New Belgium Brewing**（newbelgium. com）。这家啤酒生产企业在其原有的网站上增加了虚拟部分。在虚拟世界里，访问者可以与厂方进行互动之旅。
> - **Aloft**（starwoodhotels. com/alofthotels/index. html）。这是喜达屋酒店旅游集团公司旗下的一个全球品牌，曾利用第二人生虚拟世界来检验酒店的设计。公司利用从 100 多万名网站访问者处收到的反馈信息敲定了最终的酒店设计方案。

更多例子和讨论参见 Reeves and Read（2009），Knowledge Emory（2014）。

交易虚拟商品及房地产

虚拟商品的买卖带来了许多商机。销售可以通过电子商品手册、分类广告或拍卖进行（请浏览 usd. auctions. secondlife. com）。用虚拟货币（Linden dollars）进行支付，虚拟货币可以转化为真实货币。交易中的税款以及合同法律问题还不是很清晰（例如，请浏览 secondlife. com/corporate/vat. php）。2013 年，美国政府审计办公室发布了关于虚拟经济和虚拟货币的指导方针及定义（请浏览 cpa2biz. com/Content/media/PRODUCER_CONTENT/Newsletters/Articles_2013/Tax/VirtualEconomy. jsp）。

虚拟世界中的商品和服务交易主要有土地、零售商品、制造、剧本、时尚和成人娱乐产业。

推动虚拟世界社交商务的主要因素

推动虚拟世界社交商务的主要因素有：

> - **类似于真实世界的环境**。企业可以利用虚拟世界的仿真功能开展真实环境中的活动，例如提升客户服务，降低产品设计成本等。另外，与商业伙伴之间的互动变得简单。虚拟世界也是一个可以吸引广告投放的地方。用户能够得到真实世界中的感受，并且不受时间和成本的约束（例如，购买房产、旅行）。
> - **购买虚拟商品**。主要是购买真实的房产。用户可以买土地，开发土地，在土地上建造房屋或出售。数以百万的人都负担不起他们的梦想之家（比如在发展中国家），但他们都很满意虚

拟房屋。你在第二人生网站（secondlife.com/shop）还可以买到其他相当不错的商品。

- **对年轻一代的吸引力**。今天的年轻一代就是明天的购物主力军。他们与计算机应用一起成长，他们喜欢游戏和在线娱乐。
- **浏览搜索的新手段**。虚拟世界使创造能够产生视觉上的吸引力，浏览从来都不知道的新事物。
- **人物属性与能力**。人物属性和能力只存于虚拟世界中。首先他们是 3D 的，其次生活在虚拟世界中的都是化身。虚拟世界中是互动的，用户只需花极少的钱就可以控制或者改变化身。
- **理想的会议场所及合作平台**。虚拟世界提供有趣的平台供用户合作、组织会议、开展讨论和闲聊，例如可在 imvu.com 网站尝试 3D 聊天。
- **培训及教育的互动环境**。表 8.1 所示的一系列活动都可推动教育及培训。

表 8.1 运用虚拟世界推动教育

活动方式	具体描述
模拟	用户可以设置各类模拟场景并观察其结果。最常见的是在虚拟世界里创立一家虚拟企业。
远程教育	虚拟世界可以用作工作、学习、合作的场所，还可以用于团队建设、协同学习、合作处理问题等。
班级会议	教育机构在虚拟世界里（主要是第二人生网站）提供了许多虚拟课堂。学生们可以通过自己的化身进行研究探索，分享信息，或与老师一同工作。
探索研究	虚拟世界是一个用于探索学习的理想平台。学员们可以利用类似于真实世界中的方式进行探索。各类信息将通过情境或短信或其他媒介推送给用户（化身）。
可视化	可视化是一个关键的助学器。3D 虚拟世界提供了极好的机会让用户通过使用图片或视频等手段促进问题的解决。
情境设置	在虚拟世界里，人们可以设计一些奇幻想象的物体和设置来娱乐大众。
信息传播	许多企业、政府机构以及学校都提供最新的互动信息，这些信息可用于各类问题的研究，例如地理、公共管理、酒店管理和技术更新等。

资料来源：Daden（2010），Murugesan（2008），Terdiman（2008），Secondlife.com（2014 年 4 月数据）。

虚拟世界中商业活动的局限性及担忧

尽管虚拟世界曾被期待成为商务活动和社交活动的主要平台，但是它还远远没有发展到这样的水准。虚拟世界潜力无限，但是开发商、企业和个人用户必须意识到它的挑战和制约。像第二人生这样的虚拟世界网站在操作时颇有难度，并且创建社区和日常运行费用昂贵。软件需要安装并定期更新，对于很多用户来说相当麻烦。此外还需要持续可靠的硬件。还存在行政管理方面的问题，诸如法律、税务、道德和可靠性。另外，还有技术局限性，包括可靠性和可访问性、安全性以及一些用户觉得并不是通俗易懂。

在第二人生网站上欺诈及侵犯知识产权问题十分严重。维基百科上有专门介绍如何防止欺诈及侵权的文章（请浏览 en. wikipedia. org/wiki/Second_Life）。第二人生网络社区也提供如何处理语言侮辱和骚扰的建议（请浏览 community. secondlife. com/t5/tkb/articleprintpage/tkb-id/English_KB@tkb/article-id/283）。

虚拟世界也是网络犯罪的目标。例如，第二人生网站不但受到外来者的攻击，而且受到内部社区居民的攻击，这些社区居民创造奇怪的物体专门骚扰其他居民，干扰甚至破坏网站的系统。最后，虚拟世界中充斥着成人娱乐活动，有些可能还是违法的。为了保护用户，第二人生已经升级了安全系统。

8.4 节复习题

1. 列举虚拟世界的特征。
2. 列举虚拟世界中的主要空间。
3. 从虚拟世界的 18 种类型中选取 5 种进行描述。
4. 详细描述虚拟世界中的 3 种商务应用。
5. 请描述虚拟世界中的地产交易。
6. 列举虚拟世界的主要驱动因素。
7. 对虚拟世界有哪些担忧？

8.5　社交网络娱乐

Web 2.0 技术带来了更多富媒体功能，有能力吸引聚集在社交网络和对在线娱乐感兴趣的百万用户，创新社交媒体工具的可用性，加之 Web 2.0 技术本身具备的创意性和合作性，这一切都推动了社交娱乐的发展（例如 Gangnam Style 是 2012 年和 2013 年 YouTube 网站上收看率最高的视频）。Web 2.0 技术还有助于按需生成的娱乐活动的传播。最广为人知就是流媒体音乐（例如 iTunes：apple. com/itunes）。其他受欢迎的还有 Spotify、Pandora 和 Google's All Access（play. google. com/about/music）。按照当前的趋势，按需点播的音乐基本都是免费的，听众们可以随时随地享受他们喜爱的音乐。Jurgensen（2014）全面阐述了数字音乐的前世今生，还介绍了数字音乐的提供者和表演者。最终脸谱和推特都加入了这一领域。本节我们将讨论娱乐型社交网站，以及社交商务中与娱乐相关的一些问题。此类社交网站中有一个很重要的问题就是版权侵犯，我们将在第十五章中深入探讨。

娱乐和社交网络

大量社交网络都已全部或部分从事网络娱乐。到 2014 年为人熟知的有 Vimeo、Netflix 和 MySpace。MySpace 与 Sony BMG 公司和其他大型媒体公司签订许可协议，允许 MySpace 用户免费浏览流媒体视频资料、收听音乐以及获取其他娱乐内容。下面将列举一些使用 Web 2.0 技术提供娱乐活动的代表。

Mixi

日本的 Mixi 公司（mixi. jp）是一家有着超高浏览率的社交网站，尽管用户受邀才能加入。网站的目标是让有着共同兴趣爱好的用户互相结交成为朋友。到 2012 年 3 月，该网站拥有大约 2 700 万用户和超过 100 万个小型朋友群以及兴趣社区。

Last. fm

这个网站不仅是一家网络广播网站，而且向听众推荐音乐。当用户使用 Last. fm 插件收听个人音乐收藏或收听 Last. fm 网络收音机时音乐日志就会自动生成。截至 2014 年，Last. fm 网站的普通用户不用交费，高级用户每月的费用是 3 美元。到 2013 年，网站上用 12 种文字展示内容并在 2006 年赢得最佳音乐社交网站中的数字音乐奖。

Pandora

与 Last. fm 网站相似，Pandora（Pandora. com）也是一个音乐爱好者的网站（请见第三章）。网站好似一个社交广播电台，以用户推荐音乐为主。网站根据用户对艺术家、歌曲和收藏等的搜索内容建立个性化的收听列表。

网络连续剧及流媒体电影

网络连续剧与电视播放的肥皂剧相似。网络连续剧的数量正在逐年增加，有的已经被录制成 DVD 出售。其中比较知名的有 "Web Therapy"（网疗记）、"Johnny Dynamo"（魔术师）、"Video Game High School"（游戏学院）等。更多网络连续剧请浏览 webserieschannel. com/web-series-101。

Hulu 网站

hulu. com 网站播放用户点播的来自 NBC 公司、福克斯、迪士尼和其他网站或工作室拍摄的电影或电视连续剧。为了遵守版权法，hulu. com 网站播放的视频内容仅对美国境内的用户和少数国家的用户开放，其播放格式是 Flash，有些还是采用高清模式播放的，这一点与 Google Sites、Fox Interactive Media、Yahoo! Sites 是类似的。点击 Facbook 键，用户就可以在脸谱网页上分享自己喜欢的视频，而且用户不需要将自己的 Hulu 账户连接到脸谱。Hulu 是最受欢迎的网络视频网站之一（请浏览 nielsen. com/us/en/newswire/2013/binging-is-the-new-viewing-for-over-the-top-streamers. html）。Hulu 提供一些免费视频，网站收益来自广告。网站还提供一种称为 Hulu Plus 的服务，每月收费 7.99 美元，可以收看一些高品质的电影，还可以用其他多种播放模式来观看视频。不过这项服务对广告有限制。关于 Hulu 和 Hulu Plus 的服务内容及差异，请登录网站 hulu. com/plus 并点击常见问题栏，同样的网址还提供操作浏览。

绝大多数流娱乐网站都是以广告和会员订阅作为基本的社交商务模式。

Justin. tv

Justin. tv 是一个允许用户创建、分享、制作和观看直播视频的网站。截至 2014 年 2 月，该网站重点推出了上千个直播频道，每月有超过三百个直播节目，包括体育赛事、娱乐节目和游戏。Justin. tv 的用户账号和 YouTube 一样，被称为 "通道"。用户被鼓励传播用户自行创作的各类直播视频。观看视频时浏览者可以边观看，边和朋友讨论。相关内容请参阅网站服务条款 justin. tv/p/terms_of_service。

在 Justin. tv 网站上很容易就能制作出直播视频，并向全世界展示当下正在发生的事。只需使用一台手提电脑或移动装置，用户就可与 250 个国家中的任何用户分享事件、图片、教学和聚会或当下所思所想，并进行实时聊天。

不过根据维基百科，Justin. tv 由于没能确保视频遵守版权法而受到批评。即使 Justin. tv 已经遵守《数字千年版权法》（DMCA），但现场直播的特性使网站及时移除流视频变得很困难。为了遵守版权法，Justin. tv 采用了 Vobile 公司先进的识别系统，用于识别和过滤已有版权保护的内容，并将那些内容从网站上删除（请浏览 justin. tv/p/dmca）。

Funny-or-Die 和 Cracked. com

这是一家由喜剧演员 Well Ferrell 和他的朋友创建的搞笑视频网站。它与一般的病毒营销视频网站不同，网站鼓励会员在观看视频的时候参与投票。如果观看者觉得视频很有趣，就投票给 Funny。视频根据人们投票的结果会得到一个分数。如果收看的人数超过 10 万，而选择 Funny 的人数超过 80%，这段视频就可以归入 "流芳百世" 经典排行榜。但是如果有 1 000 人收看后，只有不到 20％的人选择 Funny，那么视频就要被放进网站的"地窖"里，永世不得翻身（请浏览 en. wikipe-dia. org/wiki/Funny_or_Die 和 creativeplanetnetwork. com/taxonomy/term/1518）。

Cracked. com 也是一家幽默搞笑网站，使用众包来征求大众用户对网络内容的看法。

多媒体展示与分享网站

人们有多种方法来分享多媒体内容。其目的是娱乐、广告、培训和社会交往。下列是各领域中网站的一些代表类型：

- **图片及艺术作品分享**：Flickr，Instagram，Picasa，SmugMug，Photobucket。**视频内容分享**：YouTube，Viddler，Vimeo，Metacafe，Openfilm，日本的 Niconico（nicovideo. jp，目前已有英文版可用）。
- **实况转播**：Justin. tv，Livestream，Skype，Ustream。**移动社交网站**：Foursquare，Path、GyPSii。
- **音乐及视听分享**：ccMixter，FreeSound，Last. fm，MySpace，ReverbNation，The Hype Machine（hypem. com/popular）。
- **幻灯资料分享**：SlideSnack，SlideShare，authorSTREAM。**娱乐分享平台**：Kaltura Open Source Video（corp. kaltura. com/Video-Solutions/Media-and-Entertainment），Accenture（Media and Entertainment）（accenture. com/us-en/industry/media-entertainment/Pages/media-entertainment-index. aspx）。
- **虚拟世界**：Second Life，The Sims，Activeworlds，IMVU。**游戏分享**：Miniclip，Kongregate。

上述网站中有许多网站具有社交功能，因此它们也可称为社交网站。此类网站的收入大多来自广告、订阅费和移动装置。

8.5 节复习题

1. 娱乐活动与社交商务有什么关系？
2. 描述你在网络上观看视频的方法（流媒体或点播视频）。
3. 列举一些多媒体展示的网站。

8.6 社交网络游戏与游戏化

互联网游戏（social Internet game）是指一种由多人同时在线参加的视频游戏，一般在社交网络或虚拟世界中进行。玩家可以与电脑玩或与多个不同的玩家玩。许多网络游戏是大规模的玩家在线游戏，比如 MMOG 或 MMO，这两种游戏可以支持上百到数千名玩家同步参与游戏。MMOG 的玩家可以互相竞争、互相合作或和全球玩家进行互动。许多游戏主机（例如 PSP，PlayStation 3，Xbox 360，Nintendo DSi 和 Wii）都可以参与在线游戏。另外，越来越多的使用 Android、iOs、webOS 和 Windows 操作系统的移动装置和智能手机的用户正在加入 MMO 游戏。社交游戏非常受欢迎。2013 年美国在线游戏报告中指出，44％的全球网络用户在玩网络游戏（关于该报告及信息表请浏览 auth-83051f68-ec6c-44e0-afe5-bd8902acff57.cdn.spilcloud.com/v1/archives/1384952861.25_State_of_Gaming_2013_US_FINAL.pdf），也就是说全球有超过 12 亿人在玩网络游戏（请浏览 venturebeat.com/2013/11/25/more-than-1-2-billion-people-are-playing-games）。尽管有些游戏需要付费升级装备，但大部分都是免费的。

社交网络游戏

社交网络游戏（social network game）指的是在社交网络上玩的视频游戏，通常会有多个玩家参与。社交游戏其实与如何以游戏进行"社交"并无太多关系。只是许多游戏都含有一些社交元素，比如教育大众、赠送礼物、互相帮助或分享游戏心得。

为了让游戏变得更社交化，可以运营或整合一家社交网络来推动和鼓励在游戏之外对游戏设置开展沟通讨论，并利用该社交网络提升玩家间的游戏比赛。

 实际案例

脸谱上的热门游戏

脸谱上的游戏有几千种可供选择。其中一些热门游戏每个都有 5 000 万到 1.5 亿玩家。最热门的游戏有超过 1 000 万玩家。脸谱在 2014 年 2 月列举了一些热门游戏，其中包括 Candy Crush Saga（2013 年度最流行），FarmVille，FarmVille 2，CityVille，Bejeweled Blitz，Pet Rescue Saga，Criminal Case，Texas HoldEm Poker，Words with Friends，Bubble Safari（请浏览 gamechitah.com/top-games-on-facebook.html）。

截至 2013 年 9 月，脸谱主要的游戏开发人员有 King，Zynga，Social Point，Pretty Simple（请浏览 beforeitsnews.com/science-and-technology/2013/10/top-9-facebook-developer-list-games-september-2013-2-2644806.html）。为了提升游戏体验，一些平台会利用玩家们的社交列表。

更多社交游戏请浏览 museumstuff.com/learn/topics/Social_network_game。

社交游戏的商业性

为了更好地了解社交游戏的多样性和属性以及商业机会，可以浏览视频"Social Media Games：Worldwide Gamification Is the New Paradigm for Life and Business"（请浏览 youtube.com/watch?v＝xCWsgBHY_VU）。游戏中展示了很多广告、营销和培训的机会。你还可以浏览业界另外一个主要供应商的网站 Zynga（zynga.com）。在 2014 年第四季度，该公司网站已有 2.98 亿位访问者。脸谱花了 4 年半的时间才达到 Zynga 公司在 2 年半时间内积累的用户数量。不过，Zynga 公司的收入被高估，所以导致该公司股价受到重创。脸谱开发的游戏的单个玩家创造的收益也微乎其微。另一家网站 Electronic Art——Zynga 公司的竞争对手，有几款游戏的收益是 Zynga 网站游戏收益的 3～5 倍。两家企业还开发出了手机版游戏。例如，社交游戏 FarmVille2 就可以在 iPad 和 iPhone 上使用。

社交游戏的教育性

所示实例说明社交游戏同样也可以具有教育性。适用于儿童的环境类应用（例如写字板）请浏览 usatoday. com/story/tech/columnist/gudmundsen/2013/09/01/ecology-learning-apps-kids/2700271 或可浏览 ecogamer. org/environmental-games。

 实际案例 1

环境保护类游戏

脸谱上有一款菲律宾开发的游戏，名为 Alter Space，旨在教育大众如何保护环境，减少污染。尤其是教育玩家们碳排放和清洁能源的理念，以及人们如何才能实现一个洁净的世界。

Alter Space 是脸谱上一个简单易玩的游戏，请浏览 apps. facebook. com/alterspacegame。

游戏玩家们的任务是保持他们的碳排放量足够低，与此同时给他们自己以娱乐。玩家们提出减少碳排放的方法（例如使用替代能源），并可以在玩游戏的过程中学到相关知识；而且玩家可以从独特的菲律宾文化中学习如何保护环境。不难看出 Alter Space 是一个有意义的游戏，值得一试，而且它是免费的。

 实际案例 2

经济财务类游戏——Empire Avenue

Empire Avenue（empireavenue. com）是一款社交媒体股市模拟游戏，在这款游戏中个人和公司之间可能互相买卖虚拟股票。股票可以是个人的，也可以是公司的。股票价格取决于股票交易活动加上玩家们在社交网络上的影响。股票交易利用被称为"Eaves"和"Vees"的虚拟货币来完成。游戏中包含关于分红、净发股票和股份等的大量财务数据和决策能力的要求。Empire 游戏中有许多不确定因素。奖励的点数还可用于社交市场游戏中虚拟货币的支付。玩家们可以通过热门网络游戏进行互动（例如脸谱、推特、Instagram）。社交面越广的玩家就能挣得更多虚拟货币，玩家在 Empire 游戏中的王国也就变得越大。有些大品牌已经在使用这一网站（例如丰田、美国电信、奥迪和福特）（请浏览 en. wikipedia. org/wiki/Empire_ Avenue 和 facebook. com/EmpireAvenue）。

游戏者帮助科学研究

几十年来科学家一直无法分解艾滋病中酶的化学链。不过，根据 2011 年 9 月 19 日菲律宾 balita. com 报道，华盛顿大学的研究者求助于游戏网站 Foldit 上一个由大学创立的"fun for purpose"项目。该项目将一些科学难题转化为竞争类的电脑游戏。玩家们被分成几组，运用各自解决问题的办法互相竞争，绘制出了一种科学家们多年来都束手无策的蛋白质的 3D 模型。玩家们仅在三周内就精准地解决了之前提到的化学链的问题。请浏览 balita. com/online-gamers-crack-aids-enzyme-puzzle。关于 Foldit（"解决科学难题"）请浏览 fold. it/portal。

游戏化

一些游戏的设计是为了便于玩家在游戏场景中与供应商或品牌相连接。但将游戏引入社交网站只是游戏化的一个方面。游戏化也可被视为将社交网络活动植入网络游戏。我们的兴趣是将这些游戏化应用与社交商务和电子商务相联系。有关游戏化的更多定义和局限性请浏览 Gamification Wiki (gamification. org)，以及参见 Duggan and shoup（2013）。

社交活动对于网络游戏来说并不是新事物，比如玩家们全体同意游戏规则。另外，玩家之间必须互相信任。唯一的新事物就是将传统的多玩家游戏和社交网络相结合。鉴于网络游戏玩家众多，也就一点不惊讶供应商鼓励（比如给予奖励）玩家表现出他们想要的行为举动，例如解决问题、互相合作。供应商们亦可将游戏作为广告平台。对于游戏化框架参见 Chou（2012）。

根据 Lithium Report（2011）和 Florentine（2014），公司可以利用游戏化来获得赢取社交客户的体验，例如提升忠诚度、建立信任、加快革新、提供品牌意识和增加相关知识。对于如何利用游戏化来吸引员工参见 Hein（2013）。

对于社交游戏和游戏化的商业可能性和战略，参见 Radoff（2011），Dignan（2011），Zichermann and Linder（2013）。

关于更多信息请下载电子书籍"The Essential Social Playbook：3 Steps to Turn Social into Sales"，网址为 powerreviews. com/resources/ebooks/essential-social-playbook-3-steps-turn-social-sales，以及参见 Walter（2013）。

8.6 节复习题

1. 描述在线游戏。
2. 描述社交网络中的游戏。
3. 社交游戏中有哪些商务特性？
4. 什么是游戏化应用？请与社交商务联系起来进行描述。

8.7 众包：用于解决问题和内容创作

众包的重要性在第二章中已有讨论。众包的主要功能是使问题的解决简单化。

众包：分配问题，促成解决

众包是指潜在问题解决者的群体（也就是所谓的"非特定众人"）在处理外包工作的过程中的一系列工具、理念和方法，外包工作包括解决问题和产生新理念。

众包不仅仅是头脑风暴或新思路，它是运用成熟的技术在关乎公司切身利益的事项上汇集众人的革新、创意和解决问题的能力。Jeff Howe 的名为"Crowd sourcing"（《众包》）的视频中提供了关于众包的概述，请浏览 youtube. com/watch?v＝F0-UtNg3ots, crowdsourcing. org 以及参见 Brabham（2013）。相关话题还可浏览视频"Crowdsourcing As a Model for Problem Solving"，网址 crowdsourcing-as-a-model-for-problem-solving。

众包的形式

Howe（2008）将众包归纳为下列 4 种形式：

1. 众人智慧。指众人一起解决问题，提供新的思路和方式用于产品、服务或业务创新。

2. 众人创造。指众人创造形形色色的内容，与他人分享（免费或收费）。所涉内容或许可用于解决问题、广告或知识积累。这可以通过将大型任务划分成多个小部分来实现，例如为创造维基百科提供一些内容。

3. 众人表决。指众人对某些理念、产品、服务给予意见和评价，还可对社交网络上的信息进行分析和筛选。例如，给"美国偶像"投票。

4. 众人支持和资助。指众人支持社会公益事业并为此作贡献，其形式可包括志愿服务、提供捐赠或小额融资。

Chaordix 公司（chaordix.com）将众包分为如下三类：

1. 保密型。由个人参与者提交建议，企业选择最终胜出者，所提交的建议在参与者之间不公开。

2. 合作型。个人参与者提交建议，由众人进行评估并推选胜出者，所提交的建议在参与者之间公开。

3. 专家小组型。个人参与者提交建议，然后由众人逐步完善，最终由专家小组推选最终对决的建议，由众人投票选出最终胜出者。

众人联盟（crowdsortium）是行业从业人员以通过最好的实践经验和教育推动众包行业为己任的一个社群（请浏览 crowdsortium.org）。

众包有可能通过社区参与的方式成为政府和非营利性机构解决问题的途径。2008—2009 年政府就曾利用众包方式让社会大众参与盐湖城城市交通运输系统项目的规划制定。另一个著名的为政府出谋划策的众包应用是名为"Peer to Patent Community Patent Review"的项目，该项目为美国商标专利局提供专利审查的解决方案（请浏览 peertopatent.org）。该项目向社会参与者开放专利评审流程。

一些比较活跃的企业和组织已经认识到利用群众智慧来获得最佳解决办法和最新理念的价值。

众包的流程

正如第二章中的介绍，根据有待解决的问题的类型不同和解决问题的方法不同，众包的流程也各不相同。大多数企业的运用都包括以下步骤，虽然在执行时细节略有差异。以下主要步骤都是基于第二章中所述的普遍适用流程。这些步骤包括：

1. 明确需要完成的任务或解决的问题。
2. 选择能够帮助解决问题的目标群体。
3. 将任务或问题公布给所选群体。（星巴克和戴尔电脑经常向非特定人群公开征集方案。）
4. 引起群体的关注以便完成任务（例如生成新的观点）。
5. 收集该群体所生成的内容。（提交的内容包括解决方案、表决、新思路等。）
6. 由问题的发布者、专家或该群体来评估所提交的材料。
7. 接受或拒绝解决方案。
8. 支付群体一定的报酬。

麻省理工对于集体智慧的导读

Malone et al. (2010) 对集体智慧 (collective intelligence，CI) 的运用进行了详细的分析，他们认为集体智慧就是"为解决问题、启迪思想和改革创新而对众包的一种应用"。研究者们试图回答这样一个问题：如何让群体去完成企业希望完成的工作？他们的主要发现参见 Malone et al. (2010)。

成功运用众包系统的典型案例

以下是实施众包系统的一些成功案例：

- **戴尔的 IdeaStorm**（ideastorm. com）：在这个网站上客户可以为他们喜欢的戴尔产品性能（包括新产品）投票。戴尔公司使用技术型群体，例如 Linux 社区（linux. org），由众人递交创意和理念，该社区成员投票表决。
- **宝洁**：宝洁公司的科研人员将有待解决的问题发布在 innocentive. com 和 ninesigma. com 两个网站上，给问题解决者以现金奖励。宝洁公司还使用其他众包服务商，例如 youren-core. com。
- **亚马逊 Mechanical Turk**（mturk. com）：亚马逊公司的 Mechanical Turk 网站是一个发布需要群众智慧的大型任务的商业平台。该平台仅限于那些需要协助的公司发布可被分成若干子任务的大型任务（俗称 HITs，human intelligence tasks）。然后亚马逊会给每个子任务组安排相应的人员，工作完成后人员得到一定的报酬（请浏览 mturk. com）。
- **脸谱**（facebook. com）：脸谱利用众包这种模式将网站内容翻译成 65 种文字。法国和英国有超过 4 000 名志愿者仅用 1 天就完成了任务。不过脸谱雇用了一个专业翻译团队来监督整个众包流程并确保翻译的准确性。
- **Goldcorp**（goldcorp. com）：这是加拿大一家采矿企业，曾经无法找到足够的金矿。2000 年公司开始向社会大众寻求帮忙，公司提供了一些地理环境的数据，并承诺给予提供最佳方案的参与者 57.5 万美元的奖励。根据网友们提供的方法，公司发现了价值 30 亿美元的金矿资源。
- **Frito-Lay 公司**：利用众包的形式成功地完成了 2010 年超级碗赛事的广告设计（请参阅 Frito-Lay（2010））。
- **维基百科**：维基百科被称为众包的鼻祖，维基百科网站则是当之无愧的全球最大的众包项目。

众包可用的工具

为了积极开展众包项目，公司或开发人员可以利用多种众包工具和网络平台。例如 NineSigma, InnoCentive, YourEncore, yet2, UserVoice, GetSatisfaction, IdeaScale 等。

更多可用于产生创意的工具请浏览 collaborationproject. org。对于众筹工具，参见报告"2013 CF Crowdfunding Market"并浏览 crowdsourcing. org, powerdecisions. com/faqidea-generation-methods. shtml。

众筹及 Kickstarter 公司

以该领域中几个启动项目为例，将从众人筹得的资金投入不同用途正获得越来越高的人气。一家名叫 Kickstarter 的公司颇为出名。关于它如何帮助小企业筹措资金请浏览 youtube. com/

watch?v＝ClyJtexjWhw。

Hypios：众包的网络平台

Hypios（hypios.com）是一个在全球拥有超过 95 万名专家的跨国社交平台。作为寻求问题解决方案的个人或研究组织，可以创立简介，留下联系方式，或者和同事、同行或朋友进行联系。如果你是一个问题网解决者，只想在 Hypios 帮人解决问题，那么你可以选择哪些信息可以公开，哪些人可以看。在 Hypios 上用户可以与他们的联系人在其他社交网站上分享活动。你可以建立自己的网络或加入任何一个 Hypios 上已有的网络。用户可以与那些分享自己兴趣爱好的人连接，还可以关注朋友们的动向。了解到朋友们正在解决的问题，他们可以考虑是展开竞争还是加入其中。更多信息请浏览视频"Hypios Trailer"，网址 youtube.com/watch?v＝WecFY6LI9Bk。已经解决的问题被张贴在 hypios.com/problems（包括引用的费用，所需的解决方案，时间框架等），还可浏览 Hypios 在脸谱上的主页（facebook.com/hypios）。问题解决者和解决方案由同行来排位。作为一个市场组织者，Hypios 向寻求解决方案的人员提供了聚集众人智慧和专家鉴定的服务。通过运用先进的语义网和学习机器技术，Hypios 可以基于问题解决者在网络上的公共可用数据对他们加以识别。然后邀请问题解决者来竞争解决与他们专业领域中研发方向一致的各种问题。

注意：众包已被数以千计的志愿者用于搜索灾难地区，比如菲律宾台风和马航 MH370 失联航班的定位。

8.7 节复习题

1. 众包的定义。
2. 列出 7 种众包模式。
3. 列举众包流程中的主要步骤。
4. Kickstart 网站和 Hypiod 网站有哪些功能？

8.8 社交协作（协作 2.0）

在企业中，Web 2.0 技术和社交媒体的主要应用之一都是在合作领域。有些甚至就是把 Web 2.0 等同于企业协作（Mc Afee，2010）。社交协作有许多用途，其中重要的一项是用于产品设计。

支持社交协作

在企业中，合作可以被定义为"人们为了共同的结果一起工作"。对于 IT 技术支持的协作，参见 McCabe et al.（2009）。关于社交协作的更多概念请在谷歌网站搜索"社交协作的概念"。

社交协作（social collaboration）是指通过社交媒体工具和平台在社区内或在社区之间实现人员合作。该过程有助于人员为了共同的目标进行互动和信息互享。社交协作也就是常说的合作 2.0（Collaboration 2.0）。合作 2.0 已被认为是社交商务中的一个重要组成部分，可以带来相当多的好处。

社交协作（合作 2.0）

合作使人们能够更高效地协同工作，从而提升企业价值。维客和其他社交软件都可被有效地用于各种类型及规模的企业来开展范围广泛的任务和活动。尤其是有了社交媒体工具的帮助，合作将有助于解决企业的问题并发现新的商机［更多细节请参阅 Morgan（2012）］。在社交网站上的合作可以由公司内部不同部门的员工在虚拟团队中完成，也可通过与外部的供应商、客户和其他商业伙伴合作来完成。例如，在论坛或其他形式的群组中可以通过维客和微博来完成合作。社交网络协作的细节，参见 Coleman and Levine（2008）。对于合作 2.0 在企业中的应用，参见 Dortch（2012）以及 Turban et al.（2015）。社交协作的各种内容如图 8.2 所示。

有些人认为在不久的未来人们将使用 Web 2.0 工具而不是电子邮件进行合作。相关讨论，请浏览 thefutureorganization. com。

大量 Web 2.0 工具都被用于支持社交协作。这类支持可用于分享理念，沟通交流或为某个项目共同工作。Web 2.0 包含从维客到虚拟世界的一系列工具。更广泛的讨论，参见 Coleman and Levine（2008）。协作的不同模式和工具之间的关系，参见 Fauscette（2011）。

Smith（2014）描述了在网络研讨会中如何运用企业社交网络进行内部合作。

支持协同合作的社交媒体工具、理念和程序的发展允许员工或管理层可以更充分地参与合作过程。除此之外，社交协作还能改善企业文化。

社交协作主要由以下工具支持：

- 维客、博客和微博（例如维特）；
- 虚拟世界；
- 合作社区（论坛和讨论组）；
- 早期经典的 Web 2.0 技术；
- 众包；
- 其他工具（例如 Yammer）。

大多数合作软件供应商正在他们的合作软件中增加 Web 2.0 工具（例如，Binfire 公司）。

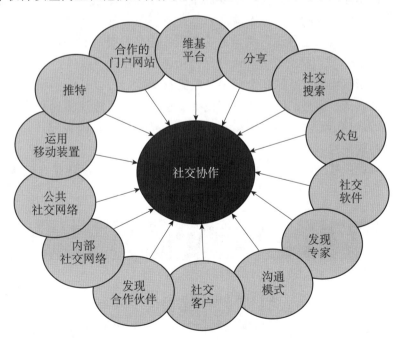

图 8.2　网络社交的多种内容

在企业内使用博客和维客

在第二章中，我们提供了几则在企业内部使用博客和维客的案例。这些工具的使用得到了迅速发展。企业可将博客和维客用于以下几个方面：

- 项目合作与沟通；
- 过程文件；
- 常见问题解答；
- 在线学习和在线培训；
- 新理念论坛；
- 企业特定的动态型专业术语；
- 与客户的合作。

正如你所发现的，上述清单中所列的应用基本都与合作有关。更多信息请浏览 zdnet.com/blog/hinchcliffe（几个相关的博客）以及参见 Hinchcliffe（2011）。

使用推特支持合作

推特在企业中已被广泛用于合作。例如，Wagner（2009）描述了推特的使用促进了核心小组和其他合作团队的工作。推特还被广泛用于和客户的各类互动及公司前景规划，还用于开展市场调研。

社交协作中移动商务的规则

正如在第六章描述的，移动商务正在迅速发展。绝大多数企业社交应用都可通过无线设备完成，尤其是对于沟通和合作这两方面。

社交网络中的提问与回答

在提问与回答的功能中，个人和公司可以发布问题。例如在领英，前往帮助论坛，在你的主页上使用发布功能并向网络提问题，社区就会为你提供答案。其他许多专业网站和它们内部的群组都可提供建议和支持材料以便你进行决策。这类服务或是付费的或是免费的。例如，医疗社交网站 Sermo（sermo. com，"当社交媒介和医疗保健相遇"）是医生专属的大型在线社区，该社区的应用软件允许医生基于市场测试并从多个同事处收到反馈后，可以从任何网络或移动设备上撰写和探讨紧急或有趣的病例。典型的问题和回答包括要求给出的或建议的诊断和治疗方案都是通过同事间的合作得出的最佳结论（请浏览 sermo. com/news/press-releases/54）。

用于社交协作的软件包

一些公司都可以提供社交协作工具的全套软件，无论是单一产品还是在已有的合作软件中添加的新工具。

 实际案例 1

IBM Connections 网站

IBM Connections 提供诸如论坛、维客和微博等工具，以及新功能（例如先进的社交分析），这使得用户可以扩大他们的网络联系范围。相关细节请参阅新闻 "IBM Launches New Software and Social Business Consulting Services"（《IBM 发布新软件和社交商务咨询服务》），网址

ibm. com/press/us/en/pressrelease/32949. wss。

你也可以下载许多免费的白皮书，请浏览 collaborationjam. com。根据 Hibbard（2010），IBM 有 1.7 万个内部博客（超过 10 万人在使用），社区 SocialBlue 有 5.3 万名用户（复制脸谱的一个公司内部社交网络，现在被称为 Connections，目前有超过 7 万名会员），截至 2014 年 1 月，已有 30 万名用户加入领英，有超过 50 万用户参与众包。IBM 还提供所需的工具支持创新。如今这些数字已变得更大。

 实际案例 2

Cisco WebEx Social 社交网站（前身是 Cisco Quad）

根据网站介绍，Cisco WebEx Social 是一个为员工设计的企业合作平台，具有社交、移动、可视化和虚拟等功能。WebEx Social 让用户在有需求时连接他们需要的信息和专业知识。知识和理念可以简单地在企业内部分享，团队可以跨区域、跨组织合作。更多细节请浏览 cisco. com/web/products/webexsocial/index. html。

Cisco WebEx Meetings 是一个在苹果手机和苹果平板电脑上通用的应用软件。更多 WebEx 的社交特性请浏览 cisco. com/web/products/webexsocial/features. html。

 实际案例 3

Laboranova 网站

在欧盟第六轮框架计划（Sixth Framework Programme）下，laboranova. com 是该计划的子项目。网站支持专业人士参与理念创新的管理和发展。Laboranova 的工具和方法可协助团队建立、知识管理和建议评估。网站上的 Web 2.0 工具包有助于社交创新和协同合作。工具中包含 InnoTube，其运作模式类似于公司内部的 YouTube（请浏览 laboranova. com/pages/tolls. innotube. php?lang＝DE）；还有 Melodie，可根据用户提交的概念或创意制作可视化的图谱，以便于其他用户可以在最初的理念上进行评价或阐述（请浏览 laboranova. com/pages/tools/melodie. php?lang＝DE）。

关于供应商、他们使用的工具以及合作或交流类型的列表，参见 Fauscette（2011）。

社交商务的发展趋势

为了确定开展社交商务的理由和策略，我们必须着眼于未来。许多研究者和专家都在预测社交商务的未来会怎样［请浏览 adage. com/article/the-media-guy/reasons-google-exploding-hurt-facebook/228851 和 siliconprairienews. com/2010/07/lava-row-s-nathan-wright-predicts-future-of-social-media，以及参见 Shih（2011）］。专家们得出的结论各不相同，有的认为社交商务将主宰整个电子商务领域，有的则认为社交商务只是"过眼烟云"而已。但是，从许多社交网站（例如脸谱、推特、Pinterest、YouTube、社交游戏、社交购物、社交广告等）的盛行来看，人们不应该持悲观态度。而且，移动社交商务似乎将成为主要的增长领域。另外社交购物和社交协作模式也可能获得很大的成功。从企业的角度来看，由于云计算的发展，将社交商务看成是一种服务的途径而不仅仅是一种应用模式势必成为趋势。

结论：IBM 公司的 Watson 超级计算机和社交商务

关于社交商务的发展趋势有许多观点，在此不逐一陈述，我们将以介绍 IBM 公司的超级计算机 Watson 来结束本章的内容。2011 年 2 月，IBM 公司的 Watson 计算机在历时 3 天的美国著名电视问答游戏 Jeopardy 锦标赛中亮相，击败了两届世界冠军，拔得头筹。这对于 IBM 所认为的社交商务和智能机算机来说是巨大的成功。有了智能系统的帮助（例如 IBM Pure Systems），Watson 必将有能力表现得更好。根据 IBM 的研究（请浏览 research. ibm. com/smarterplanet/us/en/smarter_commerce/overview），Watson 可以协助人员进行以下与社交商务相关的任务〔详情参见 Lawinski（2011）〕。

● **私人投资建议。**再也不用作任何研究，你需要做的只是给出你的投资目标，Watson 在核查全部所需数据后为你提供决策。基于所设的投资目标，Watson 会计算你所需要的，并推荐如何进行买卖。得到你的批准后，Watson 就为你进行交易。

● **语言翻译器。**在电子商务中为了开拓全球的商机，我们有时需要将网页的内容翻译成多国语言。我们还需要将普通的人类语言转换成计算机语言。如今机器自动翻译并不十分理想，但正在不断改善。诸如 Watson 计算机有强大的语言处理器，并且随着时间的推移正在变得越来越好，因此也将提供更好的机器翻译。

● **客户服务。**提供技术支持是成功的关键（请参阅第七章 iRobot 案例）。Watson 的智能可以为那些需要帮助的人作自动引导，通过所有必要的步骤与他们交谈。利用 Watson 超级计算机，客户服务能够做到高质量、可持续、即时处理。

● **问答服务。**对于任何商务、医疗、法律或私人问题，Watson 超级计算机都能给出最令人满意的答案。如果又有后续问题，Watson 照样对答如流。

● **匹配服务。**Watson 超级计算机可以将买卖双方、产品和市场、招聘者与求职者、以物易物的交易双方、民间借贷双方或其他你能想到的对等关系进行匹配。例如，Watson 可以根据你陈述的要求找到合适的约会对象。

Watson 超级计算机与 IBM 智能商务活动有关（请浏览 ibm. com/smarter_commerce）。

8.8 节复习题

1. 定义社交协作。
2. 列举社交协作中的主要益处并简要描述。
3. 列举社交协作中的工具。
4. 简要描述 IBM Connections。
5. 与社交商务的未来相关的要点有哪些？

管理问题

与本章内容有关的管理问题有如下几个方面：

1. 企业开展社交商务时会面临哪些伦理道德问题？社交商务中会涉及不少道德问题，例如隐私权保护和企业社会责任等。一旦出现差错，就可能伤害到用户，对

企业自身也会造成不利的影响。社交商务中的另一个关键因素是个人的判断能力。有些人由于比较主观或者自身的问题，就可能导致一些违背社会道德的行为。企业在开展社交商务时应当为系统创建者和用户制定道德规

范。企业在解决问题或集思广益时也有可能涉及道德问题。虚拟世界中的一些行为也有可能是违反道德规范甚至违反法律的。有个问题值得思考：一个企业明知产能节约法是不道德的，那么是否还应该使用。另外一个伦理道德问题是关于以众包的形式从众人处获取的知识。例如公司某位员工提供的知识或理念被公司其他同事采纳，那么公司是否应该给予这位员工一定的报酬？这个问题又将与激励机制有关，同时也涉及隐私问题。是否要让所有人都知道是哪位员工提供的知识？

2. 如何应对社交商务的过程中的风险？ 实施社交商务的过程中使用不同的应用会遇到不同的风险。为了保护社交商务开放性资源系统的安全性，企业不仅需要咨询内部安全性能方面的专家，还需要从外部得到一些法律建议。另外还有网络信息污染、用户制作内容的片面性和伪造性带来的风险。在实施大型项目时，你或许需要聘用咨询团队来检验和评估相关风险。权衡社交网络的益处和安全性及其他潜在风险是一个重要的战略问题（Tucci，2010）。

3. 是否应该成为一家社交企业？ 这取决于预估的成本和效益。公司也可以采用社交企业的部分特性。例如使用众包，就像 CEMEX 公司所做的，使公司受益良多。社交协作也是追求成本—效益的一种方法。

4. 如何看待企业内部社交网络？ 具有一定的风险，但可以给企业带来诸多益处，也可以与众包的内部活动相结合，还可以和商业伙伴进行社交协作。大多数成功实施的企业内部网络都用于集思广益、内部合作、人员招聘及公共关系。

5. 在虚拟世界中开展活动是否有益？ 这个问题取决于企业打算在虚拟世界中开展何种活动。可以了解一下你的竞争对手是否已进入虚拟世界开展活动。虚拟世界中确实有很多机会（请参阅 8.4 节中所列的 18 类），但是否能获得成功还有待商榷。虚拟世界并不适合中小型企业因为它需要大量的创意想象和技术专家团队。

6. 我们要尝试游戏化吗？ 大多数情况下等待和观察其他公司是否成功实施是比较明智的做法。游戏化的实施需要有相关专业知识的员工。在某些应用中回报可能是巨大的。但目前我们还不能确定大部分应用中的情况。就像有人说的："试试看，说不定你就喜欢了"。

本章小结

本章所涉及的社交企业和社交商务问题与前面提到的学习目标一致。

1. 社交企业。 在企业内部开展社交网络活动可以带来诸多实质性收益。商务社交网络有两种类型：公共型的和企业内部的。内部网络归企业所有，可能对访问权限设限，也可能向公众开放。公共网站（例如领英）主要用于招聘、建立人脉关系、合作和市场沟通。企业内部网络使用合作 2.0、社交客户关系管理、社交市场媒体等。你甚至可以"监控"竞争者的一举一动（请浏览 entrepreneur.com/article/229350）。这一切都可用于改善与员工、客户和商业伙伴之间的关系。可观的成本缩减、产能的提升和竞争优势也都能实现。

2. 商务型公共社交网络。 随着领英和 Xing 这些成功案例的出现，越来越多的商务型公共网络陆续面市。一些知名的网络有 Viadeo（us.viadeo.com/en）和 Google＋。各种不同的应用涉及招聘到市场调研和广告。最著名的要数 f-commerce（通过脸谱销售产品）。在公共网络中最主要的活动就是外部合作。另外，还有多个企业家网站。

3. 主要的企业社交商务活动。 目前主要的活动有网络协同、网络沟通、社区建设等。另外，通过集思广益来解决问题和搜索专业建议也变得越来越重要。与之相关的是知识创造和知识管理。许多企业利用社交网络开展招聘、培训以及其他人力资源管理活动。还有一些企业利用公司社交网络与客户、供货商、其他各种商务伙伴进行沟通和交流。

4. 虚拟世界的商务应用。 主要的 P2P 商业活动是对虚拟商品的买卖或租赁。在虚拟世界里，企业召开虚拟会议、开展员工培训、对新设计的产品进行测试、做广告、提供客户服务（提供人员服务或者呼叫中心服务）、招聘员工、开展销会、进行市场调研、提供商务游戏等。

5. 社交商务与网络娱乐、网络游戏。 富媒体、用户创作的内容、各类兴趣爱好群组都为第二代网络娱乐带来了无数的可能性。再加上无线技术的革新和移动设备性能的提升都极大地支持了 Web 2.0 工具和网络社交活动，必将为在线娱乐从音乐、视频、戏剧等多方面开辟一个全新的世界。

6. 社交游戏和游戏化。 许多网络型游戏都具有一定社交活动。玩家们根据游戏规则进行合作，像社区成员一样行动一致。King 和 Zynga 等游戏公司创建了可以在脸谱和其他社交网络上玩的游戏。这也是游戏化的一个方面。另一方面就是将社交媒体引入游戏。

7. 众包及社交网络。 企业中的众包大多数用于征求意见和建议、投票表决或识别问题。用户创建内容、更新项目（比如志愿者将脸谱网页翻译成法语和德语）就属于这一类。众筹是对众包的一种应用，目的是筹集资金。

8. 社交协作。大多数人都认为社交协作（合作2.0）是社交媒体支持的主要活动。支持活动的范围从共同设计到解决问题。

9. 社交商务的未来发展。普遍的共识是社交商务将快速增长；但有些人并不同意这个观点。社交商务发展最主要的助推器是 IBM 的改革创新（尤其是 Watson 智能电脑和智慧商务）。

讨论题

1. 公共社交商务网站与企业社交商务网站有哪些差异？

2. 众包在集思广益和其他企业活动中的作用是什么？

3. 合作社交网络有助于推动企业社交网络还是浪费时间？企业社交网络的缺陷有哪些？

4. 众包如何减少对商家的风险？

5. 企业利用公共社交商务网站开展商务活动会面临哪些风险？

6. 综述 Socialtext 网站（socialtext. com）的特征。

讨论你将如何在零售企业、制造企业或金融服务业的小型企业中使用这个平台。

7. 什么是虚拟世界展现给商业用户和企业的真正价值？

8. 阅读 Smith（2012）并讨论社交协作是如何支持人才管理的。

9. 讨论众包和虚拟世界的社交特性。

10. 怎样将游戏化运用于商业？

11. 将社交协作和众包进行对比。

课堂论辩题

1. 辩论：得到任务的一群人是否应该对此任务具有专业知识？

2. 一些人抱怨使用社交协作会变得缓慢且效率低。有些人则持不同观点。请对此问题进行辩论。

3. 利用众包这种形式来吸引员工或客户提出意见或建议已经十分普遍。有人说这只不过是一只电子意见箱，但是也有人不这样认为。你持什么观点？

4. 虚拟世界中的商务应用可能会遭遇哪些潜在的法律问题？请浏览专门讨论虚拟世界法律问题的博客 virtualworldlaw. com。

5. 无论虚拟世界的属性如何，有些技术要么没有变得流行，要么没有被广泛使用。（将虚拟世界的使用与脸谱、推特和博客或维客进行比较。）哪些方面制约虚拟世界被广泛接受？哪些是成功的重要因素？请进行讨论。

6. 辩论：企业应该为外部活动（例如，营销、客户关系管理）创建内部社交网络还是使用现有的公共社交网络？

7. 辩论：知识是否可用于社交？（请浏览 hivemine. com。）

8. 考查游戏 "Grand Theft"。为什么这款游戏会如此受欢迎？游戏中是否有社交元素？

9. 为什么需要一个特定的创业者网站？是哪些特性让它变得高效？

10. 当公司决定使用公共社交网络时它们需要面对哪些风险？

11. 综述 Socialtext 网站（socialtext. com）的特征。讨论你将如何在（a）零售企业，（b）制造企业或（c）金融服务业的小型企业中使用这个平台。

12. 你倾向于使用 monster. com 或 linkedin. com 进行高级管理人员的招聘，还是宁愿使用传统的猎头公司？为什么？

13. 众筹变得非常流行。查阅最近关于众筹成功的案例。在实施过程中会有哪些挑战？

网络实践

1. 浏览网站 xing. com 和 linkedin. com，它们各自有哪些功能？浏览 youtube. com/watch?v＝pBAghmY-MG0M 并观看视频 "Ryze Business Networking Tutori-al"（时长 7 分 20 秒）。比较 Ryze 与 linkedin. com 的功

能。写一份报告。

2. 浏览网站 pandora.com。如何利用这家网站创建音乐并与朋友分享音乐？为什么说这也是社交商务应用？

3. 浏览网站 secondlife.com，了解用户化身能开展哪些商务活动，比如 Fizik Baskerville、Craig Altman、Shaun Altman、Flipper Peregrine、Anshe Chung。简述它们各自代表什么（从社交商务的角度思考）。

4. 浏览网站 arianeb.com/more3Dworlds.htm。观察几个虚拟世界，列举其中特有的属性。讨论虚拟世界的功能。

5. 浏览网站 innocentive.com。描述该网站是如何运作的。列举它的主要产品和服务。识别该网站的优势和挑战。

6. 浏览网站 mindpix.com。为什么该网站是一个在线娱乐服务？对浏览者有哪些好处？将该网站与 starz.com 进行对比。

7. 浏览网站 gaiaonline.com。找出所有社交型活动。写一份报告。

8. 浏览 gillin.com/blog。找出与企业社交商务技术应用相关的信息。写一份报告。

9. 浏览网站 events.brazencareerist.com/recruiting。观看网站可提供服务的主页上的视频。将其服务与 ex-pos2.com 网站上主办的虚拟活动进行比较。

10. 浏览网站 jobserve.com 和 aspiremediagroup.net。比较这两个网站上为招聘提供的解决方案。将提供给招聘企业的服务和求职者的服务区别开来。写一份报告。

11. 识别一个有难度的商业问题，并将该问题分别发布在 elance.com、linkedin.com 和 answers.com。将反馈信息或建议汇总以解决问题。

12. 浏览网站 huddle.com 并观看互动的样片（需注册）。另外，观看主页上的视频。写一份有关社交协作的报告。

团队合作

1. 为导入案例设计的作业。

请阅读本章开头的导入案例，并回答下列问题：

a. CEMEX 公司创建 Shift 网站的主要原因是什么？

b. 列举 Shift 网站给公司带来的主要收益。

c. 将该案例与合作 2.0 和众包联系起来。

d. 参见 Garcia et at.（2011）并观看支持视频。准备一个视频的汇总。

2. 以众包的形式与设计师共同工作，比如（1）有公司概述了它们需要设计的一个领域。（2）公司将设计的形式转变为一种竞争，例如在专家中、在业余爱好者中，或者在专业和非专业设计师之间。（3）由管理层、顾问团或众包选定最终的胜出者。这是以小成本就能完成的。

a. 如果这个模式被广泛采用，将对设计行业产生怎样的影响？

b. 竞争的目的是什么？

c. 有些人相信业余人士可以把工作做得最好，但有些人持相反观点。找到相关的信息并进行讨论。

d. 将此类情况与 Polyvore 模式进行比较并讨论。

3. 有些人觉得游戏化在将来会成为主要的社交商务技术。请浏览 gamificaion.org，下载社交手册电子书籍并浏览 smartertechnology.com 查找其他资源。另请浏览 yukaichou.com/gamification-examples/octalysis-complete-gamification-framework/#.UuzK8vldWSo，查阅 Yu-Kai-chou 的架构。写一份关于现有的和潜在的电子商务和社交商务应用的报告。

4. 所有同学在脸谱注册成为会员。

a. 每组成员加入脸谱的两个群组并观察群组活动。

b. 全部加入 E2 群组（group-digest@LinkedIn.com）。跟随群组中的一些讨论。在脸谱的群组价值页面上传全班的介绍。

5. 查看流音乐服务领域中的竞争（例如 Spotify、亚马逊、苹果、谷歌等）。写一份报告。

6. 根据任务 2 中的要求，以众包的形式与设计师一起工作。思考平面设计行业的未来趋势。一些大型设计公司为了高端客户的设计业务而互相竞争，那些高端客户正在支付少量的一次性费用聘请业余设计者为其设计，这种现状今后会出现怎样的变化？在你的业务（或者你熟悉的某项业务）模式可行的情况下是否正在使用众包？

7. Yammer、Huddle、Chatter、Jive Software 都是基于大众群体的社交网络服务。它们都被认为非常实用，也正在替代传统的企业软件。研究这个论题并写一份报告。

领英：首屈一指的公共商务型社交网络

领英是世界上最大的专业人士社交网站（linkedin. com）。领英是一个全球商务型社交网站（网页被译成 20 种语言），使用者主要为职业人士。截至 2013 年 12 月，该网站在 200 个国家和地区有超过 2.59 亿注册用户。到 2013 年年底，网站共有 210 万个不同的兴趣群组。领英可用于找工作、找人、找潜在客户、找服务提供商、找学科专家和发掘一些商机。公司从 2010 年开始盈利，在 2014 年收入高达 18 亿美元。公司在 2011 年 1 月首次公开发行股票，其股票在市场上也有不错的表现。领英的主要目标之一是允许注册用户保持一个专业联系人的列表（请浏览 en. wikipedia. org/wiki/LinkedIn），例如，与用户有关联的人。每个用户网络中的人员被称为"关系人"。用户可以邀请任何人成为自己的联系人，无论他或她是否为领英的用户。当人们加入领英时就可以创建一份汇总自己职业成就的个人简介。这份简介可能会被招聘企业或前任同事或其他人搜索到。人们还可以遇到一些新的用户，并且找到合作或营销的各类机会（请浏览 brw. com. au/p/business/million_members_places_counting_Igi7nirJjn6NfV7KexTv0H）。

领英基于一种"多层级关系人"的理念。一个关系网包含用户的直接关系人（称为第一层关系人）。人们与他们的第一层关系人的联系（称为第二层关系人），人们与第二层关系人的联系（称为第三层关系人，如此等等）。相应的层级图标就会出现在联系人名字旁边（请浏览 thedigitalfa. com/d-brucejohnston/six-degrees-of-separation-linkedin-style，并阅读"Six Degrees of Separation—LinkedIn Style"）。身处关系网络中的专业人士都有机会通过共有的、可信的联系人的介绍结识自己想要结识的人。领英的成员都是网站的用户，他们每个人都有几百位关系人［参见 Elad（2011）并浏览 linkedin. com］。

一种被称为"门禁控制"（gated-access approach）的访问机制，是在与任何专业人士连接时需要有预先存在的关系或一个共同联系人的介入，简言之就是通过会员相互介绍的这种网络关系建立一种信任。

领英的群组搜索功能允许用户通过加入校友会、行业、职业或其他群组建立新的商务关系。截至 2014 年 2 月，目录中已有大约 210 万个不同的群组。

对于那些想要寻找工作的人，或是要招募员工的企业，领英能够发挥很大的作用。根据 Ahmad（2014），在美国 94% 的招聘者使用领英调查候选人。求职者可以在网站投放简历，搜索空缺岗位，了解企业的状况，甚至了解招聘者本人的状况。求职者还能够通过关系网络寻找能够帮助把自己推荐给招聘者的联系人（请浏览 linkedin. com/company/linkedin/careers，linkedin. com/directory/jobs）。

企业则能够利用网站发布招聘职位、搜索候选人和招募员工，尤其是可以搜寻到那些并不是积极找新工作的人员。

灵活运用领英

领英是一个广为人知的用于求职、招聘和结成人脉关系网的平台。然而它还有很多机会可以被用于营销、广告和销售等方面。会员可以请其他人为他们写推荐（背书认可）（请浏览 linkedintelligence. com/smart-ways-to-use-linkedin）。

目前已有新的服务代替在 2013 年中断的 LinkedIn Answers（请浏览 help. linkedin. com/app/answers/detail/a_id/35227）。

2008 年年中，领英网站推出了广告版块 LinkedIn DirectAds（2011 年重新命名为"Ads"）。与谷歌网站的 AdWords 版块类似，这是一个自助的、文本型的广告产品，让广告商可以触及他们自己挑选的受众（请浏览 help. linkedin. com/app/answers/details/aid/1015）。关于 DirectAds 与 AdWords 之间的对比，请浏览 shoutex. com/linkedin-directads-google-adwords-ppc-1 和 shoutex. com/linkedin-directads-vs-google-adwords-2。根据 Ahmad（2014），领英曾经三次在"由访客带来"的企业电子商务占比方面超过脸谱和推特。

2008 年，领英还与财经网站 CNBC 广播网合作，把网络社交功能植入 CNBC. com，领英的用户可以与专业人士分享和讨论财务金融方面的话题。领英网站上由用户社区提供的内容（例如市场调研或民意调查）可以张贴在 CNBC 网站上，而 CNBC 财经网站上的财经新闻、博客、专栏文章、金融数据和视频等也能分享到领英网站上。有了与领英的连接，CNBC 就能够从领英全球用户中汲取各类观点用于生成全新的商业内容，并由 CNBC 广播出去。2014 年，领英收购了Bright. com，该网站通过电脑运算程序将工作经验与职位进行匹配，从而判断求职者对于职位的适合度。

领英还能够用于其他多种营销策略，比如创建特定群组以在一些活动中促进用户的兴趣、购买已付费的媒体空间或关注竞争对手动向［请参阅 Schaffer（2011）或浏览 linkedin. com/about］。大约 66% 的网站用户都位于美国之外，例如，巴西、印度、英国和法国。领英有 100 多万教师用户，他们使用网站进行教育活动。

正如之前提到的，领英是一家上市公司。这是一次快速的成功，因为领英现在的股价已经是刚上市时的三倍。相反，2011 年一家知名在线招聘网站 Monster 的股价则骤跌超过 60%，主要是因为投资者担心领英将会抢走 Monster 的业务。

领英不断地提升网站功能。2014 年，公司发布了一项增加本地相关性的新功能。

移动应用

2008 年 2 月，领英网站的移动版开始运行，用户通过移动设备就可以使用绝大多数应用。移动服务可以用 15 种文字操作，包括中文、英语、法语、德语、日语、西班牙语（请浏览 help. linkedin. com/app/answers/detail/a_id/999）。最新的应用是可以通过智能手机和平板电脑来申请工作。

关于领英的一些资源

以下是领英网站上比较实用的资源：blog. linkedin. com，mylinkedinpowerforum. com，linkedin. com/search。

领英的成功故事，请浏览 marketingprofs. com/store/product/37/linkedin-success-stories。

资料来源：Elad（2011），Schaffer（2011），Bishop（2012），Gowel（2012），Ahmad（2014），en. wikipedia. org/wiki/LinkedIn 和 Linkedin. com（2014 年 5 月数据）。

思考题：

1. 浏览网站 linkedin. com。你觉得网站为何会如此成功？

2. 网站上与招聘和求职相关的特性有哪些？

3. 开展调查并找到公司的收入来源。请一一列举。

4. 有些网站曾试图照搬领英的模式，但并不成功。你觉得为何领英可以如此强势？

5. 加入领英中一个名为"eMarketing Association Network"的群组（免费；不过是私人群组，所以需要申请才能加入），并对这个小组的社交媒体和商务活动进行为期一周的观察。请写一份报告。

术语表

Business social network：**商务社交网络**。基于社会关系而创建的网络，能够存在于线上或线下。商务社交网络可发生在传统的企业自然环境中。

Collective intelligence（CI）：**众人智慧**。为了问题解决、理念产生和改革创新而对众包的一种应用。

Gamification：**游戏化**。将游戏引入社交网络。游戏化还可被看作是将社交网络活动植入在线游戏。

Social business：**社交商务**。社交商务是为营利或非营利组织实现一定的社会目标而设定的商业化名称，并不仅仅以赚钱为目的。

Social collaboration：**社交协作**。通过社交媒体工具和平台在社区内或在社区之间实现人员合作。

Social enterprise：**社交企业**。运用社交媒体工具和平台以商业或非营利活动（如政府的活动）为主要目标在组织内开展社交网络活动。

Social Internet game：**互联网游戏**。一种由多人同时在线参加的视频游戏，一般是在社交网络或虚拟世界中进行。

Social network game：**社交网络游戏**。在社交网络上玩的视频游戏，通常会有多个玩家参与。

第四部分
电子商务支持系统

第九章 电子商务中的广告及营销活动

学习目标

1. 描述消费者网上行为的影响因素；
2. 理解消费者网上购买决策制定的过程；
3. 讨论电子商务中出现的网络诚信和信任问题；
4. 描述市场细分以及企业如何与客户建立一对一的关系；
5. 解释如何分析消费者行为以建立个性化服务；
6. 描述网络环境下的市场调研；
7. 描述网络广告的目标和特点；
8. 描述网络上常用的广告方法；
9. 描述移动营销的概念和技术；
10. 描述广告策略和推广的类型；
11. 网络广告及营销活动中的实施问题。

|导入案例| 市场调查有助于德尔蒙特公司改进狗粮产品

存在的问题

德尔蒙特公司（Del Monte）是一家食品生产行业的企业，该行业在全球的竞争非常激烈。公司除了为人类提供罐头水果和蔬菜外，还为宠物提供食品，知名的品牌有 Gravy Train, 9 Lives, Meow Mix, 等等。为了提升产品的竞争力，公司需要进行市场调研，不断地寻求创新的营销方式。公司在调研中注意到社交媒体的迅速增长，决定实施社交媒体项目。公司最初的目的是为了更好地利用社交媒体进行市场调研以增加产品线。在此案例中，我们主要讨论的是狗粮。

解决方案

公司的基本思路是：通过社交网络首次把宠物狗爱好者联系起来。由于公司的 IT 部门不能进行社交媒体的调研活动，因此，公司的宠物食品生产部门决定利用 MarketTools 公司的 Insight 网络，Market-Tools 是一家能够按需进行市场调研的公司。

通过初步的调研，德尔蒙特的宠物食品生产部门确定了一个狗主人社区的细分市场作为其目标市场。他们希望能够更深入地了解该市场细分。为了能够与上百万狗主人建立联系，Insight 网络为宠物食品生产部门提供了一个能够与客户进行直接的、互动的交流的方式，并使用自有软件对客户的博客以及社交网络中的论坛进行跟踪，以发现客户的兴趣。之后，对这些兴趣点进行分析，进而预测客户的行为趋势。这些分析一般都利用计算机软件来完成，比如查看消费者互动信息的工具、分析消费者敏感话题的工具以及社交网站分析工具，等等。

通过使用社交媒体，德尔蒙特公司市场调研的效率提高了。传统的调研方法主要是通过调查问卷或专题访谈小组讨论等进行的，这些方法成本较高，且很难获得理想的调查对象。但是借助于社交媒体，德尔蒙特公司就可以在短时间内以较低的成本获得同样的数据信息。查看客户交流信息，搜集数据，之后对搜集到的大量信息进行分析。软件还可以帮助生成更小的细分市场，从客户那里获得创意，构建专题访谈小组。这些分析结果有助于德尔蒙特公司更好地了解客户，进而制订营销活动计划、沟通策略以及客户服务程序。同时也能够帮助企业评估营销活动，判断企业目标的实现程度。

进行的实验

第一个实验是对社交媒体的应用，其结果有助于改进公司的品牌狗粮（Snausages Breakfast Bites）。为了更好地引导客户，德尔蒙特公司在宠物狗爱好者的社交平台上注册了一个账号。公司查看客户的博客，提出问题激发客户讨论，并利用文本分析工具发现狗和狗主人之间的关系。德尔蒙特得出的结论是：小狗的主人倾向于购买 Snausages Breakfast Bites，且不同年龄段的狗主人的意见存在差异。第二个实验是生产少量的改进狗粮，并在实体市场中进行测试。社交媒体和传统调研的结果都是要对产品设计和市场促销活动进行修改。产品之所以卖得好是因为狗狗喜欢它。最后，新产品在宠物狗爱好者社区打下了坚实的基础，因为这些社区成员对于自己的意见能够得到重视感到很高兴。

取得的成效

仅仅在半年的时间里，该公司的存货周转时间便缩短了 50%，同时，德尔蒙特公司能够制定更好的营销沟通策略。而且，市场分析有助于公司更好地理解客户和客户的购买行为，有助于公司预测市场发展趋势，发现并把握住市场机遇。

资料来源：Steel（2008），Greegard（2008），Jayanti（2010），Big Heart Pet Brands（2012），Wikinvest（2010），MarketTools 公司（2008）。

案例给予的启示

从上述案例可以得知，在竞争激励的市场环境中，市场调研是非常重要的。因为市场调研有助于企业更好地制定产品开发和市场营销策略。在该案例中，公司在线上搜集到了具有社交倾向客户的数据和信息。MarketTools 公司在博客、论坛、网络媒体站点上查看了 5 000 多万条客户交流信息，以发现"客户的心声"。之后，对搜集到的数据进行分析。分析的结果有助于德尔蒙特公司进行狗粮改进，制定新的营销策略。如案例中所述，在线市场调研包括：消费者行为，制定购买决策，行为营销和广告策略。所有这些内容都会在本章进行讨论。

9.1 网络环境下的消费者行为方式

企业面临激烈的竞争环境，为此它们都想方设法地吸引消费者购买自己的产品或服务。对于绝大多数企业而言，不管网络企业还是传统企业，成功的决定性因素就是能够开发新客户，维系老客户。对于经营网上业务的企业来说，这一点尤为重要，因为他们主要是通过在线的形式与客户进行交流互动。若要了解影响消费行为的各种因素，请浏览网站 aipmm.com/html/newsletter/archives/000434.php。

网上消费者行为模式

在过去的几十年里，许多市场调研人员一直在致力于研究消费者行为方式，并总结出各种不同的消费行为模式。了解消费者行为模式的目的是帮助商家了解消费者购买决策的制定过程。厂商可以通过改进产品设计或广告宣传等方式更有效地影响买方的决定。

网上消费者主要可以分为两种类型：个人消费者和组织消费者。组织消费者主要包括政府机构、企业、经销商，以及公共组织机构。这两种类型的消费者的采购行为存在差异，那么，相应的分析方法也就不同。我们在第四章已经对组织消费者的购买行为进行过详细分析，本章将重点对个人消费者的购买行为进行研究。

个人消费者行为模式通常包括影响消费者决策过程的内外部因素，以及消费者决策过程。图 9.1 显示的是消费者行为模式。

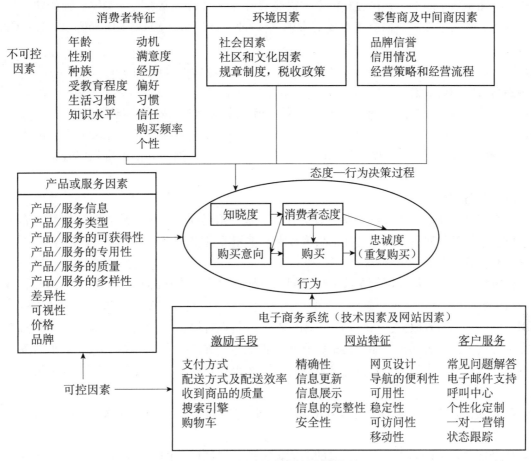

图 9.1 网上消费者行为模型

主要的影响因素

消费者购买行为的影响因素可以归为以下几类：

消费者特征

消费者的个性特征主要涉及人口因素、个体偏好、行为特征，如图 9.1 左上部分所示。一些网站（例如 emarketer.com，clickz.com，comscore.com）提供消费者网上购买习惯的有关信息。这些网站对人口变化因素的关注主要集中在性别、年龄、婚姻状况、受教育程度、种族、职业、家庭收入，这些因素和互联网的使用以及电子商务数据存在一定的相关性。男性与女性由于购买信心和自身知识水平的不同，在理解信息方面也存在差异。有研究表明，实体店铺的购买经历对于消费者网上购买态度和意向有很重要的影响（Crespo and Rodriguezdel Bosque，2010；Chiu et al.，2014）。

营销人员还研究个性和生活方式等心理因素。本书中多处提及这些因素。

零售商及中间商因素

在线交易也会被提供商品和服务的零售商影响。这组因素主要包括零售商声誉、交易规模、消费者对零售商的信任，等等。例如，当人们在亚马逊网站购物时会觉得比较安全，因为该网站的声誉比较好。而在一个无名网站购物时就会感到不安全。当然，营销策略和广告也会有一定的影响（Wang et al.，2006）。

产品或服务因素

第二组因素涉及产品或服务本身。消费者决定是否购买受交易中产品或服务特性的影响。这些因素可能会包括价格、质量、设计、品牌或者其他相关属性。

电子商务系统

由商家提供的电子商务网上交易平台（例如安全防护、结算方式等），以及所在的计算机环境（是移动终端还是台式机）也会起到一定的作用。电子商务的设计因素主要包括支付和物流支持系统、网站特性和消费者服务。Liang and Lai（2002）将设计因素归为动机因素和辅助因素，并且发现在吸引网上消费者购买方面，动机因素比辅助因素更重要。我们新增了一个电子商务类型因素，例如，移动商务中的消费者行为是独特的，那么表现在社交购物上的行为也是如此（Turban et al.，2011）。

- **激励因素。**激励因素的主要功能是在交易过程中提供直接支持（例如搜索引擎、购物车、多种支付方式）。
- **辅助因素。**辅助因素是网站提供的功能，目的是保证网站的功能性和可用性（如导航的便利性、购物车显示功能）。辅助因素的主要目的是防止在交易过程中意外情况的出现（例如安全问题和网站技术故障）。

环境因素

交易过程中环境的改变可能会影响消费者的购买决定。如图9.1所示，环境变量可以分为以下几个方面：

- **社会因素。**人们的购买决策会受家庭成员、朋友、同事以及时尚潮流的影响。因此，社会因素（如消费者的认可及口碑）在电子商务中有很重要的作用。网络社区和讨论组在电子商务中有特殊的重要性。人们可以在聊天室、论坛、微博以及新闻组上沟通交流信息。Liang et al.（2011—2012）做的一项研究发现，网络社区上的这些社会支持因素明显增强了消费者的在线购买意向。
- **文化或社区因素。**文化因素对购买行为的影响因国家而异。例如，居住在美国加利福尼亚州硅谷附近的居民和居住在尼泊尔山区的居民在购买决策的制定方面差异是很大的。中国的顾客和法国的顾客是不同的，农村的顾客和城市里的顾客也存在差异。Bashir（2013）对巴基斯坦居民网上购买电子产品进行过一项全面的研究。
- **其他因素。**包括信息的可获得性、政府的规章制度、法律的限制以及特定的环境因素。例如，税率（见第十五章）也会对网上购物行为产生影响（Einav et al.，2014）。

最近，人们越来越多地关注移动商务中的客户行为（请浏览 mobilemarketer.com）。

9.1 节复习题

1. 描述消费者网上购买行为模式的主要组成部分。
2. 列举影响消费者行为的主要个人特征。
3. 列举购买环境的主要环境因素。
4. 列举并描述与卖方相关的 5 个主要因素。
5. 描述行为过程模型中购买态度、购买意向、实际购买行为之间的相互关系。

9.2 消费者购买决策的制定过程

消费者购买决策的制定过程是消费者行为的另一重要影响因素。如下文所讨论，它由若干个步骤组成。下面先来介绍传统的购买决策模型。

传统的购买决策模型

从消费者的角度来看，传统的购买决策模型包括 5 个阶段（Hawkins and Mothersbaugh，2010）。下面我们来详细讨论这几个阶段。

- **需求识别**。当消费者发现自己的期望和现实出现差距时（例如，他的手机需要大一些的屏幕），便开始意识到需求。消费者可以通过不同的方式（例如，通过饥饿或口渴的内部刺激，或者来自于广告的外界刺激）识别需求。

市场营销人员的目的就是让消费者意识到这种距离，然后说服消费者，使得他们相信卖方所提供的产品或服务能够满足这种需求。

- **信息收集**。接下来，消费者便开始搜集各种能够满足其需求的信息。这里我们要对两种不同的决定进行区分：决定最终买什么产品（**产品筛选**）以及从哪里买（**商家筛选**）。这两个决定相互独立，也可能相互联系。消费者搜索信息的时候，产品目录、广告、营业推广、参照群体的建议等都会影响到最终的购买决定。在这个阶段有些网站（例如 shoppiping.com、pricegrabber.com、mysimon.com）可以提供在线的产品搜集和比较，可以为你提供很大的帮助（参阅第三章的决策工具）。

- **产品评估**。在搜集了一定的信息之后，消费者面前会形成一些备选产品。潜在的消费者会进一步地对各种备选产品进行评估，如果有可能，还会与卖方进行谈判。在这个过程中，消费者会根据收集到的信息形成一系列标准。这些标准将帮助消费者作出最终的选择。对于网络消费者，这一过程可能还包括对产品价格和特征进行评估。

- **购买及配送**。在消费者对备选产品进行评估之后，消费者就会作出购买决定，完成支付并且安排运输，确定"三包"条款等。

- **购买后行为**。最后一步是购买之后的行为，主要包括售后服务以及对产品实用性进行评价。售后服务和消费者满意可以带来正面的购买经历，并且留下好的口碑（比如"这个产品确实不错!"或者"出问题时确实得到了好的服务"）。如果消费者对产品或服务很满意，将会对其产生忠诚并且之后会再次购买。

尽管这5个阶段为消费者购买决策的制定过程提供了一定的指导，但这些阶段并不是在每次购买中都必须出现。实际上，有些消费者可能会从某一阶段开始，但有可能又回到之前的阶段，或者他们直接跳过一些阶段。

购买决策模型有很多。但比较常用的一种是AIDA模型，即"注意—兴趣—欲望—行动"模型。要吸引消费者注意，最便捷的方式是将广告资料或其他文字资料送到消费者跟前。广告在消费者购买决策中发挥着重要的作用。一些研究人员还增加了一个字母，形成了AIDAS模式，这几个字母的含义如下：

1. A——引起注意（Attention）。第一步是引起消费者的注意，例如快速、直接地使用夸张的文字吸引消费者眼球。

2. I——诱发兴趣（Interest）。通过示范展示商品的特点、优势以及好处诱发顾客兴趣。例如通过客户参与激发兴趣。

3. D——刺激欲望（Desire）。评估之后，消费者会产生购买这种产品或服务的欲望。例如诱发读者兴趣，创建一种需求欲望——从动机到行动。

4. A——促成购买（Action）。最终顾客将会采取实际的购买行动。即将欲望付诸行动，购买这种产品或服务。

5. S——达到满意（Satisfaction）。使用产品或服务后，顾客满意将会对产品或服务产生忠诚度，并且会进行重复购买。

AIDA模型的最新版本是AISAS模型，是由Dentsu Group公司针对网上消费者生活形态的变化而提出的一种全新的消费者行为分析模型。该模型用"搜索"（search）替代"决策"（decision），并加入"分享"（share）以说明互联网上口碑日益增加的影响力。他表明消费者在作出网上决策时需要经过AISAS过程。该模型尤其适用于社交商务。

消费者购买决策过程中的参与者

不同的参与者在消费者购买决策过程中扮演不同的角色。以下就是5种主要的角色：

1. **发起者**。第一个建议或想到购买某种商品或服务的人。
2. **影响者**。他的建议或者观点会对最终购买决策的制定产生影响。
3. **决策者**。作出最终购买决定的人。
4. **购买者**。作出实际购买行为的人。
5. **使用者**。购买并使用产品或服务的人。

详情请浏览 nptel. ac. in/courses/110105029/pdf％20sahany/Module4.（7）doc. pdf 或 slideshare. net/drafaraz/the-consumer-buying-decision-process 网站上标题为"The Consumer Buying Decision Process and Factors That Influence It"的文章。

放弃使用购物车

卖家非常关注网上购物者放弃使用购物车的现象。Li（2013）指出，根据Baymard研究所所作的28个不同的研究显示，68％的网上购物者没有使用在线购物车（2015年3月的最新数据）。主要原因是：当使用购物车后，买家会发现运费过高（占44％）。其他原因还有：（1）不准备购买（占41％）；（2）产品价格过高（占25％）；（3）先保存产品再作进一步考虑（占24％）（请浏览

salecycle. com/cart-abandonment-stats)。

9.2 节复习题

1. 列举传统购买决策模型的 5 个阶段。
2. 举例解释传统购买决策模型的 5 个阶段。
3. 描述 AIDA 和 AISAS 模型，用图示分析二者在网上购买行为方面的区别。
4. 描述购买决策过程中的主要参与者。
5. 描述买家放弃使用购物车的原因。你在网上购物时，是否也有相同的经历？原因是什么？

9.3　电子商务中客户忠诚度、满意度以及信任度

良好的网络营销活动能够产生正面的影响，通常会带来信任、客户满意以及客户忠诚。忠诚度是营销的终极目标，信任度和满意度会对忠诚度产生影响。

客户忠诚度

营销的一个非常重要的目标就是培养客户忠诚度。**客户忠诚度**（customer loyalty）意味着真心承诺在未来一贯地、重复地购买偏好的产品或服务，并因此产生对同一品牌或者同一供货商产品或服务的重复购买行为。

按照客户期望的方式（或更好的方式）为他们提供服务能够增加客户忠诚度。客户忠诚度会从各个方面为公司节约成本，增加收入，例如降低营销及广告成本、降低交易成本、降低客户流失率等。开发一个新客户的成本将超过 100 美元，这个数字对于亚马逊来说甚至会更高，将高出 15 美元。而亚马逊维系一个老客户仅需 2～4 美元。

客户忠诚度也提升了公司的竞争优势，因为忠诚的客户不会选择"跳槽"。另外，客户忠诚度高会增加企业良好的口碑。很显然，大多数商家都在尽力寻找实现客户忠诚度的方法（eMarketer，2013）。

客户忠诚度计划早在 100 多年以前就被人提及了，广泛应用于航空、零售、连锁酒店、银行、娱乐场所、汽车租赁、餐厅和信用卡公司。然而现在，忠诚度计划已经发展为程式化电脑控制并扩展到所有类型的企业。例如，香港八达通控股公司（octopuscards. com. hk）拥有全球领先的储值智能卡支付系统。该公司推出一种奖励计划，只要会员在八达通公司合作伙伴的商场里使用会员卡购物就可以获得奖励。当用户使用八达通会员卡进行付款时将会自动获得折扣优惠，累积的奖励可以在任何一家合作商铺进行消费。

但是，社交网络的使用可能有损品牌建设和影响客户忠诚度的建立。因为利用社交媒体可以很方便地比较产品价格，评估产品质量。另外，消费者可以得到多个卖家的报价，得到朋友的真诚的意见，并可能根据这些信息转换卖家。对于某个具体的供应商，客户开始变得不那么忠诚，因为它们转换供应商的成本相对较低。客户可以充分利用在线的优惠和促销机会，并利用各种机会尝试新的产品或服务。

一件有趣的事情是当忠诚的客户有了网上购物的选择时，他们会增加自己的购买量。例如，固安捷公司是一家大型的工业品供应商，它们发现忠诚的 B2B 客户一旦开始使用公司的网站（grainger. com），便大幅增加他们的购买量（请参阅第四章）。忠诚的客户还会把一家网站介绍给

亲朋好友，尤其是通过社交网络进行口碑相传。因此，对于电子商务公司来说，增加客户忠诚度是非常重要的。网站可以提供大量机会来实现这一点。

网络忠诚度

网络忠诚度（E-loyalty）指的是客户对于网络电子零售商或网络直销的制造商或在线实施客户忠诚计划的企业的忠诚度。企业通过了解客户需求、与客户进行交流以及提供一流的客户服务来培养客户忠诚度（请浏览 colloquy. com 了解忠诚度营销）。

值得一提的是，积极的客户评论对重复购买意向和网络忠诚度有着很重要的影响［详情参见 Vora（2009）］。社交网络的回顾和建议请参阅第七章。

客户忠诚度和网络忠诚度都会受到很多因素的影响。一个典型的因素是零售商和客户之间关系的密切程度。客户忠诚度主要包括客户信任、客户满意和客户承诺。客户满意和客户信任尤其重要，因为二者可以影响到客户承诺。Cyr（2008）表明，不管是怎样的文化背景，客户满意度和客户信任度都会影响网络忠诚度。Sanz-Blas et al.（2014）分析了住宿服务的在线销售过程，了解满意、信任和承诺如何帮助增强客户忠诚度，参见 Pearson（2012）。

电子商务活动中的客户满意度

客户满意度是 B2C 网络环境中最重要的成功措施之一。Bashar and Wasiq（2013）研究发现，客户满意度对客户的网络忠诚度有积极和显著的影响。

B2C 电子商务中的客户满意度在学术界引起了很大的关注。而且已经出现了几个衡量指标。例如，密歇根大学开发了美国顾客满意度指数（ACSI，theacsi. org）用来衡量各种产品和服务部门服务质量的客户满意度。该指数每季度发布一次。网上客户满意度调研企业 ForeSee 公司（foreseeresults. com）创建了用于衡量客户体验中客户满意度的分析模型，并发布了 ForeSee 客户体验指数、ForeSee 政府满意度指数、ForeSee 口碑指数（WoMI），等等。研究人员已经提出了好几种解释网上购物满意度形成的模型。例如，Cheung and Lee（2005）提出了一个网上客户满意度的框架，该框架认为终端客户满意度和服务质量、系统质量、信息质量具有相关性。

电子商务活动中的信任

信任（trust）有多种含义，但一般都认为它是电子商务获得成功的重要影响因素，因此必须加以培养。信任通常是指一个人愿意相信另一人采取的行动，它是一个感知变量。由于信任有不同的解释，因此电子商务中的信任也有多个定义。例如：
- 消费者对卖家的信任。
- 消费者对计算机系统的信任。
- 买卖双方之间的信任。
- 国内外贸易伙伴之间的信任。
- 对电子商务中间商的信任。
- 对网络广告的信任（Richter，2014）。

对电子商务活动中的信任研究主要集中在消费者的信任方面。

电子商务的信任模型

电子商务活动中的信任通常被称为**网络信任**（online trust）。目前已经有好几种模型用来解释可能会影响网络信任的因素。例如，Lee and Turban（2001）对影响电子商务活动中信任的各种因素进行检验并提出了一个因果关系模型。根据这个模型，信任水平由三大类因素确定。它们包括对互联网商家的信任、对购物渠道的信任、对与业务和监管环境相关的保障体系的信任。

如何增加电子商务中的信任度？

客户信任是网上零售成功的基础，零售商都在寻求各种方法来建立消费者信任。以下是建立电子商务信任度的一般策略：

改进网站。 网站质量是影响网络信任的最重要的因素。网站导航、可视性以及站点信息的设计都会影响到客户信任。Gregg and Walczak（2010）指出，网站质量和信任之间存在着正相关关系。他们对易趣网的 701 位用户开展调查，结果显示，网站认知质量越高，网站的信任度就会越高，用户对价格的敏感度就越小。因此，如何设计一个高质量的信息和导航的电子商务网站是增加网络客户信任度的关键。

与客观的第三方合作。 网络商店还可以利用第三方的加密认证，例如 TRUSTe（truste.com）和 BBBOnline（bbbonline.org）。BBBOnline 是美国商业促进会（Better Business Bureau）的网络版。中介服务提供商和信誉担保（例如 cyberalert.com）也非常有用。这些机构能够向企业传授如何在网络环境下保护品牌，以及如何应对商业间谍等方法。

网上欺诈行为，尤其是当未知的第三方卷入时，会降低电子商务中的信任度。第七章中描述的信誉系统会对信任度产生正反两方面的影响。

建立诚信。 信任度是由 3 个因素决定的：真诚、能力和安全。

其他增加信任度的方法

网站还可以使用其他方法来增加客户信任度。例如：Urban et al.（2009）提出，将认知风格与客户沟通方法联系在一起，这样就可以建立信任。Smith（2014）则认为，顾客应该知道他们能够信任的网站具有哪些特征（例如，应该有一个值得信赖的支付网关，能够保障安全和隐私，具备设计精良且能实现快速加载的网站）。

声誉系统。 卖家的声誉在电子商务中是一个重要的因素。**声誉系统**（reputation-based systems）主要用来建立网络社区成员间的信任，在这里，互不相识的成员方可以利用同行的信息反馈。对于如何管理在线声誉系统，参见 Strauss and Frost（2014）。以代理人为媒介的电子商务（例如当在 amazon.com 和 expedia.com 上由软件进行翻译时）参见 Gaur et al.（2013）。

网站排名也经常会对企业声誉产生影响。这个领域内的主要参与者是 yelp.com。这个网站集聚了很多具有高度主观性的评论。哈佛大学使用 2003—2009 年 Yelp 对华盛顿州西雅图餐馆的评论数据进行研究，结果发现，餐馆在 Yelp 网站上的评级每增加一颗星，收入便会同比增长 5%～9%。

网上口碑。 由于在网络上进行社交活动的流行，网上口碑也影响了信任水平和声誉，有的是正面的，有的则是负面的。

网上口碑的形成可以采取多种形式，比如，消费者在线信息反馈或参与社交论坛等。因此，培养积极的网上口碑是一项建立良好信誉的有效战略（请参阅 9.8 节的病毒营销）。

9.3 节复习题

1. 试述顾客忠诚度及网络顾客忠诚度。
2. 网络商店中影响客户满意度的关键因素有哪些？
3. 试述电子商务中的信任度问题。
4. 在线消费者满意度的影响因素有哪些？为什么企业一定要重视它？

5. 在电子商务中怎样增加信任度？
6. 阐述声誉系统的概念，以及它与电子商务信任度的关系。

9.4 大众营销、市场细分和关系营销

网络营销与传统营销的区别在于，前者可以单个识别网上的每个客户，并将他们作为目标客户来提供商品或服务。这种关系称作"一对一营销"或"个性化营销"，是关系营销的一部分，用特殊的营销和广告针对每个顾客，以满足他们的利益与需求（例如，个性化交流）。首先，我们来了解一对一营销是如何从传统营销方式演变而来的。

从大众营销到一对一营销

三种基本的营销方法已经被广泛使用：大众营销，市场细分和关系（一对一）营销。

大众营销和广告

在传统意义上，市场营销面对的是每一个人，即"大众"。例如，使用报纸或电视广告对那些观看的人来说通常意味着一种人际交流方式。这种方式可能对于树立品牌或宣传新产品、新服务是有效的。在一个门户网站上播放旗帜广告向每一个浏览该网页的人传递信息是一种典型的大众营销。

 实际案例

2003 年，福特汽车公司在网上启动一种"路障"方式来推销它的 F-150 型卡车。这里的"路障"是指于同一时间在各主要电视频道上播放商业广告，这样观众就不能通过换台来避开它。福特使用的三大门户网站有：AOL、MSN、雅虎，并取得了巨大成功（请浏览 clickz.com/clickz/news/1712283/ford-f-150-drives-away-with-online-success）。

市场细分

市场细分（market segmentation）是指将整个市场划分成若干子市场并针对每个细分市场实施适当的广告策略的行为。比如，化妆品厂商会在女性杂志上刊登广告。这意味着市场是按顾客性别划分的。互联网促进了更有效的市场细分，而与此同时也不断向关系营销或者一对一营销的方向发展。

市场细分的标准。为了有效的市场细分，企业通常采用以下标准：

- **地理环境因素**：区域位置；所在城市、郡县或标准都市统计区（SMSA）的规模；人口密度、气候、语言等。
- **人口统计因素**：年龄、职业、性别、受教育程度、家庭规模、宗教信仰、种族、收入、国籍、是否城市居民等。
- **心理因素（生活方式）**：社会阶层、生活方式、个性特征、行为方式、价值观、行为态度等（请浏览 strategicbusinessinsights.com/vals/ustypes.shtml）。

- **认知、情感、行为因素**：态度、利益、忠诚度状态、准备状况、使用率、预期风险、用户状态、创新、使用情况、参与度、网购经验等。
- **盈利能力**：把有价值的顾客单独分类。
- **风险因素**：把高风险或低风险顾客单独分类。

在推销与广告宣传中，人们经常使用统计方法和数据挖掘方法来识别有价值的细分市场。现代企业对顾客进行了多种多样的细分，通常为了某一个营销活动会进行动态的定义细分和暂时性的顾客重组。通过细分顾客，企业能为其产品与顾客进行更专业的交流。为了做到这一点，企业需要明确自己的商业策略，知道哪些客户是自己最主要的细分市场。

关系营销（一对一营销）

关系营销（relationship marketing）不同于传统营销，它更关注与客户建立长期关系。为了维持这种长期关系，卖方必须对它的每个客户有一个更深的了解。对于网上消费者，我们可以更快、更容易且以更低的成本得到这些信息。对这些信息进行分析将有助于企业进行一对一营销。

尽管市场细分能关注一部分客户，但它也有不足之处，因为大多数竞争者也可以采取相同的策略。所以，一种更明智的做法是，把市场目标从一群消费者转移到单个消费者。商家宁可在较长一段时间里向同一位客户销售尽可能多的产品，也不要向许多顾客销售一种产品。为达到这一目标，商家需要关注在一对一的基础上建立与个体消费者的特殊关系。

一对一营销是市场销售部门更好地了解顾客的一种方式，通过了解客户的偏好并且提供个性化的宣传和营销，由此提升维系客户的可能性。

一对一营销不仅意味着采取个性化的方式与消费者进行交流，也意味着基于消费者的喜好提供个性化的产品和定制信息来满足他们的需求。表 9.2 展示了与大众营销及市场细分相比，一对一营销的主要特点。

因素	 大众营销	 市场细分	 关系营销（一对一）
互动程度	没有互动或仅有单向沟通	通常没有互动或仅有一个示例	活跃，双向
关注中心	产品	细分市场	以客户为中心（单个客户）
接收方	大众	部分客户	个人
举行活动次数	很少	较多	很多
影响范围	很广	较小	每次只影响一个人
市场调研基础	宏观资料	细分市场分析数据或人口统计数据	详细的客户行为和个人资料

图 9.2　从大众营销到市场细分营销到一对一营销

如何实施一对一营销

尽管一些企业已经实施一对一营销方式多年，但是如果能够在网上建立一对一的关系，并且在整个企业实施这个策略，那么对企业来说将会是非常有益的。由于一对一营销策略直接应用于特定的消费者，为了管理好与每个客户之间的关系，市场营销人员应该采用一个具有周期性的四阶段过程。如图 9.3 所示，该图展示了一个一对一营销的循环周期。整个周期包括 4 个步骤：识别顾客喜好；对产品或服务进行区分；与顾客保持互动；为顾客提供个性化的产品或服务（请浏览 linkedin. com/today/post/article/20140103113441-17102372-building-customer-relationships-in-four-steps）。

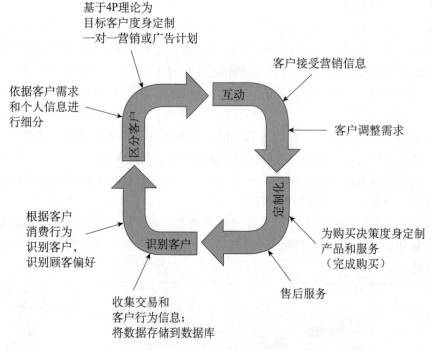

图 9.3 一对一营销的流程

资料来源：根据 Greenberg（2010）及作者的经验整理而得。

市场营销人员可以从该周期中的任意一点开始，但通常是从"识别客户"开始。然而，对于新客户来说，它通常从"客户接受营销信息"（图的右上方）开始。然后客户对营销信息作出反应并作出购买决定（例如，是否从网上购买产品；如果从网上购买，是个人购买还是团购）。销售完成后，企业就可以收集客户信息（图的左下方），然后储存在数据库中。接着客户信息就形成了，所谓营销中的 4P（产品、渠道、价格、促销）就建立在客户信息和一对一的基础上。所有这些都能够也应该在网络环境中操作。

在线营销的好处之一是能够使企业更好地与客户交流，更好地了解客户的需求。这些改进也能够帮助企业增强个性化营销。例如，新书一旦出版，亚马逊网站就会向顾客发送电子邮件，告诉顾客他们可能感兴趣的书籍；expedia.com 旅游网站将询问顾客可能飞去哪里，然后向客户发送电子邮件，为他们提供想去的地方特殊的折扣信息。关于个性化定制的详细内容请参阅 9.5 节。

9.4 节复习题

1. 定义并描述大众营销。
2. 定义市场细分,如何进行市场细分?
3. 什么是一对一营销? 它的优点是什么?
4. 描述一对一营销的流程。
5. 广告商是如何使用客户资料的?

9.5 个性化和行为营销

互联网能够提供大量的客户信息,这使得一对一营销更加有效。这里我们将介绍与"一对一营销"有关的三种通用的策略:个性化、按行为定位、协同过滤。

电子商务中的个性化

个性化(personalization)即根据个体的偏好和个性化需求提供相应的服务和广告。网站上的个性化内容有助于增加网站的转换速率(请浏览 searchenginewatch. com/article/2334157/How-Personalizing-Websites-With-Dynamic-Content-Increases-Engagement)。个性化程度基于用户个人资料。**用户资料**(user profile)指的是顾客偏好、行为、人口统计数据。这些信息可以直接从用户那里得到,也可以利用工具来观察人们的网上行为。例如使用**网络跟踪器**(cookie)。网络跟踪器是网络服务器远程控制的存放在用户电脑里的数据资料,通常用户并不会意识到它的存在。网络跟踪器会搜集网上用户活动的信息,也可以根据以前的购买行为建立用户信息,实施营销调研,并对用户行为进行预测。

有几种不同的方法来完成一对一定制,一个众所周知的方法是协同过滤。一些供应商提供个性化工具,这些工具有助于开发新客户,维系老客户。例如私家车搭乘服务商 Sidecar 公司(hello. getsidecar. com)和网络技术公司 Magnify360(magnify360. com)。

利用个性化技术提升销售量

许多商家都擅长向客户提供个性化服务,以此来提升客户的满意度和忠诚度。其中做得比较好的是亚马逊公司(amazon. com),它提供的个性化服务就是进行产品推荐。只要收集到客户的购买信息和网站浏览信息,它就会自动生成产品推荐信息。有时候,推荐信息的生成基础是有着相似购买经历的其他客户的购买历史。

企业对客户了解得越多,向客户提供个性化服务就越容易。Tower Data 网络公司(towerdata. com)可以向自己的企业用户提供一种服务,帮助它们更多地了解客户,以此为基础向客户提供个性化信息(请浏览 intelligence. towerdata. com)。读者可以浏览网站 qubitproducts. com/content/40-best-ways-to-personalize 免费下载电子书,了解制作个性化网站的 40 种方法。

利用网络跟踪器收集信息

网络跟踪器是由网站发送的存储在用户计算机指定区域内的小文件。公司可以保存这些信息,以备将来使用。网络跟踪器的使用已经非常普遍,它使得计算机看起来更加智能,并且简化了网络进入程序。根据 Webopedia 公司的说法，"网络跟踪器的主要目的是识别用户，并为他们准备个性化的网页"（请浏览 webopedia. com/TERM/C/cookie. html）。

网络跟踪器是好是坏？答案是两方面的。当客户重新浏览亚马逊网上书店或其他网站时，欢迎页面上会出现用户名。亚马逊网站是靠网络跟踪器识别客户身份的。如果商家使用能够标记一名客户返回某一网站的网络跟踪器，那么他们就能为客户提供周到的个性化信息。网络跟踪器能够向市场营销人员提供很多信息。这些信息能被用来向客户发布针对性的广告。市场营销人员获得更多的广告点击率，并且客户们能够看到最相关的信息。网络跟踪器也能阻拦重复的广告，因为商家能够为客户安排，使其不会连续两次都看到相同的广告。最后，像 SPSS 和 Sift 一类的高级数据挖掘公司都能够分析存储于网络跟踪器文件中的信息，所以企业能够更好地满足客户的需要。

然而，也有人反对网络跟踪器的使用，因为他们不喜欢那种"有人"在观看他们网上活动的感觉。不喜欢网络跟踪器的客户可以选择禁止使用它们。但一些客户可能想保持友好的网络跟踪器。例如，许多网站把一个人看作网络跟踪器的会员，所以他们每次访问时并不需要注册。

如果用户不喜欢使用网络跟踪器，可以进行删除。欲了解如何从用户浏览器中（例如，IE 浏览器、谷歌浏览器或火狐浏览器）删除网络跟踪器的信息，请浏览 whitecanyon. com/delete-cookie。

行为营销和协同过滤

营销的一个主要目的是通过为客户提供适当的产品或服务增加客户价值。匹配客户与广告的一个最著名的方式是行为营销，就是通过识别客户的网络行为来制订营销计划。

按行为定位目标客户

按行为定为目标客户，或称**行为定位**（behavioral targeting），使用搜集到的关于个人网络浏览行为的信息，向用户发布针对性的广告，比大众广告能够更有效地影响客户。当然，前提是假设具有相似信息和购买经历的客户会有类似的产品偏好。有报道称，谷歌公司通过对其"以兴趣为基础的广告"进行测试，使得广告更加具有相关性和可用性。开发行为定位软件的供货商主要有 predictad. com、boomerang. com、criteo. com、conversantmedia. com 等公司。行为定位的一种主要方法是"协同过滤"。

协同过滤

如果不直接询问客户或查看客户之前的购买记录就能预测到客户感兴趣的产品或服务，那么这对企业是有很大的帮助的。**协同过滤**（collaborative filtering）就是这样的一种方法，根据具有相似特征的客户的偏好和活动记录，使用特殊的算法，为新客户建立个人信息资料，并向他们推荐产品。美国宾夕法尼亚州的卡内基梅隆大学曾经提供过有关协同过滤的教程。许多商业系统都是以协同过滤为基础的。许多广告软件都是按照协同过滤的原理开发的。

亚马逊网站上有关"购买了这种产品的客户也会购买下面的产品"的广告词就是一种利用协同过滤技术的典型陈述。它通过列举其他客户的喜好来劝说一个客户。

其他方式

除了协同过滤，还有如下一些识别用户信息的方法：

基于规则的过滤。一个企业让客户做一些选择题，然后利用搜集到的信息建立一个客户需求预测模型。协同过滤系统通过这些信息得出行为和人口统计的规则，如只要客户的年龄超过 35

岁，而且收入在 10 万美元以上，就向他发布 Jeep 自由光的汽车广告，否则就向他发布 Mazda Protégé 的汽车广告。

基于内容的过滤。有了该项技术，商家就能通过客户已经购买的或将购买的产品属性来识别客户的偏好。此后，商家的系统将向客户推荐具有相似属性的其他产品。例如，系统可能向那些对数据挖掘感兴趣的客户推荐一本有关文本挖掘方面的书籍，或者向租借过动作影片的客户推荐更多动作影片。

基于活动的过滤。过滤的规则可以根据网络上用户的活动记录来制定。例如，网上书店可能希望找到那些每月会购书三次以上的潜在客户。这可以通过对该网站的访问量和活动情况进行分析来实现。关于数据收集、有针对性的广告以及如此获取数据的 104 家企业的更多信息参见 Madrigal（2012）。

"协同过滤"中的法律与道德问题

为实现个性化营销而采用协同过滤带来的一个主要问题是，在没有经过客户的许可和客户不知情的情况下就搜集了他们的信息，由于这样做违反了隐私法的规定，这在很多国家（例如美国）都是非法的。基于许可的做法能够解决这个问题。（更多有关隐私的问题请参阅第十五章，有关许可营销的内容请参阅 9.10 节。）实际上，实证研究表明，基于许可的做法在移动广告上的效果较为理想（Tsang et al.，2004）。

按行为定位目标客户也会带来负面影响，比如发生在脸谱上的案例。2010 年 11 月，脸谱宣布将要创建一个基于网络的广告，这是一种根据收件人以及他们在脸谱上的朋友的行为而建立的目标广告。隐私保护组织对此表示不满，且向脸谱施压，要求取消该项目。尽管提供了一个退出选项，但这种做法仍然在进行，人们依然表示不满。

行为营销中的社会心理学

认知风格是指人们如何进行信息处理，这已经成为网络营销和广告的一个研究课题。依据的是具有不同认知风格的人在网站设计和营销信息方面的偏好也不尽相同。具体而言，就是尝试利用用户喜欢的认知风格将网络与他们建立联系。这可以使一对一广告信息的效果更好。美国麻省理工学院设计了一个受用户欢迎的网站，他们利用此网站来弄清用户处理信息的方式，然后根据访问者的认知风格作出响应，参见 Urban et al.（2009）。

客户数据库营销

个性化的服务经常要以消费者信息为基础，这些信息主要是从商业数据库营销服务中获得的（Strauss and Frost，2004）。提供这种服务的一个典型的例子是 Tower Data 数据处理公司（请浏览 towerdata.com）。

对于它们如何收集信息、使用信息，如何了解消费者以及涉及哪些隐私保护问题，请参见 Steel（2010）和 Madrigal（2012）。

9.5 节复习题

1. 定义和描述个性化营销的利益和成本。
2. 定义网络跟踪器并描述其价值和缺点。
3. 定义消费者行为定位，举一个在网上应用的例子。
4. 定义协同过滤，举一个在网上应用的例子。
5. 企业如何利用网络跟踪器实施一对一营销和消费者行为定位？

9.6 电子商务活动中的市场调研

为了提高销量，针对客户和产品的信息和知识作出一份适当的市场调研是很重要的。市场研究者的目标就是发现营销机会和问题，以建立营销方案，更好地控制购买程序，并对营销业绩进行评估。市场调研的目标是对网上客户行为进行研究（Strauss and Frost，2014）。市场研究者主要收集一些关于竞争、法规、定价、策略、消费者购买行为等方面的信息。有关电子商务市场理论方面的研究，请浏览 slideshare. net/SellOnlinePractive/e-commerce-market-research-26327400，参阅题为"E-Commerce Market：Theoretical Aspects and Market Research"的幻灯片演示。

网络市场调研的概念和目标

电子商务的市场调研可以使用常规方法（例如访谈法、专题小组讨论法等），也可以借助于网络开展调研。在网上做市场调研比在实体市场做市场调研速度更快，并且调研人员能够接近地理位置更远、数量更多的客户。相对于传统的调研，网络调研能以较低的成本进行较大范围的调研。若是利用电话调研，每次调研的成本是 50 美元。有些小企业的一次调研需要调查几百个对象，所以每份 50 美元也是一笔不小的支出。同样规模的调研，采用网络调研法将比电话调研法节约更多成本，并且能够加速调研的完成。另一方面，网上调研通过增加样本量，可以提高调研结果的精准度。McDaniel and Gates（2012）对网络市场调研的技术、方法、工具、问题和道德因素进行了全面的总结。

厂商开展网络市场调研的目的

通过在网上观察个人信息和行为，营销人员能够对网上购买行为进行预测。例如，企业可以了解到为什么有的顾客在网上购物而有的却没有。预测顾客网上购物行为需要考虑的主要因素有（按照重要性降序排列）：需求的产品信息、相关电子邮件的数量、订单数量、订购的产品或服务数量、客户性别，等等。

网络市场调研人员试图回答的问题主要有：个体和群体（市场细分）的购买模式是什么？哪些因素促进了网上购物？我们如何识别哪些客户是真正想买东西的，哪些客户仅仅是浏览？最理想的网页设计方案是什么？知道这些问题的答案能够帮助商家做出适当的广告、给产品定价、设计网页，并且提供适当的客户服务。在线市场调研能够为个体、群体和所有组织提供这些数据信息（请浏览 webmonkey. com）。

市场调研的主要方法

了解顾客需求对于网络营销来说是非常必要的。这些信息可以通过以下几种方法获得：
- 在线征集客户信息（通过访谈、问卷、专题讨论、博客等）；
- 通过交易日志和网络跟踪器观察客户的网上行为；
- 运用数据、文本、网络挖掘技术和协同过滤技术对可用的数据进行分析。

数据收集和分析

收集在线数据的具体方法包括：利用电子邮件与顾客进行沟通，在线问卷，监测社交网络上的对话，追踪客户网上活动，等等。

在线调查

在线调查是搜集电子商务数据的主要方法，被认为是最经济有效的方式。它有很多其他优点，例如：管理成本较低，调查问卷的填制过程容易控制（减少响应错误的产生，实现更完整的信息反馈，以方便后续工作的进行），调查问卷的设计比较灵活，而且循环周期也相对较短。然而，在线调查也有一些缺点，例如匿名性、无应答导致出现错误数据、报告数据失真、数据侵害了隐私权，等等。更多内容参见 Groves et al.（2009）。

基于网络的调查。一种典型的在线调查方式是把问题放在目标网站上，邀请潜在的客户答复。例如，北美马自达汽车制造公司使用基于网络的调查方式来设计 Miata 产品线。在线调查可能是被动的（填写问卷的形式），也可能是互动的（被访者下载问卷，添加评论，提出问题，讨论问题）。这两种形式在网络调查时一般都会用到（请浏览 surveymonkey.com）。

在线专题小组。一些调研公司创建了一个由具有一定资格的网络常客组成的小组，将其加入在线专题小组。例如，NPD 公司的专题小组由 200 万名消费者组成，通过网上招募和电话确认的方式获得，用于对 NPD 消费者进行服务追踪（请浏览 npd. com/wps/portal/npd/us/ about-npd/consumerpanel）。使用经过筛选的专题小组的参与者能够克服许多调研中遇到的问题（例如样本量太小、回复不完整等），这些问题经常会降低基于网络的市场调研的有效性（请浏览 us. toluna. com）。对于如何创建在线调研、小测验和投票，请浏览 kwiksurveys. com。

直接聆听顾客意见

除了使用专题小组的方法外，公司还可以直接询问顾客关于他们对产品或服务的看法。公司可利用聊天室、论坛、博客、维客以及播客的方法与客户进行互动。例如，玩具制造商乐高利用市场调研机构在论坛上进行直接调研，因为这里有成千上万的访问者会阅读其他人的评论并分享对于乐高玩具的意见。这个调研机构每天会对这些响应进行分析并将信息提供给乐高公司。在线影片租赁提供商 Nelflix 公司也在使用这种方法以引导顾客表达自己的好恶（请参阅在线补充读物 W9.1）。市场上有许多企业开发软件工具直接聆听顾客意见（请浏览 insightexpress.com）。最后，如第七章所述，社交网络也为直接聆听顾客意见提供了很多机会。

社交网络和其他 Web 2.0 环境下的数据收集

社交网络和 Web 2.0 环境为数据收集提供了更多方式。例如：

- **投票。**人们喜欢通过投票（比如投票选出美国偶像）表达自己对某件事情的看法。他们会就产品、服务、艺术家和政治家的表现等提出自己的意见。这种方法在社交网络中十分流行。
- **博客。**有博客的人可以提出一些问题或引导其他人来表述自己的观点。
- **聊天室。**社交网络成员喜欢在公众聊天室里交谈，通过聊天室可以收集一些即时数据。
- **推特。**从微博热点信息中厂商可以得到启发。
- **实时聊天。**在这里你随时可以从消费者那里收集到互动的数据。
- **聊天机器人。**可以有一些互动，你可以分析聊天日志，有时候和一个虚拟的机器人聊天会更真诚。
- **集体智慧。**这是社区头脑风暴的一种，通过鼓励沟通和交流实现智慧众包。
- **寻求专家意见。**在 Web 2.0 环境中，专家的意见随处可见，而且通常是免费使用的（例如雅虎上的"回答"功能）。

- **大众分类法。** 社交书签服务的提供使我们能够更容易找到和使用一些数据。
- **视频、图片及其他媒体中的数据。** 这些媒体能够提供较有价值的数据。
- **研讨论坛。** 社交网络上的子群会以讨论的形式在研讨论坛上就不同的主题交换意见。

 实际案例

中国的小米公司从社交媒体搜集数据

小米（mi.com/en）是一家设计并销售智能手机和消费电子产品的中国公司。该公司发展速度可谓空前，三年之内便成为中国前五大智能手机品牌之一。在其产品上市的第三个年头（2013年），售出的智能手机数量达到1 870万部，其成功的一个关键因素是对社交媒体的有效应用，以社交媒体作为市场调查的工具。小米在社交媒体上吸引了众多粉丝。例如，2014年公司组织了一次限时抢购活动，利用社交媒体向粉丝发布即将发售的信息。据该公司的全球营销总监称，社交媒体作为一种能够最直接、最有效地与粉丝进行互动的方式，对小米来说是非常重要的。在不到一年的时间里，市场调查网站的注册用户便超过了600万人（被称为"米粉"）。该公司根据用户在小米网站上的意见和建议，开发设计用户界面MIUI（米柚）。小米的第一款智能手机发布于2011年8月，并获得30多万预购订单。两年后，也就是在2013年，其销售额达到50亿美元，且开始进入其他电子产品市场。小米的成功充分展示了社交媒体在市场调查上的重要性。截至2014年11月，在小米论坛（Millet Forum，bbs.xiaomi.cn），也就是所谓的小米社区上，有3 000多万会员，发布的帖子数超过了2.21亿（请浏览 thenextweb.com/asia/2014/04/09/xiaomis-social-media-strategy-drives-fanloyalty-books-it-242m-in-sales-in-12-hours）。

观察消费者的在线行为

为了避免网上调查出现问题，尤其是避免给出一些错误的或者具有偏见的信息，一些市场调研人员选择通过观察消费者行为的方式，而不是通过询问的方式来了解消费者。许多市场调研人员通过使用"交易日志文件"或"网络跟踪器文件"来追踪消费者的在线行为。这有助于实现基于活动的过滤。

交易日志。 应用于网络的**交易日志**（transaction log）记录用户在公司网站上的活动。它是由记录用户行为的日志文件制作成的。通过使用日志文件分析工具（例如甲骨文公司开发的软件），企业就可能更好地了解在线访问者的活动信息，比如访问该网址的频率。

需要注意的是，消费者从一个网址移动到另外一个网址就形成了自己的**点击流行为**（clickstream behavior），这是消费者网上行为的一种模式，可以在交易日志中观察到。

网络跟踪器和网络窃听器。 企业可以利用网络跟踪器或者网络窃听器来完善交易日志。网络跟踪器使网站能够储存数据到用户的电脑里；当用户再次返回原站点时，可以利用网络跟踪器寻找到他的历史行为。企业可以使用漂亮的名字吸引客户，或将有针对性的广告发送给他（请浏览kb.iu.edu/d/agwm）。网络跟踪器经常与**网络窃听器**（Web bugs）一起使用，它们都是一些隐藏在网页或电子邮件中的微小的（通常是不可见的）文件。网络窃听器能够向监测站点发送用户及其活动的信息（例如，找出用户是否浏览了网站上的某些内容）。很多人认为网络跟踪器及网络窃听器的使用侵犯了客户的隐私。

间谍软件。间谍软件（spyware）是一种类似于病毒的软件，它会在用户不知情的情况下进入用户电脑。接下来，监控者便可以搜集到用户浏览习惯方面的信息。最初的设计是为了帮助免费软件制作者赚钱。间谍软件应用程序通常是与一些免费软件捆绑在一起的，下载到用户的电脑里。很多用户并没有意识到他们在下载免费软件的时候也把间谍软件下载下来了。对付间谍软件的最好办法是安装防病毒软件，它能够自动侦测并移除病毒或其他有害软件的入侵。

网络分析和数据挖掘

所谓网络分析，是指对网上数据和活动进行监测、采集、测量和评估并发布任务报告。网络分析有助于我们理解和优化网络的使用。例如，零售商利用网络分析进行市场调研（请浏览 ibm. com/software/marketingsolutions/coremetrics）。公司还可以利用网络分析软件来改善其网站的外观和操作，可以快速提供客户的反馈信息，帮助营销人员选择将要进行推广的产品，请浏览 mydatamine. com，tutorialspoint. com/data_mining/index. htm，并观看 youtube. com/watch? v＝EtFQv_B7YA8 上的视频资料 "Introduction to Data Mining 1/3"。

点击流分析。点击流数据（clickstream data）是描述有关用户访问的网址、访问的顺序、用户在每个网页上停留的时间等信息的数据。这些数据可以通过追踪用户在某一站点的活动轨迹（用户点击行为）获得。通过对点击流数据进行分析，企业能够发现哪些促销是有效的，哪些人对哪些商品感兴趣。

很多企业开发出一些实现对点击流数据进行分析的工具。例如，网络趋势分析软件 Analytics 10（请浏览 analytics. webtrends. com）就是高级的点击流分析工具（请浏览 webtrends. com/solutions/Digital-measurement/streams 及 clickstreamr. com）。此外，clickstreamr. com 网络公司推出了与谷歌分析工具类似的技术，也可以用来进行市场分析。

网络数据挖掘。网络数据挖掘（Web mining）是指利用数据挖掘技术从网络内容和网络文件的使用情况中发现和提取更多信息。网络数据挖掘在未来有可能改变我们获得信息和使用网上信息的方式。关于社交网络数据挖掘的内容，请参见 Russel（2013）。

在线市场调研的局限性以及克服的方法

在线市场调研技术和方法方面存在局限性。技术方面面临的一个问题是需要提供大量的数据，为了合理地使用这些数据，市场调研人员需要对其进行组织、编辑、压缩和归纳。但是这项工作费时费力。解决这个问题的方法是利用数据库和数据挖掘技术使上述过程实现自动化。这一重要过程称为"商业智能"［请参阅在线辅导资料 T3 以及 Sharda et al.（2015）］。

在线市场调研方法的局限性包括如下几个方面：回复数据的准确性、选取样本的代表程度很难控制以及网站信息跟踪引起的道德和法律问题。由于基于网络的调查经常使用"公开征集"的方式招募受访者，因此对受访者的响应速度和控制是很有限的。网络调研上受访者的匿名性能够鼓励他们作出真实的信息反馈。然而，匿名性也可能会导致失去一些有价值的信息，比如人口统计、偏好及行为特点等。为了克服上述局限性，需要认真和严谨地设计在线市场调研方法。一些缺乏专业知识的小公司可以将它们的市场调研工作外包给那些有专门的市场研究部门和拥有专业知识、经验丰富的大公司。

市场调研中的隐私问题

在客户不知情的情况下搜集他们的个人数据可能会构成隐私侵犯（请浏览 esomar. org/knowl-edge-and-standards/codes-and-guidelines. php 及 marketingresearch. org/standards）。

零售商店可以利用用户的手机进行客户追踪。有些零售商通过监控购物者的智能手机跟踪他们的购物运动轨迹。虽然零售商们声称这种跟踪是匿名的，但消费者保护团体仍然表示反对，认为这属于间谍活动，使用智能手机进行消费的用户拥有选择是否愿意被跟踪的权利。参见 Kerr（2014）并观看名为"Stores May be Tracking You through Your Phone"的视频，网址为 landing. newsinc. com/shared/video. html?vcid＝25637862&freewheel＝90392&sitesection＝jcntri-bune。通过识别购物者的智能手机（发现用户的 MAC 地址），零售商可以使用技术手段跟踪消费者在实体店或卖场的位置和购物活动。这些信息将为广告商和营销规划人员所用（请浏览 smart-storeprivacy. org）。

有助于市场调研的生物识别和智能手机

很多家庭有好几个网络用户。因此，搜集到的数据也许不能代表任何一个人的偏好（除非我们能够确定那里只有一个使用者，比如在使用智能手机的情况下）。一个可能的解决办法是使用生物识别或智能手机获取个人信息。

生物识别（biometric）是个体独特的身体特征和行为特征，可以用来精确地识别个人身份（例如指纹，参阅第十章内容）。将生物识别技术应用于电脑使用者，我们能够提高安全性并且能够精确地得知使用者的个人信息。问题是如何去做。如今，人们已经开发出应用程序，能够让用户通过生物识别技术在电脑里识别自己，并且它们传播的速度非常快。利用此项技术进行市场营销涉及社会和法律的认可问题。

移动市场调研（mobile market research）是指利用移动设备，包括普通手机、智能手机和平板电脑收集数据信息的一种方法。利用 App、短消息、WAP（无线应用协议）、移动网络和基于位置的服务等典型的方法来实现。移动市场调研的一个主要优点在于它几乎可以在任何时间和任何地点进行。缺点则是很难确定样本范围，而且在没有用户移动设备的情况下很难获得样本数据。移动市场调研还面临着一个重要的问题，那就是隐私保护。因此，名为 ESOMAR 的组织发布了一个有关移动市场调研的指导方针（请浏览 esomar. org）。

9.6 节复习题

1. 描述市场调研的目标。
2. 定义并描述市场细分。
3. 描述网络日志和点击流分析的作用。
4. 定义网络跟踪器、网络窃听器和间谍软件，描述如何在市场调研中使用它们。
5. 描述隐私权保护问题和网络市场调研的联系。
6. 描述在线市场调研的局限性。
7. 描述生物识别技术和移动手机如何改进市场调研。

9.7 网络广告

网络广告在电子商务中扮演着极其重要的角色。网络广告发展非常快，尤其在 B2C 市场上更是如此，而且许多公司不断改变它们的广告战略来获得竞争优势。由于网络具有交互性，网络广告对于直接通过对广告的反应来提升品牌知晓度有很大的帮助。普华永道公司（pwc.com）根据专业的服务网络对在线广告进行了一项研究，发布了《2014 年 IAB 互联网广告报告》。该报告指出，2013 年，仅美国的在线广告收入就高达 428 亿美元，创历史新高，同比增长 17％，而同年美国的移动广告收入达 71 亿美元，同比增长了 110％（请浏览 about_the_iab/recent press_releases/press_release_ archive/press_release/pr-041014）。互联网广告收入已经超过了广播电视广告收入的 401 亿美元，以及有限电视广告收入的 344 亿美元。

互联网广告最流行的三种形式是搜索广告、旗帜广告和移动广告。社交媒体广告是该领域另一快速发展的广告形式。市场研究机构 eMarketer 发布的报告显示，2013 年社交媒体广告收入为 44 亿美元，比 2012 年增长 42.9％，并且预计 2014 年的增速达 30％。所有这些数字预示出在线广告和移动广告的快速增长趋势。本章主要讨论普通的网络广告。在第七章里，我们已经介绍过社交网络广告。

网络广告概述

网络广告是为了促成买卖交易而将信息传播给互联网用户的一种广告形式。传统广告（也称作营销传播）是广告商面向大众而非个人的单向信息的传播。电话营销和直邮广告都在设法克服大众广告的缺陷，但是成本较高，速度较慢。例如，一个直接邮件的成本是每人 1 美元，回复率只有 1％～3％。这说明要获得一个人的回复要付出大约 20 美元（5％的回复率）到 100 美元（1％的回复率）。这样的花费，只有在贵重物品上（例如汽车）才是可接受的。

直邮广告的问题之一是广告商对于广告接收者的了解很少。根据不同特征（如年龄、收入、性别）进行的市场细分能帮助广告商了解一些信息，但还是不能解决问题。**互动营销**（interactive marketing）的想法使得营销人员和广告商能够与客户进行直接交流。

消费者在网上可以通过点击一个广告来了解更多信息，也可以发送邮件提出问题，客户可以与商家（真人或虚拟形象）或与社交网络聊天室里的网友进行即时聊天。网络确实能够帮助实现一对一营销。

广告循环

企业一般都会将广告看作是一个循环过程（如图 9.4 所示）。这个循环过程意味着能够通过仔细筹划广告活动来确定目标客户并满足他们的需求。接下来，在活动结束之后，对这次广告活动进行分析，以使得公司更好地判断广告活动是否成功。这些新知识能够帮助企业更好地筹划将来的活动。

在解释网络广告中的各个循环步骤之前，先要介绍几个基本的广告术语。

一些基本的广告术语

下面所列的术语及其解释有助于了解网络广告：

● 广告浏览量：也称为印象或网页浏览量，是指在一个特定时间内用户通过旗帜广告访问网页的次数。

● 按钮广告：一个能链接到公司网站的小的旗帜广告，可能会包含一些软件下载。

● 广告点击：访问者每次通过点击旗帜广告来访问广告主网站的点击次数。

● 千人成本（CPM）：广告主为它的旗帜广告显示 1 000 次所付的费用。

● 转化率：网站点击者中实际购买的人数所占的比例。

● 点击率（CTR）：访问者点击旗帜广告的比例。

● 点击：试图从一个网页或文件获取信息的请求。

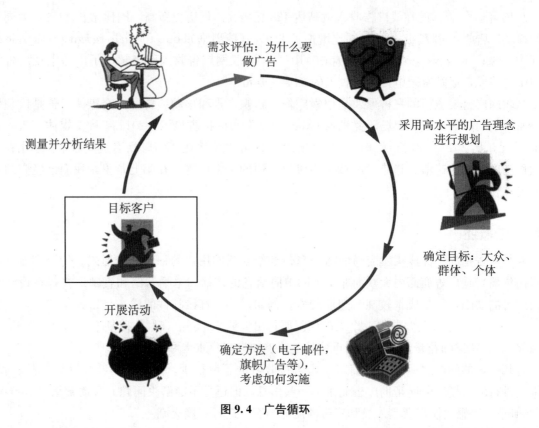

图 9.4　广告循环

● 登录页面：浏览者通过点击一个链接定向转到网页，对于在线营销，该网页用于将浏览者转为买家。

● 网页：一个 HTML（超文本标记语言）文档，可能包含文本、图像和其他网络元素，例如 Java 小应用程序和多媒体文件，可以是静态的或动态生成的。

为什么会出现网络广告？

传统广告的主要媒体有：电视、报纸、杂志、广播。然而，随着消费者在网上花费的时间越来越多（每年增长约 25%），以及很多人在使用移动设备，整个市场也在发生改变。网络广告开始受到更多关注。2013 年的互联网广告收入已经超过了广播电视、有线电视和报纸的广告收入，而且我们可以预见到这一趋势仍在继续。因此，网络广告是未来一个明确的选择。

网络广告及其优势

相对于传统媒体广告，互联网广告的主要优势是能够与客户进行一对一的沟通，以及使用富媒体（例如视频）吸引眼球。另外，互联网广告很容易进行调整且运行成本较低。与传统媒体相比，互联网是迄今为止发展速度最快的沟通媒介。全球互联网用户在 2014 年 6 月已经接近 30 亿（请浏览 internetworldstats. com/stats. htm*）。当然，广告商们对增长如此迅速的媒体产生了极大的兴趣。

网络广告快速增长的原因还包括：

---

* 据该网站统计数据，到 2015 年 11 月 30 日，全球的互联网用户已经达到 33.66 亿。——译者注

- **成本低廉。** 与其他传统媒体广告相比，网络广告成本较低。
- **形式多样。** 网络广告能使用视频、动画等丰富多样的形式。此外，网络广告可以与游戏和娱乐结合起来。
- **易于更新。** 网络广告能够实现快速的更新且成本较低。
- **个性化程度高。** 网络广告可以以个体或以特殊的兴趣群体为目标。
- **定位精准。** 使用无线技术和 GPS 定位，网络广告可以实现定点投放（请参阅第六章和第七章）。
- **方便快捷。** 从一个在线广告很容易转换到一个店面——只需点击一下即可。

传统广告与网络广告

每一种广告媒介（包括互联网在内）都有它的优缺点。Pfeif-fer and Zinnbauer（2010）对传统广告和互联网广告（包括社交网络广告）进行了对比。他们的结论是：网络广告与传统广告相比，不仅更具成本效益，而且商业影响更深远。在线补充读物 W9.2 对网络广告和传统广告进行了对比分析。

将电视广告和网络广告结合在一起可以形成一种协力优势，比单独使用一种媒体能够吸引更多的关注。有调查显示，仅使用电视广告增加的品牌关注度达到 27%，而对于电视和网络的结合使用，这个数字将达到 45%。电视广告使购买意向增加 2%，而对于电视和网络的结合使用，这个数字将达到 12%。

网络广告的产生对于报纸的生存具有一定的冲击性。许多报纸正在慢慢消失、合并或者开始赔钱。一个解决对策就是增加数字广告，《纽约时报》就是一个典型的例子（Vanacore，2010）。

当然，互联网广告也有一定的局限性，例如屏幕尺寸、空间大小以及某些限制政策。

9.7 节复习题

1. 描述网络广告的定义以及其主要术语。
2. 描述网络广告迅速增长的原因。
3. 描述新兴的网络广告方法。
4. 列举网络广告的优势。
5. 绘制和解释广告循环。
6. 描述网络广告对报纸广告和电视广告的生存产生的影响。

9.8　网络广告方法：从电子邮件到搜索引擎优化和视频广告

网络广告的方法很多，以下介绍的是三种主要的网络广告类别。详细的列表和说明请参阅 en. wikipedia. org/wiki/Online_advertising。下面我们讨论网络广告的三种主要类别。

网络广告的主要类别

广告可以分为三种主要类别：分类式广告，陈列式广告，交互式广告。

分类式广告。 这种广告形式主要使用文字，但最近也开始使用图片。这类广告是根据不同的产品类别划分的（例如，汽车、房屋租赁等）。这类广告最便宜。

我们能够在一些特殊的网站上（如 craigslist. org、superpages. com 上的分类广告），以及在网络报纸、网络交易中心、门户网站上看到分类式广告。通常，常规尺寸的分类广告的投放是免费的，但如果尺寸过大，并且是彩色的，或者有其他醒目特征的要求，就要收费了（请浏览 trad-eronline. com，advertising. microsoft. com）。

陈列式广告。这种广告形式主要使用图片、商标、颜色或者特殊的设计。它们是一种图示广告。这些广告通常不会再进行分类，但是它们可以结合在一起使用。陈列式广告在实体环境中很受欢迎，主要用于广告牌、企业黄页、电影。在网络上，陈列式广告也逐渐流行起来。所有主要的搜索广告公司（如谷歌、雅虎、微软、AOL）都在利用它们在线搜索广告的优势来发展陈列式广告业务。

交互式广告。这种广告形式主要利用在线或离线的互动式媒体与顾客或消费者进行沟通，进而推销产品、品牌和服务。在互联网上，互动式广告特别盛行，许多广告商用视频的形式传递广告内容。

每个类别都有几种变体，下面介绍几种主要方法。

旗帜广告

旗帜广告（banner）是在网站上做广告时的图片展示（可以将文字、标识等植入网页）。旗帜广告被链接到广告商的网页中。当用户点击旗帜广告后，便会转入广告商的网站。广告商竭尽全力去设计一则旗帜广告以便吸引用户的眼球。旗帜广告通常会包含图片，有时也会包含小视频和声音。旗帜广告（包括弹出式广告）是网络营销最常使用的广告形式。

旗帜广告有几种规格和形式。国际广告局（IAB，iab. net）制定了规格标准并且用像素来度量。**随机旗帜广告**（random banners）是随机出现的，不是用户行为所致。公司使用随机旗帜广告介绍新产品（例如，一部新电影或 CD）或者推广自己的品牌。**静态旗帜广告**（static banners）通常出现在网页上。当关联的网页被激活之后，**弹出式广告**（pop-up banners）则会在另一个单独的窗口出现。

如果知道用户的一些资料，例如用户的个人信息或者兴趣爱好，那么广告商就可以为这些用户制定专门的旗帜广告。显而易见，这些定向的、个性化的旗帜广告通常是最有效的。不少企业（例如 Conversant 公司，conversantmedia. com）正在开发这种以满足目标客户需求为目的的个性化旗帜广告。

动态旗帜广告（live banner）在弹出时，其内容可以进行创建或者修改，而不是像旗帜广告那样按照预编程序展示固定内容。动态旗帜广告通常是互动式多媒体（请浏览 en. wikipedia. org/wiki/Live_banner）。

旗帜广告的优势和劣势

旗帜广告的优势主要表现在用户点击后便可以直接转到广告商的界面，通常是直接转到购物站点。另一个好处是旗帜广告能够为个体用户或部分细分用户制作个性化的广告。在很多情况下，用户被迫要关注一些旗帜广告，比如当用户在等待页面加载或是想要获得请求的页面时被动地浏览广告（称作"强势广告"策略）。最后，旗帜广告可以使用多媒体，这样会更加吸引用户眼球。

旗帜广告的劣势主要表现在其成本上。如果企业想要进行一场成功的营销活动，就需要支付很大一部分广告费用，将其投放到一些热门网站上。

但是，用户似乎对旗帜广告产生了某种程度的免疫力，当它们出现时，用户根本就不会注意到。旗帜广告的点击率随着时间推移开始下降。正因为有这些弊端，确定将旗帜广告放置在屏幕的哪个位置就显得极为重要（放在右边比放在左边好，放在上面比放在下面好）。例如 QQ. com 和 Taobao. com 这些中国公司已经建立了行为实验室，跟踪客户的眼球活动，通过更好地理解屏幕位置和更好的网页设计来吸引客户的注意。但是，用户会通过在浏览器上安装广告拦截工具来屏蔽一些旗帜广告的出现。这样就会导致广告的点击率下降。

旗帜交换和旗帜广告交易所

旗帜交换（banner swapping）是指 A 公司同意在网页上放置 B 公司的旗帜广告，作为交换条件，B 公司同意 A 公司在其网页上放置广告。这也许是旗帜广告中成本最低的广告形式，不过实现起来却很困难。首先，公司必须找到一个有足够访问量的网站。其次，必须联系网站的所有者或管理员，询问他们是否对互惠的旗帜交换广告感兴趣。由于个别网站间的旗帜交换比较难以安排，所以很多公司都采取旗帜广告交易的方式。

旗帜广告交易所（banner exchanges）是指允许多个网站进行旗帜交换的市场，为旗帜交换寻找交易伙伴的中介机构。相对于在两家公司之间进行交易，多个公司之间的旗帜广告交换可能得到更好的匹配，且实施起来也更加容易。例如，在 A、B、C 三家公司中，A 公司可以展示 B 公司的旗帜广告，但是 B 公司不适合展示 A 公司的旗帜广告，然而 B 公司可以展示 C 公司的旗帜广告，而 C 公司可以展示 A 公司的旗帜广告。这种交易可能涉及多家公司。

弹出式广告和类似广告形式

在网页浏览时令人十分讨厌的一种现象是弹出式广告或类似广告的大量出现。**弹出式广告**（pop-up ad）也称为"自我复制广告"。当用户进入或者退出某个网站时，或当延迟一段时间时，以及在一些其他情况下，就会有弹出式广告在新窗口弹出。弹出式广告覆盖了当前页面而且很难被关掉。它们可以获得用户的即刻关注，但关于它们的使用是有争议的。很多用户强烈反对这种广告形式，因为在他们看来这些广告是侵入式的。大多数浏览器都为用户提供了屏蔽弹出式广告的选择。因为从本质上来看，弹出式广告就是一种垃圾广告，所以法律也已经尝试对其进行控制。

广告商也在使用其他策略，其中不乏一些具有攻击性的广告策略。这些广告伴有音乐、声音以及其他一些富媒体。

弹出式视频

随着免费病毒视频不断流行（例如在 YouTube 网站上），在视频之前会出现一些弹出式广告。这些广告有些可以跳过，有些则不能。它们通常会持续 10～20 秒，广告内容可能与你想看的视频内容有关联，也可能根本就没任何关系。在大多数情况下，这些视频广告会带有一定的诱导因素，称为诱因视频广告，这将在后面进行讨论。

电子邮件广告

电子邮件营销（e-mail marketing）是一种利用电子邮件向客户传递商业广告信息的营销方式。电子邮件营销可能会为不同的目的以不同的形式出现。常见的电子邮件营销方式有：

1. 把广告添加到邮件信息中，就是所谓的**电子邮件广告**（e-mail advertising）。
2. 向客户发送电子邮件，增强商家和客户关系。
3. 为了开发新客户，向他们发送电子邮件。
4. 通过微博或者其他社交媒体向他们发送电子邮件。

电子邮件信息可能会结合简短的音频或视频资料，某些信息还提供用户点击即可实现购买的链接。发送折扣券和提供特价信息的方法被各大零售商（包括百货商店和超级市场）所采用。航空公司、银行、教育机构以及其他一些可以获知你邮箱地址的机构都会向你发送电子邮件广告。

电子邮件广告的主要优缺点

电子邮件广告的优点主要有：

- 它是一种成本较低且有效的营销手段。
- 通过电子邮件可以把广告发送给愿意接收的邮件订阅者。
- 超过半数的网络用户有每天查看或者发送电子邮件的习惯，所以广告通常很快就能到达消费者那里。
- 电子邮件是一种能将广告和客户服务结合在一起的互动媒介。
- 电子邮件广告可以和各种形式的内容建立链接，类似于旗帜广告。
- 对于那些打折、促销信息的电子邮件，消费者更有可能作出回应。

Ellis（2013）用一张信息图解释了电子邮件营销在开发和维系客户、提高销量以及在客户关系管理方面带来的好处。

电子邮件广告的局限性。 电子邮件广告最大的局限性在于，它们通常被视为垃圾邮件，用户经常使用垃圾邮件控制软件实施限制。一般情况下，没有经过接收者的同意而向他们发送的电子邮件广告（通常是群发广告）都被认为是垃圾广告。

随着电子邮件数量的不断增加，消费者也开始对电子邮件信息进行屏蔽或者限制。目前，大部分电子邮件服务器都允许用户对特定来源的信息进行限制，或者自动过滤掉一些垃圾邮件。

电子邮件广告的实施

一份电子邮件地址清单对于企业而言是非常有用的。企业可以利用这份清单锁定部分具有相同特征的用户。大多数情况下，这份邮件列表是以会员资格和客户忠诚度计划为基础得到的，比如航空公司的常客飞行计划（请浏览 topica.com）。

电子邮件也可以传送到移动设备（尤其是手机）中。这给商家提供了一个真正的可以随时随地与消费者实现交互式和一对一沟通的机会。现在电子邮件广告的发送对象不仅取决于个体的信息资料，也取决于他们实时所在的具体的地理位置。

电子邮件骗局。 电子邮件骗局非常流行，有些骗局已持续数年。例如，内曼·马库斯（Neiman Marcus）的饼干食谱、尼日利亚信件（Nigerian Letters）、美国国土安全部支票骗局，等等（请浏览 ftc.gov 和第十章）。

邮件欺诈。 欺诈也可能会发生在电子邮件广告中。例如，一个人可能会收到这样的邮件，邮件里声称他的信用卡号是无效的或者他的 MSN 服务即将终止，除非发送另一个信用卡号给它。网络用户要学会防止此类欺诈事件的产生（请浏览 scambusters.org 以及第十章和第十五章）。

搜索引擎广告与搜索引擎优化

对于大部分人来说，搜索引擎是查找信息的一种好方法，因此，搜索引擎也成为在线广告的一个很好的平台。将广告投放在显示搜索引擎查询结果的页面上的方法就是**搜索引擎广告**（search advertising）。如果搜索引擎查询结果里包含一家公司的名称或产品，则可以认为是为该公司做了一次免费的广告宣传。而问题是搜索查询结果多达数千条，一家公司的产品可能不会出现在前面几页。搜索引擎广告包括移动搜索和社交网络搜索（请浏览 wink.com 或 pipl.com）。搜索引擎广告的两种主要形式包括关键词广告和 URL 广告。

关键词广告

当搜索引擎里出现广告主制定的关键字时，关键词广告就能链接到相应的广告，这属于"按照点击付费"的广告。广告商会选择那些能够与自己的广告相匹配并且可以进行搜索的关键词。当进行关键词搜索时，搜索结果和广告会同时出现在屏幕上。这可以大幅提高用户阅读该广告的可能性，因为用户很有可能对这条广告感兴趣。关于具体的运作实例，请浏览 google.com/ad-words/how-it-works/ads-on-google.html。谷歌公司使用两种主要的方法实施这种广告策略。2014年，它创造的收入占谷歌总收入的 90% 以上。

URL 列表

大多数搜索引擎提供商允许企业免费提交公司的网址，因此，这些 URL 可以通过搜索引擎搜索到。搜索引擎蜘蛛可以抓取每个网站，索引其内容和链接。这个网址就作为候选项存放在搜索引擎中，以便将来进行搜索。由于搜索引擎很多，使用这种方法的广告商必须在尽可能多及合适的搜索引擎上注册网址。在某些情况下，即便公司没有提交网址也可以被搜索到。

使用搜索引擎的主要好处是列表信息与搜索到的内容相关性比较高。这就是谷歌公司成功的关键。另一个好处是搜索引擎作为一种广告工具，它是免费的。任何一家公司都可以提交网址到搜索引擎，然后被加入列表。如果用户搜索某企业的产品，他会得到一份提到该产品的网站的列表。

然而，URL 列表广告也有不足的地方。最主要的一个问题是要使公司的网址处于搜索引擎列表较有利的位置会很难（或成本很高）。对于用户的一个请求，搜索引擎会出现大量网页。因此，想要一个特殊的网站被发现以及置顶显示在搜索引擎列表中（前 10 条），机会是非常小的。所以，很多企业为广告商提供一种在搜索结果中获得较有利位置的服务（通常是第一个页面）。这就是所谓的"搜索引擎优化"。

搜索引擎优化

搜索引擎优化（search engine optimization，SEO）是一种提高公司或品牌在搜索引擎内搜索结果排名的过程。最好是出现在第一个页面的第 5~10 条。企业可以尝试自我优化，也可以聘用一个专业的搜索引擎优化人员。搜索引擎优化能够提高网站的访问量，因此企业愿意付费以获得此项服务，参见 Harris（2014）。SEO 可以针对不同的搜索，包括视频搜索、社交网络搜索、图片搜索等。根据谷歌网站 AdWords 版块的介绍："要想在客户搜索您的产品或服务时能够出现您的广告，那么您所选择的关键词要与客户常用的词或短语相匹配，还应该与公司客户访问的网站内容相关"。SEO 的一般过程见图 9.5。详情参见 Amerland（2013）并浏览 blog.kissmetrics.com/minimalist-seo。

赞助商广告（付费收录）。为了使企业广告能够出现在搜索结果的第一个页面，除了优化网页外，还可以购买关键词广告。这种方法叫做"付费收录"或者"赞助商广告"。企业广告将会出现在搜索结果的首页的顶部或边上，这取决于企业付费的多少。谷歌使用拍卖的方式将最好的位置销售给广告客户（请浏览 support.google.com/adwords/answer/1704371?hl=en）。

WebPosition 公司（webposition.com）也能够提供这类服务，有关提高网站在各个搜索引擎上排名的更多技巧可以浏览 searchenginewatch.com。

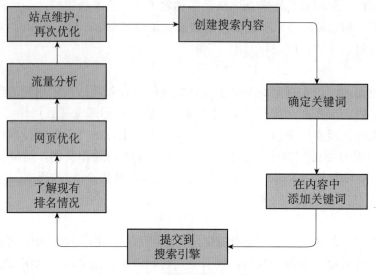

图 9.5　搜索引擎优化过程

谷歌公司：网络广告之王

谷歌为客户提供了多种搜索引擎广告模式，创造了几十亿美元的收益和利润。谷歌使用一种行为营销算法，能够确认用户搜寻信息的偏好，然后投放与目标客户匹配的广告。谷歌一直在致力于改善其匹配的算法（Williams，2013）。

谷歌的广告平台主要由两种模式组成：AdWords 和 AdSense，由谷歌的分析技术提供支持。

谷歌公司主要的广告模式：AdWords 和 AdSense

谷歌的 AdWords 和 AdSense 这两种模式的运作机制如下：

AdWords 模式。AdWords 是为赞助商广告提供的一种广告计划服务。当用户使用谷歌进行搜索时，会出现一些具有彩色背景的网址，位于搜索结果右边或顶部显示标题为"赞助商链接"。这主要包括谷歌 AdWords 计划的参与者。从谷歌公司的网站上可以发现，这些网址由广告商创建，他们会选择一些与自己品牌相关的关键词。广告商也会选择为购买这些关键词愿意花多少钱（最高是每天 1 美元）。谷歌使用排名算法将广告商设定的关键词与用户的搜索情况进行匹配。通常，当用户键入了一个选定的关键字时，在赞助商链接栏便会出现一条旗帜广告。当用户点击广告（转到广告商界面）时，赞助商就需要根据约定的费率支付费用（费用从预付款里扣除）（请浏览 adwords.google.com）。谷歌 AdWords 是一种"点击付费"广告，即广告被用户点击后广告商才为此付费。其具体实施流程是：广告商制作广告并设定关键字（也可以设定广告）；当用户使用谷歌搜索，键入设定的关键字时，广告商的广告便会出现在搜索结果中；广告商便可能获得更多客户。

由于所有广告商都希望自己的广告能够在搜索结果的首页上出现，谷歌制定了一种竞价系统，通过竞价来确定广告展示的位置和具体的计费方法。

尽管 AdWords 的运作很成功，但它本身并不能提供最好的一对一营销。很多情况下，这将由 AdSense 来实现（两者都在移动设备上运行）。

AdSense。AdSense 是谷歌的一个联盟计划，也就是说，它为网站主提供一个赚取佣金的方法，条件是他们愿意在自己的网站上显示其他公司的广告。与谷歌进行合作，参与的网站主（发布商）可以为他们的网站增加搜索引擎的数量。当用户搜索与联盟网站内容相关的词条时，便能够看到谷歌投放的广告，如果用户感兴趣，就可以通过点击进入广告商的文本、视频或图片广告，这些都是由谷歌制作的。

将广告和联盟网站内容进行匹配是谷歌专有的技术。这种匹配算法是非常精准的。成功的关键是联盟网页和广告的质量和外观，以及网站的受欢迎程度。成千上万的广告商都加入了联盟计划。谷歌为联盟提供分析方法，以帮助他们把访问者变为顾客（请浏览 google.com/adsense）。当用户点击广告时，谷歌的联盟网站便可以获得收入。广告商会向谷歌支付费用，然后由谷歌与联盟会员共享收益。

AdSense 已经成为一种在站点投放广告的非常流行的方法，因为这种形式的广告与旗帜广告相比，更容易被人接受，而且广告内容与站点也有较高的相关性（请浏览 rtcmagazine.com）。

谷歌的成功主要归功于如下几个因素：（1）精准的匹配；（2）网站内广告商的数量很多；（3）使用多种语言广告的能力；（4）理解网站内容的能力。谷歌提供多种类型的 AdSense 方案（请浏览 webopedia.com/TERM/A/adsense.html）。易趣和雅虎也有类似的程序（请浏览 affiliates.ebay.com.au/adcontext）。对于 AdSense 如何工作请浏览 google.com/adsense/start/how-it-works.html。

病毒营销及病毒广告

病毒营销（viral marketing）指的是网络口碑营销，传播的可能是一句话、一个故事或一些媒体。这是一种营销策略，企业鼓励人们相互之间就产品或服务进行信息和意见的传播。可以通过电子邮件、文本信息、聊天室、即时信息、新闻组等形式发布信息，或是在社交网络（如脸谱）、讨论组或微博（如推特）上发布信息。病毒营销在社交网络中尤其流行。人们经常会发送一些信息给朋友，例如告诉他们一个好的产品，这就是病毒营销的一个例子。这种营销方法古已有之，但是随着互联网的使用，这种方法的发展速度和范围都在不断提升。这种广告模式能够以很低的成本培养品牌意识，因为企业不需要给予传递信息的人任何回报。信息传播的过程和计算机病毒的传播过程类似，都是采用自我复制的过程。病毒式推广可以采取文本信息、视频、互动游戏等多种形式。

广告代理商免费为网络用户提供有价值的信息，以便鼓励他们相互分享，使得尽可能多的人了解这些信息。例如，广告商可以发布一个小游戏程序，或者一个嵌入在赞助商电子邮件中的视频。企业可以向消费者发行数千份游戏，并辐射到更多顾客。Hotmail（现已关闭）是一个免费的邮件服务系统，它的创建者也使用病毒营销。因此，在服务推出的最初 18 个月内，其会员数就达到 1 200 万，4 年内增加到 5 000 万。每份 Hotmail 邮件的发送都带有一份 Hotmail 免费服务的邀请函。脸谱最初的信誉也是采取类似的方法实现的，只是速度要快很多。病毒营销如果使用得当，它将会是一种高效、廉价的营销模式。网络口碑同样可以影响消费者对产品的判断（请浏览 learn-marketing.net）。有关有效的病毒营销策略的 6 个步骤请参见 Wilson（2012）。有关策略参见 Wright（2014）。

一项针对 2010 年中国市场的调查显示，口碑对购买决策的制定影响很大。2010 年，64%的回答者认为口碑影响了他们的购买决定，而在 2008 年仅有 56%的消费者在乎口碑。值得一提的是，在线搜索而不是传统的电视广告也是人们作出最后决策时需要考虑的因素。

网络口碑由多种活动构成，种类也各不相同（Wilde，2013）。一类是"高级"的网络口碑营销（例如，病毒营销和网络推荐营销），另一类是"初级"的营销（例如，利用社交网络和品牌社区)。

网络口碑的消极面是,许多客户抱怨收到了一些不请自来的邮件,这跟电话推销类似。消费者将这些邮件视为垃圾邮件,可能会使用垃圾邮件拦截软件进行过滤。参见 Wilde (2013)。

病毒营销所包含的信息存在不同的形式,目的也不尽相同。一种常见的形式是为说服客户提供有关产品或服务的文本信息;另一种是视频广告。在线视频广告参见 Scott (2013) 及第七章。

移动设备上的活动。 2012 年韩国互联网巨头 Naver 公司旗下的日本子公司推出了移动瞬时通信产品 LINE,它类似于腾讯公司开发的微信 WeChat 通讯平台。这些平台上有可爱又搞笑的"聊天贴纸",它是一个非游戏应用程序。这些贴纸的特点是本土化和个性化。LINE 的收入60%来自于游戏应用程序,20%来自聊天贴纸,即一个大的"表情符号"。聊天贴纸可以在线免费下载(安卓系统和苹果系统均可以),作为文本和聊天信息的一部分。用户可以在 LineStore (store. line. me) 购买贴纸。LINE 开发的"创造者市场"允许用户在平台上出售自己的原创贴纸。

视频广告营销

视频广告营销是指将视频广告嵌入广告或普通的网络内容中。美国互联网广告署(IAB)认为视频广告非常重要,并为其创建了一个使用指南(请浏览 slideshare. net/hardnoyz/iab-guide-to-video-advertising-online)。视频广告在网络电视上已经非常普遍。

视频广告的快速发展,主要归因于 YouTube 和类似网站的流行。网络视频正以每年近40%的速度增长,而电视的收视率却在不断下降(请浏览 marketingcharts. com)。

视频广告出现在各种网络媒体上,有的是自动弹出,有的则是当用户想查看产品演示或信息时,获得用户允许之后再出现。在 Web 2.0 及社交网络中视频广告已经非常流行。通过韩国的"鸟叔"朴载相的"江南 Style"视频可以看出视频广告的影响力,该视频投放在 YouTube 上 6 个月之内,就获得了高达 12 亿人次的浏览量。所有广告赞助商都对此事惊讶无比。2013 年 IAB 报告显示:美国数字视频广告收入从 2012 年的 7.21 亿美元增长至 2013 年的 8.07 亿美元。

视频普及的主要原因是几乎现在每个使用互联网的人都会去浏览在线视频。视频在所有的移动设备上(例如,手机和平板电脑)都可以浏览,也可以在推特平台上发布。社交媒体以及日益普及的宽带上网也加速了网络视频的使用。在飞机或其他公共运输系统中,利用移动设备观看视频已经变得越来越流行。

将视频融入电子商务活动主要有两种方法:(1)在产品信息页面上嵌入视频,对页面上的产品信息进行补充;(2)用视频详细介绍产品,使顾客发现产品并引发购买欲望等。许多零售商已经开始在他们的电子商务网站上增加产品视频〔请浏览 webvideomarketing. org/video-advertising 并参见 Daum et al. (2012)〕。

据思科公司的一个调查显示,大多数大型网络零售商都使用视频进行产品销售。Forrester 市场调研公司的研究表明,大多数大型零售商都将产品视频作为公司的营销策略。comScore 公司研究发现(McGee, 2012),美国用户 2012 年 5 月观看的视频数量超过 100 亿次,而同样根据 comScore 的研究发现,美国用户 2014 年 3 月观看的视频数量是 287 亿次。

有不少企业在视频广告领域走在了前面,例如:YouTube,Metacafé,VEVO,Hulu 等。图 9.6 给出了 IAB 总结的视频广告模式(请浏览 google. com/ads/video)。

几乎所有视频都被植入了 10~30 秒的商业广告,这些广告有时能够跳过,有时则不能。这种"强制观看"的商业广告效果非常好,因为人们已经习惯了在观看电视节目时看这些商业广告。越

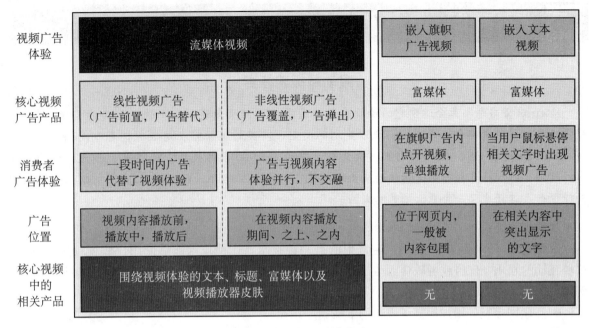

视频广告体验	流媒体视频		嵌入旗帜广告视频	嵌入文本视频
核心视频广告产品	线性视频广告（广告前置，广告替代）	非线性视频广告（广告覆盖，广告弹出）	富媒体	富媒体
消费者广告体验	一段时间内广告代替了视频体验	广告与视频内容体验并行，不交融	在旗帜广告内点开视频，单独播放	当用户鼠标悬停相关文字时出现视频广告
广告位置	视频内容播放前，播放中，播放后	在视频内容播放期间、之上、之内	位于网页内，一般被内容包围	在相关内容中突出显示的文字
核心视频中的相关产品	围绕视频体验的文本、标题、富媒体以及视频播放器皮肤		无	无

图 9.6　IAB 视频广告模式

资料来源：Interactive Advertising Bureau. "A Digital Video Advertising Overview." January 2008. iab. net/media/file/dv-report-v3. pdf（2014 年 7 月数据）。

来越多的电视节目都在向互联网转变，而这些节目通常都会带有视频广告。

病毒视频

病毒视频是指通过在线信息共享的形式实现快速传播的视频。这些视频变得越来越普遍，因为它们可以通过电子邮件、即时通信、博客、讨论室等分享网站来实现。这样，人们可以通过视频分享获得更多信息，有时会在很短的时间内吸引上百万的访问量。常用的病毒视频分享站点主要有：YouTube（youtube. com）和 VEOH（veoh. com）（请浏览 www. visible-measures. com/insights/charts/adage）。

对于大家非常喜欢或者非常讨厌的视频，用户会相互传送，并在互联网上快速分享这些视频的内容。因此，营销人员开始利用这些病毒视频，将商业视频广告植入进去，或是在病毒视频出现之前，自动弹出这些商业视频广告（请浏览 adage. com/section/the-viralvideo-chart/674）。人们注意到，如果反响是积极的，这类话题就会对品牌很有帮助，否则就会对品牌造成负面影响。美国的《基线》（Baseline）杂志会定期提供 10 个最好的病毒广告视频列表。2013 年最好的病毒视频请浏览 digitalstrategyconsulting. com/intelligence/2013/12/viral_video_marketing _case_studies_ the_best_virals_of_2013. php。

用户生成视频

许多企业正利用网上用户生成视频进行网络广告甚至是电视广告。

YouTube 已成为全球最大的视频广告平台。有人估计，它拥有数十亿个视频并且数量还在不断地增长。它允许企业上传视频到 YouTube 网站上。谷歌网站上的 AdSense 广告分销网络还提供由广告支持的视频资料。广告商利用病毒视频还有一种形式，那就是举办竞赛（请浏览 onlinevideocontests. com 和 zooppa. com）。

轰动超级碗杯赛

Doritos 公司每年都会邀请它的粉丝参与公司举办的网络竞赛，竞赛的内容是为 Doritos 公司制作广告。获胜者将会获得高达 100 万美元的奖金，获奖的视频将在超级碗杯赛期间播放。2010年，Doritos 邀请 Pepsi Max 参与第四次竞赛，收到了 3 000 多部视频。2013 年，通过脸谱开展竞赛，收到了 3 500 多部作品，活动的点击率超过 1 亿次。2013 年，Doritos 的竞赛首次面向全球的粉丝进行，这产生了一个巨大的广告效应。

互动视频

互动视频（interactive video）通常指的是一种技术，这种技术能够使用户和视频进行互动。这种互动的娱乐、广告或者教育活动是由计算机控制的。互动视频不断流行的缘由是多种多样的。例如：

- 互联网带宽的增加提高了视频的下载速度；
- 优秀的搜索引擎能够发现一些已经制作好的视频；
- 媒体和广告商都增加了视频的使用；
- 对使用互动视频的用户进行激励，比如开展竞赛或提供礼品。

下面是一些具有代表性的互动视频：

点击进入视频。 VideoClix. com 和 Clickthrough. com 等公司开发的视频技术允许用户点击视频中的任何一个人、一个地方或一个物体。

直播互动视频。 在直播互动视频中，你可以即时看到某些事件，有时还可以与视频中的那些人互动。例如，通用电气公司进行网络直播，实时以旗帜广告的形式向投资者呈现该公司的年度报告。用户可以与主持人互动、提出问题或作出评论。

互动式试衣间

knickerpicker. com 公司在英国首创了交互式在线视频更衣室（内衣）。它包含了所有知名设计师的品牌，动画模特会穿上你选择的服装品牌，并且你可以控制它们的动作（例如让它们转身）。详细信息请浏览 knickerpicker. com。

广告游戏和游戏中的广告

广告游戏（advergaming）或**游戏中的广告**（in-game advertising）是指将广告植入游戏中，特别是电脑游戏，去宣传或推广一个产品或服务的行为。在社交网络里，这些游戏非常流行，为广告商瞄准年轻一代提供新的方式。广告游戏通常分为三种形式（Obringer，2007）：

1. 企业在公司网站上或在社交网站脸谱页面上提供与公司品牌相关的互动游戏，希望能够借此吸引潜在的客户了解公司品牌。请浏览英特尔网站广告游戏的例子（itmanagerduels. intel. com）。

2. 游戏设计的目的是希望玩家能够参与一些活动，以提高品牌知名度。相关案例请浏览百事可乐（PepsiCo）品牌与一些重要的视频游戏平台的合作（pepsico.com/Media/Story/Winning-with-Video-Games041520141420.html），以及美国军队为了招募新兵开发的广告游戏（americasarmy.com）。

3. 伴随一些免费的网络游戏，广告开始出现在一些实际的游戏中（例如出现在旗帜广告中）。免费的在线游戏 Monopoly 中就嵌入了广告（pogo.com/games/monopoly，玩家可以通过付费升级到无广告版本）。玩家获得的奖品可以按日兑现。

4. 更多有关广告游戏的信息，请浏览 adverblog.com/category/advergames。Camaret（2013）给出了几个成功的广告游戏的例子。

增强现实广告

增强现实（augmented reality，AR）**广告**在第二章介绍过，这项技术常常被广告商或营销人员利用，在时尚产品领域更是如此。

 实际案例

增强现实广告的应用

有关交互式应用程度的若干例子请访问 en.wikipedia.org/wiki/Augmented_reality。其中包括在房地产和建筑、产品和工业设计、旅游等领域的应用。尼桑（Nissan）、百思买（Best Buy）、迪士尼（Walt Disney）以及汉堡王（Burger King）等公司都尝试过在广告中使用增强现实广告。更多例子参见 Russell（2012）。

该项技术应用的一些领域是服装、时装以及珠宝这些注重形象的产品的零售业。例如，ClothiaCorp 公司将增强现实技术和实时商品建议结合在一起使用。它允许顾客"试穿"衣服，并且可以和家人以及朋友分享他们喜爱的装扮。

虚拟试衣间。如今，虚拟试衣间变得非常流行（AmatoMcCoy，2010）。你可以为自己的化身穿上衣服。或者面对镜头时，你可以打扮自己并将照片上传到网络。Zugara 公司为这项应用提供了技术支持。根据其网站，Zugara 充分利用手势、声音和增强现实技术进行创新，为零售商和品牌商带来了引人入胜的体验（请浏览 youtube.com/watch?v＝tNabSnBwBz0，观看题为"Zugara Virtual Dressing Room Technology：An Overview"的视频）。

聊天室和论坛里的广告

广告也可以在聊天室里进行。例如，美泰公司（Mattel）大约 1/3 的芭比娃娃都卖给了收藏家。这些收藏家在聊天室里发表评论或咨询问题，然后由美泰的员工作出答复。本章案例中的小米公司为产品的设计和宣传开设了一个智能手机论坛。

广告商有时会利用在线奇幻运动（例如雅虎、ESPN 等网站上可以看到的运动）向运动爱好者（如美国全国足球联盟或者排球联盟的成员）发送广告。在线奇幻运动每个月可以吸引几百万访问者。

9.8 节复习题

1. 定义旗帜广告并描述其具备哪些优势和局限性。
2. 描述旗帜交换和旗帜广告交易的区别。
3. 描述弹出式广告及类似的广告引发的问题。
4. 解释电子邮件在广告中的应用。
5. 描述搜索引擎优化技术及其初衷。
6. 描述谷歌公司的 AdWords 和 AdSense。
7. 描述视频广告及其流行趋势。
8. 定义游戏广告并描述其如何运作。
9. 描述增强现实广告。

9.9 移动营销与广告

移动设备的快速发展为电子商务营销和广告提供了另一个舞台。据统计，普通手机（包括智能手机）与台式机（包括笔记本电脑）的比例大约是 2∶1，这个比例还在不断上升。根据市场调研机构 eMarketer 公司 2013 年的预估数据可知，全球移动广告支出年增长率为 105%，2013 年的规模已经达到了 180 亿美元，并预计在 2014 年将会达到 315 亿美元，增速为 75%。这就为在线移动营销和广告提供了一个巨大的机会（请浏览 emarketer.com/Article/Driven-by-Facebook-Google-Mobile-Ad-Market-Soars-10537-2013/1010690）。

移动营销和移动商务

移动营销和广告通常被认为是移动商务和移动营销的一部分（见第六章）。移动营销的形式很多，例如使用即时消息（如推特）以及游戏和视频。以下是其主要的影响因素。

移动营销的定义

移动营销（mobile marketing）是指利用移动设备或无线网络作为营销传播的一种方式。营销人员希望通过无线网络将信息传送给潜在的顾客。移动营销协会（mmaglobal.com）给出的定义是：组织利用移动设备（包括手机和电脑），通过广告、App、信息传递等方式，开展移动商务和客户关系管理等活动。详情参见 Krum（2010）。

移动营销包括销售、市场调研、客户服务以及广告，这些都由移动计算技术提供支持。企业可以举行让客户进行新产品质量描述的比赛，并以此为平台发送优惠券或开展促销活动。由于移动计算技术能够使商家和客户建立直接的联系，广告便可以实现互动性。

移动广告

根据 IAB（2014）给出的定义，**移动广告**（m-advertising）是指"利用智能手机（黑莓、苹果、安卓等）、功能手机（例如能够进行移动内容访问的低端手机）和多媒体平板电脑（如 iPad 和三星 Galaxy 平板电脑等）等无线移动设备进行广告宣传的一种广告形式"。移动广告的范围从简单的文本信息到智能的交互信息。移动广告系统的关键部分包括广告商、移动广告网络、移动运营商和移动设备，这些都会出现在广告过程中。

图 9.7 展示了移动广告系统的运作过程。例如，公司雇用一个移动广告商制作了一个移动广

告且制定了推广的标准，并将移动广告提交到移动广告网络。移动广告一般会将这些广告提交到多个移动网络，并对这些广告的传送、选择和反映的情况进行跟踪。这些广告将会通过一些移动设备和应用程序传达到移动用户。用户对广告作出的回应又会通过移动网络传送到广告商或该公司。

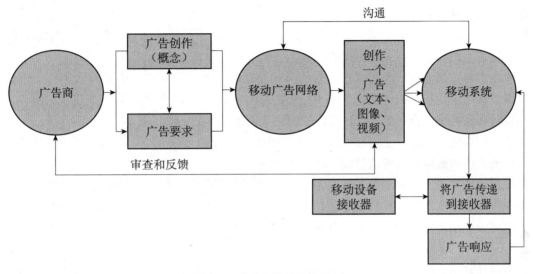

图 9.7　移动广告的运作过程

移动交互式广告

移动交互式广告（interactive mobile advertising）是指通过移动设备，尤其是通过平板电脑和智能手机进行营销信息传递的一种广告形式。该术语中的"交互"实际上是指该种广告是一种双方的交流，包括客户的反应（例如下订单或咨询问题）。有关指南请浏览 iab. net/iab_products_ and_industry_services/508676/guidelines/mobilewebmeasurementguidelines。

 实际案例

iPad 上的交互式广告

Econsultancy 是一家全球领先的咨询公司，其业务主要专注于数字营销和电子商务领域，该公司提供了 9 个由 D. Moth 发布在 iPad 上的交互式广告的例子，且每个例子都有视频演示（请浏览 econsultancy. com/blog/10455-nine-examples-of-greatinteractive-iPad-ads♯i. 1e2xw4r10pkflo）。

这几个例子包括：

● 大众（VW）在 iPad 上投放了 Auto Esporte 杂志广告（突出了大众途观的辅助泊车功能）。用户可以通过点击屏幕上的两个对象或者滚动观看大众汽车的广告信息。

● Visa 为客户呈现的是一个虚拟钱包，有助于他们进行假期规划、购买电影票等类似事情。为了能够链接到其他网站，Visa 提高了其广告的互动性。

● 凯悦酒店（Hyatt Hotel）通过使用 iPad 应用程序进行会员卡推广。通过在应用程序上访问各虚拟城市和寻找各城市中最近的凯悦酒店位置，便可以实现会员卡的注册。

● 加拿大的 Liberté 公司创建了一个互动游戏广告，以宣传其蓝莓希腊酸奶。用户可以在屏幕上点击蓝莓,将其投放到制作酸奶的容器中。

互动服务的扩展是使用苹果公司的 iAds 移动广告平台,这是 iOs 系统的一部分。它有利于整合 iOs 应用商店里销售的应用程序,同时为 iPhone、iPad 和 iPod touch 等移动设备做了相关的开发,并允许第三方开发者直接把广告植入它们的应用程序(请浏览 advertising. apple. com)。

移动广告的种类

移动广告有许多不同的形式,最常见的是短消息。此外还包括多媒体广告、移动游戏广告,以及移动设备上出现在电视及电影里的广告。

短消息广告。短消息广告是以短消息的形式发送的商业广告信息,当前非常流行。但是随着智能手机、移动应用程序的普及,以及 4G 网络技术的发展,移动旗帜广告发展迅猛。世界各地的几大移动运营商推出了自己的移动广告门户网站(例如日本的 D2)。

短消息广告的优点之一是可以在任何时间和地点快速地发送信息,且能够完全享有隐私权。然而,短消息广告的缺点是短消息经常会干扰到用户。

基于定位的广告。向移动设备发送基于定位的广告在第六、七章有过描述。对消费者位置敏感的企业可以利用这一特点投放基于定位的广告。一个很好的例子就是谷歌地图,当确定一个位置后,它可以显示出附近的便利店、加油站、旅馆以及餐馆。不过,部分广告是收费的(参阅第七章)。

病毒移动营销。病毒营销也可以有效地利用移动平台,这被称作病毒移动营销。一种通行的做法是,针对移动设备进行应用程序的开发和发布。马里布保龄球游戏公司(Malibu Bowling Game)提供了一个成功的例子。该公司 2009 年的多渠道广告活动中包括一个叫做"Get Your Island On"的免费保龄球游戏,该款游戏可以在苹果手机及其他智能手机上使用。半年内该游戏的下载次数超过 200 万。Great Works 广告代理公司的总经理说:由于产品能否获得成功的关键在于游戏,那么利用手机应用程序进行品牌推广是一个非常好的方式。游戏中,他们将马里布公司的朗姆酒瓶子代替了保龄球的球瓶(请浏览 mobilemarketer. com/cms/news/advertising/3178. html)。

移动营销和广告活动

网络广告活动的四种最基本的形式是信息、娱乐、抽奖和优惠券。这几种形式主要针对以下六种网络活动:

1. **提升品牌意识。**提高消费者在购买和消费时能够识别和回忆起其品牌的能力。
2. **改变品牌形象。**改变消费者对品牌的看法。
3. **促销。**刺激消费者更快、更多地购买一个产品或服务。
4. **提高品牌忠诚度。**增加回头客。
5. **建立客户资料库。**收集关于移动设备、数据网或顾客的个人信息的数据资料。
6. **刺激口碑营销。**鼓励消费者通过他们的移动设备相互传递广告。

很显然,这些形式和目标与传统的营销方法类似。目前,将广告传送到移动设备的主要方法是利用短信和电子邮件。然而,在带宽不断增加的基础上,广告的内容和种类都在不断地丰富和扩大。

零售商最近所进行的一些移动营销活动也都非常成功。例如,2014 年 11 月 11 日的"光棍节"当天的销售收入就超过了 90 亿美元,而其中 43% 是在移动设备上完成的。阿里巴巴的天猫和淘宝就取得了超过 50 亿美元的销售收入(请浏览 marketwatch. com/story/alibabas-singles-day-bigger-than-black-friday-2014 – 11 – 10)。

有关 2014 年比较有趣的移动广告应用案例，包括脸谱、可口可乐、FOX 家庭、今夜酒店（Hotel Tonight）以及 Oscar Mayer 等，请浏览 moosylvania. com/tracker/category/mobile/mobile-ads。

移动营销实施指南

尽管有一些组织［例如直复营销协会（Direct Marketing Association）］已经建立了网络营销的业务守则，包括移动媒体的使用，大多数业内权威人士认为它已经不再适用于日益变化的移动商务。为此，移动媒体行业建立了一整套实施指南以及移动广告应用的最佳案例。移动营销协会（MMA，mmaglobal. com）制定了全球行为守则（The Global Code of Conduct），为该产业推动的各种实践活动提供指示。这些基本原则包括四个方面：引起注意、选择和同意、定制化和约束、执行和问责。

移动广告的支持工具

大量的应用程序、软件工具以及方法可以用来支持移动商务广告。苹果以及基于安卓系统的移动设备就有成千上万个应用支持程序，这些程序可以在 Google Play 以及苹果应用商店里下载。应用的范围包括例如寻找产品、查找地点或事件，请浏览 where2 getit. com。

移动广告发展趋势

关于移动广告未来的发展趋势有多种预测。根据 mashable. com/2010/08/19/mobile-advertising-trends，以下五个重要的发展趋势值得广告商去关注：

1. 短信广告将继续发挥其重要性；
2. 富媒体将会登上移动舞台；
3. 移动网站与移动应用程序的竞争加剧；
4. 对地理位置的兴趣增加（参见第六章和第七章）；
5. 移动视频将获得更好的发展。

 实际案例

创新的贴纸广告

除了上述五大发展趋势，我们也看到了移动社交媒体的重要性在不断增加，例如 whatsapp. com、wechat. com、line. me/en 等社交媒体平台。创新的广告方法，例如贴纸广告，为广告提供了一种新的发展思路。一个有趣的贴纸是一个小图片（如一个"表情"），可以用来表达某种情绪，比如伟大、爱、恨等。这些贴纸很受网络用户的欢迎。在线行为使得企业可以以一定的费用开发一组八个主体的乐趣贴纸（印有公司标志或广告信息）。在线用户可以在 Google Play 以及 iTunes 上下载这些免费的聊天贴纸。例如中国台湾的大同电子（Tatung Electronics）开发的具有男孩性格的贴纸和表情符号 24 小时内便在推特上吸引了一百多万活跃用户。

有关移动广告文章的一个全面收录，请浏览 mashable.com/category/mobile-advertising 和 mobilecommercedaily.com。

9.9 节复习题

1. 定义移动营销（至少提供三种定义）。为什么会有这几种定义？
2. 什么推动了移动广告的发展？
3. 短信在移动广告中发挥什么作用？
4. 什么是移动交互式广告？
5. 移动广告要经历哪几个流程？
6. 什么是病毒营销？
7. 传统媒体广告和移动广告有哪些相似点？有哪些差异？
8. 移动广告的发展趋势如何？

9.10　广告策略和推广

有许多广告策略可以在网络上使用，本节我们将对主要策略和实施时的注意事项进行介绍。

许可广告

针对人们经常会通过电子邮件接收到泛滥的广告，广告商可以使用的一种解决办法就是**许可广告**（permission advertising）或者许可营销（"选择进入"的方式）。用户到商家登记并同意接收一些广告（请浏览 returnpath.com）。例如，本书的作者之一就同意通过电子邮件接收一些电子商务简报，其中也包括一些广告。这样，本书的作者就能够及时了解该领域的动态。我们也同意接收来自调研公司、报纸、旅行社等的电子邮件，当然也包括一些广告信息。这些商家能够向我们免费提供有价值的信息。我们注意到，一些商家经过允许之后才向用户进行推荐，但是它并没有征求用户的意见，是否可以根据他们的历史采购数据提出新的建议。

其他广告策略

有一些广告策略可以同时适用于有线和无线系统。有关例子请浏览 www.opentracker.net/article/online-advertisingstrategies，ultracart.com/resources/articles/ecommerce-advertising。

联盟营销和广告

我们已经在第一章和第三章介绍了联盟营销的概念，这是一种收益共享模式，有些机构推荐消费者访问销售公司的网站。**联盟营销**（affiliate marketing）是一种"基于绩效的营销"，为上述机构的主要收入来源，也是销售公司的一种营销手段。在本章的前面我们介绍了谷歌的 AdSense，它其实就是联盟营销的一个例子。然而，实际上，销售公司的品牌标记也能够免费地显示在很多其他可以做广告的网站上。比如亚马逊公司的标记可以在 100 多万家联盟网站上看到。亚马逊公司以及它的子公司 CDNow 是"有偿浏览"及"有偿试听"这种商业广告应用的先锋，这种广告模式也被用于联盟营销。

联盟网络。联盟营销成功的关键是拥有一个良好的联盟合作伙伴网络。联盟网络（affiliate

network）是发行者（联盟公司）与商家（联盟计划）为进行合作而创建的网络市场。Rakuten LinkShare 公司（linkshare.com）以及 Conversant 公司（cj.com）都是联盟网络的例子。有关 2014 年的优秀联盟营销网络，请浏览 monetizepros.com/blog/2014/the-topaffiliate-marketing-net-works。

将广告作为商品：观看广告可以获得报酬

有些情况下，广告商会向用户付费（现金或购物折扣）作为他们观看广告的报酬（也被称为"将广告作为商品"）。例如，BingRewards（通过观看视频、玩游戏获得奖励）以及 CreationsRewards（使用 Bing 进行网页搜索）等公司采取了这样的广告模式。如果你专心观看了 HitBliss 公司的商业广告，公司也会通过应用程序向你付费。消费者填写个人兴趣的相关数据，然后收到量身定制的旗帜广告。每个旗帜上标明观众点击此广告可获得多少报酬。如果感兴趣，消费者可以点击这个旗帜来观看广告，随后通过有关该广告内容的测试后，消费者便可以获得报酬。消费者可以对其观看的内容进行分类和选择，而广告商也可以根据消费者不同的需求程度和出现的次数，支付不同的费用。支付的报酬可以是现金形式的（如每个旗帜 0.5 美元）、转账，也可以是折扣券。这一方法不仅在网站上使用，在智能手机上也同样使用。

销售广告版面

"百万美元主页"（milliondollarhomepage.com）是英国学生 Alex Tew 创建的网站。该网站以单个版面（100 万像素）进行出售，类似于报纸上分类广告版面的出售方式。一旦用户点击了某个 logo，便进入了某个广告商的网站。在 5 个月之内，该网站的版面便销售一空（最后的 1 000 像素在易趣上拍卖）。不久，其他国家也有人开始利用这种运营模式（如以 millionaustraliandollar-homepage.com 为代表的几家澳大利亚网站）。同时，人们以 1 美元买入一个像素大小的版面后，再以更高的价格将其拍卖。这是广告空间所有权的一种创新形式，因为一旦买入版面，就拥有永久的所有权。2006 年 1 月，"百万美元主页"网站遭受黑客的恶意攻击（这种攻击称为 DDoS）（见第十章）。黑客试图勒索该网站的拥有者，被开发者 Tew 拒绝，该网站最终被关闭。

个性化广告

网络上充斥了过多不相关的广告信息，通过为消费者提供定制化广告，可以降低信息的过载问题。电子商务营销的核心是消费者数据库，该数据库包含注册信息以及搜集的网站访客信息。那些想通过一对一形式发布广告的公司，便可通过使用该数据库向消费者发送定制的广告。于是，营销人员可以根据用户的不同特征，为不同用户定制广告。

用广告盈利

2000—2002 年，许多网络公司的泡沫破裂，这与这些公司过度依赖广告收入的盈利模式有关。众多门户网站倒闭了，于是几家大公司统治了这一领域：谷歌、脸谱、AOL 和雅虎。然而，即便是这些巨无霸网站，也仅仅在 2004 年才开始有可观的利润。几乎每家网站都在广告领域开展竞争，因此，几乎所有网站都另寻收入来源。

但是，如果足够小心，小网站依然可以通过集中于某一细分市场而存活下来。例如，NFL Rush 公司（nflrush.com）就运作良好。这家网站重点针对美式足球球迷，大部分是 6～13 岁的孩子，在广告和赞助上投入了数以百万计的资金。网站提供了综合性、互动性内容并提供获奖的机会，吸引了数以百万计的访问者。它能直接带你进入每个队的 NFL Shop，赞助商（比如 Visa 和美国银行）会为这些游戏和奖品买单。

"点击付费广告"成为盈利模式的一种重要形式。

点击付费广告（pay per click，PPC）是非常流行的一种在线广告支付模式。广告商只需在使用者实际点击广告时才付费。当使用者实际点击广告并浏览广告商的网站时，广告商才需要向搜索引擎或者其他网站（比如联盟网站）支付费用。关于如何降低 PPC 的使用成本，请浏览 advertise. com/ad-solutions/contextual/overview。更多信息请浏览 webopedia. com/TERM/P/PPC. html 和 wordstream. com/pay-per-click-campaign。

用户选择广告

广告选择器创建于 2010 年，它允许用户选择自己想看的广告，允许用户对将要出现在视频里的广告进行选择（有 2～3 个选择）。这种模式被广泛应用在 Hulu 这样的网络视频网站巨头。用户喜欢这种广告模式且调研结果显示，被赋予选择权的用户点击广告的概率是没有被赋予选择权的用户的两倍。视频网站雅虎也推行了"用户选择广告"的模式，参见 Learmonth（2010）。

网络展会、促销及吸引力

1994 年冬天，电子商务这个概念还很少有人知道，人们才刚刚开始接触网络。有一个名为 DealerNet 的公司一直是以实体店的方式销售新车和二手车，开始了一种新的销售方式：它将虚拟的汽车展厅搬到了网上。用户能够"造访"多个汽车经销店，并且可以对车辆价格和车辆特征进行比较。在那个年代，这绝对是汽车销售方式的一次重大变革。为了获得人们的关注度，DealerNet 还在网上开展了赠车活动。

这种促销方式获得了传统媒体的高度关注，也获得了巨大成功。今天，这种促销方式再普遍不过了。为了吸引眼球，实体商务所采用的竞赛活动、问答比赛、优惠券以及赠品等活动同样可以在网络上使用，而且已经成为网络营销的一部分（请浏览 coolsavings. com）。

实时的在线会展及广告

实时的在线会展（例如演唱会、展览会、招聘会、辩论赛、网络广播、视频等）如果能够正确使用，就会产生巨大的公众反响并为该网站带来巨大的访问量。要想成功应用实时在线会展这种形式，需要做到如下几点：

- 精心策划事件的内容、观众、互动程度以及进度。
- 尽可能多地采用富媒体的形式。
- 通过电子邮件、社交媒体网站、流媒体等进行适当的推广，并辅以在线及离线的广告宣传。
- 保证交付质量。
- 捕捉并分析观众反馈的数据信息，以便做出改进方案。

一个全球性的会展活动可以让一个产品在完全不同的位置上亮相。

基于 Web 的研讨会，通常称为网络研讨会，正在变得越来越受欢迎，以促进知识密集型产品的开发。

广告的本土化

网络营销触及的范围非常广。一个网络广告可能会被全世界的人看到。这是网络广告的优点，但同时也是缺点。因为不同的国家存在文化差异，对同样的信息可能存在误解。因此，对于广告商而言，需要特别注意广告信息的本土化问题。

电子商务中的**本土化**（localization）指的是将位于一个特定环境（如一个国家）中的某一媒体产品和广告素材转换成符合另一环境中文化和语言的过程（见第十三章）。本土化通常按照国际化的方法来实施。其中语言的本土化是非常重要的。而网页翻译（见第十三章和 lionbridge. com）

仅仅是国际化过程设计的一个方面。然而，其他方面也是非常重要的，例如，文化差异。一个美国珠宝制造商通常是将珠宝展示在白色背景墙上，但是他们却惊奇地发现这种展示方式没有办法迎合那些喜欢蓝色背景墙的国家的顾客。

如果公司把全球市场作为目标市场，就会面临数百万国外的潜在顾客。那么，公司必须尽可能地让其网页本土化。这样做并不容易，因为：

- 很多国家都使用英语，但所使用的英语在一些术语、拼写以及文化方面存在差异（如美国、英国、澳大利亚在很多方面都存在差异）。
- 由于没有合适的翻译程序，拟音字很难翻译成英语或其他语言，这样就会出现翻译误差。如果文章中有拟音字，就很难将其转换成英语文字，这就会导致翻译的不准确。
- 有些字体不能改变，所以在译文中仍保持原格式。
- 在不同的国家，图形和图标是有区别的。例如：美式邮箱的图形和欧式垃圾桶的图形类似。
- 当需要翻译成亚洲语言时，有重大文化价值意义的东西必须被重新命名，例如，如何用一种合适的文化方式来称呼老人。
- 美式日期书写格式是月/日/年，而其他许多国家却写成日/月/年。因此，"6/8"有两个意思（6月8日或8月6日），这就取决于作者所在的国家了。
- 多个文档很难取得一致的翻译（6种语言的免费互译，请浏览 freetranslation.com）。

制订网络广告计划

如今对于大多数企业来说，网络广告已经是与同行竞争的一种重要手段。面对这么多的媒体类型和广告方法，如何使用有限的广告预算，制作有效的广告计划具有一定的难度。图 9.8 展示了制订和实施广告计划的 6 个步骤，这 6 个步骤正好组成了一个产品生命周期。

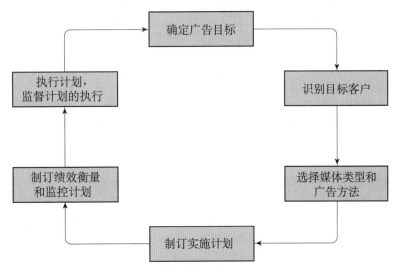

图 9.8 广告计划的生命周期

（1）**确定广告目标**：广告的目标必须具体——是为了提高品牌知名度，提高网站的访问量，还是为了获得更高的收入？

（2）识别目标客户：广告计划中必须明确目标客户。正如前文我们讨论过的，客户细分对于降低成本、提高效率是很有帮助的。根据广告活动的特性，客户细分可以采用不同的标准。

（3）选择媒体类型和广告方法：一旦确定了目标客户，广告计划就应该选择合适的媒体类型和广告方法。例如，在中国台湾地区很多公司使用移动社交媒体来提高其品牌在年轻人中的知名度。

（4）制订实施计划：选择好媒体和方法之后，需要考虑一系列计划实施问题。例如，经费预算、广告的时间安排、广告设计（例如视频的形式）等。

（5）制订绩效衡量和监控计划：为了确保广告经费的支出是有效的，必须在计划执行之前制定好绩效衡量和监控计划。绩效的衡量必须有明确的定义和客观的标准。

（6）执行计划，监督计划的执行：在广告计划获得核准之后，必须关注它的执行。最后，还要对其效果进行评估，以核查原计划目标是否实现。

脸谱上的广告

2012 年，脸谱已经创造了数十亿美元的广告收入。用户的"点赞"（Likes）可以出现在针对朋友的广告中（Marrs，2014）。我们注意到其他社交网站，比如 Google＋、Instagram、推特以及 Pinterest 也开始做类似的广告。在社交媒体上做广告是网络营销的一种发展趋势。

9.10 节复习题

1. 什么是许可广告？
2. 什么是视频广告？它有怎样的发展趋势？
3. 联盟营销有哪些过程？它的重要性如何？
4. 如何实施"广告作为商品"这一策略？
5. 网络广告有哪些方法？
6. 什么是本土化？本土化一个网页时会遇到哪些问题？
7. 什么是用户选择广告？
8. 广告计划生命周期中有哪 6 个步骤？

管理问题

与本章内容有关的管理问题有如下几个方面：

1. **我们应该以创造价值的客户为中心吗？**以客户为中心的营销最关键的是理解客户，特别是他们需要什么以及如何满足这些需求。数据库营销、一对一营销以及客户关系营销能够做到这一点。为了满足和维系客户，应该采取何种方式来监控营销、销售、维修及售后服务的各个流程？我们需要将这些资源有效地用于那些有助于提升企业价值的重要客户吗（例如，给予他们某些优先权）？

2. **我们可以使用哪些网络营销或者网络广告方法？**有越来越多的网络方法供我们选择：旗帜广告、搜索引擎广告、视频广告、博客广告、社交网络等。Angel（2006）提出了一种网络营销渠道选择的方法，使用矩阵对这些网络方法进行评估，以供选择和执行。

3. **我们可以用哪些指标来指导广告商？**有很多资料可以帮助广告商作出在哪里投放广告、如何设计广告等决策。具体指标如 CPM（每千人成本）、点击率、网站黏度、实际购买率等，这些都可以用来评价广告的有效性，计算一个公司在线广告活动的投资回报率，还有一些可以通过第三方机构监测到的指标，例如，移动营销协会和 IAB 制定的衡量广告投放的行业标准。

4. **对于网络广告，我们能做什么？**一旦企业决定在网上投放广告，它就必须明白获得成功受很多因素的影响。它需要营销部门、法律部门以及企业信息系统部门的合作。一个成功的网络广告程序也需要和线下广告进行协调，并获得高层管理人员的支持。

5. **我们应该整合网络营销和非网络营销活动吗？** 许多公司正将它们的电视广告和网络营销活动结合起来。例如，公司通过电视广告或报纸广告将观众/读者引导到网站上，去观看公司的视频或者音频广告，这些称为富媒体。很多网站上旗帜广告的点击率下降到不及0.5%，为了提高点击率，的确有必要将网络营销和非网络营销进行整合。

6. **市场调研工作将由谁来完成？** B2C 电子商务市场需要进行大量的市场调研。实施这种调研并不是一件简单的事情，而且耗费的成本也不低。管理层面临这样一个选择：是将市场调研这部分业务外包给专业的调研公司还是由本公司市场调研部门的员工来完成。如果公司拥有大量的客户数据信息，对这些内部数据本身进行研究也是一种非常重要的市场调研方法，数据挖掘技术就可以做到这一点。

7. **我们是否应该使用手机优惠券？** 消费者和广告商对手机优惠券充满了好奇，但是目前手机优惠券的使用有限。广告商会使得在全球范围内使用优惠券变得很容易，但他们现在就要为将来做好准备。Forrester 调研公司称，Instagram 是社会参与做得最好的一款应用程序。手机优惠券正在不断流行，其好处是，在你需要它的时候便会用得上。在结算的时候出示给卖方，便可以获得一定的折扣（不需要再去把优惠券打印出来）。总体而言，手机优惠券带来的利是大于弊的。

很多零售商（比如沃尔玛）都在其公司网站上为客户提供优惠券。规模较小的公司则会通过中介机构的网站提供优惠券。

8. **在网络营销中，我们应该考虑哪些伦理道德问题？** 网络营销会涉及一些道德问题。一个备受关注的问题就是垃圾邮件问题（见第九章和第十五章）。另一个是有关客户的邮件地址和客户信息被销售的问题。一些人认为企业不仅需要得到客户的许可之后才可以销售他们的邮件地址，而且公司应该将因此而获得的收益与客户共享。许多人认为未经允许而对个人信息进行追踪、储存是不道德的。我们应该考虑这些广告带来的负面影响。

本章小结

本章中，我们学习了以下电子商务话题，它们与本章的学习目标一致：

1. **影响网络消费者行为的因素**。电子商务的消费行为与任何消费行为都是相似的，但它有其独有的特点。它描述的是一个基于刺激的决策模型，其影响因素包括消费者的个人特性、环境特性、产品和服务特点、商家与中介，以及电子商务系统（物流、技术和客户服务），所有这些特性和系统相互影响着决策制定的过程，并最终影响买方的消费决策。

2. **网络消费者的决策制定过程**。购买决策制定过程以及网上购买行为的步骤已经进行过深入的研究，对于这个过程的每一个步骤，卖方都可以制定适当的策略。AIDA 模型可以帮助我们针对不同的目的设计广告和营销策略。AISAS 模型针对的是决策过程中的网络行为，这种模型特别适合社交网络。

3. **电子商务中出现的网络诚信和信任问题**。消费者在网上会轻易且迅速地改变购买决定。因此，提高网络忠诚度（通过网络忠诚度计划）是很有必要的。同样，我们也必须培养信任度，这是影响成功的关键因素。培养忠诚度是很困难的，因为消费者会轻易地将这份忠诚度转移给竞争对手。培养信任度同样是很困难的，因为买卖双方互不认识，也不了解。在了解了网络信任的影响因素之后，企业可以通过网站设计及其他方法来增加信任度。

4. **市场细分和建立一对一的客户关系**。在细分市场中，为了提高营销效果，广告和营销活动会针对某一具体的细分市场（例如女性消费者、年轻消费者或不同国家的消费者）进行投入。在电子商务环境下，公司能够与客户建立一对一的关系。此外，广告也可以针对客户信息进行投放，从而实现以一对一为基础的广告形式。

5. **分析消费者行为以提供个性化服务**。消费者可以使用个人主页与一家公司互动，实时地了解产品或服务，或者获得定制的产品或服务。企业允许消费者自我配置他们想要的产品或服务，定制同样可以通过匹配产品与客户个人资料来实现。个性化包括产品（服务）的推荐和为顾客所需提供便利。

6. **网络环境下的市场调研**。有一些快捷且经济的网络市场调研方法。两种主要的数据收集方法是：（1）从客户那里征求职员自愿提供的信息；（2）使用历史纪录、事务日志，或者点击数据跟踪客户在网上的活动并找到他们的兴趣所在。通过将消费者分类来了解细分市场也是一个有效的电子商务市场研究方法。然而，网络市场调研也存在一些局限性，包括数据的准确性问题和样本的代表性问题。

7. 网络广告的目标与特性。网络广告的目的是增加网站的流量。一旦进入广告商的网站，消费者就可以接收到一些信息，还可以与卖方进行互动（例如，与在线客服进行聊天）。在很多情况下，谈成一笔订单的机会是比较大的。有了网络广告，企业就可以定制广告以满足兴趣相似的群体（细分市场）甚至是个人（一对一）。此外，网络广告可以互动，容易更新，可以在合理的成本上吸引上百万流量，提供丰富的动态演示和富媒体展示。

8. 网络广告的主要方法。旗帜广告是最受欢迎的网络广告方法。其他常用方法是弹出式广告及类似广告、电子邮件广告（包括从电子邮件到移动设备）、分类广告、搜索引擎网址注册，以及聊天室内的广告。其中一些搜索结果可以通过搜索引擎获得比如关键词广告（尤其是谷歌的搜索引擎广告）。社交网络社区通过市场细分、病毒营销、用户生成广告等为市场营销提供了新的机会。视频广告也日益普及。

9. 移动营销。移动设备的广泛使用为一对一营销创造了机会——可以不受时间和空间的限制进行广告投放。不管屏幕的尺寸有多小，广告商都能利用巧妙的设计很好地展示了旗帜及视频广告。移动广告是专为年轻一代而设计的，其中不乏互动性。年轻人在病毒广告中显得尤为活跃。

10. 多种多样的广告策略和促销形式。主要的广告策略是指与搜索结果（文本链接）、联盟营销、向观看广告的观众支付报酬或其他激励方式、病毒营销、在一对一的基础上进行广告定制，以及网上促销活动相关的广告。网络促销活动类似于线下促销，包括赠品、竞赛、问答比赛、娱乐活动、赠券等。定制化和互动性将网络促销与传统促销区别开来。市场营销项目需要依据不同文化因地制宜。

11. 网络广告的实施。在许可营销中，顾客愿意有偿接受特殊的（个性化的）信息或货币积分。广告管理包括计划、组织、控制广告活动和用途。广告可以根据文化背景、国家特征等进行本土化运作。市场调研可以通过博客、社交网络的聊天室、朋友推荐、会员意见征集等方式收集反馈信息。广告效果可以得到提升，其途径是用户生成的内容、病毒营销、市场细分，等等。

讨论题

1. 当消费者在网上购买苹果手机时，如何对其购买决策过程进行描述？网络商店该如何做才能够吸引消费者到其网站上购物？

2. 在电子商务中，为什么个性化成为一个非常重要的因素？可以使用哪些技术手段帮助我们了解消费者行为？这些行为又如何帮助我们为消费者提供服务？试举例说明。

3. 观看视频：（1）访问 youtube.com/playlist?list＝PL53450A123A3ADCE2，观看 BMW 公司的视频"Wherever You Want to Go"；（2）访问 youtube.com/watch?v＝smO1onPkA3Q，观看视频"One Million Heineken Hugs"；（3）访问 youtube.com/watch?v＝qab5PH43sok，观看汉堡王公司的视频"Sign and Race"。阅读相关资料。撰写一份报告解释它们如此成功的原因。

4. 讨论旗帜广告在网络营销中流行的原因。哪些商品适合使用旗帜广告？哪些不适合？

5. 讨论使用各种搜索引擎进行公司地址列表注册的优缺点。

6. 如何使用聊天室进行广告宣传？

7. 解释网络广告规划的重要性。在规划自己的网络广告活动时，公司应该考虑哪些因素？

8. 使用论坛有哪些优点，又有哪些缺点？找出它们对网络消费者购物行为的影响。

9. 讨论企业在进行广告或营销活动时，使用软件代理有哪些好处。在线谈判软件代理（一种能够与潜在客户进行讨价还价以最终确定价格的软件代理形式）是否能够增加网店的销量？

10. 讨论 SRI 咨询公司开发的 VALS 工具。浏览网站 strategicbusinessinsights.com/vals，关注网上活动，并讨论它们是如何促进网络市场细分的。

11. 当你购买一个旗帜广告时，你实际上是在网站 milliondollarhomepage.com 上租用空间。你租用一段时间，还是永久租用？比较并讨论这两种形式。

12. 讨论搜集个人客户数据的三种方法的优势和劣势。

13. 讨论在社交网络环境中，视频广告的优势有哪些。

课堂论辩题

1. 讨论网络市场调研中数据挖掘、文本挖掘、网络挖掘的相似点和差异（参阅在线辅导资料 T3）。

2. 一些人认为，人们进入社交网络就是为了进行社交活动，不会去关注广告。还有一些人认为，人们并不介意广告的出现，但是他们会忽略广告。讨论这两种观点。

3. 据你所知，企业会采用哪些策略来使用视频、移动设备以及社交网络等广告平台？为什么？

4. 未来传统的广告形式（电视、报纸、宣传栏）会消失吗？

5. Netflix. com、Amazon. com 以及其他一些大型网络公司会把客户的历史采购数据输入公司的建议系统，一些人认为这样做侵犯了他们的隐私。你同意吗？为什么？

6. 进入竞争对手的聊天室并提出质疑，这样做道德吗？

7. 一些人认为，他们更愿意相信传统的广告形式（比如报纸）而不是网络广告，还有一些人则持相反意见。讨论这两种观点。

网络实践

1. 浏览网站 netflix. com/affiliates，说明网站中涉及的作为一种营销手段的程序的价值。

2. 浏览网站 homedepot. com，并核实企业是否（以及如何）为客户提供服务，并发现它们的虚拟设计。尤其要关注 "kitchen and bath design center" 及其他自带的辅助设备。把这些内容和市场调研联系起来。

3. 浏览一个市场调研网站（例如 nielsen. com）。讨论公司怎样才能激励消费者对调研问题作出回答。

4. 浏览网站 mysimon. com，分享你的经历，你能够提供哪些信息用于企业对具体行业（比如服装市场）进行市场调研。

5. 浏览网站 marketingterms. com，利用分类的关键词进行搜索。查看本章涉及的 10 个关键术语的定义。

6. 浏览网站 2020research. com，infosurv. com 及 marketingsherpa. com。了解该领域关于消费者行为的市场调研。根据你的调查结果写一份总结报告。

7. 浏览网站 yume. com，寻找它们的视频广告活动并写一份总结报告。

8. 浏览网站 selfpromotion. com，nielsen-online. com。这些网站能够提供哪些互联网流量管理、网站效果、审计服务？每种服务的优点有哪些？对这些服务及其成本进行比较。

9. 浏览网站 adweek. com，wdfm. com，ad-tech. com，adage. com 及其他在线广告网站，了解网络广告的发展趋势。根据你的调查结果写一份报告。

10. 浏览网站 clairol. com/en-US/virtual-makeover，选择最适合你的头发颜色。你可以上传你的照片到网上工作室，然后你可以更换不同的背景和发型。这个网站也适合男性使用。这些活动是如何促进品牌推广的？又是如何增加销量的？

11. 浏览网站 clickz. com，查看网络市场调研的主题，然后对你的发现进行总结。

12. 浏览网站 hotwire. com 及 espn. go. com。找出每个网站上使用的所有广告形式。其中哪些是具有针对性的广告？在 ESPN 网站上你能发现哪几种赚钱的方式？（至少找出 7 种。）

13. 浏览网站 adobe. com/creativecloud. html。它如何帮助实施网站优化？它还能提供哪些服务？

14. 你在 targetmarketingmag. com，clickz. com，ad-media. org，marketresearch. com 和 wdfm. com 等网站上发现哪些资源最有用？描述从网站中得到的有利于在线营销的有用信息。

15. 浏览网站 zoomerang. com，学习网站上在线调查的技巧。检查各种产品（包括调查的补充性产品），并写一篇报告。

16. 浏览网站 pewinternet. org 和 pewresearch. org。两个网站所做的哪些研究与 B2C 有关？哪些与 B2B 有关？写一篇报告。

17. 浏览网站 whattorent. com。比较该网站的建议系统与 Netflix 网站的建议系统。写一篇报告比较二者的异同。

团队合作

1. 为导入案例设计的作业。

请阅读本章开头的导入案例，并回答下列问题：

a. 依你看，德尔蒙特使用社交媒体进行广告宣传的动力是什么？

b. 对社交网站的作用与市场调研活动进行关联度分析（具体到一对一的程度）。

c. 对案例中所使用的程式化方法和非程式化专题小组讨论的方法进行对比。

d. 如何用收集到的数据证明企业是否应该开展电子商务活动？

2. 通过兼并移动广告公司 Quattro Wireless 以及启动 iAd 项目，苹果公司的业务已经渗透到了谷歌公司的领域。研究一下苹果公司涉足该领域的原因以及苹果公司与谷歌之间的竞争。向全班同学进行介绍。

3. 公司不断推出新的营销模式和服务（例如，浏览 yume. com），视频广告得到了迅速的发展。每个同学查找所有的广告模式和服务形式，包括在推特上进行的移动广告和视频剪辑。撰写一份报告。

4. 每个团队选择一种广告方法，对广告行业进行一次深入的调研，看哪种广告模式主要是哪家企业在用。例如，利用电子邮件直复营销成本较低。浏览 thed-ma. org 了解电子邮件直复营销，也可以浏览 ezinedirec-tor. com 及类似网站。每个团队说明自己所选方法的优势所在。

5. 每个团队都浏览 pogo. com 或类似网站，尝试玩游戏赢大奖。以团队为单位讨论游戏与广告、营销活动

之间的关系。撰写一份报告。

6. 浏览网站 iab. net/video/videos/view/431，观看在 2011 年 IAB 年度领导人会议开幕式上，谷歌公司的前首席执行官 Eric Schmidt 的主题演讲视频，片长 8 分 19 秒。观看视频并回答以下问题：

a. 移动业务的宗旨是什么？

b. 公司的品牌宣传是什么？它将来会有变化吗？

c. 移动广告业务给传统广告业务带来哪些变化？

d. 客户享受到哪些增值服务？

e. 广告的目的是什么？

f. 哪些变化发挥了重要的作用？

g. 移动业务为缩小数字鸿沟创造了怎样的条件？

7. 浏览网站 www. autonlab. org，下载数据挖掘分析软件（免费的）。分析此软件的作用，并在此基础上写出一份报告。

8. 浏览 youtube. com/watch?v＝Hdsb_uH2yPU，观看视频资料 "Beginning Analytics：Interpreting and Act-ing on Your Data"，并回答以下问题：

a. 视频中提到的是什么测量指标？

b. 谷歌网站上的分析工具如何使用？

c. 分析软件对于提升竞争优势有什么帮助？

d. 网站黏度的重要性是什么？

e. 分析数据对决策有什么帮助？

f. 从视频资料中能够得到哪些启发？

g. 比较 Bings 公司的 Content 广告和谷歌的 Ad-Sense 广告两种模式，并进行介绍。

 章末案例

强生公司的新媒体营销

问题

强生公司（Johnson & Johnson）是世界上最大的药品和保健品生产企业，2014 年，在全球有 128 700 名员工。公司面临的一个主要问题就是其大部分产品都受到政府的严格监管，主要是指生产环节和营销环节。在信息时代，使用在线交流工具与顾客联系并提供支持对公司来说非常重要。而且，该公司大约拥有 30 000 个互联网域名。在过去几年中，强生公司对网络媒体（公司称其为"新媒体"）的使用采取一种开放的战略，业绩取得了显著的提升。

采用新媒体

由于新媒体的使用，在过去几年中强生公司（jnj. com）的在线业务获得了战略性增长。下面

介绍几种它们采用的战略：

● **Web 1.0 时代**

1996 年，强生公司开创了先例，使用网站将其产品展现在一个静态的宣传册上。之后不断扩大，到了 2014 年拥有的域名数量大约增长到 30 000 个。

● **Web 2.0 时代**

1. Kilmer House（kilmerhouse.com，强生公司在 Web 2.0 时期的第一个博客）。2006 年，在使用 Web 1.0 超过 10 年之后，强生公司推出了公司第一个 Web 2.0 广告工具。该博客是帮助企业进入 Web 2.0 时代最好的方式。

2. JNJ BTW（Web 2.0 时期的第二个博客）。2007 年，Kilmer House 上线一年之后，公司发布了第二个博客。公司使用这个博客发出"公司之音"。JNJ BTW 成为公司参与强生公司相关的网络讨论的平台，其提供一些关于卫生保健的公共教育。

3. 强生公司在 YouTube 上建立的健康频道。强生公司开始制作一些关于健康的视频。2008 年 5 月，公司快速发布了两段 JNJ 健康的测试视频，分别是"Ask Dr. Nancy-Prostate Cancer"（《Nancy 博士谈前列腺癌》）和"Dbesityand Gastric Bypass Options"（《胃旁路手术》）。这些视频被浏览成千上万次，并有数百个评论发表。这个视频成为强生公司与消费者互动的最好的工具。

4. 推特和脸谱。2009 年 3 月，公司开通推特渠道。2009 年 3 月，公司创建了第一个脸谱站点，站点上包含公司的发展历程。推特和脸谱作为"沟通工具"引导访问者进入 JNJ BTW 博客，以便更好地了解强生公司。

● **移动广告活动**

截至 2007 年，强生公司已经开展了一系列移动广告活动。

1. 强生公司开发了一款名为"Saving Momo"的游戏。该游戏是由 IM 和微软数字广告策划公司共同策划开发的。

2. 使用多渠道移动战略。根据 Butcher（2008），公司使用来电广告视频、SMS、手机网络建立了一个新的渠道向目标客户发送广告。

3. 强生公司的 Zyrtec 和苹果 2.0。Zyrtec 是一种非处方抗过敏药物。根据 Butcher（2009），2008 年，该药物的销售收入高达 3.159 亿美元。2009 年公司和天气预报频道（TWC）进行了一次手机广告活动，将 Zyrtec 的旗帜广告放到天气预报频道应用程序上。由此进入了一个新的广告平台——TWC 升级的 iPhone 应用程序。

● **社交媒体**

强生对于社交媒体的应用也非常广泛。例如，公司的脸谱页面上（facebook.com/jnj）提供了一个健康方面信息的链接（链接到强生频道）。根据 2014 年 8 月的数据，在英语系国家获得了超过 6 250 亿点赞量，在巴西的圣保罗表现得尤为活跃。强生在推特上使用最多的地址账号是@JN-News。最终的结果是，强生使用社交媒体不断地拯救生命（Olenski，2013）。

结果

各种新媒体的广泛使用使得企业的财务状况和管理都有了很大改善。

1. 根据 Ploof（2009）的研究，利用新媒体带来企业知名度的提升，是影响投资回报（ROI）的一个积极因素。同时，YouTube 提供了精确的计量方式，包括视频的播放时间、趋势、最受欢迎的视频，甚至观众的保留率。这些数据有助于公司的管理部门作出更好的决策。

2. 这些年来，手机广告带来了事半功倍的效果。2007 年，美瞳在即时通信工具（WLM）上开发一款名为"Saving Momo"的共享游戏，进行产品促销。该游戏经过一个月的时间达到了近

30万次主题包下载并拥有20万Saving Momo的玩家。活动推动了产品的销售，使得品牌更好地融入市场，对品牌产生了巨大的积极影响。2008年，强生给消费者提供呼入网络选择，这种方式更利于使用者获得美瞳隐形眼镜的免费体验。

3. TWC仍然是苹果用户在苹果产品应用商店使用得最多的下载方式。由于手机广告能够使得品牌与消费者产生最直接的交流，因此，它被视为"真正有效的媒介"。

资料来源：Butcher（2008），Butcher（2009），Microsoft（2009）以及Ploof（2009）。

思考题：

1. 找出本文中强生采用的在线广告行为，将它们与本章所描述的方法相联系。

2. 上网搜索更多关于强生公司在YouTube网站上的营销活动。

3. 上网搜索更多关于强生公司在脸谱和推特上的营销活动。

4. 上网搜索更多关于强生公司在移动设备中的营销活动。

5. 列出强生在线营销活动的主要优点。

在线补充读物

W9.1　应用案例：Netflix公司利用影片推荐和广告宣传增加网络电影营收

W9.2　从大众广告到互动广告及其优势和劣势

术语表

Advergaming（in-game advertising）：**广告游戏**，指利用游戏（特别是电脑游戏）去宣传或推广一个产品或服务的行为。

Ad views：**广告浏览**，某一时段用户浏览刊登旗帜广告网页的次数，也称"映象次数"或"浏览次数"。

Affiliated marketing：**联盟营销**，是一种"基于绩效的营销"，为上述机构的主要收入来源，也是销售公司的一种营销手段。

Affiliate network：**联盟网络**，发行者（联盟公司）与商家为进行合作而创建的网络市场。

Banner：**旗帜广告**，在网站上做广告时的图片展示（可以使用文字、标识等植入网页）。

Banner exchanges：**旗帜广告交易所**，允许多个网站进行旗帜交换的市场。

Banner swapping：**旗帜交换**，指A公司同意在网页上放置B公司的旗帜广告，作为交换条件B公司同意A公司在其网页上放置旗帜广告。

Behavioral targeting：**按行为定为目标客户**，或称行为定位，利用搜集到的关于个人网络浏览行为的信息，向用户发布针对性的广告，比大众广告能够更有效地影响客户。

Biometric：**生物识别**，是个体独特的身体特征和行为特征，可以用来精确地识别个人身份（例如指纹）。

Button：**按钮广告**，链接到网站的一个微小的旗帜广告。一般会含有一个可以下载的软件。

Click（ad click）：**广告点击量**，网站浏览者通过点击旗帜广告登录广告商网站的数量。

Click-through rate/ratio（CTR）：**点进率**，看见旗帜广告并点击旗帜广告的用户所占的比例。

Clickstream behavior：**点击流行为**，这是消费者网上行为的一种模式，可以在交易日志中观察到。

Clickstream data：**点击流数据**，是描述有关用户访问的网址、访问的顺序、用户在每个网页上停留的时间等的数据；它们提供用户在某一站点的活动轨迹（用户点击行为）。

Collaborative filtering：**协同过滤**，一种在没有客户活动记录的情况下，试图预测新客户感兴趣的产品和服务的方法。

Conversion rate：**转化率**，点击广告后真正实现购买的用户所占的比例。

Cookie：**网络跟踪器**，在用户不知情的情况下，存放在用户电脑里的数据资料。

CPM（cost per mille，即thousand impressions）：**千人成本**，广告商为用户点击一千次网页上的旗帜广告所支付的费用。

Customer loyalty：**客户忠诚度**，意味着真心承诺在未来一贯地、重复地购买偏好的产品或服务并因此产生对同一品牌或同一品牌系列产品或服务的重复购买行为。

E-loyalty：**网络忠诚度**，指客户对于网络电子零售商、网络直销的制造商或在线实施客户忠诚计划的企业的忠诚度。

E-mail marketing：**电子邮件营销**，利用电子邮件向客户传递商业信息的一种直复营销方式。

E-mail advertising：**电子邮件广告**，把广告添加到其他公司发送给客户的邮件信息中。

Hit：**点击**，从网页上或文档里搜索数据的请求。

Interactive marketing：**互动营销**，利用互联网平台营销人员和广告商与客户进行直接交流。

Interactive video：**互动视频**，通常指的是利用一种技术，使用户和视频进行互动。

Landing page：**登录页面**，当用户点击一个链接之后直接转入一个网页。在网络营销中，此页面直接将用户从访问者页面带到买方的页面。

Live banners：**动态旗帜广告**，在广告弹出时，其内容可以进行创建或者修改，而不是像旗帜广告那样按照预编程序展示固定内容。

Localization：**本土化**，将位于一个特定环境中的某一媒体产品和广告素材转换成符合另一环境中的文化和语言的过程。

Market segmentation：**市场细分**，是指将整个市场划分成若干子市场，并针对每个细分市场实施适当的广告策略的行为。

Merchant brokering：**商家筛选**，指在购买决策制定过程中决定向哪一个商家购买。

Mobile advertising（m-advertising）：**移动广告**，指通过无线移动设备（如智能手机、功能手机、平板电脑等）定制的广告。

Mobile marketing：**移动营销**，利用移动设备进行营销活动。

One-to-one marketing：**一对一营销**，是关系营销的一种，是市场销售部门更好地了解其顾客的一种方式，通过了解客户的偏好并且提供个性化的宣传和营销提升维系客户的可能性。

Online trust：**网络信任**，电子商务活动中的信任。

Page：**网页**，用超文本标记语言编辑的文件，文件中一般包括文字、图片，以及其他各种网络要素，例如JAVA程序，多媒体文件。有些网页是静态的，有些是动态的。

Pay per click（PPC）：**点击付费广告**，是非常流行的一种在线广告支付模式。广告商只需在使用者实际点击广告时才付费。

Permission advertising：**许可广告**，许可营销的一种形式，用户到商家登记并同意接收一些广告。

Personalization：**个性化**，根据个体的偏好提供相应的服务和广告。

Personalized banners：**个性化旗帜广告**，专为满足目标客户需求而定制的旗帜广告。

Pop-up ad：**弹出式广告**，也称为"自我复制广告"。当用户进入或者退出某个网站时，或延迟一段时间后，以及在一些其他情况下，在新窗口弹出的一种广告形式。

Pop-up banner：**弹出式旗帜广告**，当联盟网站被激活时，旗帜广告会在另一个窗口弹出。

Product brokering：**产品筛选**，指在购买决策制定过程中决定最终购买什么产品。

Random banners：**随机旗帜广告**，随机出现的旗帜广告，不是用户行为所致。

Relationship marketing：**关系营销**，更关注与客户建立长期关系的营销方法。

Reputation-based systems：**声誉系统**，声誉系统主要用来建立网络社区成员间的信任，在这里互不相识的成员方利用同行的信息反馈对他们的可信任度进行评估。

Search advertising：**搜索引擎广告**，是一种将广告投放在显示搜索引擎查询结果的页面上的广告方式。

Search engine optimization（SEO）：**搜索引擎优化**，是一种提高公司或品牌在搜索引擎内搜索结果排名的过程。最好出现在第一个页面的前5条。

Spyware：**间谍软件**，是一种类似于病毒且在用户不知情的情况下进入用户电脑的软件。接下来，监控者便可以搜集到你浏览习惯方面的信息。

Static banner：**静态旗帜广告**，经常停留在网页上的旗帜广告。

Sticker advertising：**贴纸广告**，广告商设计搞笑的包含公司品牌信息的免费贴纸，并发布在社交网络上（如在 LINE 上）进行推广，以提高品牌知名度。

Transaction log（for Web applications）：**网络应用交易日志**，记录用户在公司网站上的活动。

Trust：**信任**，通常是指一个人愿意相信另一人采取的行动。

User profile：**用户资料**，指有关顾客偏好、行为、兴趣和习惯的资料。

Viral marketing（viral advertising）：**病毒营销**，也称为病毒广告，指传递文字、故事或一些媒体资料的电子口碑营销，通过口口相传以达到促销的目的。

Viral video：**病毒视频**，是指通过在线信息共享的形式实现快速传播的视频。这样，人们可以通过视频分享获得更多信息，有时会在很短的时间内吸引上百万访问量。

Web bugs：**网络窃听器**，一种嵌入电子邮件和网页的小图形文件。它能够向监测站点发送用户及其活动的信息。

Web mining：**网络数据挖掘**，指利用数据挖掘技术从网络文件中发现和提取更多信息。

第十章 电子商务欺诈与安全防范

学习目标

1. 了解电子商务信息系统安全的内涵及其重要性；
2. 掌握电子商务安全的主要概念和术语；
3. 了解电子商务中主要的安全威胁、安全漏洞和容易遭受的技术性攻击；
4. 了解网络欺诈、网络钓鱼和垃圾邮件；
5. 掌握网络信息安全的基本原则；
6. 识别和评估电子商务访问控制和通信安全的主要技术方法；
7. 掌握电子商务网络安全防护的主要技术；
8. 掌握多种管理方法和具体防护机制；
9. 掌握买卖双方预防欺诈的方法；
10. 企业电子商务安全的实施；
11. 了解不能彻底杜绝计算机犯罪的原因。

|导入案例|  **纽约州立大学古西堡学院的网络管理**

坐落于纽约长岛的纽约州立大学（SUNY）古西堡学院（College at Old Westbury，oldwestbury.edu）是一所规模较小的美国大学。学院有 3 300 名学生和 122 名全职教师。接入网络对于该校的教师和学生来说都是必不可少的。

存在的问题

该学院既不限制人们在其网络中使用的设备种类，比如笔记本电脑、平板电脑和智能手机，也不过问这些设备的用途。因此，学生、教师和网络很容易受到各种安全问题的困扰，其中许多问题都是源于社交媒体网站，如脸谱、YouTube 视频网站等。学院鼓励通过社交媒体来形成一个协作、分享和学习的环境。

社交媒体也是恶意软件编写者的首选目标。拥有巨大下载量的社会媒体已经成为网络犯罪分子植入病毒并侵入系统的理想之地。网络钓鱼者利用社会工程学技巧来欺骗用户点击或下载恶意软件。

由于学生和教师使用的设备种类繁多，学院采取的各种网络安全管理措施并不成功。例如，尝试使用智能代理（部分学生反对在他们的计算机上安装该软件）作为安全防护手段，结果以失败而告终。

学院有较为完善的计算机使用规范文件，但这些都是基于以前的计算机环境建立的。由于旧的政策已经不合时宜，该大学决定调整旧的使用规则，以适应当前技术发展形势。

由于教师和学生常常通过网络下载视频文件，带宽使用也是一个重要问题。与教育无关的相关活动占用了大量的带宽，有时可能对课堂教学或研究活动产生干扰。

解决方案

首先，为所有学生、教师和工作人员分配一个计算机用户 ID。然后，开始执行新的计算机使用规范。要求所有用户都必须遵守该规范，并通过各个 ID 监测使用情况，监控网络流量，并进行行为分析。

新的规范覆盖了所有用户、所有设备和所有使用类型，包括移动设备和互联网。纽约州立大学古西堡学院 2014 年出台的使用规范规定，用户在使用该网络收发电子邮件或者其他个人信息时无法拥有完全的隐私，学校会收集包括网络使用日志和说明在内的一些信息。通过 ID 可以识别用户类型（例如是学生还是教师），网络管理可以设置带宽分配的优先次序。

在利用规范政策来控制网络使用方面，古西堡学院并不是唯一的案例。社交媒体管理网站（socialmediagovernance.com）为社交媒体关注的计算机资源控制提供相应的工具和指导说明。

取得的成效

新的系统监控整个网络运行情况，并在违反政策规范事件发生的时候（如过度使用），自动向管理人员发送警报。此外，该系统还能进行用户行为分析，报告用户行为变化情况。

系统会通过电子邮件向用户发送问题警告。有时，系统甚至会切断用户网络访问。在这种情况下，

用户可以到学生计算机实验室解决这个问题。

带宽控制仅仅针对在校期间的班级。

资料来源：Goodchild（2001），SUNY（2014），oldwestbury. edu（2014 年 5 月数据）。

案例给予的启示

这个案例说明了两个问题：可能遭受的恶意软件的攻击和带宽的不足。这两个问题都可能影响纽约州立大学古西堡学院的计算机系统效率，造成学生学习与教师教学和科研的相互干扰。在该解决方案中，学校可以监视本校网络上的所有用户，监测各种异常活动，并在必要时采取适当的措施，这就是组织可以采用的一种防御机制。新的策略与学生隐私有所冲突。这是安全系统中的一种典型情况：越严格的安全级别，隐私和灵活性就越少。在本章中，我们介绍信息系统攻击和系统防御之间的广泛领域。我们还将介绍电子商务和战略方面的欺诈问题，以及企业可以采取的安全应对措施。

10.1　信息安全问题

信息安全（information security）是指保护信息系统、数据和程序免受破坏、修改或攻击的各种活动和方法。因为信息安全与电子商务和 IT 产业密切相关，本章我们将系统介绍常见的信息安全问题和解决方案。本节我们学习信息安全问题的性质、信息安全问题的严重性，并介绍与信息安全相关的一些专业术语。

电子商务安全的定义

计算机安全（computer security）是指对数据、网络、电脑程序、电脑电源和其他计算机信息系统组成部分的安全保护。由于网络攻击方式和防护方式多种多样，计算机安全涉及的内容也很广泛。网络攻击和计算机安全防御可能影响到个人、机构、国家甚至是整个网络。计算机安全目标是阻止或减小网络攻击的影响。本书把计算机安全分为两类：广义的计算机安全涉及所有信息系统，狭义的计算机安全仅指电子商务安全，例如买方安全保护。本章还将介绍针对电子商务网站的网络攻击、个人和机构身份信息的窃取，以及多种欺诈手段，例如网络钓鱼等。

在美国和其他许多国家，信息安全已经成为几个最受关注的管理问题之一。图 10.1 列出了各种研究中涉及的最主要的信息安全问题。

美国计算机安全现状

多家私人和官方机构每年都会评估美国的计算机安全状况。比较出名的就是每年的 CSI 报告，下面我们将对其进行详细介绍。

没有人真正知道网络安全漏洞的实际影响，因为根据计算机安全协会（Computer Security In-

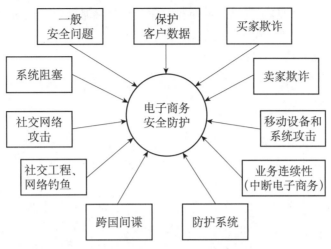

图 10.1　2011 年电子商务安全热点问题

stitute，CSI；官网是 gocsi. com）2010/2011 年计算机犯罪和安全调查，仅有 27.5% 的企业向司法机关报告受到了网络攻击（请浏览 scadahacker. com/library/Documents/Insider_Threats/CSI% 20-%202010 - 2011%20Computer%20Crime%20and%20Security%20Survey. pdf）。IBM 公司、总部位于美国加利福尼亚州的赛门铁克公司（Symantec），以及其他一些机构也会定期公布全面的年度安全调查报告。

不仅企业面临安全问题，个人也同样面临安全问题。

个人安全

大部分网络欺诈都是针对个人的。此外，性侵犯罪人员往往通过网络寻找到侵害目标，所以安全防范意识不强，可能就意味着增加了个人的安全风险。

国家安全

美国国土安全部（Department of Homeland Security，DHS）负责保护美国的计算机网络安全。DHS 采用的安全方案主要有如下几种：

● **网络安全防备和国家网络警报系统**（Cyber Security Preparedness and the National Cyber Alert System）。计算机用户通过该系统可了解最新的安全威胁。

● **美国计算机应急准备小组**（United States Computer Emergency Readiness Team，简称 U. S. -CERT Operations）。提供有关漏洞和威胁的信息，主动管理国家面临的网络风险，并运行一个数据库以提供有关漏洞的技术说明。

● **国家计算机应急协调小组**（National Cyber Response Coordination Group，NCRCG）。由来自 13 个联邦机构的代表组成的综合组织，对威胁评估进行审查，并为事件行动计划（包括联邦资源分配）提供决策参考。

● **网络警察平台**（CyberCop Portal）。专为执法人员和政府部门建立的网络平台，在安全环境中通过互联网与其他人协作和共享敏感信息。

根据 Goldman（2013）的研究报告，美国最重要的基础设施正受到越来越多的黑客攻击（如电力、核电和供水设施）。2012 年，一伙不明身份的黑客侵入了一些天然气管道公司的企业系统，偷走了它们系统控制的数据。高盛（Goldman）还指出行业研究员发现，很多企业选择不向当局报告网络攻击事件。

2013 年 2 月 17 日，美国总统奥巴马颁布行政命令打响网络战争。这份命令授予"联邦机构更大的权力与公共部门共享'网络威胁'的信息"。

2014 年和 2015 年信息安全风险

据 IBM（2014）和 EMC/ RSA（2014），以及其他网络安全供应商的报告，近期主要存在以下安全风险：

- 网络间谍和网络战争的威胁越来越大。
- 现在也有针对包括智能手机、平板电脑和其他移动设备在内的移动资产的攻击。企业移动设备是一个特定目标。
- 针对社交网络和社交软件工具的攻击。用户参与互动是恶意软件的一种主要来源。
- 针对自带设备的攻击（Bring Your Own Device，BYOD）。
- 身份信息盗窃爆发式增长，导致越来越多的被盗身份信息被用于犯罪。
- 盈利动机——只要网络犯罪分子能够赚钱，安全威胁和网络钓鱼攻击就会继续增长。
- 社交工程工具快速增加，例如通过电子邮件进行的网络钓鱼。
- 形成网络黑帮——地下组织日益增多，规模越来越大，尤其是在互联网欺诈和网络战争中。
- 商业垃圾邮件（包括图片垃圾邮件）。
- 间谍软件攻击（例如，使用拒绝服务方法）。
- 针对新技术的攻击，例如去计算和虚拟化的攻击。
- 针对 Web 和移动应用程序（App）的攻击。

在本章接下来的内容中，我们将讨论上面所列出的各种风险。根据 Lawinski（2012），对企业的攻击主要集中于管理人员（25%）、共享邮箱（23%）和销售人员（12%）。虽然大部分攻击的目标都是大型企业（50%），黑客同样也会攻击中型企业（32%）和小型企业（48%）。此外，受到攻击的企业中医疗保健和 IT 行业企业占 93%。我们认为 2014—2015 年的数据与此类似（请浏览 sans. org，baselinemag. com/security，enisa. europa. eu/activities/risk-management，isc2. org）。

移动设备的安全风险。根据 Davis（2012b），移动设备也面临着诸多安全问题，例如：丢失存有敏感信息的移动设备（66%）；移动设备感染恶意软件（60%）；从移动设备中盗取信息（44%）；用户下载了恶意应用程序（33%）；身份盗用；其他用户个人损失（30%）。

跨国网络战争和网络间谍

以计算机为工具攻击信息系统和计算机的事件越来越多，其危害也变得越来越大。

网络战

根据联合国犯罪和司法研究所（UN Crime and Justice Research Institute，简称 Unicri）的定义，网络战争或"网络战"是指一个国家或国际组织以造成损坏或破坏为目的，侵入另一个国家的计算机网络的任何行动。然而，在更广义的定义中，网络战还包括"网络流氓"、网络破坏和网络恐怖主义等行为。这种攻击通常是借助于病毒、DoS（Denial of Service，拒绝服务）攻击或僵尸网络进行的。

- 网络战在大多数国家都是非法的，其主要有以下几种威胁：网络间谍行为和安全漏洞，主要是指利用网络漏洞来获取属于敏感或机密性质的国家材料或信息（例如，通过恶意软件利用网络漏洞）。

● 破坏活动——指以造成损害为目的，利用互联网来破坏网络通信。

● 针对监控和数据采集网络的攻击（Supervisory Control and Data Acquisition，SCADA），以及针对国家计算基础设施（National Computational Infrastructure，NCIs）的攻击。

网络间谍活动。网络间谍是指利用计算机系统进行非法侵入。间谍活动就是在没有得到信息主人（个人、群体或是组织）允许的情况下获取秘密信息和情报。网络间谍活动在绝大多数国家都是非法的。

信息系统攻击

前面提到的幽灵网络攻击并非跨境网络攻击的一个孤立事件。2011 年 2 月，美国迈克菲公司（McAfee）报告称外国的黑客窃取了美国和其他几个国家石油公司的敏感数据。这类攻击开始于 2009 年 11 月，直到 2011 年仍在持续发生中。这种攻击的手法就是向成千上万人发送含有病毒的邮件（请浏览 csmonitor. com/USA/2011/0210/Report-Chinese-hackers-targeted-big-oil-companies-stole-data）。美国国会正立法保护其国家免遭所谓的"网络珍珠港偷袭"（也有人认为这种事不会发生）或"网络'9·11'事件"（Cowley，2012）。

攻击类型

攻击主要分为以下两种主要的相关类型：

1. **商业间谍**。很多攻击都是针对能源企业及相关行业的企业，因为它们的内部信息较有价值（McAfee，2011）。根据迈克菲公司 2010 年的一份报告，接近一半接受调查的发电厂和其他基础部门都曾遭到"复杂的对手"的侵入，敲诈是他们普遍的动机。例如，Nakashima（2011）指出，2011 年 9 月，有国外黑客袭击了位于伊利诺伊州的水厂控制系统，导致其水泵出现故障。攻击者还取得了未经授权的访问系统数据库的权限。追踪显示黑客所使用的互联网地址指向俄罗斯。据 2012 年 4 月 23 日的《华尔街日报》报道，伊朗的石油生产和精炼厂也遭受了疑似网络攻击。2012 年网络攻击者侵入了沙特阿美公司的 30 000 台电脑，重创了国家石油公司的网络，但未对天然气和石油输出造成破坏（Constatin，2012）。

2013 年底，举报人爱德华·斯诺登泄露的文件显示，比利时电信（一家比利时电信公司）也遭到英国间谍机构黑客的侵入（请浏览 spiegel. de/international/europe/britishspy-agency-gchq-hacked-belgian-telecomsfirm-a-923406. html）。

根据 Esposito and Ferran（2011），东欧地区的网络窃贼（也被称作"罗夫集团"）在他们被抓获之前已经劫持 100 多个国家至少 400 万台电脑。这些攻击者非法使用恶意软件，将网络用户引导到他们设定的路径上去。在被抓获之前，这些网络窃贼的盗取金额已经达到 1 400 万美元。该黑客团伙还攻击了一些美国政府机构和大型企业。

2. **政治间谍和政治战争**。政治间谍活动和政治战争正在大幅增加。有时，这些与商业间谍是密切相关的。2014 年，美国黑客在伊利诺伊州用 DDoS 恶意软件攻击克里米亚全民公决的官方网站。几天后，俄罗斯主要的政府网络资源和官方媒体网站也遭受了 DDoS 恶意软件的攻击（请浏览 rt. com/news/crimea-referendum-attack-website-194）。

 实际案例 1

2010 年 12 月，传言伊朗的核计划遭到了美国和以色列的黑客攻击。此次攻击成功地破坏了伊朗核计划的实体设施，可能导致伊朗核计划延迟数月甚至数年。这次攻击是通过一种很隐蔽的蠕虫病毒 Stuknet 进行的。这是一个鲜明的案例，黑客创造了一种以前必须由现实武器起到类似作用的新武器。作为报复，伊朗和亲巴勒斯坦黑客攻击以色列国家航空公司和该国的证券交易所。伊朗被认为是 2012 年 11 月美国银行遭到的一次袭击的幕后支持者（Goldman，2012）。

 实际案例 2

2014 年曾经出现过的一个最复杂的网络间谍事件是疑似俄罗斯间谍软件 Turla，它被用来攻击美国和西欧数以百计的政府计算机。

上面几个案例也反映出一些信息安全系统效果不佳。想要对网络战有一个全面的了解，请浏览 forbes. com/sites/quora/2013/07/18/how-does-cyber-warfare-work。

对于这些政治战争的后果，参见 Dickey et al.（2010）。对于美国参议院国土安全部的立法提案，参见 Reske and Bachmann（2012）。

电子商务安全问题的成因

很多驱动因素和抑制因素都可能导致电子商务领域的安全问题。这里，我们介绍几种主要的因素：容易受到攻击的网络架构设计、利益驱动的计算机犯罪行为、无线革命、互联网地下经济、电子商务的不断演变和内部人的参与以及攻击的复杂性。

网络的设计缺陷

互联网及其网络协议在设计之初就没有考虑如何防范网络罪犯。它们是基于一个诚信社会而设计和建立的计算机之间的交流沟通工具。然而，如今互联网已经成为一种全球性的通信、搜索和贸易载体。此外，互联网的设计初衷就是发挥最大效率，而没有考虑安全问题。尽管已经有所改进，但互联网从根本上来说还是不安全的。

利益驱动网络犯罪

计算机犯罪行为的性质有一个很明显的转变（参见 IBM 公司 2012 年的报告）。在早期的电子商务中，很多黑客只是想通过破坏网站或窃取高级管理权限来出名。在在线补充读物 W10.1 里的一个案例中，犯罪分子分工攻击系统的目的并不是为了赚钱。今天很多犯罪分子都是经验丰富的技术专家。最常见的被窃取的个人信息是银行卡账号、银行账户号码、网络用户名和密码等。隐私权信息交流中心（privacyrights. org）的报告称在 2005 年 4 月到 2008 年 4 月的三年时间内，安全漏洞问题涉及大约 2.5 亿条包含个人信息的数据记录（Palgon，2008）。今天，这一数字远远不止这么多。如今，甚至还有犯罪分子利用掌握的数据信息来敲诈勒索他们的受害者。2012 年 10 月 8 日发布的一段 CNN 视频（时长 2 分 30 秒）就是这样一个案例，标题是 "Hackers Are Holding Data for Ransom"（《黑客用数据进行勒索》），请浏览 money. cnn. com/video/technology/2012/10/08/t-ransomware-hackers. cnnmoney。CryptoLocker 是一种新的用于此类犯罪的勒索软件木马病毒（请浏览 usatoday. com/story/news/nation /2014/05/14/ransom-ware-computerdark-web-criminal/8843633）。

需要引起注意的是，笔记本电脑被盗主要是出于两个目的：第一是卖出去（例如通过典当行、易趣进行转卖）；第二是获取机主的个人信息（例如社保账号、驾照的详细信息等）。2014 年 1 月，一位前员工窃取了可口可乐公司的一台笔记本电脑，在这台电脑中存储了 74 000 条公司现职或离职员工的个人信息。而可口可乐公司并没有一个预防数据丢失的应对方案，笔记本电脑也没有进行加密（请浏览 infosecurity-magazine. com/view/36627/74000-data-records-breached-on-stolen-co-cacolalaptops）。

数据盗窃等犯罪行为的主要驱动因素就是从盗窃行为中获利。如今，被盗数据会在黑市上被出售，相关内容我们将在下面介绍。

各种无线活动和移动设备数量的剧增

相比于有线网络，无线网络的安全防护困难更大。例如，许多智能电话都配有移动支付所必需的近场通信（NFC）芯片。此外，第六章中提到的自带设备（BYOD）也可能产生安全问题。黑客可以更加容易地在智能手机和相关设备（例如蓝牙）上做文章，详情参见 Drew（2012）。

攻击者的全球化

很多国家都有网络攻击者（例如，中国、俄罗斯、尼日利亚和印度）。Fowler and Valentino-DeVries（2013）中有关于源于印度的网络攻击的内容。

地下网络

地下网络（darknet）可以看作是一种独立的网络，它可以通过常规网络和 TOR 连接进行访问（TOR 网络是虚拟专用网络的一种，它可以保护互联网上的隐私和安全）。通过非标准协议（不显示 IP 地址），地下网络只允许受信任人（"朋友"）进行受到严格限制的访问。地下网络允许匿名上网冲浪。地下网络的内容通过谷歌或其他各种搜索引擎都是无法获取的。TOR 技术也被用于文件共享（请参阅第十五章中的海盗湾案例）。地下网络常常还会被不同政见者用于非法交易，如贩卖毒品和通过文件分享盗取的知识产权。后者也被称为互联网地下经济。

2014 年 11 月，欧洲和美国执行部门关闭了大批 TOR 网站。但它们似乎并没有完全摧毁 TOR 加密网络（Dalton and Grossman，2014）。

互联网地下经济

互联网地下经济（Internet underground economy）是指由成千上万售卖信用卡账号、社会安全账号、电子邮箱地址、银行账号、社交网络账号、密码等非法获取的信息的网站构成的网络电子市场。赛门铁克公司曾经就地下经济写过一份报告（请浏览 symantec. com/threatreport/top-ic. jsp?id＝fraud_activity_trends&aid＝underground_economy_servers）。垃圾邮件发送者或犯罪分子从黑市上以不足一美元到几百美元不等的价格购买非法获取的信息，以发送垃圾邮件或进行转账和盗用信用卡等非法金融交易。报告称这类地下市场大约 30％ 的交易都是贩卖盗窃的信用卡。赛门铁克估计仅仅是待售的信用卡和银行信息的潜在价值就超过 70 亿美元。41％ 的地下经济在美国，13％ 的地下经济在罗马尼亚。报告还涉及了盗版软件问题，称每年盗版软件造成的损失超过 1 亿美元。犯罪分子通过多种方式盗取信息进行出售，其中最普遍的一种方式就是按键记录方法。

网络黑市"丝绸之路"

网络黑市"丝绸之路"是一家地下网站。有数以百计的毒贩和其他黑市商人在这个网站上开展他们的业务。2013 年 10 月，美国执法当局关闭了该网站，并逮捕了其创始人。然而，此后不久，"丝绸之路"又复活为"丝绸之路 2.0"。

在"丝绸之路"上进行的交易是用比特币进行支付的（详见第十一章）。2014 年 2 月，黑客盗走了由第三方（在买方和卖方之间）托管的 4 400 比特币，造成价值 270 万美元的比特币永远消失。"丝绸之路"网站的所有者宣告破产。然而，到 2014 年 5 月，该网站又再次恢复运营。

按键记录

按键记录（keystroke logging）是指在用户不知情或未授权的情况下，使用一种设备或软件程序实时追踪并记录他们敲击键盘的活动的过程。由于密码和用户等个人信息都是通过键盘输入的，所以按键记录能通过按键敲击情况来获取这些信息。按键记录软件也可能是一种恶意木马程序，利用计算机病毒感染用户的计算机并窃取机密信息。按键记录的方法和相关教程在网络上都可以免费获取（请浏览 pctools. com/securitynews/what-is-a-keylogger）。地下经济越复杂，越有更多的犯罪分子使用键盘记录来盗取用户的个人信息，并在地下市场进行售卖。

社交网络的爆发式增长

社交网络以及扩散平台和工具的飞速增长，使防范黑客攻击变得更加困难。社交网络很容易成为网络钓鱼和其他社会工程攻击的目标。

电商系统和内部人行为的不断演变

由于持续的创新，电子商务系统始终不断变化。安全问题也随之发生改变。近年来，在社交网络和无线系统等一些新的领域，我们都遇到了很多安全问题。需要引起重视的是，接近一半的安全问题都与内部人有关（受到攻击的组织的内部工作人员）。频繁招募的新员工也可能带来安全问题。

攻击的复杂化

网络犯罪分子利用新的技术发明，不断改进他们的攻击武器。此外，这些犯罪分子逐渐演变为组织严密的犯罪组织，例如 LulzSec 和 Anonymous。IBM 公司 2012 年的报告显示，网络犯罪分子会根据某一领域安全性的提升，调整他们的相应策略（例如，他们可以迅速地适应环境的变化）。

网络犯罪成本

目前我们还不清楚网络犯罪的成本究竟有多大。很多公司并没有公布网络攻击给它们造成的损失。然而，惠普公司网络安全部门的"2013 年网络犯罪成本研究全球报告"［由波尼蒙研究所（Ponemon Institute）独立进行的调查］显示，受调查企业每年由于网络犯罪造成的损失高达 720 万美元，这一数字较上一年的全球网络成本调查研究上升了 30％。数据泄露可能给企业造成巨大的损失，也有专家对网络攻击是怎样摧毁企业的进行了详细的研究。

10.1 节复习题

1. 计算机安全的定义是什么？
2. 2010—2011 年美国中央情报局调查的主要结论是什么？
3. 网络设计中有哪些缺陷？
4. 利益驱动的计算机犯罪表现在哪些方面？
5. 什么是互联网地下经济？
6. 电子商务系统如何不断演变？
7. 社交网络和移动计算设备有哪些相关的安全问题？

10.2　电子商务安全的基本问题和形势

为了更好地理解安全问题，我们需要了解与电子商务和信息技术安全相关的几个重要概念。

我们学习几个常用的、与安全问题密切相关的基本术语。

基本的安全术语

在 10.1 节的内容中，我们介绍了几个关键概念和安全术语。为了更好地理解电子商务安全问题，本节我们先列出几个主要的术语：

- **业务连续性计划**（business continuity plan）；
- **网络犯罪**（cybercrime）；
- **网络犯罪分子**（cybercriminal）；
- **曝光**（exposure）；
- **欺诈**（fraud）；
- **恶意软件**（malware，malicious software）；
- **网络钓鱼**（phishing）；
- **风险**（risk）；
- **社会工程**（social engineering）；
- **垃圾邮件**（spam）；
- **漏洞**（vulnerability）；
- **僵尸病毒**（zombie）。

这些术语的定义见本章术语表，也可以查看网站 webopedia.com/TERM。

电子商务安全较量

电子商务的安全要素可以比作黑客和管理人员及其安全需求之间的一场斗争。斗争包括以下几个部分（见图 10.2）：

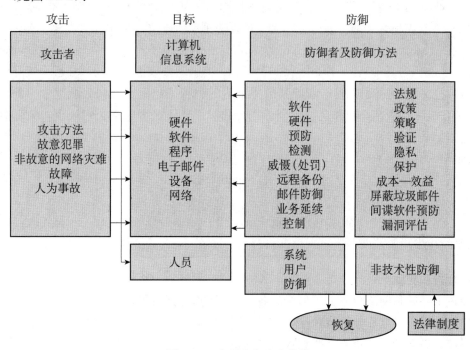

图 10.2 电子商务安全较量

- 攻击、黑客以及攻击策略；
- 容易受到攻击的资产（目标）；
- 安全防御、管理人员以及他们的方法和策略。

威胁、攻击和黑客

信息系统（包括电子商务）很容易受到无意的威胁和蓄意的攻击。

无意的安全威胁

无意的安全威胁可以分为三类：人为失误、环境灾害和计算机系统故障。

人为失误：人为失误可能发生于硬件或信息系统的设计阶段，也可能存在于程序设计（例如，忽略了可能出现的峰值年度因素）、测试、数据采集、数据录入、认证和帮助说明之中。错误可能是由疏忽、过时的安全程序或员工培训不足，也可能是由于密码没有修改或把密码告诉了别人。根据赛门铁克和波尼蒙研究所的 2013 年全球网络侵入研究报告，超过一半的数据泄露都是由于人为失误造成的。

环境灾害：这主要包括超出人类控制范围的自然灾害和其他环境因素（例如，不可抗力因素、大规模的自然灾害，如地震、超级风暴、飓风、暴风雪、沙尘暴），以及洪水、电力故障或强烈波动、火灾（最常见的灾害）、爆炸、放射性尘埃和水冷系统故障。烟雾和水等引起的副作用也可能会破坏计算机资源。战争破坏和财产破坏也是一种特殊的环境灾害。

计算机系统故障：缺陷可能是由于制造工艺不达标、材料缺陷、内存泄露、网络长期不维护或维护不善等原因造成的。非故意的系统故障也可能是由于经验不足、测试不充分等其他原因造成的。例如，2012 年 3 月，一个计算机故障（在与大陆航空合并后，美国联合航空公司切换到大陆航空公司使用的计算机系统时发生的故障）引起美国联合航空公司电话线路过载，导致航空延误，影响了乘客的行程，至今此问题仍然没有得到解决。据《悉尼先驱晨报旅行者》2014 年 1 月 13 日报道，在兼并发生三年多之后，美国联合航空公司仍在努力整合美国大陆航空公司（请浏览 smh. com. au/travel/travel-essentials/travel-news/united-airlines-computer-glitch-strands-pilots-20140113-30q4d. html）。2014 年初，美国联合航空公司的计算机系统还时常发生故障，导致数百个航班被迫取消，影响到数千乘客的行程安排。美国联合航空公司的计算机问题包括打印登机牌、乘客登记和获得行李标签等故障。美国联合航空公司表示，大部分问题都是由计算机故障引起的（请浏览 dailymail. co. uk/wires/ap/article-2562268/Flight-delays-soar-winter-storm-United-glitch. html）。

另一个例子就是载有多个大型网站（如 Reddit，Airbnb，Foursqure 等网站）的亚马逊云（EC2）。2012 年 6 月和 10 月，公司数据中心的问题导致云服务器崩溃。2012 年 7 月，由于恶劣天气袭击了北弗吉尼亚州的数据中心，Netflix，Foursquare，Dropbox，Instagram 和 Pinterest 等公司的系统也发生了崩溃。

蓄意的攻击和犯罪

蓄意的攻击一般是网络犯罪分子所为。各类蓄意的攻击包括数据盗窃、数据使用不当（如篡改数据或显示数据进行欺诈）、盗窃计算及相关设备或软件窃取数据、故意损坏或破坏计算机设备或其信息系统、破坏计算机资源、恶意攻击造成的损失、病毒的生成和传播以及网络诈骗导致的金钱损失。10.3 节和 10.4 节将进行讨论。

犯罪分子和犯罪手法

通过计算机或互联网实施的犯罪统称为网络犯罪（cybercrimes），犯罪的实施者被称为网络犯罪分子（cybercriminals），包括黑客（hacker）和破解者（cracker）。**黑客**是指那些通过非授权认证方式进入计算机系统的人。**破解者**（也被称为"黑帽"黑客，black hat hacker）是指那些拥有丰富计算机知识的恶意黑客，他们往往更具有破坏性。PC Tools 对此的一个形象比喻就是，"黑客是建造者，而破解者是破坏者。通常把为了犯罪目的而侵入计算机系统的黑客称为破解者。破解者的动机多种多样，如为了利益、某种信念，出于恶意或仅仅是因为他们喜欢进行挑战。他们可能会盗取信用卡号码、留下病毒、破坏文件或收集个人信息进行出售"（请浏览 pctools. com/secu-rity-news/crackers-and-hackers）。有些黑客组织（如国际组织"匿名者"）被公认为在侵入各类组织（包括美国军方和能源部等在内的多家美国政策机构）的系统方面是无法阻挡的。危险的是，在可以把责任推卸给网络犯罪分子时，一些公司甚至不愿意投入最少的努力来保护它们的客户信息（Murray，2011）。

与"黑帽"黑客不同的是，"白帽"黑客可能是互联网安全专家。他们受雇于各类公司，负责查找公司的计算机系统漏洞。

网络犯罪分子的攻击方式多种多样。根据目标的不同，有些是以电脑作为武器的，有些会针对目标攻击计算机资产（请浏览 i-programmer. info/news/149-security/3972-a-short-history-of-hacking. html）。

黑客和破解者往往还会牵涉到看似无辜的人员（包括一些内部人员）来协助实施犯罪。例如，Malware Bytes Unpacked 指出，"钱骡"（money mule）是账户密码被破解的当地人员，他们从账户中取钱引起银行注意的可能性较小。

"这些钱骡从账户中提取资金，然后再转账给网络犯罪分子"。由于钱骡被利用来转移盗窃的账款，他们可能会面临刑事指控，成为身份盗窃的受害者。在服刑期间，臭名昭著的黑客凯文·米特尼克还以社会工程作为主要工具来访问计算机系统进行黑客活动。

为了保护你的电子商务网络免遭黑客和欺诈攻击，你需要注意 10 个事项，详细情况请浏览 tweakyourbiz. com/technology/2014/01/20/10-tips-to-protect-an-ecommerce-website-against-hac-king-and-fraud。

成为攻击目标的漏洞

如图 10.2 所示，网络攻击目标可能是人，也可能是计算机或信息系统。针对人的攻击多涉及欺诈，目的是盗取金钱或房产之类的各种财产。同时，计算机还被用于骚扰（如网络欺凌）、破坏信誉、侵犯隐私等。

易受攻击的主要漏洞

信息系统的任何部分都可能成为攻击目标。个人电脑、平板电脑和智能手机很容易失窃，或者遭到病毒和其他恶意软件的攻击。用户很可能成为各种欺诈活动的受害者。数据库可能受到未经授权的访问攻击，在一个计算机系统的很多地方，数据可能遭遇漏洞威胁。如数据可能被复制、修改或盗取。网络可能遭到攻击，信息流可能被阻断或更改。计算机终端、打印机以及其他部件都可能遭到各种各样的破坏。软件和程序可能受到劫持，程序和规则可能遭到更改等。各种漏洞都很容易遭到攻击。

漏洞信息。漏洞是攻击者发现并加以利用的系统缺陷。漏洞为攻击者提供了破坏信息系统的机会。美国 MITRE 信息技术公司发布了一份名为"常见漏洞及风险清单"（CVE）的报告（cve.

mitre. org）。2006 年 12 月 27 日，在 SC 杂志的一篇文章中，MITRE 指出 5 个最常见的漏洞中有 4 个都是网络应用程序。在网络犯罪分子发现并利用一个漏洞之后，该漏洞就会暴露。相关情况也可以参考微软的威胁和漏洞指南，网址是 technet. microsoft. com/en-us/library/dd159785. aspx。

电子邮件攻击。因为它是通过非安全网络传播的，用户电子邮件是一个最容易遭到攻击的地方。2008 年 3 月，一位曾经的美国副总统候选人莎拉·佩林（Sarah Palin）的电子邮件被黑就是一个典型的案例。

智能手机和无线系统攻击。由于移动设备比有线系统更容易受到攻击，随着移动计算设备的爆炸式增长，针对智能手机和无线设备的攻击正日益增多。

射频识别技术芯片漏洞。这种芯片到处都是，甚至美国护照里也有。这种芯片可以通过非接触的方式读取，这也成为它们的漏洞所在。当你在钱包或口袋中装有一个射频识别芯片时，任何一个持有读取设备的人都可以接近你并读取卡上的射频信息［请浏览名为 "How to Hack RFID-Enabled Credit Cards for ＄8（BBtv）" 的视频资料，网址 youtube. com/watch?v＝vmaj1KJ1T3U］。

企业 IT 系统和电子商务系统漏洞

Sullivan（2009）把漏洞划分成技术漏洞（如未加密通信、未有效使用安全软件和防火墙）和组织漏洞（如用户培训和安全意识不足，以及内部人盗取数据并违规使用企业电脑）。

很多地方都可能成为漏洞，有些是我们想都想不到的（如射频识别技术）。与此相关的一个问题就是知识产权盗版。

盗版视频、音乐和其他版权作品

当音乐、视频、书籍、软件和其他版权作品存在于网络上时，就比较容易进行非法下载、复制或传播。一个非法软件通过点对点方式进行下载时，就形成了网络盗版。一个典型的例子就是盗版体育赛事直播。这关系到体育联盟和媒体公司数百万美元的收入损失。这些机构正联合起来游说当局，针对违法者加强版权立法并提起诉讼（详细情况可以参考第十五章）。更多讨论参见 Stone（2011）。网络盗版的其他事实和统计数据请浏览 articles. latimes. com/2013/sep/17/business/la-fi-ct-piracy-bandwith-20130917。

电子商务安全措施

良好的安全性是电子商务能否成功的一个关键因素。为确保电子商务的成功和最大限度地降低交易风险，需要采用以下一系列安全措施。

- **认证**。认证（authentication）就是一个确认个人、软件客户端、电脑程序或电子商务网站等真实身份的过程。对于电子信息来说，认证验证是指确认发送/接收电子信息的人就是本人。（认证是检测一个人或一家企业身份的能力。）
- **授权**。授权（authorization）是指允许获得授权的某个人在那些特定的系统中进行特定操作的一些规定。
- **审核**。在个人或程序登录网站或访问数据库的时候，很多相关信息都会被记录进一个文件。在交易过程中维持或调整事件顺序（什么时间、什么人员）被称为审核。
- **可用性**。确保在用户需要时系统和信息是可以获得的，并且网站也是可以使用的。只有适当的硬件、软件和程序才能确保可用性。

● **不可抵赖性**。不可抵赖性（nonrepudiation）与认证密切相关，就是要保证在线客户或贸易伙伴不可以否认他们的购买、交易或其他责任。不可抵赖性涉及以下几种证明、包括发送方的发送证明、发送方和接收方以及快递公司的身份证明。

认证和不可抵赖性是防御网络钓鱼和身份窃取的最基本手段。为了保护并保证电子商务交易的互信，常用数字签名或数字证书来验证交易的发送者和交易时间，这样过后就无法再声称交易未经授权或交易无效。10.6 节将学习电子商务中数字签名和数字证书技术概况以及它们是怎样提供验证的。然而，网络钓鱼和发送垃圾邮件的犯罪分子已经想出了伪造某些数字签名的方法。

防御：防御者、策略和方法

网络安全人人有责。一般来说，公司的信息系统部门和安全软件供应商提供技术支持，而管理者提供行政支持。这些活动的进行需要用户遵守一定的安全和战略程序。

电子商务防御计划和策略

电子商务安全策略（EC security strategy）包括由多种方法构成的多个层次的防御体系。这种防御的目标是预防、阻止和检测未经授权进入一个企业的计算机和信息系统。**威慑措施**（deterrent methods）是指可以迫使犯罪分子放弃攻击某个特定系统的想法的措施（如一个可能的威慑就是被抓住和处惩的预期）。**阻止措施**（prevention measures）可以阻止未经授权的用户侵入电子商务系统（如识别潜在威胁并针对威胁作出快速反应的一种先发制人的保障网络安全的方法，就是使用身份验证设备和防火墙或采用防入侵措施）。**检测措施**（detection measures）可以帮助发现计算机系统中的安全漏洞。通常，这就意味着要搞清楚是否有入侵者正在试图（或已经）侵入电子商务系统，他们是否已经成功，他们是否还在破坏系统，以及他们可能已经造成了什么破坏。在网络犯罪分子作出入侵尝试之后需要尽快通过入侵检测系统进行检测。

信息安全。确保线上消费安全可靠是提升线上购买者使用体验的关键因素。**信息安全**（information assurance，IA）是指为应对各种风险而采取的保护信息系统的措施和处理过程。换句话说就是确保系统在需要的时候是可靠的。这些保障措施包括各种工具和防护方法。

相关处罚

抓住犯罪分子后，对他们实施严厉的惩罚，这种威慑是防御的一部分。如今法官判罚比十多年前更多且更严厉。例如，2010 年 3 月，联邦法官判决盗取并出售上百万人信用卡账号的 28 岁的 TJX 支付系统黑客 Albert Gonzales 入狱 20 年。这样的判决强烈警告了黑客，间接地促进了安全防御工作。然而，还有很多案件处罚过轻，不足以威慑更多的犯罪分子（Jones and Bartlett Learning LLC，2012）。

防御方法和技术

防御方法、技术和软件厂家有数百种，并且可以用不同的方法分类，因此对它们进行分析和选择也是有一定难度的。我们仅选择其中一部分在 10.5 节、10.6 节、10.7 节、10.8 节和 10.9 节中介绍。

恢复

在网络安全斗争的每个回合中，都会有赢家和输家，但要赢得这场安全斗争还是有一定难度的。10.9 节中我们将会学习到，导致这种结果的原因有很多。另一方面，一次安全侵入事件后，机构和个人通常都需要进行恢复工作。在遭遇灾难或严重攻击的时候，恢复工作尤为重要，并且恢复的速度还要够快。机构在信息系统全面恢复之前，本来的正常业务还不能中断，它们需要以最快速度恢复。实现这样的目的就需要激活业务持续性和灾难恢复计划。

由于电子商务和网络安全比较复杂，因此需要一整本书甚至几本书才能说清楚相关问题。这里我们仅介绍几个选题。

10.2 节复习题

1. 列举 5 个主要的电子商务安全术语。
2. 解释主要的无意安全威胁的含义。
3. 列举 5 个国际电子商务安全犯罪的案例。
4. 什么是电子商务安全斗争？它涉及哪些主体？如何进行斗争？可能的结果是什么？
5. 什么是黑客和破解者？
6. 列出所有电子商务安全需求，并解释认证和授权的含义。
7. 什么是不可抵赖性？
8. 什么安全漏洞？列出一些潜在攻击的案例。
9. 解释电子商务安全系统中威慑、阻止和检测的含义。
10. 什么是安全策略？为什么要制定安全策略？

10.3　技术性攻击方法：从病毒到拒绝服务

犯罪分子攻击信息系统和用户的方法多种多样（Suby，2013）。这里我们介绍几种比较有代表性的方法。

为了便于学习，我们把攻击分为技术性攻击（将在本节学习）和非技术性攻击（将在 10.4 节学习）两种类型。

技术性攻击和非技术性攻击

技术性攻击方法的实施需要具备软件和系统知识。防病毒软件和个人防火墙使用不足以及使用非加密通信是形成技术漏洞的主要原因。

非技术性攻击方法是指网络或计算机安全遭到的威胁（如缺少安全意识方面的培训）。Sullivan（2009）的一份报告指出，"非技术漏洞是指不恰当地使用计算机和网络服务"。我们认为金融欺诈、垃圾邮件、社会工程，包括网络钓鱼和其他欺诈都是非技术性攻击。社会工程的目的就是获取系统或信息的非授权访问途径，方法就是通过欺骗或引诱使没有警觉的受害者泄露个人信息，这些信息可能会被犯罪分子用于诈骗和其他犯罪。主要的非技术性攻击方法将在 10.4 节学习。

主要的技术性攻击方法

黑客们常通过一些软件工具（遗憾的是网络上有现成的、可以免费获取的工具和相应的使用教程）来了解有关漏洞和攻击程序的知识。主要的攻击方法如图 10.3 所示，下面将进行简要的介

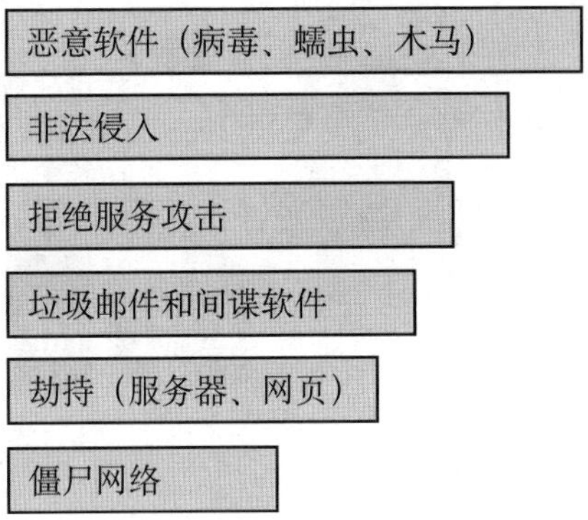

恶意软件（病毒、蠕虫、木马）

非法侵入

拒绝服务攻击

垃圾邮件和间谍软件

劫持（服务器、网页）

僵尸网络

图 10.3　技术性攻击的主要方法（按重要性由高到低排序）

绍。需要注意的是，现在还有很多其他方法，如"大规模 SQL 注入"攻击，这些攻击的危害性可能非常大。

恶意软件（恶意代码）：病毒、蠕虫、木马

恶意软件是一种软件代码，设计用来相互传播，在受害者不知情或未同意的情况下感染、更改、破坏、删除或替换数据或者信息系统。恶意软件是一个统称术语，描述各种恶意代码或软件（如病毒就是恶意软件的一种）。根据 Lawinski（2011），恶意软件攻击是最常见的安全漏洞，影响到 22％ 的公司。遭到恶意软件感染的计算机系统会在犯罪分子的操纵下发送垃圾邮件或盗取用户存储的密码。

恶意软件包括计算机病毒、蠕虫、僵尸网络、木马、网络钓鱼工具、间谍软件工具以及其他恶意软件和不需要的软件。

病毒

病毒（virus）就是犯罪分子植入计算机以破坏系统的编译好的软件，运行其宿主程序就会激活病毒。病毒有两个基本功能：一是可以自我复制的传播机制，二是一旦被激活就会造成破坏。有时，一个特定事件会触发某个病毒。例如，米开朗基罗（Michelangelo）的生日激活了 Michelangelo 病毒。2009 年 4 月 1 日，整个世界都在预防一个名为 Conficker 的病毒的爆发。2014 年，一种名为"Pony"（小马）的病毒感染了数十万台电脑，来盗取比特币和其他货币（Brooks，2014）。最近的一个案例是，一个名为 BTZ 代理的病毒攻击了位于俄罗斯、美国和欧洲的超过 40 万台计算机（Frinkle，2014）。虽然这次大袭击并没有造成太恶劣的影响，但各种病毒仍在不停地传播（请浏览 computer. howstuffworks. com/virus. htm）。有些病毒只是简单地感染和传播，并不会造成太大的破坏。而有些病毒则会造成实质性损害（如删除文件或破坏硬件）。

据俄罗斯一家主要从事反互联网犯罪的机构卡巴斯基实验室称，基于恶意软件的犯罪正快速增长。

今天，基于 Web 的恶意软件比较泛滥。病毒攻击是最常见的计算机攻击。病毒攻击的具体过程如图 10.4 所示。

病毒的危害性比较大，尤其是对小公司而言更是如此。2013 年，一种名为 CryptoLocker 的病毒被用来敲诈企业，在抓取到企业的计算机文件之后，它们会威胁要删除文件内容。

病毒的有关信息参见 Scott（2014）和 Dawn Ontario。对于电脑病毒的症状和诊断参见 Worley（2012）。在微软的教程中，你也可以学习到如何识别计算机病毒，如何判断你是否感染病毒，

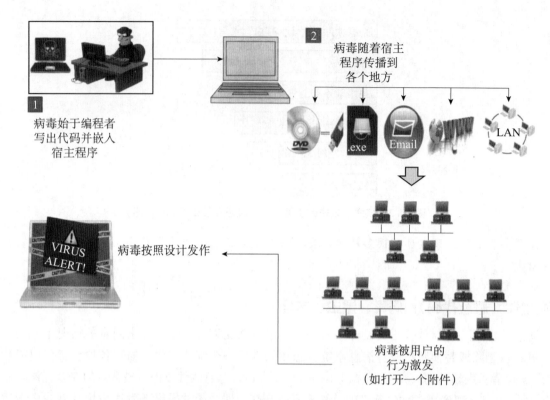

图 10.4　计算机病毒的传播方式

以及如何做好针对病毒的防护（请浏览 microsoft. com/security/default. aspx）。与病毒相似的计算机程序是蠕虫和木马程序。

蠕虫

与病毒有所不同，**蠕虫**（worm）可以自动进行复制传播（像一个独立的个体，它的激发不需要借助于任何宿主或用户）。蠕虫通过网络传播并感染电脑或掌上电脑，甚至可以通过即时消息或电子邮件进行传播。此外，和病毒的影响仅局限于受到感染的电脑不一样，蠕虫会侵入网络中的很多设备，还会影响整个网络的通信能力。根据思科公司的报告，"蠕虫既可以利用目标系统的漏洞，也可以利用某种社会工程诱使用户来激发它们。"因为蠕虫的传播速度远比病毒快，所以它们更加危险。

宏病毒和微蠕虫。宏病毒（macro virus，也称"宏蠕虫"，macro worm）是一种连接到数据文件的恶意代码，而不是可执行的程序（如一个 Word 文件）。根据微软的报告，宏病毒可以攻击Word 文件，以及使用同一种编译语言的任何其他应用程序。当文档被打开或关闭时，病毒就会传播到计算机系统里的其他文件中（请浏览 support. microsoft. com/ kb/187243/en）。

木马。木马（Trojan horse）是一种貌似无害甚至有用的软件，但实际上却隐藏着恶意代码。用户会被诱使打开一个受到感染的文件，它会对宿主发起各种形式的攻击，包括从插入弹出窗口到删除文件、传播恶意软件等各种破坏活动。木马这一名称源于希腊神话中的木马。据传在特洛伊战争期间，一个巨大的木马作为礼物被献给雅典娜女神。特洛伊人把这个木马拉进了城门。夜晚时，藏在空心木马中的希腊士兵打开城门，把希腊军队放进城，占领了城池并赢得了战争胜利。

木马只会通过用户间的交互（如打开一封涉嫌假冒 Verizon 名义发送的电子邮件）进行传播，木马的类型多种多样（如宙斯木马，请参阅在线补充读物 W32），后面将进行详细讨论。

Rebery 网络钓鱼木马

2006 年，一种名为 Rebery 网络钓鱼的木马被用来窃取了 125 个不同国家的数万份个人身份信息。这种 Rebery 恶意软件是一种典型的银行木马，主要用于在用户访问线上银行或电商网站时造成破坏。

 实际案例 2

针对 WordPress 的 DDOS 攻击

2014 年 3 月，黑客使用僵尸网络攻击了超过 16.2 万个 WordPress 网站。由于全球 17% 的博客网站都是基于 WordPress 平台的，任何攻击都可能是毁灭性的。

一些新的安全漏洞：Heartbleed 和 Cryptolocker

Heartbleed 和 Cryptolocker 是两种分别于 2013 年和 2014 年发现的非常危险的计算机漏洞。

Heartbleed。根据 Russel（2014），"Heartbleed 是 OpenSSL 的一个缺陷，OpenSSL 是一种开源加密标准，用户想要在确保安全的情况下进行数据传输的大部分网站都需要使用这种标准。在发送电子邮件或进行即时通讯聊天时，它基本上可以为你提供一条安全线路"。

对数据进行加密，可以让发送的数据对除了既定接收者之外的其他任何人都失去意义。有时，计算机可能需要确认在其安全连接的终端是否还有一台计算机，并且它会发出所谓的"心痛"之类的一些小的数据包来要求回应。

由于 OpenSSL 执行中的一个编程错误，研究人员发现通过发送一个精心伪装的"心痛"数据包，可能会诱使另一端的计算机发送其内存中存储的数据。

这种错误的潜在危害非常大。从理论上来说，活动内存中的任何数据都可能通过这个漏洞被盗取出来。黑客甚至可能盗取到加密密钥，从而能够读取加密信息。受到影响的网站大约有6.5 亿个。专家唯一的建议就是修改网上密码。Mashable Team（2014）提供了受影响的网站列表。

Cryptolocker。发现于 2013 年 9 月的 Cryptolocker 是一种勒索木马漏洞。这种恶意软件感染途径包括电子邮件附件等多种来源，它会对用户计算机上的文件进行加密，这样用户就无法读取这些文件。然后，恶意软件所有者要求用户使用比特币或其他类似的无法追踪的支付系统支付一定的赎金，再对数据进行解密。

拒绝服务

据 Incapsula 公司称，拒绝服务（DoS）攻击是指"恶意尝试使用户无法使用服务或网络，通常是把服务器主机与互联网之间的链接暂时中断或暂停"。这会导致系统崩溃或不能及时响应，这样网站就无法访问了。其中最常见的一种 DoS 攻击方法就是"水淹"系统，黑客通过大量"无用流量"让系统过载，使用户无法访问他们的电子邮件或网站等。

DoS 攻击是由一台计算机或一个网络链接造成的恶意攻击，这与 DDos 攻击有所不同。DDos

攻击会涉及大量的设备和多个互联网链接（将在后面进行讨论）。攻击者还可以使用垃圾邮件对用户的电子邮件账户发起类似的攻击。利用僵尸电脑发起攻击是一种常见的 DoS 攻击方法，这可以让黑客在计算机主人不知情的情况下，远程控制计算机。僵尸计算机（也称"僵尸网络"）针对受攻击网站发起数量庞大的请求，造成拒绝服务。例如，DoS 攻击者会攻击一些社交网站，特别是脸谱和推特（请参阅在线补充读物 W10.1）。

DoS 攻击很难阻止。所幸，针对这种司空见惯的攻击方式，安全组织已经开发出了一系列针对性防护方法（请浏览 us-cert.gov/ncas/tips/ST04-015）。

网络服务器和网页劫持

网页劫持（page hijacking）是非法复制网站内容，使得用户被误导到一个完全不同的网站。有时，黑客会劫持社交媒体账号，目的就是盗取账号拥有者的个人信息。例如，2014 年 3 月，加拿大歌手贾斯汀·比伯账号被劫持，导致其 5 000 万粉丝成为此类攻击的受害者（Lyne，2014）。受劫持的账号会被嵌入某个可以劫持账号并自动向好友转发的恶意应用链接。

僵尸网络

微软安全中心指出**僵尸网络**［botnet，也称为"僵尸军团"（zombie army）］是一种恶意软件，那些犯罪分子利用这类软件感染由黑客控制的大量互联网计算机。然后，这些受感染的计算机便形成了一个"僵尸网络"，在用户不知情的情况下，这些个人计算机便会"执行各种非法网络攻击"。这些非法任务包括发送垃圾邮件和电子邮件、攻击电脑和服务器、实施其他各种欺诈以及造成个人电脑运行缓慢（请浏览 microsoft.com/security/resources/botnet-whatis.aspx）。

每台攻击电脑就像一个电脑机器人。据 Prince（2010a），2010 年一个由 75 000 套受宙斯特洛伊木马感染的系统组成的僵尸网络攻击了全球范围内 2 500 家公司的计算机系统。发起攻击的其中一个目的就是获取包括金融和电子邮件系统在内的脸谱、雅虎和其他热门网站的登录凭据。

Kavilanz（2013a）称我们面临着 6 种最危险的网络攻击，包括 Timthumb 攻击。黑客主要把僵尸网络用于诈骗、垃圾邮件、欺诈或仅仅是破坏系统（如在线补充读物 W10.1 描述的医院案例）。僵尸网络的形式多种多样，可能包括蠕虫或病毒等。那些臭名昭著的僵尸网络包括 Zeus，Srizbi，Pushdo/Cutwail，Torpig，Conficker 等。

 实际案例

Rustock 是一个隐藏多年、由近 100 万台受劫持的个人计算机组成的僵尸网络。这个僵尸网络每天发送多达 300 亿封垃圾邮件，在网站上放置"诱惑陷阱"广告和链接，诱导受害者点击访问。垃圾邮件发送者伪装成个人电脑更新，看起来像常见的论坛一样，使得安全软件很难发现它们。2011 年 3 月，微软就是帮助关闭 Rustock 僵尸网络的几个公司之一。2013 年，微软和美国联邦调查局（FBI）联手封杀了超过 1 000 个用于盗取银行信息和个人身份信息的僵尸网络。微软和 FBI 都在尝试攻破恶意软件"城堡"，2012 年初以来这一恶意软件已经影响了 90 多个国家数以百万计的用户（Albanesius，2013）。恶意的僵尸网络攻击的有关分析，参见 Katz（2014）。

家电设备"僵尸网络"。物联网（Internet of Things，IoT）也可能遭到入侵。由于智能家电需要连接到互联网，它们可能会成为受到劫持和控制的计算机。第一起家电攻击发生在 2013 年 12 月至 2014 年 1 月之间，波及多台电视机和冰箱。这被看作是"首个家电设备僵尸网络和首次物联网网络攻击"。黑客侵入了超过 100 000 台家电设备，并利用它们向全球范围内的企业和个人发送了 750 000 封恶意邮件（Bort，2014；Kaiser，2014）。

恶意广告

科技百科全书（Techopedia）对恶意广告的定义是"用于传播恶意软件的恶意互联网广告形式"。恶意广告的做法主要是把恶意代码隐藏于相对安全的在线广告中（请浏览 techopedia.com/definition/4016/malvertising）。

需要注意的是黑客发起的广告攻击正在加速增长。例如，2013 年谷歌屏蔽了 40 多万个隐藏有恶意软件的广告形式。我们给读者的忠告是：如果你收到一封邮件，内容是恭喜你赢得一大笔奖金并告诉你"详情请看附件"，这时请千万不要打开。

10.3 节复习题

1. 非技术性网络攻击和技术性网络攻击有什么区别？
2. 恶意代码的主要形式是什么？
3. 什么因素导致恶意代码日益增多？
4. 什么是病毒？病毒是如何工作的？
5. 如何界定蠕虫和木马？
6. 什么是 DoS？黑客如何进行 DoS 攻击？
7. 什么是服务器劫持和网页劫持？
8. 什么是僵尸网络攻击？

10.4 非技术性攻击方法：从网络钓鱼到垃圾邮件和欺诈

正如在 10.1 节中所介绍的，网络犯罪正在向利益驱动模式转变。这些犯罪的实施主要依靠技术性攻击和非技术性攻击两种方法。技术性攻击包括可以从你的网络银行账户盗取机密信息的恶意代码等，非技术性攻击包括社会工程等。

社会工程和欺诈

正如前文所述，"社会工程"是多种攻击方法的组合，犯罪分子利用人们的心理，引诱或操纵他们泄露自己的隐私信息，从而犯罪分子利用这些信息进行非法活动。黑客还可能会尝试侵入用户的个人电脑，安装恶意软件来控制个人电脑。主要的社会工程攻击有：网络钓鱼（有多种方法，典型的是网络钓鱼者发送伪装成合法来源的电子邮件）、假托（如假称朋友发送的借钱的电子邮件）和调虎离山（社会工程人员告知快递公司，自己是本应发送到另一个地址的包裹的真正接收者，于是这名社会工程人员接收了包裹）。如图 10.5 所示，一旦信息从受害者处被盗取，就会被用于实施犯罪活动，大多数都是用于金融诈骗。当前各种未得到修补的漏洞数量和电子邮件诈骗/网络钓鱼的数量都在快速增长。

如图 10.5 所示，网络钓鱼者（或其他犯罪分子）用于获取机密信息的方法多种多样，从社会工程到实际盗窃等。盗取的信息（如信用卡账号、用户身份信息等）会被盗贼用于金融欺诈，或在地下网络市场售卖给其他犯罪分子，其他犯罪分子再利用这些信息进行金融犯罪。详情参见 Goodchild（2012）。本节我们将介绍社会工程中的网络钓鱼是如何实施的。

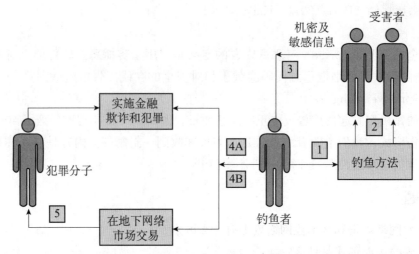

图 10.5　社会工程：从网络钓鱼到金融欺诈和犯罪

社会网络钓鱼

在计算机安全领域，网络钓鱼是一个使用欺诈手段获取机密信息的过程，如从不知情的计算机用户那里获取信用卡或银行详细信息等。Teller（2012）称，"网络钓鱼者会发送电子邮件、即时消息、评论和文本信息，这些信息看似来自合法的、受欢迎的公司、银行、学校或其他机构"。一旦进入侵入的网站，他或她可能会被欺骗，被要求提交个人隐私信息（如被要求更新信息）。有时，网络钓鱼者还会安装恶意软件，以便于提取信息。由 Swann（2012）创作的《网络钓鱼故事：Marlins 的哭泣》是一本有趣的小说，它发出了"关于网络安全的呐喊"。基于 Web 的网络钓鱼的具体过程如图 10.6 所示。

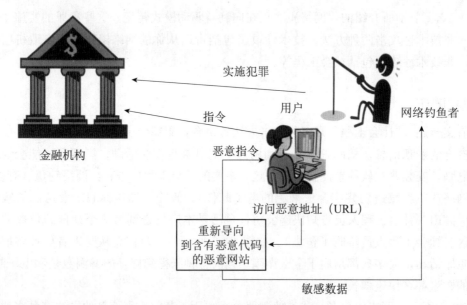

图 10.6　网络钓鱼的实施过程

EMC/RSA（2014）提供了一份全面的关于网络钓鱼的统计和预测报告。Casti（2014a）描述了一个有关 Netflix 公司的网络钓鱼事件，公司的用户被诱骗与假冒的客服人员联系，并提交个人账户数据。现在，诈骗分子又瞄准了 AT&T、Comcast 等公司，通过假冒赞助商广告吸引用户访问假冒网站（请浏览 ehow. com/how_ 7350964_recognize-phishing. html）。

售卖盗取的信息和售卖其他赃物一样，可以获利并且无法禁止。遗憾的是，很多潜在的电子商务客户基于太多欺诈风险，以及我们所不知道的原因产生的对网络商家的不信任等主要原因，不愿意进行网络购物。

需要注意的是，在企业试图把电商业务扩展到法律不健全的国家时，欺诈的风险也会随之上升，使得电商业务很难开展。

网络钓鱼有多种不同的类型。鱼叉式网络钓鱼是指攻击者通过获取到的个人数据对特定个人发起攻击，这些信息通常都是个人在社交网络等互联网上分享的信息。因为鱼叉式网络钓鱼并不是向数百万未知接收者发送电子邮件，而是向特定个人或企业发送邮件，所以这种网络钓鱼比普通的网络钓鱼更危险。

 实际案例

塔吉特公司的安全漏洞

2013 年，在美国知名零售企业塔吉特公司（Target Corp.）的安全漏洞事件中，数百万客户的借记卡和信用卡数据被盗，就是因为遭到了一次网络钓鱼攻击。黑客使用塔吉特公司某供应商的一名员工的凭证来获取进入塔吉特公司安全系统的权限，并在系统中安装了恶意软件，目的就是获取每张使用过的卡片的数据。塔吉特公司员工在帮客户刷卡的时候，安装在系统内的恶意软件就会"抓取客户的信用卡账号，并存储到黑客租用的一个服务器上"（Riley et al.，2014）。一旦黑客获取到数据访问权限，他们就能够窃取 4 000 万信用卡和借记卡账号，以及 7 000 万条地址、电话和其他个人信息。对于黑客如何入侵以及塔吉特公司如何阻止入侵，请参见 Smith（2014）。

有关网络钓鱼（它的过程、技术和可能造成的破坏）的概述，参见 Mandalia（2011）并浏览赛门铁克公司月度情报报告（网址是 symantec. com）。

域名欺诈

与网络钓鱼类似，**域名欺诈**（pharming）是通过在计算机上安装恶意代码，在受害者不知情或不同意的情况下，把受害者引向一个假冒网站。域名欺诈更加危险，因为用户根本不知道他们访问的是一个假冒网站。通过域名欺诈，一次可以误导一大群人。域名欺诈可用于身份盗取欺诈（本章后面内容将讨论）。详情参见 Pattison（2012）并浏览 en. wikipedia. org/wiki/Pharming。

网络欺诈

网络钓鱼只是众多网络欺诈计划的第一步。电子商务环境中买方和卖方不能互相见面，使得欺诈更加容易。网络欺诈多种多样（请浏览 fbi. gov/scams-safety/fraud /internet_fraud）。欺诈是在线卖家和购物者都必须面对的一个问题。幸运的是，虽然单笔损失数额有所增加，但是欺诈事件发生率正在降低；因此，由此造成的总损失可能还会有所下降。因为存在欺诈嫌疑，网商拒绝了大约 4% 的使用信用卡支付的订单。然而实际上，据估计接受的网络订单中只有 1% 演变成欺诈事件。

2005 年以来，网络欺诈呈现快速发展趋势。以下案例揭示了问题的严重性（请浏览 dmoz. org/Society/Issues/Fraud/Internet）。

网络欺诈攻击的典型案例

以下是一些互联网上发生的典型的欺诈攻击案例：

- 2011 年 3 月，由于恶意软件侵入，谷歌从它的安卓市场剔除了 50 多款应用程序。用户如果下载包含名为 DroidDream 恶意代码的受感染应用程序，可能会泄露自己的数据。受到感染的应用程序包括蜘蛛侠、照片编辑器以及其他一些比较受欢迎的应用程序。幸运的是，谷歌公司能够快速地从应用市场上清除这些恶意软件。

- 本书的一位作者在网上发布了一则房屋出租广告之后，收到了来自英国和南美几个自称是医生和护士的回应。他们表示愿意支付短期房租，但要用支票支付。他们询问这个作者是否可以接受他们的 6 000～10 000 美元的支票，然后把多余的 4 000～8 000 美元寄回给他们。当作者告诉他们可以，但差额要等支票兑现之后再返还时，这几个意向租户都没有了音信。

- 来自英国和俄罗斯勒索者从体育博彩网站敲诈了数十万美元。那些拒绝支付"保护费"的网站都收到了 DoS 僵尸攻击威胁。

有一段名为"How Hackers Can Invade Your Home"（《黑客如何侵入你的家》）的视频（时长 2 分 26 秒），揭示了黑客是怎样侵入你的系统或设备的（请浏览 money. cnn. com/video/technology/ 2013/08/14/t-hack-my-baby-monitor-and-house. cnnmoney）。关于欺诈的更多讨论，参见 CyberSource（2013）。

网络欺诈和骗局的更多案例，参见 Pattison（2012）并浏览 voices. washingtonpost. com/security fix/web_fraud_20。社会工程、网络钓鱼以及其他骗取网络机密信息的方法的讨论，参见 Pontrioli（2013）。

诈骗的类型。以下为几种比较具有代表性的诈骗类型：文学诈骗、陪审团义务诈骗、银行诈骗、电子邮件诈骗、彩票诈骗、尼日利亚诈骗（也称"419"诈骗）、信用卡诈骗、居家办公诈骗、IRS 电子邮件诈骗、免费度假诈骗等（请浏览 spamlaws. com/scams. html 及 fbi. gov/scams-safety/fraud/internet_fraud）。

邮件欺诈

由于比较容易实施，邮件欺诈是最常见的欺诈类型。犬类信息中心贴出了一些常见的案例（请浏览 dogbreedinfo. com/internetfraud/scamemailexamples. htm）。这些例子都是寓教于乐的。最危险的是，电子邮件欺诈中邮件都像来自知名机构（如银行、电信公司），要求你必须提供一些信息以保持你的账户的有效性。下面是一个自称发自雅虎公司的电子邮件案例。

 实际案例

以雅虎公司名义发出的诈骗邮件

雅虎账号
验证警告！！！
（KMM69467VL55834KM）

尊贵的用户：

为缓解全部雅虎账号的拥塞，雅虎将关闭所有未使用的账号。您需要在点击回复按钮之后，填写您的登录信息以确认您的电子邮件。否则，因为安全原因，您的账号将会在 24 小时之内被暂时关闭。

雅虎账号信息卡

姓名：_____

雅虎账号：_____

雅虎邮箱地址：_____

密码：_____

会员信息

性别：_____

出生日期：_____

职业：_____

国别：_____

如果您是雅虎订阅用户，我们将退还未使用的订阅资费。退款将通过我们文件里保存的您的支付方式退回。所以请确保您的支付信息是正确的和最新的。更多信息，请查看我们的网页 billing. yahoo. com。

在按照本邮件的说明进行操作后，您的账号将不会再被骚扰，将可以正常使用。

衷心感谢各位用户对雅虎的支持。

此致

敬礼

雅虎客户服务部

因为合法的机构已经拥有你的所有个人信息，所以任何一封你收到的要求提供个人详细信息的电子邮件都很可能是一个骗局或网络钓鱼尝试（请浏览 safely. yahoo. com/safety-tips）。

每个人都可能成为电子邮件欺诈的一个受害者，如应用案例 10.1 所述。

 应用案例 10.1

任何人都可能是受害者

骗子是如何攻击本书的一名作者的？

"搁浅旅行者"骗局依然屡有发生。诈骗原理是：人们收到一封伪装成好友发来的电子邮件，并提出以下一些要求（来自不同的国家，请求一些金钱方面的支援，等等）：

"写这封信的时候，我眼中仍满是泪花。按照计划，我来到了伦敦，不幸的是，在入住的酒店附近，我遭到了抢劫。随身携带的所有现金、信用卡和手机都被抢走了，所幸我的护照还在身上，但我现在身无分文。我已向大使馆和警察求助，但他们不能提供任何帮助。明天我的航班就要出发了，但我现在没有钱支付酒店账单。如果我不能结清账单，酒店管理人员是不会让我离开的。

现在我快要发疯了。我想向你借大约 2 250 英镑，或者少一点也行，只要能让我把账结了就可以。回去后，我会马上把钱还给你。"

诈骗的过程：黑客先是侵入你的电子邮件账户，查找你的联系人以及他们的电子邮箱地址。然后，他们以你的常用联系人的名义，给你发送一封电子邮件。

此外，黑客也可能侵入你朋友的电子邮件账户，发现你是他的一个常用联系人。然后，他给你发送求助邮件。

> **案例的启示：**
> 1. 一般情况下，当你离开家的时候，要记得退出电子邮件账号。要经常更换邮箱密码，尤其是在外出旅行之后，设置一个复杂的密码。
> 2. 设置一个额外（二级）密码与邮箱服务器进行通信（如雅虎的 Gmail），建议它们修补安全漏洞。
> 3. 记住，很多骗子都是高智商的且经验丰富。请浏览犬类信息中心（Dog Breed Info Center）和联邦贸易委员会（FTC）提供的相关案例。

问题：
1. 找出诈骗者可以用来劫持电子邮箱账号的不同方法，并思考怎么进行有效地防御。
2. 诈骗者行骗的具体过程是怎样的？
3. 这种攻击方法看起来好像比较泛滥。为什么这种方法使用的频率这么高？为什么有那么多邮箱账号被劫持？

十大攻击方法和防御措施

IT 网站 Secpoint.com 列出了与以下安全话题相关的十大攻击方法：顶级的病毒、间谍软件、垃圾邮件、蠕虫、网络钓鱼、黑客攻击以及黑客和社会工程策略。此外，该网站还提供了与安全资源相关的网页，如十大黑客、十大安全技巧和工具、反网络钓鱼、反 DOS、反垃圾邮件等的网页。若要了解 Secpoint 网络公司列出的十大垃圾邮件攻击的相关材料，可以查看 secpoint.com/Top-10-Spam-Attacks.html。

身份盗窃和欺诈

根据美国司法部网站的说法，**身份盗窃**（identity theft）是一种犯罪行为。它是指以某种不正当的方式获取其他人的身份信息，实施涉及欺诈和欺骗等方式的犯罪行为（如为了经济利益）。受害者可能遭受严重的损失。在很多国家，盗用其他人身份都是一种犯罪行为。根据美国联邦贸易委员会（ftc.gov）的相关报告，身份盗窃也是电商消费者关心的主要问题之一。据美国联邦贸易委员会的统计，每年身份盗窃影响到 1 200 多万美国人，造成的损失超过 550 亿美元，年均增长 20% 左右。2013 年的电影《身份窃贼》是一部有趣的喜剧片。

身份欺诈。身份欺诈（identity fraud）是指盗用其他人的身份或虚构一个人，然后非法使用这个身份实施犯罪。典型的方法包括：

- 以受害者的名义开立信用卡账户。
- 以虚假身份进行交易（例如使用他人身份购买商品）。
- 商业身份盗窃是指使用另外一个企业的名称，以获取信贷或打入一个合作联盟。
- 冒充其他人实施犯罪。

● 使用一个假身份进行洗钱活动（例如组织犯罪）。

更多信息参见 Nuerm（2012）。有关信息和保护的相关内容，请浏览 idtheftcenter. org 和 fdic. gov/consumers/theft。

网络银行抢劫案

网络攻击的目标可能是个人和机构，也可能是银行。

 实际案例

根据 Perez（2010），一个全球性的计算机犯罪团伙从银行盗取了 7 000 万美元（可能高达 2.2 亿美元）。这些钱主要来自美国企业、政府当局和教堂的银行账户。2010 年 10 月，分布于四个国家的 100 多名犯罪嫌疑人遭到拘留和指控。FBI 指出，黑客团伙包括来自乌克兰的计算机代码编写者。一个名为"钱骡"（受雇使用假身份信息开立银行账户转移被盗资金的人员）的网络已经遍布多个国家。

这些盗贼使用了不同版本的宙斯恶意软件（一个变种木马）。这种软件是网络银行抢劫犯常用的一个工具。盗贼们选择的攻击目标主要集中于中小企业，因为这些企业的计算机案例系统技术较为有限。

2011 年，犯罪分子把老式的"con 艺术"和"新奇技术"相结合来抢劫位于伦敦的银行。根据 Nugent（2013）提供的报告，在一些案例中，盗贼都是伪装成 IT 技术人员进入银行的。

除了盗取银行资金，犯罪分子还会实施支票欺诈。

 实际案例

Secureworks. com 网站提供了这样一个支票欺诈案例（Prince，2010b）：来自俄罗斯的网络犯罪分子使用"钱骡"（他们以为自己从事的是一种合法的工作）、2 000 台计算机和复杂的黑客手法，从 5 家公司盗取已存档的支票影像，并连线海外公司代收货款。

接下来，诈骗者印出这些假支票，并分别存入钱骡的个人账户。然后，钱骡被要求把钱转到一家俄罗斯银行。与往常一样，这些"钱骡"是被雇用并支付报酬进行转账的，他们是一些无辜的人。后来，一些钱骡起了疑心，向当局举报了这些骗子。

垃圾邮件

垃圾电子邮件（E-mail spam）也就是我们常说的垃圾邮件，主要指给众多收件人大量发送内容基本相同的电子邮件（有时候发送的邮件数量达到数百万封）。根据赛门铁克公司的统计，2009 年 4 月，企业网络中有超过 90% 的消息是垃圾电子邮件。接近 58% 的垃圾邮件都是由僵尸网络发送的，其中影响最坏的就是 Dotnet。由于企业过滤垃圾邮件功能的增强，到 2014 年这种情况已经有所好转。垃圾邮件发送者可以购买数以百万计的电子邮件地址，然后使用如 MS Word 之类的程序，格式化地址，剪切和粘贴消息，然后点击"发送"。群发电子邮件软件被称为 Ratware，可以自动生成、发送垃圾邮件。邮件内容可能是广告（购买产品）、欺诈性信息或只是一些恼人的病毒

（请浏览 securelist. com/en/analysis/spam？topic＝199380272）。Securelist 是一个综合性网站，对垃圾邮件和病毒进行了描述和界定，还提供了一个词汇表和一些威胁信息。2013 年，Gudkova（2013）介绍了垃圾邮件演变发展情况。垃圾邮件给电子邮件用户带来了很多困扰，因此立法者正在加强相关立法（详见第十五章的反垃圾邮件法案）。2013 年，每天垃圾邮件发送量超过 1 300 亿封，但其增速正趋于稳定。需要注意的是，大约 80％的垃圾邮件仅是由不到 200 个垃圾邮件发送者发送的。这些垃圾邮件发送者主要通过间谍软件和其他工具，发送未经请求的广告信息。垃圾邮件发送者的手段越来越高明（Kaiser，2014）。

应用案例 10.2 提供了一个有关垃圾邮件如何被用于股票市场欺诈的案例。

 应用案例 10.2

垃圾邮件导演的网络股票欺诈

Lerer（2007）开展的一项调查显示，与股票市场有关的垃圾邮件可能会影响到股票价格。研究人员发现，受到垃圾邮件影响的投资者的平均损失大约是 5.5％，而垃圾邮件发送者获得了 5.79％的回报。垃圾邮件发送者发送大量电子邮件，告诉收件人某只股票是"不容错过的神股"，如果很多人受到影响并购进了这只股票，该股票价格就会上涨，垃圾邮件发送者再卖出股票，从而获取超额利润。

2007 年 3 月，美国联邦政府严厉打击了数十家这类股票网站。美国证券交易委员会（SEC）开展的打击活动收到了不错的效果，但并没有根除这种欺诈行为。到 2014 年，这种做法在互联网上已经成为公开的秘密（Gandel，2014）。

这种垃圾邮件无法根除的原因主要有两个：一是垃圾邮件仍然可以发挥作用，二是因为其仍可以用来获利。然而，那些不幸的垃圾邮件发送者最终可能会面临牢狱之灾。例如，Ralsky 和 Bradley 通过发送大量非法垃圾邮件的方式，拉升几只低价股票，然后卖出，从中获取暴利。最终，二人及其同伙都被判处了数年有期徒刑。

资料来源：Lerer（2007）和 Gandel（2014）。

思考题：

1. 为什么人们会购买哪些陌生邮件推荐的低价股票？

2. 使用谷歌和 Bing 搜索引擎，学习怎样才能更好地过滤垃圾邮件。

安全计算公司称垃圾邮件数量年均增长 50％。2012 年，垃圾邮件占所有电子邮件的比重接近 90％。今天，图片垃圾邮件数量占所有垃圾邮件的 30％，较 2010—2011 年间增加了两倍。根据 Gudkova（2013）的研究，2013 年垃圾邮件发送比例为 73.26％，而 2014 年第一季度垃圾邮件发送比例约为 66％。

垃圾邮件的典型案例

市场调研机构赛门铁克公司每个月都会发布一份名为"垃圾邮件月度统计报告"的资料。报告的内容包括盛行的骗局、垃圾邮件种类、来源国、数量等一些案例信息。

间谍软件

间谍软件（spyware）是犯罪分子或广告商在未经用户同意的情况下安装的一种追踪软件，主要用于收集用户信息，并把用户导向广告商或其他第三方。一旦安装了间谍软件，就会跟踪和记录用户在互联网上的各种活动。间谍软件可能包含重新定向 Web 浏览器活动的恶意代码。间谍软件还会影响上网速度和破坏应用程序的功能。间谍软件通常都是在用户下载免费软件或共享软件时被安装上的，参见 Harkins（2011）和 Gil（2013）。一个名为《埃塞俄比亚政府刺探美国记者》（Ethiopian Government Spying on U. S.-Based Journalists）的新闻视频反映了有些政府当局是如何针对记者使用间谍软件的，参见 Timberg（2014）。

社交网络——社会工程的沃土

有一家名为 CSIS（csis. dk）的丹麦 IT 安全机构开展了一项研究，结果显示，社交网站的漏洞已经成为黑客和骗子骗取用户信任的肥沃土地。

CSIS 安全集团的相关研究。 CSIS 安全和恶意软件研究人员丹尼斯·兰德（Dennis Rand）设计了以下实验：

1. 使用假名字约翰·史密斯（John Smith），他在 LinkedIn. com 创建了个人资料。
2. 他随机选取了数千人，邀请他们加入自己的网络。
3. 他选择了几家公司，以前雇员身份出现在企业社交网络。
4. 在这些公司中，作为随机样本被选中的现有员工接受了他的邀请，为兰德建立了一个由超过 1 000 位受信成员构成的网络。
5. 兰德与这些成员进行联系，从而收集他们的电子邮件地址。他从一些成员那里收集到了机密数据。他还发送了链接（如推荐视频的链接），有些接收者进行了点击。

该实验的目的是研究使用社会网络时的潜在安全风险。例如，因为包含恶意软件链接的信息和相关附件来自值得信赖的朋友，可能会被打开。一些网络甚至不鼓励用户设置复杂的密码并定期修改它们。在实验结束时，兰德向所有参与成员发送了一封邮件，解释实验的目的。然后，他关闭了"约翰·史密斯"网络。

黑客攻击社交网络的方法

黑客利用社交网络相互信任的环境中所包含的个人信息（特别是脸谱），发起不同的社会工程攻击。遗憾的是，许多社交网站安全控制追踪记录功能比较薄弱。使用社交网站作为平台窃取用户个人资料，这种趋势越来越明显。

 实际案例

下面是社交网络中存在的一些安全问题实例：
- 用户可能在不知情的情况下把恶意代码插入他们的个人资料页，甚至是他们的好友列表中。
- 大多数反垃圾邮件解决方案都不能区分真正的联网请求和以犯罪为目的的联网请求。这使得犯罪分子能够获取有关网络成员的个人信息。
- 脸谱等流行的社交网站会提供各种免费的、有用的、有吸引力的应用程序。这些应用程序可能是由那些安全防护能力较弱的开发者编写的。
- 诈骗者可能会创建一份假的个人资料并用于网络钓鱼骗局。

社交网络和 Web 2.0 环境中的垃圾邮件

因为社交网络存在大量潜在的邮件接收者，并且社交网络平台的安全相对宽松，所以社交网络深受垃圾邮件发送者的欢迎。垃圾邮件发送者特别喜欢脸谱。另外一个问题多发领域就是博客垃圾。

自动发送的博客垃圾。博客深受自动生成广告（有些是真的，有些是假的）的烦扰，这些信息从伟哥到赌博供应商，种类繁多。博客作者可以使用工具来确保是人而不是一个自动化系统在他们的博客页面发表信息评论。

搜索引擎作弊和垃圾博客

搜索引擎作弊（search engine spam）是一种利用被称为垃圾网站的新建网页来误导搜索引擎的技术。它会使搜索结果带有偏见，提升某些特定网页的排名。一种类似的做法就是使用垃圾博客（以下简称垃圾博客网站），建立垃圾博客完全就是为了营销。垃圾博客建立者会创建大量博客，并把它们链接到一些特定的网页，帮助向他们付钱的那些人提升网页排名。第九章中已经提及，企业正在积极推进搜索引擎优化（SEO），这正是由上述不道德技术所倒逼的。

垃圾博客制造者设想上网者进入他们的页面后，总会有一些人点击一个或多个广告链接。而每一次点击，垃圾博客制造者就会获得相应的几美分的报酬。因为所有这些垃圾博客制造者可以建立几百万个垃圾博客，所以其产生的利益是相当可观的。

 实际案例

以下是社交网络中垃圾邮件攻击的一些实例：

● 2009 年 1 月，推特成为黑客攻击的一个目标，黑客劫持了 33 个知名用户的账号（包括时任总统奥巴马的账号在内），发送了一些虚假信息。

● 社交网络中的即时消息很容易被黑客和其他犯罪分子利用。

● Cluley（2014）介绍了推特用户是如何受到网络钓鱼和垃圾邮件攻击的。

数据破坏

数据破坏（data breach）（也称为数据泄漏或数据丢失）是指数据遭到非法盗取并被发布或处理的安全事件，详情参见 Thomson（2012）。数据破坏的目的多种多样。2010—2012 年间，数据泄露受到了公众的广泛关注。例如，一位美国军方人士使用 USB 下载了机密信息，然后把窃取的信息在互联网上发布。导致数据泄露的相关原因，以及怎样做好自我保护，请参阅 10.7 节的相关内容。

到目前为止，我们主要集中学习了攻击方面的相关知识。有关垃圾邮件和其他网络犯罪防御机制方面的内容，将在 10.6 节、10.7 节、10.8 节和 10.9 节进一步学习。

10.4 节复习题

1. 什么是网络钓鱼？
2. 网络钓鱼与金融欺诈之间有什么联系？
3. 网络钓鱼有哪些手法？
4. 什么是域名欺诈？
5. 什么是垃圾邮件？发送者是如何发送垃圾邮件的？
6. 什么是垃圾博客？垃圾博客是怎样牟利的？

7. 社交网络为什么会遭到攻击？如何受到攻击？

8. 什么是数据破坏（数据泄露）？

10.5　信息安全模型和防御策略

信息安全模型（information assurance（IA）model）也称为**CIA 安全三要素**（CIA security triad），是确定组织问题所在并评估信息安全的一个参考点。该模型的使用包括三个必要的属性：机密性、完整性和可用性。下面我们将详细讨论该模型（请浏览 whatis. techtarget. com/definition/Confidentialityintegrity-and-availability-CIA）。

需要注意的是，信息安全模型适用于多种电子商务应用。例如，保证供应链安全就是至关重要的。

机密性、完整性和可用性

衡量电子商务是否成功和安全主要取决于如下要素：

> **1. 机密性**（confidentiality）是指确保数据的私密性。即数据只向有授权的人开放。可以通过几种方法实现机密性，如加密和密码等，这些将在 10.6 节、10.7 节、10.8 节和 10.9 节介绍。
>
> **2. 完整性**（integrity）是指保证数据的准确性，确保它们不能被修改。完整性需要能够检测并阻止在传输过程中未经授权地添加、修改或者删除数据或消息。
>
> **3. 可用性**（availability）是指确保无论在什么时间、什么地方授权用户都可以及时、有效、可靠地使用相关数据、网站或其他电子商务服务。信息也必须是可靠的。

认证、授权和不可否认性

以下三个概念与信息安全模型（IA）密切相关：认证、授权和不可否认性。相关概念的介绍如下：

> ● **认证**（authentication）是确保数据信息、ECD 参与者和交易以及所有其他电子商务（EC）相关对象有效性的一种安全措施。实现认证就需要进行身份验证。例如，通过只有个人知道的信息（如密码）、拥有的介质（如登录 U 盾）或独有的物品（如指纹）实现对这个人的认证。
>
> ● **授权**（authorization）需要把个人或程序在登录时提交的信息与系统所存储的访问权限信息进行比对。
>
> ● **不可否认性**（nonrepudiation）是确保电子商务中任何一方都无法否认合同有效性并确保他（她）必须履行交易义务的一个概念。根据国家信息安全（INFOSEC）词汇表，不可否认性是指："数据发送者提供发送凭证，接收者提供发送者身份证明，从而双方都无法否认已经处理过相关数据"。

为了确保这些属性，电子商务中采用了多种技术，如加密、数字签名和认证等（详见10.6节）。例如，数字签名的使用使人们很难否认他们参与了相关电子商务活动。

在电子商务中，随着老方法的逐渐过时，需要不断地引入各种全新的或改进的方法来确保交易安全，主要是信用卡号码的机密性、相关交易数据的完整性、买方和卖方的身份认证以及交易的不可否认性。

电子商务安全策略

电子商务安全策略主要围绕信息安全模型及相关要素展开。图10.7所示的是电子商务安全管理策略的一个基本框架，包含了信息安全和控制的高层级类别。电子商务安全策略涉及的最主要的领域就是管理、财务、营销运营。相关内容比较多，该图中仅列出了一些关键内容。

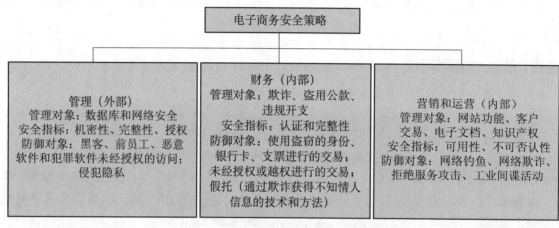

图 10.7 电子商务安全策略的基本框架

安全防御的目的

安全防御过程包括以下几个阶段：

1. 预防和威慑（prevention and deterrence）。良好的管理可以阻止犯罪活动，以及一些人为的错误。有序的管理还能够对犯罪分子攻击计算机系统形成威慑，使未经授权的入侵者无法进入系统。

2. 初始响应（initial response）。首先要做的就是检查是否遭到了攻击。如果遭到了攻击，搞清楚入侵者是如何获得系统访问权限的，以及哪些系统和数据已被感染或损坏。

3. 检测（detection）。攻击事件发现得越早，处理起来越容易，造成的损失也越小。可以使用一些便宜的或免费的检测软件来执行检测任务。

4. 损害控制（containment）。损害控制也称为破坏控制（damage control），其目的就是在发生故障的时候，尽量减小或控制损失。损害控制的实现有几种方法，如使用容错（fault-tolerant）硬件和软件，使得系统在完全恢复前，仍可以在低级模式（非最优模式）下运行。

5. 根除（eradication）。把恶意软件从受感染的主机中移除。

6. 恢复（recovery）。制订恢复计划的时候，要确保以较低的代价尽快地恢复正常运营。恢复过程中，对于受损零件最好的选择是更换而不是修复。同时数据功能也必须得到恢复。

7. 校正（correction）。查找出造成系统受损的原因并修复系统，可以防止未来再次发生类似事件。

8. 认识和遵守（awareness and compliance）。所有员工都必须接受安全危害方面的宣传教育，并严格遵守安全管理规章制度。

安全支出 VS 需求缺口

信息安全管理中需要关注的一个重要问题就是，究竟需要付出多大努力（金钱、劳力、时间）来应对主要的安全威胁。电子商务面对的威胁不断发生变化，使得这个问题很难回答。因此，在制定任何一个安全防御策略的时候，都需要先搞清楚以下问题：

1. 当前最主要的数据安全问题是什么？
2. 当前面临的最大风险暴露是什么？
3. 现在的主要费用支出用在了什么地方？这些费用与风险暴露是否匹配？
4. 安全管理工具方面的支出可以为我们带来什么收益（包括无形的收益）？
5. （本企业发生的以及全社会的）安全事件造成了什么损失？
6. 降低安全损害的最核心的安全技术是什么（比如，防火墙、加密和防病毒软件通常是最核心的）？
7. 接下来制定安全预算的主要原则是什么？

电子商务系统防御侧管理

电子商务系统防御主要包括七个方面的内容：

1. 计算机系统、数据流和电子商务交易的登录防御。在 10.6 节中，我们将介绍与此相关的三个方面：访问控制（包括生物识别技术的使用）、内容加密和公钥基础设施（PKI）。通过综合使用这些防护技术，这条防线可以提供全面的防护。入侵者即使突破了防火墙，绕过了访问控制，面对的也是加密过的材料。

2. 电子商务网络防御。在 10.7 节中，我们将学习防火墙发挥的防护作用。防火墙可以把公司的内部网络和计算设备与安全环境较差的外部互联网进行隔离。为了提升网络的安全性，我们可以使用虚拟专用网络。除了这些措施外，使用入侵检测系统也是一种明智的做法。受保护的网络意味着要确保接收的电子邮件的安全，因为邮件通常是未加密的。同时，还必须防止通过网络传输的各种病毒和其他恶意软件。

3. 日常、管理和应用控制。为了保护计算资产，有大量包括建立安全规划、检查操作程序等的安全保护措施。我们将在 10.8 节学习这些内容。

4. 社会工程和欺诈预防。在 10.8 节，我们将介绍针对垃圾邮件、网络钓鱼和间谍软件的防护方法。

5. 灾难恢复准备、业务连续性和风险管理。这些由软件支持的管理措施，将在 10.9 节中介绍。

6. 实施企业内部安全计划。为了部署实施前面提到的防御方法，需要使用适当的实施策略，相关内容将在 10.9 节中介绍。

7. 开展漏洞评估和渗透测试。（请参见下面的内容。）

信息防护的综述，参见 Rhodes-Ousley（2013）。

为了实施上述防守措施，首先要进行一些评估，然后进行策划和执行。常用的两种方法是进行漏洞评估和渗透测试。

漏洞和安全需求评估

安全战略中的一个关键任务是找到现有安全策略和解决方案的弱点和长处。这是风险评估的一部分，并且可以通过不同的方式来实现。以下是两个具有代表性的建议：

1. 对你的电子商务系统进行漏洞评估。**漏洞评估**（vulnerability assessment）是查找并评估计算机化的系统中问题区域的过程。这些问题区域就是容易遭受攻击的漏洞所在。这样的评估还可以预测对策的潜在执行效果，并评估其在实施之后的有效性。电子商务系统包括在线订购、产品数据库和欺诈预防等。最严重的漏洞是指那些可能中断或关闭业务的漏洞。例如，DoS 攻击可能阻止接单，病毒攻击可能切断通信。评估将决定是否需要采用防御机制，以及防御机制的优先级别（请浏览 searchmidmarketsecurity.techtarget.com/definition/vulnerability-analysis）。以合理的成本进行网络漏洞分析的方法，参见 Symantec（2011）。

2. 进行渗透测试（可由具有黑客经验的人进行）可以找出系统漏洞和安全薄弱环节。这种测试就是为了模拟外部攻击，也称为"黑盒子"测试。相反，软件开发公司会进行一种内部的"白盒子"测试，对系统的硬件和软件进行细致的检查。其他类型的渗透测试包括定向信息测试、盲测和双盲测试。更多信息参见 Talabis and Martin（2013）并浏览 searchsoftwarequality.techtarget.com/defi nition/penetration-testing。

渗透测试

渗透测试（penetration test，简称 pen test）是一个评估计算机系统漏洞的方法。它可由人工完成，通过让专家充当黑客来模拟恶意攻击。该进程将检查攻击者可能会发现和利用的弱点（漏洞）。所有发现的漏洞都会被提交给管理人员，并提供潜在的影响和相应的解决方案。渗透测试是全面安全检查的一个重要步骤。

进行渗透测试的方法多种多样（如自动化过程）。此外，还有很多可以用于此种测试的软件工具（请浏览 pen-tests.com，coresecurity.com/penetration-testing-overview）。

10.5 节复习题

1. 什么是信息安全模型？它包含哪些要素？
2. 机密性、完整性和可用性的含义是什么？
3. 如何理解认证、授权和不可否认性的含义？
4. 电子商务安全策略有哪些目标？
5. 列出电子商务系统中的 7 种防御类型。
6. 什么是漏洞评估？
7. 什么是渗透测试？

10.6　电子商务安全防御之一：接入控制、加密和公钥基础设施

本节我们将介绍几种常用的保护企业内部电子商务信息资产免受外部和内部攻击的方法。恶意软件防护工具和方法，参见 Snyder（2014），其中也讨论了防火墙、沙盒以及信誉服务等内容。

接入控制

接入控制（access control，也称"访问控制"）决定谁（个人、程序或机器）可以合法地使用

网络资源（什么资源、什么时间以及怎样使用）。这里讲的资源可以是任何事物——硬件、软件、网页、文本文件、数据库、应用程序、服务器、打印机以及其他信息资源和网络组件。通常情况下，接入控制会确定什么用户可以访问什么资源，以及他们对相关资源的使用权限（如，读取、查看、写入、打印、复制、删除、执行、修改、移动等）。

授权和认证

接入控制涉及授权（authorization）（有访问权限）和认证（authentication），也称为用户身份识别（identification，用户 ID），即证明用户就是那个真实的用户。每个用户都有一个独特的标识，把自己和其他用户区分开来。通常情况下，用户识别都是与密码一起使用。

认证。在完成用户识别之后，必须对用户进行认证。认证就是验证用户身份和访问权限的过程。用户身份验证主要基于某人区别于其他人的一个或多个特征。

传统上，认证仅仅通过密码进行验证。密码本身可能是无效的，因为很多人习惯把密码记录在一个容易找到的地方，密码的设置也容易被猜出来，还有可能把密码告诉其他人。

双重认证。这种类型的认证系统需要通过两种不同类型的标识（不仅仅是密码）进行安全认证。例如，一种机制是物理认证（个人拥有的某种物品），比如令牌卡，另一种机制是个人自己知道信息（通常为密码或回答一个安全问题，或两者的不同组合）。使用 RSA 算法安全 ID 管理系统的公司需要高安全性。然而，2011 年黑客攻破了 RSA 代码。因此，企业必须加强密码管理，这样即使在 RSA 代码遭到黑客攻击的时候，也能有效保护系统。

生物识别系统

生物认证（biometric authentication）是基于可测量的生物或行为特征、生理信号来测度和分析个人身份的一种技术。

生物识别系统（biometric systems）可以识别出一个预先注册登记的用户，方法是通过搜索数据库，查找在个人物理、生物或行为特征方面与之匹配的结果，或是系统把个人可测度的生物特征与系统中存储的样本进行比较，识别出个人身份。

生物特征方面的例子包括指纹、面部识别、DNA、掌纹、掌形、虹膜识别，甚至气味或香味。行为特征包括语音 ID、打字节奏（击键动力学）和签名验证。这些特征的简要介绍如下：

- **指纹**（thumbprint/fingerprint）。把请求访问系统的用户指纹（指纹扫描）与包含认证人员指纹样本的数据进行匹配。
- **视网膜扫描**（retinal scan）。把扫描的寻求登录者的视网膜上的血管图案和数据库中已经保存的认证人员的视网膜照片进行比对。
- **语音 ID**（voice authentication）。把寻求登录者的声音样式和系统中存储的认证人员的声音样本进行比对。
- **面部识别**（facial recognition）。计算机软件摄录个人的图像或视频并将其与存储在数据库中的图像进行比对。
- **签名识别**（signature recognition）。把寻求登录者的签名和系统中存储的认证签名进行比对。

其他生物识别技术有面部识别、掌形和手脉。详情请浏览 findbiometrics.com/solutions 并参见 Rubens（2012）。

为了应用生物识别认证系统，必须在不同情形下多次对参与者的生物特征和行为特征进行采集。然后，扫描资料被用来生成生物特征样本或标识符。接下来，该模板被加密并存储在数据库中。当用户要进入一个生物识别系统时，先要进行扫描，扫描内容再转换成加密样本，并与之前存储的样本进行对比。生物识别方法还在不断改进，但它们并没有取代密码（Duncan，2013）。此外，为了进一步提高安全性，你还需要使用加密。

加密和对称密钥系统

加密（encryption）是把数据用某种方式进行转换或加密的过程，使得未经授权的用户很难解密或者以很大代价或花费大量时间才能解密。所有的加密方法都由五个基本部分构成：明文、密文、加密算法、密钥和密钥空间。**明文**（plaintext）就是人类可以直接阅读的文本或消息。**密文**（ciphertext）是经过加密的明文。**加密算法**（encryption algorithm）是用来加密或解密信息的一系列程序或数学函数。通常情况下，加密过程中的加密算法并不是关键所在。配合加密算法使用的**密钥**（key）才是加密（或解密）信息的关键所在。**密钥空间**（key space）是某一特定的加密算法可能产生的密钥值的全部集合。如今，加密和加密破解都是由功能强大的计算机来进行。然而，关键是决定对哪些内容进行加密，如何最好地管理加密，以及如何使过程尽可能地透明（请浏览 computer. howstuffworks. com/encryption. htm）。

根据 Davis（2012a），加密比以往任何时候都更加重要，尤其是当云计算等方法被添加到防御系统的时候。许多数据库仍然是不受保护的，只有极少数公司对公司移动设备上的信息进行了加密。这主要是因为加密的特性和好处。

加密有以下一些主要的好处：

- 所有用户都可以使用他们的笔记本电脑、移动设备和存储设备（如 U 盘）携带数据。
- 在人员和数据处于异地的时候，保护备份介质。
- 可以使用高安全度虚拟专用网络（VPN，相关内容见 10.7 节）。
- 加强专人管理特定企业数据的相关制度。
- 更好地执行隐私保护方面的规章制度，降低诉讼风险。
- 保护企业的声誉和机密。

保护存储在云端的数据，也是加密的 10 大好处之一，参见 Pate（2013）。

加密方法有两种基本的选择：一个是拥有一个密钥的对称密钥系统（symmetric system），另一个是拥有两个密钥的非对称密钥系统（asymmetric system）。

对称（私人）密钥加密

对称（私人）密钥加密［symmetric (private) key encryption］是指在明文的加密和解密过程中使用同一个密钥（见图 10.8）。文本的发送者和接收者必须共享同样的密钥，不能透露给其他任何人，所以这种系统也称为私人系统。对称加密需要设置一个很强的密钥才能有较好的安全性。密钥强度取决于字节长度。例如，一个 4 字节密钥仅有 16 种不同的组合方式（即 2^4）。然而，一个 64 字节的加密密钥则有多达 2^{64} 种组合方式，这可能需要功能强大的计算机花费几年时间来逐一尝试。

密钥的强度只是一个方面。在个人或组织之间传输密钥，可能会使其不再安全。因此，电子商务中采用了一种 PKI 系统。

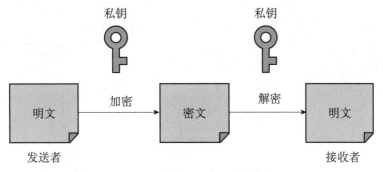

私钥 私钥

明文 —加密→ 密文 —解密→ 明文

发送者 接收者

图 10.8 对称（私人）密钥加密

公钥基础设施

公钥基础设施（public key infrastructure，PKI）是用来确保数据流和信息交流安全的一个综合性框架，它克服了单个密钥系统的一些缺点。对称密钥系统需要信息的编写者把密钥告诉信息接收者。一个人在发送信息的时候（如供应商）可能需要把密钥发送给数千个接收者（如买家），除非供应商针对每个买家提供不同的密钥，否则密钥将不再具有私密性。如果在数字化传输过程中被截获，密钥可能被盗或改变。PKI 解决方案使用公钥和私钥两个密钥以及一些附加特征，构建了一个安全性非常高的系统。除了密钥之外，PKI 方案中还包括数字签名、哈希摘要、数字证书等。下面，我们学习 PKI 的工作原理。

公共（非对称）密钥加密

公共（非对称）密钥加密〔public（asymmetric）key encryption〕使用一对相互匹配的密钥——一个是**公钥**（public key），任何公众都可以获取到；另一个是**私钥**（private key），只有用户自己知道。两个密钥必须一起使用。如果使用一个公钥对信息进行加密，那么必须使用相应的私钥才能在对其进行解密（反之亦然）。例如，某人想向某家公司发送一份购买订单，同时要对订单内容进行保密，他就需要使用该公司的公钥对信息进行加密。该公司在收到这个订单之后，就需要使用相应的私钥进行解密，这也是能够读取此购买订单的唯一方法。

最为常用的公钥加密算法就是 RSA 算法（EMC 公司收购了 RSA 信息安全公司，详见 emc.com）。RSA 算法使用的密钥长度从 1 024 个字节到 4 096 个字节不等。使用此种密钥进行加密的一个主要问题就是速度比较慢。对称密钥算法的速度要明显快于非对称密钥算法。因此，无法有效使用公钥加密进行大量数据的加密和解密。从理论上讲，我们可以把对称密钥和非对称密钥结合起来进行信息加密。数字签名和证书验证可以作为公钥加密的重要补充。

PKI 技术过程：数字签名和证书验证

数字签名（digital signature）是与个人纸质签名等效的电子版本。它们是难以伪造的，因为它们会使用公钥对发送者的身份进行验证。根据 2000 年美国发布的《全球及全国商务电子签名法案》，数字签名和纸上手写签名具有同样的法律效力（请浏览 searchsecurity. techtarget. com/definition/digitalsignature）。

图 10.9 描绘了公钥基础设施技术的工作过程。假设某个人想用电子邮件向供应商（收件人）发送一份金融合同。发送者希望确保供应商收到的内容是安全的。要实现这些目标，发送者应按以下步骤进行操作：

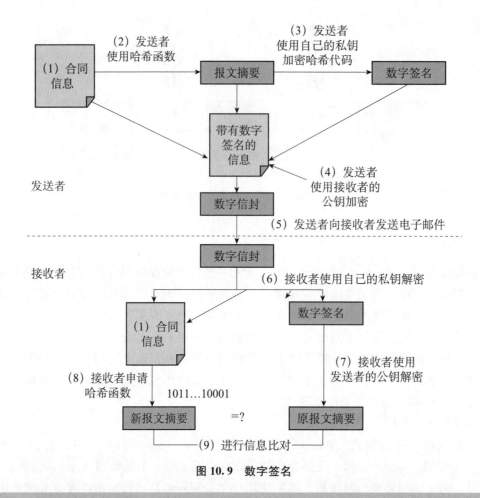

图 10.9　数字签名

1. 发送者用通俗易懂的语言编写一封包含合同内容的电子邮件。

2. 使用一种特殊软件，称为**哈希函数**（hash function）的安全算法机制，把信息加工转换成一串数字代码组成的特别的信息摘要，我们称之为**报文摘要**（message digest）。

3. 发送者使用自己的私钥加密哈希代码，这就是发送者的"数字签名"（digital signature）。由于数字签名是基于发送者自己的私钥，其他人都不知道这个密钥，所以其他人都无法复制发送者的数字签名。

4. 发送者使用接收者的公钥对原始信息和数字签名进行加密，这两个加密内容就构成了**数字信封**（digital envelope）。

5. 发送者通过电子邮件把数字信封发送给接收者。

6. 收到邮件之后，接收者使用自己的私钥解密数字信封，生成一份信息和发送者数字签名的拷贝。因为私钥只有接收者自己有，所以其他人都无法进行解密操作。

7. 接收者使用发送者的公钥解密数字签名内容，生成原报文摘要的一个拷贝。

8. 使用与步骤 2 中相同的哈希函数进行处理，然后接收者就可以从解密信息中提取报文摘要。

9. 接收者再把获取的报文摘要和原报文摘要进行比对。

10. 如果两个报文摘要完全吻合，接收者就可确信接收到的信息就是原始信息。

在这种情况下，企业就有证据证明发送者确实发送了相关的电子邮件，因为只有发送者本人才能使用自己的私钥。接收者可以断定信息在发送过程中没有被修改，因为一旦被改动，两个哈希值就会出现不匹配的现象。

证书授权中心。作为独立第三方机构，**证书授权中心**（certificate authority，CA）会发放数字签名或 SSL 证书。这种电子文件可以对个人和网站进行唯一性身份认证，从而实现加密通信。证书的内容包括个人信息和其他与公钥以及加密方法相关的信息，还包括含有哈希代码数字签名的证书数据。证书的种类多种多样，其中主要的类型有：站点证书、个人证书和软件发行者证书。

第三方证书授权中心有很多，**VeriSign 公司**（赛门铁克公司旗下的一家公司）就是一家最著名的证书授权中心（详见 verisign. com）。

安全套接层（SSL）协议

通过使用 SSL 电子商务协议，可以进一步提升公钥基础设施系统的安全性。使用 SSL PKI 可以充分保障电子商务的安全，但对于用户来说比较烦琐。幸好 Web 浏览器和 Web 服务器可以以公开透明的方法自动处理很多 PKI 活动。由于电子商务涉及不同的企业、金融机构和政府部门，使用通用的、可以普遍接受的电子商务安全协议就变得非常必要。目前，使用最为广泛的安全协议就是 SSL 协议。由 SSL 协议衍化而来的传输层安全协议（TLS）进一步提高了安全性（请浏览 searchsecurity. techtarget. com/definition/Transport-Layer-Security-TLS）。

其他安全防御方法

综合来看，还有很多其他方法可以防御恶意软件，提高计算机安全性。

● 使用防病毒工具。网络安全公司销售的此类软件数以百计（如赛门铁克公司的诺顿杀毒软件和卡巴斯基公司的杀毒软件等）。

● 美国联邦政府有一个专门的网站，用来提供一些有关如何预防、检测和清除恶意软件的信息（请浏览 onguardonline. gov/articles/0011-malware）。该网站提供了一份可以应对间谍软件、垃圾邮件、病毒、广告软件等恶意软件的资源列表。

● 基于云计算的安全防护也是受很多人推崇的一种可以有效打击网络犯罪的方法。云计算安全防护广泛采用一系列技术、控制和策略，以保护计算机资源的安全。

● 集成工具套装。有些安全软件公司会把多种工具集成到一个软件包中。这种软件组合对于小公司来说尤其实用。赛门铁克公司的中小企业版 Endpoint Protection 就是一个很好的例子（请浏览 symantec. com/endpoint-protection-small-business-edition）。这个集成套装包含了 10.6 节和 10.7 节中阐述过的大部分防御软件。

● 创新。网络犯罪分子使用的新方法越多，就越需要开发更多创新性的安全防御方法（Kontzer，2011）。

下一节，我们将重点学习企业的数字边界——网络。

10.6 节复习题

1. 什么是"接入控制"？
2. 认证系统的基本构成要素有哪些？
3. 什么是生物识别系统？并列举出 5 种生物方法。
4. 什么是对称加密技术？
5. 对称加密技术有哪些缺陷？

6. 公共密钥基础设施的关键要素是什么?
7. 公共密钥基础设施的运作模式是什么?
8. 数字签名的工作原理是什么?
9. 什么是数字证书?

10.7　电子商务安全防御之二：电子商务网络安全

　　保障机构网络边界安全有多种技术，它们可以抵御网络攻击和网络入侵，一旦企业的网络边界遭到攻击，就可以迅速检测并制止网络侵入行为。借助于企业的通信网络，黑客可以发起多种不同类型的攻击（如病毒和其他恶意软件、DoS 和其他僵尸网络攻击）。企业必须能够尽快检测到入侵行为，诊断攻击的具体类型，并解决问题。下面我们将介绍可以防御网络攻击的主要工具。

防火墙

　　防火墙（firewalls）是把内部安全网络（计算机）和外部不可信的互联网分隔开的屏障。防火墙主要设计用来防止未经授权的访问如企业内部网之类的专用网络。技术上，防火墙就是由硬件和软件组成的网络节点，它可以将内部专用网络和外部公共网隔离。在网络上，计算机之间的数据和信息被分割成一个个片段，我们称之为**数据包**（packets）。每个数据包都包含发送方计算机和接收方计算机的网络地址。防火墙会检查经过它的每一个数据包，并根据诊断结果作出恰当的选择——允许还是不允许数据包进入计算机。防火墙主要设计用来防护远程登录、后门接入、垃圾邮件和各种恶意软件（如病毒和宏）。防火墙的形式多种多样（可以在谷歌中搜索"防火墙"）。DMZ 就是其中较为常用的一种系统。DMZ 可以设计成两种不同的形式：一种是单个防火墙，另一种是双层防火墙。图 10.10 所示的就是双层防火墙 DMZ。

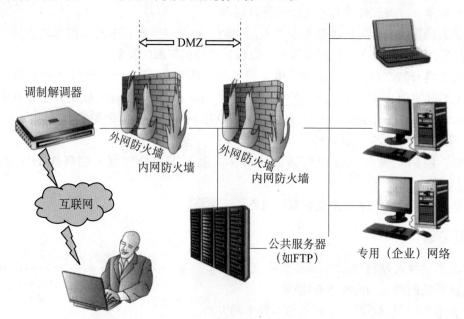

图 10.10　双层防火墙：DMZ 架构

双层防火墙：DMZ 架构

在最简单的情况下，外网和内部用户之间只有一层防火墙。而在 DMZ（demilitarized zone，简称为 DMZ）架构中，外网和内部用户之间有两层防火墙。一层防火墙位于外网和 DMZ（边界防火墙）之间，另一层防火墙位于 DMZ 和内部网络之间。所有公共服务器都架设于 DMZ 架构中（如两个防火墙之间）。通过这种设置，防火墙可以允许受信的合作伙伴访问公共服务器，但内部防火墙可以阻止对内网的访问。在外部防火墙遭到入侵破坏的情况下，使用内部防火墙还可以限制外部威胁。

个人防火墙

随着宽带（有线调制解调器或数字用户网络；DSL）用户数量的增加，接入家庭和小企业的网络数量也随之增加。这些始终在线的网络接入比简单的拨号接入更容易受到网络攻击。

个人防火墙（personal firewalls）通过监视所有通过计算机网卡接口的数据信息以保护桌面系统。

虚拟专用网络

假如有一家企业要建立一个 B2B 应用，要让供应商、合作伙伴和其他接入者不仅能够访问其内网中存储的数据，还可以访问其他文件或传统系统（大型关联数据库）中包含的数据（如 Word 文档）。传统上，这种企业通信需要使用安全的、昂贵的增值私人专用线路，或者通过连接到调制解调器或远程接入服务器（RAS）的拨号线路。遗憾的是，使用互联网来代替这种线路，虽然是免费的，但安全性无法保障。借助于 VPN 技术，可以有效提升互联网使用的安全性。

虚拟专用网络（virtual private network，VPN）是指以一种更加安全的方式，使用公共互联网来传输信息。与专用网络类似，VPN 可以通过加密技术和其他安全技术来保障信息安全。例如，VPN 可以识别每一个网络使用者的身份信息。

虚拟专用网络可以大幅降低通信成本。因为 VPN 设备比其他通信解决方案便宜，不需要使用私人线路来实现远程接入，一个接入线路可以实现多种用途，所以 VPN 成本相对较低。

为确保数据传输的机密性、完整性和可用性，VPN 引入了一种"协议隧道"（protocol tunneling）。使用协议隧道，首先对数据包进行加密，然后再封装成可以通过网络进行传输的数据包。思科公司（cisco. com）提供多种类型的 VPN 方案（请浏览 searchenterprisewan. techtarget. com/definition/virtual-private-network）。

入侵检测系统

无论一个企业的安全防护多么严密，它仍然可能成为蓄意安全攻击的目标。例如，大部分企业都装有反病毒软件，但大多数都曾遭到新型病毒的攻击。这就是一个企业必须持续监测尝试的、实际的安全入侵的原因。这种监测可以由入侵监测器来完成。

入侵检测系统（intrusion detection system，IDS）是设计用于监测计算机网络和计算机系统的活动的设备，以检测并识别出未经授权的和恶意的接入尝试、修改和/或禁用网络和系统的各种行为。入侵检测系统由一种软件和/或硬件构成。入侵检测系统会检查所有流入和流出的数据，特别是用于检测已经发生的特定类型的恶意软件活动（如病毒、DoS 攻击）。入侵检测系统会定期对文件进行检查，验证其正在使用的数字签名和以前是否一致。如果签名不匹配就会立刻通知安全管理人员（请浏览 searchsecurity. techtarget. com/guidesIntroduction-to-IDS-IPS-Network-intrusion-detection-system-basics）。

DoS 攻击的防御

如前文所述，DoS 攻击主要是使用各种类型的无用信息对网站进行轰炸，从而使网站陷入瘫痪。越早发现 DoS 攻击，越容易进行防守。DoS 攻击增长的速度非常快。因此，进行早期入侵监测很有必要。因为 DoS 攻击的方法有很多种（如 DDoS 攻击），所以其对应的防御方法也有所不同（请浏览 learn-networking. com/network-security/how-to-prevent-denial-of-service-attacks）。入侵检测软件也可以识别出 DoS 攻击的类型，这可以使相关防御更容易且更迅速。

阻止 DoS 攻击的云计算。2011 年，相关案例显示，云计算可以有效地应对分布式拒绝服务攻击（DDoS）。有关事例，参见 Fisher（2014）。

蜜罐网络和蜜罐

蜜罐网络是另外一种可以检测并分析入侵行为的技术。**蜜罐网络**（honeynet）是一个由"蜜罐"构成的网络，这里的蜜罐设计用于吸引黑客，就好比用蜂蜜吸引蜜蜂。在这里，**蜜罐**（honeypot）是一种看似真实工作系统的模拟信息系统组件，如电商服务器、支付网关、路由器、数据库服务器甚至是防火墙。当入侵者进入蜜罐之后，他们的所有活动都会受到监测。安全专家则分析黑客发起攻击的原因、方式，以及他们攻击系统时的行为和攻破系统之后的行为。

蜜罐项目由数千名来自世界各地的安全专家组成（请浏览 projecthoneypot. org）。该项目建有自己的蜜罐网络陷阱，但也会利用自己的陷阱来帮助他人。蜜罐网络志愿者调查最新的攻击，并帮助研发新的工具，以提高互联网安全性。

电子邮件安全

正如 10.3 节和 10.4 节中所讨论的，电子邮件有多个安全问题。首先，我们可能通过邮件附件或软件下载感染病毒。垃圾邮件和社会工程也是通过电子邮件进行攻击的。遗憾的是，防火墙并不能有效地防护电子邮件。因此，用户需要使用反病毒软件和反垃圾邮件软件（从很多安全软件开发商那里都可以获取）。邮件加密是应对这种情况最好的方法，很多安全厂商都提供此类技术。最后，一种名为出站过滤的技术可以起到很好的作用。下面我们简要介绍上述各种方法：

- **反病毒和反垃圾邮件软件**。检测并隔离包含病毒、蠕虫、垃圾邮件、网络钓鱼攻击或其他多余内容的信息。
- **电子邮件加密**。对信息中的敏感数据和附件进行加密，使其只能被指定的接收者读取。
- **出站过滤**。扫描包含在所发送邮件和其他通信信息中的未经授权的内容，如用户的社保卡账号。

云计算在保障电子邮件安全方面的作用。从 2008 年起，通过云计算提升电子邮件安全的方法越来越受到关注。此外，这种方法还可以降低 50%～80% 的成本（Habal，2010）。其中一个原因就是提供云计算安全防护的公司有数十家，从甲骨文、微软到一些小公司。

10.7 节复习题

1. 防火墙有哪些基本类型？简要介绍每种类型。
2. 什么是个人防火墙？什么是 DMZ 框架？

3. VPN 是如何运作的？它给用户带来哪些好处？

4. 简要介绍 IDS 的主要类型。

5. 什么是蜜罐网络？什么是蜜罐？

6. 如何保障电子邮件的安全？

10.8 电子商务安全防御之三：一般控制、垃圾邮件、弹出窗口、欺诈和社会工程控制

IT 安全管理实践的目的是保卫信息系统。一种防御策略需要由几个控制组成，如图 10.11 所示。

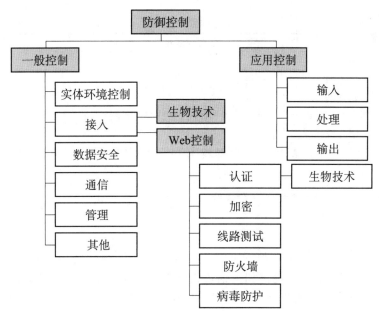

图 10.11 主要的防御控制

控制的主要类型有：（1）**一般控制**（general controls），设计用于保护所有的系统应用；（2）**应用控制**（application controls），负责保护应用程序。在本节和下一节中，我们将主要学习这两组信息系统控制的主要代表类型。在本节后面，我们将进一步学习垃圾邮件和网络欺诈的防护。

一般控制、管理控制和其他控制

一般控制的主要类型有实体环境控制、管理控制和其他控制。下面我们简要介绍一般控制。

实体环境控制

实体环境安全* 主要指对计算机设施及资源的保护，包括计算机设备所处的实体环境。这种防护主要是针对自然灾害、犯罪分子袭击以及人为错误。典型的实体环境安全措施主要有以下几种：

---

① 有些教科书和文献中称为"物理控制"。——译者注

- 科学设计数据中心。例如，数据中心应该配备空调系统，注意防火、防水等。
- 能够屏蔽电磁辐射（如防雷击）。
- 全面消防管理（包括预防火灾、监测火灾、控制火灾和消灭火灾）。
- 在必要情况下，配备应急（备用）电源，并能自动关闭电源设备。
- 运动检测器，可以检测物理入侵并激活报警系统。

所有主要的安全软件厂商都会提供网络接入控制软件（请浏览 symantec. com/endpoint-protection）。

管理控制

管理控制主要是管理、工作指南、合法审查和监管督查等方面的控制。表 10.1 是此类控制的相关案例。

表 10.1	典型的管理控制

- 科学地招聘、培训和管理员工，尤其是财务和信息系统的员工。
- 培养员工对企业的忠诚度。
- 及时撤销被解雇的、辞职的或调动工作的员工的访问权限。
- 定期修改访问控制（如密码）。
- 建立操作规范和文档标准（可以更容易进行审查和使用相关标准指导员工工作）。
- 为关键员工购买安全债券或投保渎职保险。
- 实行职责分离，即在经济允许的情况下尽量把敏感的计算机职责分配给尽可能多的员工，以降低故意和非故意变动造成的损失。
- 定期对系统进行随机审查。

垃圾邮件防控

伪装成推销员的腔调、以类似于个人电子邮件的方式穿过邮件过滤器发送垃圾邮件，违反了美国 2003 年出台的《控制非自愿色情和促销攻击法案》。然而，很多垃圾邮件发送者都会使用遭到劫持的计算机或僵尸计算机来发送垃圾邮件，以逃避检测，隐藏自己的身份信息。僵尸攻击也会传播数量巨大的垃圾邮件。

《控制非自愿色情和促销攻击法案》（Controlling the Assault of Non-Solicited Pornography and Marketing Act，简称 CAN-SPAM Act）规定发送包含垃圾邮件的商务邮件属于违法行为。美国联邦贸易委员会消费者权益保护商业中心提供了一份企业行动指南。该中心还制定了其他一些相关法规，例如：

- 企业在每条信息、营销宣传中都必须设置退订链接。
- 对垃圾邮件进行重罚（对每封垃圾邮件可以处以高达 1.6 万美元的罚金）。
- 营销人员在每封电子邮件中都要提供实际的邮寄地址。
- 其他附加处罚——那些触犯某种法规（如侵入某人的电脑发送垃圾邮件；使用虚假信息注册多个电子邮件地址等）的犯罪分子最长可处 5 年监禁。
- 美国联邦贸易委员会、其他一些联邦机构以及各州检察长可以根据该法案的部分条款提起诉讼。虽然禁止个人起诉垃圾邮件发送者，但个人可以起诉互联网服务供应商，但这种起诉成本往往非常高昂。

2008 年，在 2003 版《控制非自愿色情和促销攻击法案》的基础上，美国联邦贸易委员会增加了四个新的规定，进一步澄清该法案的要求（请浏览 ftc. gov/news-events/press-releases/2008/05/ftc-approves-new-rule-provision-under-can-spam-act）。

弹出式广告防控

第九章中曾经提到，弹出式广告和类似的广告程序呈现快速增长趋势。有时你甚至难以关闭这些出现在你屏幕上的弹出式广告。部分这样的广告可能得到了消费者的许可，而绝大多数都没有经过消费者同意。用户怎样才能阻止未经许可的弹出广告？利用以下工具可以尽量减少弹出式广告的骚扰。

阻止或减少弹出式广告的工具

安装软件阻止弹出广告是一种有效的方法。许多软件都具有阻止弹出式广告的功能，其中有些软件是免费的（如，Panicware 公司的免费版弹出式广告拦截工具，pop-up-stopper-free-edition. software. informer. com），包括 Softonic 公司的弹出式广告拦截工具（pop-up-blocker. en. softonic. com/download）和 AdFender 公司的弹出式广告拦截工具（adfender. com）；另外一些则要收取一定的费用（请浏览 snapfiles. com）。Windows 系统中使用的拦截工具可以浏览网页 download. cnet. com/windows/popup-blocker-software。许多互联网服务提供商和主要的浏览器厂商（如谷歌、微软、雅虎和 Mozilla）都会提供弹出窗口拦截工具。

然而，与一些常用的应用软件绑定在一起的广告软件和程序，如个人文件分享程序等，还是可以推送弹出式广告的。

社会工程防控

随着网络攻击和社交网络上的社会工程攻击数量的日益增多，相应的防控需要也大大提升。开放的网络资源环境和可以互动的技术特性也带来了相应的风险（见第七章和 10.4 节）。因此，每个较有影响的社交网络都必须注重电子商务安全管理。

社交网络包括很多不同的应用和服务。因此，对应地也有很多方法和工具用来防护此类系统。很多解决方案都是技术性的，超出了本书的讨论范围。

网络钓鱼防控

由于网络钓鱼攻击方法多种多样，所以其防控方法也有多种。2009 年赛门铁克公司和美国联邦贸易委员会消费者权益保护商业中心提供了一些真实案例（请浏览 consumer. ftc. gov/articles/0003-phishing）。关于风险和欺诈的相关讨论，请浏览 sas. com/en_us/insights/risk-fraud. html。

恶意广告防控

为 IT 专业技术人员和管理决策人员提供信息技术资源的 IT 专业媒体 TechTarget 公司认为，恶意广告是指"网络中可能会使用恶意软件来感染查看者计算机的广告"。微软通过采取法律行动，与恶意广告进行着顽强的斗争。

间谍软件防控

为了应对间谍软件的出现，人们开发了多种反间谍软件。很多国家的司法机关都已经颁布了反间谍软件的相关法律，这些法律大都针对那些偷偷安装并控制用户计算机的软件。美国联邦贸易委员会经常提醒消费者怎样降低感染间谍软件风险（请浏览 ftc. gov/news-events/media-resources/identity-theft-and-data-security/spyware-and-malware）。

网络战争防控

由于网络攻击多是来自于国外的，所以网络战争防控是一项艰巨的任务。美国政府正在开发一种工具，试图借助于社交媒体网站来预测网络攻击。这种工具将会监控脸谱、推特和其他社交网站，并解读这些媒体中的信息内容。这种设想就是使这个过程自动化。

欺诈防控

我们将在第十五章中阐述保护买卖双方免受欺诈的必要性，因为他们是相互影响的利益相关方。CyberSource（2012，2013）在一份特殊的年度网络欺诈报告中介绍了由买方实施的支付欺诈的相关内容，每年这种欺诈给商家造成了数十亿美元的损失。该报告还列出了可以对信用卡进行自动筛选的相关工具。

业务连续性、灾难恢复及风险管理

对于大型企业和那些依重于电子商务的企业（如银行、航空公司、券商和电子零售企业），电子商务安全的一个重要任务就是防备自然灾害和人为灾害。灾害的发生往往没有任何预兆。为了谨慎地做好防控，必须制订一个业务连续性计划。其中，主要内容就是灾害恢复计划。这种计划主要包含了从重大灾害（比如企业损失了所有或大部分计算机设备）中恢复的具体过程。此外，企业可能需要一个良好的灾害预防和恢复计划，以方便为自己的计算机系统甚至是整个商业运营购买保险。图 10.12 所示的是一个较为全面的业务恢复计划。详细信息可以参考在线补充读物 W10.2。

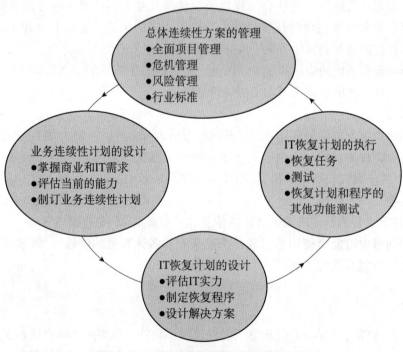

图 10.12　业务连续性服务和 IT 恢复过程

风险管理及成本—效益分析

如果针对每个潜在的威胁都制订应对计划，可能并不经济。因此，制定电子商务安全方案的时候，必须首先对威胁进行评估，决定为哪些威胁制订计划，哪些不必制订计划或仅制定具有部分保护功能的计划。详细信息可以参考在线补充读物 W10.2。

10.8 节复习题

1. 什么是一般控制？一般控制有哪几种类型？
2. 什么是管理控制？
3. 怎样防控垃圾邮件？
4. 怎样防控弹出式广告？
5. 怎么防控网络钓鱼、间谍软件和恶意广告？
6. 请阐述什么是网络战争防控。
7. 请阐述业务连续性和灾害恢复的含义。

10.9　实施企业电子商务安全计划

前文已经阐述了电子商务面临的安全威胁和防御措施，接下来我们将叙述具体的实施工作。首先需要弄清楚的是，为什么难以阻止计算机犯罪，为什么无法避免信息系统故障。

电子商务安全管理的必要性

随着电子商务和社交商务的爆发式增长，网络犯罪的手段也不断翻新（Jaishankar，2011），企业日常的安全保险需求随之上升，同时也推动了全面电子商务安全管理需求的提升。此外，还有如下原因：

- 企业必须遵守的法律和法规。
- 全球性电子商务业务的开展。与外国企业进行业务往来，需要进一步加强安全防护。
- 信息资产已经成为许多企业运营的关键支撑。
- 更新、更快的信息技术在企业内部推广开来，需要加强内部协作。
- 鉴于攻击和防御的复杂性，需要加强企业层面的协作管理。

高层管理人员参与和支持

电子商务安全战略和计划的成功实施，离不开高级管理层的参与和支持。许多安全形式都是不受欢迎的，因为它们会带来不便、具有限制性、耗费时间、价格昂贵。除非得到授权，否则这种安全做法可能不会是企业的首要选择。

因此，要有效地实施电子商务安全和隐私保护，企业的高层管理者必须先参与和支持（如图 10.13 所示）。该模型反映了电子商务安全（以及广义的 IT 安全）的基本路径，包括参与和支持、政策和培训、程序和执行、执行工具这样一个连续的过程。

图 10.13　企业电子商务安全和隐私保护模型

电子商务安全政策和培训

保障电子商务安全的一个重要措施就是制定一个企业电子商务安全政策，以及具体的安全活动和诸如访问控制、客户数据保护等电子商务活动的程序。这些措施包括角色、责任和实施。这种政策需要整个企业的执行，所以必须进行必要的培训（Bailey et al.，2012）。例如，对于收集数据时的隐私保护，相关政策应该明确客户的以下权利：

- 知道有关自己的一些数据正在被收集，以及是什么时候被收集的。
- 有机会作出是否允许收集他们数据的决定。
- 知道并且可以对数据的使用范围进行控制。
- 清楚这些收集的数据不会被其他企业共享。

同样，为了防止犯罪分子利用社交媒体，你可以采取如下措施：

- 通过制定相关制度和程序，在获得更多机会的同时提供相应的客户保护。
- 通过宣传教育，使所有员工和其他人员清楚什么是可以接受的，什么是不可以接受的。

网络威胁智能感知系统

作为策略和培训的一部分，企业可以部署网络威胁智能感知系统（CTI），这是一种重要的防御工具（请浏览 sans.org）。

电子商务风险分析和伦理问题

制定电子商务安全程序，需要对数字和金融资产进行风险评估，包括成本和运营方面的考虑。为了计算出合理的保护程度，负责数字资产的管理人员需要评估其风险暴露程度。

与此相关的一个评估就是业务影响分析。**业务影响分析**（business impact analysis，BIA）是指对某项电子商务功能（如电子采购、电子订购）一旦失效可能给企业造成的影响的分析。在对这些分析进行计算评估之后，企业需要把防御策略聚焦于最大的风险因素。这种分析可能还会涉及针对数据泄露和其他网络犯罪引入的网络风险保险（Willhite，2013）。

伦理问题

实施安全计划引发了一些伦理问题。首先，有些人会反对对所有人的活动进行监管。实行特定的控制，会被有些人看作是对言论自由和其他民事权利的侵犯。Gartner 公司开展过一项专题调研，结果发现，即使是在 2001 年 9 月 11 日恐怖袭击之后，也只有 26% 的美国人认可建立国家性的个人身份数据库。许多人认为使用生物识别技术也是一种侵犯隐私的行为。

如何处理好隐私与安全困境是比较困难的。还有其他一些道德和法律义务可能会要求企业"侵犯员工隐私"并监控他们的行动。尤其是，需要通过 IT 安全措施来防止损失、明确责任和减少诉讼。损失可能不仅仅是经济上的，还包括由于黑客、恶意软件和员工的行为造成的有价值的信息、客户、贸易伙伴和品牌形象的损失，以及无法正常开展业务。

为什么难以阻止网络犯罪？

网络犯罪如此难以阻止，主要有以下原因。

会降低网购的便利性

严密的电子商务安全措施会降低网购用户的便利性，以及减缓购物进程。因此，消费者可能并不喜欢某些安全措施。

商业伙伴的不配合

缺乏信用卡发行商、供应商、本地和（特别是）外国互联网服务供应商以及其他商业伙伴的合作，是一种潜在的因素。如果源头服务提供商积极配合，并暂停黑客的接入行为，黑客想要侵入系统就会变得非常困难。

购物者的疏忽

许多网上购物者没有采取必要的（但不方便的）预防措施，以防止成为身份盗窃或诈骗犯罪的受害者。

忽视采取最佳电子商务安全措施

许多企业 IT 安全管理措施不成熟，员工安全意识较差。例如，在 2008 年的一项研究中，计算机技术行业协会（Computing Technology Industry Association）发现，在美国广泛传播的大部分安全威胁源于用户的无知和恶意软件攻击。今天这种情况已经有所好转。

设计和框架问题

我们都知道，在电子商务系统设计和正式投入使用前避免相关漏洞，远比正式投入使用之后再解决相关问题的代价低。然而遗憾的是，这种预防并不总是能够如愿。即使是轻微的设计错误也可以增加黑客的攻击。需要注意的是，几乎电子应用的每个环节都可能受到某种安全威胁。而设计可能无法考虑所有环节。

商务活动不够谨慎

难以阻止网络犯罪的另一个原因是，在很多业务流程（比如众包）中缺乏应有的谨慎。**谨慎防护标准**（standard of due care）是指为了针对可能的风险，企业有必须采取的最少行动和习惯做法，以保护公司及其资源。管理人员可能会忽略谨慎防护标准（例如，他们雇用不法分子，把业务外包给实施欺诈的销售商），从而使他们的电子商务业务安全处于危险之中（请浏览 pcistandard. com）。

移动设备、网络和应用程序的防护

移动设备和移动商务的爆发式增长带来的问题就是如何保护好这些系统，使其免受我们本章前面讨论的以及新的安全问题的困扰。尽管前面所描述的挑战、攻击和防御都是与有线和无线环境相关的，但有些问题却是移动环境中所特有的。

移动安全问题

Cooney（2012）撰文列出了 10 大主要移动安全问题，包括未加密的无线传输、移动设备没有防火墙和密码保护、连接不安全的无线网络等。该报告提供了多种解决方案，如进行风险评估、安装防火墙等（请参阅 10.6 节和 10.7 节）。

Reisinger（2014）列出了一些新的安全问题，如数据窃取和设备的解锁越狱。第六章中提到的 BYOD 的增多也给企业带来了新的威胁（Westervelt，2013；Phneah，2013）。

防护

为做好移动系统的安全防护，必须采用我们在 10.6 节和 10.7 节提到的相关执行工具和程序，并针对移动环境进行相应的调整。2013 年，中国的联想集团提供了一份白皮书，其中有一份可以降低移动设备安全风险的实用清单，也可以参见 LabTech（2012）。最后，还有一个重要问题就是移动设备遭到盗窃。对此，有两种较为有效的方案：一是自动安全机制，确保只有机主可以使用自己的移动设备；二是所有手机都强制安装一个自毁功能开关（预计 2015 年可能推出）。

10.9 节复习题

1. 如果高级管理层不参与电子商务安全管理，可能会对电子业务产生什么影响？
2. 电子商务安全计划中采用风险暴露模型有什么意义？
3. 为什么每个企业都要采取一个合理的安全使用制度？
4. 为什么要进行培训？
5. 列出难以阻止计算机犯罪的主要原因。

管理问题

与本章内容有关的管理问题有如下几个方面：

1. **制订一个安全计划时需要采取哪些步骤？** 安全风险管理是一个持续不断的过程，涉及三个步骤：资产鉴别、风险评估和执行。通过主动地监测现行的安全制度和程序，企业可以决定哪些措施是成功的、哪些是无效的，反过来，哪些是需要修改或取消的。同时，还需要密切关注业务需求的变化、技术及其使用方法的变化、人们攻击系统和网络方法的变化。通过这种方式，企业可以保持与时俱进的安全制度和措施。

2. **企业是否需要关注内部的安全威胁？** 除了恶意软件外，内部员工的侵入比那些外部人员的侵入更加频繁。这种情况对于 B2C 和 B2B 商务网站来说都是真实存在的。电子商务安全制度和措施必须能够有效应对这些内部威胁（Schwartz，2012）。要特别注重预防那些可能会诱惑内部人员的社会工程计划，对新员工要开展预防网络威胁的教育宣传活动。

3. **建立严密的电子商务安全防护的关键是什么？** 有关网络安全的大部分讨论都集中于技术手段，诸如"所有通信都必须加密"之类的说法。虽然防火墙和加密可能是重要的技术手段，但只有能解决业务问题并被客户采用的安全方案才是真正有效的。决定业务需求是制定一个安全方案最重要的步骤。业务需求会左右企业的信息需求。一旦你搞清了你的信息需求，你就知道了资产的不同价值，你就明白了所需采取的保护最有价值的和最脆弱的资产的措施。

本章小结

本章所涉及的电子商务问题与前面提到的学习目标一一对应。

1. **电子商务信息安全的重要性和涉及的范围。** 成功的电子商务必须有安全保障。然而，这个任务并不简单，因为来自外部和内部的危害多种多样。安全事件和侵入活动会阻挠电子商务交易，增加电子商务活动的成本。互联网的设计是脆弱的，随着应用程序和电子商务数量的增长，参与计算机犯罪的诱惑也在不断提升。犯罪分子的活动更加广泛，形成了盗窃有价值的信息的地下经济。整合成本高昂的防御措施就需要一个统一的政策，这样的政策涵盖了培训、教育、项目管理和执行安全制度的能力。电子商务始终将是一种不断发展的学科，因为威胁在变，在线业务需要改变，基于网络技术的服务也在变。有多种原因造成了企业电子商务安全成本的上升。应对危机和损失付出的努力要远高于预先制定电子商务安全策略付出的成本。互联网的架构从根本上来说仍然是不安全的。有很多犯罪分子企图通过窃取信息而获益。

2. 基本的电子商务安全问题和术语。 安全问题可以看作是攻击者的攻击行为和防御者的防御行为之间的一场斗争。斗争的形式多种多样。电子商务网站的拥有者需要关注多种安全问题：通过认证识别交易参与者的身份；通过授权保证个人或程序有权限访问特定的系统或数据；通过审查能够确定是否发生过某种操作，由谁执行了操作。

3. 威胁、漏洞和技术性攻击。 电子商务网站暴露在多种类型的攻击之中。攻击可能是非技术性的（社会工程），在这种方法中，实施者诱使人们透露信息或采取一些影响网络安全的行为。攻击还有可能是技术性的，这种方法借助于软件和系统方面的专业知识攻击网络、数据库或程序。DoS 攻击通过向目标计算机发送大量的数据流或向网络上尽可能多的计算机发送数据，致使目标计算机陷入瘫痪。恶意代码攻击包括病毒、蠕虫、木马或这些攻击手段的组合。在过去很多年中，新的恶意软件已经出现，比如 Blackhole 和 ZeroAccess（Wang, 2013），恶意代码呈现出了多种趋势，包括攻击速度加快，攻击数据增多；发现漏洞和遭到攻击之间的时间变短；使用僵尸电脑发起的攻击增多；针对网络应用程序的攻击增多；利益驱动的攻击也在不断增加。

4. 网络欺诈、网络钓鱼和垃圾邮件。 网络上存在着种类繁多的网络犯罪。较为常见的就是身份盗窃和冒用、证券市场欺诈、一夜暴富谎言和网络钓鱼。网络钓鱼试图通过伪装成一个可信的身份，从别人那里获取有价值的信息。用户的个人信息被盗取并被出售给犯罪分子，实施诸如洗钱之类的金融犯罪活动。与此相关的就是通过垃圾邮件不请自来的广告或促销。

5. 信息安全。 信息安全模型对电子商务的重要性主要体现在，其通过保证信息的机密性、完整性和可用性来保护数据和计算机系统。机密性是数据隐私保证。完整性是数据准确性和消息没有被修改的保证。可用性是仅限于授权用户及时、有效、可靠地使用数据、网站或其他电子商务数据服务的保证。

6. 电子商务访问控制和通信安全。 在电子商务中，贸易伙伴间的通信问题是最为重要的。电子商务参与者在很多时候都不了解他们的合作伙伴，因此他们需要借助安全的方式通信并建立信任。信任的建立首先要通过交易参与者的认证，那就是鉴别参与者的身份以及他们可以使用的操作。可以通过只有自己知道的信息（如密码）、只有自己拥有的东西（如令牌）、只有自己拥有的特征（如指纹）等建立认证。生物识别技术可以确认个

人的身份信息。指纹扫描、热像扫描、面部识别和语音识别都是生物识别的典型方式。电子商务中使用的一种特殊的加密系统就是 PKI。公钥基础设施（PKI）是网络支付和通信安全的基石，它也可以用来对交易参与者进行认证。PKI 使用多种加密方式来保证隐私和完整性，使用数字签名来保证认证和抗抵赖性。数字签名通过证书授权机构进行自我认证。由于 PKI 已经被加载到网页浏览器和服务中，所以它对于普通的消费者和商家来说使用起来比较简单。这些工具相对都比较安全，因为它们都是基于 SSL（或 TSL）标准制定的。

7. 网络保护技术。 在电子商务网站中，防火墙、VPN 和 IDS 都十分有效。防火墙通过硬件和软件的结合把专用网络和公共网络隔离开来。防火墙大体有两种类型，数据包过滤路由或应用层级的代理。数据包过滤路由使用一系列规则来决定什么交流数据包可以从外网进入内网。应用层级的代理是一种接受外部请求并对请求进行重要封装再发送到内网，从而保证请求安全的一种防火墙。通过宽带接入网络的个人也需要安装个人防火墙。VPN 主要用于点对点的通信，包括互联网 B2B 伙伴之间、移动和远程工作人员与其内网的中心工作室之间的通信。IDS 检测网络或主机上的活动，该系统查找可疑的操作，并会在发生安全入侵或攻击时自动采取措施。此外，还有些企业通过安装蜜罐网络和蜜罐，致力于收集入侵信息，分析遭受到的攻击的类型和方法。

8. 不同的控制手段和特定的防御机制。 主要的控制手段都是统一的（包括物理控制、访问控制、生物识别控制、管理控制、应用控制和内部安全控制）。每种控制手段都有很多不同的种类。

9. 欺诈预防。 由于欺诈的方法实在太多，所以不可能针对每种方法都进行预防。欺诈预防主要靠安全厂商、政府法规，并且可能最重要的就是对消费者进行教育宣传。了解犯罪分子常用的一些方法是进行欺诈预防的第一步。我们必须记住，犯罪分子经验丰富且非常狡猾。

10. 企业电子商务安全。 电子商务安全程序是复杂的、昂贵的、乏味的，也是无止境的。深度电子商务防御模型把电子商务安全看作是责任、人力和过程的结合，其中技术也是必需的。一个有效的方案必须得到高层管理和预算的支持，这可以为电子商务安全对该企业的重要性定下基调。其他还涉及安全制度和培训。安全程序必须定义为执行时的正向激励和违反时最低程度的负面后果。最后一步就是依据管理团队制定的制度和程序来部署硬件设备和安装软件工具。

11. 为什么不可能阻止计算机犯罪？ 网络犯罪的责

任方以及对网络犯罪的谴责主要涉及犯罪分子、受害用户和机构。电子商务行业因担心降低其盈利的在线业务的便捷性，不想加强安全防护。信用卡发行机构之间总是逃避共享一些针对犯罪活动的领先技术或就执行方面进行合作。网络购物者不能够采取一些必要的、避免成为受害者的安全预防措施。网络架构和安全架构目前仍然十分脆弱。企业的业务或员工聘用活动、业务外包和业务伙伴选择方面不够谨慎。每个电子商务参考者都知道虚假信用卡购物、数据入侵、网络钓鱼、恶意软件和病毒威胁没有止境，必须全面并有策略地应对这些威胁。

讨论题

1. 黑客如何诱使人们提供自己的 Amazon. com 网站的用户账户和密码？实施这种欺骗手段的方法有哪些？利用这些信息可能会实施哪些犯罪活动？

2. B2C 网站仍然遭受着 DoS 攻击，这些攻击是如何实施的？为什么防御此类攻击会如此困难？网站可以采取哪些措施以缓解这样的攻击？

3. 僵尸网络、身份盗窃、DoS 攻击和网站劫持是如何实施的？为什么这些攻击对电子商务活动而言如此危险？

4. 消除网络金融欺诈存在哪些困难？

5. 浏览网站 zvetcobiometrics. com，查看其相关产品。讨论其较其他生物识别技术有哪些好处。

6. 查找 Zeus 木马相关的信息，讨论它为什么会如此有效地进行金融数据盗窃。为什么难以移除这种木马？提示：参见 Falliere and Chien (2009)。

7. 查找有关假杀毒软件社会工程方法的信息。你认为其如此有效的原因是什么？

8. 访问美国国家漏洞数据库（NVD），浏览网站 nvd. nist. gov，查找最近发布的 5 个 CVE 漏洞，列出每个漏洞的发布日期、CVSS 烈度、影响类型和具有此种漏洞的操作系统的类型。

9. 写一份有关生物识别技术在移动商务中的使用现状的报告。（参阅 nxt-id. com。）

课堂论辩题

1. 阅读 McNeal (2012)，完成书内的多项选择题测试，就测试的结果展开讨论。

2. 一个企业要与其贸易伙伴共享客户账户数据库，同时为潜在买家提供访问其网站上营销资料的权限。可以用什么类型的安全组件来确保只有合作伙伴和客户具有相应的权限？什么类型的网络管理程序可以提供符合这种要求的安全防护？

3. 为什么与计算机犯罪分子的斗争十分困难？金融机构、航空公司等高度依赖电子商务的用户可以实施什么安全策略？

4. 所有电子商务网站都面临着同样的安全威胁和漏洞。B2C 网站和 B2B 网站是否面临着不同的威胁和漏洞？为什么？

5. 为什么网络钓鱼会如此难以控制？可以采取哪些措施？

6. 最好的策略就是只进行较少的投资，并且只使用诸如加密和防火墙之类的已得到验证的技术。你同意这种观点吗？

7. 能否控制地下互联网市场？为什么？

8. 为了保障电子商务安全采用你的指纹或其他生物信息是否侵犯了你的个人隐私？为什么？

9. 机场的人体扫描具有很大的争议。你对此持什么态度？

10. 美国认为跨境的计算机攻击行为属于军事行动。你同意这种观点吗？

11. 关于脸谱上需要提供信用卡的详细信息这件事情，你怎么看？

12. 访问 FBI 网站：fbi. gov/about-us/investigate/cyber/identity_theft，阅读身份盗窃和身份犯罪的相关内容。就重点内容写一份相关报道。

网络实践

1. 假设你公司的 B2C 网站遭到了一个全新的、新型手段的攻击。你可以向哪个机构报告情况，以便他们为其他网站提供预警？你将会怎么做，你有什么信息可以提供？

2. 接入互联网，访问至少两个显示 IP 地址的网站，搞清楚你的电脑的 IP 地址。你可以使用搜索引擎查找相关网站，也可以直接浏览网站 ip-address.com 或 whatismyipaddress.com。这样的搜索还反映了你的链接的其他哪些信息？一个企业或黑客会如何利用这些信息？

3. 在谷歌搜索里查找"机构身份窃取"白皮书。比较机构身份窃取和个人身份窃取。企业如何保护自己免遭身份盗取？

4. 美国的《网络空间安全国家战略》（dhs.gov/national-strategy-secure-cyberspace）列出了国家的 5 个重要事项，并为每个事项提供了一系列行动和建议。搜索并下载一份电子版的策略文件（us-cert.gov/sites/default/files/publications/cyberspace_strategy.pdf）。选择其中一个重要事项，详细讨论该事项的行动和建议。

5. 赛门铁克公司的年度互联网安全威胁报告提供了互联网安全中攻击和漏洞的趋势详情。查找一份最新的报告，总结有关攻击和漏洞的一些主要变化。

6. 在谷歌搜索里查找 5 个不同国家的互联网地下市场活动案例并进行总结。

7. 浏览网站 consumer.ftc.gov/features/feature-0014-identity-theft，idtheftcenter.org，fbi.gov/about-us/investigate/cyber/identity_theft。查找以下有关信息：预防措施、保护措施和身份窃取调查，并写一篇报告。

8. 浏览网站 verisign.com，查找有关 PKI 和加密的信息，写一篇报告。

9. 浏览网站 hijackthis.com，对你的电脑进行免费扫描，对你收到的检测报告进行评论。

10. 浏览网站 blackhat.com，搞清楚网站的内容，并对其相关活动进行总结。

11. 在谷歌搜索里查找"Fort Disco"的文章，以及用来攻击 WordPress 的其他僵尸网络。就此讨论攻击的方法和可能的防御措施。

团队合作

1. 为导入案例设计的作业。

请阅读本章的导入案例，并回答下列问题：

a. 该大学存在网络安全问题的原因是什么？这些问题属于什么类型？

b. 哪些安全问题涉及社交媒体应用？

c. 为什么自动的解决方案（基于代理）以失败而告终？

d. 为什么电脑使用策略也是无效的？

e. 该校的带宽存在什么问题？

f. 描述一下学校的新的安全策略及其工作原理。

g. 讨论该案例中所涉及的隐私问题。

2. 由小组分工协作完成最新的垃圾邮件和欺诈威胁报告。可以浏览网站 ftc.gov，查看相关案例，也可以参考最新的赛门铁克国家垃圾邮件报告和 IBM、VeriSign、McAfee 及其他公司发布的白皮书。

3. 浏览网站 symantec.com/security_response/publications/whitepapers.jsp，查找白皮书：（1）"The Risks of Social Networking"（《社会工程的风险》，网址是 symantec.com/content/en/us/enterprise/media/security_response/whitepapers/the_risks_of_social_networking.pdf）；（2）"The Rise of PDF Malware"（《PDF 恶意软件增多》，网址是 symantec.com/content/en/us/enterprise/media/security_response/whitepapers/the_rise_of_pdf_malware.pdf）。对两份白皮书进行总结，并找出两者之间的内在联系。

4. 浏览网站 searchsecurity.techtarget.com/video/Cyberattacks-and-extortion，观看视频 "Cyberattacks and Extortion"（《网络攻击和敲诈》），回答以下问题：

a. 为什么现在网络诈骗会日益增多？这些网络诈骗是如何实施的？

b. 目标电子邮件攻击中包含什么内容？

c. 什么是 SQL 感染攻击？

5. 数据泄露可能是一个严重的问题，查找所有主要的可以防止数据泄露的方法。查看主要的安全公司（比如赛门铁克），查找有关的白皮书和网络研讨会。

6. 为每个小组分配一种防御网络欺诈的方法。每种方法要求都是针对不同类型的欺诈（如金融欺诈）。识别可疑电子邮件、网络浏览器的网络跟踪器、信用卡保护、无线网络安全、浏览器安装的反钓鱼软件等。

7. 查找有关目标数据泄露以及对实体店造成影响的事件。识别黑客所采用的方法，并给出防御策略。

银行如何成功阻止网络诈骗、垃圾邮件和网络犯罪

网络犯罪过去只是为了寻求乐趣，如今却是为了金钱。据称多达 90% 的网络钓鱼者的目标都是金融机构。下面我们来了解一下一家银行是如何保护客户利益的。

南达科他州的西澳银行

西澳银行（bankwest-sd. com）是一家民营机构，所以它可以基于长期价值进行决策，而不是只关注眼前的利益。在南达科他州没有其他银行比该银行更加关心客户且提供更多的宣传教育程序。近些年来，该行的客户遭遇了社会工程和网络钓鱼问题。根据 Kitten（2010）的报告资料显示，以下为一些典型的案例：

● 甜蜜计划。

客户和海外用户之间的在线交往可能是长期的。在保持在线关系的过程中，海外用户会设法说服客户汇钱、共享账户信息和打开账户。

● 信件、邮件或电子邮件。

银行客户收到告知其中奖的邮件通知。要求交付一些手续费才能领到奖金。

● 电话诈骗。

以官方检查的名义要求客户提供信息，客户会反复接到多个电话，每个电话都会要求客户提供一些不同的个人信息——社保号码、出生日期等。电话诈骗目标通常都是一些年老的客户，其主要形式是与客户建立友好关系的社会工程。

● 移动电话诈骗。

客户被告知其借记卡信息泄露，要求客户提供详细的卡片信息，以更换该借记卡。

为了应对这些问题，西澳银行在其网站（bankwest-sd. com/etc. htm）上提供社会工程计划方面的信息，员工指导客户登录银行网站，了解有关欺诈方面的信息。银行还建立了"员工奖励计划"。

实施社会工程计划最关键的是要提高客户对互联网安全的信任度。根据 Kitten（2010），"银行的信息安全团队经常参加各种社会工程和其他欺诈计划的论坛活动，得到信息后再和全体员工共享，以保证所有员工都能够了解最新存在的欺诈威胁。所有员工都要完成由银行设计的社会工程计划检测的在线培训课程"。

同样根据 Kitten（2010），该培训程序包括以下内容：

● 如何识别电话诈骗，例如识别利用语音应答系统套取客户的个人信息的网络语音钓鱼电话和预先录音的电话。

● 如何识别钓鱼邮件以及在点击链接和打开邮件时如何多加小心。

● 每月开展有关如何识破当面的社会工程手段的培训课程和员工演示。

员工激励

识别出可疑计划的员工都可以得到证书奖励和少量的现金奖励。员工得到一个证书时，员工的顶头上司会收到通知并被要求其进一步奖励该员工，员工为获得奖励而感觉很自豪。

结果

根据该银行的信息安全管理员提供的资料可知，该银行的社会工程计划并没有因为相关的教育宣传和奖励计划而减少，但收到的社会工程计划的报告却大幅增加了。

欲了解西澳银行如何解决身份盗窃、网络钓鱼等问题，请浏览 bankwest-sd. com/etc. htm。

资料来源：Kitten（2010），BankWest（2014）。

思考题：

1. 列出西澳银行面临的主要安全问题，并思考 10.2 节、10.3 节和 10.4 节学习的相关的攻击方法。

2. 西澳银行采用什么方式解决了欺诈问题？

3. 鉴于西澳银行的问题及其解决方案，你认为什么防御机制更加有效？

在线补充读物

W10.1　应用案例：西雅图医院成功地应对了一次僵尸攻击

W10.2　业务连续性和灾难恢复

术语表

Access control：**访问控制**，也称"接入控制"，决定谁（个人、程序或机器）可以合法地使用网络资源以及哪些资源可以使用。

Application controls：**应用控制**，负责保护特定的应用程序。

Authentication：**认证**，一个确认个人、软件客户端、电脑程序或电子商务网站等真实身份的过程。

Authorization：**授权**，许可某个经过认证的人进入特定系统并进行某些操作。确定买方用卡是否有效，以及该客户的资信状况是否良好。

Availability：**可用性**，指确保授权用户可以及时、有效、可靠地使用数据、网站或其他电子商务服务。

Banking Trojan：**银行木马**，当用户访问某个网上银行时，会被激活的木马程序。

Biometric authentication：**生物认证**，是基于可测量的生物或行为特征、生理信号来测度和分析个人身份的一种技术。

Biometric systems：**生物识别系统**，可以通过搜索数据库来匹配个人的生物识别特征，以便从众多注册用户中识别出某人，系统还可以通过把个人的生物识别特征和以前系统中存储的样本进行比对以确认某个人是否为其所声称的那个人。

Botnet：**僵尸网络**，指由大量（多达成千上万台）受到劫持且被设置成自动匿名运行的网络计算机。

Business continuity plan：**业务连续性计划**，企业遭遇灾难性事件后所制订的继续开展经营活动的计划。企业中每一个智能部门都要制订相应的具体计划。

Business impact analysis（BIA）：**商业影响分析**，分析失去一个电子商务资源（如电子采购、电子订购）对企业的影响。

Certificate authority（CA）：**证书授权中心**，发放数字签名或 SSL 证书的第三方机构。

CIA security triad：**CIA 安全三要素**，衡量电子商务是否成功和安全主要取决于三个要素：商务网站信息的机密性、完整性和可用性。

Ciphertext：**密文**，经过加密的文件。

Controlling the assault of non-solicited pornography and marketing（CAN-SPAM）act：**《控制非自愿色情和促销攻击法案》**，规定发送带有虚假的或者误导性的标题或误导性的主题内容的商务电子邮件都属于违法行为。

Confidentiality：**机密性**，指确保数据的私密性。数据以及传输的消息要经过加密，只有指定的人员才可以读取。

Cybercrime：**网络犯罪**，指利用互联网蓄意从事的犯罪活动。

Cybercriminal：**网络犯罪分子**，指利用互联网蓄意从事犯罪活动的人。

Data breach：**数据泄露**，指敏感的、受保护的或机密数据遭到个人未经授权的复制、传输、查看、盗取或是使用之类的安全事件。

Denial-of-service (DoS) attack：**拒绝服务攻击**，指以大量的服务或登录请求对某个网站服务器进行轰炸，使其崩溃或无法及时作出回应。

Detection measures：**阻止措施**，可以阻止未经授权的用户（也称入侵者）侵入电子商务系统（比如可以要求验证密码）。

Deterrent methods：**威慑措施**，指可以迫使犯罪分子放弃攻击某个特定系统的想法的措施（比如可以规定内部员工可能会被抓获且处罚）。

Digital envelope：**数字信封**，发送者使用接收者的公钥对原始信息和数字签名进行加密，这两个加密内容就构成了数字信封。

Digital signatures：**数字签名**，是无法伪造的个人签名的电子版本。数字签名不容易忘记，因为它们会认证利用公钥的发送方的身份。

EC security strategy：**电子商务安全策略**，电子商务安全策略包括三个部分，即"威慑、阻止、检测"未经授权使用企业品牌、身份、网站、邮件、信息及其他资产，或者试图诈骗企业、企业客户和员工等行为。

E-mail spam：**垃圾电子邮件**，就是我们常说的垃圾邮件，主要指给众多收件人发送内容基本相同的电子邮件。

Encryption：**加密**，是把数据用某种方式进行转换或加密的过程，使得未经授权的用户很难、代价很大或要花费大量时间才能解密。

Encryption algorithm：**加密算法**，是用来加密或解密消息的一系列程序或数学函数。

Exposure：**漏洞**，指犯罪分子利用网络薄弱环节可能造成的损失和破坏。

Firewalls：**防火墙**，是把内部安全网络、计算机和外部不可信的互联网之间分隔开的屏障。

Fraud：**欺诈**，指利用欺骗手段或设备损害他人财产或权利的各种商务活动。

General controls：**一般控制**，负责保护所有的系统应用程序。

Hacker：**黑客**，指那些通过非授权认证方式进入一个计算机系统的人。

Hash function：**哈希函数**，一种安全算法机制，就是一种将任意长度的信息压缩到某一固定长度的信息摘要的函数。

Honeynet：**蜜罐网络**，是一个由"蜜罐"构成的网络，这里的蜜罐设计用于吸引黑客就好比用蜂蜜吸引蜜蜂。

Honeypot：**蜜罐**，指模拟信息系统组件，例如电子商务服务器、支付网站、路由器、数据库服务器、防火墙等。

Identity theft：**身份盗窃**，指偷取某人的身份信息，然后利用这些信息假装成另外一个人来窃取金钱或获取其他利益。

Information assurance (IA)：**信息安全**，指保护信息系统及其运行过程的各种工具、方法和措施。

Integrity：**完整性**，指确保数据的准确性或消息没有被更改。

Internet underground economy：**互联网地下经济**，就是指那些贩卖非法获取信息的网络市场，这些网络市场贩卖信用卡号、社保账号、电子邮件地址、银行账户、社交网络账号和密码等。

Intrusion detection system (IDS)：**入侵检测系统**，是设计用于检测通过网络尝试非法接入、修改或破坏计算机网络和系统的一种软件或硬件。

Key (key value)：**密钥**，用来加密或解密信息的秘密代码。

Key space：**密钥空间**，是在信息转换时算法机制产生的密钥的总量。

Keystroke logging：**按键记录**，就是利用设备或软件猎取和记录用户的按键活动情况。

Macro virus (macro worm)：**宏病毒**，也称"宏蠕虫"，是一种恶意代码，它附着在数据文档中，而不是附着在可执行的程序（例如 Word 文档）中。

Malware（malicious software）：**恶意软件**，各种用心不良的软件的统称。

Message digest：**报文摘要**，哈希函数中使用的一串数字代码组成的特别的信息摘要。

Nonrepudiation：**不可抵赖性**，与认证密切相关，就是要保证在线客户或贸易伙伴不可以否认他们的购买、交易或其他责任。

Packet：**数据包**，在网络上，从一台电脑发向另一台电脑的数据和请求都被分割成一个个更小的片段，称为"数据包"。

Page hijacking：**网页劫持**，网页劫持是通过制作一个热门网站的非法拷贝来实现的，拷贝网站的内容和原网站基本类似。

Penetration test（pen test）：**渗透测试**，是一种通过模拟恶意攻击来评估计算机系统或网络的安全性的方法。

Personal firewall：**个人防火墙**，通过监视所有通过计算机网卡接口的数据信息以保护桌面系统。

Pharming：**域名欺诈**，是通过在计算机上安装恶意代码，在受害者不知情或不同意的情况下，把受害者引导到一个假冒网站。

Phishing：**网络钓鱼**，用恶意软件去盗窃目标企业的身份特征，以获取目标企业的客户。

Plaintext：**明文**，就是人类可读的文本或消息。

Prevention measures：**预防措施**，指防止未经授权的个人或组织接触到电子商务系统的方法（例如使用认证设备、防火墙，或是采取防范措施识别潜在的风险，及时应对）。

Private key：**私钥**，只有用户自己知道的加密代码。

Protocol tunneling：**协议隧道**，首先对数据包进行加密，然后再封装成可以通过网络进行传输的数据包，到达终端地址后，再通过专用的主机或路由进行解密。

Public key：**公钥**，任何公众都可以获取到的加密代码。

Public（asymmetric）key encryption：**公共（非对称）密钥加密**，这种加密方法使用一对相互匹配的密钥——一个是公钥（public key），任何公众都可以获取到；另一个是私钥（private key），只有用户自己知道。

Public key infrastructure（PKI）：**公钥基础设施**，就是利用公钥理论和各种技术建立的提供在线支付安全服务的基础设施。

Risk：**风险**，网站建设中的漏洞被人恶意利用的可能性。

Search engine spam：**搜索引擎垃圾邮件**，指蓄意上传一些网页以迷惑搜索引擎，使其提供不准确、多余的或是质量较差的搜索结果。

Social engineering：**社交引擎**，是一种非技术性攻击，这种攻击利用一些诡计欺骗用户泄露信息或做出损害计算机或网络的行为。

Spam：**垃圾邮件**，这里主要指电子化的垃圾邮件。

Spam site：**垃圾帖子**，一些帖子被用来误导搜索引擎做出错误的判断，目的是提升某些网页在搜索结果中的排位。

Splog：**垃圾博客**，建立垃圾博客完全就是为了营销。垃圾邮件发送者注册数百个垃圾博客，并和自己的网站建立链接，以提升其在搜索引擎中的排名。

Spayware：**间谍软件**，也称犯罪软件，是指所有不受欢迎的软件程序，被用来偷窃私有信息或包含秘密信息的目标数据。

Standard of due care：**防护标准**，源于相关法律条文，也被称为"采取合理谨慎措施的职责"。

Symmetric（private）key encryption：**对称（私人）密钥加密**，是指加密过程和解密过程中使用的是同一个密钥。

Trojan horse：**木马**，是一种貌似有用的软件，实际上却隐藏有威胁计算机安全的程序。

Virtual private network（VPN）：**虚拟专用网络**，指的是在公用网络上建立专用网络的一种技术。

Virus：**病毒**，指的是通过非法手段将一种程序植入计算机，目的是使系统瘫痪。被感染的主机只要启动就会激活病毒。

Vulnerability：**漏洞**，漏洞是攻击者发现并加以利用的系统缺陷。漏洞为攻击者提供了破坏信息系统的机会。

Vulnerability assessment：**漏洞评估**，就是对系统中的漏洞进行识别和认定的过程。

Worm：**蠕虫**，和病毒不同，其传播并不需要人类的帮助，可以自动复制。蠕虫通过网络传播和感染电脑或掌上电脑，甚至通过即时消息也可以传播。

Zombies：**僵尸**，受到恶意软件感染的计算机，这些恶意软件受垃圾邮件、黑客等的控制。

第十一章　电子商务支付系统

学习目标

1. 描述小额支付的使用环境，以及这些环境中其他的替代支付方式；
2. 讨论不同种类的在线支付卡及其使用过程；
3. 讨论智能卡的类别及其潜在应用；
4. 讨论储值卡及其使用环境；
5. 描述在线小额支付；
6. 描述电子支票使用过程及参与各方；
7. 了解移动支付的主要类型及其使用；
8. 描述 B2B 电子商务的支付方法及国际贸易结算方法；
9. 描述新兴的电子商务支付系统。

|导入案例| **按浏览量支付模式：下一代的 iTune**

存在的问题

电子书市场蓬勃发展，而砖瓦加水泥式（传统的纸质书）图书市场正在迅速衰退。2013 年，亚马逊公司推出了 Kindle 电子书阅读器的第六个版本——"Kindle Paperwhite"（也被称为 Paperwhite 2）。Kindle 电子书几乎可以在任何电脑或平板设备上读取。巴诺书店推出 Nook 电子书阅读器，作为 Kindle 的竞争者。结果就是第五章中提到的，一些书的电子版本销售量超过了其精装书和平装书的销售。

在大多数情况下，电子书是作为纸质书的"数字复制品"整本出售。这种情况适用于文学小说，例如《迫切的任务》（*True Crime*）等作品。很多文学作品的读者更有意向购买整本书，而不是单页或单个章节。大多数非文学作品的读者不需要也不想下载整本书。例如：

● 一个即将在假期飞往意大利罗马度假的人，他只需要《意大利旅游指南》中的几个章节，而非整本书。

● 一个软件公司面临着非常复杂的问题，在一本著名的编程书中找到了解决方案。此书售价 80 美元，而对于编程者来说这本 600 页的著作中只有 5 页是他们所需要的。

● 教授想从一本非课程教科书中，在不触犯著作权法的情况下，选出一章给学生布置作业，或要求学生以少许费用购买整本书。

网上售书，不论是精装书还是电子书都是很简单的。然而，若是以低于 5 美元的价格按页、按章或按其他形式出售书籍、期刊则复杂得多了。这里存在两个障碍，都不是技术性的。第一个障碍是出版商犹豫，他们认为出售部分章节比出售整本书少获利。在 iTunes 和亚马逊开始出售单首歌曲而非整张 CD 之前，音乐行业也持有相同的观点。

第二个障碍是当商家允许客户使用信用卡或借记卡支付不超过 5 美元的商品时，面临的交易成本太高。在网络交易中，大部分顾客以信用卡支付。对于每一笔信用卡交易，那些发卡的金融机构会向商家索要一定比例的费用和固定的年费。对于接受信用卡支付的商家通常必须支付最低的交易费，每笔数额为 25~35 美分，加上交易价格的 2%~3%。借记卡同样面临交易费，即使数额较低。当使用卡购买超过 10～12 美元时这些费用是合理的，但对于小额交易则成本高昂。

这样的问题发生在如下情况中（客户用信用卡或借记卡支付）：

● 在 iTunes 上购买一首 1.29 美元的歌，或从 App Store 购买一个 1.99 美元的应用程序；

● 向一家主流报纸或新闻期刊（如《福布斯》或《商业周刊》）购买一份 1.50 美元已存档的文章；

● 选择一个在线游戏，花 3 美元购买 30 分钟游戏或者购买游戏中的配件或武器；

● 从一个在线剪贴画商店购买几张数字图片，每张 80 美分。

2005 年，亚马逊公司试图解决这一问题。它宣布了一个叫做"Amazon Pages"的方案，该方案允许读者在网上购买书籍的部分内容。该方案最终在 Kindle 的发布以及 Kindle 在线商店的推出下完成。类似的还有，2008 年 2 月，兰登书屋开始在网上试运行以 2.99 美元的价格出售单个章节。至今为止，第一本也是唯一一本操作书是 Chip 和 Dan Heath 撰写的 *Made to Stick*（2013 年免费赠送该书）。

解决方案

通常 10～12 美元一笔的网上支付（例如 10 美元一笔的贝宝支付）叫做小额支付。为保证获得一定的交易利润，信用卡发卡公司会向商家索要极高的手续费。所以，在实体交易中，这些小额交易常以现金的形式支付。然而现金支付在网络世界中行不通，因此产生了许多推出数字代理的尝试。早在 2000 年，一些公司就提供了小额支付的方案来规避信用卡和借记卡的相关费用。这些公司的尝试绝大多数成了未兑现的承诺和彻底的失败。Digicash、First Virtual、Cybercoin、Millicent、Internet Dollar 等小额支付公司在互联网泡沫危机中破产。Bitpass 公司就是在 2007 年破产的失败例子。许多因素在它们的失败中起了作用，包括早期的互联网用户认为数字内容应该是免费的。

尽管一些数字货币已经彻底失败，但仍有一系列不完全依赖信用卡或借记卡的小额支付模式取得了成功。

取得的成效

2012 年，苹果公司声称消费者从 iTunes 商店下载了超过 200 亿首歌曲和 100 亿个应用。其中，绝大多数歌曲和应用程序的成本不到 2 美元。消费者在 2011 年 12 月的一天内，下载了 46 个不同的应用程序，总价超过 1.5 亿美元。显然，苹果公司通过使用

"汇总"支付模式（在本章稍后描述），已经能够克服小额支付的问题。特别是，任何消费者想要购买物品，需要在 iTunes 或 App 商店中创建一个账户，并与信用卡或借记卡关联。当她或他做出一次购买，该次购买的金额会被添加到之前的购买总额中，直到购买总额超过一定值，使得苹果公司在向信用卡或借记卡发行公司支付时能够抵消交易成本。当然，假设出版商愿意合作，其他厂商尤其是亚马逊公司可以效仿苹果公司的例子，使用相同的系统来出售书的单页、单个章节和单篇文章。

信用卡、借记卡公司都意识到在线使用银行卡进行小额支付存在的困难。为此，它们降低了交易费用来诱导在线或离线的商家接受使用信用卡和借记卡来完成小额支付。但即使在这种新的费用结构下，购买额少于 10 美元对于普通商家而言仍然成本过高。贝宝公司也增强了支付系统来处理小额支付（详见 10.4 节"非技术性攻击方法：从网络钓鱼到垃圾邮件和欺诈"）。

资料来源：Analysys Mason（2010），Tsotsis（2011），en. ecommercewiki. info/payment/micro-payment（2014 年 6 月数据）。

案例给予的启示

几乎从电子商务诞生以来，信用卡和借记卡就统治了电子支付的世界。几乎所有的 B2C 交易都是使用支付卡。从上述案例可知，许多电子货币近似物曾试图解决这个问题，但几乎都失败了。唯一成功的著名公司是贝宝，详见 10.1 节"信息安全问题"。类似的情况存在于 B2B 交易，尝试了许多方式，但只有少数成功。

尽管大多数 B2C 电子支付都是以信用卡和借记卡的形式，但在一些新的情况下，其他替代方式也正在兴起（虽然它们往往在支付中与卡相关联）。其中之一就是上述案例中讨论的小额支付。另一个是在移动通信领域。智能手机及其他移动设备被用于在线和离线支付。随着时间的推移，移动支付可能会在我们的话费账单中，而不是信用卡账单中被结算。注意的是，电子支付的方式在全球有很大的差异（yStats.com，2014）。

本章我们讨论电子支付在 B2C 和 B2B 中的发展，以及移动设备在电子支付中日益增强的重要性，还将探讨各种支付方式及支付过程，以及有些方式被广泛使用，而另一些未被采用的根本原因。

11.1　支付方式的变革

2003 年是现金、支票、信用卡在商场购物面临巨大转折的一年。那一年，信用卡和借记卡的使用量首次超过现金和支票。自那以后，信用卡和借记卡在商场支付中占据了 50％的份额，而剩下的 50％则由现金和支票占据。该趋势正在持续。支付卡使用量的增长伴随着现金使用量的减少。近年来，由于美国对《电子资金转账法》作了修改，借记卡的使用量有了明显的增长。该法案规定对于借记卡购买额在 15 美元甚至更低的情况，商家不需要开具收据。想了解 2013 年欧洲电子商务的情况，请浏览网站 www. ecommerce-europe. eu/news/reflecting-on-2013-e-payments。

类似情况也出现在非现金支付的领域——定期账单。2001 年，超过 75％的定期账单是以纸质票据的支付形式完成的（例如支票）。而只有不足 25％的交易是以电子支付方式完成的，而现在（2015 年）账单支付以电子方式进行的比例已多于 55％。

几十年来，人们一直都在讨论非现金支付的社会，尽管现金和支票不会马上消失，但不少人已经能够不靠支票或现金生活了。今天几乎 100％的在线 B2C 支付已经电子化了。纵观发达国家，绝大多数的在线交易都是用信用卡完成支付的，尽管有一些国家存在着其他支付方式。例如，在德国，人们更青睐于使用借记卡或银行卡，在中国，使用较多的是借记卡和支付宝。本章后面将会讨论，发展中国家的电子商务支付方式出现了类似于贝宝的新类型。例如，Zawya（2014）指出，开罗安曼银行正在约旦引入贝宝服务，以推动电子商务的发展。

对于 B2C 的商家而言，支付方式的发展趋势是很明朗的。在大部分国家，如果没有信用卡的支撑，是无法进行网上交易的，不管成本如何。对于那些有意涉足国际市场的商家来说，它们需要多样的电子支付方式，包括银行转账、COD（交货付现）、电子支票、零售商发行的"企业卡"、礼品卡、即时信用卡，以及其他无卡支付系统，如贝宝支付平台等。如果商家能够提供多种支付方式，就会提高交易的成功率和更高的订单率，当然也就带来了收入的增加。

在电子支付的短暂发展史中，有许多试图涉足非传统支付系统的企业最终以失败而告终。最近的一家是比特币公司（bitcoin. org）。"比特币"（Bitcoin）是一种由该公司的特殊软件提供的P2P 加密数字货币。这种电子货币只能归所有者使用，而且只能用一次。到目前为止，比特币的使用相当广泛，但仍存在一些问题（参阅 11.8 节）。将来比特币可用于小额支付（参阅ciondesk. com）。更多详细内容请参阅网站：weusecoins. com。任何一种支付方式被广泛接受都要历经数年。例如，信用卡在 20 世纪 50 年代推出，直到 20 世纪 80 年代才被广泛使用。任何支付方式的成功都有一个关键因素——"鸡和蛋"的问题：买方不使用的支付方式，怎么可能让卖方使用呢？同样，如果卖方不使用这种支付方式，怎么可能让买方使用呢？

不同电子支付系统间的竞争非常激烈（Jing，2013）。任何支付系统的成功都取决于以下多种因素（基于 Evans and Schmalensee（2005），Roth（2010），以及作者的经验）：

- **独立性**。几乎所有形式的电子支付都需要卖方或商家安装特定的软件和硬件以授权并处理一次支付行为。这些特定的支付方式可能复杂低效并且成本高昂。
- **交互性和便捷性**。一种电子支付方式必须能与已有的信息系统兼容。
- **安全性**。如何确保安全交易？转账信息被泄露的后果是什么？只有安全的支付系统才能成功。

- **匿名性**。一些买方希望他们的身份信息和购买模式仍然具有匿名性，满足这一特性的只有现金支付。所以，支付方式若想被用户接受（例如电子现金），就必须能够匿名。
- **可分性**。由于大部分商家只有在购买额超过一定的数值时才会接受信用卡，因此成功的电子商务交易需要解决小额支付问题。
- **便利性**。由于信用卡的使用非常方便，所以在 B2C 和 B2B 市场得到了广泛的使用。电子支付必须对贸易方式起到补充作用。
- **交易费**。当使用信用卡支付时，商家需要支付交易费。交易费使得小额交易商的信用卡使用成本高昂，因此需要解决小额交易的支付方式。
- **跨国支持**。电子商务已经在全球范围内得到了广泛的使用。一种支付方式如欲获得全球性的使用，不仅需要满足国内贸易支付的需要，也要满足国际贸易支付的需求。
- **规章条例**。一系列国际性规则、美国联邦或州的规章制度对所有的支付方式进行制约。支付方式的任何改变或者一种新方式的推出必须得到监管机构的许可。例如，贝宝支付平台由于违反了银行监管条例，不得不面对一些由州总检察长提起的诉讼。

贝宝支付

随着信用卡和借记卡在电子商务支付中占主导地位，一种替代的支付方式已经获得成功，那就是贝宝（以及类似支付方式）。贝宝是由 20 世纪 90 年代中后期的两个小公司 Confinity 和 X. com 合并而成的。它们的首次成功是为易趣网交易提供一个支付系统（贝宝现在是易趣的一个公司）。系统是如何运作的？从本质上讲，易趣卖方和买方设立贝宝账户，关联到一个银行卡或信用卡账户。在拍卖完成后，付款交易是通过卖方和买方的贝宝账户进行的。这样，银行卡或信用卡账户仍保密。那个时候买方对于在线透露自己的信用卡号码往往十分谨慎。对于卖方而言，这也消除了信用卡公司收取的交易费用，尽管贝宝平台最终还是开始收取类似的交易费用，但低于信用卡公司。

尽管易趣网拥有自己的支付系统 Billpoint，但是贝宝支付平台取得了巨大成功，易趣网最终决定关闭 Billpoint 系统，并在 2002 年 10 月收购了贝宝。（请浏览 news. cnet. com/eBay-picks-up-PayPal-for-1. 5-billion/2100-1017_3-941964. html。）

为什么贝宝比 Billpoint 更成功呢？这是一个很难回答的问题，有多种答案。贝宝有更好的用户界面、更好的市场营销、更好的服务组合，对于买卖双方而言使用都很便捷。不管怎样，Billpoint 和贝宝都不需要寻找潜在的买方和卖方市场，因为易趣网自带用户。Billpoint 和贝宝所要做的就是说服易趣网商家和消费者使用它们的支付系统。在这点上，贝宝比 Billpoint 更成功。

截至 2014 年 12 月，贝宝已经拥有 203 个全球市场，有 15 700 万活跃账户（请浏览 paypal-media. com/about，paypal-media. com/assets/pdf/fact_sheet/paypal_fastfacts_Q4_ 2013. pdf）。贝宝支持 26 种货币的付款。2013 年贝宝的收入约为 70 亿美元，其中一半来自全球贸易，其中约 65％由"卖方服务"部门所产生。一年内贝宝的收入增加了 26％，约占易趣网总收入的 40％。贝宝的成功是随着时间的发展，通过"三步走"的方式推出电子支付。首先，它们集中为美国的易趣网用户扩展服务。其次，通过向易趣网的国际网站和用户开发系统，贝宝增加了自身市场规模。最后，它们决定为非易趣网的业务设立支付平台。其中一个倡议是设计一种系统用来支持个人对个人的支付（相当于个体间的电汇服务）。更重要的是，2003 年贝宝创建了一个新的业务部门，"卖方服务"（Merchant Services，为电子商务的卖方服务），独立于易趣网业务之外。收入分析显示，贝宝国际业务的增长以及"卖方服务"业务的增长是贝宝平台持续成功的原因。

在过去的几年中，贝宝已经面临一些竞争对手，但其中没有一个能构成严重威胁。今天，一个新的电子支付阵容包括：

● 谷歌钱包（原名谷歌结算，google.com/wallet）。支付系统与谷歌用户账号关联。易趣网不接受谷歌钱包支付方式。谷歌钱包能在购物时用手机支付。

● Wirecard AG（wirecard.com）。Wirecard AG 通过一站式的平台提供非现金支付及其他服务。还为用户提供一个广阔的全球性电子商务市场。该系统与贝宝及西方联盟（Western Union）竞争。

● Skrill（原名 Moneybookers，skrill.com）。Skrill 是英国 Investcorp Technology Partners 公司开发的一个电子支付、存储和转账系统。在操作上，它类似于贝宝。但是 Skrill 的交易费用较低。Skrill 的普及度无法与贝宝相提并论，但对于外汇交易经纪人来说它是一个便捷的电子支付系统，同时它还被易趣网采用。

● Popmoney（原名 ZashPay，popmoney.com）。Popmoney（Fiserv 公司的子公司）是一种在线个人对个人的支付服务，允许个人直接通过短信或电子邮件从银行账户中发送并接收款项。

个人对个人（P2P）支付

很多电子商务交易是在个人之间进行的。陌生买家的付款方式对电子商务的成功至关重要，因为交易都是在网上进行的，并且参与者来在不同地方，彼此之间并不认识。此外，个人之间的资金借贷变得越来越流行，详见第三章。

以下是 P2P 支付的一些方式：

● 使用贝宝支付平台（参阅本章之前的内容）。

● 使用预付卡。

● 使用 clearXchange（CXC）网络（clearxchange.com）。CXC 网络服务于加入该网络的银行（例如 2014 年加入网络的美国富国银行和美国银行）。客户可以从他们现有的支票账户直接转账到任何其他客户的入网银行账户。

● 使用比特币及其他数字货币。

数字货币

一个"林登币"（Linden Dollar）换算成美元的价值是多少？"农场金"（Farm cash）换算成美元又是多少？"马哈洛币"（Mahalo Dollar）呢？这些币又都是什么？

这些都是数字（或虚拟）货币。数字（虚拟）货币是一种以电子方式创建、存储并应用于电子商务的支付媒介。它可以用来支付任何实物或虚拟商品。

一些有名的虚拟货币包括：

● 林登币。"第二人生"网站是一个虚拟世界。这个世界有自己的经济，对应的有自己的货币——"林登币"（L$）。林登币可用于网站上的任何交易，如购买土地或家具，也可用于购买服务包括（劳动工资、娱乐、私人定制等）。林登币能在"第二人生"网站上购买。

● 游戏币。大多数大型多人在线游戏（MMOG）有自己的虚拟货币。例如，FarmVille 有"农场金"，Habbo（原名 Habbo Hotel）有"Habbo 币"，Whyville 有"珍珠"，魔兽世界有

"WOW 金币"。在每种游戏中，用来购买任何商品和服务的货币与特定的游戏相关。就像林登币和脸谱支付币一样，游戏币需要用现实中的货币购买。

● 比特币。讨论最多的世界货币之一是比特币。它既有成功，也存在问题。想了解比特币和其他新兴数字货币，参阅 11.8 节。

与其他形式的数字货币不同，随着社交网络和社交游戏的兴起，以上这些虚拟货币已经成功地占据了主要地位。通过上述案例可知，虚拟货币已成为主要的收入来源，特别是在社交网络和游戏世界中。

电子支付可以根据其性质（预付费、实时付费和后付费）、签订的协议（信用卡、借记卡、支票、现金支付）、支付数额（常规支付和小额支付）、支付对象（个人和企业）以及支付平台（智能卡和移动支付）分类。最后，还可以分为现实货币和虚拟货币。虚拟货币是未来货币革命的一部分，也是虚拟社会货币的一种。请登录 youtube.com/watch？v＝ITKJOCLP9Z0，观看视频"The Coming Currency Revolution"。

11.1 节复习题

1. B2C 可以使用哪些电子支付方式？

2. 电子支付中"鸡和蛋"的问题指的是什么？

3. 影响电子支付方法普及使用的关键因素有哪些？

4. 什么是贝宝支付？什么商业策略被用来建立贝宝支付服务？贝宝目前的竞争对手有哪些？

5. 什么是虚拟货币？有哪些例子？

6. 什么是虚拟社会货币？［提示：观看视频"The Coming Currency Revolution"（《即将到来的货币革命》），同时浏览 VEN Commerce 公司网址：ven. com。］

11.2　网上支付卡的使用

支付卡是指以支付为目的，包含一定信息的电子卡片。它有三种形式：

信用卡。信用卡是指发卡银行给予持卡人一定的信用额度，持卡人可在信用额度内消费。每消费一次，持卡人都会收到发卡银行寄来的账单。信用卡一般不收取年费。然而，持卡人需要为他们截至结账日未全额支付的余款支付较高的利息，一般是按年息的一定比例。维萨、万事达和美国运通卡都属于这类信用卡。

签账卡。签账卡是一种特殊的信用卡，余款要求在收到月结单后全额支付，并且有年费。发行签账卡的公司有美国运通卡公司和 Diner 公司（这两家公司也发行常规信用卡）。

借记卡。使用借记卡刷卡时直接由支票账户或存款账户扣款（称为"活期存款账户"）。通常款项支付会即时从账户划走（如果是 ATM）。然而，商家支票账户的结算需要一到两天。万事达、维萨都发行借记卡，参见 Bell（2011）。不使用借记卡的4个地方请浏览 usato-day. com/story/tech/columnist/komando/2014/04/11/4-places-you-should-not-swipe-your-debit-card/7436229。

支付卡在线使用过程

支付卡使用过程包含两个重要的环节：授权和结算。**授权**（authorization）需要确定买方用卡是否有效，以及该客户的资信状况是否良好。认证是授权的第一步，参见第十章。**结算**（settlement）就是从买方账户转账给商家账户的过程。实际上这些环节的实施可能会有一定的区别，这主要取决于使用何种支付卡以及支付过程中商家所配置的系统。

网上支付的处理有三种基本的配置，从事电子商务的商家可以：

> ● **使用自有支付软件。**商家可以购买一套支付处理模块，将它与其他电子商务软件进行整合。收单银行或第三方运行的支付网关与该模块相通。
>
> ● **使用收款方的 POS 系统。**商家能够将持卡人的支付卡与收款方的 POS 系统相连。POS系统处理整个支付过程，一旦支付完毕，POS 系统还将持卡者信息直接发送回商家网站。在这种情况下，商家系统只需要处理订单信息。商家最好能够与使用多种卡及多种支付工具的收款方合作。否则，商家就要和多个收款方建立联系。
>
> ● **使用支付服务提供商的 POS 系统。**商家可以使用**支付服务提供商**（payment service provider，PSP）这样的第三方机构提供的支付服务。在这种情况下，PSP 实际上是和收款方建立联系。PSP 可以使用收款方支持的各种卡。PSP 能关联电子商务交易的所有参与者。实际案例请浏览 usa. visa. com/download/merchants/new-payment-service-provider-model. pdf。

许多销售终端都变为非接触式，例如 2013 年 6 月，万事达公司在日本部署了 41 万个非接触式终端。

对于某种支付卡和处理系统，离线购买（需要出示卡）与在线购买（不需要出示卡）的步骤很相似，参见图 11.1。

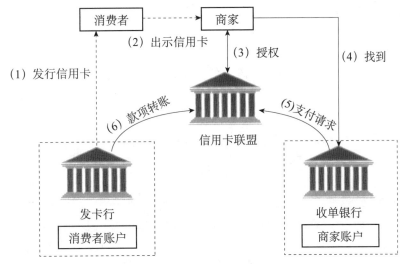

图 11.1 网上消费者行为模型

从图 11.1 中可以看出，网上支付卡交易过程的参与方主要包括：

> ● **顾客。**信用卡的个人用户。

- **商家**。销售商品或服务的公司。
- **发卡行**。为个人（或企业）用户提供信用卡（或借记卡）的机构（通常是银行）。
- **收单银行**。提供一个名为"互联网商家账户"的专门账户，主要负责进行卡授权和支付处理。
- **信用卡联盟**。为银行提供卡服务的金融机构（例如维萨、万事达等）。
- **支付服务提供商**。该服务机构为所有电子支付的参与者提供网站链接和支付服务（包括授权），也被称为支付门径提供者。

表 11.1 对于在线和离线使用信用卡购买步骤进行了对比。正如该表所示，两者之间的差异很小。

表 11.1 使用信用卡购买步骤：在线购买与离线购买的比较

在线购买	离线购买
顾客决定在网上购买一张 CD，将选中的 CD 加入购物车中，进入结算页面，输入他的信用卡信息。	顾客看中一张 CD，想购买，便拿着这张 CD 到收银台，紧接着把他的信用卡递给收银员。
商家网站接收到顾客的信息并将交易信息传送给其支付处理服务器（PPS）。	收银员刷了一下卡，就将交易信息传送给 POS 终端。
PPS 将信息传送给处理器（为商家处理交易和结算的大型数据中心）。	POS 终端通过拨号连接将信息传送给处理器。
处理器将信息传送给顾客信用卡的发卡行。	处理器将顾客的信用卡信息以及交易金额传送给顾客信用卡的发卡行，并要求银行给予授权。
发卡行将处理结果传送给处理器，授权支付或者不支付。	发卡行就会授权或拒绝交易。
处理器将处理结果传送给 PPS。	处理器将授权代码传送给 POS 终端。
PPS 将结果传送给商家。	POS 终端将处理结果显示给商家。
商家接受或拒绝这笔交易。	商家告知顾客处理结果（比如拒绝或接受）。

资料来源：PayPal（2004），Whitman（1996）.

信用卡的读取

在使用信用卡支付时，商家必须读取该卡的信息，然后等待这些信息的审批和处理。这个过程几乎是即时完成的。

有以下几种方法：

- **固定卡读卡器**。最常见的读卡器是商店里的 POS 机。POS 机与授权和处理系统有线连接。
- **便携式读卡器**。这些都用于不存在有线连接的地方（如在飞机上）。它们可以通过无线方式连接到处理系统，或者是独立的系统（卖方承担风险，通常用于小额支付）。
- **移动读卡器**。这些系统适用于移动设备的支付。包括信用卡读卡器，安装在智能手机里。Square 读卡器（squareup.com）通过一个刷卡器（swiper）插入智能手机的耳机插孔并通过信用卡词条读取客户信息（详见 11.6 节）。
- **图像读卡器**。这些新系统利用智能手机的扫描成像功能来读取支付卡，不再需要读卡器（Clancy，2012）。

欺诈性信用卡交易

尽管在线和离线的卡支付授权和结算过程类似，但仍有一些区别。在网络世界，商家需要对欺诈交易承担责任，除了损失货物和运费之外，还必须承担信用卡联盟强制收取的其他费用和罚金。然而这并不是损失的全部，还涉及欺诈交易的防范费用，包括审查订单的工具和系统成本、人工审查订单的成本以及因订单的驳回而损失的利润。CyberSource公司对网上欺诈性信用卡交易的第12个年度调查显示："治理网上欺诈交易行为仍然占商家总成本的很大比例，而且这个比例还在不断增长"。在过去的两年中，商家在欺诈管理方法上已经取得了很大的进步。然而，自2011年以来，商家已经改善了它们的欺诈管理系统（有些使用了"CyberSource欺诈管理解决方案"）。多年来，CyberSource公司（维萨的子公司）搜集了很多商家的反欺诈手段。与前几年相比，商家使用了更多欺诈监测工具。主要的反欺诈工具有：

● **证书和数字签名**。证书用于公钥加密；数字签名用于个人电子签名认证（参阅第十章）。一些国家（如韩国）要求所有的网上金融交易同时具备数字证书和数字签名来增强安全性。

● **地址核实**。大多数商家使用**地址核实系统**（Address Verification System，AVS），该系统用于评估用户登录网页的地址与用户持卡银行的文件地址信息之间的一致性。该方法会出现一些误差，即导致商家可能会拒绝接受一些有效的订单。因为持卡者经常会更换地址并且在输入地址信息时也会出错。AVS仅在美国和加拿大适用。

● **手工审查**。约70%的商家运用手工审查的方法，即利用人工来审查可疑订单。对于订单量较少、规模较小的商家而言，这种方法是可行的。但对于大的商家来说，这种方法的覆盖面相对较狭窄，成本过高，并影响顾客的满意度。在过去的几年里，大型商家已经开始认识到这种方法的局限性，并且已经大量减少采用手工审查订单的比例。

● **欺诈检查和自动决策模型**。大型商家（年收益超过2 500万美元）经常运用欺诈检查和自动决策模型。该方法以可以决定一项交易是否可以成交、驳回或暂停的自动规则为基础。该方法的核心是商家可以根据欺诈行为的变化趋势改变这个防欺诈运行规则（参阅第十章和第十五章）。

● **信用卡验证号码**。超过70%的商家使用**信用卡验证号码**（card verification number，CVN）的方法，该方法需要核对信用卡背面的署名条上的3位号码（或者卡正面的4位号码，例如美国运通卡）与持卡者发卡行的文件上的号码是否一致。但是，如果一个诈骗者持有一张偷来的信用卡，他依然可以使用。为此有必要检查信用卡用户的支付习惯（例如检查不寻常的大额购买或海外购买）。持卡人可能会接到发卡银行或信用卡公司的电话要求核实身份。这种身份检验可以通过智能软件自动代理。

● **信用卡协会付款人的身份验证服务**。在过去的几年里，信用卡协会已经开展了一系列新的付款人身份验证服务（维萨和万事达的SecureCode安全机制验证）。

● **黑名单**。大约半数的商家采用黑名单的方法。参照"Understanding Credit Card Frauds"（《了解信用卡欺诈》，popcenter. org/problems/credit_card_fraud/PDFs/Bhatla. pdf），黑名单是一个信用卡卡号数据库，包含了潜在的用于欺诈的卡号，以及避免重复诈骗的卡号。商家可以把每个客户的卡号与黑名单数据库匹配，找到客户和卡存在的问题。

这些工具的使用仍然使得商家拒绝了大量的有欺诈嫌疑的订单。大量的订单驳回带来的问题是有些订单原本是有效的，从而导致商家在收益上受到损失。

11.2 节复习题

1. 支付卡有哪三种类型？
2. 商家在建立电子支付系统时，有哪些选择？
3. 什么是 P2P 支付？
4. 网上卡交易过程有哪些参与方？
5. 什么是信用卡读卡器？
6. 如果遇到了信用卡欺诈交易，网上商家将付出什么代价？
7. 网上商家经常采取何种方法进行反欺诈？

11.3　智能卡

智能卡（smart card）看起来像一张塑料支付卡，但不同之处在于其内嵌有芯片。该芯片是由一张记忆芯片或一张未经编程的记忆卡组成的微处理器。微处理器卡上的信息可以增加、删除或进行操控；一张记忆卡通常是只读的，这些都与磁条卡相似。智能卡的程序和数据必须通过其他设备（如自动取款机）下载并激活。智能卡拥有信用卡、借记卡、存储卡（例如用于交通和打电话）和各类积分卡的多重功能。它也可以作为身份证。

2010 年全球智能卡市场扩张到历史最高纪录，大约 60 亿智能卡被购买，而 2008 年只有 40 亿张，预计在 2015 年将达到约 100 亿张。增长的最大驱动力来自金融服务市场的运用，智能卡发挥着信用卡和借记卡的功能。智能卡最大的需求仍然来自亚太地区和欧洲，并发挥着交通卡的功能。

智能卡类型

有两种不同的智能卡。第一种是**接触型**的（contact card），将其嵌入智能读卡器中就可以将其激活。另一种是**非接触型**的（contactless card，proximity card），只要与其相匹配的读卡器在一个确定的范围之内，它就可以进行交易处理。接触型智能卡的前面有一个直径大约半英寸的金属壁，内含芯片。当卡嵌入智能读卡器时，金属壁中的芯片产生电子接触，从而进行数据交换。非接触型智能卡内含嵌入式天线，数据可以通过这个天线传输到另外的触点（安装在其他设备上）。非接触型智能卡主要用于数据快速处理（如收费公路、公交卡、火车票）或接触非常困难的地方。大多数非接触型智能卡都用于短程传输（只有几英寸）。但对于某些应用来说，比如公路收费站，远程非接触型卡更合适。

在上述两种卡的使用中，智能读卡器对整个系统的运作起着至关重要的作用。从技术角度来说，**智能读卡器**（smart card reader）本身就是一个读/写设备，其首要目的就是在智能卡和存储有应用程序的交易处理软件系统之间扮演一个调节者。正如有两种智能卡一样，有两种智能读卡器也是理所当然的。同样地，智能读卡器有两类（接触型的、非接触型的），用以适应不同的用途。智能读卡器可以依靠主机来运作，或是单机版的。智能读卡器是决定智能卡是否得以广泛运用的关键因素，虽然一个读卡器的成本很低，但如果要制造成百上千个以服务大众，其成本是不言而喻的（就好比所有市民都使用公共交通出行）。

混合卡和双面接触型智能卡则结合了接触型和非接触型智能卡的特点于一身。混合智能卡的内部有两个分开的芯片：一个是接触型的，另一个是非接触型的。相反，双面接触型智能卡（又称结合智能卡）只需一个芯片，但可以支持两种接触类型。这种卡的好处就是免于携带多张卡，以省掉不同智能读卡器和应用所带来的麻烦，并且只需携带一种读卡器即可。

储值卡

储值卡（stored-value card），顾名思义卡里的货币是预先存进去的，并且可以多次充值。从物理和技术角度来看，储值卡和普通信用卡或借记卡是没有区别的。在过去，储值卡通过背面的磁条充值，但最近大多数储值卡也利用智能卡的技术，通过芯片充值。客户可以使用储值卡在线或离线购物，同样也可以使用信用卡和借记卡。这些卡共享同一网络、加密通信和电子银行协议。储值卡与信用卡、借记卡的区别在于不需要授权，但卡上的存储有限额。储值卡最普遍的应用是作为交通卡，尤其在亚洲的大城市中很流行。韩国首尔、中国香港和新加坡的公民都需要使用智能卡支付地铁、公交车、出租车和其他交通工具的费用。交通卡没有任何卡费，但银行发行的预付卡可能会收取固定的月租费或注册费。储值卡也常用于打电话和发短信。

储值卡有**闭环储值卡**（closed loop，单一用途）和**开环储值卡**（open loop，多种用途）两种。闭环储值卡也称为专用卡，由特定的商家或商家集团（比如一个商场）发行，只能在这个商家或商家集团购物时使用。商场卡、存储、礼品卡、预付电话卡都属于闭环卡。在闭环卡中，礼品卡的使用最为广泛，尤其是在美国。然而在过去的几年里，礼品卡采购正在减少。2011年，礼品卡支出反弹，达到了5年来的新高，在假期总支出中占比接近18%。

与闭环储值卡相比，开环储值卡也称通用卡，可用于与零售商之间的交易支付。开环储值卡还可以用作其他目的，比如预付借记卡，或在ATM机上直接进行现金的存取。金融机构与卡协会（比如维萨或万事达）共同推广了一些开环储值卡的品牌。它们可以在任何可以接受该品牌卡的地方使用。**完全开环储值卡**（full open-loop cards，例如万事达Mondex卡）可以在卡之间直接转账，不受银行干预。

储值卡可以通过各种方式获得。用人单位或者政府机构以工资卡或者福利卡的形式发放，用以替代支票或者直接存款。商家和商家集团出售和发行礼品卡，各种金融机构和非金融机构通过电话和网络或者当面出售预存卡。储值卡里的资金可以通过现金、银行转账、邮政汇票、本票、信用卡、工资、政府存款等形式存入。

预存卡的商家一直在向大众推销不要使用信用卡。在美国大约1亿人没有信用卡或者银行账户，这是一些低收入人群、破产人群、年轻人、不良信用记录或无信用记录的人群等。对于那些持有信用卡的人来说，40%的人的消费额度即将超过信用额度。这部分人群有望成为预存卡的主要使用者。

智能卡的应用

在世界许多地方，磁条型智能卡作为信用卡的补充常用于一般零售交易或公交车计费，还支持非零售和非金融性使用。对智能卡应用方面的讨论请浏览globalplatform.org。

零售购买

信用卡协会和一些金融机构正在努力推进传统信用卡和借记卡向多功能智能卡方向的转变。

目前，许多国家和地区的智能卡在市场上已占据很大比例。尤其是在欧洲国家，它们的目标是在2010年之前使所有在用的银行卡转变成具有很强身份验证和数字签名功能的智能卡。

2000年，欧盟委员会就建立了"单一欧元支付区"（SEPA），包括33个欧洲国家。为了确保这个创新性项目能开花结果，欧盟的所有银行都同意使用相同的银行卡标准，以确保信用卡和借记卡能够在欧盟得以使用，这个标准称为EMV，是由美国运通、万事达、JCB、维萨四家发卡组织共同开发的。该标准是在具有微处理芯片的智能卡的基础上开发的，其中的芯片不仅能存储财务信息，而且具备其他功能，如具备很强的身份验证功能、数字签名功能。欧盟的33个国家已同意在2010年12月之前将其各自的磁条卡转换成EMV智能卡。然而直到2011年第一季度，只有40.1%的支付卡完成转换，全球71%的POS机和93%的ATM配备完成更新（Capgemini，2010；Gemalto，2013）。

智能卡和标准卡相比的优势在于，前者更加安全。因为两者都存有大量的有价值的信息或敏感信息（如现金记录、诊疗记录），智能卡对于盗窃、诈骗、误用都有很强的安全性。相比较而言，如果标准卡不慎被窃，卡号首先就暴露了，随后是所有人的签名和安全密码。许多情况下只要有卡号和安全密码就能消费，小偷可以在授权额度内使用，对银行、维萨和万事达公司造成损失。

然而，如果被盗的是一张智能卡，小偷就只能"望卡兴叹"了（除非是非接触型智能卡或零售购买时仅需"晃动一下"即可使用的卡）。在智能卡使用之前，持卡人需要输入与智能卡相匹配的个人识别码（PIN）。智能卡和标准卡相比较的优势还在于它可以拓展其他支付服务。在零售领域，这种类型的服务通常瞄准那些已存在的并且以现金、速度、快捷为首要原则的经营服务。这种类型的服务包括便利店、加油站、快餐店、电影院等。非接触型支付的应用是这类增值服务的典型特征。

几年以前，信用卡协会就开始倡导非接触式支付系统，运用于以速度和便捷为特征的零售领域。新系统利用了现存的用于传统信用卡和借记卡支付的POS机和磁条卡设备。唯一的区别就是需要一个非接触型智能读卡器。购物时，持卡人只需在读卡器终端轻轻晃动一下即可，上面会立刻显示卡内的资金信息。尽管非接触型智能卡非常便捷，整个市场中其数量持续增长，但占比还是相对较低的。2009年，万事达公司发行了6 600万张PayPass卡（2013年超过1亿张），具有EMV功能，支持磁条式和非接触式刷卡。同样地，任何一个新的支付系统都要面对"鸡和蛋"的问题。

交通费用

在美国、部分欧洲国家以及日本的大城市里，乘车上班族经常不得不先开车到停车场，上火车然后换乘一个或多个地铁或者公交车去上班，整个行程需要好几次支付。为了消除这种不便，美国和亚洲的多数交通运营商已经实施智能卡票价票务系统。在华盛顿、首尔、香港、旧金山湾区、新加坡等主要城市的交通系统都已经创立了智能卡支付系统。除了交通票价，公共交通智能卡等其他电子支付系统（如智能手机）还用于支付停车费，甚至购买某些商品。有关例子请浏览费城停车管理局网站（philapark.org）。美国及其他地区的许多主要收费公路都能够接收一种电子支付装置——"应答器"（transponder），操作起来更像非接触式智能卡，但更加远程。新加坡的ERP（Electronic Road Pricing，电子道路收费）系统，如图11.2所示，通过车上的远程应答器检测国内市中心的道路来控制交通流量，尤其是在交通高峰时间。

图 11.2　新加坡电子道路收费系统

11.3 节复习题

1. 什么是智能卡？什么是接触型智能卡？什么是非接触型智能卡？
2. 什么是智能卡操作系统？
3. 什么是闭环储值卡？什么是开环储值卡？
4. 储值卡适用的主要市场有哪些？
5. 智能卡如何用于大都市交通系统？

11.4　小额支付

　　小额支付（micropayment）或**小额电子支付**（e-micropayment）是指小额在线支付，通常在10美元以下。在很多卖方看来，用信用卡来支付小额款项成本昂贵，借记卡同样存在成本问题，即使不存在费率，固定交易费用也很大。这些固定费用（或百分比费率）的成本只有在购买额超过10美元时才较低。不管供应商的观点如何，大量证据表明至少在线下消费时，消费者更愿意使用信用卡或借记卡进行小额支付。在网络世界中，有证据表明消费者乐于进行小额采购，但与信用卡或借记卡支付并没有直接关联。例如，在本章导入案例中提到，2012年苹果公司的在线音乐商店下载量达到200亿次。其中大部分单曲的下载价格都是1.29美元，虽然大部分iTunes用户都是使用信用卡或借记卡来支付下载费用，但并不是以每次下载交易为单位进行支付。相反，iTunes用户首先建立自己的账户，苹果公司在用户购买到一定量之后再通过信用卡或借记卡收取费用。在其他领域，消费者愿意进行的低于5美元的交易案例就是手机铃声、呼叫铃声和在线游戏，手机铃声和呼叫铃声的市场达数十亿美元，而铃声下载的费用都是通过手机账单收取。同样，在线游戏的市场也高达数十亿美元。与歌曲和铃声下载一样，下载在线游戏的费用也是通过消费者的账户收取，不同的是账户都是通过信用卡或借记卡进行充值。

　　目前，不完全或不直接依赖于信用卡或借记卡，并且已经取得一定成功的小额支付的模式有5

种。虽然使用这些方法进行在线支付已经没有什么障碍，但其中有些方法更适合离线支付：

● **直接支付**。这种模式是集中支付的一种，但小额支付被添加在现存的每月账单中（例如移动电话账单）。使用这种模式的服务提供商有 PayOne（payone.com），M-coin（mcoin.com）和 Boku（原名 Paymo，boku.com）。Boku 是一个跨国公司。Zong（zong.com，贝宝业务之一）就是移动小额支付的一种，适用于社交网络游戏和虚拟商品（如脸谱、Habbo）。

● **预付款**。用户先将钱存到借方账户，在发生交易的时候再从账户扣款。实体店商家（如星巴克）常使用这种支付模式，音乐下载服务使用的也是这种支付模式。这种模式被一些在线游戏和社交媒体网站使用。

● **订阅**。一次支付（例如每月）就可以获得指定时期的内容订阅服务。网络游戏公司以及大量的在线报纸和杂志（例如《华尔街日报》）都使用这种支付模式。

● **点单**。商家在交易发生时收取费用，它们主要依靠巨大的交易量通过谈判获得折扣。这种模式适用于股票交易，例如 E-Trade。

在过去几年中，人们逐渐把信用卡作为现金支付的一种替代手段，小额支付已经成为信用卡公司新的增长点。因此，维萨和万事达两家公司都下调了它们的交易费用，尤其是降低了麦当劳之类的交易量巨大的商家的费用。2005 年 8 月，贝宝公司也进入小额支付市场，它宣布实行每笔交易的 5％加 5 美分的收费模式。这些经济型措施只适用于小额支付。从长远来看，信用卡公司和贝宝将主导这个市场。一些新成立的小额支付公司则专注于社交网络(例如，zong.com)。

11.4 节复习题

1. 什么是小额支付？
2. 列举几种使用小额电子支付的情形。
3. 除了使用信用卡或借记卡外，网络商家还可以使用哪些替代方式处理小额支付？

11.5 电子支票

正如 11.1 节所提到的，在美国，和几年前相比纸质支票是唯一使用得越来越少的支付工具（详见在线补充读物 W11.1）。这是因为在线支付和电子支票的产生。**电子支票**（e-check）是纸质支票的一种电子形式（包含的信息和纸质支票相同）。在许多国家电子支票是合法的支付形式。电子支票的支付过程本质上和纸质支票也是一样的，只是因为部分处理过程全自动而更高效。使用电子支票进行购物时，买家只要简单地把其账号、9 位数的银行 ABA 路由代码、账户类型（如存款账户、支票账户）、银行名称、交易数额提供给商家就可以了。支票下方的磁墨水字符识别码（MICR）由账号和路由代码组成。

电子支票依赖于现行的金融和商业规则，只要有支票账户，任何业务都可以使用电子支票，包括那些无法使用其他电子支付方式（如信用卡和借记卡）支付的中小企业的业务。电子支票及其同类支付方式也可以用于个人消费。买家进行消费时，商家收取纸质支票，使用 MICR 信息和支票号完成交易，然后把支票作废并返还给消费者。

大部分企业依赖第三方软件来处理电子支票支付。Fiserv 公司(fiserv.com)、Chase Paymentech 公司 （chase paymentech. com）和 Authorize. Net 公司（authorize. net）是软件和系统的三大主要提供商。该系统能够使商家直接在网上实现电子支付。对于大多数人来说，无论软件和系统是由哪个商家提供的，它们的工作方式都具有相似性（请浏览 support. quickbooks. intuit. com/support/articles/how16416）。

图 11.3 展示了整个系统。该系统是 Authorize. Net 提供的，并且是用于支持电子支票的基本过程的典型。它基本上分为 7 个步骤。第一步，商家收到消费者的书面或者电子授权，许可商家从他的银行账户收取费用。第二步，商家安全地将交易信息发送给 Authorize. Net 支付网关服务器。第三步，支付网关根据其标准作出接受或拒绝的处理结果。如果接受，Authorize. Net 格式化交易信息，并将其作为 ACH 交易发送给银行（称为 Originating Depository Financial Institution，ODFI）。第四步，ODFI 在接收到交易信息时将其传递给 ACH（自动清算中心）解决，ACH 使用银行账户信息提供的交易来确定银行客户的账户情况（称为 Receiving Depository Financial Institution，RDFI）。第五步，ACH 命令 RDFI 收取或退回客户账户（消费者是接受者）。RDFI 通过客户账户将资金传送到 ACH。第六步，ACH 将资金再转账到 ODFI（Authorize. Net 的银行）。ODFI 将余款转给 Authorize. Net。第七步，当过了资金的持有期后，Authorize. Net 创建一个单独的 ACH 交易存款收益的电子支票，以进入商家的银行账户。

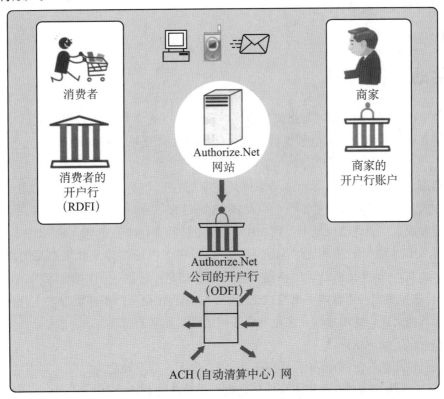

图 11.3　Authorize. Net 电子支票使用过程

根据图 11.3 所示，在美国，电子支票的处理非常依赖**自动清算中心网络**（automated clearing house network，ACH Network）。ACH Network 是一个全国性的批量电子资金转账（EFT）系统，将纸质支票转换为电子形式（请浏览 fms. treas. gov/ach/index. html）。

电子支票支付的过程为用户提供了诸多好处：

- 加快了消费者结账的速度；
- 降低了商家的管理费用；
- 加快了商家回笼资金的速度；
- 与纸质支票系统相比更安全，欺诈的可能性较小；
- 减少了被退回的支票的处理时间；
- 失误少。

2014 年，电子服务供应商 MyECheck 公司（myecheck. com）推出了政府间账户支付的即时传输平台 G2G（请浏览 pymnts. com /news/2014/myecheck-launches-g2g-payments-platform）。

11.5 节复习题

1. 什么是电子支票？
2. 如何运作第三方电子支票支付系统？
3. 什么是 ACH？
4. 用电子支票支付有哪些优点？

11.6　移动支付

移动支付（mobile payment）是指使用个人移动设备（通常是智能手机）完成支付或确认支付。移动支付正在替代传统的非电子支付方式，例如商品（服务）的购买、转账、账单支付以及进场购买。

无线运营商、智能手机销售商和移动手机开发商都有一个坚定的信念：移动支付将成为一个主要的支付方式，可以消除人们对银行卡以及现金的依赖。2008 年，Juniper 市场调研机构开展的研究支持了这种观点。研究结果显示，到 2015 年使用移动支付进行的购买活动将达到大约 6 700 亿美元，这与 2013 年的预计值相比增加了 45%。尽管很多市场都涉及数字产品的销售（比如音乐、电子票、游戏），但实体商品运用移动支付的增长却是十分巨大的，预计到 2015 年将会达到 1 700 亿美元。这主要归功于智能手机的广泛使用、应用程序商店的不断增加、支持使用移动支付的铁路车票和其他交通票的增加以及在亚马逊等网店购物数量的增加。

这项研究得出了如下结论：

- 移动支付使用最广泛的地区有：远东、非洲、中国、西欧和北美。
- 到 2015 年，移动支付总额将占全球移动支付交易活动总额的 70%。
- 相关利益方需要进行更广泛的协作来确保更大的成功。

移动支付有多种形式，包括近场移动支付和远程移动支付以及移动 POS 系统支付。下面我们将对其一一进行介绍。

近场移动支付

近场移动支付常用于实体店购买、自动售卖机购买或支付交通服务费等。近场移动支付通常包括：（1）一个装有集成芯片或者智能卡的手机，（2）一个当芯片靠近时能够识别芯片信息的专门的读卡器，（3）一个处理交易过程的网络环境。实质上就是指买方通过在读卡器前晃动特殊装置的移动电话来完成支付。因此，近场支付通常又被称非接触式支付。非接触式支付几乎不需要附加验证码（如 PIN 码）。费用直接累计在每月的移动电话账户中，或从银行账户里扣费。这种支付由一个被称为**移动（数字）钱包**［mobile（digital）wallet］的电子账户完成，如谷歌钱包，该移动设备完成付款、积分、向目标群体促销等一系列活动。

近场通信技术标准

多年来，一些协议和技术已经被提议以支持近场支付（例如，移动设备近场支付）。目前，最具前景的协议是近场通信（Near Field Communication，NFC）协议。它被用于一些非付费、非接触式的应用程序上（例如，建筑物或加密房间的访问控制，免停车式公路费支付）。预计在未来几年 NFC 协议在近场支付中的使用将迅速增加，从 2014 年的 500 亿美元上升至 2015 年的 6 700 亿美元（请浏览 thefonecast. com/News/tabid/62/ArticleID/4337/ArtMID/541/Default. aspx，nearfield-communication. org）。

虽然种种现象都表明许多美国公司认同了 NFC 协议将在未来电子商务移动支付中发挥重要作用，但因为要使用特殊的手机、芯片、读卡器和网络，社会上仍然对此有质疑。目前，只有少数 NFC 协议的参与者达成了一致标准。相反，大多数参与者在一些试点项目的现场测试中引进了自身专有的系统。下面介绍了两种测试：

1. 谷歌钱包（google. com/wallet）。谷歌钱包是一款用移动设备支付的应用程序。它于 2011 年 9 月推出，存储了电子版的信用卡和积分卡。2013 年谷歌钱包有了固定的业务合作对象（Sprint，花旗银行，万事达，FirstData），只能在 Sprint Nexus S 4 G 手机上使用，支持两种信用卡（花旗银行万事达卡和谷歌预付卡）。目前，它只能有一个读卡器（万事达 PayPass 终端）。然而，事实上它在 PayPass 终端运作意味着能被许多 PayPass 的商户接受（如麦当劳、CVS 药店、百思买）。谷歌计划扩大合作关系让其他公司可以参与进来。Square 钱包（squareup. com/wallet）有类似于谷歌钱包的功能。

2. ISIS（paywithisis. com）。据 2011 年《美国商业资讯》（*Business Wire*），2010 年 11 月，美国三大无线运营商，即 AT&T，T-Mobile 和 Verizon Wireless，联手建立了一个全国性的使用 NFC 协议的移动商务网，简称 ISIS，其主要功能是支持电子支付。ISIS 系统为美国主要的信用卡发行商、金融机构和商家提供基于 NFC 协议的服务。在盐湖城和奥斯汀进行了测试。ISIS 移动支付系统在 2012 年发布。

蓝牙低功耗技术

蓝牙低功耗（BLE）无线技术，简称蓝牙智能，是 NFC 协议的替代技术。二者之间 16 个方面的对比，参见 Fishman（2014b）。更多关于蓝牙智能技术的信息，请浏览 bluetooth. com/pages/bluetooth-smart. aspx。

远程移动支付

远程移动支付有各种形式。除了用于网上购物，远程移动支付为顾客提供如下服务：使用移动手机支付每月的账单、实现个人转账（P2P 支付），以及为移动手机账户"充值"而不需要购买预付费手机卡。

肯尼亚的 M-Pesa 系统

在美国谷歌钱包和类似的系统增长缓慢，而在肯尼亚 4 400 万人口中约 1 900 万人使用 M-Pesa 系统。该系统用于偿还小额贷款，并且将资金从城市转移到农村。收款人可以使用 M-Pesa 购买产品和服务，因此现金使用减少。在发展中国家，只有 40% 的人口拥有银行账户，这类移动服务十分先进且实用。该系统目前已被其他发展中国家借鉴（Fishman，2014a）。

在线补充读物 W11.2 提供了一个例子，讲述了印度等发展中国家如何使用远程移动支付为经济困难户提供贷款服务。

为了支持最低版本的手机，短信功能被用来处理这些任务。在开始交易之前，客户需要在移动支付服务运营商那里开设账户，如 Boku 或 Gamalto 等，这些运营商为商家提供支付款处理。图 11.4 中的六个步骤显示了用户如何使用短信支付账单。

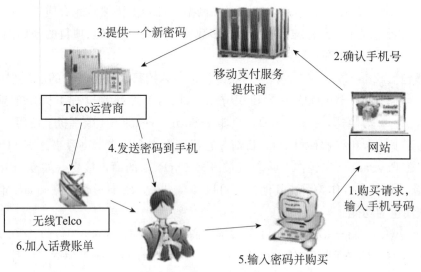

图 11.4 移动支付服务流程（J. K. Lee 绘制）

1. 支付时商家的网站要求客户填写手机号码；
2. 商家向托管服务供应商（MPSP）发送短信，内容包括金额、电话号码和商家的账户号码；
3. MPSP 收到信息，并向移动通信公司发送信息索要一次性密码；
4. 移动通信公司向客户发送密码；
5. 客户输入密码验证；
6. 电信公司将费用包括在下个月的话费账单里。

如果在手机上进行网购，以科拉奇菲尔德公司（Crutchfield）为例（应用案例 11.1），公司将依靠第三方移动支付服务平台，如贝宝移动快速结账（请浏览 paypal. com/us/webapps/mpp/mobile-checkout）。

应用案例 11.1

<h2>科拉奇菲尔德的移动化</h2>

存在的问题

科拉奇菲尔德公司（crutchfield. com）是一家成功的电子产品零售商，总部设在弗吉尼亚。创办于 1974 年，开始时是作为一家 magalog 期刊，magalog 是指既像杂志又像目录（参阅 books. infotoday. com/books/casinwitcon/sample. pdf）。与其他目录的区别在于包含了指导潜在买家购买的信息。

科拉奇菲尔德公司销售多种电子产品，包括电视、数码相机、音响设备等。这是一个通过多种渠道提供销售和服务的零售商，包括目录邮件订阅、电话中心和实时聊天网站。科拉奇菲尔德公司连续 14 年获得 BizRate 的"精英白金奖"（twice. com/articletype/news/crutchfield-earns-top-bizrate-honors-again/108515）。

科拉奇菲尔德认为移动技术作为新的销售服务渠道，其重要性日益增加。2014 年 3 月，高盛投资公司预测，到 2018 年全球 6 260 亿美元的销售额将来自移动在线购物。这个数字大约是 2013 年移动购物总额的 98％（Severt，2014）。科拉奇菲尔德认为它们需要专门为移动交易设立支付系统，该系统能支持多种移动设备，支持公司的加拿大电话中心和网站，可以为美国和加拿大以外的他国消费者提供服务，并且能够快速落实。

解决方案

正如前文提到的，大多数电子支付需要信用卡和借记卡。这同样适用于非移动支付和移动支付。然而，由于更小型的设计和移动设备反馈的时间延迟，在移动设备上完成卡交易所需的步骤和信息总数有点多。为此，科拉奇菲尔德选择实施一个可支持多种移动设备的替代系统。公司选择了贝宝移动快速结账。

2010 年 10 月，贝宝平台推出了自己的移动快速结账系统（paypal. com/us/webapps/mpp/mobile-checkout），作为移动版本的结账服务。在引入系统前，贝宝大约有 500 万名成员使用移动设备下单。这是一个烦琐的过程，需要一系列步骤。贝宝试图通过短信支付服务来简化这个过程，但是没有成功。快速结账系统是一个全面、精简、安全的服务，加快了结账速度。

科拉奇菲尔德决定雇佣 Usablenet 公司（usablenet. com），建立科拉奇菲尔德手机网站，用来整合移动快速结账系统和公司现有的网站。Usablenet 在全球拥有超过 400 位客户，并且被《快公司》杂志提名为前 10 位创新型移动计算机公司之一。Usablenet 公司名副其实，只用了 2 个星期就设立了系统并开始运行，正好赶上假期消费季。

取得的成效

科拉奇菲尔德公司新移动系统的投资回报巨大。首先，试验显示贝宝的移动快递系统增加了 33.7％ 的转变。这里的转变是指浏览网站的客户转变成实际购买者的人数。更重要的是，试验还显示贝宝移动用户中的 65％ 成为科拉奇菲尔德公司的新用户。新系统不仅提高了销量，还吸引了新客户（paypalobjects. com/webstatic/mktg/docs/Crutchfield_case_study. pdf）。

资料来源：Severt（2014），O'Dell（2010），Hachman（2010），Hamblen（2011）以及 Mc-Millian（2011）。

思考题：

1. 为什么科拉奇菲尔德公司想设立移动支付系统？
2. 科拉奇菲尔德公司选择了什么系统？
3. 移动支付实施的结果如何？

移动支付参与者及问题

如图 11.4 所示，移动支付的主要参与者包括买家、卖家、网络运营商（无线 Telco 和 Telco 运营商）和金融机构（移动支付服务供应商）。要成功完成移动支付，必须克服以下几个问题：

对于买方：安全性（欺诈保护），隐私性，易用性，移动设备的选择。

对于卖方：安全性（收款即时），低经营成本，大量用户，提高交易速度。

对于网络运营商：公开标准的可行性，运营成本，操作交互性，灵活性和漫游性。

对于金融机构：欺诈的防范和减少，安全性（授权，整合，不可否认性；详见第十章），以及声誉。

移动 POS 系统支付

商家或服务提供者使用类似的步骤进行 POS 交易，而不需要特殊的 POS 终端。这种支付方式称为"移动 POS 系统（mPOS）交易"。商人利用移动 POS 系统支付提供特殊的移动服务，使用他的移动设备向客户的手机发送一个付款请求。一旦这个请求被收到，该客户会输入他的 PIN 码。此时，这个服务同时向商家和客户发送确认信息。通过借记客户账户和贷记商家账户完成此次交易。尽管商家要向服务提供商支付交易费和通信费，但其成本仍远远低于以 POS 信用卡为基础的交易成本。这些服务主要针对小型企业和独立经营者，比如医生、牙医、快递公司、出租车、管道工等。

创新型 POS 移动支付系统

实体店和其他地方（如出租车）的电子支付随着时间的推移不断改善。方法存在不少，且不少公司在这个不断发展的领域相互竞争。下面是一些例子：

 实际案例 1

卡门最好的冰淇淋

在菲律宾，卡门冰淇淋（carmensbest.com）这个小企业通过一个移动 POS 机取得了成功，向供应商付款的速度更快且更便宜；同时向买家收款的速度也更快且更便宜。mPOS 由 Globe Telecom 公司管理。该系统利用的是一个装有信用卡读卡器的智能手机。参见 Estopace（2014）。

 实际案例 2

Square 公司

Square 公司（squareup.com）开发了一种移动读卡器，商家可以通过一个装有读卡器的智能手机或平板电脑来接收信用卡付款。信用卡通过插入该公司的读卡器读取。Square 收费低于维萨及其他发卡公司，并承诺款项会在第二天转入商家账户。

商家免费获取读卡器，客户免费获得智能手机应用程序"Square 钱包"（squareup. com/wallet）。2014 年 Square 与 Whole Foods 合作，使客户在店内购买咖啡、果汁、葡萄酒和啤酒更容易。通过 iPad 结账系统，收银员使用 Square 钱包程序刷顾客的信用卡（该程序与客户的信用卡系统相连）。系统读取 QR 码，将资金从客户的账户扣除。更多关于合伙的信息请浏览 media. wholefoods-market. com/news/square-and-whole-foods-market-partner-to-create-faster-easier-payment-and-c。

读卡器显示在 squareup. com 上。使用者输入支付金额，在读卡器刷卡、签字，通过手机或平板电脑接收收据。Square 读卡器的主要用户有 AT&T、沃尔格林、联邦快递和沃尔玛。Square 读卡器是免费的。详情参阅 Chen（2013），以及第一章的星巴克案例。

 实际案例 3

贝宝平台的读卡器

贝宝提供了一种名为 PayPal Here 的读卡器（paypal. com/webapps/mpp/credit-cardreader），与贝宝的处理系统一起运行。贝宝收取 2.7% 的交易费用（在美国），Square 收取 2.75%（传统信用卡公司收取 3% 或更多）。使用贝宝的商家接受网上或易趣上的付款，包括信用卡支付（请浏览 paypalbusinesscenter. com，paypal. com/webapps/mpp/merchant）。其他几家公司也提供类似的服务。例如，"Brain Tree 支付"（braintreepayments. com，是贝宝公司的分支），"美国银行按需移动支付"（mobilepay. bankofamerica. com/bams/mobilepay/home. html），"Intuit 支付"（payments. intuit. com），"手机刷卡"（phoneswipe. com）和"第一资本闪付"（sparkpay. com）。

MasterPass：自动化的购物和支付流程

当你在亚马逊购物时，可以一键存储所有必需的个人资料，包括信用卡号码和送货地址，从而方便快捷地完成交易。这个类似的概念已被万事达公司用于 MasterPass 的创新开发。其基本思路是通过使用移动设备简化整个购物过程。

MasterPass 作为 PayPass 钱包服务延伸的结算系统，由万事达公司提供给成千上万的商家。消费者可以通过任何互联网连接的移动设备方便快捷地购物，只需一键在线购买，或者线下商家使用 PayPass NFC 终端。MasterPass 使得消费更进一步。例如，你可以通过智能手机在商店里扫描条码支付，在结账处显示手机收据然后取走商品，或要求商店运送到家。如同亚马逊一样，在其他网站也用类似的方式购物。MasterPass 还可以用于 OR 二维码和标签。

替代信用卡

MasterPass 是一次替代实物信用卡支付的尝试。使用 MasterPass 的商家可以接受任何信用卡、借记卡或者预付卡（储值卡）支付，不需要刷卡，只需要一台移动设备。这种方式可以运用在许多地方。假设你在实体店相中了一件商品，但是没有你的号，你可以网上购买，商店会将你选中的号送到家，或者你可以直接找到商品的制造商网站购买。详情参见 Bonnington（2013），Trinh（2013），Mastercard（2013）。

创新型社交商务

第七章介绍了一些社交商务模式。以下是一些相关的移动支付读卡器的新型社交商务系统。

Groupon 的 Breadcrumb（breadcrumb. groupon. com/payments）是一个商务 POS 机应用程序，安装在 iPhone 和其他移动设备上，为信用卡移动支付提供读卡器。为了与其他类似公司竞争，Groupon 对于其合伙人提供较低的手续费，而其他使用 Breadcrumb 的商家支付较高的手续费。详情参见 Boorstin（2012）和 Purewal（2012）。

Placecast。Placecast 是地域市场划分的先锋。根据其网站，Placecast 的绑定卡采购推送信息服务（shopalerts. com）是一个移动支付管理方案，为参与的商家和客户传送报价。报价通过移动设备的地区服务推送。当客户在特定地区收到一个报价的推送时，他们可以用绑定卡在商店刷卡购买，并最终在账单上享受折扣。详情参阅 Rao（2012）并浏览 placecast. net/press/releases/PR_card_linked_ offers. pdf。另一个 Placecast 的相关产品是"采购推送信息钱包"〔参见 Lunden（2012）并浏览 placecast. net/shopalerts/payments. html〕。

苹果公司和移动支付系统

2014 年早期，不断有谣言称苹果公司将进入移动支付市场。对于这一猜测和苹果公司战略优势的讨论，参见 LowRiskValue（2014）。2014 年底，苹果公司推出 Apple Pay 支付系统。

11.6 节复习题

1. 什么是近场无线支付？什么是 NFC？举例说明 NFC 的运用。
2. 移动远程支付的基本步骤有哪些？
3. Square 卡读卡器如何通过智能手机完成信用卡支付？
4. MasterPass 是如何运作的？它的优势有哪些？

11.7 B2B 电子支付以及国际电子支付

B2B 电子支付通常比个体消费者支付更加庞大和复杂。支付金额一般都成千上万，涉及多种购买和支付方式、多种装运方式，并且容易产生汇兑风险。为了解决这些问题，企业需要投入更多的精力。简易电子账单或者 EBPP（即"电子账单处理及支付"）系统不够精确和安全。这一节我们将探讨 EBPP 的过程。

B2B 支付在财务供应链中的运用

完整的财务活动应该包括采购、合同管理、履行、融资、保险、信用评级、装运确认、对盘、支付授权、汇款协调和全面的会计分类账，B2B 支付只是其中的一部分。与商品供应链不同，大部分企业的财务管理仍然具有效率低下的特征。其原因主要有以下几点：

- 严格的安保需求；
- 传送纸质文件需要一定的时间；
- 供应链各环节不协调导致的效率低下；

- 太多人为失误引起的争论；
- 文档的校对修改；
- 在途货物及公司现金流缺乏透明度。

这些低效率在依然采用纸质方式付款的应收和应付账款过程中更为明显。

B2B 支付方式变化的速度并不快。大多数 B2B 支付方式仍然使用支票，因为电子支付还有许多障碍。但是，有明显的迹象表明许多企业已经开始使用 B2B 电子支付了。例如，根据 NACHA 统计，2013 年通过 ACH 网络实现的 B2B 交易额比上一年增加了 4%，达到 220 亿美元。这一增长率还在持续（请浏览 nacha. org/news/ach-volume-grows-nearly-22-billion-payments-2013）。

企业发票的出具及支付

公司向另外一家企业利用网络出具发票并支付的过程称为**电子发票出具及支付**（electronic invoice presentment and payment，EIPP）。对很多公司来说，发票的出具及支付需要支付昂贵的费用且耗费大量时间。这意味着数百万用于 B2B 支付的资金处于"在途"状态，降低了收款方资金的流动性，并增加了为填补在途资金而借款的总额。同时，手工制作的账单和汇款过程容易产生错误，从而引起争论，导致支付无法正常进行。而电子系统的成本较低，传输更快。由于绝大多数企业每年都要处理成千上万的发票和支付，只要能够减少时间、成本和错误，就能为企业节约上百万资金。所以，提高资金流动性、提高客户服务和数据质量、减少处理成本是促使企业使用 EIPP 的主要原因。

EIPP 模式

EIPP 是有关发票出具和支付的自动化工作流程。类似于电子账单处理及支付系统（EBPP），EIPP 也有三种模型：卖方主导型、买方主导型和集运商型。

卖方主导型。这种方式是一个卖方对多个买方出具发票，买方在卖方网站的 EIPP 程序中注册，卖方系统会生成发票并通知相应的已准备查看发票的买方，买方登录卖方网站审查发票。买方可能会对发票的支付进行授权，或者提出一些质疑。一旦支付被授权并确认，卖方的账户就贷入。

买方主导型。在这个模型里，有一个买方对多个卖方。卖方在买方网站的 EIPP 程序中注册，卖方制作发票并邮寄到买方的 EIPP 系统。一旦发票寄出，将会通知买方的管理员。买方系统对发票进行审查并批准或拒绝发票。一旦发票被批准，买方的金融机构将处理授权支付。沃尔玛等公司适合采用买方主导型 EIPP。

集运商型。集运商相当于多对多模式的中间人。集运商作为第三方通常不仅提供 EIPP，还提供其他金融服务（如保险、委付等）。在这个模式中，卖方和买方在集运商的 EIPP 系统中注册。卖方制作发票并邮寄到 EIPP 系统，集运商通知相应的买方发票已经准备好。买方审核发票。一旦买方确认了发票的支付，集运商将执行支付。

集运商模式减少了 EIPP 系统实施中遇到的种种麻烦。这种模式在那些大量买者依赖于相同供应商的行业中已经占有一席之地。GXS 贸易网（gxs. com）作为 Open Text 名下的结算网络，是一个联系着成千上万的供应商和购买者的第三方集运商。2013 年，GXS 贸易网支撑着 20 多个国家 4 万多客户的在线贸易。这些网络满足了供应商和采购商之间点对点的需求，发挥着管理层任务自动化操作的功能。最后，GXS 完善并整合了供应商和买家现有的购买及采购系统。此外，"X

支付"（paymode-x. com）为涉及电子发票出具及支付的跨国支付提供了结算网络。PAY. ON（payon. com）和 Syncada（usbpayment. com/syncada）作为美国银行支付集团的部门也提供了跨国支付网络。Sage Exchange（sageexchange. com）为小企业接受多地区信用卡、借记卡支付提供移动支付端（请浏览 na. sage. com）。

EIPP

很多在线工具都可以进行 EIPP 系统支付。不同工具之间成本、速度、可审核性、可接入性和控制都不尽相同。支付工具的选择取决于买卖双方的需求。以下为一些常用的 B2B 支付工具。

自动清算中心网络。自动清算中心网络（ACH Network）和电子支票处理基础网络是一样的（参见 10.5 节，信息安全模型和防御策略），差别就是自动清算中心网络根据汇款附加信息的不同，有三种 B2B 支付方式。汇款信息可以让买方或卖方查验发票或付款的详细信息。B2B 交易的三种 ACH 标准支付方式分别是：（1）现金集中与支付方式（Cash Concentration and Disbursement，CCD），常用于单一支付的简单方式，这种支付方式没有附加汇款信息，通常由买方把钱支付到卖方账户；（2）现金集中与支付加附录方式（Cash Concentration and Disbursement with Addenda，CCD＋），这种支付方式在 CCD 支付方式的基础上附加少量的汇款数据信息；（3）合作贸易交换方式（Corporate Trade Exchange，CTX），这种方式可以附加大量的汇款数据信息，常用于进行多笔支付。

自动清算中心网络并不需要特别的硬件，其进行 ACH 交易的软件成本取决于 CTX 交易的处理量。除了硬件和软件成本，买方和卖方的财务机构还要收取 ACH 交易的处理费用。

采购卡。虽然信用卡是 B2C 支付的首选工具，但在 B2B 市场中情况则完全不同。在 B2B 市场中，主要的信用卡发行公司和协会都鼓励企业和政府机构利用采购卡代替发票进行重复的小额交易。采购卡（purchasing card，p-card）是面向企业员工发行的一种特殊支付卡，这种卡仅用于采购一些非预期的一定额度以下的（通常为 1 000～2 000 美元）材料和服务（如文具、办公用品、计算机用品）。公司的大部分支付通常都是针对这种采购，但其所占的支出比例并不大。采购卡和其他各种形式的收费卡一样都可以用于在线支付和离线支付。采购卡和信用卡之间的主要差别是前者并不是一种循环使用的账户，也就是说它在每个月都要进行全额支付，通常要在账单期结束后的 5 天之内支付（请浏览 purchsinginsight. com/resources/what-is/what-is-a-purchasing-card）。

采购卡可以帮助一个企业或政府机构把多个持卡人的采购集中到单个账户，因此只要通过 EDI、EFT 或电子支票支付单张发票就可以了。这有益于把采购部门从日常采购活动以及大量单独的发票对账中解放出来。使用发票之后，账户处理起来更加便捷，企业或机构也可以获得付款折扣。发票还使得企业或机构可以更加容易地分析持卡者的采购行为。此外，支付限额的设置可以有效地控制计划外的采购。有些估算表明，使用采购卡可以使交易成本降低 50%～90%（请浏览 napcp. org）。

美国联邦资金转账系统。在所有在线 B2B 支付方式中，美国联邦资金转账系统（frbservices. org/fedwire/in-dex. html）的使用频率仅次于 ACH，名列第 2 位。美国联邦资金转账系统也称为"电汇"，是美联储的资金转账系统。这种支付方式主要用于紧要的大额支付。房地产交易、证券交易和贷款偿还等都是使用美国联邦资金转账系统的主要领域。所有美国联邦资金转账系统的支付都是立即生效且不可逆的（请浏览 federalreserve. gov/payment-systems/fedfunds_about. htm）。

国际支付

跨境支付，不论是 B2C 还是 B2B，由于具体国家条例、进出口规定、国际洗钱管控而更具复杂性。之前的几种方法都可用于国际支付。另一种常见的方式是信用证。

信用证国际支付

需要进行全球性 B2B 交易时常使用信用证。**信用证**（letter of credit，L/C）也称为跟单信用证，由一方银行代表买方（进口方）向另一方银行（通常位于另一个国家）开具，保证卖方（出口方）提供的相关单证符合信用证的要求后，就可以按时获得足额的支付款。信用证支付涉及很多步骤，在线进行比离线进行要快捷很多。

信用证对于卖方最大的好处就是可以降低风险，即由银行提供买方信用保证。那些政治或金融不稳定的国家的买方开出的信用证经过卖方所在国银行保兑之后可以进一步降低风险。降低风险同样有利于买方谈判争取更低的价格。

数字流公司国际支付

数字流公司（digitalriver.com）与子午线全球服务公司（meridianglobalservices.us，一家为企业提供国际增值税、旅行费用合规性咨询服务的公司）合作，提供综合性支付服务。该组合服务为买方提供地区首选付款方式。它们为在线商户在 180 多个国际支付和地区支付选择中提供约 170 种交易方式。中小企业中若没有专门从事国际支付的人员，这项服务对它们来说就特别有用。

11.7 节复习题

1. 什么是财务供应链？
2. B2B 电子商务的支付现状如何？
3. 什么是电子发票出具及支付（EIPP）？
4. EIPP 有哪三种模式？
5. 基本的 EIPP 支付流程如何？
6. 什么是采购卡？

11.8 新兴电子商务支付系统及其问题

在这一节中我们将讨论一些新兴的支付系统，比如"比特币"。

比特币的前世今生

在第十章中我们简单地描述了比特币以及它是如何被黑客攻击的。比特币是一种数字货币，被一群拥有计算机能力和懂得其创造过程（称为挖矿）的个人和企业管理。被称为"矿工"的个人和企业在一个公开的分类账上验证并记录交易，以确保比特币的可信度。

比特币是非常安全的，被两类密钥加密方法保护（参阅第十章对公钥和私钥的介绍，私钥是用来授权交易的）。

以下是关于比特币的一些事实［参见 Patel（2014）并浏览 bitcoin. org/en/vocabulary，money. cnn. com/infographic/technology/what-is-bitcoin/?iid＝HP_Highlight］。

- 优势：
1. 买方保持匿名；
2. 简单的国际交易（没有监管条例）；
3. 没有交易费；

4. 可用于小额支付。

● 交易过程：场内交易（交易所），例如日本的 Mt. Gox。中国的 BTC 是世界上最大的交易所。所有权在买方之间转让。

● 定价：2012 年和 2013 年的价格范围为 5～1 242 美元。价格的上涨是由中国的需求造成的。

● 非法活动：比特币作为一种货币被毒品商和其他非法贸易商使用［例如第十章，比特币被用于网上毒品交易网站——"丝绸之路"（Silk Road）］。

● 税费：美国联邦税务局及其他国家都将比特币看作资产而非货币，所以比特币拥有者需要交纳财产税。

● 比特币交易所：BitInstant 交易所被"丝绸之路"用于网上洗钱，2014 年 1 月，美国政府逮捕了它的 CEO。

● 比特币在一些国家（例如俄罗斯）是非法的。

● 莱特币（Litecoin）是一种较便宜的比特币，如果比特币是金子，则莱特币是银子（请浏览 businessinsider. com/introduction-to-litecoin-2013–11）。

● 比特币的产生：来自世界上许多不同地区的计算机用户利用软件解决数学问题。

● 只有 2 100 万个单位的比特币会被创造出来。

● 比特币钱包：一个有着强加密的确保比特币安全性的钱包。

● 比特币作为一种通用货币，被各国越来越多的合法企业所接受（如得克萨斯州的枪支公司 TrackingPoint；tracking-point. com）。对于旅行时如何只依靠比特币生存，参见 Vigna（2013）。据美国 2014 年 4 月 2 日《商业资讯》报道，2014 年 2 月，比特币平均日交易总额为 6 800 万美元（自 2013 年 10 月以来增加了 10 倍），2013 年贝宝支付平台交易额为 4.92 亿美元（请浏览 businesswire. com/news/home/20140402006189/en/Fitch-Bitcoin-Remains-Small-Comparison-Payment-Processors♯. U1tpH_mICm5）。

● 比特币绕过银行和监管。这是许多人使用比特币非法交易的原因。

● 比特币的月刊：《比特币杂志》（*Bitcoin Magazine*，bitcoinmagazine. com）。

● Mt. Gox 交易所已经被美国当局搜查，被 CoinLab 起诉，被网络黑客攻击，并在 2011 年 3 月申请了临时破产保护。该公司于 2014 年 2 月倒闭。

● 纽约银监会对 2013 年 8 月参与比特币活动的 22 家公司发出传票（请浏览 dealbook. nytimes. com/2013/08/13/officialsbroaden-inquiries-into-oversight-of-bitcoin-and-other-currencies/？_php＝true&_type＝blogs&_r＝0）。

其他有趣的系统

以下只是众多新兴系统的一部分。

Coin（多合一信用卡）

Coin（onlycoin. com）是一种电子装置，一个 Coin 包含你所有的信用卡、借记卡信息。这个移动应用程序允许你添加或删除想要在设备上存储的卡。你通过一个小设备在智能手机上刷卡，然后选择你想使用的卡。当商户想要常规卡时，就刷 Coin（Pepitone，2013）。更多信息请浏览 onlycoin. com/support/faq。

同时可以观看视频"Why Coin Is the Future of Payments"（为什么未来的支付方式是 Coin），网址 money. cnn. com/video/technology/2013/12/05/t-coin-ceo-kanishk-parashar-app-start-up. cnn-money/index. html。

该设备计划在 2014 夏天发售，并在 2013 年 11 月达到预定销量目标。然而，该设备还有一些问题。根据 Pepitone（2013），该设备有三个缺点：首先，如果你离开智能手机超过 10 分钟，或者电池用完了，它会"锁上"；其次，Coin 没有得到任何信用卡公司的认可，Coin 不知道信用卡公司是否会接受这一理念；最后，商人可能会因为 Coin 不像"常规"信用卡（数字的增多和全息图的存在）而产生疑虑。

NXT-ID 作为竞争者，也发布了一款移动数字钱包，名为 Wocket。

TrialPay（trialpay. com）

TrialPay 是一个采用"自由"支付模式的电子商务支付系统。根据维基百科和 Kim（2018）可知，"TrialPay 支付平台为网上购物者提供广告，并且提供货物或服务的支付渠道。消费者注册试用，或通过从广告商处购买一件产品来获得一件免费产品。系统试图使各方获利：网上商店在目前的渠道上取得更多销量，广告商在绩效薪酬基础上获得新客户，消费者每次购买可获得一件免费产品。"

亚马逊支付

亚马逊支付（payments. amazon. com）是一系列综合性的网上支付工具。这些工具适用于企业、个人消费者、开发商。目标是使得支付更加容易、快速和安全。

消费者的角度。客户可以在任何标有"亚马逊支付"的网站上购物，然后用他们已有的亚马逊账户支付。通过保存在账户里的信息，消费者可以支付或接收款项。

企业的角度。企业可以接收买方的付款，并提供支付流程和订单管理功能（"亚马逊结账"）。"亚马逊易支付"为在线付款和捐款提供了方便的途径。例如，消费者可以通过账户中的保密信息向参与的商家支付款项（请浏览 payments. amazon. com/business/asp）。

M 支付。亚马逊网有一个移动子支付方式 GoPago。亚马逊认为移动用户不只浏览网页，也会购物。消费者现在可以使用移动优化的结账平台向商家采购，或利用安装在商家网站上的触摸屏组建采购。因为不必重新输入付款信息，这种方式简化了消费者的支付流程（请浏览 payments. amazon. com/business/mobile/overview）。

Kindle 结账系统。亚马逊计划为现存的零售商提供 Kindle 平板结账系统。该系统是一个 Kindle 平板和读卡器的组合，首先会被提供给中小企业（请浏览 smartplanet. com/blog/bulletin/amazon-develops-kindle-based-checkout-system-for-smbs）。

其他系统

以下是一些其他的支付系统：

● 谷歌钱包。谷歌钱包的转账功能让 Gmail 用户可以向在美国拥有电子邮件地址的任何人转账。该服务与谷歌钱包应用程序配合使用（请浏览 google. com/wallet/send-money）。

● NXT-ID。数字钱包系统 Wocket（nxt-id. com/products/wocket；wocketwallet. com）计划于 2014 年发行。类似于 Coin 装置，该产品可以聚集 100 张信用卡、优惠券、礼品卡、积分卡等。此外，它只与生物识别系统配合使用（例如，人脸、声音、指纹），不需要密码（请浏览 nxt-id. com/wockethopes-replace-wallet）。

● 微博支付。阿里巴巴集团旗下的支付宝与新浪微博（weibo. com）合伙推出了微博支付，它是一个网上支付平台，用户将支付宝账户与微博账户关联，直接通过微博应用程序购买并支付。根据《环球时报》（2014 年 1 月 7 日），"微博用户只需输入密码就可以更便捷地在线购买并支付账单"（请浏览 globaltimes. cn/content/836256. shtml♯. U17DR-ldWS）。

● 苹果公司向 M 支付靠拢。2014 年早期，有消息称苹果公司正在为扩大移动支付服务打基础。

11.8 节复习题

1. 什么是比特币？列出它对买方和卖方的有利之处。
2. 比特币交易所的功能有哪些？
3. 为什么政府认为比特币或类似的货币不合法？
4. 什么是 Coin 和 NXT-ID Wocket？
5. 从买方和卖方的角度回顾亚马逊网的支付系统。

管理问题

与本章内容有关的管理问题有如下几个方面：

1. B2C 网站应该支持什么支付方式？ 大部分 B2C 网站都提供了消费者偏好使用的一个以上的支付接口。仅接受信用卡支付的企业会排除大量的潜在客户（如 18 岁以下的青少年和不能或不想在线使用信用卡的客户）。EFT、电子支票、储值卡和贝宝等都是可以替代信用卡的支付方式。电子支票在亚洲地区并不通用，因为电子支票在网络世界并不是一种便捷的支付方式。因此，全球性的电子商务选择一种全球通用的支付方式非常重要（请浏览 asiapay.com）。

2. 网络交易市场应该支持哪些小额电子支付策略？ 如果电子商务网站提供的商品价格低于 10 美元，那么信用卡支付并不是一种可行的方案。很多数字产品的价格都低于 1 美元，对于低价商品，就应该使用小额电子支付。相关费用可以从与消费者的银行账户或信用卡绑定的预付款账户扣取，或从消费者的话费账单收取。网络充值智能卡应运而生，但由于买方需要安装读卡/写卡设备，这种支付方式并没有在网络市场获得广泛应用。企业应该提供多种选择，这样消费者就可以选择自己最喜欢的支付方式。

3. 哪些移动系统会影响你的业务？ 未来几年，移动支付将成为人们在线或离线支付数字和实物商品的主要方式或主要方式之一。移动支付有可能取代直接使用信用卡、借记卡或现金的支付。目前，移动支付技术和协议还在变迁的状态，因此很难决定采用哪个系统。远程还是近场支付是一个特定的企业选择使用何种移动支付形式的关键，在短期内，这些厂商和组织还需要依靠强大的网络世界（例如，贝宝支付或其他协议及系统依靠主要信用卡供应商的支持）。

4. 我们是否可以把支付服务外包？ 将包含所有电子支付方式的支付系统整合，需要花费大量时间、精力、金钱、软件和硬件。鉴于这个原因，即使那些运营自己的电子商务网站的企业也都把电子支付外包。很多第三方公司提供处理各类金融机构之间业务往来的支付服务，第三方公司的这种服务都是基于电子支付系统的。此外，第三方运营网站（如 Yahoo! Store）都会提供相应的电子支付服务。

5. 电子支付的安全状况如何？ 在进行各种电子支付时，安全和欺诈仍是重要问题。使用信用卡进行网上支付时，尤其需要考虑这个问题。B2C 商家使用大量工具（如，地址识别和其他认证服务）应对欺诈性订单。这些和其他用于保障电子支付安全的措施都只是安全防护程序的一部分（参阅第十章），更多支付安全信息，参阅 Morphy（2012）。

6. 应该使用什么 B2B 支付方式？ 有许多方式可以选择。电汇非常受欢迎。一些客户选择电子支票，而小额支付则选择信用卡。对于维修服务，选择购物卡；对于国际贸易，选择电子信用证。一个关键的选择要素是这种支付方式是否适用于已有的会计系统、订单系统以及业务伙伴。

本章小结

本章所涉及的电子商务问题与前面提到的学习目标一一对应。

1. 支付方式的变革和小额支付。 如今现金和支票已经不再是最主要的支付方式，取而代之的是借记卡和信用卡在在线交易和离线交易中所起的作用。这就意味着在线的 B2C 业务必须支持借记卡和信用卡支付。在西欧以外的国际市场上，购买者常用其他一些支付方式（如银行转账）。除了贝宝支付平台之外，所有其他类似的收费卡支付方案基本都失败了。这些支付方案的交易量太少，无法克服"鸡和蛋"的难题。

发展的一大领域是电子商务中的小额支付（微支付）。许多不同的支付方式被开发出来，包括贝宝支付和预付卡。由于信用卡的安全问题（见第十章），很多人都在使用现金。然而，随着问题的解决，我们预期信用卡的回归。

2. 在线使用支付卡。 支付卡的在线使用过程和离线使用过程涉及类似的参与方和同样的系统，具体包括银行、信用卡联盟、支付过程服务器等。这也是支付卡在网络世界如此流行的原因之一。二者最大的区别是在线交易遇到欺诈性订单的概率相对较高。根据 Cyber-Source 公司的年度调查显示，在过去的几年里商家已经采用了多种反欺诈方法，包括地址核实、手工审查、欺诈检查和自动决策模型、信用卡号码验证、信用卡协会付款人的身份验证服务、黑名单等。同时，一些消费者已经转向用"虚拟信用卡"或者"一次性信用卡"来代替在线使用真实的信用卡。

3. 智能卡。 类似于信用卡，但智能卡嵌入了能够进行数据操作并拥有强大记忆力的芯片。拥有微处理器芯片的智能卡可以处理一系列问题。其他拥有记忆芯片的智能卡只能读写数据。大多数记忆卡的数据是一次性的，但是有些智能卡能够存储大量数据，而且可以循环使用。智能卡已经被用于多种支付目的，包括非接触式的零售支付、交通费用的支付、政府服务中识别持卡人身份、门禁系统及网站接入、存储卫生保健数据以及核实医疗服务资格和其他政府服务。由于智能卡上有很多敏感信息，公共加密技术的使用可以确保智能卡上内容的安全。

4. 储值卡。 储值卡在外表上与银行卡一样。储值卡的货币金额存储在卡背面的磁条里。闭环储值卡也称为专用卡，由特定的商家发行（例如星巴克的礼品卡）。相反，开环储值卡类似于标准的银行卡，可用于多种情况（例如工资卡）。信用记录不良、无信用记录者、移民状态有问题的那些没有信用卡和银行账号的人群促进了储值卡的发展。一些特殊的卡（例如 BB&T EsaySend卡，bbt. com/bbtdotcom/banking/cards/easysend. page）使移民的跨国汇款变得简单易行。同样，万事达公司提供了好几种储值卡，例如 MuchMusic 预付卡，用户事先充值并在网上或其他任何地方使用。想了解不同的万事达预付卡，请浏览 mastercard. ca/prepaid-card. html。

5. 小额电子支付。 网上购买大多使用信用卡或借记卡。购买金额小于 10 美元时，称为小额支付。使用支付卡进行小额交易的费用高昂。目前大多数商家选择一些替代支付方式，例如集中支付、储值卡以及定期支付来避免单笔交易费用。集中支付指在向发卡公司交易前加总数次采购的金额；储值卡指采购金额从预先充值的账户中抵扣；定期支付指单笔支付的内容在规定的时间

支付。近期，发卡公司降低了交易费用来鼓励支付卡在小额交易下的使用。同样，贝宝平台也降低了交易费用来支持小额支付。

6. 电子支票。 电子支票是纸质支票的电子等价物。其使用过程和纸质支票相似，而且都依赖于自动清算中心网络。电子支票有很多好处，包括处理速度快、管理费用低、存款效率高、在途期短、退回的支票少等。这些优点使得电子支票得以飞速发展。店内购买使用电子支票的方式进一步刺激了这种快速的发展。由 NACHA 公司开发的订单处理（POP）和后台兑换（BOC）等模式，使零售商能够将店内购买者的纸质支票转换成 ACH 扣款（比如电子支票），而不必采用传统支票交易的过程。

7. 移动支付。 无线运营商和智能手机销售商使他们的客户通过移动电话和智能手机开展账单支付、确认支付以及其他金融交易。主要有两种交易形式：近场移动支付和远程移动支付。第一种就是我们熟知的非接触型支付，配备了特别芯片的移动电话或智能手机，这种芯片使得用户可以用手机在支付设备（如 POS 机）的一定距离内进行数据交换，特别像非接触式智能卡或信用卡。而在远程移动支付方式下，可以使用移动设备在个人之间，个人与企业之间、企业之间进行支付。由于卖方在芯片、读卡器、网络标准上没有达成一致意见，所以近场移动支付的发展仍受到限制。

8. B2B 电子支付。 B2B 支付只是从采购到支付、从订单到收取货款过程的资金供应链的一部分。尽管许多公司转向使用 EIPP，但绝大多数 B2B 支付仍采用纸质支票。EIPP 也有三种模型：卖方主导型（买方去卖方网站支付）、买方主导型（卖方把发票发到买方网站）和集运商（买卖双方通过中间商联系）。现今两个最大的中间商之一是 GSX 贸易网。除了上述几种模式以外，还有其他一些 EIPP 支付模式可供选择，包括 ACH 网络支付、支付卡、无线转账以及信用证。EIPP 的发展受到诸多因素的限制，主要有：IT 人才的短缺，支付和存款账户系统缺少整合，缺少标准的汇付信息形式以及贸易双方没有能力收发充足的电子支付汇付信息。

9. 新兴的电子商务支付系统。 一大批新的支付系统正在兴起。最值得关注的是充满争议的比特币，它作为一种数字货币在地下经济中普及。Coin 是一种多合一的信用卡/借记卡支付方式，与 NXT-ID 竞争。亚马逊支付是一系列综合性的支付工具，旨在为商户提供便捷的支付。一个特别的例子是吸引了百万中国商家的阿里巴巴集团的支付宝。

讨论题

1. Boku 公司（boku.com）在 2009 年收购了 Paymo 和 MobileCash（两大手机支付系统的领头供应商）后发行了一款手机支付系统，该系统支持人们使用移动手机账户付款。它是如何运营的？你认为这种系统会成功吗？影响其成败的关键因素有哪些？参阅 www.boku.com/boku-launches-new-online-payments-service-for-mobile-consumers-acquires-paymo-and-mobillcash-businesses-pr。

2. 骗子使用虚假或被盗的信用卡购物。商家应该采取何种方式进行反欺诈？

3. 一位零售服装制造商正在考虑与其供应商和买方采用电子支付方式。采购办公用品，应该采用何种电子支付方式？原材料的采购应该如何支付？国内外的零售商应该采用何种方式付款？

4. 一个大都市的某区计划为乘客提供一种公共运输系统，这种系统带有付费功能，类似于使用单一的非接触式智能卡进行零售购物。建立这种系统会遇到哪些问题？乘客在使用卡的时候又会遇到怎样的问题？

5. 讨论 Ven（ven.vc）作为国际数字货币被接受的可能性。

6. 讨论电子支票的作用，以及前景。

7. 讨论国际支付的不同方式。

课堂论辩题

1. 如果你经营了一个网店，你会接受电子支票付款方式吗？为什么？

2. 电子支付系统市场发展不稳定的原因有哪些？是否有必要开发其他电子支付方式？

3. 为什么贝宝能取得成功而其他电子支付方式不能？贝宝是否对银行业造成威胁？

4. 几年前脸谱宣称所有脸谱的应用程序（包括游戏）必须使用脸谱 Credits 作为货币，但不久就取消了这个政策。为什么脸谱要颁布这条政策？为什么又取消？你同意这种做法吗？

5. 除了电子书和在线音乐，还有哪些情况适合用小额电子支付方式？

6. 购买商品或享受服务时，你倾向于使用实际的信用卡或借记卡，还是使用手机进行移动付款？这两种付款方式各有哪些优缺点？

7. 许多企业已经进入了电子书业务领域。从长远来看，苹果公司和亚马逊哪家公司将更有可能主导该市场？为什么？

8. 一些人质疑 MasterPass 的可行性，请列出赞同和反对的信息并讨论。

9. 一些人说（例如美国前国会议员 Ron Paul）比特币会毁了美元，调查现状并讨论。

10. 调查 VeriFone Systems（verifone.com），并讨论其在电子支付领域的地位。

11. 讨论信用卡的前景。

12. 讨论数字货币与虚拟货币的不同。

网络实践

1. 1999 年，易趣推出了一种支付系统 Billpoint，这可是贝宝支付平台的竞争对手。利用网络资源寻找贝宝成功以及 Billpoint 失败的原因，并根据你的寻找结果撰写一份报告。

2. 在美国和北美以外的国家各选择一个大型的 B2C 零售生产商。分析它们所提供的电子支付系统的异同。这些网站还能提供哪些支付系统？撰写一篇短文。

3. 少数公司提供数字（移动）钱包系统。什么是数字钱包？举例说明这些公司和产品。你认为这些产品在近期能普及吗？为什么？

4. 从网站 smartcardalliance.org/resources/pdf/Transit_Financial_Linkages_WP_102006.pdf 上下载 "Transit and Contactless Financial Payments"。一个自动票价收费系统需要哪些关键因素？根据该报告，纽约市交通运输系统试点应该采用什么类型的支付系统？哪些因素会影响该决定？试点工作进行得如何？

5. 浏览网站 nacha.org。NACHA 是什么，其作用有哪些？ACH 又是什么？一个 ACH 电子支付过程有哪些参与方？

6. Walgreens 和 Kohl's 这两家公司都利用 Solutran

的 SPIN 方案实施 BOC 系统。根据 Solutran 网站（solutran. com）提供的信息，以及关于该系统的一些网络资料，你认为该系统具备哪些功能且拥有哪些优点？该系统的独特性又体现在哪里？如果你正在运行一个大型的零售业务，你将会使用 POP 还是 BOC？

7. 浏览 mashable. com/category/starbuckscard-mobile 网站上关于星巴克的移动支付方式以及其他材料，撰写一个小结。

8. 阅读 authorize. net 页面的信息，找到目前的 CyberSource 方案，并撰写一篇报告。

9. 浏览 placecast. net/shopalerts/brands. html，找到购物推送的功能。什么是购物推送钱包？写一篇报告。

10. 浏览 fiserv. com，找到该公司目前在全球金融服务领域正从事什么业务，并调查其分公司 Popmoney，写一篇报告。

团队合作

1. 为导入案例设计的作业。

请阅读本章的导入案例并回答下列问题，假设亚马逊决定重振其 Amazon Pages 方案。

a. 为了使此类业务盈利，亚马逊应该使用什么小额支付系统？

b. 该类业务会遇到什么商务和法律问题？

c. 除了书籍和音乐业务外，还有哪些领域可以使用小额支付？

2. 移动支付领域的竞争十分激烈，每队在这个行业选择一家公司（例如 Square，贝宝，Groupon）展示公司的优势与劣势。

3. 撰写一份报告，选择几个欧洲或中亚国家，比较智能卡在这些国家的应用情况。在该报告中，讨论这些应用程序是否会在北美取得成功。从"Payment Methods in Peru"（秘鲁的支付方式）开始，网址 emarketservices. com/start/Home/Intro/prod/Payment-methods-in-Peru. html?xz＝0&cc＝1&sd＝1&ci＝2129（2012 年 11 月 15 日数据）。

4. 一组团队代表万事达公司的 Pay Pass（mastercard. us/paypass. html），另一组代表维萨公司的 payWave（usa. visa. com/personal/security/card-technology/visa-paywave. jsp）。每组成员的任务是说服一家公司承认其产品的优越性。

5. 每个团队的成员采访 3～5 个有网购经历或在网上卖过东西的人。了解他们是如何付款的，付款时他们会担心哪些安全或隐私问题。是否存在理想的付款方式？

6. AT&T、Verizon、T-Mobile 和 Discover Financial Services 宣布了一个名为"Isis 移动钱包"的项目。该项目开发了一种新的手机驱动的付款方式。该系统是如何运作的？已经推出了哪些与之竞争的系统？哪种系统将最有可能胜出？为什么？

7. 浏览 NACHA 网站，搜索关于"Council on Electronic Billing and Payment"的信息（cebp. nacha. org）。浏览网站提供的关于 EIPP 和 EBPP 的信息（见"Current Initiatives"部分）。对这两种形式进行详细的比较。

 章末案例

韩国首尔都市统一票价系统对信用卡支付的创新应用

宝蓝，是一个首尔银行职员，搭乘韩国的地铁和公共汽车上下班。她用信用卡支付地铁和公共汽车费用，不仅在首尔，而且在韩国的其他主要城市都不需要储值卡。每月累积的费用由银行自动支付。但是在过去，宝蓝除了信用卡外还得携带两张不同的交通卡。

在过去，宝蓝利用首尔地铁卡支付地铁费用，这是一张储值卡。该卡由首尔市政地铁公司发行，并且只可以在地铁站充值。乘坐公共汽车时，她不得不换用首尔公交卡，这是另一种储值卡，由私营的首尔公交协会（SBTA）发行。首尔公交卡在 1996 年发行，是世界上第一张 RF 型公交卡。她不得不将两张卡分开，因为它们不能互换使用。其他城市有类似的管理结构，因此在乘坐地铁去其他城市时，宝蓝不得不在地铁站购买另一个城市的一次性地铁卡。

正如本章所说的，信用卡在进行小额公交支付时并不经济，因为发卡公司不能区分手续费。所以宝蓝出门需要携带一张信用卡和两张公交卡。

一些亚洲的大城市诸如首尔、香港和新加坡都采用类似的储值交通卡。因此，信用卡和储值卡成了两大类卡。这两类卡的发行公司相互竞争来扩大自身卡的使用范围。公交卡公司希望将储值卡的使用范围扩大到饭店和商店的停车费及各种路费，然而用户事先需要充值。

同时，信用卡公司如果想要将信用卡扩大到交通领域，需要简化授权过程以及降低交通用户的手续费。问题就是哪类卡公司能取得成功？在首尔，信用卡公司赢得了交通领域。

为了使交通费用支付过程更快，地铁和公交信用卡付款处理程序不需要完整授权。这种风险是可以承受的，因为小额支付的频率和滥用量在韩国很低。因此，交通检票口只会自动检查卡是否有效，而不是检查是否是"黑名单"，检票口不仅显示票价，而且会显示本月所产生的费用，如图 11.5 所示。第一张地铁信用卡在 1998 年由国民银行发行。今天，许多发行公司都支持这种类型的卡。

图 11.5　交通信用卡在检票口显示当前收费及当月累计费用（由 J. K. Lee 拍摄）

以信用为基础的交通卡已经彻底改变了充值服务流程。在早期，无论是地铁卡还是公交卡都要在人工柜台充值。为了减少充值服务费用，地铁站安装了自动充值机。然而，随着信用卡的使用，充值站点可以消除，用户不必花费时间为他们的卡充值。因此，无论是用户还是城市交通管理局都受益。

智能交通卡的另一个优点是，它可以通过调整并协调地铁和公交车路线，重组城市的交通系统。在过去，公交线路的设计考虑市民出行的出发地和目的地。这种方法的目的是方便市民只需乘坐一辆公交车就能到达目的地。然而，太多的公交车堵住了繁忙的街道，造成交通拥堵。为了避免这样的拥挤，地铁和主要的公交车公司计划设计一个交通系统，使总线分支线路能连接地铁线路和主要公交线路。但是，如果市民需要为此支付额外的费用，他们可能会反对新的交通系统。因此，各类交通卡需要相互转换。

为了解决这个问题，交通信用卡或交通储值卡经过设计记住了从地铁站出发的时间，换乘公交车时间少于 30 分钟则不收取公交车费用。换乘支线作为同一段路程。这就意味着交通系统的业主需要就如何分配所收取的费用达成一致。因此，首尔在 2009 年采用了大城市统一票价体系。

由于国家标准化和一体化的努力，韩国全国交通卡现在统一使用智能卡。信用卡公司并没有通过交通支付服务获得大量资金，但这项服务对于获取新客户和保留现有客户至关重要。

该城市还可以收集有关乘客的数据，根据乘客的负载在某些路段或时间提供更多公交车。需要注意的是常规公交车在夜间停运。对于夜间公交服务，控制中心通过分析地区移动电话使用频率来估计潜在的乘客数量，并动态地确定夜间巴士路线。

另一个教训是韩国的信用卡 C2C 支付系统。在 C2C 竞拍市场，第三方托管服务允许个人买家使用信用卡在韩国易趣网（eBay Korea）直接支付。如果买方确认收货，卖方可以通过韩国易趣网接受付款。因此，通过电子邮件的支付系统（例如贝宝），由于收费较高而不被采用。结合了信用卡功能的借记卡几乎取代了电子支票，因此不再需要电子支票。在这种情况下，韩国的信用卡支付集合了电子商务、实体店和小额交通支付。

思考题：

1. 信用卡在检票口如何像储值卡一样快速处理支付款项？
2. 对用户而言拥有交通信用卡有什么好处？
3. 对市政府而言，拥有交通信用卡的主要好处有哪些？
4. 大城市统一票价体系是如何重组公共交通设施的？

在线补充读物

W11.1　POP 或 BOC 电子支票

W11.2　应用案例：缩小数字鸿沟——印度班加罗尔的移动小额信贷

术语表

Address Verification System（AVS）：**地址核实系统**，该系统用于比对用户结账输入的地址与用户持卡银行的文件地址信息之间的一致性，以甄别欺诈。

Authorization：**授权**，信用卡交易的第一阶段，确定买方用卡是否有效（例如，未过期），以及该客户的资信状况是否良好。

Automated Clearing House（ACH）Network：**自动清算中心网络**，是一个全国性的批量电子资金转账系统（EFT），对参与金融机构的银行提供了银行间电子支付的清算。

Card verification number（CVN）：**信用卡验证号码**，该方法需要核对信用卡背面署名条上的号码与持卡者发卡行的文件上的号码是否一致。

Contact card：**接触型智能卡**，将其嵌入智能读卡器就可以将其激活。

Contactless（proximity）card：**非接触型智能卡**，只要与其相匹配的读卡器在一个确定的范围之内，它就可以进行交易处理。

Digital（virtual）currency：**数字（虚拟）货币**，电子商务中产生、储存和运用的电子化支付媒介，可以用来支付实物商品或虚拟商品。

Electronic check（e-check）：**电子支票**，是纸质支票的电子形式，包含的信息与纸质支票相同。

Electronic Invoice Presentment and Payment（EIPP）：**电子发票出具及支付**，指在线的 B2B 企业发票的出具及支付。

Letter of credit（L/C）：**信用证**，由代表买方（进口方）的银行开具，保证卖方（出口方）提供的相关单证符合信用证要求后，就可以获得支付款。

Micropayments（e-micropayments）：**小额电子支付**，指在线的小额支付，其支付额度通常在 10 美元以下。

Mobile（digital）wallet：**移动（数字）钱包**，近场支付，记入手机账户月费或借记卡账户。该技术使付款、积分项目以及目标促销都通过一个移动设备进行。

Mobile payment：**移动支付**，支付交易由个人的移动设备（通常是智能手机）发送并确认。

Payment cards：**支付卡**，指以支付为目的且包含一定信息的电子卡片。支付卡包括信用卡、签账卡和借记卡。

Payment service providers (PSPs)：**支付服务提供商**，第三方公司为商家提供服务，接受各种方式的电子支付。他们与电子交易的各方参与者联系。

Purchasing cards (p-cards)：**采购卡**，是面向企业员工发行的一种特殊支付卡，这种卡仅用于采购一些非战略性的一定额度以下的（通常为 1 000～5 000 美元）材料和服务（如文具用品、办公用品、计算机耗材、维修和维护服务、快递服务和临时劳工服务等）。其第二个功能类似于信用卡结算，将款项从采购者的账户转入商家的账户。

Smart card：**智能卡**，该卡看起来像一张塑料支付卡，不同之处在于其内嵌有芯片。

Smart card reader：**智能读卡器**，本身就是一个读写设备，其首要目的就是在智能卡和存储有应用程序的交易处理软件系统之间扮演一个调节者。

Stored-value card：**储值卡**，已经充值的智能卡，而且可以重复充值。

第十二章 供应链管理中的订单实施

学习目标

1. 电子商务订单实施的概念和流程；
2. 电子商务订单实施过程中存在的主要问题；
3. 解决电子商务订单实施中存在的问题的各种方式；
4. 射频技术在供应链上的应用；
5. 合作计划和协调式供应链库存管理；
6. 其他电子商务支持服务；
7. 支持性服务外包的原因。

|导入案例| 亚马逊公司的订单实施

存在的问题

在传统的零售模式下，顾客进入一家实体店，接着购买商品，然后把商品带回家。在这种模式下，大量商品被运往每一家商店或者超市，但是送货的目的地并不多。在电子商务零售模式下，顾客想快点拿到货物，而且得把货物送到顾客家中。这样，货物的运量小，但是送货目的地很多，同时也要求货物能够进行快速配送。因此，控制商品的存货量变得很关键。但是，维持存货和运送产品会耗费金钱和时间，这样的话就会抵消电子商务所带来的优势。我们来了解一下电子商务巨头亚马逊公司是如何处理这些问题的。

当亚马逊公司在 1995 年成立的时候，它的商业模式需要虚拟的零售方式——没有仓库、没有存货、没有运输。这种做法就是通过电子方式接受订单和付款，然后让其他公司来处理订单。很快，亚马逊公司就意识到此模式只适合小公司，不适合世界级的大型电商。

解决方案

亚马逊公司决定改变它的商业模式，建立自己的存货和物流。公司还通过收费的方式为其他公司甚至为竞争对手提供物流服务。公司花费数十亿美元建立了遍布全国的仓库，从而在仓储管理、仓储自动化、包装和存货管理方面成为世界级的领先者（Harkness，2013）。

亚马逊公司是如何有效地处理每个月几百万份订单的？

● **步骤 1** 当你在亚马逊网站下订单并设置目的地后，电脑程序会识别货物该从哪里发出。一般情况下，货物会从亚马逊的订单完成中心发货，或者从卖方所在地发货。卖方可以选择把货发往亚马逊公司以便存储和处理。亚马逊公司会把这些商品列入线上清单并进行广告宣传。当有订单时，一个电脑程序会追踪该订单以决定订单的完成地址。亚马逊拥有许多分销中心，亚马逊的配送中心一般按以下步骤运作：

● **步骤 2** 分销中心的仿真软件接受所有订单，并以电子形式把它们分配给员工。

● **步骤 3** 货物（例如书籍、游戏、CD 等）被存储在储存箱中，每个箱子都有一个红色的灯。当某个箱子的商品需要被处理时，红色的灯就自动亮起。拣货员随着一排排储存箱移动，并挑出亮起红灯的储存箱中的商品。他们按下按钮灭灯。

- **步骤4** 每件商品都会放入贴有订单号定位标签的装货篮中，装货篮被放置在仓库中一条10英里长的传输带上。通过条形码阅读器的指引，每个装货篮直接自动到达特定的目标位置。

- **步骤5** 核查每一个装货箱以确保条形码和特定订单是否匹配，然后货物会被送到合适的溜槽，通过溜槽装进纸箱。如果订单中涉及多个货物，该系统可以使这些货物装进同一个纸箱。

- **步骤6** 密封这些箱子备运。如果客户选择指定的礼品包装，就用手工进行包装。

- **步骤7** 对纸箱捆扎，称重，贴上标签，放入仓库的一个卡车位中等待配送。其中，有些属于UPS和USPS，或者其他运输方。

美国亚利桑那州的州府凤凰城亚马逊分销中心是亚马逊最大的分销中心之一，Del Rey（2013）曾经制作过一套幻灯片，介绍中心的运作过程。

亚马逊公司也出租仓库中的闲置空间，并给其他公司提供物流服务。它也接受它们的订单。它的工作原理是：

1. 卖方在商品上贴好标签，然后大批运往亚马逊公司；

2. 当亚马逊公司收到卖方的商品时，它就会储存这些商品，并等待订单的到来；

3. 当有订单的时候，亚马逊公司将拣货、包装，并把货物运送至每个顾客，也有可能把若干种商品合并在一个订单中；

4. 亚马逊公司负责售后服务，必要时也接受退货。

两年前，亚马逊公司把配送业务外包给UPS和USPS两家物流公司。这就使亚马逊公司在向高成本的人口大市配送时，仍然可以把仓库和分销中心建立在成本较低的城市。但是，这也影响了亚马逊的第二天送货或两天内送货服务。2012年年中，亚马逊公司决定在其选出的城市中提供"当日送达"服务。之前有很多公司尝试提供"当日送达"服务，但是都失败了。为了能够提供该服务，亚马逊公司投资了数百万美元在加利福尼亚、得克萨斯、弗吉尼亚、田纳西和新泽西的大城市建立分销中心。以上这些案例都使用了第三方配送服务。

最近的一些创新。 亚马逊公司是一家大型创新企业，本章将讨论亚马逊公司最近的一些创新行为：当日送达服务（例如，亚马逊的生鲜配送服务），机器人在仓储中的应用，无人机在半小时配送中的应用。亚马逊在一些城市也提供一个小时内配送服务。

结果

最初，亚马逊公司的仓库每天只能配送100万个包裹，在配送高峰还会延迟发货。但是目前，仓库平均每天能配送几十万个包裹，在假日销售旺季的配送高峰期能一天配送几百万个包裹。现在所使用的系统使亚马逊公司能够提供更低的价格并保持竞争力，尤其当亚马逊公司成为一家能够销售几千种商品的大型在线商城时。

为了提高效率，亚马逊公司把若干种商品（只要足够小）合并在一起发货。配送仓库不处理商品的退货，由Altrec.com公司位于华盛顿州奥本市的仓库处理退货。

最近，亚马逊公司创立了一个试点项目，为上千种在杂货店销售的不易变质的商品提供当日配送服务（如洗涤剂）。该项目旨在为亚马逊的优质会员提供服务，并和好市多、沃尔玛公司的山姆会员商店展开竞争。详情参见Barr（2013）。

资料来源：Barr（2013），Del Rey（2013），Harkness（2013），Manjoo（2012），以及Services. amazon. com/fulfillment-by-amazon/how-it-works. htm（2015年4月数据）。

案例给予的启示

亚马逊公司的案例说明了大型电商在整个订单实施过程中的复杂性，以及在订单实施过程中能够获得的好处。本章详细描述了电子商务订单的实施过程，重点分析了电子商务支持服务中存在的主要问题，以及这些问题的解决方案。

12.1 订单实施和物流

相对而言，从网络上获取订单是B2C最简单的一个部分。而订单实施和送货上门则是棘手的工作。例如，如导入案例所示，亚马逊最初是一个彻底的虚拟公司，在线接受订单和完成支付，并依赖第三方实施订单和配送。但最终，亚马逊公司意识到它们必须建立实体仓库并雇佣上万工人，以便加快送货和大幅降低订单实施的成本。为了更好地理解电子商务中送货和订单实施的重要性，以及送货和订单实施的复杂性和存在的问题，首先必须对以下概念有个大致的了解。

订单实施和物流的基本概念

不管是哪种类别的产品，还是哪种类别的交易模式（线上或线下），订单实施的目标就是以正确的成本，在正确的时间，把商品和服务运至正确的地点。**订单实施**（order fulfillment）不仅指按时提供给客户他们想要的商品，还指提供相关的客户服务。例如，当一位顾客购买一件新的家用电器时，他必定需要一些安装和操作指示。这可以通过提供产品随附的纸质文件，或者在网站上提供这些说明来做到。另外，如果顾客对商品不太满意，还要安排更换和退货服务。

订单实施包括一些后台运作（back-office operation），主要指支持订单实施的活动，比如包装、配送、会计、存货管理、运输、等等。这与前台运作（front-office operation，也称为"面向顾客的活动"）是密切相关的，比如广告、接单，这些都是顾客可以看得见的。

显而易见，订单实施的总体目标就是按时以低成本和高效益把商品和服务运至正确地点的正确客户手中。线上零售店和线下零售店完成这些目标的方式是完全不同的，线上零售商关注如何把小量的商品直接送到顾客手中，线下零售商关注如何把大量的商品送到自己的门店。当然，目前线上零售商和传统零售商是混杂的，因为大多数零售商拥有多种销售和服务渠道，如网络、移动端、实体店、呼叫中心等。这就要求线上零售商和传统零售商整合各种渠道，使消费者能够通过任何一个渠道下单和取货（或收货）。本章的章末案例将讨论多渠道整合的使用、好处和存在的问题。

物流概述

物流（logistics）指为了确保有效地控制和管理供应链系统中商品、服务和信息向消费者的流动和储存以及潜在的退货而开展的活动。物流可以被认为是订单实施中的一个主要活动。

传统物流和电子商务物流的比较

电子商务物流（e-logistics，也称电子物流），指的是电子商务系统下的物流，主要是在 B2C 模式下运用。电子商务物流和传统物流的主要区别是传统物流是将大量货物送至较少目的地（例如零售商店），而电子商务物流则是将少量货物送至众多顾客家中（见表 12.1）。

表 12.1 电子商务物流和传统物流的差异

特征	传统物流	电子商务物流
类型、数量	大宗，大容量	小型，包裹
目的地	少数	大量，高度分散
需求类型	"推式"需求	"拉式"需求
运输费用	很大，通常超过 1 000 美元	很小，通常少于 50 美元
需求特性	稳定、连续	季节性（节假日），分散
顾客	商业伙伴（B2B 模式），通常是重复客户（B2C 模式），不太多	经常未知（B2C 模式），很多

续前表

特征	传统物流	电子商务物流
库存订单流	通常是单向的，来自制造商	通常是双向的
责任	一家承担责任	贯穿整个供应链
运输者	通常是公司自己承担，有时外包	通常外包，有时是公司自己承担
仓库	一般都有仓库	仅有大型网络企业（例如亚马逊公司）经营自己的仓库

电子商务订单实施过程

为了理解订单实施过程中存在的问题，可以观察电子商务订单实施的一般过程（见图12.1）。整个过程从左边"订单"开始，确认订单后，商家就会采取一些步骤，有些步骤同时进行，有些步骤则必须依次进行。这些活动包括如下步骤：

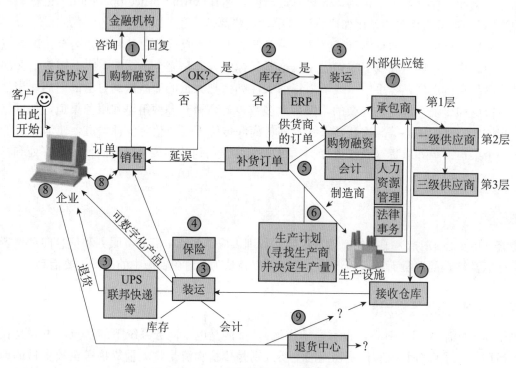

图 12.1　订单实施与物流的流程

注：需求预测和会计工作贯穿于整个流程的不同位置。

● **第1步**：判断客户的支付能力。根据支付方式和事先的安排，每笔支付的有效性必须得到确认。在B2B模式下，公司的财务部门或者财务公司（即银行或者信用卡的发行商，比如维萨公司）就会这么做。任何拖沓都会导致送货的延误，从而导致声誉受损或者顾客的流失。在B2C模式下，在很多国家，顾客通常会预付货款，主要是通过信用卡或者贝宝等第三方支付平台（见第十一章）。在有些国家，顾客会去一些付款站（比如便利商店）预付货款。

● **第2步**：检查是否有库存。不管代理商是生产商还是零售商，只要一接到订单，就要查询库存情况。有时可能会涉及原料管理和生产部门，也会涉及外部供应商和仓库设施。在这一步，订单的信息需要与是否有库存以及生产能力相联系。

● 第 3 步：安排装运。如果产品已经准备好，并且已经付款，我们就可以马上给顾客发货（否则进入第 5 步）。产品可能是数字形式的，也可能是实体形式的。如果商品是实体形式的，备货完毕后，商家就可以进行包装和安排送货。此情况往往既包括包装又包括运输部门和内部发货人或者外包的物流服务。数字形式的商品通常是有存货的，因为它们的存货从来不会耗尽。然而，数字形式的产品（比如软件）可能还在修改中，这样就没有办法在特定的时间送货。两种情况中的任何一种都必须在几个合作伙伴之间进行信息沟通。

● 第 4 步：保险。有时运输的货物必须投保。这一步既涉及财务部门也会涉及一家保险公司。同样，信息不仅仅在公司内部进行沟通，还需要在消费者和保险机构之间进行沟通。

● 第 5 步：补货。如果是按订单生产，通常会涉及一些特别的生产和组装要求。同样，如果标准货物脱销了，商家要安排生产或设法取得货源。在这两种情况下，产品可以由商家自己生产，或者从供应商那里获得。这里的供应商可以是供应商的供应商，即二级供应商或次级供应商。

● 第 6 步：内部生产。内部生产需要制订生产计划，包括人力、物力、零部件、机器、资金、供应商、分包商等。在组装或生产中，都涉及生产厂家，包括与业务伙伴的合作。服务可能会包括人力和设备的调动、变更其他产品的计划、请工程技术人员来调整流水线、采购设备、准备原材料，等等。所有这些不仅会涉及公司总部、零售商，甚至还要涉及国外的生产机构。这些工作要讲究效率和效益。

● 第 7 步：利用承包商。生产商可能会从承包商那里选择产品和零部件。同样，如果卖方是一个零售商，比如亚马逊公司或者沃尔玛公司，零售商必须从它的生产商那里购买产品。有时，亚马逊公司可能会购入并储存一些畅销书、玩具或其他商品。然而，亚马逊公司又会对一些订单很少的货物不进行储存。在这种情况下，出版商和媒体必须作出一些特殊的送货安排。在任何一种情况下，他们都必须对即将收到的原料和产品的接收和质量保证作出安排。一旦生产（第 6 步）或者从供应商那里购买（第 7 步）的工作完成了，就能安排对顾客的送货（第 3 步）。

● 第 8 步：与客户沟通。从接收订单的通知开始到发货通知或者发货日期变更通知为止，销售代表需要和顾客保持固定的联系，特别是在 B2B 模式下。这些沟通往往通过电子邮件来完成，而且是自动完成的（比如使用射频识别技术）（请参阅在线补充读物 W 12.1）。

● 第 9 步：退货。在很多情况下，客户想要更换或者退回商品。有时退货的规模还很大。每年，北美国家在线销售加上离线销售的退货量价值高达几十亿美元。商品从顾客的手中退回供货商的过程称为逆向物流。

由于产品和供货商千差万别，所以订单实施的过程是千变万化的。而且，订单实施的过程在 B2B 和 B2C 模式下不一样，在货物商品和服务商品的销售中不一样，在大型商品和小件商品的销售中也不一样。另外，某些情况（比如易腐原材料或食物）需要增加额外的步骤或者管理活动。

导入案例介绍了亚马逊公司订单实施的过程。亚马逊公司复杂的订单实施过程可能会产生很多问题（见 12.2 节），而自动化则会帮助减少或消除这些问题。

订单实施的重要性

订单实施被认为是电子商务能够获得成功的一个关键因素，Wozniak（2013）列出了以下 5 个订单实施的关键要素，以实现盈利和使顾客满意。

● 配送正确的商品：顾客不会再从送错货的卖家购物，哪怕只送错过一次货（所调查的顾客中有 295 人这样表示）。

● 按时送货：如果卖家没有按时发货，42％ 的顾客将会转换卖家。

- **订单追踪**：订单追踪和电子邮件提醒是当前必须提供的服务环节。
- **快速交货**：卖家必须满足顾客的预期。
- **免运费**：效果明显。贵重商品通常这样做，参见亚马逊公司的会员制度。

订单实施和供应链

前面所讨论的订单实施的 9 个步骤以及订单的接收都是供应链上不可缺少的环节。订单流、支付流、信息流、原材料流和零配件流都需要和公司内部的参与者以及外部的合作者协调一致。订单实施过程中的计划和管理都必须很好地考虑供应链管理，因为这一过程很复杂，隐藏的问题也很多。

12.1 节复习题

1. 如何界定订单实施和物流？
2. 传统物流与电子商务物流有什么区别？
3. 订单实施有哪 9 个步骤？

12.2 供应链中订单实施存在的问题

在 2011 年的假日销售旺季，线上销售比上一年增长了 15%，这使得一些零售商措手不及（Hayes，2012）。例如，在 2011 年 11 月和 12 月，由于一些商品的需求量较大，百思买公司接到很多订单，导致订单实施环节出现了问题，百思买公司不能完成订单。这主要是因为供应链管理系统未能在问题发生前就发现这些问题，最终损害了百思买公司的声誉。

2013 年的假日销售旺季，在美国也出现了此类情形，这些问题主要广泛地存在于电商的订单实施和配货环节。因为只要网购数量增长略高于 10%，最后 1 分钟的订单增长量就会超过 50%。大部分最终订单都承诺在 1~2 天内送货，但是由于最终订单的数量太过庞大，主要的送货服务供应商——UPS 和联邦快递——无法安排这些天量订单的送货服务，最后导致很大比例的订单未能在圣诞节前及时送货（Heller，2013）。大部分零售商不得不提供各种赠券或其他形式的补偿来对延迟送货表示歉意。

在网购和线下交易中，不能按时交货是典型的供应链问题，其他已发现的供应链问题有：令很多公司头疼的存货成本高企的问题；原材料或者零部件经常发错的问题；提前发货和运输的成本较高的问题。诸如此类的情况在电子商务中更为常见，这是因为电子商务的特点和要求与供应链的结构和流程不匹配。例如，大多数厂商和分销商的仓库是根据为大量商店运送大量货物的需求而设计的，并没有按照为大量消费者打包运送小订单的需求而设计。此外，存货管理水平较差也是电子商务中的典型问题，如不够合理的配送调度和混合配送。

需求的不确定性

许多电子商务问题是因为需求的不确定性以及供应链与不确定需求之间的不协调导致的，这就需要对未来的需求进行预测。需求预测的一个主要目标是：较为精准地预测未来特定区域和特定时间点（段）对于某种商品的需求量。例如，一家线上零售商想要估计某种款式智能手机的需求量，以便能够顺利实施某个城市或城区即将到来的假日销售旺季的订单。

通常，需求预测依赖于对销售或订单的历史数据类型和趋势的统计（时间序列）估计。预测需求应尽量考虑能够影响历史数据类型和趋势的诸多因素，以便能够较为全面地考虑影响需求的因素。影响需求的因素可能是经济状况、价格、季节调整、天气情况、消费者信息以及各种促销的效果。显而易见，这些影响因素瞬息万变，消费者的喜好也随时发生根本性的变化。因此，需求预测既是一门科学也是一门艺术。

供应链中最重要的环节可能就是需求计划，因为它决定了供应链其他环节的实施。与供应链中其他环节相比，需求计划决定了订单实施中所需的库存数量、零售商的采购数量、制造商的生产数量、原材料的需求种类、工厂的生产能力、发货数量以及发货的时间和地点等。错误的需求预测会影响整个供应链的运作，这就是我们要对需求进行预测，并且根据业务类型调整需求计划的原因。为了正确地预测需求并据此制订需求计划，大部分公司都试图通过各种方式（如利用协同业务共享信息）预测真实的需求数量。

物流基础设施匮乏

纯粹的电子商务企业可能会遇到更多问题。由于缺少合适的物流基础设施，纯粹的电子商务企业不得不使用外部的物流服务，而不是企业内部相应的职能部门。这些外部的物流服务通常被称为**第三方物流企业**（third-party logistics suppliers，3PL），或物流服务供应商。物流服务外包是非常昂贵的，因为不仅需要更多协调，还得依赖于并不可靠的外部企业。为此，大型电子商务企业往往拥有自己的实体仓库和发货系统。其他线上零售商可能会和物流企业或者经验丰富的邮购企业（其拥有自己的物流系统）结成同盟。

资金流效率低下

供应链系统中存在问题且需要改善的地方不仅仅是物流，还包括信息流和资金流。资金流包括计价、支付、收款等。

除了使用计算机系统，许多供应商、生产商、分销商和零售商还使用人工和纸质系统引导资金流。这些效率低下的财务流程不仅阻碍了供应链上的资金流，还阻碍了商品和服务的流动，或者使各方都处于竞争劣势。要想在当今全球经济贸易中获得成功，各方都需要使用自动系统来加速资金的流动。

信息共享不充分

目前，供应链上的信息流与商品流和服务流同等重要，供应链上的各方和系统都依靠信息系统中的信息流来互联互通及协同。如果没有这些系统和信息共享，供应链就无法存在或运作。

事实上，每一家世界级的企业都有各种信息系统，用来支持供应链规划和运作。这些信息系统是各种综合能力的整合，为供应链系统提供网络架构、需求、供给和物流规划支持，有助于供货、运输、仓储、人工和退货等物流管理活动的完成。

一个长久存在于订单实施中的问题是牛鞭效应。牛鞭效应一般指真实的商品需求与供应链所能提供的存货之间的信息不匹配。这种信息的不匹配导致了保有过量的存货和安全库存以作为预计不足的缓冲。在实际的业务操作中，当沿着供应链逆流而上时，随着从零售商到分销商到供应商到生产商一级一级的转移，信息的不匹配会逐级加剧，从而使存货和安全库存的数据一直发生变化。减少信息不匹配的一个方法是保证传递到各方的数据是可见的，以保证"只有一个正确的数据"，而不是每一方从不同的数据来源估计自己的数据，或者仅依赖于供应链以前的链接而不是各方使用一个一致的且最接近真实销量的数据。

在线补充读物 W12.2 中详细介绍了牛鞭效应。

12.2 节复习题

1. 电子商务供应链系统中存在哪些问题？
2. 不确定性对订单实施有哪些影响？请举例说明。
3. 财务供应链中存在哪些问题？
4. 第三方物流的作用是什么？
5. 为何要在终端—终端供应链中实施信息共享？

12.3 供应链中订单实施问题的解决途径

许多电子商务的物流问题是类似的，它们也发生在非网络世界。因此，许多实体经营中问题的解决途径也适用于电子商务。信息技术和电子商务技术都促进了大多数问题的解决。它们也使供应链上很多环节自动化，这使供应链的运作得到了改善。在这一节中，我们将讨论一些特别的解决供应链上订单实施问题的途径。

改进订单实施过程

改进订单实施的一个办法就是改进订单的接收步骤，同时改进订单接收和订单实施及物流的链接。订单的接收可以通过电子邮件完成，或者在网店完成，这些都可以采用自动操作的形式。例如，在 B2B 模式下，当存货的水平下降到一定的临界值时，订单可以自动产生并自动传送给供货商。这就是第五章中所说的供货商管理库存（VMI）战略的一部分。这会实现一个快速的、经济的、更准确的订单接收过程。在 B2C 模式下，利用电子形式在网上下订单会使整个过程加速完成，会使整个过程更加精准（例如，智能代理可以检查输入的数据，并且不断地提供反馈信息），还会降低卖方的加工成本。当电子商务的订单接收工作可以和公司的后台操作系统连接成一体时，它就会削减循环的时间，消除一些错误。

订单接收过程的改进也可以发生在组织内部。例如，制造商从它自己的仓库订购零部件。如果派送这些零部件很顺利，制造过程的中断现象就会减少，从而降低停工带来的损失。

仓储和存货管理的改进措施

在电子商务存货管理中，一个普遍的解决途径是**仓储管理系统**（warehouse management system，WMS）。仓储管理系统指的是一个软件系统，它可以帮助管理仓储工作。它由以下几个部分构成。

● **入库功能**：如堆场管理、预约安排、多路径收货、交叉对接、送至库房、质量保证、分段运输和储存。

● **存货功能**：库存可见化、批量控制、多层次储存、清点、补货、增值服务（VAS）处理、流程顺序处理、国际化和储位优化。

● **资源管理**：动态分拣货位作业管理、设备使用管理、产能使用管理、任务管理、自动化和员工管理。

● **出库功能**：发货订单管理、多式订单分拣、零售店和幕后店分拣、EC 订单处理、装箱安排、装箱和配送单管理、装运安排以及运输单据确认。

● **第三方物流/支持部门**：多用户构架、客户账单管理、基于客户的流程模型、交叉客户选择、客户可视化管理和报告。

有关 WMS 功能的详细介绍可以浏览 jda. com。

WMS 能很好地降低库存，以及减少突然缺货的次数。该系统在管理需维修的商品库存方面也很有效，维修能迅速完成；该系统还便于从仓库的货柜中拣货，在收货处收货，以及自动化仓储作业。例如，按订单生产的程序可以向供应商提供及时正确的需求信息，从而最小化库存和缺货事件。在某些情况下，最重要的库存改进就是没有库存。对于那些能电子化的产品（如软件），订单可以瞬间完成，从而可实现零库存。

改变供应链的结构和流程

解决许多供应链问题的一个有效途径是改变供应链的结构，从线性结构到中心结构（如图 12.2 所示）。在中心结构中，供应链合作伙伴和各要素间的链接更短。中心结构中的中央也进行协调和控制，使得管理更加有效，这种结构增加了透明度。线性的供应链通常更容易产生问题。同时，中心结构的管理通常是完全电子化的，这会使订单的履行更快、更省钱，并且产生的问题更少。

加速配送：从当日送达到几分钟送达

如前文所述，电子商务领域一个成功的要素是：买家收到他们所订购的商品的速度。事实上，快速配送方面的竞争正在加剧。

1973 年，联邦快递（FedEx）首次提出"次日配送"的新理念。在"门到门"物流配送领域，这是一种全新的模式。若干年后，该公司开始推行"次日早晨送达"的服务。然而，在电子化时代，即使是在第二天送货都不够快。所以，有些企业都力争当日递送，甚至即时递送。把紧急物资送到医院、运送汽车零部件到汽车服务站、给病人送药都是类似服务的案例，本章导入案例介绍了亚马逊公司最近执行的"当日送达"服务。在这一服务领域有两家新加盟者，即 eFulfillment Service 公司（efulfillmentservice. com）和 OneWorld Direct 公司（owd. com）。这些公司已经建立了自己的网络以便快速地运送商品，这些商品大都与电子商务相关。它们与 FedEx 和 UPS 等公司合作，向全美提供全国性服务。

食品外卖是另外一个非常重视配送速度的行业，就如在第三章中讨论的那样，快速的比萨派送已经存在很长时间了（例如达美乐比萨公司）。现在，很多比萨能够在线订购。同时，很多餐馆也把食物送到在线下订单的顾客手中。此类服务的例子就是 gourmetdinnerservice. com. au 和 GrubHub 公司。有很多公司甚至提供聚合服务，处理若干个餐馆的订单然后进行配送（例如中国香港的 dialadinner. com. hk）。

超市配送一般在当天。安排和执行这些配送工作是比较困难的，特别是配送一些新鲜的和易变质的食物。买家需要在某个特定的时间待在家里来接收配送。

无人机送货

理论上，线上零售商想要快速配送，甚至比消费者自己去商店购物还快，未来的解决途径是

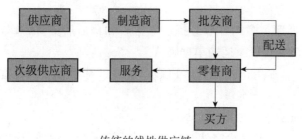

传统的线性供应链

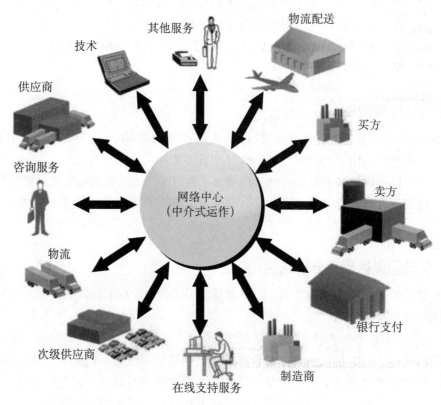

中心结构型供应链

图 12.2 供应链结构的变化

用无人机在几分钟内就完成送货。这是一个梦吗？亚马逊公司认为 2015 年这个梦想会变成现实。然而，由于法律、技术（传感器的性能）和其他限制，实现这个梦可能需要更长的时间（Black，2014）。

 实际案例

亚马逊的空中王牌

有一天，我们会看到空中有大群快递运输机，这些飞机正在给顾客提供送货上门的服务。对于如何实现这种快递服务，可以参阅 amazon. com/b？node＝8037720011 上的视频和文章。现在，这项技术已经可以实现，成本也正在下降，美国联邦航空管理局也正在拟定相关法律规定。按照一项注册文件显示的内容，亚马逊空中王牌业务将雇用 Akin 公司进行相关的测试和无人机操作。

亚马逊公司不是唯一想要使用无人机送货的公司，如 QuiQui 也开始计划实现在 8～10 分钟内使用无人机在旧金山地区提供配送服务（Segall，2014）。

当日送达服务

我们在第三章已经讨论过这个问题，以杂货店为例。因为竞争激烈，除了亚马逊提供生鲜快递服务外，其他公司也在拓展这个业务，如 Instacart 公司、Postmates 公司和 Google Express 公司等。但是，亚马逊不仅为杂货提供当天送达服务，而且开始在某些大城市提供一切商品的当天送达服务。谷歌、易趣、Uber Rush 和其他公司都在提供此项服务（Bowman，2014）。对于一个小时的送达服务，参见 Halkias（2015）。

合作和物流外包

对于一个组织，解决订单完成问题的一个有效方法就是和其他公司合作。例如，一些电子商务公司与 UPS 公司或者联邦快递公司合作。

为了物流而进行的合作可以有很多形式。例如，市场被许多货运代理商中的某个所掌控（例如 A&A Contract Customs Brokers 公司，该公司帮助其他公司寻找"货运代理商"（即负责货物运输的中间商））。货运代理商会帮忙备货，并和承运人一起规划最佳的运送路线。货运代理商还可以在航空承运商中寻找最优惠的价格，这些承运商会为了给货运代理商待运的货物安排货仓而参与竞价。

 实际案例

SkyMall 公司

SkyMall 公司（skymall. com，现在是 Gemstar-TV Guide International 公司的一个子公司）是一家零售商，其销售模式主要是飞机上的商品目录册销售、互联网销售、邮购等。它主要依靠商务伙伴完成订单。对于那些自己没有运输设备的小供货商和国际运输，SkyMall 公司则与业务外包商 Skyes Enterprise 的配送中心签订合同。该公司于 2015 年停业。

很多企业简单而直接地把物流服务外包给大型物流服务提供商——UPS 和联邦快递，而不是与合作伙伴成立合作企业或建立股权关系。这些物流服务提供商的业务涵盖所有的电子商务模式，包括 B2C、B2B 和 G2B，详情可以参阅应用案例 12.1 "UPS 提供广泛的电子商务服务"。物流外包的一个好处就是很容易更换物流服务提供商，外包特别适合小型企业。

 应用案例 12.1

UPS 提供广泛的电子商务服务

2013 年，在 395 000 多名员工的共同努力下，UPS（ups. com）利用全球运输网中的数万架飞机和数万只船，每天配送将近1 700万个包裹，这意味着UPS一年配送的包裹达43亿个。与往年相比，UPS配送的包裹数量增长了4%，这主要归功于逐年大量增长的电子商务配送业务。毫无疑问，UPS是世界包裹配送行业的龙头。到目前为止，它为顾客提供了各种快递服务工具和应用：包裹追踪服务、配送历史数据查询服务、运输时间预测服务和保证按时送货服务。

UPS在其年度财务报告中把它的业务分为三部分：国内包裹业务、国际包裹业务以及供应链和货运代理。在过去的几年里，这些业务的占比分别是62%、22%和16%。除主要的包裹业务外，UPS还为全球提供物流管理所需的专家、基础设施和技术服务。这些服务包括"海陆空运输、配送和货代，经纪以及融资服务"。总体上，UPS为其客户提供绝大部分供应链管理服务。

UPS的供应链管理服务和货代业务的一个主要的构成要件就是其遍布全球的配送中心，例如，UPS在中国拥有的配送中心超过130个，可以为大约90个城市的顾客提供商品配送服务。这些配送中心除了管理货物的接收、仓储、订单处理和发货外，还为售后服务提供支持，包括计划、执行、测试、报告、翻新和逆向物流（后面几个功能主要为汽车生产商和供应商提供服务）。

专家也会遇到各种问题

就如应用案例12.1中指出的，尽管UPS的供应链服务很专业，但它仍然不能解决需求高峰和2013年假日销售旺季天量的最终订单数。由于商家承诺即使是平安夜晚上12点下的订单也保证第二天送货，12月所有的订单以及商家促销而产生的最终订单数量远远超过了UPS的运能设计，即UPS供应链网络处理和实施订单的能力。UPS的应对策略如下：

● **改进需求预测能力**：网上零售增长迅猛，远远超过了很多公司的预期。在这种情况下，以往的需求预测方法和供应链系统中需求决策机制已经失效。UPS需要和更多顾客进行更多合作，从而更好地预测潜在顾客的行为和促销（如保证免运费服务）的影响作用，

● **升级系统性能**：UPS需要对各个配送中心进行升级，从而改善配送系统的配送能力。除了改善配送中心的自动化水平外，还可以采用行车整合优化和导航（ORION）系统来优化送货路线。ORION通过优化配送车辆的行车路线来缩短特定配送路线的总路程和配送时间，并节省了燃料（Konrad，2013），同时也为追踪包裹提供了更好的支持。

● **发货可视化**：随着UPS供应链系统和货代业务的增长，承运客户留在配送中心的货车的数量大增。但是，UPS限制了这些货车所发货物的可视性。

● **改善沟通**：在送货高峰和送货中断时，发货人和收货人之间需要更好地沟通。良好的沟通不仅能使客户对送货中断作出及时的反应，也能为送货高峰提前作好准备。

仓库发货的影响

UPS处理的很多EC订单会涉及这样的运输问题：从UPS一个遥远的配送中心或者零售商的配送中心给顾客送货。很明显，这给顾客或零售商或两者都带来了更高的成本。尽管UPS已经调整了运输成本结构，使运输距离成本可以忽略不计，但是长距离运输仍意味着会产生更多费用。

为了降低送货成本，一些专业零售商如GAP对网络订单提供直接从门店送货给顾客的服务（Nilsson，2013）。类似的做法还有，一些大型零售商以前偶尔直接从门店送货至顾客，现在越来越多的门店提供这种服务。例如，在过去几年中，沃尔玛使用这种送货模式的门店数量成倍增加了，离顾客最近的门店事实上成为一个配送中心。尽管大多数需送货的商家仍然使用UPS和其竞争者联邦快递的快递服务，但送货距离变短了，这意味着商家的成本降低了。

从短期看，这种模式还未对UPS的整体收入造成比较大的影响。然而，在接下来的几年里，当出现新的电商配送模式（如，线上下单—门店直送—门店收货）时，当亚马逊的配送网络再次

扩张时（见导入案例），UPS 将不得不转变策略，以应对这些变化所带来的潜在影响。

资料来源：Nilsson（2013），Konrad（2013），UPS（2014），ups.com（2014 年 4 月数据）。

思考题：

1. 除了包裹快递业务，UPS 还提供哪些外包服务？

2. 为什么像 UPS 那样的快递供应商要拓展其他物流服务？

3. UPS 打算采取哪些改进措施以应对 2013 年假日销售旺季中遇到的各种问题？

4. 为什么"门店直送"的电商配送模式对 UPS 是一种威胁？

在仓库中使用机器人

在仓储管理中，使用机器人从货仓中取货已经有很多年了，广泛使用机器人是电商的未来趋势。根据 Lobosco（2014），截至 2014 年年底，亚马逊在仓库中使用 10 000 个机器人。你可以观看 Lobosco（2014）中名为"Robot Army Helps Run Warehouse"的视频以了解机器人的工作。2015 年，亚马逊使用的机器人超过 20 000 个。

全球综合物流系统

贸易全球化的增长导致了对一个有效的全球物流系统的需求。在较长的超越国界的供应链上，前文描述的订单完成问题会更严重。此类情况下的合作伙伴的数量通常是很大的（例如报关员、全球运输公司等），所以需要协调、沟通和合作。此外，此类系统需要比较高的安全水平，特别是当网络成为核心技术平台时更是如此。整合供应链各个独立的部分将对解决长供应链上的问题很有帮助。

按订单生产和规模定制的订单实施

第一章曾经提到，电子商务的一个好处就是能够简单地定制产品和个人服务。尽管在线接收定制订单是容易的，但是履行这些订单并不简单。大规模生产使得企业降低了单位制作成本。但是定制的成本却很高，因为每件产品需要单独制作。此外，定制也需要耗费等待时间，特别是像汽车那样的大件商品。然而，顾客既想及时获得最新款的定制产品，又希望产品的价格不要高于批量生产的同类产品。所以，关键问题在于：如何以一个合理的成本在合理的时间内运送大量的客户定制产品。

订单实施

戴尔公司的领先做法是大规模生产电脑的零部件，然后通过客户定制组装来提供客户定制产品。这种做法被很多其他制造商所采纳（参阅本章章末案例）。大多数定制的汽车、鞋子、玩具、练习册以及结婚用品都是用这种方法生产的。当然，如果像戴尔公司那样生产上百万台电脑，那么供应链、物流和零部件的运送都变得十分重要，企业同样也要和供应商紧密协作。要做到这一点，企业的生产线还需要灵活多变，这些变化必须是快速的，而且成本低廉（例如丰田公司的汽车喷漆），企业需要一些工具来作出快速且不那么贵的变化（大都由计算机系统完成）。这就需要打造"智能工厂"或"智能流水线"。

要了解更多智能工厂和大规模定制的信息，请参见《大批量定制国际杂志》（*International Journal of Mass Customization*）和 Smart Factory KL（smartfactory.eu）。本小节将列举若干案例来介绍如何通过这些方法实现定制。

实际案例 1

智能工厂

这类工厂是高度自动一体化的，从而可以以合理的成本和速度来进行大规模客户定制生产。用智能工厂模式开展生产的企业主要有 Siemens AG 公司、IBM 公司、通用电气公司等。

实际案例 2

分散式规模定制

Etsy 公司（etsy.com）是一家手工制品制造商，这些手工制品大多都是客户定制并在线销售的。上千个小生产商按需求进行定制生产。Etsy 把它们聚集在一个网络市场上。

退货处理（逆向物流）

企业若是要维持顾客信任，提升客户忠诚度，就必须允许顾客退货及换货。前段时间，人们发现"缺乏退货机制"在顾客拒绝在线购买的理由中位列第二。一个好的商品退货政策在电子商务中是必需的。

退货处理是电子商务中一个主要的物流问题。企业处理退换货的方法有多种，例如：

- **退货至商品购买处**。如果是在实体店购买商品，这很容易做到，但是在虚拟商店购买商品就不容易做到。把商品退回虚拟商店，顾客需要得到许可，把每一样东西包装起来，为退货支付运费，为商品投保。等到货款退回自己的信用卡账户，还得走完退款流程。所以，买卖双方都不愉快。对于卖方而言，他必须打开包裹，检查保修卡之类的文件是否完整，还要再次出售货物，通常会造成损失。只有当退货的数量不多，或者商品比较贵重时，这样做才比较有效（例如蓝色尼罗河公司的珠宝、首饰）。有些卖家（如亚马逊）允许客户打印运费已付的 UPS 或者 UPS 的发货标签，从而使顾客退货更加容易。
- **把送货服务和退货服务分开**。在此方式下，退货被运送到一个独立的退货部门，然后单独进行处理。这个方法对于卖方来说比较有效率，但是对于买方来说，退货过程并没有简化。
- **退货服务完全外包**。几个外包商（包括 UPS 和联邦快递）提供退货的物流服务。这个服务不仅处理送货和退货，还处理整个物流过程。例如，联邦快递公司提供若干种退货服务（请浏览 fedex.com）。
- **允许顾客直接退货至某个退货中心或者某个实体门店**。向顾客提供一个可以把退货的商品留下的站点（诸如一个便利店或者 UPS 商店）。在亚洲和澳大利亚，退货一般在便利店或者加油站。例如，BP Australia 公司旗下众多的加油站与 wishlist.com.au 网络商店和 Caltex Australia 公司一起在靠近它的加油站内的便利店接受退货。这些收货商店可能会为下订单提供店内电脑，也可以提供付款选择（例如 7－11 便利店）。在中国台湾地区和其他一些国家，你可以在一家 7－11 便利店订购货物，支付，提取订购的商品，还能退回不想要的商品。在线离线两栖经营的商店通常允许顾客把他们在网络商店购买的商品退回实体店（例如 walmart. com 和 eddiebauer. com）。

- **拍卖退回的商品。** 这个方案可以和前面任何一种方案同时使用。

有关退货的策略、规则和其他信息请参阅"逆向物流执行委员会"网站。

B2B 模式下的订单实施

根据 Forrester 市场调研公司最新的研究数据（Sheldon and Hoar，2013），2013 年 B2B 模式的网络销售收入远高于 B2C 模式，相应的数据分别是 5 700 亿美元和 2 500 亿美元。除了两者的规模不同，B2B 模式的发展速度也远不及 B2C 模式。导致这些差异的原因不仅存在于前端体验，也存在于后台功能，包括信息管理、网页内容管理和订单管理。

另一个由霍尼韦尔公司（Honeywell）在 2013 年发起、Peerless 市场调研公司执导并发表在《物流管理》（*Logistics Management*）和《供应链管理综述》（*Supply Chain Management Review*）上的调研报告指出了订单管理中存在的一些主要差异。这份研究报告调研了 469 个供应链经理，他们中的大多数人拥有多个行业的 B2B 模式或者 B2B 和 B2C 混合模式的管理经验。该研究结果表明：

- 供应链系统最重要的任务是提升订单实施的数量和速度，同时降低单位订单实施成本，增加盈利，改善客户服务。
- 运输、包装和原材料成本的增加导致了订单实施的效率低下和成本高企。
- 解决效率低下和成本高企的关键是改进供应链相关软件应用、流程再造和供应链分析机制应用。

B2B 模式下的订单实施比 B2C 模式下的订单实施效率更加低下，因为 B2B 更复杂。一般而言，B2B 的货运规模更大、分销渠道更多，货运频度更大，运货服务的宽度更广，提供电商货运服务的供应商更少，电子商务交易方式更复杂。各种供应链相关软件的应用改进和流程再造需要解决由自动化机制和 BPM 管理下流程自动化所导致的混乱。

使用电子市场和网络交易来解决 B2B 模式下的订单实施问题

第四章中我们介绍了多种电子市场和网络交易模式。这些主体的主要目标之一就是改善 B2B 模式下供应链的运作。我们看一看在不同的商业模式下电子市场及网络是如何起作用的。

- 一个以公司为中心的网络市场模式可以解决很多供应链问题。例如，CSX 科技公司开发了一个基于外联网的电子商务系统作为其供应链的一个环节，用于追踪全国各地的火车运输。同时也能够有效地鉴别出瓶颈问题，更准确地预测需求。
- 使用外联网，美国的东芝公司为它的经销商们提供了一套订购系统，用于购买东芝产品的零配件。这套系统使得供应链的运行更加平稳，并提供更好的客户服务。
- HighJump 软件公司认为应考虑优化订单实施的关键要素，包括自动拣货、包装和发货、转变基于纸质的流程，并且把销售和营销纳入供应链管理系统。

对于 B2B 模式下订单实施的讨论请浏览 fedex. com/us/supply-chain/services/fulfillment-services 并参见 Demery（2012）。

服务行业的订单实施

到目前为止，我们已经考虑了实体产品的订单实施问题，而履行服务订单（如买卖股票和处理保险索赔等）会涉及更多信息处理，这就要求有更复杂的电子商务系统。

其他解决供应链问题的途径

● 增加供应链的可视性。在任何时间知道原材料和零部件在哪里是很重要的。这被称为可视性功能（visibility）。此功能能够帮助解决运输延迟、安排联合运输等问题。可视性功能由若干工具来提供，例如条形码、射频识别码、协同设备、协作网站等。可视性功能意味着信息透明，而这些信息指的是在构成供应链的多个电子市场中流动的有效整合信息。可视性功能使得组织能够在动态的市场环境下有效协调供应链的交互作用。

● 如果产品可以电子化（例如软件），订单实施可以瞬间完成。在其他情况下，电子商务订单的获取会链接到公司的后台操作系统，包括物流。诸如此类的链接，甚至是一体化，缩短了运转的时间，也减少了差错。

● 风险管理的目的是避免供应链的崩塌，这可以通过几种方式来实现。增加库存量可以有效地抵御脱销的风险，以及由此导致的不良客户服务，但是这种做法成本很高。同样，在一些特定情况下，由于产品会过时而导致的风险会增加。

● 通过引入按订单生产的生产流程以及向供应商提供快速而准确的信息可以使库存最小化。如果允许业务伙伴通过电子化方式追踪和管理订单实施和生产活动，就可以改善库存管理，降低库存水平和库存费用。如果我们能够在任何时间准确地知道零部件和原材料的位置（例如使用射频识别技术），库存管理就可以得到改善。供应商可以通过电子方式对零售商的库存进行管理。

● 自助服务可以减少供应链问题和降低成本。有很多活动可以由客户、业务伙伴或者工作人员来完成。例如，客户可以自己追踪他们的订单所处的状态（如联邦快递、UPS、USPS等公司所做的那样）。使用自动问答功能，客户和业务伙伴可以自己解决一些小问题。客户可以自己设定一些订单细节（例如当在惠普、戴尔、苹果等公司订购一台电脑时），最后工作人员可以在线更新个人信息。

● 在很多领域可以进行供应链成员间的商务协作，从产品的设计到需求预测都是这样。协作会缩短运转的时间，减少延误和工作中断，降低库存，降低管理费用。有很多工具可以用来进行协作，例如网络协作平台等。

创新的网络订单实施战略

创新的网络订单实施战略多种多样。例如，供应链伙伴为了安排更直接的运输，会调整信息流，并且可以推迟实体商品的装运。物流延迟的主要方式是"途中合并"。

所谓**途中合并**（merge-in-transit）指的是一种产品的零部件可能会来自两个不同的地方。例如，在装运一台台式电脑时，显示器可能来自美国的东部沿海，处理器却来自西海岸。按照"途中合并"的模式，商家不是把零部件运到一个中点，然后再把两个部分仪器运到客户手里，而是零部件被直接运到客户那里，然后由当地的送货员合并成一批货（所以客户一次性可以收到所有部件），减少了不必要的运输。

对物流系统进行重大创新的案例之一是应用案例12.2中的戴尔电脑公司。

戴尔公司的世界级供应链和订单实施系统

2004 年 AMR 市场调研公司（现已被 Gartner 公司收购）公布了年度供应链管理榜单的前 25 名，该榜单基于 Gartner 公司供应链管理专家的综合评估和外部供应链管理领域同行的投票。自成立之初，戴尔公司每年都出现在榜单上，最好的排名是 2011 年的第 2 名。

直接面向客户和按订单定制

戴尔公司持续获得较高排名的原因之一是其高质量的物流和订单实施系统，戴尔公司既是直接面向消费者商业模式的先行者，也是按订单定制的先行者。从 2004 年到目前的大多数时间里，这种商业模式和生产模式都比较成功。戴尔公司的订单获取和订单实施过程都是自动的，这可以使它们的供应商能够生产特定的零部件，并按照顾客的各种订单需求来生产产品。

这套系统使得戴尔公司能够通过其门户网站处理绝大多数线上订单，供应商能够通过其门户网站预览各种订单要求，并和戴尔公司合作，以便预测需求和送货日期。通过这种方式，只有完成订单时需要用到的零部件才会被送到戴尔公司的工厂，这就减少了零部件的运输，降低了零部件的仓储空间和不必要的存货。与其他公司相比，戴尔公司任何时间的库存周转都小于 4 天，而其他公司的库存周转都大于 30 天。

在 B2C 和 B2B 模式下，计算机的电子器件、零部件和配置的生命周期都很短，今天的电脑配置很快就会过时。戴尔公司的自动化系统避免了这个问题，可以帮助其供应商根据需求作出快速的反应。

分离式供应链系统

2008 年，情况开始发生变化。戴尔公司发现它们的在线按订单定制系统太僵化，这导致了定制生产成本很高，尤其对于其他快速增长的业务部门——零售门店、企业用户和使用量较大的消耗品部门来说，任何一个业务部门都需要更便宜的定制服务。由于供应链系统与新渠道下的新顾客的需求信息不匹配，戴尔公司的竞争者能够迅速占领更多市场份额。为了解决这些问题，戴尔公司决定采用分离式供应链系统，即不同类型的客户用不同的模块，供应链系统被分成 4 个模块，每个模块对应一个特定类别的客户。这 4 个模块以及它们的特征如表 12.2 所示。

表 12.2 　　　　　　　　　　　戴尔公司的分离式供应链系统

	按订单生产	按计划生产	按库存生产	按图生产
供应链生产模式	收到订单后生产	基于需求预测生产	基于需求预测生产和仓储	无库存短时间按图生产
供应链模块	在线	零售	在线	企业
产量	低	高	高	中
产品批量	单一	大	大	中
产成品库存	无	有，零售店	有，戴尔公司	无
执行周期	短	长	长	长

资料来源：Simchi-Levi et al.（2012），Thomas（2012）．

结果

戴尔公司的分离式供应链系统创新对其供应链的效率和效益都带来了显著的影响，该模式的优点主要有：

- 提高了产品的现货供应能力；

- 减少了从下订单到送货的时间；

- 减少了满足顾客需求的配置；

- 提高了需求预测的准确性；

- 降低了运输和生产成本。

直到 2011 年，这些改进措施都很有效。2011 年，戴尔公司在供应链管理榜单前 25 名中排第 2 名，2012 年排第 4 名，2013 年排第 11 名。榜单排名的变化主要是由于戴尔公司个人电脑业务收入的下降，以及没有对其供应链系统进行创新。戴尔公司所有的业务都是向企业和消费者销售个人电脑，而个人电脑业务受到快速增长的智能手机和平板业务的严重冲击。要解决需求下降的问题，戴尔公司要做的不仅仅是创新其供应链系统。

资料来源：Hofman et al.（2013），Simchi-Levi et al.（2012），Thomas（2010）.

思考题：

1. 2013 年，戴尔公司的排名是第 11 名，那么排名前三的公司是哪几家？这几家公司是不是 2012 年排名前三的公司？

2. 戴尔公司原来是哪种供应链系统？它的优点是什么？

3. 2008 年，戴尔公司为什么会面临供应链管理问题？

4. 什么是分离式供应链系统？

5. 请描述一下戴尔公司的分离式供应链系统。

一体化和企业资源计划

如果你浏览了图 12.1 的订单实施过程，就会注意到有些活动会链接到其他信息系统，例如财务、库存管理、生产计划、供应商和客户的沟通、物流等。这些链接的很大一部分都是内部的，但有一些是外部的（大多数是供应商和客户之间）。为了提高效率和效益，这些链接需要快速无误地完成。我们需要做的人工操作越少，这些链接的操作就会越快、越准确。如果我们只需要使用一个链接并且做到自动完成，那将是最理想的！这恰恰是企业资源计划（ERP）系统所能做到的。

未来的供应链

美国麻省理工大学做的一项研究显示，未来的供应链将在不同程度上表现出 6 个特征（Mel-nyk et al.，2010），每个特征都有相应的一系列特定的设计目的，使供应链管理达到以下目标：

1. 监控成本和质量，保证按时装运；

2. 保证商品的安全；

3. 消除浪费，减少污染，改善环境；

4. 系统弹性大，能够从各种破坏中迅速恢复；

5. 应变能力强，能迅速适应各种变化的环境；

6. 创新：不管是在内部还是合作伙伴之间，把供应链作为新流程和新产品的创新来源。

这样做的结果就是保证订单实施工作中的效率和效益。

12.3 节复习题

1. 企业获取订单有哪些途径？

2. 企业如何改善递送服务？

3. 什么是"当日递送"服务？

4. 订单实施方面有哪些创新的电子战略？

5. 如何有效地进行退货管理？

6. B2B 交易中如何实施订单？

7. 未来的供应链将如何发展？请举例说明。

12.4 射频识别及协同式供应链库存管理

有效地改善供应链，减少供应链上所发生的问题可以依靠两种新技术：射频识别（RFID）和协同式供应链库存管理（CPFR）。

射频识别

射频识别（radio frequency identification，RFID）是一种标签技术，可以粘贴或者植入物体（包括人体）中，这些标签使用无线电波与读取设备沟通，目的是为了识别物体、传送数据、储存物体的相关信息，或者定位物体。RFID 标签将被粘贴到供应链中的每一件商品上。标签类似于条形码，但是它们包含更多信息。它们也可以从更远的距离（达到 50 英尺）处进行读取。这主要是由于标签相对较小（尽管对于某些小型商品来说它们还是很大的），成本也相对较低。

理论上，如图 12.3 所述，RFID 能够在供应链系统中的任何环节使用和读取。因此，从长远来看，RFID 标签可以粘贴到供应链中大多数流动商品上，并且可以在图 12.3 所提及的各个环节中实现追踪和检测。要全面推行 RFID 技术，成本确实是一个问题。然而，只要企业相信在这项技术上的投资会得到回报，它们就会愿意投入资金。RFID 标签在 2008 年奥运会和 2010 年世界贸易博览会的单位使用成本是 3 美分。然而，成本只是因素之一。相关组织仍然需要学习如何有效地在后台系统的供应链中使用 RFID 技术，以及业务流程如何进行重新设计和重新配置来稳固使用该技术后的商业利益。

鉴于 RFID 技术的发展，它会给供应链带来哪些影响？我们可以看一下图 12.4。该图展示了零售商（沃尔玛）、制造商（例如宝洁）以及（宝洁公司的）供应商之间的关系。值得注意的是，在商品从供应商流向零售商的时候标签会被读取（第 1 步和第 2 步）。RFID 技术会传递商品方位的实时信息。第 3 步到第 6 步显示了零售商如何使用 RFID 技术，主要是确认到货（第 3 步）以及在公司里定位商品、管理库存、防止偷窃和加速相关信息的处理（第 4 步到第 6 步）。现在再也不要清点库存，所有的业务伙伴都能够看到实时的库存信息。这种透明度可以达到供应链由上往下的几个层次。其他应用还有快速出库。快速出库可以避免对每件商品的扫描，此应用将来会由 RFID 技术提供。

根据 Reyes（2011），RFID 技术可以帮助改善供应链的可视性、资产的可视性、生产资料的跟踪、可回收资产的跟踪、在产品追踪以及管理内部供应链。本节后续会介绍一些实际案例。

全球范围内 RFID 技术在供应链中的应用

很多公司都在使用 RFID 技术。下面的例子主要说明 RFID 在供应链中的使用情况。更多相关内容参见 Reyes（2011）并浏览 rfi-djournal.com/case-studies。

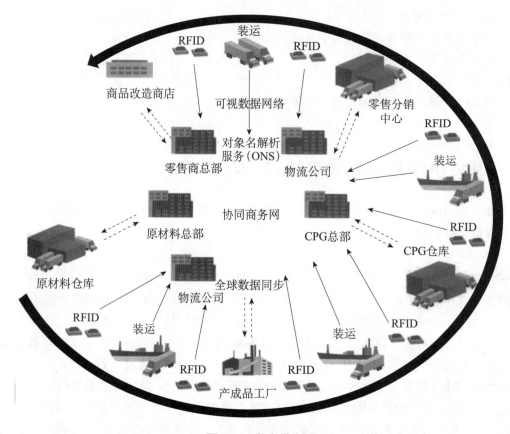

图 12.3 数字供应链

资料来源：Intel，"Building the Digital Supply Chain：An Intel Perspective"，Intel Solutions White Paper，January 2005，Figure 5，p. 9.

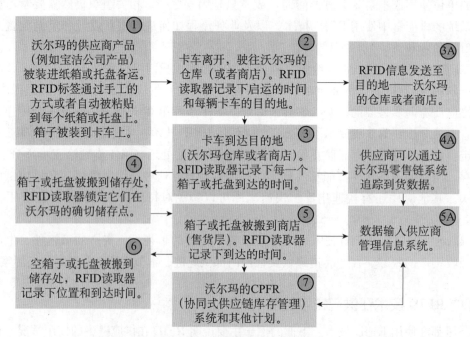

图 12.4 沃尔玛及其供应商的 RFID 技术使用：7 个步骤

资料来源：E. Turban 绘制。

RFID 技术在星巴克的应用

当星巴克扩展它的业务即在它的店里销售新鲜食品（例如沙拉、三明治等）时，此类商品供应的复杂性以及管理此类供应链的需求随之增加。保持这些食物的新鲜就必须把它们保存在恒温的环境中，并及时送货。星巴克公司要求它的配送商使用 RFID 标签来测量送货卡车的温度。这些标签被编入程序，并且每隔几分钟就记录卡车内部的温度。记录下的这些温度可以下载下来，并且进行仔细分析。如果发现温度升得太高，管理者就会调查原因，并采取必要的措施。这就需要重新设计食品运输的商业流程。将来，当 RFID 技术成熟了，我们相信标签自己能够发现温度的变化，并发送信号给恒温调节器来启动卡车里的冷冻设备。详情参见 Xue（2010）。

RFID 技术在德国邮政公司的应用

德国邮政公司拥有 600 万个集装箱，主要用来装运各分销中心每天 7 000 万封信件和其他物品。为了处理这些托盘，德国邮政公司打印了 500 多万个厚厚的纸标签，很多使用一次就扔了。这便涉及环境问题，而不是简单的经济问题。这就促使德国邮政公司开始使用 RFID 技术。

德国邮政公司使用配备了双稳态显示器的无源射频标签，这意味着即使断电，正在显示的文本仍然会显示在屏幕上，在充电前都不会发生变化。文本将由 RFID 询问机进行修改。装货箱上的标签必须在任何角度和任何天气下都能阅读，这就要求标签做得牢固。此外，标签需要保持 5 年，这样成本就能降低。

德国邮政公司开发了客户标签和 RFID 读取器，并且在这个创新的应用中使用特制的软件。世界上还有其他几个邮政局使用 RFID 技术（例如加拿大邮政局）。

RFID 技术在加拿大安大略省大西洋牛肉产品公司的应用

牛的耳朵被打上 RFID 标签。牛被宰杀后，扫描它耳朵上的标签，从而使食物可被追踪。宰杀后的身体被分成两半，每一半都装上一个 RFID 芯片。它们和每个动物的数据记录同步。

RFID 芯片取代了条形码，条形码会在屠宰场所被大肠杆菌污染。RFID 技术帮助追踪每一头牛的情况以及任何时间生产的肉。此系统获得了加拿大 IT 组织的金奖。详情参见 Makepolo（2014）。

协同规划，预测和补货

订单实施中的一个主要问题是需求预测。另一个相关问题是牛鞭效应。能一起解决这两个问题的途径就是 CPFR。

协同规划、预测和补货（collaborative planning, forecasting, and replenishment，CPFR）是一种商业活动：为了确保供应链里的成员在需要原材料和制成品的时候能够获得正确的数量，供应商和零售商协同规划和预测需求。CPFR 的目标是让产品流通过所有途径从生产商的工厂到客户家中时更有效率。宝洁公司等大型消费品生产商，由于使用了 CPFR，从而拥有了较好的供应链。

谷歌网站图像版块中有 CPFR 模型，该模型由美国产业协同商务标准协会（VICS）于 1998 年率先提出，并以其通过的规范为标准。VICS 在其规范中描绘了一个循环过程，包括卖方、买方和最终用户在内。该循环过程的第一个环节是战略和规划，其次是需求和供给管理，以及执行结果。最后对执行结果进行分析，并据此对战略进行调整。

CPFR 模型既可以应用于以企业为中心的 B2B 模式，也可以应用于供应方或采购方市场。CPFR 的主要优势在于：更快地预测消费者需求、更精准地预测销售、减少缺货以改善销售、降低安全库存以减少库存、减少运营和管理成本。很多案例研究中详细描述了 CPFR 应用的优势，如快消品企业卡夫食品公司（Kraft Foods）、金佰利公司（KimberlyClark）、宝洁公司、强生公司等（Sadhu et al.，2011）。

尽管 CPFR 的发展历史较长，也有相当多的成功案例，但是在快消品领域之外的应用并不广泛。Jakovljevic（2010）指出，对 CPFR 优势天花乱坠的宣传和现实中 CPFR 的应用存在明显的差距，例如：

● 业务合作伙伴之间因缺乏信任而不愿共享信息。

● 整个 CPFR 过程非常复杂，包括太多步骤和过程。这使得 CPFR 的应用和管理比较困难。

● CPFR 忽略了不同组织之间有不同的目标和动机这个事实，因此它们只关注那些直接影响其目标的应用，忽略了其他影响不大的应用。

● 现有的技术还不能处理太多用以支持需求规划、预测和补货的程序和数据。

2012 年以来，VICS 已经注意到 CPFR 应用的一个重要构成——存货层面的 DRP（Distribution Resource Planning，简称为 DRP）系统。DRP 系统的应用和优势可参阅应用案例 12.3。

应用案例 12.3

史丹利公司与劳氏公司的协同成功案例

当今世界，顾客就是上帝，顾客处于优势地位，他们期待从零售商提供的各种购物方式上获得"无缝体验"，这就让零售商十分有压力。零售商不仅需要在正确的时间通过正确的渠道配送正确的商品，还需要处理好供应链的其他环节，关注优化库存和订单实施的压力产生了新的协同利益。

支持这种新型协同的关键技术之一就是**门店分销资源计划**（Store-Level Distribution Resource Planning，DRP）。门店分销资源计划是一种协调应用，其利用零售商的 POS 数据来构建一个模型，从而能够在 12 个月内，对后向的、不同阶段的消费品销售、发货、收货或者所有门店或渠道以及分销中心的存货进行预测。一般情况下，主要在短期内（通常是 3 个月）以日为周期进行预测，其余时间以周为预测周期。供应商使用这些预测数据来计算而不是进一步预测生产或配送的数量、生产或配送的地点、生产或配送的时间。通过这种方式，供给直接和需求联系起来。如果门店或渠道的需求发生了变化，就可以使用这个模型来调整生产或配送。

对于单项预测，该模型为整个供应链的各个环节形成了可视性，还带来了诸多利益。例如：

● 改善了货架商品、存货、服务水平、预测精准性和产能；

● 降低了安全库存、生产成本、运输成本和生产周期。

与大型百货零售商劳氏公司（Lowe's）一样，史丹利公司（Stanley）也是 DRP 系统的拥护者。2010 年，史丹利公司与百得公司（Black & Decker）合并成史丹利-百得公司。根据它们最新的财务报告数据，该公司目前是一家全球供应商，主要供应发动机和手工工具、工业设备配套产品和服务、机械进入方案（如门锁）、电子安全和监控系统等。2013 年，它们的收入大约是 110 亿美元，其中接近 50% 的收入来自北美地区。它们在北美地区两家最大的客户是劳氏公司和家得宝公司。

在合并的若干年前，百得公司为其三个业务部门（五金和家用维修工具）中的一个部门成立了专门的需求预测小组，直接为位于同一个城市的劳氏公司和家得宝公司提供服务。其核心任务是根据需求确定供给水平，同时维护较高的订单实施率和完成两家零售商的配送计划。由于依赖于电子表格数据，整个过程效率低下、非常耗时且不够灵活，最终导致了过多的成本增加、需求未能满足和存货层面问题百出。

经过彻底的检查后，一个三层结构的需求预测系统软件代替了原有的流程和系统，新系统软件为使用劳氏公司和家得宝公司的 POS 数据与门店层面的商品需求数据提供了路径。通过这种方式构建一个集成化流程，可以进行在线浏览以及确定价格变化和促销活动的影响。公司随后又增加了一个系统功能，可以管理工厂层面的生产计划以及订单实施，如改善订单实施的效率、优化多渠道补货流程。以上所有系统功能都由 JDA 软件集团公司提供（请浏览 jda.com）。

2010 年，因为采用了 DPR 系统，史丹利-百得公司及劳氏公司被 VICS 组织提名 CPFR 实施卓越奖。这主要是因为该系统的实施使订单实施率升至 98%、有货率升至 98%，降低了过多的库存，预测准确性提升了 10%，并且减少了运输成本。

资料来源：Ackerman and Padilla（2009），Fiorletta（2013），Pappas（2013），VICS（2013）以及 Stanleyblack and decker.com（2014 年 4 月数据）。

思考题：

1. 什么是 DRP？
2. DRP 的优势是什么？
3. 描述史丹利-百得公司与劳氏公司共同构建的 DRP 系统。
4. DRP 系统给史丹利-百得公司和劳氏公司带来了哪些利益？

12.4 节复习题

1. 什么是 RFID？
2. RFID 如何改善供应链的可视性？
3. RFID 如何在供应链中应用？请举例说明。
4. 什么是 CPFR？
5. CPFR 如何改进从事电子商务的零售商的供应链运作？
6. CPFR 没有达到广泛应用的原因是什么？

12.5　其他电子商务的支持性服务

除了依靠电子商务本身的性能和特点外，一个公司还需要若干其他的支持性服务。这些服务包括名录服务、商务通信、搜索引擎定制服务、很多增值服务和电商服务外包。

咨询服务

一家企业应该如何学会做它以前没有做过的事？很多公司（既包括刚成立的公司，也包括知名公司）都会寻求咨询公司的帮助。咨询公司是由一些专家创立的，主要帮助它们的客户解决法律、技术、战略以及经营中的问题和决策方面的困惑，从而使它的客户能够在当今新的商业环境中取得胜利。这些咨询公司有些已建立自己的声誉，其中有的是某领域的专家，有的是多面手。有些咨询师甚至在他提供咨询的公司中拥有股份。有些咨询师则是建立一个网站，并且自行管理和维护网站。咨询公司一般有三大类。

第一类咨询公司是在电子商务领域而不是传统领域提供专家咨询。以前有很多大型专业电子商务咨询公司，但是其中一些公司已经被收购或者转型。目前，这些服务由 Candid 软件公司（candidinfo.com）、Holbi 公司（holbi.co.uk）、Lounge Lizard 公司（loungelizard.com）这样的小公司提供。这些公司在互联网泡沫之前就已经成立，目前仍在运营。

第二类咨询公司是传统的咨询公司向从事电子商务的公司或部门提供咨询服务。这些公司调整它们和客户间现存的关系，并且提供电子商务的增值服务。这些公司包括被称为"四大"的会计师事务所，还有大型知名的美国国家管理咨询公司。代表公司有埃森哲、波士顿咨询公司、德勤、安永、麦肯锡、普华永道等。

第三类咨询公司是电子商务的硬件和软件供应商，主要提供技术咨询服务。这类公司有 SAP、IBM、惠普、甲骨文、微软、思科、英特尔，等等。

名录服务、商务通信及搜索引擎

电子商务的范围是很大的，成千上万的企业在网上销售产品和服务。买方如何找到合适的卖方？卖方又如何找到合适的买方？在 B2B 模式下，垂直交易可以帮助此类匹配过程，但即使是垂直交易也仅包括有限的潜在合作伙伴，那些合作伙伴通常只在同一个国家。为了方便地利用网络寻找到买家或卖家，企业可以使用"名录服务"。

名录服务

名录服务的形式有多种。有些仅是简单地把公司分类和罗列，另一些则是提供公司的链接。在很多情况为了方便查找，数据被按照若干种不同的方法进行分类。也有另外一些情况会提供特殊的搜索引擎。最后，还可以获得诸如匹配买方和卖方的增值服务。以下是几种常见的名录：

● B2B-Today（b2b-today.com）公司是一家电子商务门户网站，该公司的目标客户是中小企业，并给中国供应商提供 B2B 名录服务，这些供应商的商品和服务涵盖了汽车、药品和办公用品等各个行业。门户网站为买方和卖方提供 RFQ 服务以及大量其他相关信息。

● Websters（webstersonline.com）是一个较大的企业名录服务商，按照地区、产品或者服务排列。另外，它还提供按行业排列的企业名录（按照 SIC 和 NAICS 编码排列）。

● ThomasNet（thomasnet.com）是一个提供上万生产商名单的名录。那些生产商生产和提供 7 万多种商品和服务。

商务通信

目前有很多 B2B 商务通信可供选择。有些是通过电子邮件免费发送至个人（请浏览 savvybzb-marketing. com/home/newslettersmagazines）。很多企业（例如 Ariba）都发行一些公司的商务通信并且用电子邮件把它们发给有需要的人。

名录和商务通信可以提供一些帮助，但是远远不够。因此，公司还需要专门的搜索引擎。

搜索引擎和新闻聚合器

有些搜索引擎可以用来搜索 B2B 相关的信息。有些引擎包含在名录中。例如：

● iEntry（ientry.com）提供 B2B 搜索引擎服务，主要是"定位引擎"，以及产业的即时通信。iEntry 把一些网站和商务通信连接在一起，并且可以面向 200 多万个客户发送单向确认邮件。商务通信可以通过各种途径获得，例如 Web Developers、Advice、Technology、Professional、Sports & Entertainment、Leisure & Lifestyles、Web Entrepreneurs，等等。点击商务通信，就可以获得简短的说明和浏览简单的内容。

● Sourcetool（sourcetool.com）是一个搜索引擎，主要查找信息和搜集一些 B2B（以及其他商业模式）的新闻。

其他电子商务支持服务

很多服务提供商为电子商务提供不同的服务。每一种服务的提供者都提供独一无二的增值服务。例如：

信托服务。第十三章介绍了 B2C 模式下信托的作用。信托在 B2B 中也很重要，因为买方看不到卖方的产品，而且买方也不了解卖方。在 B2C 和 B2B 模式下都会使用的信托支持服务有 TRUSTe、BBBOnline 等。

商标和域名。现在有大量的域名服务。比如 mydomain. com，register. com，easyspace. com，whois. net 等。

数码照片。IPIX 公司（ipix. com）等都可以向网站提供新颖的照片和视频。

商业数据库。点击 ProQuest Dialog（dialog. com）的用户可以进入大约 900 个数据库，这些数据库的内容包括专利、商标、政府报告、新闻等。

知识管理。IBM Domino 公司通过 Websphere 平台软件来提供集成社交知识，从而加强团队协作和网络联通。

客户端匹配。TechRepublic 公司（techrepublic. com）把商业客户和提供各种 IT 服务的企业匹配起来。它就像婚介公司。客户描述自己的需求，TechRepublic 公司按照一定的参数和标准进行搜索、筛选和核查。这就降低了客户决策失误的风险。买方也可以节约时间，并接触到大量的 IT 服务供应商。

电子商务评价网站。企业可以选择很多网站来研究潜在伙伴和供应商的排名。Bizrate. com、forrester. com、gomez. com（现在隶属于 Compuware 公司）、consumerseache. com 等公司都提供企业排名。

安全和保密网站。VeriSign（verisign. com）向各种电子商务组织提供加密工具。它提供网站域名的注册和若干安全机制。

网站搜索服务。许多网站搜索服务提供商帮助公司了解更多的技术、网络技术发展趋势以及潜在的商业伙伴和供应商。比如 idc. com，zdnet. com，forrester. com 等。

优惠券下载网站。许多服务提供商帮助企业提供在线优惠券服务。例如 Q-pon. com，centsoff. com 等。

表 12.3 介绍了企业开展 B2B 服务时可以得到的各种附加服务。

表 12. 3 　　　　　　　　　　　　　　　**各类 B2B 附加服务**

种类	描述	举例
集中市场（聚合器）	把各个商家的产品和服务信息集中到一起。买家可以搜索、比较、购买以及有时完成交易。	Internet Mall，Insweb，IndustrialMarketplace
信息经纪商（信息中介）	提供产品、价格和相关信息。有些信息促进了交易，但是它们主要的价值在于信息本身。	Travelocity，Autobytel
交易经纪人	买家可以看到价格和条件，但是主要的商业活动就是完成交易。	E * TRADE，TDAmeritrade
数字产品配送	在网上销售和配送软件、多媒体以及其他电子产品。	各类软件或媒体供应商，例如 sandowl. com
内容提供商	通过提供内容来创造利润。	各家出版机构
在线服务提供商	向硬件或软件的使用者提供服务和支持。	CyberMedia，TuneUp. com
专业目录	提供各种 B2B 服务名录的门户。	Business. com，KnowledgeStorm，Searchedu. com

电子商务支持性服务的外包

很多公司并不维持内部的支持服务。相反，它们把大多数服务外包。

电子商务服务外包的原因

一般情况下，外包的优势较多，劣势和风险较少。有关外包带来的优势请浏览 outsource2india. com/why_outsource/articles/benefit_outsourcing. asp。

为了了解外包的重要性，我们将简单看一下电子商务应用（网络基础设施）的发展和管理的主要过程。该过程包括以下几个主要步骤：

1. 电子商务战略的启动、制定和实施（第十三章）；

2. 系统设计（第十四章）；

3. 自主开发或购买系统（第十六章）；

4. 托管、运营和维护电子商务网站（第十六章）。

IT 外包和应用服务提供商

过去，外包承接者仅用少量 IT 工人和预算来服务中小企业。现在，各种规模的企业都使用外包服务以满足其电子商务系统的一大部分需求。依靠第三方来运营其 B2C 网站的大型企业有很多。提供外包服务的公司主要有 eddiebauer. com，1800flowers. com 和 lenovo. com。有些外包供应商提供创建和运营电子商务网站的服务。

12. 5 节复习题

1. 电子商务咨询机构能够发挥什么作用？它们有哪些种类？

2. 名录服务商能提供什么价值？请列举 3 个案例来说明它们所能提供的增值服务。

3. 专业的搜索引擎能发挥什么作用？

4. 电子商务支持服务还有哪些表现形式？

5. 企业为什么要外包电子商务支持服务？

管理问题

与本章内容有关的管理问题有如下几个方面：

1. **如果你是电子商务企业，订单实施程序中的瓶颈是什么？** 订单实施是一个重要的任务，对于虚拟的电子商务企业来说，这一点尤其明显。问题不仅仅在于配送，还在于整个订单实施过程中的效率。对于订单实施，供应链越长就越复杂。为了加强订单的履行，厂商应该识别需要改善的瓶颈。潜在的问题是装运时间延迟，退换货太多，存货成本太高，运输成本太高，供应链与需求链整合不顺畅等。电子商务企业首先必须识别瓶颈所在。

2. **哪些种类的商品必须有自己的库存？** 像亚马逊公司这样的企业，由于库存成本高企，所以它们都希望降低存货量。然而，一个不能忽略的事实是，保有适当的库存也是额外利润的来源之一。此外，对于某些商品来说，如果缺乏可控的库存，就不可能按时装运；没有库存并不是最好的政策。对于某些种类的商品，公司应该设计合理的库存和分销中心组合计划，从而拥有一个积极的库存效果。可以使用 CPFR 项目来最小化库存的成本负担。分销中心计划必须和合作伙伴之间的外包项目相协调。

3. **什么是订单实施中的战略联盟计划？** 合作关系和同盟关系可以提高物流的速度，减少供应链中存在的问题。我们必须判断在订单实施的哪个环节依赖合作伙伴。企业可以将运输、仓储、存货控制管理、退货管理等活动外包出去。选择合适的第三方物流供应商可以为这些活动提供很好的服务。如果企业自身不能保证商品的及时供应，可以依赖合作伙伴处理整个商务流程，并负责订单实施管理，特别是公司拥有在线品牌形象优势时，这样做的意义更加明显。一个案例是亚马逊公司的 Fulfillment by Amazon（FBA）。

4. 我们如何管理退货？ 退货处理是一个很复杂的问题。反向物流成本比较高，而且如果退货率很高，公司就不能在网上继续经营。使用 CRM 系统可以识别退货率高的商品，并且找出问题或者停止在网上销售此类品。公司必须估计退货的比率，制定退货接收和处理的程序。退货物流可以由外部物流服务提供商负责。

5. 我们应该向客户提供什么物流信息？ 客户（尤其是企业客户）在下订单的时候就想了解是否有库存以及装运的时间。为了满足这些需求，电子商务系统应该和后端的信息系统整合。客户可能想追踪订单执行的情况，而订单实施过程涉及不止一家企业。因此，要想在那么多公司的情况下提供无误的信息，合作伙伴必须建立协同一致的信息系统。

6. 在订单实施中，我们可以使用 RFID 技术吗？ 如果买家希望要你使用 RFID 标签，企业就应该努力满足这样的需求。然而，并不是每一家公司都拥有 RFID 设备和专家。有些第三方服务提供商提供标签服务。问题是谁来承担成本，谁是获益者？目前，一些大的客户（例如沃尔玛公司、美国国防部）能从中获益，服务的提供商承担了成本。长远来看，服务的提供者会在库存管理方面获得利益。然而，RFID 技术要获得成本—效益，以及通过广泛使用而最大化 RFID 技术的利益，都是需要时间的。

7. 我们可以在中小企业中使用 CPFR 吗？ CPFR 是一个业务伙伴合作的概念模型，通常在大公司中比较有效。然而，既然它是一个协同计划的概念模型，那么在协同计划很重要的中小企业中，它也是适用的。中小企业的管理者可以浏览 gs1us. org/industries/apparel-general-merchandise，了解网站上的各种应用形式，从中判断 CPFR 在中小企业中的适用之处。

本章小结

本章所涉及的电子商务问题与前面提到的学习目标一一对应。

1. **订单实施程序**。在电子商务的过程中需要大量的支持服务。比较重要的有支付机制和订单实施。按时把货物运送给客户是一件比较困难的事情，特别是在 B2C 模式下。订单实施还包括资信调查、库存检查、运输等。大多数活动是后台操作并且与物流相关。订单实施程序在各个企业是不一样的，主要取决于产品。然而，一般情况下认为主要有以下几个步骤：付款确认、库存检验、装运安排、投保、生产（或者组装）、工厂服务、采购、客户联络、退货等。

2. **订单实施中的问题**。由于需求的不确定性以及供给和送货的延迟，B2C 模式下的订单完成是比较困难的。问题有时是由于业务伙伴之间缺乏信息共享和协调产生的。

3. **订单实施问题的解决途径**。订单接收自动化（例如在网上使用申请表）和保持供应链畅通无阻是两个可以解决订单实施问题的途径。这里也存在其他几种解决途径，大多数都是由软件支持的，这些途径提高了库存的准确性，提高了供应链上的协同性，以及帮助作出适当的计划和决定。

4. **RFID 标签**。用 RFID 标签代替条形码使得对供应链上商品的定位更快。此技术还有其他一些优势，当然也有一些局限。主要的应用是提高供应链的可视性，加快追踪，提高库存清点的速度，加快配送，减少错误等。

5. **协同计划和 CPFR**。协同计划侧重于对需求的预测，以及供应链上资源和活动的计划。协同计划试图使业务伙伴的活动协调一致。CPFR 是一个商业战略，它想要建立有利于协同的标准和程序。它的目标是通过协同计划提高对需求的预测，以便在有需求的时候提供想要的资源。虽然没有广泛地应用，但是在实践中仍然有大量的成功案例。最近，VICS 在关注另一个协同程序——仓储 DPR，其提供用于计算来自零售店或零售渠道库存和配送需求的详细的需求预测。

6. **其他支持服务**。电子商务支持服务包括咨询服务、名录服务、基础设施服务等。没有其中的一些服务，公司或者个人都不能开展电子商务。这些支持服务需要协同和整合。其中一些服务公司可以自己进行，其他一些则可以外包。

7. **电子商务服务外包**。有选择性地进行电子商务外包是有必要的。虽然外包存在风险，但是缺乏时间和经验使得一些公司不得不进行外包。使用 ASP 是一个可行的选择，但是成本较高且有风险。

讨论题

1. 什么是电子商务中的反向物流问题？哪种企业会遭遇较多的反向物流问题？

2. 为什么美国 UPS 公司称自己为"卡车上的技术公司"而不是"技术型的卡车公司"？

3. 在哪些情况下不需要外包服务？

4. UPS 和其他一些物流公司也提供金融服务。它的意义何在？

5. B2C 和 B2B 模式下订单实施有哪些不同之处？

6. 供应商为客户改善供应链是出于什么动机？

7. 从供应链角度看问题，RFID 代替条形码的优越性是什么？

8. 为什么 CPFR 可以进行准确的预测？它如何解决牛鞭效应？

9. 电子商务和业务伙伴系统整合有什么意义？

10. 人工智能是如何更快速、更准确地接收和处理订单的？以 McGown（2010）开始。

课堂论辩题

1. 统计供应链上退货至实体店的比率。联系一家电商，看看它是如何处理退货的。根据你的调查制作一份报告。

2. CPFR 是如何解决供应链上订单实施问题的？把你建议的解决途径与谷歌 CPFR 模型及其组成要素联系起来做个对比。

3. 企业使用 RFID 时主要担忧的问题是什么？事实真的如此吗？

4. B2B 模式下的电商是否有必要外包它的送货服务？

5. B2B 企业将电子商务中的服务外包出去，会削弱企业的竞争力吗？为什么？

6. 哪些活动是 B2C 订单实施中最重要的（参阅表 12.1）？对于 B2B 呢？两者之间有什么不同之处？

7. 讨论外包电子订单实施的观点。参见 Johnson（2010）。

8. 企业是否应该使用 RFID 技术？为什么？

9. 调查亚马逊公司的当天送达业务，并撰写一份报告。

网络实践

1. USPS（U. S. Postal Service）也属于电子商务物流领域。请浏览 usps. com，并关注该公司的服务和追踪系统。对于电子商务承运商来说，这些系统的潜在优势是什么？

2. 请登录 xpertfulfillment. com，shipwire. com 和 infifthgear. com，比较它们的电子订单实施服务，并撰写一份报告。

3. 请浏览 freightquote. com，以及其他两个在线运输公司的网站。比较这些公司提供的在线配送服务的特点。

4. 请浏览 efulfillmentservice. com。关注网站上的产品。了解它如何组织网络活动，如何与联邦快递等公司合作，如何盈利。

5. 请浏览 cerqa. com。寻找能够促进订单实施的产品的相关信息，并撰写一份报告。

6. 请浏览 kewill. com。了解促进订单实施的创新服务，与 shipsmo. net 网站进行比较，并写出一份报告。

7. 请浏览 b2b-today. com。进入 B2B 社区，鉴别主要的供应商。然后选出三个供应商，调查它们为 B2B 社区提供的服务。

8. 登录 ariba. com，了解这家公司，并指出这家公司提供的供应链解决方案。请撰写一个关于该公司采购解决方案的报告。

9. 调查 CPFR 的使用情况。可以先浏览 gs1us. org/industries/apparel-general-merchandise，也可以登录 supply-chain. org，查找关于 CPFR 的一些信息。写一份关于 CPFR 的使用情况的报告。

10. 请浏览 future-store. org，了解供应链上 RFID 技术取得的进步，或者其他能够改善零售业务的工具。

11. 请浏览 reverselogistics. com，总结正向物流和反向物流的不同点，以及退货管理的特点。

12. 讨论生鲜食品订单实施的难度。

13. 请浏览 freshdirect. com。为了改善生鲜食品销售的订单实施，该公司采取了哪些措施？

14. 请浏览 alice.com。该公司从事什么业务？提供什么供应链服务？与 OHL 有什么关系？OHL 为 alice.com 的运营所提供的服务为什么非常重要？

15. 请浏览 sifycorp.com。研究它们的企业服务。特别要了解它们提供的支持服务。写出一份报告。

团队合作

1. 为导入案例设计的作业。

请阅读本章开头的导入案例，并回答下列问题：

a. 仓储集中化管理的动因是什么？

b. 亚马逊公司利用第三方公司进行配送。原因是什么？

c. 亚马逊公司能在仓储管理中使用 RFID 吗？如果可以，将如何使用？如果不可以，请说出理由。

d. 亚马逊公司是如何进行退货管理的？

e. 画出亚马逊公司图书业务的供应链。

f. 在亚马逊公司的订单实施或者物流中，有哪些地方使用智能（软件）代理？

2. 每一组都要调查一家电商网站的订单实施程序，比如 barnes-and-noble.com，staples.com，walmart.com 等。如果有必要，可以与公司取得联系，并调查公司相关的业务伙伴。基于本章内容，准备一份报告，并针对如何改善公司的订单实施提出建议。每个小组的发现都会在课堂上进行讨论。按照课堂讨论的结果，总结公司改善订单实施的途径。

3. 联邦快递、UPS、USPS、DHL 和其他公司都在电子商务物流领域展开竞争。每个小组调查一家公司，并且研究其提供的服务。如果有必要，与公司取得联系，并把小组的发现写成一份报告。此报告要使同学或者读者确信小组研究的公司是电子商务物流领域中最好的。（它最大的优点是什么？缺点又是什么？）

4. 登录英迈公司（Ingram Micro）的资源配置网站（ingrammicro.com）。研究案例并写一份关于网络订单实施和反向物流的重要性和优势的报告。

5. 在 rfidjournal.com/videos/view?1282 上观看视频 "Marks and Spencer Expands RFID to All Its Stores"（《马莎百货在所有门店推广射频识别技术》，时长 22 分 50 秒），并撰写一份报告，指出马莎百货是一家什么公司，它们为何要使用和推广射频识别技术，它们希望获得哪些好处。

6. 阅读 JDA（RedPrairie）及 Manhattan Associates 等机构提供的公司仓储管理系统（包括一些仓储案例），并回答下列问题：

a. 两种系统都支持哪一种供应链运作模式？

b. 两种系统各自的主要优点是什么？

c. 两种系统的功能存在哪些差异？

7. 随着越来越多的竞争者加入，"当日送达"业务的竞争越来越激烈。请调研竞争的现状，包括无人机送货服务（例如 FAA）。以 Bowman（2014）开始并撰写一份报告。

 章末案例

多渠道零售：以 Nordstrom 和 REI 公司为例

零售包括多种渠道，如商店、网络、名录、电话中心、自助服务机等，但是都不能满足当前消费者的个性化需求。消费者想，以他们期望的价格，在期望的时间和地点购买他们想购买的，并且希望能够在当天或快速收货。因此，许多线上和线下的零售商提供多种渠道来满足这些需求。例如，一个多渠道零售商会给消费者提供线上购买、线下实体店取货的服务。还有一些零售商会提供自助服务机，消费者可以在线上进行搜索，如果门店没有该商品，则会定位有该商品的最近的门店位置。或者可以在线上购买商品，然后送货到家或送货至离消费者最近的门店。Nordstrom 是一家拥有多年经验的多渠道销售和服务零售商。

Nordstrom 的多渠道改进策略

Nordstrom 公司于 1901 年在美国华盛顿州的西雅图创立，是一家高档零售商，主要销售男、女式和儿童服装、鞋子和装饰物。该公司在 44 个国家拥有 117 家线上线下全品类商店。此外，该公司还拥有 119 家 Nordstrom Rack 商店，两家 Jeffrey 礼品店，一家精品折扣店，一家名为 HauteLook 的子公司，一家名为 Treasure & Bond 的女式精品店，以及公司的网上商店 nordstrom. com。

1998 年，Nordstrom 公司开发了公司网站 nordstromshoes. com。2000 年，网站上销售公司所有门类的商品，但不包括商店的存货。但是，当时线上所使用的推销计划、营销和会计系统和线下的是有区别的。2004 年，Nordstrom 公司开始考虑整合线上和线下系统，尝试向线上的顾客提供和门店一样的服务。从消费者的角度看，从各个渠道（包括商店、网站、名录、呼叫中心、移动端等）获得相同服务的关键在于是否能够获得存货信息，并能在系统的任意一环完成订单——送货至用户家、送货至门店或门店提货。

Nordstrom 公司花了 5 年左右的时间才把在线购物和线下门店两个系统整合成一个多渠道系统。2009 年，Nordstrom 公司对库存进行统一管理，并可以在网店查看门店的库存。大多数情况下，门店有变成在线购物者的仓库或分销商中心的危险。但是，在这样的系统下，消费者可以在门店提取线上购买的商品。

Nordstrom 公司的多渠道零售系统

Nordstrom 公司的多渠道零售系统利用 Sterling Commerce 公司的销售和订单实施系统作为技术支持，该系统包括了 Sterling 名录和报价管理以及订单管理功能。Sterling Commerce 公司的销售和订单实施系统的核心构件是一个集成式订单处理中心，能实现订单处理的同步化并且可以了解各个渠道的库存情况。这种系统被称为分布式订单管理系统（DOM）。目前，有很多软件供应商提供 DOM 系统，包括甲骨文、Manhattan Associates、IBM 等。DOM 系统一般具备下列功能：

- 基于整个供应链系统的全网络库存浏览，预测缺货和发货问题。
- 优化订单实施系统中应考虑的问题，如运输成本、人力和服务水平。
- 订单实施地点决策：送货到家，发货至门店还是到门店自提。
- 支持整个订单生命周期管理，如订单创建、订单修改和订单取消。
- 获得供应链上关于产品、价格和促销的信息。
- 完整的财务功能，如批准、防欺诈管理、开具发票和结算。

多渠道销售策略对 Nordstrom 公司的影响

一开始执行多渠道销售策略，Nordstrom 公司就获得了即时效应。同类门店的销售额由下降变为增长 10% 左右，同时，在搜索商品后进行购物的消费者的比例成倍增长。库存周转率也有所改善，从 2003 年的 4.8 上升至 2009 年的 5.4。最终，销售总额在 2009 年达到了 83 亿美元。

REI 公司的多渠道零售案例

到目前为止，大多数零售商对其各种销售和营销渠道进行单独管理，而不是作为一个整体进行集成化管理，类似于 Nordstrom 公司，另一个知名企业是 Recreational Equipment 有限公司（或简称 REI）。REI 公司成立于 1938 年，总部位于美国华盛顿州的肯特市。该公司在 22 个州开设了 129 家门店，同时还是一家拥有 1 000 万会员的大型消费者合作社。20 世纪 90 年代末，REI 为消费者购买商品和服务提供了一些多渠道选择，其中包括：

- 联网的自助服务机。与其他零售商一样，REI 公司在 20 世纪 90 年代末开始网上销售。然而，与其他零售商不同的是，REI 公司很快就在其门店安装了联网的自助服务机，消费者可以订购 4 万多种产品。很明显，这种模式下可供选择的产品种类要多于门店。

● 门店取货服务。消费者可以在线购买，然后选择把货送到消费者选定的门店。这种服务最大的好处是：一旦消费者去门店取货，他们可能还会购买门店里的其他商品。

● 礼品登记管理服务。许多零售商提供在线的礼品登记管理服务。和 REI 提供的其他服务一样，REI 的礼品登记管理服务可以通过网络、门店和移动手机端来进行注册、跟踪和更新。

REI 的多渠道零售系统使用 IBM 公司的 WebSphere 商业平台。多年来，该平台使 REI 公司实现了多个系统的集成管理，使原来多个互相独立的渠道变成了一个紧密结合的供应链系统，如能够在所有渠道获得一致的订单实施或者产品名录信息。

与 Nordstrom 公司一样，自从建立了多渠道集成系统后，REI 公司的收入获得了强劲的增长。2011 年，REI 的收入大约为 17 亿美元，该收入使 REI 公司成为户外装备和服装行业的领先者之一，除销售收入获得增长以外，所有渠道的销售能力获得了即时提升和快速的回报。使用两种销售渠道的消费者多花了 114%，使用三种销售渠道的消费者多花了 48%。同时，REI 公司第 1 年使用门店取货服务就使销售增长了 1%。

Nordstrom 公司和 REI 公司意识到，是否采用多渠道销售模式取决于消费者。除渠道之外，还需要关注何地、何时和如何向消费者提供统一的商品和服务。

资料来源：Banker（2011），Clifford（2010），Friedman（2011），Lynch（2012），Taylor（2012），以及 nordstrom. com 和 rei. com（2014 年 2 月数据）。

思考题：

1. 如何定义多渠道零售模式？
2. Nordstorm 公司提供哪些多渠道功能？
3. REI 公司提供哪些多渠道功能？
4. 分布式订单管理系统的主要特点有哪些？
5. 多渠道产品和服务销售集成系统的优势有哪些？

在线补充读物

W12.1　消费者需要哪些服务？

W12.2　牛鞭效应

术语表

Collaborative planning, forecasting, and replenishment (CPFR)：**协同式供应链库存管理**，是指供应商、生产商和零售商协同计划和预测需求，从而使零售商库存中商品和服务的供给量和消费者的需求量相匹配。

E-logistics：**电子物流**，是指电子商务物流，一般指在 B2C 模式下配送小型包裹至许多顾客家。

Logistics：**物流**，是指供应链中对需配送至顾客和可能被退货的商品、服务和信息的移动和存储进行的高效快速地管理和控制活动。

Merge-in-transit：**途中合并**，是指一件商品的零部件可能来自两个或更多不同的物理地址并被直接送往顾客地址的物流方式。

Order fulfillment：**订单实施**，是指一家公司从接受订单到把商品送至顾客的一切运作过程，包括所有相关的顾客服务。

Radio frequency identification (RFID)：**射频识别**，是一种标签技术，把射频识别电子标签粘贴或内嵌至物体（包括人体），利用无线电波与射频识别阅读器连接起来，从而识别、定位物体或传递数据。

Reverse logistics：**反向物流**，是指顾客向厂家退货的商品的移动。

Store-level distribution resource planning（DRP）：**门店分销资源计划**，是指利用零售商的 POS 数据建立一个模型，从而对所有门店或渠道和分销中心的商品的销售、配送、收货和存储进行预测的一种协同方法，这种预测是自下向上且分时段的，通常以 12 个月为周期。

Third-party logistics suppliers（3PL）：**第三方物流**，是指外部的而非企业内部的物流服务提供者。

Visibility：**可见性**，是指任何时间都能知道原材料和零部件所处的位置，有利于解决延迟发货、合并发货等问题。

Warehouse management system（WMS）：**仓储管理系统**，是指有助于进行仓库管理的一种软件系统。

第五部分
电子商务战略与实施

第十三章　电子商务战略、全球化和中小企业

学习目标

1. 理解电子商务竞争和战略的重要性，以及网络和电子商务对波特五力模型的影响；
2. 描述规划和战略的流程；
3. 描述战略准备阶段；
4. 理解战略规划活动；
5. 理解战略执行阶段；
6. 描述战略评价，包括标准的作用；
7. 描述电子商务战略改进和创新；
8. 分析全球电子商务中存在的问题；
9. 描述中小企业如何使用电子商务。

|导入案例|　宝洁公司的电子商务战略

宝洁公司是世界上最大的消费品跨国公司，被认为是世界上最好的公司之一，其雇佣的员工超过了121 000名。2014年，宝洁公司的销售收入超过了840亿美元。它的产品包括一些全球知名的品牌，如汰渍、佳洁士、帮宝适、老香料、吉列和巧明。宝洁公司因全新产品的创造力和杰出的营销能力闻名全球，并被认为是世界级的创新者。

存在的问题

宝洁公司所在的行业竞争非常激烈，强有力的竞争者主要有联合利华和强生公司。品牌认知是一个非常关键的成功因素，因此有必要进行大量的广告宣传。宝洁公司被认为是广播广告和电视肥皂剧广告（"肥皂剧"就是基于宝洁公司的洗涤剂和肥皂广告）的先行者，它还积极地赞助音乐会、电视秀、电影和体育赛事（包括2012年伦敦奥运会和2014年索契冬季奥运会）。2000年，宝洁公司开始活跃于网络，赞助各种各样的社团活动，并拥有数十个网站（每个品牌都有一个对应的网站）。

社交消费者的兴起（请参阅第一章和第七章内容）使得竞争更为激烈。目前，消费者可以通过网络分享信息和体验、比对价格、获取在线优惠券，了解产品的成分及其对环境的影响以及评价、评估品牌和舍弃不喜欢的品牌。这些都会减少消费者对某些品牌的忠诚度或增加对其他品牌的忠诚度。2000年以来，宝洁公司的一些品牌（如Pepto-Bismol）的销售不但没有增长，反而有所下降。2010年，宝洁公司了解到Pepto-Bismol的消费者在网上讨论胃药，尤其是在周末的早晨，刚从前一晚的醉酒中醒来时。因此，促销员决定提醒消费者在醉酒前服用Pepto-Bismol。他们便在脸谱上使用朗朗上口的口号"庆祝生活"进行广告宣传，该策略使得公司的市场份额在2011年秋天开始的12个月内增长了11%（Coleman-Lochner，2012）。

解决方案

宝洁公司从20世纪90年代末开始活跃于网络，2005年开始使用社交媒体。根据Coleman-Lochner（2012），社交网络的使用在宝洁公司处于中心地位。除了继续使用传统的市场调研方法，了解消费者的家庭行为，宝洁公司开始关注消费者的在线交流内容，并了解到潜在的消费者在消费前会在脸谱和其他社交网站上花费大量时间。宝洁公司在社交媒体上做的广告包括：Pepto-Bismol在脸谱和推特上的广告，Secret Deodorant 在脸谱上的广告，Cover Girl 在脸谱和推特上的广告，以及 Iams 宠物食品在脸谱和博客上的广告。

宝洁公司 2012 年的战略是在社交媒体上实施病毒营销，理由是社交媒体上的促销比电视促销更有效果。宝洁公司选择老香料品牌进行社交媒体广告的试水。

老香料品牌

老香料品牌向男性和女性提供香体液、沐浴露、古龙香水等产品，该品牌因成功地运用社交媒体营销而闻名。我们观察了该品牌在社交网站与普通广告活动之间的区别：

主要的社交媒体营销：

● **老香料官网**（oldspice.com）。该网站包括了产品的信息、视频、图片、广告展示、网店和下载资源（如铃声、屏保和壁纸）。

● **脸谱账号**（facebook.com/oldSpice）。在品牌网站和"收藏"（2014 年该品牌的收藏次数超过了 260 万）上除拥有上述类似的信息外，还有粉丝发布的评价和特别宣传活动。

● **推特账号**（twitter.com/OldSpice）。老香料在推特上拥有 221 000 位关注者。老香料在推特上回答关注者的问题、要求和意见，并在关注者间分享。

● **YouTube 网站账号**。YouTube 上有许多老香料的相关视频（youtube.com/user/OldSpice），这些视频非常受欢迎（2014 年 6 月的视频浏览量就超过了 2.31 亿）。在 2014 年冬季奥运会上，宝洁公司进行了社交媒体营销。在比赛的第一周，YouTube 的视频浏览量就超过了 2 700 万次，被认为是最"时髦的品牌"（Horovitz，2014）。

● **Pinterest 平台**。2012 年，宝洁公司开始在 Pinterest 上分享原材料图片。从那时起，宝洁公司积极分享其更多其他品牌的原材料图片。

2010 年的宣传活动。 为了迎合年轻一代，宝洁公司想了解男性和女性对老香料品牌的看法。Wieden＋Kennedy 广告代理公司在 2010 年超级碗赛上使用了病毒营销，主打宣传口号是"老香料男孩"，成为"自己想成为的那个男孩"。

根据 Ehrlich（2010），该广告视频在 24 小时内的浏览量超过了 590 万次，评论超过了 22 500 条。据 Lipp（2010），老香料视频是 YouTube 上观看次数最多的视频。在两天内，老香料获得了 80 000 名推特粉丝，740 000 名脸谱粉丝。此次广告活动的成功也带来了持续效应，根据 Bullas（2011），YouTube 上的视频浏览量在一个月内增长到 2.36 亿，销售额增长了 107%。

其他结果参见 Wieden＋Kennedy 的老香料社交媒体活动的视频案例研究（2010 年 8 月 10 日），网址 wearesocial.net/blog/2010/08/wieden-kennedys-spice-case-study。

结果

老香料的社交营销表明，人们对精心策划的社会营销活动的反响是巨大的。视频浏览人数和互动都创造了更高的纪录，销售额也增加了。总而言之，公司在新战略下运营得更好了。目前，宝洁公司在网上投入了大量广告（如 YouTube 的宝洁频道），但也仍然在电视上做广告。

不过也有人开始担心社交营销会破坏宝洁公司的创新能力。但另一部分人则持相反的观点，如第八章所述，众包和协作会促进创新。此外，公司的 CEO Robert McDonald 却看到了公司在创新方面有所改进，他想让宝洁公司成为"世界上最具技术的公司"。

2014 年，宝洁公司由单纯地使用社交媒体传播，向社交媒体和电子商务并重转型。

资料来源：Chui and Fleming（2011），Cooper（2014），Coleman-Lochner（2012），Brady（2013），Bullas（2011），Ehrlich（2010），以及 pg.com/en-US/downloads/innovation/fact-sheet_Oldspice.pdf（2014 年 6 月数据）。

案例给予的启示

合适的电子商务与信息技术战略有助于企业的生存和发展。对于宝洁公司等跨国企业，数字化正成为一个非常重要的战略。最近，宝洁公司使用社交媒体的战略提升了其销售额。对于这样一个大公司，实施一个正式的战略十分有必要。

本案例介绍了一家咨询公司（广告代理公司）利用超级碗赛事进行的一次尝试性的营销活动，"互动活动"加强了该营销活动的效果，因此此营销活动被认为是非常成功的。我们来了解一下战略开发的 4 个主要步骤：

第 1 步是战略准备，即宝洁公司决定使用社交媒体。第 2 步是战略规划，即战略计划和活动设计，如品牌的选择。第 3 步是战略执行，即如何使用社交媒体，诸如如何使用 YouTube、脸谱和推特。最后一步是战略评价，即采用若干标准来评价战略执行的效果。

本章将重点介绍 IT 和 EC 战略的基本步骤，同时还将讨论全球电子商务背景下 EC 战略的有关观点，以及 EC 给中小企业带来的发展机遇。

13.1 公司战略

公司**战略**（strategy）是一个比较宽泛的概念，它说明了一个企业如何完成公司的使命，它的目标是什么，需要什么计划和政策来完成这些目标。企业战略还指决定该放弃的目标以及各种策略间的平衡。要制定公司战略（包括电子商务战略与信息技术战略）首先要了解公司目前的状况，以及未来的发展方向。2008—2014 年各国经历的金融危机，使得制定有效的电子商务和信息技术战略变得尤为重要，企业需要凭借这样的战略来促进销售，在全球的竞争环境中立于不败之地。

企业在网络环境中的战略

大多数企业的战略目标是增加收入、盈利和股东价值，例如亚马逊公司的战略，其目标并不是追求短期盈利，而是要增加收入和提高市场份额。企业的战略目标还应该包括企业的价值观，特别是要关注顾客利益。

目前，企业战略规划过程中必须要考虑 IT 要素，这比以往任何时候都显得重要。有专家认为，在制定公司战略时融入互联网的因素已经变得无比重要。Porter（2001）指出，"许多人认为网络已经使战略变得过时了。事实正相反。对于一家企业来说，通过战略来使自己在竞争中胜出比以前更加重要了。想在竞争中获胜的企业必须把网络看作是传统竞争方式的一种补充，而不是替代品。"

网络和电子商务影响下波特的竞争力模型与策略

许多企业都利用波特的"五力模型"来增强自己的竞争优势，该模型也能揭示电子商务如何促使企业竞争优势的提升（Hanlon，2013）。

波特的模型把影响企业竞争力和获利程度的因素总结为以下 5 个：

1. 新加入的竞争对手的威胁；
2. 供应商的议价权；
3. 客户或购买者的议价权；
4. 替代品或替代服务的威胁；
5. 行业中现有企业在竞争中的威胁。

行业结构不同，每一个影响因素的强度也不同。老企业要保护自己免受这些因素的威胁；但是同时，它们也可以利用这些因素来提高自己的地位，挑战行业中的领导者。图 13.1 显示了这些因素之间的关系，Porter（1980）和 Hanlon（2013）对这些因素作出了具体的界定。

企业获取竞争优势战略

根据波特模型进行分析，企业能够识别影响它们市场竞争优势的因素，然后制定相应的战略。Porter（1985）提出了 3 种经典战略：即成本领先战略、差异化战略和集中化战略。

表 13.1 中首先列出 7 种经典的战略，每一种战略都可以通过电子商务来强化，这正是本书所要讨论的内容。

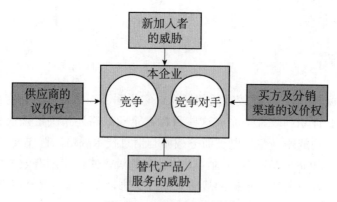

图 13.1　波特的五力模型

一个常用的获取竞争优势的战略是了解你的竞争对手正在做什么。对于方法和工具，参见 Rayson（2014）。

表 13.1　　　　　　　　　　　　　　获取竞争优势的战略

战略	描述
集中化战略	选择一个小的市场（利基市场），尽量在质量、速度和成本效益上做得最好。
成长战略	增加市场份额，获得更多客户或者销售更多品种的产品。
结盟战略	以合伙、加盟、共担风险、虚拟合作等形式与商业伙伴结盟。
创新战略	开发新的产品和服务；增加现有产品或服务的特色；用新的方式来制造产品，提供服务。
时间战略	把时间作为一个资源，对时间进行利用和管理，形成竞争优势。
入行门槛战略	对进入行业制造障碍。通过开发创新产品或利用电子商务模式来提供独特的服务，对新入行者形成障碍。
客户或供货商锁定战略	鼓励客户或供应商跟着你而不是让他们走到你的竞争对手那边，通过锁定他们来降低客户讨价还价的能力。

互联网的影响

Porter（2001）罗列了互联网影响竞争因素（指消费者和供应商的议价权力、来自替代品和新参与者威胁、来自现有竞争对手的威胁）的几种形式。表 13.2 展示了 5 个因素连同互联网环境对竞争能力的影响。

表 13.2　　　　　　　　　　　电子商务及社交商务对行业竞争态势的影响

竞争力因素	影响
供应商的议价权	减少。由于出现了网络采购、线上竞价这种形式，供应商遍布全球，所以所有购买者有着与供应商沟通的同等机会。产品的同质化程度提高，供应商的差异化程度下降。产品价格差异缩小。
客户的议价权	增加。客户的比价机会多了，可以线上购买，还能参加团购，享受天天低价，接受亲朋好友的推荐，参加社交网络，所以他们拥有更多的知识和见识，获得了更多信息，参见 Brownell（2013）。客户能够购买全球的商品，降低了转换成本，客户能够通过新的模式来谈判（比如 Priceline 网站上出现的"自己定价"的模式）。
进入门槛	降低。线上经营容易了，容易获得更准确的信息，开业成本和固定资产投入减少了，通过线上的口碑相传，更容易积累名声，容易克隆竞争对手的经营模式，新的网络企业层出不穷。

竞争力因素	影响
来自替代产品/服务的威胁	增加。新的产品和服务能够快速开发，并且在全球范围内做宣传。各类客户都能够更快、更容易地找到替代品，受到他人的指点。电子商务和社交商务帮助企业建立新的商务模式，开发新的产品和服务。
来自现有竞争对手的威胁	增加。市场更加高效了，容易获得及时信息。但是有更多的竞争者要对付，本土化的优势在丧失，全球的竞争者都获得了参与竞争的机会，更多的中小型企业都在参与竞争，线上经营加速了这种竞争。

实际案例

脸谱、谷歌等公司在社交网络上的广告业务领域展开了激烈的竞争。例如，谷歌启动了Google＋来与脸谱抗衡。2014年，脸谱花费了190亿美元购买了跨平台信息交互应用WhatsApp。此购买行为被认为是一种战略，该战略不仅使脸谱获得了比它自己所建立的任何应用更加友好的用户移动界面，还使脸谱因使用了P2P应用而具备了一定程度的商业化特质（ActiveVest，2014）。

许多企业都在审视网络和电子商务对它们现在和未来的影响。对于这些企业来说，实施电子商务战略（E战略或EC战略）是非常有益的。

本章接下来将详细介绍构建EC战略的过程，但首先仍将继续了解企业战略和IT战略，EC战略是其中重要的一部分。

信息技术和电子商务战略规划

电子商务并没有现成的战略，制定电子商务战略需要创造力、规划能力、各类资源、优质的专业技术以及技术局限的克服。制定战略的方法也因公司而异。另外，影响电子商务战略制定的还有各种技术性和非技术性挑战。技术性挑战与非技术性挑战的差异主要表现在技术性挑战可以用货币来解决，而非技术性挑战（例如人们的态度、缺乏信任、不愿接受变化、缺少面对面的交流等）则不容易解决。

随着时间的推移，电子商务面临的局限，尤其是技术性局限，变得不太重要了。只要仔细规划，就能够最大限度地减小各种消极影响。本章提供的信息将能够帮助读者应对与电子商务相关的各种挑战。与发展电子商务有关的主要挑战如表13.3所示。

表 13.3　　　　　　　　　　　　电子商务的挑战

技术性挑战	非技术性挑战
软件标准：缺乏广泛认可的有关安全、质量、可靠性的标准。 整合：把新的电子商务应用和软件与现有的应用和数据库整合起来是困难的。 成本：在某些地区接入互联网成本高，不方便。	缺乏信任：购买者和销售者持怀疑态度。对"虚拟"企业不信任。 管理：缺乏国家和国际的政府规范及行业标准。 测量：衡量电子商务营利能力的方法还不够成熟。 合法性：还有许多未解决的法律问题。 安全性：感觉有些领域开展电子商务还不可靠。

随着企业对电子商务使用的愈加熟练以及技术的持续进步，电子商务带来的利益远远超过了它带来的局限。一般情况下，电子商务的销售额每年以15%～18%的速度增长。因此，大多数企

业必须制定 EC 战略来应对竞争。在下一节中，我们将会讨论企业制定电子商务战略时常用的流程、工具和技术。

13.1 节复习题

1. 什么是战略？
2. 描述网络环境下的战略。
3. 描述波特的五力模型。
4. 描述企业获得竞争优势的战略。
5. 理解网络和 EC 对波特五力模型中每一个力的影响。
6. 描述 EC 战略和 IT 战略之间的关系。

13.2 战略规划过程和工具

战略的主要目标是改进企业的绩效，因此本节将把战略的制定和执行分为 5 个相互关联的循环过程来展开介绍。

战略规划过程

战略是重要的，但是制定战略的过程更加重要，一个公司无论大小，战略规划过程都会要求公司的高层管理者——一家企业的总经理或者一个小企业主来评估公司的状况，它应该发展到什么么程度，以及应该如何发展到期望的水平。

任何一个规划过程都有 5 个主要阶段：战略准备、战略制定、战略实施、战略评价和战略改进，如图 13.2 所示。本节接下来将简单地介绍战略规划过程，以及相关的活动和战略实施的结果，然后在 13.3 节至 13.7 节中将对战略规划的各个过程进行详细的阐述。需要提及的是，这几个过程是循环往复、持续不断的。

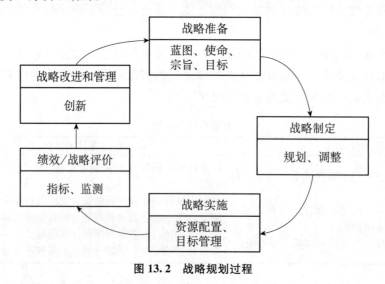

图 13.2　战略规划过程

战略准备

在**战略准备**（strategy initiation）阶段，企业需要确立其宗旨、使命和目标。战略准备阶段包括审视企业所处的环境，评估自身的优势和劣势，以及评价影响经营的外部因素。此外，企业还需对其竞争力和竞争者进行分析，以此来进行战略决策。以上所有活动必须与网络和电子商务联系起来。

战略准备阶段的具体内容还包括对公司的分析。公司分析的一个重要方面就是公司的价值定位（见第一章）。详情参见 Davis（2012）和 Skok（2013）。

 实际案例

亚马逊公司

亚马逊公司意识到除了销售书籍外，还可以为消费者提供书籍的相关信息、个人服务和卓越客户服务。亚马逊在不断地延伸其产品线，如提供日用品的当日送达服务，在 200 多个国家增设 App 商店服务，这些措施都提升了客户价值。事实上，自 1995 年以来，亚马逊就不断创新其商业模式。

电子商务的主要宗旨和目标包括：

- 改进绩效；
- 获得竞争优势；
- 提升销售和收入；
- 改善客户和合作伙伴的服务和关系；
- 构建新商业模式并促进创新。

上述目标的达成基于下列概念和行为：

核心竞争力。"核心竞争力"指企业的一种独特能力，而且竞争对手很难模仿。例如，谷歌的核心竞争力是独特的信息搜索技术；而易趣的核心竞争力则是它从事的线上拍卖；VeriSign 公司的核心竞争力是其网络安全业务；Priceline 公司的核心竞争力是专业的旅游和度假服务。

- **预测**：预测指的是对能够影响企业的未来行为和趋势进行预估。
- **竞争分析和行业分析**：竞争分析指的是审视经营环境，了解并解释与直接的竞争者、间接的竞争者、潜在的竞争者相关的信息。进行这种分析的方法很多，例如 SWOT 分析，也就是对优势、劣势、机遇和挑战的分析，还有对竞争者定位的分析（请浏览 tutor2u.net/business/strategy/competitor_analysis.htm）。

战略制定

一旦明确了宗旨和目标以及两者的优先次序，企业就可以开始制定战略。

所谓**战略制定**（strategy formulation）指的是根据企业的优势和劣势，制定具体的战略和策略，以抓住机遇和规避威胁。EC 战略包括一系列 EC 应用或执行项目（如 E 采购、E 拍卖），详情参阅 13.4 节。

本阶段具体的活动和内容包括：

- **商业机遇**：战略准备是为了抓住未来的机遇。
- **成本—效益分析**：每一次机遇都必须经过评估和论证，成本—效益分析请参阅第十四章。
- **风险分析、评价和控制**：每一个 EC 项目的风险都必须经过分析和评估。如果风险预期是明确的，就必须制订风险管理计划。EC 战略中尤其要注意诸如交易风险之类的商业风险。
- **商务计划**：商业计划包括目标、竞争者分析、战略机遇、风险分析等。商业计划必须考虑已有的资源、预算以及价值取向（Skok，2013）。

战略实施

在这个阶段，重点从"我们做什么"转变到"我们怎么做"。在**战略实施**（strategy implementation）阶段，需要根据已经制订的战略设计具体的、短期的计划。具体说来，就是评估各种备选方案、制订计划、安排具体的时间表、分配资源、管理项目。

本阶段具体的活动和工作包括：

- **项目计划**：项目计划包括设置项目目标、标准、项目进度和 EC 准备。
- **资源配置**：所有内部和外部资源都必须进行合理的规划和配置。
- **项目管理**：一个项目必须在实施过程中进行有效的管理，具体活动涵盖了从零部件的购买到 IT 安全系统的构建。

战略评价

战略评价（strategy assessment）指的是持续监控战略的实施，比较实际和预定的实施效果，评价企业目标下所取得的进展，据此调整相关措施以及进行战略修正，详情参阅 13.7 节。在战略评价阶段，EC 标准往往被作为分析战略实施绩效水平的标准，对于大型 EC 项目，往往要使用企业绩效管理工具。

战略改进

显而易见，如果评价结果不尽如人意，就有必要采取调整措施。战略改进是一个关键的步骤，因为即使战略实施效果良好，企业也需要对最有成效的战略实施给予评价，以提升未来战略实施的预期水平。另一个关键的步骤是创新，因为创新能使良好的战略实施更进一步。此外，诸如竞争分析那样的工具是非常有用的，详情参阅 13.7 节。

如案例 13.1 所述，当为将来制定新的战略时，对当下正在实施的战略进行再评估是战略规划中很重要的一步。

应用案例 13.1

华纳音乐集团数字化战略

2008 年，华纳音乐集团（WMG）任命 Michael Nash 为数字战略及业务开发部的副总裁。其主要工作是推动互联网、移动商务、社交商务，开发新的音乐产品和服务。

机遇

Nash 于 2000 年加盟华纳音乐集团，他一直负责公司的战略、战略关系和商务开发（新项目开发）。华纳公司与 AT&T、亚马逊、谷歌、微软、摩托罗拉、Verizon、索尼爱立信等公司建立了战略联盟，其中 Nash 都起到了重要作用。

WMG 是美国在线公司的一个独立子公司，是第一批与 YouTube 合作的品牌之一。在允许产品订阅和提供支持广告的音乐服务领域，WMG 也是一位先行者。Nash 早期对网络音乐分销行为的研究发现，WMG 通过对众多合作伙伴销售同一款产品来提高公司利润。

WMG 在全球收购了许多企业，如 2013 年 6 月收购了俄罗斯的 Gala Records 集团。

通过实施收购战略，WMG 目前专注于移动服务和线上音乐网站业务。WMG 首先试水了 Outrigger，其目的是了解在 YouTube、微博等社交网络以及艺术家网站上的 WMG 视频中出售广告的效果。该战略明显不同于它的同行们，它的同行们主要是与分销商签订许可协议或在视频播放时收取版税。

结果

在 2005 财年和 2009 财年第一季度间，WMG 的收入获得了大幅增长。其数字产品的收入增长至 1.84 亿美元，占公司总收入的 20%。国际音乐唱片业务的收入比上一年同季度增长了 12.7%，美国的音乐唱片收入增加了 35%。从 2005 年起，WMG 公司的数字化产品业务领先于其他主要的音乐公司。这些都表明了电商比实体店更具优势。

思考题：

1. WMG 为何改变它的分销战略？
2. WMG 为何选择与 YouTube 合作？这是否属于战略联盟？
3. WMG 为何实施电子战略？
4. Outrigger 的广告策略是否成功？为什么？
5. 识别此案例中的战略准备和战略实施。

战略规划工具

本节探讨了一些常用的战略工具，主要有：（1）战略地图；（2）SWOT 分析；（3）竞争对手分析矩阵（包括竞争情报）；（4）情景规划；（5）平衡计分卡；（6）商业计划与案例；（7）价值定位分析。

若要了解如何构建社交媒体商业模式，请浏览 youtube.com/watch?v=_59iJrYanw0，观看题为 "How to Build a Business Case for Social Media"（《如何构建社交媒体商业模式》）的视频。

13.2 节复习题

1. 描述战略规划过程。
2. 描述战略准备过程。
3. 描述战略制定过程。
4. 战略实施包括哪些内容？
5. 什么是战略评价？
6. 描述战略改进过程。

13.3 电子商务战略准备

在战略准备阶段，为展开整个战略规划，企业首先要做的是搜集企业自身、竞争对手和所处外部环境的信息，其他企业需要做的是：明确企业的宗旨和目标，分析企业所处的行业，分析企业的竞争对手，以及其他各种相关事项。

电子商务战略准备阶段的各种问题

在战略规划活动之前，除掌握公司、竞争对手和发展趋势的数据之外，战略制定者还面临着许多其他有关 EC 战略的问题。这些战略规划活动很相似，因此介绍"如何进行战略规划"的书籍很多。本节将介绍 EC 战略准备阶段应注意的一些问题。

先发优势

不管是商务领域、IT 领域，还是电子商务领域，都有各种各样因先发优势而成功的案例。然而，有的尽管有先发优势，但还是失败了。一般来说，有了先发优势就能给客户留下先入为主的、持久的印象，能够建立强大的品牌认知度，能够锁定战略伙伴，也能够提高客户的转换成本。

 实际案例

亚马逊公司是第一个大规模线上书商，对后来者具有先发优势。老牌的图书零售商巴诺书店紧跟亚马逊的步伐。为了维持自己的先发优势，亚马逊公司做了两个大的动作：第一是与 Borders 公司结盟（亚马逊公司之前的一位竞争对手），第二是持续不断地扩大在服装、玩具、家电和家居用品领域的业务，以此吸引更多不仅仅购买书籍的消费者。

在有些例子中，成为市场的先驱者也有一些不利之处。例如，用于电子商务创新付出的高成本，试水电子商务而走的弯路，市场上第二波竞争者不用费很大的力气就能用革新技术来淘汰市场先驱者们的领先地位，等等。尽管人们依然强调应该快速进入市场，但从长期来看，从本质上说市场的先驱者要比后来者获得的利润少。

 实际案例

GeoCities 是第一批较大规模的社交网络之一，1999 年被雅虎收购。但是 10 年后，由于巨额亏损，雅虎关闭了该网站。脸谱也并不是一个市场的先驱者，但它获得了成功并且取代 MySpace 成为市场的领先者。然而，先驱者中也不乏成功经营的企业，例如领英、Groupon、Foursquare、Pinterest 等。

那么，用什么来判断一个市场先驱者成功还是失败呢？下面是电子商务市场成功的几个决定因素：（1）机会的大小（例如，面对一个好的机遇，先行的企业必须足够大，而对一家企业来说，这个机遇也必须足够大）；（2）产品的特性（例如，先发优势容易维持自己的产品特征，而跟随者则需要花一段时间来显示自己产品的差异性）；（3）这家企业能否在市场上做得最好。

如果不能确定何时能够显示出先发优势，那么企业在制定战略时就需要仔细考虑如下问题：

- 为了获得先发优势，公司是否需要投入资金？投入多少？
- 一旦机会来临，获得机遇的最好方法是什么？
- 在市场中，第一个进入者将获得三种利益中的哪一种？
- 公司有充足的资源维持从先发优势中获得的利益吗？
- 假如其他企业先进入了，跟进有多少困难？
- 跟进先行企业能带来哪些优势？
- 技术是否更先进？成本是否更低？消费者是否更容易决策？

仔细考虑这些问题的答案，企业就能按照自己的资源状况和市场特征来判断用什么方式获得长期利益。

渠道冲突的管理和去中介

第三章中曾经提到，一家企业如果增加一个线上销售渠道，各个销售渠道之间的冲突就会随之产生。大多数情况下，企业战略把 EC 分销渠道作为补充性的营销渠道。但是，这种做法仍导致了渠道冲突，线上销售产生了去中介现象。

去中介（disintermediation）指的是 EC 供应链中跳过中间商的现象。例如，当消费者直接从生产商那里购买时。增加 EC 分销渠道的行为会使企业减少现有的其他分销渠道上的中间商。以下建议能够帮助卖方解决去中介问题：

- 像汽车行业一样，让现有的分销商从事电子商务。购买者可以网上订购，制造商也可以利用网络平台对分销商提供咨询服务。
- 给中间商提供线上服务（例如为他们建立网络平台），鼓励他们用其他方式从事中介服务。
- 有些商品仅在网络上销售，例如乐高公司。有些商品则是线上做广告，线下销售。
- 不在网络平台上销售产品是避免渠道冲突的一种方法。在这样的例子中，企业用电子商务的模式开展网络促销和网上消费者服务，例如宝马公司。

 实际案例

为了避免渠道冲突，企业可以使用 B2B2C 模式，如两家企业之间可以使用 B2B2C 中的 B2B 模式，参见 Taddonio（2011）。

EC 分销价值链需要增加新的中间商，提供新的服务，如聚合器、电子支付、委托付款。这些服务也加剧了渠道冲突问题，如送货上门服务是客户满意度的一个重要的影响因素，这使电商必须雇佣一家快递公司。

价格冲突和管理

当一件相同的商品线上销售的价格（通常更低）和实体店销售的价格不一样时，将会导致价格冲突现象。机票销售中价格冲突现象比较多，13.4 节中将展开讨论。

当 EC 业务和非 EC 业务分离时，价格冲突和渠道冲突会最小化或完全消失。

线上经营与线下经营分离

成立一家新的公司，把企业的线上经营剥离出去是一种明智的选择，但是它需要几个前提条件：(1) 电子商务的业务量较大；(2) 现有的经营模式有局限性，所以需要开发新的经营模式；(3) 新建立的子公司对现有的销售和管理系统依赖性不强；(4) 新建立的网络企业可以自主结成商业联盟，自主招聘技术人员，制定自己的价格，自主募集资金。许多企业（例如美国的巴诺书店、英国的哈利法克斯银行、新西兰的 ASB 银行等）都建立了独立的子公司开展网络经营业务。

品牌独立。企业在决定是否为线上的产品和服务建立一个独立品牌时，也面临着以上类似问题。

Web 2.0 和社交网络环境下的战略

当前，许多企业都积极使用社交网络以及 Web 2.0 工具和平台。使用社交网络以及 Web 2.0 工具和平台的好处有：提供更多创新产品和服务的能力，更有效地营销产品和服务，获得更多的知识和技术，保持更低的成本，以及增加收入。例如，虽然当前的经济不景气，但是许多企业仍然对 Web 2.0 大量投入。

Shuen（2008）认为，企业建立内部社交网络有四大好处：(1) 快速获得知识、专有技术以及进行沟通；(2) 改善社会关系和扩大会员量；(3) 通过个人的电子识别和声音进行自我品牌营销；(4) 通过朋友推荐、礼品赠送、先行先试者示范、订阅内容实时更新等方法进行病毒营销。2008年，德勤会计师事务所、IBM、百思买等企业都开始使用内部社交网络来达到上述目的。

通常的做法是：在一小群员工之间启动电子商务项目，以测试员工对 Web 2.0 的反应。例如，戴尔电脑公司在启动"头脑风暴"之前先建立了内部博客。客户可以通过内部博客递交自己的想法，也可以和公司客服进行交谈，等等。

营销人员在很多活动中可以使用社交网络工具。如以下案例所示：

 实际案例

GoECart 公司（goecart.com）的 CEO 在一次采访中指出，社交媒体是企业电子商务取得成功的关键要素。GoECart 是一家电子商务供应商，向零售商提供创新的、定制的电子商务解决方案（软件服务）。该公司帮助零售商建立基于社交网络数据的内部 CRM 系统。例如，鲜花销售商可以了解到客户的生日并发送个性化的信息，包括促销信息或优惠信息。

想要成功规划线上 EC 战略，尤其涉及社交媒体时，应重点考虑下列问题：

- EC 战略中的企业和 EC 发展目标要明确；
- 实施新颖的线上和线下品牌战略（包括社交媒体）；
- 策划客户可以参与的活动；
- 使用一流的社交媒体平台（如脸谱、推特），展示新颖的公司页面；
- 使用领英来创建卖方简介（公司简介）；
- 使用社交网络开展移动战略；
- 建立监督和双通道沟通机制，以获取客户对产品和服务的反馈意见，便于战略的制定。

Shuen（2008）对 Web 2.0 战略进行了综述，Gold（2008）对于调动和调整应用以适应公司的特殊需要提出了战略指导。

13.3 节复习题

1. 市场先驱会面临哪些优势、风险和成功因素？
2. 创造一个独立的网络子公司有哪些优势和不足？
3. 为何有些企业要为电子商务经营创立一个新的品牌？
4. 利用社交网络可以获得什么战略利益？
5. 社交战略和数字战略的区别是什么？

13.4 电子商务战略制定

战略准备阶段工作的结果可以形成许多潜在的电子商务战略选择，这些选择是分析企业的优势和劣势，在商务环境中来拓展机遇，规避风险。在战略形成阶段，企业必须决定实施哪种战略，采取怎样的步骤。战略制定活动包括评估电子商务机遇，并对这些机遇进行成本—效益分析和风险分析。战略制定环节的结果包括一些电子商务项目或者应用、风险管理计划、价格策略和商务计划。这些都将在战略实施阶段用到。下面列出的是电子商务战略制定阶段的主要工作。

选择电子商务机遇

企业涉足电子商务的方法很多（Pantic，2013）。

选择合适的 EC 项目需要判断、筛选和进行成本—效益分析，最好的结果是内外资源都能利用。使用现有资源驱动的战略是途径之一，例如，"问题驱动"战略可以帮助企业解决存在的复杂问题，如通过使用 Liquidation 等公司所提供的电子拍卖服务来处理多余的设备。如前所述，如果企业能够充分利用品牌、技术、更好的客户服务或者创新产品和战略，以及能够克服"追随者"战略的弊端，那么追随者战略可能会更有效。比较成功的案例有：Internet Explorer 成为浏览器领域的领先者，脸谱成为顶尖的社交媒体。

然而，在大多数情况下，最佳的方法是利用一种系统的方法，那就是判断何时应该采用何种战略，也就是说，最好的方法是利用战略组合。

选择一个合适的电子商务战略组合

多年来，许多企业都在尽力找到最好的 EC 战略组合，目的是实现企业有限资源的共享。传统的战略组合是对投资的平衡。

波士顿矩阵与网络组合地图

波士顿咨询公司建立了一个知名的矩阵（被称为"BCG 矩阵""波士顿矩阵"或者"增长象限"矩阵），主要解决项目间资金分配的问题。矩阵把公司的业务分为四类，这些业务单元分别是：明星业务、未知数业务（或"不了解业务""问题业务"）、金牛业务和瘦狗业务。这个矩阵有两个维度：市场成长率（高或低）和相对市场份额（大或小）。两个维度形成了 4 个象限：明星业务（高成长率、高市场份额），金牛业务（高市场份额、低成长率），问题业务（高成长率、低市场份额），瘦狗业务（低成长率、低市场份额）。企业会将各个部门或项目分成明星业务、金牛业务、问题业务、瘦狗业务，同时相应地安排预算。例如：与明星业务和问题业务相比，企业的"金牛业务"拥有最高的增长潜力，请浏览 netmba.com/strategy/matrix/bcg。

生存适用模型（The Viability-Fit Model）

Tjan（2001）对波士顿矩阵进行了调整，形成了新的"互联网组合图"。新的组合图不是评估市场潜力和市场份额，而是以企业的适应能力和项目的发育能力为基础，它们也有高低之分。判断企业或项目的适应能力和发育能力有各种各样的标准，包括市场价值潜力、形成正的现金流的时间、从战略制定到战略实施的时间、融资要求，等等。同样，还有一些指标（例如与企业核心竞争力的匹配度、与其他公司的创造能力是否一致、与公司的组织结构是否一致、技术是否成熟，等等）也可以用于评价企业或项目的适应能力。将这些因素组合在一起，就构成了网络组合图（见图 13.3）。

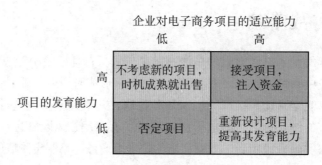

企业对电子商务项目的适应能力

	低	高
高 项目的发育能力	不考虑新的项目，时机成熟就出售	接受项目，注入资金
低	否定项目	重新设计项目，提高其发育能力

图 13.3 互联网战略组合图

资料来源：Tjan（2001），Sones（2001）以及作者的经验。

每家企业都需要制定自己的标准来判断电子商务项目的发育能力和企业自身的适应能力。高层管理人员和外聘专家要以这些标准来评估拟议的电子商务项目（例如，构建一个 B2B 采购网站，建立一个 B2C 仓库，开发一个企业的网络平台，等等）。有的是进行定量分析（例如从 1 到 100 进行量化），有的是进行定性分析（例如高、中、低）。假如某些标准比其他标准更重要，就可以对标准进行加权。将评价结果集合在一起，加权平均，就能对每一个电子商务项目的适应能力和发育能力作出评价。得分高的项目就可以被采纳并实施。

各种各样的电子商务项目将会标注在网络组合图上，它们就像穿行在一片未知水域的航船，借助导航设备，就能扬帆远航。假如适应能力和发育能力都低，这个项目就不能上马。假如这两个都是高的，这个项目就可以立即启动。假如适应能力是高的，而发育能力低，这个项目就要重新设计（获得更高的发育能力）。最后，假如适应能力低而发育能力高，这个项目就应该否定或者转让。高层管理人员在作出最后的决定，确定哪个电子商务项目能够获益，如何区分轻重缓急时，还必须考虑成本—效益问题和风险规避问题。

除了上述知名的战略方法外，还有许多特殊的模型。Egol et al.（2014）给出了 4 种电子营销的新模型。

战略制定过程中的风险分析

尽管 Web 2.0 技术能够为企业带来新的商机，但是由于网络的开放性和相互作用，它也会带来各种风险。所谓**电子商务风险**（e-commerce risk），就是在开发和实施电子商务项目的过程中可能出现的负面影响。网络和电子商务环境中的风险与实体企业面临的风险是不同的。例如，网络企业要面对网络安全威胁问题和网络基础设施脆弱的问题。因此，企业要想在电子商务经营中取得成功，就必须有一个健全的 Web 2.0 安全策略以提供欺诈保护。

开展电子商务经营的企业最大的风险是商业风险。也就是说，开发和实施一个电子商务战略会对一家正常经营的企业本身产生负面影响（请参阅在线补充读物 W13.1）。

战略制定中的协同问题

战略制定被认为是一个高度机密的过程，基本上只有 1 个小组参与，且很少有外部人员参与（除了咨询专家）。然而，这种情况正在发生变化，主要是因为企业发展的趋势是成为社会型企业，这就导致战略制定过程更开放、有更多参与者。根据 Gast and Zanini（2012），进行这种尝试的企业能够得到两个好处：一是能够借鉴更多的前瞻性观点（往往企业内部会忽略）来提高战略的质量，使最终的战略规划更具前瞻性和可行性；二是"建立基于企业战略方向的志同道合的伙伴和同盟关系——这是企业保持长期健康、有效运营和良好财务状况的一个重要因素"。这些战略制定的参与者往往也有助于战略的实施。

Gast and Zanini（2012）列举了下列有关协同战略制定的案例：

● Wikimedia 公司组织了 1 000 多个志愿者来对公司未来的发展方向提出建议（众包的一种）。志愿者提出了约 900 个建议，并且参与了对已提交建议的评估以及某些战略细节的制定。

● Red Hat（redhat.com）公司是一家开源软件的主要提供商，它的团队主要利用维客和其他网络工具进行战略制定。这种"创意产生阶段"便重构了 Red Hat 公司的战略制定过程。

 应用案例 13.2

Red Hat：协同战略制定

这家大型开源软件公司处于竞争激烈的全球市场中，若想取得成功，战略制定非常重要。因此，该公司采取富有创意的战略制定过程：

第 1 步：找出需要优先处理的问题，这些问题主要是关于公司的宗旨、使命和目标。

第 2 步：为每个需优先处理的问题组建一个小组，每个小组的组长都具有较高的执行力，且他们的工作与他们的专业无关，希望以此来产生新的创意。

第 3 步：每个小组都使用传统的以及 Web 2.0（如博客、维客）等协同工具和公司的所有员工进行沟通，并提供每个问题的背景信息，要求他们提出观点和反馈信息。所有参与者一起搜集、讨论和评估这些观点和反馈信息，经过为期 5 个月的讨论、线上交谈和辩论，在"创意产生阶段"的最后，最好的观点被整合成 9 个优先考虑的战略观点。

第 4 步：企业为每个优先战略组建一个新的团队，每个团队为每个优先战略制定方案（仍然使用反馈机制）。该团队成员包括参与战略实施的人员和参与一个或两个最重要的战略的规划和实施的人员。

这些步骤能够产生一些新的创意，其鼓励了战略制定过程的创新。此外，这些步骤也有助于理解其他人的工作以及更好地协同。因为战略实施人员也参与了战略的准备和制定过程。

由于该项目的成功实施，Red Hat 公司的战略调整和评估处于动态中，不需要每年进行战略调整。

自启动该程序后，尽管经济下行，但 Red Hat 公司的收入获得了持续增长。2009—2013 年间，Red Hat 公司股价的涨幅超过了 500%。

对于过程、收益、经验教训、支持视频（"Jim Whitehurst on Red Hat Strategy"）以及公司的财务成果，参见 Yeaney（2011）。

资料来源：Yeaney（2011），Gast and Zanini（2012），Bort（2012）。

思考题：

1. Red Hat 公司是一家开源软件公司，为何它比较喜欢使用 Web 2.0 工具？

2. 该案例与第八章众包的相关性是什么？

3. 指出该案例中的战略制定活动。

4. 观看视频 "Jim Whitehurst on Red Hat Strategy"（时长 2 分 26 秒，网址为 youtube.com/watch?v=64V6nV0WnHE），并总结驱动力和创新成果。

5. 总结该案例中的优势和重要的成功因素。

战略制定过程中应该考虑的安全因素

在制定电子商务经营战略时，应该考虑如下安全因素：

- 任意软件和其他技术性攻击行为；
- 人为过失和自然灾害；
- 僵尸 DoS 程序袭击导致的命令执行关闭或慢速；
- 敲诈行为，以及使用 DoS 和 DDoS 作为敲诈平台；
- 任何安全攻击行为引起的业务中断；
- 因法律诉讼造成的相关罚款和律师费用；
- 员工不满造成的损失；
- 知识产权侵害造成的损失（如剽窃或复制商业秘密）。

电子商务战略制定中的其他问题

在电子商务战略的制定过程中，不同企业、不同行业、不同应用形式会产生不同的问题。本节将讨论比较有代表性的一些问题。

控制线上、线下业务之间的冲突

在虚实结合的企业里，如何将有限的资源在线上和线下业务之间进行分配，不是一件容易的事情。尤其是在一家销售型企业中，线上业务和线下业务会成为竞争对手。在这种情况下，负责线上业务和线下业务的人员就会表现得像竞争对手。当线上业务部门需要线下业务部门安排物流时，或者当双方讨论价格时，便会产生各种冲突，会带来很多问题。这时，高层管理者的应变能力和灵活的协调能力，将会影响企业的线上业务和线下业务的整合。高层管理者对线上业务和线下业务的平衡能力，以及制定战略以明确每一环节"做什么、怎么做"的能力显得格外重要。

价格策略

传统的价格策略是成本加成法和竞争模型法。**成本加成**（cost-plus）指的是把各项成本（原材料、人员、工资、管理费等各种费用）加上一个百分比作为利润。竞争模型法是以市场上竞争者对相似产品的定价作为确定价格的基础。具体情况请参阅 netmba. com/marketing/pricing。

网上销售的产品和服务的定价方式则稍有不同。主要表现在如下几个方面：

> ● **容易进行价格比较**。在传统市场上，往往是销售者掌握着更多信息，所以在确定产品价格时占有主动权。互联网方便价格比较，所以许多经济学家称其为"完美市场"。在这个市场上购买者和销售者能够以相同的方法获得信息，而且一般对购买者更有利。在网络上，搜索引擎、价格比较网站（例如 mysimon. com，kelkoo. co. uk 等）、信息中介、情报代理等使客户很容易找到价格最低的产品。
>
> ● **有时由买方定价**。自主定价模式（例如 Priceline. com 和许多拍卖网站等）意味着买方不是被动地接受价格，有时他们可以自主制定价格。
>
> ● **相同产品线上和线下的定价不同**。价格策略对于既有线上经营，又有线下经营的企业变得格外艰难。若制定的价格比线下商品的价格低，将会导致内部矛盾，若制定的价格在同等水平，将会妨碍竞争。
>
> ● **差别定价是另一种价格策略**。几十年来，航空公司一直是通过"收益管理"方法来使收入最大化，即对同一产品制定不同的价格。在 B2C 电子商务市场上，一对一的市场营销模式能够将"收益管理"模式从面对一类客户（例如早买机票的人）变成面对单个客户。

由于互联网技术为消费者提供了一个获得价格信息的方便通道，因此提振了消费者的消费能力。为了保持竞争力和获得利润，销售者不得不采用精明的价格策略。具体说来，就是企业必须利用互联网来优化定价策略，主要是制定价格时更加准确，调整价格时更加灵活，利用客户细分来实施差异化定价。

多渠道战略

最常见的一种 EC 战略就是向消费者提供多种渠道，这被称为"多渠道或全渠道战略"。在很多案例中，企业都需要整合多个渠道以避免出现前面提及的多渠道冲突。此外，一些纯电子商务企业开设了一些实体店。例如，Expedia 公司（expedia. com）选择一些城市开设了实体店 Expedia Local Desks。2014 年，亚马逊也开设了实体店（称为"Pantry"）。亚马逊的实体店销售 2 000 多种普通杂货店也销售的商品。Pantry 将与好市多、沃尔玛的山姆会员商店等仓储式超市展开竞争（请浏览 usatoday. com/story/tech/2013/12/12/amazon-pantry/4001707）。纯电子商务企业开设实体店的战略比较复杂，例如：Vaish（2011）建立了一个"成熟度模型"，成熟度值从 0 到 4，成熟度为 0 表示有限存在，成熟度为 4 表示最优化和创新。每个成熟度值都需要一个不一样的战略准备、制定、实施和评估过程。多渠道电子商务的更多内容，参见 Lee（2013）。

收购、合作、合资和多种 EC 模式战略

与早期的电子商务企业相比，现在许多电子商务企业都拥有多个线上业务部门和网站，而不是仅有一个网站。除此以外，许多企业还与其他企业通过合资或其他形式进行合作。例如，阿里巴巴集团（第四章）有 9 家公司，包括支付宝、阿里巴巴、天猫等，亚马逊除了从事电子商务零售外，还销售软件和硬件。2014 年，中国腾讯控股集团购买了一部分 Leju 控股集团的股份，Leju 是一家线上房地产服务公司。腾讯想扩大其线上服务的范围，并把这些业务与智能手机信息应用——微信业务捆绑在一起。脸谱、谷歌、苹果和亚马逊都在积极寻找扩大线上服务范围的途径。谷歌甚至投资了机器人业务，脸谱在 2014 年购买了虚拟现实公司 Oculus VR，阿里巴巴集团购买了一家硅谷的新兴企业 TangoMe。诸如此类的案例有很多，许多收购案例的收购价都很高，如脸谱收购 WhatsApp 花费了 190 亿美元。这些收购行为是否明智呢？脸谱花费 20 亿美元收购了 Oculus VR 是具有远见的还是疯狂的？

13.4 节复习题

1. 企业应该如何判断是否要实施电子商务项目？
2. Tjan 提出了怎样的互联网组合图？
3. 企业实施电子商务战略时会遭遇哪四种风险？每种风险涉及哪些问题？
4. 线上定价有哪三种策略？
5. 描述多渠道观点和战略。
6. 描述收购战略及其优势。

13.5　电子商务战略实施

战略实施阶段就是执行计划。在这个阶段，要制定各种具体的、短期的计划以实施在电子商务战略制定阶段已经确定的项目。决策者对各种方案进行评估选择，设定具体的时间表，配置资源，管理项目。

本节将讨论电子商务实施过程中的几个问题。

电子商务战略实施的过程

电子商务战略实施的第一步是物色一位主管，建立一支团队，由该团队来负责计划的准备和实施。在战略实施过程中，这个团队会建议组织做一定的变化或调整。因此，在实施阶段，有时会对既有的管理模式进行一些改变，包括商务流程的管理。

物色一位主管

不管是开展网络项目还是组建网络团队，都需要一位主管。所谓**项目主管**（project champion）就是确保项目获得所需要的时间、人力和资源，避免人为干扰的人。项目主管可以是这个团队的领导，也可以是一个高级管理人员。Plant（2000）曾经针对电子商务战略对 43 个公司开展过调查。结果显示，每一个成功的电子商务项目中一定有一个强有力的项目主管，他可能是一个高级行政人员，也可能是能够向高级行政人员显示项目会给公司带来潜在价值的人。同样，对于一个组织来说，高层管理者出任电子商务项目主管是网络技术得以推行的一个关键因素。

在创建一个网络团队或项目团队时，公司管理层应该认真地明确谁负责、安排哪些人做团队成员、技术方面谁负责、安排哪些技术人员参加，等等。组建网络项目团队的目的是统一业务目标和技术目标，并且保证有足够的资源来实施一个合理的电子商务计划。

从一个试验性的项目开始

实施电子商务战略的一个明智之举就是从一个或一些小的电子商务试验性项目开始。试验阶段可以发现许多问题，并可以较早地进行战略调整。

资源配置

电子商务项目所需的资源依赖于提供的信息和规划者的能力，以及每一个项目的要求。对于电子商务项目而言，某些资源——软件、计算机、仓储能力、员工等可能是全新的、独一无二的。一个项目的成功取决于积极有效的资源共享、配置和利用，如数据库、内部网络和外部网络。优化资源配置的工具有许多种。

项目管理

配置资源时，可以利用各种工具。有些项目管理工具（例如 Microsoft Project）可以帮助明确具体的项目任务、时间节点、所需的资源，等等。有些系统设计工具（例如数据流图标）能够帮助制订资源需求计划。

电子商务策略实施中存在的问题

不同的经营环境会使电子商务战略实施遇到不同的问题，以下是几个具有代表性的问题。

究竟是购买、租用还是自主开发电子商务工具

电子商务项目实施需要利用一个网站，还需要将这一网站与公司现有的信息系统进行整合（例如前台接收订单，后台处理订单）。因此，企业就必须作出决策，究竟是购买，还是租用、外包，或者自主开发这些基础设施。例如：

- 究竟用内部的力量还是外部的力量来完成网站开发？还是将两股力量结合起来？
- 自主开发应用软件，还是购买现成的商业软件？
- 如果有现成的商业软件，是直接购买，还是向应用服务供应商租用？如果是购买或租用，是否需要修改？
- 由公司自主管理网站还是让外部的互联网服务供应商托管？
- 如果服务器由外部托管，那么由哪一方来管理和维护信息和系统？

不管作出怎样的选择，都有它的优势和劣势。企业应该考虑各种因素，例如电子商务应用的特征、公司的技术水平、对运行速度的要求，等等。

将哪些业务外包？何时外包？外包给谁？

外包能够对公司创造策略性优势，它能够保证技能娴熟、成本低廉的员工参与管理，还能提供潜在的市场机会。所谓**外包**（outsourcing）就是将企业的产品制作或服务以合同的形式包给另外一个组织，后者同意在一定的期限内管理和提供这些产品和服务，同时收取一定的费用。这些服务当然也可以由公司自己的员工来完成。如果是电子商务经营，外包就意味着利用其他企业的力量来开展电子商务运作。

 实际案例

一个有意思的能够帮助"实施或不实施"外包决策的工具是 Gartner 公司的魔力象限。该工具从两个维度分析企业（供应商）：执行力和前瞻性。厂商被置于四个象限之一（如具有强执行力和高前瞻性的是领导者，具有弱执行力和高前瞻性的是有远见者）。企业可以使用该象限工具找到合适的外包商。请浏览 gartner. com/technology/research/methodologies/magic-Quadrants. jsp♯m。

电子商务项目的成功实施经常需要利用外包这种形式，企业需要做的工作包括：（1）评估什么时候可以外包；（2）决定哪一部分工作外包，哪一部分工作自主经营；（3）选择一个合适的分包商来实施外包项目。

软件即服务。在考虑外包时，一家企业可以选择"软件即服务"的外包模式，或选择"云计算"的外包模式（参阅在线辅导资料 T2）。

　　企业通常在电子商务项目实施的过程中选择外包。当需要试验新的电子商务技术，但是又不计划投入大量资金时企业会选择外包。

　　企业内部完成和外包的比较见表 13.4。有时，在对两种途径都进行评估后，企业会混合使用两种途径，以平衡两者的优劣势。

　　互联网服务供应商以及各类咨询公司都是 EC 应用发展项目中常见的外包供应商。

表 13.4　　　　　　　　　　　　　　电子商务项目自主开发与外包的优劣比较

内容	自主开发	外包
对项目的掌控	较强	有限
系统知识和开发	较多	较少
员工对知识和技能的掌握程度	较高	较低
开发成本	较高	较低
维持、更新和扩大的自主程度	较高	较低
开发时间	较长	较短
有实际经验和专门技能的员工数	较少	较多

　　但是，也不能过高地估计外包的优势，因为它也蕴含着诸多风险。例如，项目承包方倒闭破产了。如果承包方是国外的公司，那么其所在的政治及法律环境发生变化也会带来一定的风险。此外，有些企业缺乏在不同的文化下外包和合同谈判的经验。

　　本书的第十六章结合网络的叙述将详细讨论这些问题，例如自主开发还是购买，自主管理还是外包，自主运营还是托管运营，等等。在这些决策中还需要考虑伙伴关系和商业联盟，这些将在在线补充读物 W13.2 中讨论。

业务流程再造：BPR 和 BPM

　　在电子商务战略实施阶段，许多企业要面对的一个内部问题是需要改变业务流程来适应电子商务运营带来的变化。有时这些变化相对简单，可以作为原有的业务流程的一部分加以控制。有时这种变化非常剧烈，以致影响整个公司的运行方式。因此，需要进行流程再造。

业务流程再造

　　业务流程再造（business process reengineering，BPR）是对企业经营流程进行重新设计的一种方法。业务流程再造主要是出于如下目的：

- 对原有设计不足的流程进行修正（例如原有的流程不够灵活，或者不能升级）；
- 改变原有流程以适应商业性应用软件（例如企业资源计划、电子采购等）；
- 在参与电子商务项目的不同企业（例如电子市场、应用服务供应商）的流程和系统之间进行整合；
- 对物流、支付、安全等流程进行整合。

　　参见 Johnston（2012）。玫琳凯（Mary Kay）利用电子商务战略再造商业模型的案例研究，请参阅在线补充读物 W13.2。

业务流程管理

　　所谓**业务流程管理**（business process management，BPM）指的是企业为改进业务流程所做的各种工作。尽管业务流程的改进并不是新鲜事，但是许多称为"业务流程管理系统"的软件工具确实能使这些管理活动速度更快，成本更低。业务流程管理系统监控业务流程的执行，所以管理者根据分析的结果来改变业务流程，而不是靠直觉采取行动。业务流程管理与业务流程再造是不同的，因为它不是对原有流程的一次性改造，而是一个长期的过程和重复的行动。业务流程管理活动分成三类：设计、执行和监控。有关价值驱动的 BPM，可参阅 Franz and Kirchmer（2012）。

变动管理

实施大型电子商务或社交项目需要实施变动管理，特别是业务流程发生变化时。一般的企业可以使用一种通用的变动管理软件来完成这种工作。对于 IBM 如何对企业 2.0 进行变动管理，参见 Chess Media Group（2012）。其他细节，参见第十四章。

13.5 节复习题

1. 什么是网站开发项目团队？它们的目的是什么？
2. 项目主管的角色是什么？
3. 实验项目的目的是什么？
4. 应用开发和企业流程再造工作中会面临哪些问题？
5. 什么是企业流程管理？电子商务开发中它能发挥什么作用？

13.6 电子商务战略和项目的绩效评价

当电子商务的应用或项目实施完成后，电子商务战略的最后一个阶段就开始了。战略评价包括对各类电子商务指标不间断的评估和对工作流程的评估，看其是否与公司的总体目标一致。根据评估结果，公司要调整自己的行动，如果有必要，要对公司战略进行重构。

评价的目标

战略评价有好几个目标。其中最主要的是：

- 对电子商务战略和各种项目的预期目标与实际完成的结果进行比较。假如没有完成预期目标，要采取措施对项目进行调整；
- 判断电子商务战略和项目与当前的环境是否一致；
- 对所制定的战略进行评价，从错误中吸取教训，为将来的改进创造条件；
- 尽可能快地发现失败的项目，寻找失败的原因，避免在以后的项目中犯同样的错误。

网络应用经常以意想不到的方式发展，总是超过了它们最初的计划。例如，美国 Genentec 公司是一家知名的生物技术企业，它们计划投入一小笔资金对原有的网络公告牌系统进行升级换代。但很快就发现内联网成长很快，在短时间内内联网便深受欢迎，并产生了很多应用。采取纠错措施是绩效管理重要的一部分，13.7 节将介绍这部分内容。有关绩效管理的原则和框架，参见 Gosselin（2010）。

绩效评价过程

绩效评价是一个基于已有战略、策略和实施计划的过程。该过程包括以下步骤：

1. 建立绩效标准；
2. 监测项目绩效；
3. 比较实际绩效和绩效标准；
4. 利用分析系统进行分析，包括网站分析；
5. 用平衡计分卡比对分析内容；
6. 以报告、表和商业智能仪表盘的形式向管理层汇报结果。

该过程见表 13.4。

该过程是庞大的循环过程（从战略准备和战略制定到进行纠错）的一部分，本节余下的部分将介绍该过程的主要步骤。

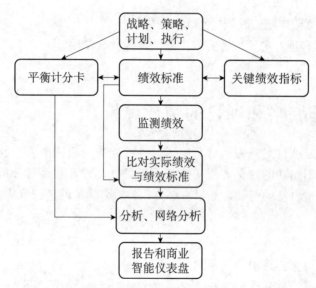

图 13.4 绩效评价过程

确定和使用标准

首先要强调的是"评估什么"，问题的答案是：识别战略或计划中的主要活动。例如：企业的目标之一是改善客户服务，那么要确保战略、策略和计划能达到这个目标，然后才是确定衡量指标。

标准（metric）必须是实际业绩可以比对的、具体的、可量化的。这些标准可以是一个绝对数字或比值，也可以是有形的或无形的。打个比方，如果战略是建立一个电子拍卖系统以促进销售，那么指标便是企业的销售额。

一项业务标准是一种可量化的度量，用以监测业务过程的绩效［参见 Klubeck（2011）并浏览 klipfolio.com/resources/articles/what-are-business-metrics］。根据标准来确定、监测和比对绩效是成功的关键因素。

标准能够通过一系列方式引导组织的行为，最终产生积极的结果。这些标准如下：

- 成为建立和评估具体目标和计划的基准。
- 利于商业模式的价值主张的构建。
- 通过绩效目标向员工传递企业战略。
- 通过与绩效考核和奖励挂钩来增强责任感。
- 使个人目标、部门目标、分公司目标和总公司目标保持一致。
- 监测电子商务系统的绩效，包括使用情况。
- 使用平衡计分卡和绩效仪表盘等工具评估企业的健康状况。

绩效标准的测度

标准必须明确且可以清晰测度，例如：收入增长可以用总收入、变化比值和增长比例来测度。又如：成本规避有多种测度方式。但是，不仅要明确标准如何进行测度，还要明确测度标准的意义。每个标准都有一个或多个测度方式，被称为指标，最重要的指标被称为关键绩效指标。

关键绩效指标（key performance indicator，KPI）是一种量化测度影响企业、部门和项目成功的关键因素的方法，KPI 经常被用来测度公司使命和目标的完成情况。一项目标可以拥有多个 KPI，不同的公司也会用不同样的 KPI 来测度公司经营的成功和失败。

 实际案例

Hayes（2013）列举了一些目标及相应的 32 种 KPI，如：对于销售 KPI，他认为可以监测每天或每周的销售额、网站的访问量以及客户订单的数量。对于客户服务 KPI，他认为可以统计电子邮件和与之有关的会话数量。

表 13.5 列举了企业需要测度的绩效指标。

表 13.5   **2012 年需要测度的电子商务战略绩效指标**

绩效指标	涉及的公司所占的百分比（%）
吸引新客户浏览网站	40
提高线上营销的效率	38
维系老客户	31
找到合适的员工	25
管理技术创新	16
对项目绩效进行分析和优化	13
规划一个国际战略	7
使用社交媒体渠道	5

在测度绩效指标时，一些企业也许会意识到原定的目标不切合实际，网络服务器的功能与需求不符合，未能实现预期的成本节约目标，等等。这就需要做一些调整。

对电子商务战略进行绩效评价并不容易，因为现实环境复杂且存在众多影响因素。另一个非常重要的方面是：网络运营团队不仅要评价项目绩效，还要考虑到变幻莫测的环境。

不确定变量。 在设置和测度 KPI 时，企业还必须考虑到不确定变量。如何处理不确定变量，参见 Hubbard（2010）。

实践中的电子商务标准

在战略管理中使用评价标准的一个很好的案例是新西兰的 Axon 公司（请参阅在线补充读物 W13.4）。为了利用商业机会并维持商品声誉，Axon 启动了 Quality Direct 项目，该项目为中小企业提供线上的采购服务，使中小企业能获得和大公司一样的优质服务。该案例中提出了一些与网络有关的标准。

绩效标准

绩效标准用以评价企业的绩效，是总目标下的一系列子目标。绩效标准与绩效管理体系以及平衡计分卡有着紧密关系。

绩效监控

虽然电子商务活动和网络活动十分复杂，但是企业仍然有很多方式进行绩效监控。绩效监控涉及网上的各种活动，客户在社交媒体上的会话，财务和营销是否成功，等等。提供监控工具和服务的供应商有上百家，因此很难一一列举。如 AlertSite 公司的一款产品 Smartbear Software（smartbear.com）提供全天候的网站监控服务并在网站出现问题时提供警示。对于网站监控的相关信息、网络性能等请浏览 blog. monitor. us。监控的一个主要领域是社交媒体。对于如何监控家庭中的互联网使用，参见 Miller（2012）。

社交媒体领域的监控

伴随着数十亿的视频、图片、微博，以及其他聊天工具的出现，网站上的社交媒体数量也在急剧增加。因此，企业面临的问题是如何监控网站上与之有关的数据。除此以外，企业的监控必须是高效且低成本的。选择恰当的标准和自动搜集数据是这些问题的解决途径，企业可以在其使用的电子邮件、RSS 订阅或者其他软件上设置自动监控系统。详情参见 Turban et al.（2015）并浏览 forbes. com/sites/cherylsnappconner/2014/03/04/top-online-reputation-management-tips-for-brand-market-ers。

谷歌提供的邮件警示服务可以让消费者自己设置关键字，如品牌名称或者竞争对手的品牌名称等。消费者还可以在网站、博客上设置电子邮件警示服务（Beal and Strauss, 2008）。

社交媒体监控工具。社交媒体监控工具有很多，详情可浏览 wiki. kenburbary. com，并参见 Paine（2011）。

许多社交媒体监控供应商向企业提供数据服务（请浏览 actionly. com，Radian 6；salesforcemar keting cloud. com/products/social-media-listening, visibletechnologies. com, twelvefold. com）。大多数供应商通过追踪线上内容把汇总信息和其他统计数据递交到信息板上。小微企业可以从 Google News、Moreover Technologies 等平台获得免费监控服务。

平衡计分卡（BSC）

被广泛使用的最知名的绩效管理系统之一是平衡计分卡（请浏览 balancedscorecard. org）。Kaplan 和 Norton 首次在《哈佛商业评论》的《平衡计分卡：驱动绩效指标》一文中提出了这一理论（Kaplan and Norton，1992）。有关概述，参见 Person（2013），有关资源请浏览 balanced-scorecard. org/Resources/AbouttheBalancedScorecard/tabid/55/Default. aspx。平衡计分卡的主要目的是监控与电子商务战略相关的活动，详情请参阅在线补充读物 W13.5。

分析绩效数据

一旦搜集好数据，就可以与标准和 KPI 进行比对，对绩效数据和偏离目标数据进行分析。电子商务数据和信息分析是一个非常复杂的领域，有多种分析方法和工具。本章只介绍最主要的几种分析方法和工具。

明确 EC 分析体系

EC 分析体系是一个伞状术语，包括一系列特定的分析方法，例如：在社交媒体领域，可以使用社交过滤、情感分析和社交媒体分析等方法。总的来说，EC 分析体系是对所监控的内容进行评估、分析和解释的过程（如人们的互动和联络）。

EC 分析体系对于了解 EC 现状并制定相应战略是非常重要的，其也是网络分析体系中的一个子分析体系。

主要的几种分析类型

分析可以基于营销数据、财务数据、行为数据和其他数据，主要的几种分析类型是文本和网络挖掘、最优化、预测报告以及情感分析。

网络分析及主要分析工具

网络分析（Web analytics）是 EC 战略评价中较大和增长迅速的领域之一。根据网络分析协会的定义，网络分析是指为了理解和优化网络使用对网络数据的评价、搜集、分析和报告。同时，网络分析也被用于促进市场研究和绩效评价。网络分析首先识别可以用来评价网站目标和使命达成的数据（如过多的访问者访问网站地图意味着网站导航存在问题），关注网站方位类型和人们的线上行为。其次，搜集用以分析的数据，如网站访问者所在的地理位置、访问者浏览的网页、访问者浏览的时间、访问者对网站内容作出反应的方式。这些数据可以反应搜索引擎优化或广告活动的影响、网站设计和导航的效果以及最重要的访问者转换率。由于大多数 EC 网站的目标是销售产品，因此最有价值的网站分析数据是与访问者变成买方的转换率有关的数据。

网络分析的有关信息请浏览 emetrics. org，jimnovo. com。两种网络分析工具是 WebTrends（webtrends. com）和 Google Analytics（google. com/analytics）。

 实际案例

谷歌分析

谷歌分析（Google Analytics）是一个综合性的分析工具，可以进行多种统计活动，如时间序列分析、横截面分析、离散分析、趋势分析、投资回报率分析以及更多其他分析法。了解谷歌分析的七个监控标准，可浏览 prdaily. com/Main/Articles/7_Google_Analytics_metrics_you_should_monitor_13939. aspx♯。

欲了解谷歌分析系统新的特征以及如何优化使用，参见 Cutroni（2014）。此外，有多家公司开发了多款工具用以完善谷歌分析工具。如：Agency Platform，Argyle Social，Unilyzer，Bazaarvoice 公司旗下的 Social Commerce Insights，以及 trucast. net 网站上的 Visible Intelligence 等。

其他的网络分析工具有：雅虎的网络分析工具（web. analytics. yahoo. com）。请浏览 youtube. com/playlist? list = PLED821CEF3DF6AB33，观看视频 "SAS® Social Media Analytics"

（《SAS 社交媒体分析工具》，时长 3 分 49 秒）。

社交媒体活动

分析社交媒体活动的方法有很多，常用的 EC 工具——网络挖掘和文本挖掘，也同样适用于社交媒体分析。还有一些能够分析数据、文本和网络挖掘的社交媒体分析工具。对于社交媒体平台、用以寻找用户的工具等内容，参见 Sponder（2012）。以下是一些分析工具案例。

 实际案例 1

IBM 公司的 SPSS（ibm. com/software/analytics/spss/products/modeler）是一种预测分析软件，通过 Web 2.0 工具（如博客和社交网络）搜集数据来分析消费者对产品和服务的需求趋势。该模型的升级版还可以分析表情符号和普通文本行业术语。此软件涵盖且可分析 180 个变量和400 000 种行业特定术语。

 实际案例 2

温迪连锁企业每年使用软件分析其所搜集的 500 000 个文本型客户信息。通过使用 Clarabridge 文本分析软件，温迪公司分析来自网络反馈单、电子邮件、回收的调查报告和社交媒体上的评论。在社交媒体出现以前，该公司结合电子数据表和关键字搜索，使用低效的手工操作方式监控评论。

 实际案例 3

尼尔森公司提供一种分析工具和一个参与平台。

其他提供分析工具的主要供应商还有 clarabridge. com，attensity. com，sas. com，以及 sap. com 等。

情感分析

情感分析（sentiment analysis）或**观点挖掘**（opinion mining）指的是一种旨在识别人们在网络会话中关于某个特定问题的态度。详情参见 Pang and Lee（2008）。该分析通过自然语言处理（NLP）、计算机语言和文本分析法来自动识别和提取社交媒体的主题信息。

自动情感分析指使用计算机识别自然语言内容中的情感，不同的情感评价平台使用不同的技术和统计方法来评价情感。此外，另有一些平台使用混合分析。

IBM 社交情感指数。IBM 开发了一个软件，用以聚合和评价众多社交媒体上的公众观点。例如，该软件可以识别会话中的情感语义（如识别嘲讽和诚挚），以及发现重要的会话并加以监控。详情请参阅 ibm. com/analytics/us/en/conversations/social-sentiment-steampunk. html。

情感分析的成功案例，参见 Valentine（2014）。对于汤森路透如何纳入推特的情感分析用于其市场分析和贸易平台，参见 Lunden（2014）。

13.6 节复习题

1. 战略评价的重要性表现在哪里？
2. 如何界定评价指标？它们对战略规划有什么作用？
3. 公司绩效管理在战略评价中有什么作用？
4. 什么是平衡计分卡？
5. 描述网络分析。
6. 描述情感分析法。
7. 什么是 IBM 情感分析指数？

13.7　绩效改进和创新

电子商务战略的最后一步是根据第 4 步的结果决定如何改进绩效，或如何调整战略。

许多案例表明，为了保持竞争力或生存下去，大部分企业都不断地努力改进经营绩效。

本节将讨论下述主题：概述，商业仪表盘和通过创新改进绩效，并列举一些战略创新案例。

绩效改进

改进组织和个人绩效的方法和工具有很多，这些方法和工具的使用主要依赖于绩效评价结果。使用 BPM 和 BRP 进行流程再造是方法之一，详情见 13.5 节。一些大型企业会使用竞争情报分析（CI；请浏览 whatis. techtarget. com/definition/competitive-intelligence-CI）。竞争情报分析包括对竞争市场、竞争对手和商业环境的分析。Kaplan and Norton（1996）建议使用平衡计分卡来诊断企业的"健康"。Kaplan et al.（2010）建议使用平衡计分卡来规避合伙失败的风险。工业管理领域除了设置一些标准外，也关注绩效改进。目前，已有成千上万的 App 被设计用于电子商务绩效的改进，其中很多 App 是针对手机用户而设计的。因此，很难列举所有的绩效改进工具。本节只讨论两个主要工具：商业仪表盘和创新。

商业仪表盘在 EC 中的应用

一旦数据经过分析和汇总，就需要以图表形式递交给经理以便进行决策，商业仪表盘是提供这种功能的常用工具之一。

什么是商业仪表盘？

商业仪表盘是一种控制面板软件，其最著名的应用是汽车司机或飞行员面前的控制面板。控制面板上有许多测量仪器和指示器。**信息仪表盘**（information dashboard，本章简称"仪表盘"）是一种可视化的数据展示，从而让数据更容易阅读和进行说明。因此，它是一种很受欢迎的用户界面。信息可以通过仪表、记录、图、表、地图等来展现，从而揭示评价标准的方向和进度。仪表盘是经常被执行官和经理使用的商业工具，因为其能直观地归纳和追踪重要信息（通常是 KPI 等各种指标），并使用警示符号（如红色）把偏差标记出来，从而揭示需要调整的地方。仪表盘通常是各种信息源的交互和集中，并且可以定制。

仪表盘有很多种类，颜色也很丰富。当使用谷歌搜索"图片（或图像）仪表盘"时，可以搜到 100 多种。对于如何使用仪表盘、仪表盘数据库、文档等，请浏览 dashboardinsight.com。若要了解仪表盘的综合指导，包括信息图、案例学习等，请浏览 klipfolio.com/guide-to-business-dash-boards。

绩效改进创新

电子商务领域的创新与其他领域的创新是类似的。创新不仅是绩效改进的关键，还是电子商务项目成功以及整个企业成功或只是生存的关键。当前较为独特的现象是管理层和员工都更关注创新过程中的理论、战略和工具的发展。社交媒体也为管理层提供了创新的新途径，如使用众包来构思创意，听取消费者对产品设计或重构的建议。

1. Spigit 公司（spigit.com，目前属于 Mindjet 公司）指出社交媒体下创新的 9 个关键要素。这 9 个持续变化的关键要素可以归纳为：把创新当作一种制度。
2. 构建共同的社区空间，为公司每个员工提供创新的机会。
3. 创新的来源是多途径的（例如：利用众包方式）。
4. 员工的思想自由不受限制。
5. 构建随市场变化而不断变化的文化氛围。
6. 在推行创新之前要对其进行评价，当然，也要考虑否决创新的后果。

必须对创新进行评价以便更好地进行管理，以下是一些创新战略：

● IBM 帮助其客户创新电子商务的商业模式，使客户能更好地管理、重构价值链以及使用电子商务技术（请浏览 ibm.com/smarterplanet/us/en/smarter_commerce/overview）。

● 社交技术和 Web 2.0 工具使员工下班后也能工作。虚拟办公室有助于提升绩效。

● 许多企业把战争类游戏融入创新活动中，以便研究改进产品的战略。通过模仿竞争对手的创意和行为（了解与竞争对手相比，它们所处的创新状态），它们能更好地抓住机会（Capozzi et al.，2012）。

● 许多创新活动与移动电子商务有关。

基于计算机的创新工具能够促进个人和组织的创新。需要注意的是，一些 Web 2.0 工具也在此列（Shneiderman，2007）。想要了解创新案例、战略和文章，请浏览 enterpriseinnovation.net。

常见的创新改善的途径有：（1）为创新创造开放的环境；（2）为新创意广开言路；（3）选择前景明朗的创意；（4）采纳"研究和学习"方法。

创新战略：一些典型的案例

以下是几个电子商务战略决策的典型案例：

● 为了和其他零售商展开竞争，塔吉特公司在 2012 年假日旺季对某些线上零售商品实施价格保护战略。该公司决定在 12 月 24 日才实施价格保护，但是 2013 年它们决定整年都实施线上价格保护。塔吉特公司不仅对在亚马逊、沃尔玛、百思买和 ToysRus.com 上销售的产品提供价格保护，也对仅在塔吉特公司线上销售的商品实施价格保护。详情参见 Wohl（2012）。为击败竞争对手，Toys R Us（玩具反斗城）儿童用品公司实体门店里的商品实行与网络店铺相同价格的定价策略。

● 百思买公司（bestbuy.com）面临全面竞争，主要竞争对手是亚马逊和 GameStop.com，这两家都给百思买公司的销售带来了严重威胁。百思买公司的实体店变成了展示厅，到店的消费者可以使用智能电话扫描商品的条形码进行比价，然后以更低的价格在亚马逊或其他网上商店购买。因为亏损，百思买公司不得不关掉一些门店。目前，百思买公司的战略是通过网上商店销售更多商品，但它仍处于苦苦挣扎中。百思买公司还改善了客户服务以及实施积分计划，并给计分卡会员提供免费送货服务。详情参见 Dignan（2012）。

- Travelzoo 公司（travelzoo.com）处于竞争激烈的电商环境，该公司的战略是增加其覆盖面，扩大销售队伍和发展新产品，尤其是手机和酒店门类产品。易趣公司（ebay.com）通过帮助一些服装初创公司与亚马逊、Etsy、Bonanza 等展开竞争。

- 脸谱公司（facebook.com）提供一些虚拟电子礼物，这种礼物可以在任何情况下送出。

- 苹果公司（apple.com）和脸谱公司进行合作，通过在苹果公司的 IOS 系统中植入 Facebook Integration，与谷歌公司展开竞争。用户可以通过 Facebook Integration 登录脸谱，并更新他们的状态，分享 Safari 的链接和发送照片。为了允许脸谱使用苹果公司的通讯录和日历功能，苹果公司引入了 Apple Maps（一个不太成功的 Google Maps 的竞争产品）。然而，为了完善 Maps 的功能，苹果公司购买了 Spotsetter。Spotsetter 是一家初创公司，提供社交搜索和地图搜索产品。

- Cars 公司（cars.com）使用一种差异化战略，即让其网站成为所有品牌和型号的汽车展示中心。它为消费者和销售者提供新车和二手车买卖服务。消费者通过脸谱、推特和 Google＋之类的 Web 2.0 社交工具和平台，可以在网站上查看汽车的特性、评论以及销售商的报价。

- Google＋是 2011 年创立的社交网站，其使用差异化战略来推广网站以及构建搜索功能。为了从脸谱争夺广告业务，谷歌提供页面定制服务。因为脸谱最大的竞争优势是拥有大量用户和游客，因此谷歌的战略已经奏效。截至 2011 年 8 月，谷歌成为成长最快的社交网站（从市场占有率看）。

- 为了支持智慧商务的发展战略，IBM 以较高的价格收购了几家电子商务公司，如 Coremetrics、SterlingCommerce、Unica。IBM 的智慧商务战略通过捆绑移动电话、社区、分析软件和云计算来满足社交媒体产品和服务的需求。详情参见 Guinn et al.（2011）。2012 年 4 月，脸谱耗资 10 亿美元收购了 Instagram。很多人都疑惑脸谱为什么要花费巨资购买一家并未盈利的公司，原因是：这是一起战略收购。Hill（2012）给出了收购的 10 个原因。

13.7 节复习题

1. 为什么企业在业绩不错的情况下，仍然需要改善绩效？
2. 描述商业仪表盘，并解释商业仪表盘在绩效改进步骤中的使用。
3. 大企业花费巨资收购小微电子商务公司是否明智？

13.8　全球电子商务战略

企业的经营是否走向全球是一个战略问题。2010 年 6 月 30 日，市场调研机构 Miniwatts Marketing Group 提供的一份报告中披露，全球已经有近 20 亿人经常使用网络。在这些网络用户中，大约 2.48 亿人在北美，8 亿人在亚洲，将近 5 亿人在欧洲（请浏览 internetworldstats.com/stats.htm）。企业如果将自己的经营范围拓展到全球，市场潜力将是巨大的。

开展全球化经营可以出于很多原因，既有自身的原因也有外部原因。外部原因包括竞争者在全球进行销售；消费者希望在全球各地都能购买公司的产品、文化差异、贸易壁垒，等等。自身的原因包括形成规模经济，寻求全球新市场，想要获得充裕的或者新的资源、节约成本，以及本国政府的激励，等等。不管是出于何种原因，企业要想通过全球化拓展以实现公司的战略目标，都需要公司作出理性的规划和建立快速应对机制。

在公司战略中，一个全球化的电子商务市场是极具吸引力的。全球化意味着可以获得更大的市场，更大的灵活性（例如减少赋税），还可以灵活地雇佣工人。然而，由于全球化经营会遇到各种各样的问题，所以全球化是一个复杂的战略决策过程。地理距离能阻碍全球业务发展，这是一个很明显的问题。但是，通常地理距离并不是一个最重要的问题。反而文化、政治、法律、管理、经济状况等问题通常会威胁到公司的全球化目标。本节将简单地介绍公司电子商务全球化的机遇、问题和解决途径。全球化的内容参见 Prahalad and Krishnan（2008）。

全球化经营的好处和程度

电子商务一个最主要的好处是可以以合理的成本在任何时间、任何地点开展业务。这也是电子商务全球化背后的一个动因。成功的案例很多，例如：

- 易趣在全球几百个国家开展拍卖业务。
- 阿里巴巴公司（参阅第四章）向全球几百个国家的几千家企业提供 B2B 交易服务。
- 亚马逊公司向 13 个国家（包括美国、英国、法国和巴西）的个人销售图书和几百种其他商品。
- 一些小公司，例如 ZD 葡萄酒公司（zdwines.com）向全世界成千上万的客户销售产品。HotHotHot 网络公司（hothothot.com）声称它刚入网便开始了第一笔业务，在 2 年内，全球销售额就占总销售额的 25%。目前利用 HotSauce.com 网站为全球销售提供服务。
- 一些大公司（例如 GE 和 Boeing 公司）声称参与电子报价的外国供货商的数目持续增长。这种电子竞价方式节省了 10%～15% 的成本，还节省了 50% 的运作时间。
- 2013 年，NFL 公司在中国市场开设了一家 EC 商店（nfl. tmall. com），合作方包括 25 家当地的 TV 广告公司和数字媒体（美通社，2013）。
- 很多跨国公司通过网络（例如，xing. com 和 linkedin. com）进行招聘，大幅提高了招聘员工的成功性。

全球化和社交网络

电子商务全球化在很大程度上得益于社交网络的发展，例如：全球化的脸谱用户数比美国本土用户数多 4 倍。此外，亚马逊、谷歌、Groupon 和雅虎等公司都积极开展全球化业务。

电子商务全球化的障碍

全球化带来好处和机遇的同时，也存在一些障碍。虽然有些障碍在一国经营的电商企业也会遇到，但是，若把全球影响考虑进去，它会变得更加复杂。这些障碍包括卖方和买方的身份鉴定问题（参阅第十章）、信誉问题（参阅第九章）、订单履行和配送问题（参阅第十二章）、安全问题（参阅第十章）、域名问题（参阅第十六章），等等。还有一些障碍只在全球化电子商务中遇到。本章将讨论这些障碍中的一部分。

iGlobal stores 公司（iglobalstores. com）在向国际消费者销售哪些产品和服务方面给出了一

些建议：不同国家间支付所涉及的最新汇率和对外结算，全球欺诈和风险及相应的保护措施，关税和其他税费的计算，与现有信息系统的整合。

文化差异

网络是一个由多元文化背景的消费者组成的多元化市场。明白全球电子商务的多元文化特性是很重要的，因为文化决定人们如何与企业、代理机构互动，也决定网络用户之间如何互动。这些互动都是基于社会规范、地方标准、宗教信仰、语言等各种要素。文化差异包括拼读的差异（比如美式英语和英式英语的差异）、信息格式的差异（例如月/日/年还是日/月/年）、标志和符号的差异（例如国与国之间邮箱形状是不同的）、度量衡标准的差异（例如公制和英制），很多企业使用网络全球化策略，即为不同文化的国家建立不同的网站，主要考虑网站设计要素、定价和支付方式、货币兑换、客户支持和语言翻译，等等。

语言翻译

2014 年，在全球 70 多亿人口中，将近 10 亿人把英语作为母语或者第二语言。另一方面，大约超过 14 亿人说汉语。Sargent and Kelly（2010）对 1 000 个主要网站进行研究，他们在研究报告中指出，72% 以上的消费者称他们愿意购买产品信息是自己母语的产品，56.2% 的人说产品信息是母语比价格更重要。目前，全球正在使用的语言有 6 912 种，其中 83 种覆盖了全球 80% 的人口。因此，仅使用一种语言的网站覆盖总线上人口比率介于 20% 和 30% 之间。

很明显，如果网站仅使用一种语言会严重限制客户的数量。要从事全球化经营，语言翻译成为建立和维护网站的十分重要的因素。Sargent and Kelly（2010）还指出：他们所调查的 250 家网站所支持的语言平均数为 23 种。排名全球前 25 位的网站平均支持 58 种语言。2014 年，Byte Level 市场调研公司从 150 家从事全球经营的网站中评选前 25 个"令人震惊的全球门户网站"（请浏览 bytelevel. com/reportcard2014/♯25top），其中包括行业领先者、行业落后者，以及业绩表现最好的公司。

2011 年度排名第一的网站是脸谱。它取代了称雄多年的谷歌。谷歌在 2010 年排名第一（2014 年谷歌又重新回到第一名）。脸谱最近的创新主要包括多语言插件、一个完善的全球门户网站，以及多语言用户配置文件。语言翻译的主要问题是速度和成本。一个翻译人员把一个中等网站翻译成另外一种语言需要耗时一周。对于大型网站，成本可能要高达 50 万美元，主要看网站和语言的复杂程度，当然耗时也很长。

翻译器。很多公司都注意到使用翻译器把网页翻译成不同语言所花费的时间和成本问题。请浏览 xmarks. com/site/www. humanitasinternational. org/newstran/more-translators. htm 和 web-sites. translations. com，可以发现许多免费的翻译服务项目。Lionbridge Technologies 公司如何使用翻译器帮助客户的案例，可浏览 lionbridge. com/clients。例如：2013 年 11 月，Net-A-Porter（第一章应用案例 1.1）选择 Lionbridge 开展和运营 Net-A-Porter 国际网站的翻译项目。Net-A-Porter 公司在全球 170 个国家销售时尚奢侈品，运营一些非英语（如普通话、法语、德语）网站。详情参见 Sklair（2009）。

 实际案例

Ortsbo 公司

Ortsbo 公司为 170 多个国家、2.12 亿位个人用户提供实时全球通信服务。Telus International

公司和 Ortsbo 公司在客户服务项目上进行合作，使 Telus International 公司的客户服务代表可以用客户的母语与客户线上实时沟通（截至 2013 年，该软件已支持 66 种语言）。由于不需要为每一种语言雇佣单独的客服代表，Telus International 公司可以以较低的成本获得多种语言支持的功能（Bach，2013）。

2014 年 6 月开发的应用软件 Droid Translator，可以用 29 种语言翻译电话、视频和文本聊天，从而为个人和商业沟通提供翻译服务。

法律问题

全球电子商务中争议最大的问题之一便是国际法律问题（参阅第十五章）。《联合国国际贸易法委员会电子商务示范法》是一部致力于解决电子商务领域国际法律差异问题的法律。它的目标是向各国法律组织提供一整套可接受的国际准则。该准则想要消除阻碍电子商务发展的法律条款，同时也想在一个公平、现代、协调的框架下为贸易建立一个更安全的环境。该法律框架已经为许多国家采纳，包括新加坡、澳大利亚、加拿大、海地，以及美国。

一些国际性的贸易组织〔比如世界贸易组织（WTO）、亚太经合组织（APEC）等〕都设立了一些工作组，试图削减电子商务壁垒，例如价格管制、关税、进出口限制、税收、商品检验规定，等等。

地理问题以及本土化问题

众所周知，地理问题就是指货物的运输和服务的提供需要跨越国境。地理障碍由于各个国家间或各个国家内部的基础设施的不同以及产品和服务的不同而不同。例如，地理距离几乎不影响线上的软件销售。

 实际案例

娇韵诗集团公司

娇韵诗（clarinsusa.com）公司是一家生产护肤品、化妆品和香水的企业。在电子商务分析软件的帮助下，该公司明显地增加了全球的线上销售额。它们用网络交易平台优化了线上经营的业绩。利用智能交易软件，该公司在一个网络平台上向 15 个以上的国家销售，销售的品牌包括娇韵诗、Azzaro 等，但同时也面临着多渠道、多语言、多货币交易的问题。

网站本土化。很多企业对它们海外的产品和服务使用不同的名字、颜色、型号和包装。这种做法称为"本土化"。为了最大化全球信息系统带来的好处，本土化也必须运用于支持信息系统的设计和管理。例如，许多网络提供不同的语言和货币选择，甚至包括特别的商品，例如 Europcar（europcar.com）汽车销售公司向 150 多个国家提供网站入口服务，每个平台又提供 10 种语言选择。该公司还在 iPhone 手机上拥有一款适用于 8 种语言的应用程序。

全球电子商务中的支付问题。全球支付面临着从欺诈到银行规范的问题，第十一章中讨论了一些解决方法。Elavon（elavon. com）等公司提供全球电子商务网关解决方案（《美国商业资讯》，2012）。

经济问题

涉及电子商务的经济和金融问题包括政府的税费和纳税方式。在政府管理领域，税收和管理部门一直试图把应用在传统贸易领域的措施应用于电子商务领域，并且取得了很大的成功。但是，跨境销售的税收问题却十分麻烦。装在盒子里的软件在到达一个国家关境时，将被征收税费。然而，对于在网上下载的软件，税费一般由买方个人申报并主动支付，但是这样做的人并不多。

全球电子商务面临的金融障碍是电子支付系统。为了能在网上销售，电子商务公司必须有各种灵活的支付方式，以方便不同的人可以为线上购买进行支付。虽然信用卡在美国是广泛使用的，但是很多欧洲和亚洲的消费者宁愿使用非线上支付方式来完成线上交易。即使是非线上的支付方式，企业仍然需要根据不同的国家提供不同的支付方式。例如，法国消费者喜欢用支票，瑞士消费者希望通过邮寄方式收到发票，德国消费者通常喜欢货到支付，瑞典消费者则习惯用借记卡线上支付。

定价是另一个经济问题。考虑到本土产品的价格和竞争，对于同一种商品，供货商想要在不同的国家制定不同的价格。然而，如果一家公司只有一个网站，不同的定价策略就很难实施。同样，定价时使用什么货币？支付的时候使用什么货币？这些都是问题。

发展中国家的电子商务。一国的经济条件决定了该国的发展程度。有些发展中国家把电子商务当作发展经济的跳板（例如中国、马来西亚、印度等）。其他许多发展中国家也都发展得很好。

消除全球电子商务的壁垒

很多国际组织和专家都提供了一些消除全球电子商务壁垒的建议。例如：

- **制定战略**。在整个战略生命周期中，公司必须考虑目标国家、语言种类和目标国的反应。这些考虑因素必须包括在战略制定中。
- **了解你的客户**。认真研究你的目标受众。要充分了解客户的文化偏好和所在国的法律问题。
- **本土化**。只要可能，尽量在网站上使用当地的语言，在不同的国家提供不同的网站（例如，"雅虎！日本"使用的网站是 yahoo.co.jp）。以当地的货币给产品定价，按照当地的法律和文化习俗来达成交易条件和完成交易。
- **保持全球一致性**。如果跨国公司的海外网站是由本地的公司管理的，就必须确保品牌管理、定价、公司信息、产品管理等与公司的战略保持一致。
- **尽量用人工操作**。对网站内容的翻译应以人工翻译为准，不能过分依赖翻译软件，包括在质量保证程序中的语言和技术编辑。一个细小的翻译错误或者一句不恰当的话可能就会永久地失掉客户。
- **文本清晰，解释清楚**。定价政策、隐私保护政策、装运规定、联系方式、操作流程等都必须在网站上进行详细的说明，并且客户要容易看到。为了防止海外法律诉讼，要明确了解公司所处的国家或地区的合同和纠纷的司法情况。
- **提供削减壁垒的服务**。用所有货币进行定价和支付是不太可能的，因此，为了方便客户，有必要提供货币兑换的链接（例如 xe.com）。在 B2B 模式下，需要把电子商务交易系统和买方的会计、财务方面的国际信息系统连接起来。

13.8 节复习题

1. 什么是全球电子商务？它有哪些优势？
2. 全球电子商务有哪些壁垒？

3. 对于全球电子商务面临的壁垒，企业应该如何应对？
4. 企业以多种语言提供网站服务有哪些利与弊？

13.9　中小企业的电子商务战略

电子商务可以成为中小企业最有效的商业策略。中小企业利用电子商务开拓市场和展开竞争的潜力是巨大的。已经开始使用基于网络的电子商务的企业许多都属于中小企业（SME）的范畴。一些大型的知名传统企业还在踌躇不前的时候，有些具有前瞻性的中小企业就转战网络，因为它们意识到，网站上有市场机遇，方便拓展原有的业务，也可以开展新业务，还有利于削减成本，建立更加紧密的伙伴关系。一个实际的中小企业案例是：Mysterious 书店（mysteriousbookshop.com）。

很明显，中小企业在制定和执行电子商务战略的工作中还存在困难。这主要是由于量大的业务比较难处理，供应商还没有普遍使用电子商务，中小企业缺少专业知识和 IT 专家，风险意识不强，等等。因此，很多中小企业建立的网站是静态的，即不能利用网站进行营销和拓展业务，也不能通过网站互动地销售产品和服务。然而，开始使用电子商务战略的中小企业的数量正在增长。Arceo-Dumlao（2012）介绍了数字化营销如何帮助小企业成长。

Burke（2013）在一篇文章中描述了一个 15 岁的小女孩如何创办了一个成功的生产木屐拖鞋的公司。目前，该公司不仅提供线上销售，还在各种时装用品小商店、连锁百货店 Nordstrom 销售。小企业电子商务的未来发展，参见 Mills（2014）。

电子商务决策是公司战略中的一个部分。电子商务能够帮助企业降低进入壁垒，并且，在寻找买方和卖方、比较价格和业务谈判中，它的成本也较低廉。然而，中小企业使用电子商务也存在一些风险。表 13.6 列出了中小企业使用电子商务的优势和弊端。

表 13.6　　　　　　　　　　中小企业使用电子商务的优势和弊端

优势/好处	弊端/风险
● 低廉的信息费用。对北欧一些国家的研究发现，超过 90% 的中小企业使用网络来搜索信息。 ● 低廉的广告和市场调研费用。旗帜广告位置交换、即时通信、聊天室等几乎都是零成本的接触客户的方式。 ● 竞争者分析变得容易。对北欧一些企业的研究发现，芬兰的企业对互联网的应用中排第一位的是信息检索，排第二位的是网络营销，排第三位的则是了解竞争对手的情况。 ● 以低廉的价格建立（或租赁）网络店面。在网上建立和经营一个店面是相对容易和便宜的（见第十五章内容）。 ● 中小企业不会被传统零售渠道的落后技术和现存关系所束缚。 ● 很容易建立企业形象和品牌形象，提升公众认知度。互联网使小公司和大公司的竞争变得更容易。 ● 可以面向全球消费者。没有任何媒体像网络那样可以有效地进行全球营销、完成销售活动和提供客户支持。	● 缺乏开发网站的资金支持。对中小企业来说，一个交易网站需要较多的资金投入，也会占用较多的现金流。 ● 缺乏技术人员和法律、广告等领域的专家。对于中小企业来说，有的是无法获得这样的人才，有的是付不起人才聘用的费用。 ● 抵御风险的能力小于大公司。如果最初的销售比较少或者遇到一些意外情况，中小企业是没有足够的储备资源来应对风险的。 ● 当一个产品不太适合或者难以在网上销售时〔例如衣服或美容产品等需要试穿或试用的产品，某些易腐产品（比如食品）〕，网络上的销售机会便不是很大。 ● 中小企业的经营主要是靠人际面对面交流，但是网络上却不容易。 ● 有的中小企业面临转换壁垒，有的是难以储存大量的存货，因此它们难以利用电子交易的优势。

"Judy 能你也能"工具：Blissful Tones 国际网站的故事

Blissful Tones 公司（blissfultones.com）销售古老的西藏颂钵、尼泊尔珠宝、静思用品（如熏香、佛珠、听沙铃和转经筒）。这是一家小型线上公司，网店开在 Shopify.com 上。在 Shopify.com 上开办网店需要经过以下步骤：

1. 为网店建立一个欢迎登录的主页，并在主页上显示公司和产品的详情。

2. 上传所有产品的图片和详细介绍（如图 13.5 所示）。

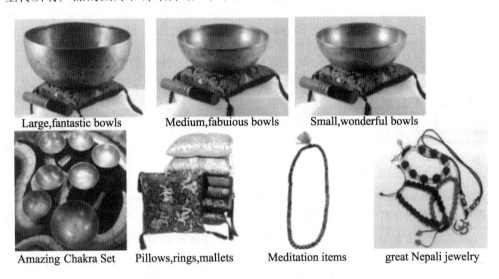

图 13.5　Blissful Tones 公司网站的截图

3. 为每件商品设置零售价格。

4. 为产品设置分类导航并放入"收藏夹"。"收藏夹"指放置同类商品的网页，如大号颂钵、中号颂钵和小号颂钵。

5. 创建另外的网页，提供以下功能：客户服务、关于 Judy 店主、教学视频以及其他诸如颂钵的历史和使用资料等。

另外一个步骤是为各种商品设置运费，当买家付款时会自动把运费加总至商品价格中。Blissful 选用 USPS 的限制大小（运输包装的大中小号），订单金额超过 100 美元的买家可以享受免运费服务。

为了进行网站推广，Judy 使用了 Constant Contact 的电子邮件数据库中近 1 500 个人，向他们发送了不定时打折信息和新产品通知。此外，Judy 还使用谷歌 Ad Word 来推广网站，且已经取得了很大成功。目前 Judy 正计划使用社交媒体进行营销活动。

当消费者下单时，Shopify 系统提供多种支付选择：贝宝、信用卡或者货到付款。Judy 选择了前面两种，因此可以保证快速收回资金。当使用信用卡或贝宝支付时，会从消费者账户扣除一小笔费用，Shopify 会把支付款项直接汇入 Judy 的银行账户。

在消费者下单后，Shopify 会向 Judy 的电子邮箱发一封提示邮件，这样，Judy 能够上网找到消费者的具体订单信息和送货地址。

订单的实现是一个相当困难的任务，仅包装这一环节就涉及使用气泡膜、泡沫颗粒来保护商品。Shopify 为订单专门设置了一个特定的网页，上面记载了消费者订单、地址、邮箱等信息。Judy 会在包裹上标注顾客的地址和 Judy 的退货地址及"感谢查收"字样，然后把包裹送到邮局。

一旦 Judy 寄出包裹，就会登录 Shopify 点击"完成"按钮，并输入包裹追踪号。随后，顾客会自动收到商品正在邮递中的提示邮件。

全球化和中小企业

除了能增加中小企业的国内市场份额，电子商务还为中小企业开辟了广阔的海外市场。但是，中小企业中仅有一小部分能顺利开展全球业务。不过，开始进入国际市场的中小企业数量正在增长，只是中小企业更多的是在国际市场上购买产品而不是在国际市场上销售产品。2010 年 6 月出版的《小企业成功经营研究》（请浏览 networksolutions. com/smallbusiness/wp-content/files/Network_Solutions_Small_Business_Success_Index. pdf）显示，中小企业的国际采购现象有所增长，在 2010 年前 6 个月，从 11％增长到 18％。但是在同一时期，中小企业在全球的产品和服务的销售有所下降。除此之外，中小企业在全球开展业务表明电子商务在提升它们经营范围的能力上有着"重要影响"。中小企业从事的电子商务活动包括和全球客户沟通（41％），购买低值易耗品（31％），面向全球线上销售产品（27％）。

支持中小企业电子商务活动的资源

中小企业主通常缺乏战略管理的技术，一般也不会意识到在出现新技术的商业环境下进行变革。幸运的是，中小企业有许多可供选择的求助途径。世界上的每一个发达国家几乎都有一个政府代理机构，主要帮助中小企业意识到并参与电子商务（请浏览 sba. gov，business. gov. au）。

另外，成千上万的中小企业开展网络经营也为供货商创造了机会。它们建立了各种服务中心，主要提供免费的信息服务和付费的支持服务。例如 IBM 公司的中小企业中心（ibm. com/midmarket/us/en），以及微软公司的中小企业中心（microsoftbusinesshub. com）就属于这样的供货商。还有许多专业协会、网络资源服务机构（例如 smallbusiness. yahoo. com 等）。有些中小企业帮助另外一些中小企业开展线上业务，并发起一些中小企业支持中心。

对中小企业全球化的支持服务也成为帮助中小企业拓展业务的工具。例如，全球中小企业博客（GSBB）（globalsmallbusinessblog. com）由"全球贸易组织"的创立者 Laurel Delaney 于 2004 年创立，主要帮助企业家和中小企业主开拓国际业务。

一个能帮助中小企业利用电子商务开拓国际业务的较好的途径是 emarketservices. com/start/Case-studies-and-reports/index. html。

中小企业和社交网络

在快速成长的电子商务技术中，被中小企业所接受的是社交电子商务。

中小企业可以利用社交网站与外地的同行进行互动交流，对大家都关注的议题交换意见或者共同解决问题。中小企业可以在网上寻找到那些主要是面向中小企业的网站。这些网站专门为中小企业提供社交网站链接，告知它们成立企业的信息，提供电子商务策略的建议。这些网站除了可以用来建立关系和获得建议（例如领英网站），还可以被当作 B2B 模式下与其他中小企业建立合作网站或者与业务伙伴建立关系的有效途径。

表 13.7 列举了中小企业使用社交媒体获得成功的 10 个步骤。值得一提的是，社交网络有助于企业建立互动和关系管理，这对于中小企业来说是非常重要的。有关中小企业如何利用 YouTube 进行在线商品销售，请浏览 masternewmedia. org/online _ marketing/youtube-promote-content-viral-marketing/youtube-video-marketing-10-ways-20070503.htm。

伴随着社交网站的日益普及，中小企业也开始利用社交媒体建立网络连接，改善客户关系并收集客户对公司产品和服务的反馈意见。

表 13.7   成功利用社交网站的 10 个步骤

步　骤	描　述
1	了解社交网站以及使用社交网站的好处。
2	识别你的目标受众。
3	了解目前你可以获得的资源。
4	识别最适合的技术。
5	建立一个博客，以便进入与你的业务相关的社交网站。
6	在脸谱、领英、推特、YouTube 等网站上建立一个社交媒体站点。
7	保证社交媒体博客的界面友好。
8	与你的目标市场建立联系。
9	把朋友和伙伴变成客户。
10	制定管理和绩效考核的规范。

资料来源：Gallagher（2010）和 Ward（2009）。

13.9 节复习题

1. 中小企业使用电子商务有什么优势？
2. 中小企业使用电子商务会有哪些风险？
3. 中小企业从事线上交易有哪些利和弊？
4. 社交网站是如何帮助中小企业变得更有竞争力的？

管理问题

与本章内容有关的管理问题有如下几个方面：

1. 对于一个组织，电子商务的战略价值是什么？ 管理层应该了解电子商务如何改善营销活动，如何提升客户服务和销售，如何改善供应链和生产流程。更重要的是，管理层把电子商务看作一种策略而不是一种先进技术时，电子商务就会发挥出最大的潜能。管理层也必须制定电子商务的主要目标，例如开拓新市场，降低成本，提升客户服务水平。

2. 怎样把电子商务活动和商业目标及考核标准联系起来？ 企业首先必须选择目标以及设计合理的考核标准来衡量预定的目标和实际业绩。公司必须认真执行目标和考核标准，因为考核标准可能会使员工的行为与既定的目标相背离。平衡计分卡是一种比较流行的机制，被广泛用来制定目标，建立考核机制。电子商务计划需要弄清电子商务在达到平衡记分卡考核机制目标中的作用。

3. 企业是否需要将电子商务业务单列出来？ 这是一个具有争议的问题。有时，这种做法有利于消除价格和战略上的冲突。同时，电子商务从总公司剥离出来并上市，可以获得一些回报。韩国的乐天网络公司从传统的乐天百货商店分离出来，因为前者的业务发展很快。另一方面，从总公司剥离出来也会产生一些问题以及管理费用。沃尔玛公司、巴诺图书公司、西尔斯公司等都曾经因为此类做法付出代价。几家公司现在都已经把剥离出来的业务并入公司的线下业务部门。

4. 如何拓展电子商务的业务范围？ 一个公司在刚起步时，可以只涉及一个特定领域。但是，业务领域可以慢慢扩大到很多个。随着业务领域的扩大，订单履行计划也要相应地调整，主要是考虑到合作伙伴（通常拥有强大的采购能力）间的战略联盟。当业务范围拓展时，主要的竞争对手也会发生变化。管理层必须预测电子商务的前景，并获得合理的收入和利润，只有这样才会获得投资者的资本投入，让他们耐心地等待回报。社交网站的社区活动必须能够获得利润回报。

5. 电子商务的利益和风险是什么？ 必须在仔细考虑潜在风险的前提下来衡量战略优势。识别电子商务成功经营的关键因素，并进行成本—效益分析，这是建立电子商务战略的一个重要步骤。利益不仅仅能从开展电子商务中获得，还可以从对传统业务流程的再造中获得。获得的利益通常是很难量化的，尤其是从战略层面来衡量利益的获得更是如此。在成本—效益分析中，我们应该建立应急预案来应对风险。

6. 我们为什么需要一个电子商务规划流程？ 战略规划既是一个文件更是一个过程。美国前总统艾森豪威尔曾经说过，"规划本身不重要，规划的过程最重要"。一个规划过程包括管理、员工、业务伙伴，以及其他利益相关者，他们不仅要制定出一个能够引导企业未来发展的规划，还要使各方为规划的执行付出努力。这也适用于电子商务规划。规划过程和规划本身是一样重要的。

7. 电子商务如何全球化？ 对于各种类型的企业，电子商务全球化是它们想要采用的策略，但是很难实现，特别是在经营规模扩大，或者缺乏重要资源的中小企业。公司需要识别、理解和处理全球化中的障碍，比如文化、语言以及法律障碍，还有与客户和供应商之间的沟通。电子商务需要采用本土化策略。有些公司（例如易趣）在当地收购或者建立公司来为当地的客户提供产品或者服务；而另外一些公司（例如亚马逊）仅设立一些英语网站。在 B2B 模式下，一个公司可以和其他国家的业务伙伴建立一些合作项目。

8. 如何管理电子商务项目？ 建立一个高效的团队是电子商务项目获得成功的关键因素。团队的领导者、技术人员和经营人员的平衡、团队中的骨干和项目的推动者都是成功的要素。同时，使企业目标和系统设计相一致也很重要。信息技术外包也要经过深思熟虑，特别是对于中小企业来说更是如此。

本章小结

本章所介绍的电子商务问题与前面提到的学习目标一一对应：

1. **战略概念和竞争**。运作电子商务项目需要制定战略，一个常见的途径是使用波特的五力模型及相应战略。此外，网络也会影响竞争力和相应的策略。

2. **战略制定周期和战略工具**。构建企业战略的五个步骤是：准备、制定、实施、评价和改进。战略管理的五个工具是：战略地图、SWOT 分析法、竞争对手分析、情景规划和商业计划。

3. **战略准备**。战略准备包括了解企业自身、行业和竞争状况。企业必须考虑此类问题"要不要成为先行者？""要不要全球化？""要不要创建独立的公司或品牌？"以及"如何处理渠道冲突？"随着 Web 2.0 工具的增多和发展，企业也必须考虑与 Web 2.0 和社交网络有关的战略。

4. **战略制定**。在本阶段，要进行战略和策略的规划。规划的内容包括：EC 项目所使用的策略组合、项目的可行性、项目的潜在收益、成本和风险。本阶段还要考虑安全、定价、渠道和价格冲突问题。

5. **战略实施**。建立一个有效的网络团队，并保证在执行阶段可以获得充足的资源。另一个重要的问题是否外包某些业务，是否进行流程再造。紧随战略执行阶段其后的是战略评价阶段。

6. **战略评价**。评价一个战略是否成功，企业需要建立一些标准，并与实际业绩比对。本阶段，企业还需要建立一个绩效监控系统以及评价分析系统。常用的工具主要有计分卡以及为不同类别的 EC 所定制的工具，特别要注意的是社交媒体应用的评价。

7. **绩效改进和创新**。一旦绩效被记录和评价，相关数据就会传递给管理层（如通过仪表盘）。管理层不仅需要采取措施以改进较差的绩效，还需要明确如何利用好的绩效，这就必然使用合适的纠错和记录方法。大多数情况下，企业需要随着时间变化不断改进绩效水平。在组织中引进创新是方法之一，创新能力可以通过众包等方式加以提升。

8. **电子商务全球化的问题**。利用电子商务可以很快地推行全球化，而且投入很少。然而，电子商务全球化面临着很多问题，例如文化、政府管理、地理、法律、经济，等等。

9. **中小企业和电子商务**。在电子商务大环境下，创新型的小企业拥有许多机会，即可以以较少的成本来使用电子商务，并快速地扩张。充满商机的市场给中小企业获得成功提供了最佳的机会。大量可获得的基于网络的资源也有助于中小企业的成功。

讨论题

1. 如果一家小企业想要开展电子商务经营，它如何识别自己的竞争对手？

2. 如何将波特五力模型和图 13.1 中的网络影响力应用于搜索引擎行业？

3. 电子商务企业为什么要把战略规划看成是一个循环过程？

4. 一家本地的小银行如何使用 SWOT 分析方法来评估它的电子银行服务？

5. 就企业应该如何将互联网的优势融入战略规划的各个层面给出一些指导性的建议？

6. 实体产品开展电子商务全球化经营有哪些优点和缺点？

7. 搜集一些中小企业开展电子商务经营的成功案例，并指出它们成功的共同之处。

8. 向 linkedin.com 和 answers.yahoo.com 网站提交 3 个有关中小企业电子商务战略的问题，并就此进行总结。

9. 浏览视频 "FiftyOne Global E-commerce Demo"（《51 个全球电子商务案例》，时长 2 分 8 秒，youtube.com/watch?v＝2YazivwAm2o&feature＝related）并思考下列问题：该公司（现在称为 Borderfree，borderfree.com）声称解决了所有与全球电子商务相关的主要问题。考察它们所做的工作。

a. 如果没有像 Borderfree 那样的公司的帮助，一个刚开展电子商务的公司如何解决上述问题？

b. 上述问题是否是难以克服？为什么？

c. 企业的规模和经营类型是否会影响它成功处理电子商务全球化中遇到的各种问题？为什么？

10. Travelzoo 公司的战略内容：通过增加销售人员来促进听众数量的增长，增加产品的供给，在新市场提供本地化购物服务，用短期利润换取长期 EC 项目的发展。请讨论该案例。

课堂论辩题

1. 电子商务的优势是否会影响我们评估行业的吸引力？请为纯网络经营行业制定新的评价标准。

2. 思考一家实体经营的企业如果想要将线上、线下业务整合在一起会面临的挑战，讨论该企业将面临的挑战。

3. 如果你的小企业已经在网络上取得了一定的成功，你就可以考虑全球化。你在作出此战略决策时会遇到哪些问题？

4. 脸谱和推特实施了哪七项经营战略？试评价？（请浏览 socialmediatoday.com/christinegallagher/165536/top-7-facebook-and-twitter-strategies。）

5. 谷歌翻译（Google Translate）对网站的翻译是否有作用？

6. 亚马逊公司是否是易趣公司最大的竞争者？沃尔玛呢？

7. 阅读 Hill（2012），并讨论文中列举的脸谱收购 Instagram 的 10 个理由。你认为哪些是言之有理的，哪些不是？

8. 苹果公司和脸谱结成联盟，并把社交网络嵌入其产品。了解该联盟的运行状况，并讨论其意义。

9. 为与脸谱抗衡，谷歌使用 Google＋提供网页定制服务。请讨论该战略的意义。

10. 亚马逊公司考虑开设实体店，请查找该战略运行现状的信息并讨论其意义。

11. 苹果公司开设了它自己的流媒体音乐服务（iTunes Radio），该业务和潘多拉公司的业务相似。那么，该战略是一个好战略还是坏战略？请讨论。

网络实践

1. 调查几家线上旅游代理公司（例如 travelocity.com，orbitz.com，cheaptickets.com，priceline.com，expedia.com，hotwire.com 等），比较其中 3 家公司的经营战略。它们是如何与实体旅游代理公司展开竞争的？

2. 登录 digitalenterprise.org/metrics/metrics.html。阅读 Web analytics 上的资料，并就此编写一份报告。报告的内容是关于 Web analytics 在统计广告成功方面的使用情况。

3. 了解网络音乐 CD 公司（例如 cduniverse.com）。

在这些公司中，是否有一些公司把细分市场经营看作战略重点？

4. 登录 ibm.com/procurement/proweb.nsf/ContentDocsByTitle/United＋States～e-Procurement。写一份报告，报告的内容是 IBM 公司的供应商整合战略如何帮助公司执行电子商务战略。

5. 亚马逊公司是全球化程度较高的公司之一。搜集一些它的全球化战略和案例，你能学到哪些有用的知识？

6. 请浏览 business. com/guides/startup，寻找一些小企业可以获得的电子商务机会。同时，登录你所在区域的中小企业管理网站。总结最近出现的中小企业管理问题。

7. 调研 Nexus 公司和 Tradecard 公司（目前是同一家公司，gtnexus. com）通过网络促进国际贸易的原因。根据你的调查撰写一份报告。

8. 调研中小企业及其利用网络开展电子商务的情况，登录 microsoftbusinesshub. com 和 uschamber. com

等网站，也可以登录 google. com 和 yahoo. com，并输入"小型企业＋电子商务"。根据你的调查撰写一份关于当前小型企业电子商务问题的报告。

9. 登录 lwshare. languageweaver. com，了解它给跨国公司提供的语言翻译服务。根据你的发现写一份报告。

10. 登录 compete. com，了解它所提供的所有服务、所有清单、排名、营销行为和竞争力报告。列一个所有服务的清单，并进行评价。

团队合作

1. 为导入案例设计的作业。

请阅读本章的导入案例，并回答下列问题：

a. 宝洁公司为何决定使用社交媒体战略。

b. 从 TV 转移至网络的战略是否有效？

c. 病毒视频通过哪些重要途径生效？

d. 观看大量视频、评论和互动对促进销售是否有效？

e. 观看 1～2 个 YouTube 上 Isaiah Mustafa 关于老香料的视频。它们为何如此受欢迎？撰写一份评论。

f. 宝洁公司的广告活动为何被称为"史上最受欢迎的互动活动"？

2. 安排 3 个小组分别代表一家实体公司的 3 个部门：（1）一个线下经营的部门；（2）一个线上经营的部门；（3）高层管理部门。每个小组的成员分别代表各个部门中的不同功能。3 个小组将在一个特定行业启动一个电子商务战略（这 3 个小组组成某个行业的一个公司）。各个小组将在教室里展示他们的战略。

3. 线上销售会让生产商和经销商之间的关系变得非常紧张。直销会减少经销商的业务。了解一些能够解决

这种冲突的战略。可以把每个小组成员派到不同行业的公司。研究这些战略并进行比较，同时提出一个可以借鉴的战略。

4. 每个小组都搜集一个全球电子商务方面的最新信息（例如文化、行政管理、地理、经济等）。每个小组根据发现编写一份报告。

5. 为与亚马逊展开竞争，谷歌打算与塔吉特合作，选择几个城市启动谷歌快递服务。调研该战略的进展状况，比较谷歌和亚马逊在各个电商活动层面的能力。使用竞争者分析撰写关于该战略可能取得的效果的报告。

6. 比较雅虎、微软和 Web. com 等公司在电子商务领域为中小企业所提供的服务。每个小组成员负责一家公司，并进行展示。

7. 调研 Adobe（2012）提出的主题"社交世界的全球化"，并撰写一份报告。

8. 阅读 dynaTrace（2011）的白皮书，指出其中所有关于 EC 业绩改进的建议。浏览 compuware. com/en_us/applicationperformance-management/products/dynatrace-free-trial. htm 中提供的样本资料，并撰写一份报告。

 章末案例

创造性的网络拍卖战略提高了波特兰海鲜交易所的效率

2009 年，美国缅因州波特兰市政府经管的海鲜交易所（Portland Fish Exchange）失去了一部分批发商的生意，主要是由于经济不景气。但让业务雪上加霜的是联邦政府对海洋生物保护的管制更加严格了，这就导致交易所的年均销售额下跌了 50%，也就是说销售量从 10 年前的年 3 000 万磅下降到目前的年 1 000 万磅。

对于波特兰海鲜交易所来说，这样的不良状况有好几个原因。尽管人们对优质的新鲜海产品

的消费量一直很高，但是经济不景气使消费者减少了外出用餐的欲望。另外，各种费用高企、竞争加剧以及政府的严格监管使捕捞船只减少，这些都为波特兰交易所的总经理 Bert Jongerden 拉响了警报。他意识到必须制定新的经营战略，降低管理费用，增加买方从交易所购买到海产品的机会。增加买家从交易所购买到鱼的机会是 Bert Jongerden 考虑的重点，用网络经营的方式大约要投入 30 万美元到 40 万美元。Bert Jongerden 还相信使用条形码和线上拍卖系统可以为消费者带来便利，从而节省管理费用和增加销量。他想创造更多消费者购买的机会，因此他决定投资 IT/EC 解决方案。

解决方案

波特兰海鲜交易所开发了一个线上拍卖网站。他们使用 Progressive Software 软件公司开发的仓储管理系统 SeaTrak，还请 DC 系统开发公司对系统进行了个性化升级。交易所的员工可以在甲板上直接把条形码刷在刚捕捞上来的鱼身上。标签是使用甲板上的电脑打印的，标签内容包含以下信息：鱼的种类、重量、捕获的时间、渔船的名字，等等。在条形码信息录入前，一个交易员会在船一靠岸便给鱼分类、称重，而另一个交易员会手写纸质的标签然后贴到鱼箱上。为了节省时间，减少数据录入的错误，新的流程会减少交易员手写纸质标签的工作（纸质标签会被泡湿，还会沾满腥味）。在新流程中，条形码信息录入成为第一步，第二步是建立线上拍卖系统。这有利于改善交易过程，实施电子化战略。在旧的流程下，当白天的网上拍卖结束时，交易员需要录入拍卖数据。而新的流程允许海产品加工商、零售商和东部沿海的其他公司登录一个内部的虚拟网（见第十章），进入交易平台，然后利用基于网络的拍卖系统来竞价。该系统很简单，既没有视频也没有图像。相反，该网站用一个简单的表列出了可提供的商品的等级、重量、询价和竞价。网站上会列出一周 5 天中真实的和预期的消费需求，这样也能很容易估计出需求的总量。

结果

波特兰海鲜交易所的收入增加了。以前要坐飞机从波士顿飞到纽约去买波特兰市供应的鱼，有些顾客因为成本较高而不买。但是现在，他们可以通过网络在旅馆和办公室购买。由于客户的购买量增加了，按照供求规律，价格也会随着需求的增加而上涨。

使用波特兰交易所的网站至少可以减少 3 项工作：两项甲板上的工作，另外一项是指不再需要拍卖助手。这样的话，每年节约的成本总计约 8 万美元，抵消了执行线上活动所需要的成本。

尽管目前波特兰海鲜交易所交易的鱼的种类与联邦政府的监管要求还不完全一致，但是使用条形码技术和线上拍卖系统后，交易所已经获得的各种数据将会逐渐符合监管要求。

资料来源：Nash（2009），pfex. org/auction（2014 年 6 月数据）。

思考题：

1. Bert Jongerden 实行电子商务战略的原因是什么？
2. 电子商务战略在波特兰海鲜交易所实施成功的原因是什么？
3. 该交易所拟定电子商务战略时，使用了哪些战略工具？
4. 在实施电子商务战略时，我们必须考虑哪些问题？
5. 波特兰海鲜交易所使用线上交易遇到了哪些风险？

在线补充读物

W13.1　电子商务和社区化商务的安全风险及规避指南

W13.2　合作战略和商业联盟

W13.3　应用案例：玫琳凯使用电子商务战略改进其商业模式

W13.4 应用案例：AXON 计算机公司（目前属于 Datacraft）的绩效管理

W13.5 平衡计分卡

术语表

Business process management（BPM）：**业务流程管理**，指企业采取的改善其流程的措施。

Business process reengineering（BPR）：**业务流程再造**，指一种对企业流程进行一次复杂的重新设计的方法论。

Cost-plus：**成本加成定价法**，指一种加总产品生产过程中所涉及的成本（原材料、人工、租金管理费用等）以及一定比例的利润（额外金额）来决定价格的定价策略。

Disintermediation：**去中介**，指 EC 供应链中的中介移除现象。例如，当消费者直接从生产商那里购买时会发生此类现象。

E-commerce（EC）risk：**电子商务风险**，指在电子商务项目运营过程中可能会发生的不好的事情。

Information dashboard：**信息仪表盘**，指一种可视化的数据展示，可以以多种方式阅读和解释，是一款非常受欢迎的用户界面。信息通过仪器、图表、图、表格等来揭示衡量标准的方向和进度。

Key performance indicator（KPI）：**关键绩效指标**，指一种可量化的衡量标准，往往是企业、部门或项目成功的关键因素。

Metric：**指标**，指一个具体的、可量化的准则，用来和实际绩效进行比对。

Outsourcing：**外包**，指通过合同形式（外部进行）让外部组织承包生产企业的产品、服务或工作。

Project champion：**项目主管**，指保证团队能够展开工作和理解其义务所在的人，项目主管必须负责诸如识别项目目标、先行步骤、项目运行所需资源保证等工作。

Sentiment analysis（opinion mining）：**情景分析（观点挖掘）**，该分析旨在识别人们在网上会话中关于某个主题的态度。

Strategy：**战略**，指一种从全局考虑谋划实现全局目标的商业规划。全局目标下有一系列支持目标，为完成这些支持目标又有一系列计划和措施。

Strategy assessment：**战略评价**，指持续的绩效监控、实际绩效和目标绩效的比对，以及根据组织目标的评价进行纠错和战略重构的活动。

Strategy formulation：**战略制定**，指根据企业的优势和劣势，构建在商业环境中利用机会和管理威胁的具体战略和策略的过程。

Strategy implementation：**战略执行**，"我们如何做"这句话涉及策略、计划、规划、战略部署、资源配置和项目管理。

Strategy initiation：**战略准备**，战略准备是战略规划的起始阶段，企业在该阶段设置其宗旨、使命和目标。战略准备阶段还包括关注企业所处环境，评估企业的优势、劣势以及影响企业的外部因素。

Web analytics：**网站分析**，为理解和优化网络使用，对网络数据的测度、搜集、分析和汇报。（根据网络分析协会的定义。）

第十四章

电子商务系统实施

学习目标

1. 电子商务的主要组成部分；
2. 论证电子商务投资的必要性；
3. 电子商务评价和论证的难点；
4. 建立无形指标的难点；
5. 论证电子商务投资可行性的传统和现代方法；
6. 列举电子商务论证的案例；
7. 经济学理论在电子商务评价中的作用；
8. 电子商务系统的开发步骤；
9. 电子商务开发的主要策略；
10. 电子商务系统开发的方法及利弊；
11. 外包的主要策略；
12. 电子商务组织结构以及变化管理；
13. 产品、行业、卖家和买家的特点如何影响电子商务经营的成败。

|导入案例| Telstra 公司为客户解释电子商务初创活动

作为澳大利亚主要的电信公司，Telstra 负责进行电缆、移动通信以及数字电视和网络端口服务器的维护。Telstra 在竞争激烈的市场中运营（与 Vodafone、Optus 公司竞争），并将势力范围扩大到亚洲以及欧洲数国。

存在的问题

依靠独家数字信号与无线信号，Telstra 在电子商务领域和社交媒体市场上十分活跃。例如，Telstra 提供给客户脸谱 App 以管理客户的 Telstra 账号。Telstra 看到机会，但在移动电子商务上存在营销难题。特别是，Telstra 提供给企业客户的应用程序里包含很多无形效益。客户若购买 Telstra 服务，在没有经过仔细论证的情况下，很难得到高级管理层的批准。

Telstra 关注以下四个方面的改善与提高：

1. **快速便捷的现场服务。**企业移动应用程序在第六章已解释。

2. **电视会议。**电视会议旨在节省开会路费；帮助加快作出决策。固定线路和移动通信服务都支持电视会议。

3. **网络客服中心。**网络客服中心旨在提高客户关系管理，请参阅第八章和在线辅导资料 T1。

4. **网上办公。**允许员工在公司外的场所工作。网上办公（也称为远程办公）需要高端技术资源的支持来实现高效率的交流、合作以及相互之间的商业活动（请参阅第五、八章和在线辅导资料 T5）。

硬件和软件设备支持都需要消耗资金；很多 Telstra 客户对于电子商务投资兴趣浓厚，但不会操作。

解决方案

Telstra 推出了一本白皮书来展示 ROI 计算器在上述四种应用中的使用。资产通过 ROI 计算器向用户的机构、员工以及社会大众明示。经典案例如下。

阐述电视会议的意义。电视会议带来的利益包括节省了交通费用，减少了员工的上班时间，等等。计算器采用净现值法（NVP）进行计算。

成本—效益分析师计算出公司节省的资金（利用7种变量），有的是有形的（如更快的决策速度）。可以将效益数额与固定成本和可变成本做比较。员工效益由5种变量来衡量，有的是无形的（如更高的工作满意度）。最后，社会效益包括一些变量，如减少尾气排放与缓解交通堵塞。

阐述远程办公的意义。远程办公对于公司而言，益处是员工不用到办公室办公；更容易留住员工；带来的益处是无形的，而花费是具体的（如：购买远程设备的开支）。对于员工而言，远程办公虽然节省了上班的时间与车费，但他们却要支付远程办公的花费。对于社会而言，远程办公让交通更通畅并且减少了交通工具的排放量。

阐述互联网交流中心的意义。上述益处再次同样适用：论证互联网交流中心时，需要将公司、员工和社会的节约、益处以及开销都计算在内；无形资产和有形资产变量也考虑在内。

阐述对现场人员管理的意义。计算器在以下几个方面也显示出它的优越性：节约资金、增加效益、减少公司、员工以及社会的开支。

白皮书使用数据资料为公司进行综合计算。

Telstra提供其他计算设备，包括移动设备的数据包使用的计算器。

结果

Telstra认为通过使用上述需要被论证的技术，它将会实现稳定发展的战略，并提供了大量成本—效益证据。在多数情况下，公司能节约下数目可观的收入，但员工和社会的效益不应被忽视。

Telstra在2009年引进计算器，使公司在2011—2013年间增加了市场份额与盈利，市值从2010年到2014年几乎翻了一番。

资料来源：Saddington and Toni（2009），AIIA Report（2009）。

案例给予的启示

Telstra公司的案例说明了组织急需调整电子商务相关项目，事实上这并不容易。Telstra用计算器帮助客户论证IT和电子商务投资的可行性。案例指出很多无形效益，这对于测量和量化而言并非易事。这也引发了共享成本问题，需要考虑到员工和社会的利益。而且，这仅是本章中提到的一部分，其他的还涉及收支分析的传统和现代方法，电子商务衡量标准的使用，电子商务的经济学概论和发展电子商务的方法。本章描述了开展电子商务的组织问题，最后讨论了电子商务的成功和失败。

14.1 电子商务系统实施概述

了解关于电子商务的好处以及应用之后，下一步该怎么做？现在的问题是，企业是否需要电子商务？如何去实施？这两个问题的答案很复杂，因为答案取决于我们将在本章进行讨论的多种因素。我们把这些因素称为**实施因素**（implementation factors）。

主要的实施因素

许多因素可能影响电子商务项目的需求和成败。这些因素主要有以下几类：

项目论证/经济学

第一个问题就是是否需要实施电子商务项目。如果项目很大，这个问题就有些复杂。我们称之为电子商务项目论证。

开发还是购买电子商务系统

这个问题也不简单，尤其是涉及大中型规模的电子商务项目时。我们将在14.7节到14.9节讨论这个话题。

组织的准备以及电子商务的影响

在组织内部如何组织电子商务部门，怎样处理业务流程的变化以及其他由电子商务引发的变化，这些都是在电子商务执行中需要考虑的问题。除此之外，还应考虑电子商务对市场营销、生产和人员的潜在影响。同时，一些技术问题（例如是否与其他信息系统连接）也需要考虑进去。这些都会在 14.10 节讨论。

如何走向成功？

本章最后一节（即 14.10 节）将讲述成功实施电子商务项目的关键要素。图 14.1 是上述因素的一个框架图。

在该图的左边，我们列出了影响实施的主要因素。它们可能都会影响到电子商务项目的选择和部署。成功的部署和选择将取得好的成效。

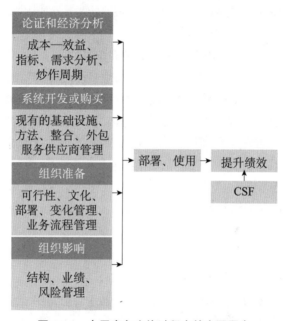

图 14.1　电子商务实施过程中的主要因素

14.1 节复习题

1. 为什么电子商务的实施会如此复杂？
2. 电子商务实施的主要因素是什么（参见图 14.1）？
3. 哪些因素决定了电子商务的选择和部署（参见图 14.1）？

14.2　为什么要论证电子商务投资？如何论证？

多方面原因使得企业需要对电子商务投资进行论证。

日趋增大的财务压力

很久以前，纽约街头的乞丐们决定打个赌，看谁在一天当中乞讨到的钱最多。他们想了很多点子，许多人讨到了 1 000 多美元。然而，最终的赢家讨到了 500 万美元。人家问他是如何做到

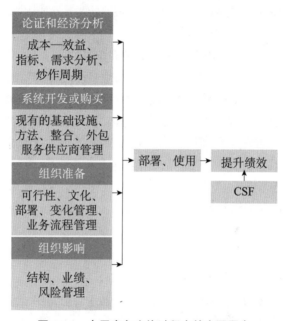

的，那个乞丐回答说，"我做了一个牌子，上面写道，'电子商务专家为一个创新型电子市场的开发融资'，然后把这个牌子放在纽约证券交易所门口。"

这个故事是1995—2000年出现的一系列事情的典型代表，当时，几乎不用进行或进行很少的可行性分析和财务分析，一些电子商务项目和新成立的电子商务公司就可以融资。盲目地向电子商务投资的后果是：2001—2003年网络泡沫迅速走向破灭，当时，大量电子商务初创企业破产，股票市场也遭受重创。一些公司和个人投资者损失了投资额的90%～100%！此外，许多企业，甚至是一些大企业（例如迪士尼、美林证券、西尔斯等）在损失巨资、投资几乎没有回报的情况下，不得不终止了电子商务项目。这次崩盘的积极意义是带动了"回归基本面"（back-to-basics）运动，换句话说，又回到仔细审核、审议电子商务融资要求的模式上。

现在，公司对IT和电子商务预算设定了标准，最高管理层也就电子商务项目财务论证和规划对IT高管施加压力，承担论证责任的大多数IT高管将面临一场艰苦的斗争。以下统计数据可以说明这种现象：

- 大部分公司缺乏计算电子商务投资回报的知识和工具；
- 大多数公司在衡量电子商务投资回报时没有正规的程序或预算；
- 很多公司在完工6个月后没有测算电子商务项目是否带来承诺的效益。

同时，扩大和开展电子商务项目的需求仍然旺盛。为了达到最佳的投资水平，首席信息官（CIO）需要计算并有效地向管理层传递所推荐的电子商务的价值。更多讨论参见Keen and Joshi（2011）和TeamQuest（2014）。

值得注意的是，在一些案例中（如导入案例中的Telstra公司），竞争是实施电子商务项目的主要原因。在这些案例中，你仍然要做一个正式的论证，只不过是定性的形式罢了。

进行论证的其他原因

对电子商务项目进行论证还有如下原因：

- 有些企业现在意识到电子商务不一定能解决所有问题。因此，电子商务项目必须与其他内部和外部项目竞争资源和资金。在决定应该何时开展电子商务的问题上，有必要进行分析。企业知道它们能从电子商务中获取商业价值，但是它们想知道有多少价值。这个问题要通过计算"投资回报"来回答，我们将在14.4节进行讨论。
- 一些大型公司和许多公共组织规定，申请资金时必须对项目进行正式的评估。
- 在完成电子商务系统以及实施后，公司被要求定期评估电子商务项目的成败。
- 上层管理者要求更好地调整电子商务战略的压力。
- 为了支付项目人员的奖金，要求评估电子商务项目的成败。

电子商务投资的类别和效益

在探讨如何论证电子商务投资之前，我们先来考察这类投资的性质。对电子商务投资进行分类的一个基本方法是，区分基础设施投资和电子商务应用投资。

信息技术基础设施为企业提供电子商务应用的基础。IT基础设施包括服务器、企业内联网、企业外联网、数据中心、数据仓库、知识库等。除此之外，有必要整合企业内分享基础设施的各种应用。基础设施投资属于长期投资。

电子商务应用是用于实现一定目标的特定项目和程序。电子商务应用的数量庞大。它们也许在一个职能部门，也可能被多个职能部门分享，这使得评估它们的成本和效益变得更为复杂。

注意：一定要考虑到云计算提供了一个低成本的 IT 基础设施和电子商务应用。

公司投资 IT 和电子商务的主要原因是改善业务流程、降低成本、提高生产率、增加客户满意度以及老客户维系率、增加收入和市场份额、缩短产品投放市场的时间和获得竞争优势。

电子商务项目的投资论证

论证电子商务投资意味着比较每个项目的成本和效益，这种方法称为**成本—效益分析**（cost-benefit analysis）。为了便于进行分析，有必要界定和衡量相关的电子商务效益和成本。成本—效益分析通常通过投资回报率（ROI）来评估，这是评估投资的特定方法。

有多种衡量电子商务和 IT 投资商业价值的方法可供选择。支持这种分析的传统方法是净现值法（NPV）和投资回报率法（ROI）（请浏览 nucleusresearch.com/research）。

成本—效益分析和商业案例

成本—效益分析和商业价值是一个商业案例的组成部分。商业案例的成本包括三个主要部分：效益（如收入增加，成本降低，客户满意度提高）、成本（原始投资和各项固定成本）、风险（如项目过时，员工抵制等）。一些供应商提供模板、工具和指导方针等，用于准备特定领域的商业案例。例如，IT Business Edge 公司（itbusinessedge.com）提供了一个商业案例资源工具包（请浏览 itbusinessedge.com/downloads）。

论证的时间和内容

并非所有电子商务项目投资都需要进行正式的论证。有时，一个简单的只有一页的定性论证就足够了。下面是一些可能不需要进行正式评估的情况：

- 当投资的价值相对于组织而言比较小的时候；
- 当相应的数据不可获得，或不准确，或不稳定时。

当电子商务项目必须实施时——不管涉及的成本多大都必须实施（如政府要求实施或迫于竞争需要）。

然而，即使不要求正式分析，组织至少应该进行一些定性分析来解释电子商务项目投资的必要性。

用各种指标进行电子商务论证

电子商务指标在第十三章提到过。指标是一种特定的、可测量的标准，用来与真实的业绩表现作比较。指标用于描述成本、效益或二者的比例。它们不仅用于进行项目论证，而且用于其他经济活动（例如为了奖励突出的员工而比较员工的成绩）。指标能通过一些方式驱动行为，从而产生许多积极的作用。例如：

- 成为实现特殊目标及计划的基础；
- 界定商业模式的价值诉求（见第一章）；
- 保持员工、部门和分支机构的目标与公司战略目标一致；
- 追踪电子商务系统的业绩，包括使用、访问者的类别、页面访问和转化率等；
- 通过工具（例如平衡计分卡和分析报告）来评估公司的经营状况。

指标、评价以及关键绩效指标

定义这种特定的衡量方法必须严格，否则，这个指标事实上具体衡量什么就具有极大的随意性了。图 14.2 显示了使用指标的流程。这一循环过程从建立组织和电子商务绩效的目标开始，随后，这些目标用一套指标表达出来。该指标再由一套**关键绩效指标**（key performance indicators，KPI），也就是最为重要的指标（也称为关键成功要素）来量化表示。一个指标通常包含几个 KPI。

关键绩效指标受组织持续监控（如通过互联网、分析报告、财政报告以及市场数据等）。如图 14.2 所示，它反映了真实数据的关键绩效指标会与预设的关键绩效指标以及计划好的衡量指标进行比较。如有差错，就应该马上采取修正措施，必要的话还会对任务目的、任务目标以及指标进行调整。

另一个有关标准的例子出现在平衡计分卡中（请参阅第十三章）。该方法采用四种类型的指标：顾客指标、财务指标、内部业务流程指标、学习成长指标。

这里讨论的范围主要限于单个电子商务项目或者初创的网络企业。电子商务项目通常处理的是业务流程的自动化，鉴于此，可以视为资本投资决策。有很多工具可用于监控电子商务项目的绩效，并衡量电子商务和各项应用指标（如图 14.2 所示）。第十三章介绍的网站分析技术是最有用的工具之一。网站分析技术与指标分析法非常接近［如谷歌分析，参见 Clifton（2012）］。

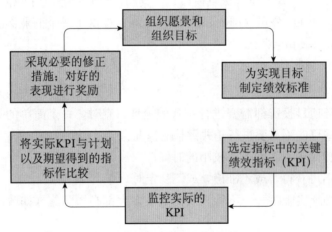

图 14.2　用指标来进行绩效管理

网站分析技术

网站分析技术（Web analytics）是对网络数据进行测度、分析，目的是了解和优化网站使用。网站分析技术不仅仅是测量网站访问流量的一个工具，它还可用于电子商务市场调研。网站分析技术也可用于衡量传统印刷广告的宣传效果。更多信息参见 Kaushik（2010）和 Beasley（2013）。

现在我们明白了进行电子商务项目论证的必要性以及标准的使用，后面我们将了解为何电子商务项目论证难以完成。

14.2 节复习题

1. 电子商务项目投资论证的原因有哪些？
2. 不进行电子商务项目论证研究的风险有哪些？
3. 如何论证一项电子商务投资项目？

4. 电子商务项目投资的主要类别有哪些？

5. 何种情况下不需要进行电子商务投资论证分析？

6. 什么是评价指标？评价指标的作用有哪些？

7. 什么是KPI？

8. 与组织绩效表现相关的指标如何进行周期性使用？

9. 什么是网站分析技术？网站分析技术在电子商务项目论证中起到了什么作用？

14.3　电子商务项目投资衡量和论证的难点

电子商务项目以及IT项目的论证非常复杂，主要原因有如下几方面。

电子商务项目投资论证的流程

电子商务项目投资论证的流程因情况不同、方法使用不同而各异。有时，这种分析流程极其复杂。在进行IT项目论证的时候，需要考虑5个方面的问题（见图14.3）。在本节中，我们将讨论无形因素和有形因素。在第十三章中，我们讨论了一些战略和战术方面需要考虑问题。

除了复杂的分析流程之外，也可能出现其他困难。

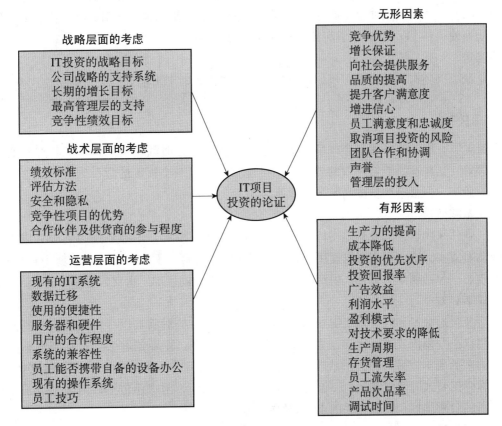

图14.3　IT项目论证的一个模型

资料来源：Gunasekaran et al.（2001），Misra（2006）以及作者的经验。

衡量生产率和效益的困难

电子商务项目最主要的效益就是生产率的提高。然而，由于一系列原因，生产率的提高可能很难衡量。

数据和数据分析

数据和数据分析可能无法揭示生产率提高带来的效益。为什么会出现这种情况？对于制造业而言，投入和产出的衡量通常是相对容易的。例如，丰田公司生产汽车，汽车是相对容易界定的产品，这种产品随着时间的推移质量会逐步改进。可以很容易地识别出为了生产这些汽车进行的投入并且这种识别具有非常高的准确性。然而，在服务行业，例如教育、医疗和一些大众服务项目，产品本身、产品质量变化以及其带来的效益和成本不容易很清楚地界定。

其他因素包括：

- 电子商务在某一方面提高的生产率可能被其他领域的损失抵消；
- 隐性成本和效益；
- 错误地界定衡量对象。

电子商务项目成本与公司业绩之间的关系

定位电子商务项目投资与公司业绩之间的关系很困难。电子商务项目投资和公司业绩之间的关系是间接的；一些因素（如电子商务和IT共用资产及如何使用这些共用资产）会影响组织的业绩表现，从而使评估IT（或者电子商务）投资变得很困难。

其他困难

衡量业绩表现还有其他困难。例如，有的研究者指出，时滞可能导致无法衡量生产率。

无形成本和效益

许多情况下，电子商务项目会产生无形效益，如产品上市时间缩短了，员工和客户的满意度提高了，等等。这些都是非常可取的效益，但可能很难给出一个准确的货币价值。如，电子邮件提高了通信效率，但很难衡量提高了多少价值。

有形成本和效益

软件、硬件采购、咨询及其他支撑服务的成本通常是有形的，不外乎是通信服务成本、维护成本和劳动力成本。这些成本可以使用会计信息系统加以计算（例如从总分类账簿中查找）。类似地，有形效益（包括利润的提升、生产率的提高、市场份额的增加）也比较容易计算。

无形成本和效益

一旦涉及无形成本和效益，组织必须开发创新的指标方法对其加以尽可能准确的测量。无形成本可能包含一些模糊成本，比如，为了提供更优质的服务，企业的客服人员利用电子商务系统来学习而带来的成本。另一种无形成本源于必须改变或者引进一些业务流程或者信息处理系统，比如处理客户退货或者建立和运行一套库存跟踪系统。此外，困难还包括如何区分电子商务系统成本与库存的日常维护和其他相关的IT系统的成本。

如何处理无形效益

处理无形效益首先要界定它们（请参阅导入案例中的 Telstra 公司），如果可以，还要确定如何衡量这些效益。

最直接的方法就是利用成本效益分析法来得出无形效益的货币化价值的粗略估计。然后再使用投资回报率（ROI）或者类似的财务分析方法。这种方法最吸引人的地方是其简洁性，但其简单的假设基础在大多数情况下都是值得商榷的。如果一个组织引入电子商务技术主要源于决策者认为无形效益的货币价值非常高，该组织可能会发现其浪费了很多宝贵的资源。另一方面，如果无形效益的货币价值被设定得过低，组织很可能会拒绝进行电子商务投资；后期其市场份额可能会被使用了电子商务技术的竞争对手夺走。无形成本和效益可以通过一些不同的方法加以分析。14.4 节给出的一些同样可用于评估无形效益的方法。更多关于无形成本和效益的内容，参见 Ritter and Röttgers（2008）。

平衡计分卡（第十三章）是一种处理无形效益的方法。这种方法要求列出有形和无形目标及其评估结果。

这些困难会导致许多公司不去衡量信息技术和电子商务项目的价值，这可能是一个有风险的方法。对于这些公司，本书提出了一些正式的论证（请参阅 14.4 节和 14.5 节）。

电子商务和 IT 项目论证流程

规模较大的电子商务投资的论证不仅涉及方法的选择，还涉及如何使用这些方法。正确的流程不可能很简单。Baseline（2006）归纳出了如下流程：

1. 与你的供应商商量各种分析指标，然后进行 ROI 分析。
2. 对各项指标加以分析研究（包括内部指标和外部指标），然后确认。
3. 对成本和效益的假设加以论证和备案（请参阅导入案例）。
4. 验证计算中用到的数值。
5. 不要忘记战略性效益，包含长期效益。这个项目是否真的能够提升企业的竞争力和获取战略优势？要小心谨慎，不可低估成本和高估效益（很多经理人往往犯这种错误）。
6. 要让各项数据尽可能地贴近实际情况并进行风险分析。
7. 各个合作伙伴要尽责，包括供应商和高层管理者。

Gartner 炒作周期的使用

在介绍具体方法之前，我们先解释一下"炒作周期"的概念。组织可以使用这个方法去评估具体的电子商务技术和工具，因此他们在花费精力和资金去做成本效益分析和论证之前可以形成一个策略。

什么是 Gartner 炒作周期?

炒作周期（hype cycle，又称"发展规律周期"）是用图表来显示某种电子商务和 IT 技术（如云计算、3D 打印、电子支付）的成熟、引入和社会化运用等各个阶段。这个术语是 Gartner 公司提出的。炒作周期可以对各种技术、IT 方法论、管理规则等的成熟度进行解释。它们重点将过度炒作的区域与影响力大的技术进行对比，并且估计这些技术和趋势需要多长时间才能走向成熟（请浏览 gartner. com/technology/research/methodologies/hype-cycle. jsp）。炒作周期可以定制，以适应某些行业和公司的需求。Gartner 每年修正一次炒作周期。

每一个炒作周期包括 5 个阶段，包括"触发期""过热期""幻灭期""复苏期""成熟期"。这些阶段反映了每一种技术走向成熟的路径。（注意，Gartner 提出的炒作周期已经更换成只包含四个阶段的产品生命周期。）炒作周期的五个阶段如下：

1. **触发期**。包括科技突破、公众展示、产品发布以及其他引起媒体和行业广泛关注的事件。
2. **过热期**。这一阶段的显著特征是过度热情、不切实际的预测、大肆宣传张扬和对技术潜力的过高估计。2013 年，增强现实与互联网便处于这个阶段。技术性能达不到技术领导人、顾问和金融分析师们作出的承诺。
3. **幻灭期**。这一阶段此项技术变得不再时髦，由于这项技术没有达到人们的预期，媒体也不再炒作这个概念。
4. **复苏期**。各家机构对此项技术的集中实验和艰辛工作使得人们对此项技术的可应用性、风险和效益有了真正深入的了解。商业营销策略和工具开始加入。
5. **成熟期**。此项技术在现实社会中的价值已经显现并被接受。到了技术的第二代和第三代，此项技术和方法变得更为稳定、可靠。此项技术最终能够达到的高度取决于此项技术是能够广泛应用还是只适用于一个特定的市场。

"炒作周期" 的应用

Gartner 公司提供了一份年度报告，这份报告涵盖了利用 102 种不同的炒作周期来评估 75 个行业的 2 000 多种不同的技术［参见 Gartner（2013）并浏览 gartner.com/technology/research/hype-cycle］。当然，Gartner 公司是有偿提供这些报告的。Gartner 公司 2011 年和 2014 年的年度报告包含很多电子商务技术，比如移动商务和工具、微博、数据中心的绿色 IT 技术、社交分析、云计算、感知计算、虚拟世界、基于位置的应用、安全、射频识别技术、远程视频通话、集体智能，等等。

gartner.com/newsroom/id/2575515 网站上给出了电子商务技术如何应用于所处的炒作周期阶段的一个案例。这个网站对几项新兴的电子商务技术展开了有趣的讨论。炒作周期对于任何一家认真考虑电子商务新兴技术的组织都是非常有用的。

14.3 节复习题

1. 组织如何评估业绩表现和生产力？评估的难点有哪些？
2. 把电子商务投资和公司业绩表现联系在一起为什么很困难？
3. 什么是有形成本和有形效益？
4. 什么是无形成本和无形效益？在 IT 投资论证中，为什么要考虑无形成本和效益？
5. 管理层如何处理无形效益及效益的不确定性？
6. 什么是 "炒作周期"？它有哪五个阶段？
7. 炒作周期是如何在电子商务中应用的？

14.4 电子商务投资评估及论证的方法和工具

本质上，所有的经济性论证方法都属于投资的成本效益分析。这些方法之间的不同在于，各种方法在分析电子商务项目尤其是与公司其他投资作比较时，对有形和无形成本及效益的处理能力不同，特别是与其他企业投资比较时。

电子商务项目投资的机会和产生的收入

在做电子商务投资项目的准备工作时，我们需要研究电子商务项目可以产生的额外收入。第一章中曾经给出了电子商务项目和网站产生收入的典型模型。其他例子还有：

- 有些公司允许人们付费玩电子游戏或者付费观看体育赛事（例如 espn. go. com）；
- 网站更有效的产品营销使得公司可以从更大范围的全球市场获得额外收入；
- 电子商务降低了公司内部流程成本，从而可以提高利润；
- 通过移动通信设备进行销售的能力；
- 使用社交网络为广告宣传和市场营销提供便利；
- 向其他公司出售通过网页分析获得的数据；
- 在个别网页上出售广告位；
- 收取会员注册费用。

企业可以付费购买电子商务工具，也可以自行开发这类工具。

电子商务投资论证的方法论

在解释电子商务投资论证分析的具体方法之前，我们先看看这些方法共有的一个方法论问题。

成本类型

尽管成本看起来只是成本效益分析方法一个简单的方面，但是有时候会变得相当复杂。以下是需要考虑的几个方面：

- **区分初始成本（先期投入成本）和运营成本。**初始成本有可能是一次性的投资或者在几个月或者几年内的投资。另外，还要考虑系统运营成本。

- **直接成本和间接共摊成本。**直接成本是与特定电子商务项目直接相关的成本。间接成本通常是与基础设施相关的共摊成本。另外，间接成本可能与几个电子商务和信息技术项目相关。因此，需要将间接成本分摊至几个特定的项目。这种分摊可能并不简单。成本分摊有多种方法（可咨询会计师）。

- **实物成本。**尽管货币投入成本很容易计算，但有些成本是实物的。例如，同时负责电子商务以及其他项目的管理人员的开支等。这些通常是间接共摊成本，相应的计算比较复杂。

电子商务投资分析的传统方法

以下是最常用的 IT 和电子商务项目投资评估方法。详情参见 Nucleus Research（2014）。

投资回报率分析法

投资回报率（ROI）分析法使用一个公式，这个公式用净利润（每年的收入减去成本）除以初始成本。得出的结果是一个比值，衡量每年或者一个特定时间段内的投资回报率（ROI），参见 Fell（2013）以及 Keen and Joshi（2011）。在计算 ROI 时，需要考虑以下几个方面。

投资回收期

投资回收期指的是计算净利润多久能够偿还整个初始成本。

净现值（NPV）分析

在 NPV 分析中，分析家们根据公司获得资金的成本，即利率，对未来效益进行折现。然后将未来效益的折现值与期初成本做比较，以确定效益是否超过成本支出，同时也要考虑无形效益。

内部效益率（IRR）

对于需要投入并产生一系列现金流的投资项目，人们通常用内部效益率（IRR）进行分析。IRR 是净现值为零的折现率。

盈亏平衡（break-even）分析

盈亏平衡点通常是指收入等于成本的那一个产量点。企业使用这种分析方法来判断电子商务项目什么时候开始盈利。

所有者总成本和效益

IT 系统的成本可能在多年不断累积。IT 成本评估的一个关键因素是所有者总成本法。**所有者总成本**（total cost of ownership，TCO）用于计算在整个项目周期里，拥有、运行以及控制一个 IT 系统所花费的直接和间接成本。TCO 成本包括购置成本（硬件、软件）、运营成本（维护、培训、运营等）以及其他相关费用。TCO 可能比硬件成本高出 100%，尤其对个人电脑而言。

通过识别这些不同的成本，企业可以进行更为准确的成本效益分析。Boardman et al.（2011）提供了一种计算 TCO 的方法以及具体的计算例子。一个类似的概念是**所有者总效益**（total benefits of ownership，TBO），它包括有形和无形效益。通过计算和比较 TCO 和 TBO，我们可以计算出 IT 投资的效益（如效益＝TBO－TCO）。

经济增加值

经济增加值（EVA）尝试量化一项投资的净增加价值。它用所投资的资本产生的回报（即税后现金流）减去资本成本来衡量。

几种传统方法应用于同一个项目

一些企业为了安全起见，同时使用几种传统方法。每一种方法都给我们提供了不同方面的分析。

商务 ROI 和科技 ROI

当使用 ROI 指标时，应当考虑此项目的商务和技术两个方面，详情参见 Fell（2013）。与此相关的是衡量电子商务项目质量的问题。

ROI 计算器

传统的 ROI 计算方法使用的公式相对简单，我们可以利用 Excel 函数或者其他计算器来计算。相对复杂的公式和专用公式也有相应的计算器，正如我们在导入案例中讲过的。

实践者的经验与理论都被植入 **ROI 计算器**（ROI calculators）中并使用指标和公式来评价投资项目。近期，ROI 专业公司正在专攻 ROI 计算器的开发并且开发出了 ROI 计算器，其中一些是可以免费使用的。

《基线》杂志提供的计算器

简单计算器的一个主要提供者是《基线》杂志（baselinemag.com）。它提供了几十种 Excel 计算器（有的免费，有的收费）。

计算器的种类繁多，例如：

● 通用 ROI 计算器；

● RFID ROI 绘图计算器；

- 智能手机、笔记本电脑；
- 绩效管理 ROI；
- 确定真实的 TCO；
- 计算网络电话的 ROI；
- 确定视频会议方案成本。

此外，《基线》杂志还提供教程、指引、统计数据等与计算器相关的服务。

其他计算器

Nucleus Research 公司（nucleusresearch.com）提供几种 ROI 计算器。Nucleus Research 公司认为若一家企业需要频繁地评估电子商务项目的论证并拥有特殊的无形成本和效益，则其需要量身定制一个 ROI 测算工具。有的公司提供了电子服务项目的 ROI 计算器。

 实际案例

一些机构曾尝试测算远程学习项目的 ROI。比如，elearningindustry. com 网站提供诸如 ROI 计算器、计算方法、信息图、参考书目和网上社区等资源用于支撑远程学习项目的评估（请浏览 elearningindustry. com/free-elearning-roi-calculators）。

其他一些公司也使用 ROI 计算器，比如 Phoenix Technologies 公司（phoenix. com）、Citrix XenDesktop 公司（citrix. com/products/xendesktop/overview. html）等。CovalentWorks 公司专注于企业间电子商务活动的 ROI 计算器。其他例子请浏览 roi-calc. com，money-zine. com，microsoft. com。

IT 和 EC 项目评估的现代方法

仅基于有形财务指标的传统方法不足以评估很多 IT 和 EC 项目。因而，一些包含无形因素（比如客户满意度）的新方法逐渐涌现。这些方法或是对传统 ROI 方法的补充，或者干脆直接替代了它们。

Renkema（2000）概括了 60 种不同的 IT 投资评估和论证方法。绝大多数论证方法都可以归入以下四类：

1. **财务分析法**。这类方法仅考虑财务因素。ROI、IRR 以及投资回收期是财政方法的几个例子。
2. **多指标分析法**。这类方法同时考虑财务因素和不能（或不容易）加以货币化的非财务因素。这类方法采用定量和定性决策技巧。此类方法的例子诸如信息经济学、平衡计分卡和价值分析法。
3. **比率分析法**。这类方法使用几种比率来评估电子商务项目投资。经常使用的指标本质上都是财务指标，但是也可以使用其他类型的指标。例如，电子商务支出除以年度销售额或者电子商务支出占运营预算的比例，等等。
4. **组合分析法**。这类方法通过绘制一组投资的并列选项与决策制定条件图形得出结果，组合分析法往往非常复杂。

表 14.1　　　　　　　　　　电子商务项目论证和评估的现代方法

- **信息经济学法**：这种方法使用关键成功因素概念，着重关注公司的关键目标和候选电子商务项目对各项关键目标的潜在影响。
- **打分法**：这类方法赋予待评估项目的各个方面以不同的权重和分值（比如每项指标权重不同），然后计算出总分数。利用信息经济学来判定打分将针对哪些因素。
- **行业基准法**：这种方法适用于评估电子商务基础设施项目。比如使用行业标准，企业可以判定行业内对 CRM 系统的投资支出水平，进而可以决定自己投资多少。这种基准可以采用行业指标数值或者专业机构推荐的惯例数值。
- **准则管理法**：公司可以采用这种方法来判定电子商务基础设施项目的投资额。这种方法本质上是头脑风暴和表决方法的结合。
- **选择评估法**：这种方法相对复杂，不经常使用。在特定情况下这种方法的评估结果相当准确。这种方法背后的理念是考察电子商务项目投资所带来的未来机会，然后计算这些机会的货币价值。
- **平衡计分卡法**：这种方法使用一系列指标而不仅仅是财务指标来评估公司的业绩和经营状况。这种方法对于评估电子商务项目越来越流行。
- **业绩分析法**：这种方法是平衡计分卡的变体。业绩分析法把多个指标的状态汇总到一起。
- **基于行动的成本和论证方法**：这种方法考虑了进行某种活动时的成本。这种会计管理概念近些年被用来评估电子商务项目投资，事实证明相当成功。

表 14.1 总结了具有代表性的评估电子商务项目投资的现代方法。

遗憾的是，所有方法都不是完美和通用的，因而，人们需要比较每一种方法的好处和坏处。商业计划或者商业项目通常需要使用论证分析方法。电子商务方面的项目软件请浏览 bplans. com，paloalto. com。

14.4 节复习题

1. 简要定义 ROI、NPV、投资回收期、IRR、盈亏平衡等评估方法。
2. 什么是 ROI 计算器？
3. 描述四种主要的评估方法。

14.5　电子商务指标和项目论证案例

前面阐述的各种评估方法和工具可以单独使用、合并使用，或者改进后使用以论证不同的电子商务项目，以下是关于这些方法和工具如何论证不同类型的电子商务项目的几个例子。

电子采购项目论证

电子采购包含辅助性的行政采购（如，供应商筛选、正式对供应商提出产品和服务的需求、买方审批以及货款支付，等等）。

当采用 B2B 方式采购时，电子采购的指标评估变得尤其困难，电子采购指标的案例如下。

 实际案例

电子采购评估指标

衡量电子采购是否成功类似于衡量采购部门的业绩。下面的指标能显示出电子采购工作是否出色：

- 按时交货率提升；
- 订单处理时间减少；
- 通过增加供应商、增进交流和整合订单降低采购价格；
- 运输和处理成本/采购成本的比值下降。

间接指标包括最大限度地降低成本，例如：

- 存货成本下降；
- 运输破损下降；
- 原料成本下降；
- 返工（瑕疵品）成本下降；
- 运营和管理成本下降；
- 运输和处理成本下降。

电子采购可以直接或间接影响这些指标。衡量和监控电子采购的各个步骤对识别有问题和成功的要素都非常重要。它可以使组织深刻认识到哪些方面做对了，哪些方面做得不好，从而可以准确定位需要研究和改进的地方（参阅在线补充读物 W14.1）。

社交网站及 Web 2.0 工具使用的论证

由于无形效益和潜在风险的存在，论证社交网络建设方案和 Web 2.0 工具使用方案均非常困难。然而，多数情况下，这种投资成本较低，因而很多企业不进行正式的投资论证而直接上马项目，尤其是在进行实验的时候。风险评估是其中最大的问题。一些工具可免费获取，或者被供应商添加进通信和协同工具中。参见电子书 Petouhoff（2012）。有关商业案例的白皮书参见 Ziff Davis（2012）。也可观看视频"How to Build a Business Case for Social Media"（youtube. com/watch? v＝_59iJrYanw0）和"How to Measure Social Media ROI"（youtube. com/watch? v＝UhUO30VRN1M. com）。有关综述参见 Turban et al.（2015）。

移动计算和 RFID 投资的论证

由于基础设施的成本是共摊的，并且存在大量的无形效益，移动计算的成本论证非常困难。《基线》杂志（baselinemag. com）提供了一些指导手册和计算器：

- 计算无线劳动力的投资回报率；
- 计算外包的移动设备管理的投资回报率；
- 计算无线网络以及无线网络运营商和移动硬件的成本。

无线和移动硬件、软件及服务供应商也提供指导手册和计算器［如摩托罗拉公司旗下的 Symbol 科技公司（symboltech. net）、Sybase 公司（sybase. com）和英特尔公司（intel. com）］。关于移动计算更完整全面的讨论与论证，请浏览 mobileinfo. com（2011）。

RFID 投资论证

很多大中型企业都在考虑上线 RFID 系统（即"无线射频识别系统"）以便改善其供应链的运行情况以及库存的操作情况（请参阅第十二章）。尽管这类系统可以提供很多有形效益，但是由于这种技术较新，还涉及法律问题（例如隐私保护），很多评估方法并没有发展起来（请参阅在线辅导资料 T3）。

论证无线计算投资，请参阅在线补充读物 W14.2。

安全项目论证

超过 85% 的病毒是通过电子邮件入侵网络的。人工清理病毒费时费力，而反病毒扫描软件则效率很高。企业可以利用 ROI 计算器来判断是否值得投资安全软件，或是对员工进行相关培训（请浏览 baselinemag. com）。

关于从供应商购买产品和服务的论证

谷歌为组织机构创立了一种方法论和计算机制使得组织机构能为"是否向谷歌的主要商品或知名研究进行投资"做出论证。正如 2009 年谷歌年度白皮书标题所说："网页投资利润率的最大化：高质量检索的重要地位"（请浏览 static. googleusercontent. com/media/www. google. com/en/ us/enterprise/search/files/Google_MaximizingWebsiteROI. pdf）。

14.5 节复习题

1. 为电子采购列举 5 个成功因素。
2. 为电子采购列举 5 个采购指标。
3. 列出一些论证电子商务门户网站的指标。
4. 列出一家酒店安装无线网络的论证指标。

14.6 电子商务经济学

电子商务的经济环境十分宽广。我们在本节仅讲解与传统微观经济学相关的一些代表性的理论和公式。

降低生产成本

生产成本（production costs）是生产企业销售的产品和服务的成本。电子商务对降低生产成本贡献重大。比如，电子采购可以降低成本。很多电子商务都是用来降低成本的。下面的一些经济学规律能够解释成本降低的现象。

产品成本曲线

平均可变成本（average variable cost，AVC）描述随着产量的变化，平均成本的变动。很多有形产品和服务的 AVC 曲线都是 U 形的（见图 14.4）。这条曲线表明平均成本最初随着产量的增加而下降［见图 14.4（a）］。随着产量的继续增加，由于可变成本增加（尤其是市场营销成本）和短期内增加的固定成本（因为需要更多的管理者），总成本开始增加。然而，大多数情况下单位数字技术产品的可变成本非常低并且（一旦收回初始投资成本）几乎固定不变，与产量无关。因此，如图 14.4（b）所示，数字技术产品的单位平均成本随着产量的增加而下降（由于固定成本可以在更多产品中分摊）。这种关系导致回报随着产量的增加而增加。这使得电子商务使用者更有竞争优势，因为他们的产品价格更低。

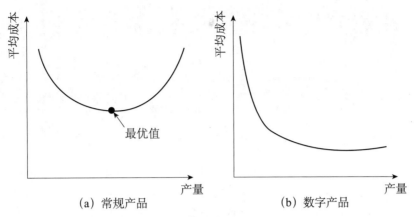

图14.4 常规产品（a）和数字产品（b）的平均成本曲线

生产函数

图14.5（a）所示的**生产函数**（production function）表明企业可以通过使用一定量的劳动或者投资更多的自动化技术（比如企业可以使用IT资本代替劳动）获得相同的产量 Q。例如，$Q=1\,000$ 时，劳动越少，则所需的IT投资越多（资本成本）。当企业使用电子商务系统时，曲线向内移动，从而更靠近坐标原点（从 L_1 移至 L_2），因为 $Q=1\,000$ 所需的劳动和资本变少。同样，电子商务系统使得企业更有优势，因为其产品价格更低。

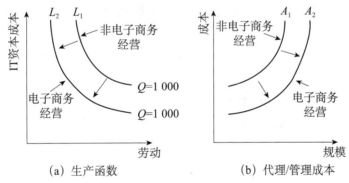

图14.5 电子商务的经济影响：生产函数和代理成本

代理成本

图14.5（b）显示了企业的**代理成本**（agency cost，也称管理成本）。这些成本是为了保证生产按照预期执行而产生的支撑性和行政管理成本。在传统经济中，代理成本 A_1 随着企业的规模和复杂性的增加而增大，代理成本快速增长至较高的水平通常会阻碍企业的发展。在数字产品经济中，代理成本曲线向外移动至 A_2。这意味着企业可以使用电子商务系统以避免业务扩张时代理成本的迅速扩张。同样，电子商务系统给快速成长的企业带来了竞争优势。

交易成本

交易成本（transaction cost）描述了与包含以货易货、以服务易服务在内的各类开销并行的各类开销。根据 businessdictionary.com 提供的信息，交易开销涵盖面十分广泛：通信费，律师费，询问价格、质量、持久能力等过程中的信息成本，并且可能还包含论证电子商务投资时的关键因素——交通费用。许多经济学家将这些开支划分为以下六种：

1. 搜寻成本；
2. 信息成本；
3. 谈判成本；
4. 决策成本；
5. 监控成本；
6. 法律相关成本。

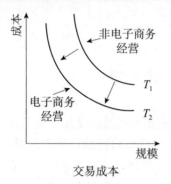

图 14.6　电子商务的经济影响：交易成本

如同本书所展示的那样，电子商务可以降低各种成本。交易成本的降低主要有利于买方，因为可以提供更好的客户服务，从而使买方获得更多的由竞争带来的好处。比如，搜索引擎和对比网站可以降低搜索成本和信息成本。电子商务也可以大幅度地降低监控、协同和谈判的成本。

图 14.6 反映了交易成本。图中显示交易成本和企业规模（产量）成反比关系。传统理论认为，为了降低交易成本，企业的规模必须增大（曲线 T_1）。在数字经济里，交易成本曲线向下移动至 T_2。这意味着电子商务使得较小的企业规模可以有很小的交易成本，同时随着规模的增加，企业能更大幅度地降低交易成本。

增加收入

本书通篇都在展示企业如何利用电子商务系统（网络商城、拍卖、交叉销售机会、多渠道分销等）来增加企业收入。电子商务也可用于通过提升客户数量和服务数量来增加收入。

客户数量和服务数量

电子商务的另外一个经济效应是一家企业所能达到的客户数量（称作 reach）以及这家企业可以为客户提供的互动和信息服务数量（称作 richness）之间的相辅相成的关系。在一定的成本水平上，客户数量和服务数量之间成反比关系。一家企业的客户越多，这家企业能够在一定的交易成本下给客户提供的服务就越少。图 14.7 描绘了这种关系。

嘉信理财公司（Charles Schwab）的案例表明了客户数量和服务数量相辅相成。起初，嘉信理财公司努力地增加

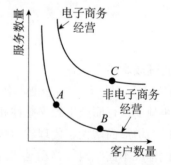

图 14.7　客户数量与服务数量的关系

客户。相应地，这家公司随着曲线下行（见图 14.7），降低了服务数量。然而，嘉信理财的网站（Schwab.com）使其能够大幅增加其客户数量（从 A 点移动至 B 点），同时为客户提供了更多的客户服务和财务信息（从 B 点移动至 C 点）。比如，嘉信理财的共同基金筛选服务使客户能够自己设计投资组合。提供这种服务数量使嘉信理财公司能够增加客户数量，相对于那些只提供很少的增值服务的对手而言，嘉信理财可以获得更多咨询费。总之，互联网使得图中的曲线向右上方移动，在相同成本下可以获得更多客户数量。更多细节，参见 Jelassi and Enders（2008）。

促进产品的差异化优势

企业利用电子商务可以提供**产品差异化**（product differentiation，产品有不同的特征）。比如，迈克菲公司允许其 VirusScan（一款病毒检测软件）用户在线自动下载最新的补丁，升级至最新版本，从而与那些需要人工升级的杀毒软件区分开来。并非只有实物产品才可以差异化，服务同样可以差异化。电子商务通过提供更好的产品信息、告知用户如何使用此产品、如何卸载以及如何反馈来提供差异化。

提升企业的敏捷反应能力

电子商务可以帮助企业提升敏捷的反应能力，也就是对市场和商业环境变化的捕捉、分析和快速反应的能力。使用敏捷的电子商务系统的企业可以对用户需求作出快速反应，并改进用户服务。美国的联邦快递公司、UPS 和其他快递企业可以提供包裹的位置信息，就是因为它们使用了与用户相连的电子商务系统。电子商务系统可以帮助企业更好地了解用户和购买习惯。这使得企业可以更好地预测未来的发展趋势，从而更好地计划未来；电子商务系统也可以使企业快速地作出必需的改变。同样，电子采购使得企业有能力迅速锁定供应商并下订单。反过来，卖方也可以使用网上作业来快速地定位库房产品并满足客户的订单需求。

电子商务企业估值

估值（valuation）就是确定企业价值的过程，通常是为了出售企业或者决定其上市交易价格（IPO）或者为了并购。对于电子商务企业而言，市值估算通常用于判断一家处于起步阶段的企业 IPO 的合理价格。例如，2014 年脸谱耗费 190 亿美元从 What's App 公司获取信息业务。

Rayport and Jaworski（2004）指出，三种最常见的估价方法是：比较分析法、财务业绩法、风险资本法。

> ● **比较分析法**。分析师使用这种方法来尽可能全面地（比如从规模、行业、客户基础、产品、增长率、账面价值、债务、销售规模以及财务表现等方面）比较这家企业与类似企业的差异。此外，分析师也会比较业绩趋势、管理团队以及其他特征。这种方法的难点在于很难找到私人公司的信息；另一个难点是缺乏初创企业的数据。
>
> ● **财务业绩法**。这种方法使用未来效益、现金流的预测数据（通常是 5 年）来计算一家企业的净现值（NPV）。分析师需要选择现金流的折现率。这种方法的难点在于折现率的选择。
>
> ● **风险资本法**。风险资本企业投资于初创企业，通常持续至 IPO 后退出。它们结合上述两种方法，关注企业的期末价值。风险资本企业使用非常高的折现率（例如，30%～70%）来折现。当企业具有较高的市值并通过股票来付款时，它们有能力购买估值很高的电子商务企业。例如，苹果公司在 2012 年收购了 Instagram 公司。

谷歌公司的 IPO 是最成功的案例之一。谷歌于 2004 年秋上市，发行价格为每股 85 美元。短短的几个星期，股票价格翻番；2005 年年末达到了 450 美元以上，2006 年股价升至 500 美元，到 2007 年已经超过 700 美元，到 2014 年已经超过 1 100 美元，促使谷歌成为 3 500 亿美元市值的公司。脸谱在 2013 年以每股 38 美元的价格上市，并使脸谱在当年的市值超过了 2 000 亿美元。股价的上升意味着股票投资者愿意为公司未来的业绩和市值付出更多的溢价。1996—2001年，很多起并购都存在不切实际的高估值，2005—2007年的社交网络并购也存在这种情况。例如，既然电子商务公司吞并其他同类公司时频繁地用股票而不是现金支付，所以更高的价值会显得更合适。谷歌利用此战术吞并其他公司。2010年，谷歌公司提出用60亿美元收购Groupon公司。Groupon公司拒绝了这项并购。它计划自己公开上市，而2011年其公司估值可能会达到200亿美元，然而，2014年5月其公司估值下滑到大约45亿美元。

总之，电子商务的经济性使得企业具有更强的竞争力和盈利能力。它也可以帮助企业更快地成长、更好地协同合作、提供更好的客户服务以及更为迅速地创新。在任何一种经济环境下，能够捕捉并利用好这些机会的企业都会成功，其他企业则将衰落或者消亡。

在进行电子商务项目论证工作之后，企业就可以着手电子商务系统的开发工作了。

14.6节复习题

1. 电子商务经营是如何影响成本曲线的？
2. 什么是交易成本？列出交易成本的主要类型，并解释电子商务如何降低这些成本。
3. 电子商务是如何提高收入的？
4. 电子商务如何提高企业的竞争力？
5. 提高用户数量的效益是什么？电子商务如何帮助提高用户数量？
6. 电子商务对产品差异化和敏捷度有哪些影响？
7. 什么是"估值"？为什么一些电子商务初创企业市值较高？

14.7 开发电子商务系统的五个步骤

一旦企业确定了可以从一个特定的电子商务计划中受益，下一步就是针对做什么和如何去做建立详细的计划，并设置电子商务系统的构成和功能。以鉴别用户需求为起点是明智的。网络商店需要具备的典型功能如表14.2所示。

表14.2　　　　　　　　　　　　　　　　　网店用户需要的功能

买方需要的功能	卖方需要的功能
● 使用电子目录寻找、搜索、评价和比较可购商品； ● 选择要购入的商品，并通过谈判确定价格； ● 利用购物车对需要的商品下订单； ● 支付订购的商品，通常通过某种形式的信用实现； ● 确认订单，保证需要的商品有货； ● 跟踪商品的配送过程。	● 提供最新的商品目录； ● 方便买家对商品进行比价； ● 提供电子购物车，使得买家可以将所购商品集中到一起； ● 验证买家的信用卡信息，方便买家在线支付； ● 处理订单（后台服务）； ● 安排商品的配送； ● 跟踪商品运输过程，保证正常交货； ● 在网站上为买家和访客提供注册、评论服务或提供更多信息； ● 回答买家的问题或将买家的查询和要求传递至基于网络的呼叫中心； ● 为了向买者提供更为个性化的购物体验，分析买家的购买情况； ● 提供基于网络的售后服务； ● 创造"交叉销售"和"追加销售"的能力； ● 在必要的情况下提供语言翻译； ● 测量和分析网站流量，以更改和保持各种应用程序。

其次，考虑能够使用一个全面的电子商务系统中的全部因素。这些因素包括硬件、软件、网络、网站设计、性能、参与的人以及与其他系统的相互作用。

同样重要的是，企业选择正确的发展战略是为了获得最大的投资回报。电子商务模型和应用的多样性（其规模从小型网店到全球交流各不相同）需要各种开发方法和途径。

构建大中规模的应用需要广泛地整合现有的信息系统，如企业数据库、内部网、企业资源规划（ERP）以及其他应用程序。因此，虽然构建电子商务系统的过程有所不同，但在许多情况下，它往往遵循一个标准的格式，如采用系统开发生命周期（SDLC）。在我们目前的软件开发生命周期，它是值得观察的一个典型的电子商务系统的生命周期。如图 14.8 所示，生命周期是很明显的。

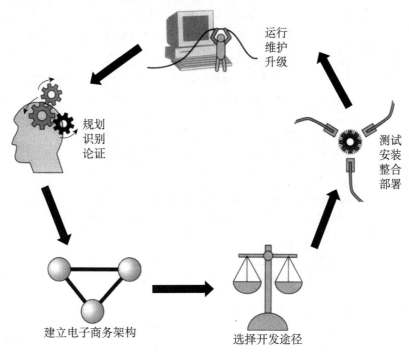

运行
维护
升级

规划
识别
论证

测试
安装
整合
部署

建立电子商务架构

选择开发途径

图 14.8　电子商务系统生命周期

构建一个大型电子商务系统的过程非常复杂，如图 14.9 所示。系统开发生命周期组织这个过程。

SDLC：电子商务应用

传统的系统开发生命周期法（SDLC 方法）系统地引导开发者遵从分析和设计的六个步骤：（1）问题识别；（2）分析；（3）逻辑设计；（4）实物设计；（5）实施；（6）维护。SDLC 方法是绝大多数传统业务系统开发的基础［更多详情参见 Kendall and Kendall（2013）］。然而，新型的软件和硬件大大简化了电子商务系统开发的方法。

传统的五步骤

这些步骤是：

- **步骤 1**：识别、论证和规划电子商务系统。
- **步骤 2**：搭建一个电子商务系统架构。
- **步骤 3**：开发方案筛选。

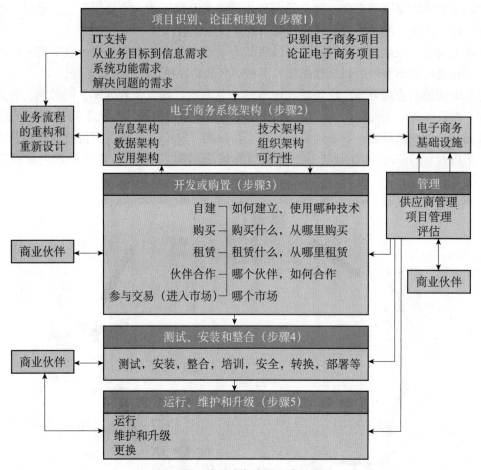

图 14.9 电子商务应用开发流程

- **步骤 4**：电子商务应用程序的安装、测试、整合、部署。
- **步骤 5**：运行、维护和升级。

开发过程管理

开发过程相当复杂，必须进行适当的管理。对于大中型应用开发，企业通常会成立项目小组来管理开发流程和供应商。与商业伙伴的合作也非常重要。一些电子商务业务的失败都是由于缺乏与商业伙伴的合作而导致的。比如，企业可以安装非常好的电子采购系统，但如果供应商使用不当，则系统可能崩溃。可以使用项目管理软件来管理项目。最好的做法还包括定期评估系统表现。一套标准的项目管理技术和工具也是很有帮助的。值得一提的是，由电子商务系统应用导致的需要重构一个或多个业务流程的可能性还是存在的。

14.7 节复习题

1. 考察 10 个不同的网站并选取 5 个你最喜欢的。根据本章内容，说明你喜欢这些网站的原因。

2. 访问 5 个你最喜欢的网站开发者的网站。他们具有哪些特殊才能？他们完成了哪些项目？能否雇佣他们提供你所需要的服务？

3. 列出电子商务应用开发的关键步骤。

4. 说明电子商务开发流程管理。

14.8 电子商务项目的开发策略

如果一家公司不想要专属网站或者一套电子商务系统，它也可以进行自主研发。然而，为了实现这个目标，企业需要自问几个问题：本企业有能力开发此网站吗（比如是否有合格的此类员工）？本企业有合适的工具来开发网站吗？如果企业本身不具备这些能力，最好将此项任务交给专业开发者（可参阅章末案例）。网站 webdesigners-directory.com 可以帮助找寻有经验的网站设计者。微软中小企业中心（microsoft.com/business/en-us/resources/technology/ecommerce/ecom-merce-website-design-mistakes.aspx?fbid=oQfmmYZYpzu）提供了一些建议以避免与整体网站设计和基础设施相关的常见问题。电子商务网站开发有四个基本方案：

1. **自己开发**：要么从零做起，要么从现成的组件开始。
2. **购买应用程序包**：这种程序包是为特定类型的电子商务网站设计的。
3. 将系统全部或部分开发外包。
4. 从第三方租用应用程序。

每种开发方案都有其利弊，并且要牢记开发方案之间并不是非此即彼、相互排斥的。其含义就是，两个或者更多选择也许会在同一个电子商务项目中得到应用。关于这些发展选择将会在下文探讨。

内部开发：内包

第一代电子商务系统开发主要是通过自主编程和内部开发［一般称为**内包**（insourcing）］实现的。

尽管内部开发耗费时间成本和货币成本，但这种方式开发出来的电子商务应用程序或许最能满足企业的战略目标和愿景，并能够获取差异化的竞争优势。然而，商务应用的内部开发时间长且费用高。不仅如此，系统维护与升级在未来有时需要更高的成本。

购买应用程序

一些商业应用程序包提供标准的电子商务应用功能。这些程序包可以立即安装和运行。这种方案常被叫做**交钥匙工程**（turnkey approach），这种程序包不需要进一步的集成即可使用，而且仅需要很少的测试即可。

一个安装包很难符合组织的全部需求，因此同时采用多个安装包是必不可少的。在本案例中，所有安装包都需要相互融合并与其他软件和数据完美契合。

现成安装包的优缺点

下面是购买电子商务系统的主要优势：

- 有很多不同类型的软件包可供挑选；
- 省时省钱（与内部开发相比）；
- 企业不需要雇佣专职程序员；
- 企业可以在投资于产品之前了解到自己将要得到的产品有什么能力；
- 企业不是第一个用户，也不是唯一的用户；
- 产品升级时花费很少或者没有花费。

当然，这种方法也有其不利的一面：

- 软件可能不能满足企业的需求；
- 软件的修改可能非常困难或者不可能，或者需要大量的流程变化；
- 企业可能会无法控制软件的改进和更新；
- 与现有的系统融合困难；
- 供应商可能会停产此产品或者不再经营此类业务。

电子商务系统开发和应用的外包

收购或发展供应商使用的电子商务系统是一种外包。在许多情况下，系统需要快速构建（一周或两周），并且独特的专业化的外包商和软件供应商是必要的。因此，外包得以使用。

承包商可以承担各种电子商务应用开发。比如，他们可以计划、编程并建立应用程序，并且整合、运行和维护这些程序。与这些外包商建立良好的客户关系对企业是有益的。

外包类型

有几种类型的供应商提供电子商务程序开发和运行服务：

- 软件公司；
- 外包商和其他供应商；
- 电信公司。

租用电子商务应用：云计算和"软件即服务"（SaaS）

目前获取电子商务系统的趋势是租用系统，而不是购买系统。这包括可立即使用的应用程序以及系统开发工具和组件。

当进行新的电子商务技术实验，不需要大量的前期投资时，公司可选择租赁。租赁还允许企业保护它们的内部网络和获得专家意见。IT 专业知识有限或者预算紧张的小公司也发现租赁有优势。

租赁消除了用户购买软件、安装、运行、维护的需要。此外，用户可以快速利用租赁系统（记住，"时间就是金钱"）。最后，因为所有用户拥有相同的软件，他们可以用一种快速的方式连接。

近年来，融资租赁已变得非常流行，并且和各种形式结合使用。最著名的是功效计算、软件即服务和按需计算等。截至 2009 年，这些都是捆绑在"云计算"概念下的。

云计算

云计算（cloud computing）是一种基于网络的计算方式，通过这种方式，共享的计算资源可以按需分配。分配通过互联网或者其他电脑的局域网完成。使用者仅需根据实际使用量来付费。云计算可以与电力和燃气供应，或者其他公用事业做比较。这些共享服务通过简单易懂的方式提供给使用者，不需要使用者理解这些服务是如何创造的。因此，云计算包含了公用计算的概念。类似地，云计算给计算机应用开发者和使用者提供一个服务摘要，这个摘要简化并忽略了很多细节和内部工作机制。大量公司都提供了云计算产品和服务（如 Salesforce 公司，甲骨文以及微软）。

云计算包括云基础设施、云平台、云应用和云储存等。详情参阅在线辅导资料 T7 和 Kavis（2014）。

云应用的好处

云应用给用户带来的主要好处有：

- 可以从任何地方通过互联网获取；
- 不需要本地服务器安装——省时省钱；
- 按使用或订购次数收费；
- 快速的规模化能力——提供战略优势；
- 产品上市更加迅速；
- 系统维护（备份、升级、安全等）通常包含在服务中；
- 安全性可能改善，尽管对安全性要求很高的用户会发现 SaaS 模式本身存在安全问题；
- 包含此技术的系统具有可靠性。

其他优点，请浏览 intel. com/content/www/us/en/cloud-computing/intel-cloud-based-solutions. html 以及 ibm. com/marketplace/cloud/us/en-us。

其他开发方案

除了前面提到的几种电子商务系统开发方法之外，现在还有其他一些方法可供选择，这些方法在特定的环境下适用。

- **加入电子市场**。采用这种方法的企业将自己嵌入电子市场。比如，企业可以将自己的产品手册放入雅虎在线市场。雅虎商城的访问者将会发现企业的产品并能够下订单。企业按月支付雅虎月租费。在这个案例中，雅虎为企业提供的是托管服务。在开发方面，企业使用模板建立自己的网店，然后在几个小时的准备工作之后即开始销售。
- **加入一个联盟**。这种方法与前一种方法类似，唯一不同的是这家企业将是电子市场的所有者之一。因此，该企业可能对市场架构有着更多的控制力。
- **加入第三方拍卖或者投标网站**。加入第三方的网站是另外一个可选方案。同样该方案可以使企业迅速进入电子商务领域。很多企业使用这种方法来实现特定的电子采购。
- **建立合资公司**。有多种合资的伙伴关系可以使电子商务系统的开发更便利。比如，中国香港的四家小银行联合开发了网银系统。在某些情况下，一家企业可以联合另外一家已经拥有某项应用的企业。
- **综合方法**。这种方法将企业内部最好的工作与外包策略相结合以建立合同伙伴关系。

开发方案的筛选

在选择合理的开发方案之前，需要解决如下几个具有代表性的问题：

- **客户**。目标客户是谁？他们的需求是什么？应当采用哪种市场营销策略以便推销网店和吸引顾客？如何提升客户的忠诚度？如何接触客户并使他们感到愉悦并成为回头客？
- **商品**。在线销售什么产品和服务？是卖软件产品（数字化产品）还是硬件产品？软件产品是否可以下载？
- **销售服务**。客户是否可以在线下单？如何进行网上支付？顾客是否可以检查订单状态？顾客问题如何解决？产品是否有三包协议？退款的程序是什么？
- **促销**。如何促销产品和服务？网站如何吸引顾客？是否有优惠券、厂家折扣或者数量折扣？是否可以交叉销售？
- **交易处理**。交易是否可以实时处理？税收、运费和手续费以及货款如何处理？所有物品是否都要交税？网站可提供的运输方式有哪些？网站可以接受哪些付款方式？网站如何满足订单要求？
- **市场营销数据和分析**。网站将收集诸如销售、客户数据以及广告趋势中的哪些信息？在未来的市场营销中，网站将如何使用上述数据？信息如何保证安全？
- **品牌**。网店应该突出什么形象？在竞争中，网店应该如何做才能与众不同？

初始的需求列表应当尽可能全面。最好是通过目标客户群的讨论或者向潜在客户调查来确定需求明细。这样就可以在客户偏好的基础上，对需求明细进行优先排序。

14.8 节复习题

1. 电子商务系统开发和购置主要有哪些方案？
2. 什么是内包？
3. 使用电子商务应用程序包有哪些利弊？
4. 比较购买方案和租用方案。每种方法的好处和风险是什么？
5. 对比各种开发方案。如果你是一家准备建立网店的小企业主，你会选择哪种方案？
6. 如何使用云计算来获取电子商务系统？
7. 什么是 SaaS？
8. 使用模板建立系统的好处是什么？坏处是什么？
9. 网店有哪些典型特征？
10. 软件筛选的标准是什么？
11. 什么是作为租用方法的云计算技术？

14.9 电子商务对组织的影响

电子商务对组织的全面影响属于较新的研究领域，所以，目前仅有有限的统计数据和实证研究。因此，本节的讨论主要建立在专家的观点、逻辑和少量实际数据的基础上。

现有的和正在形成的网络技术正在为组织提供前所未有的机会——重新思考战略业务模式、流程和各种关系。这些电子机会（e-opportunities）可分为以下几种类型：网络营销（e-marketing，这是基于网络用于促进现有产品市场营销的活动）、网络经营（e-operations，这是基于网络用于改进现有产品制造的活动）、网络服务（e-services，这是基于网络用于提升服务行业和客户服务的活动）。本书的讨论以 Bloch et al.（1996）为基础，在文章中 Bloch 等从增加值视角阐述了网络市场对组织的影响。他们的模型将网络市场的影响分为三种：促进直接市场营销活动、组织转型和重新界定组织。本节将分别讨论这些影响。

促进营销和销售活动

传统的直复营销活动主要依靠邮购（商品目录营销）和电话（电话营销）。

对于数字产品（软件、音乐、视频等），网络市场带来的影响更为剧烈。这些数字产品已经开始在网上配送。电子化配送数字产品极大地影响了产品包装（去除包装），并且在很大程度上减少了对专业化配送模式的需求。

面对数字产品，新的销售模式正在涌现，例如音乐、视频、软件的下载，共享软件、免费软件、社交购物和"使用才支付"（pay-as-you-use）等形式层出不穷。在某种情况下，电子商务对直复营销的影响为企业提供了竞争优势——相对于仅仅使用传统直接销售方法的公司（见第二章的蓝色尼罗河案例及 3.9 节）。此外，由于竞争优势十分明显，电子市场很可能取代许多传统间接市场营销渠道。很多人预测大型购物中心将日渐衰落，一些人认为许多零售商店和服务中介（例如证券、房地产和保险等行业）很快将成为濒危行业。

组织转型和工作转变

网络市场的第二个影响是促使组织转型。这里，我们关注四个话题：（1）组织学习，（2）工作性质的改变，（3）去中介和二次中介，（4）电子商务单位的结构。

科技与组织学习

电子商务的快速发展将促成"优胜劣汰"：为了生存，公司就必须学习并快速适应新技术。"优胜劣汰"使公司有机会尝试新的产品、服务和业务模式，进而带来战略性和结构性变革。报纸行业就是一个现实的例子，亏损、破产和并购在该行业司空见惯。例如，《纽约时报》正在开发电子版报纸和其他产品来应对印刷版广告收入减少的现状。这些变化很可能转变业务方式。随着电子商务的逐步发展，电子商务将对许多组织和行业的战略产生巨大而持久的影响。新技术要求有新的组织结构和流程与之相适应。例如，企业内负责在线市场营销的部门在结构上与传统销售和营销部门很可能存在差异。传统书店和音像店遇到的问题，以及百思买和 Blockbuster 等公司不得不为了生存而努力挣扎，说明了这些行业的实际情况。

工作性质的改变

有些电子商务的应用，特别是社会商务，可以改变人们的工作方式。例如，改变发生在人机交互和共享网络资源以及在线活动中。另一个领域是同事协作。Web 2.0 工具以及移动电子商务正在改变人们的协作方式（如联合设计）。电子支付的革新正在改变超市收银员的工作方式。

去中介和二次中介

中介是指充当买者和卖者媒介的代理人。中介通常提供两种服务：（1）提供关于需求、供给、价格和要求等信息，以撮合买者和卖者的交易；（2）提供增值服务，例如转移商品、履约保证、支付安排、咨询或者协助寻找业务伙伴。一般来说，第一种服务可以完全实现自动操作，因此，第一种服务可由网络市场、信息中介以及提供免费或低佣金服务的门户网站来承担。第二种服务需要专业知识——比如关于行业、产品和技术趋势的知识，因此，只能部分实现自动操作。

仅仅（或者主要）提供第一种服务的中介将消亡，这一现象被称为**去中介**（disintermediation）。去中介的一个例子是航空业中的旅行社。航空公司正在推广电子售票。大多数航空公司对通过旅行社或电话订购的机票每张收取 25 美元甚至更多费用，这一数字与旅行社得到的佣金相当。上述行为导致了旅行社在购票流程中的去中介。另一个例子是只提供人工交易服务的传统股票经纪人正在减少。然而，提供电子中介服务的经纪人不仅存活下来了，而且很有可能迎来新的成功（比如 E＊TRADE）。上述去中介的组织和新加入者发挥新的中介作用，被称为二次中介（见第三章和第四章）。

去中介常见于涉及多个中介的供应链中，在蓝色尼罗河案例中我们已有阐述（见第二章）。

重构业务流程

之前说过，使用场外交易软件包可能会导致某些业务流程的改变。一些新的商业模式产生于电子商务，在其他执行方面也是如此。对于重构业务流程以及所使用的技术参见 Lymbersky（2013）。

组织的再定义

以下讨论电子市场对组织再定义的一些方式。

经过改进的新产品和服务

电子商务允许创造新产品和改进已经存在的产品（如定制产品）。这种改进可能重新定义组织的策略、产品和服务。并且，更有能力和见识的顾客越来越需要经过改进的产品和服务。

个性化和规模定制

规模定制（mass customization）也被称为**按需生产**（on-demand manufacturing），使制造商能够生产出满足每个客户特定需求的产品。我们已在第三、十二、十三章对本话题进行了描述分析。关于规模定制的例子不胜枚举，从耐克品牌的鞋子和乐高玩具的个性化定制到蓝色尼罗河公司的订婚钻戒定制。为了节省数十亿美元缩减库存的资金，汽车生产商也开始提供从网络上下订单挑选配置的个性化定制服务。现如今，客户可在网络上设计自己的 T 恤、样品手表以及许多产品和服务。正如其名所示，定制生产的"定制"可以大规模地实现"生产"，这种情况就被称作大规模定制。使用这种方法生产的定制商品的价格要略微高于零售标准商品。图 14.10 就展示了客户如何定制耐克鞋。

3D 打印技术被普遍认为能促使企业用有极强竞争力的价格去批量生产定制商品。

需求革命

电子商务正在把批量生产的系统从大批量生产商品转变为大批量生产定制商品，这正是需求所驱动的。这些全新的商品系统需要与金融业、市场以及其他功能性系统结合，也要与商务伙伴和顾客结合。实际上，整个供应链正发生着微妙的变化（请参阅第十二章）。

Flynn and Vencat（2012）提出了一个新名词，即"定制国度"，越来越多的学者和实践家预言定制现象将会激励批量生产并且会在电子商务的刺激下极大地改变商务领域与生产领域。许多成功的大品牌，如 Netflix、潘多拉、耐克和 Chipotle 几乎都已经是定制公司。其他公司则把定制项目大量地吞并到自家商业体系中，参见 Flynn and Vencat（2012）。有希望改革定制生产的技术便是 3D 打印技术了。

3D 打印技术

3D 打印，又称为叠层制造，是（用塑料、金属或其他材料）制造零件的计算机，通过一次产

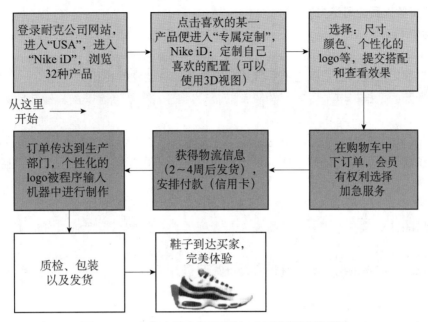

图 14.10　如何在网上实现定制：以定制耐克鞋为例

生一层且产生尽可能多的所需的层数驱动制造过程。这个过程节省时间和金钱，是直接由计算机辅助制造（计算机辅助设计，CAD）蓝图完成的。3D 打印技术对按需生产以及企业的现在和未来的影响，参见 Hausman and Horne（2014）和 Winnan（2012）。3D 打印已经改变制造工艺（如 Autodesk 公司）。《经济学家》称 3D 打印的使用为"第三次工业革命"。

变革管理

部署电子商务项目，特别是涉及重大重构的项目，将对组织提出管理变革的需求。

企业变革管理（change management）是一个管理行政和行为问题的过程，涉及工作、工作领域、关系、程序等方面的变化。这个过程包括一个对于改变和可行性需求的分析，以鼓励员工作出改变。

如何在公司内组织电子商务部门

涉足电子商务的公司都需要聘用相关人员。现在的问题是，如何组织电子商务部门呢？要实现最优化的组织安排，必须考虑以下因素：

- 电子商务人员的基本规模和相对规模；
- 电子商务项目的性质（例如，电子零售、电子采购和电子培训）；
- 公司现有的组织结构；
- 公司是否为纯粹的电子商务公司；
- 公司产品或服务的性质；
- 组织内的治理模式；
- 现有的电子商务项目数量；
- 电子商务人员的预算。

这些因素需要仔细考虑。下面讨论可供选择的主要方案。

组织电子商务人员的可选方案

主要方案如下：

- **向营销部门汇报。**这是以电子零售为主的电子商务活动的可行方案。
- **向财务部门汇报。**电子商务涉及经常的报价问题、外包问题以及其他与财务管理相关的活动。
- **向首席营运官汇报。**如果电子商务活动主要涉及电子采购，这是个好办法。
- **将电子商务人员分配到多个部门。**当电子商务活动相互间的独立性强，并且与特定部门联系紧密时，这是较为合理的做法。
- **向 IT 部门汇报。**如果电子商务经常涉及技术方面，这样做是合理的。
- **建立新的独立部门。**如果电子商务人员规模大，并且最高管理层重视电子商务，则可采用该方法。
- **没有正式的组织结构。**电子商务部门归属于 IT 部门。

建立独立的部门或独立的网络公司

当电子商务的业务量增大时，就有必要建立一家独立的网络公司，特别是可以上市时，更是如此。美国的巴诺书店就是这么做的。

建立独立的公司有如下好处：

- 减少或消除内部冲突；
- 为网络公司管理层的定价、广告和其他决策提供更大的自由度；
- 能迅速地建立新的品牌；
- 引导电子商务业务 IPO，如果成功，将带来大量财富。

但是，建立独立的网络公司也有不利的一面：

- 成本高、风险大；
- 与实体部门的合作可能非常困难；
- 如果与实体部门没有极好的合作，网络公司会缺乏各种业务部门（例如营销、财务和配送）的专门知识和技能。

值得注意的是，一些分拆出来的这类公司，比如巴诺书店（barnesandnoble. com）并未取得成功，固安捷公司（grainger. com）也已经重新与母公司合并。当然，也有分拆出来的独立公司已经取得了成功。

14.9 节复习题

1. 电子商务是如何促进直复营销活动的？
2. 电子商务是如何促进组织转型的？
3. 电子商务是如何帮助组织重构的？
4. 在电子商务中部署电子商务项目时如何实施变革管理？
5. 如何理解电子商务部门在组织中的地位和结构？

14.10　电子商务的机遇与风险

电子商务已经存在了多年，如今有可能研究某些电子商务项目成功或失败的一些模式和成功故事。通过仔细研究这些模式，人们能发现未来的机会，也能规避前进道路上的风险。

电子商务成功的决定因素

之前讨论过的电子商务的经济活动对一些行业的影响要超过其他行业。电子商务是否成功主要取决于行业、卖家和买家以及销售的产品。进一步地，卖家为买家创造经济价值的能力大小也将决定电子商务成功与否。当决定在线销售商品时，仔细研究决定电子商务成败的主要因素将有利于评估电子商务成功的机会。

电子商务成败有四种决定因素，分别是产品、行业、卖家和消费者特征。

电子商务的失误

通过仔细回顾此前创新的经济历程，我们就不会对电子商务方案和电子商务公司失败感到惊讶了。三个经济现象可以对此做出解释（请参阅本章中对"炒作周期"的叙述）。

第三章和第十三章提供了 B2C 电子商务失败的一些具体原因：盈利能力差、风险过高、客户购买成本太高、性能较差以及网站设计过于死板。另外的两个财务原因是缺乏资金来源和正确的盈利模式。如 Webvan 公司是一家快递公司，当时亏损了 12 亿美元——创下了破产网络公司亏损之最。另一家公司 Kozmo 的故事可从在线补充读物 W14.3 获取。

成功的电子商务

尽管很多电子商务初创公司和电子商务项目失败了，但电子商务仍富有活力，并在经历了 2000—2002 年短暂的停滞后，继续高速发展。

电子商务成功的例子多出现于专业市场或细分市场。Puritan Pride 公司（puritan.com）是其中的一个典型，该公司是一家成功的维生素和保健品商店。另一家成功的公司是 GrubHub 公司（grubhub.com，其前身是 CampusFood 公司），该公司为大学生提供在线订购外卖食品服务。以 Expedia、Trip Advisor 和 Priceline 等公司为代表的旅游网站也都有优异的表现。

Alloy 公司（alloy.com）是一家成功的年轻人购物和娱乐的门户网站。如我们在第三章中所指出的，诸如股票交易、旅游预订和在线银行等在线服务正成为各自行业的主角。若要比较这些或那些欣欣向荣的网络公司如何将旧经济中的关键成功要素转化为成功的电子商务，可查看表 14.3。Priceline、Netflix、亚马逊、脸谱和谷歌等电子商务公司正成长为各自行业的领军企业，这使这些公司的股东变得非常富有。

表 14.3	成功的关键因素：旧经济和电子商务
旧经济成功的关键因素	**电子商务成功的关键因素**
纵向一体化或 DIY。	与合作伙伴和盟友合作；保持核心竞争力。
提供高附加值产品。	在高附加值产品以外还提供高附加值服务。
争取较大市场份额以获得规模经济。	优化业务规模和业务范围；关注规模定制。
仔细分析以避免错误。	为避免被排除在外而积极推进；采用主动策略。
成功利用有形资产。	充分利用无形资产、能力和关系——激活闲置资产。
在产品销售上展开竞争。	在控制客户访问和客户关系方面竞争；与网站竞争。

以下是电子商务取得成功的一些原因，以及电子商务专家和顾问就如何在电子商务中获得成功而给出的建议。

成功的电子商务所需的策略

● 成千上万家实体企业增加了在线营销和采购渠道，这为公司带来了巨大成功。其中的例子有 uniglobetravel. com，staples. com，homedepot. com，walmart. com 及 FIS（fisglobal. com/prod-ucts-retailpayments-ecommerce），1800flowers. com 和 southwest. com。现有公司可以动用组织知识、品牌效应、基础设施以及其他"蜕变策略"，从离线市场迁移到在线市场。以下是能帮助电子商务取得重大成功所使用的战术和关键因素。亚洲国家的一些电子商务企业高层管理者认为，企业应该遵循以下电子商务关键成功因素：选择健康的商业模式、预测网络科技公司的未来、培育电子创新机制、仔细评估衍生战略、品牌联合、关注互联网一代（比如 alloy. com 和 bolt. com）。

● 为了让一个电子商务交流取得成功，它必须为所有参与者创造价值，例如阿里巴巴。

● 考虑到卖家的管理成本和运输成本，电子商务中的定价问题继续成为卖家的一个挑战。卖家和做市商往往看到潜在的利润，但忽视这样一个事实：只有当电商平台中的产品存在价格优势或多样性优势时，买家才会购买。例如，亚马逊公司规定金额达到一定数量的订单可免运费（如25美元）。戴尔公司、新蛋公司等都提供了免运费服务。

● 新的技术能够推进电子商务的成功。例如，射频识别技术具有改善供应链的巨大潜力（参阅第十二章）。然而，只有在电子商务基础设施和应用方面投入大量资金，才能发挥它的潜力。

成功的电子商务的其他要素。一些专家和顾问给出了成功的电子商务所需要的其他关键因素。几项研究发现，下列因素对成功实施 B2B 和 B2C 项目有重要作用：

- 有效的营销管理；
- 有吸引力的网站；
- 构建与客户的紧密联系；
- 恰当的供应链管理和订单实施；
- 电子商务信息系统内外部的整合；
- 适当的商业模式（包括收入模式）；
- 有效且充足的基础设施；
- 组织文化要逐渐适应电子商务和社交商务的开展。

当前电子商务的发展还处于早期阶段，很难保证成功，失败的概率仍然较高。然而，如果公司能从过去的失败中吸取教训，并遵循专家和研究者的指导，它们就能极大地提高成功的机会。

在本节剩余部分，我们将讨论能保证电子商务成功的重要策略和因素。

成功和失败的电子商务中的文化差异

在第十三章，我们讨论了理解文化问题（社会规则中的差异、衡量标准和术语）的必要性。这里，我们提出文化差异的问题，因此可以进一步建立适当的指标。

电子商务的一个重要作用是使得使用者可以接触到全球的消费者和供应商。然而，电子商务公司必须考虑多样化的全球消费者群体中的文化差异，因为如果电子商务渠道没有广泛的接受度，消费者就可能不参与在线交易。甚至不同的文化对相同的在线广告中的内容也会有不同的解读。鉴于上述差异，交易成本——包括协调成本，在不同的消费者群体中是不同的。

决定电子商务成功的要素在不同国家间是有差异的，所以采取的策略也不同（参阅在线补充读物 W14.4）。

电子商务在发展中国家取得成功的可能性

与文化差异类似，发达国家和发展中国家就如何使用电子商务以及经济是否欢迎这种商业渠道的看法是不同的。发展中经济体正经受众多问题的困扰，而不能想当然地认为发展中经济体像发达国家那样已经具备了大多数条件。

发展中经济体经常面临能源管制、不稳定的电信基础设施、不可靠的配送机制，同时拥有自己的电脑和信用卡的客户数量也相当有限。这些限制条件使公司难以预测电子商务投资是否能有回报，何时能有回报。然而，像中国和印度这样的发展中国家，连接商家和消费者的电子商务有巨大机会。发达国家电子商务潜在的交易量对确定电子商务战略的公司进行电子商务投资具有极大的吸引力。这是因为电子商务系统开发的大多数成本已经不存在了，新成立的电子商务公司通常可以使用现有的 IT 基础设施。

电子商务的另一个假设是每个用户都有购入自己电脑并接入网络的能力，这在发达经济体是具备的。在发展中经济体，这个假设必须修改，以考虑基础设施现状、贫困水平、技术的可利用性和可购性。发展中国家得到的电子商务的好处很可能超过财务上的回报。在不打破人们传统行为方式的情况下，使人们能利用电子商务技术的好处，很可能是最有价值的，当然，这是一种无形的回报。

无线上网的低成本和笔记本电脑的大量使用，是推动发展中国家电子商务发展的主要因素。随着电脑成本低于 100 美元（2014 年还在下降）以及可以上网并能在公共场所免费接入网络的手机的大量使用，发展中国家电子商务的使用很可能有显著的增长。发展中国家电子商务的综述，参见 Sanayei（2010）。

在第六章介绍过，移动革命化使发展中国家的电子商务得以跨越式发展，尤其是在移动银行（金融）领域和移动营销方面，更是如此。

14.10 节复习题

1. 电子商务中的产品有什么特点？
2. 电子商务中的行业特点指的是什么？
3. 电子商务中的卖家特点指的是什么？
4. 电子商务中的买家特点指的是什么？
5. 电子商务失败的原因有哪些？
6. 电子商务成功的原因有哪些？
7. 电子商务与文化差异有什么关系？
8. 发展中国家实施电子商务有哪些特有因素？

管理问题

与本章内容有关的管理问题有如下几个方面：

1. **如何论证电子商务投资的价值？** 电子商务投资必须与该投资对商业目标的贡献作比较。最好的论证可以借助竞争对手的行为来展开。如果电子商务对消费者有战略价值，同时竞争对手已经开展了电子商务，那么，别无选择，必须进行电子商务投资。电子商务投资涉及直接成本和间接成本，也涉及有形成本和无形成本。还不能忽视电子商务对现有流程和系统所进行的流程再造的影响。

电子商务中的自动交易能取代销售人员的销售、采购和服务角色。然而，在一些诸如消费者服务和知识管理等应用中，电子商务只能起补充作用而不能替代人的劳动。电子商务价值（包括有形和无形价值）的衡量应当以所定义的业绩和成功指标为准。为了识别无形价值，要参考平衡计分卡中的绩效指标，这在有形指标中不易衡量到。

2. 在电子商务论证中，我们应采用哪种论证方法？ 精确估计所有权的总成本是进行财务论证的良好起点。如果无形效益占据主导地位，比如提高消费者服务水平和保证售出商品的质量，那么，管理层就必须比较有形成本和无形效益的大小。然而，如果效益可以准确衡量，比如创造了新的收入或减少了采购成本，那么净现值和 ROI 就能依据有形效益和成本核算出来。在投资分析基础上，管理层进行多标准判断时，可以额外将无形因素纳入考虑范围。因为在预测未来效益方面有很高的不确定性，所以"最好或最坏情况"分析能够对"最可能"分析作补充。

3. 应当由谁进行论证？ 对于一个小的项目，项目团队在财务部门的配合下就能进行分析。而对于一个大的或复杂的项目，我们可以聘请公正的外部咨询师，尽管成本较高。论证既要考虑有形的成本和效益，也要考虑无形的成本和效益。一些软件供应商在提供应用软件时，还可能免费提供 ROI 计算器。

4. 我们应当使用炒作周期吗？ 炒作周期在决定电子商务战略方面有极为重要的作用。小型组织可以使用一些免费的材料（例如前一年的材料或没有细节的材料）。要得到特定的建议，就有必要向 Gartner 等市场调研公司支付费用以获得详细的图表和分析。

5. 我们应该在电子商务新创公司中使用云计算吗？ 根据炒作周期的说法，你应该等一等。然而，不少公司的确在电子商务系统开发、安全、e-CRM 和电子采购方面成功实施了云计算。考虑到只经历几年就从初创发展到成熟，至少在某些项目上试验云计算是明智之举。

6. 在选择买家方面我们应采取什么战略：由内部到外部还是由外部到内部？ 电子商务应用的成功依赖于选择正确的卖家和软件包。此外，考虑只使用一个供应商，不应使用过多。

7. 哪些种类的组织变革是必要的？ 一旦电子商务开始运行，公司应该能预料到所有功能部分都发生组织变革。金融服务行业的变革特别明显，因为这个行业的服务可以广泛地被网络替代。社交营销和社交购物是另一个具有较大潜在变革的领域（特别是脸谱商务）。电子采购改变了采购流程，伙伴计划改变了市场营销和业务合作的标准范例。最后，订单生产、需求驱动制造等趋势将继续下去，并可能需要对一些业务流程进行再造。

8. 能预测电子商务是否成功吗？ 分析越全面，电子商务项目的论证就越准确；分析越全面，即使管理层不能准确地知道项目未来是否能成功，成功和被认可的可能性也会非常大。运用电子商务改造采购流程几乎能无风险地实现目标。然而，使用电子商务并不一定能使销量增加。开辟新的电子市场需要大量投资，并且有较大风险，因为进入壁垒可能已经非常高了。这种电子商务投资很可能失败。风险大小取决于使用的电子商务的类别。

本章小结

本章所涉及的电子商务问题与前面提到的学习目标一一对应。

1. 电子商务实施的主要组成部分。 四个主要的组成部分是：论证和经济分析（成本效益分析）、购置或开发电子商务系统、组织准备和业绩（必要的业务重构和培训等）保证以及培育必要的成功要素同时避免失败因素。

2. 电子商务论证的必要性。 与其他投资一样，电子商务投资（除非是非常小的投资）也需要论证。缺乏论证或论证错误导致了许多初创的电子商务公司倒闭。论证的最简单形式是核算效益扣掉成本后的余额。通过定义业绩并比较实际业务与计划的业绩指标和关于组织目标的 KPI，进行论证分析。

3. 论证电子商务投资过程中的难点。 电子商务涉及许多无形成本和无形效益，这些特性使得电子商务很难论证。此外，投资和效益之间的关系可能很复杂，投资和效益可能分布于很多年。同时，几个项目可能同时分享成本和效益；其他部门或分支机构可能受到影响（有时影响还是负面的）。

4. 建立无形指标的难点。 有时难以界定无形效益。有些无形效益变化迅速；还有些无形效益对不同的人或不同的组织部门有不同的价值。因此，基于无形效益的定性指标难以作比较。解决该问题的一个办法是量化定性指标。

5. 评估电子商务投资的传统方法。 论证电子商务要涉及财务分析，通常是 ROI 分析，还涉及对技术和设施的评估。未来的成本和效益要折现，并使用 NPV 法，特别是在效益和成本分布于不同年份的情况下。回收期法描述了收回初始投资所经历的时间。然而，单独使用财务上的 ROI 会带来不完整和误导性的评估结果。对分析电子商务投资 ROI 的各方面进行整合的工具包括平衡记分卡，该方法还关注内部业务流程、学习和业务增长前景。电子商务 ROI 应该考虑降低失败和负面事件出现的概率而使 ROI 虚高的风险。没有哪个方法是普遍适用的，也没有哪个方法是完美的，因此方法（也可以是一组方法）的选择就相当关键。

6. **电子商务项目一般的论证过程。** 电子商务项目论证的起点是需求分析，然后列出所有的成本和效益。典型的例子是电子采购和移动商务。所有电子商务项目都包含必须识别的有形成本和效益以及无形成本和效益。随后，根据电子商务具体应用的特点，必须选择一个（或一套）方法。

7. **电子商务经济评估。** 当评估电子商务投资时，必须牢记基本的经济原则。对于非数字产品，成本曲线显示单位产品平均成本随着数量的增加而递减。然而，对于数字产品而言，单位产品的可变成本通常较低，因此，对二者的评估是不同的。类似的情况还表现在以下方面：电子商务能降低交易成本、代理成本和交易风险。电子商务还能使公司对变化的市场环境作出更为迅速的反应，同时不管数量是多少，都能保证规模经济。最后，电子商务使得人们能以较合理的成本接触到丰富的多媒体内容。

8. **开发电子商务系统的主要步骤。** 由于电子商务系统成本较高而且较复杂，因此，电子商务网站开发需要系统地进行。电子商务网站的开发应遵循一定的步骤。首先，在组织战略的基础上，界定电子商务的应用。其次，建立电子商务框架，决定是自建、购入还是外包开发工作。再次，安装、测试和部署电子商务系统。最后，系统进入维护模式，不断地改进系统以保证系统能获得持续的成功。

9. **电子商务系统开发的主要策略以及各自的优缺点。** 电子商务网站及应用不是一蹴而就的。相反，企业需要购入电子商务软件包并进行定制以满足特定的需要，或者将开发活动外包给第三方。新一代 Web 工具把程序员从开发程序的工作中解放出来，并使更多的用户能自行开发自己的网站。

10. **电子商务应用开发的各种方法及其优缺点。** 一旦确定了一种开发策略，就会有多种开发方法可供选择。这些方法包括 Web 2.0、软件即服务（SaaS）、云计算等。据组织现有的资源和系统要求，组织可以选择一种或多种开发方法，最终形成最有效的可行方案。

11. **电子商务应用的外包战略。** 许多企业选择外包电子商务网站和应用的开发和维护。最常见的电子商务外包是云计算。企业还可以依靠现有的电子市场或交易平台。一家网店可以属于一家网上商城，一家企业也能与风险投资伙伴或联盟达成共同开发协议。同样，选择取决于电子商务网站或应用的功能要求、货币成本、时间要求和现有的 IT 资源。

12. **组织结构与变革管理。** 组织的所有职能部门都会受到电子市场的影响。广泛地说，电子市场推进了直复营销，使组织转型并重新定义组织。直复营销（厂家到消费者）和一对一市场营销以及广告活动已经成为标准，并且规模定制和个性化设计越来越流行。生产正在向订单生产模式发展，改变了供应链关系，也缩短了周期。业务流程管理（BPM）使组织能够更有效率，更能适应变化。变革管理是组织的一项流程，目的是使员工能接受和欢迎对现有业务环境做出的改变。这一过程包括分析变化的需求及其可行性。

13. **电子商务成功和失败的原因。** 产品、行业、卖家和消费者的不同特点要求使用不同的电子商务价值指标。随着越来越多的人在全球范围内接入网络，电子商务经济在支持卖家和买家方面将发挥关键作用。与其他变革类似，电子商务也有周期：巨大的成功—投机—灾难—重生。一些电子商务的失败源于有问题的网站设计、缺乏稳定的资金来源以及脆弱的盈利模式。成功的电子商务源于对公司熟悉的战略的提升，比如品牌推广、产品衍生、信任建设以及为所有交易伙伴创造价值——通过丰富人类对综合及时信息的体验实现。电子商务投资通过创造数字选择方案，可以超越传统业务模式。为了保证成功，需要投入额外资金来管理变革以及对电子商务用户的文化差异作出回应。

讨论题

1. 假设你所在地的州政府正在考虑创建一个在线车辆注册系统。开发一套电子商务指标体系并讨论这些指标与现有的人工系统指标的差异。

2. 讨论使用多种方法（比如 ROI 和投资回收期法）论证投资的优势。

3. 登录 businesscase.com，找出关于 ROI 分析的材料。讨论 ROI 是如何用于商业案例的。

4. 一位手工业者正在经营一家制作木质乐器的小企业，该小企业位于美国的一个小镇。该企业主正在考虑使用电子商务在全国和全球范围内增加客户数量。该企业主应该如何使用电子商务来增加服务数量，从而使产品对客户更有吸引力？

5. 一家企业正计划建立一个无线的客户关系管理系统。几乎所有的效益都是无形的。你如何向最高管理层论证该项目？

6. 为了使网站更符合公司的整体经营战略，一家公司准备对其电子商务网站进行改版。为了完成改版目标，哪些种类的数据可从网上获得？这些数据如何收集？哪些种类的业务战略问题可以由这些数据解决？

7. 讨论促进电子商务成功的产品和行业的特征。

8. 讨论重构业务流程的必要性以及如何重构。

课堂论辩题

1. 联合网站托管外包以及网站建设外包有哪些内在关系？外包的缺点有哪些？

2. 很多企业正在寻找向员工提供简单社交网络功能的免费产品，登录 broadvision.com/en/products/clearvale/＃clearvale-overview 并找出这类免费的企业产品。分析产品的功能并讨论提供的产品有吸引力的案例。

3. 成本效益分析很可能是不准确的，那么我们为什么还要做这样的分析呢？

4. 企业应该租借电脑系统还是从零售商那里购买应用软件套装？为什么？

5. 一家航空公司在网上提供了广泛的旅行服务，包括酒店、租车和度假等遍及全球的服务。该航空公司的在线业务是否应该独立出来？为什么？

6. 在证券市场中电子商务和社会商务企业落差巨大，从富（例如谷歌、领英）到贫（Groupon，Zynga，脸谱）。查阅 2011—2014 年间的 IPO，并试着阐述其中的成功要素并撰写报告。

网络实践

1. 登录 idc.com，找出该网站是如何运用 ROI 评估内联网、供应链和其他电子商务和 IT 项目的。写一份报告。

2. 登录 salesforce.com/form/roi，注册并下载免费的投资回报率工具包。总结一个案例研究。查看两个演示。写一份报告。

3. 登录 schwab.com。检查可获得的在线计划和退休服务以及建议的投资服务。找出它们与客户数量和服务数量的关系。

4. 登录 google.com 并搜索关于 RFID 的 ROI 的文章。列出在衡量 RFID 的 ROI 的过程中最重要的问题。

5. 登录 alinean.com/value_selling 并浏览计算器相关内容。找出计算器的运算能力。计算你选择的一个项目的 ROI 和 TCO。

6. 登录 sas.com, rocketsoftware.com/brand/rocket-corvu, balancedscorecard.org 和 cio.com 等网站。找出使用各种工具和方法评估电子商务项目的演示和示例。撰写报告。

7. 登录 roi-calc.com。查看演示。该公司提供哪些投资分析服务？

8. 登录 zebra.com/us/en/solutions/research-and-learn/roi-calculators.html，该计算器提供怎样的分析？

9. 在 nike.com 和 ralphlauren.com 网站上分别设计一双鞋子。比较这两家网站。

10. 登录 sap.com，利用软件"business case builder and ROI calculator"进行一次模拟的或真实的电子商务项目测试。就此写一份报告。

11. 登录 baselinemag.com，找到免费的 ROI 分析工具。下载你选择的一个工具，识别其主要构件。写一份报告。

团队合作

1. 为导入案例设计的作业。

请阅读本章的导入案例，并回答下列问题：

a. 该公司为什么要开展电子商务项目评估？

b. 为什么评估中要同时评估员工和公司的效益？

c. 从 AIIA（2009）下载电子书，并检查四种案例的效益情况。哪些效益是无形的？

d. 案例中是如何对净现值进行计算的？

e. 找到 AIIA（2009）案例的附件，并对具体案例作出解释。

2. 解释电子商务的商业价值。每个成员进入一个不同的网站（比如 nicholasgcarr. com，baselinemag. com，strassmann. com 等）。就问题、价值和发展趋势进行陈述。

3. 这个项目要求阅读 Saddington Toni（2009）的白皮书。每个队伍专注于以下评估中的一项：电视会议，远程交流，网络交流中心，外勤人员管理，等等。检测开支和效益等变量。分析节约的资金。补充缺失的变量，包括无形变量。每个团队要做一次陈述。

4. 有很多供应商为建立网店提供产品。这些供应商通常会在网站上列出正在使用其软件的网店名单（客户成功的故事）。给每个小组分配一些供应商。每个组应比较供应商网站的异同，并评价客户的成功故事。客户充分利用了各种产品的功能吗？

5. 登录 youtube. com/watch?v=qh1drAg1jdg，观看视频 "Gartner Hype Cycle"（《Gartner 炒作周期》）。总结要点，完成视频中的作业。

6. 班级准备在脸谱上开一家商店。你可以使用 ec-wid. com/pavvment 或 bigcommerce. com 上的应用软件。分配一些成员扮演买家角色，另一部分扮演卖家角色。撰写一份报告。

 章末案例

电子商务助力孟菲斯投资公司在投资业一马当先

孟菲斯投资公司（Memphis）是一个小规模的家族不动产风投公司。其大多数客户居住在距孟菲斯市 100 英里开外的地带。因此，互联网在公司的成功中扮演了重要角色。

存在的问题

2009 年，公司规模小并且难以在大环境下存活。在它的公司网站上仅有一个简陋的宣传手册，丝毫没有与客户的互动选项或者市场网页营销。线上线下活动互无干系，毫无联动，网页上也没有对于时事的分析。管理层这才意识到一次脱胎换骨的改变迫在眉睫。

解决方案

市场营销部门的确立是整个蓝图的第一步。然而，当时仅有 8 名成员的小公司没有自己的专业营销人士，特别是在电子商务策略方面。因此，孟菲斯投资公司选择与制作入境市场营销软件的 HubSpot 公司（hubspot. com）合作，从而使商业活动可以在互联网上完成。孟菲斯投资公司对网页战略的创建进行了投资（见第十三章）。在最初的电子商务的探索中，最引人注目的是公司开通了一个博客。博主在博客上根据真实的不动产投资信息发布新闻、言论以及专题报告。网站在搜索引擎的助推下得以充分发挥自身作用，获得了更多关注。在焕然一新的网页上，公司投资者提供了投资工具箱以及与潜在顾客对话的机会。这一系列措施提高了公司的透明度、流畅度并增加了市场营销技巧。

公司在网页上增添了许多用来方便对话的有趣内容。发起的对话越多，购买者就越多。孟菲斯投资公司也为投资战略评析版块引入了衡量尺度，在脸谱上创建了独立页面，并在其独家网站和其他社交网络网页上投放视频广告。

注意：不动产投资为人们提供了从购物、重新装修、出租、交换资产以及房地产管理赚钱的机会。为避免落入欺诈陷阱，请浏览孟菲斯投资公司提供的成功案例（Jump Start Success Package）。

结果

根据 HubSpot 公司在 2012 年提供的信息，孟菲斯投资公司在两年内销量增长 260%，在 2011

年市值达到 3 040 万美元。2013 年，公司已经拥有 40 多名员工。所有这一切都是在 2008—2012 年经济危机的环境下，在不动产行业取得的成就。

2014 年公司在规模排名前 5 000 名的不动产公司中位列第 1 355 位。在有些机构提供的排名中，该公司的排名更高一些。HubSpot 公司的名声和信誉等级达到了鼎盛的上升期。最后，公司的文化和经营状况使得员工对业务和顾客更上心。

资料来源：HubSpot 公司（2012），memphisinvest. com/about. php，inc. com/profile/Memphis-invest，memphisinvest. com（2014 年 11 月数据）。

思考题：

1. 列举孟菲斯投资公司的成功要素。

2. 描述网页分析行业的发展。

3. 登录 youtube. com/watch? v＝00JMdY-dBuA，观看题为 "Than Merrill Visits Memphis Real Estate Company Memphisinvest" 的视频，总结孟菲斯投资公司成功的关键因素。

3. 为什么公司的声誉和信用对公司如此重要？它们又如何增加其电子商务使用？

4. 为什么与 HubSpot 的合作如此成功？

5. 登录 youtube. com/user/MemphisInvest，描述网站中使用的视频广告。

在线补充读物

W14.1　电子采购的市场复杂性

W14.2　应用案例：澳大利亚餐厅无线电子商务成本效益论证

W14.3　应用案例：Kozmo. com 的兴衰

W14.4　应用案例：电子集市的成功案例

术语表

3D printing：**3D 打印**，又称为叠层制造，是（用塑料、金属或其他材料）制造零件的计算机通过一次产生一层且产生所需要的尽可能多的层驱动制造过程。

Agency costs：**代理成本**，是指为了保证生产按照预期执行而发生的支撑性和行政管理成本。（也称为管理成本。）

Change management：**变革管理**，是一个管理行政和行为问题的过程，涉及人的工作、工作领域、关系、程序等方面的变化。目的是使员工能接受对现有业务环境作出的改变。

Cloud computing：**云计算**，是一种基于网络的计算方式，通过这种方式，共享的计算资源可以按需分配。

Cost-benefit analysis：**成本效益分析**，比较每个项目的成本和效益。

Hype cycle (Gartner, Inc.)：**炒作周期**，一个表示具体的信息技术和电子商务技术生命周期的图形（例如，云计算、3D 打印、电子支付）。

Insourcing：**内包**，指内部开发应用的发展。

Key performance indicators (KPIs)：**关键绩效指标**，也就是最重要的指标（也称为关键成功要素）的量化表示。

Mass customization (on-demand manufacturing)：**规模定制**，规模定制也被称为按需生产，使制造商能够生产出满足每个客户特定需求的产品。

Product differentiation：**产品差异化**，有特色的产品。

Production function：**生产函数**，表明在相同的产量 Q 下，企业可以通过使用一定的劳动或者投资来使用更多的自动化技术（比如企业可以用 IT 资本代替劳动）。

ROI calculator：**ROI 计算器**，使用指标和公式来评估投资回报率的计算器。

Total benefits of ownership（TBO）：**所有权总效益**，该计算包括有形和无形效益。

Total cost of ownership（TCO）：**总拥有成本**，一种计算直接成本和间接成本的公式，考虑的因素包括获得以及操控一个 IT 系统的成本，其时间跨度是产品或系统的整个生命周期。

Transaction costs：**交易成本**，涵盖与商业交易（包括产品和服务的易货交易）相关的一系列成本。

Turnkey approach：**交钥匙工程**，这种程序包不需要进一步的集成即可使用，而且仅需要很少的测试即可。

Valuation：**估值**，就是确定企业价值的过程。

Web analytics：**网站分析**，网站分析技术是对网络数据进行测度、分析，以及优化网站及其他互联网应用工具和方法。

第十五章 电子商务的监管、道德及社会环境

|导入案例| 迪士尼公司为何向盗版网站注资？

2006年，迪士尼旗下的风险投资公司Steamboat向56网（56.com）投资了1 000万美元。这家网站是中国最大的视频和文件分享网站之一，在中国大陆、中国台湾、新加坡和中国香港具有广泛的受众。

存在的问题

2008年5月，迪士尼公司发布了动画电影《机器人总动员》（*Wall-E*），该电影的DVD版于同年11月发行。然而，5月份该电影刚刚发布后不久，这部讲述机器人爱情故事的电影就可在中国的56网免费下载和观看。换句话说，迪士尼正在向盗版自己产品的公司注资。

问题是，盗版电影因为以各种名目出现，所以极难监控。尽管56网努力撤掉那些长度完整的盗版视频，但仍有许多未被撤掉。56网常被称为中国的YouTube，但与YouTube不同的是，56网以及类似的优酷、土豆股份有限公司（中国领先的网络电视公司）并未限制上传的影片不得超过15分钟，这就使得这些网站成为非法上传视频活动的天堂，上传的视频包括完整的电影和电视剧。这也就意味着，目前人

们可以通过使用特殊的程序上传时长超过15分钟的视频。

如果56网是一家美国公司，那么美国电影协会（MPAA）以及其他国家的类似组织将会对其施加压力，令其撤掉受版权保护的文件。然而，中国此前在知识产权保护方面并不得力。因此，中国政府开始严惩盗版行为，2011年中国政府破获2 000多起案件，抓获不法分子4 000余人。中国政府已下定决心严厉打击盗版行为（Billboard Biz, 2011）。

解决方案

在迪士尼旗下公司Steamboat投资56网之前，迪士尼公司就已获悉自己将面对一个问题——打击56网播放盗版电影电视的行为。然而，考虑到56网有大量用户，并且是一家精准、可控且有效的技术平台，Steamboat风投公司还是对其进行了投资。尽管已经意识到56网存在盗版行为，但Steamboat仍然认为可以通过增加网站上的正版内容来减少盗版视频。

在美国，针对如56网那样的公司，人们可以采取法律措施来维权。例如，2007年媒体巨头Viacom

公司起诉谷歌公司旗下的 YouTube，要求其赔偿 10 亿美元，Viacom 要求 YouTube 允许其获得 YouTube 用户的浏览习惯。2014 年 3 月 18 日，谷歌公司和 Viacom 达成庭外和解，持续 7 年的官司得以解决。

值得注意的是，虽然中国政府过去对盗版者的惩罚仅止于警告，但目前正积极致力于严厉打击盗版行为。2013 年 11 月，包括优酷、土豆、腾讯视频在内的几家中国视频网站，与美国电影协会在北京就如何打击中国在线视频侵权和盗版行为进行了交流。针对百度和 QVOD 的法律行动业已展开（请浏览 market-watch. com/story/joint-action-against-online-video-piracy-in-china-2013-11-13）。2013 年，中国有关部门关闭了最大的盗版网站并逮捕了 30 名员工。

结果

直到 2010 年 56 网仍然继续推出免费电影、免费游戏等服务，对此，迪士尼公司似乎并不太在意。迪士尼公司对 56 网的投资为其产品带来了分销渠道，而这可以为迪士尼公司在中国提供战略优势。2009 年 3 月，在一项旨在增进收入的共享计划下，迪士尼允许 YouTube 经营其旗下 ABC 公司（一家广播电视公司）的短视频和完整版的电视剧，同时还允许其使用 ESPN（网络和电视体育频道）的网络。

2009 年 8 月，56 网发布了"56 看看"（kankan. 56.com），这个收费的创新型视频播放平台向共享视频的原创出版人、制作人以及版权所有人支付费用。"56 看看"获得了大量富有价值的原创视频资源（由原创视频的制作人上传），根据视频质量的高低确定支付费用。视频上传者可以收取用户观看费并设定价格。56 网收取 10％ 的佣金，视频只能观看 15 天。2014 年，56 网被人人网收购。

资料来源：56.com（2009），Albanesius（2008），McBride and Chao（2008）。

15.1 道德挑战和指导原则

道德（ethics）指的是关于人如何指导自我的一套道德原则或准则，它规定该由社会来断定善与恶，对与错。

在电子商务实施过程中，必须面对的道德挑战有隐私权、所有权、控制权和安全等问题。

道德原则和指引

法律体现了道德原则，但法律不等于道德。一般被认为不道德的行为不一定是违法的。对朋友说谎可能是不道德的，但并不违法。相反，法律不仅仅是关于道德准则的法条，并且法律也不囊括所有道德准则。在线补充读物 W15.1 给出了道德问题的框架。

2009 年，脸谱在诉讼中败诉就是道德问题的一个实例。后面将介绍。

用户生成的信息所有权归谁？

2009 年 8 月，五名脸谱用户对它提出集体诉讼，声称脸谱收集用户信息，在未经许可的情况下，将信息提供给第三方，这违反了隐私法。他们还声称，脸谱在未通知用户的前提下，进行数据挖掘。

脸谱收集数据的目的是出售客户的数据，因为脸谱需要更多收入来源。所以，脸谱指出在使用客户信息时将不会侵犯客户设定为隐私的信息，但保留使用客户其余信息的权利。美国电子隐私信息中心向美国联邦通信委员会投诉，声称脸谱改变用户隐私设置，不给用户选择退出选项，导致用户的信息公开化。脸谱被认为侵犯了用户的隐私，并因此修订了规则。脸谱已经不断地修改、改变隐私保护条例，越来越多地让用户决定与公众分享多少信息。

商业道德

商业道德（business ethics，也被称为公司道德或企业道德）是书面或非书面的价值观、行为和规则的准则，以指导人如何在商业活动中表现得体。它被用来指导公司的运作。详情参见 Ferrell et al.（2012）。有关实施的考虑，请浏览 bsr. org。

工作中对网络的不当使用问题

2009 年，Wall St. 公司（247wallst.com）开展了一项调查，研究人们一周中每天 24 小时如何在工作场所分配上网时间。结果发现，人们在网上实际浪费的时间以及由此带来的工作上的损失有失控的趋势。调查发现，大多数员工每周上网时间中有约四分之一用在了个人事务上（请浏览 plixer. com/blog/ 2010/10/page/4，参阅 2010 年 10 月 6 日 Mike Plitzer 的博客）。从总体上看，员工每周花在社交媒体上的时间超过 1 小时，紧随其后的是网络游戏和电子邮件。大多数公司禁止公司网络接入社交网站，例如脸谱、推特、MySpace、领英等。2013 年，SFGate（Gouveia，2013）进行了一项调研，声称 69％的员工每天浪费的时间从 30 分钟到几个小时。浪费时间最多的 5 大项目分别是：新闻浏览（37％）、社交网络（14％）、网购（12％）、在线娱乐（11％），此外，有些员工每天要花费大约一小时处理个人邮件、进行网上聊天。有关文章参见 salary. com/2014-wasting-time-at-work。

对网络使用不当问题的处理。一些雇主并没有禁止员工在上班时间使用社交网络，而是采取了以下更为温和的措施：允许员工每天可以使用社交网络 1～2 次，鼓励员工合并社交网络流量，建立清晰的社交网络使用政策，使用整合社交网络的新技术。社交网络使用政策应能向员工传递以下信息：员工每天在工作期间浪费在社交网络上的时间不应超过 20 分钟。

对员工行为进行监控符合道德规范吗？

谷歌和其他软件应用服务提供商已经开发出了可在智能手机上使用的新的间谍软件，通过内置的 GPS 定位系统，雇主可以监控员工的行踪。谷歌定位系统让公司实时掌握员工的定位。道德问题来了：谷歌公司具备监控人们行踪的能力，那么它是否会违规而实时监控个人私生活，从而侵犯个人隐私？因为公司跟踪个人信息并没有得到授权，所以最终导致监控权被收归政府所有。换句话说，从事电子商务的企业和个人都需要了解哪些行为是合理的，什么环境下应该预料到什么风险。电子商务经营中有两大风险：第一是触犯刑法，第二是引起民事诉讼。表 15.1 列出的是规避这些风险的方法（Yamamura and Grupe，2008）。

表 15.1 规避民事诉讼和刑事诉讼的方法

1. 网站是否公布了清晰的运输政策和保证条款？公司是否能完成这些政策和保证？网站是否阐明错过截止日期时该如何处理？符合美国联邦贸易委员（FTC）的规定吗？
2. 客户因货物受损、未收到货物或服务而要求退货或退款，网站是否有清晰的退款流程？
3. 公司与第三方卖家和供应商达成协议之前是否仔细检查对方的背景？与卖家和供应商的协议是否保护公司免受所有可能的风险？
4. 是否有足够多的客服人员？他们是否专业、训练有素且能及时处理客户的查询？

电子商务道德和法律问题

电子商务和有关网络的众多道德问题都与法律问题有关（Himma and Tavani，2008）。这些问题通常分为知识产权、隐私权、言论自由与审查以及消费者和商家免于欺诈的保护措施。

- **知识产权**。指关于信息和知识财产的所有权和价值。知识产权在网络上极易受到侵犯，从而给权利人带来金额较大的损失-（请参阅 15.2 节）。
- **隐私权**。保护用户的网络隐私难度大，因此有的国家对隐私权问题听之任之，而有的国家则严格实施反侵权法案（请参阅 15.3 节）。
- **言论自由与审查**。网络言论自由可能导致对个人和组织的恶意攻击（请参阅 15.4 节）。因此，一些国家已决定审查网络信息。
- **消费者和商家免于欺诈的保护措施**。电子商务的成功依赖于对所有交易和商家实行保护，免受欺诈（请参阅 15.5 节）。

本书在其他章节也有关于道德问题的讨论：渠道冲突（第三、十三章）、定价冲突（第三章）、去中介（第三、四、十三章）和信任（第九章）。另外两个电子商务道德问题是与工作无关的网络的使用和道德规范（请浏览 investopedia.com/terms/c/code-of-ethics.asp）。

与工作无关的网络的使用

上文中提到，大多数员工使用电子邮件并上网做与工作无关的事。使用公司财产（如电脑和网络）发邮件、上网会带来风险且浪费时间。风险大小取决于公司采取措施阻止和发现非法使用的程度。

道德规范

在限制与工作无关的网络使用方面，一个实用而必要的措施是推行可接受的网络使用政策（AUP）——所有员工都必须遵守。它的内容包含电子商务、社交网络和有关 IT 的任何话题。如果没有正式的 AUP，很难强化可接受的行为，也难以消除不可接受的行为以及惩罚违背该政策的员工。无论何时，员工登录公司网络时都应该看到 AUP 的提示，并被告知其网络已被监控。上述告知行为应作为道德规范的一部分。

公司道德规范阐述了行为规则以及所希望达到的习惯和行为。一般说来，道德规范除了应警示不能使用冒犯他人的内容和图片外，还应告知哪些公司信息不可滥用。道德规范也应鼓励员工在上传信息至公司网站之前，思考谁可以看到这一信息，谁不该看到这一信息。该规范还应明确规定公司是否允许员工在公司内网建立个人主页，并对工作时间私人电子邮件的使用和无关工作的上网行为有明确的政策。明确网络在工作场所应该发挥什么作用。对此，道德规范应能指导公司建立 AUP，并让员工理性对待所建立的 AUP。最后，有些企业的道德规范非常像简单的礼仪准则，这是很正常的。表15.2 列出了几项指导公司制定网站使用规则的原则。关于公司网络政策的指导原则，请参阅在线补充读物 W15.2。商业道德案例研究请浏览 harpercollege.edu/～tmorris/ekin/resources.htm。

表 15.2 公司网络政策的指导原则

向员工发布书面的网络使用（包括电子邮件、即时通信和社交网站）的 AUP 指导原则。
让员工清楚地知道未经允许不得使用受版权保护或有关注册商标的材料。
公司发布对不支持的内容的免责声明。
发布在线论坛和在线研讨会涉及的内容与公司无关的免责声明。
确保网络内容和活动遵循其他国家的法律法规（如果你在其他国家经商），特别是关于竞争和隐私的法律法规。
确保公司的网络内容政策与公司其他政策一致。
任命专职人员监控网络法律事项，并向高级别的经理或法律顾问汇报。
聘请具备专业水准的网络法律律师，检查公司网络内容，以确保公司网站上没有违法或违背道德的内容，同时，应当包含适当的声明和免责条款。

15.1 节复习题

1. 列举几个有关电子商务的道德问题。
2. 列举道德规范的主要原则。
3. 如何界定商业道德？
4. 举例说明某电子商务活动虽然是不道德的但并不是违法的。
5. 员工是如何过度使用网络的？小公司如何解决这一问题？
6. 如何对员工的网络行为进行监控？
7. 道德规范中应包含哪些主要问题？

15.2 知识产权法和版权保护

法律系统面临的任务是在保持社会秩序和保护个体权利方面实现完美的平衡。个体这个词在法律上指的是广义的个体，包括个人、某个群体或法定实体，比如组织和公司。在这一节，我们将阐述电子商务中的各种知识产权法律法规和相关问题。

电子商务中的知识产权保护

知识产权（intellectual property，IP）指个体创造性劳动的成果，如文学或艺术作品。知识产权可被视为无形资产的所有权，如发明、思想和创造性的劳动。这个法律概念受到专利、版权、商标和商业秘密法的保护［被称为**知识产权法**（intellectual property law）］。

知识产权法也涉及对包括创造性在内的精神产品的监管。它影响众多可视艺术、表演艺术、电子数据库、广告和视频游戏。创造性既是创新的基础，也是商务世界不可分割的一部分（请浏览世界知识产权组织的网站 wipo.int）。

表 15.3 展示了知识产权法所包含的各种具体法律。这些具体的法律相互关联，有的甚至有重复的部分。

表 15.3 知识产权及其保护

法律	法律保护对象
● 知识产权法	● 知识财产
● 专利法	● 发明和发现
● 版权法	● 原版作品，例如音乐、文学作品和电脑程序
● 商标法	● 商标和其他表明产品和服务来源的标志
● 商业秘密法	● 秘密的商业信息
● 特许权法	● 使得知识产权所有者在双方同意的基础上分享知识财产
● 针对仿冒和盗版的非公平竞争法	● 保护富有创造力的人的成果免受搭便车者侵害

录制电影，表演和其他活动。侵权的常用方法是带上摄像机和具有视频功能的手机到电影院录下电影。海盗眼公司（pirateeye.com）能够制作发现和识别任何数字记录的设备，并进行实时远程监控。

侵犯版权和版权保护

为数众多、引人关注的诉讼案件都是与电子商务和网络相关的版权侵犯（见本章的章末案例）。**版权**（copyright）是指书籍、电影、音乐作品及其他艺术成果的作者或创造者对其作品的发行、销售、许可、发布和其他用途享有独占权。在美国，一旦一项作品以有形形式被创造出来，这项作品便自动受到联邦的版权保护。版权并不是永久存在的，较好的做法是在作者或创造者死后，版权保护继续持续一个固定年限（例如英国规定这一固定年限为 50 年）。版权到期后，该作品回归公有领域。请浏览 fairuse.stanford.edu/overview/public-domain 和 thepublicdomain.org。在许多情况下是企业拥有版权，这样版权可以持续 120 年，甚至更长。未经允许或未支付版税便使用作品在法律上被称为**侵权**（copyright infringement）。

文件共享

文件共享是版权侵犯的一种。它在 20 世纪 90 年代末通过便利企业（如 Napster）而流行起来。海盗湾（请参阅本章的章末案例）是一个文件共享领域的大亨。文件共享让版权持有人每年遭受约数十亿美元的损失，对此美国唱片业协会（RIAA）正在反击。

 实际案例

文件共享是美国唱片业协会的一个主要打击目标，它关闭了热门网站 LimeWire LLC 和 Kazaa。此外，另一个流行的文件共享网站 Megaupload.com 也于 2012 年 1 月关闭（Barakat，2012）。然而，2013 年 1 月，该网站更换成 mega.co.nz 重新启动。

侵犯版权的法律问题

2010 年 11 月，美国参议院司法委员会批准了一项有争议的版权强制法案。《打击在线威胁与欺诈法案》（COICA）使美国执法部门一旦发现某网站以非法传播受版权保护的内容为其提供的主要服务时，不经过审判或辩护便可关闭该网站（Gustin，2010）。问题是，在此法案下，大多数商业网站都可被认定为出版商（甚至出版销售宣传册也可被视为出版商），很容易出现破坏性的调查（Fogarty，2010）。值得关注的是，到 2015 年 5 月该法案仍在讨论中。

美国唱片业协会与侵权

为保障其权益，美国唱片业协会运用选择性诉讼来扑灭网络上蔓延的盗版之火。RIAA 从 2006 年至 2008 年期间，为寻找侵权者已经花费了超过 5 800 万美元，但所获得的回报却不到 140 万美元（仅为成本的 2% 以下）（Frucci，2010）。

然而，自 2009 年以来，法院的记录显示，美国联邦侵犯版权诉讼新案件因某些原因降至新低，参见 Bambauer（2010）。例如，2013 年，Viacom 公司声称谷歌公司旗下的 YouTube 对其侵权，要求谷歌公司赔偿 10 亿美元，最终败诉（上诉法院判决对谷歌有利）。最后，悬而未决的版权侵权案件并不讨人喜欢，因为它们耗时过长，成本极高。娱乐产业积极寻找诉讼之外的其他保护方式，其中一项就是积极寻求美国联邦立法和法院推动实施数字版权管理（DRM）政策。

全球化。 许多媒体盗版发生在美国之外（如海盗湾案例中的俄罗斯、中国和瑞典等国家），因此难以管理。根据 Doctorow（2012），多数盗版发生在发展中国家。

数字版权管理政策

数字版权管理（digital rights management，DRM）是一系列保护流通于互联网或数字媒体的数字版权的手段。这些手段都是基于一定技术的保护措施（通过加密或使用水印）。一般来说，制造者享有这些数字内容的版权。过去，一项内容被制造出来后，购买一件存储在物理介质（如纸张、胶片和磁带）上的全新的复制品，要比独立制作复制品容易得多。当然，这些复制品一般来说质量要次于原始产品。而电子技术使人们能够以极为低廉的成本、极少的精力制作和传播高质量的复制品。互联网已经削弱了物理介质传播作品的必要性，这使得有必要把 DRM 系统引入版权保护（请浏览 eff. org/issues/drm）。然而，DRM 系统也限制了个人对一些材料的合理使用。在法律上，**合理使用**（fair use）指以非商业目的使用受版权保护的内容，如评价、解说和教学等活动。

然而，实施 DRM 系统并不容易。例如，苹果公司有越狱操作系统，在一场输掉的争论中，苹果公司声称，越狱根本不是合理使用，即使它对消费者来说具有极高的价值。

专利

专利（patent）是对某发明独占权的凭证，它由国家或政府授予发明者或被指定接受本发明权的人。专利持有人在某一特定时间内，拥有独占权（如，美国自 1995 年 6 月 8 日以后申请并授权的专利期限为自专利申请日起 20 年届满，英国同为 20 年）。专利保护的是创意和设计，而不是具体的实物（请浏览 money. howstuffworks. com/question492. htm，internetpatentscorporation. net，美国专利及商标局网站 uspto. gov）。

美国一些专利的授予过程与欧洲有一定差异。例如，1999 年，亚马逊公司成功地从美国专利当局申请到了"一键下单"和支付流程。持有这一专利后，亚马逊于 1999 年起诉其竞争对手巴诺书店模仿了其一键下单技术。这导致巴诺书店被法院禁止使用该技术。然而，2006 年 5 月 12 日，USPTO 要求重新审视"一键下单"专利。亚马逊将涉及广泛的专利条款修改为仅仅限于商业活动中的购物车模式。2010 年 3 月，修改后的专利申请得到批准。然而，Expedia 公司和许多其他网上零售商仍使用类似结账系统（请浏览 en. wikipedia. org/wiki/1-Click）。

商业方法是否也可以申请专利引发了一场大辩论。不知道某种商业方法已申请专利，公司会在不知情的情况下使用该商业方法。比如，在亚马逊的专利申请 13 年后，该专利又在加拿大获得批准。有关讨论，参见 Kalanda（2012）。

在关于商业方法的合法案例中，允许企业在一定限度内继续使用商业方法，无需支付专利使用费，只需证明在使用该商业方法时并不知道该方法的专利已经授予其他人。商业方法专利旨在保护用于商业活动的新方法。2010 年，最高法院裁决专利不可以包括抽象观念。

又如，加拿大 i4i 公司起诉微软，声称微软侵犯了 i4i 文字处理软件的专利。微软希望改变标准，这样专利将被视为无效。微软将案件提交到美国最高法院，最终败诉。详情参见 Greene (2011)。

甲骨文公司诉谷歌公司。甲骨文公司获得诉讼权利以后，利用所获得的各项专利积极寻找和起诉侵权者。2012 年，甲骨文公司因谷歌公司未获授权便在安卓系统中使用甲骨文公司的 Java 技术（复制 Java 代码）而与谷歌公司交恶。审判法院裁定 API 不受版权保护，但上诉法院不同意，认为 Java 的 API 是受版权保护的软件包，随后它又将案件退给审判法院，让审判法院去裁决谷歌的复制是否违反公平使用原则。截至 2014 年 6 月，谷歌并没有向美国最高法院提出上诉。

商标

根据美国专利及商标局，商标是用于表明自己、区别他人而使用的单词、短语、符号或设计。商标用于个人、商业组织或其他合法实体，使消费者认识其独特性，并告知本公司的产品或服务有别于其他企业。虽然联邦注册没有必要，但优点不少：可以告知公众该商标属于注册者，还可给予他们专有使用权（请浏览 uspto. gov/trademarks/basics/ definitions. jsp）。

商标淡化（trademark dilution）是指第三方未经权利人许可，使用驰名商标，从而减少（淡化）该驰名商标的识别性（请浏览 bitlaw. com/trademark/dilution. html）。1996 年，美国《联邦商标淡化法案》（FTDA）开始保护驰名商标免受第三方的使用。2006 年，《商标淡化修订法案》（TDRA）获得通过。详情及商标淡化的讨论，参见 Owens（2011）。

2008 年，易趣在同蒂芙尼（Tiffany，一家著名的珠宝零售公司）的一场诉讼中赢得了里程碑式的胜利。易趣公司网站上众多商品的广告宣称该产品是蒂芙尼制造的，而实际上是赝品，对此，蒂芙尼提起了诉讼。2008 年，美国地区法官裁定不能仅仅依据易趣公司网站上可能存在侵权行为的一般性认识，便认定该公司要对侵权行为负责（Savitz，2008）。

粉丝网站和批评网站

粉丝网站和批评网站是网络自助出版以及包括博客在内的 UGC（user-generated content，用户原创内容）现象的一部分。粉丝网站可能违反知识产权。例如，一些人获得新电影或电视节目的提前拷贝，于是建立网站与该电影或电视节目的官方网站竞争，有的情况下，这些网站甚至先于官方网站建立起来。尽管网站创建者可以在接到法院命令后关闭这些网站，但第二天这些网站又会出现。尽管粉丝网站建立的初衷是好的，但它们可能给知识产权的创造者带来损失。与粉丝网站相反，批评网站主要发布一些负面评论，因而能够给企业和个人带来一些问题。

许多批评网站主要针对大型企业（例如，沃尔玛、微软、耐克等）。

网络抨击。与批评网站相联系的是**网络抨击**（cyberbashing）。许多批评网站注册一个域名，然后在该域名网站上批评（通常是恶意地）某个组织、产品或个人（请浏览 paypalsucks. com，walmartsucks. org，verizonpathetic. com）。

15. 2 节复习题

1. 什么是知识产权法？它是如何帮助制造者和发明者的？
2. 如何界定 DRM？说明 DRM 对隐私的一个潜在影响并指出 DRM 的一个不足。
3. "合理使用"是什么意思？苹果手机的越狱何以属于"合理使用"？

4. 如何界定商标侵权？为什么要避免商标被淡化？

5. 什么是粉丝网站和批评网站？这些网站如何对社会有益？是否该加强对这些网站的监管？

6. 什么是网络抨击？揭露公司不严谨的行为是否该被禁止？

15.3 隐私权、隐私保护和言论自由

隐私对不同的人有不同的含义。一般来说，隐私权是指不被他人打扰、非法侵扰的权利（请浏览 privacyrights.org）。在绝大多数国家，隐私很久以来就是一个涉及法律、道德和社会等领域的问题。

人们对于隐私问题的关注基于以下事实：在使用互联网时，用户被要求提供一些个人数据来获取信息（如获取优惠券、下载等）。数据和网络挖掘公司接收并收集这些数据。因此，用户隐私被侵犯〔参见 Stein（2011）并浏览 prezi.com/fgxmaftxrxke/your-data-yourself 观看 Justyne Cerulli 的名为"Your Data，Yourself"的幻灯片〕。

隐私权保护是社交商务和电子商务中讨论最多的问题之一，也是常常涉及情感的问题之一。根据 Leggatt（2012），TRUSTe 进行的调查中显示，90％的网络用户"担心自己的网络隐私"。现在，探讨几个与社交网络相关的主要问题。从脸谱上的信息收集到射频识别技术的使用，许多电子商务涉及隐私。

 实际案例

谷歌眼镜

2013 年 5 月，8 名立法者对谷歌眼镜（以及其他智能眼镜）心存忧虑，写信询问谷歌公司计划如何保护用户隐私。参见 Guynn（2013）。

社交网络正在改变隐私及其保护的局面

当今的年轻人较少关注隐私，在隐私的标准上与他们的父辈不同。年轻人通过博客、图片、社交网络和 SMS 相互联系。他们对于私人信息的态度正发生改变。如今，营销人员获得了为潜在消费者提供更好的个性化体验的新机会，但并没有侵犯用户隐私。参见 Bhargava（2010）。

Andrews（2012）研究社交网络中的隐私保护问题，得出结论：很少有人关注自己的隐私保护。例如，大学生因曾经在社交网络上发布某个信息，结果求职被拒；罪犯浏览用户有关休假的帖子，于是算准时间上门盗窃，等等。

然而，2014 年 5 月，脸谱宣布添加"匿名登录"的功能，并修改登录程序，允许用户试用应用程序，而不必在脸谱上分享个人信息。

信息污染和隐私权

信息污染（information pollution）（第十四章已介绍）指的是添加无关紧要、来路不明的信息，可能会引起隐私问题，如传播错误的个人信息。此外，决策者或 UGC 在使用污染信息时，可能会导致隐私侵犯。

不同国家对待互联网隐私的态度是不同的。例如，2009 年 11 月，谷歌公司因为其街景地图软件受到瑞士的起诉（Pfanner，2009）。2012 年，瑞士最高法院裁定，谷歌可以用街景技术记录住宅街，但这些图像应设定一些限制（如降低街景摄像头的高度，这样谷歌就不会窥视到花园墙和篱笆）。更多法庭裁决和有关反应参见 O'Brien and Streitfeld（2012）。2013 年 6 月，欧盟最高法院决定，政府机构不能强迫谷歌删除个人数据的链接。然而，2014 年，欧洲最高法院又裁定，当被用谷歌搜索时，人们有权决定什么信息是允许被搜索的。这项裁决适用于 28 个国家和欧洲所有的搜索引擎（例如谷歌、Bing 等）。该裁定并不适用于美国以及欧洲以外的任何其他国家（Sterling，2014）。

隐私权及其保护

如今，虽然通过成文法或共同法，美国联邦政府和所有州已经确认了人们享有隐私权，但是政府机构实际上很少遵循这些成文法（例如以国家安全为借口行不法之事）。对隐私权的解释可以有很大的随意性。尽管如此，以下两条原则在美国法院以往的判决中得到了较好的遵守：（1）隐私权不是绝对的，必须在隐私与社会需要之间进行权衡；（2）公众"知晓权"要高于个人的隐私权。这两条原则显示为什么有时难以决定和实施隐私保护。

关于 EC，美国《联邦贸易委员会法》第 5 条保护了隐私权（请浏览 ftc. gov/news-events/media-resources/protecting-consumer-privacy）。这些做法扩展到保护消费者隐私，如"不能进行网络跟踪"，保护消费者的财务隐私以及美国《儿童网络隐私保护法案》（COPPA）。

选择加入和选择退出

在某种程度上，对隐私的关注度因"9·11"反恐行动而过于淡化，但是消费者依然期望和需要公司能够扮演好消费者个人数据守护者的角色。解决这一问题的方法之一就是选择加入和选择退出。**选择退出**（opt-out）是这样一种商业行为：给消费者权利去选择拒绝共享个人信息或避免收到骚扰信息。提供选择退出对消费者来说是一个好的做法，但是有些行业难以使用该方法，要么因为消费者选择退出的需求很低，要么因为消费者的信息具有极大的价值。

相反，**选择加入**（opt-in）基于如下原则：信息共享只有在客户确认允许或要求时才发生。消费者必须事先确认哪些信息是他们愿意获取的，或允许该公司与第三方分享的。也就是说，除非客户肯定地允许或要求，否则不会产生信息共享。

请浏览 thedma. org，查阅以下信息和资源：消费者对广告的选择；选择加入和选择退出；隐私和身份盗用等。

根据 IBM（2008a），成功的网络隐私保护项目应包含以下 6 个方面：

1. 有序地组织起来。形成一个跨职能部门的隐私保护团队，以帮助指导隐私权的保护。
2. 清晰地界定要求。界定你的隐私项目的具体要求。
3. 处理数据清单。列出并分析需要保护的所有数据。
4. 选择方法。选择和实施隐私保护的方法。
5. 不断地测试。为项目建立一个标准模型，然后在不同的情况下测试模型的有效性。
6. 拓展范围。拓展该项目至涵盖其他所有的具体应用。

有关隐私保护的详情，参见 IBM（2008a）并浏览隐私专业人员国际协会网站（privacyassociation. org)。

隐私保护的一些措施

政府机构、团体和一些安全技术公司专门从事隐私保护工作。在美国，代表性的机构有：consumerprivacyguide. org/law，privacyprotect. org/about-privacyprotection，privacychoice. htm，firewallguide. com/privacy. htm。最后，cagaoan et al.（2014）讲述了电子商务中几个隐私意识的问题。其他问题参见 Shah et al.（2013）。

网上言论自由和网上隐私保护

虽然美国宪法第一修正案赋予言论自由权，但言论自由权并不是无限度的。言论自由并不意味着任何言论都是自由的。传统法律对言论和出版的限制主要涉及诽谤法（包含侵犯隐私权）、儿童色情、挑战言词和恐怖主义威胁。例如，在拥挤的剧院大声呼喊"着火了"或者在机场发出炸弹威胁都是非法的，但是法律并不会禁止在公共场所拍照。言论自由经常与隐私保护、儿童保护以及免受无礼行为干扰等相冲突（请浏览 people. howstuffworks. com/10-rights-first-amendment-does-not-grant. htm♯page＝1）。

即便在英国，警察在公共场所拍照导致个人隐私被侵犯的风险也在上升。2010 年，根据反恐怖主义立法，警察审问了业余摄影师 Bob Patefield，随后以"扰乱社会"的指控拘捕了他（例如，Bob Patefield 拍照圣诞装饰品，而被视为"可疑"的非法拍摄行为）。Patefield 将拘捕视频上传至网上，供人浏览［视频参见 Lewis and Domokos（2010），事件请浏览 theguardian. com/uk/2010/feb/21/photographer-films-antiterror-arrest］。

 实际案例

一名马里兰州的美国驾车者 Anthony Graber 拍摄了自己因超速被便衣警察（该警察带着头盔坐在没有警车标记的警车里）逮捕的视频，并在 2010 年 3 月将该视频上传至 YouTube，他因此面临指控，指控的罪行是违反国家法律、窃听公职人员录音，在未获该便衣警察允许的情况下，将视频发布到网上。最终 Graber 因"非法拍摄"被捕，面临 16 年监禁。然而 Graber 虽然承认了超速，却并不承认犯了非法拍摄罪，发誓要使用言论自由的法令来为自己辩护。法院裁定，在法律面前，该州警察不该有隐私，这段视频受第一修正案的保护。法院驳回了所有对 Graber 的指控，除了交通违规这一项。请浏览 youtube. com/watch?v＝QNcDGqzAB30&feature＝related。

网上言论自由与儿童保护之争

言论自由和儿童保护之争，在 2000 年 12 月《儿童互联网保护法》（CIPA）签署后开始爆发。《儿童互联网保护法》授权在受到联邦某些形式资助的学校和图书馆，运用过滤技术保护儿童。2003 年 6 月，最高法院宣布《儿童互联网保护法》没有违宪，允许国会拦截某些内容，但不能拦截太多。这次复审是第三次司法裁决，引起了言论自由与试图保护儿童免受网络低级内容侵害的争论。2001 年美国联邦通信委员会（FCC）发布实施细则实施《儿童互联网保护法》，在 2011 年更新了这些细则（请浏览《儿童互联网保护法》，fcc. gov/ guides/childrens-internet-protection-act）。

个人隐私保护的代价

过去，从各个政府部门搜集信息相当复杂，这一复杂性便内在地起到保护隐私信息不被滥用的作用。在那个时代，侵犯个人的隐私不仅成本高昂、难以处理，而且十分复杂。在强大的计算机以及连接大规模数据库的目标算法的配合下，网络在各个方面都消除了这些障碍。

2010年，在英国伦敦的希思罗机场，一安全官员因打印、传播宝莱坞明星的全裸电子扫描照而被捕。当局认为，扫描对于保障机场安全是必要的。当今的技术使得从远处监视人们的活动成为可能，这违反了隐私权，应用案例15.1将讨论该问题。

 应用案例 15.1

用网络摄像机监控居家学生

在学生未知情也未获得学生或家长授权的情况下，宾夕法尼亚中学的老师通过遥控激活劳尔梅里恩学区发给学生的笔记本内置的网络摄像机，目的是监控未成年学生的活动。

对学生的监视甚至延续到学生在家里的活动，Harriton中学的副校长称一个低年级的学生在家里有"不当行为"。副校长后来从该学生的电脑里截取了图片以作为"不当行为"的证据，并惩罚了该学生。学校告诉家长学校能够对学生实行类似的监控。一名学生发起了一项课堂活动诉讼。学生们认为该学区侵犯了隐私权、窃取了私人信息，非法截取个人信息，违反了《电子通信隐私法》。该案在2010年10月结案，校方赔偿了61万美元。2011年，又有一位已经毕业的学生起诉该校，称2009年学校曾秘密监控学生的笔记本电脑。

资料来源：Hill（2010），Schreiber（2010），Lattanzio（2010），以及courthousenews.com/2010/02/18/Eyes.pdf（2014年6月数据）。

思考题：

1. 哪些合法的理由可以用来证明该行为的合理性？该行为为什么必须停止？

2. 该行为违背了哪些美国联邦法律？该行为违背了美国宪法中的什么权利？

3. 审判应该设定什么判例？是否能找到一个方法使学校可以在有限的目的范围内继续实施该行为？

4. 找出类似案例。

网上个人信息的搜集和使用

网络提供了多种搜集个人信息的机会。网络上搜集个人信息的方法多种多样，最常见的是前三种。

- 使用用户网站上完成注册提供的信息，包括个人信息；
- 跟踪用户浏览网页的行为（例如使用网络跟踪器）；
- 利用间谍软件、按键记录器等手段；
- 利用网站注册信息；

- 阅读个人博客或社交网络帖子获取信息；
- 利用网络目录或社交网站上个人的身份信息；
- 盗阅他人的电子邮件、即时通信或其他文本信息；
- 实时监视员工的行为；
- 通过电信线路窃听；
- 使用可穿戴设备（如智能眼镜，见第六章），包括一些隐形设备（Leonhard，2014）。

接下来我们将讨论上述问题。

网站注册

实际上所有的 B2C 网站，比如营销类网站、在线杂志、供应商网站、政府网站和社交网站都要求访客填写注册表格。在填表注册的过程中，访客自愿提供个人姓名、地址、电话号码、电子邮件地址、兴趣爱好、喜欢的东西和反感的东西，以及其他个人信息。作为交换，访客可以参与免费活动、下载、获得彩票或获得其他好处。但是对于上述信息网站该如何使用，并没有多少限制。网站可以用这些信息提高客户服务水平，还可以把信息卖给第三方，而购买信息的公司使用信息的行为可能并不恰当甚至侵权。

网络用户常常怀疑向在线商家提供上述信息的必要性。大多数人不喜欢注册访问的网站；15％的人拒绝注册。许多人不信任商家并且不愿意分享个人信息。2012 年，德国一家宣传组织起诉脸谱违反了数据隐私法。该组织希望脸谱在未获用户明确同意的情况下，禁止将用户信息卖给第三方。虽然脸谱不承认自己有任何不当行为，但仍同意合作。

网络跟踪器

网站搜集个人信息的一种常见方法是使用网络跟踪器。如第八章所描述的，网络跟踪器使网站不用经过用户允许，便可以跟踪用户的在线活动。

开始时，网络跟踪器是设计用于帮助实现个性化营销和市场调研的；然而，网络跟踪器同样可以用来传播来路不明的商业信息。网络跟踪器可以帮助商家搜集用户在线活动的详细信息。由网络跟踪器生成的个人特征往往比个人注册的信息更准确，因为人们往往倾向于故意在注册的表格上填写错误的信息。尽管对使用网络跟踪器是否道德这一问题存在争议，但人们对网络跟踪器的关注达到了一个顶峰——1997 年美国联邦贸易委员会举行了一场关于在线隐私的听证会。本次听证会后，网景（Netscape）和微软等公司推出了一个选项供用户选择是否阻止网络跟踪器。自那时起，对这一问题的争论开始平息，因为多数用户选择了接受而不是反对网络跟踪器。删除或阻止网络跟踪器带来的问题是，用户将不得不重新输入信息，在某些情况下甚至被限制查看有用的网页。

借助以下软件，知情的用户可以成功地删除网络跟踪器：网络跟踪器 Monster 和 CCleaner，请浏览 flashcookiecleaner.com。将浏览器的隐私水平设置至高级别，不但可以阻止现有的网络跟踪器，也可以阻止新的网络跟踪器。

间谍软件对隐私和知识财产的威胁

在第十章中，我们讨论了间谍软件——商家在用户不知情的情况下暗中搜集用户信息的工具。间谍软件的侵入是对隐私权和知识财产的主要威胁。

当用户点击具有欺骗性的弹出窗口上的一个选项时，间谍软件可以以病毒的形式进入用户的电脑。间谍软件能够非常有效地追踪用户上网习惯。间谍软件无疑侵犯了电脑用户的隐私权，这无疑是非法的。它也会减慢电脑运行速度。某些间谍软件不仅可以盗窃数据，还能从被感染的电脑的摄像头和电子邮件中获得照片，并将照片发布在网络上。

精巧的跟踪软件便被植入无辜的网络用户的电脑上。尽管大多数软件危害不大，但有些却是可怕的恶意软件，它们会在被删除后偷偷地恢复。搜集的个人信息也可以恢复，从而在网络黑市交易（参阅第十章）。

遗憾的是，杀毒软件和网络防火墙并不总能发现大多数间谍软件；因而，特别的保护是有必要的。用户可从市场上获取许多免费的和便宜的反间谍软件包。有代表性的免费反间谍软件有Ad-Aware（lavasoft. com），Microsoft security essentials（windows. microsoft. com/en-us/windows/security-essentials-download），AVG（avg. com）。收费的反间谍软件有：Trend Micro（trendmicro. com）和卡巴斯基实验室（usa. kaspersky. com）。升级版本的免费程序也可以收费。Symantec 和其他提供网络安全软件的公司也提供了反间谍软件。

即便用户使用了反间谍软件，用户使用智能手机以及使用公共 WiFi 连接时，都会每 7 秒将个人的位置信息传输至移动业务运营商和网络服务提供商，从而也主动传递了个人信息。政府的超级电脑功能强大，例如，它们可以阅读每封电子邮件、监听手机的每个通话、查看每个文本信息、知晓每个人的位置信息（比如 GPS）、跟踪每张信用卡的购买信息，等等。除此以外，还能监控到全球的网络用户所访问过的网站。记录下人们学习、工作、参加政治集会以及就诊的具体时间，这些记录一般保存几个月甚至几年。

射频识别技术对隐私的威胁

我们在在线辅导资料 T3 和第十二章中提到过，美国有几个州已经授权或正在考虑通过立法来保护人们的隐私不受射频识别标签的侵害，尽管如此，隐私权保护的支持者仍然担心，存储在 RFID 标签中或由其搜集的信息可能侵犯了个人隐私。

其他方法

还有许多其他方法搜集人们的信息，例如：

- **网站事务日志**。显示用户的互联网活动。
- **电子商务订单系统和购物车**。允许卖家了解买家的订货历史。
- **搜索引擎**。用来收集用户目标区域的信息。
- **Web 2.0 工具**。博客、讨论组、聊天、社交网络等，包含了丰富的用户活动和个性信息。
- **行为定位**。使用多种工具了解人们的偏好信息（参阅第九章）。
- **投票和调查**。人口统计数据、想法和意见等个人信息可以通过参与调查而收集起来。
- **支付信息和电子钱包**。可能涉及消费者的敏感信息。

监视员工的隐私

员工隐私涉及多个问题。除了会把时间浪费在网络上以外，员工还可能泄露商业秘密。员工在公司网站上的所作所为，还会让雇主蒙受名誉损失。为应对上述问题，很多公司对员工使用电子邮件和上网进行监控。Google Location 是一款可以监视员工的软件，该软件要与兼容设备（如安卓，iOS）搭配使用。

安大略市政当局诉 Quon 等警官案

2003 年，Jeff Quon 和其他 3 位警官起诉安大略市政当局，声称市政当局违反了宪法第四修正案。这起案件涉及 Jeff Quon 以及其他人用政府提供的寻呼机发送、接收文本信息。因为收发的短信数量超过了市政当局所允许的范围，市政当局进行了审查，发现 Quon 警官收发的信息中大部分不涉及工作内容（值班时每天短信多达 80 条）。而该警官的私人信息中有大量露骨的性描述。不过，市政当局声称，文本消息是在市政公共信息政策下实施的，因此他们有资格进行审查。2008 年，加利福尼亚州的下级法院裁决市政当局胜诉，而上诉法院裁定，市政当局的审查是不合理的。市政当局上诉到美国最高法院，美国最高法院毫无争议地裁定，安大略市政当局查看 Jeff Quon 以及其他人在政府提供的寻呼机上发送的文本信息并不构成无故搜查，也未违反宪法第四修正案［参见 Sager et al.（2010）并浏览 oyez. org/cases/2000-2009/2009/2009_08_1332］。

如何监视员工是复杂而富有争议的议题，因为存在侵犯员工隐私的可能性。有关综述，参见 PRC（2014）。关于监视员工和互联网使用的更多内容请浏览 wisegeek. org/how-do-employers-monitor-internet-usage-at-work. htm。

运用信息技术保护隐私权

有很多隐私保护软件和 IT 流程可供选择，有的在第十章已讲过。例如：

- **隐私偏好工程平台（P3P）**。这是交流隐私政策的软件（本章稍后介绍）。
- **加密**。诸如 PKI 等能为电子邮件、支付交易和其他文件加密的软件。
- **垃圾邮件拦截**。内置于浏览器和电子邮件内；拦截弹出窗口和垃圾邮件。
- **间谍软件拦截**。监测和移除间谍软件和广告软件；内置于一些浏览器中。
- **网络跟踪器管理**。阻止电脑接受网络跟踪器；禁用网络跟踪器。
- **匿名电子邮件和上网**。允许用户无痕发送电子邮件和上网。

隐私政策

有效的做法是公司向其客户公开自己的隐私保护政策。有关事例请浏览 arvest. com/pdfs/about/arvest_bank_privacy_notice. pdf。

Web 2.0 工具及社交网络上的隐私问题

社交网络的兴起使隐私权和言论自由领域出现了一些特殊问题。例如：

在线状态、定位系统和隐私

建立实时通信是社交网络界的一项重要活动。例如，脸谱在其网站上添加了即时通信（IM）模块，于是客户可以知晓好友何时在线。

IBM 的莲花系统也在通信模块中嵌入了在线状态显示功能（现在被称为 IBM 连接；ibm. com/software/products/en/conn）。微软公司的 SharePoint（office. microsoft. com/en-us/sharepoint）也有类似功能。苹果、谷歌和其他公司也提供类似功能。有些社交网络使人们能够与他人分享自己的位置。这些功能对于隐私而言，意味着什么？如此多的连接和知晓带来了不可预见的损害，而谁应当对此负责或承担法律责任呢？

社交网络应该有一个清晰的原则，用以约束社交网络如何使用搜集来的大量的个人数据。

道德准则对隐私的保护

道德准则不仅普遍适用于个人数据的搜集和使用，也适用于电子商务中信息的搜集。一些准则在15.1节、15.2节进行了讨论。例如，必须准确通知客户个人资料可能的使用情况，客户可以做出加入还是退出的选择，客户必须能访问他们的个人信息，必须保证客户数据的安全性，必须有执行相关政策的能力。

美国涵盖范围最广的相关法律是 1997 年颁布的《通信隐私和消费者权利法案》（Communications Privacy and Consumer Empowerment Act），该法案要求联邦贸易委员会加强在线电子商务领域的隐私保护，包括个人隐私数据的搜集和使用。关于该法案在美国的立法状态，请浏览 govtrack. us/congress/bills/subjects/right_of_privacy/5910。

美国《爱国者法案》和隐私权保护

美国《爱国者法案》（也称"PATRIOT 法案"）在 2001 年 10 月美国发生"9·11"恐怖袭击后通过。该法案的目的是授予执法机关更广泛的权力以保护公众的利益。然而，美国民权同盟（ACLU）、电子自由基金组织（EFF）和其他组织对此造成的问题表示关注，这些问题包括：（1）扩大了监视范围但较少审视自身行为，不能兼顾各方利益；（2）过于宽泛以致忽视了对恐怖主义的关注；（3）相关规定将使美国对外情报部门更容易监控美国公民。

2007 年 3 月 9 日，美国司法部认为 FBI 在未获法律授权的情况下，不恰当地运用美国《爱国者法案》，获取了大量的电话记录、商业和财务记录。该报告带来的结果是，政府可能限制该法案的部分内容：经法律授权后，联邦调查局方可访问敏感信息。

关于美国《爱国者法案》的概览请浏览美国司法部网站 justice. gov/archive/ll/highlights. htm。

政府对公民的监视

争论的焦点是如何权衡个人隐私和国家安全，同时创新和商业活动不受阻碍。政府声称社交网络拥有的技术已经超出了政府的执法能力。纸面上的法律并未包含新的通信方式（如短信通信和社交网络）。反对者则认为这仅仅是政府肆无忌惮地监视公民的又一形式罢了。其他方面，参见Mercola（2012）。2013 年和 2014 年，美国政府确实存在监视公民的行为。直到 2014 年，美国政府才开始努力减少监视。

P3P 隐私平台

隐私偏好工程平台（P3P）是一个万维网联盟（W3C）开发的互联网隐私保护协议。根据W3C，P3P 使用一种标准化格式来说明他们的隐私权保护的做法，这种标准化格式能够被用户自动检索并且容易理解（w3. org/P3P）。W3C 也解释了 P3P 是有用的："P3P 使用了能够被各种电脑读取的说明，来描述数据是如何被搜集和使用的。网站实施这些政策使他们的做法更加公开透明，便于公众监督。"从而增加了用户对电子商务网站和供应商的信任和信心。图 15.1 展示了P3P 的具体程序。

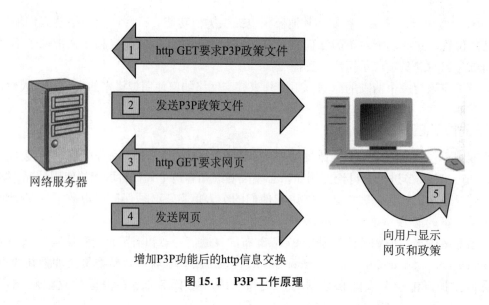

图 15.1　P3P 工作原理

美国以外的隐私保护

1998 年，欧盟通过的一项隐私保护指南《欧盟数据保护指令》重申了网络时代个人数据保护的基本原则。这一指令对隐私的保护程度要超过美国法律。

在很多国家，个人权利与社会权利的争论仍在继续。在一些国家，对互联网个人隐私的保护较少。

15.3 节复习题

1. 如何界定隐私和言论自由？这与技术有关吗？
2. 网络通过哪几种途径搜集个人信息？
3. 什么是网络跟踪器和间谍软件？它们与在线隐私有何关系？
4. 什么是信息污染和隐私？
5. 个人信息搜集要遵循哪些道德原则（列出四项）？
6. 社交网络中存在哪些隐私问题？有什么风险？
7. 如何界定 P3P？其工作目标是什么？流程如何？

15.4　与电子商务相关的重要法律问题

在过去的 10 年里，诞生了大量关于电子商务和网络运作的法律。在线补充读物 W15.3 列出了有代表性的主要问题。

有些问题在前几章中已讨论过。不同的国家甚至美国本土不同的州都面临不同的法律问题，参见 Davidson（2009）和 Mallor et al.（2009）。请浏览关于电子商务中的法律问题的博客 ecommercelaw. typepad. com。

法律和监管环境：电子举证和网络恐吓

与电子商务相关的法律法规十分广泛（Alghamdi，2011）。

本节，我们简要描述两个问题：电子举证和网络恐吓。

电子举证

电子举证（electronic discovery，e-discovery）是指利用计算机化的系统，搜索电子数据（如文本、图像、视频）的过程。电子举证主要用于法律案件中的取证（请浏览 en. wikipedia. org/wiki/Electronic_discovery）。

电子举证常处理电子邮件。电子邮件成为电子举证的主要目标应具备以下功能：全文索引、关键字搜索和元数据索引。关于协助遵从法则和省钱的电子举证工具，参见 Kontzer（2012）。

电子举证和社交网络

提到举证，一个问题是，刚去世者的家人是否应该接触他们至爱的已故者的社交网络？家人要了解已故亲人多少以及多长时间内的信息？如何解决死后的隐私问题？

一些社交网络为此类案件制定了政策。脸谱为已故客户建立了几项政策。死亡开关网站（deathswitch. com）行之有效，这套自动化系统可以定期向客户发送密码请求，以确保客户依然在世。也可以参阅密码管理者 Password Box。

网络恐吓

根据 Stopybullying. gov，**网络恐吓**（cyberbullying）指的是利用电子技术进行的欺负行为。电子技术包括设备和装置（如手机、电脑和平板电脑），以及通信工具（包括社交网站、短信、聊天室和网站）。网络恐吓包括卑鄙短信或电子邮件；通过电子邮件或社交网站发布的谣言；令人尴尬的图片、视频、网站或虚假的个人资料（请浏览 stopbullying. gov/cyberbullying/what-is-it/in-dex. html）。恐吓是指"学龄儿童中不必要的过激行为，这种行为涉及真实的或想象中的权力不平衡"。恐吓行为如故意制造威胁，散布谣言，对别人进行身体或语言上的攻击，故意排挤他人等（请浏览 stopbullying. gov/what-is-bullying/definition/index. html）。网络恐吓不仅仅限于未成年人，也发生在成年人当中（请浏览 bullyingstatistics. org/content/adult-bullying. html）。

美国国家科学基金会（nsf. gov）发表了名为《社交媒体时代的网络威胁》（Bullying in the Age of Social Media）的丛书，描述了网络恐吓是如何发生的，会对人造成的伤害（比如自杀）以及如何对它进行管理（请浏览 cyberbullying. us 和 stopcyberbullying. org）。

其他问题

电子商务中涉及的其他法律问题有：

- 网络赌博合法化（Parry，2013）；
- 大公司的网络垄断（如谷歌、中国的腾讯）；
- 互联网 P2P 借贷的规范化。

在购买商品和服务的过程中，同样需要保护隐私。我们在第三章网上证券交易的案例中进行过讨论。

15.4 节复习题

1. 未来会出现哪些影响人们日常生活的电子商务问题？
2. 如何界定电子举证？它与法律和电子商务各有什么联系？
3. 如何界定网络恐吓？它有哪些危害？

15.5 对消费者和商家免于网络欺诈的保护

美国联邦调查局互联网犯罪投诉中心（IC3, ic3. gov/media/annualreport/2013_IC3Report. pdf）于2013年发布的一份网络犯罪报告显示，电子商务欺诈的举报数量多达262 813起，调整后造成的损失约7. 81亿美元。

因此，保护电子商务中的消费者是必要的。IC3也通过向公众告知网络诈骗以及发布公共服务公告，尽力保护电子商务中的消费者。拍卖欺诈也发展成为一个主要问题，成为网络欺诈的主要来源之一（Gavish and Tucci, 2008）。

消费者（购买者）保护

对消费者的保护是任何商业活动成功的关键因素，特别是在买卖双方无法当面交易的电子商务领域。在美国，联邦贸易委员会负责颁布消费者保护法律（请浏览 ftc. gov）。联邦贸易委员会列举了一个常见的网络诈骗列表（请浏览 onguardonline. gov/articles/0002-common-online-scams）。除此之外，欧盟和美国正致力于建立共同的消费者保护政策（请浏览 tacd. org）。

消费者保护措施

保护消费者是政府机构、卖家、专业组织和消费者保护组织的重要工作。它们提供了许多保护消费者的小窍门。下面介绍一些有代表性的技巧。

- 用户应当确保进入的确实是知名公司的网站，比如沃尔玛、迪士尼和亚马逊等，同时还应当直接输入这些网站的网址而不是通过链接进入网站，在这些网站购物时应挑选信得过的品牌。
- 检查陌生网站的地址、电话和传真号码。打电话与销售人员沟通以了解卖家情况。
- 从当地商会或美国商业促进局（bbb. org）或者 TRUSTe（truste. com）等机构了解卖家情况。
- 调查卖家网站的安全程度以及运营状况。
- 购买之前，仔细检查退款保证、保修和服务协议。
- 比较网上其他卖家同类或类似商品的价格——价格过低的不买。
- 向朋友了解情况。找到推荐的和认可的卖家（注意，有些会有偏差）。
- 找出一旦有争议时可供选择的救济。
- 咨询美国国家消费者联盟反欺诈中心（fraud. org）。
- 查看 consumerworld. org 上的资源。
- 亚马逊公司网站（amazon. com）提供了全面的保护（请浏览 webstore. amazon. com/Fraud-Protection-Power/b/9437355011）。

除了上述小窍门，消费者在网上还享有买者权利。这可以从如下的网站内容中得到验证：

- 美国联邦贸易委员会（ftc. org）：保护美国的消费者。发现欺诈电子邮件可向 spam@uce. gov 举报（请浏览 ftc. gov/tips-advice）。

- 美国国家消费者联盟反欺诈中心（fraud. org）。
- 美国联邦公民信息中心（gsa. gov/portal/category/101011）。
- 美国司法部（justice. gov）。
- FBI 网络犯罪举报中心（ic3. gov/default. aspx）。
- 美国律师协会在网站（safeshopping. org）中提供在线购物技巧。
- 美国商业信誉局（bbb. org）。
- 美国食品和药品监督管理局提供在线购买药品和医疗产品指南（www. fda. gov/oc/for-consumers/protectyourself/default. htm）。
- 美国直复营销协会（thedma. org）。
- 隐私权保护咨询中心（privacy-rights. org）提供各种隐私权保护咨询服务，例如身份被盗防范、垃圾邮件处理等。

第三方保证服务

几家公共组织和企业正致力于保护消费者。以下是其中的一些例子：

通过第三方中介的保护。 开展网络市场业务的中介正致力于保护在线买家和卖家。一个不错的例子是易趣——提供广泛的保护服务（易趣退款保证，请浏览 pages. ebay. com/coverage/index. html）。

TRUSTe 公司的"信任标签"。 TRUSTe（truste. org）是一家营利性组织，确保企业能更好地在网站上收集和使用个人信息（请浏览 truste. com/about-TRUSTe）。卖家可以通过显示"信任标签"（trustmark）（品质分级印章）来增进消费者进行在线交易的信心。这一标签让消费者能分辨出哪些网站同意遵守负责任的信息收集指南。另外，TRUSTe 网站还向其成员提供了"隐私政策向导"来帮助成员建立自己的隐私政策。该组织的网站提供了多种认证印章，比如隐私、儿童、电子医疗、无线电、电子邮件和国际服务。

TRUSTe 计划是自愿的。使用信任标签的授权费由卖家支付，这主要取决于在线组织规模的大小。许多网站接受了 TRUSTe 的认证，包括 AT&T、IBM、迪士尼公司、美国在线、Infoseek 公司、《纽约时报》、易趣等。然而，似乎存在这样的担忧：接受 TRUSTe 的认证可能会使公司在未遵守 TRUSTe 的约定的情况下，受到来自 TRUSTe 之类的第三方的诉讼。上述担忧也使一些公司不愿接受第三方的认证，不愿意加入计划。

美国商业促进局。 美国商业促进局（Better Business Bureau，BBB）是一家主要由会员公司支持的私人非营利性机构，主要提供消费者可在购物前阅读的商业报告。BBB 每年接受几百万次的查询，也处理消费者与企业间的纠纷。BBBOnLine 计划（bbb. org/online/customer/default. aspx）与 TRUSTe 的信任标签相似。该计划的主要目标是通过两个不同的认证促进网络上的信心。满足 BBB 的"可信赖认证"（reliability seal）标准的成员属于当地 BBB 组织，具有优良的广告真实度和消费者服务。获得 BBB "隐私认证"（privacy seal）的公司具有在线隐私保护政策和处理消费者个人信息的标准。另外，消费者只要点击任一家公司的 BBB 在线认证标志，就能立即获得 BBB 关于该公司的报告。

Which?公司。 英国的 Which?公司（which. co. uk）受欧盟支持，它通过保证 Which?Web Trade 计划下的在线商家遵守具有前瞻性的指南，从而保护了消费者的合法权益。这些指南列出了产品信息、广告、下单方法、价格、配送、消费者隐私、签收、争议处理和安全等内容。

网络信任认证。网络信任认证计划与 TRUSTe 类似。美国注册会计师协会（cpawebtrust. com）为其发起者。

消费者评价。很多网站包含了消费者对产品和卖家的评价信息。例如，在 Yelp! 论坛上，会员对企业进行排名和评价。

《计算机欺诈和滥用法案》

美国的《计算机欺诈和滥用法案》（Computer Fraud and Abuse Act，CFAA）于 1984 年颁布，随后修改过数次，是电子商务立法的重要里程碑。起初，CFAA 的适用范围和目的是保护政府电脑和金融业电脑免于被外部犯罪分子盗取。1986 年，打击违法的严厉的处罚措施被修改进 CFAA，但其保护的对象依然是政府部门和金融业使用的电脑。后来，随着网络范围的扩展，CFAA 适用范围也随之扩展。1994 年和 1996 年，CFAA 经历了较大修改，在该法案中添加了民法部分以及民事指控部分。2001 年，根据美国《爱国者法案》，该法案又进行了修改，加入了反恐活动的内容。2008 年，CFAA 再次修订，增加了《身份盗窃法》（Identity Theft Enforcement）和《赔偿法》（Restitution Act），以惩罚恶意使用间谍软件窃取个人敏感信息的行为。这不仅减少了经济损失，而且对于那些蓄意入侵未经授权的电脑的人实施了更为严厉的惩罚。请浏览 justice. gov/criminal/cybercrime/docs/ccmanual. pdf 中名为 "Prosecuting Computer Crimes" 的用户手册。

卖家保护

网络使匿名客户或其他人的欺诈活动更为容易。卖家的权利常常受到以下行为的侵害：

- 客户否认下过订单；
- 客户下载受版权保护的软件、知识，然后向其他人兜售；
- 客户在支付产品和服务时提交错误的支付信息（错误的信用卡或空头支票）；
- 其他商家在销售时冒名顶替（如骗子商家）；
- 原卖家的名字、商标和其他独有的特征，甚至网络地址被人冒用（商标保护）；
- 消费者和犯罪分子的支付欺诈。

卖家还可能遭受竞争对手非法手段或不道德手段的攻击。

 实际案例

一项针对迈克菲的集体诉讼被提交至美国北加利福尼亚地区法院（案件编号：10-1455-HRL），该诉讼称在消费者购买迈克菲公司的软件后，具有迷惑性的弹出式广告（看起来与迈克菲公司的网页十分相似）显示：感谢您购买本产品。然后，该弹出式广告要求客户点击 "试用" 按钮，客户误以为可以 "试用" 下载刚购买的迈克菲公司软件。但他们 "试用" 的是试用期为 30 天的 Arpu 公司产品（非迈克菲公司产品）。迈克菲很显然将客户的银行卡信息和账单信息转交给了 Arpu 公司（试用期后，Arpu 公司每月向客户收取 4.95 美元），只要有一名客户在 Arpu 公司注册，迈克菲就会相应地得到一笔未公开的费用。请浏览 courthousenews. com/2010/04/08/McAfee. pdf。

卖家可以采取的行动

很多公司，例如 Chargeback Stopper（chargebackstopper. com）和 Chargeback Protection（chargebackprotection. org）提供了一个有过退款订单记录的信用卡账号数据库。能使用该数据库的卖家可以利用数据库里的信息，决定是否销售。在不久的将来，信用卡行业将计划使用生物测量方法来处理电子偷盗行为。卖家还可以使用 PKI 和数字认证，特别是 SET 协议，以避免欺诈（请参阅第十一章）。

其他可能的方法主要有以下几类：

● 利用智能软件来识别问题客户（小公司可以用手工方式识别）。其中的一个方法是比较信用卡账单地址和送货地址。

● 对可能的欺诈交易标记警告信号（插一面小红旗）。

● 让账单地址与送货地址不一致的客户致电其银行，并将送货地址写入银行账户。卖家只有在上述地址写入银行账户的情况下才发货。

● 要求客户披露信用卡验证码。

● 延迟送货直到收到货款。

有关商家如何免受欺诈的更深入的讨论，参见 Litle & Co.（2014）和 CyberSource（2012）。对于互联网商家减少信用卡欺诈的 10 条措施请浏览 fraudlabs. com/docs/fraudlabs_white_ paper. pdf。

对买家和卖家的保护：数字签名和其他安全功能

区分合法交易和欺诈的一个方法是数字签名。

数字签名（electronic signature）是"手写签名的电子等价物"（请浏览 per pcmag. com/encyclopedia/term/42500/electronic-signature，参阅第十章）。数字签名可以提供高安全级别，并且大部分法律组织认为，数字签名等同于手写签名。所有数字签名都是用数字表示的。与纸质版签署的文件和合同一样，电子版签署的文件具有同样的法律约束力（请浏览 en. wikipedia. org/wiki/Electronic_signature 和 e-signature. com）。

身份验证

在网络空间，买家和卖家互不相见。即便使用视频会议，我们也必须验证另一端的人，才能确定他的真实身份，除非之前就认识此人。然而，如果能确定网络另一端的人的身份，我们就能够设想到电子商务将有更好且更新的应用。例如，学生可以在没有监考老师的情况下，在任何地方通过网络参加考试。政府补助和转移支付中出现的欺诈行为将减少到最低。买家知道卖家是谁，卖家也知晓买家是谁，因而，他们对对方都有足够的信心。公司也可以做好适当的安排，使得只有获得授权的员工才能下单。求职面试和其他匹配应用都将变得更准确，因为几乎不可能出现冒名顶替的情况。总之，在线交易和电子商务中的信任感都将有十分明显的增长。认证可以通过多种方式来实现，包括生物识别技术（请参阅第十章）。

欺诈检测系统

有多种欺诈检测系统可供选择。信用卡欺诈数据挖掘是其中较著名的一种。其他方法参见 Parks（2010）。CyberSource 也开发了一些用于检测欺诈行为的工具。详情参见 CyberSource（2012）并浏览 authorize. net/resources/files/fdswhitepaper. pdf。

15. 5 节复习题

1. 保护网络消费者有哪些措施？

2. 如何理解企业向消费者提供的保障服务？

3. 卖家应采取哪些措施保护自己免受欺诈？

4. 数字签名有哪些种类？谁是保护对象？为什么？

5. 什么是身份验证？

15.6　公共政策、税收和政治环境

本小节涉及关于公共政策的四个话题，这些话题又与电子商务有着紧密的联系。

美国联邦通信委员会（FCC）批准的网络中立

网络中立（internet neutrality，也称为 network neutrality，net neutrality，或简称 NN）已经成为影响网络的未来并受到热烈讨论的话题，因为电信运营商 AT&T 公司和 Verizon 公司声称它们应有权对使用网络的用户收取额外费用以收回它们花在基础设施上的巨额投资（请浏览 businessinsider.com/net-neutralityfor-dummies-and-how-it-effects-you-2014-1）。如今，电信营运商平等地（或称中立地）对待网络流量。对此，大量草根运动涌现，试图阻止这一做法。P2P 应用爆发式增长，这意味着 5%～10% 的网络用户正在使用高达 80%～90% 的可用带宽。

2010 年 12 月 21 日，美国联邦通信委员会批准了如下的网络中立原则：网络服务提供商在一些服务和应用当中不能存在歧视行为。换言之，网络服务提供商要实现网络平等，这样消费者就可以任意访问网络而无须支付额外费用（请浏览 businessinsider.com/net-neutralityfor-dummies-and-how-it-effects-you-2014-1）。网络中立为服务提供商（比如有线和电信运营商）确立了三项高标准的规则［详情参见 Woyke（2010）］。更多关于网络中立及其影响的内容，参见 Gross（2014）。应注意到实施网络中立是有困难的，因为它涉及了网络公司、光纤所有者、内容提供商、移动载体以及移动营运商和消费者。反对者正在积极挑战实施网络中立的联邦通信委员会的权威。更多关于网络中立或缺乏网络中立将如何影响公司业务的内容，请浏览 entrepreneur.com/article/233991。有关网络中立的争论性讨论，请浏览 wired.com/2014/06/net_neutrality_missing。2014 年 1 月，联邦上诉法院推翻了联邦通信委员会的网络中立原则。

2014 年 4 月，联邦通信委员会宣布新规则，旨在废除网络中立（Mayton，2014）。然而，2014 年 5 月，联邦通信委员会又提出新提案，保持互联网的开放性和互联网更高的透明度，旨在维护网络中立。问题是，联邦通信委员会计划规范众多的互联网供应商。联邦通信委员会计划到 2014 年底采用一套新的规则（Anthony，2014）。它肯定在不断变化！

电子商务交易中的税收

几种类型的税收都涉及电子商务。最有争议的是互联网销售税，各国对辖区内出售的产品征税，请浏览 en.wikipedia.org/wiki/Internet_taxes。

20 世纪 90 年代中期，互联网商务刚兴起，为鼓励电子商务，美国中央政府以及各州、县和市政府都宣布互联网经营免税费。然而，对依然纳税的邮购行业和传统零售商来说，此举被视为不公。多年来，法院根据接收到的质疑，不断修改税费（请浏览 taxbrain.com）。1998 年美国《互联网免税法案》宣布暂停互联网特殊征税，为期一年。这意味着，禁止国家和地方政府对互联网电子商务征税。国会定期更新、修改此法案（请浏览 money. howstuffworks. com/personal-finance/personal-income-taxes/internet-tax-freedom-act1. htm）。2013 年，永久延长电子商务免税的新法案实施，并在 2014 年 6 月获众议院司法委员会通过（请浏览 govtrack. us/congress/bills/113/hr3086♯overview）。

因此，把互联网税收作为一个潜在的税收来源，预算和税收当局将互联网税收提上日程。一些州正在起诉网络供应商没有缴纳销售税。州立法者们似乎达成共识：网络征税不可避免。显然，消费者抵触网络税收。

消费者不习惯缴纳互联网消费税而州政府需要税收，两者必然冲突，亚马逊便是一个典型案例。2011 年，加利福尼亚州通过了一项互联网征税法案，向亚马逊施压，收取销售税。2012 年，亚马逊同意向加利福尼亚以及其他州的买方收取销售税。

2013 年，美国参议院通过了《市场公平法案》（marketplacefairness. org），要求美国所有在线经营企业和目录销售商缴纳互联网销售税。然而，各州必须简化销售税法。2014 年 6 月，该法案被提交给众议院小组，目前仍在审核中。

除了销售税，也有涉及电子商务的其他税。

例如，2010 年 7 月，在网络赌博合法化运动中，众议院金融服务委员会通过一项法案，为价值数十亿美元的网络税收打下了坚实的基础。

国家对网络的审查

对观看、发布或接触网络信息的行为进行抑制称为**网络审查**（internet censorship）。网络审查可以在国内进行（如大企业、大公司限制员工上网），也可以在国外实施。审查方法众多，从阻止访问某些网站到创建一个完整的替代互联网。常用的审查方法是内容过滤。内容过滤可依据发布攻击性内容的提供商黑名单或其他方法。一旦被列入黑名单，该网站被认为对大众有不良影响的全部或部分内容就将由政府机构审查。关于美国和其他国家的网络审查的不同类型请浏览 computer. howstuffworks. com/internet-censorship. htm。

2009 年初，奥巴马任命 Cass Sunstein 为白宫监管官。Sunstein 推崇网络审查，并撰写了几本推动网络审查的白皮书。关于世界各国网络审查的案例和图表，请浏览 safervpn. com/blog/mapping-internet-censorship-worldwide-infographic。

15. 6 节复习题

1. 什么是网络中立？它将对网络产生什么影响？
2. 为什么网络中立成为热门话题？找出该问题的法律地位。
3. 税收是如何与电子商务活动相关的？
4. 什么是网络审查？

15. 7　社会问题和绿色电子商务

在本节中，我们将考察关于电子商务的几个社会问题。下面讨论第一个备受关注的社会问题——数字鸿沟。

数字鸿沟

虽然各种因素和趋势能促进电子商务在未来的成长，但从网络诞生特别是电子商务出现以来，能使用网络（尤指宽带网络）和不能使用网络的人们之间出现了差距，这一差距被称为**数字鸿沟**（digital divide）。根据互联网世界统计（Internet World Stats），数字鸿沟指的是关于利用网络和不利用网络的人们之间获取的信息量不同的社会问题（请浏览 internetworldstats. com/links10. htm）。数字鸿沟在一国内部和不同国家之间都存在。美国联邦和州政府都在致力于通过鼓励培训、支持教育和基础设施建设来缩小国内的数字鸿沟。数字鸿沟在不同国家之间不是在缩小而是在扩大（请浏览 en. wikipedia. org/wiki/Digital_divide）。许多政府和国际组织正在努力缩小数字鸿沟，联合国和 Citizens Online 是其中的代表。

克服数字鸿沟

政府、企业和非营利性组织正在试图缩小数字鸿沟。"每个孩子一台电脑"计划就是其中一例（one. laptop. org），旨在为低收入家庭、社区和发展中国家的儿童提供一款低成本的"XO"笔记本电脑。

查看短视频，请浏览 laptop. org/en/video/brand/index. html。笔记本电脑（2014 年）的成本大约为 35 美元。有关该计划和笔记本电脑功能的更多信息，请浏览 one. laptop. org/ about/ faq。

在线补充读物 W11.2 中讲述了印度的贫困农民如何利用手机偿还银行款项和接收信息的一个例子。

远程办公

电子商务的一种形式是**远程办公**（telecommuting），这是指在家使用电脑、平板电脑、智能手机和互联网开展工作。远程办公正在美国和一些发展中国家兴起。表 15.4 列出了远程办公的潜在好处。比如，对于住在郊区的人来说，远程办公相当有用，因为他们每天能在交通上节省 1～2 个小时（Enviro Boys，2010）。

表 15.4 远程办公的潜在优势

个人	组织	社区和社会
● 减少或完全消除与上班行程有关的时间和费用； ● 减少兼顾家庭和工作的压力，增进健康； ● 能更亲近家人和更多地参与家庭活动； ● 与家人和社区保持更紧密的联系； ● 减少对办公室政治的参与； ● 提高工作效率（尽管存在注意力分散的情况）。	● 减少了所需的办公空间； ● 增加员工储备，在招聘中更有竞争优势； ● 符合《美国残疾人保护法》的要求； ● 减少员工流动、缺勤和病假； ● 提高工作满意度和工作效率。	● 节省能源并减少对国外石油的依赖； ● 通过减少交通污染和交通拥堵来保护环境； ● 减少交通事故及其带来的伤亡； ● 家庭生活不会经常受到干扰（人们不用因为搬家而辞掉工作）； ● 增加了因故被困在家中的人的就业机会； ● 增加了就业机会流向高失业地区的机会。

Ascend One 公司是一家从事消费者债务咨询呼叫服务的企业，为了继续成长，它被迫改变了其网络策略。Ascend One 不得不通过台式电脑向客户提供烦琐的日常支持和应用软件更新服务，这严重拖累了公司的发展。通过整合虚拟化技术以及远程办公，Ascend One 增加了客户满意度，提高了生产率，而其呼叫中心的员工士气大振，因为公司允许他们在家里工作，同时员工还使用数据中心服务器的层托管应用而不是之前使用的台式电脑。呼叫中心的效率提高了 10%。扩展的远程访问也提高了员工的工作满意度，并降低了员工的流失率。这项技术还使公司能够与在家办公的员工保持极强的联系。只要点击鼠标，员工可以全天候使用公司的培训项目（Park，2009）。

值得一提的是，有些公司不喜欢员工在家办公。2013 年，雅虎的首席执行官实行禁止在家办公的政策。关于该政策的争论，参见 Bercovici（2013）和 Ascharya（2013）。虽然禁止远程办公，但雅虎的首席执行官延长了育儿假。

绿色电子商务和信息技术

实施绿色电子商务的方法有很多，如下是具有代表性的几种。

构建绿色企业、环保数据中心和云计算

计算技术的高能耗以及较高的能源成本直接影响了企业的盈利能力。很多企业正在积极降低能源成本并增加可再生材料的使用。**绿色计算**（green computing）是关于环保计算资源的研究和实践（请浏览 searchdatacenter.techtarget.com/definition/green_computing）。在这一部分，我们将关注如何利用环保手段来使电子商务更加环保。

例如，数据中心（放置电脑系统和相关的配套设施，例如数据存储）消耗的能源是各公司关注的焦点。绿色电子商务和信息技术是一项正在发展中的运动（Nelson，2008）。根据 Gartner 市场调研机构，绿色信息技术正延伸到众多领域（请浏览 enterpriseinnovation.net/article/gartner-green-data-center-means-more-energy-efficiency）。表 15.5 显示的是关于实施绿色信息技术的一些建议。

表 15.5　　　　　　　　　　　实施绿色信息技术：计算机资源节约指南

- 使用电脑的能源管理选项，把所有电脑设置到休眠和备用状态。
- 培养员工在不使用电脑时关闭显示器的习惯。
- 在几小时后自动关闭所有电脑的电源或自动关闭未使用的电脑的电源。
- 欢迎远程办公并支持愿意在家办公的员工。
- 将 IT 数据中心设备的温度设定为推荐值。
- 积极使用云计算。如果资金允许，将现有的服务器换成可支持虚拟化的服务器。
- 增加制冷效果。

有关实践方面的内容，请浏览《基线》杂志 2010 年 8 月 13 日发表的文章 "Cooling Data Center Costs"（请浏览 baselinemag.com/infrastructure/Cooling-Data-Center-Costs，2014 年 6 月数据）。

绿色信息技术的主要目标是：最大限度地减少对环境的破坏，改善电子商务（以及信息技术）的使用；节约资金。公司数据中心的服务器不但能耗高，而且散热量大。在美国，电脑显示器每年消耗的电量达到 8 000 万度至 1 亿度。英特尔公司和 AMD 公司正在制造新的芯片以减少上述能

耗。在不使用时将电脑关闭将为公司节省开支，同时也因为减少了二氧化碳的排放，从而减少了对环境的破坏，进而增进了社会健康。最后，丢弃电脑和其他电脑设备会导致严重的废弃物处理问题。一个重要的问题是如何回收旧设备以及谁对回收旧设备负责（制造商、使用者还是政府?）。绿色软件是指那些帮助公司节省能源或使公司符合 EPA 要求的软件。

Murugesan and Gangadharan（2012），全面论述了绿色信息技术，他们认为要让电子商务（以及信息技术）更绿色环保，而不仅仅是把它们作为一个工具来使用，以利于环境的可持续性。他们还报道了实施和战略问题。关于实施绿色信息技术战略的指导，参见 IBM（2008b）。

如何实施绿色企业、环保数据中心和绿色供应链

正在寻求实施绿色企业、环保数据中心和绿色供应链的首席信息官（CIO）应关注如下几点：（1）虚拟化技术；（2）软件管理；（3）使用云计算。虚拟技术使用的节能方法减少了实地库存，也减少了能耗，因而既保护了环境也节约了成本。正在寻找建议、工具和流程的公司可以寻求软件管理外包服务，以满足它们取得软件财产和进行许可证管理的需要。据估计，到 2017 年，信息技术应用中的 45% 都将被纳入云计算中。

要提高电源的利用率，企业需要做好如下几方面工作：挑选性能好的计算机，提升数据中心的运算能力，控制数据中心的电源和冷却装置，改善数据中心的运行环境。许多组织正寻求服务器虚拟化（比如云计算）来降低成本，增加空间利用率和增加服务器的使用率（参阅在线补充读物 W15.4）。

 实际案例 1

一家顾客导向的企业社交网站

富国银行（Wells Fargo）是一家大型金融机构，它在线业务广泛。富国银行对数据的依赖性极大，同时也以环保著称。公司决定在两个数据中心开展环保运动。数据中心必须保证服务的安全性和有效性，而当数据中心重新设计时，它们的能耗将更有效率，从而减少能源消耗。新引进的设施中服务器超过 8 000 台。经过主要的虚拟化技术后，数据中心消耗的能源明显少于上一年。

富国银行引入了几项节能技术（Clancy，2010）。富国银行不断扩充和更新其数据中心，但非常注意环保。富国银行在其他方面也注重环保（请浏览 bankrate.com/financing/banking/green-banking-at-wells-fargo）。

 实际案例 2

谷歌公司计划将数据中心的平均能耗减少 30%。为达到目标，谷歌公司减少了以下运营成本：制冷、动力基础设施和照明。谷歌密切遵循以上策略以及"绿色能源沙皇"的公司建议。在任何时候，谷歌公司都热衷免费的冷却系统——例如冷却塔和外部空气。谷歌公司还通过从其他渠道购买清洁能源来增强灵活性。详情参见 Samson（2010）。

全球绿色监管

全球监管也在影响绿色商务活动。可持续性监管将增强对供应链的影响，而不受地理位置的

限制（请浏览 ec. europa. eu/environment/waste/rohs_eee 和 rohs. gov. uk）。欧盟立法制定了一项强制性标准《关于限制在电子电器设备中使用某些有害成分的指令》（RoHS，Restriction of Hazardous Substances）。

从长期看，环保措施降低了成本，也改善了公共关系。对环保电脑的需求正在增加，这并不令人感到惊讶。公司可以用来发现这种硬件的工具是电子产品环境影响评估工具（EPEAT）。

电子产品环境影响评估工具

由绿色电子委员会（GEC）控制的电子产品环境影响评估工具（electronic product environment assessment tool，EPEAT）对电子产品的环境性能标准进行评级，是一个综合的全球环保电子产品评级系统（请浏览 rainforestagencies. com. au/egreen. html）。

之前讨论过的远程办公同样有利于环境保护，例如减少上下班高峰期的交通压力、提高空气质量、增加高速公路安全度，甚至通过减少污染物的排放还改善了医疗状况。

其他社会问题

还有许多其他社会问题与电子商务有关。这里只介绍电子商务能带来积极影响的三个问题：教育、公共安全以及健康。

教育

电子商务已经对教育和学习产生了重大影响。虚拟大学正在帮助缩小数字鸿沟。公司利用网络对员工进行再培训要更为容易，还能使员工延迟退休。

公共安全、刑事司法和国土安全

2001 年 9 月 11 日后随着人们对公共安全的关注，许多组织和个人已经开始寻找能用于制止、阻止和侦查各种犯罪活动的技术。电子商务中的多种工具能增强我们在家中和公共场合的安全。这些工具包括 e-911 系统；全球协同商务技术（协同全国性和国际性的执法机构的行动）；打击犯罪的特殊设备的网络采购；电子政务在协调、信息共享和加快法律工作和案件方面的工作；智能家居、办公室和公共建筑；针对执法者的在线训练。

问题是这些系统的财务、功能和社会影响是否足够好以至于值得侵犯个人隐私。事实是多数城市使用监控系统的视频回放功能，而不是实时监控。所以，在一个人只能实时监控 10 个摄像头的情况下，这些摄像头若要作为制止犯罪的工具，在经济上就显得不合理了。芝加哥市已经安装了一万多个摄像头。如果要实时监控，就需要增加 1 000 名城市员工——在财务预算赤字、低税收收入和高失业率的情况下完全是白日梦（Gallio，2010）。对监视视频的内容破译变得越来越准确，这将使监控在未来会是一个更加高效的工具。芝加哥增加了更多监控摄像机。截至 2014 年，芝加哥安装了 24 000 个摄像头，引起了公民和美国公民自由联盟对于隐私问题的关注（请浏览 foxnews. com/politics/2014/05/12/security-camera-surge-in-chicago-sparks-concerns-massive-surveillance-system）。

健康

电子商务会威胁健康吗？一般说来，在家里购物比在实体店里可能更安全、更健康。然而，一些人认为暴露于手机通信辐射会导致健康问题，而且要经过很多年才能看出辐射的危害。通信辐射即使有损健康（例如脑瘤），造成的损害也不明显，因为大多数人花在无线购物和其他无线活动上的时间极为有限。然而，考虑到人们开始关注这一问题，能解决此问题的保护性设备不久将投入使用（请浏览 safecell. net）。

另一个与健康有关的问题是沉迷于网络游戏、社交网络和电子商务/互联网相关的应用程序。

有的国家（如美国）开设了预防和再教育项目，并开设了住院治疗和康复中心［参见 Geranios（2009）并浏览 netaddiction. com］。

电子商务技术，例如协同商务，能够提高医疗水平。例如，使用网络可以缩短新药物的审批流程，从而挽救了生命，减轻了痛苦。到处渗透的计算技术有利于提供医疗服务（第六章已介绍）。智能系统能够促进医疗诊断。医生也可以远程提供医疗建议。最后，智能医院、医生和其他医疗设施都使用了电子商务工具。2009 年，主要的社交网站和推特根据跟踪的猪流感的爆发情况，建议人们不去某些地方旅行以及如何保护自己。最后，在以色列和欧洲，一个名为"MO-BIGuide"的主要的跨国合作的研究项目，可以通过远程监测患者，结合收集的数据，作出医疗诊断（请浏览 newmedia-eng. haifa. ac. il/?p＝5593）。

使城市更宜居

在第六章中，我们介绍了智慧城市，目标是让城市更宜居。Chia（2012）对如何使城市像新加坡那样更智能的有关研究进行了讨论。Gaylord（2013）介绍了大数据的使用和大城市中的政府透明度。

15.7 节复习题

1. 如何界定数据鸿沟？
2. 什么是"每个孩子一台电脑"计划？
3. 电子商务如何提高安全级别？
4. 电子商务对医疗服务会产生哪些影响？
5. 什么是绿色计算？
6. 绿色计算在保护环境和节省资源方面有哪几种方式？
7. 什么是绿色供应链？请举例说明。
8. 新的数据中心如何帮助我们实现"变得更环保"？
9. 远程办公和虚拟工作是如何保护环境的？

15.8 电子商务的未来

总体而言，大家公认，电子商务的未来是积极的。电子商务将成为一个日益重要的交意、联络客户、提供服务以及提高组织的运作效率的方式。此外，电子商务可以促进合作、创新人与人之间的交流方式。分析家们对以下两点预测不同：电子商务预期增长率；电子商务多久会成为经济的主要组成部分。在鉴定什么是增长最快的行业部门方面，他们也意见不一。但他们在电子商务领域的前进方向上达成了共识：全速前进！很多公司（如亚马逊、易趣、阿里巴巴集团、Priceline、新蛋等）正在迅速增长。

企业创新组织（Enterprise Innovation）在 2013 年预测了电子商务在 2014 年及以后的发展趋势，其中包括移动商务、医疗信息系统、网络商务安全等。

实体市场与网络市场的整合

在本书中，我们讨论了实体市场和网络市场的关系，指出了两者成功结合的案例，以及在某些领域两者之间的冲突。事实是，消费者以及大部分商家和供应商认为，两者现在共存，并将继续共存。也许两者最显著的整合体现在虚实整合组织上。在不久的将来，虚实整合组织将以不同的方式出现，成为最常见的模式（请浏览 Sears. com，Target. com，Costco. com，Walmart. com）。有些组织将电子商务作为另外一个销售渠道，如多数大型零售商、航空公司和银行。有些组织通过电子商务销售一部分产品和服务，并以传统方式销售其他产品和服务（如乐高公司）。

移动商务

人们一致认为，移动电子商务在电子商务中的作用将显著增强。目前已经有数以千计的创新型智能手机的应用程序，而且数量还在迅速增长。电子商务发展最快的领域是应用程序的增长，很多移动电子商务创业公司进入了该领域。

社交商务

最近，移动社交网络的使用在加速。越来越多的新无线 Web 2.0 服务已经帮助许多社交网络实现无线上网，促进了人与人之间的互动。尼尔森公司 2012 年 9 月发布的《社交媒体报告》表明，五分之四的互联网活跃用户访问社交网络和博客。报告还显示，近 82％的社交媒体用户使用手机访问这些网站（Nielsen，2012）。这些数字在继续增长。

社交电子商务在脸谱、推特、谷歌和其他许多公司迅速成长。移动广告和促销是增长的主要领域。

加速电子商务发展的未来趋势

促进电子商务发展的未来技术多种多样，例如：

- 更广泛的宽带技术和更快的网络；
- 更强大的搜索引擎（基于智能搜索）；
- 为移动设备配备更好的电池；
- 发展量子计算和语义网；
- 更灵活的电脑屏幕；
- 更好的云应用程序；
- 智能手机和平板电脑的广泛使用；
- 增加可穿戴设备的使用；
- 免费上网的可能性。

限制电子商务发展的未来趋势

以下趋势可能会减缓电子商务和 Web 2.0 的发展，甚至可能使互联网瘫痪：

- **安全问题**。消费者和网上银行等服务的用户担心网络安全。网络需要更安全。
- **缺乏网络中立**。如果大的电信公司因访问速度快而被允许收取更多费用，那么小公司则会因为不能支付额外的费用而处于不利地位。

● **版权投诉。**关于 YouTube、维基百科和其他网站的法律问题可能导致公众舆论和创造力的丧失。

● **缺乏标准。**缺乏电子商务的标准，尤其对全球贸易而言更是如此。

总之，很多人认为，电子商务对我们生活的影响将不亚于工业革命，甚至可能比工业革命更深刻。自工业革命以来，任何其他事物都没有像电子商务一样对我们的生活产生如此深刻的影响。我们希望本书能助你成功地进入这个令人兴奋、极具挑战性的数字革命领域。

关于电子商务未来发展趋势的视频资料

以下是建议观看的电子商务视频：

1. "E-Commerce's Future Ain't What It Used to Be; It's Even Better" (youtube. com/watch? v＝mJtw1027FYs)。

2. "Future of E-Commerce：Trends，Challenges，and Opportunities for Telecom and the Mobile Industry"（youtube. com/watch?v＝wCZXif3MUEw）。

15.8 节复习题

1. 电子商务与传统商务有什么关系？
2. 流动性在未来的电子商务中起到什么作用？
3. 社交网络是如何促进电子商务的？
4. 什么趋势将助力电子商务的发展？
5. 什么趋势将减缓电子商务的发展？

管理问题

与本章内容有关的管理问题有如下几个方面：

1. 电子商务企业应关注的法律和道德问题主要有哪些？要考虑的关键问题是：（1）允许或不允许哪些种类的私有信息出现在公司网站上？（2）谁将看到访客贴在公司网站上的信息？（3）公司网站上的内容和活动符合其他国家的法律法规吗？（4）在公司网站上应该张贴什么免责声明？（5）我们是否在未经允许的情况下使用了注册商标或受版权保护的材料？除了这些问题，律师还应当定期检查网站上的内容，公司还应指定专人负责监控有关法律和责任的问题。

2. 哪些是最重要的道德问题？网站或博客上有关个人、公司或产品的负面或中伤性质的文章可能导致名誉毁坏，而且名誉的毁坏能够在国家间蔓延。隐私问题、道德问题和法律问题看起来似乎与经营一家企业无关，但如果忽略这些问题，公司将面临各种风险，例如罚款、客户怨言、组织难以正常运营，等等。隐私保护是一项必要的投资。

3. 数字内容的知识产权如何保护？为保护视频、音乐、在线图书等知识财产，我们需要监视网上有哪些版权、商标和专利被侵犯。允许盗版视频和盗版音乐传播的门户网站应被监控。上述监控可能需要付出大量工作，因此可以雇佣软件特工来持续监视盗版内容。应当分析侵权对公司的危害，以及现有的和潜在的法律和技术保护可能给公司带来的影响。考虑用谈判的方式解决任何损害赔偿问题。

4. 如何购买电子商务的专利？一些人认为，与电子商务相关的商务流程或电脑程序不应该被授予专利权（如欧洲国家的做法）。因此，如果他人不能持有专利权，投入大规模资金开发和购买专利在经济上可能就不明智了。一些持有许多商业模式专利的公司，如果不是因为持有专利早已陷入亏损境地。

5. 什么是保护客户隐私的道德原则？为提供个性化的服务，公司需要收集和管理客户的资料和数据。在实践中，公司要决定是否使用间谍软件来搜集数据。这一做法很可能使客户从喜悦变为绝望（就像谷歌公司街景地图和脸谱隐私设置案例中的情况一样）。公司需要建立完善的原则来保护客户隐私：在搜集客户信息前先通知客户，披露信息的种类和内容要告知客户并征得客户同意，允许客户接触自己的数据并保证数据准确和安全，使用一些强制手段和补救措施来阻止隐私被侵犯。这样，公司就可以避免法律官司并能取得客户的长期信任。

6. 在全球电子商务环保化的大趋势下，公司如何获得发展机会？减少碳排放和节省能源是一个全球性的问题。但是在未来十年内，该问题也能为公司发展提供机会。(1) 电子商务通过减少出行可以减少碳排放；(2) 电子商务可以提供平台，用于交易二氧化碳排放权，这是一个新的商业机遇；(3) 电子商务 IT 硬件平台竞相获得环境保护署的能源之星卓越奖，以证明它们的产品是环保的。

本章小结

本章所涉及的电子商务问题与前面提到的学习目标一一对应。

1. **理解电子商务面临的法律和道德挑战，并寻求解决这些问题的方法。** 人们在全球范围内都可以接入网络，这导致了严重的问题——适用哪一条道德准则和法律呢？忽视法律将使公司面临破坏性强、成本高昂的诉讼甚至犯罪指控，极大地损害客户关系。最好的策略是避免出现那些能给公司带来这些风险的行为。非常重要的保护措施是公司建立各种规则和道德准则，并建立可接受的网络使用政策。

2. **知识产权法。** 电子商务要遵循多种知识产权法，其中有些是法官在具有里程碑意义的案件中创造的。知识产权法为公司提供了在知识产权遭受损害和不当使用时的赔偿途径。由美国国会通过的知识产权法正在不断修改以更好地保护电子商务经营。对知识产权的保护是必要的，因为人们可以很容易地以低成本方式复制、盗取网上的知识财产。这些行为违反或侵犯了版权、商标和专利权。尽管法律问题看起来相当清晰，但监控和确认侵犯者依然困难重重。

3. **隐私保护、言论自由、诽谤以及所面对的挑战。** B2C 公司使用客户关系管理系统并依靠客户信息来改进产品和服务。注册和网络跟踪器是收集客户信息的两种方法。最重要的隐私问题是，由谁来控制信息以及在多大程度上保持信息的私有性。严格的隐私保护法律最近获得了通过，该法律严厉处罚因疏忽造成个人数据和秘密数据泄露的行为。对网络审查的争议仍在进行。网络审查的支持者认为，政府和各种网络服务供应商以及网站应该控制不适当的和带有攻击性的内容。反对者反对任何形式的审查，他们认为，应该由个人而不是政府来控制上述内容。在美国，大多数审查网上内容的行为都未被认定为违宪。争议暂时很难解决。

4. **网上欺诈以及保护消费者免受欺诈。** 对消费者的保护是有必要的，因为电子商务经营中与消费者的接触不是面对面的，欺诈有很大的可能性；法律约束不足；新的问题不断涌现。一些私人和公共组织正致力于提供消费者保护，以构建电子商务成功经营所必需的信任。非常重要的方面是电子合同（包括数字签名）、对赌博的控制以及确定国家内部和国家间的交易的税种和向谁缴税。但不对互联网征收销售税的做法正在改变，美国各州都开始征收网上交易的销售税。

5. **保护买家和卖家。** 许多程序用于保护消费者。除了立法外，美国联邦贸易委员会正在努力借助教育使消费者知晓主要的欺诈手法。卖家在网站上使用认证（如 TRUSTe）以及贴士和评价同样有效。卖家可能被买家、其他卖家和罪犯欺骗。对于买家的保护措施包括使用联系人和加密（请参阅第十章中的 PKI）；建立潜在犯罪分子的数据库并与其他卖家共享信息；教育员工以及使用智能软件。

6. **电子商务的社会影响。** 电子商务给社会带来了很多好处，从提高安全、改进交通和教育到改善医疗服务、促进国际合作，方方面面。尽管数字鸿沟仍然在发达国家和发展中国家间存在，但随着移动计算技术的使用，特别是智能手机的使用，数字鸿沟开始缩小。

7. **绿色电子商务。** 开展电子商务需要大型数据中心，这会浪费能源，造成环境污染。大型数据中心（如谷歌）的用户正利用创新的方法来改善这种情况。电子商务还会带来其他环境问题。有多种方法可以使得电子商务更为环保，远程办公就是其中的一种。

8. **电子商务的未来。** 电子商务正在稳步迅速地增长，扩大到新产品、服务、商业模式和许多国家。最值得注意的增长领域是线上线下电子商务的整合，移动商务（主要是智能手机的应用程序），以视频为基础的营销，社交媒体和网络。一些新兴技术（从智能应用到可穿戴设备的使用）促进了电子商务的发展。另一方面，一些因素正在减缓电子商务的发展，比如安全和隐私问题、有限的带宽以及在某些领域内缺乏统一的标准。

讨论题

1. 电子商务网站和社交网站能采取哪些措施保护个人信息？

2. 隐私指个人有不被他人打扰和受到不合理侵犯的权利。你认为哪些侵犯是"不合理的"？

3. 应该由谁监督未成年人，不让其接触网上的攻击性内容？父母、政府，还是网络服务提供商？为什么？

4. 言论自由与对具有攻击性内容的网站进行监控之间有哪些矛盾？

5. "选择进入"和"选择退出"在客户保护方面还存在哪些不足？你喜欢什么保护措施？

6. 便利店的收银员将客户数据（性别、大概的年龄等）输入电脑。这些数据经过处理后用于决策。没有人告知客户这些情况，该行为也未获客户许可（名字没有输入电脑）。收银员的行为违背职业道德了吗？将这种现象与网络跟踪器案例作比较。

7. 为什么很多公司和专业组织建立它们自己的道德准则？毕竟，道德规范是通用的，"一个尺寸适合所有人"。

8. Cyberpromotions 公司试图使用第一修正案为自己向美国在线公司的用户发送垃圾电子邮件的行为进行辩护。美国在线试图拦截这些垃圾电子邮件。一位联邦法官同意了美国在线的做法，并认为不请自来的电子邮件不仅令人厌恶、浪费宝贵的上网时间，而且是不适当的，因而不该发送。讨论一些相关问题，比如言论自由，如何辨别垃圾邮件、非垃圾邮件和正常邮件等。最终，Cyber Promotions 停止发送垃圾电子邮件。

9. TRUSTe 对电子商务作出了什么贡献？

课堂论辩题

1. RIAA 起诉大学生侵犯版权的目的是什么。如果被提议的版权执行法案正式颁布，将会对 RIAA 的诉讼起到什么支撑作用？找出该法案的地位，并撰写报告。

2. 被提议的版权执行法案把在网站上粘贴信息的任何人界定为发布者，并对自己的行为负责。根据该法案，在公司网站上非故意地使用和传播受版权保护的内容，可能导致公司的域名或服务器被没收，这可能导致公司无法提供电子邮件服务——对公司而言完全是毁灭性的打击。公司应采取什么措施来尽可能降低风险？

3. IRS 从私人公司购买人口学市场调研数据。这些数据包含了可与税收申报单比较的收入统计收据。许多美国公民认为，《电子通信隐私法》（ECPA）赋予他们的权利被侵犯了；有些人则认为，政府在这一事件当中存在不道德行为。

4. 许多医院、康复组织和联邦机构正在或计划将所有病人的医疗记录从纸质转换至电子储存介质（使用成像技术），以符合美国《患者保护与平价医疗法案》（PPAC），该法案又称"奥巴马医疗法案"。PPAC 要求所有医疗记录除了应免费发送给政府机构和政府批准的第三方卖家外，还应免费发送给保险公司。一旦完成，电子存储将让使用者在任何时候任何地方快速使用大多数医疗记录。然而，由于人们能从数据库、网络或智能卡上获得这些数据，也就不能排除一些人在未经允许的情况下查看其他人的私人医疗数据。全面保护数据的成本是高昂的，或者在一定程度上减慢使用速度。医疗服务管理当局应采取什么政策来控制未获授权的使用？

5. 旨在保护儿童和其他人免受色情和其他攻击性内容侵害的《传播净化法案》获得美国国会通过，但随后被法庭判定违宪。2015 年，它仍然是有争议的。讨论该法案的影响。查看最高法院的判决。

6. 辩论《市场公平法案》的利弊。

7. 辩论网络中立的利弊。

8. 很多体育相关的联赛，包括美国国家足球联盟和英国足球协会，都限制使用社交网络。美国国家足球联盟禁止在比赛前 90 分钟和后 90 分钟内使用社交网络。这样做合理吗？

9. 讨论雅虎禁止居家办公的政策。

10. 讨论用户创造的内容的所有权问题（见关于脸谱的案例）。支持方持什么观点？反对方持什么观点？

11. 网络中性化有利于电子商务吗？

12. 网上个人之间交换歌曲应被允许吗？

13. 美国《爱国者法案》过于严厉还是过于宽松？

14. 有些公司开展绿色电子商务的成本可能很高。如果它们开展绿色电子商务，则它们可能无法与不开展绿色电子商务的国家的企业竞争。政府应该给绿色电子商务补贴吗？

15. 员工在常规工作时间创造的内容应归谁所有？

16. 隐私标准能保护电子医疗记录吗？

网络实践

1. 假设你想创建一个道德博客。可以使用网站 CyberJournalist.net：博客作者的一个道德准则可从 cyberjournalist.net/news/000215.php 获得，回顾关于在博客上发布消息的指南。列出写博客时最重要的 10 个道德问题。

2. 假设你要建立一个个人网站。可以使用诸如 cyberlaw.com 的法律网站，准备一份报告，总结出在不违反版权法的情况下，哪些种类的材料你可以使用，哪些种类的材料不能使用（比如徽标和图片等）。（可参考免费的法律网站。）

3. 利用谷歌搜索提出各种电脑隐私法律动议的行业和贸易组织。其中的一个组织是万维网联盟（W3C）。描述该组织的隐私偏好计划（w3.org/P3P）。准备一张表格，列出 10 个法律动议，并逐一描述。

4. 登录 symantec.com，查看网站提供的本章的主题内容。

5. 登录 calastrology.com。这是一个什么网络社区？检查网站的盈利模式，然后登录 astrocenter.com。这又

是什么网站？比较和评论上述两个网站。

6. 登录 nolo.com。试着找到有关各种电子商务法律问题的信息。找到关于国际电子商务问题的信息。然后登录 legalcompliance.com 或者 cybertriallawyer.com。找出关于电子商务国际法律问题的信息。访问 google.com，获得更多关于电子商务法律问题的信息。准备一份关于电子商务国际法律问题的报告。

7. 找出最新的有关版权立法的信息。登录 fairuse.stanford.edu 和 wipo.int/copyright/en。能在网站上找到关于版权立法的国际问题的资料吗？撰写一份报告。

8. 登录 ftc.gov 并识别一些典型的网上欺诈和诡计。列出其中的 10 种。

9. 登录 www.usispa.org 和 ispa.org.uk，它们是代表网络服务提供商行业的组织。找出它们已经承担的关于本章讨论话题的各种法律动议。撰写一份报告。

10. 登录 scambusters.com，识别并列出反欺诈和反骗局活动。

团队合作

1. 为导入案例设计的作业。

请阅读本章的导入案例，并回答下列问题：

a. 如何避免电影和电视节目被免费在线观看？

b. 迪士尼公司投资 56 网的行为符合道德原则吗？

c. 如果不与 56 网争斗，迪士尼公司会得到什么商业利益？

d. 以全球视角讨论这一案例。

e. 找出标的为 10 亿美元的 Viacom 公司诉 YouTube 公司一案的状态。

2. 涉及电子商务的法律诉讼的数量在美国和其他国家都在增加。要求每个小组根据本章讨论的话题（比如隐私、数字财产、诽谤和域名等），分别列出 5 个最新的电子商务法律案件。总结各个案件的当事人、法院和日期。这些案件的结局是怎样的？每个案件的（可能）判决有何影响？

3. 监控员工的网上活动、电子邮件和即时通信是合法的。打开寄送给个人的收信地址为公司地址的信件也是合法的。为什么必须有监控？在何种程度上是符合道

德原则的？员工的权利被侵犯了吗？两个小组对上述问题进行辩论。

4. 亚马逊公司正在起诉试图强迫其缴纳地方税的几个州（"亚马逊法律"）。由于有些州政府向公司征收在线销售税，所以亚马逊中止了与这些州（如科罗拉多州、明尼苏达州）企业的联盟。然而，亚马逊恢复了与加利福尼亚州的企业联盟。查看本项法律（要求亚马逊缴纳地方税）的现状及其与联邦法律的关系，请浏览 illinoisjltp.com/timelytech/ongoing-taxation-disputes-between-ama-zon-and-state-governments。

5. 用人单位用智能计算机程序监测员工的在线活动，力求将浪费时间和计算资源最小化；减少员工盗窃。这些行为可能会侵犯员工隐私，降低员工的信任度和忠诚度。找到监视员工的各种方法（列出这些方法），并列出所有可能的消极方面。找到关于智能监控的好处，以及局限性和风险的案例研究（包括提高生产力）。把监控和远程办公结合起来，辩论监控问题。

海盗湾和文件共享的未来

2009 年，美国电影协会（MPAA）起诉瑞典**海盗湾**（The Pirate Bay）网站提供非法的文件共享，这显然是当年版权法案件中的里程碑，但是这似乎并未显著遏制在线文件共享现象。实际上，情况在不断恶化。

事件回顾

海盗湾（以下简称 TPB）是由黑客和电脑积极分子于 2003 年建立的专门储存、分类及搜寻 BT（BitTorrent）种子的网站，在遵守 BT 的 P2P（点对点）文件共享协议的前提下，提供免费下载大部分媒体文件（包括受版权保护的文件）的服务（en. wikipedia. org/wiki/BitTorrent）。TPB 包括网站的链接，可以下载电影、电视节目、音乐电子书、直播的体育比赛和软件等。TPB 已经跻身全球最受欢迎的网站之一。广告、捐助和销售商品是网站的收入来源。在提供免费访问受版权保护的内容上，TPB 可能是几十个同类网站中最知名的一个。

法律环境

TPB 已经以原告和被告身份卷入多起诉讼（请浏览 torrentfreak. com/the-pirate-bay-turns-10-years-old-the-history-130810）。以下是几个案例。在瑞典，TPB 于 2006 年被瑞典警方突袭，网站被关闭。但几天后，托管在不同国家的种子服务器重新出现。2008 年，瑞典政府开始对 TPB 创始人版权盗窃案进行刑事调查。该网站的 3 名创建者和 1 名供资者被指控助长了版权侵犯活动，在他人使用 TPB 的 BT 技术侵犯版权的过程中提供了便利。34 起侵犯版权案件的赔偿要求可能超过 1 200 万美元。审判从 2009 年 2 月 16 日一直延续到 3 月 3 日，最终陪审团判决他们有罪，他们被判入狱一年并处罚金 350 万美元。该网站的 4 名创建者在 2010 年的上诉中败诉，但成功地获得了减刑，不过针对其侵犯版权行为的罚金增加了。目前该网站被多个国家屏蔽。美国政府认为 TPB 是侵权和盗版产品最大的市场。

目前的运营情况

截至 2011 年 3 月，TPB 仍在继续提供 BT 文件共享，网站可以下载、观看视频和搜索所有类型的媒体。事实上，该网站得到了许多公众的支持。海盗局（Piratbyran）建于 2003 年，是一个 TPB 追随者创建的用于支持反对知识产权保护者的瑞典组织。然而，该组织在 2010 年解散。2006 年，瑞典新成立了一个政党，随后，许多欧洲国家将该党贴上标签，称为"海盗党"。其他国家跟进，创建了自己的海盗党。该党支持版权和专利法律、政府透明度改革和网络中立。2006 年，国际海盗党运动成为一个保护伞组织。2009 年，瑞典海盗党在英国大选中获得了议会的一个席位；2013 年，冰岛海盗党获得了三个类似的席位。海盗党倡导版权和专利法改革以及减少政府的监视。TPB 的创建者已经对其他几个分散化的 P2P 文件共享网站施加了影响，这促进了对全球范围内大规模文件共享的满足。TPB 有很多拥护者：2014 年，为了让更多人关注入狱的 TPB 创建人，支持者们计划发起一个在线活动。

一直以来，文件共享技术都走在了法律的前面。由于有的国家屏蔽 TPB，因而出现了几个可供间接访问 TPB 网站的代理 URL。

TPB 公司尽管在 2010 年 11 月输掉了官司，但是公司依然在发展。2011 年，公司的创立者开发了一个新的网站（IPREDator），通过将浏览信息转移到一个安全服务器，帮助注册用户隐匿 IP 地址。网站为注册用户分配虚拟的 IP 地址登录到 TPB 公司网站，或者其他比特流跟踪网站，以此来分享文件和信息，但是不会泄露用户自己真实的 IP 地址。如今，TPB 公司网站是互联网世界最受欢迎的网站之一，但是，许多国家正在实施更加严格的版权保护法，目的是阻止类似的非法网络行为。

值得注意的是，脸谱已经拦截了所有 TPB 的分享链接，不管是公共信息的链接还是私有信息的链接。2012 年，英国法院下令封锁 TPB，因为它违反了版权法（Dragani，2012）。而有些国家则允许访问 TPB。例如，2014 年荷兰法院下令 TPB 禁令解除（请浏览 bbc. com/news/technology-25943716）。

2012 年，TPB 为保护自己免受袭击，将 BT 种子的存贮从实体服务器转移到云存贮上。借助于几个云托管供应商为用户服务，TPB 也因此避免了被袭击的危险，因为服务器没有实际地点，这使得它难以被关闭。其他好处还包括减少了停机时间，确保了更好的正常运行时间，成本也大幅降低了。

讨论

TPB 是 100 家专事盗版内容网站的一员。不同于提供客户上传视频（包括盗版视频）服务的 Justin. tv，TPB 并不提供任何内容，只提供非法内容的链接。这个策略对减少网站的法律纠纷意义不大。

TPB 一案只是保护网上知识产权众多问题中的一部分。一个有趣的相关问题是 YouTube 和 Justin. tv 是否该为其网站上的内容负责，这一问题就复杂得多了。

该案件值得注意的一点是，美国政府正在推动瑞典政府更坚定地反对盗版行为。

资料来源：Stone（2011），Dragani（2012），Martin（2012），以及 medlibrary. com（2014 年 6 月数据）。

思考题：

1. 将 TPB 涉及的法律问题与 Napster 在 2000—2005 年涉及的法律问题和 Kazaa（文件共享公司）涉及的法律问题作比较。
2. 就网上言论自由与保护知识产权的冲突进行讨论。
3. 海盗湾的商业模式是什么？收入来源有哪些（从维基百科开始查找更多信息）？
4. 挖掘本案例涉及的国际法律问题。一个国家可以劝说另一个国家实施更为严厉的法律吗？
5. 找出 TPB 网站的状态。

在线补充读物

W15.1 道德问题框架

W15.2 网站质量指南

W15.3 电子商务重要法律问题汇总

W15.4 数据中心如何实现绿色环保

术语表

Business ethics (corporate or enterprise ethics)：**商业道德**，是书面或非书面的价值观、行为和规则的一套准则，指导企业如何在商业活动中运作。

Computer Fraud and Abuse Act (CFAA)：**《计算机欺诈和滥用法案》**，是电子商务立法的一个重要里程碑，保护政府计算机和其他连接互联网的计算机免受欺诈。

Copyright：**版权**，是知识产权的创作者或作者专有的法律权利，可出版、出售、许可、分发或以其他所需的方式使用作品。

Copyright infringement：**版权侵犯**，在未经许可或没有支付合同版税的情况下使用作品。

Cyberbashing：**网络抨击**，许多批评网站注册一个域名，然后在该域名网站上（通常是恶意地）批评某个组织、产品或个人（例如 paypalsucks.com，walmartsucks.org，verizonpathetic.com）。通常与煽动仇恨情绪的网站有关。

Cyberbullying：**网络欺诈**，指的是利用电子技术进行的欺诈。电子技术包括装置和设备，如手机、电脑、平板电脑以及通信工具，通信工具包括社交媒体网站、短信、聊天室和网站等（请浏览 stopy-bullying.gov）。

Digital divide：**数字鸿沟**，指的是那些有能力与没有能力从事电子商务的人之间的差距。

Digital rights management (DRM)：**数字版权管理**，是一系列保护流通于互联网或数字媒体的数字版权的手段。这些手段都是基于一定技术的保护措施（如，通过加密或使用水印）。

Electronic discovery (e-discovery)：**电子举证**，指的是利用计算机系统查找任何类型的电子数据（如文本、图像、视频）的过程。

Electronic Product Environmental Assessment Tool (EPEAT)：**电子产品环境影响评价工具**，基于一系列环保性能标准，为更环保的电子产品评级的全球综合评级系统。

Electronic signature **数字签名**，数字签名是"手写签名的电子等价物"（请浏览 pcmag.com/encyclopedia/term/42500/electronic-signature）。

Ethics：**道德**，一套道德原则或规则，规定人们如何指导自我。

Fair use：**合理使用**，为了某些非商业目的（如评论、解说、教学），在不支付费用或版税的情况下，有限地使用受版权保护的资料。

Green computing：**绿色计算**，环保运用计算资源。

Green IT：**绿色信息技术**，努力通过最大限度地减少对环境的破坏来提高电子商务（和信息技术）的使用；同时节省金钱。

Intellectual property (IP)：**知识产权**，源于个体的创造性的工作，如文学或艺术作品。

Intellectual property law：**知识产权法**，法律领域内对思维相关产品的监管。思维相关产品包括受专利保护的创意、版权、商标以及商业秘密法律。

Internet censorship：**网络审查**，指的是对网络上可视、可出版以及可访问资料的审查。

Net neutrality：**网络中立**，基于这样的网络指导原则：网络服务提供商在一些服务和应用中不能存在歧视行为，消费者可以任意访问网络而无需支付额外费用。

Opt-in：**选择进入**，建立在如下原则的基础上：消费者必须事先批准他们所收到的信息。除非客户肯定地允许或要求，否则不可以产生信息共享。

Opt-out：**选择退出**，给消费者权利去选择拒绝共享个人信息或避免收到骚扰信息。

Patent：**专利**，是对某发明独占权的凭证，它由国家或政府授予发明者或被指定接受本发明权的人。专利持有人在某一特定时间内拥有独占权（请浏览 Fedcirc.us）。

Platform for Privacy Preferences Project (P3P)：**隐私偏好工程平台**，是一个万维网联盟（W3C）开发的互联网隐私保护协议。

Spyware：**间谍软件**，商家在用户不知情的情况下暗中搜集用户信息的工具。

Telecommuting：**远程办公**，在家利用电脑、平板电脑、智能手机和互联网工作。

Trademark dilution：**商标淡化**，第三方使用驰名商标，从而降低（削弱）该驰名商标的识别性。

第十六章 成功开展网络经营和电子商务项目

学习目标

1. 开设电商公司的基本要求；
2. 电商公司或大型电子项目启动和投资流程；
3. 在现有的业务中增添电商项目的流程；
4. 企业转型电子商务公司所遇到的问题和解决方法；
5. 获得网站的过程，评价创建和托管网站的选择；
6. 提供内容和管理内容的重要性以及描述如何完成；
7. 评估网站设计标准，例如外观、导航、一致性和性能；
8. 搜索引擎优化如何帮网站在搜索结果中位置靠前；
9. 如何提供一些电子商务支持服务；
10. 创建网店的流程；
11. 如何用模板创建网店。

| 导入案例 | **I Am Hungry 公司：吃的便宜并非解决之道**

我们有许多电子商务公司成功经营的案例，例如脸谱（章末案例）和阿里巴巴（应用案例 16.2）。然而企业家创业失败也占了很大比例。根据 2010 年意大利的 di Stefano 公司的调查，超过七成的网商企业经营不到十年就失败了。比如说 I Am Hungry 公司就没有取得成功，而且现在已经停业了。尽管如此，创新的 Web 2.0 项目仍有许多东西是值得我们深思和学习的。

困境与机遇

本地相关性是电子商务一直面临的主要问题之一，旨在根据当地实际情况向相关用户提供电子商务服务。例如，团购网在特定的城市提供就餐打折服务。I Am Hungry 公司是因一份观察报告而创建的。报告指出找到当地美食店和咖啡馆的信息是很难的，而且广告商也没有提供相关用户想要的信息类型。这就意味着在消费者（想要得到当地美食的实时信息，

电子优惠券以及真正的游客推荐的美食）和网络营销广告提供的信息（普通信息）之间出现了市场缺口。不过，2004 年成立的美国最大的点评网站 Yelp 公司和其他几家公司已经设法缩小了这种市场缺口。

解决方案

I Am Hungry 公司以前是脸谱网站和苹果手机上的一款 App。这款软件详细地提供了波士顿地区的餐馆、咖啡馆和各种美食店的信息。然而，App 并非仅仅为这些餐馆做广告。相反，App 基于自身平台提供明确的交易内容，包括优惠券、限时限类的菜品。2010 年这款 App 有 80 多家会员餐馆。App 也提供其他即将到期的交易通知。团购网和其他电子商务公司再一次消除了双方的市场缺口。

新创公司。2010 年 1 月，Alex Kravets 和 Mike Markarian 一起创办了 I Am Hungry 公司。二人都是年轻的企业家并且在 3 年前就有开公司的想法了

（Lowman，2010）。公司管理和运作大都是他们二人亲力亲为（Zinsmeister and Venkatraman，2011）。天使投资人先期出资 15 万美元用于公司 App 的开发。Markarian 主管募集资金，而 Kravets 则主要负责公司管理工作。

公司雇佣 8 名员工，其中 6 名是销售员（全是在校大学生），还有 2 名软件系统开发员。Kravets 带领员工同时开展两项工作，带领销售员与更多餐馆签订合作协议，为其提供交易；研发团队不断优化 App。公司根本没有专业的市场营销和广告团队。公司主要通过大学联谊节的活动来达到广告营销的目的。大学联谊节为公司提供了低成本的机会去获得软件的核心用户。

2010 年，I Am Hungry 公司已经有了 400 名用户。App 的使用者主要分为两大类：餐馆顾客（使用App）和餐馆商家（借 App 做广告）。大学生是 App 的目标，也是餐馆消费的主要群体。他们会在不同的时间段用餐。为了瞄准客户群，公司会在类似于大学联谊会的场合做广告营销活动，该活动在前 6 个月吸引了约 17 000 名终端用户。另一方面，为餐馆提供交易，通过 App 做广告，以吸引饥肠辘辘的消费者。因此，I Am Hungry 公司本质上是广告平台，实现餐馆和消费者的互通。

营收模式。公司在运营过程中采用三种营收模式。这三种模式都把餐馆作为重点，视其为主要营收资源。起初，公司让餐馆老板有偿签订合作项目，这样餐馆老板就能和消费者做交易。然而，餐馆老板不理解此类经营模式的潜在利益，仅仅视其为广告的另一条途径，因此很难把这种经营模式推销给餐馆老板。I Am Hungry 公司为了克服餐馆老板的抵制，向他们推出了第二种有时效性的无偿使用模式，该模式最终会转化为付费使用。但公司考虑的第三种模式是一种赎回模式，即让餐馆先列出免费提供的服务，然后向 I am Hungry 公司支付公司运营成本，公司以此来实现大创收。

上面的三种营收模式在运营过程中是存在问题的。如前所述，App 没能在开始就有偿服务的条件下吸引餐馆老板足够的兴趣。公司尽管承诺试用期免费，但按目前注册餐馆的速度，公司没有把其转化成运营资本的可能性。即使有 500 家签约合作的餐馆

（约是初期缴费会员的 6 倍），也还是不够的。然而赎回模式本有可能为公司获利，但是由于该模式要求与餐馆的销售终端技术整合而难以实现。公司探索出的三种营收模式都失败了，这意味着现实中没有能够符合公司收益要求的营收模式。

结果

不出所料，由于没能使提供的服务获得盈利，I Am Hungry 公司关闭了。I Am Hungry 公司的失败几乎没有相关信息可供查阅。公司的社交媒体刚开始时很活跃（包括在脸谱和推特上）。不过自 2010 年以来就一直没有更新。I Am Hungry 公司的 App 在脸谱上也找不到了。尽管公司有雄心壮志，但其 App 在发布后很快就被弃之不用，而且从没有开发出波士顿区域以外的市场。

因为 App 不存在了，I Am Hungry 公司也就倒闭了。竞争对手 Groupon 和 Living Social 已经证明：企业只有找到能够使服务盈利的路径，I Am Hungry 公司的广告模式才是可行的。如果该软件要东山再起，最重要的策略要求是找到能够吸引餐馆老板的方法，而这些老板愿意支付足够的钱去支持 App 的发展。

资料来源：Lowman（2010），Zinsmeister and Venkatraman（2011），di Stefano（2010）。

案例给予的启示

从上述案例可以得知，对于电子商务企业和新公司，I Am Hungry 公司提供了重要的策略教训。这条教训告诉我们，任何电子商务公司在开始吸纳外来资金之前，都必须思考出能够盈利的商务模式以维持公司的发展和运营。公司要做到这一点，需要牢记一个概念，即了解消费者群体是谁以及公司价值定位是什么，了解竞争市场，了解消费者需求（请参阅第十三章）。如果不知道这类信息，再好的想法也不可能转变成赚钱的机会。

本章将讨论创建一家电子商务公司的基本要求，包括筹措资金；指导我们如何把好的想法转化成可持续发展的电子商务以及如何实施商务方案；还提到如何把好想法融入实际，如何提供必要的服务支持等。这些都是本章的重点。

16.1　了解电子商务，开设新电商公司

正如第一章以及后续几章的内容所述，成为电商企业家是了不起的。由于互联网和高速宽带的普及应用，人们利用廉价计算机资源、智能手机以及其他移动设备创建了强大的基础建设，目的就是创建新的电商公司，或者把电子商务优势整合融入现有的企业机制。Belew and Elad（2011）和Holden（2013）给出了创建电子商务的完整指导。本章将阐述涉及创建电商公司的一些重要步骤。

了解电子商务

你既然熟悉电子商务和它的潜力，可能就想知道自己如何开始做电子商务。你可以用任何一种你能想象到的方式开设电子商务公司。具体来说，本章主要包括以下几点内容：

- 开设新电商公司（新创公司，参见16.1节）；
- 现有传统企业加入电子商务项目（例如变成虚实结合的企业，参阅16.2节）；
- 彻底转化为电子商务公司（16.2节）；
- 开设网店（16.8节）。

任何企业开展电商业务都需要支持系统和相关的服务，还要制定吸引消费者浏览网站的方案。本章将要阐述的就是与此相关的各项措施：

- 开发网站（16.3节）；
- 托管网站，选择并注册域名（16.4节）；
- 不断研发、升级、管理网站内容（16.5节）；
- 设计网站并提升其效用（16.6节）；
- 提供支持服务（16.7节）。

开设新电商公司

占有网络市场并不能保证成功。和实体公司一样，许多公司经营失败。问题就是为什么只有少部分网络公司成功，而其他的都失败了？创业者需要做什么才能使网络公司盈利？

电商公司可能是纯网络公司，或者是兼有网络业务的虚实一体化公司。例如，可以开设电子采购或在线销售的业务。

新成立的电商公司是一所新创企业

我们在展开讨论之前，需要强调新成立的电商公司应该是一所新创企业。总体而言，新创企业都是按一定规律发展的。因此，我们必须考虑到它们与实体公司同样面临着种种问题，甚至面临的问题会更多。很多书籍、杂志和论文致力于描述新网络公司的发展。《企业家》（*Entrepreneur*）专注于探讨新创企业的经营和管理。Nagy（2010）提供了一些实用的指导以避免网络公司经营的失败。他提出了如下一些建议：（1）便捷的网站导航设计；（2）客户忠诚度和信任；（3）

订货流程简单合理；（4）便捷的支付方式。

电商公司的老板在公司运营之前，要寻求专业的税收顾问、会计、律师的指导，以核实并确保公司依法、依规地运营。

新创企业首先需要确定可行的产品或服务，这是重要的一步。这也许会花费很长时间，尤其是一个新产品，因为这需要先确定产品概念，再确定产品雏形，最后还需要放到市场去验证。此外，找到正确的商业模式也至关重要，这很不容易。在第一章已经提及，**商业模式**（business model）是指企业通过网站经营来创造效益和价值。通常而言，这种价值就是经营收益，收益有望带来利润。确定了经营模式以后，就可以开始制定经营策略。这些都是公司成长的必要条件。

Peterson et al.（2013）和 Holden（2013）对成功创办网络公司提供了切实有效的指导，其中包括建立网站、注册域名、管理网站、创建账户、运营电商公司等各个方面（请浏览 myownbusiness. org/course. html，其中有 14 节课，免费指导用户开设新创公司）。现在已有多家机构指导信息科技新创公司的开设，有些中心得到了大型软件公司的赞助。

开办新公司，或增设电子商务项目

不管是实体企业或纯网络企业，还是虚实结合的企业，大部分新公司经营初期模式都是相似的。新公司开办一般要经过如下三个步骤：

1. **明确普通消费者或企业在市场中的需求**。成功的公司必须开始就有好的创意。某篇杂志文章、某个人的看法、某个未解决的营销难题或某个朋友的建议可能会启发你得到一个经营网络公司的好创意。然后，创业者会验证客户需求和市场供应之间是否有缺口。如果确实存在缺口，就可以评估电子商务公司能否弥补这个缺口。此外，新科技也能带来好创意，例如亚马逊公司的案例（应用案例 16.1）。只有不断创新才是关键。

2. **考察时机**。好创意需要符合实际。也就是说，只要公司开始运营，就应有足够的潜在优势吸引消费者。此外，产品生产、广告营销、分销产品、售后服务的成本都应合理控制。这也要求合理的定价产品和服务。例如，网络商店的出现看起来像是一个绝佳时机，省去了忙碌的人们花时间去商店购物的麻烦。很多人试着在网上经营规模或大或小的商店，遗憾的是大部分都失败了，或者持续亏损。商家误判了与商品仓储和运输相关联的物流问题是导致失败的主要原因（请参阅第三章、第十二章）。这也是制定经营方案很重要的原因。制定经营方案的目的之一是判断市场机遇对企业经营究竟意味着什么，是否确实可行。

3. **判断经营者的能力是否能够满足市场需求**。假如现实中存在这样的商机，那么高瞻远瞩的电商老板有能力化机遇为成功吗？首先，检查有效资源。其次，个人能力也很重要：经营者对将要进入的行业是否熟悉？是否有很高的热情？一家公司需要各种各样的人才，例如人员招聘、方案策划、日常管理、商务谈判、广告营销、财务管理等方面的人才，还要求企业家勇于创新、敢于承担风险、善于战略思维，等等。最后，企业还必须重视政府的相关规定。

传统企业开发电商项目的流程与此类似，只是把第三步改为："判断公司能否满足市场需求"。

 应用案例 16.1

亚马逊公司的创新活动

众所周知，对于任何一家新企业而言，天时、地利、人和是成功的关键。亚马逊网络公司成立之初，公司的创始人贝索斯（Jeff Bezos）独特的创新思维是公司成功的关键（请参阅第三章导入案例）。

贝索斯是一位年轻的企业家，他用组织夏令营的形式来收集如何在传统商业中开展创新活动的创意。

贝索斯毕业于美国普林斯顿大学，主修计算机科学专业。他的首份工作是为跨境贸易打造金融电子数据交换系统。几年后，他成为证券市场 D. E. Shaw 基金公司的高级副总裁，负责探索与互联网有关的公司发展机遇。企业家的聪明才智、渊博的计算机科学知识、丰富的电子商务经历等优势让他产生了在网络上卖东西的想法。随后他列出了一份可卖产品的清单。因为网上虚拟书店可以提供百万种不同的书籍且是标准商品，因此书在清单中排名第一。于是，他决定开设网络公司销售书籍。几年以后，他又增加了许多其他类型的可售商品。今天，你可以在亚马逊上买到上百万种不同的商品。

为什么贝索斯决定网上卖书呢？因为他坚信，如果他能提供大量价格优惠的书供购书者选择，那么许多购书者便不会去本地的书店买书。此外，网上虚拟书店提供很好的客户服务，成本要比实体书店低，并且有些服务是客户在实体书店享受不到的，例如客户和专家的书评、作家访谈以及带有好书推荐的个性化服务。贝索斯想建立一个网民可以一起闲逛交流的"虚拟社区"。贝索斯也知道在1992年美国最高法院在审理奎尔（Quill）公司诉北达科他州政府一案中规定，没有实体经营场所的零售商店是不用交销售税的。

由此，贝索斯开始起草亚马逊公司的经营方案。他在自家车库中建立了网站（方法与微软和苹果计算机公司的创立类似）。1995年6月亚马逊公司成立，当时车库里只有几个人，负责把桌子上的书打包。当亚马逊打开网络书店的"虚拟大门"时，书店提供数百万种书。如今，亚马逊每周都会销售数百万件商品。

20世纪末和21世纪初，亚马逊公司在实体物流方面投资了20亿美元，包括兴建实体仓库。亚马逊的发展与贝索斯远见一致。贝索斯的策略是牺牲短期利润，以此来换取公司的长期发展。

经过几年的亏损，亚马逊宣布在2001年第四季度首次实现小幅盈利。2009年，亚马逊是少有的几个宣布销售增长和盈利的公司之一。2013年亚马逊收益达到740亿美元，并且还在迅速增长。

自创立之初，亚马逊多次引进创新思想，改变商务模式。在其他国家，亚马逊注资各类公司以获取股权（例如在中国，卓越亚马逊是一家大型网络零售商，经营书、音像制品，但不销售Kindle阅读器）。亚马逊公司的即时查看服务可以让用户在相互兼容的设备上（例如电视机、联网计算机、平板电脑等）观看视频和网络电视。2007年，亚马逊发布第一代电子阅览器，开始售卖可下载的图书（参阅第五章介绍的"召回亚马逊Kindle电子阅读器"）、音乐和电影。从贝索斯决定进军云计算业务（亚马逊的网络服务）的那一刻起，亚马逊发生了重大变革，为成千上万的企业和组织（例如美国国防部）提供云计算服务。

贝索斯也的确是一位变革者。他一手创办了Blue Origin公司（blueorigin.com）。该公司一直在秘密地测试火箭（2015年11月，Blue Origin公司成为全球首家成功发射和回收火箭的公司——译者注）。在最近几年里，他致力于开发商业化太空旅游。最近公布的时间表说明，2012年7月以来，该公司一直在进行飞行测试。2013—2014年，其他有趣的创新是在公司仓库里使用数千个机器人进行作业（参阅第十二章），使用无人机完成订单，发明第一个3D智能手机，等等。

资料来源：Quittner（2008），2013—2014年出版的有关书籍、刊物，以及 amazon.com（2014年6月数据）。

思考题：

1. 在消费者市场中，贝索斯创立亚马逊面临着什么机遇和需求？
2. 在个人和企业两个层面里，什么因素让贝索斯有了这绝妙的想法？
3. 描述亚马逊最新的几个创新。

成功的诀窍

很多人就如何成功经营电商企业或电商项目提出了一些建议。若要获得这样的指导，可以在 practicalecommerce. com 网站上搜索。网站上有各类文章和评论，还有免费的电子书。

网络经营者必须了解一些要求和限制条件。首先要了解的是互联网文化。例如，正确利用网站设计图案吸引访客，而侵入式的弹出式广告则会适得其反。此外，还需要考虑你计划售卖的产品和服务的特色。例如，数码产品（信息、音乐或软件）、服务（股票经纪、旅游门票销售等）和标准的商品（例如书籍和光盘）已经经营得很成功。相反，食品商店的商品（例如新鲜蔬菜和冰淇淋）是不能在线销售的。互联网带来的最大机遇之一是高度细分的市场营销，就是有些教科书中所谓的"利基营销"（niche marketing）。例如经营古董可乐瓶（antiquebottles. com）、左撇子使用的用具（anythinglefthanded. co. uk）、猫狗宠物玩具（cattoys. com，dogtoys. com）等概念独特的商品很难依靠实体店获得成功，因为没有足够的消费者光顾。但是互联网帮助这些网络店主满足了更大范围内的市场需求。

复制成功

全球的创业者都试着克隆或复制网络运营最成功的网站，例如脸谱、推特、易趣、Pinterest、亚马逊等。例如已经关闭的网站 Amazon. gr，它曾经自称为"希腊最大书店"，感官上和亚马逊网有太多相似之处。当时亚马逊自认为是"地球上最大书店"。

网络企业经营规划

网络企业经营规划与各种新创公司的规划是类似的，因为都要先制定商务方案。

商务方案

每家新成立的电商公司至少需要一份非正式的商务方案。大中型企业或计划引入外资的企业则必须有正式的商务方案。**商务方案**（business plan）是正规的书面文件，明确规定公司目标并阐述公司如何实现目标。方案描述公司的性质和特点，包括新公司如何经营的两大因素：战略方案（如公司使命、商务模式、价值定位、竞争定位分析等）和运营方案（如生产经营计划和财务预测）。详情参见 Peterson et al.（2013）并浏览美国小企业管理局网站 sba. gov/content/what-business-plan-and-why-do-i-need-one。

创业者写商务方案的主要目的是以此来获得银行、天使投资者、风险投资者的资金。如果传统企业开展大型的电子商务项目，那么也必须写出书面形式的商务方案（请参阅 HJ Ventures International 公司（hjventures. com）制定的商务方案）。

如果需要获得商务方案制作软件，请浏览 planware. org，planmagic. com，abs-usa. com。Palo Alto 软件公司（paloalto. com）在线提供 500 多份商务方案样本。在该公司网站的 LivePlan 版块中，每月只需支付 19. 95 美元就可以获得这样的样本。如果小企业需要撰写商务方案，请浏览 smallbusiness. yahoo. com。也可以在 myownbusiness. org/outline. html 网站上浏览 My Own Business 专栏中"公司商务方案"的第二部分内容。

经营案例

现有的实体公司如果要开展网络经营（要么增加电子商务项目，要么转型为电子商务企业），就需要提供一份经营案例。这样的文件用来说服管理层批准在电子商务项目上投入资源（见图16.1）。利用经营案例可以判断是否开展电子商务项目。对于一个资源密集型的大型电子商务项目，经营案例就好比一个商务方案。对于一个中小型项目，经营案例就可以简化一些，不需要很正规。如果一家公司正在考虑好几个新项目，就应该为每个项目准备各自的经营案例。

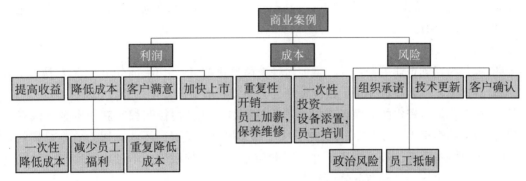

图16.1　商业案例中的成本效益构成要素

经营案例存在的意义。经营案例中有一套财务评价系统；它列出所有必要的数据；指出存在的缺点、限制条件和潜在风险；如何与伙伴协调合作；确定谁需要经营案例，如何使用等。如果能够获得一份经营案例的模板，就最理想了。

经营案例模板。网上有几套可行的经营案例模板。一般而言，模板都会包含表16.1所列出的内容（请浏览 score. org/resources/business-planning-financial-statements-template-gallery）。免费模板和教程可浏览网站 projectmanagementdocs. com/project-initiation-templates/business-case. html，也可浏览 know. about. com/Business_Case。

投资新电商公司

创立电商公司成本很高。创业者一般会投入个人储蓄，使用个人信贷额度，或者抵押房产，但是这些"自筹资金"可能不够。创业者应该在进入风险资本市场前，尽可能"自筹"资金。如果新风险投资涉及重大风险，传统的债务融资渠道（例如银行贷款）是很难或者不可能获得的。对初创公司融资，参见 Rutgers（2014）。电商的资金来源请浏览 businesspartners. com。

第一轮启动资金：天使投资者和孵化器

当创业者个人资金不足时，他们就会寻求朋友、家人或者天使投资者的帮助。**天使投资者**（angel investor）是资金充足的个体。通常而言，天使投资者会在公司最早发展阶段投入资金，可能要求得到公司股权。我们可以通过美国天使基金协会（angelcapitalassociation. org）、报纸、杂志以及商业导向的社交网络（如领英）等找到天使投资者。

如果不要求直接投资，风险资本公司是另一种获得支持的重要渠道。因为此类公司是孵化器。**电子商务孵化器**（EC incubator）是企业、大学或非营利组织，它们帮助那些前景光明的电商公司。这些公司处于最初的发展阶段。尽管有些孵化器公司会提供启动资金，但大部分孵化器公司的主要目的是提供多样的服务，如办公场所、财务服务、团购方案、接待服务、指导服务、科技信息咨询等。这些服务近乎免费或者就是免费。而回报的方式可以是适当地支付一些费用，或者提供少许公司股权。

天使投资的一种特殊形式是"众筹"。

众筹

众筹是新创公司和小公司筹集资金的新途径。

众筹（crowdfunding）也叫"大众集资"，投资者以这样的方式为新创公司筹集资金。每个人投资一小部分资金；集资渠道是基于互联网社交网络（Young，2013）。

这种设想是通过平台网站来实施的，就是把少量资金的投资人和创业者联系起来。详情参见 Neiss et al. （2013）。许多公司（例如 Kickstarter 和 Spot. us）都在通过这样的平台管理运作。有关概述参见 Prive（2012）。

第二轮融资：风险资本

风险资本是为新创企业筹资的一种主要途径。**风险资本**（venture capital，VC）是指个人、一群人（风险资本家）或者投资公司出钱投资新创公司以获取新创公司的股权。

新创公司获得风险资本的负面影响极小，只是牺牲一些公司控制权来获得资金。该资金从其他渠道获得的可能性很小。自 2000 年以来，由于很多网络企业经营不善，风险资本筹集就更加困难了。许多风险资本资源已经消失了，并且风险资本竞争日趋激烈。不过，当前有一种风险资本涌现，就是为社交媒体和社交商务公司筹资。

著名的风险资本公司有 vFinance 公司（vfinance. com）、西湖证券（westlakesecurities. com）、车库科技创投公司（garage. com）等（请浏览 nvca. org，v-capital. com. au，vcfodder. com）。

其他融资方式：大合作伙伴

作为风险资本投资的一部分，或者耗尽风险资本以后，一些大企业也可能提供资金帮助。例如雅虎、IBM、易趣、微软、脸谱、摩托罗拉、谷歌、时代华纳新闻集团、甲骨文等公司已经投资了上百个电子商务新创公司。投入资金以后，它们也许会完全买下新创公司。这样的投资在既互补又相互竞争的领域很频繁。例如，雅虎是阿里巴巴的主要投资者，微软 2008 年购买了脸谱的股份，还有易趣拥有 Craigslist 25％的股权。

章末案例探讨了脸谱发展中所面临的管理挑战。新公司的主要困惑是：应该和大公司合作还是独立发展？脸谱最终在 2012 年 6 月选择上市。对于新创公司而言，能够在正确的时间作出正确的决策是很重要的。一些电子商务新创公司（如全球首家社交网站 Friendster）就是因为迟疑得太久，结果只能是半途夭折。

首次公开募股

公司一旦成功运营并且小有名气以后，就会进入证券交易所通过首次公开募股（initial public offer，IPO）的方式募集资金。投资者以此方式入股会比第一、二次筹资阶段投入更多资金，有时每股多出 5 或 10 倍。阿里巴巴的创立就是一个典型的案例（参阅应用案例 16.2）。2007 年 10 月，阿里巴巴在中国香港证交所首次公开募股数十亿美元，后来又全部回购了公开交易的股票。2014 年，阿里巴巴集团在纽交所上市，募集资金 1 500 亿美元。2011 年，几家新社交商务公司采用首次公开募股的方式募得资金（例如领英、Groupon、潘多拉）。2012 年，脸谱最终成功上市。Yelp、Tripadvisor、HomeAway 是最近成功通过 IPO 的公司。

16.1 节复习题

1. 列出创建电商公司的主要步骤。

2. 电商公司在组建过程中必须考虑什么特殊要求？在电子商务规划中要考虑什么要求？

3. 描述一下公司商务方案。

4. 什么是经营案例？如何帮助公司成功运营？

5. 描述适用于新创公司的首次募资、第二次募资和首次公开募股的选择。

6. 什么是天使投资者？什么是孵化器？

7. 描述众筹的定义，以及众筹如何运作。

8. 风险资本如何为新公司提供支持？

16.2 增加电商业务或转型成为电子商务企业

创立一家电子商务的新创公司当然令人振奋，但也存在风险。与其他行业的新公司一样，电子商务新创公司的失败率也很高。然而，网络上各种风险和不确定性，以及缺乏经验都可能导致更高的失败率。尽管如此，自 1995 年电商开始发展以来，成千上万的新电商公司成立。大部分公司都是小规模经营。

另一种参与电商领域的常见策略是在现有业务中加入一个或多个电商项目。

在现有业务中加入电商项目

几乎所有的大中型企业都已经加入或者计划在现有业务中加入电商项目。最常见的做法是：

● **开网店**。针对 B2C（如 godiva. com，walmart. com）和 B2B（如 ibm. com/us/en）这两种电子商务模式，增加网络销售渠道是一种常见做法。因为许多供应商都会提供价格适中的网店托管和软件，因此网店投资较小（请参阅 16.4 节、16.6 节）。网店可快速创建，并且失败后损失也不会太大。由于投资一般不大，所以也没有必要花时间和资金开发正规的商务案例。这对于中小型企业（SME）而言是一种实用的策略。大规模网店经营公司需要遵循 16.1 节建议的措施，尤其是准备好经营案例，以保障公司最高管理层能够统一投资电商项目。欲了解更多有关网店开发的细节请登录雅虎小企业网站（smallbusiness. yahoo. com/advisor/getstarted）。网店发展的主要问题是决定提供什么服务支持，以及以何种方式提供服务。

● **门户网站**。公司门户网站入口有几种类型。几乎所有公司都会有一个或多个门户网站入口用于公司内外的协作与沟通。网店将包括一个门户网站，员工和顾客都能使用。网店也许有必要添加一个（或多个）门户网站。门户网站的内容发布、版面设计，以及安全性都极其重要。因为很多供应商都能提供创建门户网站的服务，所以供应商的选择便显得尤为重要。

● **电子采购**。正如第四章所述，电子商务项目很受大公司的欢迎。如果要实现经常性的网上采购，就需要制定一个商务方案，保证公司内部和外部合作伙伴的协调合作，因此电子商务架构必须准确到位。

● **拍卖与反向拍卖**。大企业需要考虑创建自己用于网上采购的拍卖或反向拍卖网站。在网店里增加一项普通的拍卖功能，投入的成本并不高。但若是设计一个反向拍卖的功能，则需要与商业伙伴更多地进行磨合，还需要考虑拍卖中出现的各种可能性，因此投资会更多一点（请浏览 whatisareverseauction. com）。

● **移动电子商务**。许多公司已经在利用移动客户端技术进行营销和广告活动，同时，它们还尝试在内部的经营管理中利用无线通信技术。无线技术的兴起是由无线网站引起的。随着平板电脑和智能手机的日益普及，企业都重视通过推特、领英、脸谱等发帖宣传企业的产品和品牌，这是一种行之有效的策略。

● **社交商务**。现在许多大公司都有自己的博客和维客。还有一些公司（如日本丰田、可口可乐、星巴克）则是经营自己企业的社交网络。百思买公司提供社交客户关系管理服务。更多内容请参阅第七章。欲了解社交电子商务爆发式增长可以浏览 bazaarvoice. com/research-and-insight/social-commerce-statistics 并参见 Turban et al. (2015)。

企业也许要考虑许多其他的电子商务项目，如第一章所提到的商务模式。例如，澳洲航空公司（qantas. com. au）直接在其网站上在线售票。从 B2B 交易的角度来看，澳洲航空公司使用电子采购系统购买各种易耗品和服务；为员工提供网上培训；运作多个企业门户网站；向员工提供网上银行服务；提供电子客户关系管理和电子合作伙伴关系管理服务；管理公司的常客业务；通过无线系统通知乘客等。美国通用电气和 IBM 等大公司都有数百个活跃的电子商务项目。

转型成为电子商务企业和社交商务企业

许多传统的实体企业经营越来越多的电子商务项目，逐渐变成虚实合一的企业，最终转型为电子商务公司。成为电子商务公司并不表明该企业就是纯粹的电子商务公司，这仅仅意味着公司尽可能引导客户在线完成交易流程。实体企业大规模或快速转向电子商务就是所谓的"组织转型"。

什么是组织转型

组织转型是一种综合性概念，意味着企业要进行重大改革。转型不仅是重要变革，而且要与过去决裂。企业转型涉及如下几个方面：

● 企业管理者的思维要从根本上改变。
● 运营流程和商业模式要作出重大变革。
● 企业的经营方式要与过去截然不同。
● 管理层和员工的行为要完全改变。
● 变革将会创立新的企业结构以及可能不一样的管理体系。

实体企业如何向电子商务转型

向电子商务转型不仅仅是应用新科技。科技必须与可能变化的企业战略、运作流程、企业文化、基础架构等进行资源整合详情参见 Gloor（2011）。第一章中我们有过关于向电子商务转型的论述。

实体企业向电子商务转型是一件复杂的工作，尤其是对大公司而言更是如此。企业向电子商务转型必须改变一些重要的经营流程，例如采购、销售、客户关系管理、产品制造，以及应急管理等。

从一家传统公司分拆出几个电子商务部门也是转型过程中的一部分。

软件工具促进电子商务转型

多家供应商都提供促进电子商务转型的途径和工具。除了 IBM 公司以外，思科、甲骨文等公司也提供此类服务。政府部门利用各种软件工具也可以大幅降低管理成本和缩短工作周期。

改变管理模式

现在实体企业向电子商务转型或者企业增加电子商务项目意味着管理者必须改变业务流程以及工作模式和沟通方式，还要改变对员工的奖惩模式和管理模式（详情参见 Kotter（2012））。

16.2 节复习题

1. 实体企业最可能增加哪类电子商务项目？
2. 描述转型为电子商务的措施和转变过程中采取的主要做法。
3. 列举电子商务转型中出现的问题。
4. 描述企业转型的主要特点。

16.3　自主开发或购买网站

每家电子商务公司都需要网站。任何一家公司都会在互联网上宣传其产品和服务，以此来吸引客户，这是重要的营销机制。许多网站也售卖商品和服务。网站本身可以只是一家网店，也可以是门户网站、拍卖网站等（Rutgers，2014）。企业如何创建或购买这种网站呢？首先，我们需要了解一下网站的主要类型。

网站的分类

网站分类是依据其功能而定的。以下是最常见的一些类型：

> ● **信息类网站**。提供商业信息、产品和服务。其主要功能是在网页上显示相关信息。
> ● **交互式网站**。主要是为客户和商家提供相互合作、交谈、展示信息（类似于信息类网站）的机会。网站也许会包含电子快讯、搜索引擎、产品视频演示、维客、博客、客户反馈、论坛，以及各种增值功能。
> ● **吸引式网站**。此类网站要比上述网站更好。这些网站含有谜题游戏、竞赛和有奖问答功能。这类网站设计的目的是引起访客的兴趣，吸引他们再次访问，并且推荐给他们的朋友。例如 Ragú 网（ragu.com，这是一个容易记忆的网站名），它不卖 Ragú 产品[*]，但是网站依靠提供烹饪诀窍和网民互动服务来吸引访客，致力于品牌认同。可口可乐、全食超市和迪士尼都有类似的网站。
> ● **交易类网站**。可售卖产品和服务。这些网站也有信息类和互动式网站的特点，但还是以商品销售为主，例如有购物车功能（参阅第二章）。
> ● **合作类网站**。为业务伙伴提供相互沟通和合作的平台（如网站内有许多辅助性工具，参阅第五章）。B2B 交易模式也可提供协同合作的功能。
> ● **社交类网站**。用户可以通过在线工具进行交流沟通以及分享共同兴趣。此类网站方便用户在聚媒体平台上参与社会活动。脸谱等社交网站已成了最强有力的营销渠道之一（请参阅章末案例）。

---

[*] 这是一个在大洋洲及北欧十分流行的意大利面酱品牌。——译者注

创建网站

一旦一个公司完成了初期的工作，它就可以创建网站了。

创建网站的步骤

构建一个网站一般需要如下几个步骤：

1. **选择网络主机**。电子商务公司面临的首要决定是把互联网网站选在哪里。网站可能会包含虚拟的购物广场，例如网站 3d-berlin.com，the-virtualmall.com，pointshop.com/mall 等。此外，网店可以存储在个体网店集中的大网站，例如存放在雅虎（smallbusiness.yahoo.com）、亚马逊（Amazon.com）、手工艺品销售网（Etsy）、易趣网（即使它不是一个拍卖业务网站）等网站。然而，许多大中型企业创建独立的托管服务网站或者自我安排托管服务（参阅第十四章）。

2. **注册域名**。一般情况下，小企业或小型网店会沿用公司的名称作为网站域名。一个独立的网站要有自己的域名，要决定使用怎样的一级域名，考虑域名是否包括公司名称和品牌要素。注册域名对一个电子商务公司至关重要（请浏览 iregistry.com/what-is-a-domain.html）。

3. **编辑和管理网站内容**。网站也需要从内容上满足访客的需求和期待，例如产品文本介绍、产品目录、产品图像、音频和视频。网站内容可以有多种来源，但内容要在正确的页面位置放置准确的产品内容，要让访客易于发现产品，要有效发布产品内容，并且管理内容以使其保持准确和不断更新，这些都是网站成功经营的重要因素（请参阅 16.5 节）。主机服务可提供建议和服务（请参阅 16.4 节）。表 16.1 列出了访客评估网站内容使用的主要标准（更多标准可参阅 16.4 节）。

表 16.1 　　　　　　　　　　　　　　　网站访问者评价网站的标准

网站访问者如何评价网站内容——标准（和相关子标准）	解释
关联性（可用、相关、清晰）	什么是关联性、透明度和信息质量？
及时性（最新内容、持续更新）	当前信息是怎样的？
可靠性（可信、准确、一致）	信息有多准确、可靠和统一？
个性化	有个性化的内容吗？客户满意吗？
范围（充分、完整、全面、详细）	网站提供什么程度的信息，什么范围的信息，多少细节？
有用性（信息传递、价值传递、工具应用）	网站信息促使访问者决定购买产品的可能性有多大？
网站访问者如何评价网站设计——标准（和相关子标准）	**解释**
访问入口（反应迅速、快速登录）（请浏览 w3.org/WAI）	进入网站要多长时间？一直这样吗？
可用性（布局简单、易于使用、规划合理、视觉吸引、娱乐有趣、设计清晰）	网站在视觉上有吸引力吗？可靠吗？容易使用吗？
导航	是否可链接网站上需要的恰好有用的资讯？
交互性（定制产品、搜索引擎、创建或修改项目列表、方便找到相关项目）	网站搜索引擎和个性化特点能用吗？
有吸引力，界面新颖	多媒体和色彩都用正确了吗？

4. **设计网站**。16.6 节对这一部分工作有详细的阐述。在小网站上或是在网店设计有固定模板的网站上，选择的余地不大，但是在独立网站上开设网店，选择余地就大一些。表 16.1 列出了访客评估网站可用性所使用的主要标准。

5. **构建网站和测试**。企业还需要作出决定的是由公司内部人员创建网站，还是外包给网站设计公司，或两者共同参与完成。当公司决策者对网站设计满意了，就可以把网站发送到网站主机上。此时，网站业务是对外开放的，但还要进行最终的测试以确保所有环节和功能按预期正常运作。

6. **网站的市场推广**。在这个阶段，电子商务公司要在线上线下同时推广公司网址。电子商务公司可以使用任何广告策略（请参阅第九章），例如横幅广告、邮件、聊天室、病毒营销等。创建网站的流程可参阅图 16.2。有关的参考模板请浏览 smallbusiness.yahoo.com/ecommerce。下面的章节会讨论图 16.2 中的每个步骤。

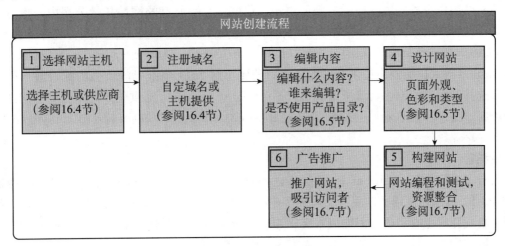

图 16.2 网站创建流程

16.3 节复习题

1. 区分信息类网站、交互式网站、交易类网站、合作类网站和社交类网站。
2. 列出创建网站的六大步骤。

16.4　网站托管和注册域名

网上销售需要一个网店。电子商务公司要么自建网站，要么在网络平台或者独立网站上租用网店。企业的管理者需要对诸多问题进行决策，例如自营网站还是租用网站，网站托管在哪里（如网站制作服务提供商、互联网服务供应商、纯粹使用网站托管服务或自我托管，等等），以及网站域名等。本节将讨论作出这些决定的理由。

网站托管选择

以下是网站托管的几种形式。

网站制作服务提供商

网站制作服务提供商（storebuilder service，也称作"设计托管服务提供商"）提供网站托管、空间存储、网站模板以及其他服务来帮助小型电子商务公司快速创建网站，而且投资较少。例如 smallbusiness.yahoo.com/webhosting 就提供综合性网站制作服务。然而，使用网站制作服务提供商的服务也存在某些缺点，其中一条就是缺乏某些功能（如不接受贝宝支付方式付款）。除此之外，用户的网站和其他人的网站看起来差不多，因为大家都在用同一套网站模板。尽管存在这些缺点，网站制作服务提供商还是很受欢迎的。不过，目前的网站制作服务提供商提供的服务和专用托管服务相似，这种服务是中小型电商公司的首选。这些服务通常收费不高，当然若客户想获得最优级别的服务，就是例外了。

专用托管服务

网络托管服务（web hosting service）能够使个人或企业的网站供人浏览，也就是在互联网上提供空间。有许多企业（例如 Go Daddy、iPage、Shopify、Web. com、BlueHost 等）提供的服务比普通的网站制作服务提供商提供的服务更多、更好。几乎所有的网站托管公司内部也有网站设计部门以帮助客户服务。此外，网站上还会添加运输安排、税费计算、网站综合统计等各种功能。微软（microsoftbusinesshub. com）、IBM（ibm. com/us/en）、Adobe（adobe. com/devnet/dream-weaver. html）等大供应商也提供全面的服务。若要了解 2014 年世界前十强的托管服务公司以及关于怎么选托管服务的论述，请浏览 top10bestwebhosting. com。提供关于网站托管、网站设计和域名的资料、文章和时事通讯的网站请浏览 thesitewizard. com、thesitewizard. com/topics/index. shtml。

自我托管

因为有了**自我托管**（self-hosting）服务，企业可在内部建立自己的网站。为此，企业需要硬件、软件、IT 员工和专用通信服务。如果企业有特殊需要或网站本身庞大复杂，自我托管就显得很有利。自我托管也有劣势，例如成本高、建设速度慢等。如果选择其他各种网站托管形式，托管公司可以将网站开发和维护的成本在多家客户中进行分摊。

免费的网站托管服务

有几家公司免费提供网站托管服务，但不提供专用网站服务供应商提供的某些功能（例如谷歌网站提供对本教科书网站的支持）。请登录网站 en. wikipedia. org/wiki/Comparison_of_free_web_hosting_services，比较免费的网站托管服务。因为这些网站的存在，个体用户或小企业可以免费托管，免费注册域名，还能快速建立自己的网站。

选择和注册域名

域名（domain name）是互联网地址的基本名称（可以由个体或企业组织注册拥有），它指向一个特有的网站以及连接互联网的服务器。它就好比一个"网络身份证"，能够让用户识别一个或多个 IP 地址。大部分域名都是由一家称为"域名分配系统"（Domain Name System，DNS）的服务机构分配的。一个域名既包括顶级名称前面的部分，也包括". com"或". org"等顶级名称。

若要了解更多有关网站托管、域名注册或网站开发服务提供商的情况，请登录 midphase. com/website-hosting/what-is-web-hosting. php。

域名的选择对于电商企业而言都是其营销活动和品牌推广活动中需要考虑的重要因素。应用案例 16.2 是有关阿里巴巴网络公司的一个真实故事。

应用案例 16. 2

阿里巴巴为电商创业者敞开大门

我们在第四章中曾经提到过阿里巴巴集团以及其 B2B 子公司阿里巴巴网络公司。我们在此主要描述几个与本章内容有关的话题。阿里巴巴网络公司现已发展成为一个全球在线贸易解决方案的供应商。起初，阿里巴巴网络公司在中国仅仅为中小型企业服务，但是现在，它为世界各种类型的公司和个人服务。马云在 1998 年创立了阿里巴巴网络公司。在过去的几年里，阿里巴巴成功地适应了电商在发展过程中出现的挑战，抓住了科技创新带来的机遇。阿里巴巴的名字源于经典的阿拉伯故事"阿里巴巴与四十大盗"。马云选择了这样的名字，坚信消费者对公司品牌认知的潜力，坚信公司可以向国际化发展。此外，人们会把公司的品牌与"芝麻开门"联系在一起（请浏览 usatoday. com/story/money/2014/05/07/alibaba-name/8805805）。也许再深刻点说，阿里巴巴网络公司的故事反映了某些成功的类型，而这种成功源于阿里巴巴用行动实践类似于童话里讲述的诚信和正直。

科技满足商务发展的需求

阿里巴巴集团致力于帮助中小企业发展和取得成功。阿里巴巴网络公司以 B2B 商务模式经营，小公司可以在公司网络平台上进行交易。卓越的科技为此类交易提供了高级别的安全保障，这种科技非常重要。正因为如此，阿里巴巴网络公司推出了诚信通服务，向中小型公司颁发证书以保证它们的业务是真实合法的（请浏览 img. alibaba. com/hermes/trustpass. html）。

第四章的导入案例中曾经详细介绍过阿里巴巴网络公司的案例。此外，阿里巴巴网络公司提供高效的搜索引擎，而且会员可以订阅最新产品的新闻快讯。阿里巴巴会员可以加入网站论坛，共同讨论全球电子交易的相关问题。另外，阿里巴巴即时通信工具阿里旺旺（trademanager. alibaba. com）方便买卖双方在线实时沟通。

网站界面简单易用，即使是技术上并不专业的用户也可以方便使用。

给中小型企业的启示

现在阿里巴巴在电商领域家喻户晓，证明了品牌认知的重要性，毕竟它需要在客户关注方面与众多大公司一起竞争。阿里巴巴网站在中小型企业很受欢迎，因为网站会员只需缴纳很低的会员费就可以享受网站提供的定制会员包服务。这种方式与自行维护的公司网站形成了鲜明的对比，后者的维护复杂且成本高。会员公司可以使用阿里巴巴网络公司的先进技术，不过能够选择的网站功能与所缴纳的费用有很密切的关联。此外，会员可以从众多的贸易伙伴中受益。阿里巴巴重视交易上存在的普遍问题，并且通过讨论组或论坛提供意见和建议。阿里巴巴网络公司推动中小型企业助力中国经济发展。

先不论阿里巴巴获得的巨大成功，阿里巴巴网络公司从一个小小的新创企业开始，一直坚守自己的目标：助力中小型企业发展。今天，阿里巴巴网络公司有买卖双方两大群体相伴，不仅促进了电商发展，而且给其他新创公司带来了启示，鼓励它们力争在全球经营中获得成功。

资料来源：Lai（2010b），Farhoomand and Lai（2010），以及 alibaba.com（2014 年 7 月数据）。

思考题：

1. 阿里巴巴网络公司郑重承诺在 B2B 商务模式上帮助中小型企业。这对阿里巴巴集团和网站会员分别有什么优势和不足？

2. 登录阿里巴巴网站，检查网站界面布局和特点。你认为网站界面设计适合中小型企业用户吗？为什么？请说明原因。

3. 对比阿里巴巴网络公司和其他 B2B 电商模式（如 Ariba.com）。

4. 新创的电商公司和创业者能从阿里巴巴网络公司案例中学到什么？

注册域名时的注意事项

域名注册应该易记。域名注册系统把一个域名映射到相应的 IP 地址（如 211.180.338）。每个域名必须包括一个顶级域名（top-level domain，TLD，如 .com，.net，.org）或一个国家代码的顶级域名（如 .au 代表澳大利亚，.jp 代表日本）。大部分国家代码的顶级域名也有指代机构组织类型的次级域名（如 yahoo.co.jp）。域名左边是机构名称（如 ibm.com）或品牌名称（如 cadillac.com）。

Domainmart（domainmart.com）是一个很有用的资源网，可以帮助你更多地了解域名和注册流程，该网站提供"成功注册互联网域名指南和资源"，包括域名术语表和常见的注册问题〔请浏览 2createawebsite.com/prebuild/register_domain.html，关注 "How to Register a Domain Name"《如何注册域名》一文〕。你还可以在 smallbusiness.yahoo.com/domains 和其他网站托管服务器上注册域名。

16.4 节复习题

1. 选择不同的网站托管的优势和不足是什么？
2. 什么是域名？为什么对于创建电子商务公司而言选择域名是重要的一步？

16.5 网站内容编排和管理

网站内容（web content）在网页上包含文本、图片、声音和视频。编排和管理网站内容是网站成功的关键，因为网站是对公司及公司产品的展示。网站设计上，"内容为王"。本节将描述网站内容的要点。详情参见 Rutgers（2014）。更多关于网站内容的重要性的资料请浏览 simplycompelling.com/content-is-king。

网站内容分类

电商网站内容的来源也许很复杂，因为文稿来源多样且数量繁多。网站内容也包含外语内容，而且必须不断更新。网站内容也包含各类媒体。最后，网站内容也会涉及安全、质量、隐私保护和权限等问题。

不断更新的内容（如天气信息）被称为**动态网站内容**（dynamic Web content），它需要频繁更新，与"静态网站内容"（HTML 标准页面）是有差异的。

实时动态内容旨在吸引新客户和回头客（指"眼球效应"）并让他们多浏览一段时间（称为"黏性"）。因此，动态网站内容有助于提升客户忠诚度。

网站主要和次要内容

网站内容不只包含产品本身（主要内容）。网站也该提供营销机会的次要内容，例如：

● **交叉销售法**。为**交叉销售**（cross-selling）设计内容意味着用互补性的或者相关产品和服务来增加销量。亚马逊网站设计了个性化的推荐，例如"购买此商品的顾客也同时购买……""经常一起购买的商品"，等等。电商公司可以在产品页面上或购买过程中赠送配件和搭配使用的商品、延长保修期、负责礼品包装等，这些都是交叉销售的典型例子。还有一个很好的例子：如果你在网上购买汽车，电商公司会提供汽车保险和银行贷款服务。

● **向上促销法**。所谓的**向上促销**（up-selling）指的是产品不断升级以促进销售和增加利润。亚马逊推出"惊爆价"图书销售组合（以略微高出一本书价格的钱数买两本相关的书）。（网站有时也推行"向下促销法",指客户以很便宜的价格购买二手书。)"向上促销"活动通常会有不同设计、色彩、材质和尺寸的产品。

- **产品促销**。网站次要内容还包括提供优惠券、返利、折扣或特殊服务。这也能增加销售或改善客户服务。亚马逊经常降低邮费或免邮费,例如针对重要会员或购物超过35美元时实施这样的促销方法。

- **产品评价**。这是指客户评价、客户感言、推荐或"产品说明书"等补充内容。亚马逊的图书页面上总是有这本书的社评和客户评论,以及"在线试读"功能,允许客户预览一些书籍的内容。

网站内容管理和维护

内容管理(content management)涉及信息收集、发布、修改、更新和撤除网站内容等流程,旨在保持网站内容新颖、准确、更吸引人,增加可信度。几乎所有网站在刚开始时,内容相关度很高,但是过段时间后网站内容就变得过期、不相关,甚至是错误的。内容管理要确保在网站上发布的内容过了很久后还能紧密相关且保持准确。

内容管理软件或管理系统

内容管理软件能让非技术性人员在公司网站上创建、编辑、删除内容。公司通过这种方式授权和引导内容发布者管理自己的网站内容。现在市场上提供很多软件包帮助公司进行内容管理(请浏览 slideshare. net/abelsp/content-quality-management-using-software-to-manage-quality-and-track-metrics)。

产品目录及其管理

B2B 和 B2C 网站平台上大部门内容是以产品目录为基础的。第二章我们讨论过电子产品目录的优势。尽管电子产品目录有许多积极的方面,但是缺乏构思的电子目录也会吓跑客户。公司需要确保产品目录内容得到很好的创建和管理。

内部产品目录创建者在他们的网站上集中整理了供应商的产品目录(请参考第四章),内容管理要先和供应商沟通,然后收集相关内容。任务不可小觑,目录内容创建者要考虑大多数购买团体有数百甚至数千的供应商,每家供应商也会用不同的数据模块和命名去描述他们的产品目录。

16. 5 节复习题

1. 什么是网站内容?网站内容的主要分类是什么?
2. 公司如何利用网站发布交叉销售、向上销售和促销内容?
3. 网站内容管理的目的是什么?

16. 6　网站设计

网站设计是网站创建者的下一个任务,内容包括信息架构、导航设计、色彩和图片应用,以及最大限度地提高站点性能。当客户与网站设计师合作时,用户能理解且尽可能帮助网站设计,这是本节要讨论的主要内容。详情参见 Rutgers(2014)和 Jenkins(2013)。

成功的网站设计将会满足客户期待,能够销售产品和服务。设计开始时要确认客户需求、期待和问题。然后设计网站以满足客户需求和期待。Jenkins（2013）和 McNeil（2013）对于成功的网站提供了一些实际指导。网站设计库（webdesign. org）收集了许多设计教程、范例和文章。公司网站成功的因素包括网站内容讨论、搜索引擎优化和网站设计等（请参考 businessexposure-group. wordpress. com/2012/07/25/elements-of-a-successful-business-website）。

表 16.2 列出了重要的网站设计标准和相关问题。若要浏览图像集锦，请点击谷歌图片搜索中的"网站设计"。

英特尔、希尔斯、惠普、美国快捷药方公司、全食公司、宝洁、强生、IBM、辉瑞、美国银行等公司都是网站设计很好的典范。

表 16.2 　　　　　　　　　　　　　　　　　　网站设计标准

导航	访客容易在网站上找到他们的链接吗？
一致性	设计要素（如界面外观、术语、图像以及客户感受）在所有页面都保持一致吗？都匹配吗？
响应时间	登录网站要多久？网站符合高效规则吗（如 12 秒规则）？
界面外观	审美上来看，网站让人满意吗？视觉上看，网站色彩让人快乐吗？网站的外观表达出公司期望印象了吗？内容易于阅读，易于操作，易于理解吗？
质量保证	网站计算器、导航链接、访客登记流程、搜索工具等正常运行吗？
有效性	所有中断的链接立即修好了吗？网站一直可登录吗？
互动性	网站鼓励客户积极地了解公司产品和服务？客户可根据网站提供的相关联系详情提交反馈和提问吗？信息（如联系人、邮箱、地址、电话等）有用吗？
内容	网站上有多少多媒体？网站内容有多新、多相关？内容易于阅读吗？信息丰富吗？
可用性	使用网站有多容易？学用网站有多容易？
安全性	客户信息受到保护吗？客户登录使用网站（例如提交信用卡信息）感觉安全吗？
可扩展性	网站设计提供一种可用于未来更新的简单格式吗？网站的发展和使用率增加将会保护网站构建过程中的初期投资吗？

网站信息结构

网站**信息结构**（information architecture）指的是一个网站的框架。它列出了网站的构成部分以及如何整合在一起。最常见的网站框架是按等级划分的（见图 16.3）。大多数网站创建都采用"宽而浅"的结构，第二级上的版块较多，达到 3~10 个，而其他级别的版块数就很少。另外，圆环形和直线形结构是不常用的。圆环形结构对提供培训材料有用。直线形结构对网站教程有用。

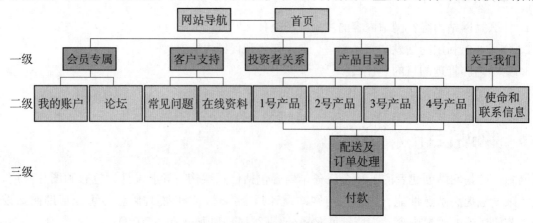

图 16.3　简单的多级网站结构

一般的网站都有一个"首页"版块，用以欢迎访客以及网站介绍；"帮助"页用以帮助访客使用和浏览网站；"公司"页向访客介绍电商公司的信息；"交易"页引导客户完成购买过程；"资讯"页则是发布产品、服务等相关信息。

网站导航

网站导航（site navigation）的目的是帮助客户快速、方便地找到网站上他们需要的信息。创建网站导航要考虑的问题有：客户如何进入网站？客户如何使用网站？客户如何找到网站上提供的内容？客户如何从一页换到另一页？如何从一个主题切换到另一个主题？客户如何找到他们要找的内容？网站导航必须帮助客户快速找到信息，因为他们不想花时间去弄明白如何访问网站。

导航栏是一个简单的导航助手。导航栏（见图 16.4）给客户提供链接到常访问的网址（如首页的"关于我们"）以及网站的主要版块（如产品目录、客户服务等）的一个个机会。

图 16.4 普通的导航栏

网站地图和导航

导航栏通常出现在网页顶端，它将先加载到浏览器窗口中以及可在"网页靠上方的位置"看到。然而，如果页面包含横幅广告，那么导航栏也可放在广告下方。为什么呢？因为常上网的用户其实对横幅广告是视而不见的。导航栏也会重复出现在每个页面的底部。

图 16.5 总结了该处讨论的主要概念。

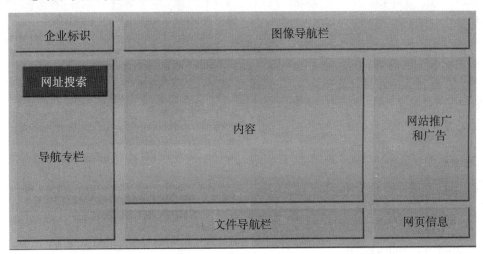

图 16.5 网页布局方格图

网站性能（响应速度）

响应速度是网站设计成功的一个重要因素。访客加载一个网页往往要等待几秒或十几秒，这也许会让他们离开网站。

影响网页响应速度的因素有很多，有一些因素是网站设计师不能控制的（如客户的调制解调器速度），网站设计师可控制的因素是网页内容和设计。例如，可以压缩视频和大幅图片。

色彩和图像

内容中包含色调、图像、音频或视频的富媒体可以增加网站吸引力。因此，设计师会尝试了解访客喜欢什么样的富媒体，然后提供给他们。例如，仪表盘需要用多种颜色，地图和视频也是这样的。

网站可用性

根据网站 usability. gov/what-and-why/index. html 的资料，所谓网站**可用性**（usability）指的是用户如何才能学会和使用一个产品以便达到自己的目标，同时也涉及用户在使用过程中的满意度如何。

当用户使用产品和服务时，"可用性"用来测量用户体验的质量，内容包括：

- 相关网站；
- 软件应用；
- 移动技术；
- 用户使用的设备。

可用性是多种因素的组合

可用性对于网站的访问者来说，并不是单一的特征。与"可用性"相关的因素包括：

- **直观设计**：这是指一个很容易理解的网站结构和导航；
- **易学性**：用户利用之前从未见过的用户界面，要多快才能完成基本任务；
- **使用效率**：经验丰富的用户能够在多长时间里完成既定任务；
- **可记忆性**：用户访问网站后，是否在今后访问时还能记住如何有效地使用网站；
- **错误的频率和严重性**：用户使用系统时多久出现一次错误，错误有多严重，用户该如何应对这样的错误；
- **主观满意度**：这是指用户是否喜欢使用该系统。

其他概念参见 Nielsen（2012）。

可用性是网页成功的必备条件。若网站难用，访客会离开。登录 usability. gov 可进一步了解相关信息。一个好用的网站就是要满足客户的需求。

可以帮助网站设计师的软件

一些公司提供软件帮助进行网站设计。有些软件是免费的。谷歌网页设计师就可免费下载使用。如果想自己设计网站，你可以在谷歌上搜索一下，多找一些关于网站构想、范例、成功要诀和图片的信息。

会让电商访客反感的因素

一种好的网站设计途径就是避免访客心生反感。例如，网页登录太慢，有很多弹出式广告，需要安装多余的软件，强行要求进行复杂的注册，导航迷惑不清，很多过期的内容，搜索工具难用，等等。详情参见 Kyrnin。一个高质量的网站的重要标准，参见 Clay。

16.6 节复习题

1. 网站设计有哪 10 个标准？
2. 说出四个网站导航辅助栏的名称。
3. 为什么网站性能是关键的设计标准？什么会降低网站性能？什么可以减少下载时间？
4. 什么是可用性？请列举决定可用性的主要标准。
5. 说出电子商务活动中让人反感的 5 件事。

16.7 提供电子商务支持服务

实际上，决定网站怎么建和谁来建是网站创建流程中的实施环节。下面的每一种选择都可以创建网站：自主开发、外包开发、合作开发。此外，在公司创立初期和维护期间也可以创建网站。

谁来创建网站？

电商老板必须对上述各种选择进行决策。这需要考虑可用的资源、急迫性、预算和现有计算机系统。

付款方式：接受信用卡

另一个重要的服务是付款方式（请参阅第十一章）。所有电商公司都必须有支付系统。因此，每家电商公司必须决定如何使用电子支付系统。B2C 付款的主要模式是接受网上信用卡支付。现实世界中，支付商品和服务费用的方式正转移到移动设备上，包含小额支付。

第十一章中曾经描述过信用卡支付的过程。正如该章所述，网上信用卡支付过程与传统的面对面交易过程仅有细微的不同而已。

网站推广

第九章讲述通过广告做推广（例如横幅广告、弹出式广告）和营销策略（例如横幅互换、视频广告、博客、聊天室或社交网络群和虚拟世界等）。本节主要讲公司内部网站推广，例如在公司网站做市场推广。第九章也曾讨论过搜索引擎优化的相关话题。

内部网站推广

内部网站推广开始时通过站内发布的内容吸引客户，方便客户浏览本网站以及网站内其他内容。为了做到这一点，网站需要发布有吸引力的内容、与其他网站的有用链接，以及吸引回头客的特色内容（如娱乐内容）。

根据网站数据分析的结果来为推广和广告做策划。第十四章有对网站数据分析的定义和描述。IBM、甲骨文、微软、MicroStrategy、SAS、Webtrends 等都是网站数据供应商。

搜索引擎优化

客户如何在网络上找到特定的网站？新公司如何得到客户关注并击败竞争对手？除了市场推广和广告策略之外，搜索引擎优化也许是吸引客户最重要和最具成本效益的方式。正如第九章搜索引擎优化中所定义的，所谓搜索引擎优化，就是设法把公司网站放在搜索结果顶端的一种策略。

webposition. com 和 searchsummit. com 等搜索引擎服务商会管理网站整个搜索引擎优化的过程。然而，搜索引擎优化要求企业持续监控。详情参见 Harris（2014）。

案例：百度是如何成功的？

应用案例 16.3 讲了百度（baidu. com）如何从一个小公司崛起，成为中国顶级搜索引擎服务提供商。

应用案例 16.3

电子商务应用

百度的成功策略

百度提供中文互联网搜索服务，在其网站上提供中文搜索平台。百度的中文互联网搜索服务能让用户找到网上相关联的信息（如图片、新闻、网页等）。软件开发员李彦宏和徐勇在 2000 年创立了百度，百度也被称为"中国的谷歌"。然而，百度针对的是中国用户，这与谷歌是明显不同的。中国互联网用户搜索信息的方式不同于西方国家的用户（请浏览 clickz. com/clickz/column/2288982/search-in-china-how-baidu-is-different-from-google）。

李彦宏说，"百度"的名字源于宋朝的诗"众里寻他千百度"。公司成立之初靠的是风险投资。2005 年 8 月，百度在美国上市（首发价 27 美元/股）。

商务模式

百度的成功策略是主攻中国市场，这让它主导了搜索引擎市场的中国用户。2010 年，百度的营业收入增加了 76.4%，其中中国市场份额就达到了 73%，而谷歌在中国占比只有 21%（据2010 年《中国日报》报道）。2014 年第一季度，百度占有中国搜索引擎市场 77.1% 的份额（包括渠道收入），但是谷歌只占 11%（请浏览 Chinainternetwatch. com/7375/china-search-engine-market1-2014）。若要了解百度 2007—2014 年的年度收入，请浏览 statista. com/statistics/269032/annual-revenue-of-baidu。百度的年度收入和其他数据参考百度财务报告，请浏览 ir. baidu. com/phoenix. zhtml?c＝188488&p＝irol-reportsAnnual。

百度成功的第一步是把重点放在几个搜索服务版块，这恰好与中国文化和社会流动性相吻合。百度运用的其他策略被证明同样有效。百度提供有偿搜索，用户也许会通过搜索关键词来查找广告客户的产品。付费当事人的广告会出现在相关搜素结果页面的顶端。就广告而言，除了 PPC（pay-per-click，按每次点击付费）广告之外，还通过第三方售卖广告，而谷歌则是仅接受 PPC 广告。

2010 年，谷歌由于拒绝中国政府对谷歌内容的审查而选择退出中国市场，这进一步增加了百度的客户量。2010 年 5 月，百度股价相比当年 1 月份增长了 1 倍（Wells, 2010），而在 2014 年股价更高。谷歌由于不能再错失世界最大的互联网市场，于 2012 年开始准备重返中国市场。直至2014 年 6 月，谷歌搜索在中国的利用率依然不高。

2013 年，百度开始推销移动端广告，认为移动端广告是发展最快的领域。2014 年，净收益增长超过 2014 年第一季度 24% 的平均水平，并且百度 CEO 预言在 2014 年内，百度的移动端流量将会超过电脑端流量（请浏览 pcworld. com/article/2148260/baidus-profit-boosted-by-mobilead-revenue. html）。百度公司一直在收购电商公司，并收购涉及移动端广告和相关领域的 IT 公司。

竞争和约束

2009 年，由于严格监控和审查网络信息，百度被授予"中国互联网行业自律贡献奖"称号。尽管如此，百度依然经常被卷入侵犯版权的诉讼。2005 年 6 月，上海步升（Busheng）音乐文化传播有限公司起诉百度公司，据称原因是百度允许下载盗版音乐。同样，一些知名的电影制作公司也控诉百度公司未经授权允许便下载电影。这些诉讼都已经尘埃落定。

尽管起初被公认为"中国谷歌"，但百度已采用多种策略以区别自己与对手公司的不同。经过多年发展，百度服务范围已扩展至新闻、多媒体和图片搜索。凭借中文搜索这一竞争优势，百度已经有效地获得了中国用户的忠诚。

2014 年，百度公司与阿里巴巴集团的公司以及其他大的中国电商公司竞争激烈。

欲了解百度用户和客户的产品与服务，请浏览 reuters. com/finance/stocks/companyProfile? rpc＝66&symbol＝BIDU. O。

资料来源：Lai（2011b），Wells（2010），China Daily（2010）以及 baidu. com（2014 年 7 月数据）。

思考题

1. 百度也被称为"中国谷歌"。百度的商务模式与谷歌模式有何不同？
2. 百度提供付费搜索位置。你认为这样的网站排名服务会促使不公平竞争吗？
3. 百度使用中文搜索的策略被百度视为最大的竞争优势。为什么？（先参阅 Lai（2011b）。）
4. 电商新公司和创业者能从百度案例中学到什么？
5. 百度是如何利用移动技术和移动商务活动的？

客户关系管理

客户关系管理（CRM）是指客户服务方式，主要是建立长期和可持续的关系，为客户和公司双方带来利益（请参阅在线辅导资料 T1）。创建电商网站或电商项目都需要考虑客户关系管理。为了制定有效的 CRM 计划，本节着重讲述新电商公司的须知。

正如在线辅导资料 T1 中所述，我们在电商领域要重视电子客户关系管理。

利用网站内容创建客户关系

建立客户关系的第一步是吸引客户浏览和再次浏览网站。换言之，网站应内容丰富，娱乐性强，而且要比客户浏览一次其他网站所获悉的内容更多。在线辅导资料 T1 列出了一些电商公司通过网站内容建立客户关系的方式。

16.7 节复习题

1. 列出创建网站的三种选择。
2. 什么因素更适合企业自主开发网站？什么因素更适合将开发任务外包出去？
3. 列出能够帮助宣传公司网站的四种内容。
4. 什么是搜索引擎优化？它的意义是什么？
5. 列出网站利用其内容管理客户关系的一些方式。

16.8　开设网店

开设网店是互联网电商项目最常见的形式。互联网上有数百万家网店，绝大部分都是小企业。然而，不仅个体户（也包括大学生和中学生）有网店，大企业也有网店。正如本书所介绍的，GrubHub、亚马逊、CatToys、JetPens等电商企业都是从小网站或网店开始的。网店外观多样，建设和运营成本差异很大。网店主要售卖产品和服务，但它们的功能性却大不相同。

创立或并购一家网店的方式

创立或并购一家网店的途径有多种多样：

● **从头开始创建网店**。hothothot.com、wine.com、amazon.com等先期发展的网店都是一步步从头开始建立起网店的。具体说来，它们设计网店，然后雇佣编程员（如果他们没有自己的网店）为所有必要的软件编写程序。此类方式的优势是可以根据网店主喜好进行定制。劣势是速度慢、成本高、易出错且要持续维护。所以，如今只有大企业才会从头开始创建网店。大部分企业都会通过其他途径创建网站。

● **利用组件创建网店**。这种选择比第一种速度快、成本低。网店主购买成品组件（或有时免费获得），例如购物车、电子产品目录、付款入口，然后把它们组装进同一个网站。如果这些产品淘汰了，网店主需要更换组件。因此，网店主可以节省维护费用（只换不修）。不足的是组装成的网站也许不能很好地满足网店主的特殊需求。

● **用网站模板创建网店**（这还包括网店开发服务商和专用网站托管服务商）。正如前文所述，对于新电商企业而言，利用网店开发服务商提供的服务是最佳选择之一。有许多供应商提供网店建设模板。有些服务商免费提供，免费使用30天，或者把网站托管在其服务器上，按月收费。这种网店开发方式对中小型企业尤其有吸引力，因为成本很低。企业可在几个小时内或几天内就建好网店，无需价格高昂的编程技巧。网店主用现成的模板，按格式填写内容，加入图片即可。此类方式的另一个优势在于网站托管和支持服务（如收款、邮寄、保障）都在供应商提供的服务范围内（请参阅第十三章"Judy的网店"）。此外，供应商将会不断升级网站模板。

● **许多供应商也提供网店和存单管理以及其他功能服务**。最后，也可能是最重要的，如果网店主使用雅虎、易趣网、亚马逊等服务商，其网站会被放在这些服务商的电子市场里，这样就增加了曝光度。不足之处是网店主可用的模板和工具会有所限制。然而，一些供应商会有偿提供专业版本，允许网店主定制和使用其他高端服务。以下是提供模板服务且具有代表性的供应商：

　—smallbusiness.yahoo.com/ecommerce；

　—hostway.com；

　—goemerchant.com；

　—storefront.net；

　—1and1.com；

　—godaddy.com；

　—services.amazon.com；

　—shoppingcartsplus.com；

——shopify. com;

——ipage. com。

比较和评估这些供应商，请浏览 ecommerce-software-review. toptenreviews. com。比较的主要标准有易操作、易安装、易设置、功能可用性、文档编辑、欺诈保护，等等。

确定需求，选择网站开发的方式

在选择合适的开发途径之前，企业需要考虑很多问题，并列出一份需求和功能表。在确定需求的时候，可以考虑如下需要解决的问题：

- **客户**。谁是目标客户？他们的特点是什么？需求是什么？企业需要用什么类型的营销战术吸引客户浏览网站？企业如何增强客户忠诚度和信任度？
- **销售规划**。网站将销售什么类型的产品和服务？哪些产品和服务可以数字化？
- **销售服务**。网上下订单和付款是否容易？客户能追踪订单过程吗？客户咨询和投诉是如何处理的？客户可获得什么类型的服务协议和保障？退货和退款流程是什么？
- **推广**。产品和服务如何推广？网站如何吸引和留住客户？有优惠券、制造商优惠或数量折扣吗？交叉销售、向上销售等方式可能吗？能盈利吗？
- **交易处理**。商品税、邮寄手续费，以及付款方式如何处理？商家提供什么类型的递送方式？商家接受什么付款方式？商家如何管理订单执行？商家如何处理退货？
- **营销数据和分析**。商家将会收集什么信息（例如销售、客户数据和广告发展趋势）？商家如何处理这些信息并应用于未来的市场营销？
- **品牌建设**。比较竞争对手的网店。线上品牌与线下品牌的关联性如何？

最初的需求列表应尽可能全面。建议请专家验证列表。然后企业基于客户偏好确定轻重缓急。本节接下来将会介绍雅虎小型企业网站托管服务。

雅虎小型企业电子商务方案

雅虎在其网站 smallbusiness. yahoo. com 上提供最受欢迎的电子商务方案，这只是其中之一。雅虎给出三个级别的商业解决方案：初级、标准级、专业级。在其网站 smallbusiness. yahoo. com/ecommerce 上可以看到每一级别的特点和费用。雅虎会逐步进行指导，解释雅虎商务方案如何运作以及指导你如何使用该方案创建、管理和运作电商企业。雅虎同时也提供网站托管和广告赞助等相关服务。下面主要讨论网店开发的要领。

浏览网站并观看视频

全面浏览网站 smallbusiness. yahoo. com/ecommerce，查看雅虎商务解决方案提供的所有特点。以下是一些重要的特征（这是 2014 年 7 月归纳的，而网站特征是在不断改变的）：网站托管和域名注册；电子邮件；电商工具（购物车、付款处理、存货管理）；商务工具和服务（网站设计、市场营销、网站管理）；订单处理工具；网站开发工具（网站编辑器、模板、内容上传等，例如可用雅虎网站制作工具）；搜寻和留住客户；接受付款工具；税收计算器；订单通知和确认；跟踪工具（数据统计、数据挖掘、衡量营销活动的有效性，等等）。最后，看看一些小型企业采用雅虎商务方案获得成功的故事。

使用模板

你可用多种方式创建自己的网店。易用的网店编辑器是你的主要工具。你可以用它创建网站首页，建立多个店面版块，并且添加进去。你也可以将微软网页设计软件（msdn. microsoft. com/en-us/expression/jj712700. aspx）、Adobe 网页设计工具（adobe. com/products/dreamweaver. html）或雅虎网站设计工具（secure. webhosting. yahoo. com/ps/sb/index. php）中形成的内容上传。

16.8 节复习题

1. 列出网店开发的多种选择。
2. 使用模板创建网站有什么优势和劣势？
3. 列出网店的一般特征。
4. 创建网站的选择标准是什么？

管理问题

与本章内容有关的管理问题有如下几个方面：

1. **成功创建一家电商企业要做什么？** 企业生存和发展的能力取决于商务模式的优势、企业家的能力和商务方案的执行力。每一个有望成功的企业都需要人力资本的投入，例如创造力、企业家的态度和管理技巧，等等。这对电商企业和实体企业都适用。然而，电商企业要成功，管理层需要考虑更多因素，例如电子商务模式、创收模式、线上线下渠道的协作与冲突、网站管理，以及电子商务系统和后端系统的信息整合，等等。

2. **创建网站是技术工作还是管理工作？** 都是。尽管技术与技能成本有点高，但也是创建网站必备的，市场上也容易获得。必备的管理技能较难找到。为了能够雇用并与信息建筑师、网站设计师以及网站托管服务商合作，电商企业主需要有传统商务技能，还要有创建网站的技术与技能。管理层应综合电子市场、客户关系管理、供应链关系管理以及企业资源计划等解决方案，规划出企业目标蓝图。整合策略应联合内部实体，并能与外部伙伴合作。

3. **我们如何吸引客户访问网站？** 搜索引擎优化很重要，但吸引客户、让客户再次浏览、激励他们相互告知网站的关键在于网站内容要可靠，满足价值交换的主题。这就意味着，网店主和客户必须从网站访问中获取价值。网站设计以令人信服的方式发布内容，增强内容的可读性，提高客户体验质量。个性化支持服务很重要，以便提供相关信息，激励客户再访。

4. **如何把访客转化为买家？** 让客户访问网站仅成功一半。当网站提供客户需要的产品和服务时，访客就变成了买家。网站也会提供促销降价活动，吸引访客在网站购买，而不是去其他地方买。客户投诉解决方案服务将会有助于留住客户，产生再次购买行为。设计完善的客户关系管理系统需要支持多类服务。

5. **最佳实践有用吗？** 对于无经验的电子商务个体或者公司而言，其他人的最佳实践可能极其有用。供应商、买家、公司、学者和其他人的经验最有用。许多网站都有免费建议（请浏览 ecommercepartners. net）。

6. **新企业要向投资者提交什么？** 这由企业生命周期决定。早期阶段，投资者在意的是销售增长率和市场份额。只要销售增长得快，未来收益清晰可见，损失可以容忍。然而，收益和股价最终会实现。维持对公司的控制最重要，要占公司 51% 的股份（至少要到上市的时候）。

7. **成功管理网站的重要因素是什么？** 为了成功管理网站，电商企业主需要选择合适的网站托管服务，保持更新和有用的内容，并且推广网站以使新客户访问网站且老客户会回访。网站托管的选择有网站制作服务商、专用托管、网络服务供应商托管服务和自我托管。为了保持网站内容的质量，要制定获得、测试、更新网站内容的相关政策。个性化很重要。社交网络也许被视为来自用户互动和反馈的重要来源。

本章小结

本章中，我们学习了以下电子商务话题，它们与本章的学习目标相一致：

1. **创建电商企业的基本要求。** 当企业主具备必备的技能、态度且了解互联网文化，执行重大的商务方案时，一个好想法会变成一个成功的电商企业。

2. **新开电商企业的融资选择。** 鉴于天使投资者和风险资本家为有前景的电商企业投资，孵化器公司通常会提供服务。企业和企业主通常从这些安排中大大获利，但资金来源不足，竞争艰难。

3. 添加电子项目。添加电子项目很常见。大项目要求商务案例。企业慢慢增项，最终成为虚实共存的企业。常见项目有电子采购、电子客户关系管理、网店开设，等等。

4. **转型电商企业**。电商业务里，所有可能的流程都被在线进行。大企业要达到这样的情况，过程会很复杂，因为涉及变更管理。

5. **电商企业的网站托管选择**。电商企业主有广泛的选择，例如网站制作服务提供商、网络服务提供商、专用网站托管服务和自我托管。他们可以决定网站托管的方式和地点。精选的域名就是"成功的网址"，让网站易找易记。选择域名是设立托管网站的重要一步。

6. **网站内容吸引和留住网站客户**。网站内容是吸引客户浏览网站的主要因素。内容可自主开发、购买或免费获得，并用于网站推广、销售以及创建客户关系。成功的网站内容是网站目标客户想要和期待的内容。

7. **设计客户喜爱的网站**。尽管文本内容丰富，价格低廉，但只有文本的网站让人反感且记不住。根据网站业务目标和客户心理所需选择图形和色彩。网站主和设计师决不应误判客户的关注点，因此最好放置能够快速加载的小图形，增加吸引力。界面友好的导航的关键是在网站上让客户脑海里有图：他们现在在哪里，刚才在哪里，接下来去哪里，如何到达想去的地方。

8. **搜索引擎优化是关键的成功因素**。设计搜索引擎优化策略很有必要。在搜索结果中，你的品牌排列越靠前，你的网站流量就越大。

9. **提供支持服务**。与线下实体企业一样，电商企业需要支持服务。服务包括付款、保障、内容编辑、网站设计、广告（推广）、搜索引擎优化和客户关系管理。

10. **创建网站的流程**。假设你知道你想卖的产品，你需要获得域名和准备网站托管。下一步是设计网站并填入恰当的内容。你的网店需要有支持服务（例如付款）和安全保障。为了吸引买家，你也必须大力推广网站。

11. **利用模板创建网店**。小网站可利用模板创建网站，这种方法快速、简单且成本低。不足之处是网站会和其他使用同样模板的网站类似，而且可能满足不了公司的要求。

讨论题

1. 比较传统实体企业和电商企业。考虑创业技能、设施和设备，以及企业流程等因素。

2. 电商商业方案和传统商业方案有何不同？

3. 描述企业转型，探讨一些相关的困难。

4. 如何决定你的电商企业选择哪种网站托管？列出和简单解释你确定的考虑因素。

5. 对于小企业而言，谁该负责网站研发团队？大企业呢？

6. 从经济角度而言，为什么 cattoys.com 等网店在线下经营不可行？

7. 用模板创建网站的优势和劣势是什么？

8. 雅虎提供许多服务，包括网站托管、网站制作工具和在线市场。在线市场托管了许多独立的供应商。列出这些服务的优点。如果有缺点，缺点是什么？

9. 可用性是如何与网站设计相关的？

课堂论辩题

1. 比较创建新电商企业和传统企业成立的电商项目。考虑资源获取、启动流程和竞争者分析等因素。

2. 点击进入 shopify.com 并了解它们在做什么。与谷歌分析做对比。写一篇报道。

3. 与客户交易中潜在的矛盾是什么（例如专业的内容、高清的图片、有特色的网站）？网站设计的基本规则是什么？

4. 新创企业上市（首次公开募股）的优点是什么？缺点是什么？新创企业何时上市有利？你也可以以阿里巴巴（应用案例 16.2）、百度（应用案例 16.3）和脸谱（章末案例）为案例进行讨论。

5. 讨论：脸谱（章末案例）、亚马逊（应用案例 16.1）、阿里巴巴（应用案例 16.2）和百度（应用案例 16.3）的成功能归功于创业者的企业家精神吗？其他电商创业者根据类似的特点和优势能够复制扎克伯格、贝索斯、马云和李彦宏的成功吗？

6. 讨论：小企业该供养自己的网站吗？为什么？大

企业该自主维护网站吗？为什么？

7. 讨论众筹的优点和不足。

网络实践

1. 浏览网站 vfinance.com 和 nvca.org，了解电商企业获取启动资金的趋势和机遇。

2. 浏览雅虎网站的分类版块，例如旅游公司或保险公司，选 10 个网站。把这些网站归类为信息类网站、交互式网站、交易类网站或社交类网站。并列出任意一类网站的特点。

3. 许多个体户在易趣网仅靠商品买卖谋生。浏览 ebay.com，列出这些创业者在销售活动中使用交叉销售和向上销售的方式。

4. 浏览网站 webmaster-forums.net。注册（免费）。对比本章教的设计规则和一些网站提供的规则。向征求反馈的网页大师提供至少一条设计建议。

5. 登录网站 1and1.com。检查托管、研发和其他工具。与 shopify.com 提供的服务作对比。写一篇报告。

6. 登录网站 willmaster.com。看看对电商网站创建者有用的教程和评论。

7. 浏览网站 google.com/wallet，找到针对买家的服务。

8. 浏览网站 facebook.com，在网站互动交流。对比一下脸谱与其他社交网站，如 Google＋、Hi5、领英等。

9. 登录网站 godaddy.com/design/web-design.aspx，观看提供的教程。总结你的观后感。

10. 登录网站 kickstarter.com 和其他众筹门户网站。对比它们的作用。写一篇报告。

团队合作

1. 为导入案例设计的作业。

请阅读本章的导入案例，并回答下列问题：

a. I Am Hungry 公司能给终端用户和餐馆带来什么优势？

b. 以 I Am Hungry 公司为例，讨论地理位置应用程序的商业价值。

c. I Am Hungry 公司的三种创收模式是什么？解释每种模式的利弊。

d. 以 I Am Hungry 公司为例，讨论小企业产生收益的重要性。

e. 新电商企业和创业者能从 I Am Hungry 事例中学到什么？

2. 识别适合在脸谱上销售的产品和服务。撰写推广方案。与班上的同学交流。

3. 登录 entrepreneurs.about.com。每个队员选 2～3个"浏览主题"（在网页的左边），把这些主题与电商企业联系起来。与班上的同学交流。

4. 登录 myownbusiness.org/s2/index.html。获取模板，为班级电商项目设计商业方案。

5. 组成两队：客户队和网站设计队。适当准备后，双方为首次网站规划开会。之后，双方在会议上点评自己和对方的表现。

6. 登录 secure.webhosting.yahoo.com/ps/sb/index.php，下载网站制作工具。作为一个团队，为自己理想的企业创建网店。你可免费使用 30 天。使用有效的设计特点。让客户检验网站。指导老师和同学会再次检查网站设计和可用性。网店设计最佳者有奖。你也可以有选择地使用其他相似的网站制作工具。

7. 许多公司提供电子商务软件。每队从下面的公司选一个（其他公司也行），列出它们提供的服务，与同学交流。然后班级选出最佳网站。以下是建议选择的公司：netsuite.com，volusion.com，zippycart.com，vendio.com，vcommerce.com/vceconnect，demandware.com。找出 B2B 和 B2C 软件的区别。请浏览 business-software.com/ecommerce，了解"10 大电子商务供应商"。

8. 对比一些免费的网站托管服务。从谷歌和 Wix.com 网站开始。对比时，制定 5 个主要的评价标准。每个团队确定一个样板网站。

脸谱：一个掀起世界风暴的大学项目

脸谱 CEO 马克·扎克伯格于 2010 年获评《时代周刊》"年度人物"，以表彰他伟大的成就和脸谱的全球影响力。今天，脸谱已迅速改变了数亿人在互联网上互动和社交的方式。

新创公司

2003 年脸谱最初用 Facemash 这个名字，后来名字改为 The Facebook，再后来就成为现在的 Facebook。脸谱开始时只是一个为哈佛大学生打造的社交网络平台，现在已发展成为世界最大的社交网络门户网站。在大学期间，马克·扎克伯格和他的朋友们创建了网站平台，让哈佛学生在网上彼此交流。他们的网站立即获得成功，后来又把学生范围扩展到哥伦比亚大学、斯坦福大学和耶鲁大学。2005 年 8 月，扎克伯格和他的伙伴们花了 20 万美元购买了 facebook.com 这个域名，并把 Facebook 作为官方名称。

解决方案

脸谱和大部分新创公司一样，面临资金不足和基础设施不完善的挑战，难以支持其发展。2004 年 8 月，私人投资者 Peter Thiel 注资 50 万美元以支持脸谱的发展，并获得了其 10% 的股份。因为这笔钱的帮助，脸谱用户数量迅速增长，至 2004 年末攀升至 100 万。2005 年 4 月，另一个风投资本家投入了更多资金，拥有 13% 的股份。脸谱需要额外的资金以支持其不断地发展。他们决定寻求风险资本。2006 年 4 月，风险资本公司投资 2 750 万美元。同年 4 月，脸谱会员也包括来自高科技公司的员工。最终，脸谱于 2006 年 9 月面向世界用户开放。根据 2012 年的数据显示，超过 2/3 的用户不是学生。这些用户当中，35 岁以上的人群加入的速度最快。至 2014 年 10 月，活跃用户数量已超 13.5 亿，每天 1.8 亿人至少登录一次，每次登录平均时长 20 分钟。2012 年年末，网站图片上传率每秒达 3 600 张。

商业模式

脸谱提供多种多样的在线特色服务，许多功能都被其他平台复制，如谷歌。脸谱诚邀研发人员开发应用软件，并且允许研发人员赚取广告费用。扎克伯格认为脸谱应采用这样的经营策略，即"赢得所有内容或占有所有应用软件"。脸谱收益源于其赞助商和横幅广告（请浏览 ritholtz.com/blog/2014/02/how-does-facebook-make-its-money）。网站根据不同方式收取广告费，例如每千人印象成本、每次点击成本、每次行动成本以及每次印象成本等。2014 年，脸谱在探讨新的广告模式。脸谱也收取 Zynga 游戏商和 Facebook Gifts（现在仅有礼品卡和数码卡）的广告费 [参见 Cutler（2013）并浏览 marketrealist.com/2014/01/facebook]。

脸谱上市

2012 年 6 月，脸谱公开发行股票，首次公开发行约 600 亿美元（2014 年 6 月价值 1 650 亿美元）。上市显然是明智之举，尤其是微软之前已经购得其 25% 的股票份额。2014 年，脸谱总收益超过 100 亿美元，约 30 亿美元源于广告销售。首次公开发行在前几个月并不是很成功，但到 2013 年中期，股票价格比首次公开发行价格增长了 4 倍。

经验总结

脸谱的成功很大程度上归功于连接客户的能力，提供许多朋友之间相互交流的有效途径。

2010 年，脸谱创始人兼 CEO 马克·扎克伯格被《时代周刊》评为"年度人物"，而创新是成功的主要原因。起初，脸谱是一个大学项目，现在已经发展成为世界有名的社交网络商务网站。脸谱并不只是提供创新科技，也会根据客户需求行事。当前，脸谱主要重视研发自己的广告平台和运作系统，同时提供无线服务以全面提高用户体验质量。

资料来源：Kirkpatrick（2011），Lai（2010a，2011a），Cutler（2013），Crager et al. (2014)，Grossman（2010），以及 facebook.com（2014 年 7 月数据）。

思考题：

1. 在过去的几年，脸谱的忠实用户基数快速增长是基于什么因素？
2. 脸谱提供什么工具促进买卖活动？脸谱可视作营销工具吗？如何操作？
3. 你同意脸谱向公司以外的开发商开放公司内部运营吗？为什么？
4. 以脸谱为例，确认脸谱所有的收入来源，详述社交网站的创收模式。
5. 电子新创公司和创业者能从脸谱事例中学到什么？
6. 了解脸谱有多少服务商以及它们是如何管理的。

在线补充读物

请浏览 affordable-ecommerce-textbook. com。

术语表

Angel investor：**天使投资者**，指小额个体投资人，在企业发展的最早阶段向企业提供资金和经营建议。通常以公司股权作为交换。

Attractors：**吸引力因素**，网站包含解谜题、竞赛和奖励。设计这些吸引力因素以便客户喜欢，再次访问，并且向朋友推荐网站。

Business case：**商业案例**，用于帮助管理层判断是否批准企业资源投资电商项目或其他项目。

Business model：**商业模式**，企业产生收益和创造价值的方式。

Business plan：**商业方案**，一份明确公司目标、概述公司如何实现目标的正式书面文件。

Collaborative website：**合作网站**，让企业伙伴相互交流和合作的网站（例如网站包含许多支持性工具）。

Content management：**内容管理**，收集、发布、修改、升级和撤除网站内容的过程，保持内容新颖、准确、吸引人和可靠。

Cross-selling：**交叉销售**，提供互补或相关产品和服务以增加销量。

Crowdfunding：**众筹**，投资者投资新创公司的方式。每个人投资少量的钱；集资渠道基于互联网社交网络。

Domain name：**域名**，一个有名字的地址（个人或企业拥有），标示某个具体的网站与互联网服务器相连。

Dynamic Web content：**动态网页内容**，网页内容频繁变更，不断更新。

EC incubator：**电商孵化器**，公司、大学或非营利性组织支持有前景的电商企业在起步阶段的发展。

Information architecture：**信息架构**，指网站如何组建。它列出了网站所有的组件以及组件如何组装在一起。

Informational website：**信息类网站**，指网站提供大量企业信息及其产品和服务。

Interactive website：**交互式网站**，网站为客户和企业提供机会相互交流和展示信息（类似于信息类网站）。

Self-hosting：**自我托管**，企业获得硬件、软件、人力资源和必要的专用通信服务来组建网站，然后自己管理网站。

Site navigation：**网站导航**，帮助客户在网站上快速简单地找到他们需要的信息。

Social-oriented website：**社交类网站**，网站向用户提供在线工具用于沟通和分享关于共同兴趣的信息。

Storebuilder service：**网站制作服务提供商**，指服务商提供网站托管、存储空间、模板和其他服务，帮助小型企业以快速且低成本的方式创建网站。

Transactional website：**交易类网站**，指买卖产品和服务的网站。

Up-selling：**向上销售**，指提供升级版的产品，以增加销量和收益。

Usability（of a website）：**网站可用性**，关系到用户能够学习和使用产品实现目标的程度。可用性也涉及用户对过程的满意度，还衡量用户与产品或系统交互时的体验质量。

Venture capital（VC）：**风险资本**，指个人、投资群体（风险资本家）或投资公司出钱投资企业以换得企业股权。

Web content：**网站内容**，网站页面上含有的内容（文章、图片、声音和视频）。

Web hosting service：**网站托管服务**，让个人和企业的网站能在网页上登录的一类托管服务（互联网提供网站空间）。

图书在版编目（CIP）数据

电子商务：管理与社交网络视角：第八版/（　）埃弗雷姆·特班等著；占丽等译 . —北京：中国人民大学出版社，2018.1
信息管理与信息系统经典译丛
ISBN 978-7-300-24608-6

Ⅰ.①电… Ⅱ.①埃… ②占… Ⅲ.①电子商务-教材 Ⅳ.①F713.36

中国版本图书馆 CIP 数据核字（2017）第 151684 号

信息管理与信息系统经典译丛
电子商务──管理与社交网络视角（第八版）
埃弗雷姆·特班

戴维·金

李在奎　　　　著

梁定澎

德博拉·特班

占　丽　徐雪峰　时启亮　等译
Dianzi Shangwu

出版发行	中国人民大学出版社
社　　址	北京中关村大街 31 号　　　　　　　　**邮政编码**　100080
电　　话	010 - 62511242（总编室）　　　　　　010 - 62511770（质管部）
	010 - 82501766（邮购部）　　　　　　010 - 62514148（门市部）
	010 - 62515195（发行公司）　　　　　010 - 62515275（盗版举报）
网　　址	http://www.crup.com.cn
经　　销	新华书店
印　　刷	涿州市星河印刷有限公司
规　　格	215 mm×275 mm　16 开本　　　　　　**版　　次**　2018 年 1 月第 1 版
印　　张	44.75 插页 1　　　　　　　　　　　　**印　　次**　2022 年 1 月第 5 次印刷
字　　数	1 198 000　　　　　　　　　　　　　**定　　价**　99.00 元